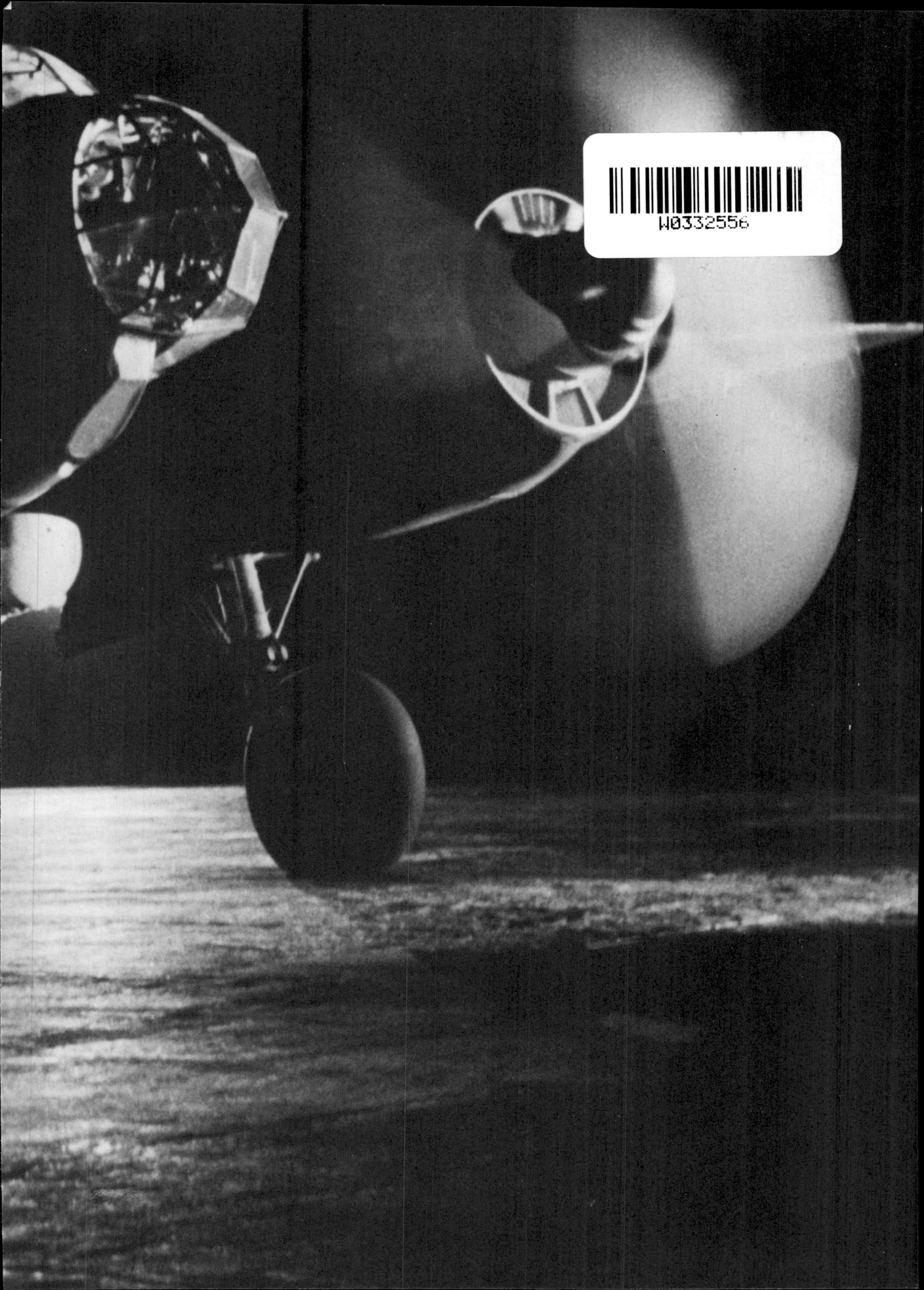

Janusz Piekalkiewicz

Luftkrieg

1939–1945

BECHTERMÜNZ
VERLAG

Nordfrankreich, 27. Juli 1944: RAF-Lancasters bombardieren durch die geschlossene Wolkendecke Abschußrampen der V 1

Titelseite: Spanischer Bürgerkrieg, 1937 – Ein Bordmechaniker vom Bodenpersonal der Legion Condor beim improvisierten Überholen des Motors einer Heinkel He 45

Inhalt

Lizenzausgabe für den Bechtermünz Verlag GmbH,
Eltville am Rhein, 1989

ISBN 3 927117 24 2
Schutzumschlag: Design-Team, München
Karten und Zeichnungen: Hannes Limmer, München
Druck und Bindung: Ljudska pravica, Jugoslawien

Ein Wort des Dankes

Ich möchte für ihre freundliche Hilfe meinen herzlichen Dank sagen:

Herrn Dr. M. Haupt, Bundesarchiv Koblenz
Herrn Dr. Fricke, Herrn Dr. Wieseotte, Militärgeschichtliches Forschungsamt Freiburg
Frau Dr. M. Lindemann, Institut für Zeitungsforschung, Dortmund
Herrn Professor Dr. J. Rohwer, Herrn W. Haupt und ihren Mitarbeitern, Weltkriegsbücherei, Stuttgart
Herrn Dr. Sack und seinen Mitarbeitern, Zentralbibliothek der Bundeswehr, Düsseldorf
Oberst De Rill und Herrn C. Kesteloot, Belgische Botschaft
Oberst E. Raunio, Finnische Botschaft
Brigadegeneral Sionta, Griechische Botschaft
Oberst R. Aoto, Herrn Opiolka, Japanische Botschaft
Oberst A. Viviani, Italienische Botschaft
Herrn I. Ivanji, Frau D. Alavantic, Jugoslawische Botschaft
Oberstleutnant R. Kristiansen, Norwegische Botschaft
Mr. Alan Dodds, Frau I. Köpf, US-Botschaft
Herrn Dr. H. R. Kurz, Eidgenössisches Militärdepartement, Bern
Herrn Oberst J.-J. Willi, Eidgenössisches Militärdepartement, Bern
Herrn Dr. O. Gauye, Herrn Ed. Tschabold, Bundesarchiv Bern
Herrn Dr. F. G. Maier und seinen Mitarbeitern, Schweizerische Landesbibliothek, Bern
Mr. J. S. Lucas, Mr. P. H. Reed, Imperial War Museum, London
allen Herren der Photographic Library, Imperial War Museum, London
Mr. A. D. Walton, University of Keele
Commander B. Wronski, Capt. W. Milewski, Capt. R. Dembinski, Capt. St Zurakowski, Herrn Ing. K. Barbarski, Sikorski Institut, London
Herrn Bertil Lagerwall, Flygstaben Stockholm
Herrn P. R. A. van Iddekinge, Gemeentearchief Arnhem
Lt.Col. F. Dou, Service Historique de l'Armée de l'Air, Château de Vincennes
Lt.Col. P. Dousset, Mr. P. Rolland, Établissement Cinématographique et Photographique des Armées, Fort D'Ivry
Maj. F. C. Lepore, Dep. of the Army, US-Army Audio-Visual Activity, Pentagon, Washington D.C.
Mrs. M. B. Livesay, Dep. of the Air Force, 1361st Audiovisual Squadron, Arlington/Virginia
W. H. Leary, National Archives, Washington D.C.
P. M. Maddocks, Library and Photographic Services, United States Naval Institute, Annapolis/Maryland
Col. B. J. Morden, Center of Military History, Dep. of the Army, Washington D.C.
A. F. Hoover, Photographic Section Naval History Division, Washington D.C.
Brig. Gen. E. Simmons, Marine Corps History and Museum Division, Navy Yard, Washington D.C.
B. Lindsey Command History, John F. Kennedy Center for Military Assistance, Fort Bragg/N.C.
W. J. Armstrong, Ph. D., History Office, US Naval Air Systems Command, Washington D.C.
J. Koontz, Operational Archives Branch, Naval History Division, Dep. of the Navy, Washington D.C.
M. P. Mariana, Archivio Centrale dello Stato, Rom
Col. E. Ripamonti, Stato Maggiore dell'Aeronautica, Rom
KAdm. R. Fadda, Stato Maggiore della Marina, Rom
Traditionsgemeinschaft Stuka-Geschwader »Immelmann«
Kameradschaft ehemaliger Transportflieger
Herrn F. Neubert
Herrn W. Hedderich, Oberst a. D.
Herrn Dr. C. H. Hermann, Oberst a. D.
Herrn Dr. H.-A. Koch, Oberst a. D.
Herrn P. Mahle
Herrn K. Reichert
Herrn K. Kirchner
Colonel W. D. Kasprowicz, C.O.M., London
Ing. J. B. Cynk, London
Herrn Hannes Limmer, München
Herrn U. Schefold, Herrn H.-P. Piehl, Frau B. Thauer, Südwest Verlag, München

Vorwort

Das vorliegende Werk ist der erstmalige Versuch in der internationalen Literatur, den Luftkrieg 1939 bis 1945 in seiner chronologischen Entwicklung mit den wichtigsten Vorgängen auf allen Kriegsschauplätzen und in den betroffenen Ländern aus der Sicht der jeweiligen Gegner zu schildern. Neben einer Darstellung der Ereignisse, Operationen sowie strategischer und taktischer Zusammenhänge vermitteln offizielle Berichte, Statements der Beteiligten und Pressemeldungen – auch des neutralen Auslandes – die eigenartige Atmosphäre der damaligen Zeit. Der Autor zeigt darüber hinaus Einzelschicksale von Menschen auf, seien sie Opfer der Luftangriffe, seien es Bomberbesatzungen, die diese Angriffe durchführten, oder Jagdflieger, die sie bekämpfen mußten.
Es bedurfte jahrelanger Recherchen, um so viele bis heute unbekannte oder in Vergessenheit geratene Tatsachen ans Licht zu holen, und selbst der mit der Materie vertraute Leser wird manches für ihn völlig Neue entdekken können. Auch wer Tage und Nächte in Luftschutzkellern verbringen mußte, findet Antwort auf manche Frage, die ihn damals bewegte.

Trotz konsequenter Einhaltung der Chronologie werden selbst verwickelte Vorgänge und Auswirkungen leicht überschaubar und verständlich. Natürlich kann bei der Fülle von Ereignissen auf dem verfügbaren Raum keine lückenlose Darstellung gebracht werden; dies hat den Autor zu einer konzentrierten Auswahl gezwungen. Dennoch sind die wesentlichen Kampfhandlungen in Europa, Nordafrika, im Nahen und Fernen Osten sowie über Pazifik und Atlantik mit all ihren Zusammenhängen exakt und objektiv geschildert.
Diese Publikation wird mit Sicherheit einen wichtigen Platz in der zeitgeschichtlichen Forschung einnehmen und als echte Pionierarbeit und brauchbares Nachschlagewerk gelten.
Das tendenzlos-sachliche Buch soll nicht zuletzt die junge Generation auf die Worte hinweisen, die der englische General J. F. C. Fuller in seinem Kommentar zu den anglo-amerikanischen Bombenangriffen auf Deutschland niederschrieb: »Städte und nicht Trümmerhaufen sind die Grundlagen der Zivilisation.«

Der Verlag

Bibliographie

AIR FORCE COMBAT UNITS OF WORLD WAR SECOND, USAAF HISTORICAL DIVISION, New York 1963

AIR MINISTRY: *Recognition Handbook of British Aircraft,* Section A-4 Issue 2, London 1944

BARKER, R.: *Aviator Extraordinary,* London 1969

COLLIER, B.: *The Defense of the United Kingdom,* H.M.S.O., London 1957

CRAVEN, W. F./CATE, J. L.: *The Army Air Forces in World War II,* 7 Bde. Chikago 1945/49

CYNK, J. B.: *History of the Polish Air Force 1918–1968,* London 1972

DOUHET, G.: *Luftherrschaft,* Berlin 1935

Effects of Strategic Bombing on the German War Economy, 15 Bde., edited by The US Strategic Bombing Survey, Overall Economic Effects Division, 1945 ff.

FEUCHTER, G. W.: *Der Luftkrieg,* Frankfurt/M. 1964

FRANKLAND, N./WEBSTER, SIR CH.: *The Strategic Air Offensive against Germany,* 4 Bde., London 1961

FUCHIDA, M./OKUMIYA, M.: *Midway, the Battle that Doomed Japan,* Washington 1955

FULLER, J. F. C.: *Der Zweite Weltkrieg 1939–1945,* Wien 1950

GALLAND, A.: *Die Ersten und die Letzten,* Darmstadt 1953

GOYET, P. LE: *Évolution de la doctrine d'emploi de l'aviation française entre 1919 et 1939,* in: Revue d'histoire de la deuxième guerre mondiale, 73/1969

HARRIS, SIR A.: *Bomber Offensive,* London 1947

JAKOWLEW, S. A.: *50 Liet Sowietskowo Samolietostrojenia,* Moskau 1967

KARIG, W.: *Battle Report,* 5 Bde., New York 1944/49

KENS, K./NOWARRA, H. J.: *Die deutschen Flugzeuge 1939–1945,* München 1964

KIRCHNER, K.: *Flugblätter, Psychologische Kriegsführung im Zweiten Weltkrieg in Europa,* München 1974

KOCH, H.-A.: *Flak, die Geschichte der deutschen Flakartillerie,* Bad Nauheim 1965

LEVRAULT, B.: *Les Forces Aériennes Françaises de 1939 à 1945,* Paris 1949

LOCHNER, L. P. (Hrsg.): *Goebbels-Tagebücher aus den Jahren 1942/43,* Zürich 1948

MACMILLAN, N.: *The Royal Air Force in the World War II,* 4 Bde., London 1942–1950

MORISON, S. E.: *History of United States Naval Operations in World War II,* 15 Bde., New York 1947/62

OKUMIYA, M./HORIKUSHI, J.: *The Story of the Japanese Navy Air Force 1937–1945,* London 1957

PIEKALKIEWICZ, J.: *Spione, Agenten, Soldaten – Geheime Kommandos im Zweiten Weltkrieg,* München 1969

PIEKALKIEWICZ, J.: *Die Ju 52 im Zweiten Weltkrieg,* Stuttgart 1976

PIEKALKIEWICZ, J.: *Fieseler Fi 156 Storch im Zweiten Weltkrieg,* Stuttgart 1977

PIEKALKIEWICZ, J.: *Stalingrad – Anatomie einer Schlacht,* München 1977

PIEKALKIEWICZ, J.: *Schweiz 39–45. Krieg in einem neutralen Land,* Stuttgart 1978

PLAYFAIR, I. S. O.: *The Mediterranean and Middle East,* 4 Bde., H.M.S.O., London 1960

RICHARDS, D./SAUNDERS, H.: *Royal Air Force 1939–1945,* 3 Bde., H.M.S.O., London 1953/55

RUMPF, H.: *Das war der Bombenkrieg,* Oldenburg 1961

SALESSE, Lt.Col.: *L'Aviation de Chasse Française en 1939–1940,* Paris 1948

SAMMELWERK: *Sowietskie Wojenno Wozdusznoje Sily w Wielikoj Otieczestwiennoj Wojnie 1941–1945,* Moskau 1968

SANTORO, G.: *L'Aeronautica Italiana nella Seconda Guerra Mondiale,* 2 Bde., Rom 1957

SCHRAMM, P. E.: *Die Niederlage 1945,* München 1962

SPEER, A.: *Erinnerungen,* Berlin 1969

TAMURA, Y. (Hrsg.): *Hiroku Daitoa Senshi (Geheimdokumente des Großasiatischen Krieges),* 7 Bde., Tokio 1953

TEDDER, LORD, RAF-MARSHAL: *Air Power in War,* London 1946

TRUELLE, J.: *La production aéronautique militaire française jusqu'en juin 1940,* in: Revue d'histoire de la deuxième guerre mondiale, 73/1969

WINOGRADOW, R. I./MINAJEW, A. W.: *Samoliety SSSR,* Moskau 1961

WINTERBOTHAM, F. W.: *The Ultra Secret,* London 1974

WYKEHAM, P.: *Fighter Command, a Study of Air Defence 1914–1960,* London 1960

Geheime Berichte des Sicherheitsdienstes der SS zur innenpolitischen Lage: Meldungen aus dem Reich, Berichte zur innenpolitischen Lage, SD-Berichte zu Inlandsfragen; Bundesarchiv, Koblenz: R 58 Reichssicherheitshauptamt (Nr. 160–178); BOBERACH, H.: *Meldungen aus dem Reich,* Neuwied, Berlin 1965

Tagesparolen des Reichspressechefs (Reichspropagandaamt Hessen-Nassau, Frankfurt/M.), *Sammlung Oberheitmann:* Bundesarchiv, Koblenz; KRÜMMER, K.: *Aufzeichnungen über Teilnahme an den Ministerkonferenzen,* Bd. 1 und 2; Politisches Archiv des Auswärtigen Amtes, Bonn; BOELCKE, W. A.: *Kriegspropaganda 1939–1941, Geheime Ministerkonferenzen im Reichspropagandaministerium,* Stuttgart 1966; BOELCKE, W. A.: *Wollt Ihr den totalen Krieg?* Stuttgart 1967

Zeitungen und Zeitschriften

Aviation Magazine International – Basler Nachrichten – Der Adler – Das Reich – Flugwehr und Technik – Forces Aériennes Françaises – Frontnachrichtenblatt der Luftwaffe – Journal de Genève – Le Figaro – Prawda – Revue de l'Armée de l'Air – Rivista Aeronautica – Royal Air Force Flying Review – Stockholm-Tidningen – Svenska Dagbladet – Völkischer Beobachter – Wojskowy Przeglad Lotniczy

Archive

Britannic Majesty's Stationery Office, London – Bundesarchiv, Bern – Bundesarchiv, Koblenz – Bundesarchiv, Militärarchiv, Freiburg – Institut für Zeitungsforschung, Dortmund – National Archives, Washington D. C. – Staatliches Zentralarchiv der Sowjetarmee, Moskau – Weltkriegsbücherei, Stuttgart – Zentralbibliothek der Bundeswehr, Düsseldorf – Service Historique de l'Armée de l'Air, Château de Vincennes

Bildquellen

Bundesarchiv Koblenz 38 – Établissement Cinématographique et Photographique des Armées Fort Ivry 19 – Imperial War Museum 80 – National Archives 2 – Navy Department (National Archives) 5 – Official US Air Force 8 – Official US Marine Corps 5 – US Air Force 22 – US Army 10 – Archiv F. Bordoni, Rom 15 – Archiv M. R. de Launay, Paris 45 – Archiv J. S. Middleton, London 32 – Archiv A. Stilles, New York 18 – Archiv J. K. Piekalkiewicz 79

Prolog

Der greise Marschall Foch behielt recht, als er 1919 in Versailles sagt: »Das ist kein Frieden, das ist ein Waffenstillstand für zwanzig Jahre.«
Der Friedensvertrag von Versailles trifft die deutsche Luftfahrt schwer. Alle Kriegsflugzeuge, die noch nicht in den Händen der Alliierten sind, müssen zerstört werden. Der Wiederaufbau einer Luftwaffe ist strikt untersagt, und Deutschland wird praktisch in die Zeiten der Montgolfier-Heißluftballons zurückversetzt. Der Vertrag erlaubt gerade noch die Segelfliegerei und den Bau leichter Sportmaschinen. Um mit der technischen Entwicklung Schritt zu halten, führen bald mehrere Firmen der deutschen Luftfahrtindustrie ihre Arbeit an neuen Flugzeugtypen im Ausland fort.
Mit dem Pariser Luftabkommen im Mai 1926 wird Deutschland außer dem Flugzeugbau die Gründung eines Luftwarndienstes zugebilligt. Ab 1931/32 ist die Flugmeldeorganisation im Reichsgebiet – zumindest theoretisch – einsatzbereit: offiziell zur Warnung der Bevölkerung und der Industrie, insgeheim allerdings schon als Wegbereiter für die geplante Flak und eine vorgesehene Jagdabwehr.
Unterdessen arbeiten das Luftreferat des Reichsverkehrsministeriums, die Wissenschaftliche Gesellschaft für Luftfahrt und die Deutsche Versuchsanstalt für Luftfahrt unermüdlich an Problemen der Luftkriegführung. Als die Machtergreifung Hitlers im Januar 1933 endlich die Voraussetzungen zur Entstehung einer starken Luftwaffe schafft, bilden die Vorbereitungen jener Organisationen die Basis.
Bereits 1921 entwickelt der italienische Militärtheoretiker General Giulio Douhet (1869–1930) in seinem Buch »Il domino dell'aria« (Die Luftherrschaft) die umstrittene Lehre, man könne den Gegner so gut wie ausschließlich durch massive Bomberoffensiven in die Knie zwingen.
Seine Doktrin der Luftherrschaft, auf den ersten Blick klar und überzeugend, faßt Douhet in dem lapidaren Satz zusammen: »Widerstand am Boden leisten, und die Entscheidung in der Luft suchen!«
General Douhet hat erkannt, daß die Einheit und Zusammenarbeit von Front und Hinterland einer der entscheidenden Faktoren für den Kriegsausgang geworden ist, und er zieht daraus die Schlußfolgerung, in einem künftigen Krieg nicht die Streitkräfte, sondern das tiefe Hinterland als Hauptangriffsziel zu betrachten.
Er meint, nach der Erringung der Luftherrschaft könne kein Volk den Luftangriffen auf Städte und Industriezentren längere Zeit widerstehen. Nach seiner Auffassung reicht die Zerstörung einiger Großstädte bereits aus, um die Kriegsentscheidung zu erzwingen.
Diese Theorie von der wesentlichen Rolle strategischer Bomberoperationen diskutiert man zwar eifrig in den Generalstäben aller Länder, aber sie wird nirgends voll übernommen und in Luftrüstungsprogrammen verwirklicht. Militäranalytiker, unter ihnen Captain B. H. Liddell-Hart, warnen: »Man kann sich einem Bomber am Himmel nicht ergeben.«
In Deutschland ist General Walther Wever, der erste Generalstabschef der Luftwaffe, ein überzeugter Verfechter der Douhet-Theorie, zugleich aber Realist genug, um zu erkennen, daß sich das Deutsche Reich kaum jemals die strategischen Bomberflotten einer Weltmacht leisten kann. 1936 verunglückt Wever tödlich bei einem Flugzeugabsturz, und seine Nachfolger sind nicht so vorausschauend: Sie unterschätzen die Bedeutung der strategischen Luftkriegführung und geben die von Wever angebahnten Beschaffungspläne für schwere Bomberverbände auf. Für sie ist das wichtigste die taktische Zusammenarbeit der Luftwaffe mit dem Heer.
Ende April 1937 verfügt Göring die Einstellung einer weiteren Entwicklung von Versuchsmodellen der viermotorigen Kampfflugzeuge Do 19 und Ju 89. Zwar konzipiert die Firma Heinkel 1938 einen viermotorigen Bom-

ber (mit zwei Doppeltriebwerken), die He 177 »Greif«, die zugleich Fernaufklärer, Fern- und Sturzbomber sein soll. Dieses Ungetüm wird letzten Endes der deutschen Luftwaffe mehr Kummer bescheren als jedes andere Flugzeug: Sie verliert mehr He 177 durch Konstruktionsfehler als durch Feindeinwirkung.
Die deutsche Luftwaffe wird innerhalb von 4 Jahren, zum Teil mit umgebauten Verkehrsflugzeugen, aus dem Boden gestampft. Der Vorteil dieses blitzartigen Aufbaus: die Entfaltung der Industrie und keine veralteten Flugzeugtypen. Die neue Luftwaffe leidet jedoch unter dem Mangel an geeigneten Persönlichkeiten, die mit den Problemen der Luftkriegführung vertraut sind. Dadurch entstehen in den entscheidenden Jahren der Aufrüstung irreparable Fehlentscheidungen. Sie werden sich später im Krieg verhängnisvoll auswirken.
Hitler selbst ist Laie und in allen Fragen des komplizierten Flugwesens von seinen Luftwaffensachverständigen völlig abhängig. Göring wiederum, ein Jagdflieger des Ersten Weltkrieges – wie auch seine engsten Mitarbeiter Udet und Jeschonnek –, hat als Politiker weder Zeit noch Gelegenheit, sich fundierte strategische Kenntnisse anzueignen. Unter den sieben Amtschefs seines Luftfahrtministeriums sind vier Heeresoffiziere, die bisher mit dem Flugwesen nicht das geringste zu tun hatten.
So schaffen unter dem Einfluß eines dominierenden Heeres die deutschen Strategen eine Luftwaffe, der, völlig im Gegensatz zur Douhet-Theorie, hauptsächlich Einsätze zur taktischen Unterstützung der Bodentruppen zugedacht sind. Hier aber wird die deutsche Luftwaffe tatsächlich bald allen übrigen Großmächten überlegen sein.
Das Konzept der Luftwaffenführung, die sich ihres begrenzten Potentials bewußt und auf die Erringung schneller Erfolge orientiert ist, plant, den Krieg durch einen einleitenden, mächtigen und blitzartigen Schlag aus der Luft zur Entscheidung zu bringen.
Zur gleichen Zeit, in der die Deutschen das Hauptgewicht ihrer Entwicklung auf taktische zweimotorige Mittelstreckenbomber legen, richtet sich das britische und amerikanische Bestreben auf die Schaffung schwerer strategischer Bomber.
Auch ein anderes nicht minder wichtiges Vorhaben der späteren Gegner ist der Führung der deutschen Luftwaffe entgangen: 1935 reicht der britische Physiker Robert Watson-Watt ein Memorandum über die »Entdeckung und Ortung eines Flugzeugs durch Radiomethoden« ein.
Ebenfalls im Jahre 1935 wird im britischen Kriegsministerium das sogenannte »Tizard-Komitee für die wissenschaftliche Überwachung der Luftverteidigung« gegründet. Das Komitee erkennt den Wert der Überlegungen von Watson-Watt und läßt sofort erste Versuche durchführen. Es ist der Beginn der britischen Funkmeßentwicklung »Radio Direction Finding«, später Radio Detecting and Ranging – Radar – genannt. Ihre Aufgabe: die Jäger mit Hilfe von Funksprechverkehr vom Boden aus an die georteten Bomber heranzuführen.
Bereits im August 1935 kann ein Flugziel in 2000 Meter Höhe auf 60 bis 80 Kilometer Entfernung geortet werden; man arbeitet allerdings mit 20 Meter hohen Türmen auf 12-Meter-Wellenlänge. Zur Sudetenkrise im September 1938 sind die ersten 5 Stationen in Betrieb. In den sogenannten »Biggin Hills Experiments« werden neue Taktiken der Jägerleitung erprobt und eine umfangreiche Melde- und Leitorganisation errichtet.
Ausgelöst durch den Einmarsch der Deutschen in Prag, wird an der englischen Küste am Karfreitag 1939 Alarm gegeben und die »Chain Home« auf Dauerempfang geschaltet, so daß an der ganzen Südostküste kein Flugzeug unentdeckt einfliegen kann.
Den Vorsprung Englands in der Hochfrequenztechnik holt Deutschland niemals auf.
In den Tagen des Anschlusses Österreichs an das Deutsche Reich präsentiert die Luftwaffe der Welt zum erstenmal ihre Stärke. Am Nachmittag des 15. März 1938 nimmt Hitler in Begleitung der Generale v. Brauchitsch und Milch in Wien die Parade der deutschen und österreichischen Streitkräfte ab. Nachdem der Vorbeimarsch des Heeres einige Minuten zu früh endet und v. Brauchitsch eine ironische Bemerkung macht, ob die Luftwaffe noch kommen werde, zeigt Milch auf seine Uhr: »Noch fünf Minuten zu früh.« Eine halbe Minute vor der angesetzten Zeit erzittert die Luft vom Dröhnen der Motoren.

Wie eine Luftparade organisiert wird

Wenige Tage vor der Parade werden in Zusammenarbeit mit einer Kette (3 Flugzeuge) nach mehrmaligen Proben mit der Stoppuhr die Durchschnittszeiten für das Anlassen der Motoren, das Rollen zum Start, das Starten selbst, der Anflug bis zum Versammlungsraum und schließlich der Anflug bis zur Stelle des Vorbeimarsches festgelegt ...
Die Besatzungen sitzen startfertig in den Flugzeugen. Die Monteure lagern mit ihren Preßluftflaschen neben den Maschinen, um auf das befohlene Startzeichen sofort die Motoren anzulassen. Die Befehlsstelle am Paradeort weiß genau, welcher Truppenteil 25 Minuten vor Beendigung der Erdparade vorbeimarschiert. Überschreitet diese Truppe eine bestimmte Linie, wird das Startzeichen durch Funk und Fernsprecher zum Flugplatz durchgegeben ...
Um gleichzeitig allen Flugzeugen den Anflugbefehl zu übermitteln, wird auf der Erde noch ein großes Tuchkreuz ausgelegt und eine in der Luft zerspringende

Leuchtbombe abgefeuert. Aus dem vordersten Flugzeug tropft eine Leuchtkugel – Achtung!! Steil zieht der Kommodore seinen schnellen, wendigen Einsitzer in die Höhe, kippt, allen Besatzungen sichtbar, über dem Flügel ab, und nun rückt Staffel hinter Staffel, gleichmäßig Höhe verlierend, zur Paradestraße.
Gerade dröhnen die letzten Panzer vorüber. Da braust es, von vorn wie ein Bienenschwarm aussehend, über die Häuser der Stadt heran. In tadellos ausgerichteter Keilform, in gleichmäßiger Höhe fliegen die Staffeln vorüber, und die Herzen schwingen im Gleichklang mit den donnernden Motoren, dem ehernen Lied der deutschen Luftwaffe. *Der Adler, März 1938*

»Zwei Jahre Kriegserfahrungen sind nützlicher gewesen als zehn Jahre Ausbildung in Friedenszeiten«, erklärt General v. Reichenau in seinem im Sommer 1938 vor deutschen Militärs gehaltenen Vortrag, in dem er den Bürgerkrieg in Spanien als die Kriegshochschule Deutschlands bezeichnet.
Besonders die Luftstreitkräfte der Deutschen, die auf Francos Seite kämpfen, und die Sowjets, die die Republikaner unterstützen, profitieren von ihren in Spanien

Oben: Messerschmitt Bf 109 (Me 109) bei einem Test im Windkanal: Zur Zeit des Spanischen Bürgerkrieges der schnellste Jäger der Welt

Rechts: 1934 als Schnellverkehrsflugzeug für die Deutsche Lufthansa konstruiert: Heinkel He 111, der wichtigste Standardbomber der Luftwaffe

gewonnenen Erfahrungen. So entwickelt z. B. Werner Mölders, mit 14 Luftsiegen einer der erfolgreichsten beteiligten Jagdflieger, eine neue Taktik des Luftkampfes. Die Wendigkeit des sowjetischen Jägers I-16 »Rata« spornt ihn dazu an. An die Stelle der bisherigen starren, aus 3 Flugzeugen bestehenden Kettenformation tritt jetzt die Rotte von 2 Flugzeugen, in der das Führungsflugzeug in einem Abstand von etwa 200 Metern von einem Rottenkameraden, dem man den Spitznamen »Kaczmarek« gibt, begleitet wird. Während mehrere Rotten sich zu Schwärmen vereinigen, können sich die Piloten der Führungsmaschinen – in der Gewißheit, daß ihnen der Rücken gedeckt ist – ganz auf das Ziel konzentrieren. Diese neue Taktik beweist in unzähligen Kämpfen ihre Überlegenheit und ist eine der wichtigsten Erkenntnisse, die die Legion Condor während des Bürgerkrieges erwirbt. Die neue Kampfweise haben im Zweiten Weltkrieg sowohl die RAF als auch die US-Luftstreitkräfte übernommen. Eine der Erfahrungen, die deutsche Piloten unter spanischem Himmel gewonnen haben, ist die Wirksamkeit von taktischen Einsätzen zur Unterstützung des Heeres und die Rolle der Flak im Erdkampf. Am konsequentesten setzt allerdings die Sowjetunion diese Erkenntnisse in die Tat um: Bereits 1937 empfiehlt der Oberbefehlshaber der Roten Luftflotte, General Alksnis, die Entwicklung eines gut gepanzerten und stark bewaffneten Schlachtflugzeuges. Auf seine Anregung hin entwickelt S. W. Iljuschin die wohl beste und meistgebaute Maschine des Zweiten Weltkrieges (36 163 Stück), die berühmte IL-2 »Sturmowik«.

„Legion Condor“ — Illustrierter Beobachter — Seite

Deutsche Flieger an der nationalspanischen Front

General Frhr. v. Richthofen vor einem Frontflug im Gespräch mit seinem Beobachter.

General Frh. v. Richthofen will sich über den Verlauf der Kampfhandlungen und die dadurch geschaffene Lage orientieren. Er steuert dabei seine Maschine stets selbst.

Eine weitere Schlußfolgerung der sowjetischen Führung: Sie beginnt schleunigst mit der Umrüstung ihrer Luftstreitkräfte auf eine völlig neue Kampftechnik, da insbesondere Geschwindigkeit und Bewaffnung ihrer Jagdflugzeuge den modernen deutschen Maschinen nicht gewachsen sind.

Ein Jahr vor Ausbruch des Krieges wird der Himmel über Deutschland zum Schauplatz eines Abenteuers, das James Bond Ehre machen würde. Die Idee wurde, nebenbei bemerkt, in der Heimat des Superagenten geboren.

Am Sonnabend, dem 10. September 1938, läßt Göring, mitten im Frieden zum Generalfeldmarschall ernannt, das Grenzgebiet zwischen Luxemburg und der Schweiz zur Sperrzone für Zivilflugzeuge erklären, und nur die internationalen Fluglinien dürfen einige bestimmte Luftkorridore benutzen. Nun regt sich natürlich das besondere Interesse derjenigen, denen diese überraschende Anordnung zweifelsohne gilt: das der britischen und französischen Geheimdienste. Sie wissen nämlich recht wenig über die Arbeiten an den Befestigungen der »Siegfried-Linie«, wie sie den Westwall nennen, und sie hecken jetzt einen verwegenen Plan aus: Ein Spionageflugzeug, als Geschäftsmaschine getarnt, soll Luftaufnahmen von der Sperrzone machen. Noch im gleichen Monat findet man einen geeigneten Piloten für dieses Unternehmen: Sidney Cotton, ein australischer Spezialist für Luftaufnahmen und passionierter Flieger, hauptberuflich Direktor einer Weltfirma, die sich mit der kommerziellen Auswertung des Farbfilm-Dufaycolor-Verfahrens befaßt, und im europäischen Flugsport eine recht populäre Erscheinung.

Eine leistungsstarke fabrikneue Maschine, das zweimotorige Passagierflugzeug Lockheed 12 A, Reg.-Nr. G-AFKR, wird Cotton bereits im Januar 1939 zur Verfügung gestellt. Er soll dieses Flugzeug so oft wie möglich benutzen, um die Story einer britischen Geschäftsmaschine in Privatbesitz glaubhaft zu machen.

Brennender sowjetischer Jäger Polikarpow I-16 Rata: Rund 475 dieser Maschinen fliegen im Spanischen Bürgerkrieg auf seiten der Republikaner. Es ist der erste freitragende Eindecker der Welt mit einziehbarem Fahrwerk.

Oben links: 80 m hohe Türme des britischen Frühwarnsystems (Chain Home): Aus »Radio Detection and Ranging System« wird später das Wort Radar abgeleitet

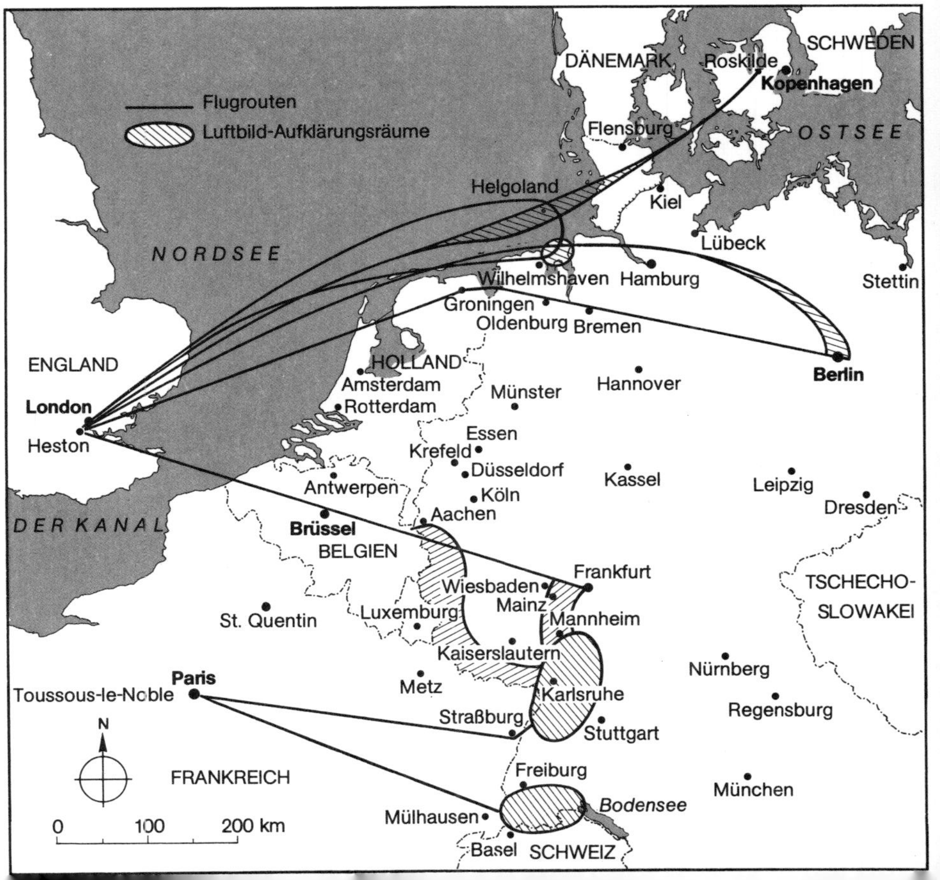

Rechts: Die geheimen Aufklärungsflüge von Sidney Cotton und seinem Team: Februar bis September 1939

Von dem kleinen Flugplatz Toussous-le-Noble, etwa 25 Kilometer südwestlich von Paris, startet Cotton Anfang Februar 1939 zu seinem ersten Einsatz in Richtung Rhein. An Bord außer ihm ein französischer Geheimdienstler, ein gewisser Monsieur Bois, und einige Kameras. Es liegen Berichte über neue Flugplätze und Rüstungsbetriebe in der Umgebung von Mannheim vor, und Cotton ist beauftragt, Luftaufnahmen von diesem Gebiet zu machen. Er soll sich der Stadt auf der gleichen Route und zum selben Zeitpunkt nähern wie die planmäßige Passagiermaschine Straßburg–Mannheim. Für den Fall, daß man die Lockheed zur Landung zwingt, ist vorgesehen, alle Kameras und belastendes Material über Bord zu werfen. »Wir flogen Mannheim von Südwesten her in einer Höhe von 7000 Metern an. Um dem Verlauf des Rheins zu folgen, mußten wir oft den Kurs wechseln. Die Sicht war so gut, daß wir selbst aus dieser Höhe die Siegfried-Linie klar erkennen konnten.«

Auch in den nächsten Tagen unternimmt Cotton unbemerkt mehrere Flüge den Westwall entlang bis zur Schweizer Grenze und zum nördlichen Teil des Bodensees.

Im April wird Cotton nach Tunis beordert; die Maschine bekommt jetzt die französische Reg.-Nr. F-ARQA. In mehreren Einsätzen fotografiert er die italienischen Flugplätze in Nordafrika. Im Mai erhält Cotton in Großbritannien eine neue Maschine gleichen Typs mit der Reg.-Nr. G-AFTL; die eingebauten Zusatztanks verleihen der Lockheed 12 A die doppelte Reichweite von 2575 Kilometern. Seine erste Aufgabe mit der neuen Maschine führt ihn im Juni in Begleitung eines RAF-

Oben: Lockheed, Modell 12 A: Die S. Cotton vom Secret Service zur Verfügung gestellte Maschine ist fast identisch mit der Lockheed 12 A Electra, dem zur Zeit bekanntesten Passagierflugzeug

Mitte: Das Cockpit von S. Cottons Maschine: Am unteren Rand des Pilotensitzes (links) der Auslöseknopf für die beiden unter den Tragflächen versteckten Leicas

Rechts: Die Rheinbrücke bei Straßburg: Eine der ungezählten Luftaufnahmen, die S. Cotton von seinen riskanten Flügen mitbrachte. Sie dienen der RAF zur Vervollständigung ihrer Zielkartei

Piloten namens Bob Niven nach Italienisch-Somalia. Am 25. Juni kehren sie wieder nach England zurück, wo man annimmt, sie kämen von einer Flugrallye in Ungarn.
Anfang Juli lernt Cotton einen Deutschen namens Schöne kennen, der an der Entwicklung eines deutschen Marktes für den Dufaycolor-Film interessiert ist. Schöne, als ehemaliger Angehöriger des Geschwaders Richthofen mit Hermann Göring gut bekannt und trotzdem, wie er sagt, NS-Gegner, wird von Cotton als Vertreter für Deutschland engagiert. Nach einer Woche bittet Schöne ihn telegrafisch, nach Berlin zu kommen, seine Bemühungen seien sehr positiv.
Am Mittwoch, dem 26. Juli 1939, fliegt Cotton mit Bob Niven von Heston aus nach Berlin. Bereits am nächsten Tag, dem 27. Juli, kehren die beiden mit den bei der Tobis-Filmgesellschaft gedrehten Probeaufnahmen und einer Einladung des Flughafendirektors von Tempelhof, Herrn Böttger, am internationalen Sportfliegertreffen in Frankfurt teilzunehmen, nach England zurück. Cotton läßt nun zwei Leica-Motorfotoapparate in den Tragflächen montieren, die er durch einen Knopf unter dem Pilotensitz betätigen kann. Dieser Knopf, mit dem Motor eines Autoscheibenwischers verbunden, der die versteckten Schutzbleche unter den Leicas automatisch öffnet und schließt, setzt auch die Kameras mit Negativrollen für je 250 Aufnahmen in Betrieb.
In Frankfurt ist die »riesige Lockheed« Gesprächsstoff Nummer eins, und als der anwesende Tempelhofer Flughafendirektor Cotton bittet, ihn auf einem der Flüge mitzunehmen, schlägt der Engländer einen Trip den »wunderschönen Rhein entlang bis Mannheim vor, von dem seine Tante so schwärmt«. Und während der arglose Flughafendirektor das Rheinpanorama bewundert, drückt Cotton fleißig den Knopf unter seinem Sitz.
Auf dem Heimflug nutzt Cotton, entgegen strikter Anweisung, eine bestimmte Flugroute zu nehmen, die natürlich außerhalb der militärischen Objekte liegt, die starke Bewölkung aus, dreht in Richtung Westwall ab und folgt ihm nach Norden. Erst bei Aachen wechselt er die Richtung nach Brüssel. Die versteckten Leicas haben auch diesmal nicht versagt. »Echte deutsche Wertarbeit« (Cotton).
Am Freitag, dem 2. August 1939, vier Wochen vor Kriegsausbruch, startet in Frankfurt/Main das Luft-

Warten auf den Krieg: Irgendwo in der Nähe der polnischen Grenze sonnen sich am letzten Augusttag des Jahres 1939 die Besatzungen der am Straßenrand unter Bäumen getarnten He-111-Bomber

Britische Luftbildauswerter, Photo-Interpreters (PIs), deren Aufgabe es ist, die von S. Cotton gelieferten Aufnahmen auszuwerten und zu klassifizieren

schiff LZ-127 »Graf Zeppelin« in Richtung England mit geheimem Auftrag: Die Funkexperten – Oberstleutnant Gosewisch, Leutnant E. K. Schneider und Hauptmann E. A. Hartwig – sollen auskundschaften, was die hohen Stahltürme an der Küste von Dover zu bedeuten haben. Der Zeppelin schwebt den ganzen 3. August in Sichtweite der englischen Ostküste, die Gondel mit sensiblen Meßgeräten vollgepackt. Erleichtert kehren die Wissenschaftler von ihrer Exkursion zurück. Die Geräte haben keine Impulse aufgezeichnet, und nichts weist auf eine englische Rückstrahltechnik hin. Sie ahnen nicht, daß die Engländer vorsorglich die ganze Radarkette ausgeschaltet haben.

Am Donnerstag, dem 17. August 1939, startet Cotton wieder zu einer Geschäftsbesprechung nach Berlin. Nebenbei soll er im Auftrag des Secret Service aus der Luft einige Flugplätze im Norden der deutschen Hauptstadt fotografieren. In Karinhall, der prunkvollen Residenz Görings, wo Schöne eine weitere Serie Probeaufnahmen auf Dufaycolor vorführt, ist der Hausherr abwesend, und Cotton gelingt es, den Blick hinter die Abschirmung einer Baustelle zu werfen: Dort ist gerade der private Luftschutzbunker des Feldmarschalls im Entstehen. Als Cotton und Schöne sich über einen möglichen Kriegsausbruch unterhalten, bemerkt Schöne, Göring bezweifle, daß England im Falle eines deutschen Einmarsches in Polen eingreifen würde. Cotton: »Ich schlug Schöne vor, Göring zu bitten, als mein Gast mit

Rechts: Polnischer mittlerer Ganzmetall-Bomber PZL P-37 Los (Elch) sowie eine Reihe polnischer Standardjäger PZL P-11 a und 11 c in Okecie bei Warschau, dem Stützpunkt des 1. Fliegerregiments

Unten: Die letzte Stunde des Friedens: Polnische Flieger der Bomberbrigade am Rande eines getarnten Feldflugplatzes (31. August 1939). Im Hintergrund leichte Bomber, Typ PZL P-23 Karas (Karausche)

nach England zu fliegen. Wenn man nämlich den Feldmarschall von der wirklichen Entschlossenheit Englands überzeugen könne, dann würde er Hitler bestimmt sofort ins Bild setzen. Dies schien mir noch die einzige Hoffnung zu sein, um den Krieg zu vermeiden.«

Überraschenderweise nimmt Göring die Einladung an, mit Cotton eine Woche später, am Donnerstag, dem 24. August, nach England zu fliegen. Wieder in London, berichtet Cotton dem Chef des Secret Service von seiner Idee eines Göring-Besuchs in England. Nach Absprache mit Premierminister Chamberlain und Lord Halifax wird die Einladung verfaßt und ein Tagesplan für den hohen Gast entworfen.

Am Dienstag, dem 22. August 1939, fliegen Cotton und Niven nach Berlin, um das offizielle Einladungsschreiben der britischen Regierung an Göring weiterleiten zu lassen. Als Termin für den Rückflug, diesmal mit Göring, wird Cotton der Donnerstag, 24. August, 10 Uhr, genannt – ab München, da der Feldmarschall zur Zeit in Berchtesgaden weilt. Der Führer selbst habe den Engländern eine Sondererlaubnis zur Landung gegeben, und sein persönlicher Pilot soll Cotton von Berlin aus begleiten.

Während Cotton und sein Kopilot Bob Niven im feudalen Berliner Hotel »Adlon« als VIP auf ihre große Stunde warten, rollen die Ereignisse hinter dem Vorhang der politischen Bühne immer schneller: Am nächsten Tag, Mittwoch, dem 23. August, unterzeichnet v. Ribbentrop in Moskau den Pakt mit Stalin. Bei dieser veränderten Situation liegt den NS-Größen nun mehr an einer Sprengung der Koalition Großbritannien–Frankreich–Polen, als sich die kriegerische Entschlossenheit Londons an Ort und Stelle bestätigen zu lassen.

Und am Donnerstag, dem 24. August, erleben die beiden Engländer in Tempelhof bange Stunden, als anstelle des erwarteten persönlichen Piloten Hitlers ein striktes Startverbot eintrifft. Göring läßt nichts von sich hören, und die beiden Engländer können erst erleichtert aufatmen, als sie schließlich nach langer Ungewißheit um 11.15 Uhr doch in Richtung England starten dürfen.

»Schöne gab mir einen Zettel mit der genau festgelegten Route. Wir sollten in einer Höhe von 300 Metern fliegen und nicht vom Kurs abweichen, sonst würde man uns abschießen, warnte mich Schöne zum Abschied.« Die Lockheed G-AFTL ist die letzte britische Privatmaschine, die Berlin vor Ausbruch des Krieges verläßt.

Auf ihrem Flug sehen sie immer wieder Kampfverbände der Luftwaffe, die zu ihren Einsatzhäfen in Ostdeutschland ziehen. Als sie sich in Richtung Groningen der holländischen Grenze nähern, bemerken sie außerhalb von Wilhelmshaven an der Schillig-Reede Einheiten der deutschen Kriegsmarine. Cotton macht einige Fotos. Er ahnt in diesem Augenblick nicht, daß gerade diese Aufnahmen die RAF zu ihrem ersten Angriff auf die deutschen Schiffe veranlassen werden.

Zwei Tage später, am Sonnabend, dem 26. August, ist Cotton wieder über Deutschland, genauer gesagt über der Insel Sylt, diesmal mit einem streng geheimen Fotoauftrag der britischen Admiralität.

Am Donnerstag, dem 31. August 1939 morgens, befiehlt Hitler Plan »Weiß«, den Überfall auf Polen. Bis 13 Uhr sind alle Einheiten im Besitz der nötigen Befehle. Am nächsten Tag kann der Krieg beginnen.

Den 2093 deutschen Flugzeugen stehen nur 463 einsatzbereite polnische Frontmaschinen gegenüber, darunter 150 Jäger, 86 Bomber und 154 Aufklärer; bis auf 36 moderne Bomber, Typ Los, alle restlos veraltet und schwach bewaffnet. Daneben haben die polnischen Generale kein Konzept zur Hand, wie diese bescheidene Luftstreitmacht im Falle eines Krieges geführt werden soll. Die Fliegerregimenter, 6 an der Zahl, werden im Juni 1939 aufgelöst. Und aus ihnen entstehen Verfügungsluftstreitkräfte des Oberbefehlshabers des polnischen Heeres: eine Bomber- und eine Jagdbrigade. Die den Armeen und Operationsgruppen zugeteilten Staffeln bilden operative Fliegerkräfte.

Die Zerstückelung der kleinen Luftstreitmacht wird noch mehr zu ihrer Vernichtung beitragen und jeden erfolgversprechenden Einsatz ausschließen.

Auch eine andere Handlung der obersten Führung nimmt der schwachen Luftstreitmacht von vornherein jede Chance: Um die nötigen Devisen »für die Ausrüstung der Armee zu beschaffen«, verkauft sie die modernsten Typen polnischer Kampf- und Jagdflugzeuge gleich staffelweise an das Ausland, so daß die besten polnischen Maschinen im September 1939 nur bei den Rumänen, Bulgaren, Griechen, Türken und anderen Luftstreitkräften zu finden sind. Die polnischen Piloten kennen sie lediglich von Fotos. Durch verschiedene Fehldispositionen arbeiten die größten polnischen Flugzeugwerke PZL-1 in Warschau im Sommer 1939 nur an drei Tagen in der Woche, die Hälfte der Belegschaft wird in Urlaub geschickt.

Die polnische Fliegertruppe (Gen. Zajac) und die übrigen Streitkräfte beginnen ihre Mobilmachung mit erheblicher Verspätung, und für die vollständige Einberufung des Bodenpersonals reicht die Zeit nicht mehr, was wiederum zur Verminderung der polnischen Kampfbereitschaft führt.

Da das polnische Oberkommando bis zuletzt mit der Verlegung der Frontflugzeuge von den bekannten Friedens-Luftstützpunkten auf geheime Feldflugplätze zögert, »... um Berlin nicht unnötig zu provozieren«, wie es heißt, erleben die Flieger aufreibende Stunden. Zwar gelingt es, sämtliche Maschinen der ersten Linie bis zum Abend des 31. August auf gut getarnte Feldflugplätze zu verlegen, jedoch beläßt man die gesamten Einrichtungen der Friedensstützpunkte noch an Ort und Stelle.

1939
September bis Dezember

Freitag, 1. September 1939, Warschau
Der *Stab des Oberbefehlshabers* gibt in seinem Kommuniqué Nr. 1 bekannt:
Heute in den frühen Morgenstunden brachen die Deutschen ohne Kriegserklärung in einem Überraschungsangriff ihrer Luftstreitkräfte und Bodentruppen in unser Land ein. Die deutsche Luftwaffe führte mehrere Angriffe gegen Einzelziele im gesamten polnischen Raum durch …

Die Agentur *PAT* meldet aus Warschau:
Die ersten Kampfhandlungen begannen deutscherseits in der Nacht zum Freitag. Bombergeschwader griffen den polnischen Küstenort Puck (Putzig) in der Nähe von Gdynia (Gdingen) an, um dortige Flugplätze zu zerstören; es entstanden jedoch keine Schäden. Auf Gdynia selbst wurden ebenfalls Bomben abgeworfen, die allerdings keinerlei Schäden anrichteten. Auch Chelm (Kulm) in den Pommerellen wurde bombardiert. Ein anderer Luftangriff, der sich gegen Flugplätze bei Biala richtete, verfehlte sein Ziel.

1. September 1939, abends
Das *Oberkommando der Wehrmacht* gibt bekannt:
Die deutsche Luftwaffe hat heute in wiederholten kraftvollen Einsätzen die militärischen Anlagen auf zahlreichen polnischen Flugplätzen, so z. B. Rahmel, Putzig, Graudenz, Posen, Plock, Lodz, Tomaszow, Radom, Ruda, Kattowitz, Krakau, Lemberg, Brest, Terespol angegriffen und zerstört. Außerdem unterstützen mehrere Schlachtgeschwader wirkungsvoll das Vorwärtskommen des Heeres. Die deutsche Luftwaffe hat sich damit heute die Luftherrschaft über den polnischen Raum erkämpft, obwohl starke Kräfte in Mittel- und Westdeutschland zurückgehalten wurden.

Der erste Einsatz

Wir liegen in Schlesien, etwa 80 Kilometer von der polnischen Grenze entfernt. Unsere braven Do 17 stehen mit gefüllten Bombenmagazinen startbereit am Liegeplatz der Staffel. Jeden Morgen werden die Motoren angelassen; es ist erst schwach hell im Osten, da hört man schon, daß unsere Bordmechaniker und ersten Warte ihre Maschinen abbremsen.
So ging es Tag um Tag. Der Bombenoberfeldwebel sagt gerade zu mir: »Hoffentlich brauchen wir die Maschinen nicht wieder zu entladen.« Jede Besatzung hat die Karten schon genauestens studiert, jeder weiß die Flugzeit bis zur Warthe, bis zur Pilica auswendig. Jeder kennt den markanten Warthebogen westlich Dzialoszyn. Und noch immer müssen wir Geduld haben.
Der 31. August geht wie die letzten Tage für uns ereignislos zu Ende. Wir sitzen wie immer in freien Stunden am Lautsprecher und hoffen auf eine Sondermeldung. – Da schrillt das Telefon. Wir alle lesen dem Adjutanten die Meldung vom Gesicht ab: »Morgen früh ab 4.20 Uhr Startbereitschaft.« Schnell sind die nötigen Anweisungen an die Staffeln gegeben: »Wecken 2.00 Uhr, 2.30 Uhr Frühstück, 3.15 Uhr Flugbesprechung, um 4.00 Uhr Besatzungen an den Maschinen. Die Maschinen sind um 4.10 Uhr abgebremst. Jetzt sofort alles schlafen gehen!«
Ein kühler Morgen schlägt uns entgegen, als wir zur Flugbesprechung gehen. Jeder ist in größter Spannung. Und nun hören wir den klaren Befehl des Kommodore der Kampfgruppe zum ersten Feindeinsatz: »Die Gruppe greift den Flugplatz Krakau im Tiefangriff an! Angriffszeit 5.45 Uhr.« Die Zielunterlagen zeigen uns alles klar auf: die Hallen – die Lager – die Werft – die FT-Anlagen. Schwerpunkt: erkannte feindliche Flugzeuge auf dem Platz. Es folgen Angaben über vermutliche polnische Luftabwehr.

Wir müssen unbedingt genau zur befohlenen Zeit am Ziel sein, wenn wir nicht Gefahr laufen wollen, in die Bombenwirkung der anderen Staffeln hineinzugeraten. Der Angriff soll von Osten her erfolgen. Alles ist klar, die Uhren werden auf die Minute verglichen.
Kraftvoll schallt der dreimalige alte Soldatenruf als Gruß an unseren geliebten Führer in den dämmernden Morgen des 1. September hinaus. In dem fahlen Licht der aufgehenden Sonne sieht man die Auspuffflammen aus den laufenden Motoren züngeln. Die MG sind klar, die Trommeln aufgesetzt. Die erste Staffel startet – nach zwei Minuten.
Wir sind auf Kurs. Es ist zuerst schwierig, bei dem starken Morgendunst die Orientierung zu behalten. Wir wissen, daß in diesen Minuten unsere Kameraden auf der Erde die Grenzpfähle niederreißen und ihren Angriff beginnen ... Langsam wird es hell, die Sicht wird gut. Wir fliegen über Feindesland. Tschenstochau bleibt links liegen, wir nehmen Ostkurs und gehen dann über Süd-auf Westkurs und greifen, entlang der Weichsel kommend, Krakau an. Bald sehen wir auch ohne Karte, daß wir in Polen fliegen. Große unbebaute Flächen, ödes Brachland, dazwischen schmutzige Bauernhäuser liegen unter uns. Wir fliegen in 50 bis 100 Meter Höhe. Die Spannung in jedem einzelnen wächst von Minute zu Minute.
Links vor uns fliegt die andere Staffel: wir sehen, daß sie beschossen wird. Da zeigt uns eine schwarze Rauchwolke am Horizont unser Ziel. Wir sind heran, vor uns Feuer, Qualm, Feuer und immer neue Explosionen. Wir ziehen die Maschinen bis auf 50 Meter, damit die Bomben scharf werden bis zum Aufschlag. Da erkennen wir kurz vor uns am Platzrand fein säuberlich aufgestellt eine Kette von polnischen Jägern. Die Bombenreihe läuft ab. Die Bomben zerschlagen unsere Feinde. Überall knallen die roten Explosionen am Boden, um uns ziehen die Fäden der feindlichen Abwehrgeschosse. Unsere MG-Läufe sind heiß, die Trommeln sind wohl noch nie so schnell gewechselt worden. Dicht an den Boden gedrückt, jagen wir jetzt auf Heimatkurs dahin.

Völkischer Beobachter, September 1939

Warschau, 1. September 1939: Einwohner der polnischen Hauptstadt beim Bau von Luftschutzgräben. Sie werden bald mit die ersten sein, die den Luftkrieg in seiner ganzen Grausamkeit erleben

Sonnabend, 2. September 1939, abends
Das *Oberkommando der Wehrmacht* gibt bekannt:
Nach den Erfolgen des heutigen Tages ist damit zu rechnen, daß die polnische Fliegertruppe in ihrem Bestand aufs schwerste getroffen ist. Die deutsche Luftwaffe hat die uneingeschränkte Luftherrschaft über dem gesamten polnischen Raum und steht nunmehr für weitere Aufgaben zum Schutze des Reiches zur Verfügung.

Montag, 4. September 1939, London
Das *Informationsministerium* teilt mit:
Staffeln der RAF haben in der vergangenen Nacht ausgedehnte Erkundungsflüge über Nord- und Westdeutschland ausgeführt, ohne daß es dabei zu Kämpfen mit feindlichen Flugzeugen kam. Über 6 Millionen Flugblätter, die einen Aufruf Englands an das deutsche Volk enthalten, sind über Deutschland abgeworfen worden.

4. September 1939, London
Das *Informationsministerium* teilt mit:
Die RAF führte heute nachmittag einen erfolgreichen Angriff auf Einheiten der deutschen Kriegsmarine in Wilhelmshaven und Brunsbüttel am Eingang des Kieler Kanals durch. Ein Volltreffer auf einem Schlachtschiff in der Nähe von Wilhelmshaven wurde registriert, der das Schiff schwer beschädigte. Gegen 13 Uhr erfolgte der Angriff auf ein weiteres Schlachtschiff, das bei Brunsbüttel vor Anker lag. Auch hier entstand schwerer Schaden. Der Raid fand unter sehr ungünstigen Wetterverhältnissen statt. Die Maschinen der RAF stießen auf starke

Der entscheidende Augenblick beim Angriff: In der letzten Phase des Sturzfluges eines Stukas Junkers Ju 87 – die Propellernase genau auf das Ziel gerichtet – werden die Bomben ausgelöst

deutsche Luftwaffenkräfte und heftiges Flakfeuer; es gab einige Verluste.

4. September 1939, Wilhelmshaven
Das *Deutsche Nachrichtenbureau* (DNB) meldet:
Englische Kampfflugzeuge neuester Bauart griffen am heutigen Abend gegen 18 Uhr Wilhelmshaven und Cuxhaven an. Die Bombenabwürfe richteten keinen Schaden an, da sie im stärksten Abwehrfeuer stattfanden. Von insgesamt 12 englischen Maschinen wurden 5 abgeschossen. Die Angreifer versuchten, sich in südwestlicher Richtung dem Flakfeuer zu entziehen, und nahmen Kurs auf holländisches Gebiet.

Montag, 4. September 1939
Das *Oberkommando der Wehrmacht* gibt bekannt:
Die deutsche Luftwaffe führte im Laufe des 3. September vermehrt ihre Angriffe auf militärisch wichtige Verkehrsanlagen und größere Truppentransporte durch. Der wiederholte Einsatz von Schlacht- und Sturzkampffliegern trug wesentlich zu dem raschen Erfolg der aus Schlesien vorgehenden Truppen bei.

Dienstag, 5. September 1939
Das *Oberkommando der Wehrmacht* gibt bekannt:
Die Luftwaffe beherrscht den Luftraum. 40 polnische Flugzeuge, darunter 15 im Luftkampf, wurden abgeschossen. In zunehmendem Maße wird durch die Luftangriffe auf feindliche Marsch- und Eisenbahnkolonnen ein planmäßiger Rückzug des Gegners vereitelt ... An der Nordseeküste griffen gegen 18 Uhr englische Kampfflugzeuge modernster Bauart Wilhelmshaven und Cuxhafen sowie die in den Flußmündungen liegenden Seestreitkräfte an. Die Jagd- und Flakabwehr von Kriegsmarine und Luftwaffe setzte so frühzeitig und wirksam ein, daß der Angriff auf Cuxhaven überhaupt vereitelt wurde, während die Bombenabwürfe in Wilhelmshaven keinen Schaden anrichteten. Von den angreifenden Flugzeugen wurden mehr als die Hälfte abgeschossen.

Mittwoch, 6. September 1939
Das *Oberkommando der Wehrmacht* gibt bekannt:
Die Angriffe der deutschen Luftwaffe haben am gestri-

Volltreffer auf polnische Grenzbefestigungen nördlich von Mlawa: die Bomben sitzen haargenau, dichte Rauchwolken wallen auf

gen Tage wiederum starke Störungen der feindlichen Verkehrslinien und rückwärtigen Verbindungen bewirkt. Die Bahnhöfe Zdunska-Wola, Skarzysko, Tarnow und Wreschen brennen, zahlreiche Bahnstrecken sind unterbrochen. Die polnische Fliegertruppe ist mit Ausnahme einzelner Jäger bei Lodz überhaupt nicht mehr in Erscheinung getreten.

Donnerstag, 7. September 1939
Das *Oberkommando der Wehrmacht* gibt bekannt:
Die Luftwaffe hat gestern in durchschlagendem Tiefangriff die weichenden Feindkolonnen angegriffen und zersprengt. Der Angriff gegen Eisenbahnanlagen, Bahnhöfe und Brücken wurde fortgesetzt, dabei die Weichselbrücken südlich Warschau durch Bombentreffer schwer beschädigt. Der Warschauer Westbahnhof steht in Flammen.

Freitag, 8. September 1939
Das *Oberkommando der Wehrmacht* gibt bekannt:
Die Operationen in Polen nahmen gestern an vielen Stellen den Charakter einer Verfolgung an, nur an einzelnen Stellen kam es noch zu ernsteren Kämpfen ... An diesen schnellen und großen Erfolgen hatte die Luftwaffe wieder entscheidenden Anteil. Ihr Masseneinsatz richtete sich gegen die zurückweichende polnische Armee. Sie griff mit Schlacht- und Sturzkampfgeschwadern unmittelbar in den Erdkampf ein. Marschkolonnen wurden zersprengt, Rückzugswege durch Zerstörung von Brükken und Übergängen versperrt, Versuche von feindlichen Gegenangriffen schon in der Bereitstellung zerschlagen. Die Weichselbrücken südlich Warschau sind nachhaltig zerstört, in Warschau selbst sind die Durchgangsstraßen mit Kolonnen angefüllt und verstopft. Die eilige Räumung der Stadt ist im Gange. 2 deutsche Flugzeuge wurden über polnischem Gebiet abgeschossen, ein Flugzeug wird vermißt.

Ein RAF-Bomber vom Typ Armstrong Whitley der 102. Squadron vor dem Nachteinsatz über Deutschland: Flugblätter anstelle von Bomben

Sonnabend, 9. September 1939
Das *Oberkommando der Wehrmacht* gibt bekannt:
Die Luftwaffe hat während des ganzen Tages vor allem die Rückzugswege des Gegners westlich und ostwärts der Weichsel angegriffen. Abgesehen von einigen Jagdflugzeugen über den Weichselbrücken zwischen Sandomierz und Warschau trat die polnische Fliegertruppe nur noch wenig in Erscheinung.

Sonntag, 10. September 1939
Das *Oberkommando der Wehrmacht* gibt bekannt:
Die Luftwaffe hat die von Warschau nach Ost und Südost zurückführenden Straßen und Eisenbahnen durch Bombenangriffe blockiert und die in diesem Raume noch vorhandenen Reste der polnischen Bodenanlagen angegriffen. Bei einem Unternehmen gegen Lublin wurden von einem gemischten Kampf- und Zerstörerverband 7 polnische Flugzeuge im Luftkampf abgeschossen, 8 polnische Flugzeuge am Boden durch Bombenabwurf schwer beschädigt. An der Westgrenze wurden 3 französische Flugzeuge über deutschem Hoheitsgebiet abgeschossen. Bombenangriffe haben nicht stattgefunden.

Dienstag, 12. September 1939
Das *Oberkommando der Wehrmacht* gibt bekannt:
Verbände der Luftwaffe wurden, wie am Vortage, zur Unterstützung des Heeres bei Kutno und zur Zerstörung der rückwärtigen Verbindungen des Gegners ostwärts der Weichsel mit gutem Erfolg eingesetzt. Eine Sturzkampfgruppe hat die Ostausgänge von Warschau abgeriegelt. Luftangriffe auf das Reichsgebiet ereigneten sich gestern nicht.

Mittwoch, 13. September 1939
Das *Oberkommando der Wehrmacht* gibt bekannt:
Die Luftwaffe griff auch gestern erfolgreich Straßen, Brücken und Eisenbahnen ostwärts der Weichsel an. Im Bahnhof Krystynopol brennen 3 Züge. Der Flugplatz Luck wurde schwer beschädigt, die Flugzeugfabrik Biala Podlaska in Brand geschossen. 14 feindliche Flugzeuge wurden zerstört, davon 2 im Luftkampf. Luftangriffe auf deutsches Reichsgebiet fanden nicht statt.

Freitag, 15. September 1939
Das *Oberkommando der Wehrmacht* gibt bekannt:
Die sehr starken und sich verzweifelt wehrenden, um Kutno eingeschlossenen polnischen Kräfte versuchten gestern nochmals, nach Südosten durchzubrechen. Auch diese Angriffe schlugen fehl ... Die Luftwaffe griff trotz schlechter Wetterlage Bahnlinien und Bahnhöfe mit Erfolg an und unterstützte den Kampf des Heeres gegen die um Kutno eingeschlossene feindliche Armee durch Bomben- und Tiefangriffe. Luftangriffe auf deutsches Reichsgebiet fanden nicht statt.

Ganz oben: Das Rückgrat der RAF-Angriffe gegen Deutschland in den ersten Kriegsjahren: Die Vickers Wellington, eine Konstruktion von Dr. Barnes Wallis. Es ist der erste Bomber mit einem Heck-MG-Stand

Mitte: Warschau, 5. September 1939: Die Trümmer eines He-111-Bombers, der von der polnischen Flak abgeschossen wurde und brennend auf die Häuser stürzte

Sonntag, 17. September 1939
Das *Oberkommando der Wehrmacht* gibt bekannt:
Bei weiter ungünstiger Wetterlage nahm die Luftwaffe ostwärts der Weichsel durch wiederholte Angriffe auf Truppenansammlungen und Marschkolonnen dem zurückflutenden Gegner die Möglichkeit, seine Verbände zu ordnen.

Montag, 18. September 1939
Das *Oberkommando der Roten Armee* gibt bekannt:
Unsere Truppen überschritten die polnische Grenze am 17. September, morgens um 4 Uhr MEZ. Der Vormarsch erfolgte auf der ganzen Linie der Grenze, von Polozk im Norden bis Kamenez-Podolsk im Süden. Nach Überwältigung des schwachen Widerstandes polnischer Vorposten wurden im Norden die Ortschaften Glebokkie, Molodeczno und andere besetzt. In Richtung auf Baranowicze wurden der Njemenfluß überschritten und die Ortschaften Mir und Snow sowie der wichtige Eisenbahnknotenpunkt Baranowicze besetzt. In der Westukraine wurde der Vormarsch unserer Armee in bemerkenswertem Tempo durchgeführt: Die Städte Rowno, Dubno, Tarnopol und Kolomyia sind bereits in unserer Hand. Durch den Vorstoß auf Kolomyia ist die Grenze zwischen Polen und Rumänien von unseren Truppen bereits zum größten Teil abgeschnitten. Von den sowjetischen Luftstreitkräften wurden ferner 7 polnische Jagdflieger und 3 polnische Bombenflugzeuge abgeschossen.

Auf dem Feldflugplatz eines Stuka-Geschwaders in Ostpreußen, September 1939: Für die Bewohner des nahe gelegenen Dorfes ein Erlebnis am Rande des Krieges

18. September 1939
Das *Oberkommando der Wehrmacht* gibt bekannt:
Der Feldzug in Polen geht seinem Ende entgegen ... Die Luftwaffe griff die südwestlich Wyszogrod eingeschlossenen polnischen Kräfte wirksam an. Polnische Fliegerkräfte traten an der ganzen Front nicht mehr in Erscheinung. Die deutsche Luftwaffe hat damit die ihr im Osten gestellte Aufgabe im wesentlichen erfüllt. Zahlreiche Einheiten der Fliegertruppe und Flakartillerie sind zusammengezogen und stehen für anderweitige Verwendung bereit. Luftangriffe auf deutsches Hoheitsgebiet haben am 17. September nicht stattgefunden.

Dienstag, 19. September 1939
Das *Oberkommando der Wehrmacht* gibt bekannt:
Die Auflösung und Kapitulation der versprengten oder eingeschlossenen Reste des polnischen Heeres schreiten rasch vorwärts. Die Schlacht an der Bzura ist zu Ende ... Die Luftwaffe hat gestern nur noch einzelne Angriffsflüge durchgeführt. Im übrigen war ihr Einsatz an der Ostfront nicht mehr nötig. An der Westfront im Raum von Saarbrücken an einzelnen Stellen schwache Artillerie- und Spähtrupptätigkeit. Beim Gegner wurden vielfach Schanzarbeiten beobachtet. Kampfhandlungen in der Luft fanden nicht statt.

Sonnabend, 23. September 1939
Das *Oberkommando der Wehrmacht* gibt bekannt:
Im Westen nur an einzelnen Stellen schwache Artillerietätigkeit. Bei Saarbrücken wurde ein französisches Flugzeug durch Flakfeuer zur Landung gezwungen, die Besatzung gefangengenommen; ein deutsches Flugzeug im Luftkampf abgeschossen.

Die letzten Kämpfe

Dienstag, 26. September 1939, Warschau
Das Kommuniqué des *Oberbefehlshabers der Warschauer Garnison*:
Die Angriffe in der Nacht zum 25. und am Tag darauf waren bis jetzt die schwersten für unsere Hauptstadt. Die Deutschen schritten systematisch zur Zerstörung Warschaus durch schwere Artillerie- und Luftangriffe. Von der Morgendämmerung an überflogen deutsche Flugzeuge in dichten Wellen die Stadt und warfen über dem Zentrum Bomben ab, wobei Hunderte von Bränden entstanden. 8 deutsche Flugzeuge wurden abgeschossen. Die vor Warschau stehenden polnischen Einheiten litten weniger als die Zivilbevölkerung, da die Luftangriffe sich hauptsächlich gegen diese richteten, um ihre Moral zu erschüttern. Die Zahl der Opfer kann unmöglich geschätzt werden. Warschau besteht nur noch aus Ruinen. In mehreren Straßen ist der Verkehr wegen der Brände oder wegen der herumliegenden Trümmer fast oder ganz unmöglich.
Die eingeschlossene Festung Modlin verteidigt sich weiterhin tapfer. Die Warschauer Garnison hat einen Angriff im Frontabschnitt von Mokotow zurückgeschlagen. Die Garnison hält auf rauchenden Trümmern immer noch stand und verteidigt sich heldenhaft.

Mittwoch, 27. September 1939, Warschau
Der *Oberbefehlshaber der Warschauer Garnison* teilt mit:
Warschau und Modlin verteidigen sich weiter hartnäckig gegen die deutschen Angriffe. Die Hauptstadt hat am linken Ufer der Weichsel einen äußerst heftigen dreistündigen Luftangriff erlitten. Es wurden 13 deutsche Flugzeuge abgeschossen, wodurch sich die Anzahl der im Raum Warschau abgeschossenen deutschen Flugzeuge auf 106 erhöht.

Flottenverband in der Nordsee angegriffen

27. September 1939
Das *Oberkommando der Wehrmacht* gibt bekannt:
Deutsche Luftstreitkräfte griffen gestern englische Seestreitkräfte, Schlachtschiffe, Flugzeugträger, Kreuzer und Zerstörer, in der mittleren Nordsee mit Erfolg an. Außer einem Flugzeugträger, der zerstört worden ist, wurden mehrere schwere Treffer auf einem Schlachtschiff erzielt. Unsere Flugzeuge erlitten keine Verluste.

27. September 1939, London
Auf eine Anfrage im Unterhaus erklärte *Churchill*:
Der Oberkommandierende der Home Fleet, Sir Charles

Forbes, hat folgendes bekanntgegeben: Dienstag abend wurde im Westen der Nordsee ein von Flugzeugträgern, Kreuzern und Torpedojägern begleitetes Geschwader britischer Kriegsschiffe von 20 deutschen Flugzeugen angegriffen. Kein britisches Kriegsschiff wurde getroffen. Es gab keine Opfer unter den Besatzungen. Wir haben ein deutsches Flugzeug abgeschossen und ein anderes ernstlich beschädigt.

27. September 1939, Berlin
Das *DNB* teilt mit:
In einem englischen Bericht über den deutschen Luftangriff auf ein Geschwader der britischen Flotte heißt es, daß alle Bomben ihr Ziel verfehlt hätten. Demgegenüber stellt der Oberbefehlshaber der deutschen Luftwaffe fest: Eine 500-Kilo-Bombe hat als Volltreffer auf einem englischen Flugzeugträger eingeschlagen. Zwei 250-Kilo-Bomben trafen vor- und mittschiffs auf ein englisches Schlachtschiff. Welche Wirkung durch diese schwersten aller Bomben erzielt wurde, bedarf keiner weiteren Erläuterung. Nach deutscher Feststellung ist keines der angreifenden Flugzeuge getroffen worden. Alle Flugzeuge befinden sich in ihren Heimathäfen.

Freitag, 29. September 1939
Das *Oberkommando der Wehrmacht* gibt bekannt:
Im Luftkampf wurden bei Weissenburg 1 französisches, bei Osnabrück 1 britisches Flugzeug abgeschossen.

Stukas unterstützen die Panzerverbände im Kampf gegen den feindlichen Widerstand: Die moralische Wirkung ihrer Sturzangriffe wird durch die eingebaute Sirene und die geierähnliche Silhouette erheblich verstärkt

Unten: Nowe Brudno, eine Vorstadt im Norden von Warschau, 15. September 1939: Etwa 1500 m von den ausgebombten Häusern entfernt verläuft die vorderste Verteidigungslinie

Sonnabend, 30. September 1939, London
Das *Luftfahrtministerium* teilt mit:
Britische Aufklärer, die auch während der letzten Tage wieder Luftaufnahmen einzelner Abschnitte der Siegfried-Linie machten, haben nun ihre Aufgabe abgeschlossen. Damit ist dem britisch-französischen Generalstab ein genaues Bild der deutschen Westbefestigung geliefert worden, das für die beginnende Operation unerläßlich ist. Die RAF-Staffeln, die über Deutschland Flugblätter abwarfen, haben ebenfalls die ihnen gestellte Aufgabe erfüllt, und es kann nunmehr bekanntgegeben werden, daß der Zweck der Flüge keineswegs nur dem Abwurf von Flugblättern galt.

30. September 1939
Das *Oberkommando der Wehrmacht* gibt bekannt:
Zwei Schwärme von zusammen 12 britischen Kampfflugzeugen versuchten, in das deutsche Hoheitsgebiet an der Nordseeküste einzufliegen. Ein Schwarm griff in der Deutschen Bucht Zerstörer ohne jeden Erfolg an. Die britischen Flugzeuge wurden durch Flakfeuer vertrieben. Bombentreffer wurden nicht erzielt. Den anderen Schwarm stellten deutsche Jagdflugzeuge in der Nähe der ostfriesischen Inseln Wangeroog und Langeoog. Im Luftkampf wurden von 6 britischen Maschinen 5 abgeschossen. Die Besatzungen zweier deutscher Jagdflugzeuge, die auf See notlanden mußten, wurden unverletzt durch deutsche Kriegsschiffe gerettet.

Sonntag, 1. Oktober 1939
Das *Oberkommando der Wehrmacht* gibt bekannt:
Im Osten geht die Übergabe von Warschau und Modlin planmäßig vor sich ... Im Westen wurden 2 französische und 10 britische Flugzeuge, über der Nordsee 2 britische Kampfflugzeuge zum Absturz gebracht. Wir verloren 2 Flugzeuge.

Wir fahren gegen Engeland

Am Montag, dem 9. Oktober 1939, starteten wir von einem Flugplatz Nordwestdeutschlands aus zum ersten Male gegen Einheiten der britischen Kriegsmarine, die in der nördlichen Nordsee operierten. Zum ersten Male flogen wir Stunden um Stunden über See. Ein orkanartiger Herbststurm jagte über die Nordsee und peitschte die Wellen haushoch. Fast schien es, als wären wir zum Spielball der Elemente geworden.
Nach vielen Stunden wurden wir durch Funksprüche zurückgerufen. Flugzeuge vor uns waren bereits zum Angriff gekommen. Die britische Flotte hatte abgedreht. Zum Unglück lag uns der Wind auf dem Rückflug genau »auf der Schnauze«. Mehrere Stunden sind wir nun schon unterwegs, und längst müßte Land in Sicht sein. Aber soweit das Auge reicht: Wasser – Wasser – Himmel – Wolken – Wasser.
Mein Bordmechaniker kam zu mir nach vorn gekrochen und meinte treuherzig: »Herr Leutnant, ich glaube, wir sollen überhaupt nicht mehr nach Hause kommen. Aber vorläufig haben wir noch Sprit genug.« Das ist wenigstens eine Beruhigung.
Langsam begann es dunkel zu werden. Da endlich tauchte am Horizont ein schmaler dunkler Streifen auf: Land, endlich Land! Wir konnten uns jetzt etwa vorstellen, wie es den Entdeckern und Seefahrern gegangen sein muß, als sie endlich wieder Land sahen. Es wurde auch verdammt Zeit. Mit dem letzten Tropfen Benzin landeten wir bei Dunkelheit auf unserem Einsatzhafen. Wir hatten einen kleinen Vorgeschmack bekommen vom Luftkrieg gegen England, von der Schlacht im Atlantik.

Der Adler, Oktober 1939

Montag, 16. Oktober 1939, Berlin
Das *DNB* meldet:
Der deutsche Rundfunk, der bisher seinen Nachrichtendienst mit dem »Marsch der Deutschen in Polen« abschloß, ist jetzt dazu übergegangen, nach den Tagesmeldungen das Lied des Dichters Hermann Löns »Wir fahren gegen Engeland« zu spielen.

Dienstag, 17. Oktober 1939
Das *Oberkommando der Wehrmacht* gibt bekannt:
Die englischen Seestreitkräfte wurden gestern erneut und mit Erfolg angegriffen. Zwei von den im Firth of Forth liegenden englischen Kriegsschiffen erhielten Bombentreffer schwersten Kalibers. Dieser Erfolg konnte erzielt werden trotz heftigster feindlicher Gegenwehr durch Flakfeuer und Jagdflieger.

17. Oktober 1939, London
In einem gemeinsamen Kommuniqué der *Admiralität* und des *Kriegsministeriums* heißt es:
An dem am Montag von den Deutschen unternommenen Luftangriff waren etwa ein Dutzend Flugzeuge beteiligt gewesen. An den Kriegsschiffen ist kein ernster Schaden entstanden. Der Kreuzer »Southampton« – durch eine Bombe leicht beschädigt – hat drei Verletzte, und an Bord des Kreuzers »Edinburgh« sind sieben Mann durch Bombensplitter verwundet worden. Eine weitere Bombe fiel in der Nähe des Zerstörers »Mohawk« und verletzte 25 Mann. Von den Angreifern wurden mindestens vier abgeschossen, drei von ihnen durch britische Jagdflugzeuge.
Das Kommuniqué bezeichnet es als reine Erfindung, wonach die deutschen Bomber nicht nur die »Royal Oak«, sondern auch die »Repulse« angegriffen und beschädigt hätten.
Die Besatzung eines englischen Fischkutters, die drei

Rechts: Der vollsichtverglaste Rumpfbug einer He 111 H-11: Zu geringe Reichweite und zu schwache Bewaffnung sind die schwerwiegenden Nachteile dieses Standard-Horizontalbombers der Luftwaffe (5656 Stück)

Unten: Firth of Forth, 16. Oktober 1939: Nach dem ersten Angriff der deutschen Luftwaffe auf britische Kriegsschiffe in der wichtigsten Bucht an der schottischen Ostküste mit der Eisenbahnbrücke »Forth Bridge« als ihrem Wahrzeichen

Außen links: Oberleutnant Frank Neubert, Stuka-Pilot (1. v. l.), errang den ersten Luftsieg des Zweiten Weltkrieges. Hier im Segelfliegerhorst Steinberg bei Oppeln (Oberschlesien), dem Gefechtsstand der I. Gruppe des Geschwaders »Immelmann«

Links: Leutnant Wladyslaw Gnys, Pilot der 122. Jagdstaffel, der als erster ein deutsches Flugzeug abschoß

Rechts: Eine Kette von 3 Wellington-Bombern: Diese in geodätischer Form der Gitterwerk-Konstruktion gebauten und mit Stoff bespannten Maschinen werden schnell bekannt für ihre Unverwüstlichkeit

Überlebende eines der abgeschossenen deutschen Bombenflugzeuge geborgen hat, berichtete:
»Unser Kutter war auf dem Rückweg nach Port Seaton. Gegen drei Uhr nachmittags«, so erklärte einer der Fischer, »als wir uns auf der Heimfahrt befanden, sahen wir eine große Maschine, die sich uns rasch näherte. Zwei britische Kampfflugzeuge hatten die Verfolgung aufgenommen, umkreisten sie und eröffneten ihr MG-Feuer auf das deutsche Flugzeug, worauf es ins Meer stürzte. Die Maschine trieb eine Zeitlang auf der Oberfläche und versank dann. Sobald wir nahe genug an das Flugzeugwrack herankamen, fanden wir 3 Männer, die sich an einem großen Rettungsring festklammerten. Wir warfen den Deutschen Taue zu und zogen sie auf unseren Kutter. Erst dann stellten wir fest, daß sie alle verwundet waren. Sie erzählten uns, daß ein viertes Mitglied der Besatzung mit der Maschine untergegangen sei. Einer der Offiziere zog seinen Siegelring vom Finger und gab ihn uns aus Dankbarkeit, daß wir ihn gerettet hatten.«

Bomben auf Helsingfors

Donnerstag, 30. November 1939, Stockholm
Svenska Dagbladet berichtet:
Nachdem heute morgen kurz nach neun Uhr etwa zehn sowjetische Bombenflugzeuge über Helsingfors erschienen waren, wurde um 12.15 Uhr wiederholt Flugalarm gegeben. Beim zweiten Anflug warfen die Sowjets hauptsächlich über dem Arbeiterviertel der Hauptstadt Flugblätter ab, in denen die Bevölkerung zum Aufstand gegen die Regierung aufgefordert wurde. Zwei der Bomber sollen abgeschossen worden sein, was jedoch bisher nicht bestätigt wurde. Um 19 Uhr abends fanden wieder neue Luftangriffe auf Helsingfors statt. Bei dem Mittagsangriff richteten zahlreiche Brand- und Sprengbomben bedeutenden Schaden an. Eine Anzahl Häuser wurde in Brand gesetzt, unter ihnen die Technische Hochschule, die völlig zerstört worden sein dürfte. Bei dem Luftangriff auf Wiborg am Nachmittag sind neun Personen umgekommen.
Der Korrespondent einer Stockholmer Zeitung berichtet, daß die grauenhaften Szenen, die sich dabei abspielten, schlimmer als alles waren, was er in Madrid oder Barcelona erlebt hatte. Zahlreiche Häuser sind durch Bomben zerstört und in Brand gesetzt. Leichenwagen fahren durch die Straßen. Ein Teil der Bevölkerung blieb die ganze Nacht in den Schutzräumen und Schutzgräben. Die sowjetischen Bomber kamen aus dem estnischen Flughafen Baltischport, von wo sie nur eine Flugzeit von etwa 15 Minuten haben.

Ein in Nordfinnland abgeschossener sowjetischer Bomber Tupolew SB-2: Diese mittelschweren Standardbomber der Roten Luftflotte nahmen auch am Spanischen Bürgerkrieg teil

Polnische Geschwader in England

Mittwoch, 13. Dezember 1939, London
Zur Erklärung des *Luftfahrtministeriums* über die Bildung polnischer Luftstreitkräfte in England stellt die *Agentur PAT* fest: Diese Mitteilung ist von den Mitgliedern des Unterhauses herzlich begrüßt worden. Auf Grund der getroffenen Maßnahmen werden in Großbritannien mehrere polnische Geschwader aufgestellt, die von polnischen Offizieren befehligt werden. Diese Geschwader sollen mit der RAF zusammenwirken.

Montag, 18. Dezember 1939, Berlin
Das *DNB* teilt mit:
Am Nachmittag des 18. Dezember unternahmen die Engländer einen großangelegten Luftangriff mit 44 modernsten Kampfflugzeugen. Der feindliche Verband versuchte verschiedene Stellen der Nordseeküste anzugreifen, wurde aber bereits im Anflug nördlich von Helgoland von deutschen Jägern vom Typ Me 109 zersprengt. Es gab mehrere erbitterte Luftkämpfe über der inneren Deutschen Bucht. Dabei wurden nach bisher vorliegenden Meldungen 34 britische Maschinen abgeschossen. In dieser Zahl sind nicht die Verluste enthalten, die die übriggebliebenen Flugzeuge aller Voraussicht nach auf dem Rückflug weiter erlitten haben. Trümmer abgeschossener englischer Flugzeuge sind bereits an den deutschen Inseln angeschwemmt worden. Die Besatzungen zweier britischer Flugzeuge wurden gefangengenommen. Nur einigen wenigen feindlichen Maschinen gelang es, bis Wilhelmshaven vorzudringen. Sie gerieten hier in konzentriertes Abwehrfeuer der Flak und warfen wahllos 3 Bomben ab, die ohne Wirkung auf Felder fielen.

Von deutscher Seite sind 2 Flugzeuge, deren Besatzungen mit Fallschirm absprangen, verlorengegangen.

Dienstag, 19. Dezember 1939
Das *Oberkommando der Wehrmacht* gibt bekannt:
In den frühen Nachmittagsstunden versuchten 52 englische Kampfflugzeuge Wilhelmshaven anzugreifen. Der deutsche Flugmeldedienst erkannte frühzeitig die Angreifer. Bereits nördlich Helgoland wurden sie von Jagd- und Zerstörer-Flugzeugen gestellt. 34 britische Flugzeuge wurden hierbei nach hartem Kampf abgeschossen. Wir verloren 2 Flugzeuge.

Erfahrungen beim englischen Luftangriff am 18. 12. 1939

1. Als Gegner traten englische Kampfflugzeuge des Musters Vickers »Wellington« auf. Der Feind flog in Staffelkolonne, nach hinten und unten leicht gestuft. Anflughöhe 4000 m.

2. Im Kampf drückten die englischen Flugzeugführer Höhe weg, um im Abflug zum größten Teil in 2 bis 5 m Höhe über Wasser abzufliegen. Es wurde nur eine Staffel beobachtet, die ihre Höhe im Kampf und Abflug beibehielt.

3. Im Kampf schlossen die englischen Verbände eng zusammen. Zum Teil wurde als Abwehrbewegung gegengekurvt. Bei einigen Flugzeugen war eine Bola (nach unten ausfahrbarer MG-Stand) mit Doppel-MG ausgefahren, und zwar waren dies jeweils die äußeren Flugzeuge des Verbandes.

4. Bei den meisten Flugzeugen wurde beim Angriff Bombennotwurf in See beobachtet, ohne daß die Bomben explodierten.

5. Der Anstrich der Flugzeuge unterschied sich von den deutschen erheblich. Die Tarnbemalung mit braunen, grünen und gelben Wellenstreifen war vorherrschend. Zum erstenmal wurden gut sichtbare nationale Abzeichen beobachtet. Die Abzeichen waren auf beiden Seiten des Rumpfes angebracht.

6. Die Geschwindigkeit wurde allgemein im Horizontalflug mit gut 300 km/h, im gedrückten Flug mit 370 bis 380 km/h festgestellt. Die Bf 110 ist in der Lage, dieses englische Muster leicht einzuholen und zu überholen, auch bei gedrücktem Flug, so daß rasch viele Angriffe von jeder Seite, auch von vorn seitwärts erfolgen können.

7. Die Hauptfeuerkraft der Kampfflugzeuge Vickers »Wellington« wirkt sich nach hinten aus: es wurde jedoch auch Abwehr nach vorne festgestellt. Von den englischen Bordschützen wurde gut geschossen. Die beste Wirkung wurde von den eigenen Jägern beim Angriff von der Seite erzielt.
Mußte von hinten angegriffen werden, so gelang es verschiedentlich, durch gezieltes Feuer auf große Entfernung (400 m) den Heckschützen zu erledigen. In diesen Fällen konnte ohne Gegenwirkung bis auf nächste Entfernung herangegangen werden. Aus der Bola wurde in keinem Fall Gegenwirkung festgestellt.

8. Die englischen Flugzeuge flogen unbeirrt und schneidig ihren Kurs: die Verbände ließen sich nur nach hartem Angriff sprengen. Abgesprengte einzelne Engländer versuchten stets so schnell wie möglich auf einen eigenen Verband aufzuschließen.

9. Das Flugzeugmuster Vickers »Wellington« ist stark feuerempfindlich. Es konnten nicht nur Motor und Kraftstoffbehälter leicht in Brand geschossen werden, sondern auch die Bespannung des Flugzeuges fing Feuer. Motor und Kraftstoffbehälter fingen Feuer mit verschiedenen Erscheinungen, und zwar explosionsartig oder langsam abbrennend mit Rauchentwicklung. An den bespannten Tragflächen und am Leitwerk fraß das Feuer langsam weiter.

Frontnachrichtenblatt der Luftwaffe, Nr. 3

Eine Seite aus dem Flugbuch der 139. RAF-Squadron: Bericht vom ersten Einsatz eines britischen Kampfflugzeuges über Deutschland

Appendix Appendix 4 R.A.F. Form 541.

OPERATIONS RECORD BOOK.

DETAIL OF WORK CARRIED OUT.

From 1201 hrs. 3/9/39 to 2359 hrs. 3/9/39 By 139 Sqdn. No. of pages used for day

Aircraft Type and No.	Crew.	Duty.	Time Up.	Time Down.	Remarks.	References.
Blenheim MK. IV N6215	F/O McPherson. Cdr. Thompson. Cpl. Arrowsmith.	Photo. Reco.	1200.	1650.	Duty successful. 75 photos taken of GERMAN fleet. The first Royal Air Force aircraft to cross the GERMAN frontier.	

Oben: Ein historischer Augenblick, 2. September 1939, 9.00 Uhr: Ein leichter Bomber P-23 Karas (41. Aufklärungsstaffel) wird auf dem Feldflugplatz Zdunowo für den ersten Bombenangriff des Krieges auf deutsches Gebiet vorbereitet

Unten: Die Flugroute der P-23 Karas, die am 2. September 1939 die Bahnanlagen von Neidenburg (Ostpreußen) bombardiert hat

Strategie und Taktik

SEPTEMBER BIS DEZEMBER 1939

Im Morgengrauen des 1. September 1939 schützt dichter Bodennebel das polnische Land vor dem geplanten »großen Eröffnungsschlag« der deutschen Luftwaffe, der eine entscheidende Rolle zugedacht ist: Sie soll zuerst »strategische« Angriffe gegen die feindlichen Luftstreitkräfte am Boden führen, wie die Douhet-Theorie lehrt, sie zerstören und dann »taktische« Einsätze zur Unterstützung der Heeresverbände fliegen.

Nachdem der Nebel sich langsam aufgelöst hat, starten die Geschwader bei strahlender Herbstsonne zu ihren Kampfaufgaben.

Eine Legende der NS-Propaganda, die bis heute immer wieder in den verschiedensten Büchern auftaucht, besagt, die Luftwaffe habe bereits in den ersten Tagen die polnischen Luftstreitkräfte am Boden zerschlagen. Was jedoch fast restlos zerstört wurde, sind die Einrichtungen der Friedensflugplätze, die Reserve- und Schulflugzeuge sowie die gerade in Reparatur bzw. Überholung befindlichen Maschinen. Tatsächlich ist an den ersten beiden Septembertagen laut polnischen Quellen keine einzige der Frontmaschinen am Boden zerstört worden. Aber dennoch verschafft die qualitative und quantitative Überlegenheit den Deutschen von der ersten Stunde an die uneingeschränkte Luftherrschaft.

Den ersten Angriff, 15 Minuten vor Kriegsausbruch, fliegt die 3. Staffel des Stuka-Geschwaders 1 mit einem Sonderauftrag: Die strategisch wichtige Weichselbrücke bei Dirschau soll mit diesem Bombenangriff vor der von den Polen vorbereiteten Zerstörung gerettet werden. Über diese Brücke soll der Nachschub für die Truppen in Ostpreußen rollen. Die drei Ju 87 starten um 4.26 Uhr und donnern im Tiefflug, kaum zehn Meter hoch, über das noch friedliche Land. Die Stukas haben Order, die Zündstellen für die vorbereitete Sprengung der Brücke, dicht neben dem Bahnhof von Dirschau, mit ihren Bomben zu vernichten. Gleichzeitig soll ein Panzerzug zur Brücke vorstoßen und diese sichern. Der Stuka-Angriff gelingt. Die Bomben sitzen genau im Ziel, aber es ist vergebliche Mühe: Die Polen flicken die zerrissenen Kabel, und um 6.30 Uhr fliegt die Brücke in die Luft.

Auf dem Flugplatz Nieder-Ellguth am Steinberg, nahe Oppeln in Oberschlesien, starten kurz nach 4.45 Uhr 21 Ju 87 B der I. Gruppe des Stuka-Geschwaders 2 »Immelmann« unter Major Oscar Dinort, der sich als Segelflieger einen Namen gemacht hat. Die Ju 87 B (T6+GK) fliegt Oberleutnant Frank Neubert, der den ersten Luftsieg des Krieges erringt.

F. Neubert: »Wir hatten den Auftrag, den Flugplatz Krakau anzugreifen. Nach dem Abwurf der Bomben flogen wir wieder in Richtung Reichsgebiet und gewannen dabei leicht an Höhe. Da sah ich rechts unten, das muß im Nordwesten von Krakau gewesen sein, einen Feldflughafen, um den polnische Flugzeuge kreisten. Dann entdeckte ich vor mir eine einzelfliegende Ju 87, die von zwei polnischen Jägern angegriffen wurde. Mein Entschluß stand sofort fest, diesen Kameraden zu helfen, und ich versuchte nun, dem einen polnischen Jäger näher und in Schußposition zu kommen. Nachdem mir dies gelungen war, habe ich einen Feuerstoß abgegeben, ohne für mich sichtbaren Erfolg. Nach einem zweiten Feuerstoß konnte ich beobachten, wie die Leuchtspurgeschosse meiner MG-Garben im Flugzeugführersitz des polnischen Jägers verschwanden. Aber zunächst war keine weitere Reaktion zu bemerken. Als ich zum dritten Angriff ansetzte, ist die Maschine plötzlich in der Luft explodiert; wie ein großer Feuerball barst das Flugzeug auseinander; die Brocken sind uns buchstäblich um die Ohren geflogen. Ich richtete mein Augenmerk sofort auf die zweite angreifende Jagdmaschine. Als ich gerade in Schußposition war, zog der polnische Jäger mit einer eleganten Kurve nach links oben weg und ward nicht mehr gesehen. Wir sind dann weiter nach Nieder-Ellguth geflogen und dort gelandet. Leutnant Brandenburg ist mir auf dem Flugplatz buchstäblich um den Hals gefallen, mit den Worten: Du hast uns das Leben gerettet.«

In der polnischen Jagdmaschine, die sich vor den MG-Garben des Unteroffiziers Neubert retten kann, sitzt Unterleutnant Wladyslaw Gnys. Ein paar Augenblicke später schießt er das erste deutsche Flugzeug des Krieges ab, einen Stuka der I. Gruppe des Geschwaders »Immelmann«.

W. Gnys: »Der Feldflugplatz lag am Rande des kleinen Vorgebirgsdorfs Balice, in der Nähe von Olkusz. Unsere zur Armee Krakow gehörende 122. Jagdstaffel hatte die Aufgabe der Luftverteidigung von Krakau. Wir erfuhren gerade per Telefon, daß die deutschen Streitkräfte Polens Grenze überschritten hatten, und Hauptmann Medwecki, Kommandeur unserer Staffel, befahl mir, mit ihm eine Patrouille zu fliegen. Wir zwangen uns in die P-11 und rollten zum Start. Plötzlich, etwa 5 Kilometer südlich, tauchten in der Höhe von nicht mehr als 300 Metern einige Stukas auf. Während wir langsam an Höhe und Geschwindigkeit gewannen, eröffneten die Stukas das MG-Feuer. Ich konnte mich nur mit einer verzweifelten Kurve retten. Aus der P-11 des Staffel-Kommandeurs schoß plötzlich eine helle Stichflamme, und seine Maschine explodierte in der Luft. Ich wußte, daß ich keine allzu große Überlebenschance hatte, denn ich konnte mich kaum mit den viel schnelleren und bedeutend stärker bewaffneten Stukas messen. Das einzige, worauf ich mich verlassen konnte, war die Wendigkeit der alten braven P-11. So stürzte ich mich auf einen der Gegner und schoß ihm fast das ganze Magazin in den Rumpf. Die getroffene Maschine zog mit vollen Motortouren hoch und ging dann sofort im Bogen zum Sturzflug über. Ich dachte bei mir, ›der will mich einfach täu-

Rechts: Eine P-11a der 113. »Eule«-Staffel (Jagdbrigade Warschau) nach einem ungleichen Luftkampf: Die polnischen Jäger sind etwa um 150 km/h langsamer als die Me 109 E, und ihre Gipfelhöhe ist um 2000 m niedriger

Oben links: 3. September 1939, Flugplatz Wyton (Huntingdonshire): Eine Blenheim Mk IV (139. Squ.), die erste über Deutschland eingesetzte RAF-Maschine, ist soeben gelandet. Das belichtete Negativ muß schnell entwickelt werden

Oben rechts: Montag, 4. September 1939, Zeitvergleich vor dem Einsatz: Erst jetzt, 4 Tage nach Kriegsbeginn, erhalten die Besatzungen der P-37 Los-Bomber endlich Starterlaubnis

schen‹, schnitt ihm den Weg ab und griff wieder an. In der Kurve streifte er die Bäume und zerschellte am Boden. Ich schaute automatisch auf meine Armbanduhr, es war 5.30 Uhr.«

Etwa um 7.00 Uhr, in 2000 Meter Höhe über dem Dorf Nieporet nördlich von Warschau, stößt die polnische Jagdbrigade auf deutsche Bomber, über 80 Maschinen vom Typ He 111 und Do 17, begleitet von etwa 20 schweren Jägern Me 110. Sie fliegen in einer engen, geschlossenen Formation.

Diese erste und zweifellos bis zum Sommer 1940 größte Luftschlacht dauert etwa 50 Minuten. Außer den 54 Maschinen P-11 der Jagdbrigade nimmt an ihr auch die 152. Staffel der Armee Modlin mit 10 Maschinen teil. Es kämpfen also auf polnischer Seite rund 64 Jäger gegen ca. 100 deutsche Maschinen, insgesamt über 160 Flugzeuge.

Auf den Feldflugplätzen der polnischen Bomberbrigade warten seit den frühen Morgenstunden die Staffeln der modernen Los-Bomber mit eingehängten Bomben auf den Startbefehl. Trotzdem weigert sich Marschall Rydz-Smigly auf Druck der Alliierten, der ihm unterstellten Brigade Bombenangriffe zu genehmigen, auch nicht bei so verlockenden Zielen, wie die von der Armee Krakow gemeldeten motorisierten, durch die Bergtäler ziehenden Kolonnen.

Am gleichen Tag überfliegt mittags in einer Höhe von 7000 Metern eine Sportmaschine vom Typ Beechcraft Wilhelmshaven, unbemerkt von der deutschen Abwehr. Am Steuer Cottons Kopilot Bob Niven. Er soll feststellen, ob die Einheiten der deutschen Kriegsmarine weiterhin an der Schillig-Reede liegen. Tatsächlich, die

Schiffe sind noch da. Niven macht ein paar Fotos und kehrt schleunigst nach Heston zurück.

2. September 1939: Trotz wiederholter deutscher Luftangriffe auf Warschau gelingt es der polnischen Jagdbrigade nicht, sich feindlichen Maschinen auf Schußweite zu nähern. An diesem Tag kommen erstmalig polnische Bomber zum Einsatz. 6 Maschinen vom Typ Karas (24. Staffel) der operativen Fliegerkräfte, Armee Krakow (Krakau), greifen nördlich von Tschenstochau das XVI. Panzerkorps (Gen. d. Kav. Hoepner) an. Alle Flugzeuge kehren zurück.
Erst dank der energischen Intervention des Kommandeurs der Bomberbrigade, Oberst W. Heller, bei seinen Vorgesetzten dürfen nun 18 Karas-Maschinen (VI. Gruppe) seiner Einheit im Raum Tschenstochau deutsche Panzerkolonnen angreifen. Sie werfen aus etwa 1500 Meter ihre Bomben ab und feuern trotz strikten Verbots im Tiefflug mit ihren Bordwaffen auf deutsche Kampfwagen. 5 Maschinen werden von der deutschen Bodenabwehr abgeschossen, eine weitere übrigens durch polnische Flak; zwei schwerbeschädigte Karas zerschellen bei der Landung auf dem Feldflugplatz. Die Staffeln der Los-Bomber dagegen warten immer noch auf den Startbefehl.
In den frühen Morgenstunden des 2. September bekommt Lt. Malinowski (41. Aufklärungsstaffel) der Armee Modlin den Befehl, die Bewegungen der deutschen 3. Armee (Gen. d. Art. v. Küchler) im Raum Hohenstein–Neidenburg–Willenberg (Ostpreußen) zu erkunden. Er startet vom Feldflugplatz Zdunowo, etwa 20 Kilometer nördlich von Modlin. Unter den Tragflächen seines Kampfflugzeuges, Typ Karas, acht 50-kg-Bomben, die ersten, die auf Deutschland fallen werden.
Lt. Malinowski: »Um 9.40 Uhr überflogen wir die polnische Grenze. Zur Rechten die herbstliche, silbrige Sonne, es herrschte vollkommene Ruhe. 10.10 Uhr, erste größere deutsche Einheit gesichtet. Eine Kavallerie-Abteilung. 10.25 Uhr, eine Autokolonne, etwa 2 Kilometer lang auf der Chaussee Willenberg–Chorzele. Die Deutschen eröffneten ein heftiges Flakfeuer. Die Tragflächen wiesen einige Durchschüsse auf. Wir nahmen Kurs auf Hohenstein, in der Nähe der Stadt starker Autoverkehr, dann überflogen wir das Tannenberg-Denkmal und drehten auf Neidenburg ab. In der Luft war weiterhin alles ruhig. Unten dampfte ein langer Truppentransportzug auf der Strecke von Allenstein in Richtung Neidenburg. Um 10.50 Uhr kroch ich in die Wanne, stellte das Bombenzielgerät ein und führte den Piloten auf die Eisenbahnstation. Wir überflogen die Stadt, und als im Zielgerät die Bahnanlagen auftauchten, drückte ich auf den Auslöser. Die acht Bomben sausten zu Boden. Im gleichen Augenblick eröffnete die Flak das Feuer. Die Bomben saßen genau im Ziel. Über den Schienen und aus den vollgestopften Militärtransporten stiegen Explosionswolken auf. Im Tiefflug rasten wir in Richtung Mlawa. Um 11.27 Uhr landete unsere Karas in Zdunow. Ich wußte natürlich nicht, daß dies der einzige Bombenangriff des Septemberfeldzuges auf deutsches Gebiet sein sollte.«
Die Aktionen der deutschen Luftwaffe haben in den ersten beiden Tagen zum Teil »strategischen« Charakter: Neben den Angriffen auf die Friedensflugplätze der polnischen Fliegertruppe sind sie gegen Verkehrsziele gerichtet, um die Bewegungen der polnischen Truppen zu stören. So artet die polnische Mobilisierung in ein Chaos aus, und der militärische Befehlsapparat wird stellenweise völlig lahmgelegt.
Bereits vom 3. September an wendet sich die Luftwaffe der Erdkampfunterstützung an der Front zu. Die Zusammenarbeit erstreckt sich auf die direkte Bombardierung und Beschießung von Widerstandsnestern, Artilleriestellungen und Truppenkonzentrationen. Diese enge Zusammenarbeit mit dem Heer tritt in den Vordergrund, und die Luftwaffe wird nur noch taktisch eingesetzt.
An diesem Tag meldet der Befehlshaber der Fliegertruppe einen Bombenangriff auf deutsche motorisierte Kolonnen bei Radomsko um 10.00 Uhr. Es ist die in das Stoßzentrum der 10. Armee (Gen. d. Art. v. Reichenau) vordringende 1. und 4. Panzerdivision. »Die feindlichen Verluste werden auf 30 Prozent geschätzt.« Dies ist natürlich eine grobe Übertreibung. 18 Karas-Maschinen können dem Feind niemals solche Verluste zufügen. Es entspricht jedoch den Tatsachen, daß beide Panzerdivisionen nach Luftunterstützung rufen.

Das Ergebnis der bisherigen Angriffe auf deutsche motorisierte Kolonnen: Allein die Bomberbrigade verliert von ihren 45 Karas etwa 15 Maschinen. Die meisten Verluste entstehen bei Tiefangriffen auf die mit leichter Flak gut ausgestatteten gegnerischen Kolonnen.

London, Sonntag, 3. September 1939: Premierminister Neville Chamberlain hat soeben seinen Landsleuten im Rundfunk verkündet: »Dieses Land befindet sich im Krieg mit Deutschland!« Fünfzehn Minuten danach hören Millionen von Menschen in Südengland und London die Sirenen heulen und eilen in die Luftschutzkeller. Doch statt der deutschen Bomber kehrt nur der stellvertretende Luftwaffen-Attaché der französischen Botschaft in London von einem Weekend-Trip mit seinem Sportflugzeug nach Le Touquet zum Dienst zurück. Er hat es versäumt, seinen Flugplan einzureichen, und somit den blinden Alarm ausgelöst.
Dank der Aufnahmen, die Bob Niven von seinem Flug mit der Beechcraft 17 am 1. September mitbrachte, weiß die RAF, welche Einheiten der deutschen Kriegsmarine in Wilhelmshaven liegen. Jetzt, kurz vor dem Einsatz der Bomber, soll ein RAF-Aufklärer bestätigen, daß die Schiffe noch dort sind.

Rechts: In der Nacht vom 3./4. September 1939 von RAF-Bombern abgeworfene Flugblätter, die ersten von 6,5 Milliarden

Unten: Die auf dem Feldflugplatz der Jagdbrigade bei Zielonka, nahe Warschau, zwischen Heuschobern notdürftig getarnten P-11 c der 113. »Eule«-Staffel

Warnung

Großbritannien an das Deutsche Volk.

Deutsche,

Mit kühl erwogenem Vorsatz hat die Reichsregierung Großbritannien Krieg aufgezwungen. Wohl wußte sie, daß die Folgen ihrer Handlung die Menschheit in ein größeres Unheil stürzen, als 1914 es tat. Im April gab der Reichskanzler euch und der Welt die Versicherung seiner friedlichen Absichten: **sie erwies sich als ebenso wertlos** wie seine im September des Vorjahres im Sportpalast verkündeten Worte: „Wir haben keine weiteren territorialen Forderungen in Europa zu stellen."

Niemals hat eine Regierung ihre Untertanen unter geringerem Vorwand in den Tod geschickt. Dieser Krieg ist gänzlich unnötig. Von keiner Seite waren deutsches Land und deutsches Recht bedroht. Niemand verhinderte die Wiederbesetzung des Rheinlandes, den Vollzug des Anschlusses und die unblutig durchgeführte Einkörperung der Sudeten in das Reich. Weder wir, noch irgendein anderes Land, versuchte je dem Ausbau des deutschen Reiches Schranken zu setzen—solange dieses nicht die Unabhängigkeit nicht-deutscher Völker verletzte.

Allen Bestrebungen Deutschlands—solange sie Andern gerecht blieben—hätte man in friedlicher Beratung Rechnung getragen.

Mit diesem streng geheimen Auftrag verläßt am 3. September mittags eine Blenheim Mk. IV der 139. Staffel den Flugplatz Wyton in Huntingdonshire. Der Pilot, Flying Officer A. McPherson, hat einen Marinebeobachter als Passagier an Bord. Die Blenheim ist die erste RAF-Maschine, die Feindgebiet überfliegt. Beide Männer sichten tatsächlich einige schwere deutsche Kriegsschiffe und machen von ihnen rund 75 Luftaufnahmen. Bereits auf Heimatkurs, meldet McPherson seinem Stützpunkt, daß die Schiffe weit genug von Wilhelmshaven entfernt sind, um angegriffen zu werden, ohne daß Verluste unter der Zivilbevölkerung befürchtet werden müssen. Doch seine Meldung kommt nicht durch, das Funkgerät ist eingefroren. Dies verzögert den ersten Einsatz britischer Bomber über Deutschland. Und erst in der Nacht starten 10 Whitley-Maschinen, statt mit Bomben mit Flugblättern beladen. Über dem Ruhrgebiet sowie über Hamburg und Bremen werfen sie insgesamt 13 Tonnen Flugblätter ab.
Beim nächsten Aufklärungsflug am 4. September versagt das Funkgerät erneut, und so verschiebt sich der zweite Feindflug der Bomber. Dann aber fliegen 10 Maschinen

12. September 1939, nach der Schlacht an der Bzura: Eine leichte Flak (40 mm), die zur Ausrüstung der Kavallerie-Brigade gehörte, inmitten der von Deutschen zerschlagenen polnischen Stellungen

Wilhelmshaven an, diesmal mit Bomben an Bord. Ein heftiges Gewitter zwingt den Verband zum Angriff aus nur 200 Meter Höhe. Flight Lieutenant Doran greift das Panzerschiff »Admiral Scheer« an und sieht, wie seine Bomben treffen – und, ohne zu detonieren, abspringen, ferner eine Explosion auf dem leichten Kreuzer »Emden« und Brände in der Bucht. Doran ahnt jedoch nicht, daß es sich um einen auf die »Emden« gestürzten Blenheim-Bomber und um die brennenden Trümmer von 4 weiteren Flugzeugen handelt.
Bei diesem Angriff erreicht Feldwebel Troitsch von der II/JG 77 den ersten Luftsieg im Westen. Insgesamt gehen 50 Prozent des eingesetzten Bomberverbandes verloren; ein wenig ermutigender Anfang.

Am Montag, dem 4. September 1939, beginnt der Zusammenbruch der polnischen Verteidigung. In den Morgenstunden, erstmals seit Kriegsausbruch, treten endlich die modernen Los-Bomber in Aktion: Die X. und XV. Gruppe, insgesamt 27 Maschinen, starten zum Angriff auf das XVI. Panzerkorps im Raum Radomsko. In Ketten zu je 3 Maschinen greifen sie in Abständen von einigen Minuten deutsche Kolonnen an. Nachmittags wiederholen sie den Angriff, diesmal bei Kamiensk und Wielun.
Kurz vor Sonnenuntergang starten auch die Karas der VI. Gruppe zum Angriff auf motorisierte Kolonnen zwischen Ciechanow und Pultusk. Diese fünf Bombenangriffe mit Verlusten von 9 Los-Bombern und 2 Karas sind der Höhepunkt des Einsatzes der Bomberbrigade während des ganzen Feldzuges. Für den Gegner sind sie kaum von Bedeutung. Nach diesem Bombenabwurf fliegen die Piloten weitere, ihnen mit den ungepanzerten Maschinen strikt untersagte, äußerst gefährliche Tiefangriffe. Für manchen Piloten ist es der erste und letzte Einsatz. Außerdem fehlt völlig der eigene Jagdschutz, obwohl die Jagdstaffel der Armee Krakow bei Demblin liegt.
Am gleichen Tag zieht die Jagdbrigade auf neue Feldflugplätze um und verliert dadurch kostbare Zeit mit dem Tarnen der Maschinen. Der Bestand kampffähiger Flugzeuge ist auf ganze 25 Stück zusammengeschrumpft. Nun gelingt es der deutschen Luftwaffe zum erstenmal, polnische Frontmaschinen am Boden zu zerstören: 2 Los der Bomberbrigade bei Kuciny und 3 Jäger P-11 von der Armee Lodz bei Widzew.
Immer spürbarer wirkt sich der Mangel an Nachschub auf die Kampfbereitschaft der polnischen Flieger aus. So fehlen der Jagdbrigade z. B. schon am fünften Tag die Spezialglieder für MG-Metallgurte. »Um sie zu sparen, bekamen wir den Befehl, jedesmal nur 200 MG-Geschosse zu munitionieren. Dies reichte für ganze 30 Sekunden Dauerfeuer.«

Der erste »Erfolg« britischer Flugzeuge gegen ein U-Boot: Am 5. September 1939 greifen zur U-Boot-Bekämpfung eingesetzte Flugzeuge des Typs Avro »Anson« irrtümlich 2 britische U-Boote mit 45-kg-Wasserbomben an. Dem HMS Submarine »Snapper« wird dabei eine der Bomben direkt auf den Kommandoturm geworfen – mit dem Ergebnis, daß in dem Boot vier Glühbirnen zu Bruch gehen.
Das Küstenfliegerkommando der RAF geht mit rund 300 einsatzbereiten Land- und Seeflugzeugen in den Krieg. Von 5 geplanten Lockheed-»Hudson«-Staffeln ist nur eine einzige vorhanden. Langstreckenflugzeuge stehen für die U-Boot-Abwehr überhaupt nicht zur Verfü-

»Um den kühnen Einsatz und den beispiellosen Erfolg der deutschen Luftwaffe in Polen voll würdigen zu können ...«

Schlag auf Schlag
Die deutsche Luftwaffe in Polen
Ein Tatsachenbericht in Bild und Wort
Preis RM 1.–
Herausgegeben von Dr. H. Eichelbaum, Major im Reichsluftfahrtministerium
Band 1 der „Adler"-Bücherei des Wehrmacht-Presse-Verlages

gung. Selbst die britische Marine besitzt bei Kriegsbeginn kein einziges U-Boot-Abwehrflugzeug. Der seit 1935 als Torpedo- und Bombenflugzeug im Einsatz stehende Doppeldecker Fairey »Swordfish« muß schließlich auch diese Funktionen übernehmen.

Am Dienstag, dem 5. September 1939, führen die Los (XV. Gruppe) der Bomberbrigade mit 2 Ketten zu je 3 Maschinen einen letzten Angriff gegen das XVI. Panzerkorps durch, das nach der Zerschlagung der polnischen Verteidigung bei Petrikau beinahe ohne Widerstand in Richtung Warschau vorstößt. Die wachsenden Verluste der veralteten polnischen Aufklärungsmaschinen zwingen dazu, die verbliebenen Bomber und Jäger nur noch für Erkundungsflüge einzusetzen.

In den Morgenstunden des 6. September greifen 2 Ketten zu je 3 Los mit Bomben die deutschen Panzereinheiten bei Makow Mazowiecki an. Dabei schießen deutsche Jäger eine der Ketten ab. Die oberste Führung geht mit dem Hauptquartier nach Brest-Litowsk. Hier sammeln sich auch die stark dezimierten polnischen Luftstreitkräfte, deren bisherige Verluste 60 Prozent der ursprünglichen Kampfstärke betragen. Nun wird eine Reorganisation beschlossen: Man löst die den einzelnen Armeen zugeteilten operativen Fliegerkräfte weitgehend auf, um mit ihnen die Jagd- und Bomberbrigade zu verstärken. Doch während der ganzen Kampagne gelingt es der polnischen Fliegertruppe nicht, den Einsatz der beiden Brigaden zu koordinieren: Kein einziges Mal fliegt die Jagdbrigade zum Schutz der Bomber.

In der Nacht zum 7. September 1939 wird die Jagdbrigade in den Raum Lublin verlegt. Sie findet jedoch nur völlig verwaiste Feldflugplätze ohne Versorgung oder Nachrichtennetz vor. Es existieren auch weder Horch- noch Beobachtungsstellen. Dem Fehlen jeglicher Treibstoffreserven begegnen die Piloten auf ihre eigene Art: Im Tiefflug erkunden sie die Eisenbahnstrecke und halten nach Kesselwagen Ausschau. Ist einer dabei, in dem

Links: Bombenschütze am Zielgerät. Dieses mit dem Autopiloten gekoppelte Gerät ermöglicht es, die Maschine genau auf Zielkurs zu bringen, die Kurskorrekturen erfolgen automatisch

Rechts: 18. September 1939, bei Rowno (Ostpolen): Von sowjetischen Jägern auf dem Flug nach Rumänien abgeschossene polnische Verbindungsmaschine P. W. S. 26, ein Rotarmist hält Wache

Unten: Eine He 111 über Wola, dem Industriestadtteil im Westen Warschaus, beim Bombenabwurf (SD 250 kg)

sie Treibstoff vermuten, dann rasen sie schnellstens zu ihrem Stützpunkt zurück, wo fahrbereite Tankwagen warten. Im Gegensatz zu ihren Kampfaufgaben im Raum Warschau hat die Brigade jetzt keinen klar umrissenen Befehl mehr.
Die polnische Hauptstadt, ohne Jagdschutz und seit dem vorangegangenen Tag von der nach Osten abgezogenen Flak entblößt, ist nun den Angriffen der deutschen Luftwaffe schutzlos ausgeliefert.
Je mehr deutsche Truppen Zentralpolen erreichen, desto stärker konzentriert sich die Tätigkeit der Luftwaffe auf das Gebiet zwischen der mittleren Weichsel und dem Bug. Um die Vorbereitungen zur Verteidigung von Lublin und Polesie zu unterbinden, bombardiert die Luftwaffe alle in diesem Raum liegenden Eisenbahnanlagen, und die deutsche 4. Luftflotte (Gen. d. Fl. Löhr) verlegt den größten Teil ihrer zur taktischen Unterstützung des Heeres bestimmten Nahaufklärungs-, Jagd- und Sturzkampfverbände von Schlesien nach Kielce–Radom.

Der Luftkrieg in Westeuropa beginnt vorerst mit äußerster Zurückhaltung: Genau wie die Luftwaffe darf auch die RAF im Herbst und Winter 1939 keine Bomben auf Feindesland werfen. Die Deutschen hoffen immer noch auf ein Einlenken Großbritanniens; die Engländer dagegen fühlen sich noch nicht stark genug. Die einzig erlaubten Angriffsziele sind gegnerische Kriegsschiffe.
Das britische Expeditionskorps, das im September 1939 an der französischen Nordgrenze Stellung bezieht, verfügt nur über wenige Jagd- und Aufklärungsstaffeln. In der Champagne werden mittlere Bomber vom Typ »Battle« und »Blenheim« mit einem Jägerverband, insgesamt rund 100 Flugzeuge, stationiert.
Auffallend ist, daß weder die deutsche Luftwaffe etwas gegen den Transport der englischen Divisionen über den Ärmelkanal unternimmt, noch die französischen und englischen Luftstreitkräfte die Verlegung der deutschen Armeen von Polen an die Westfront stören. Die französische Luftwaffe beschränkt sich lediglich auf Erkundungsflüge den Westwall entlang und ist strikt dagegen, daß das britische Bomberkommando von französischen Stützpunkten aus operiert.

Freitag, 8. September 1939: Heute besetzen die deutschen Truppen (4. Pz.-Div.) den Warschauer Flugplatz Okecie. Etwa 120 000 polnische Soldaten verbarrikadieren sich in Warschau für den erwarteten Straßenkampf. Zu dieser Zeit passiert etwas Erstaunliches: Der deut-

schen Aufklärung entgeht es, daß sich im Rücken der Heeresgruppe, die die polnische Hauptstadt gerade umzingelt, die derzeit stärkste Konzentration polnischer Truppen befindet: Die Armee Poznan (Posen; GenMaj. Kutrzeba), vereint mit der angeschlagenen Armee Pomorze (Pommerellen; Gen. Bortnowski). Die beiden Armeen haben sich aus dem westlichen Teil Polens in nächtlichen Märschen, tagsüber in den Wäldern der polnischen Ebene Schutz suchend, durch die Luftwaffe unbemerkt zurückgezogen.
Die Schlacht, die am 9. September entbrennt und die in die Geschichte als »Schlacht bei Kutno« (auch »Schlacht an der Bzura« genannt) eingehen wird, ist die größte des ganzen Feldzuges.

Oben: Warschau, 25. September 1939: Die Luftwaffe fliegt an diesem Tag 1176 Einsätze gegen die hartverteidigte polnische Hauptstadt. Es werden 72 t Brand- und 486 t Sprengbomben abgeworfen

Mitte: Ein P-37-Los-Bomber brennt schwer getroffen vor einem Hangar: Szene aus dem NS-Propagandafilm »Feuertaufe« (1939)

Links: 16. September 1939: Lage der polnischen Fliegerkräfte

Seinen Aufklärungsfliegern verdankt General Kutrzeba, daß er zwei Tage lang die Initiative auf dem Schlachtfeld behält. Der energische General hat sich nämlich dem Befehl der Liquidation seiner Fliegergruppe widersetzt und die Flugzeuge behalten. Das Resultat: General Kutrzeba wird laufend über die Bewegungen der deutschen Truppen informiert, und als seine Aufklärer den ungeschützten Flügel der 8. Armee (Gen. d. Inf. Blaskowitz) entdecken, beschließt er, dort zuzuschlagen. Daraufhin setzen die Polen am 9. September mit überlegenen Kräften über den Fluß Bzura. Es entwickeln sich harte Kämpfe, die den ganzen Tag und in der darauffolgenden Nacht andauern. Die Kavallerie und die wenigen Panzer, die Kutrzeba zur Verfügung hat, erzielen tiefe Einbrüche; besonders schwer wird dabei die 30. Infanteriedivision getroffen.

Die Lage ist so ernst, daß die deutsche Heeresgruppe Süd (GenOberst v. Rundstedt) zum erstenmal seit Kriegsbeginn von der Luftwaffe dringend »den Einsatz starker Fliegerkräfte am 11. September 1939 gegen den Raum um Kutno« fordert. Mehrere Kampfgeschwader, die in den letzten Tagen hauptsächlich rollende Angriffe gegen Warschau sowie gegen Eisenbahn- und Industrieziele östlich der Weichsel geflogen haben, werden sofort in die Schlacht an der Bzura geworfen. Und erst die massiven Einsätze der Stukas und Schlachtfliegerstaffeln stoppen die polnischen Angriffe. MG-Garben mähen Soldaten und Pferde nieder, ein Hagel von Splitterbomben regnet auf sie herab.

Das Blatt beginnt sich zu wenden: v. Reichenau läßt das XVI. Panzerkorps (Gen. d. Kav. Hoepner), dessen linker Flügel sich wegen unerwarteter, harter Widerstände vor Warschau noch einmal zurückziehen mußte, umschwenken. Als zur gleichen Zeit die 4. Armee (Gen. d. Art. v. Kluge) westlich von Modlin die Weichsel erreicht und die 8. Armee (Gen. d. Inf. Blaskowitz) nordostwärts Lodz wieder an Boden gewinnt, kesseln die Deutschen die beiden polnischen Armeen beiderseits der Bzura ein.

Währenddessen gleitet etwa 200 Kilometer östlich in Brest-Litowsk die Führung der polnischen Fliegertruppe in völliges Chaos. Und als deutsche Bomber, Stukas und Schlachtflugzeuge sich bei strahlendem Wetter vom Sonnenaufgang bis zur Dämmerung unbehindert auf die zusammengedrängten polnischen Armeen stürzen, stehen östlich der Weichsel über 120 Maschinen, darunter zahlreiche Jäger, untätig. Unter ihnen sind auch diejenigen, die noch vor einigen Tagen der Armee Pomorze weggenommen wurden, um sie den beiden Brigaden einzuverleiben. Da die Nachrichtenverbindungen völlig versagen, ahnt man in Brest-Litowsk kaum etwas von dem sich anbahnenden Unheil an der Bzura.

Am nächsten Tag werden die Armeen Poznan und Pomorze mit ihren fast 200 000 Mann in einem etwa 30 Kilometer breiten und 45 Kilometer langen Kessel

Norddeutsche Ausgabe

271. Ausg. / 52. Jahrg. / Einzelpreis 20 Pf.

„Freiheit und Brot"

Norddeutsche Ausgabe

Berlin, Donnerstag, 28. September 1939

VÖLKISCHER BEOBACHTER

Kampfblatt der national-sozialistischen Bewegung Großdeutschlands

Britischer Selbstbetrug

Berlin, 27. September.

Für das britische Lügenministerium ist es gewiß keine sehr erquickliche Aufgabe, den völligen Zusammenbruch Polens festzustellen, nachdem das englische Volk wochenlang über den wahren Gang der Dinge im Unklaren gelassen und immer wieder ein großer Umschwung in Polen vorausgesagt wurde. Die Londoner Rückzugskanonade kann demgemäß nur denkbar kläglich sein. So erklärt der britische Rundfunk, der Krieg in Polen habe immerhin England und Frankreich gestattet, ihre Mobilmachung ungestört durchzuführen. Das mag auch Engländern, die noch über einen Rest von Erinnerungsvermögen und logischem Denken verfügen, zu denken geben. Denn schließlich wurde die englische Kriegserklärung an Deutschland damit begründet, England sei verpflichtet, Polen zu Hilfe zu kommen. Die englische Garantie war ja Polen geradezu aufgedrängt worden, und es ist daher mehr als sonderbar, wenn jetzt der Sinn dieses Abenteuers, das Polen ins Verderben gestürzt hat, so ausgedeutet wird, als ob nicht die Westmächte zur Hilfeleistung in Polen verpflichtet gewesen wären, sondern vielmehr Polen sich hätte aufopfern müssen, um seinen armen schwachen Verbündeten eine Atempause zu verschaffen.

Gegenüber diesen kaltschnäuzigen Feststellungen des Londoner Lügenministeriums wiegen die reichlichen Lobsprüche, die man hinterher dem durch englische Schuld zugrunde gegangenen Polen spendet, recht belanglos. Da offensichtlich in der englischen Öffentlichkeit die blitzschnelle Niederwerfung Polens die ernstesten Besorgnisse für den weiteren Verlauf des von England vom

Erfolgreicher Luftangriff auf die britische Hochseeflotte

Flugzeugträger zerstört – Schlachtschiff schwer getroffen

Festung Warschau vor der Uebergabe

Berlin, 27. September.

Das Oberkommando der Wehrmacht gibt bekannt:

Im Osten nähern sich unsere Truppen der mit der Sowjetregierung vereinbarten Demarkationslinie.

Von den versprengten Teilen des polnischen Heeres, die sich noch zwischen den deutschen und den vormarschierenden russischen Truppen befinden, wurde gestern östlich Bilgoraj die 41. polnische Division und die 1. Kavalleriebrigade gefangengenommen.

Die zu Beginn der Kampfhandlungen als offene Stadt angesehene und dementsprechend respektierte Hauptstadt Polens ist durch die Maßnahmen des Kommandanten, die Wiederinstandsetzung der alten Forts und die Bewaffnung von Teilen der Zivilbevölkerung in eine Festung verwandelt worden

Ribbentrop auf dem Wege nach Moskau

Berlin, 27. September.

Der Reichsminister des Auswärtigen, von Ribbentrop, begab sich am Mittwochvormittag um 9 Uhr im Condor-Flugzeug „Grenzmark" vom Flughafen Tempelhof aus mit dem Botschafter der UdSSR. in Berlin, Alexander Schkwarzew, und Legationssekretär Pawlow von der Sowjetrussischen Botschaft auf Einladung der Sowjetregierung nach Moskau.

Der Reichsaußenminister ist begleitet von

Aufnahme: Presse-Hoffmann

Der Führer und seine Generale beobachten die Kampfhandlungen
Links: Generaloberst Keitel, Rechts: General v. Reichenau

Deutsch-sowjetrussische Wandlungen

Von Harald Siewert

Wohl noch niemals in der Geschichte haben sich innerhalb nur eines Monats in dem Verhältnis zweier Großmächte so radikale, durchgreifende Wandlungen vollzogen wie jetzt zwischen Deutschland und Rußland.

daß Stalin bereits im März dieses Jahres auf dem 18. Parteikongreß klar und deutlich erklärt hatte, daß die Gerüchte über angebliche deutsche Eroberungsgelüste der Ukraine gegenüber nichts anderes seien als ein Köder

zusammengedrängt. General Kutrzeba: »Die heftigen Luftangriffe auf die Bzura-Übergänge haben, sowohl was die Zahl der eingesetzten Flugzeuge als auch die Heftigkeit der Angriffe und die geradezu akrobatische Fähigkeit der Flugzeugführer betrifft, kein Beispiel. Jede unserer Bewegungen, jede Truppenansammlung, jeder Marschweg geriet unter ein alles zermalmendes Bombardement ... Die Brücken wurden zerstört, die Furten blockiert und die sich stauenden Troßkolonnen dezimiert ...«

Am Mittwoch, dem 13. September 1939, schließt sich der deutsche Ring um Warschau. Auf dem alten, dicht am Rand des Stadtzentrums liegenden Flugplatz Mokotow reparieren in einem verlassenen Hangar Angehörige der polnischen Fliegertruppe ein paar beschädigte Maschinen und 2 Segelflugzeuge, ungeachtet der deutschen Infanterie, die bereits den Westrand des Flugplatzes erreicht hat. Mit einer noch flugtauglichen P-11-Jagdmaschine unternehmen sie sogar einige Angriffe gegen deutsche Stellungen in Okecie. Mit den beiden Sportmaschinen vom Typ RWD-8 hält der Oberkommandierende der belagerten Hauptstadt, General Rómmel, die Verbindung mit Marschall Rydz-Smigly aufrecht und kann die belagerte Festung Modlin mit Medikamenten und Verbandszeug versorgen. Im ganzen werden noch über 100 Einsätze geflogen.

Am Donnerstag, dem 14. September, greift die Luftwaffe kurz vor Sonnenuntergang einen der wichtigsten Feldflugplätze der Bomberbrigade an – Hutniki bei Brodow. Fast alle Maschinen (laut deutschen Berichten 11 Stück), darunter Los-Bomber, werden am Boden zerstört. Dieser Angriff, genau zwei Wochen nach Kriegs-

Ein Beispiel der NS-Propaganda: Falschmeldung über die »Versenkung« des britischen Flugzeugträgers »Ark Royal« (22 000 t), der während des Luftangriffs am 26. September 1939 von keiner einzigen Bombe getroffen wurde

In der Luftbild-Auswertungsstelle der Luftwaffe: Mit Hilfe von Modellen werden die britischen Einheiten auf den Fotos identifiziert

Rechts: Mittlere sowjetische Bomber Tupolew SB-3: Maschinen dieses Typs haben zwischen dem 17. und 27. September 1939 zahlreiche Angriffe auf die sich in Richtung ungarische und rumänische Grenze zurückziehenden polnischen Truppen geführt

Unten: Taktik der Ju 88 bei Sturzflugbombenangriffen auf Schiffsziele

beginn, ist tatsächlich der erste, der ernsthafte Verluste an Frontflugzeugen verursacht. Am nächsten Morgen tauchen die deutschen Maschinen wieder auf und zerstören noch weitere 6 Bomber, die man beim ersten Angriff nicht getroffen hat.
An diesem Nachmittag und in den Morgenstunden des 16. September werden sämtliche noch intakte Einheiten der Bomberbrigade auf neue Feldflugplätze weiter östlich verlegt. Die Besatzungen der Los-Bomber (XV. Gruppe), die bei Buczacz auf einem Stoppelfeld gelandet sind, übernachten unter ihren Maschinen und fliegen am nächsten Morgen noch zwei Bombenangriffe, die letzten im Septemberfeldzug: Eine Kette von 4 Los bombardiert die deutschen Panzerkolonnen bei Hrubieszow, die andere Kette von 3 Los eine motorisierte Kolonne am westlichen Bugufer nahe Wlodawa. Für die übrigen 6 Los-Bomber reicht der Treibstoff nicht mehr aus.

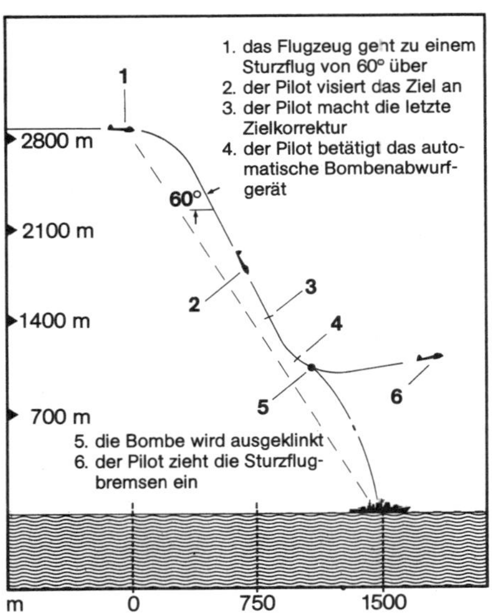

Am Sonntag, dem 17. September 1939, alarmiert eine neue Hiobsbotschaft die polnische Fliegertruppe: Die sowjetische Armee hat Polens Grenze überschritten und besetzt bereits gewaltsam die ersten Flugplätze. Seit den frühen Morgenstunden steht eine Handvoll polnischer Flieger dem anderen übermächtigen Feind im Kampf gegenüber. Den ganzen Tag hindurch kommt es zu erbitterten Duellen mit der Roten Luftflotte. Besonders die am weitesten östlich liegenden Feldflugplätze bei Kowel, Dubno und Luck, wo Reste der Bomber- und Jagdbrigade sowie operative Fliegerkräfte der Armee Karpaty liegen, werden durch sowjetische Luftangriffe überrascht. Polnische Flieger schießen 2 Bomber vom Typ Tupolew SB-2 und 5 Rata-Jäger (I-16) ab. Die Sowjets melden an diesem Tag den Abschuß von 7 polnischen Jagdmaschinen und 3 Bombern.
Der Befehlshaber der Fliegertruppe ordnet an, sämtliche startklaren Maschinen nach Rumänien zu evakuieren. Der Rest, für den kein Benzin mehr da ist, und die beschädigten Flugzeuge werden in Brand gesetzt. Ein Teil der Besatzungen und des Bodenpersonals versucht, sich jetzt im Eilmarsch nach Rumänien oder Ungarn vor den Deutschen und Sowjets zu retten.
An diesem Sonntag erreicht der Einsatz der Luftwaffe gegen den Kessel an der Bzura seinen Höhepunkt. Die Zusammenfassung ihrer Kräfte an diesem Punkt zwingt die Luftwaffe, fast alle anderen Kampfhandlungen zu unterbrechen. Es werden lediglich Aufklärungsflüge über

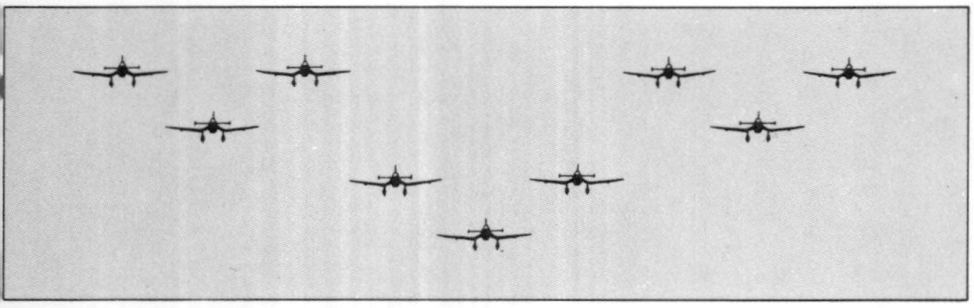

Verbandsflug der Stuka-Ju-87-Staffeln in Ketten bzw. Staffel-Formation

den ostwärts des großen Weichselbogens liegenden Gebieten unternommen.
In den Tagen des 17. und 18. September landen in Rumänien fast 100 polnische Militärflugzeuge. Sämtliche Maschinen und Besatzungen werden – schon aus Furcht vor deutsch-sowjetischen Repressalien – interniert. Die Los und Karas, von den rumänischen Luftstreitkräften einverleibt, bewähren sich später an der Ostfront im Kampf gegen die Sowjetunion.
Am Montag, dem 25. September 1939, werfen 400 deutsche Maschinen in drei- und viermaligen Anflügen 486 Tonnen Sprengbomben und 72 Tonnen Brandbomben auf Warschau. Die Brände in der Stadt können nicht bekämpft werden, da Bomben die Wasserleitungen zerstört haben und Trümmer der eingestürzten Häuser die Straßen blockieren. Die Lage wird vollends hoffnungslos durch das Fehlen der Feuerwehr, die man zwei Wochen zuvor evakuiert hat.
In der Nacht vom 25. zum 26. September 1939, am Vorabend der Kapitulation Warschaus, starten – bereits unter dem Gewehrfeuer der deutschen Infanterie – von dem durch die Brände erhellten Flugplatz Mokotov insgesamt 11 Maschinen und 2 Segelflugzeuge vom Typ Komar. Zwischen ihnen holpert ein P-11-Jäger über den von der deutschen Artillerie zerpflügten Startplatz, bevor er nur langsam an Höhe gewinnt. Die Ursache dieses mühseligen Starts: Anstelle des ausgebauten Bordfunkgerätes hockt dort Oberstleutnant M. Izycki, der spätere Befehlshaber der auf seiten der RAF kämpfenden polnischen Luftstreitkräfte in England. Weil keine Karten vorhanden sind, richtet man sich ausschließlich nach dem Kompaß. Die Segelflugzeuge kommen nur bis Grojec, 50 Kilometer südlich von Warschau. Einer der Maschinen geht bei Kielce der Treibstoff aus. Der Pilot landet, baut den Kompaß aus und erreicht zu Fuß Ungarn.

Dienstag, 26. September 1939: Eine Ju 88 des Kampfgeschwaders 26 (Gefr. Franke) wirft in der mittleren Nordsee eine SC-500-kg-Bombe im Sturzflug auf den Flugzeugträger »Ark Royal«. Nach Aussage des Piloten fiel die Bombe hart neben den Träger. Dieser Angriff ist die erste Aktion deutscher Flugzeuge gegen die britische Home Fleet im Zweiten Weltkrieg. Am späten Nachmittag des gleichen Tages sichten die Aufklärer der Luftwaffe zwei Schlachtschiffe mit Westkurs – ohne den Flugzeugträger.
Der Chef des Stabes der 10. Fliegerdivision (Maj. i. G. Harlinghausen), davon überzeugt, daß die »Ark Royal« sich bei dem ausgemachten Verband befunden hat, gibt daraufhin den Befehl an die Aufklärer, auf Ölflecke zu achten. Die Meldung über einen gesichteten Ölfleck erhielt er dann auch sehr schnell und kabelt die Beobachtung an Göring weiter.
Am Tage darauf, Mittwoch, dem 27. September 1939, meldet der Wehrmachtsbericht die »Zerstörung« eines Flugzeugträgers, wohlweislich ohne Namensnennung. Hermann Göring indes wollte seine Luftwaffe nicht gegen namenlose Objekte siegen lassen. Der Feldmarschall entscheidet: Es war die »Ark Royal«. Er richtet einen persönlichen Glückwunsch an Franke, befördert den Gefreiten sofort zum Leutnant und verleiht ihm EK II

und I ... In Wahrheit jedoch läuft die »Ark Royal« Anfang Oktober in den Südatlantik aus und beteiligt sich dort an der monatelangen Jagd auf das deutsche Panzerschiff »Admiral Graf Spee«.

Sonntag, 1. Oktober 1939: An diesem Abend starten 4 Whitley von der 10. Squadron auf dem Flugplatz Dishford. 3 Maschinen erreichen Berlin und werfen Flugblätter über der Hauptstadt ab; die vierte Whitley hat sich verflogen. Es ist die erste RAF-Einheit, die über Berlin erscheint.

Mittwoch, 4. Oktober 1939: Während in Warschau die Vorbereitungen für Hitlers Siegesparade anlaufen, kämpft etwa 110 Kilometer südöstlich bei Kock der letzte polnische Großverband unter General Kleeberg. Während der Schlacht bei Kock fliegen 2 Maschinen vom Typ RWD-8 und eine PWS die letzten Kampfeinsätze gegen die Deutschen. Sie führen außer den Verbindungs- und Aufklärungsflügen auch Bombenangriffe – mit Eierhandgranaten – durch. Am Vormittag des 4. Oktober 1939 kehrt eine RWD-8 mit dem letzten Tropfen Benzin zurück. Mit diesem Flug endet der Einsatz der polnischen Flieger im Septemberkrieg: Für den nächsten Start gibt es keinen Treibstoff mehr ...

Die polnischen Luftstreitkräfte besaßen zwar in Friedenszeiten gutgeschultes fliegendes Personal, jedoch können nur 340 Flugzeugführer, 250 Beobachter und 210 Bordschützen an den Kämpfen teilnehmen – für den Rest fehlt es an Flugzeugen. Sie haben immerhin gemeinsam mit der Flak eine ansehnliche Leistung vollbracht. Die Bilanz der deutschen Luftwaffe nach dem Polenfeldzug weist auf: 285 total zerstörte, 279 beschädigte Maschinen und 734 tote Besatzungsmitglieder. Zum Vergleich: Die Verluste der Luftwaffe während der drei Jahre dauernden Kämpfe in Spanien (1936–1939) betrugen 96 Flugzeuge.

Eine Paradoxie dieses Luftkrieges im September 1939: Laut polnischer Quellen hat die eigene Luftabwehr fast doppelt soviel polnische Maschinen abgeschossen wie die deutsche Luftabwehr. Mit Sicherheit gehen durch ei-

Unten rechts: Angriffstaktik der Stuka-Ju-87-Staffeln: Staffelreihe vor Angriffsbeginn; gestürzt wird paarweise

Unten: Das Gerippe einer ausgebrannten Wellington: Dieser meistgebaute britische Bomber (11 461 Stück) weist die einem Luftschiff ähnliche geodätische Bauweise auf

genen Beschuß etwa 10 Prozent der polnischen Luftstreitkräfte verloren, jede dritte Besatzung findet dabei den Tod. Aus welchen Gründen auch immer hat es die polnische Heeresleitung versäumt, ihre Soldaten mit den Silhouetten sowohl der eigenen als auch der feindlichen Maschinen (sie standen sogar auf der Geheimliste!) vertraut zu machen. Da die polnischen Flugzeuge über eigenem Gebiet nicht höher als 500 Meter fliegen dürfen und langsamer sind als die deutschen, hat die eigene Abwehr, die in jeder Maschine den Feind wittert, leichte Beute. Selbst die polnischen Flieger, die sich mit dem Fallschirm retten können, bekommen die Angstpsychose ihrer Landsleute zu spüren. Sie werden oft verprügelt, da jeder mit dem Fallschirm Landende als deutscher Agent angesehen wird.

Der Polenfeldzug gilt für die deutsche Führung durch den kombinierten Einsatz Luftwaffe/Heer als Vorbild für weitere Blitzfeldzüge, doch diese Tatsache wird von den Gegnern Deutschlands nicht genügend beachtet. Die Erfahrungen vom September besagen aber wiederum: Die deutsche Luftwaffe ist nur für den zeitlich begrenzten Krieg an einer Front stark genug.

Eine der schwerwiegendsten Fehleinschätzungen des Sieges in Polen: Der Erfolg des Blitzkrieges, die Rolle der Luftwaffe dabei und vor allem die Bewährung der Stukas und mittleren Bomber verleitet zu einer falschen Politik in der weiteren Entwicklung der Luftstreitkräfte. Das Fazit: Bereits in den nächsten Jahren werden solche Flugzeuge, die zur Führung des selbständigen strategischen Luftkrieges unerläßlich sind, völlig fehlen.

Sonntag, 8. Oktober 1939: Während eines Patrouillenfluges über der Nordsee schießt eine Hudson der 224. Staffel als erste englische Maschine das erste deutsche Flugzeug, ein Flugboot Do 18, ab. Der Zufall will es, daß am gleichen Tage gegen 15 Uhr bei einem Luftkampf zwischen 5 Curtiss-Hawk-Jägern der französischen Staffel »Rote Teufel« (GC II/4) und 4 Me 109 in der Nähe von Landau 2 französische Flieger, Villey und Casenobe, je einen deutschen Jäger abschießen: der erste französische Luftsieg des Krieges.

Montag, 16. Oktober 1939: Die I. Gruppe des KG 30 (Hptm. Pohle) führt den ersten Luftangriff gegen einen Stützpunkt der Royal Navy im Zweiten Weltkrieg durch. Das Ziel: Kriegsschiffe im Firth of Forth. Es entstehen Sachschäden und Menschenverluste auf den Einheiten »Southampton«, »Edinburgh« und »Mohawk«. 2 Ju 88 werden von 2 Spitfires der 602. und 603. Staffel abgeschossen. Ein weiterer deutscher Bomber fällt dem Flakbeschuß zum Opfer. Dies sind die ersten deutschen Maschinen, die über Großbritannien vernichtet werden.

Nach einem weiteren Angriff auf Scapa Flow verlegt die Admiralität die Home Fleet an einen sicheren Ankerplatz in der abgelegenen Clyde. So wird ihre Schlagkraft gegen einen deutschen Flottenverband, der in den Atlantik ausbrechen oder gegen Englands Ostküste anrücken würde, beträchtlich geschwächt. Erstaunlicherweise lassen die Deutschen den Vorteil ihres errungenen strategischen Erfolges ungenützt. Übrigens ergeben die Einsätze deutscher Kampfflugzeuge gegen britische Kriegsschiffe in Scapa Flow und im Firth of Forth, daß die verwendeten SC-250-kg-Bomben keine durchschlagende Wirkung besitzen, und Göring befiehlt die Entwicklung schwererer Bomben.

Donnerstag, der 23. November 1939, ist ein schwarzer Tag für das deutsche Raketenwaffenprojekt, das in den abgelegenen Kiefernwäldern um Peenemünde (Insel Usedom) in der Heeresversuchsanstalt (Oberst W. Dornberger) eine klar umrissene Gestalt annimmt. Bereits einen Monat zuvor legt das Oberkommando des Heeres den Termin zur Massenproduktion des unter der Leitung des Ingenieurs Wernher v. Braun entstehenden Aggregat-4 (Tarnname für eine Flüssigkeitsrakete mit 12,9 Tonnen Fluggewicht, das imstande ist, seine 1000-kg-Sprengladung auf eine Entfernung von 350 Kilometer zu befördern) auf den Mai 1941 fest.

Nun, am 23. November 1939, stoppt Hitler das ganze Vorhaben, da er »nach dem Sieg über Polen keine Raketen in diesem Krieg mehr brauchen wird«. Nachdem Peenemünde jede Dringlichkeit abgesprochen worden ist, werden Material und Arbeitskräfte abgezogen.

30. November 1939: Sowjetische Kampfgeschwader erscheinen über Helsinki und bombardieren das Stadtzentrum, ohne daß dem Angriff eine Kriegserklärung vorausgegangen ist. Damit hat der Finnische Winterkrieg begonnen. Finnland mit nur 3,5 Millionen Einwohnern und einem Friedensheer von drei Divisionen setzt sich entschlossen zur Wehr.

Die Rote Luftflotte beordert in den ersten Tagen etwa 900 Maschinen an die finnische Front. Die finnischen Luftstreitkräfte verfügen dagegen nur über insgesamt 145 Flugzeuge, davon sind 114 einsatzbereit. Zu Beginn des Winterkrieges ist die holländische Fokker D-XXI der modernste Jäger, den Finnland besitzt. Der Befehlshaber der finnischen Luftwaffe, General J. F. Lundquist, stellt aus 31 Flugzeugen die 24. Jagdstaffel zusammen, die am Immola-Luftstützpunkt in der Nähe des wichtigen Kraftwerks Imatra, etwa 50 Kilometer nördlich von Viipuri, stationiert wird.

Unauffällige Vorbereitungen des RAF-Bomberkommandos für den strategischen Luftkrieg: Kurz vor dem Start zum »Flugblätter-Abwurf«

Am Freitag, dem 1. Dezember 1939, dem zweiten Kriegstag, erhält Hauptmann Eino Luukkanen den Befehl, gegen 5.30 Uhr von Immola aus zu starten und ständig mit 2 Jägern über Vuoksenlaakso zu patroullieren. Kurz danach sichten sie eine Formation sowjetischer Bomber, und Hauptmann Luukkanen erringt den ersten Luftsieg des Winterkrieges: Er schießt einen Tupolew-SB-2-Bomber ab.

Trotz ihrer zahlenmäßigen Unterlegenheit beschränkt sich die finnische Flugwaffe keineswegs nur auf die Abwehr sowjetischer Luftangriffe. Im Gegenteil, sie fliegt auch Einsätze bis Murmansk, Leningrad, Kronstadt und Baltischport.

Die Sowjets führen bis Ende des Jahres zahlreiche Angriffe auf das finnische Hinterland durch, wobei sie Dörfer und auch einzelne Gehöfte mit Bomben belegen. Die Finnen verstehen es in der Not, sich die große Kälte zunutze zu machen: Die Dächer der meist nur einstöckigen Häuser werden mit Wasser übergossen, so bildet die entstehende Eisschicht einen guten Schutz gegen Brandbomben.

Kaum ein Luftangriff hat einen so großen Einfluß auf die spätere Entwicklung sowohl der britischen als auch der deutschen Luftstrategie und Taktik bewirkt wie die bewaffnete Aufklärung der RAF über Wilhelmshaven am Montag, dem 18. Dezember 1939. Das englische Generalstabswerk zählt ihn sogar zu den wichtigsten Luftkriegsereignissen des Zweiten Weltkrieges.

Am Morgen des 18. Dezember starten 24 Wellington-Maschinen der Gruppen, 9, 37 und 149 von ihren Stützpunkten im östlichen England. Ihr Auftrag: über der Wesermündung, Wilhelmshaven und dem Jadebusen zu patroullieren und jedes Kriegsschiff zu bombardieren, das auf See gesichtet wird. Die Meldung über den Einflug gelangt vom Funkmeßgerät Freya auf Wangerooge nach 13 Uhr auf den Gefechtsstand des Jagdgeschwaders in Jever, wird jedoch als Irrtum des Beobachters gewertet. Erst als einige Minuten später die Bestätigung eines zweiten Freya-Gerätes eintrifft, gibt man Alarm. Somit gelingt es erstmalig, Jagdflugzeuge aufgrund von Funkmessung und mit Unterstützung durch Funksprechverkehr an einen Feindverband heranzuführen.

Die Staffel 10/JG 26 unter Oberleutnant Steinhoff ist die erste am Feind: »... Besseres Wetter konnten wir uns für das erste massive Treffen mit der RAF nicht wünschen. Schönwetter-Dunstschicht am Boden und blauer Himmel, ohne eine Wolke, mit klarer, weiter Sicht darüber ...« Die Engländer fliegen in geschlossenen Formationen, etwa 3500 Meter hoch, an der Festungsinsel Helgoland vorbei und nehmen unter dem Flakfeuer der dortigen Marinebatterien Kurs auf Jadebusen und Wilhelmshaven. Der erste Abschuß gelingt Unteroffizier Helmayer: »Es mußte ein alter Hase gewesen sein. Je-

Eine Formation britischer Mittelstreckenbomber Wellington: Die von den Besatzungen liebevoll »Wimpey« genannten Maschinen werden ab 18. Dezember 1939 nur noch bei Nachteinsätzen geflogen

desmal im Augenblick der Feuereröffnung kurvte er uns entgegen, und unsere Garben zischten über das Ziel hinweg. Vierter Angriff ... 600 Meter – 500 – 400 – 300 – da, ein Hämmern, ein Zischen, Treffer in der eigenen Maschine, ein Schlag auf meinen linken Arm ... Doch gleichzeitig erkannten wir, daß unser Angriff erfolgreich war. Die Wellington brannte und stürzte ins Meer. Wir sahen die Aufschlagstelle, den brennenden Ölfleck. In unserer Kabine qualmte es und es roch nach Pulverdampf. Ich sah Blutspritzer ... Auuu – mein Arm ist so schwer, die linke Hand wurde auf einmal glühend heiß – Blut, ich war auch verwundet! ... Wir hatten Jever erreicht. Wir atmeten auf. Die Maschine rollte aus, die Erde hatte uns wieder. Unser Staffelzeichen, der Marienkäfer mit seinen sieben Punkten, hatte uns nochmals Glück gebracht ...«

Die Luftschlacht dauert nicht länger als eine halbe Stunde. Nach 15 Uhr fliegen die Reste des schwer angeschlagenen britischen Bomberverbandes schon außerhalb der Jägerreichweite. Es gehen nach englischen Angaben von den 22 eingesetzten Maschinen 15 verloren; dagegen nennen deutsche Stellen 34 der 44 eingeflogenen Feindflugzeuge als abgeschossen.

Seit diesem 18. Dezember 1939 führen die Engländer keine Tagesbombenangriffe in geschlossenen Formationen ohne Jagdschutz mehr durch. Sie gehen nun zu nächtlichen Bombenangriffen über; erst ab Oktober 1944 wagt das britische Bomberkommando erneut Tagesangriffe auf Deutschland. Bei der RAF ist man überzeugt, daß die Zerstörung deutscher Industriezentren durch Nachtangriffe erreicht werden kann; denn bei nächtlichem Abwurf von Flugblättern hat man keine wirksame deutsche Nachtluftabwehr angetroffen. Sie erkennt auch die Notwendigkeit, ihre Bomber fortan mit beschußsicheren Treibstofftanks (selfsealing fuel tanks) zu versehen.

Die Nachtangriffe der RAF zwingen die Luftwaffe, ein kostspieliges Nachrichtenverteidigungssystem auf Funkmeßbasis aufzubauen, das anderen wichtigen Rüstungsvorhaben Menschen und Material entzieht. Die von der RAF gezogene Lehre, Bomber könnten nachts sicherer operieren oder müßten bei Tage durch Begleitschutz geschützt werden, erkennt die deutsche Führung erst nach eigenen schweren Verlusten über England im Sommer und Herbst 1940.

Währenddessen ignorieren Nacht für Nacht die Whitley-Bomber der 4. Gruppe Nebel und Frost, um mit Flugblättern bis zur Ruhr, nach Hamburg, Berlin, Nürnberg und selbst bis Wien, Prag und Warschau zu fliegen. Zwischen dem 10. November 1939 und dem 16. März 1940 ist die deutsche Luftabwehr so wirkungslos, daß die 4. Gruppe kein einziges Flugzeug durch Feindeinwirkung einbüßt. Mehrere Maschinen gehen jedoch durch Vereisungen verloren, denn die Wetterbedingungen stellen für die Besatzung eine größere Gefahr dar als die deutsche Abwehr. 20 bis 30 Flugzeuge, die sich über ganz Deutschland verteilen und Flugblätter abwerfen, fordern keine besondere deutsche Reaktion heraus.

Diese »Flugblatt-Abwürfe« sind eine äußerst geschickte Tarnung der wahren Absichten. Die deutsche Führung unterliegt der Täuschung und merkt nicht, daß die Nachtflüge den ersten Schritt im strategischen Luftkrieg gegen Deutschland bedeuten. Gleichzeitig versäumt es die Luftwaffe, eine Nachtjagdabwehr aufzubauen, und als man damit beginnt, sind bereits kostbare Monate verlorengegangen, die kaum mehr aufgeholt werden können.

1940
Januar bis Juni

Tagesparole des Reichspressechefs
Sonnabend, 13. Januar 1940:
Am 10. Januar 1940 erging vom OKL an die Presse die Weisung, daß es verboten sei, über die Flugzeugtypen Me 110, Ju 88 und Me 210, über Minenlegerflugzeuge, 1000-kg-Bomben sowie über den Flughorch-Flugmeldedienst zu berichten.

Sonntag, 14. Januar 1940
Das *Oberkommando der Wehrmacht* gibt bekannt:
Einzelne feindliche Flugzeuge haben in der Nacht vom 12. zum 13. Januar Aufklärungsflüge über deutsches Reichsgebiet unternommen. Ein englisches Flugzeug versuchte in der Nacht, eine nordfriesische Insel anzugreifen. Die Bomben fielen ins Meer, ohne Schaden anzurichten.

Aus dem Erlaß des *Reichsführers-SS und Chefs der Deutschen Polizei* im Reichsministerium des Innern vom 29. 2. 1940:
Betrifft: Aufgefundene feindliche Flugblätter und Verbreitungsvorrichtungen.
Verschiedene Unklarheiten, die bei der Behandlung von aufgefundenem feindlichem Flugblattmaterial sowie von Ballonen und sonstigen Verbreitungs- und Abwurfvorrichtungen für feindliches Propagandamaterial aufgetaucht sind, veranlassen mich, folgendes zu verfügen:
Die Leitung der Suchaktion liegt in Händen der örtlichen Polizeibehörde. Zwecks Mithilfe bei der Auflese der Flugblätter ist an die örtlich zuständigen Hoheitsträger der Partei heranzutreten. Die aufgesammelten Flugblätter nimmt die Polizeibehörde in Verwahrung und verständigt umgehend die Staatspolizeileitstelle. Diese verfügt endgültig über das sichergestellte Material, und zwar in der Weise, daß von jedem Flugblatt für Archivzwecke einmalig 30 Stück hierher – an Amt IV (II A 1) – übersandt werden. Haben die höheren Parteidienststellen und sonstigen Stellen, die ein begründetes und berechtigtes Interesse an dem Material geltend machen, die gewünschte Anzahl von Exemplaren erhalten, so ist der Rest in geeigneter Weise zuverlässig unbrauchbar zu machen. Zweck der Suchaktion ist die möglichst restlose Erfassung aller verstreuten Flugblätter.

Dienstag, 9. April 1940
Das *Oberkommando der Wehrmacht* gibt bekannt:
Die Operationen im Zuge der Besetzung Dänemarks und der norwegischen Küste sind am 9. April planmäßig verlaufen. Beim Einmarsch und bei den Landungen in Dänemark ist es nirgends zu Zwischenfällen gekommen. An der Küste Norwegens wurde nennenswerter Widerstand nur bei Oslo geleistet, er wurde in den Nachmittagsstunden gebrochen, Oslo selbst besetzt.

Absprung über Narvik

Nach einer reibungslosen Fahrt – berichtet Obergefreiter Dambeck – trafen wir im Flughafen von Drontheim ein. Es herrschte richtige Alarmstimmung.
Wir starteten nach Norden, nach Narvik. Unter uns zog eine unheimliche Landschaft vorbei. Nichts als Berge, Schnee und Eis. Zudem war es bitterkalt. Nach mehrstündigem Flug erreichten wir endlich unseren Absetzplatz …
»Fertig machen!« Raus! Ich machte eine glatte Landung, setzte mich auf eine schneefreie Fläche mit Moos … Dann ging es mit einer norwegischen Trägerkolonne zum sogenannten Stützpunkt 2. Als wir oben auf dem Berg waren, erfuhren wir zu unserer nicht gerade freudigen Überraschung, daß es noch weiter gehen solle, daß wir mit unserem Granatwerferzug die Höhe 698 beziehen

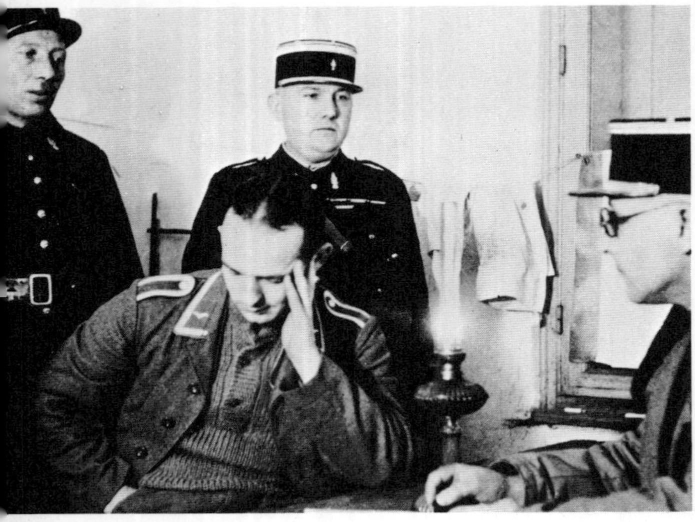

Links: Der einzige Überlebende eines deutschen Fernaufklärers Dornier Do 17 bei seiner Vernehmung durch die Franzosen: Während des rund 8 Monate dauernden »Sitzkrieges« hat die Luftwaffe großangelegte Aufklärung über Frankreich durchgeführt

Rechts: 9. April 1940, der Fall »Weserübung«: Die deutschen Gebirgstruppen, die an der ersten Luftlandeoperation des Krieges teilnehmen, werden mit Junkers Ju-52-Maschinen transportiert

Unten: »Le Figaro« warnt seine Leser knapp 24 Stunden vor Beginn des vom deutschen Oberkommando höchst geheimgehaltenen Luftlandeunternehmens, das bereits am nächsten Morgen, dem 10. Mai 1940, die Offensive im Westen überraschend eröffnen soll

sollten. 150 Meter ostwärts von unserer neuen Stellung verlief die schwedische Grenze. Wir hatten also den rechten Flügel der deutschen Narvikfront zu übernehmen.

Völkischer Beobachter, April 1940

Vorsicht vor Fallschirmspringern und Transportflugzeugen

Donnerstag, 9. Mai 1940, Paris.

Die Rolle der deutschen Luftwaffe hat bei der Verstärkung und Versorgung ihrer Streitkräfte in Norwegen die kühnsten Erwartungen übertroffen.

Dadurch konnten große Einheiten täglich mit Ausrüstung und Verpflegung versorgt werden. Die Operationen wurden durch die Benutzung dänischer Abflugbasen und die vorhergehende Besetzung der norwegischen Landeplätze erheblich begünstigt. Man muß daher, ebenso wie die Holländer, befürchten, daß kleinere Fallschirmspringer-Gruppen während der Nacht versuchen werden, sich der Landeplätze zu bemächtigen, um zusammen mit den nachfolgenden, durch Transportmaschinen abgesetzten Truppen Verwirrung zu stiften.

Um dieser Gefahr vorzubeugen, kann man nicht oft genug darauf hinweisen, jeden Fremden als Verdächtigen zu betrachten, vor allem natürlich Fallschirmspringer und Transportflugzeuge, die nachts an einsamen Landstrichen niedergehen, gleich welche Uniform oder Bekleidung auch immer die Besatzungen tragen.

In solchen Fällen ist die sofortige Benachrichtigung der nächsten militärischen Dienststelle (Ortskommandantur, Gendarmerie usw.) erste Bürgerpflicht: Es muß auch, allen eventuellen Protesten zum Trotz, verhindert werden, daß sich die Unbekannten von der Landestelle entfernen, und man darf nicht zögern, bei Widerstand Ge-

LE FIGARO. — JEUDI 9 MAI 1940

Attention aux parachutistes et aux avions de transport

Le rôle joué par l'aviation allemande en Norvège pour renforcer les effectifs ennemis et les ravitailler a dépassé les résultats que les esprits les plus audacieux auraient osé imaginer.

Des effectifs importants ont pu être ainsi transportés quotidiennement avec armes et bagages. Ces opérations étaient d'ailleurs facilitées grandement non seulement par l'utilisation des bases de départ danoises, mais par la mainmise préalable sur les terrains d'atterrissage norvégiens.

On peut donc redouter, ainsi que la crainte s'en manifeste en Hollande, que de petits groupes de hardis parachutistes s'efforcent de s'emparer de nuit de terrains d'atterrissage et ne soient suivis, peu d'instant plus tard, de gros avions de transport débarquant au sol des troupes en arrière des lignes, voire même dans des campagnes ou petites villes isolées pour y jeter la panique.

Pour obvier à ce danger toujours possible, on ne saurait trop recommander de considérer comme suspect, *a priori*, tout parachutiste ou tout avion de transport venant au sol de nuit ou dans des lieux isolés, *quelque soit l'uniforme ou le costume* revêtu par les occupants.

En semblable circonstance, prévenir immédiatement l'autorité militaire la plus proche (commandant de cantonnement, gendarmerie, etc.) est un devoir évident ; mais il faut, en dépit de toutes protestations possibles, s'opposer à l'éloignement des visiteurs inconnus, en n'hésitant pas à employer s'il le faut la force en cas de rébellion de leur part. S'il s'agit véritablement d'aviateurs français ou alliés, ils seront les premiers à reconnaître la nécessité de ces mesures de sécurité. — G.

walt anzuwenden. Sollte es sich dabei tatsächlich um französische oder alliierte Flieger handeln, so werden diese als erste die Notwendigkeit solcher Sicherheitsmaßnahmen verstehen. *Le Figaro, Paris*

Freitag, den 10. Mai 1940
Das *Oberkommando der Wehrmacht* gibt bekannt:
Die deutschen Truppen haben heute um 5.30 Uhr die holländische, luxemburgische und belgische Grenze überschritten. Feindlicher Widerstand in Grenznähe wurde überall in scharfem Zugriff, vielfach in engstem Zusammenwirken mit der Luftwaffe, gebrochen.

10. Mai 1940, Brüssel
Die *Agentur Havas* meldet:
Deutsche Truppen haben die belgische Grenze überschritten. Längs der belgisch-deutschen Grenze finden Kämpfe statt. Der Flugplatz Evers bei Brüssel ist von den Deutschen bombardiert worden. Belgien hat Frankreich und England um ihre Hilfe ersucht.

10. Mai 1940
Das *Hauptquartier der holländischen Armee* gibt bekannt:
Die deutschen Truppen haben um 3 Uhr morgens mit dem Einmarsch in Holland begonnen. Auf einige Flugplätze sind Angriffe versucht worden. Unsere Armee und die Fliegerabwehr stehen einsatzbereit. Die Überschwemmungen zur Behinderung des deutschen Vormarsches erfolgen planmäßig. Bis jetzt sind mindestens 6 deutsche Flugzeuge abgeschossen worden.

10. Mai 1940, Hilversum
Die *Agentur Havas* meldet:
Durch den holländischen Rundfunk wurde ein Aufruf an die Bevölkerung erlassen, worin es heißt, daß deutsche Fallschirmspringer zum Teil in alliierten und in holländischen Uniformen auf niederländischem Boden gelandet seien. Der Bevölkerung wurde äußerste Vorsicht und Wachsamkeit eingeschärft.

Start im Morgengrauen

Wir haben den Auftrag, Flakstellungen bei den Flugplätzen im Raum Rotterdam–Den Haag–Delft anzugreifen und zu vernichten. Eine stockfinstere Nacht verschluckt alle Vorbereitungen …
Der Start ist für 4.30 Uhr befohlen … Wir fliegen jetzt in die Morgendämmerung des 10. Mai hinein, vor mir die Kette von Oberleutnant Beermann. Wir fliegen dicht aufgeschlossen, und die Auspuffflammen sind ein guter Anhaltspunkt für den Verbandsflug. Langsam steigen wir auf unsere Angriffshöhe. Von Minute zu Minute wird es heller …
Schräg vor uns erkennen wir »unseren« Flugplatz. Ringsherum blitzt unaufhörlich das Mündungsfeuer der Flakbatterien auf …
Wir müssen sie vernichten, wenn wir nicht den Einsatz unserer Fallschirmjäger gefährden wollen. Am Südrand des Flugplatzes sehe ich bereits die ersten Bombeneinschläge …
Ich gehe zum Sturzflug über. Sekundenschnell kommt das Ziel auf mich zu. Das Gehöft wächst zusehends in meinem Fadenkreuz. Ich löse die Bomben aus. Gleichzeitig prasseln die Garben unserer schweren Bordwaffen aus niederster Höhe in die Flakstellung. Der Bordschütze meldet: »Hurra! Volltreffer! Volltreffer!«
Völkischer Beobachter, Mai 1940

So nahmen wir Waalhaven!

... Mein Bataillon hatte die Aufgabe, den Rotterdamer Landflugplatz Waalhaven zu nehmen und für die nachfolgenden Luftlandetruppen zu sichern ...
Wohin man blickt, um uns, über uns, fliegen die Transportflugzeuge mit den Fallschirmjägern. Hinter uns steigt die Sonne über den Horizont und wirft einen warmen Schein auf die Männer im Flugzeug hinter mir ...
Kurz vor dem Flugplatz Waalhaven beginnt es in unangenehmer Nähe zu knallen. Die Explosionen der sehr heftigen Flakabwehr sind trotz des Motorengeräusches zu hören. Überall auf der Erde blitzt das Mündungsfeuer auf, und es knackt in der Maschine ...
Endlich das Absprungsignal. Im Nu sind wir alle aus der Maschine und im Hechtsprung in die Tiefe.
Deutlich ist zu erkennen, daß die Verteidigung vom Rand des Platzes aus erfolgt. Die Holländer scheinen recht starke Kräfte zur Sicherung ihres wichtigsten Flugplatzes angesetzt zu haben.
Schon während wir auf den Platz zulaufen, hören wir heftiges MG-Feuer, in das sich das peitschende Keuchen von Handgranaten mischt, und nach dem Klang sind das deutsche Handgranaten ...
Die Holländer haben tapfer gekämpft, härter, als wir von einem Volk erwartet haben, das über hundert Jahre keinen Krieg führte ...
Es fällt mir ein, daß für die Niederkämpfung der Flugplatzverteidigung mehr Zeit angesetzt war, als ich gebraucht habe. Es ist ja noch früh am Morgen, man könnte sich also nach einer Tasse Kaffee umtun. Hier in Holland soll er ja besonders gut sein. Da kommt auch schon einer meiner Leute angelaufen und meldet: »Herr Hauptmann, der Gefechtsstand ist eingerichtet und der Kaffeetisch gedeckt!« Ich gehe mit ihm in das Dienstgebäude am Rande des Platzes und muß lachen. Hier ist tatsächlich ein reichhaltiger Frühstückstisch gedeckt, das Radio läuft – der Bürgermeister von Amsterdam hält gerade eine Hetzrede –, ich brauche mich nur hinzusetzen. »Jungs, wie habt ihr das alles so schnell hergezaubert?« – »Haben wir nicht, Herr Hauptmann, das haben die Holländer noch gemacht!« Das schöne Frühstück wird durch das Dröhnen vieler Motoren unterbrochen. Die Luftlandetruppen! Ich eile auf den Platz und sehe gerade die erste Maschine einschweben. An einem Fenster erkenne ich Oberstleutnant v. Choltitz, der mir strahlend zuwinkt. Noch gestern hat er mir mit dem Finger gedroht und gesagt: »Kinder, Kinder, daß ihr bloß da seid, wenn ich lande!« *Völkischer Beobachter, Mai 1940*

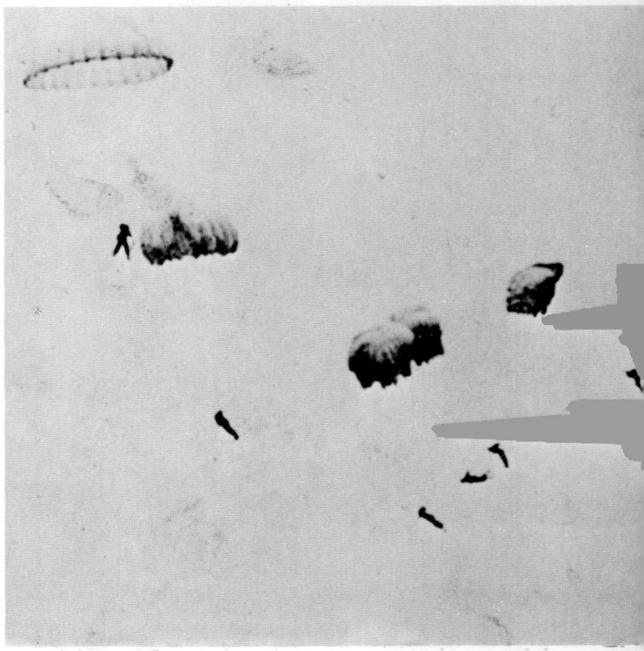

Oben: Deutsche Fallschirmjäger werden bei Narvik abgesetzt: Sie sollen den hartbedrängten Gebirgsjägern (GenMaj. Dietl) zu Hilfe kommen

Rechts: Von dem 1935 konzipierten mittelschweren Bomber Junkers Ju 88 werden insgesamt rund 15000 Stück hergestellt, und zwar als Bomber, Sturzbomber, Minenleger, Torpedo-Träger, Foto-Aufklärer sowie Tag- und Nachtjäger

Sonnabend, 11. Mai 1940
Das *Oberkommando der Wehrmacht* gibt bekannt:
Das deutsche Westheer hat nach Überschreiten der holländischen, belgischen und luxemburgischen Grenze die feindlichen Grenztruppen in Holland und Belgien überall zurückgeworfen und ist, trotz Zerstörung von zahlreichen Brücken und Sperren jeder Art, in rasch fortschreitendem Angriff. Fallschirm- und Luftlandetruppen sind an verschiedenen Plätzen abgesetzt und im Begriff, die ihnen obliegenden Sicherungsaufgaben durchzuführen.
Im rollenden Einsatz unterstützen Verbände der Luftwaffe das Vorgehen des Heeres, indem sie Befestigungsanlagen und Stellungsbauten, Marschkolonnen und Truppenlager angriffen, Straßen, Eisenbahnlinien und Brücken durch Bombentreffer beschädigten oder zerstörten. Die weitreichende Aufklärung brachte Klarheit über die feindlichen Heeresbewegungen. Mit massierten Kräften führte die deutsche Luftwaffe ferner am 10. Mai den ersten Großangriff gegen die Basis der feindlichen Luftwaffe in Frankreich, Belgien und den Niederlanden. 72 Flugplätze wurden angegriffen, 300–400 feindliche Flugzeuge am Boden vernichtet, zahlreiche Flugplatzanlagen und Hallen durch Brände und Explosionen zerstört. Besonders empfindlich wurden die französischen Luftstützpunkte Metz, Nancy, Reims, Romilly, Dijon und Lyon getroffen. In Luftkämpfen verlor der Feind 23 Flugzeuge, 11 eigene Flugzeuge wurden abgeschossen,

15 weitere werden vermißt. Der Feind griff, wie schon gemeldet, am 10. Mai die Stadt Freiburg mit Bomben an und warf in der Nacht vom 10. zum 11. Mai Brand- und Splitterbomben auf drei Orte im Ruhrgebiet, wobei zwei Zivilpersonen getötet, mehrere verletzt und geringer Sachschaden verursacht wurde. 3 feindliche Flugzeuge wurden durch Flak abgeschossen. Versenkt wurden: Durch Bomben 2 Handelsschiffe mit 5000 und 2000 Tonnen zwischen Calais und Dünkirchen, durch ein eigenes U-Boot ein feindliches Unterseeboot, durch ein Schnellboot ein feindlicher Zerstörer.

11. Mai 1940
Das *DNB* meldet:
3 feindliche Bomber griffen gestern die offene Stadt Freiburg im Breisgau an, die völlig außerhalb der eigenen Operationen liegt und keine militärischen Anlagen aufweist ... Von jetzt an wird jeder weitere planmäßige feindliche Bombenangriff auf die deutsche Bevölkerung durch die 5fache Anzahl von deutschen Flugzeugen auf eine englische oder französische Stadt erwidert werden.

11. Mai 1940, London
Das *Luftfahrtministerium* gibt bekannt, daß die Meldung aus deutscher Quelle, wonach die offene Stadt Freiburg im Breisgau von alliierten Fliegern mit Bomben belegt worden wäre, frei erfunden sei.

Der *französische Heeresbericht* vom 11. Mai 1940 morgens:
Während der Nacht wurden unsere Bewegungen nach Belgien fortgesetzt. Im Süden des Großherzogtums Luxemburg konnte der Feind trotz heftigen Angriffes nicht weiter vorrücken. In Lothringen und im Elsaß ist nichts Wesentliches zu verzeichnen.
Die Bombardierungen durch die deutsche Luftwaffe auf französischem Staatsgebiet haben am Freitag unter der Zivilbevölkerung zahlreiche Opfer gefordert. Das Oberkommando bedauert, bekanntgeben zu müssen, daß mehr als 100 Tote und Verletzte, darunter besonders auch Frauen und Kinder, zu beklagen sind. Die Armée de l'Air griff im Laufe der Nacht mehrere feindliche Flugplätze an. Es wurden auch zahlreiche Erkundungsflüge über deutschem Gebiet durchgeführt. Alle unsere Flugzeuge sind zu ihren Stützpunkten zurückgekehrt.

Der *französische Heeresbericht* vom 11. Mai 1940 abends:
Unsere Streitkräfte setzten ihren Marsch durch Belgien fort und unterstützen damit die alliierten Truppen an verschiedenen Stellen durch Aktionen ihrer vorgeschobenen Einheiten. Der Marsch geht rasch weiter.
Heftige örtliche Angriffe erfolgten an der Mosel; sie wurden sofort abgewehrt.
Die deutsche Luftwaffe setzt ihre Bombenangriffe auf französisches Gebiet fort. Gemessen an der Zahl der eingesetzten Maschinen, sind ihre Ergebnisse gering. Unsere Armée de l'Air führte Luftangriffe auf deutsche Flugplätze sowie wichtige militärische Objekte durch. Bei den Luftkämpfen wurden von den alliierten Luftstreitkräften in Frankreich und in Belgien 36 feindliche Maschinen abgeschossen. Eine unserer Jagdgruppen allein holte am 10. Mai 11 und am 11. Mai 5 Maschinen herunter.

Geheimwaffe?

Sonntag, 12. Mai 1940, Stockholm
Svenska Dagbladet berichtet:
Die deutschen Streitkräfte, die unter gigantischer Konzentration aller Kräfte gegen Belgien und Holland in Bewegung gesetzt wurden, sollen zum erstenmal ihre Geheimwaffe angewendet haben. Dies wurde heute nacht durch den Bericht des deutschen Oberkommandos der Wehrmacht bestätigt, in dem es heißt, mit Hilfe einer neuen Angriffswaffe sei das stärkste Fort der Verteidigungslinien von Lüttich genommen worden. Über Art und Anwendung der neuen Waffe, die stark genug war, um die Übergabe des Forts mit seiner 1000 Mann starken Besatzung zu erzwingen, wird striktes Stillschweigen bewahrt. Aus den spärlichen Berichten über die Operation scheint aber hervorzugehen, daß die Luftwaffe das Rückgrat des Angriffs gewesen sein muß.
Nach dem OKW-Bericht seien deutsche Truppen unter Hauptmann Koch mit Flugzeugen gelandet worden und hätten in einem Überraschungsangriff zwei Brücken über den König-Albert-Kanal genommen, worauf sie sofort Brückenköpfe errichteten. Darauf seien die 1000 Belgier in dem Fort eingeschlossen gewesen. Leutnant Witzig habe dann seine Waffe gegen das Zentrum des Forts gerichtet, und sein gewaltiger Schlag sei erfolgreich gewesen. Nachdem diese Aktion ungeheure Überraschung ausgelöst hätte, seien die 1000 Belgier mit ihrem Kommandanten trotz heftigsten Widerstandes gefangengenommen worden, als Einheiten der deutschen Armee, die von Norden her vorrückten, sich mit der Abteilung des Leutnants Witzig vereinigten. Abgesehen von dieser etwas schleierhaften Schilderung findet man keine weiteren Einzelheiten darüber, wie der Schlag zur Ausführung gelangte.

12. Mai 1940
Das *Oberkommando der Wehrmacht* gibt bekannt:
Die deutsche Luftwaffe setzte am 11. Mai den tags zuvor begonnenen Großangriff gegen die feindlichen Luftwaffen in Frankreich, Belgien und in den Niederlanden fort. Eine große Anzahl von Flugplätzen wurde erneut angegriffen und dabei Hallen in Brand gesetzt, Werften zerstört und Tank- und Munitionslager zur Explosion gebracht. Allein auf dem Flugplatz Vraux gelang es 30, auf dem Flugplatz Orleans 36 Flugzeuge zu zerstören. Im Luftkampf wurden 52, durch Flakartillerie 12 Flugzeuge abgeschossen. Es kann mit Sicherheit angenommen wer-

Rechts: Fairey Fox VI der L'Aéronautique Militaire Belge: Dieser als Aufklärer und leichter Bomber verwendete Doppeldecker wurde in Belgien in Lizenz gebaut (rund 200 Stück). Mit seinen 365 km/h und 2 MG ist er für die deutschen Jagdmaschinen kein ernst zu nehmender Gegner

Unten links: Mai 1940, ein französischer Flugplatz nach der Eroberung durch deutsche Truppen; eine Me 109 setzt zur Landung an. Die am Boden vernichteten Morane-Saulnier 406, von denen 1037 Stück gebaut wurden. Sie stellen das Gros der französischen Jägerwaffe dar

den, daß insgesamt auch am gestrigen Tage 300 feindliche Flugzeuge unserem Angriff und der Luftabwehr zum Opfer fielen. Truppenansammlungen und Transportzüge waren das Ziel wirkungsvoller Angriffe.

12. Mai 1940, London
Das *Luftfahrtministerium* gibt bekannt:
Die vom Rhein zur Maas vorrückenden deutschen Truppen wurden am Samstag nachmittag von britischen Flugzeugen erneut bombardiert, ebenso die Straßen nach Maastricht. Einige Kilometer südwestlich dieser Stadt wurden auf den nach Tongres führenden Straßen Panzerwagen und für den Truppentransport verwendete Fahrzeuge angegriffen und zum Teil vernichtet.

12. Mai 1940, Den Haag
Der *holländische Generalstab* meldet:
Sämtliche holländische Flugplätze befinden sich nun wieder in unserer Hand. In den frühen Morgenstunden des Samstags ging dem Angriff unserer Truppen auf den Flugplatz von Rotterdam, der noch als einziger von Deutschen besetzt war, ein Angriff der Koninklijke Luchtmacht voraus. Zwei starke Geschwader warfen eine große Anzahl von Sprengbomben auf den Flugplatz ab, wo viele deutsche Maschinen stationiert waren. Der Schaden war erheblich, und mehrere deutsche Flugzeuge fingen Feuer. Unmittelbar nach dem Angriff nahm unsere Infanterie nach heftigem Kampf und unter schweren Verlusten den Flugplatz wieder in Besitz. Damit war gleichzeitig die vollkommene Umzingelung der deutschen Fallschirmtruppen, die im Besitze der Maasbrücke waren, durchgeführt. Die Kämpfe wurden auf beiden Seiten mit äußerster Erbitterung geführt.
Eine beträchtliche Zahl deutscher Truppen landete mit Wasserflugzeugen im Hafen von Rotterdam. Die Deutschen gingen mit Gummibooten an Land; sie waren mit leichten Maschinengewehren ausgerüstet. Ihre Bekämpfung erwies sich als äußerst schwierig, und erst nach Heranschaffen stärkerer Kräfte konnten diese Landungstruppen überwältigt werden.
Der Haager Flugplatz ist im Verlauf des Freitags dreimal von den Deutschen erobert und wieder verloren worden. Erst in der Nacht konnten die deutschen Fallschirmtruppen, die durchweg holländische, britische, belgische und französische Uniformen trugen, vernichtet werden.
Eine außerordentliche Leistung vollbrachte ein holländischer Zerstörer, der trotz einer Minensperre dicht an die Rozenburg-Insel heranfuhr und das Feuer auf die dort gelandeten deutschen Flugzeuge und Mannschaften eröffnete. In anderthalbstündigem Artilleriefeuer wurden die Fallschirmspringer völlig aufgerieben. Sämtliche Flugzeuge hatten unter dem Feuer schwer gelitten, und viele standen in Flammen.

12. Mai 1940, Brüssel
Der *belgische Heeresbericht* von Sonntag mittag:
Unsere Truppen setzen den Eindringlingen energischen Widerstand entgegen. Sie verteidigen zäh die Stellungen,

die ihnen der Operationsplan zugewiesen hat. Die feindlichen Streitkräfte, die in unsere Befestigungsanlagen eingedrungen waren, erzielten keine besonderen Fortschritte. An verschiedenen Stellen sind Fallschirmspringer aufgerieben worden. Zahlreiche feindliche Flugzeuge wurden abgeschossen.

Geheimer Bericht des *Sicherheitsdienstes der SS* zur innenpolitischen Lage:
Nr. 87 vom Dienstag, 14. Mai 1940 (Auszug)
I. Allgemeines: Der plötzliche deutsche Einmarsch in Belgien und Holland kam für die Bevölkerung überraschend ... Die anfängliche Begeisterung hat sich nach der Bekanntgabe des Aufrufes des Führers an die Soldaten des Westheeres in einen tiefen Ernst gewandelt ... Besonders freudige Überraschung löste die schnelle Einnahme des starken belgischen Forts Eben Emael und die Gefangennahme der Besatzung aus. Die Bombenangriffe auf offene Städte des Ruhrgebietes und vor allem auf Freiburg haben allgemein Empörung ausgelöst und im letzten Falle Haßgefühle gegen Frankreich hervorgerufen. Man erwartet fest, daß nunmehr jede derartige Handlung sofort entsprechend vergolten wird.

14. Mai 1940
Das *Oberkommando der Wehrmacht* gibt bekannt:
Unter dem gewaltigen Eindruck der Angriffe deutscher Sturzkampfflieger und des bevorstehenden Panzerangriffs auf die Stadt hat Rotterdam kapituliert und sich dadurch vor der Vernichtung bewahrt.

Mittwoch, 15. Mai 1940
Das *Oberkommando der Wehrmacht* gibt bekannt:
Das Schwergewicht der deutschen Luftoperationen lag gestern im Angriff gegen die rückwärtigen Verbindungen des Feindes, seine Transportstraßen und Ausladebahnhöfe. Feindliche Versuche, die deutsche Kampftätigkeit durch Einsatz starker Fliegerkräfte zu verhindern, wurden mit schweren Verlusten für den Gegner abgeschlagen, ohne die eigene Handlungsfreiheit in der Luft wesentlich zu stören. An einer Stelle wurden allein über 70 britische und französische Kampf- und Jagdflugzeuge abgeschossen.

Sonnabend, 18. Mai 1940
Das *Oberkommando der Wehrmacht* gibt bekannt:
Feindliche Luftangriffe richteten sich gegen verschiedene Städte im norddeutschen Küstengebiet, insbesondere Hamburg und Bremen und in Westdeutschland.

10. Mai 1940, in der Nähe von Egmond: Ein notdürftig getarntes doppelrumpfiges Kampfflugzeug Fokker G. IA der holländischen Koninklijke Luchtmacht

Wie in allen bisherigen Fällen wurden, abgesehen von einer Kaserne, ausschließlich nichtmilitärische Ziele planlos angegriffen. Dies stellt das deutsche Oberkommando der Wehrmacht im Hinblick auf die sich daraus ergebenden Folgerungen ausdrücklich fest.

Sonntag, 19. Mai 1940
Das *Oberkommando der Wehrmacht* gibt bekannt:
Die Luftwaffe unterstützte wirksam das Vorgehen des Heeres. Ihr Schwergewicht lag weiterhin auf den rückwärtigen Verbindungen, Verkehrsanlagen und Rückzugswegen des Feindes. Bombenwurf auf mehrere Flugplätze zerstörte Hallen, Werften und am Boden stehende Flugzeuge.

Dienstag, 21. Mai 1940
Das *Oberkommando der Wehrmacht* gibt bekannt:
Die größte Angriffsoperation aller Zeiten im Westen findet nach einer Reihe großer taktischer Einzelerfolge ihre erste operative Auswirkung. Die französische 9. Armee, die an der Maas zwischen Namur und Sedan die Verbindung zwischen der starken feindlichen Operationsgruppe in Belgien und der Maginotlinie südlich Sedan herzustellen und zu halten hatte, ist zerschlagen und in der Auflösung begriffen … An diesem Siegeszug des deutschen Heeres hat die Luftwaffe hervorragenden Anteil. Durch die völlige Beherrschung des Luftraumes, durch die Zerstörung von Flußübergängen und Verkehrsanlagen, durch ihre Angriffe auf Marsch- und Transportkolonnen hat sie die Auflösung der französischen 9. Armee beschleunigt und alle bisherigen Versuche, die Flanken unseres Durchbruches zu bedrohen, im Keime erstickt.

Mittwoch, 29. Mai 1940
Das *Oberkommando der Wehrmacht* gibt bekannt:
Die Verluste des Gegners in der Luft betrugen am 28. Mai insgesamt 24 Flugzeuge, davon wurden im Luftkampf 16, durch Flak 8 abgeschossen. 3 deutsche Flugzeuge werden vermißt. Hauptmann Mölders errang seinen 20. Luftsieg.

Donnerstag, 30. Mai 1940
Das *Oberkommando der Wehrmacht* gibt bekannt:
Am Nachmittag und Abend des 29. Mai griffen stärkere Verbände zweier Fliegerkorps, die unter Führung der Generale Grauert und von Richthofen standen, im Hafen und Seegebiet Dünkirchen–Ostende britische Kriegs- und Transportschiffe an, die die Reste des geschlagenen britischen Expeditionsheeres nach der Heimat abtransportieren sollten.

Dünkirchen, Zerstörer Me 110 greifen die Reste des britischen Expeditionskorps an: NS-Propagandazeichnung von Theo Matejko

Einsatz über Dünkirchen

Unsere Staffeln fliegen den Gegner an … In weitem Umkreis – wirr und planlos wie der Zusammenbruch selbst – recken die Wracks gesunkener und sinkender Schiffe ihre Masten und Aufbauten in den trüben Himmel hinauf: Zerstörer, Frachter, Truppentransporter, große, kleine und kleinste Kutter, Jollen und Boote.
Der letzte freie Küstenstreifen zwischen den Zangen der deutschen Einkreisung wurde schmaler und schmaler. Kein Wunder, daß sich hier noch einmal die gegnerischen Flakbatterien auf engstem Raume häufen … Dicht stehen die schwarzen, weißen, schwefelgelb-grünen Bälle um uns. Mächtigen, segelnden Raubvögeln gleich jagen plötzlich um uns zwei, drei, vier britische Jäger durch die dichten Sperren ihrer eigenen Flak. In steilen Kurven suchen sie ihre Opfer. Deutlich sehen wir die schnittigen Linien und die Kennzeichen der gelbbraunen Spitfires. Mit Pfeilesschnelle jagen sie vorüber. Offensichtlich be-

eindruckt sie das dichte Feuer ihrer eigenen Flak. Geschickt und schnell kurvt der Pilot in ziehende Wolken. Jetzt werden sie unsere eigenen Jäger stellen.
Das brennende Dünkirchen bleibt zurück. Andere Verbände fliegen ihm entgegen.

Völkischer Beobachter, Juni 1940

Sonnabend, 1. Juni 1940, Paris
Der *französische Heeresbericht* vom heutigen Morgen:
Die französischen und britischen Land-, See- und Luftstreitkräfte führen bei Dünkirchen in voller Geschlossenheit den hartnäckigen Kampf gegen den Druck der deutschen Truppen weiter und versuchen gleichzeitig die Evakuierung zu sichern.

Schwere Verletzungen des schweizerischen Luftraumes

1. Juni 1940, Bern
Der *Armeestab* teilt mit:
Heute nachmittag wurde im Jura schweizerisches Hoheitsgebiet durch fremde Flieger verletzt. Die schweizerische Alarmpatrouille nahm sofort die Verfolgung auf. Dabei geriet sie mit einem deutschen Bomber in einen Luftkampf und schoß das Flugzeug in der Gegend von Tassenberg (Lignieres) ab. Eine Stunde später geriet ein weiterer schweizerischer Jäger mit einem anderen deutschen Flugzeug über den Freibergen in einen Luftkampf. Die deutsche Maschine stürzte brennend jenseits der schweizerischen Grenze auf französischem Gebiet bei Oltingen ab.

1. Juni 1940, London
Die *BBC* meldet heute morgen:
Die Deutschen haben in der Nähe von Abbeville schwere Verluste erlitten. Mehrere hundert deutsche Soldaten gerieten in Gefangenschaft, und die Deutschen ließen beträchtliches Kriegsmaterial zurück. Die Alliierten haben das Gebiet in der Umgebung von Abbeville zurückerobert und die Somme an einer Stelle überschritten. In den englischen Häfen geht die Ausschiffung von britisch-französischen Truppen weiter. Die Mehrheit der Kontingente der alliierten Nordarmeen konnte nach England abtransportiert werden. Die zurückgebliebenen Truppen kämpfen mit ungeschwächtem Mut weiter.

Sonntag, 2. Juni 1940, London
Das *Luftfahrtministerium* gibt bekannt:
Während des 1. Juni unterstützte die RAF die Rückzugsoperationen des britischen Expeditionskorps. Es wurden Brücken, Kanäle, Truppenkolonnen und Eisenbahnknotenpunkte angegriffen. In der Gegend von Dünkirchen erreicht die Zahl der abgeschossenen deutschen Flugzeuge bereits 40. 13 britische Maschinen werden vermißt. Im Laufe der vergangenen Woche haben unsere Küstengeschwader ununterbrochen Patrouillenflüge zur Sicherung des Abtransportes der alliierten Truppen durchgeführt. Bei der Überwachung der nach England fahrenden Transportschiffe kam es zu mehreren Luftkämpfen, bei denen zahlreiche deutsche Maschinen abgeschossen wurden.

Dienstag, 4. Juni 1940, London
Daily Telegraph berichtet:
Die Maßnahmen gegen eine zu erwartende Luftinvasion in England sind beinahe abgeschlossen. Sie betreffen das Ausheben von Gräben durch Parkanlagen, Sportplätzen und Felder sowie die Errichtung von Straßenbarrikaden. Es wurden ferner bewaffnete Patrouillen organisiert und alle Wegweiser und Ortsbezeichnungen beseitigt.

4. Juni 1940, London
Die *Agentur Reuter* meldet:
Seit heute ist der regelmäßige Flugdienst London–Bordeaux–Lissabon wiederaufgenommen worden, der zweimal wöchentlich durchgeführt wird. Mit dieser Linie ist die Luftverbindung zwischen Amerika und England wiederhergestellt worden, da der »American Clipper« regelmäßig Lissabon anfliegt.

Tagesparole des Reichspressechefs,
4. Juni 1940:
Der deutsche Bombenangriff auf Paris muß als militärische Operation im Rahmen des Völkerrechts geschildert und seine Wirkung muß im weitesten Umfange auch durch den Sprachendienst, insbesondere nach England und Frankreich, beschrieben werden.

Nach 25 Siegen abgeschossen

Mittwoch, 5. Juni 1940. *Werner Mölders* berichtet:
17.15 Uhr Start, wieder mit der 8. Staffel. Wir fliegen bis Amiens. Die Zeit ist fast um. Über uns Maschinen, wir können sie nicht ausmachen, steigen auf 7000 Meter. Me's! Also wieder etwas tiefer und allmählich nach Hause. Da, plötzlich sechs Moranes. Ich setze etwas seitlich hinten zum Angriff an. Mitten im Ansatz erkenne ich zwei fremde Me-Staffeln, die von hinten oben denselben Gegner angreifen. Sie sind eher dran, also setze ich mich etwas ab und sehe mir dies erst mal an. Es gibt die übliche

Me-109-Jäger der eidgenössischen Fliegertruppe: Mit ihnen versucht die Schweiz ihr neutrales Hoheitsgebiet zu schützen. Im Laufe des Krieges schießen sie mehrere deutsche und westalliierte Maschinen ab

Kurbelei, wobei sich einige Moranes wacker zum Kampfe stellen. Da geht eine Me brennend herunter, der Pilot hängt am Fallschirm. Ich sehe mir diesen Kampf eine Weile an und greife dann eine Morane an, die vergeblich von drei Messerschmitts immer wieder in der Kurve beschossen wird. Kurz bekomme ich den Gegner ins Visier, er schwingt sofort ab, hat aber noch nicht genug. Plötzlich zieht er unter mir hoch, ich verliere ihn unter die Fläche – da ist er wieder seitlich unten hinter mir. Donnerwetter – schießen tut er auch noch, allerdings sehr weit.

Ich kurve kurz ab, um dann stark in die Sonne zu ziehen. Mein Gegner muß mich verloren haben, denn er dreht in entgegengesetzter Richtung ab und verschwindet tief nach Süden.

Unten schlagen sich noch zwei Me's mit einer letzten Morane herum. Ich betrachte den Kampf, der in Tiefflug übergeht, wobei die Morane durch dauerndes Kurven sich wirksamem Beschuß entziehen kann. Ein Blick zurück, nach oben hinten, alles noch voll von kurvenden Me's. Ich bin etwa 800 Meter hoch. Da plötzlich knallt und funkt es durch meine Kabine, daß mir schwarz wird. Der Gashebel wird zerschossen, der Steuerknüppel haut nach vorn, senkrecht geht's nach unten ... Jetzt raus, sonst ist's aus.

Ich fasse den Abwurfhebel, die Kabine fliegt ab, da bäumt sich mein braver Vogel noch einmal hoch und gibt mir die letzte Gelegenheit, die Gurte zu lösen und mich aus dem Sitz zu heben.

Frei – ziehen an der Reißleine, ich habe sie plötzlich abgerissen in der Hand – ein unheimlicher Schreck durchfährt mich – ich greife nach oben – aber – da hat sich der Fallschirm geöffnet ...!

Ja, und nun wurde es ganz ruhig. Noch einmal sehe ich meine Maschine steuerlos, die linke Fläche stark aufgerissen – kurz über dem Boden bäumt sie sich noch einmal auf, als ob sie es selbst nicht glauben wollte, daß sie nun doch nach fünfundzwanzig Siegen auch einmal besiegt wurde, um dann senkrecht aufzuschlagen und restlos zu verbrennen. Ganz ruhig hänge ich am Fallschirm. Er trägt mich ganz leise dem Boden zu, und der gehörte noch Frankreich, 60 Kilometer hinter der Front, westlich Compiègne.

Ich ziehe meine Pistole und entsichere sie, um sie dann in die Hosentasche zu stecken. Unter mir fassen zwei Bauern ihre Pferde zusammen und türmen. Noch eine kurze Geländeorientierung läßt ein kleines Waldstück erkennen, sonst alles Wiesen. Der Boden kommt plötzlich schnell näher, ich hocke die Beine an – Aufprall verhältnismäßig weich. Ich bin sofort vom Fallschirm los und renne auf den Wald zu. Von seitwärts kommen Franzosen gelaufen. Am Waldrand – rums! – haut mir ein Schuß um die Ohren. Ich werfe meine Pelzjacke fort und laufe, daß mir der Atem knapp wird, zum anderen Ende des Wäldchens. Hier drin bleiben hat keinen Zweck, denn das Wäldchen werden sie sofort systematisch durchsu-

Unterleutnant Pomier-Layragues, der französische Jäger, der das deutsche Flieger-As W. Mölders abschoß

chen. Am jenseitigen Waldrand sichere ich einen Augenblick, sehe von beiden Seiten Soldaten und Landleute auf den Wald zulaufen. Vor mir breitet sich ein großes Lupinenfeld aus. Ich robbe hinein, um möglichst weit von meiner Absprungstelle fortzukommen. Plötzlich höre ich in der Nähe eine Detonation und sehe eine dicke, blaue Rauchwolke aufsteigen. Meine durch den Aufschlag schon in Brand geratene Maschine war nun restlos explodiert.
Auf Ellbogen und Knien robbe ich weiter, ab und zu vorsichtig das Gelände sondierend. Etwa eine Stunde konnte ich mich so ungesehen weiterarbeiten. Doch da sah ich plötzlich, wie auch dieses Feld abgesucht wurde und Männer von vorn auf mich zukamen. Ich legte mich ganz flach in das Feld – 10 Meter links von mir ging ein Bauer vorüber, schon glaubte ich, die Gefahr sei vorüber, da wurde ich von hinten angerufen – aus!
Ich stand ganz ruhig auf und sah jetzt erst überall Soldaten und Bauern, die das ganze Gelände absuchten. Während des Aufstehens knallte mir noch mal so ein wild gewordener Poilu einen Schuß um die Nase, ohne jedoch zu treffen. Also, hoch die Hände: Gefangen!

Der Adler, 1940

Mittwoch, 12. Juni 1940, Paris
Zur militärischen Lage berichtet die *Agentur Havas*:
Der Feind macht weiter große Anstrengungen, um eine rasche Entscheidung zu erzwingen. Die deutsche Luftwaffe bombardierte französische Flugplätze und die nach Paris führenden Verkehrsverbindungen. Französische Flieger bombardierten verschiedene deutsche Industriestädte und beteiligten sich auch an den Kämpfen in Frankreich.

Vor uns Paris

»Noch sechs, fünf, vier Minuten«, gaben die Beobachter durch die Bordtelephone. Alle kannten sie die Luftbilder der Ziele in ihren kleinsten Einzelheiten, die Hallen, die Tankanlagen, das Rollfeld von Le Bourget, über das in wenigen Minuten die Hölle hereinbrechen sollte. Nun lag es durch die ziehende Wolkendecke klar erkennbar vor uns: Paris. Niemals wird man den Augenblick vergessen, als Bomben unsere Schächte verließen und auf den Platz hinuntersausten. Nun krachte es dort unten von den Treffern der nach uns kommenden Ketten. Einschlag auf Einschlag, Blitz bei Blitz, Sprengkegel bei Sprengkegel auf dem gesamten Raum dieses Horstes – ein hinreißendes Bild furchtbarer Massenwirkung. Hell loderte der Brand eines großen Tanks. Ihn hatte der Kommodore persönlich erledigt, und nun brannte es an allen Ecken lichterloh in Le Bourget. Ketten feindlicher Morane-Maschinen traten auf. Wie gefährliche Hornissen jagten sie unter uns. In unwirklichem Kontrast zu diesen Bildern einer Luftschlacht schien das strahlende Paris zu liegen. Glitzernd und gleißend leuchteten seine Zinnen und Türme, das helle Band der Seine, der ragende Eiffelturm, die Champs-Elysées, die schnurgeraden Avenuen und der Verkehrsstern des Arc de Triomphe. Aber wir wußten, daß dieser Glanz von Paris heute trügt, und daß dort unten die Bevölkerung von panischem Schrecken und blassem Entsetzen erfaßt in den Kellern und Luftschutzräumen die Donnerstöße unserer Bomben vernahm.

Völkischer Beobachter, Juni 1940

Die Lage in Ostafrika

Freitag, 14. Juni 1940, Berbera (Britisch-Somaliland)
Die *Agentur Reuter* meldet:
Die Hafenstadt Berbera im Golf von Aden ist am Freitag nachmittag von italienischen Flugzeugen bombardiert worden. Es entstand wenig Schaden.

Der Krieg im Mittelmeer

14. Juni 1940, Kairo
Das *britische Fliegerkommando (Ägypten)* gibt bekannt:
Malta wurde mehrmals von einem einzelnen Flugzeug überflogen, das Bomben abwarf. Mehrere Gebäude wurden beschädigt, zwei britische Soldaten getötet und einer verletzt. Ferner unternahmen die Italiener Luftüberfälle auf zwei kleine Städte des Sudans, wobei nur wenig Schaden entstand.

Sonnabend, 22. Juni 1940, Rom
Das *Comando Supremo* gibt bekannt:
Die italienische Marine und Luftwaffe haben ihre Tätigkeit im Mittelmeer verstärkt. In Nordafrika fanden heftige Luftangriffe auf Marsa Matruk statt. Der Gegner hat das Spital und ein Lazarett in Tobruk bombardiert. Ein englisches Flugzeug wurde abgeschossen. In Ostafrika wurden zahlreiche Aktionen gegen feindliche Stützpunkte im Sudan und in Kenia unternommen. Bei einem feindlichen Angriff über Diredaua wurde ein englisches Flugzeug abgeschossen.

Sonntag, 23. Juni 1940, Rom
Das *Comando Supremo* gibt bekannt:
Die Regia Aeronautica setzte ihre Tätigkeit im Mittelmeer fort. Sie bombardierte erfolgreich den Marinestützpunkt von Alexandrien, wo sich die englische Flotte befindet. Italienische Flugzeuge belegten Bizerta und feindliche Fahrzeuge im östlichen Mittelmeer mit Bomben. Ein italienisches Flugzeug ist nicht zurückgekehrt. In Nordafrika endeten die Aktionen für uns erfolgreich. Es setzte lebhafte Tätigkeit unserer Flugzeuge gegen feindliche Panzerwagen ein. Ein viermotoriges englisches Flugzeug wurde abgeschossen. Der Feind hat die Stadt Trapani bombardiert, dabei jedoch ausschließlich Schäden an Wohnstätten der Zivilbevölkerung angerichtet. Es gab 20 Tote und 38 Verletzte.

23. Juni 1940, Kairo
Das *britische Fliegerkommando (Ägypten)* teilt mit:
In der Nacht auf den Samstag haben über Alexandria und Umgebung drei italienische Flugzeuge 20 Bomben ziellos auf Stadt, Hafen und Dörfer der Umgebung abgeworfen, weitere Bomben fielen ins Meer.

Strategie und Taktik

Januar bis Juni 1940

Das schlechte Wetter über ganz Europa lähmt in der ersten Januarwoche jede Flugtätigkeit. Jedoch gerade in diesen Tagen erreicht die finnische Luftwaffe einen Abschußrekord. Am 6. Januar 1940, um 12.03 Uhr, stößt Hauptmann Jorma Sarvanto auf eine Formation von 7 sowjetischen Bombern Iljuschin DB-3. Innerhalb der nächsten vier Minuten schießt er 6 davon ab: je Bomber 40 Sekunden. Ein anderer finnischer Pilot erledigt den letzten der 7 Bomber. Nur zwei sowjetische Besatzungsmitglieder können sich mit dem Fallschirm retten und überstehen dieses Debakel.
Stalin, alarmiert durch die zunehmenden Verluste seiner Luftflotte, entsendet weitere 600 Maschinen neuesten Typs an die finnische Front. Langsam trifft nun auch Hilfe für die kleine finnische Fliegertruppe ein: als erstes kommen 33 Gloster Gladiator, 12 Hurricane, 17 Lysander und 24 Blenheim-Bomber aus England, danach 76 Morane- und Kolhoven-Jäger aus Frankreich. Italien entsendet 17 Fiat-Jäger, Schweden 12 Gloster Gladiator und die USA 44 Brewster, von denen jedoch nur 5 Maschinen rechtzeitig ihr Ziel erreichen. Die Südafrikanische Union schickt den tapferen Finnen sogar 25 Gloster Gladiator als Geschenk. Selbst freiwillige Piloten und Bodenpersonal aus mehreren Ländern stehen ihnen zur Seite.
Inzwischen hat die Sowjetunion ihre Luftflotte auf rund 2000 Maschinen verstärkt.

Italienische Bomber Savoia-Marchetti 81 Pipistrello (Fledermaus) über Albanien: Diese aus dem Passagierflugzeug entwickelte Militärversion nahm am Feldzug in Äthiopien und am Spanischen Bürgerkrieg teil

Die Notlandung eines am 10. Januar 1940 bei Mechelen/Belgien wegen schlechten Wetters vom Kurs abgekommenen deutschen Kurierflugzeuges Me 108 mit wichtigen Aufmarschdokumenten, dazu der kalte, überaus schneereiche Winter, erzwingen eine endgültige Verschiebung der Westoffensive bis zum Frühjahr.

Die Rohstofflieferungen, vor allem des strategisch wichtigen Öls, das das Deutsche Reich seit einiger Zeit in großen Mengen von Moskau erhält, erschrecken die Regierungen in London und Paris, die sich keinen Illusionen hingeben, daß Hitler dadurch die Möglichkeit hat, mit seiner Luftwaffe und den motorisierten Einheiten im Westen anzugreifen.
Am Freitag, dem 19. Januar 1940, fordert der französische Ministerpräsident Daladier den Oberbefehlshaber der alliierten Streitkräfte in Frankreich, General Gamelin, und den Oberkommandierenden der französischen Flotte, Admiral Darlan, auf, »eine Denkschrift über eine eventuelle Intervention zur Zerstörung der russischen Ölfelder auszuarbeiten«.

Am 1. Februar beginnen die sowjetischen Armeen ihren Angriff gegen die Mannerheim-Linie auf der Karelischen Landenge.
Das Scheitern des Versuches, den Ladogasee von Nordosten her zu umfassen, hindert General Timoschenko nicht daran, seine Großoffensive beiderseits der Eisenbahnstrecke Leningrad–Viipuri (Wiborg) zu eröffnen. An diesem Tag werden erstmalig in der Geschichte des Luftkrieges Fallschirmtruppen eingesetzt, die während des Angriffs auf Summa, den schwächsten Punkt der Mannerheim-Linie, in kleineren Kampfgruppen hinter dem Rücken des finnischen Heeres abspringen. Dieser Einsatz, der mit Verbänden bis zu Bataillonsstärke erfolgt, erweist sich jedoch als völliger Fehlschlag: Die Finnen sind an der Front wie auch im Hinterland auf der Hut. Sie schießen die niederschwebenden Fallschirmjäger zum Teil noch in der Luft ab, die anderen werden gleich nach der Landung gefangengenommen.
Am 4. Februar 1940, drei Tage nach Beginn der Schlacht um Summa, stockt die sowjetische Offensive unter schweren Verlusten.

An der 400 Kilometer langen Front zwischen Basel und Luxemburg herrscht weiterhin Waffenruhe; die beiderseits erwarteten Luftoffensiven bleiben aus. Die Lufttätigkeit der Gegner beschränkt sich auf Erkundung mit vereinzelten Jägerkämpfen und Fernaufklärungsflügen in großen Höhen. Die Luftwaffe führt gelegentlich Angriffe auf Schiffsziele durch.
Im französischen Generalstab denkt niemand an eine Offensive. General Gamelin ist der Ansicht: »Wer angreift, verliert.«

Bereits im Herbst 1939 wurden zwei Luftarmeen gebildet und über Nord- und Westfrankreich verteilt, die man aber im Februar 1940 wieder auflöst und den Heeresgroßverbänden unterstellt. Das betrifft alle Aufklärungseinheiten, das Gros der Jagdflieger und Teile der Bombenfliegergruppen. Diese Zersplitterung der Luftstreitkräfte auf einzelne Armeen ist später für das französische Oberkommando ein Handikap, die Armée de l'Air an bedrohten Abschnitten gezielt einzusetzen.
Während deutsche Propagandakompanien die französischen Stellungen mit Flugblättern überschütten und durch Lautsprecher die Friedensbereitschaft versichern, schulen die Deutschen konsequent ihre Fallschirmjäger, Luftlandetruppen sowie Sturmpioniere im Kampf gegen Befestigungen und andere Ziele.

Am 22. Februar 1940 legt General Gamelin nun seinen vor einem Monat angeforderten Bericht vor: »Eine Aktion gegen die russische Erdölindustrie im Kaukasus

würde nach seiner Ansicht ermöglichen, einen sehr schweren, wenn nicht entscheidenden Schlag gegen die militärische und wirtschaftliche Organisation der Sowjetunion zu führen ... In einigen Monaten könnte die UdSSR sogar in eine derartige Verlegenheit geraten, »daß sie in die Gefahr eines völligen Zusammenbruchs käme ...« Gamelin weist darauf hin, daß von den drei empfindlichen Stellen der sowjetischen Erdölproduktion Batum und vor allem Baku als »bei weitem das wichtigste Erdölzentrum des Kaukasus« für einen Angriff in Frage kommen.

Am Montag, dem 11. März 1940, greift ein allein operierender Blenheim-Bomber der RAF das deutsche U-Boot U 31 (Kptlt. Habekost) an der Schillig-Reede vor Wilhelmshaven erfolgreich an. Es ist die erste Versenkung eines U-Bootes durch ein Flugzeug im Zweiten Weltkrieg.

12. März 1940: Der sowjetisch-finnische Friedensvertrag von Moskau beendet, überraschend für die Alliierten, den ungleichen Kampf. Finnland muß unter anderem strategisch wichtige Teile Kareliens an die Sowjetunion abgeben.
Die Bilanz des Winterkrieges in der Luft: Finnische Flieger schossen 240 sowjetische Maschinen ab. Die Gesamtverluste der Sowjets, einschließlich der durch Flakbeschuß zerstörten Flugzeuge, betragen 684 Stück. Allein 31 Fokker-D-XXI-Jäger vernichteten 120 sowjetische Bomber bei eigenen Verlusten von nur 12 Jagdmaschinen und 8 Piloten. Insgesamt verlor Finnland 67 Flugzeuge, davon 42 im Kampf.
Erst die Geschichte wird eines Tages klären, ob der auffallend schnelle Friedensabschluß mit Finnland womöglich auf die den Sowjets im Kaukasus drohende Gefahr

Oben: Saima-See, Februar 1940: Ein sowjetischer Bomber, den finnische Jäger unbeschädigt zur Landung auf dem gefrorenen See gezwungen haben, wird einsatzbereit gemacht

Rechts: März 1940, eine im Bereich der französischen 4. Armee bei Chalons abgeschossene He 111: Während des »Sitzkrieges« ist der Einsatz deutscher Bomber über Frankreich selten

zurückzuführen ist: Spätestens Anfang März 1940 muß Stalin von den Absichten der Alliierten, die Ölfelder in Baku anzugreifen, erfahren haben, da am 14. März die französische Regierung aus Ankara die Nachricht erhält, die Sowjets hätten ein Gutachten amerikanischer Spezialisten angefordert, »ob und wie ein Brand in den Ölfeldern von Baku, der durch eine Bombardierung hervorgerufen würde, sich mit Erfolg bekämpfen ließe«. Die US-Fachleute sollen geantwortet haben, so wie diese Ölfelder bisher ausgebeutet wurden, sei der Boden derartig mit Öl durchtränkt, daß eine Feuersbrunst sich unverzüglich auf das ganze benachbarte Gebiet ausbreiten müsse, es würde Monate dauern, bis man sie löschen, und Jahre, bevor die Ölgewinnung wieder in Betrieb genommen werden könnte.

Aus Kreisen ausländischer Botschaften in Moskau wird zu gleicher Zeit gemeldet, das sowjetische Oberkommando habe Anfang März 1940 Truppen in den Kaukasus verlegt. Am 6. März 1940 besucht der Volkskommissar für Verteidigung, Woroschilow, demonstrativ die kaspischen Gebiete.

Oben: Vorbereitungen für die Luftaufklärung über Baku: Sidney Cotton (links) im Gespräch mit Air Marshal Sir Arthur Barratt, dem Kommandierenden der britischen Luftstreitkräfte in Frankreich

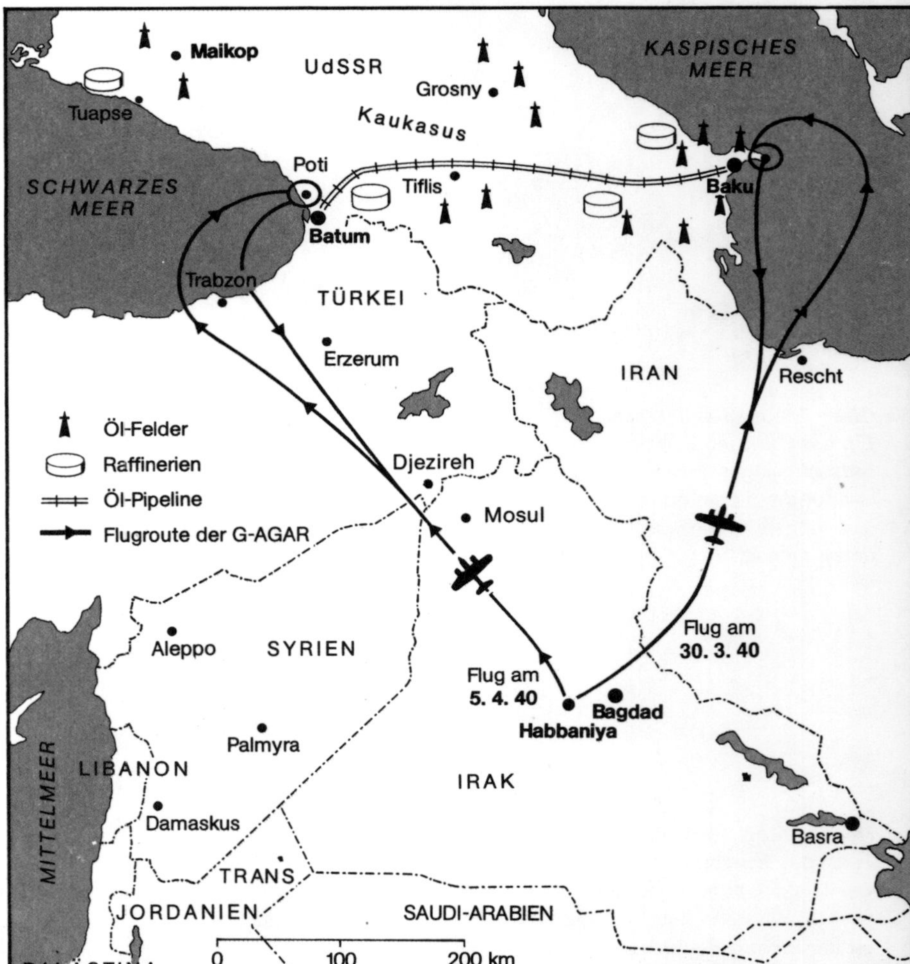

Rechts: Britische Erkundungsflüge über den sowjetischen Ölfeldern, Frühjahr 1940

16. März 1940: Während des Angriffs von 15 Maschinen Ju 88 der I. Gruppe des KG 30 auf den Flottenstützpunkt Scapa Flow sind erstmals unter der britischen Bevölkerung Verluste zu verzeichnen: Ein Teil der Bomben fällt auf die Ortschaft Bridge of Waith, auf der Orkney-Insel Hoy, zerstört fünf Gehöfte, tötet einen Menschen und verletzt sieben andere.

Am 20. März 1940 treffen sich die alliierten Luftwaffenstäbe im Nahen Osten in Aleppo, um ihre Planungen eines Bombenangriffs auf die sowjetischen Ölfelder miteinander abzustimmen.
Als sich die alliierten Strategen über die Pläne dieses Angriffs einig sind, holt der britische Geheimdienst seinen besten Mitarbeiter für Luftaufklärung zu Hilfe: Sidney Cotton soll gemeinsam mit F. W. Winterbotham, dem Chef des Air Department des Secret Intelligence Service (MI 6), einen Plan zur Erkundung der kaukasischen Ölfelder entwerfen.
In den Morgenstunden des 23. März verläßt die zivile Lockheed 12 A, Reg.-Nr. G-AGAR – am Steuer Hugh MacPhail, Cottons persönlicher Assistent – den Flugplatz Heston und nimmt Kurs nach Südosten. In den Rumpf hat man mehrere leistungsstarke Kameras eingebaut. Nach der Zwischenlandung auf Malta und in Kairo erreicht die Lockheed den RAF-Stützpunkt Habbaniya, nahe Bagdad. Die Erkennungszeichen werden sorgfältig übermalt und die versteckten Kameras überprüft.
Am Sonnabend, dem 30. März, startet kurz vor Sonnenaufgang MacPhail mit seinem Kopiloten, Flying Officer Burton, und zwei RAF-Fotografen, die zusätzlich mit Handkameras vom Zielgebiet Fotos machen sollen. Sie überfliegen das iranische Hochplateau und kommen in der Nähe von Rescht über das Kaspische Meer. Nach einstündigem Flug tauchen tief unter ihnen die Umrisse des in Rauchwolken gehüllten gewaltigen Ölindustriegebietes der Halbinsel von Baku auf. Eine ganze Stunde lang kreist MacPhail bei strahlendem Himmel in einer Höhe von 7000 Metern über dem sich von Horizont zu Horizont ausbreitenden Gewirr von Bohrtürmen, Öltanks und Raffinerien. Sechsmal, weder von Jägern noch von der Flak behelligt, überfliegt die Lockheed das Zentrum der sowjetischen Ölversorgung und macht reihenweise Aufnahmen. Am Nachmittag sind sie wieder in Habbaniya. Sie waren beinahe 10 Stunden in der Luft.
Sechs Tage später, am Freitag, dem 5. April, führen MacPhail und Burton ihren zweiten Aufklärungseinsatz durch. Diesmal ist das Ziel Batum, wichtigster sowjetischer Ölhafen am Schwarzen Meer und Endstation der Pipeline von Baku. Sie überqueren die Türkei und fliegen vom Meer her kommend Batum in großer Höhe an. Als sie gerade – noch über den endlosen Reihen von Ölraffinerien kreisend – mit den Aufnahmen fertig sind, explodieren ringsherum plötzlich Flakgeschosse. MacPhail zieht die Maschine hoch und kann im Schutz der Wolken entkommen.

Lockheed 12 A kurz nach dem Start von Habbaniya zum Flug über die sowjetischen Ölfelder bei Baku. Die Maschine hat stärkste Motoren und kann so den veralteten sowjetischen Jägern davonfliegen

Nach seiner Rückkehr werden die Luftaufnahmen schnellstens nach Wembley in Cottons Dienststelle geschickt. Und am nächsten Tag liegen die Fotos mit den Auswertungsberichten bereits beim englischen und französischen Generalstab.
Dort beschließt man, sich nun auf die Raffinerien und Öltanks zu konzentrieren. Die Armée de l'Air soll den Angriff auf Batum und die RAF die Zerstörung der Anlagen in Baku und in Grosny übernehmen. Nach den Berechnungen wäre es möglich, in den ersten sechs Tagen etwa ein Drittel der Objekte zu vernichten.
Die Pläne der Alliierten sehen den Einsatz von 9 Bomberstaffeln vor, die innerhalb 10 bis 45 Tagen 122 Erdölraffinerien (67 in Baku, 43 in Grosny und 12 in Batum) dem Erdboden gleichmachen sollen. Für diese Operation stehen 2 französische Staffeln Farman 221, 4 französische Staffeln Glenn Martin, 3 englische Staffeln Wellington, insgesamt 117 Bomber, zur Verfügung.
Die Armée de l'Air soll von ihrem Hauptstützpunkt Djezireh und die RAF aus Mosul starten. Durch die eingebauten Zusatztanks können sie bei jedem Flug insgesamt nur noch 70 Tonnen Bomben mitführen. Die RAF schätzt ihre zu erwartenden Verluste auf 20 Prozent, da-

gegen hoffen die Franzosen sogar, ungeschoren davonzukommen.
Beide Partner erklären einstimmig, daß diese vorgesehene Operation nicht nur »zu einem totalen Zusammenbruch des Kriegspotentials der UdSSR führen muß«, sondern vielmehr »den ganzen Verlauf des Krieges entscheiden kann«. Ein Effekt, den nicht einmal Douhet sich hätte träumen lassen und dessen rührende Naivität selbst den Optimismus eines Hitler übertrifft.

Am Sonnabend, dem 6. April 1940, stellt das Bomberkommando die Flugblattaktion über Deutschland ein. Es wurden seit dem 4. 9. 1939 insgesamt 65 Millionen Flugblätter abgeworfen.

Am 9. April 1940, um 5 Uhr früh, beginnt das Unternehmen »Weserübung«, die Besetzung Dänemarks und Norwegens durch deutsche Truppen; Dänemark wird an einem Tag überrannt.
Die kleinen norwegischen Luftstreitkräfte, die insgesamt kaum 80 Frontmaschinen zählen, sind kein Objekt für einen einleitenden »strategischen« Großangriff der deutschen Luftwaffe, wie es in Polen geschah. Ihr Einsatz erfolgt jetzt nur zur taktischen Unterstützung des Heeres und der Kriegsmarine.
Während deutsche Marineeinheiten an fünf Stellen landen, werden an zwei Orten gleichzeitig Fallschirmjäger abgesetzt. Mit der Unterstützung von 6 Fallschirmjägerkompanien und Luftlandetruppen, die auf dem Osloer Flugplatz Fornebu eintreffen, wird die norwegische Hauptstadt besetzt. Zum erstenmal in der Geschichte des Luftkrieges spielen hier Fallschirm- und Luftlandetruppen eine entscheidende Rolle.
Die deutsche Luftwaffe nimmt am Norwegenfeldzug mit 878 Flugzeugen teil, darunter 95 Jäger und Zerstörer sowie 240 Bomber und Sturzkampfflugzeuge.
Am gleichen Tage greifen 88 Bomber des X. Fliegerkorps die britische Flotte westlich von Bergen an: Der Zerstörer »Gurkha« wird versenkt, die beiden Kreuzer »Glasgow« und »Southampton« beschädigt und ein Treffer auf dem Schlachtschiff »Rodney« erzielt. Die britischen Seestreitkräfte geben ihren Versuch auf, Bergen zu besetzen.
Am Mittwoch, dem 10. April 1940, führen 15 englische Maschinen Typ Skua vom Flugzeugträger »Furious« aus ihren ersten erfolgreichen Sturzangriff durch. Sie versenken mit drei Volltreffern von je 225-kg-Bomben den leichten Kreuzer »Königsberg«. Eigene Verluste: 1 Flugzeug.
Donnerstag, 11. April 1940: 6 Wellington-Bomber greifen den Flugplatz Stavanger an. Nach britischen Quellen ist dies die erste Aktion der RAF auf ein im Binnenland gelegenes Ziel: bis dahin richtete sie ihre Luftangriffe nur gegen feindliche Streitkräfte, Handelsschiffahrt oder Seeflugzeug-Stützpunkte.

Am Sonnabend, dem 13. April 1940, und an den darauffolgenden Tagen landen britische, französische und exilpolnische Truppen im Raum von Narvik, Namsos und Andalsnes. Diese Operationen werden von Trägerflugzeugen der Royal Navy unterstützt: Die »Skuas« führen Patrouillenflüge, die Doppeldecker »Swordfish« Bombenangriffe durch. Ihre Einsätze werden jedoch durch von norwegischen Flugstützpunkten aus startende deutsche Maschinen erheblich behindert.
Besonders bei Narvik entwickeln sich schwere Kämpfe zwischen Luftstreitkräften und Flotteneinheiten. Die dort gelandeten deutschen Truppen werden nun durch Fallschirmjägerverbände verstärkt und auf dem Luftwege versorgt. Währenddessen dringen die deutschen Erdtruppen, in rollenden Einsätzen von der Luftwaffe unterstützt, in das Landesinnere vor.

Am 17. April 1940 berichtet Weygand an Gamelin und den Oberbefehlshaber der französischen Luftstreitkräfte, General Vuillemin, daß »die Vorbereitungen für die Bombardierung der Erdölfelder des Kaukasus so weit fortgeschritten sind, daß die Operation in Kürze erfolgen kann«. Das französische Oberkommando akzeptiert Weygands Vorschlag und beschließt, die UdSSR Ende Juni oder Anfang Juli 1940 zu überfallen.
Einer der merkwürdigsten Presse-Appelle während des Krieges: »Le Figaro« warnt am 9. Mai seine Leser knapp 24 Stunden vor Beginn des vom deutschen Oberkommando höchst geheimgehaltenen Luftlandeunternehmens, das bereits am nächsten Morgen die Offensive im

Westen überraschend eröffnen soll. Wußte das Pariser Tagesblatt darüber Bescheid?
Am 10. Mai 1940, 5.35 Uhr, eröffnet die deutsche Wehrmacht ihre Offensive im Westen unter Verletzung der Neutralität der Niederlande, Belgiens und Luxemburgs.
Zu Beginn der Kampfhandlungen stehen sich gegenüber:
Auf deutscher Seite 3834 Flugzeuge (darunter 1482 Bomber und Stukas, 42 Schlachtflugzeuge, 1016 Jäger und 248 Zerstörer).
Auf alliierter Seite gesamt 2372 Flugzeuge (darunter: 1151 Jäger).
Davon in:
Frankreich 1604 Flugzeuge (764 Jäger, 260 Bomber, 180 Aufklärer, 400 Armeeflugzeuge).
Großbritannien (in Frankreich) 456 Flugzeuge (261 Jäger, 135 Bomber, 60 Aufklärer).
Belgien 180 Flugzeuge (davon: 81 Jäger).
Niederlande 132 Flugzeuge (davon: 35 Jäger und 23 Zerstörer).

Rechts: Crailsheim, 10. Mai 1940: Fieseler-Storch-Maschinen der »Gruppe Förster« kurz vor dem Start der 2. Welle des Geheimunternehmens »Niwi«

Unten: 9. April 1940, auf dem Osloer Flughafen Fornebu: Die ersten Ju 52 mit Landetruppen an Bord, die die norwegische Hauptstadt im Handstreich nehmen sollen, werden mit schwerem MG-Feuer empfangen

Auch hier setzt – wie beim Feldzug in Polen – die NS-Propaganda die Mär von »überraschenden, vernichtenden Schlägen« der Luftwaffe in die Welt, bei denen bereits am ersten Tag französische Luftstreitkräfte am Boden zerstört worden seien. Diese »Tatsachen« haben selbst das Dritte Reich überlebt und sind noch heute in manchen Publikationen zu finden. Was wirklich geschah: Die ersten deutschen Bombenangriffe dezimieren die kleinen Luftstreitkräfte Hollands und Belgiens. Nach französischen und englischen Quellen zerstört die deutsche Luftwaffe jedoch am ersten Tage des Westfeldzuges nur 45 französische und 15 britische Maschinen am Boden. Den ganzen Tag hindurch unterstützen die Flugzeuge dieser beiden Nationen das Vorrücken der alliierten Bodentruppen in Belgien, und dabei gelingen den französischen Jägern 90 Abschüsse, sie selber verlieren 20 Maschinen:
Die deutsche Luftwaffe muß am 10. Mai die höchsten Verluste tragen, die bis jetzt eine Luftstreitmacht an einem Tage zu verzeichnen hat: 304 Maschinen vernichtet, 51 beschädigt und 267 Tote an fliegendem Personal.

Zwei geheime, bis heute kaum bekannte Luftlande-Operationen eröffnen den deutschen Angriff im Westen: das Unternehmen »Niwi« in den belgischen Ardennen und das Unternehmen »Hedderich« in Luxemburg. Es sind die wohl sonderbarsten und in ihrer Art einzigen Aktionen des Krieges. Die skurrilen Verbindungsflugzeuge Fi 156 Storch, mit einem Piloten und zwei Soldaten an Bord, dienen dabei als Truppen-Transportmaschinen.
Das Unternehmen »Niwi« soll den entscheidenden Vorstoß des Panzerkorps v. Kleist zur Maas bei Sedan einleiten. Das 3. Bataillon (Oberstlt. Garski) der Elitedivision »Großdeutschland« und eine Pioniergruppe, insgesamt 400 Freiwillige, werden in zwei Einheiten aufgeteilt: in die Gruppe Garski, Abteilung Süd (56 Störche), und die

Gruppe Hauptmann Krueger, Abteilung Nord (42 Störche). Ihre Aufgabe: östlich von Sedan, im Raum Neufchâteau-Martelange, zwischen den belgischen und französischen Truppen Verwirrung zu stiften und die wichtigsten Straßen bis zum Eintreffen der Panzerspitzen zu blockieren. Um 4.20 Uhr starten von Bitburg und von Dockendorf aus die beiden Gruppen mit 196 Soldaten, der ersten Welle. Ihr Ziel: die belgischen Städtchen Nives und Witry.

Pünktlich um 5.35 Uhr fliegt Garski über die luxemburgische Grenze. Wolf Durian von der Division »Großdeutschland« ist dabei: »Über Perl an der belgischen Grenze hatte man Feuer erwartet, aber es fiel kein Schuß. Wir flogen über die belgischen Linien hinweg, erreichten den Wald und waren nun in Sicherheit. Eine halbe Stunde lang dauerte der Flug, dann landeten wir genau zwischen Witry und dem kleinen Fleckchen Traimont auf einer Wiese neben der Landstraße. Der Oberstleutnant und sein Adjutant sprangen als erste aus ihrem Flugzeug, die Maschinenpistole in der Faust. Die anderen Störche setzten ebenfalls zur Landung an ... Im Laufschritt kamen vier Mann, die südlich der Straße gelandet waren. Sie schleppten zwei Maschinengewehre. ›Sofort Straße sperren!‹ befahl der Oberstleutnant ... Wir befanden uns bereits 60 Kilometer Luftlinie in Feindesland. Verstärkung war vor 8 Uhr nicht zu erwarten ...« Zwei Stunden später stehen die in zwei Wellen gelandeten Soldaten der Gruppe Garski und Krueger im harten Kampf mit den Vorhuten des 1.e Régiment Ardennais und des 5.e R.A.M. (Régiment d'Auto Mitrailleuses), bis am nächsten Morgen die Spitzen der 1. Panzerdivision auftauchten.

Das Ziel der zweiten Operation des Unternehmens »Hedderich«: Die 125 ausgesuchten Soldaten unter Oberleutnant Hedderich (34. Inf.-Div.) sollen sämtliche Straßenkreuzungen im Raum Esch-sur-Alzette (Luxemburg) sperren, um so das Vordringen der französischen Truppen aus der waffenstarrenden Maginot-Linie in Richtung Hauptstadt Luxemburg zu verhindern und somit die Südflanke des durch die Ardennen vorstoßenden deutschen Panzerkeils abzuschirmen. 25 Fieseler Fi 156 Storch stehen für das Unternehmen »Hedderich« auf dem Flugplatz Trier-Eupen.

Um 5 Uhr meldet das Armeekommando I a (AOK) an die Heeresgruppe A: »Erste Welle Fieseler Störche planmäßig an ihren Zielen gelandet.« Feldwebel Tappert: »Es war noch dunkel, als ich mich in die vollgestopfte Storch-Kabine zwang. Ich hockte auf einem kleinen Notsitz zwischen MG-Munitionsgürteln, Bündeln von Handgranaten und anderem Zeug. Hinter mir die Schottwand, vor mir steckte der Obergefreite Dreikandt und ganz vorn der Flugzeugführer Leutnant König. Der Motor wurde angelassen, und wir rollten langsam zum Start. Weit an der Horizontlinie im Osten hob sich ein

schmaler heller Streifen – der neue Tag begann: Freitag, der 10. Mai 1940. Die Maschine machte ein paar Sprünge, wir waren in der Luft und flogen dicht über den Wäldern in westliche Richtung. Auf dem noch dunklen Himmel zeichneten sich schwach die vorderen Maschinen ab, die schnurstracks vor uns schwebten ... In der Kabine wurde es heller ... Durch die goldenen Sonnenstrahlen zog der Nebel aus den Tälern und legte sich um die Hügel – es kündigte sich ein schöner Tag an.

Wir waren über Luxemburg. Jeden Augenblick erwarteten wir Feuer von unten – aber es geschah nichts. ›Meine Herren, wir landen‹, rief auf einmal unser Flugzeugführer. Er drosselte den Motor und ging sanft runter; ein paar hundert Meter vor uns landeten schon die anderen Maschinen. Wir setzten sanft wie mit einem Fahrstuhl auf, und noch während der Propeller lief, warfen wir unsere Klamotten eilig durch die aufgeklappte Tür auf die morastige Wiese ...

Mit dröhnendem Motor rollte die Fieseler zum Start an uns vorbei, die Räder fast bis an die Achsen im Morast. Plötzlich sahen wir erschrocken, wie die Maschine auf die Nase kippte, der Propeller krachte, sie sich um ihre eigene Achse drehte und auf den Rücken legte.

König krabbelte auf allen vieren aus der Fieseler, fluchend wie ein Fiaker. Wir stellten ihn auf die Beine und berieten, was zu tun wäre. ›Na, als erstes muß ich nach Dienstvorschrift den Storch vernichten, damit er dem Feind nicht in die Hände fällt‹, murmelte König und fummelte an der Maschine herum. Da gurgelte es schon, und Benzingeruch verbreitete sich.

›Jetzt aber los‹, rief er uns zu und warf ein brennendes Stück Papier zwischen Flügel und Kabine, aus der die dünnen, langen Storch-Beine in die Luft ragten ...«

Wie befürchtet, tauchen, nachdem die Hedderich-Gruppe gelandet ist, französische Truppen auf: Das 6. Algerische Spahi-Regiment (Col. Jouffrault) ist mit seinen exotischen Reitern zur Stelle. Der Kampf mit ihnen dauert an, bis die Einheiten der 16. Armee (Gen. d. Inf. Busch) erscheinen.

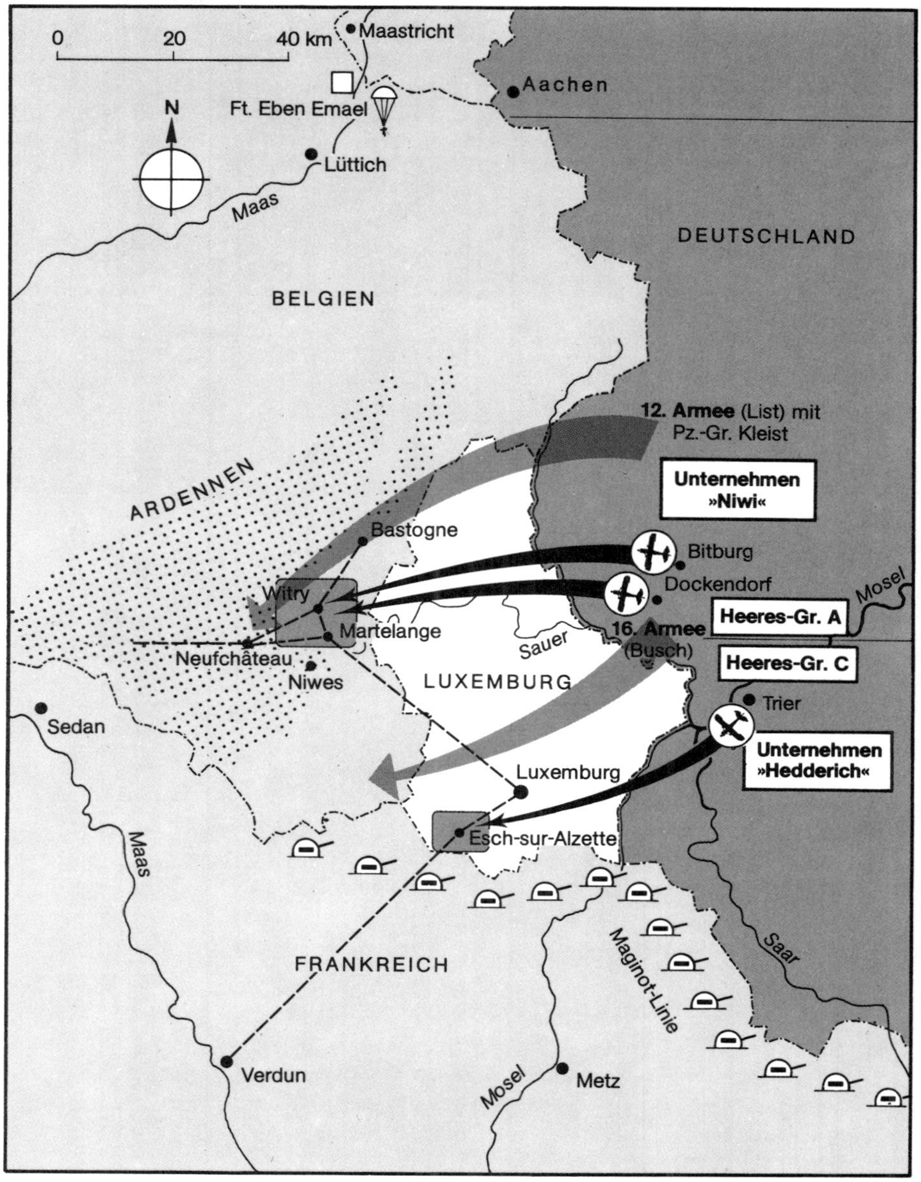

Oben: Raum Witry, Mai 1940: Eine der verunglückten Fi 156 des Geheimkommandos »Niwi«

Rechts: 10. Mai 1940: Unternehmen »Niwi« und »Hedderich«

Unten: Belgien, 10. Mai 1940: Eine Fi 156 A-1 der »Gruppe Förster«, durch Bodenbeschuß beschädigt, muß dicht an der Chaussee nach Neufchâteau notlanden

Die verbrannten Reste der Fieseler-Storch-Maschinen markieren die Schauplätze der ersten und einzigen Masseneinsätze von Fi 156. 22 Maschinen gehen bei diesen beiden Unternehmen verloren: die meisten beim Start oder durch Bruchlandungen auf morastigen Wiesen, dann von den Piloten in Brand gesteckt.

Am frühen Morgen des 10. Mai besetzen deutsche Luftlandetruppen die wichtigen Brücken über den Albert-Kanal bei Vroenhoven und Velwezelt in der Nähe von Maastricht, noch ehe sie der Feind sprengen kann. Über diese nordwestlich von Eben-Emael liegenden Brücken soll nach dem Handstreich auf das Sperrfort der Entsatz für die deutschen Truppen rollen. Die 1935 fertiggestellte Festung gilt als die stärkste in Europa. Sie besteht aus Reihen von Stahlbeton-Kasematten, die bis tief unter die Erde reichen; ihre Geschütztürme sind schwer

Les neutres — ceux qui restent — comprendront-ils, cette fois ?

Paris-soir

GRAND QUOTIDIEN D'INFORMATIONS ILLUSTRÉES

SAMEDI 11 MAI 1940 — 6e ÉDITION — 37, rue du Louvre PARIS (2e) — 50 cent.

Les ALLEMANDS ont ENVAHI ce matin à l'aube LA HOLLANDE, LA BELGIQUE ET LE LUXEMBOURG

BRUXELLES bombardée
Grande bataille aérienne au-dessus d'AMSTERDAM

MER DU NORD — GR.-BRET. — HOLLANDE — ALLEMAGNE — BELGIQUE — FRANCE — KIEL — BRÊME — HANOVRE — ROTTERDAM — DUISBOURG — COLOGNE — ANVERS — BRUXELLES — CALAIS — BOULOGNE

Bombardement de l'aérodrome de BRON près de Lyon

LYON, 10 Mai.

Les troupes françaises alertées au cours de la nuit

Les troupes françaises, dans l'ensemble de l'armée, ont été alertées au cours de la nuit.

LES OFFICIERS permissionnaires doivent rejoindre immédiatement leur poste

Les troupes allemandes ont franchi la frontière hollandaise ce matin à 3 heures

BRUXELLES, 10 Mai.

Le quartier général de l'armée néerlandaise communique :

« Les troupes allemandes ont franchi la frontière néerlandaise à partir de 3 heures ce matin. Des attaques aériennes ont été tentées sur quelques aérodromes. L'armée et l'artillerie antiaérienne sont prêtes. Les inondations s'effectuent selon les plans. Jusqu'à présent, d'après ce qu'on sait, six avions allemands au moins ont été abattus. »

La Belgique attaquée fait appel aux Alliés

Le Luxembourg est envahi

BRUXELLES, 10 Mai.

On apprend que des bombes ont été jetées sur l'aérodrome d'Evère, que des tirs d'artillerie ont eu lieu à la frontière belgo-allemande et que la Belgique, s'estimant attaquée, a fait appel à la France et à l'Angleterre, ses garants.

D'autre part, on apprend que le Luxembourg a été envahi.

Les Alliés apportent toute leur assistance à la Belgique et à la Hollande

LONDRES, 10 Mai.

La « Press Association » publie l'information suivante :

« On annonce officiellement que les Alliés vont apporter toute l'assistance en leur pouvoir à la Belgique et à la Hollande. »

LE ROI DES BELGES a pris le commandement de l'armée

La mobilisation générale est décrétée

BRUXELLES, 10 Mai.

L'état de siège et la mobilisation générale phase 2 ont été décrétés au moment de l'invasion allemande, ce matin vers 4 h. 30.

L'armée franco-britannique est en marche pour aller au secours de la Belgique. D'autre part, le gouvernement belge a adressé une protestation à Berlin et une note aux autres puissances.

Le roi, qui a pris le commandement de l'armée, fera par l'intermédiaire de l'I. N. R. un appel au peuple belge.

M. Pierlot se rend auprès du roi

BRUXELLES, 10 Mai.

Le Conseil des ministres réuni extraordinairement ce matin a duré peu de temps. M. Pierlot, premier ministre, et M. Spaak, ministre des Affaires étrangères, se sont rendus immédiatement auprès du roi.

A 4 h. 30, Anvers est survolée par l'armée aérienne allemande

ANVERS, 10 Mai.

La Haye est attaquée par l'aviation nazie

BRUXELLES, 10 Mai.

Une grande bataille aérienne au-dessus d'Amsterdam

LONDRES, 10 Mai.

C'est pour « protéger » la Belgique, la Hollande et le Luxembourg contre les attaques alliées que le Reich les a envahis

FRONTIÈRE ALLEMANDE, 10 Mai.

Le gouvernement du Luxembourg aurait quitté la capitale

WASHINGTON 10 Mai.

Selon l'ambassadeur des Etats-Unis à Bruxelles, M. Cudahy, le gouvernement du Luxembourg, à l'exception du ministre des Affaires étrangères, aurait quitté la capitale.

C'est à l'aide de nombreuses embarcations blindées que l'Allemagne a envahi la Hollande

Frontière hollandaise, 10 Mai.

Les parachutistes allemands sont déguisés en soldats hollandais

Frontière hollandaise, 10 Mai.

Des parachutistes allemands dans le Brabant et le Limbourg belges

C'EST M. CHURCHILL qui remplacerait M. Chamberlain

TELLES SONT DU MOINS LES PRÉVISIONS DE LA PRESSE BRITANNIQUE

LONDRES, 10 Mai.

La démission de M. Chamberlain est considérée comme certaine par plusieurs journaux du matin. Ils estiment probable son remplacement par M. Churchill. La décision interviendrait à bref délai en raison de la situation internationale.

Les travaillistes ne participeraient pas à un gouvernement Chamberlain

LONDRES, 10 Mai.

UNE ALERTE CE MATIN DANS LA RÉGION PARISIENNE

Grand Conseil à Washington

M. Roosevelt et ses ministres fixent la nouvelle position de la neutralité américaine

NEW-YORK, 10 Mai.

Une importante conférence se tient à Washington sous la présidence de M. Roosevelt. Y assistent non seulement MM. Cordell Hull et Sumner Welles, mais aussi des chefs militaires : le chef d'état-major de l'armée, le chef d'état-major de la marine, le ministre de la Marine, ainsi que l'attorney général.

Communiqué n° 498

9 Mai (soir)

Communiqué n° 497

9 Mai (matin)

Lire la suite des dépêches en page 4

Oben: Die Lastensegler DFS 230 der Sturmgruppe »Granit« sind soeben inmitten des Sperrforts Eben-Emael gelandet

Links: Man gibt sich in Paris optimistisch: Französischer Vormarsch in Belgien wird gemeldet

Unten rechts: Flugplatz Neerhespen (Belgien) in den frühen Morgenstunden des 10. Mai 1940: Brennende Fairey-Fox-Maschinen nach dem deutschen Luftangriff

gepanzert. Mit ihrer Besatzung von 120 Mann gilt sie als uneinnehmbar.

Die Sturmgruppe »Granit« (Oberlt. Witzig), die den Auftrag hat, das Fort Eben-Emael zu erobern, zählt 11 Lastensegler DFS 230 mit je 1 Sturmtrupp, die Einsatzstärke beträgt insgesamt 84 Mann. An Bord befinden sich 29 912 Schuß Munition und 2401 kg Sprengmittel, darunter neuartige 12,5-kg- und 50-kg-Hohlladungen, die Panzerkuppeln bis zu 25 Zentimeter Stärke durchschlagen können.

Die Piloten der Lastensegler sind die besten ehemaligen Segelflieger, jetzt zusätzlich als Pioniere ausgebildet.

Von den beiden Kölner Flugplätzen Ostheim und Butzweilerhof starten um 4.30 Uhr Ju-52-Maschinen mit Lastenseglern im Schlepp. Plötzlich reißt das Schleppseil des Lastenseglers, in dem der Führer der Sturmgruppe, Oberleutnant Witzig, sitzt, so daß er auf einer Rheinwiese notlanden muß. Einer aus Gütersloh herbeigerufenen Ju 52 gelingt es endlich, den Lastensegler aus dem Feld herauszuziehen. Ein weiterer Lastensegler erreicht sein Ziel nicht, er landet bei Düren.

Als die ausgeklinkten Lastensegler auf das Fort zuschweben, heben sich aus dem Bodennebel die hochgelegenen Werke der Festung ab. Innerhalb von nur einer Minute setzen die 9 Lastensegler unter dem Feuer leichter Flak und zur völligen Verblüffung der belgischen Kanoniere auf. Dabei erleben auch die Deutschen eine Überraschung: Die Nordspitze der Werkgruppe Eben-Emael, von den Angreifern als der am stärksten verteidigte Teil des Forts angesehen, entpuppt sich als Scheinanlage mit riesigen Kuppelattrappen aus Blech. Zwei Lastensegler, die mit ihren Kampftruppen und Geräten in dieser Ecke niedergehen, fallen fürs erste aus.

Jetzt greifen nur sieben Stoßtrupps mit 25 Mann – noch dazu ohne Führung, denn Oberleutnant Witzig landet durch seinen verspäteten Start erst drei Stunden danach

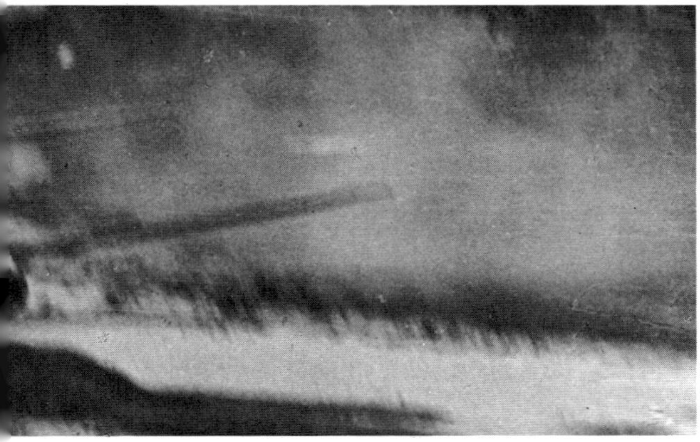

– die Besatzung des Forts an. In nur wenigen Minuten nehmen sie die Flak-MG-Stellungen ein und sprengen mit ihren Hohlladungen die Panzerkuppeln und schweren Geschütze der 10 verteidigten Werke. Die belgischen Batterien außerhalb des Forts eröffnen nun das Feuer auf die eigenen Anlagen und erschweren die weiteren Aktionen der Sturmtruppen. Auch das zu ihrem Entsatz vorstoßende Pionierbataillon 51 (Oberstlt. Mikosch) kommt nur langsam vorwärts, so tobt der Kampf um die Sperrfeste bis zum nächsten Tag. Um 13.15 Uhr ergibt sich dann die Festung Eben-Emael. Der Kommandant, Major Jottrand, wählt den Freitod. Die Besatzung, 1185 Mann, davon 24 Offiziere und 102 Unteroffiziere, wußte bis zum Schluß nicht, was sich wirklich auf der Oberfläche ihrer Festung abgespielt hatte. Die Sturmgruppe Witzig büßt 6 Tote und 20 Verwundete ein. Die Verluste der Besatzung des Forts sind etwa 200 Mann.
Der unerwartete Einsatz von Lastenseglern, die »Hohlladungen« als neuartiges Sprengmittel, gelungene Geheimhaltung aller Vorbereitungen und eine monatelange Spezialausbildung der Stoßtrupps tragen entscheidend zum Erfolg des deutschen Luftlandeunternehmens auf die Festung Eben-Emael und die Brücken über den Albert-Kanal bei.
Die Landung der Lastensegler auf dem belgischen Sperrfort Eben-Emael bei Lüttich ist der erste erfolgreiche Einsatz dieses neuen Kriegsmittels und zugleich der vollkommenste Pionierangriff aus der Luft. Diese taktische und technische Neuerung nimmt im weiteren Verlauf des Krieges ständig an Bedeutung zu.
Auch andere Luftlandungen sind größtenteils erfolgreich: Das III. Bataillon des Fallschirmjägerregiments 1 (Hptm. K.-L. Schulz) springt über Waalhaven ab und erobert, zusammen mit dem III. Bataillon des Infanterieregiments 16 (Oberstlt. v. Choltitz), den zäh verteidigten Flugplatz.
Ebenfalls gelingt der Absprung deutscher Fallschirmjäger vor Moerdijk und Dordrecht. Und in Rotterdam können 120 Soldaten mit 12 Seeflugzeugen He 59 wassern und drei Brücken nehmen.

Trotz guter Vorbereitungen der – teilweise in holländischen Uniformen geführten – Einsätze scheitern dagegen die Überfälle auf Maastricht und Kanne sowie bei Den Haag, Ypenburg und Ockenburg, wo die Transportmaschinen und Landetruppen der 22. Infanteriedivision (GenLt. Graf Sponeck) durch niederländische Jäger und Flak schwere Verluste erleiden und bald zersplittert und isoliert sind.
Am Nachmittag des 10. Mai 1940 starten vom Fliegerhorst Landsberg bei Augsburg 45 Heinkel 111 der Kampfgruppe 51 (Oberst Kammhuber), um den Flugplatz Dijon-Longvic in Frankreich zu bombardieren. Ein Teil von ihnen ist durch schlechte Sicht vom Kurs abgekommen und greift angeblich den Jägerplatz Dôle-Tavaux an, das vereinbarte Ausweichziel bei Dijon. Um 15.59 Uhr stoßen 3 dieser Maschinen (Kettenführer Lt. Seidel) aus einer Höhe von etwa 1500 Metern durch die Gewitterwolken auf Freiburg im Breisgau. Jeder Bomber wirft seine Last ab und verschwindet schnell wieder. Das Ergebnis: 57 Tote, darunter 22 Kinder. Da die 3 ominösen Bomber, die sich infolge Fehlnavigation über Freiburg verirrt haben, von der Bodenabwehr nicht als deutsche Maschinen erkannt werden, bezichtigt die NS-Propaganda sofort die Alliierten der Schuld für diesen Angriff. Seitdem bezeichnet Goebbels den Freiburger Zwischenfall als Beginn der Terrorluftangriffe.
Ein anderes Ereignis dieses Tages ist für die weitere Eskalation des Luftkrieges von Bedeutung: Premierminister Chamberlain, ein Gegner von Terrorbombenangriffen, tritt zurück, und sein Amt übernimmt Winston Churchill, der sofort darauf dringt, Bomber einzusetzen. Noch in dieser Nacht greifen 36 Maschinen Mönchengladbach an. Unter den vier Toten dieses Angriffs befindet sich auch eine Engländerin.
Am 10. Mai 1940 erhalten 3 niederländische Besatzungen der auf dem Luftstützpunkt Ruigenhoek, nahe Harlem, stationierten Bomber, Typ Fokker TV, den Befehl, einen Angriff auf den Flugplatz Ockenburg zu fliegen und die dort liegenden Ju 52 zu zerstören, mit denen Teile der 22. Infanteriedivision eingeflogen wurden und deren Auftrag es sei, nach Den Haag vorzudringen, um die Königsfamilie und Regierungsmitglieder festzuneh-

men. Der Einsatz der Holländer, der ohne jeglichen Jagdschutz erfolgt, gleicht einem Himmelfahrtskommando.

Leutnant G. H. J. Ruygrok: »Ich gebe zu, daß mir die Knie zitterten, und ich schäme mich dessen nicht, da unsere Luftabwehr von vielen deutschen Jagdfliegern in der Umgebung von Ockenburg sprach! Nach dem Start hielten wir auf die Küste zu, und Japie, der Pilot, zog die Maschine hoch. Er meinte, wir könnten die vorgeschriebene Höhe von 3000 Meter nicht rechtzeitig erreichen, da wir uns nahe Scheveningen erst in 2000 Meter Höhe befänden. Ich sagte ihm, er könne die Maschine im Horizontalflug belassen. Wir hielten Kurs auf Hoek van Holland, und immer noch kein Feind am Himmel. Plötzlich sahen wir den Flugplatz Ockenburg durch die Wolken, auf dem mindestens 30 grauschimmernde Junkers 52 kreuz und quer standen. Beim zweiten Anflug drückte ich auf den Bombenauslöser und mußte mich gleichzeitig um unsere Bordkanone kümmern, da jeden Augenblick deutsche Jäger auftauchen konnten. Der Kopilot beobachtete in der Zwischenzeit, wie die Bomben mitten ins Ziel trafen. Anschließend gingen wir im Sturzflug auf das Meer und kurvten in 25 Meter Höhe in Richtung Harlem.«

Erst um 8 Uhr morgens, drei Stunden nach den deutschen Bombenangriffen auf französische Luftstützpunkte, bekommt General d'Astier de la Vigerie, der Kommandeur der französischen Luftstreitkräfte im Bereich der Heeresgruppe 1 (Gen. Bilotte) an der belgisch-französischen Grenze, der Hauptstoßrichtung der Deut-

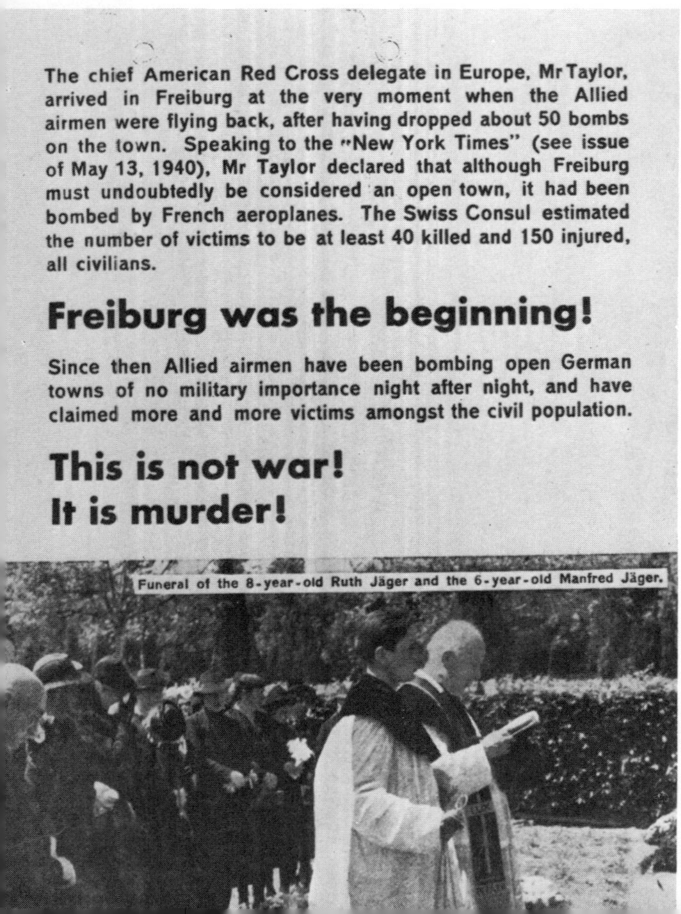

The chief American Red Cross delegate in Europe, Mr Taylor, arrived in Freiburg at the very moment when the Allied airmen were flying back, after having dropped about 50 bombs on the town. Speaking to the "New York Times" (see issue of May 13, 1940), Mr Taylor declared that although Freiburg must undoubtedly be considered an open town, it had been bombed by French aeroplanes. The Swiss Consul estimated the number of victims to be at least 40 killed and 150 injured, all civilians.

Freiburg was the beginning!

Since then Allied airmen have been bombing open German towns of no military importance night after night, and have claimed more and more victims amongst the civil population.

This is not war!
It is murder!

Funeral of the 8-year-old Ruth Jäger and the 6-year-old Manfred Jäger.

schen, den ersten Auftrag vom Hauptquartier des Generals Georges: »Beschränken Sie Ihre Operationen auf Abwehr und Aufklärung.« Bombardierungen sind zur Zeit nicht erlaubt. Nach ungezählten stürmischen Protesten erhält General d'Astier um 11 Uhr vormittags endlich die Erlaubnis, Bombenangriffe gegen feindliche Kolonnen zu fliegen, »jedoch nur über offenem Gelände«.

Der deutschen Luftwaffe gelingt es von Anfang an, nicht nur die Luftüberlegenheit, sondern auch die Luftherrschaft über französischem Boden zu gewinnen. Die meisten französischen Jäger sind erheblich langsamer als die deutschen Me 109, und nur ein Fünftel der Jagdgruppen verfügt über ebenbürtige Jagdflugzeuge, Typ Dewoitine 520.

Colonel de Bardies: »Die deutsche Luftwaffe stürzte sich auf die Stäbe; sie überwachte die Straßen, bombardierte die Kreuzungen, verhinderte die Ankunft von Verstärkungen und desorganisierte das Befehlsnetz und die Verbindungen. Sehr schnell zeigte der Rückzug Merkmale wilder Flucht. Die Infanterie mußte offenes Gelände meiden, und die Artillerie war gelähmt; die meisten ihrer Pferde fielen dem MG-Feuer der Flugzeuge zum Opfer. Lastwagen mit Soldaten aller Waffengattungen wälzten sich in Unordnung ins Hinterland.«

General d'Astier berichtet, daß massive französisch-britische Bombenangriffe gegen feindliche Panzerverbände gleich für die erste Nacht einer deutschen Offensive seit langem geplant sind, und am 10. Mai wird der Einsatz für den Abend vorbereitet. Es sollen nicht nur alle in Frankreich verfügbaren alliierten Bomber daran teilnehmen, sondern auch eine größere Anzahl der in England statio-

Links: Ein deutsches Flugblatt: Die Alliierten werden des Bombenangriffs auf Freiburg beschuldigt

Rechts: Nichts bezeugt eindrucksvoller die Angst vor den Stukas als diese schutzsuchenden französischen Flüchtlinge

Links: Rotterdam, 13. Mai 1940: Das Zentrum der größten holländischen Hafenstadt im Bombenhagel; aus einer He 111 gesehen

Rechts: Ein Stuka-Verband im Anflug: Der schrille entnervende Ton der Sturzflugbremsen und Sirenen der Ju 87 lösen oft Panik unter den angegriffenen Truppen und der Zivilbevölkerung aus

nierten RAF-Bomber. Die neuen Befehle von General Georges haben diese Operation jedoch unmöglich gemacht.

Am 11. Mai 1940 sendet die kleine belgische Luftwaffe 9 Flugzeuge aus, um die von den Deutschen im Handstreich genommenen Brücken über den Albert-Kanal zu bombardieren. Sie verfehlen ihre Ziele; 7 Maschinen kehren nicht zurück. Um 18 Uhr greifen am gleichen Tag 12 moderne französische LéO-45-Nachtbomber unter Jagdschutz 3 Brücken westlich von Maastricht und die auf Tongres vorrückenden deutschen Panzer an. Für solche Aufgaben schlecht geeignet, richten sie kaum Schaden an. 1 Bomber und 4 Jagdflugzeuge gehen verloren. Einen Tag später, am 12. Mai, unternehmen britische Bomber einen selbstmörderischen Versuch, die Brücken von Vroenhoven und Veldwezelt zu zerstören, über die Deutsche in dichten Kolonnen vorrücken. Bei dem ersten Anflug der 6 veralteten Fairey-Schlachtbomber werden 4 abgeschossen.

Die Maschine des Flying-Officer McIntosh brennt wie eine Fackel; er wirft seine Bomben ab und macht noch eine vollendete Landung. Die Besatzung wird gefangengenommen. Die fünfte Maschine geht auf dem Rückflug zu Bruch. Die sechste Fairey Battle kehrt zurück, eskortiert von den beiden übriggebliebenen Hurricanes.

Die Deutschen bewundern den Mut der britischen Piloten, sind aber erstaunt, warum ihre Führung sie so spät eingesetzt hat. Ein deutscher Offizier sagt zu dem gefangengenommenen Flying-Officer McIntosh: »Ihr Briten seid verrückt. Wir nehmen die Brücken früh am Freitag morgen ein. Ihr laßt uns den ganzen Freitag und Sonnabend unsere Flak rund an der Brücke aufbauen, und dann am Sonntag, wenn alles fertig ist, kommt ihr mit 3 Flugzeugen und versucht, das Ding in die Luft zu jagen.« Der Vormarsch der deutschen motorisierten Kolonnen über die beiden Brücken wird durch diesen Angriff nur 30 Minuten lang aufgehalten.

Am 13. Mai befindet sich die 22. Infanteriedivision (GenLt. Graf Sponeck) nordwestlich von Rotterdam, wo sie am 10. Mai gelandet ist, in einer schwierigen Lage. Die 9. Panzerdivision (Gen. Hubicki) und das III. Bataillon des Infanterieregiments 16 (Oberstlt. v. Choltitz) haben die Stadt bis zur Maas-Brücke durchquert.

Am 14. Mai um 12 Uhr fordert v. Choltitz den holländischen Stadtkommandanten, Oberst Scharroo, zur sofortigen Kapitulation auf, der es jedoch ablehnt zu verhandeln. Die auf der anderen Seite von Rotterdam eingekesselte 22. Infanteriedivison bittet dringend um Luftunterstützung, bevor die holländische Artillerie in Aktion tritt. Das Kampfgeschwader 54 (Oberst Lackner) soll »nach Plan« angreifen, falls nicht in letzter Minute rote Leuchtkugeln die Kapitulation Rotterdams anzeigen. Um 13.25 Uhr starten Bomber in zwei Kampfformationen. Doch während ihres Anflugs beginnen die Verhandlungen, und das Geschwader bekommt den Befehl zur Rückkehr. Die Schleppantennen der Bomber sind aber bereits eingezogen und die roten Leuchtkugeln – das

Rechts: Jagdgeschwader, die es niemals gab: Um den Feind zu beeindrucken, werden 12 Versuchsmodelle des Jägers He 110 in He 113 umgetauft und für das Propagandafoto mit fiktiven Verbandskennzeichen versehen

Links: Eine Formation britischer Fairey-Battle-Bomber, durch französische Jäger geschützt, kurz vor dem Angriff auf deutsche Pontonbrücken bei Sedan

Zeichen zum Abdrehen – durch die Qualmwolken von dem brennenden Dampfer »Stratendam« nur für eine der beiden Formationen erkennbar. 43 Flugzeuge kehren noch um, 57 Maschinen jedoch werfen ihre Ladung, 97 Tonnen Sprengbomben, über der Stadt ab. Gleich die ersten Bomben zerstören das Hauptwasserrohr. Aus dem am schwersten getroffenen Gebäude, einer Margarinefabrik, ergießen sich Ströme brennenden Öls. Über 900 Menschen fallen dem Angriff zum Opfer.

Da die alliierte Kriegspropaganda die Vernichtung der Altstadt von Rotterdam nach den schweren Angriffen auf Warschau im September 1939 als neuen Beweis für den rücksichtslosen Einsatz der Luftwaffe wertet, die den Kampfgeist des Gegners brechen soll, bedeutet dies einen weiteren Schritt zur Eskalation des Luftkrieges: Unter dem Eindruck der Zerstörung von Rotterdam hebt Premierminister Churchill das Verbot einer Bombardierung deutscher Städte auf.

Im Schutz der Brückenköpfe an der Maas erreicht die Offensive bei Sedan ihren Höhepunkt. Auf einer von deutschen Pionieren in der Nacht vom 13. auf 14. Mai bei Gaulier geschlagenen Brücke überquert das Gros der deutschen Panzer die Maas und nimmt, von Stukas unterstützt, ohne Unterbrechung den Kampf auf.

6 Fairey-Battles der RAF greifen die deutschen Pionierbrücken an; keines der Flugzeuge kehrt zurück. Nicht weit davon entfernt werfen 60 britische Kampfflugzeuge ihre Bomben auf deutsche Kolonnen, die die Maas überschritten haben; für 35 Maschinen war es der letzte Flug.

»An diesem Abend«, schreibt General Spears, »besaß die RAF von 474 Flugzeugen, über die sie in Frankreich anfangs verfügte, nur noch 206 flugtaugliche Maschinen. Über 40 französische und etwa 70 englische Maschinen, darunter 36 Fairey-Battles (60 Prozent der eingesetzten Flugzeuge), werden bei dem Angriff auf die Pionierbrücken am 14. Mai von deutschen Jägern oder durch Flak abgeschossen. Keine der Brücken wird zerstört. Nie wieder erlebt die RAF während des ganzen Krieges eine so hohe prozentuale Verlustquote innerhalb von 24 Stunden. Somit ist der verzweifelte Versuch der alliierten Luftstreitkräfte, den deutschen Durchbruch zu verhindern, am »Tag von Sedan« gescheitert.

Als Churchill am 11. Mai 1940 den Beschluß eines Kriegskabinetts herbeiführt, Bombenangriffe auf deutsche Gebiete östlich des Rheins freizugeben, hat man in London erkannt, daß die Bomber in der nächsten Zukunft die einzige britische Offensivwaffe darstellen, mit der England das Deutsche Reich unmittelbar treffen kann. Wenngleich die RAF zu dieser Zeit nur über 99 einsatzbereite Fernbomber verfügt, so will die Regierung wegen der unbewiesenen Theorie Douhets, der Krieg könne durch Bomber allein gewonnen werden, kein Risiko eingehen: Das Bomberkommando soll zwar weiterhin eine Hauptangriffswaffe sein, aber sie kann bei der gegebenen Industriekapazität nicht den Vorrang vor den Bedürfnissen aller anderen Streitkräfte beanspruchen.

Am 15. Mai 1940 strecken die Holländer die Waffen, obwohl ihre Hauptfront noch ungebrochen ist. Die Kapitulation wird durch die Drohung mit weiteren Luftangriffen auf holländische Städte beschleunigt.

In der Nacht des 15. Mai bombardieren 99 RAF-Flugzeuge Ölraffinerien und Eisenbahnanlagen im Ruhrgebiet. Eine Maschine geht verloren. Der verursachte Schaden ist gering. Die »strategische Bombenoffensive«, die hiermit beginnt, wird fast genau fünf Jahre dauern. Tatsächlich aber verfügt das Bomberkommando noch nicht über genügend Flugzeuge, Navigationshilfen, Bomben und Erfahrungen, um ausgesuchte Ziele bei Nacht mit einiger Genauigkeit zu treffen.

10
7
12

Links: Captaine Antoine de Saint-Exupéry, Pilot der 3e Escadrille du Groupe de grande Reconnaissance II/33

Trotz der unermüdlichen Kampfbereitschaft der französischen Jäger vom 10. bis 15. Mai – sie fliegen immerhin 2000 Einsätze und schießen dabei 273 feindliche Flugzeuge ab – können sie die Lage nicht ändern. Auch den alliierten Bomberverbänden gelingt es nicht, die arg bedrängten Bodentruppen zu entlasten.
Während des Westfeldzuges zeigt es sich zum erstenmal in der Kriegsgeschichte, daß ein Flugzeug der gefährlichste Gegner des Panzers ist. So wird z. B., als General de Gaulle bei Lâon mit seinen Panzerverbänden am 17. und 18. Mai einen Gegenangriff in die Flanke des zur Atlantikküste vorstoßenden deutschen Panzerkeils (XIX. Panzerkorps Guderian) unternimmt und dabei einen Einbruch erzielen kann, dieser Anfangserfolg allein durch die Stukas zunichte gemacht und der größte Teil der französischen Kampfwagen zerstört.
Die französische Armée de l'Air leidet mehr unter der Zersplitterung als unter dem Fehlen eines wirksamen strategischen Konzepts; ihre Führung hat keine Verfügungsgewalt über die Jäger, Aufklärer und Beobachtungsflugzeuge des Heeres. Der Oberkommandierende leitet die Operationen nie persönlich, und in seinem Stab herrscht Verwirrung: Die Befehlsgewalt teilen sich das Oberkommando der Luftstreitkräfte (Gen. Vuillemin), der Stab für das Zusammenwirken mit dem Heer (Gen. Tetu), die Luftzonenkommandos und die einzelnen Armeeführer. Durch diese Zersplitterung ist kaum an eine zeitlich aufeinander abgestimmte Operation von Luft- und Bodenverbänden zu denken.
Eine der Eigenarten in der Schlacht um Frankreich: Abgesehen von den ersten strategischen Einsätzen der deut-

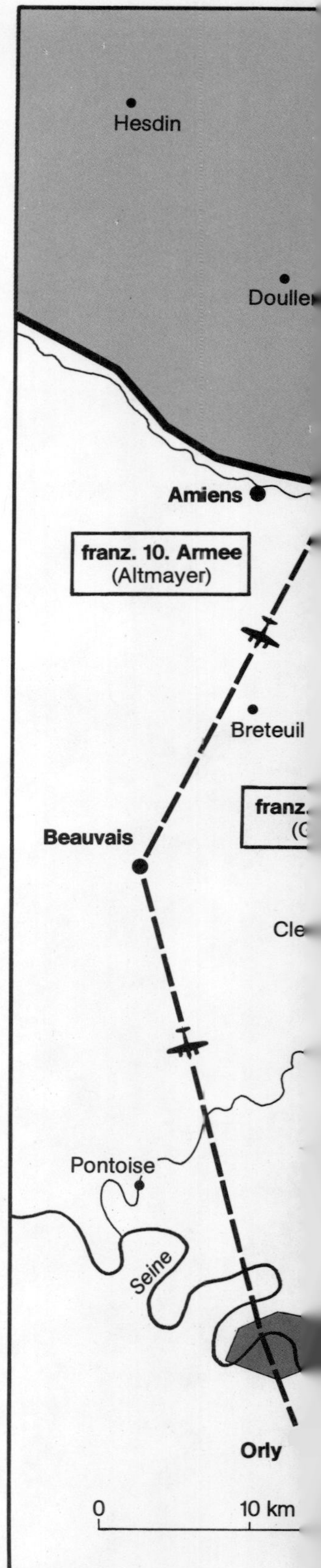

Rechts: Flug nach Arras

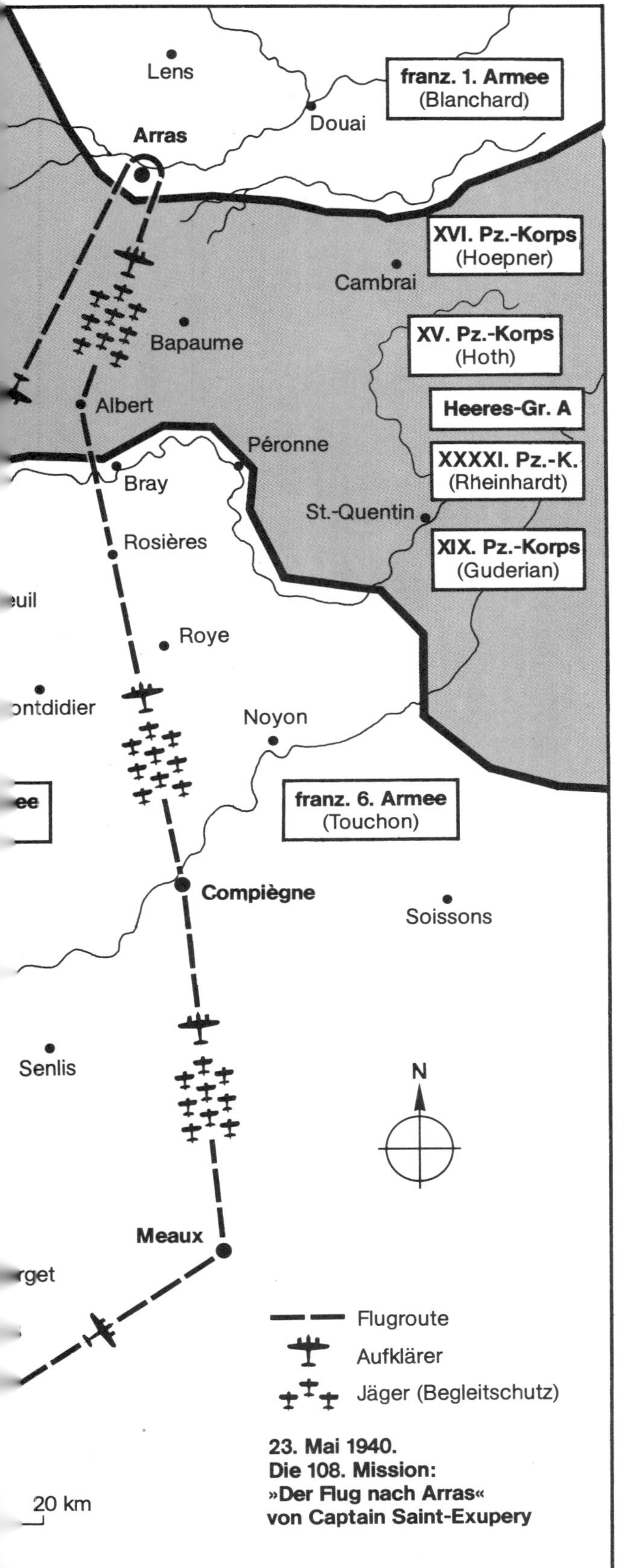

23. Mai 1940.
Die 108. Mission:
»Der Flug nach Arras«
von Captain Saint-Exupery

schen Luftwaffe gegen die alliierten Luftstützpunkte beschränken sich sowohl die deutschen als auch die alliierten Luftstreitkräfte auf rein taktische Unternehmen. Wenn auch die französischen Piloten in erster Linie für die Unterstützung der Bodentruppen ausgebildet sind, so hat man keine wirkungsvolle Taktik solcher Einsätze erarbeitet. Verbindungen zwischen Heereseinheiten und Luftstreitkräften fehlen fast vollständig. Außerdem gibt es kein französisches Flugzeug, das für das Eingreifen in Erdkampfhandlungen, ähnlich den deutschen Stukas, geeignet wäre.

Am Mittwoch, dem 22. Mai 1940, räumt die RAF den Flugplatz von Merville, die letzte Basis in Frankreich. Ihre Flugzeuge werden nun von der Insel aus operieren, vor allem über Dünkirchen.

Auch die französischen Flieger sehen die bevorstehende unabwendbare Niederlage. Einer von ihnen, der Capitaine Saint-Exupéry, Pilot eines Fernaufklärers, im Zivilleben einer der bekanntesten Prosaisten der Zeit, notiert in diesen Tagen: »Es ist Ende Mai 1940, mitten im Rückzug, im vollen Zusammenbruch. Besatzungen werden geopfert, als gösse man glasweise Wasser in einen Waldbrand. Wie soll einer die einzelne Gefahr auch abwägen, da alles zusammenbricht? Für ganz Frankreich sind wir noch fünfzig Fernaufklärerbesatzungen. Fünfzig Besatzungen zu je drei Mann. Davon haben wir dreiundzwanzig in unserer Gruppe II/33. In drei Wochen haben wir siebzehn von unseren dreiundzwanzig Besatzungen verloren. Wie Wachs in der Sonne sind wir zusammengeschmolzen. Gestern habe ich zu Oberleutnant Gavoille gesagt: ›Erst nach dem Kriege werden wir dahinterkommen.‹ Und Gavoille antwortete mir: ›Sie denken doch wohl nicht, diesen Krieg zu überleben, Capitaine?‹«

Donnerstag, 23. Mai 1940: Die Panzerdivisionen des Generals v. Kleist greifen an der Kanalküste an. Nach erbittertem Kampf fällt Boulogne-sur-Mer. Calais ist eingeschlossen. Andere Panzerverbände erreichen Lorette. Die 7. Panzerdivision (GenMaj. Rommel) umfährt Arras westlich und bedroht die rückwärtigen Verbindungen der dort noch im Kampf stehenden britischen Truppen. Um sich über die Auswirkungen der Räumung von Arras und den Rückzug der Engländer ein klares Bild machen zu können, verlangt der französische Generalstab den Einsatz von Aufklärern. Die 3 Escadrilles der Gruppe II/33 erhalten den Befehl, eine ihrer Maschinen mit dem Erkundungsflug über Arras zu beauftragen. Capitaine Saint-Exupéry und seine Besatzung übernehmen diese Order. So beginnt die 108. Mission, die später als »Flug nach Arras« in die Weltliteratur eingeht.

»›Arras ...‹ Richtig. Dort in der Ferne. Aber Arras ist keine Stadt mehr. Arras ist nichts weiter als ein glimmender Docht am nächtlich blauen Horizont. Die Bodenabwehr, die uns verfehlt hat, schießt sich langsam ein. Eine Wand explodierender Flakgeschosse umgibt uns. Es

braut sich von Nordwesten her ein gewaltiges Gewitter zusammen ...
›Dutertre, wie weit noch?‹
›Könnten wir noch drei Minuten durchhalten, dann hätten wir's geschafft ... aber ...‹
Wie lange habe ich noch zu leben? Zehn Sekunden? Zwanzig Sekunden? Die Erschütterung der explodierenden Flakgeschosse hämmert nunmehr ständig auf uns. Die ganz nahen wirken auf die Maschine wie Felsbrocken, die in eine Karre poltern. Dann gibt das ganze Flugzeug einen beinahe musikalischen Ton von sich. Einen komischen Seufzer ...«
Der Dienstbericht des Beobachters Lieutenant Dutertre von diesem Flug: *Die 108. Mission*. Donnerstag, 23. Mai 1940. Besatzung: Capitaine Saint-Exupéry (Pilot), Lieutenant Dutertre (Beobachter), Sergeant Mot (Bordschütze), mit der Bloch 174 Nr. 24.
Auftrag: Aufklärung in mittlerer Höhe mit Unterstützung der Jäger, nach Möglichkeit Luftbilder.
Flugstrecke: Orly–Meaux (hier Treff mit Jagdbegleitung), dann Compiègne – Rosières-en-Santerre – Bray-sur-Somme – Albert – Arras – Douai und zurück.
Von Meaux aus Begleitung durch 9 Dewoitine 520, über Compiègne schweres Hagelwetter, Höhe: 300 m. Beobachtungen: In Albert Flugzeuge vor den Hangars, einige Schützengräben. Kurz hinter Albert sehr aktive Flak. Überfliegen den Raum von Bapaume. Von weitem Sicht auf das unter Artilleriebeschuß liegende Arras. Vor Arras in ein Gewitter geraten und den Jagdschutz verloren, bedingt durch das Gewitter auf 200 m Höhe heruntergegangen und in eine starke Luftabwehr der feindlichen Panzereinheiten 3 km südöstlich von Arras geraten. Über der Stadt selbst sehr starkes Flakfeuer. Die Maschine erhielt einen Treffer. Treibstoffbehälter beschädigt. Unterbrechung des weiteren Einsatzes und Landung in Orly.
Einige Luftbilder konnten über Liquemenil–Ferrin–Aubigny (östlich von Arras) mit Kamera F 30 gemacht werden. V 29 Negativ Nr. 71520 bis 71532 aus einer Höhe von 300 m.
Einsatzdauer: 1 Stunde und 40 Minuten.
Einsatzhöhe: 50–300 Meter.

Lieutenant Dutertre

Am gleichen Nachmittag teilt Göring dem Führer telefonisch mit, die »große Aufgabe der nationalsozialistischen Luftwaffe« sei es jetzt, die sich auf Dünkirchen zurückziehenden Engländer zu zerschlagen. Tags darauf gibt Hitler den »Halt-Befehl« für die bis zum Weichbild von Dünkirchen vorgedrungene Panzergruppe Kleist. Er will die Panzer für die zweite Phase des Frankreichfeldzuges schonen. Außerdem verläßt er sich auf die Versprechungen Görings, die dort eingekesselten britischen und französischen Truppen allein durch die Luftwaffe zu vernichten.

Rechts: 1. Juni 1940, Dünkirchen: Eine Lockheed Hudson des RAF-Küstenkommandos bei einem Aufklärungsflug; über dem Hafen Rauchwolken von brennenden Öltanks

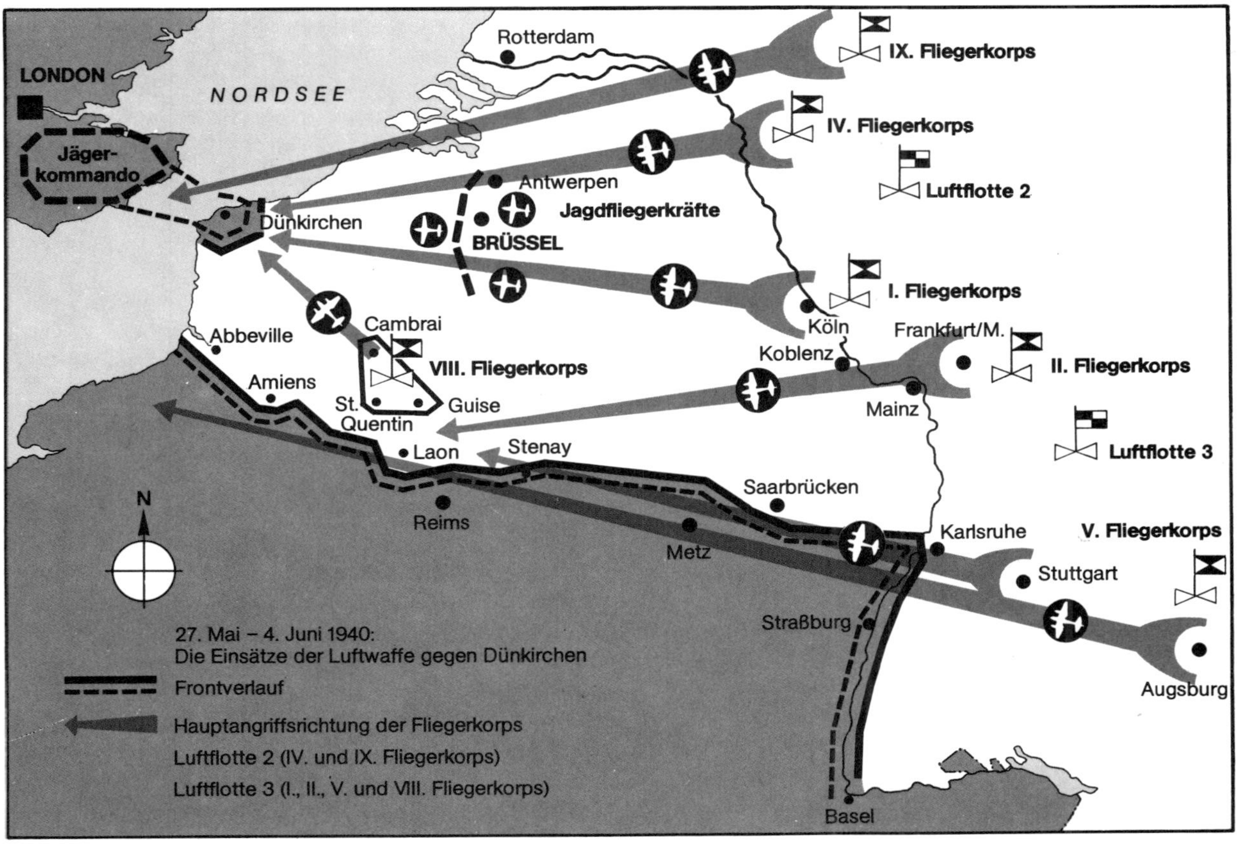

Oben: 27. Mai bis 4. Juni 1940: Die Einsätze der Luftwaffe gegen Dünkirchen

Links: Bloch 174, der modernste französische Aufklärer. Den allerersten operativen Einsatz dieses Flugzeugtyps fliegt am 31. März 1940 Capitaine Saint-Exupéry über Köln, Düsseldorf und Duisburg

Es verläuft jedoch anders: Die Startplätze der Luftwaffe sind zu weit von Dünkirchen entfernt und zudem auch drei entscheidende Tage lang durch Nebel blockiert.
So stehen zwar am 30. Mai etwa 300 Bomber den ganzen Tag einsatzbereit, können aber wegen tiefhängender Wolken nicht starten, und als sich das Wetter endlich bessert, tauchen neue Probleme auf. Die kleinen Schiffe der Evakuierungsflottille sind für die Stukas ungewohnte Ziele, und am Strand graben sich die Bomben tief in die Sanddünen ein, daß sie mit geringer Wirkung explodieren. Entscheidend ist jedoch die örtliche Luftüberlegenheit am Tage, die die erstmalig eingesetzten britischen Spitfire-Jäger, von englischen Basen startend, über Dünkirchen erringen können.
Am Dienstag, dem 28. Mai 1940, unterzeichnet der belgische König Leopold III. die Kapitulation seiner Armee und begibt sich in deutsche Kriegsgefangenschaft. Das geflüchtete belgische Kabinett bildet nun in London eine Exilregierung.
Es gelingt den RAF-Jägern, den Rückzug der britischen Expeditionsarmee zu decken, so daß 225 000 Engländer und 112 000 Franzosen, allerdings unter Zurücklassung ihrer gesamten Ausrüstung, gerettet werden. Über Dünkirchen verlieren die Deutschen zum erstenmal die bisherige Luftherrschaft.
Nach der Umgruppierung der deutschen Fliegerverbände beginnen in den ersten Junitagen die Angriffe auf das französische Hinterland. Am Nachmittag des 3. Juni

9 JUIN 1940
119e Année

EN PAGE 2 :
Le Carnet du « Figaro ».
Les informations étrangères.
Les Spectacles.

L'AÉRONAUTIQUE NAVALE bombarde les usines des faubourgs DE BERLIN

L'Amirauté française communique :

Une escadrille de l'aéronautique navale a bombardé dans la nuit du 7 juin certaines usines des faubourgs de Berlin. Tous les appareils sont rentrés à leur base.

Le Figaro, 9. Juni 1940: Die französische Admiralität macht in ihrem Kommuniqué aus einer einzigen Farman 2234 »Jules Verne« gleich einen ganzen Bomberverband

1940 führt die deutsche Luftwaffe mit etwa 300 Kampfflugzeugen, nach französischen Quellen sogar 700, das »Unternehmen Paula«, die Bombardierung der Flugplätze und Industrieanlagen im Raum Paris, durch. Bei diesem Überraschungsangriff sind – so General der Flieger Kesselring – »über 100 französische Flugzeuge abgeschossen und die drei- bis vierfache Anzahl am Boden zerstört worden«.

Laut französischen Quellen ist das »Unternehmen Paula« keineswegs so erfolgreich: »Bei den konzentrierten Angriffen auf 13 Flugplätze um Paris wurden lediglich 16 Maschinen am Boden vernichtet und 47 beschädigt. 6 Startbahnen waren vorübergehend unbrauchbar, 21 Fahrzeuge demoliert und 32 Mann vom Bodenpersonal getötet. Alle angegriffenen Luftstützpunkte konnten jedoch binnen 48 Stunden wieder repariert werden. Die ebenfalls von der Luftwaffe bombardierten 22 Eisenbahnstationen waren am nächsten Morgen, dem 4. Juni, zum größten Teil wieder instand gesetzt. Von 15 Fabriken, die angegriffen wurden, sind nur 3 ernsthaft beschädigt. Die französischen Jäger holten 26 deutsche Maschinen herunter bei nur 16 eigenen Verlusten.«

Während einer dieser Angriffe stoßen gegen 13.30 Uhr französische Jäger auf sieben Ju-88-Bomber, die soeben den Flugplatz von Étampes mit Bomben belegt haben. Eine Ju 88 wird von einer Bloch 152 des GC I/3 abgeschossen. Die Besatzung kann sich retten und wird gefangengenommen, darunter Oberst J. Kammhuber, Kommodore des Kampfgeschwaders 51 »Edelweiß«, der spätere Organisator und Befehlshaber der deutschen Nachtjagd.

Am Montag, dem 3. Juni 1940, beginnt der Abtransport alliierter Truppen aus Narvik.

Der 5. Juni 1940 bildet den Höhepunkt aller Einsätze der französischen Bomberverbände: Insgesamt 77 Bomber der verschiedenen Gruppen fliegen mehrere Angriffe meist gegen deutsche Panzerspitzen und motorisierte Kolonnen am nördlichen Frontabschnitt. Am Nachmittag schießt in einem Luftkampf über Compiègne Unterleutnant Pomier-Layragues vom GC II/7 eine Me 109 Bf ab. Der Flugzeugführer kann sich mit dem Fallschirm retten, es ist Hauptmann W. Mölders, das deutsche Flieger-As. Mölders, von einem Artilleriesoldaten einer nahe gelegenen Batterie gefangengenommen, äußert den Wunsch, jenen Mann kennenzulernen, der ihn abgeschossen hat. Es kommt jedoch nicht mehr dazu. Während Mölders noch an seinem Fallschirm hängt, befindet sich Pomier-Layragues in einer heiklen Situation. Bei dem Kampf mit 4 deutschen Me-109-Jägern gelingt es ihm zwar noch, einen davon abzuschießen, dann wird Pomier-Layragues selbst getroffen und stürzt nahe Marissel mit seiner Maschine ab, die sofort explodiert. Er kann nicht mehr gerettet werden.

An diesem Tage wiederholt General Vuillemin sein Ersuchen an die britische Regierung, sofort 10 Jagdstaffeln zu schicken und 10 weitere »so bald wie möglich«. Der Chef der französischen Luftstreitkräfte, der nicht einmal imstande ist, alle Flugzeuge zu verwenden, die er selbst besitzt, verlangt damit die Hälfte aller verbliebenen Jäger der RAF – eine Forderung, die, wie Churchill am selben Abend telegrafiert, »völlig untragbar« ist.

Eine der ausgefallensten Ideen während des Feldzuges hat wohl die französische Marine: Sie beschließt, Berlin anzugreifen. Am 7. Juni 1940, gegen 15 Uhr, wird auf dem Flugplatz Bordeaux-Merignac der Marinefernaufklärer »Jules Verne«, Typ Farman 223.4, einer der drei, die Frankreich besitzt, startklar gemacht. Der mattschwarz gestrichene viermotorige Hochdecker hat bereits mehrere Einsätze hinter sich. Um 15.30 Uhr rollt die »Jules Verne« mit 2 Tonnen Bombenlast an Bord zum Start. Das Ziel: Berlin. Es soll der erste Bombenangriff des Krieges auf die deutsche Hauptstadt sein. Die Besatzung untersteht dem ehemaligen Professor für Luftnavigation an der École du guerre, Capitaine de Corvette Daillière. Der Ex-Chefnavigator der Air France, Paul Comet, fliegt mit: »Wir nahmen sofort Kurs nach Norden in Richtung Ärmelkanal. Ich führte die Maschine auf Sicht, es war klares Wetter, und ich kannte die Flugroute über Pas de Calais und Holland ausgezeichnet. Wir trafen kein einziges Flugzeug, nur über Sylt bekamen wir heftigen Flakbeschuß. Bei Sonnenuntergang überflogen wir Dänemark, einige Zeit danach lag die Ostsee unter uns. Und als zu unserer Rechten Stettin auftauchte, gingen wir auf Südkurs. Wir flogen in großer Höhe über die Mecklenburger Seenplatte und erreichten genau zur festgelegten Zeit die nördlichen Randgebiete von Berlin. Ich bereitete mich zum Bombenabwurf vor und mußte feststellen, daß man unser Bombenzielgerät nicht eingebaut hatte, und so drückte ich meine Nase an die Verglasung der Bugkanzel. Die Sicht war zwar gut, aber ich konnte keinen der zahlreichen Seen um Berlin identifizieren, die Stadt lag völlig im Dunkeln. Wie auf Kommando erhellten plötzlich unzählige Scheinwerfer die Nacht, und die Flak feuerte mit allen Kalibern. Wir kreisten erst eine Weile über dem Stadtzentrum, drosselten die Motoren, ließen sie wieder auf Hochtouren laufen und umgekehrt. So wollten wir den Eindruck erwecken, eine ganze Formation sei über Berlin. Dann bogen wir auf einen der nördlichen Vororte ab und warfen dort unsere Bombenladung auf eine der zahlreichen Fabriken. Der Angriff verursachte gewiß keine großen Zerstörungen, aber es ging ja mehr um psychologischen Effekt.«

Die »Jules Verne« nimmt nun Kurs auf Leipzig, überquert, weder von Jägern noch durch Flak behelligt, ganz Deutschland und landet gegen 5 Uhr morgens nach einem 13½stündigen und fast 5000 Kilometer langen Flug in Paris-Orly.

Tags darauf gibt die französische Admiralität bekannt: »Eine Formation Fernbomber unserer Marine bombardierte in der Nacht vom 7. zum 8. Juni ein Industrieviertel im Norden von Berlin als Vergeltung des deutschen Bombenangriffs auf Paris. Alle Maschinen sind zurückgekehrt.«

Sonntag, 9. Juni 1940: Nachdem die alliierten Truppen die Evakuierungsaktion aus den norwegischen Häfen abgeschlossen haben, ordnet der norwegische König Haakon VII. die Einstellung der Kämpfe an. Das »Unternehmen Weserübung« ist beendet.

Am Montag, dem 10. Juni 1940, erklärt Mussolini den Kriegseintritt Italiens. Seine Luftstreitkräfte, die Regia Aeronautica, zählen im Mutterland insgesamt 1796 einsatzbereite Maschinen, davon: 783 Bomber, 594 Jäger, 268 Aufklärer und 151 Seeflugzeuge.

In der Morgendämmerung des nächsten Tages greifen die Bomber der in der westlichen Wüste liegenden 202. Gruppe der RAF (R. Collishaw) die italienische Hauptflugbasis El Adem in der Cyrenaika an. Einige Stunden danach erfolgt der erste italienische Luftangriff auf Malta. Die Luftverteidigung der Insel obliegt zu der Zeit 3 veralteten Doppeldeckern vom Typ »Gladiator«.

Am Spätnachmittag trifft sich W. Churchill in Briare mit der aus Paris evakuierten Regierung. Auf ihr verzweifeltes Ersuchen, Großbritannien möge alle seine Jagdstaffeln in die Schlacht um Frankreich werfen, antwortet Churchill: »Die Preisgabe dieser Staffeln würde bedeuten, unsere Aussichten auf Selbstbehauptung zu zerstören.« »Die Geschichte«, erwidert der Regierungschef Reynaud, »wird sagen, daß die Schlacht um Frankreich aus Mangel an Flugzeugen verlorenging«, und General Georges setzt hinzu, er »halte es für kaum wahrscheinlich, daß Großbritannien angegriffen werde, daß aber inzwischen ein massiver Einsatz von Flugzeugen an der Marne die Lage ändern könnte«. Churchill läßt sich jedoch nicht beirren.

In weiser Voraussicht, daß Italien in den Krieg gegen Frankreich eintreten wird, hat die RAF in der Nähe von Marseille rechtzeitig zwei Flugplätze für Wellington-Bomber vorbereitet, die hier bei Angriffen auf Industriezentren in Norditalien zwischenlanden können. Die französische Regierung befürchtet jedoch, die RAF-Angriffe auf Italien würden Vergeltungsschläge gegen französische Städte auslösen.

Zu gleicher Stunde, als Churchill bedrängt wird, seine letzte Jagdstaffel nach Frankreich zu schicken und die Wellington-Bomber der 99. Staffel zur Eröffnung der Offensive gegen Italien auf dem Flugplatz von Salon (Provence) landen, stoppt General Vuillemin dieses Unternehmen. Da die RAF-Flieger trotzdem versuchen, den Start vorzubereiten, mobilisieren die Lokalbehörden die einheimische Bevölkerung, die mit allen möglichen Lastwagen, Autos und Karren die Flugfelder blockiert und den Einsatz verhindert.

Mittwoch, 12. Juni 1940: An diesem Tag startet das in Norditalien stationierte kampfstarke 1. Geschwader der Regia Aeronautica seinen ersten Angriff auf Ziele in Südfrankreich. Die Bomber vom Typ Fiat BR.20 und Jagdmaschinen vom Typ Fiat CR.42 greifen dort französische Flughäfen an. Das 3. Geschwader ist ebenfalls aktiv und bombardiert Schiffe vor der französischen Küste.

Am 14. Juni erkennt die Führung der Luftstreitkräfte, daß die Schlacht um Frankreich verloren ist, und beordert beinahe alle ihre Jagd-, Bomber- und Aufklärungs-

Farman 223.4 »Jules Verne«: Diese 4motorige Maschine, hier als Passagierflugzeug der Air France, wirft die ersten Bomben des Krieges auf Berlin

Morgenausgabe
10 Pf., auswärts 15 Pf.

Donnerstag, 4. Juli 1940

Berliner
Lokal-Anzeiger

Nummer 158 — Organ für die Reichshauptstadt — 58. Jahrgang

Wöchentlich zwölfmal, Sonntags mit der Bilderbeilage „Die Weite Welt“. Bezugspreis wöchentlich 75 Pfennig, monatlich 3,25 Mark. Durch die Post monatlich 3,25 Mark einschließlich 43 Pfennig Postgebühren, hierzu 72 Pfennig Bestellgeld. (Tagesausgabe, wöchentlich sechsmal, Sonntags mit der Bilderbeilage „Die Weite Welt“, wöchentlich 50 Pfennig, monatlich 2,20 Mark. Durch die Post monatlich 2,20 Mark einschließlich 35 Pfennig Postgebühren, hierzu 36 Pfennig Bestellgeld). Bestellungen in allen Scherl-Filialen, Postanstalten und beim Verlag. – Bei Ausfall der Lieferung wegen höherer Gewalt oder Betriebsstörung kein Anspruch auf Nachlieferung oder Rückzahlung. Schriftleitung und Verlag Berlin SW 68. Fernsprecher Sammel-Nummer 17 45 71. Drahtanschrift Scherlverlag Berlin. Postscheck-Konto 3111. Für unverlangt eingesandte Beiträge übernimmt die Schriftleitung keine Verantwortung.

Anzeigen-Preise: Die Millimeter-Zeile (22 mm br.) 50 Pfennig (Sonntags 60 Pfennig), Textteil-Zeile (65 mm br.) 4 Mark (Sonntags 4,50 Mk.), Stellengesuche 25 Pfennig (Sonntags 30 Pfennig), eigene Familienanzeigen 20 Pfennig. Kleine Anzeigen: Überschriftswort 66 Pfennig (Sonntags 90 Pfennig), Textwort 33 Pfennig (Sonntags 45 Pfennig), Stellengesuche Textwort 15 Pfennig, in der Überschrift 30 Pfennig. – Bei Anzeigen mit Kennwort (Chiffre) ist eine Kennwortgebühr zu zahlen. – Kennwortgebühr 30 Pf., portofreie Zusendung der Offerten innerhalb Groß-Berlins 40 Pf., nach auswärts 80 Pf. Keine Gewähr für die Aufnahme in bestimmte Ausgaben. Anzeigen-Annahme im Scherl-Haus, Zimmerstraße 35—41 und in den Scherl-Filialen

Der geplante Angriff auf Rußland

Einzelheiten über die verbrecherische Absicht der Westmächte, die Oelgebiete von Baku und Batum in Brand zu werfen – Ein weiterer sensationeller Dokumentenfund

Bereit sein ist alles! — Brandstifter Massigli — Schuld und Sühne

Schadenfroh berichtet die NS-Presse über die britisch-französischen Vorbereitungen für den Angriff auf die Sowjetunion

gruppen nach Südfrankreich, als erste Etappe einer geplanten Verlegung nach Nordafrika.
Am Sonntag nachmittag, dem 16. Juni 1940, erobert die zur Panzergruppe Kleist gehörende 9. Panzerdivision (Gen. Hubicki) das französische Städtchen La Charité-sur-Loire. Und bereits am Abend macht Oberfunkmeister Balzereit vom Regimentsnachrichtenzug bei seinem Streifzug durch das Bahnhofsgelände von La Charité in dem Waggon eines Militärtransportes eine überraschende Entdeckung: Er findet dort die Geheimakten des französischen Generalstabes. In den fast 25 Kilometer langen Schlangen, die die Transportzüge durch die Zerstörung der Loire-Brücken gebildet haben und die von der Station La Charité bis nach Mesves-sur-Loire reichen, findet zugleich der Gefreite Kranzer, Angehöriger einer benachbarten Division, weitere Dokumente. Bald steht fest, daß es die Akten aus dem Geheimarchiv des französischen Grand Quartier Général und von der Section Interallié du Cabinet du Général Gamelin sind, bei dem auch sämtliche Protokolle höchst geheimer Besprechungen der alliierten Befehlshaber lagern. Darunter die Pläne der Kaukasus-Operation samt Zielkarten und den von MacPhail gemachten Luftaufnahmen von Baku und Batum. Einige Zeit später liegen die Kopien dieser Pläne und Fotos via Berlin in Moskau. So erscheint das Mißtrauen Stalins, das er bis zuletzt Churchill gegenüber hegte, in einem anderen Licht. Auch die Hoffnungen, die Hitlers Stellvertreter Heß an seinen Flug nach England unmittelbar vor dem deutschen Angriff auf die Sowjetunion knüpft, sind nicht ganz von der Hand zu weisen.

Rund 55 unbeschädigte Mehrzweckmaschinen vom Typ Caudron C-445 M Goeland fallen den deutschen Truppen auf diesem Flugplatz in die Hände

Die 17 Bomber Junkers Ju 86 und 10 Transportmaschinen Junkers Ju 52/3m der Südafrikanischen Luftstreitkräfte (SAAF) greifen in die Kämpfe in Italienisch-Ostafrika ein. Bei der Bombardierung des italienischen Flugstützpunktes Yavello (Süd-Äthiopien) am 19. Juni 1940 erringt die SAAF ihren ersten Sieg: Drei Ju 86 und zwei Hurricanes unter Captain Truter gelingt es, eine Fiat CR.42 abzuschießen. Innerhalb der ersten Woche verlieren die Italiener bei diesen Angriffen 15 Maschinen.

Am 23. Juni 1940 starten 17 Morane-Jäger (GC I/1 und GC II/2) gegen die motorisierten Verbände des Generals Guderian im Rhônetal. Sie wollen die Kampfwagen der 3. Panzerdivision angreifen, finden sie jedoch nicht mehr vor. Nur Unterleutnant Marchelidon (GC I/2) schießt einen einsam fliegenden Henschel-126-Aufklärer ab: der letzte Sieg der französischen Luftstreitkräfte in diesem Feldzug.
Ihren letzten Bombenangriff starten die Franzosen zwei Tage nach Unterzeichnung des Waffenstillstandes in Compiègne: Am 24. Juni nachmittags unternehmen 11 Bomber LéO 45 (GB 6) einen Angriff auf die deutschen Pontonbrücken zwischen Moirans und Grenoble. Nur 4 Maschinen finden ihr Ziel, greifen jedoch ohne Erfolg an.
Eine überraschende Tatsache des Luftkrieges über Frankreich: Die Armée de l'Air besitzt am Ende der Schlacht mehr moderne Kampfflugzeuge als zu Beginn der deutschen Offensive. Die französische Flugzeugindustrie konnte nämlich trotz deutscher Bombenangriffe zwischen dem 10. Mai und Anfang Juni ihre volle Kapazität erreichen. So werden nach französischen Quellen in dieser Zeit 1131 neue Flugzeuge, meistens moderner Bauart, an die Einheiten ausgeliefert, darunter 668 Jäger und 355 Bomber.
Eine zweite verblüffende Tatsache in der Schlacht um Frankreich: Aus Gründen, die heute nicht mehr feststellbar sind, setzten die Franzosen ihre Kampfflugzeuge meistens nicht ein, auch dann nicht, als Regierung und Militärs England um Entsendung ihrer knappen Jägerbestände drängen.
Der Fliegergeneral d'Astier de la Vigerie: »Beinahe jeden Abend mußte ich selbst die Initiative ergreifen, die Kommandeure einer Armee oder Heeresgruppe anrufen und ihnen mitteilen, daß ich für den nächsten Tag über eine gewisse Anzahl von Formationen ohne Einsatzaufträge verfügte, und anfragen, ob sie irgendwelche Aufgaben hätten.« Ihre Antwort war stets die gleiche: »Vielen Dank, aber wir haben keinen Bedarf.«
General Girier, der eine Kampfgruppe von 30 Bombern und 40 Jägern befehligt, macht die gleiche erstaunliche Erfahrung: »Obgleich ich mühelos 40 Einsätze am Tag hätte unternehmen können, erhielt ich nie von einem Armeestab, nicht einmal von der Armee, der wir zugeteilt waren, einen Befehl zu einem Einsatz mit bestimmten, festgesetzten Zielen.«
Auch General Massenet de Marancour, Kommandeur des 3. Luftbezirks, der sich von der Bretagne bis zu den Pyrenäen erstreckt, hat allein in Tours 200 Maschinen, darunter 150 Jagdflugzeuge vom Typ Bloch 151, die nutzlos herumstehen. Auf einem anderen Flugplatz sind ebenfalls 30 Flugzeuge startbereit. General Marancour: »Ein ganzer Monat verstrich, aber keine Befehle kamen.«

Adolf Hitler mit seinem Luftwaffen-Chef Hermann Göring

Die Jäger aber, die eingesetzt werden, kämpfen äußerst tapfer: In 46 Tagen holen sie immerhin 935 Feindmaschinen vom Himmel. Diese Verluste zwingen Göring letzten Endes, den Beginn der Luftschlacht um England, die eine Invasion vorbereiten soll, um sechs Wochen hinauszuzögern. Die Engländer nutzen diese Pause nach Kräften aus.
Die Bestimmungen des deutsch-französischen Waffenstillstandes vom 22. Juni 1940 beinhalten u. a.: die Abrüstung der französischen Streitkräfte im unbesetzten Teil Frankreichs bis auf 100 000 Mann Freiwillige, Beibehaltung einer kleinen Luftwaffe und Marine, aber keine Auslieferung der Flotte, Fortbestand der französischen Regierung unter Marschall Pétain (in Vichy).
Nach der geglückten Räumung von Dünkirchen und dem Abschluß der Landkriegsoperationen in Frankreich ändert die RAF ihre Angriffstaktik gegen das Reichsgebiet. Um die deutsche Bevölkerung stärker zu beunruhigen,

Handley Page Hampden, die mittelschweren RAF-Bomber mit Kaulquappenrumpf, der an der dicksten Stelle nur 90 cm breit ist

beginnen die Bomberverbände, nun gleichzeitig mehrere Ziele, vorwiegend Arbeiterviertel in Großstädten, anzugreifen. Der deutschen Führung zeigt es deutlich, daß die Flak den Luftraum über dem Reichsgebiet nachts nicht allein verteidigen kann.
Auch für die RAF sind die Nachtangriffe mit manchen Schwierigkeiten verbunden: vor allem dem Problem der Zielfindung und Treffgenauigkeit, besonders als immer stärkere Flak sie zu Angriffen aus größeren Höhen zwingt, was Punktzielangriffe praktisch unmöglich macht. Als die Nachtangriffe der RAF im Mai des Jahres 1940 beginnen, verfügen die Deutschen über keine ausgesprochenen Nachtjagdeinheiten. Sie haben nicht damit gerechnet, auf diese Weise bedroht zu werden.
Die Ausbildung und Ausrüstung für die Abwehr von Nachtangriffen ist nun die Hauptaufgabe der deutschen Luftwaffe. Das Fehlen von Nachtjägern zwingt die Flak, das wenig wirksame Sperrfeuer zu schießen, während die Tages-Jagdfliegerkräfte im Zusammenwirken mit Scheinwerferbatterien bei sogenannter »heller Nachtjagd« Sperre fliegen und nur selten zum Angriff kommen. Der erste Erfolg der »hellen Nachtjagd«: In der Nacht vom 28./29. Juni 1940 ist es der Do-17-Besatzung, Flugzeugführer Unteroffizier Schwarz, Bordmechaniker Feldwebel Born, Bordfunker Feldwebel Palm, gleich bei ihrem ersten Einsatz als Nachtzerstörer gelungen, einen von Scheinwerfern erfaßten Bomber abzuschießen, der erste von mindestens 4000 britischen Bombern, die im Laufe der kommenden Jahre den Bordwaffen der deutschen Nachtjäger zum Opfer fallen sollen. Die »helle Nachtjagd« ist jedoch stark wetterabhängig und nur so lange möglich, wie die RAF-Bomber in schwachen, weit auseinandergezogenen Formationen angreifen.

Mit dem Kriegseintritt Italiens verschlimmert sich die Lage der RAF im Mittelmeerraum und in Ostafrika beträchtlich. Der Oberbefehlshaber des britischen Fliegerkommandos in Kairo, Sir Arthur Longmore, verfügt nur über 29 Staffeln (etwa 300 Flugzeuge) in seinem gesamten Befehlsbereich: Er umfaßt Ägypten, den Sudan, Palästina, Transjordanien, Ostafrika, Aden, Somaliland, Irak, Zypern, die Türkei, den Balkan, das Mittelmeer, das Rote Meer und den Persischen Golf. Nicht ganz ein Flugzeug für eine Fläche, die der Größe der Schweiz entspricht. Doch gegen Ende des Monats Juni greifen seine Blenheims – ungeachtet der zahlenmäßigen Überlegenheit der italienischen Luftstreitkräfte – Flugplätze, Häfen und italienische Truppenkonzentrationen an, und bei Nacht ist Tobruk das Hauptziel der veralteten Bombay-Kampfmaschinen der 216. Staffel. Die Gladiators fliegen den Begleitschutz, halten die feindlichen Jäger in Schach, und die Lysander der 208. Staffel verfolgen jede italienische Truppenbewegung hinter der Front.
In diesen Tagen passiert den italienischen Flakartilleristen ein schwerwiegendes Mißgeschick: Am 28. Juni 1940, erschreckt durch zwei britische Blenheims, die Tobruk überfliegen, eröffnet eine der italienischen Flakbatterien das Feuer auf das nächste sich zeigende Flugzeug, das brennend abstürzt. Es ist die Maschine des Gouverneurs von Libyen, Luftmarschall Balbo; der berühmte Flieger und ehemalige Chef der italienischen Luftstreitkräfte kommt dabei um.

Das *Oberkommando der Wehrmacht* gibt bekannt:
Im Verlauf der Angriffe britischer Flugzeuge in der Nacht zum 2. Juli auf Nord- und Westdeutschland wurden unter anderem auch auf Kiel Bomben geworfen, richteten jedoch nur geringen Sachschaden an. Einige Zivilpersonen wurden getötet. Im ganzen wurden 5 feindliche Flugzeuge durch Flakartillerie abgeschossen, außerdem bei dem nächtlichen Angriff auf Kiel 2 weitere feindliche Flugzeuge durch Flakartillerie der Kriegsmarine. 3 eigene Flugzeuge werden vermißt.

Donnerstag, 4. Juli 1940, Berlin
Das *DNB* berichtet:
Zu dem Überfall der britischen Flotte auf die französischen Kriegsschiffe im Hafen von Oran erfahren wir, daß beim plötzlichen Angriff der Engländer die französischen Schiffe zum Teil ohne Dampf waren und so im Hafen lagen, daß sie ihre schwere Artillerie nicht zur Wirkung bringen konnten. Die Schlachtschiffe »Dünkirchen« und »Provence« sowie der Flottillenführer »Mogador« liegen z. Zt. brennend im Hafen von Oran. Das Schlachtschiff »Bretagne« ist offenbar beim Auslaufen durch eine von den Engländern gelegte magnetische Mine in die Luft geflogen. Dem Schlachtschiff »Strasbourg«, fünf Flottillenführern sowie einer Anzahl von Torpedobooten und Unterseebooten gelang es, kämpfend den Ring der englischen Schiffe zu sprengen und ins Mittelmeer durchzubrechen.

Geheimer Bericht des *Sicherheitsdienstes der SS* zur innenpolitischen Lage:
Nr. 102 vom 4. Juli 1940 (Auszug)
Die Bombenangriffe der Engländer auf das Reichsgebiet sind, nachdem die militärischen Aktionen in Frankreich abgeschlossen und alle Blicke ausschließlich auf England den ... Die allgemeine Stimmung der Bevölkerung sei durch die feindlichen Fliegerangriffe auch jetzt in ihrem Kern nicht beeinträchtigt. Z. T. nehme man sie mit Humor hin, was beispielsweise in dem Abendgruß »Ich wünsche Ihnen eine splitterfreie Nacht« zum Ausdruck komme ... Die gesamte Diskussion gipfelt schließlich immer wieder in dem Wunsch, endlich mit den längst angekündigten Vergeltungsmaßnahmen gegen England ernst zu machen. Von Kumpels aus dem Ruhrgebiet wird dieser Wunsch immer wieder in dem Satz geprägt: »Hermann soll seinen Taubenschlag mal ordentlich aufmachen«.

Sonnabend, 6. Juli 1940, Vichy
Die *Agentur Havas* berichtet:
Die Admiralität teilt mit: Wegen des Angriffs der britischen Flotte auf unsere in Abrüstung begriffenen Seestreitkräfte ist es den französischen Marineoffizieren verboten, britische Orden zu tragen.

Montag, 8. Juli 1940, London
Die *Agentur Exchange* meldet:
Die Regierung von Marschall Pétain veröffentlichte eine Warnung an alle britischen Kriegsschiffe und Flugzeuge, sich der französischen Küste zu nähern. Seine See- und Luftstreitkräfte hätten Anweisung erhalten, auf alle englischen Einheiten ohne vorherige Warnung das Feuer zu eröffnen.

8. Juli 1940, Algier
Die *Agentur Reuter* meldet:
Offiziell wird bestätigt, daß im Laufe des Angriffs gegen die französische Flotte bei Mers-el-Kebir französische Jagdmaschinen und Küstenbatterien zwei britische Flugzeuge abgeschossen haben.

Geheimer Bericht des *Sicherheitsdienstes der SS* zur innenpolitischen Lage:
Nr. 110 vom Montag, 29. Juli 1940 (Auszug)
V. Wirtschaft: Auswirkungen der nächtlichen Fliegerangriffe auf die Produktion
... So meldet Dortmund einen Rückgang der Förderung des dortigen Bergbaues infolge Übermüdung und Nachlassens der Spannkraft. Viele Gefolgschaftsmitglieder hätten bis zu den Zechen weite Anmarschwege zurückzulegen, infolgedessen bliebe ihnen nach Ende des Alarms nur kurze Zeit zum Schlafen. Häufiges Verschlafen der Gefolgschaftsmitglieder sei die Folge, was zu einer Vermehrung der Fehlschichten führe. Auch die Aufmerksamkeit der Gefolgschaftsmitglieder leide darunter, so daß sich bereits zusätzliche Unfälle ereigneten.

Tagesparole des Reichspressechefs,
Mittwoch, 7. August 1940:
Zur Frage der Flugblattpropaganda erklärt der Minister, daß er sich von einer Flugblattpropaganda in England nicht viel verspricht, da die dafür angewandte Mühe in keinem Verhältnis zum Erfolg stehe ... Der Minister gibt zu, daß die zuletzt von den Engländern abgeworfenen Flugblätter etwas gefährlicher sind als die früheren. Er wünscht über jede Neuerscheinung sofort mit genauem Wortlaut unterrichtet zu werden.

Die Schlacht um England

Montag, 12. August 1940, London
Das *Hauptquartier der RAF* gibt bekannt:
Heute morgen ist es über dem Kanal und der englischen Südostküste zu einer Reihe schwerer Luftkämpfe gekommen, an denen über hundert Flugzeuge teilnahmen. Britische Jagdmaschinen haben einen starken Verband feindlicher Flugzeuge angegriffen, der sich der englischen Küste näherte, und bisher 5 Maschinen abgeschossen, während andere deutsche Flugzeuge schwer beschädigt wurden.

12. August 1940
Das *Oberkommando der Wehrmacht* gibt bekannt:
Wie bereits durch Sondermeldung bekanntgegeben, haben deutsche Kampffliegerverbände am 11. August den Kriegshafen Portland angegriffen. Wichtige Hafenanlagen, die Mole, das Schwimmdock und eine Verladebrücke wurden vernichtet, Öllager in Brand gesetzt. Zwei Handelsschiffe und ein Zerstörer erhielten schwere Treffer.
In der Nacht zum 12. August griff die Luftwaffe Werke der Flugzeugindustrie in Filton und Crewe, die Hafenanlagen von Cardiff und Bristol sowie das große Öllager von Avonmouth an. An verschiedenen Stellen belegte sie Flakstellungen mit Bomben. Der Abwurf von Luftminen vor britischen Häfen wurde fortgeführt.
Feindliche Flugzeuge griffen in der Nacht in Nord- und Westdeutschland nichtmilitärische Ziele ohne nennenswerten Erfolg mit Bomben an. In das Wohnviertel einer westdeutschen Stadt geworfene Brandbomben wurden durch das sofortige Eingreifen des Sicherheits- und Hilfsdienstes unschädlich gemacht.
Die Gesamtverluste des Gegners am gestrigen Tage betrugen in den Luftkämpfen 90 Flugzeuge und 8 Sperrballone, außerdem durch Flakartillerie 3 Flugzeuge. Demgegenüber werden 21 deutsche Flugzeuge vermißt.

Links: 12. August 1940, die französische Küste bei Kap Griz Nez: Der Stab der Luftflotte 3 verfolgt die Luftkämpfe über dem Kanal

Rechts: Hurricane-Jäger fangen eine Kette He-111-Bomber vor ihrem Angriff auf London ab. Dieses Foto ist mit einer in den Flügeln eingebauten Kontroll-Filmkamera aufgenommen

12. August 1940, Berlin
Das *DNB* teilt mit:
Im ersten Teilabschnitt der Kampfhandlungen über dem Kanal und England erzielten die deutschen Jagd- und Zerstörerflugzeuge am Montag auf Grund vorliegender Meldungen bereits 22 Abschüsse. Der bisherige Verlust an deutschen Flugzeugen belief sich auf 6. Im Gegensatz zum Sonntag haben die deutschen Flieger die Feststellung gemacht, daß am Montag die englischen Jäger versuchten, dem Kampf mit den deutschen Angreifern auszuweichen. So scheint, wie das DNB erfährt, bereits der erste Schritt zur deutschen Luftüberlegenheit getan zu sein, denn der heutige Tag zeige, daß die Engländer nicht mehr in der Lage sind, eine lückenlose Jagdsperre an ihrer Südostküste in der Luft aufzubauen. Die Engländer ließen damit das erste Anzeichen ihres gebrochenen Widerstandes erkennen.

Dienstag, 13. August 1940, London
Evening News berichtet:
Eine der größten Luftschlachten, die jemals ausgetragen wurden, fand heute nachmittag vor der Südost- und Südküste statt. Gut informierte Sachverständige bezweifeln jedoch, daß die jetzigen Angriffe den Beginn des Blitzkrieges gegen England darstellen, und glauben, daß eher damit beabsichtigt werde, die Stärke der RAF zu erkunden, bevor die Deutschen noch schwerere Luftangriffe unternehmen.

13. August 1940, London
Das *Hauptquartier der RAF* gibt bekannt:
In der Nacht zum Montag griffen die »Industriestaffeln« der RAF hauptsächlich Anlagen der Erdölindustrie in Deutschland an. Die Angriffe wurden auf jedes Ziel von mehreren Staffeln in bestimmter Zeitfolge durchgeführt und begannen kurz vor Mitternacht; erst gegen 3 Uhr morgens wurde der Rückflug angetreten. Schwere Explosionen und Brände folgten den Angriffen auf die synthetischen Öl- und Benzinwerke des Hoesch-Konzerns in Dortmund, die Wintershall-Werke des Klöckner-Konzerns in Castrop-Rauxel, die Treibstoffabriken der Friedrich Krupp AG in Wanne-Eickel, die Gelsenberg-Benzin AG in Gelsenkirchen und die Haupttankanlagen im Kriegshafengebiet von Cherbourg. Fünf britische Bomberstaffeln griffen zur gleichen Zeit die Elektrizitätswerke von Dortmund und Hattingen an sowie militärische Objekte in Hamm und Soest.

13. August 1940, Berlin
Das *DNB* meldet:
Die Luftkämpfe über der englischen Südküste dauern an. Immer wieder fliegen neue Verbände deutscher Kampf- und Sturzkampfflieger die englische Küste an. Die deutschen Bombergeschwader, die in geschlossenen Gruppen in größerer Höhe heranfliegen, werden fast ausnahmslos von Me 109 und Me 110 begleitet. Es ist bisher noch nicht einmal beobachtet worden, daß ein deutscher Bomberverband von den Engländern vor Erreichung seines Zieles zur Umkehr gezwungen wurde. Der Angriffsgeist der englischen Jagdflieger, insbesondere derjenigen Piloten, die die Spitfire fliegen, hat seit gestern auffallenderweise erheblich nachgelassen. Nach den bisher vorliegenden Meldungen wurden heute Dienstag 38 britische Flugzeuge im Luftkampf und 15 am Boden vernichtet.

Hauptquartier des RAF-Jägerkommandos: Die Übersichtskarte mit Markierungszeichen zeigt die augenblickliche Luftlage

Mittwoch, den 14. August 1940
Das *Oberkommando der Wehrmacht* gibt bekannt:
Deutsche Fliegerverbände griffen am 13. August die Hafen- und Kaianlagen in Wallsend, Hartlepool, Bournemouth und Plymouth, Rüstungswerke in Exeter und Bristol sowie Großtanklager in North-Killingham wirksam mit Bomben an ...
Bei den Angriffen im Kanal und auf England kam es zu zahlreichen heftigen Luftkämpfen, in deren Verlauf 74 feindliche Flugzeuge vernichtet wurden.

Fliegeralarm in Berlin

14. August 1940, Berlin
United Press berichtet:
In Berlin wurde heute nacht um 1.35 Uhr Fliegeralarm gegeben, der um 2.22 Uhr endete. Dies ist der dritte Fliegeralarm in der Reichshauptstadt seit dem Ausbruch des Krieges. Vom Bureau der United Press aus waren keine Explosionen zu hören, man sah auch keine Scheinwerfer in Aktion. Das Propagandaministerium erklärte, daß noch keine Einzelheiten bekanntgegeben werden könnten.

14. August 1940, London
Die *Agentur Reuter* meldet:
Der Südosten Englands war wiederholt Schauplatz schwerer Luftkämpfe. Heute vormittag beteiligten sich an den Angriffen mehr als 300 deutsche Flugzeuge. Die Jäger der RAF vereitelten jedoch das Eindringen der feindlichen Flieger. Dutzende von Messerschmitt-Jagdflugzeugen stießen zum Schutz der Bomber aus großer Höhe herunter, doch war die britische Luftabwehr so erfolgreich, daß die feindlichen Geschwader in den meisten Fällen abdrehen mußten.

Donnerstag, 15. August 1940, Berlin
Das *DNB* berichtet:
Unter Überschriften wie »England flieht in den Zahlenwahnsinn« und »Die Fieberkurve steigt« kommentiert die Presse die englische Berichterstattung über die Verluste, welche die deutsche Luftwaffe bei ihren Angriffen auf britische Luftstützpunkte, Häfen, Rüstungsbetriebe und Geleitzüge angeblich erlitten haben soll. Besser, so erklärt die »Berliner Börsen-Zeitung«, könnten die Engländer der Welt nicht dokumentieren, was sie unter allen Umständen gerade zu verbergen trachten: daß ihre Situation verzweifelt sei und daß sie unter den Schlägen der deutschen Luftwaffe das Fürchten gelernt hätten. Nur die bloße Angst könne sie zu einem solchen Zahlenwahnsinn treiben, wie er in ihren Angaben über deutsche und über eigene Verluste zum Ausdruck komme

Freitag, 16. August 1940, Berlin
Das *DNB* meldet:
Von zuständiger Seite erfahren wir, daß im Rahmen der Luftkampfhandlungen des heutigen Nachmittags ein Fliegerverband mit Sonderauftrag gestartet ist. Diese Kampfgruppe ist gegen sämtliche militärischen Ziele und kriegswichtigen Objekte in der näheren Umgebung der britischen Hauptstadt eingesetzt. Die deutsche Luftwaffe wird den Beweis antreten, daß keine Macht der Welt sie daran hindern kann, ihre Bomben über dem englischen Raum dort abzuwerfen, wo sie will, selbst – wenn es nötig sein sollte – über der City.

Sonnabend, 17. August 1940, London
Die *Agentur Reuter* meldet:
Deutsche Flugzeuge haben zum erstenmal in diesem Kriege Vororte Londons mit Bomben belegt, aber die Londoner City selbst hat weder feindliche Flugzeuge gesehen noch ihr Motorengeräusch gehört oder Flakfeuer vernommen. Die Londoner gehen ruhig ihrer Arbeit nach. Vor den Theatern und Kinos sieht man am Abend die üblichen Menschenmengen, und die Parks sind von Spaziergängern überfüllt, die sehr überrascht sein werden, in den Morgenblättern die deutschen Berichte von den großen Luftkämpfen über London zu lesen. Die erste deutsche Meldung, daß das Hafengebiet von London »sehr beschädigt worden sei«, hat hier einige Heiterkeit hervorgerufen; während die späteren Berichte aus deutscher Quelle, daß die Kampfflugzeuge über London »tanzten«, zu beiden Seiten der Themse riesige Feuer wüteten und eine Rauchdecke über London gelegen haben soll, die Londoner sehr belustigt haben. Als am Freitagnachmittag zu einer Stunde, in der auf den Straßen reger Verkehr herrscht, zum zweitenmal innerhalb von 24 Stunden Fliegeralarm gegeben wurde, begibt sich der Großteil der Passanten in aller Gemütsruhe in die Luftschutzräume.

Tagesparole des Reichspressechefs,
17. August 1940:
Der Minister rechnet damit, daß über kurz oder lang die Engländer ihre jetzige Taktik der Bagatellisierung aufgeben und mit einer neuen Taktik vertauschen werden, in der sie die Humanitätsfiedel spielen, um das »Weltgewissen wachzurufen«. Für diesen vorauszusehenden Fall, in dem also getötete Frauen, Schwangere, Greise etc. Revue passieren werden, sollen Herr Fritsche und Herr Böhmer Material griffbereit halten, um mit Bildern von den getöteten Kindern in Freiburg usw. ...

Montag, 19. August 1940, Berlin
Das *DNB* teilt mit:
In der Wilhelmstraße wird bestätigt, daß die Reichsregierung durch Vermittlung des schweizerischen Bundesrates an die britische Regierung eine Note gerichtet habe, in der noch einmal gefordert wird, daß deutsche Fallschirm- und Luftlandetruppen, die in britische Gefangenschaft geraten sollten, entsprechend den Regeln des Völkerrechts als Soldaten behandelt werden müßten. In der Mitteilung des Auswärtigen Amtes an die britische Regierung heißt es u. a.: »Die Bekleidung deutscher Flugzeugbesatzungen und Fallschirmtruppen besteht entsprechend den Grundsätzen des Völkerrechts aus Uniformen. Diese deutsche ›Nationaluniform‹ ist für die Flugzeugbesatzungen und Fallschirmtruppen die gleiche wie die aller Soldaten der Luftwaffe. Über der normalen Uniform tragen die Flugzeugbesatzungen und Fallschirmsoldaten ›Fliegersonderbekleidung‹, wie eine solche in allen modern ausgerüsteten Staaten getragen wird. Sie ist auf den Paraden in Deutschland seit 1936 öffentlich gezeigt worden.«

Erfahrungsberichte

Betrachtungen über britische Nachtjagd

Zur Nachtjagd werden in erster Linie die Jagdeinsitzer Supermarine »Spitfire«, Hawker »Hurricane« und Behelfszerstörer Bristol »Blenheim« eingesetzt. Aus Gefangenenaussagen konnte festgestellt werden, daß auch älteste »Blenheim«-Ausführungen (Blenheim I) zu Behelfszerstörern umgebaut und zur Nachtjagd eingesetzt wurden. Jagdeinsitzer des Musters Gloster »Gladiator«, die früher bei der Nachtjagd beobachtet wurden, konnten in letzter Zeit nicht mehr festgestellt werden. In einem Falle ist ein zweimotoriges Flugzeug mit Reihenmotoren gesehen worden.
Es muß damit gerechnet werden, daß auch Jagdzweisitzer des Musters Boulton & Paul »Defiant« zur Nachtjagd verwendet werden. Da der »Defiant« nachts vom »Hurricane« und »Spitfire« schwer unterscheidbar sein wird, muß gelegentlich mit überraschendem Beschuß bei einer Stellung des Gegners gerechnet werden, die beim einmotorigen Jagdeinsitzer normalerweise ungefährlich wäre. Die Flugzeuge des Musters Bristol »Blenheim«, die zu Behelfszerstörern umgebaut wurden, sind im allgemeinen mit 4 starren MGs (in einer Wanne unter dem Rumpf) und 1 beweglichen MG auf der Rumpfoberseite ausge-

Ein Hawker-Hurricane-Nachtjäger; da er zu diesem Zeitpunkt noch langsamer als die Me 109 E ist, setzt man ihn als Abfangjäger gegen Bomber ein

rüstet. In Einzelfällen sollen auch Kanonen im »Blenheim« eingebaut worden sein. Der bei der Nachtjagd gelegentlich beobachtete Kanonenbeschuß bestätigt dieses.
Bei »Spitfire« und »Hurricane« ist im allgemeinen nicht mit Kanonenbeschuß zu rechnen, da nur kleine Versuchsserien von wenigen Stücken dieser Muster mit Kanonen ausgerüstet wurden.
Es wurden Nachtjäger an der ganzen Ost- und Südostküste sowie auch stellenweise im Hinterlande angetroffen. Schwerpunkte der Nachtjagdabwehr wurden über dem Humber, über dem Wash-Gebiet und im Raum um London beobachtet. Die Angriffe erfolgten in allen Höhen bis zu 5000 m.
Auf Grund der letzten Manöverergebnisse vor dem Kriege wurde bekannt, daß man britischerseits auf die Einrichtung ständiger Nachtjagdgebiete verzichten und die Nachtjäger von Fall zu Fall überall dort einsetzen wolle, wo sie benötigt würden. Die beobachteten Lichtsignale am Boden dürften daher keine Begrenzung von Nachtjagdräumen darstellen, sondern nur navigatorische Bedeutung haben, z. B. Kenntlichmachung der Einflugschneisen für Kampfflugzeuge. Da die britischen Jäger beim Einsatz durch Bodenstationen befehlsmäßig mittels Funksprechverkehr geleitet werden und da die Flak nachts nur sehr beschränkt zum Einsatz gebracht wird, erscheint ein solches Verfahren durchaus möglich. Es muß angenommen werden, daß Scheinwerfer, Flak und Nachtjäger von einem Befehlsstand aus geleitet werden, wobei der Hauptwert auf Scheinwerfer und Nachtjäger gelegt wird und die Flak nur eingesetzt wird, solange die Nachtjäger noch nicht am Feind sein können. Gelegentlich scheint die Flak auch Richtungsschüsse zu geben. Das Zusammenarbeiten zwischen Nachtjäger und Scheinwerfer geschieht anscheinend in der Weise, daß das anzugreifende feindliche Flugzeug, nachdem es von einem Scheinwerfer erfaßt ist, nach kurzem Blinken desselben von allen umliegenden Scheinwerfern angestrahlt wird, so daß der Flugzeugbesatzung jede Sicht genommen ist und die angreifenden Nachtjäger erst erkannt werden, wenn sie das Feuer eröffnen. Der Angriff der Nachtjäger erfolgt einzeln und im Zusammenwirken von bis zu drei Flugzeugen. Wenn mehrere Flugzeuge zusammenarbeiten, setzen sie Positionslichter. Gelegentlich wurde beobachtet, daß einzelne Nachtjäger mit Hilfe ihres Lande- oder Suchscheinwerfers das feindliche Flugzeug anzuleuchten versuchen.
Aus Gefangenenaussagen geht hervor, daß die Bristol »Blenheim« wegen ihrer guten Sicht und Stabilität zur Nachtjagd bevorzugt wird. Durch die Verglasung an der Unterseite des Führerraumes ist der Führer jedoch beim Angriff der Blendung durch die eigenen Scheinwerfer ausgesetzt, was als äußerst störend und gefährlich bezeichnet wird.
Es wurde festgestellt, daß die Nächte vor allem in Nordengland während der Sommermonate so hell sind, daß die Flugzeuge gegen den noch hellen Nordhimmel bereits auf eine Entfernung von etwa 2 km als Silhouette kenntlich sind. In dunklen Nächten erfolgten Angriffe auf nicht angeleuchtete Flugzeuge im allgemeinen nur dann, wenn ihr Standort durch Lichtquellen irgendwelcher Art (Auspuff, Positionslampen, Innenbeleuchtung) dem Feind sichtbar wurde.

Frontnachrichtenblatt der Luftwaffe Nr. 5

Seenotbojen, konstruiert nach einer Idee von Generaloberst Udet, dessen tragisches Schicksal Carl Zuckmayer zu seinem Drama »Des Teufels General« inspiriert

Rettungsboje »Generalluftzeugmeister«

Für die Besatzungen von Flugzeugen, die eine Notwasserung in größerer Entfernung von der Küste vornehmen müssen, ist vom Reichsluftfahrtministerium auf Anregung des Generalluftzeugmeisters, Generaloberst Udet, eine Rettungsboje entwickelt worden, die für die Aufnahme der Besatzung bis zum Eintreffen der zur Rettung

eingesetzten Hilfsfahrzeuge dienen soll. Die Boje ist rund 4 m lang, 2,5 m breit und 2,5 m hoch und trägt auf dem Oberdeck einen etwa 1,8 m hohen Turm mit einem Signalmast und einer Antenne. Die Boje bietet vier Personen die Möglichkeit zu einem mehrtägigen Aufenthalt und kann notfalls auch die Besatzungen von mehreren Flugzeugen aufnehmen.

Am äußeren Umfang der Boje laufen dicht unter und über der Wasserlinie Rohrgeländer, an denen sich die hilfesuchende Besatzung festhalten und zu der Aufstiegleiter und dann zu dem Einstiegturm gelangen kann. Eine an der Boje befestigte, etwa 100 m lange Treibleine, die durch abwechselnd gelb und rot gefärbte Schwimmkörper an der Oberfläche sichtbar ist, soll dem in Seenot befindlichen Flugzeug einen Hinweis auf den Verlauf einer etwa vorhandenen Strömung geben. Wenn irgend möglich, soll das Flugzeug versuchen, auf der von der Boje aus gesehen dem Winde zugekehrten Seite und bei vorhandener Strömung stromaufwärts zu wassern. In diesem Fall bietet die Treibleine, sofern beim Anschwimmen der Boje diese verfehlt wird, noch die Möglichkeit, daß die Hilfesuchenden die Treibleine erreichen und sich mit deren Hilfe bis zu der Boje vorarbeiten können. Ferner befindet sich in dem Turm der Boje ein Rettungsball an einer 10 m langen Leine, die verletzten oder erschöpften Kameraden zugeworfen werden kann.

Die Boje, die über Wasser einen hellen gelben Anstrich erhält und durch vier rote Kreuze auf weißem Grund deutlich gekennzeichnet ist, ist ständig durch ein weißes Ankerlicht, das eine Sichtweite von etwa 1000 m hat, beleuchtet. Das Innere der Boje enthält Kojen mit vier Betten, trockene Kleidung und Schuhe, Verbandszeug und Stärkungsmittel. Der vorgesehene Notproviant, der u. a. auch 25 l Trinkwasser einschließt, ist bei sparsamem Verbrauch ausreichend, um die Besatzung bis zur Übernahme durch die zur Hilfe eingesetzten Rettungsfahrzeuge verpflegen zu können.

Schließlich sind in der Boje eine Anzahl von Signalmitteln, mit denen sich die darauf befindliche Besatzung bemerkbar machen kann, vorgesehen. Zur Kennzeichnung, daß sich Hilfsbedürftige an Bord der Boje befinden, sollen bei Tag ein schwarzer Ankerball und eine gelbrot gestreifte Flagge hochgezogen werden. Nachts sollen zu diesem Zweck außer dem vorhandenen weißen Ankerlicht auf dem Einstiegturm ein rotes und ein weißes Licht gesetzt werden. Zum Herbeiholen von Hilfe können die vorhandenen Signalpistolen für das Abfeuern von roten und weißen Signalen, von Rauchnotzeichen oder auch von Fallschirmleuchtpatronen benutzt werden. Schließlich ist jede Boje mit einem Notsender ausgerüstet. Zum Übersetzen auf das eintreffende Rettungsfahrzeug ist jeder Boje ein Rettungsschlauchboot beigegeben.

Die Mannschaft, die eine dieser Rettungsbojen in Anspruch genommen hat, ist verpflichtet, unmittelbar nach Erreichen der Küste eine entsprechende Meldung zu erstatten und die Nummer der betreffenden Boje anzugeben, damit der verbrauchte Proviant und die benutzten Kleidungsstücke wieder ersetzt werden können.

Schließlich sei noch darauf hingewiesen, daß zum Abdichten von Schußlöchern, die möglicherweise in der Bojenwand entstanden sind, Dichtungspfropfen, die mit einem Holzhammer eingeschlagen werden, vorgesehen sind. Mit einer Pumpe kann bereits eingedrungenes Wasser ausgepumpt werden.

Frontnachrichtenblatt der Luftwaffe, Nr. 22

19. August 1940, Rom

Das *Comando Supremo* gibt bekannt:

In Britisch-Somaliland haben unsere Truppen die zweite Verteidigungslinie des Gegners durchbrochen, La Faruk besetzt und überschritten. Sie verfolgten den Gegner, der sich auf seine Schiffe zurückzog, und bombardierten auch diese. Ein britisches Flugzeug wurde durch italienische Jagdflieger abgeschossen. Ein feindlicher Luftangriff gegen Kassala verursachte weder Opfer noch Schaden. Ein weiterer Luftangriff auf den Flugplatz von Addis Abeba hatte 2 Tote und 5 Verletzte zur Folge sowie Treffer auf zwei Schuppen, die lediglich altes Material enthielten.

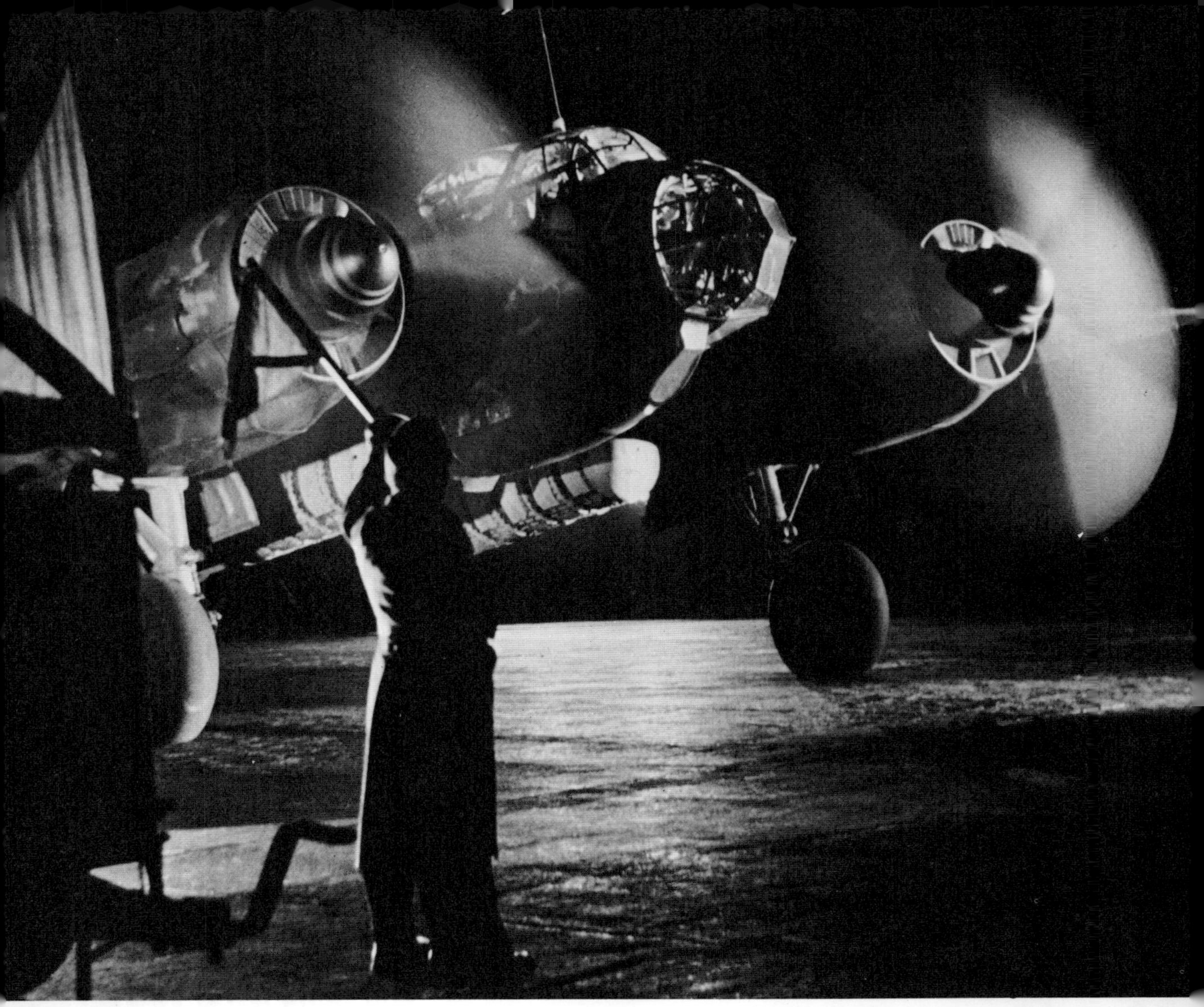

Sonntag, 25. August 1940
Das *Hauptquartier der RAF* teilt mit:
Ein nächtlicher Angriff auf die Londoner City erfolgte durch zwei oder vier deutsche Bomber – eine genaue Feststellung liegt noch nicht vor –, die aus den niedrig hängenden Wolken überraschend angriffen. Nicht ein einziges militärisches Ziel wurde bombardiert, dagegen geriet ein Geschäftszentrum in Brand, der den Himmel Londons hellrot erleuchtete. Die Zahl der Verletzten ist gering.

25. August 1940, London
Die *Agentur Reuter* meldet:
Der Fliegeralarm am Samstag nachmittag in London erfolgte während des Tottenham-Fußballkampfes, dem Hauptspiel um die Meisterschaft. Die riesige Zuschauermenge versuchte, durch tollsten Lärm die Alarmsirenen zu überschreien und auf diese Weise den Abbruch des Spieles zu verhindern. Auch bei einem Wind-

Oben: Eine Ju 88 startet zu einem Nachtangriff. Dieser vielseitigste und am häufigsten gebaute Bomber der deutschen Luftwaffe (14 676 Stück) kann die RAF-Jäger trotz seiner relativ starken Bewaffnung nicht ausreichend abwehren

Rechts: Diesmal endet der Einsatz mit nur ein paar Einschußlöchern. In der Luftschlacht um England müssen alle He-111-Verbände beträchtliche Verluste hinnehmen

hundrennen kam es zu den gleichen Szenen. Als britische Maschinen gesichtet wurden, ertönten gewaltige Ovationen.

Montag, 26. August 1940
Das *Oberkommando der Wehrmacht* gibt bekannt:
In der Nacht zum 26. August belegten zahlreiche Flugzeuge in Birmingham sowie in Kingston und Coventry Werke der Flugzeug- und Rüstungsindustrie mit Bomben ... In der gleichen Nacht überflogen zum erstenmal seit Kriegsbeginn einige feindliche Flugzeuge Berlin und warfen am Stadtrande mehrere Brandbomben. Im übrigen Reichsgebiet fielen an verschiedenen Stellen planlos geworfene Bomben auf nichtmilitärische Ziele. Weder hier noch in Berlin wurde Schaden angerichtet. Eines der Berlin überfliegenden Flugzeuge wurde auf dem Rückweg durch Flak abgeschossen.

26. August 1940, Berlin
United Press teilt mit:
Kurz nach Mitternacht, um 0.20 Uhr, wurde in der Reichshauptstadt Fliegeralarm gegeben. Während der ersten zehn Minuten konnten im Zentrum der Stadt 10 schwere Explosionen vernommen werden, die den Boden erzittern ließen. Es war ein andauerndes Feuer der Flak hörbar, das von schweren Explosionen, die wahrscheinlich von Bombeneinschlägen herrührten, unterbrochen wurde.

26. August 1940, London
Die *Agentur Reuter* berichtet:
Am Sonntag früh lagen dichte Rauchwolken über London. Die beträchtliche Anzahl der Brände wird darauf zurückgeführt, daß deutsche Flugzeuge Brandbomben in großen Sammelbehältern abgeworfen haben, die sich im Fallen öffneten und den Inhalt breit streuten. Bis jetzt werden nur wenige Schwerverletzte gemeldet.

26. August 1940, Berlin
United Press meldet ergänzend:
Wie hier bestätigt wird, haben die britischen Bombenflugzeuge im Laufe ihres gestrigen Angriffes auf Berlin neben Brandbomben auch Flugblätter über verschiedenen Teilen der Stadt abgeworfen. Sie wurden von der Polizei sofort eingesammelt.

Freitag, 6. September 1940, Stockholm
Der *schwedische Rundfunk* gibt bekannt:
Ab sofort werden wir unsere Sendungen schon um 22.15 Uhr beenden. Die Kürzung der Sendezeit erfolgt im Hinblick auf die Bedeutung der nächtlichen Radiosendungen für Luftkriegsnavigation.

Sonnabend, 7. September 1940, Berlin
Das *DNB* teilt mit:
Wie verlautet, ist es dem Einsatz der deutschen Luftwaffe bereits gelungen, die militärische Kraft Englands an einigen wichtigen Punkten erheblich zu schwächen. Die britischen Luftstreitkräfte sind den deutschen von vornherein qualitativ und quantitativ unterlegen, da sie auch nicht annähernd über so leistungsfähige Produktionsanlagen verfügen. Selbst der Nachschub aus den USA habe keineswegs den Umfang und das Tempo erreicht, wie es zur Schließung der entstandenen Lücken notwendig wäre. So machten sich im Verhalten der englischen Jäger jetzt bereits starke Ermüdungserscheinungen bemerkbar. Dabei habe die Führung der deutschen Luftwaffe ihre Kampf- und Jagdgeschwader bisher noch sehr sparsam eingesetzt, und sie hat für die Intensivierung des Kampfes gegen England noch beträchtliche Reserven zur Verfügung.

7. September 1940, Kairo
Das *britische Fliegerkommando (Ägypten)* gibt bekannt:
Gestern erfolgten durch italienische Flugzeuge drei Luftangriffe gegen Marsa Matruk. Es entstand einiger Schaden. Wie man annimmt, wurden zwei angreifende Maschinen durch die britische Bodenabwehr beschädigt. Palästina: Am Freitag nachmittag unternahmen italienische Flugzeuge einen Angriff auf Haifa. Die englische Luftabwehr trat in Aktion und zwang die angreifenden Flugzeuge zur Umkehr. Es gab weder Opfer noch Schaden. Von den anderen Fronten ist nichts zu melden.

7. September 1940, Rom
Das *Comando Supremo* gibt bekannt:
Italienische Bomber griffen erneut Ölraffinerien im

Zentrum von Haifa an und verursachten ausgedehnte Brände. In Nordafrika bombardierten unsere Flieger die Eisenbahnlinie Alexandria–Marsa Matruk.

Angriffsziel: London

Wir steigen ein, und dann läuft alles wieder »wie gestern«. Bis zum Erreichen der englischen Ostküste gehen wir auf Höhe. Hagel- und Schneeschauer wechseln miteinander ab.

Der Tommy ist auf der Hut. Über und unter uns stehen die Wattetupfen der detonierenden Flakgranaten. Kurze Zeit faßt uns grelles Scheinwerferlicht. Durch Ausweichbewegungen gelingt es zu entkommen. Ein Nachtjäger fliegt mit Gegenkurs auf kürzeste Entfernung an uns vorbei ...

Menz hat als erster die Themse erkannt. An manchen Stellen haben sich bereits mehrere Brände zu einem großen zusammenhängenden Feuerschein vereinigt. Dort unten muß die Hölle herrschen. Unsere Bomben allerschwersten Kalibers werden ausgelöst und sausen in die Tiefe ...

Das Flakfeuer wird langsam ungemütlich. Die Flakwölkchen liegen verdammt nahe. Wir fliegen zurück. Wieder müssen wir durch den Sperrgürtel um London. Da plötzlich ein Schlag! Der rechte Motor beginnt zu schütteln. Die ganze Maschine vibriert. Der Motor steht. Wir hängen mitten über London. Zum Glück sind wir noch ziemlich hoch. Im Gleitflug immer langsam fallend, fliegen wir nach Osten. Ich habe eigentlich die Hoffnung aufgegeben, noch bis zum Festland zu kommen ... In wenigen hundert Meter Höhe kommen wir aus den Wolken heraus und erkennen die Küste.

Wir sind über deutschem Gebiet, und es gelingt uns, die schwere Ju 88 mit einer Nachtnotlandung auf freiem Gelände hinzusetzen. Einige Bäume und unsere gute Ju müssen daran glauben. Wir selbst sind auch etwas angekratzt. Aber wir haben es doch noch geschafft. Zwei Stunden später liege ich bereits im Lazarett.

Völkischer Beobachter, September 1940

Neue Angriffe auf London

Sonntag, 8. September 1940
Das *Oberkommando der Wehrmacht* gibt bekannt:
Die Luftwaffe griff am Samstag nachmittag erstmalig Hafen und Stadt London mit stärkeren Kräften an. Die Angriffe erfolgten als Vergeltung für die in den letzten Wochen in verstärktem Maße durchgeführten Nachtangriffe englischer Flugzeuge gegen nichtmilitärische Ziele im Reichsgebiet. Eine einzige große Rauchwolke erstreckt sich vom Stadtinnern Londons bis zur Themsemündung.

8. September 1940, London
Die *Agentur Reuter* berichtet:
Während der deutschen Angriffe vom Samstag wurden auf verschiedenen Fußballplätzen die traditionellen Samstagnachmittagsmatches ohne Unterbrechung weitergespielt, obschon über den Köpfen der Fußballspieler und Zuschauer heftigste Luftkämpfe im Gange waren und die explodierenden Bomben und das Flakfeuer einen ohrenbetäubenden Lärm verursachten. Allerdings setzten sich die Londoner dabei ernsten Gefahren aus. So schlug eine Bombe auf der Rennbahn während eines Windhundrennens ein, bei dem zwischen 5000 und 6000 Zuschauer anwesend waren. Da niemand verletzt wurde, nahm das Rennen seinen Fortgang.

Links: September 1940. Feuerwehrmänner bei ihrem verzweifelten Kampf gegen die Brände im Londoner Stadtteil Eastcheap

Oben rechts: Die letzten Augenblicke im Leben einer He-111-Besatzung: Sekunden später explodiert die Maschine über London

Tagesparole des Reichspressechefs,
8. September 1940:
Der Minister gibt Richtlinien über die pressemäßige Behandlung des Großangriffs gegen London, der noch einige Tage weitergehen wird.
1. Soll streng darauf geachtet werden, daß immer die Behauptung aufrechterhalten wird, unsere Angriffe gälten lediglich militärischen Anlagen. Sollten auch zivile Ziele getroffen werden, so liegt das daran, daß viele militärische Ziele mitten in die Stadt London hineingebaut sind.
2. Sollen die in englischen Berichten immer wieder auftauchenden zynischen Redewendungen, wie: »die englischen Flieger hätten über Nürnberg Gelegenheit gehabt, sich im Bombenabwurf zu üben«, von uns dick unterstrichen werden, um damit die Berechtigung unserer Vergeltungsmaßnahmen nachzuweisen.
3. Wenn auch gerade jetzt auf erhöhte Schnelligkeit Wert gelegt werden muß, so dürfen dabei die psychologischen Gesichtspunkte nicht vernachlässigt werden. Es ist falsch, im voraus von schweren Opfern zu sprechen, die unsere Angriffe kosten würden; es kann nur entweder von sehr geringen Opfern oder mit klaren Zahlenangaben geredet werden. Ebenso ist es unmöglich, wenn auch nur die Möglichkeit offengelassen wird, daß deutsche Flieger ihre Bomben nicht gezielt auf militärische Ziele abgeworfen hätten.

8. September 1940, London
Die *Agentur Reuter* berichtet:
In der Nacht zum Sonntag spielten sich im Londoner Eastend herzzerreißende Szenen ab, als eine Bombe in den Entlüftungsschacht eines Luftschutzbunkers fiel, in dem sich Hunderte von Personen befanden. Die Bombe tötete eine große Anzahl Frauen, Kinder und Greise.

Tagesparole des Reichspressechefs,
Dienstag, 10. September 1940:
Die Fliegerangriffe auf Berlin und Hamburg in der Nacht zum Dienstag sollen unter möglichster Aufbauschung aller Einzelheiten so aufgemacht werden, daß sie vor der Welt die Berechtigung unserer Vergeltungsmaßnahmen weiter untermauern. Ferner soll das Material der letzten Monate mehr ausgewertet werden als bisher, um auch auf diese Weise die Berechtigung unserer Maßnahmen zu verdeutlichen.

Tagesparole des Reichspressechefs,
Mittwoch, 11. September 1940:
Der englische Angriff auf Berlin in der Nacht zum Mittwoch soll von der Presse mit flammender Entrüstung als Angriff auf unsere nationalen Symbole angeprangert werden. Die Presse soll jedoch grundsätzlich die zusammenfassende Schau im Interesse einer guten Ausarbeitung erst in den Morgenblättern bringen, es sei denn, daß

die einzelnen Zeitungen schon von sich aus und nicht erst auf Grund der Pressekonferenz genügende Vorarbeit geleistet haben.

Sonnabend, 14. September 1940, Berlin
United Press meldet:
Bezeichnend für den in Berlin herrschenden Optimismus hinsichtlich des Kriegsausgangs ist die Tatsache, daß in den letzten Tagen überall Wetten auf das baldige Kriegsende abgeschlossen werden. So wettet man in Offizierskreisen, daß der Feldzug gegen England schon zu Beginn des Monats Oktober erfolgreich beendet sein werde. In Journalistenkreisen wiederum wettet man auf ein Kriegsende am 15. Oktober.
Der herrschende Optimismus ist anscheinend zum Teil darauf zurückzuführen, daß die RAF Berlin in den beiden letzten Nächten keinen Besuch abgestattet hat. Auch die Gespräche in den Cafés und auf der Straße spiegeln die zuversichtliche Stimmung wider.

Wo bleibt der Straßenbenutzer bei Fliegeralarm?

Der Oberbefehlshaber der Luftwaffe hat eine Anordnung getroffen, die für die größeren Städte von besonderer Bedeutung ist. In der Bekanntmachung heißt es, daß zur Aufnahme der Straßenbenutzer, insbesondere der Fahrgäste von Straßenbahnen und Omnibussen, in erster Linie die durch Hinweisschilder gekennzeichneten öffentlichen Luftschutzräume dienen. Da, wo öffentliche Luftschutzräume nicht eingerichtet sind, ist es selbstverständliche Pflicht, bei Fliegeralarm schutzsuchende

Wegbenutzer in den privaten Luftschutzräumen unterzubringen, soweit die verfügbaren Plätze das nur irgend zulassen. *Völkischer Beobachter, September 1940*

Montag, 16. September 1940, Berlin
Das *DNB* teilt mit:
Die englische Darstellung, wonach am Sonntag bei den Luftkämpfen über London 175 deutsche Flugzeuge abgeschossen worden seien, entspreche keineswegs den Tatsachen. Die Übertreibung der deutschen Verluste müsse erklärt werden durch die schwierige Lage, in die England durch die unablässig erfolgenden deutschen Luftangriffe geraten sei, die auch bei schlechter Wetterlage ohne Unterbrechung fortgesetzt würden.

16. September 1940, London
Die *Agentur Reuter* berichtet:
Der heutige Tag, an dem bis 16 Uhr vier verschiedene Angriffswellen der deutschen Luftwaffe gegen das englische Festland zu verzeichnen sind, weist zum erstenmal die charakteristischen Merkmale des nahenden Herbstes auf. Seit dem frühen Morgen regnet es in Strömen, tiefhängende Wolken und dichte Nebelschleier erschweren die Sicht. Besonders schlechte Witterungsverhältnisse werden von der Kanalküste gemeldet, wo streckenweise Sturmböen herrschen. Die deutsche Luftwaffe scheint sich den veränderten atmosphärischen Bedingungen anzupassen, indem sie in noch größeren Höhen fliegt als bisher. Zum erstenmal wird auch eine veränderte Angriffstaktik beobachtet: Während die deutschen Bomber bisher in langgestreckten Formationen flogen, wird heute eine dichte quadratische Gliederung gemeldet, die offenbar durch ihre Wucht einen Durchbruch durch die Jagdabwehr erzwingen soll. Die heutigen Angriffswellen wiesen je eine derartige geschlossene Formation auf, der weitere lose Gruppen von Bomben- und Kampfflugzeugen folgten.

Im Operationsraum des RAF-Jägerkommandos: Das weibliche Hilfspersonal (WAAF) trägt an der Übersichtstafel die neueste Position der feindlichen Verbände und der eigenen Jäger ein

Tagesparole des Reichspressechefs,
Mittwoch, 18. September 1940:
1. Die Marine meldet erneut Beschädigung des englischen Flugzeugträgers »Ark Royal«. Der Minister ordnet größte Vorsicht bei Behandlung dieses Falles an, damit uns nicht erneut eine Unrichtigkeit nachgewiesen werden kann. 2. Auf Anordnung des Führers sollen die feindlichen Angriffe auf Deutschland auch in Zukunft und auch dann, wenn nicht allzu große Schäden entstanden sind, sehr groß herausgestellt werden. Es ist auch darauf zu achten, daß Angriffe auf andere Städte nicht schlechter behandelt werden als Angriffe auf die Reichshauptstadt.

Tagesparole des Reichspressechefs,
Mittwoch, 25. September 1940:
Der nächtliche Fliegerangriff auf Berlin soll wieder groß aufgemacht werden, wobei aber berücksichtigt werden muß, daß keine Einzelheiten genannt werden dürfen, aus denen die Engländer für sie wichtiges Nachrichtenmaterial entnehmen können. Ferner dürfen die Vorkommnisse nicht so aufgebauscht werden, daß Churchill mit den deutschen Ausgaben vor dem englischen Volk den Eindruck erwecken kann, als hielten sich unsere Angriffe auf London und die englischen Angriffe auf Deutschland ungefähr die Waage.

Über 100 französische Bomber greifen Gibraltar an

Mehrere feindliche Maschinen abgeschossen

Der Festungskommandant gibt heute ein Kommuniqué über den Angriff am gestrigen Nachmittag heraus:
Erneut griff heute eine große Anzahl französischer Flugzeuge Gibraltar an. Der Luftalarm wurde um 14.33 Uhr gegeben. Kurz danach eröffnete die Flak heftiges Sperrfeuer, und es fielen die ersten Bomben. Mehrere Wellen von Bombern warfen ihre Last – meistens aus großer

SACCONE & SPEED LTD.
(Established 1839)
130, Main Street Gibraltar
The firm with a Century's experience in
WINES, SPIRITS, CIGARS, CIGARETTES & TOBACCO

VAT 69
"Quality Tells"
LIQUEUR SCOTCH WHISKY

Gibraltar Chronicle
MONTIS INSIGNIA CALPE
AND OFFICIAL GAZETTE.

Vol. CCIV.—No. 31,890. WEDNESDAY, SEPTEMBER 25, 1940. Price One Penny

OFFICIAL GAZETTE

25th SEPTEMBER, 1940.

GOVERNMENT NOTICE No. 214.

THE CURRENCY NOTE ORDINANCE (CAP. 29)

The half yearly statements required under Section 9(1) of the above mentioned Ordinance are published for general information as a supplement to this Gazette.

Colonial Secretary's Office, Gibraltar, 25th September, 1940. (M.P. No. 303/34). By Command, ALEXR. E. BEATTIE, Colonial Secretary.

POST OFFICE NOTICE.

It is hereby notified for general information that the Scud Hill Sub Post Office is closed until further notice.

General Post Office, Gibraltar, 24th September, 1940. (P.O. Ref. 4/31/72). H. G. JESSOP, Colonial Postmaster.

POST OFFICE NOTICE.

It is notified for general information that the transaction of business at the public counters will be suspended when incoming overseas mails are being sorted.

2. The enquiry counter will remain open.

3. Business will be resumed immediately the mails have been sorted.

4. After 7.00 p.m. the transaction of business will be confined to the delivery of registered and surcharged correspondence for Private Letter Box holders and the Office will be opened for this purpose, if sorting is not completed before 7.00 p.m., for one hour provided attendance after 10.30 p.m. is not entailed.

General Post Office, Gibraltar, 24th September, 1940. (P.O. Ref. 72/40/2). H. G. JESSOP, Colonial Postmaster.

ENEMY PLANES FAIL TO REACH LONDON

SOUTHAMPTON & BRIGHTON IN LATER ATTACKS

(British Official Press)

London, September 24.

LAST NIGHT'S RAIDS OVER ENGLAND

FOUR HOSPITALS HIT IN LONDON AREA

(Through Reuters Agency)

London, September 25.

London was again the main objective of the attacks made by enemy

GIBRALTAR RAID LASTS 2½ HOURS

4 KILLED, 12 INJURED BY INTERMITTENT BOMBING

Gibraltar's fifth and longest air-raid is described in the following press communique issued by Fortress H.Q. last evening:

"Some twenty or more aircraft of French types, taking advantage of low patches of levanter cloud, began to bomb Gibraltar from a height of about 20,000 feet at 12.45 hours to-day.

"They were engaged by anti-aircraft defences from ships and shore. Bombing continued intermittently for 2½ hours with some low dives below clouds.

"Approximately 100 bombs were dropped, many in the sea. Some damage was done to buildings and roads, and three small fires were started but were soon under control.

"Casualties so far reported are four killed and 12 wounded.

"Damage to the enemy is uncertain but at least one aircraft is believed to have been shot down."

REPRISAL FOR DAKAR, SAYS GERMAN NEWSAGENCY

(Through Reuters Agency)

London, September 24.

The German newsagency, quoting what is said to be a Vichy report, says 120 French warplanes stationed in Morocco heavily bombed Gibraltar as a reprisal for the British bombardment of Dakar.

The agency adds that it is believed in Vichy that Britain is planning a serious campaign in connection with the French colonies.

ALGECIRAS CONTRADICTS PREMATURE REPORT

Berlin, Later.

A despatch from Algeciras to the official newsagency states there is no confirmation of reports that French aircraft bombed Gibraltar.

In Algeciras it is merely known

DAKAR EMISSARIES FIRED UPON

No British Landing Attempted

(British Official Press)

London, September 24.

There is no truth in reports emanating from Vichy that any British landing at or near Dakar has been attempted.

The course of events, which occurred after the arrival of General de Gaulle, is described in the following communique issued by General de Gaulle's headquarters in London.

"Called to Dakar by numerous Frenchmen anxious to continue the fight at his side Gen. de Gaulle appeared with French soldiers and sailors before the fortress.

The naval authorities at Dakar ordered fire to be opened on Gen. de Gaulle's emissaries who had come without weapons in a motor-launch flying the tri-colour and the white flag.

Two of these four emissaries, Captains Dergealiu and [illegible] were seriously wounded.

Later Gen. de Gaulle, having attempted to land his troops peacefully, fire was opened by the Dakar authorities on the French sloop [illegible] vorgnan de Brazza, [illegible] Duboc and Commandant Dom.

Several men were killed and many wounded.

Gen. de Gaulle then withdrew his troops and ships, not wanting to be a party to a fight between Frenchmen."

With regard to subsequent developments it is authoritatively [illegible] that operations are continuing.

FRENCH SUBMARINE SUNK AT DAKAR, SAYS VICHY

Vichy, [illegible]

According to a Havas [illegible] from Dakar, two attempts [illegible] were made during the night were repulsed.

Die Meldung über den bisher größten Einsatz französischer Bomber

Höhe – bis 16.50 Uhr ab. Man zählte über 100 Flugzeuge, die etwa 300 Bomben verschiedener Kaliber abwarfen. Wenn auch der größte Teil auf Felsen oder ins Meer fiel, so wurden auch Häuser, Straßen und die alten Festungsanlagen getroffen.

Einen gewissen Schaden erlitten Privathäuser und Regierungsgebäude, dagegen ist der Schaden an militärischen Objekten und Personen nur gering.

Im Hafen wurde ein kleines Schiff getroffen, das anschließend sank. Es gibt auch eine Anzahl von Toten und Verletzten.

Die Festungsflak war sehr wirkungsvoll, und die Kanoniere überstanden bestens den schweren Angriff. Mehrere feindliche Maschinen wurden abgeschossen, 3 mit Sicherheit und 2 weitere vermutlich.

Gibraltar Chronicle, 26. September 1940

Tagesparole des Reichspressechefs,
Freitag, 11. Oktober 1940:
Der Minister präzisiert noch einmal die Wünsche des Luftwaffenführungsstabes dahin, daß in allen Fällen, in denen die Engländer behaupten, militärische Ziele getroffen zu haben, von uns Dementis gebracht werden können, es sei denn, daß die Engländer die entsprechenden Scheinanlagen getroffen haben ... Da die Luftwaffe immer wieder ernste Beschwerden gegen Ausdrücke wie »Luftpiraten« oder »Nachtpiraten« erhebt, andererseits aus der Reichskanzlei heraus die Verwendung dieser Ausdrücke gewünscht wurde, soll das OKW die Angelegenheit beim Führer vortragen lassen.

Tagesparole des Reichspressechefs,
Montag, 14. Oktober 1940:
Die Angriffe der Engländer auf Berlin bzw. auf Reichsgebiet sollen nicht in so übertriebener Form aufgemacht werden, daß der Leser den Eindruck gewinnen muß, halb Berlin sei zerstört worden. Ebenso sollen aber auch die Zerstörungen in London nicht in einer Weise geschildert werden, als sei London bereits dem Erdboden gleichgemacht; Steigerungsmöglichkeiten müssen in jedem Falle erhalten bleiben.

Tagesparole des Reichspressechefs,
Dienstag, 22. Oktober 1940:
Der Minister berichtet über das Ergebnis seiner gestrigen Besichtigungsfahrt zu einem durch Bombentreffer zerstörten Luftschutzkeller ... Im übrigen habe der Führer das Aufsuchen der Luftschutzräume befohlen, und es erübrige sich daher weiter jede Diskussion.

Fremde Flugzeuge über Schweden

Freitag, 25. Oktober 1940, Stockholm
Svenska Dagbladet berichtet:
Gestern gegen 16 Uhr mußte ein aus Norwegen kommendes deutsches Jagdflugzeug nördlich von Karlstad notlanden. Der an Bord befindliche Unteroffizier und das Flugzeug wurden von schwedischem Militär interniert. Der Chef des Wehrstabes der schwedischen Fliegerabwehrabteilung, Major Sundell, erklärte, seit Kriegsbeginn seien bereits etwa 40 fremde Flugzeuge auf schwedischem Gebiet zur Notlandung gezwungen worden, was in erster Linie der schwedischen Luftabwehr zu verdanken sei.

Ausländische Flieger in England

25. Oktober 1940, London
Das *Luftfahrtministerium* gibt bekannt:
Die Zahl der alliierten Flieger in England ist erheblich gestiegen. Zur Zeit versehen 8000 polnische Flieger in England Dienst, unter ihnen etwa 3000 Piloten. Davon kamen 200 Fliegeroffiziere und 2000 Mannschaften bereits im Herbst 1939 nach England, weitere 6000 Mann der polnischen Luftstreitkräfte trafen nach dem Zusammenbruch Frankreichs ein. Die Tschechen stellen 1000 Flieger einschließlich 300 Piloten. General de Gaulle

verfügt über 600 französische Piloten. Die belgische Luftwaffe ist mit 100 und die holländische mit 300 Mann vertreten. In diesen Zahlen sind die vielen Mannschaften dieser Nationen nicht angegeben, die zur Zeit ausgebildet werden. Schließlich befindet sich in England die aus amerikanischen Freiwilligen bestehende »Eagle-Squadron«, die sich durch Zugänge erfahrener Flieger ständig vergrößert.

25. Oktober 1940
Das *Oberkommando der Wehrmacht* gibt bekannt:
Im Rahmen der von der deutschen Luftwaffe durchgeführten Kampfhandlungen gegen England starteten zum ersten Male italienische Kampfverbände von ihrer Absprungbasis im besetzten Gebiete aus. Sie erzielten durch kühn geführte Angriffe und wohlgezielte Bombenwürfe große Erfolge gegen Hafenanlagen im Osten der britischen Insel.

Sonnabend, 26. Oktober 1940, Rom
Der Sonderberichterstatter der *Agentur Stefani* meldet von der Kanalküste:
Das Corpo Aereo Italiano begann in der Nacht zum Donnerstag, dem 25. Oktober, sein Zusammenwirken mit der deutschen Luftwaffe gegen Südostengland. Seine Flugzeuge bombardierten mehr als eine Stunde lang Industrie- und Marinezentren von großer militärischer Bedeutung. Sie warfen viele Tonnen Sprengstoff ab und verursachten mehrere Brände, die von starkem Wind angefacht wurden. Trotz des starken Flakfeuers konnten alle italienischen Flugzeuge ihren Auftrag ohne eigene Verluste durchführen. Diese Aktion italienischer Bomber bedeutet den Anfang einer kameradschaftlichen Zusammenarbeit mit der deutschen Luftwaffe als Vergeltung für die Angriffe britischer Flieger auf Oberitalien. Man weist mit Nachdruck darauf hin, daß die Besatzungen des italienischen Fliegerkorps erfahrene Kampfflieger sind. Diese erste Operation stellt, wie in den Kreisen der Regia Aeronautica versichert wird, den Beginn einer Serie von Angriffen dar, die systematisch ausgedehnt werden soll.

Angriff auf den Transporter »Empress of Britain«

Am Sonnabend, dem 26. Oktober 1940, startete eine FW 200 unter Führung des Oberleutnants Jope als Flugzeugführer und Kommandant mit der Besatzung: Lt. Burkhardt, 2. Flugzeugführer; Uffz. Dörschel, Bordmechaniker; Uffz. Iwang, 1. Funker; Ogefr. Mix, 2. Funker; R. R. Dr. Habich, Meteorologe, zur bewaffneten Aufklärung und Wettererkundung Nordwest-Irlands. Bei diesem Flug wurde westlich Irland ein sehr

Ostengland, 11. November 1940, Wrack eines leichten Bombers Fiat B.R.20 Cicogna (Storch) des Corpo Aereo Italiano: Das Ende der ersten »Invasion« seit anno 429, als die römischen Legionen Britannien verließen

großes Schiff mit 3 Schornsteinen gesichtet. Trotz starker Flakabwehr, durch die das angreifende Flugzeug nach dem ersten Angriff empfindliche Treffer erhielt, wurden dem Schiff in insgesamt 4 kühn geführten Tiefanflügen 2 schwere Bombentreffer beigebracht. Beim Abflug zeigte das Schiff leichte Schlagseite und brannte über den gesamten Schiffskörper. Anschließend an diesen Erfolg wurde der Auftrag »Wettererkundung« durchgeführt. Das angegriffene Schiff brannte über 24 Stunden und wurde am nächsten Tag durch ein U-Boot als Wrack versenkt. Es handelte sich hierbei um den Fahrgastdampfer »Empress of Britain«, der mit 42 000 BRT das zehntgrößte Schiff der Welthandelsflotte war und als Truppentransporter Dienst tat.

Frontnachrichtenblatt der Luftwaffe, Nr. 26

Montag, 28. Oktober 1940, London
Die *Agentur Reuter* meldet:
Die Admiralität teilt mit, daß der englische Dampfer »Empress of Britain« untergegangen sei. Das Schiff wurde von feindlichen Flugzeugen angegriffen und geriet in Brand, so daß es geräumt werden mußte. Mit den Bergungsmanövern wurde unverzüglich begonnen, aber während der Dampfer ins Schlepptau genommen wurde, richtete er sich auf und ging unter. Von insgesamt 643 Personen sind 598 Überlebende von britischen Kriegsschiffen an Land gebracht worden. Unter ihnen befinden sich Familien von Militärpersonen und eine kleine Zahl militärischen Personals. Der energische und wirksame Einsatz der Fliegerabwehr des Dampfers trug im hohen Maße dazu bei, daß die Zahl der geretteten Personen so groß ist.
Das Schiff war ein Luxusdampfer mit einer Wasserver-

drängung von 42 000 Tonnen. Auf ihm kehrte das englische Königspaar im vergangenen Jahr von seiner Reise nach Kanada und den Vereinigten Staaten zurück.

Sonntag, 10. November 1940
Das *Oberkommando der Wehrmacht* gibt bekannt:
Unsere Kampffliegerverbände setzten am Tage und in der Nacht die Vergeltungsangriffe auf London fort; sie trafen wieder zahlreiche kriegswichtige Betriebe.

Dienstag, 12. November 1940
Das *Comando Supremo* gibt bekannt:
In der vergangenen Nacht haben feindliche Flugzeuge den Kriegshafen von Tarent angegriffen. Die Flak des Hafens und der dort liegenden Schiffe haben starkes Abwehrfeuer gegeben. Nur eine Einheit wurde schwer getroffen. 6 feindliche Flugzeuge wurden abgeschossen und ein Teil ihrer Besatzungen gefangengenommen. Mit dem Abschuß von 3 weiteren Maschinen kann gerechnet werden.

Donnerstag, 14. November 1940, London
Das *Luftfahrtministerium* gibt bekannt:
Mehrere Versuche der deutschen Luftwaffe, heute bis nach London vorzustoßen, blieben erfolglos. Britische Jagdflieger leisteten energischen Widerstand, und die Flakbatterien eröffneten heftiges Feuer, so daß jede der Angriffswellen abgeschlagen werden konnte. Keine einzige Bombe ist auf Londoner Gebiet gefallen.

14. November 1940, Rom
Die *Agentur Stefani* meldet:
Das italienische Bulletin Nr. 138 brachte eine Meldung über den feindlichen Luftangriff auf Tarent in der Nacht zum 12. November. Gestern gab Churchill im Unterhaus eine völlig verfälschte Version dieses Vorfalls bekannt. Auf italienischer Seite hält man es jedoch nicht für notwendig, auf derart tendenziöse Verdrehungen der Tatsachen zu antworten.

14. November 1940, London
Das *Luftfahrtministerium* gibt bekannt:
In der Nacht zum Donnerstag ist der italienische Kriegshafen Tarent erneut von Flugzeugen der Royal Navy bombardiert worden.

Coventry

Freitag, 15. November 1940
Das *Oberkommando der Wehrmacht* gibt bekannt:
Nach Besserung der Wetterlage konnte die Luftwaffe in der Nacht zum 15. November als Vergeltung für die britischen Angriffe auf München dem Gegner durch einen Großangriff auf bedeutende Rüstungsziele in Mittelengland einen außerordentlich schweren Schlag versetzen. Besonders heftig und erfolgreich war dabei der rollende Angriff starker Kampfverbände der Generalfeldmarschälle Kesselring und Sperrle auf Coventry, wo zahlreiche Motorenfabriken und große Anlagen der Flugzeugzubehörindustrie sowie andere kriegswichtige Einrichtungen mit Bomben schweren und schwersten Kalibers belegt wurden, die gewaltige Verwüstungen anrichteten.

15. November 1940, Coventry
Das *Luftfahrtministerium* gibt bekannt:
Der nächtliche Angriff der deutschen Luftwaffe verursachte besonders im Zentrum der Stadt sehr schweren Schaden. Die neue feindliche Taktik bestand darin, zunächst mit einer bedeutenden Anzahl von Flugzeugen aus großer Höhe viele Hunderte gebündelte Brandbomben abzuwerfen, die in den verschiedensten Stadtteilen und in unmittelbarer Nähe der aus dem 14. Jahrhundert stammenden Kathedrale heftige Brände verursachten. 20 Minuten darauf, als Angehörige des Luftschutzes und die Feuerwehr mit der Bekämpfung der Brände und Rettung der Verschütteten beschäftigt waren, erschienen weitere deutsche Verbände, die eine große Anzahl von Sprengbomben abwarfen.

15. November 1940, London
Das *Innenministerium* teilt mit:
Die Zahl der Opfer des Luftangriffs, der in der vergangenen Nacht auf Coventry durchgeführt wurde, dürfte sich möglicherweise auf 1000 erhöhen. Der Sachschaden ist sehr groß. Viele Gebäude einschließlich der Kathedrale sind zerstört worden.

Die Feuerwehrmänner von Coventry: Der Bombenangriff auf diese Stadt bedeutet den Auftakt für die Wende des strategischen Luftkrieges über Europa

Die Nacht über Coventry

»... Ruhig gab unser Kommandant dem Flugzeugführer seine Anweisungen für den Anflug: ›Ein wenig mehr nach rechts, noch ein bißchen. So, jetzt liegen wir richtig.‹ Immer näher kamen wir heran. Das schaurig-schöne Bild rückte greifbar nahe. Dicker Qualm zog über die Dächer der Stadt weit ins Land hinaus. Wir konnten deutlich hohe Flammen zucken sehen. Ein besonders großer Brandherd neben unzähligen anderen zeigte an, daß eine umfangreiche Industrieanlage schwer getroffen sein mußte. Wir waren über dem Ziel. Die Flak schoß verzweifelt. Um uns die Blitze explodierender Granaten. Wir konnten deutlich die Brandherde in ihrem riesengroßen Ausmaß erkennen und sahen Flammen über große Teile der Industriestadt züngeln. Im gleichen Augenblick lösten sich auch unsere Bomben. Ein Schlag ging durch die Maschine. Drunten zuckte ein tageheller Schein von neuen Explosionen auf. Wir waren die erste Maschine einer Gruppe deutscher Kampfflugzeuge; andere waren vor uns da, neue folgten – bis zum Dämmerlicht des neuen Tages, der den ganzen Umfang der Katastrophe von Coventry enthüllen sollte.«

(Aus: *Flüge gegen England,* OKW 1941)

Coventry in Trümmern

15. November 1940, London
Associated Press meldet:
Deutsche Bomber haben bei einem von der Abenddämmerung bis zum Morgengrauen dauernden Angriff, der Teile der Stadt in eine Hölle verwandelte und mindestens 1000 Tote und Verwundete kostete, das Herz dieser ehedem friedlichen Stadt in Mittelengland vernichtet. Coventrys wundervolle berühmte Kathedrale aus rotbraunem Sandstein ist eine rauchende Trümmerstätte ... Die ganze Nacht hindurch zitterten und barsten die engen Straßen, durch die vor bald tausend Jahren Lady Godiva auf ihrem Roß ritt, unter dem Donner der Sturzkampfflugzeuge, dem Heulen der Bomben und ihren Explosionen und dem Krachen des Flakfeuers.

Sonnabend, 16. November 1940, Kairo
Das *britische Fliegerkommando (Ägypten)*
teilt mit:
Britische Flieger unternahmen in der Nacht zum Freitag Angriffe auf Berlin, Hamburg, Bremen und die Häfen von Stavanger in Norwegen bis nach Lorient in der Bretagne. Der Angriff gegen Berlin begann bereits in den frühen Abendstunden und wurde von einander ablösenden Maschinen mehrere Stunden lang durchgeführt. Er verursachte eine Reihe schwerer Brände, die noch auf eine Entfernung von 50 Kilometer gesehen wurden.

Montag, 9. Dezember 1940
Das *Oberkommando der Wehrmacht* gibt bekannt:
Als Vergeltung für die englischen Luftangriffe auf westdeutsche Städte führte die deutsche Luftwaffe in der Nacht zum 9. Dezember einen Großangriff auf London mit sehr starken Kräften und in rollendem Einsatz vom Einbruch der Dämmerung bis zum Morgen durch. Bei guter Beleuchtung warfen Kampfflugzeuge Bomben auch der schwersten Kaliber auf die Stadt und besonders auf lebenswichtige Versorgungsanlagen. An vielen Stellen entstanden gewaltige Brände, die sich im Laufe der Nacht an mehreren Punkten zu einem großen lodernden Feuermeer vereinigten.

9. Dezember 1940, Rom
Das *Comando Supremo* teilt mit:
Die Regia Aeronautica bombardierte trotz ungünstiger Wetterverhältnisse militärische Ziele von Santa Maura und am Golf von Arta. In Ostafrika gab es feindliche Luftangriffe auf Gallabat und Gherille (Somaliland), die einige Tote und Verwundete zur Folge hatten.

9. Dezember 1940, Kairo
Das *britische Fliegerkommando (Ägypten)*
gibt bekannt:
Aufklärungsflüge haben ergeben, daß bei der Bombardierung von Castel Benito am 7. Dezember umfangreiche Schäden angerichtet worden sind. In der Nacht zum Montag griffen britische Flieger den Flughafen von Benina an.

Die Turmbeobachter

Um zu übersehen, wohin die Feuerwehr während und nach einem Angriff zufassen muß, gibt es in jeder luftbedrohten Stadt Turmbeobachter und Luftschutzstreifen. Der Turmbeobachter gibt von seinem Platz fernmündlich die Richtungsgrade und die geschätzte Entfernung beobachteter Brände an die Nachrichtenstelle des örtlichen Luftschutzleiters. Aber diese allein wären für die Feuerwehr zu grobe Angaben, denn der Turmbeobachter kann in einer Stadt wie Berlin, Essen, Stuttgart oder München selten angeben, was brennt und welchen Umfang das Feuer hat. Diese beiden Dinge aber sind das A und O für den Löschbefehl. Die wichtigste Brandbeobachtung liegt deshalb bei den Luftschutzstreifen. Während des Angriffs fahren und gehen sie ihre Bezirke ab . . . Man hat in allen Städten des Reichs die Beobachtung gemacht, daß dort, wo Arbeiter und Handwerker wohnen, auffallend mehr Entstehungsbrände gelöscht werden als in den übrigen Stadtteilen. Der Arbeiter packt zu, wenn Brandbomben durch seine Ziegel schlagen, während andere oft noch auf die Hilfe der Feuerwehr warten.

Völkischer Beobachter, Dezember 1940

Tagesparole des Reichspressechefs,
Montag, 23. Dezember 1940:
Über Zürich haben die Engländer wieder 5 Bomben abgeworfen. Der Minister erinnert nachdrücklich an seine frühere Weisung, die Schweiz nicht zu loben für entrüstete Presseäußerungen gegen diese englischen Angriffe. Wir haben keine Veranlassung, einen etwaigen Protest der Schweiz mit Dankbezeugungen zu quittieren.

Strategie und Taktik

Juli bis Dezember 1940

In den ersten Julitagen sticht von Gibraltar aus der gerade neu zusammengestellte britische Flottenverband Force H (Vizeadm. Somerville) in See, mit dem Flugzeugträger »Ark Royal«, dem Schlachtkreuzer »Hood«, zwei Schlachtschiffen, einigen Kreuzern und Zerstörern, zum bisher größten und erfolgreichsten Unternehmen der Royal Navy, Operation »Catapult«, das sich allerdings gegen den bisherigen Kampfgenossen, die französische Marine, richtet. Dabei bewähren sich besonders die Träger-Torpedoflugzeuge vom Typ Swordfish.
Churchill: »Die Operation ›Catapult‹ sah vor, alle französischen Schiffe, deren wir habhaft werden konnten, entweder zu beschlagnahmen, unter unsere Kontrolle zu bringen oder außer Gefecht zu setzen und zu vernichten.« Es ist für die Engländer von großer Bedeutung, daß die französische Flotte nicht in die Hände der Deutschen fällt, denn sie würde die Schlagkraft der Kriegsmarine – nach ihren in Norwegen erlittenen Verlusten – mehr als verdoppeln.
Zwar hat der französische Marineminister (Adm. Darlan) den Befehl gegeben, kein Kriegsschiff dürfe in deutsche Hände fallen, doch will Churchill jedes Risiko vermeiden, daß sich die Deutschen womöglich, entgegen den Waffenstillstandsvereinbarungen, doch noch der Flotte bemächtigen. Am Mittwoch, dem 3. Juli, erscheint die schlagkräftige Force H vor dem französischen Flottenstützpunkt Oran und fordert den französischen Befehlshaber Admiral Gensoul auf, sich der Force H anzuschließen oder seine Einheiten zu versenken. Um

Mers el Kebir (Oran), 3. Juli 1940: Angriff der Royal Navy und britischer Torpedobomber gegen den französischen Flottenstützpunkt

17.40 Uhr, nach Ablauf des Ultimatums, eröffnen die Engländer das Feuer. Binnen 15 Minuten ist das Gros der französischen Kriegsschiffe versenkt oder gefechtsunfähig.
Da die französischen Schiffe nicht die Anker gelichtet haben, sind sie ein leichtes Ziel. Das Schlachtschiff »Strasbourg« und die Torpedozerstörer »Terrible«, »Tigre« und »Volta« kappen ihre Anker und fahren durch die von den Engländern gelegten Minen, während um sie die Salven der britischen Schiffe donnern und Flugzeuge sie verfolgen. Am nächsten Tag versuchen drei Wellen von Torpedoflugzeugen des Trägers »Ark Royal« vergeblich, die in Mers-el-Kebir liegende »Dunkerque«, die nur leicht beschädigt ist, zu versenken. Mit Bordwaffenbeschuß gegen die mit geretteten Matrosen beladenen Schnellboote erhöhen sie die französischen Verluste an Toten auf 1297, von denen allein 977 mit dem Schlachtschiff »Bretagne« untergegangen sind.
Donnerstag, 4. Juli 1940: Etwa 30 Meilen südwestlich von Gibraltar kommt es zu ersten Luftkämpfen zwischen englischen und französischen Flugzeugen. Drei französische Jäger, Typ Curtiss, greifen ein Sunderland-Flugboot an, das sich gerade auf einer Patrouille gegen deutsche U-Boote befindet. Das Flugboot schießt einen Jäger ab und beschädigt einen zweiten. Am nächsten Tag, dem 5. Juli, überfliegen in großer Höhe einige französische Flugzeuge mehrmals Gibraltar und werfen vereinzelt Bomben ab, die jedoch ins Meer fallen; es wird kein Schaden gemeldet.
Am Montag, dem 8. Juli 1940, greifen britische Torpedoflugzeuge des Trägers »Hermes« das in Dakar liegende neue französische Schlachtschiff »Richelieu« an und torpedieren es. »Daß die französische Marine als Machtfaktor fast mit einem einzigen Schlag durch eine gewaltsame Handlung ausgeschaltet wurde, machte in allen Ländern tiefen Eindruck« (W. Churchill).
Als in Vichy die Nachricht von diesen Ereignissen eintrifft, verlangen Laval und Darlan die Kriegserklärung an Großbritannien. Zwei Tage später teilt Darlan dem Kabinett mit, er habe die italienische Admiralität ersucht, gemeinsam mit ihm einen Flottenangriff gegen Alexandria vorzunehmen, um die dort eingeschlossene französische Flotte zu befreien. Gleichzeitig schlägt er einen französischen Angriff gegen die britische Kolonie Sierra Leone in Westafrika und einen Bombenangriff auf Gibraltar vor.

England, Sommer 1940: Überall dort, wo deutsche Luftlandetruppen niedergehen könnten, entstehen massive Hindernisse

Mittwoch, 10. Juli 1940: Als Auftakt zur »Schlacht um England« greifen die Luftflotten 2 (Gen. d. Fl. Kesselring) und 3 (Gen. d. Fl. Sperrle) erstmalig mit stärkeren Kräften militärische Ziele in Südengland an, die in erster Linie bezwecken, die britischen Jäger zum Kampf herauszufordern.
In diesen Tagen, Mitte Juli 1940, Wochen vor dem eigentlichen Beginn der Luftschlacht um England, entschließt sich Hitler, die Sowjetunion anzugreifen. Seitdem hat der Kampf im Westen keinen Vorrang mehr in den Plänen der obersten deutschen Führung.
Die erste wirksame Maßnahme zur Reichsluftverteidigung: Am Mittwoch, dem 17. Juli 1940, wird Oberst Kammhuber mit dem Aufbau einer Nachtjagdorganisation beauftragt. Er stellt die erste Nachtjagddivision auf, gebildet aus der I. Gruppe des Zerstörergeschwaders 1 (I./ZG 1) und den Nachtjagdstaffeln verschiedener Jagdgeschwader, mit der Bezeichnung Nachtjagdgeschwader 1 (NJG 1) unter Major Falck.
Die Flugmelde- und Leitorganisation wird immer mehr ausgebaut. Der Vorsprung von etwa einem Jahr, den die Engländer durch die Entwicklung von Radar haben, kann jedoch nicht mehr aufgeholt werden. Von der nordfranzösischen bis zur norddeutschen Küste und Berlin zieht sich ein Netz, die sogenannten Himmelbettstellungen, die die Heranführung eines Jagdflugzeugs je Stellung an das Ziel selbst bei ungünstigen Wetterbedingungen ermöglichen, auch »dunkle Nachtjagd« genannt.
Um den Feind möglichst früh abfangen zu können, liegen die Nachtjagdverbände auf niederländischen Flugplätzen; der Divisionsgefechtsstand befindet sich in Zeist bei Utrecht.
Die Besatzungen der I./NJG 2, als Fernnachtjagdgruppe mit Ju 88 und Do 17 ausgerüstete Staffeln, greifen die Fliegerhorste des britischen Bomberkommandos an und schießen vom Feindflug zurückkehrende RAF-Bomber bei der Landung ab.
Am Sonnabend, dem 20. Juli 1940, um 2 Uhr früh,

Ju 88 A, der schnelle Bomber für mittlere Strecken mit Bombenzuladung von 2500 kg und Sturzflugbremsen, die ihm auch einen Sturzangriff ermöglichen

schießt der Oberleutnant W. Streib mit einer Me 110 (I. Gruppe/Nachtgeschwader 1) einen Whitley-Bomber ab. Es ist der erste Erfolg eines deutschen Nachtjägers in diesem Kriege.

Erst Ende Juli beschließt Hitler den verschärften Luft- und Seekrieg gegen England. Am 2. August 1940 wird die Weisung Nr. 17 erlassen: »... 1. die RAF und die britische Flugzeugindustrie zu vernichten, 2. die englische Lebensmittelversorgung zu zerrütten und 3. die englische Handels- und Kriegsflotte weitgehend zu schädigen. Bis 5. August soll die verschärfte Luftoffensive ausgelöst werden ...« Diese Weisung stellt die deutsche Luftwaffe vor eine völlig neue Aufgabe: Zum erstenmal soll sie nach der Theorie des Generals Douhet selbständig operieren und den kriegsentscheidenden Sieg erringen, noch ehe Marine und Heer zum Unternehmen »Seelöwe«, der Invasion Englands, übergehen. Statt mit den bewährten blitzkriegartigen Schlägen will man jetzt durch rollende Bombenangriffe unter starkem Jagdschutz zuerst die britische Jagdwaffe zum Kampf stellen, sie aufreiben und damit die Luftherrschaft erringen.

Die Luftwaffe versammelt in Nordfrankreich, Belgien, Dänemark und Norwegen 14 Kampfgeschwader, 8 Jagdgeschwader, 4 Stukageschwader und 3 Zerstörergeschwader – zusammen fast 1700 Maschinen (600 Bomber, 700 Jäger, 200 Stukas, 200 Zerstörer).

Gegenüber der englischen Südküste, zwischen Seine und Loire, liegen die Verbände der Luftflotte 3 (GFM Sperrle, Paris); die Luftflotte 2 (GFM Kesselring, Brüssel) steht am Kanal gegen Südostengland bereit; die Luftflotte 5 (GenOberst Stumpff) in Norwegen gegen Mittelengland.

Für Jagd- und Zerstörerflugzeuge werden Bombenträger vorbereitet, um die Abwurfmenge zu steigern. Die Reichweite der Bomber überdeckt theoretisch die Insel; bei Tag sind sie jedoch an Jäger und Zerstörer gebunden, und somit ist die Flugzeit, trotz küstennaher Absprungplätze, auf die Linie Bristol–Cambridge begrenzt. Die Rollbahnen für Nachteinsätze sind zu Beginn der Offensive noch nicht fertig.

Die Hauptrolle spielt die Luftflotte 2. Nur ihre Jäger können von den Luftbasen im Pas de Calais aus London erreichen und sich dort unter günstigen Bedingungen etwa 10 Minuten aufhalten. Die Jäger der Luftflotte 3 dagegen fliegen von ihren Stützpunkten bei Le Havre knapp den Stadtrand von London an, müssen dann jedoch sofort umkehren.

Zu dieser Zeit, als die deutschen Luftflotten auf ihre Einsatzbefehle warten und Hitler hofft, England in die Knie zu zwingen, ahnt die deutsche Führung nichts von den Trümpfen, die England in der Hand hat: Erst zu Beginn der Angriffe kann sie zu ihrer Überraschung feststellen, daß die RAF-Jagdverteidigung vom Boden aus durch Radar geleitet wird, was den Engländern jedesmal eine Kräftekonzentration ermöglicht. Ein anderes, viel bedeutenderes Geheimnis, die Operation »Ultra«, erfahren die Deutschen erst 30 Jahre nach dem Kriege.

Bereits Ende 1932 gelingt es in Warschau einem Team von drei jungen polnischen Mathematikern, J. Różycki, M. Rejewski und H. Zygalski, bei ihrem intensiven Studium der Zyklentheorie, den Code der deutschen Chiffriermaschine »Enigma« zu entziffern. Jedoch erst einige Monate vor dem deutschen Überfall auf Polen, im Sommer 1939, schaffen die drei Gelehrten den großen Coup: Sie bauen die Enigma nach. Auf diese geheime Nachricht hin reist Major G. Bertrand, Chef der Abteilung DY des französischen Geheimdienstes, am 24. Juli 1939 in die polnische Hauptstadt. Auch die britischen Spezialisten, Commander Denniston und der Mathematiker D. Knox, sind zur Stelle. Und zwei Tage später bekommen sie das wohl kostbarste Geschenk, das Polen seinen Alliierten vor dem Kriege gemacht hat: zwei nachgebaute Enigma. Eine davon bleibt in Paris, die andere geht nach London und wird dort anfangs nur recht skeptisch aufgenommen.

Rechts: Luftschlacht um England 1940/1941

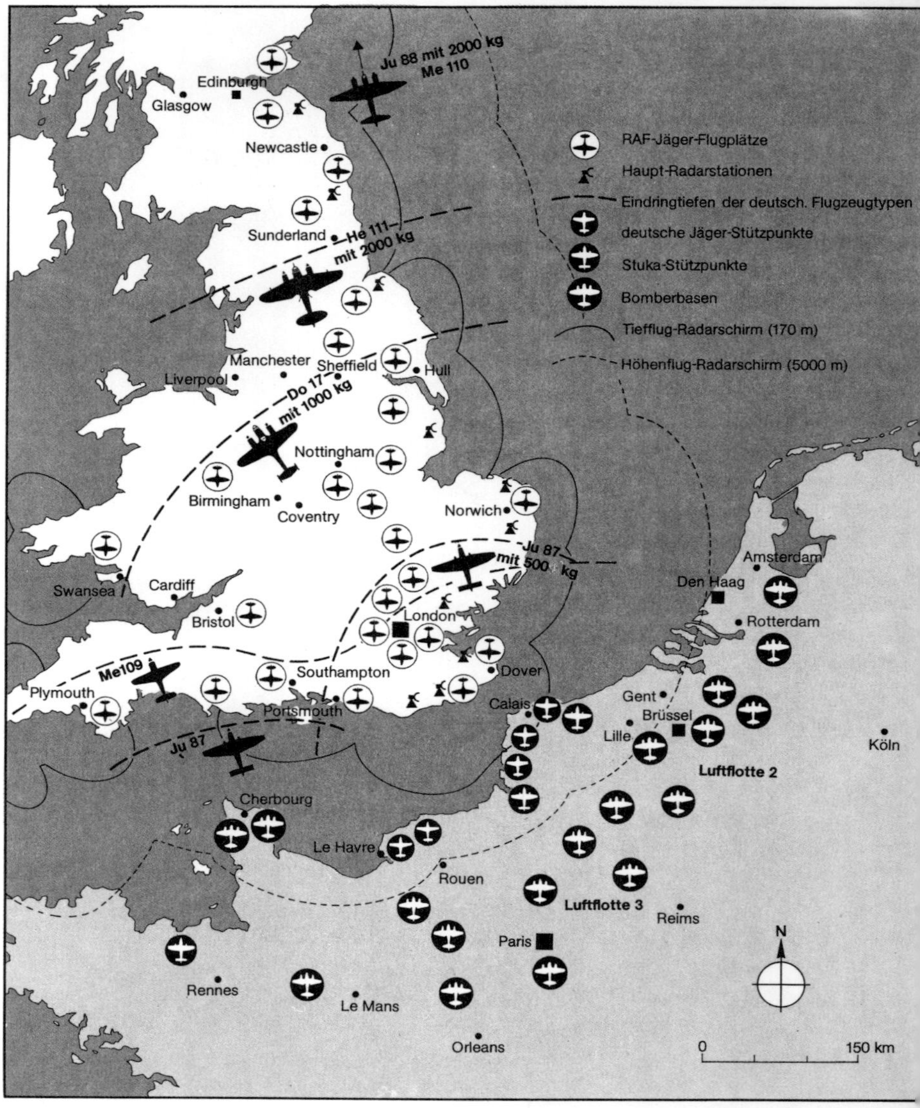

Unten rechts: Eine Me 109 E-4 vor der französischen Steilküste bei Calais: Die begrenzte Reichweite ist die Achillesferse dieses deutschen Jägers. Hier trennten den Piloten nur noch einige hundert Meter von dem geeigneten Landeplatz

Im Herbst 1939 schlagen im Bletchley Park, einem einsamen Landsitz nördlich von London, Kryptologen des Secret Intelligence Service (SIS) ihr Hauptquartier auf. Hier wird auch ein Urahn des Computers aufgestellt, der helfen soll, abgefangene chiffrierte Enigma-Funksprüche zu entschlüsseln. Der Chef dieses geheimsten aller britischen Unternehmen (Codenamen »Ultra«), Wing-Commander F. W. Winterbotham, ein Freund von S. Cotton, ist auch für die Weitergabe der entschlüsselten Enigma-Meldungen an Churchill verantwortlich. »Ultra« entgeht bald kaum etwas von den Absichten der deutschen Luftwaffe: Görings Befehle, Operationsabsichten, Stärke der Verbände, ihre Lage, Kommandogliederungen und andere geheime Nachrichten, die sie oft nicht später als die Adressaten auf dem Schreibtisch haben. Schritt für Schritt kann Churchill nun verfolgen, wie sich die deutsche Luftwaffe zum Schlag gegen England rüstet. Mitte Juli fängt Bletchley Park einen Enigma-Funkspruch Görings an die Befehlshaber der Luftflotten ab, in dem erstmals ein geheimnisvolles Wort auftaucht: »Seelöwe«, Deckname für die geplante deutsche Landung in Großbritannien.

England verfügt zu Beginn der Luftschlacht über 52 Jagdstaffeln (etwa 960 Maschinen), 7 Flakdivisionen und 21 betriebsfertige Radarstationen, die bis Oktober auf 40 erweitert werden. Von seinem Hauptquartier in Stanmore aus ist Luftmarschall Hugh Dowding in der Lage, alle Kräfte der Luftverteidigung zentral und unmittelbar zu führen. Sie setzt sich aus vier Jagdgruppen mit unterschiedlicher Staffelstärke zusammen. Dem Fighter Command unterstehen außer den Flakbatterien die Scheinwerfereinheiten, das Beobachterkorps sowie das Balloon Command.

Die Jäger beider Seiten, die Hauptträger der Schlacht, sind technisch und zahlenmäßig ebenbürtig, doch das Radar-Leitsystem gibt der englischen Führung die Mög-

lichkeit der Kräftekonzentration, und oft weiß sie dank Ultra, welche Ziele in welcher Stärke der Feind anfliegt. Winterbotham: »Bereits Anfang August hatte ich dem Direktor des RAF-Geheimdienstes vorgeschlagen, zur schnelleren Übermittlung der Ultra-Informationen eine kleine Spezialeinheit des Jagdfliegerkommandos direkt im Hauptquartier des Fighter Command in Stanmore zu stationieren. Luftmarschall Dowding würde dadurch die Ultra-Nachrichten auf direktem Weg erhalten und nicht mehr auf dem Umweg über das Luftfahrtministerium.«
Dowding weist seine Jäger an, die deutschen Bomber anzugreifen und Jägern möglichst auszuweichen. Gelingt es ihnen, die Begleitjäger von den Kampfverbänden zu trennen, dann erzielen sie hohe Abschußerfolge.
Die RAF-Staffeln fliegen noch in der zweiten Hälfte Juli in dichten Verbänden, um sich erst im Augenblick des Kampfes zu entfalten; nur ihr Führer hat völlig freie Sicht. Da eine geschlossene Staffel auf größere Entfernung leichter erkennbar ist, können die deutschen Jäger häufig überraschend angreifen. Die ersten Luftkämpfe fallen daher meistens zugunsten der deutschen Jagdflieger aus.

Am Sonnabend, dem 3. August 1940, beginnt die italienische Offensive auf Britisch-Somaliland. Die italienischen Luftstreitkräfte kämpfen erfolgreich. Bereits am Sonnabend, dem 17. August, müssen die Engländer die Hauptstadt des Landes, Berbera, die schweren italienischen Bombenangriffen ausgesetzt ist, räumen.
Zersplitterte britische Luftstreitkräfte in Aden, dem Sudan und Kenia sind zunächst zu schwach, um entscheidenden Widerstand zu leisten. In Aden gibt es einige Blenheim-Bomber, im Sudan sind ein paar Vickers Wellesleys stationiert und in Kenia eine buntgescheckte Sammlung aus umgebauten ehemaligen Verkehrsflugzeugen deutscher Provenienz vom Typ Junkers Ju 52 und Ju 86, jetzt als Bomber eingesetzt, sowie eine Handvoll Fairey Battles und Hawker Hart der südafrikanischen und südrhodesischen Air Forces. Die Luftverteidigung dieses riesigen Gebietes obliegt den Hawkers Fury, Gladiators und einigen Hurricanes.

Am Donnerstag, dem 8. August 1940, zum gleichen Zeitpunkt wie die Befehlshaber der deutschen Luftflotten, kennt Winterbotham den soeben erlassenen Einsatzbefehl Görings für die Luftoffensive gegen England und alarmiert sofort Luftmarschall Dowding.
Den Angriffsbeginn, Codename »Adlertag«, legt Göring am 10. August, nach Erhalt günstiger Wettermeldungen, auf den 13. August, 7.00 Uhr, fest.
Bereits am Montag, dem 12. August, führen Jagdbomber vom Typ Me 110 und Stukas Überraschungsangriffe gegen fünf britische Radarstationen bei Dunkirk, Pevensey, Rye, Dover und Ventnor durch. Damit hofft man, eine Lücke in das britische Radarsystem, dessen Wirkung nur unzureichend bekannt ist, geschlagen zu haben. Die Sendemasten werden jedoch nicht getroffen, und die Stationen selbst liegen gut getarnt im Gelände. Das lebenswichtige Leitsystem des britischen Jägerkommandos bleibt in Ordnung, obwohl die deutschen Stukas sich fast selbstmörderisch einsetzen. Ersatzstationen täuschen die Deutschen mit simuliertem Funkverkehr.
Der Großangriff »Adlertag« wird am Morgen des 13. August wegen des schlechten Wetters kurzfristig auf 14 Uhr verlegt. Da der Gegenbefehl jedoch nicht mehr alle Verbände erreicht, eröffnet das Kampfgeschwader 2 (Oberst J. Fink) mit Angriffen auf Eastchurch und Sheernes die Luftoffensive. Am Nachmittag verstärken sich die Luftkampfhandlungen erheblich, als ein Großteil der Luftflotte 3 (GFM Sperrle) ebenfalls Flugplätze und

Links: Hawker Hurricane MK I am Start: Diese Maschinen schossen während der Schlacht um England mehr feindliche Flugzeuge ab als alle anderen Jäger und die Flak zusammen

Rechts: Erster RAF-Angriff auf Berlin, 25./26. August 1940: Die schräg verlaufende Straße oben rechts ist die Charlottenburger Chaussee, die hellen Stellen sind Strahlen von Flak-Scheinwerfern

Hafenstädte in Großbritannien angreift. Die Jagdstaffeln der RAF haben gegen eine dreifache Übermacht zu kämpfen, und Göring hofft, in zehn Tagen die Luftüberlegenheit erringen zu können.
An diesem Tag fliegen die deutschen Bomber insgesamt 485, die Jäger rund 1000 Einsätze, 34 Maschinen gehen verloren. Weil die Luftwaffe aus der RAF-Niederlage

Eine der ersten Bomben auf Groß-London fällt während des Nachtangriffes vom 24./25. August 1940 auf ein Vorstadt-Kino

über der Deutschen Bucht am 18. Dezember 1939 keine Lehren gezogen hat, erfolgen die Tagesangriffe gegen England mit viel zu schwach bewaffneten Bombern und einem zwar beachtlichen, jedoch – was die Reichweite anbelangt – ungenügenden Jagdschutz.
Am Mittwoch, dem 14. August 1940, gestattet das schlechte Wetter vorerst nur einzelne Störflüge. Die Engländer, bis dahin im Kettenverband (3 Flugzeuge) fliegend, übernehmen nun die vorteilhaftere, bereits im Spanischen Bürgerkrieg von den Deutschen erfundene Schwarmformation (4 bzw. 2mal 2 Flugzeuge). Für die Luftwaffe macht sich diese Änderung der britischen Jagdfliegertaktik rasch bemerkbar. Die RAF-Jäger starten an diesem Tag 700 Einsätze, verlieren dabei 13 Maschinen und schießen 45 Flugzeuge ab.
Am Donnerstag, dem 15. August 1940, führen die Luftflotten 2, 3 und 5 insgesamt 2119 Einsätze gegen England durch, bei eigenen Verlusten von 55 Maschinen. An diesem Tag gelingt es dem Fighter Command erstmals, alle drei Gruppen gleichzeitig einzusetzen.
Am Freitag, dem 16. August 1940, greifen 1720 deutsche Flugzeuge Ziele in Kent, Sussex, Hampshire und an der Südküste, zwischen der Themsemündung und Wight, an. Die eigenen Verluste betragen 45 Maschinen, bei der RAF sind es 21.
Trotz starken Jagdschutzes erleiden die Bombergeschwader bei ihren Angriffen am 18. August auf die Flugplätze Kenley und Tangmere, die beide erheblich zerstört werden, sowie auf Croydon, West Malling, Manston und Biggin Hill weitere schwere Verluste von 71 Flugzeugen, während die RAF 27 Jäger einbüßt. Mit diesem Tag endet der am 8. August begonnene erste Abschnitt der »Luftschlacht um England«. Ab 19. August werden die Angriffe auf Luftstützpunkte und Flugzeugindustrie in ganz Südostengland ausgedehnt. Nun

kommt den Engländern die durch Radar ermöglichte Kräftekonzentration zugute. Lord Dowding hält von seinen 52 Staffeln laufend 20 in Reserve und kann den Angriffen trotzdem überlegen entgegentreten. Nachdem es nicht gelungen ist, die britischen Jäger wie geplant zum Kampf herauszulocken, konzentrieren sich nun die Angriffe der Luftwaffe auf Flugplätze und Flugzeugwerke, um so schnell wie möglich die britische Jagdwaffe empfindlich zu treffen. Dieser zweite Abschnitt der Luftschlacht um England wird bis 6. September dauern.
Nachdem eine deutsche Besatzung durch schlechtes Wetter sich versehentlich nach London verfliegt, fallen in der Nacht vom 24. und 25. August zum erstenmal Bomben auf die Londoner Innenstadt (St. Giles, Cripplegate), 9 Zivilisten werden getötet. Churchill nimmt diesen Vorfall zum Anlaß, Angriffe auf die deutsche Hauptstadt zu verlangen. In der Nacht vom 25. zum 26. August fliegen 81 zweimotorige Bomber nach Berlin, von denen 29 das Ziel erreichen; innerhalb von zehn Nächten folgen weitere vier Angriffe.
Daraufhin gibt Hitler am 4. September 1940 den Befehl, die deutschen Luftangriffe ab sofort auf London zu konzentrieren. So machen die Deutschen den entscheidenden Fehler, von der taktischen zur strategischen Offensive überzugehen. Die Engländer erhalten damit eine willkommene Atempause, denn trotz der wirkungsvollen Kombination von Radar, Unternehmen »Ultra« und gut organisiertem Jagdschutz ist die RAF zu dieser Zeit in einer schweren Situation, da viele Flugplätze, Jägerleitstellen und Nachrichtensammelstellen des Jägerkommandos zerbombt sind.
Insgesamt verlieren die Deutschen vom 13. bis 31. August 1940: 252 Jäger und 215 Bomber; britische Verluste: 359 Flugzeuge. Während die Besatzungen der deutschen Maschinen (je 3 bis 4 Mann) bestenfalls in Gefangenschaft geraten, können die englischen Piloten der meist einsitzigen Jäger oft einige Stunden nach dem Abschuß wieder an den Kämpfen teilnehmen.
In der Nacht vom 5./6. September 1940 führen ausgewählte Bomberstaffeln der Kampfgeschwader 2, 3, 26 und 53 mit 68 Flugzeugen den ersten Terrorangriff auf London durch. Dabei werfen sie 60 Tonnen Bomben ab. Mit diesem ersten Nachtangriff deutscher Bomber gegen Ziele in der englischen Hauptstadt tritt die Luftschlacht um England in eine neue Phase: Es beginnt der deutsche strategische Bombenkrieg gegen das englische Wirtschaftspotential.
Am 7. September erfolgt dann unter persönlicher Leitung Görings – von seinem Beobachtungsstand am Kap Gris-Nez aus – der erste deutsche Vergeltungsgroßangriff auf den Ost- und Westteil Londons, an dem rund 300 Bomber und 600 Jäger teilnehmen. Die Vergeltungsangriffe ziehen sich 65 Tage lang hin, bis zum 13. November.

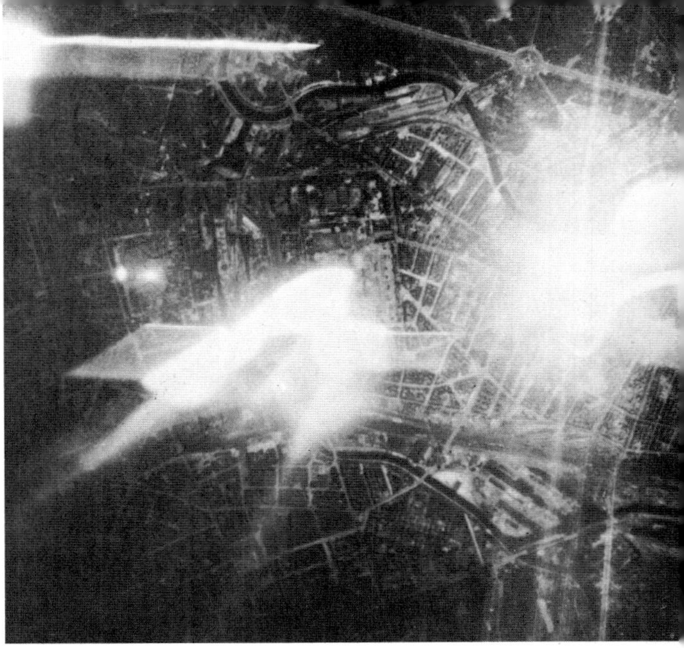

An diesem Nachmittag wenden die deutschen Jäger eine neue Taktik des Begleitschutzes an. Ein Teil der Jagdmaschinen fliegt in einer Höhe von 8000 bis 10 000 Meter weit voraus, während der andere Teil die Bomberformationen geschlossen von allen Seiten in einer Entfernung von etwa 300 Meter schützt. Mit diesem ersten Großangriff auf London beginnt der dritte Abschnitt der Luftschlacht um England, der bis zum 5. Oktober 1940 dauert und die erste Entscheidung bringt: Die deutsche Führung muß feststellen, daß die Verluste nicht mehr zu vertreten sind.
Unterdessen greift die RAF die vollgestopften Häfen Vlissingen, Ostende, Dünkirchen, Calais und Boulogne an, wo über 1000 Flußkähne für die Operation »Seelöwe« bereitliegen, und noch einmal 600 weitere flußaufwärts bei Antwerpen. Allein in der Nacht zum 13. September werden im Hafen von Ostende 80 Binnenschiffe versenkt.
In der Nacht vom 14./15. September 1940 wiederholt die RAF die Angriffe gegen Schiffsziele in den Häfen zwischen Boulogne und Antwerpen. Die Transportflotte für »Seelöwe« erleidet besonders in Antwerpen schwere Verluste.
Am Sonntag, dem 15. September, von den Engländern »Battle of Britain«-Tag genannt, erreicht die »Luftschlacht« mit zwei deutschen Großangriffen ihren Höhepunkt und gleichzeitig den Abschluß ihrer ersten kritischen Phase. Zum erstenmal setzt die RAF sämtliche verfügbaren Jägerverbände ein. Fast ein Viertel der angreifenden deutschen Bomber – 56 Maschinen – geht verloren, 26 britische Jäger werden abgeschossen. Die Verluste sind auf deutscher Seite so stark, daß die Luftwaffenführung nun gezwungen ist, die konzentrierten Tagesgroßangriffe aufzugeben und sich auf Nachtangriffe zu verlegen.

13

SETS THE SEAL ON ANY MEAL H·P SAUCE

BLACK-OUT ZERO HOUR TO-NIGHT UNTIL 6.9 A.M.

Daily Express

No. 12,579 Monday, September 16, 1940 One Penny

Can He Wag His Tail?

SHERLEY'S

R.A.F. smash Goering's Sunday raids on London by 400 planes

175 SHOT DOWN

Another bomb on Palace

5 RAIDERS CRASH ON LONDON

Fifth hospital bombed

SECOND WEEK OF THE BATTLE OF LONDON WAS OPENED BY GOERING WITH FOUR MORE BIG DAY AND NIGHT RAIDS—AND BY THE R.A.F. WITH A SMASHING VICTORY.

This morning it was learned that 175 enemy aircraft, out of 400 sent in many waves, were shot down in the three Sunday daylight raids on London. Thirty R.A.F. fighters were lost, but the pilots of ten are safe.

Again the Nazi murder bombers were sent against Buckingham Palace in a third deliberate attempt to kill the King and Queen. One bomb, which did not explode, damaged the Queen's private apartment.

Vengeance was swift. Almost immediately afterwards the plane which bombed the Palace was shot to pieces in mid-air by Spitfires.

Great air battles were fought out fiercely all the way from the coast to London as big formations of

Spitfires ambush raiders

SPITFIRES and Hurricanes,

A story that must earn a man the V.C.

St. Paul's saved: 1-ton bomb

A MONSTER bomb weighing fully a ton which for three days has been buried near St. Paul's Cathedral in London exploded yesterday—but not at St. Paul's.

The courage and tenacity of a bomb disposal section under Lieutenant R. Davies saved St. Paul's from being levelled to the ground. Instead the bomb went off harmlessly

STOP PRESS

BERLIN RAID ALARM —GERMAN VERSION

Links: Der Höhepunkt der Luftschlacht um England: An einem Tag 175 abgeschossene deutsche Flugzeuge

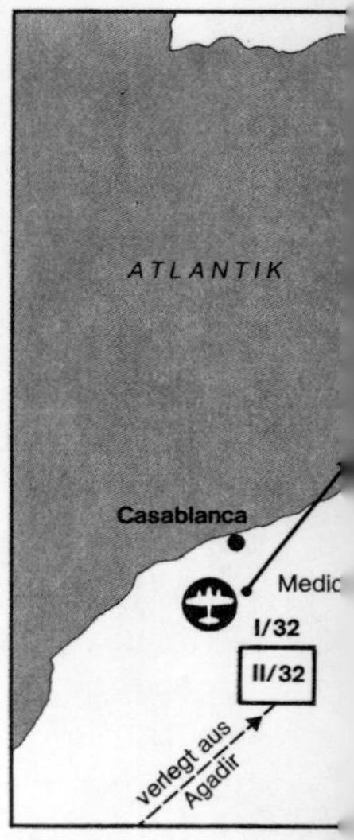

Noch entscheidender ist der Mißerfolg, die Luftherrschaft zu erringen, was schließlich dazu führt, den Plan einer Invasion aufzugeben: Am 17. September verschiebt Hitler das Unternehmen »Seelöwe« mit dem Vermerk »bis auf weiteres«.

Bei der Schwierigkeit des Seetransportes und der Einstellung des Luftverkehrs über Frankreich bleibt nur der einzige Weg, Flugzeuge von England nach Ägypten zu überführen, über den Golf von Biskaya nach Gibraltar und von dort nach Malta. Als strategische Schlüsselposition im mittleren Mittelmeer ist Malta für die Engländer ein »unsinkbarer Flugzeugträger«.
Am Donnerstag, dem 19. September 1940, wird eine regelrechte Luftbrücke quer durch Zentralafrika eröffnet, die es ermöglicht, Flugzeuge mit geringer Reichweite zur Verstärkung der Einheiten in Ägypten zu überführen, da nur Langstreckenmaschinen die Biskaya–Gibraltar–Malta-Strecke befliegen können. In Takoradi an der Goldküste entsteht ein Stützpunkt, auf dem die aus England per Schiff eintreffenden Flugzeuge aufgerüstet und dann auf einer 7250-Kilometer-Strecke über Nigeria–Französisch-Äquatorialafrika und den Sudan nach Kairo geschafft werden. Navigatoren der BOAC leiten die ersten Flüge. Der erste Verband, bestehend aus 6 Hurricanes unter Führung einer Blenheim, der Takoradi am 19. September 1940 verläßt, trifft am 26. September in Abu Sueir, Ägypten, ein. Nur eine Hurricane geht unterwegs verloren.

Am Montag, 23. September 1940, beginnt die Operation »Menace«: Angriff der britischen Flotte (Adm. Cunningham) auf Dakar zur Vorbereitung einer Landung gaullistischer Verbände. Die vichytreuen französischen Seestreitkräfte und Küstenbatterien setzen sich heftig zur Wehr, und als sie den Kreuzer »Cumberland« kampfunfähig schießen und das Schlachtschiff »Resolution« stark beschädigen, läßt Churchill die Operation abbrechen.

Die Vichy-Regierung unter Marschall Pétain antwortet darauf prompt mit Bombenangriffen gegen Stützpunkt und Stadt Gibraltar. Die 6 Bombergruppen der ehemaligen Armée de l'Air und 4 Escadrilles der französischen Marine bekommen am 24. September 1940 den Einsatzbefehl. Die insgesamt 64 Bomber befinden sich auf den Stützpunkten Oran, Tafaroui (Algerien) und Merknes, Mediouna, Port Lyautey (Marokko). Diese Aktion wird sowohl von der deutschen als auch von der italienischen Waffenstillstandskommission akzeptiert. Das Kommando liegt in den Händen des Général de Brigade Aérienne Tarnier, dem Befehlshaber der Luftstreitkräfte in Marokko.
An der Operation nehmen die modernsten Maschinen, die die Franzosen zur Verfügung haben, teil: 18 Bomber LéO 45, 27 Bomber Douglas und 19 Bomber Glenn Martin. Der Angriff soll in mehreren Wellen erfolgen.
Am gleichen Tag, kurz nach 12.20 Uhr, starten die ersten Gruppen »LéO 45« (GB I/23 und GB II/23) vom Flugplatz Merknes und nehmen Kurs auf Gibraltar.
Lieutenant Rolland: »Von unserem Stützpunkt bis Gibraltar waren es nicht ganz 300 Kilometer Luftlinie. Als wir das Er-Rif überflogen, konnten wir bei dem klaren Wetter die Umrisse Europas mit der Felsspitze von Gibraltar sehen. Um 13 Uhr hatten wir unser Ziel erreicht. Wir flogen in etwa 6000 Meter Höhe; der Felsen und ein Teil des Hafens lagen unter einer dünnen Wolkenschicht. Die englische Flak eröffnete sofort starkes Feuer, besonders die Batterie am Ende der südlichen Mole. Von den RAF-Jägern hat sich keiner gezeigt. Wir warfen unsere Ladung, einige 500-kg-, 300-kg- und 100-kg-Bomben, über dem Hafen ab und konnten die Einschläge genau beobachten.«
Zwischen 13.30 Uhr und 14.15 Uhr werden über Gibraltar zum Schutz der französischen Bomber 12 Jäger Dewoitine 520 von der Gruppe GC II/3 (Mediouna), 12 Curtiss-Jäger von der Gruppe GC II/5 (Casablanca)

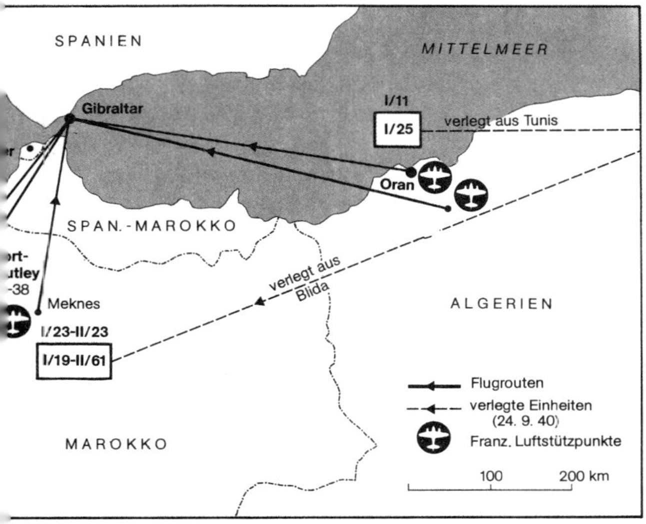

Gliederung der französischen Fliegerverbände bei den Bombenangriffen auf Gibraltar (24. und 25. September 1940)

und 12 Curtiss-Jäger der Gruppe GC I/5 (Rabat) eingesetzt. Es sind jedoch keine RAF-Jäger zu sehen. Zwei Escadrilles (2 B und 3 B) aus Port Lyautey mit 12 Glenn-Martin-Bombern beenden um 16.15 Uhr die Operation. Insgesamt sind 41 Tonnen Bomben abgeworfen worden. Die Franzosen haben keine Verluste, nur einige Bomber sind von Flaksplittern durchlöchert. Eine Stunde danach fliegen 4 Maschinen Glenn Martin der Gruppe GB I/22 (Rabat) nach Gibraltar, um das Resultat des Bombardements festzustellen und Luftaufnahmen zu machen: Der Südteil der Festung, die südliche Mole und ein größeres Schiff im Hafen sind schwer getroffen. Im Norden Gibraltars sind mehrere Brände entstanden.

Für den nächsten Einsatz gegen Gibraltar am Tag darauf, Mittwoch, dem 25. September, wird der Verband um 2 weitere Gruppen und 2 Escadrilles verstärkt. Insgesamt sind es 83 Bomber, die ihren Angriff bei gutem Wetter von 15.00 Uhr bis 16.15 Uhr durchführen, diesmal ohne Jagdschutz. Die Besatzungen melden stärkeres Flakfeuer als am Vortage. Auch diesmal begegnen ihnen keine englischen Jäger. Der Verband wirft 56 Tonnen Bomben ab.

Ein LéO 45-Bomber (GB II/23) aus Merknes mit der Besatzung des Lieutenant Court wird von der britischen Flak abgeschossen und stürzt ins Meer. 13 Maschinen sind leicht beschädigt. Die Aufklärer stellen Bombentreffer im Stützpunkt und an den Hafenanlagen fest.

Der mittlere Bomber Glenn Martin 167 F Maryland des GB I/22 (Rabat) vor dem Aufklärungsflug über Gibraltar

Dieser Angriff ist zugleich die größte Aktion französischer Bomberkräfte seit Kriegsausbruch: Auf dem Höhepunkt ihrer Bombenangriffe gegen die deutsche Armee (5. Juni 1940) haben sie damals über dem ganzen Frontgebiet nur 77 zum Teil veraltete Bomber eingesetzt.

Am Montag, dem 30. September, erfolgt noch einmal ein Tagesgroßangriff gegen London, bei dem 47 deutsche Maschinen von Jägern und Flak abgeschossen werden. 20 britische Flugzeuge gehen verloren. Danach werden die deutschen Bomber bis auf weiteres nur noch nachts eingesetzt.
Im September wirft die Luftwaffe während der insgesamt 268 Einsätze auf London: 6224 Tonnen Sprengbomben und 8546 Brandschüttkästen mit je 36 Brandbomben à 1 Kilogramm. Dagegen hat die RAF seit Kriegsbeginn nur 390 Tonnen Sprengbomben über dem Reichsgebiet abgeworfen.
Mit der Verlegung der Bombereinsätze in die Nacht beginnt die vierte Phase der Luftschlacht um England, die vom 6. September bis 31. Oktober 1940 dauert.
Die neue Angriffstaktik ist zuerst erfolgreich: Die Verluste durch Nachtjäger und Flak sind anfangs recht gering. Auch das System der Funknavigation funktioniert reibungslos, sogar unter schwierigsten Wetterbedingungen. Dies alles ändert sich, sobald die Engländer die Flak- und Scheinwerferbatterien sowie Nachtjäger mit neuen Radargeräten ausrüsten.
So wird z. B. bereits am 1. Oktober 1940 das modifizierte L.-G.-Gerät bei den britischen Flakbatterien eingeführt. Zum erstenmal in der Geschichte des Luftkrieges schießen jetzt Fliegerabwehrgeschütze auf Ziele, deren geometrische Koordinaten durch Funkmeßtechnik ermittelt werden können.
In der Nacht vom Montag zum Dienstag, dem 7./8. Oktober 1940, greifen 30 Wellington- (3rd Group) und 12 Whitley-Bomber (4th Group RAF Bomber Command) die Reichshauptstadt an. Es ist der bisher schwerste Angriff gegen Berlin, bei dem 50 Tonnen Sprengbomben abgeworfen werden. 25 Tote, 50 Verletzte sind unter der Zivilbevölkerung zu beklagen. 2 Maschinen kehren nicht zurück.
Am Mittwoch, dem 16. Oktober 1940, wird der erste Dunkelnachtjagderfolg gemeldet: Oberleutnant L. Becker (6./NJG 2) hat nach Angaben eines Freya-Gerätes mit AN-Peilung einen Bomber gefunden und abgeschossen.

Am Dienstag, dem 22. Oktober 1940, sammeln sich Einheiten des Corpo Aereo Italiano (CAI) mit 75 Bombern sowie 5 Fernaufklärern und 98 Jägern auf dem Luftstützpunkt Epinette bei Brüssel (Belgien) und starten am 24. Oktober im Rahmen der Luftflotte 2 zu ihrem ersten Einsatz gegen Harwich.
Montag, 28. Oktober 1940: Um 5.30 Uhr beginnt der Angriff Italiens auf Griechenland von Albanien aus. Unter dem Oberbefehlshaber der italienischen Luftstreitkräfte, General Visconti-Prasca, stehen in Albanien 107 Jäger, 55 Bomber und 25 Aufklärer und in Apulien 119 Bomber, 20 von Deutschland gelieferte Stukas Ju 87, 54 Jäger und 18 Aufklärer startbereit. Die griechische Luftwaffe besitzt dagegen nur 44 Jäger, 39 Bomber und 66 zum Teil veraltete Aufklärer.

Am Dienstag, dem 29. Oktober 1940, einen Tag nach Mussolinis Angriff auf Griechenland, besetzen die Engländer Kreta und schaffen sich damit eine Schlüsselposition im Mittelmeer, von der aus die wichtigen rumänischen Ölfelder in Bomberreichweite liegen.

In den ersten drei Wochen des Oktobers fliegen fast ausschließlich Jagdbomber die Tag- und Nachtangriffe gegen London. Erst am Ende des Monats setzt die Luftwaffe wieder größere Verbände an Kampfflugzeugen bei Nacht ein.
Im Oktober werden bei 333 Bombenangriffen auf London 7160 Tonnen Sprengbomben und 4735 Brandschüttkästen abgeworfen. Die bisherigen Verluste der britischen Zivilbevölkerung: 15 000 Tote, 21 000 Verletzte.

Am Freitag, dem 1. November 1940, kommt es zum ersten größeren Luftkampf zwischen Italienern und Griechen. Dabei wird nördlich von Joannina eine italienische Maschine von einer griechischen PZL-24 (polnischer Bauart) des Jagdgeschwaders 21 abgeschossen.

Britische Flak (Kaliber 40 mm) auf dem Felsen vor Gibraltar, Princess Royal Site, in Alarmbereitschaft

RAF-Nachtjäger der 85. Squadron in Alarmbereitschaft: Rechts Squadron Leader Peter Townsend mit seinem Schäferhund Kim

Unten rechts: Macchi C.200 Saetta (Pfeil), bekannt durch seine überragende Wendigkeit, ist zu dieser Zeit der beste italienische Jäger

Tags darauf gelingt einem griechischen Jäger eine recht seltsame Tat: Nachdem ihm die Munition ausgegangen ist, rammt Leutnant Marinos Mitralexis (22. Jagdgeschwader) mit seinem PZL-24-Jäger das Heck des Savoia-SM.79-Bombers. Noch während die verdutzten Italiener mit ihren Fallschirmen zu Boden schweben, landet Mitralexis mit seiner beschädigten Maschine und nimmt die ganze Besatzung gefangen.

Sonntag, 3. November 1940: Die Serie von 57 Nachtangriffen auf die britische Hauptstadt mit einer durchschnittlichen Einsatzzahl von etwa 200 Flugzeugen, Bombern und Jagdbombern, die am 5./6. September begonnen hat, endet. Zwar erfolgen in der ersten Novemberhälfte noch einige Angriffe von Kampfflugzeugen in Geschwaderstärke auf London, doch sind jetzt die Industriezentren im Landesinnern und die Küstenstädte die häufigsten Ziele der deutschen Bombenflugzeuge.

Im Raum Gallabat, in dem von Italienern besetzten sudanesischen Grenzgebiet, startet am Mittwoch, dem 6. November 1940, die erste britische Offensive des Krieges, die von den Italienern zurückgeschlagen wird: Die schwachen britischen motorisierten Truppen geraten im unwegsamen Gelände in einen schweren Luftangriff. Mehrere zur Unterstützung der Bodentruppen eingesetzte Gladiators erleiden durch die italienischen Jäger starke Verluste. Die italienische Luftüberlegenheit und der hartnäckige Widerstand ihrer Heereseinheiten zwingen die Engländer zum Rückzug.

Sonntag, 10. November 1940: In den Morgenstunden starten in Gander (Neufundland) 7 Hudson-Maschinen mit zivilen Besatzungen der BOAC, die das Küstenkommando dringend benötigt, unter der Führung von Captain D. Bennet, und nach 10½ Stunden erreichen sie Nordirland. Damit beginnt eine bis Kriegsende andauernde, regelmäßige Atlantik-Luftbrücke, über die in den USA und Kanada gebaute Flugzeuge gebracht werden.

In der Nacht vom 11./12. November greifen britische Torpedo- und Bombenflugzeuge den italienischen Flottenstützpunkt Tarent an, der am Absatz des italienischen Stiefels – 500 Kilometer von Malta entfernt – liegt. Die italienische Flotte ist auslaufbereit. Sie soll am folgenden Tag Tarent verlassen, um Suda (Kreta) zu beschießen. Kurz nach Einbruch der Dunkelheit startet die erste Welle (KptLt. K. Williamson) mit 12 »Swordfish« mit Zusatztanks vom Träger »Illustrious«, etwa 250 Kilometer südöstlich von Tarent. Die zweite Welle (KptLt. J. W. Halle), die wegen einiger Ausfälle nur aus 8 Flugzeugen besteht, folgt eine Stunde später. Eine Maschine nach der anderen fliegt in die Lücke zwischen den Fesselballons und wirft ihre Torpedos, genau über der Fangnetzlücke, in einer Entfernung von 600 bis 700 Metern von den Angriffszielen, ab. Sie fliegen dabei so niedrig, daß hier und da ein Flugzeug mit den Rädern die Wasseroberfläche streift. Hätten sie die Torpedos aus einer größeren Höhe abgeworfen, wären sie beim Aufprall zerschellt. Die Flak eröffnet ein heftiges Sperrfeuer. Durch Mond und Leuchtbomben erhellt, heben sich die italienischen Schlachtschiffe deutlich gegen den Westhimmel ab. Die »Conte di Cavour« erhält einen Torpedotreffer, die »Littorio« zwei. Dann erscheint die zweite Welle, die trotz ihrer geringeren Stärke auf der »Caio Duilio« einen und auf der »Littorio« zwei weitere Torpedotreffer erzielt. Beide Angriffsverbände verlieren nur je ein Flugzeug. Die drei getroffenen Schlachtschiffe sinken vor Anker. Obwohl die »Littorio« und die »Caio Duilio« später gehoben und repariert werden, sind sie doch für fünf oder sechs Monate außer Gefecht gesetzt; die »Conte di Cavour« wird nie wieder in Dienst gestellt. Die Bombenangriffe auf die Kreuzer und Zerstörer im inneren Hafen sind weniger erfolgreich: die einzigen beiden Bomben, die getroffen haben, explodieren nicht.
»Ich habe gute Nachrichten für Sie«, rief Churchill im Unterhaus, die Siegesdepesche schwenkend: »Das Gleichgewicht der Seestreitkräfte im Mittelmeer hat sich verlagert.«
Die Ironie des Schicksals will es, daß gerade am gleichen Tage die italienische Luftwaffe, auf ausdrücklichen Wunsch Mussolinis, an der Bombenoffensive gegen Eng-

Rechts: Die bewährten Torpedoflugzeuge Fairey Swordfish I aus Blech, Stoff und Sperrholz fliegen außer dem Angriff auf Tarent später auch andere den Seekrieg entscheidende Einsätze

Unten links: Britischer Flugzeugträger »Illustrious« (Konteradm. Lyster), der sich an der Operation gegen Tarent beteiligt hat

land teilnimmt. Ein italienisches Bombergeschwader, eskortiert von etwa 60 Jägern, versucht, britische Geleitzüge anzugreifen. 8 Bomber und 5 Jäger werden abgeschossen. Churchill: »Sie hätten bei der Verteidigung ihrer Flotte in Tarent bessere Verwendung gefunden.«
Der Angriff der Torpedo-Trägerflugzeuge auf den Marinestützpunkt Tarent, der die Hälfte der italienischen Schlachtschiffe außer Gefecht setzt, bestätigt die Rolle der Trägermaschinen als wichtigste Waffe in der neuen Seekriegsepoche. Admiral Cunningham: »Ein noch nie dagewesenes Beispiel für den ökonomischen Einsatz von Kampfverbänden.« Der Admiral ahnt nicht, daß sein eifrigster Schüler im fernen Tokio sitzt. Der englische Erfolg in Tarent ist nämlich für den japanischen Admiral Yamamoto die Bestätigung für die Richtigkeit seines Planes, den US-Flottenstützpunkt Pearl Harbor mit Trägerflugzeugen anzugreifen.

Gegen 15 Uhr, am 14. November, entschlüsseln die Codebrecher vom Bletchley Park einen Enigma-Funkspruch, der sie aufhorchen läßt: Die deutsche Luftwaffe bereitet für die kommende Nacht einen Großangriff auf Coventry vor. Noch ist es Zeit, die Bevölkerung dieser Stadt zu warnen oder sogar zu evakuieren. Winterbotham setzt sich sofort mit dem Büro des Regierungschefs in Verbindung. Winston Churchill ist im Augenblick nicht erreichbar: Winterbotham: »Ich bat den persönlichen Sekretär, mich anzurufen, nachdem Churchill seine Entscheidung gefällt habe. Sollte Churchill sich nämlich für eine Evakuierung der Stadt Coventry entscheiden, würde ich schnelle Maßnahmen zur Tarnung unserer geheimen Nachrichtenquelle ergreifen müssen.«

Erst am späten Nachmittag trifft im Bletchley Park die Antwort des Premierministers ein: keine Evakuierung der Einwohner und keine Warnung, lediglich die Luftverteidigung solle sich bereithalten. Churchill ist offenbar der Ansicht, daß zu auffällige Maßnahmen den Besitz von Enigma verraten könnten.
Der Großangriff in der Nacht vom 14./15. November auf das Zentrum der britischen Flugzeugmotorenwerke in Coventry eröffnet die eigentliche deutsche Nachtluftoffensive. Die Wetterverhältnisse für die Durchführung dieser Operation sind durch den Vollmond und die Windstille äußerst günstig. Die mit dem »X«-Gerät, einem neuartigen Funkleitverfahren, zum Objekt geführte Pfadfinderkampfgruppe 100 sorgt für gute Ausleuchtung des Ziels. Die 449 Bomber können dank der geringen Entfernung von den Absprunghäfen (etwa 400 Kilometer) zum Teil zweimal eingesetzt werden. Die Fliegerabwehr erzielt trotz ihres schweren Feuers nur zwei Abschüsse. Noch weniger wirksam ist die Nachtjagd, an der sich durch die große Helligkeit über dem Zielgebiet auch Tagjäger beteiligen.
Die Bomber werfen über Coventry 503 Tonnen Sprengbomben und 881 Brandschüttkästen ab. Die Brände können erst in der folgenden Nacht unter Kontrolle gebracht werden. Zum erstenmal in diesem Krieg ist ein Stadtzentrum planmäßig fast völlig eingeäschert worden und das Leben durch den Ausfall des gesamten Strom-, Wasser- und Gasnetzes lahmgelegt. Der Preis für die Bewahrung des »Ultra«-Geheimnisses: 554 tote und 865 verletzte Einwohner Coventrys.
Diese Operation zeigt zugleich die Unfähigkeit der Luftflottenkommandos, einen konzentrierten Angriff binnen

kürzester Zeit zu führen. Das Bombardement selbst erstreckte sich über 10 Stunden.
Coventry, für die alliierte Kriegspropaganda Sinnbild der deutschen Luftbarbarei, wird zum Studienobjekt für das britische Bomberkommando, das die Planung der Flächenangriffe auf deutsche Großstädte entscheidend beeinflußt. Dabei entgeht ihm auch nicht, daß man die größten Schäden in dicht bebauten Stadtkernen durch Flächenbrände und Feuerstürme erreichen kann.
Am Anfang der dritten Novemberwoche führt die Luftwaffe eine Serie starker Bombenangriffe auf Birmingham durch. Bei einer dieser Aktionen, in der Nacht vom 19./20. November 1940, gelingt es einem mit Bord-Ra-

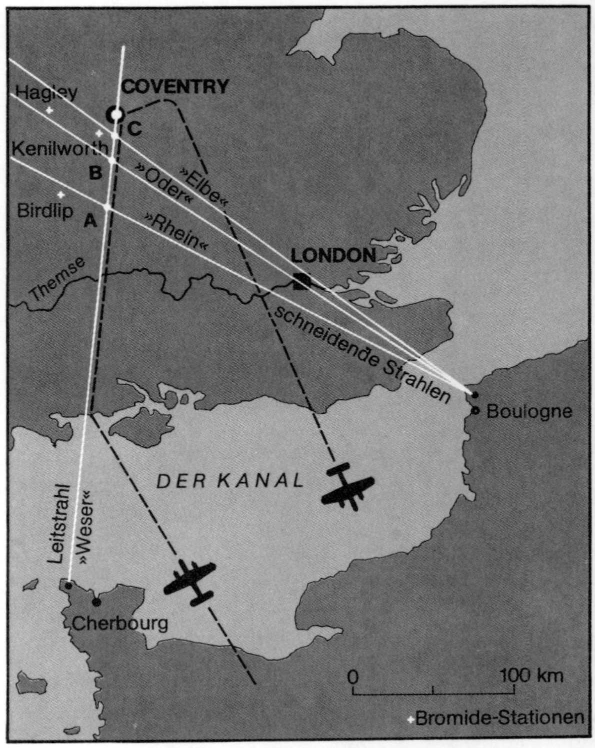

Rechts: 13./14. November 1940: Anordnung der Leitstrahlen beim Angriff auf Coventry mit Hilfe der X-Geräte

A = Querstrahl (Rhein): Die Flugzeuge fliegen auf dem Leistrahl Weser
B = Querstrahl (Oder): Die Beobachter schalten das Bombenabwurfgerät ein
C = Querstrahl (Elbe): Das Ziel ist jetzt 5 km entfernt.
Ziel Coventry: Die Bomben werden automatisch ausgelöst
+ = Bromide, britische Störstationen gegen das X-Gerät

Unten: Die Flieger des Löwengeschwaders (KG 26) mit Regenschirmen, die sie später über England abwerfen

Coventry

23 /2

Lange(westl.Greenw) 1°29 50', Breite 52°26 (Mitte Luftbild) [illegible]
[illegible] -11°45 Mitte 1935 8.6.39

500 0 500 1000 m

[illegible] 16 200 1 cm = 162 m

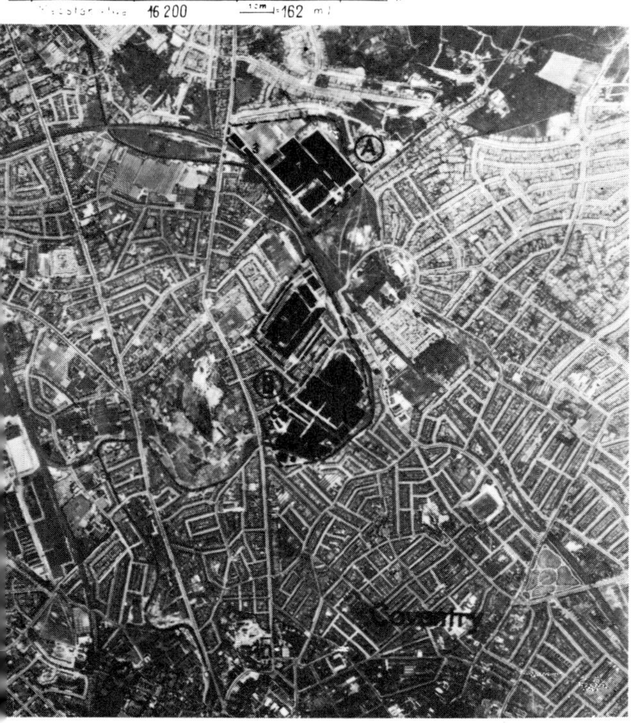

GB 803 Morris Eng. Factory Autofabrik			(B) GB 7312 Rover Werke, Flugmotoren			
Fabrikationshallen	etwa	85 000 qm	1)	Fabrikationshallen	etwa	120 000 qm
Kesselhaus	etwa	800 qm	2)	Kesselhaus	etwa	1 500 qm
Nebengebäude	etwa	6 200 qm	3)	Nebengebäude	etwa	15 000 qm
ebaute Fläche	etwa	92 000 qm	4)	Wohngebäude	etwa	9 000 qm
esamte Fläche	etwa	220 000 qm		bebaute Fläche	etwa	145 500 qm
				Ausdehnung insgesamt	etwa	360 000 qm

Oben: Coventry, 16. November 1940: Die Männer des Pioneer Corps helfen bei den Aufräumungsarbeiten im zerstörten Stadtzentrum

Links: Diese Zielbild-Luftaufnahme benutzen die deutschen Bomberbesatzungen bei dem Angriff auf Coventry am 14./15. November 1940

dar ausgestatteten britischen Nachtjäger, Typ Bristol Beaufighter (Flying Officer J. Cunningham), zum erstenmal in der Geschichte des Luftkrieges, ein Flugzeug, es war eine Ju 88, zu orten und abzuschießen.

Im Spätherbst 1940 wirken sich die Einsätze der von den besetzten westfranzösischen Flughäfen aus operierenden Fernkampfflugzeuge von Typ Focke Wulf 200-Condor immer bedrohlicher aus. Allein im Monat November versenken diese Langstreckenbomber 18 Schiffe mit 66 000 BRT. Zugleich suchen sie in weiten Bereichen des Atlantik nach britischen Geleitzügen und funken deren Position den U-Booten. So steigen die Erfolge der U-Boote rapide an.

Freitag, 6. Dezember 1940: In der Cyrenaika stürmt eine motorisierte Armee unter General Wavell (etwa 31 000 Mann) mehr als 60 Kilometer vorwärts, von der italienischen Luftwaffe unbemerkt. Es ist die erste erfolgreiche britische Offensive dieses Krieges. Die Luftunterstützung führen tagsüber Hurricanes, Gladiators und Blenheims, nachts dagegen die Bomber vom Typ Wellington und Bombay. Bald gewinnen die Engländer die Luftüberlegenheit, da die »Regia Aeronautica« zu Beginn der Offensive ihre vorgeschobenen Flughäfen im Raum Sidi Barani und Sollum verloren hat.

In der Nacht vom 16./17. Dezember 1940 fliegt die RAF ihren ersten Flächenangriff: 134 Flugzeuge bombardieren die Wohnviertel im Zentrum von Mannheim, 10 Maschinen gehen dabei verloren. Sie werfen auf die Innenstadt gesamt 80 Tonnen Sprengbomben und 14 000 Brandbomben ab.
In der zweiten Dezemberhälfte eröffnet die RAF mit Jagdbombern ihre ständigen Tagesangriffe auf Frankreich. Der erste dieser Einsätze, genannt Rhubarb, auf dem Kontinent durchgeführte Störangriffe im Tiefflug auf sich gerade bietende Ziele, wird am Freitag, dem 20. Dezember 1940, von zwei Spitfires geflogen, während die ersten Nachtstörflüge mit dem Ziel, deutsche Bomber über ihren eigenen Flugbasen abzufangen, in der darauffolgenden Nacht zum Sonnabend beginnen.
Die deutschen Luftoperationen gegen englische Industriestädte wurden im Dezember weitergeführt. Hauptziele sind diesmal Southampton, Portsmouth, Birmingham, Manchester.
Von Samstag auf Sonntag, in der Nacht vom 28./29. Dezember 1940, führt die Luftwaffe einen Vergeltungsangriff auf London. Das bei Nacht weitgehend entvölkerte Büroviertel in der Innenstadt soll zerstört werden. Zumal die City am Weekend von Brandwachen fast entblößt ist, wüten dort Riesenbrände. Der Angriff wird am nächsten Tag wiederholt, es sind die beiden schwersten, die London bis jetzt erlebt hat.
Um jedoch die Industrie Großbritanniens empfindlich zu treffen, wäre der Abwurf einer Bombenlast notwendig, die die Möglichkeit der deutschen Luftwaffe weit übersteigt. Und dies trägt maßgeblich zum Fiasko der strategischen Luftoffensive gegen England bei. Die Luftschlacht um England bleibt von entscheidender Bedeutung für den Verlauf des ganzen Krieges und soll gerade für die Deutschen ein Beweis mehr sein, daß die Douhet-Lehre nur eine Theorie ist.
Bis Ende 1940 fliegt das britische Bomberkommando 36 Angriffe gegen Berlin. Bei den verhältnismäßig schweren Angriffen auf Deutschland gehen im Dezember 1940 durch mangelnde Erfahrung der Besatzung, verbunden mit Navigationsschwierigkeiten, Wetterproblemen, Treibstoff-Fehlberechnungen und Bruchlandungen fast soviel Bomber verloren, wie durch Flak oder die zur Zeit noch seltenen Nachtjäger abgeschossen werden.

Der Jäger Supermarine Spitfire (polnische 303. Squadron) ist die wendigste Maschine während der Luftschlacht um England und steigt schneller als die Me 109. Es ist das einzige RAF-Flugzeug, das den ganzen Krieg hindurch ununterbrochen produziert wurde

1941

Januar bis Juni

Anerkennung von Abschüssen

Besondere Vorfälle weisen erneut nachdrücklich auf die Bedeutung der unbedingten Zuverlässigkeit der Abschußmeldungen hin. Dies bezieht sich ebenso auf die ersten Meldungen, die die Truppe als Gefechtsmeldung erstattet, wie auch auf die Eingaben zur Anerkennung der Abschüsse, da erstere die Grundlagen zur Lagebeurteilung und zur Verleihung höchster Kriegsorden bilden, letztere die historische Wahrheit der Kriegsgeschichte berühren. Für die Erstattung der Gefechtsmeldungen ist die Verfügung »Ob.d.L., Führungsstab I a 3970 vom 7. 10. 1940« maßgebend.

Voraussetzung für die Weitergabe dieser Abschußmeldungen ist ihre scharfe und kritische Prüfung in mündlichem Verhör, welches derjenige Verbandsführer vorzunehmen hat, dem der Luftsieg vom Abschußschützen gemeldet wird. Es ist darüber hinaus Aufgabe der Kommandeure – insbesondere der Geschwaderkommodore –, ihre Besatzungen zu höchster Moral im Melden zu erziehen, sie zur Beurteilung anzuleiten, welche Abschüsse meldefähig sind, und sie bei Abgabe der Meldungen sachgemäß zu überwachen.

Die Bearbeitung der Eingaben zur Anerkennung – d. h. die schriftlichen Meldungen und die Zeugendarstellungen – müssen sich von jeder Schematisierung freimachen.

Die Weitergabe auf dem Dienstwege soll im Interesse der Ausnutzung der frischen Erinnerung normalerweise so rechtzeitig erfolgen, daß die Eingabe die mitprüfenden Dienststellen bis zur Luftflotte in längstens drei Tagen durchlaufen hat. Um dies zu erreichen, ist bei jeder Einheit ein für die Bearbeitung der Abschüsse verantwortlicher Offizier zu bestimmen. Seine Anleitung und Überwachung ist Sache des Verbandsführers, der auch letzten Endes die Verantwortung für den Ruf seines Verbandes trägt.

Auf Grund der bisherigen Erfahrungen folgt nachstehend in teilweiser Wiederholung bisher ergangener Verfügungen eine Reihe formeller Hinweise für die Bearbeitung von Abschußmeldungen:

1. Abschußmeldungen sowie sämtliche Vorgänge nur »offen« einreichen.
2. Für jeden Abschuß die befohlenen Unterlagen gesondert abfassen. Keine vervielfältigten Gefechts- und Zeugenberichte, stets nur Originalberichte zur Vorlage bringen.
3. In den Abschußmeldungen, Gefechts- und Zeugenberichten stets die Höhe, in der der Abschuß erfolgte, die Gegend des Absturzes und kurze Geländebeschreibung des Aufschlagortes angeben.
4. Aus der Abschußmeldung, dem Gefechts- und den Zeugenberichten sowie der Stellungnahme der Zwischenvorgesetzten muß hervorgehen, ob andere Einheiten und welche an der Bekämpfung des Feindes beteiligt oder wahrscheinlich beteiligt waren. Für diese Prüfung ist bei den Zwischendienststellen die Führung einer Zeit- und Ortsübersicht über eingegangene Abschußmeldungen notwendig.
5. Nur unmißverständliche Eigenbeobachtungen in den Gefechts- und Zeugenberichten melden.
6. Zeugenberichte selbständig ohne Mitwirkung eines Dritten abfassen lassen.
7. Die im Wortlaut der Meldung festgelegten Angaben über den Absturz müssen den Begriffsbestimmungen voll entsprechen (z. B. Brand und Abmontieren). Ausdrücke wie: a) feindliches Flugzeug stürzte senkrecht zu Boden (in See), b) feindliches Flugzeug machte ungesteuerte Bewegungen, sind unklar. Sie müssen z. B. lauten: a) Die Spitfire schlug etwa 2 km ostwärts Adorf senkrecht auf einer Weide auf; oder: Aufschlag auf See im flachen Winkel wurde von mir beobachtet. b) Die Spitfire trudelte ab; oder: die Bristol-Blenheim flog mit geringer Fahrt ohne Abwehrbewegungen geradeaus; oder:

Ein deutsches Schwimmerflugzeug Arado Ar 196 schießt einen RAF-Whitley-Bomber ab. Beide Flugzeugtypen haben sich einen Namen gemacht: Die Arado 196 am 4. Mai 1940 beim Kapern des britischen U-Bootes »Seal«, und die Whitley, auch Scheunentor genannt, überflog als erster RAF-Bomber Berlin

die Bristol-Blenheim kippte aus überzogenem Zustand über die linke Fläche ab.
8. Ein Antrag auf Anerkennung eines Abschusses besteht für die fliegenden Verbände aus vier, für die Flak-Artillerie aus fünf Teilen: a) der Abschußmeldung, b) dem Gefechtsbericht, c) dem Originalzeugenbericht, d) der Skizze mit eingezeichneter Batteriestellung, Flugweg des Zieles und Aufschlagort des abgeschossenen feindlichen Flugzeuges, e) den Stellungnahmen der Zwischendienststellen. Von den fliegenden Verbänden ist lediglich bei Zerstörungsmeldungen am Boden ebenfalls eine Skizze mit eingezeichneter Lage des angegriffenen Flugplatzes, der Verteilung der Flugzeuge auf demselben und Bezeichnung der erfolgten Zerstörung einzureichen.
9. In dem Formblatt der Abschußmeldung ist das Wort »brennend« sowie die Klammerung zu streichen.
10. Das Formblatt für den Luftzeugenkampfbericht kommt in Fortfall. Der Luftzeugenkampfbericht ist in Zukunft nur in der Form eines kurzgefaßten Gefechtsberichtes über die persönlichen Beobachtungen des Luftzeugen vorzulegen.
Der R.d.L. u. Ob.d.L., 9. 1. 1941, *Luftwaffenpersonalamt* Az. 29 Nr. 54624/40 (5, VII).

Tagesparole des Reichspressechefs,
Montag, 13. Januar 1941:
Der Minister rügt scharf die Aufmachung der Sonntagnachmittagsblätter, die im Gegensatz zu seiner ausdrücklichen Anordnung wieder neutrale Pressestimmen zu dem Angriff auf London groß herausstellten ... Wie wolle man erst den Endsieg über England einst in der Presse gebührend würdigen?

Tagesparole des Reichspressechefs,
Dienstag, 14. Januar 1941:
Es müsse vermieden werden, so führte der Minister aus, den Luftschutzraum zu einer Kaserne zu stempeln. Dieses werde aber durch eine Vielzahl von Verboten und Bestimmungen erreicht, die nur Verärgerung und Unwillen in der Bevölkerung erregten. Der Minister schlägt vor, daß gewisse unbedingt nötige Verhaltungsmaßregeln in zusammenfassender Form als »Zehn Gebote für den Luftschutzkeller« in den Schutzräumen zum Aushang kommen sollen.

Erfahrungsbericht

Täuschungsmaßnahmen auf Schiffen: Nach Nachrichten aus neutraler Quelle werden auf angegriffenen Schiffen zur Irreführung der Flugzeugbesatzungen Treffer vorgetäuscht, indem Scheinbrände (durch brennende Teerpfannen?) an Bord erzeugt werden und die Besatzung in die Boote geht.

Frontnachrichtenblatt der Luftwaffe, Februar 1941

Englische Sperrballone in Schweden

Dienstag, 4. März 1941, Stockholm
Svenska Dagbladet berichtet:
Weitere schwere Schäden wurden durch treibende britische Sperrballone in Westschweden angerichtet.
Ungefähr 20 britische Sperrballone treiben zur Zeit über Schweden. In Ucklumä legte ein Ballon mit seinem 1500 Meter langen Schleppseil einen Fabrikschornstein um. Andere Ballone zerstörten mit ihren Schleppseilen die Takelagen von Fischerbooten. Im Schärengebiet von Göteborg waren einige Inseln völlig ohne elektrischen Strom, da ein solcher Sperrballon die Überlandleitung zerstört hatte.

Kanadische Flieger in England

Mittwoch, 5. März 1941, London
Das *Luftfahrtministerium* gibt bekannt:
Ein neues Kontingent von in Kanada ausgebildeten Fliegern ist in der Umgebung Londons eingetroffen. Es handelt sich um die stärkste Abteilung, die bis jetzt in Großbritannien gelandet ist.

5. März 1941, Rom
Das *Comando Supremo* teilt mit:
An der griechischen Front haben Verbände der Regia Aeronautica feindliche Truppenansammlungen und Verteidigungsstellungen wirksam mit Splitter- und Sprengbomben belegt. Ein starker feindlicher Verband, der unsere Einheiten anzugreifen versuchte, wurde durch heftiges Abwehrfeuer sowie durch schnelles Eingreifen eines Jagdverbandes zurückgeschlagen. In kühner Entschlossenheit nahm dieser Jagdverband den Kampf gegen eine mehr als doppelte Übermacht auf.

Mittwoch, 19. März 1941
Das *Oberkommando der Wehrmacht* gibt bekannt:
Im Mittelmeerraum griffen am 16. März deutsche Aufklärungsflugzeuge 40 Kilometer westlich Kreta einen starken Verband feindlicher Kriegsschiffe, bestehend aus 2 schweren Einheiten, 6 Kreuzern und 2 bis 3 Zerstörern, an. Die beiden schweren Einheiten wurden durch je ein Lufttorpedo getroffen.

Tagesparole des Reichspressechefs,
Donnerstag, 20. März 1941:
Die Äußerungen des Obersten Lindbergh, wonach die Vereinigten Staaten kaum soviel kampffähige Flugzeuge besäßen wie eine einzige Wochenproduktion an Flugzeugen in Deutschland ausmache, eigne sich gut zu entsprechender Kommentierung in der deutschen Presse und im Sprachendienst.

Flugzeuge aus Kaffeebohnen?

Sonntag, 23. März 1941
United Press berichtet:
Lord Forbes, der Präsident der Nationalen Exporthandelsvereinigung, erklärte, es sei brasilianischen Wissenschaftlern gelungen, eine neue Verwendung für die Überschüsse an Kaffee zu finden. Die Masse, deren Herstellung aus Kaffee nach längeren Experimenten jetzt möglich geworden ist, heißt »Cafelite«. Sie sei, wie Lord Forbes erklärte, »sehr widerstandsfähig und besitze außergewöhnliche physikalische Eigenschaften«. Tatsächlich ist die Masse von so guter Qualität, daß sie für die Herstellung von Flugzeugteilen, wenn nicht gar für die Konstruktion ganzer Flugzeuge verwendet werden kann.

Sonnabend, 29. März 1941, London
Die *Royal Navy* teilt mit:
Im östlichen Mittelmeer haben Operationen von gewisser Bedeutung stattgefunden. Es scheint, daß am Freitag unser Flottenverband unter dem Kommando von Admiral Sir Andrew Cunningham auf starke italienische Streitkräfte stieß. Die feindlichen Schiffe versuchten zu entkommen, aber einige von ihnen wurden zum Kampf gestellt. Vermutlich hat bisher mindestens ein Schlachtschiff der »Littorio«-Klasse einen Volltreffer bekommen und zwei feindliche Kreuzer müßten stark beschädigt sein. Die Flugzeuge der Royal Navy und der RAF führten Angriffe durch, deren Ergebnisse noch nicht bekannt sind. An diesen Operationen beteiligten sich auch griechische Seestreitkräfte. Weitere Berichte werden nach ihrem Eintreffen unverzüglich bekanntgegeben.

März 1941, Griechenland: Italienische Savoia Marchetti SM 79 Sparviero (Falke) auf einem Feldflugplatz. Diese leistungsfähigen Bomber nahmen schon am Spanischen Bürgerkrieg teil

Ein Vickers-Wellesley-Bomber der 14. RAF Squadron (Port Sudan) auf einem ostafrikanischen Feldflugplatz. Die Maschine gehört zu den einmotorigen Flugzeugen mit der größten Spannweite und ist die erste Konstruktion von Dr. Barnes Wallis in geodätischer Bauweise

29. März 1941, Rom
Das *Comando Supremo* gibt bekannt:
In Ostafrika geht an der Nordfront die Schlacht bei den neuen Stellungen im Osten von Keren erbittert weiter. Unsere Luftverbände haben britische LKW-Kolonnen bombardiert. Im Luftkampf wurden von unseren Jagdfliegern zwei feindliche Flugzeuge abgeschossen. In den ersten Morgenstunden des Freitags haben englische Flugzeuge einen Angriff auf den Flugplatz von Lecce durchgeführt, wobei sie die Anlagen unter MG-Feuer nahmen. Es gab einige Verwundete.

Sonntag, 30. März 1941, Rom
Das *Comando Supremo* gibt bekannt:
Im östlichen Mittelmeer wurde eine starke feindliche Flottenformation mehrfach angegriffen. Trotz des heftigen Flakfeuers erzielte ein italienisches Torpedoflugzeug einen Volltreffer auf einem leichten Kreuzer. Flugzeuge eines deutschen Fliegerkorps beschädigten einen Flugzeugträger und schossen einen feindlichen Jäger ab. In Ostafrika hält der feindliche Druck an der Nordfront östlich von Keren an. Er wird durch unsere heftigen Gegenangriffe aufgehalten. Im Raum von Harrar räumten unsere Truppen Diredaua und begeben sich in voller Ordnung in neue Stellungen. Italienische Jagdflieger zerstörten auf dem Flugplatz von Djidjiga mehrere Flugzeuge am Boden. Im Luftkampf wurden zwei Hurricanes abgeschossen. Zwei italienische Flugzeuge kehrten nicht zu ihren Stützpunkten zurück.

30. März 1941, Kairo
Das *Hauptquartier der RAF im Mittleren Osten* teilt mit:
In Eritrea nahmen die Operationen der RAF am Freitag südlich von Keren ihren Fortgang. Motorisierte Kolonnen und feindliche Truppen in der Nähe von Asmara wurden mit Bomben belegt und unter MG-Feuer genommen.

30. März 1941, Kairo
Das *britische Fliegerkommando (Ägypten)* gab am Sonnabend bekannt:
In Italienisch-Ostafrika entfalteten die britischen Flugzeuge auch gestern wieder eine starke Tätigkeit im Gebiet von Asmara. In Asmara selbst wurden Bahnhofsgebäude, Eisenbahnwagen und motorisierte Kolonnen wiederholt von Bomben getroffen. Flugzeuge der Freien Franzosen führten einen Angriff auf einen feindlichen Stützpunkt zwischen Gondar und Asmara durch und zerstörten eine Anzahl militärischer Anlagen durch gezielte Bombentreffer.

Montag, 31. März 1941, Athen
Das *britische Fliegerkommando (Griechenland)* meldet:
Britische Bomber unternahmen am Sonntag erfolgreiche Angriffe auf Elbasan und Umgebung. Feindliche Jagdflieger versuchten, unsere Flugzeuge aufzuhalten; doch gaben sie den Kampf auf, nachdem ein feindliches Jagdflugzeug zum Absturz gebracht worden war. Bewaffnete Erkundungsflüge in der Gegend von Tepeleni verliefen ebenfalls erfolgreich. Alle britischen Maschinen sind zurückgekehrt.

Tagesparole des Reichspressechefs,
Montag, 31. März 1941:
Über die Seeschlacht im Ägäischen Meer müssen die italienischen Verlustmeldungen abgewartet werden. Sollten noch weitere Meldungen zu dem von uns schwer getroffenen englischen Flugzeugträger kommen, so darf nicht erwähnt werden, daß es sich wieder um die »Ark Royal« gehandelt hat.

Stukas zerhämmern die »Metaxas-Linie«

... Wir haben Positionslichter gesetzt, bläulich-graue Schatten haben sich an den Hängen festgesetzt, und langsam schiebt sich die Sonne wie ein blutigroter Ball über den schneeweißen Kamm des Grenzgebirges ... Wir gehen auf Kurs, heben uns in weitem Bogen um das Gebirgsmassiv heran und greifen an ... Mit voller Bombenlast geht's in die feindlichen Stellungen hinein, eine Maschine, zwei, drei, vier. Es kracht und blitzt. Riesige

Deutsche Junkers Passagiermaschinen Ju 86 Z-7, von der South African Air Force (SAAF) zum Bomber umgebaut, nehmen im Rahmen der 11. und 12. Squadron an den Kämpfen gegen Italien in Ostafrika teil

Staub- und Trümmerpilze ranken sich hoch, vereinigen sich und ziehen wie unheildrohende Schwaden durch das Tal, in das wir mit windender Fahrt hineinschießen, um schemenhaft zu verschwinden, wie wir aufgetaucht sind ... *Völkischer Beobachter, April 1941*

Montag, 7. April 1941
Das *Oberkommando der Wehrmacht* gibt bekannt:
An der Südostfront schreitet der Angriff unter hartnäkkigen Kämpfen planmäßig fort. Starke Teile der Luftwaffe unterstützten das Vorgehen des Heeres durch Aufklärung, Angriffe gegen Kolonnen, Stellungen und Verkehrsmittel des Feindes. Wie bereits gemeldet, wurden die Festungsanlagen und andere kriegswichtige Ziele in Belgrad bei Tage mehrfach von starken Verbänden deutscher Kampfflugzeuge mit vernichtender Wirkung angegriffen. Insbesondere erhielten der Hauptbahnhof von Belgrad und eine Pontonbrücke über die Donau ostwärts Belgrad, ferner einige Transportzüge schwere Treffer. Zahlreiche große Brände wiesen noch in der Nacht den deutschen Kampfflugzeugen den Weg zu einem vierten Angriff auf die Festung Belgrad. Außerdem wurden Flugplätze in Mittel- und Südjugoslawien mit nachhaltigem Erfolg bombardiert und mit Bordwaffen beschossen. Dabei gelang es, zahlreiche Flugzeuge am Boden zu vernichten.

Dienstag, 8. April 1941
Das *Oberkommando der Wehrmacht* gibt bekannt:
Die Luftwaffe griff auch am gestrigen Tage trotz ungünstiger Wetterlage in rollenden Angriffen militärische Ziele der Festung Belgrad mit Spreng- und Brandbomben an. In Hallen und Anlagen des Hauptbahnhofes entstanden neue Großbrände. Angriffe von Sturzkampf- und Zerstörerverbänden richteten sich gegen feindliche Flugplätze in Serbien. Hier wurden 32 Flugzeuge am Boden zerstört und zwei weitere Flugzeuge schwer beschädigt.

30 Fackeln auf einem Flugplatz

... Droben über den Wolken sammeln wir uns, und nun geht die wilde verwegene Jagd auf Jugoslawiens letzte Flugplätze los.
Durch die Wolkenlöcher schimmert bald das dunkle Band der Donau, die weit über die Ufer getreten ist und große Landstrecken überschwemmt hat. Südlich von uns liegt Belgrad. Ein einzelner deutscher Aufklärer kreist über der Stadt, wo in verschiedenen Vierteln Flammen und Rauchsäulen immer noch Zeugnis ablegen von der ungeheuren Wucht unserer Großangriffe ... An der Sau (Save) entlang fliegen wir nach Westen. Dort die Bahnlinie, hier der Flugplatz. Hierhin hat sich der Gegner mit einer Reihe seiner besten Maschinen zurückgezogen. Hornissenschwärmen gleich stürzen sich die Zerstörer auf die am Platzrande abgestellten Flugzeuge. Ein gewaltiges Schauspiel beginnt. In zehn, fünf Meter Höhe reißen die Flugzeugführer des ersten Schwarms die Vögel wieder hoch, blitzende blaue Rauchwölkchen schlagen unaufhörlich aus Kanonen und MG's ... zu den zahllosen Blenheim hinüber, zerfetzen sie ... setzen sie in Brand, daß eine nach der anderen wie eine riesige lodernde Fakkel zum Himmel leuchtet ... 30 moderne feindliche Flugzeuge werden vernichtet, darunter allein 20 Bristol-Blenheim.

Völkischer Beobachter, April 1941

Links: 3. Mai 1941: Mittelschwere Bomber Dornier Do 17 (fliegender Bleistift) während der Siegesparade über Athen

Unten rechts: Die Tower-Bridge, das Wahrzeichen von London, durch die Brände im Stadtteil Eastend in schwere Rauchwolken gehüllt

Tagesparole des Reichspressechefs,
Donnerstag, 10. April 1941:
Der Minister verweist dann auf Meldungen über Belgrad. Wendungen wie »die Stadt ein einziger Trümmerhaufen, die Straßen von den Leichen von Frauen und Kindern bedeckt« sind bei der Wiedergabe natürlich wegzulassen.

Tagesparole des Reichspressechefs,
Sonnabend, 12. April 1941:
Der Minister ordnet an, daß nicht mehr bei jeder Sondermeldung die große Prinz-Eugen-Fanfare und das Deutschlandlied gebracht werden, weil wir sonst keine Steigerungsmöglichkeiten mehr hätten. Er erinnert daran, daß die Sendung anläßlich des Waffenstillstandes mit Frankreich das Volk auf tiefste erschüttert habe, weil sie eben einmalig war. Die große Prinz-Eugen-Fanfare dürfe ebenso wie das Deutschlandlied im ganzen Balkanfeldzug nur zwei- oder dreimal verwendet werden.

Sonntag, 13. April 1941
Das *Oberkommando der Wehrmacht* gibt bekannt:
In Südserbien vollzog sich der Vormarsch nach Überwindung örtlichen Widerstandes versprengter serbischer Truppen planmäßig. Die Luftwaffe bekämpfte im Südostraum auch gestern kriegswichtige Ziele mit stärkstem Erfolg. Sie zerstörte auf Flugplätzen in Bosnien und in der Herzegowina insgesamt 39 feindliche Flugzeuge. Im Raum um Belgrad gelang es, Transport- und Materialzüge durch Bombenabwurf zu vernichten und Marschkolonnen zu zersprengen.

Dienstag, 15. April 1941
Das *Oberkommando der Wehrmacht* gibt bekannt:
Die Luftwaffe fügte auch gestern den Resten des serbischen Heeres durch wiederholte Angriffe schwere Verluste zu. Sturzkampf-, Zerstörer- und Jagdflugzeuge rieben feindliche Marschkolonnen im untersten Bosnatal und im Raum zwischen Save und Drina auf. Kampfflugzeuge bombardierten militärische Anlagen im Raum um Sarajewo und erzielten auf dem Flugplatz Mostar Bombentreffer inmitten abgestellter Flugzeuge. Andere Verbände der Luftwaffe zersprengten griechische Truppenansammlungen bei Deskati. Jäger schossen in der Gegend des Prespasees sechs britische Kampfflugzeuge vom Muster Bristol-Blenheim ab. Bei Bombenangriffen auf den Hafen von Piräus versenkte die Luftwaffe vier Handelsschiffe mit zusammen etwa 35 000 BRT, beschädigte acht große Handelsschiffe schwer und warf die Hafenanlagen in Brand. In den letzten beiden Nächten wurden in der Eleusis-Bucht und vor Piräus auf einem Zerstörer und drei großen Handelsschiffen Bombentreffer schweren Kalibers erzielt. Ein weiterer wirksamer Angriff mit Sprengbomben richtete sich gegen den Flugplatz von Eleusis.

Donnerstag, 17. April 1941
Das *Oberkommando der Wehrmacht* gibt bekannt:
Als Vergeltung für den britischen Luftangriff auf das Wohn- und Kulturzentrum der Reichshauptstadt in der Nacht zum 10. April führte die deutsche Luftwaffe in der letzten Nacht einen Großangriff gegen die britische Hauptstadt durch. Zahlreiche deutsche Kampfgeschwader warfen während der ganzen Nacht ununterbrochen zahllose Sprengbomben aller Kaliber und Brandbomben ab. Bei guter Erdsicht konnten die Bombendetonationen und ihre Wirkungen einwandfrei beobachtet werden. In den Hafenbezirken sowie in anderen Stadtteilen entstanden schon beim Abflug der ersten Verbände große Brände, die sich teilweise zu ausgedehnten Flächenbränden vereinigten. Der Schein dieser Großfeuer war bereits vom Kanal, zum Teil von der belgischen Küste aus zu be-

obachten. In Zukunft wird jeder britische Luftangriff auf Wohnviertel in Deutschland in verstärktem Maße vergolten werden.

Sonntag, 27. April 1941
Das *Oberkommando der Wehrmacht* gibt bekannt:
Im kühnen Angriff aus der Luft nahmen Fallschirmtruppen bereits am 26. April morgens den Isthmus von Korinth sowie die Stadt selbst. Zahlreiche Engländer wurden gefangengenommen, der Rest zog sich fluchtartig nach Süden zurück.

Mittwoch, 30. April 1941
Das *Oberkommando der Wehrmacht* gibt bekannt:
Deutsche Kampf- und Sturzkampfflugzeuge griffen in den Abend- und Nachtstunden des 29. April den Hafen La Valetta auf der Insel Malta mit guter Wirkung an. Sie erzielten Bombenvolltreffer auf einem leichten Kreuzer, in Flakstellungen, auf Kaianlagen und in Öltanklagern und warfen einen Zerstörer sowie ein großes Handelsschiff in Brand. Weitere Angriffe richteten sich gegen die Flugplätze Lucca und La Valetta. In Luftkämpfen über der Insel verlor der Feind zwei Jagdflugzeuge vom Muster Hurricane. Eigene Verluste traten nicht ein. In Nordafrika belegten deutsche und italienische Sturzkampfflugzeuge den Hafen von Tobruk, Artilleriestellungen bei Fort Pilastro und befestigte Werke südlich Via Balbia mit Bomben schweren Kalibers.

Britische Fallschirmtruppen

Freitag, 9. Mai 1941, London
Das *Luftfahrtministerium* teilt mit:
Wie alle Großmächte, so hat auch England kurz nach Kriegsausbruch ein Fallschirmspringerkorps gebildet. Großbritannien besitzt jetzt eine große Zahl von Fallschirmsoldaten, die ihre Ausbildung vollendet haben und aktionsbereit sind. Die Fallschirmtruppen sind ausschließlich aus Freiwilligen zusammengesetzt, die sorgfältig ausgewählt und ausgebildet werden, die meisten von ihnen im Alter von 23 bis 27 Jahren. Der Offizier, der die Ausbildung leitet, erklärte kürzlich: »Es sind die tüchtigsten und tapfersten Soldaten unseres Landes.«

Eine holländische Bomberstaffel

Sonnabend, 10. Mai 1941
Das *Hauptquartier der RAF* gibt bekannt:
In der vergangenen Nacht ist zum erstenmal eine holländische Bomberstaffel eingesetzt worden. Die holländischen Besatzungen hatte man bisher im Verband der holländischen Flotte als Aufklärungsflieger verwendet. Die Lieferungen der USA ermöglichten nun die Aufstellung des ersten holländischen Bombergeschwaders, das seinen ersten Einsatz in der vergangenen Nacht gegen einen der Stützpunkte der deutschen Luftwaffe in Südnorwegen, Christiansand, flog.

Sonntag, 11. Mai 1941
Das *Oberkommando der Wehrmacht* gibt bekannt:
Die britische Luftwaffe hat in den letzten Nächten erneut und planmäßig Wohnviertel deutscher Städte, darunter auch der Reichshauptstadt, bombardiert. Als Vergeltung führten in der letzten Nacht starke Kräfte der deutschen Luftwaffe einen großen Angriff gegen London durch. In rollenden Einsätzen wurde die britische Hauptstadt die ganze Nacht hindurch bei guter Erdsicht mit Sprengbomben aller Kaliber und Zehntausenden von Brandbomben belegt.

Tagesparole des Reichspressechefs,
Montag, 12. Mai 1941:
Ich bitte, jede Art von Zynismus oder Frivolität oder jungenhafte naßforsche Ausdrücke in der Berichterstattung über Luftangriffe – die ja unendliche Kulturwerte, Wirtschaftswerte und auch menschliche Werte zerstören – zu vermeiden ... Die Dinge müssen männlich, hart und ernst dargestellt werden. Damit werden wir auch am besten der Stimmung in Städten wie Hamburg und Bremen gerecht. – Ich bin im übrigen der festen Überzeugung: Wir können glücklich sein, daß die Bombenangriffe auf deutsches Reichsgebiet im Norden des Reiches und nicht im Süden stattfinden, daß diese harten Belastungsproben unverbrauchte Dithmarscher und nordische Menschen treffen.

12. Mai 1941, Kairo
Das *Hauptquartier der RAF im Mittleren Osten* teilt mit:
Im Irak setzten unsere Flieger ihre Angriffe auf die von den Rebellen besetzten Flugplätze und andere militärische Ziele fort. Kasernen und Gebäude des Flughafens und des LKW-Parks von Mossul erhielten mehr als zwölf Volltreffer. Auch die Kasernen von Amara, Divanieh, Nasrieh und Davaghan wurden beschädigt. In Abessinien unterstützten Jagdflieger und Bomber der South African Air Force (SAAF) unsere Bodentruppen bei der Vernichtung der italienischen Armee in Ostafrika. Zwei britische Flugzeuge sind von diesen Einsätzen nicht zurückgekehrt.

Donnerstag, 15. Mai 1941, Kairo
Das *Hauptquartier der RAF im Mittleren Osten* gab gestern bekannt:
Maschinen der South African Air Force traten am Montag zum erstenmal in der Cyrenaika in Aktion, als die RAF feindliche Maschinen auf dem Flugplatz von Gambut bombardierte. In der Nacht zum Dienstag überflogen schwere englische Bomber das Mittelmeer und griffen den deutschen Flughafen von Kattavia auf der Insel Rhodos an.
Flugzeuge der Fleet Air Arm starteten zum Angriff auf die Kasernen von Amara im Irak, 80 Kilometer vom Persischen Golf entfernt. Eine Fabrik in Musaiyb, ein Öltank in Raschid und motorisierte Transporte wurden am

Die in der City von London liegende U-Bahn-Station Aldwych wird Nacht für Nacht als Luftschutzraum benutzt

Irak, Mai 1941: Wüstenfort bei Kirkuk, nördlich von Bagdad, während eines RAF-Bombenangriffes

Dienstag ebenfalls bombardiert. Die SAAF ist ständig in Aktion. In Abessinien waren das Fort Aba Maela und die Stellungen bei Amba Magiihr ihr Ziel. In Lekemti wurden eine motorisierte Transportkolonne und am Boden befindliche Flugzeuge mit MG-Salven beschossen. Drei Maschinen der Freien französischen Streitkräfte des Generals de Gaulle machten einen Angriff auf den Flugplatz von Gondar.

Freitag, 16. Mai 1941, Bagdad
Das *irakische Hauptquartier* meldet:
An der Westfront keine Änderung. An der Südfront warfen drei britische Flugzeuge über einer Stadt mehrere Bomben ab. Der Bodenabwehr gelang es, eine Wellington abzuschießen. Die irakische Luftwaffe unternahm Aufklärungsflüge über feindlichen Stützpunkten, sämtliche Flugzeuge kehrten unversehrt zurück. Unsere Maschinen überflogen den Raum von Rutba und bombardierten erfolgreich feindliche Panzerfahrzeuge. Britische Flieger griffen unsere Kasernen an, es entstand jedoch kein größerer Schaden. Vermutlich ist ein feindliches Flugzeug abgeschossen worden. Unsere Truppen in der Wüste kämpften den ganzen Tag über und beherrschen weiterhin die Lage.

Sonnabend, 17. Mai 1941
Der *britische Oberbefehlshaber im Mittleren Osten, General Wavell,* gibt bekannt:
Die RAF hat am Donnerstag die drei syrischen Flughäfen Palmyra, Damaskus und Rayak bombardiert. Auf dem Flugplatz Palmyra wurden drei Junkers und zwei weitere unidentifizierte deutsche Maschinen sowie eine italienische Caproni 42 gesichtet. Drei dieser Maschinen konnten schwer beschädigt, eine vierte durch Brandbomben vernichtet werden. Zu dem Kommuniqué von General Dentz erfährt man im Hauptquartier Wavell, daß innerhalb eines Vormittags allein auf einem syrischen Flugplatz 17, auf einem anderen fünf deutsche Maschinen landeten und nach dem Auftanken in Richtung Irak weiterflogen. Von einer Notlandung der Maschinen könne keine Rede sein, da sich die deutschen Flugzeuge in einwandfreiem Zustand befanden. Es ist bemerkenswert, daß im Kommuniqué des Generals Dentz kein Ergebnis des britischen Angriffs auf den Flugplatz Palmyra erwähnt wird.

17. Mai 1941, Bagdad
Das *irakische Hauptquartier* meldet:
In der allgemeinen Lage ist keine Veränderung eingetreten. Beschränkte Patrouillentätigkeit. Drei britische Maschinen überflogen unsere Städte und warfen mehrere Bomben ab, die nur geringen Schaden anrichteten. Unsere Flugzeuge führten zahlreiche Aufklärungsflüge durch und sind ohne eigene Verluste zurückgekehrt. Mehrere irakische Bomber griffen den Stützpunkt in Cineldebbana an. Ein feindliches Flugzeug wurde abgeschossen und mehrere am Boden zerstört. Es brachen zahlreiche Brände aus. Das Feuer war noch aus mehreren Meilen Entfernung gut sichtbar.

US-Bürger unter britischer Fahne

17. Mai 1941, London
Die *Agentur Reuter* berichtet:
Wie aus einem Bericht über Ausländer im britischen Kriegsdienst hervorgeht, kämpfen etwa 10 000 US-Bürger unter britischer Fahne. Die meisten von ihnen sind als

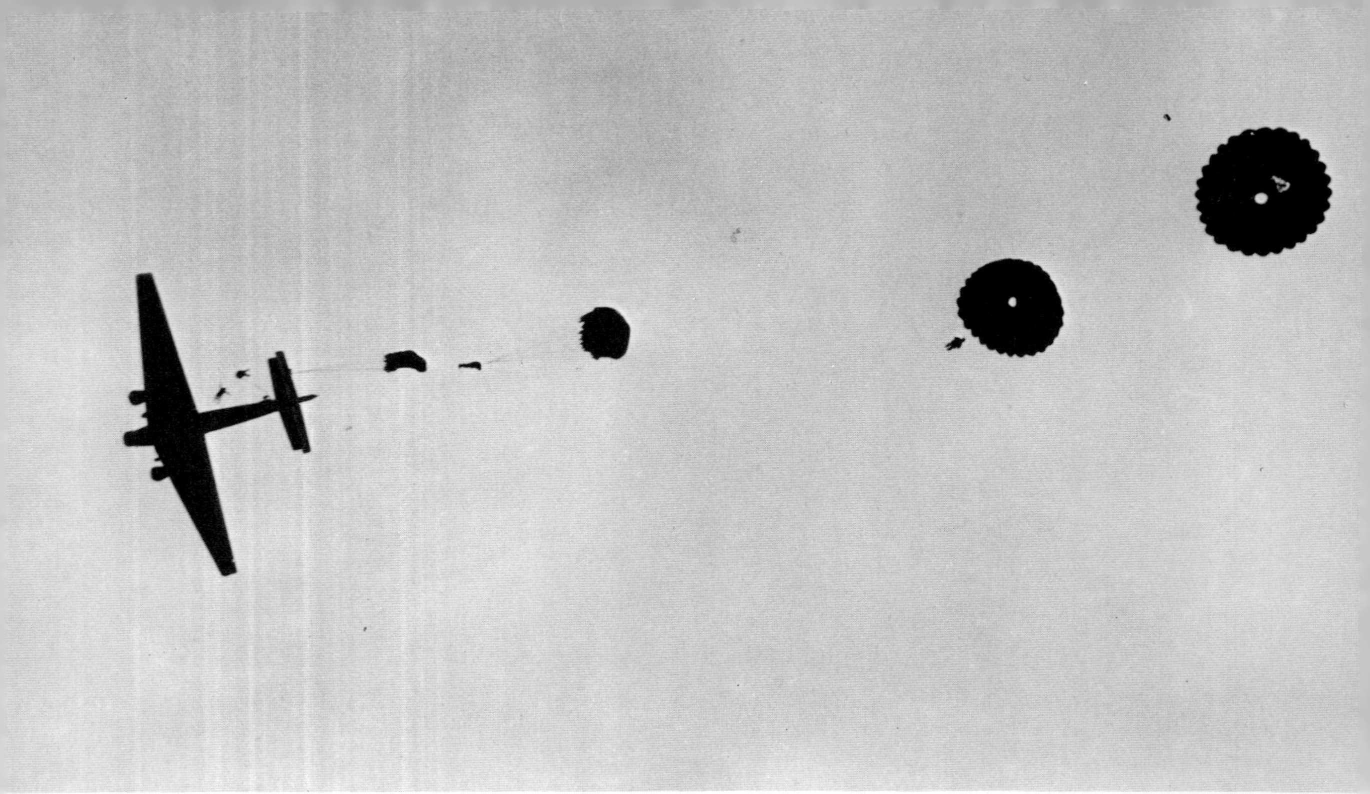

Piloten, Beobachter und Bordschützen der RAF unterstellt oder Trainingslagern zugeteilt. Einige US-Bürger haben sich den Streitkräften der Freien Franzosen des Generals de Gaulle angeschlossen.

17. Mai 1941, Moskau
Die *Agentur Tass* erklärt:
Die ausländischen Meldungen, wonach die Sowjetunion die Anwerbung von freiwilligen Piloten für die irakische Armee gestattet habe, entbehren jeder Grundlage.

Sonntag, 18. Mai 1941, Damaskus
Das *DNB* teilt mit:
Die irakische Luftwaffe hat am Freitag einige Schiffe vor dem Hafen von Basra erfolgreich bombardiert.

18. Mai 1941, Kairo.
Das *britische Fliegerkommando (Ägypten)* gab gestern bekannt:
In Mossul (Irak) wurden deutsche Flugzeuge unter MG-Feuer genommen. Eine deutsche Maschine ging in Flammen auf, die anderen wurden beschädigt. In Amara wurden Öllager in Brand gesetzt. Der Stützpunkt der RAF in Habbaniya wurde von deutschen Flugzeugen angegriffen. Der Schaden ist jedoch unbedeutend, es gab nur wenige Opfer. Die Operationen in Abessinien beschränkten sich auf Erkundungsflüge und auf die Bombardierung von Stellungen.
Von diesen Unternehmungen kehrten sechs britische Flugzeuge nicht zurück.

18. Mai 1941, Rom
Das *Comando Supremo* gibt bekannt:
In Nordafrika hatten unsere Gegenaktionen vollen Erfolg. Der Feind ist zum Rückzug gezwungen worden. Zahlreiche Gefangene und Material fielen in unsere Hände. Unsere Luftwaffenverbände griffen Tobruk an. Verteidigungsanlagen, Truppenansammlungen und Kraftfahrzeuge wurden im Abschnitt westlich von Sollum bombardiert. Im Luftkampf wurden ein englischer Bomber und zwei feindliche Jäger abgeschossen. Im Ägäischen Meer führten englische Flugzeuge einen Angriff auf Rhodos durch. Es entstand unbedeutender Schaden. In Ostafrika, am Amba Alagi, leisteten unsere Truppen unter dem persönlichen Befehl des Herzogs von Aosta heldenhaften Widerstand. Die Kampfbedingungen werden infolge des Materialmangels, der erlittenen Verluste und der Unmöglichkeit, die Verwundeten zu pflegen und zu evakuieren, von Stunde zu Stunde schwerer. Im Raum von Galla und Sidamo wurde ein feindlicher Angriff zurückgewiesen. An den übrigen Abschnitten ist die Lage unverändert.

19. Mai 1941, Bagdad
Das *irakische Hauptquartier* meldet:
Unsere Bomber griffen britische Panzerverbände an, die erhebliche Verluste an Menschen und Material erlitten. Unsere Erkundungsflüge über Cineldebbana und anderen Orten verliefen ohne Zwischenfälle. Feindliche Maschinen überflogen die Umgebung der Hauptstadt und warfen einige Bomben über dem Stützpunkt von Raschid ab, ohne jedoch große Schäden zu verursachen.

Deutsche Aktion gegen Kreta

Dienstag, 20. Mai 1941, London
Die *Agentur Reuter* teilt mit:
Nach bisher unbestätigten Meldungen haben deutsche Fallschirmtruppen einen Angriff auf die Insel Kreta eingeleitet.

20. Mai 1941
General Freyberg meldet an das Hauptquartier von General Wavell:
Im Morgengrauen des Dienstag haben starke deutsche Streitkräfte mit schweren Angriffen auf Kreta begonnen. Eine große Anzahl Fallschirmtruppen ist über der Insel abgesprungen, und nach bisher vorliegenden Meldungen sind Transportflugzeuge mit Truppen gelandet. Britische und griechische Einheiten stehen im Kampf. Mehrere deutsche Fallschirmjäger wurden niedergekämpft und gefangengenommen. Die Kämpfe halten an.

Donnerstag, 22. Mai 1941, London
Die *Agentur Reuter* meldet:
Nach den heute morgen vorliegenden Berichten kam es am Mittwoch auf Kreta zu heftigen Kämpfen; die Truppen standen sich häufig im Nahkampf gegenüber. Die Gefechte erstreckten sich auch auf die Gebirge und Hochplateaus.

Sonntag, 25. Mai 1941
Das *Oberkommando der Wehrmacht* gibt bekannt:
Deutsche Fallschirmjäger- und Luftlandetruppen stehen seit den frühen Morgenstunden des 20. Mai auf der Insel Kreta im Kampf gegen Teile des britischen Heeres. In kühnem Angriff aus der Luft eroberten sie, unterstützt durch Jagd-, Zerstörer-, Kampf- und Sturzkampffliegerverbände, taktisch wichtige Punkte der Insel. Nach weiterer Verstärkung durch Verbände des Heeres sind die deutschen Truppen zum Angriff übergegangen. Der Westteil der Insel ist bereits fest in deutscher Hand. Die deutsche Luftwaffe zerschlug den Versuch der britischen Flotte, in die Entscheidung um Kreta einzugreifen, vertrieb sie aus dem Seegebiet nördlich Kreta, versenkte und beschädigte eine große Anzahl feindlicher Kriegsschiffe und errang die Luftherrschaft über dem gesamten Kampfraum. Die Gesamtoperationen verlaufen weiter planmäßig.

Freitag, 30. Mai 1941, Kairo
Das *britische Fliegerkommando (Mittlerer Osten)* gibt bekannt:
Im Irak führten unsere Jagdstaffeln zur Unterstützung unserer vorrückenden Truppen den ganzen Tag über Patrouillenflüge durch, wobei italienische Flugzeuge versuchten, sie zu behindern. Eine der feindlichen Maschinen wurde bei Khannucta abgeschossen. Mehrere Aufklärer und Bomber operierten im Zusammenwirken mit motorisierten Einheiten. Auf dem Flugplatz von Deiro ez Zor in Syrien wurden die Hangars zerstört. In Abessinien griffen südafrikanische Flieger die immer noch in der Gegend von Gimma kämpfenden italienischen Truppen an. Es konnten Volltreffer an Gebäuden und verschiedene Brände beobachtet werden. Nördlich von Algeh gingen mehrere LKW in Flammen auf. Bei Gondar wurden die Forts Azozo und Digya bombardiert. In Libyen unternahm gestern ein feindliches Geschwader einen Angriff auf Tobruk; vier Maschinen konnten von

Oben links: Kreta, 20. Mai 1941: Ein Sturmregiment der Fallschirmjäger geht unter starkem feindlichem Beschuß bei Iraklion nieder

Published in Canea by Creforce
Editorial Office Fernleaf House Canea
Telephone 460

CRETE NEWS

THE FIRST BRITISH PAPER PUBLISHED IN CRETE

SATURDAY 24 MAY 1941
Sunrise 5.18
Sunset 7.52

Vol 1 No 4 — CANEA, CRETE — Price 2 Drachmas — Free to troops

BATTLE OF CRETE RAGES AROUND MALEME

HERACLION AND RETIMO IN HAND

Retimo and Heraklion are firmly in our hands and mopping up of small enemy detachments remaining is going on. Heavy fighting is continuing around Malame. On Friday German bombers made a heavy raid on Heraklion but did little damage of military importance.

Sixteen enemy troop carriers have already been destroyed on or near the Maleme aerodrome. Others crashed on landing.

This is the latest news of the battle of Crete. Fuller details of Wednesday night's naval action discloses that the enemy convoy which was smashed by the Royal Navy consisted of one Italian destroyer, two transports and and over forty caiques. The destroyer was the first vessel sighted. Our ships opened fire on her with pompoms. She replied by firing off five torpedoes. Our ships then fired a six inch broadside at her which caused her to blow up. She did not even have time to fire her guns. One merchant ship was set on fire. Our destroyers then steamed in among the caiques, ramming and sinking them till the sea was full of Germans clinging to wreckage and shouting for help.

Throughout these days our naval forces off Crete have been subjected to heavy and constant attack from the air. One ship was attacked on thirty different occasions in three days. She shot down three enemy dive bombers.

Mr Churchill made a statement in the House of Commons on Thursday about the battle of Crete. He said »A British naval force intercepted on Wednesday night an enemy convoy making for the island. We sank the destroyer escort, two transport and a number of boats. Today the enemy made further very much bigger attempts to land an army into Crete.

A convoy of 30 vessels was

were three successful counter attacks and the enemy's losses yesterday were even heavier than before.

HESS UNKNOWN

FURTHER EXPLANATIONS

"The Duke's conduct

IRAQ SUCCESS

In Iraq the resistance of rebel forces is weakening considerably. It is unlikely that he can hold out much longer, despite the fact that an arms supplies have been sent in to him from French Syria. Many of these arms were collected by General Waygand when he was commander in chief in Syria.

Colonel Colly, most brilliant French commander in Syria, has joined Free French forces. He crossed the border to Transjordania, it was announced from Cairo on Friday.

On arrival he denounced the Vichy policy of supplying arms to the rebels in Iraq. He recalled the first resolve of all French soldiers to defend the Republic, and referred scornfully to Vichy's excuses that German planes made "freed landings" on aerodromes in Syria.

Colonel Colly brought the men under his command with him. He did this by ordering a movement to be carried out which was designed to bring them across the frontier.

WE TAKE VICHY SHIP

NAZI AGENTS IN SYRIA

A French oil tanker, en route for Casablanca, in French Morocco has been intercepted by British patrols in the North Atlantic.

Mr. Anthony Eden warned Vichy that we will attack Germans even on French territory and hinted that the Germans plan to attack De Gaulle territories in West Africa.

Mr. Eden said that the confused and uneasy explanations put out by Vichy on the policy of collaboration with the Germans could not conceal that Vichy had embarked on a policy of of placing its reserves and empire increasingly at the disposal of a Power which was the enemy, not only of France's former ally but of France herself. Where they acted in any way detrimental to our conduct of the war or assist the enemy's war ourselves free to attack the enemy wherever he may be found. There could no longer be any distinction between occupied and unoccuppied territory in the execution of our military plans.

The negotiations described in Vichy as opening up new phases of action were exemplified by the assistance given the Germans in Syria. Other assistance given by Vichy included the supply of certain French equipment to the rebel

A.A. guns since the start of the invasion this week.

AMERICAS WEIGHT

American war production will not reach its peak until the middle or end of next year but American help will become decisive by September of this year. American and British production will then overtop German production

motorcars."

"Those statements were terrible illusions. But the position is improving every day. American industry is planning comprehensively and is now settling down in real earnest."

Rechts: Die britische Truppenzeitung: »Der Kampf um Kreta entscheidet sich bei Malemes.«

der Flak abgeschossen und mehrere andere beschädigt werden. Von diesen Operationen sind fünf eigene Maschinen nicht zurückgekehrt.

Sonntag, 1. Juni 1941, London
Das *Kriegsministerium* teilt mit:
Nach zwölftägigem Kampf, dem bisher erbittertsten dieses Krieges, wurde beschlossen, unsere Streitkräfte aus Kreta zurückzunehmen. Obwohl der Feind riesige Verluste an Menschen und Material erlitten hat, wären wir auf die Dauer nicht imstande gewesen – ohne größere Unterstützung durch Luft- und Seestreitkräfte –, mit unseren Truppen auf dieser Insel erfolgreich zu operieren.
Etwa 15 000 Mann sind bereits von Kreta kommend in Ägypten eingetroffen. Es muß jedoch erwähnt werden, daß der Kampf auf Kreta schwere Opfer von uns gefordert hat. In London vermutet man, General Freyberg habe Kreta zusammen mit den Truppen verlassen. Eine amtliche Meldung bestätigt, daß General Freyberg noch am Leben sei.

Montag, 2. Juni 1941
Das *Oberkommando der Wehrmacht* gibt bekannt:
Der Kampf um Kreta ist beendet. Die ganze Insel ist frei vom Feinde. Deutsche Truppen besetzten gestern den letzten Stützpunkt der geschlagenen Briten, den Hafen Sphakia. Gebirgstruppen kämpften im Berggelände nördlich von Sphakia den letzten britischen Widerstand nieder und brachten dabei weitere 3000 Gefangene ein.
Die deutsche Luftwaffe unterstützte wirksam diese letzten Säuberungsaktionen. Im Seegebiet zwischen Kreta und Alexandria vernichteten deutsche Kampfflugzeuge aus einem Flottenverband heraus durch drei Volltreffer einen britischen Zerstörer.

So wurde Kreta erobert

Vielen Fallschirmjägern schlug schon in der Luft das rasende Abwehrfeuer der Briten entgegen, viele sahen sich, eben in sanftem Schwung oder hartem Anprall auf die fremde Erde geworfen und gerade noch aus der lastenden Höhle des Fallschirms befreit, bereits den Feuerstößen des Feindes gegenüber. Es war eine wütende Hölle, es war das Grauen im Unbekannten, in das sie hineinsprangen, als sich die Türen ihrer Maschinen geöffnet hatten. Aber nicht einer von ihnen zögerte, keiner ließ den folgenden Kameraden warten, kopfüber stürzten sie in die Tiefe, in der unten aus dem grauen Sande und dem verbrannten Gestein die glühenden Blitze des feindlichen Feuers zuckten.

Frankfurter Zeitung, Juni 1941

Amerikaner in Grönland

Dienstag, 3. Juni 1941, New York
United Press berichtet:
Wie verlautet, ist ein amerikanisches Kommando der Luftstreitkräfte bereits in Grönland eingetroffen, wo es, wie man annimmt, mit der Vorbereitung von Flugplätzen beschäftigt ist.

Mittwoch, 11. Juni 1941
Das *Oberkommando der Wehrmacht* gibt bekannt:
Im Mittelmeerraum griffen deutsche Kampffliegerverbände von neu gewonnenen Stützpunkten aus mit gutem Erfolg die britischen Tanklager und Hafenanlagen von Haifa an. Mehrere Explosionen und Brände wurden hervorgerufen.

Nachtflug nach Haifa

... In eilendem Lauf, der kraftvoller mit jeder Sekunde wurde, setzte das Flugzeug zum Schwunge an. Der Hauptmann und sein Beobachter brachten die Maschine auf Kurs. Kurs auf Haifa. Das sind weit mehr als 2000 Kilometer nur über See ... Stunden und Kilometer rannen dahin. Das Meer lag in kaum sichtbarer Tiefe unter »Anton Marie« ... Die Uhr zeigte, daß man in etwa dreißig Minuten über dem Ziel sein würde. Der Bordschütze kroch auf seinen Gefechtsplatz. Über sein Gesicht zuckt der Flammenschein der Auspuffer ... Weiß leuchtete die Brandung der Küste. In schimmerndem Weiß zeichnete sich endlich die Stadt Haifa mit ihren ausgedehnten Hafenanlagen unten ab. Noch schwieg die Flak. Es war eine unheimliche Stille. Auch die Scheinwerfer blieben dunkel. Dann zuckte es drüben, östlich der Mole auf. Eine unserer Maschinen fuhr ihren Angriff ...
Auf einen Atemzug schien das Flugzeug in der Luft zu verharren. Der Sturz begann ... Dann zuckte unten am Kai der grelle Blitz einer schweren Explosion. Die Flak war eifrig, als wollte sie Blumen in den Himmel säen.
»Anton Marie« flog zurück ...

Völkischer Beobachter, Juni 1941

Krieg gegen die Sowjetunion

Sonntag, 22. Juni 1941, Moskau
Im Namen der *Sowjetregierung* gibt Außenminister Molotow folgende Erklärung:
Um 4 Uhr morgens haben deutsch-faschistische und rumänische Streitkräfte unsere Landesgrenzen überschritten, ohne daß der Sowjetunion irgendeine Begründung oder Kriegserklärung übermittelt wurde. Kiew, Sewa-

22. Juni 1941, Ostpolen: Sowjetische Jäger Polikarpow I-16 Rata auf dem Feldflugplatz eines Jägerregiments der Roten Luftflotte zur Zeit des deutschen Überfalls

stopol, Kowno und andere Städte wurden mit Bomben belegt. Mehr als 200 Menschen sind nach den bisher vorliegenden Meldungen getötet oder verwundet worden.

22. Juni 1941
Das *Oberkommando der Wehrmacht* gibt bekannt:
An der sowjetrussischen Grenze ist es seit den frühen Morgenstunden des heutigen Tages zu Kampfhandlungen gekommen. Ein Versuch des Feindes, nach Ostpreußen einzufliegen, wurde unter schweren Verlusten abgewiesen. Deutsche Jäger schossen zahlreiche Rote Kampfflugzeuge ab. Im Kampf gegen die britischen Inseln bombardierten während der letzten Nacht starke deutsche Kampffliegerverbände die Hafenanlagen von Southampton. Ausgebreitete Brände entstanden in Dockanlagen, Lagerhäusern und Ernährungsbetrieben. Weitere Luftangriffe richteten sich gegen Flugplätze in Nordschottland und in den Midlands. Nördlich Sunderland wurde ein großes Frachtschiff durch Bombenwurf schwer beschädigt. In den gestrigen Nachmittagsstunden flog eine geringe Zahl britischer Kampfflugzeuge unter starkem Jagdschutz die französische Kanalküste an. In heftigen Luftkämpfen schossen deutsche Jäger 26 britische Flugzeuge ab. Flakartillerie und Marineartillerie brachten zwei weitere feindliche Flugzeuge zum Absturz. Oberstleutnant Galland errang bei diesen Kämpfen drei Luftsiege. Der Feind warf in der letzten Nacht mit schwachen Kräften Spreng- und Brandbomben an einigen Orten Westdeutschlands, ohne nennenswerte Schäden anzurichten.

Montag, 23. Juni 1941, Moskau
Das erste Kommuniqué des *Oberkommandos der Roten Armee* lautet:
In der Frühe des 22. Juni griffen die Truppen der deutsch-faschistischen Wehrmacht unsere Grenzstreitkräfte auf der ganzen Linie von der Ostsee bis zum Schwarzen Meer an ... Die feindliche Luftwaffe bombardierte mehrere unserer Flugplätze und Ortschaften. Überall stieß sie jedoch auf energischen Widerstand un-

serer Jäger und der Bodenabwehr, wobei den Hitler-Faschisten schwere Verluste zugefügt wurden. 65 deutsche Maschinen wurden abgeschossen.

23. Juni 1941
Das *Oberkommando der Wehrmacht* gibt bekannt:
Im Osten verlaufen die Kämpfe des Heeres und der Luftwaffe gegen die Rote Armee planmäßig und erfolgreich. Die Rote Luftwaffe warf mit schwächsten Kräften in Ostpreußen Bomben, ohne nennenswerte Wirkung zu erzielen. Oberstleutnant Mölders errang am gestrigen Tage seinen 72. Luftsieg.

23. Juni 1941, Berlin
Das *DNB* teilt mit:
In den frühen Morgenstunden des Sonntags flogen neun russische Martin-Bomber nach Ostpreußen ein, sieben davon wurden durch deutsche Jäger abgeschossen. Bei einem anderen Angriffsversuch auf militärische Anlagen im Generalgouvernement dicht hinter der Front sind von 35 eingesetzten russischen Kampfflugzeugen alle bis auf zwei von deutschen Jägern vernichtet worden.

Ein Sturzkampfflugzeug Petljakow Pe-2 wird mit Bomben beladen. Diese 1939 konstruierten Maschinen bilden den Kern der sowjetischen Bomberverbände

Dienstag, 24. Juni 1941, Berlin
Das *DNB* teilt mit:
Die Luftwaffe hat am Montag seit den frühen Morgenstunden ihre Angriffe auf die Flugplätze der Sowjetarmee erfolgreich fortgesetzt. Nach der großen Zahl der bereits am ersten Kampftag vernichteten russischen Flugzeuge können als Ergebnis des zweiten Tages zahlreiche weitere Abschüsse gemeldet werden.

24. Juni 1941, Moskau
Das *Hauptquartier der Roten Luftflotte* berichtet über die Operationen vom Vortage:
Unsere Luftstreitkräfte kämpften mit Erfolg. Sie schützten unsere Flugplätze, Ortschaften und militärischen Einrichtungen. Sie bekämpften den Feind in der Luft und unterstützten die Gegenangriffe der Bodentruppen. Im Laufe des Tages wurden 51 feindliche Flugzeuge von unseren Jägern und der Bodenabwehr vernichtet. Ein feindliches Flugzeug wurde gezwungen, auf einem Flugplatz in der Nähe von Minsk zu landen.

24. Juni 1941, Berlin
Das *DNB* teilt ergänzend mit:
Seit Beginn der Kampfhandlungen an der Ostfront bombardieren deutsche Kampfflugzeuge in rollendem Einsatz die kriegswichtigen Ziele der Sowjetunion. Rüstungszentren, Truppenkonzentrationen und Luftstützpunkte sowie Brennstoffmagazine und Munitionsdepots wurden vernichtend getroffen.

24. Juni 1941, Berlin
Das *DNB* teilt mit:
Ein Versuch der sowjetischen Luftwaffe, am Dienstag morgen mit schwachen Kräften nach Ostpreußen einzufliegen, wurde durch die deutsche Abwehr vereitelt. Die feindlichen Flugzeuge stießen auf so gut liegendes Flakfeuer, daß sie zum sofortigen Abdrehen gezwungen wurden und ihre Bomben im Notwurf über freiem Feld lösten.

Sonntag, 29. Juni 1941, Beirut
Die *Agentur Havas* meldet:
Britische Flugzeuge bombardierten heute nachmittag die Residenz des französischen Oberkommissars in Beirut und zerstörten sie. Es gab zahlreiche Tote und Verletzte.

29. Juni 1941, Vichy
Die *Französische Regierung* teilt in einem Kommuniqué mit:

An der Küste beschoß die britische Flotte unsere Stellungen. In den Gebirgen des südlichen Libanon haben wir unter dem Schutz unseres Artilleriefeuers, das dem Angreifer schwere Verluste zufügte, einige unserer Stützpunkte geräumt. Unsere Luftstreitkräfte griffen mit Unterstützung von Marineflugzeugen wiederholt in die Erdkämpfe ein, besonders im Raum von Palmyra. Ein britischer Colonel und 40 Mann wurden gefangengenommen.

Montag, 30. Juni 1941, Syrien
Das *Hauptquartier von General Wilson* gibt bekannt: Die Offensive der Verbündeten gegen Homs macht beträchtliche Fortschritte. Im Luftkampf schoß eine australische Staffel, die Maschinen amerikanischen Typs fliegt, einen Verband von 6 französischen Vichy-Flugzeugen vom Typ Glenn-Martin ab. Die Australier kehrten ohne eigene Verluste zurück.

Strategie und Taktik

JANUAR BIS JUNI 1941

Nachdem es den Engländern Anfang des Jahres 1941 gelungen ist, das deutsche Funknavigationssystem wirkungsvoll zu stören, werden die Operationen verlustreicher, und die Luftwaffe muß im Januar nochmals ihre Hauptziele wechseln: Statt der bisherigen Angriffe auf Industriezentren im Innern des Landes, fliegen sie nun gegen Küstenstädte, die von den Bomberbesatzungen bei Dunkelheit auch ohne Funknavigation gefunden werden können.
Der Einsatz des italienischen Luftkorps zur Unterstützung dieser Angriffe wird immer unbedeutender, und am Freitag, dem 10. Januar 1941, kehrt ein Großteil des Corpo Aereo Italiano (CAI) nach Hause zurück.

Zwischen dem 6. und 13. Januar 1941 werden Stukas des X. Fliegerkorps (Gen. Geisler) erstmalig von Sizilien aus gegen britische Seestreitkräfte im Mittelmeer eingesetzt. Am 10. Januar greifen 60 Maschinen Ju 87 und He 111 zwischen Sizilien und Tunesien den Flugzeugträger »Illustrious« an und beschädigen ihn schwer. Und am nächsten Tag versenken die Stukas den britischen Kreuzer »Southampton« in der Nähe von Malta.

Ein zerlegter italienischer Doppeldecker Fiat CR-42 (Falco) im Laderaum einer Transportmaschine Savoia-SM 82 auf dem Wege nach Ostafrika

In den Kämpfen in Ostafrika gegen die vorrückenden Engländer und ihre Verbündeten schmilzt von Tag zu Tag die Zahl der italienischen Jäger, die die Bombenangriffe abwehren könnten. Die dichte See- und Landblokkade, die Italienisch-Ostafrika umschließt, nimmt ihnen die Möglichkeit, die Truppen mit neuen Maschinen aus dem Mutterland zu versorgen. Bald stehen nur noch ein Dutzend Doppeldecker Fiat CR.42 (Falco) zur Verfügung, die sich zwar durch hervorragende Flugeigenschaften auszeichnen, jedoch gegen die Überzahl britischer Gladiator-Jagdmaschinen machtlos sind. In dieser verzweifelten Situation greift man die Idee des Colonelo Galante auf: Die ersehnten Jäger werden nun in Einzelteilen in den geräumigen Rümpfen der Savoia-SM.82-Transportmaschinen »Canguro« herangeschafft, deren Reichweite es ermöglicht, von Libyen aus mit der entsprechenden Ladung Ostafrika zu erreichen. So landen auf diese Weise bis zum Frühjahr 1941 über 50 Fiat Falco-Jäger in Äthiopien.

In der Nacht vom 10./11. Februar 1941 führen die Engländer ihren ersten Fallschirmjägereinsatz in der Geschichte durch: Der recht dilettantische Handstreich auf einen Aquädukt nahe Monte Vulture (Calabria), der Tarent, Brindisi und Bari mit Wasser versorgt und von dessen Zerstörung man sich in London die Schwächung der Kampfmoral der Italiener erhofft, endet mit einem Fiasko. Aus den von Malta gestarteten Whitley-Bombern springen 8 Offiziere und 31 Soldaten über einer fast menschenleeren Gegend ab. Nachdem die Engländer ihren Auftrag erfüllt haben und auf dem Marsch zur Küste sind, wo sie ein U-Boot erwartet, werden sie aufgespürt und gefangengenommen. Der Aquädukt bleibt nur $2^1/_2$ Tage unterbrochen.

Die erste deutsche Luftoffensive (X. Fliegerkorps Gen. Geisler) gegen Malta in der ersten Hälfte des Februar 1941 soll ein sicheres Übersetzen des Afrikakorps (Gen. Rommel) nach Tripolis ermöglichen. Der Vorschlag von Vizeadmiral Weichold, Chef des deutschen Marinekommandos in Italien, die Insel sofort zu besetzen, bleibt unbeachtet. Auch der spätere Einwand des Wehrmachtsführungsstabes, statt Kreta das 26mal kleinere, aber strategisch unvergleichbar wichtigere Malta aus der Luft zu erobern, wird abgelehnt.

Nach der Katastrophe von Tarent in der Nacht vom 11./12. November 1940 versetzen britische Torpedoflugzeuge im März 1941 der italienischen Marine einen weiteren schweren Schlag. Das Debakel fängt mit einer Falschmeldung der deutschen Luftwaffe an: Am Sonntag, dem 16. März 1941, greifen 2 He 111 (X. Fliegerkorps) bei einer bewaffneten Aufklärung westlich von Kreta Teile der britischen Mittelmeerflotte an, und die Besatzungen berichten nach ihrer Rückkehr, daß sie Torpedotreffer auf zwei schwere Einheiten, die sie als Schlachtschiffe bezeichnen, feststellen konnten. Nun, da dieser Erfolg eine erhebliche Schwächung der Royal Navy im Mittelmeer bedeutet, drängt die deutsche Führung die italienische Marine, endlich im Rahmen des für den 6. April geplanten deutschen Angriffes auf Griechenland einen Vorstoß in das östliche Mittelmeer, nördlich und südlich von Kreta, durchzuführen.

Bereits am 25. März liegen den Codebrechern von »Ultra« die Einzelheiten dieses Unternehmens vor. Winterbotham: »Glück für uns, daß die Details des Operationsplanes per Funk an die Luftwaffe übermittelt wurden, die der italienischen Schlachtflotte die Luftsicherung stellen sollte. Wir fingen die Funksprüche ab und gaben sie rechtzeitig an Admiral Cunningham weiter.«

Oben rechts: Eine Wellington des RAF-Küstenkommandos (poln. 304. Squ.) im Tiefflug entlang der britischen Steilküste. Ihre Aufgabe: Die U-Boot-Bekämpfung und Patrouillenflüge über dem Atlantik

Unten rechts: Die Flak der vor der britischen Küste postierten Einheiten der Royal Navy bilden den ersten Sperriegel der Luftabwehr Großbritanniens

28. März 1941, Seeschlacht beim Kap Matapan: Britische Torpedobomber greifen italienische Kriegsschiffe an

Die City von London: Verwüstungen, wie sie die deutschen Städte im Jahre 1943 erleben sollen, sind hier seit dem Herbst 1940 an der Tagesordnung

Am Mittwoch, dem 26. März 1941, sticht die italienische Flotte mit dem modernen Schlachtschiff »Vittorio Veneto« (Flottenchef Adm. Iachino), 6 schweren Kreuzern, 2 leichten Kreuzern, 13 Zerstörern und unter Luftsicherung durch das X. Fliegerkorps in See. Sie soll durch gezielte Angriffe auf britische Geleitzüge und die Mittelmeerflotte die Versorgung Griechenlands von Kreta und Ägypten lahmlegen. Doch aus den Jägern werden Gejagte: Admiral Cunningham zieht seine Flotte aus dem umkämpften Gebiet heraus und versucht den Eindruck zu erwecken, daß er unvorbereitet sei. Trotz der Bedrohung durch die deutsche Luftwaffe schickt der Admiral ein Flugboot los, um den Anschein zu geben, daß die Information über die Anwesenheit der italienischen Flotte in der Ägäis von einem Aufklärer stammt. In der Tat, wie auch »Ultra« meldet, sichtet am Mittwoch, dem 27. März 1941, das Flugboot 3 italienische Kreuzer etwa 320 Meilen westlich von Kreta auf Südostkurs. Cunningham befiehlt, die Schiffe in Alexandria unter Dampf zu setzen, und verläßt danach demonstrativ das Hafengebiet mit seinen Golfschlägern, um feindliche Agenten irrezuführen. Später kehrt er heimlich zurück und läuft in der Abenddämmerung mit seinen 3 Schlachtschiffen, der »Warspite«, »Barham« und »Valiant«, dem Träger »Formidable« und 9 Zerstörern aus.

Im Morgengrauen des folgenden Tages meldet ein Flugzeug des Trägers »Formidable« einen italienischen Verband von 4 Kreuzern und 6 Zerstörern auf südöstlichem Kurs in Richtung Ägäis. Es handelt sich um die Vorhut des viel stärkeren Verbandes von Admiral Iachino.

Um 7.45 Uhr sichtet der englische Kreuzerverband die feindliche Vorhut, greift an, dreht kurz danach ab und läuft mit Höchstfahrt zurück, um die Italiener in die Reichweite der 3 Schlachtschiffe Cunninghams zu lokken, die noch etwa 70 Meilen östlich entfernt sind. Und gegen 11 Uhr beginnt am 28. März 1941 unweit Kap Matapan die Schlacht.

Am Nachmittag greifen Trägerflugzeuge der »Formidable« und die in Griechenland und auf Kreta stationierten Maschinen die »Vittorio Veneto« an. Durch Torpedos und Bomben beschädigt, dreht sie mit ganzen 15 Knoten Fahrt nach Nordwesten ab. Der Besatzung gelingt es nur mit größten Anstrengungen, den Wassereinbruch aufzuhalten und das Schlachtschiff nach Tarent zu bringen. Dabei bilden die italienischen Kreuzer einen Schutzschirm um die »Vittorio Veneto«, um weitere Luftangriffe von ihr abzuwehren. Die Trägerflugzeuge bombardieren nun den schweren Kreuzer »Pola«.

In den Abendstunden stößt ein Teil des italienischen

Verbandes auf die britischen Schlachtschiffe »Warspite«, »Barham« und »Valiant«. Wenige Minuten nach ihrer Entdeckung werden die Italiener von insgesamt 24 schweren 38,1-cm-Geschützen unter Feuer genommen. Während die Italiener bei diesem Nachtgefecht wortwörtlich im Dunkeln tappen, bedienen sich die Engländer bei der Feuerleitung des Radars. Ohne einen Schuß abgegeben zu haben, sinken die italienischen Kreuzer »Fiume« und »Zara« sowie die großen Zerstörer »Alfieri« und »Carducci«. Im Morgengrauen geht auch die schwer angeschlagene »Pola« auf Grund. Die Italiener verlieren insgesamt 5 wertvolle Kriegsschiffe und rund 3000 Offiziere und Mannschaften. Die britischen Verluste: ein Doppeldecker vom Typ Swordfish. Diese Schlacht endet mit der unumstrittenen Seeherrschaft Englands im östlichen Mittelmeer.

Das Schwergewicht der Nachtangriffe verlagert sich im März wiederum auf Aktionen gegen die Londoner Hafenanlagen. Erstmals seit Beginn der Nacht-Luftoffensive erleiden die deutschen Bomberverbände erhebliche Verluste: Im März werden 43 Kampfflugzeuge von der britischen Luftabwehr abgeschossen, 21 durch radargesteuerte Flak und 22 durch Nachtjäger. Eine neue Entwicklung bahnt sich an: Die Flak ist nicht mehr die wichtigste Abwehrwaffe, jetzt gewinnen langsam die mit Bordradar ausgestatteten Nachtjäger an Bedeutung.
In der ersten Aprilwoche ändert die deutsche Luftwaffe wiederholt ihre Taktik. In der Nacht vom 7. auf den 8. April richten einige hundert deutsche Bomber ihre Aktionen erstmals nicht mehr konzentrisch auf ein einziges Ziel, sondern auf eine ganze Anzahl Objekte, die sich von der Südküste bis Schottland erstrecken.
Durch die Störung ihrer Funknavigationshilfen fallen die Bomberbesatzungen immer öfter auf englische Täuschungen herein. Beinahe 100 Scheinflugplätze – zwischen den RAF-Stützpunkten placiert – hat man mit Flugzeugattrappen und Landebahnbefeuerung errichtet. Ein anderer erfolgreicher Einfall sind die Lockfeuer (Codename »Starfish«), die an der Flugroute der Bomberformationen – im richtigen Augenblick abgeworfen – wie von deutschen Pfadfinderflugzeugen gesetzte Zielleuchtzeichen wirken. Auch städteähnliche Scheinanlagen, die beim Anflug der Verbände nachts die Gegend mit Kunstfeuer erleuchten, wirken auf die deutschen Bomber wie ein Magnet. Allein am 17./18. April gehen auf eine solche Scheinanlage in Hayling Island 170 Sprengbomben, 32 Fallschirmminen und 5400 Brandbomben nieder.
Donnerstag, der 1. Mai 1941, ist ein wichtiges Datum für die deutsche Luftverteidigung: An diesem Tag wird erstmalig die Führung der Tag- und Nachtjagd in einer Kommandostelle vereinigt. Dagegen unterstehen die Flakverbände im Reichsgebiet weiterhin den Luftgaukommandos. Im übrigen kann die »Reichsluftverteidigung« als eine einzige zusammenhängende militärische Organisation angesehen werden.

Für die Nichtbeachtung der Verdunkelungsanordnungen werden in allen kriegführenden Staaten schwere Strafen verhängt

In der Nacht vom 8./9. Mai 1941 fliegen RAF-Verbände mit 359 Bombern den bisher stärksten Einsatz gegen Deutschland. Davon greifen 317 Maschinen Hamburg und Bremen an.
Freitag, 9. Mai 1941: Der Reichssender Berlin meldet, in der vergangenen Nacht seien schwere Schäden in den Städten Derby und Nottingham, besonders in den Rolls-Royce-Werken, entstanden. Tatsächlich aber sind nur zwei Kühe und ein paar Hühner getötet worden.
In den ersten zehn Tagen des Monats Mai erlebt die deutsche Nacht-Luftoffensive eine unerwartete Steigerung. Selbst die RAF-Stützpunkte stehen wieder auf dem Programm: Es werden in der Nacht vom 8./9. Mai 20 und in der Nacht vom 11./12. Mai sogar 45 Flugplätze gleichzeitig bombardiert. Allerdings sind zwei Drittel davon Scheinanlagen. Diese verstärkten Einsätze sollen zwar den Anschein erwecken, als ob im Frühjahr die Invasion Englands bevorstehe, in Wirklichkeit dienen sie jedoch zur Tarnung der Vorbereitungen zum Überfall auf die Sowjetunion. Der Großangriff auf London in der Nacht vom 10./11. Mai 1941, der bei bestem Wetter durchgeführt wird, ist der letzte Höhepunkt in der Luftschlacht um England. 507 Kampfflugzeuge werfen 700 Tonnen Sprengbomben und 2393 Brandschüttkästen ab, die

mehr als 2000 Brände verursachen. Dieser letzte schwere Luftangriff auf London richtet die bisher größten Schäden während der Luftschlacht an. Über 3000 Personen sind getötet oder verletzt. Er bringt zugleich der deutschen Luftwaffe die schwersten Verluste. Mit 27 Bombern wird erstmals eine Abschußzahl gemeldet, die bis dahin nur bei Tagangriffen erreicht worden ist.
Nachdem dieser Großeinsatz wieder nicht den erwarteten Erfolg zeigt, stellen die Deutschen ihre Angriffe allmählich ein.
Insgesamt flog die Luftwaffe in diesen 10 Monaten rund 50 000 Einsätze und warf 50 000 Tonnen Bomben ab; dies war das höchste, was sie aufgrund der deutschen Industriekapazität, der Wetterbedingungen und der britischen Luft- und Bodenabwehr erreichen konnte.
Die Luftschlacht um England hat die deutsche Luftwaffe nun verloren. Die Ursachen: das Fehlen von geeigneten, gut bewaffneten schweren Bombern, von Jagdflugzeugen mit großer Reichweite und der Mangel einer zielbewußten strategischen Luftkriegführung. Deutschland hat dadurch zwar den Krieg nicht verloren, kann ihn aber auch nicht mehr gewinnen.
»The Battle of Britain« nimmt in der Geschichte des Luftkrieges einen besonderen Platz ein. Sie ist die erste Schlacht, deren Verlauf ausschließlich die Luftstreitkräfte bestimmt haben. Die RAF-Jäger konnten durch ihren Sieg die deutsche Luftherrschaft über England, den ersten Schritt zur feindlichen Invasion, vereiteln. Damit hat auch zum erstenmal die ausgesprochen taktische Jagdwaffe einen strategischen Erfolg errungen.

Ab Frühjahr 1941 setzt England trotz aller Schwierigkeiten beachtliche Fliegerkräfte zum Kampf gegen die deutschen U-Boote ein. Bereits im April 1941 verfügt das Küstenfliegerkommando über 110 Flugzeuge, die mit ASV-Radar (Air Surface Vessel Radar), Funkmeßgeräten zum Orten von Überwasserschiffen, ausgerüstet sind. Diese Bordfunkmeßgeräte sind zwar zur Zeit noch sehr störanfällig, tragen aber dazu bei, daß die U-Boote auch nachts nicht mehr ungeschoren auftauchen können.
Die über See eingesetzten deutschen Luftwaffenverbände werden im März 1941 unter dem »Fliegerführer Atlantik« (Oberstlt. Harlinghausen) zusammengefaßt. Ihre Hauptaufgaben: Fernaufklärung, Bekämpfung des Schiffsverkehrs um Südengland und Angriffe auf britische Häfen. Churchill berichtet in seinen Memoiren, daß dies alles und besonders die Einsätze der Fernaufklärer Focke Wulf FW 200 C »Condor« sich katastrophal ausgewirkt habe. Einer der Versuche zur Bekämpfung der Condor, die in den ersten beiden Monaten des Jahres 1941 immerhin 37 Schiffe mit fast 150 000 BRT versenkte, ist der Einbau von Katapulten, so auf dem alten Seeflugzeugträger »Pegasus« und anderen Einheiten. Diese Schiffe mit Marinejägern schützen die Geleitzüge vor den berüchtigten deutschen Fernbombern. Eine Idee, die von Churchill stammen soll, ist der Einbau von

Oben: Ein britischer Frachter (CAM-Schiff) mit einer Sea Hurricane vor dem Katapultstart

Links: Eine He 111 wird mit einer schweren Bombe beladen

Unten: Selbst aus der Bedrohung durch den Luftkrieg versucht die Industrie Kapital zu schlagen: In England wird ein Schlafzimmer-Luftschutzbunker preiswert angeboten

Katapulten auch auf Handelsschiffen, die man CAM (Catapult Armed Merchantmen) nennt. Sie haben meistens zwei Hurricane-Jäger an Bord, die beim Auftauchen der Condor katapultiert werden.

Das erste CAM-Schiff, das Dienstag, dem 27. Mai 1941, in See sticht, ist der Dampfer »Michael E.« Er wird jedoch torpediert und geht samt seiner Hurricane unter. Wie auch immer der Luftkampf zwischen einer katapultierten Hurricane und einer Condor endet, der Pilot steht jedesmal vor einer schwierigen Entscheidung: Soll er versuchen, die Küste trotz der meist großen Entfernungen zu erreichen oder in der Nähe des Konvois notwassern, was auch nicht gerade ungefährlich ist. Da die Maschine oft in Sekunden sinkt, ziehen die Piloten es in der Regel vor, mit dem Fallschirm abzuspringen, denn die Landung in der Nähe eines Schiffes ist noch keine Garantie dafür, herausgefischt zu werden. Erstens ist es sehr schwierig, einen Piloten mit seinem Schlauchboot zu sichten, und andererseits kann ein Schiff, das ein U-Boot in seiner Nähe vermutet, nicht riskieren zu stoppen.

Der erste Abschuß einer Condor durch die Hurricane eines CAM-Schiffes gelingt Lt. R. Everett, der von dem Dampfer »Maplin« gestartet ist. Bis zum Ende des Jahres 1941 haben Hurricanes von CAM-Schiffen insgesamt nur etwa 6 deutsche Condor-Fernbomber über dem Atlantik abgeschossen. Nach diesen bescheidenen Erfolgen werden die Hurricanes zur Sicherung der Konvois von MAC-Schiffen (Merchant Aircraft Carriers) übernommen, eine Art Mini-Flugzeugträger. Es sind meist Tanker, deren Aufbauten man entfernt hat und die bis zu sechs See-Hurricanes und manchmal genauso viele Swordfish-Torpedoflugzeuge auf dem improvisierten Flugdeck unterbringen können.

Am 3. April 1941, einem Freitag, bricht im Irak ein Putsch aus. Der Bündnisvertrag von 1930 hat den Engländern dort zwei Stützpunkte zugestanden: Shaibah bei Bassoram und Habbaniya, wichtige RAF-Basis und Ausbildungslager im Euphrattal, etwa 80 Kilometer westlich von Bagdad; von hier aus erfolgten im März 1940 die Spionageflüge über Baku und Batum. Ein Staatsstreich des hitlerfreundlichen Generals Raschid Ali el Gailani stürzt den proenglischen Regenten Emir Abdul Illah. Die neue Regierung wird von der Sowjetunion als erste sofort anerkannt, und die deutsche Luftwaffe plant eine Luftbrücke nach dem Irak.

Der fehlgeschlagene Überfall Italiens auf Griechenland ermöglicht es den Engländern, ihre Position in Südosteuropa zu stärken. Die rumänischen Ölfelder und die deutsche Südflanke des beabsichtigten Angriffs auf die Sowjetunion werden durch die Anwesenheit der britischen Streitkräfte in Griechenland und auf Kreta bedroht.
Die kleine griechische Luftwaffe schlägt sich weiterhin tapfer. Sie fliegt ihre Einsätze zur Unterstützung der Bodentruppen, sichert die Geleitzüge im Mittelmeer und das britische Expeditionskorps bei seiner Ausschiffung, und mit den 6 von der RAF gelieferten Hurricanes schießt sie ohne eigene Verluste 27 italienische Maschinen ab. Trotzdem ist es Griechenland kaum möglich, die Luftherrschaft zu erringen.

Am Sonntag, dem 6. April 1941, um 5.15 Uhr, marschieren die Deutschen ohne Kriegserklärung in Jugoslawien und – von Bulgarien aus – in Griechenland ein. Die Luftwaffe setzt hier die Luftflotte 4 (Gen. d. Fl. Löhr) mit 210 Jägern, 400 Bombern und Stukas sowie 170 Aufklärern ein. Italien verfügt über insgesamt 666 Flugzeuge. Jugoslawien besitzt zur Zeit etwa 400 Flugzeuge (darunter 144 Jäger, 160 Bomber und 40 Aufklärer), und Griechenland hat nur noch 80 Flugzeuge.
Den Angriff auf Jugoslawien eröffnet die Luftwaffe mit einem Bombenangriff auf die Hauptstadt Belgrad. 150 Bomber und Stukas fliegen unter starkem Jagdschutz von den Stützpunkten in Österreich und Rumänien aus. Der erste Schlag wird mit insgesamt 484 Einsätzen in 3 Wellen durchgeführt. An diesem Sonntag erlebt Belgrad 5 schwere Luftangriffe; und als der Tag zu Ende geht, liegen in den Trümmern der Hauptstadt 17 000 Tote.

Während des Luftkrieges über Jugoslawien hat die italienische Luftwaffe in mehreren hundert Einsätzen nur 4 Flugzeuge abgeschossen bei 5 eigenen Verlusten. Eine der Ursachen dieser Kampfschwäche: Zu keiner Zeit hat zwischen der Regia Aeronautica und der Luftwaffe eine sinnvolle Koordination bestanden.
Die Luftwaffe hat auch gegen Jugoslawien ihre bewährte Methode angewandt: mit einem massiven Schlag zuerst die gegnerischen Luftstreitkräfte vernichten, um dann bei vollkommener Luftherrschaft taktische Einsätze zur Unterstützung der Bodentruppen durchzuführen.
Der Angriff auf Griechenland ist nicht minder erfolgreich: Bereits am Montag abend, dem 7. April, greifen 11 deutsche Bomber des X. Fliegerkorps den Athener Hafen Piräus an. Eine der Bomben trifft das britische Munitionsschiff »Clan Frazer« und bringt die Ladung von 250 Tonnen Sprengstoff zur Explosion, die den Hafen von einem Ende bis zum anderen verwüstet und 12 Schiffe mit 51 569 BRT, dazu 60 Leichter und 25 Motorsegler versenkt. Der Kommandierende der britischen Mittelmeerflotte, Admiral Cunningham: »Ein erschütternder Schlag.« Mit diesem Volltreffer werden die englischen Truppen ihres einzigen gut ausgerüsteten Umschlaghafens für den Nachschub beraubt. Durch die Auswirkungen des Bombenangriffes können jetzt das schwache britische Expeditionskorps und die griechischen Streitkräfte lediglich hinhaltende Gefechte führen.

Im Frühjahr 1941 herrscht bei der Sonderstaffel Oberst T. Rowehl, einer der geheimsten Einheiten der Luftwaffe, Hochbetrieb: Für extreme Hochflüge geeignete Fernaufklärer führen von den Startplätzen in Finnland, dem ehemaligen Polen oder Bulgarien aus Erkundungsflüge über der Sowjetunion durch und sammeln Luftbilder für die Zielkartei, im Rahmen der Vorbereitungen für das Unternehmen »Barbarossa«. Unerklärlicherweise haben seit April 1940 nicht nur die sowjetischen Grenzschutztruppen, sondern auch die anderen Waffengattungen der Roten Armee strikten Befehl aus Moskau, nicht auf deutsche Maschinen zu schießen, die am sowjetischen Himmel auftauchen. Sie sehen tatenlos zu, wie die Grenze ihres Landes von den deutschen Aufklärern allein in der ersten Hälfte des Jahres 1941 über 150mal verletzt wird.
Der Mann, der darüber einiges wissen müßte, Marschall der Artillerie N. N. Woronow, berichtet in seinen Memoiren: »... daß die Fliegerabwehr den kategorischen Befehl hatte, auf deutsche Flugzeuge das Feuer nicht zu eröffnen. Auch den Jagdflugzeugen wurde verboten, sie anzugreifen.« Aus den deutschen Akten, die nach dem Kriege sichergestellt wurden, geht hervor, daß man die Regierung in Berlin sogar offiziell davon in Kenntnis gesetzt hat. Und als auf dem Flugplatz in Rowno (Ostpolen) am Dienstag, dem 15. April 1941, einer dieser Auf-

Griechenland, April 1941: Ein Jäger der königlichen Luftstreitkräfte, Typ P-24 F (polnischer Bauart), notgelandet nach dem Kampf mit einer Me 109

klärer notlanden muß, kann die Besatzung anstandslos nach Deutschland zurückkehren, und ihre Maschine wird kurz danach der Luftwaffe zurückgegeben. Am seltsamsten aber ist, daß sich die Deutschen während der Überprüfung auf dem Militärflugplatz einigermaßen frei bewegen und ihre Beobachtungen jetzt vom Boden aus fortsetzen können.

Auch auf der anderen Seite der Weltkugel versucht im Frühjahr 1941 eine Luftmacht dem zukünftigen Gegner in die Karten zu schauen: Ein geheimes Sonderkorps der kaiserlich japanischen Kriegsmarine, die 3. »Kokutai« mit 3 Staffeln von insgesamt 36 Fernaufklärern vom Typ Mitsubishi G3M2, wird in aller Heimlichkeit in Takao auf Formosa aufgestellt. Die hellgraublau angestrichenen Maschinen – ohne Hoheitsabzeichen – haben im Rumpf leistungsfähige, lichtstarke automatische Kameras installiert.
»Verteidigt euch, wenn ihr angegriffen werdet, aber wenn man euch zur Landung zwingen sollte, müßt ihr unbedingt eure Maschine zerstören, und falls ihr festgenommen werdet, schwört, daß euch bei einem Übungsflug ein Navigationsfehler unterlaufen sei.« Das schärft Hauptmann Kamei den Besatzungen vor ihrem ersten Flug ein. Diese erste Mission gilt Hafenbefestigungen, Flugplatz und militärischen Anlagen des US-Stützpunktes Legaspi auf den Philippinen südöstlich von Luzon.

Am Freitag, dem 18. April 1941, sehr früh, startet in Takao die »staatenlose« werkneue Mitsubishi G3M2, nimmt Kurs auf das etwa 1000 Kilometer südlich liegende Legaspi und gewinnt langsam an Höhe.
Leutnant Nagasi: »Die Sicht war ausgezeichnet, etwa 40–50 Meilen. Nachdem wir Luzon sichteten, drehten wir ab und flogen an der Küste entlang, sorgfältig darauf achtend, daß wir außerhalb der 15-Meilen-Zone vom Ufer entfernt blieben. 70 Meilen östlich von Polillo Island gingen wir auf 8500 Meter Höhe und näherten uns dem Ziel. Als sich die Kameraluke öffnete, kam ein eiskalter Windzug in die Kabine. Wir überquerten das Südkap der Bucht von Legaspi und flogen nach Westen. Die Kamera machte automatisch alle 15 Sekunden eine Aufnahme. Am Südende der Bucht nahmen wir Kurs nach Norden, und ein paar Minuten später wieder nach Osten. Genau 8 Stunden und 50 Minuten nach dem Start setzten wir auf der Rollbahn in Takao wieder auf.«

Für die deutsche Luftwaffe ist die kleine griechische Luftstreitmacht kein Gegner, und nachdem sie auf den üblichen blitzartigen Schlag zur Eröffnung des Feldzuges verzichtet hat, geht sie sofort zu taktischen Einsätzen zur Unterstützung des Heeres über. Der Feldzug in Griechenland ist ein Musterbeispiel von gutem Zusam-

menwirken zwischen Heer und Luftwaffe. Wie schon in der Vergangenheit zeigt es sich auch hier erfolgreich: Nach 12 Tagen, am Freitag, dem 18. April 1941, kapituliert Jugoslawien und 6 Tage später, am Donnerstag, dem 24. April, Griechenland.
Der Rückzug auf die Thermopylen ist für die Engländer ein durchaus schwieriges Manöver, doch ihre hartnäckigen Nachhutgefechte halten den deutschen Vormarsch an manchen Stellen auf.
Am Sonnabend, dem 26. April 1941, nehmen zwei Bataillone des Fallschirmjägerregimentes 2 (Oberst Sturm) nach einem tollkühnen Einsatz aus der Luft die Brücke über den Kanal von Korinth. Sie fällt zwar unversehrt in deutsche Hand, doch gegen Ende des Gefechtes trifft ein verirrtes britisches Flakgeschoß die Sprengladung der Brücke, und sie bricht zusammen. Dadurch wird den zurückziehenden britischen Truppen, denen eine Zeitlang keine stärkeren deutschen Verbände mit schweren Waffen folgen können, eine Atempause vergönnt. Einen unmittelbaren taktischen Nachteil hat die Zerstörung der Kanalbrücke für die Deutschen kaum, jedoch verzögert die durch die Brückentrümmer verursachte Sperrung die Vorbereitungen des Angriffs auf Kreta, da der Korinth-Kanal der einzig sichere Seeweg für die Treibstoffversorgung der deutschen Transportfliegerverbände bildet. Bereits am Montag, dem 28. April, ist das gesamte griechische Festland, mit Ausnahme der strategisch wichtigen Insel Kreta, in deutschen Händen.

Am Morgen des 30. April 1941, einem Mittwoch, läßt die neue, prodeutsche irakische Regierung ihre Truppen, rund 9000 Mann, gegen den RAF-Stützpunkt Habbaniya marschieren und mit 28 Geschützen Stellungen auf dem umgebenden Plateau beziehen.
Am Freitag, dem 2. Mai, bombardiert die englische Staffel der Fliegerschule in Habbaniya mit ihren Gladiator-Jagdmaschinen, unterstützt durch die Wellington-Bomber vom Stützpunkt Shaibah am Persischen Golf, die irakischen Truppen in den kaum eineinhalb Kilometer entfernten Stellungen, die den Angriff durch Beschießung des Lagers erwidern, unterstützt durch Bomben und Maschinengewehrfeuer ihrer Flugzeuge. Noch am gleichen Tage bittet Raschid el Gailani Hitler um Waffenhilfe.
24 Stunden später erhält der deutsche Botschafter Order aus Berlin, er solle die Zustimmung der Vichy-Regierung für den Transport von Flugzeugen und Ausrüstungen über Syrien nach dem Irak erwirken. Zur Überraschung der Deutschen gibt die Vichy-Regierung nicht nur die Transiterlaubnis, sondern läßt sofort fast das gesamte in Syrien lagernde französische Kriegsmaterial nach dem Irak schaffen. Jedoch nach viertägigen pausenlosen Luftangriffen müssen sich die irakischen Truppen in der Nacht zum Dienstag, dem 6. Mai, vom Plateau um Habbaniya nach Bagdad zurückziehen.

Sonnabend, 10. Mai 1941: In Athen beginnt das Unternehmen »Irak«. Einige Zerstörer Me 110 und Transportmaschinen fliegen über Rhodos–Aleppo–Damaskus–Mosul nach Bagdad. Das Ziel dieses Unternehmens: Hilfe für die Putschgenerale, um die englischen Kräfte in Nordafrika von der Flanke her zu bedrohen. Churchill: »Die Deutschen haben zu diesem Zeitpunkt tatsächlich eine Luftlandetruppe zur Verfügung gehabt, durch die sie sich in den Besitz Syriens, des Irak und Persiens mit ihren kostbaren Petroleumfeldern hätten setzen können. Hitlers Hand hätte sich weit in Richtung Indien ausstrecken und sich Japan entgegenstrecken können.«
Die 4. Staffel des Zerstörergeschwaders 76 (Oberstlt. Hobein) bildet im Rahmen des Unternehmens »Irak« einen Teil des »Sonderkommandos Junck«, das als erster Vorbote in die Kämpfe im Irak eingreifen soll. Alle Maschinen tragen irakische Hoheitsabzeichen. Oberst Junck: »Das Kommando wurde überstürzt mit Maschinen in den Einsatz geschickt, die gar nicht über eine Tropenausrüstung verfügten. Zum Teil fehlten sogar die für solche Einsätze unbedingt notwendigen Karten.«
Zunächst merken die Engländer nichts von diesem Vorhaben, bis am 11. Mai die 3 Messerschmitt Bf 110 vom 4/ZG 76 von 2 Morane-406-Jägern (GCI/7) im syrischen Palmyra zur Landung gezwungen werden, da sie ungemeldet französisches Gebiet überqueren. Tags darauf, am 12. Mai, landen 6 deutsche Bomber He 111 unter Führung von Oberst Junck in der syrischen Hauptstadt Damaskus auf dem Wege zum Irak. Nach zweitägigem Aufenthalt starten sie in Richtung Mosul.
Am Mittwoch, dem 14. Mai, beobachtet morgens ein

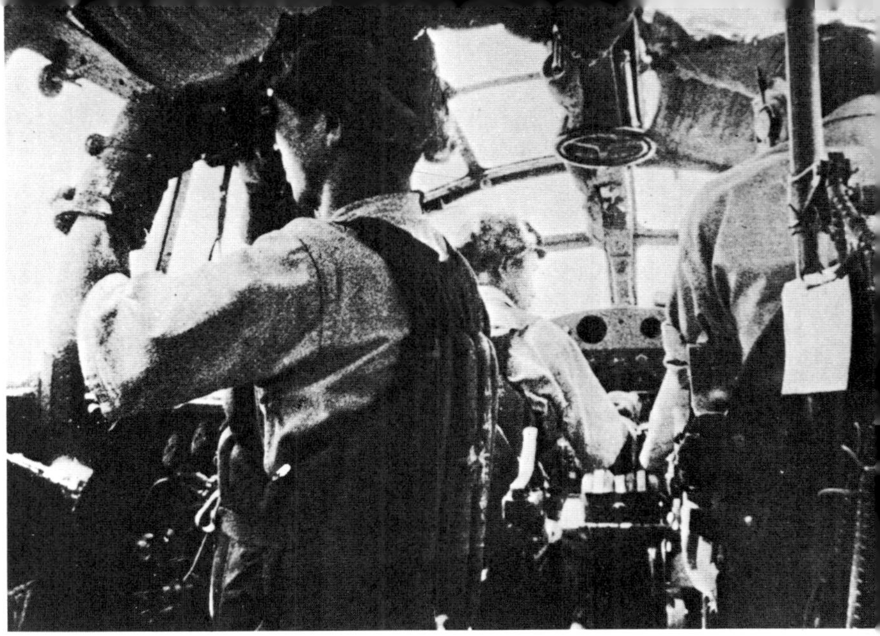

Rechts: Im Cockpit eines japanischen Fernaufklärers Mitsubishi G3M2: In geheimer Mission über US-Stützpunkten im Pazifik

Unten: Eine der He 111 vom »Sonderkommando Junck« mit notdürftig übermaltem Hakenkreuz an den Seitenflossen und irakischem Hoheitsabzeichen am Rumpf

englischer Aufklärer den Start einer deutschen Junkers-Ju-90-Transportmaschine aus Palmyra. Bei seinem zweiten Einsatz am Mittag stellt er fest, daß mehrere Transportflugzeuge der Achsenmächte dort gelandet sind. Und am späten Nachmittag greifen nun 3 Blenheim-Bomber, begleitet von 2 Curtiss Tomahawks, Palmyra im Tiefflug an, jedoch ohne sichtbaren Erfolg. Es ist der erste Einsatz dieser Jäger im Kriege. Am nächsten Morgen, dem 15. Mai, befinden sich alle Transportmaschinen noch auf dem Flugfeld. Auch bei einem erneuten Angriff gelingt es nicht, die Maschinen zu zerstören.
Am Freitag, dem 16. Mai 1941, bombardieren 3 He 111

des Sonderverbandes Junck den britischen Luftstützpunkt Habbaniya. Daraufhin greifen die Maschinen der britischen Fleet Air Arm den Flugplatz von Mosul an und vernichten einen deutschen Bomber He 111 und 2 Zerstörer Me 110 des Verbandes Junck.
Auch Italien schickt eine Einheit Fiat CR.42 (Jagdgeschwader 155 a) nach Bagdad. Die Flugzeuge werden mit irakischen Emblemen versehen. Durch ihr verspätetes Eintreffen fliegen sie nur noch ein paar Einsätze. Während dieser Angriffe schießen sie einen britischen Jäger vom Typ Hawker Hardy ab und verlieren gleichzeitig eine CR.42.
Die übereilt eingeleitete Intervention der deutschen und italienischen Luftwaffe ist weiterhin vom Pech verfolgt: Der für die Koordinierung ihres Einsatzes mit den irakischen Streitkräften beauftragte Offizier, Sohn des Generalfeldmarschalls v. Blomberg, wird in Bagdad mit einer Kugel im Kopf aus dem Flugzeug gebracht, versehentlich getötet durch die übereifrige Luftabwehr des Flugplatzes.

Das Unternehmen »Merkur«, die Eroberung Kretas durch deutsche Fallschirmjäger, ist mehr als eine Luftlandeoperation. Es ist der Kampf mit einem Gegner, der bereits Wochen zuvor von dieser Aktion weiß und Zeit genug hat, alles mögliche zu tun, um sie zum Scheitern zu bringen. Und als die deutschen Fallschirmjäger am Dienstag, dem 20. Mai 1941, ihre Transportmaschinen besteigen, ahnen sie nicht, daß man auf der anderen Seite über ihren Einsatz bis ins kleinste Detail informiert ist. Der britische Abhördienst verfolgt von Anfang an alle Funksprüche zwischen dem Oberkommando der Luftwaffe und den in Griechenland stationierten Stäben, die das Unternehmen »Merkur« vorbereiten. Winterbotham: »Als Ultra bekanntgab, daß ein deutsches Luftlandeunternehmen gegen Kreta bevorstand und uns darüber hinaus mit allen Einzelheiten des deutschen Invasionsplanes versorgte, hofften wir, den deutschen Fallschirmtruppen eine Schlappe beibringen zu können ...«

Zum Oberbefehlshaber der Insel wird auf ausdrücklichen Wunsch Churchills einer der fähigsten Generale, Sir Bernard Freyberg, ernannt, der die höchste Tapferkeitsauszeichnung trägt, das Victoria Cross.

In seinen Kommentaren zu den abgefangenen deutschen Funksprüchen unterrichtet Winterbotham Churchill, daß die erwartete Luftlandeoperation unmittelbar bevorstehe. Der Premierminister erteilt ihm daraufhin den Befehl, sofort alle Informationen an General Freyberg weiterzuleiten. Winterbotham: »Auf diese Weise kam Freyberg in den Besitz detaillierter Angaben über die Pläne des Gegners. In einer derart bevorzugten Lage dürfte vor Freyberg selten ein Befehlshaber in der Geschichte gewesen sein.«

Seit dem 15. Mai 1941, einem Donnerstag, hält sich die britische Mittelmeerflotte in den Gewässern um Kreta auf; ab 17. Mai sind die britisch-griechischen Truppen (42 640 Mann, davon 10 258 Griechen) auf der Insel in Alarmbereitschaft und erwarten stündlich den deutschen Angriff. Die Stärke der Truppen auf Kreta ist der deutschen Führung bis zum Beginn des Angriffs unbekannt: Der Luftaufklärung gelingt es nicht, ein zutreffendes Feindbild zu beschaffen, obwohl die Luftwaffe dies immer wieder versucht. Die Verteidigungsstellungen und Truppenansammlungen sind so geschickt getarnt, daß sie nicht einmal auf den Luftaufnahmen festzustellen sind. Selbst Tiefflüge bringen keine besseren Ergebnisse. Man ist nun überzeugt, daß sowohl die griechischen als auch die britischen Verbände kaum noch zum Kämpfen bereit sind.

Am Sonntag, dem 18. Mai 1941, kapitulieren angesichts ihrer hoffnungslosen Lage 18 000 Mann der italienischen Streitkräfte in Ostafrika (Herzog von Aosta) am Amba Alagi.

Am Dienstag, dem 20. Mai, um 7.15 Uhr, beginnt das Unternehmen »Merkur« in 3 Gruppen: West (Malemes) unter Generalmajor Meindl, Mitte (Chania und Suda) unter Generalleutnant Süßmann und Ost (Iraklion) unter Generalmajor Ringel. Die Gesamtleitung der zur Verfügung stehenden Kräfte wird Generaloberst Löhr (Luftflotte 4) übertragen: VIII. Fliegerkorps (Gen. d. Fl. v. Richthofen), XI. Fliegerkorps (Gen. d. Fl. Student) mit der 7. Flieger-(Fallschirm-)Div. (GenLt. Süßmann), der verstärkten 5. Gebirgsdivision (GenMaj. Ringel) und als Reserve Teile der 6. Gebirgsdivision. Dazu 10 Kampfgruppen z. b. V. (Gen. Conrad) mit 493 Transportmaschinen, Typ Ju 52, dazu 430 Bomber, 180 Jäger und 100 Lastensegler.

Das eigentliche Absetzen der ersten Welle der Fallschirmjäger erfolgt beinahe reibungslos, und die Verluste an Transportflugzeugen sind wider Erwarten gering. Von fast 500 eingesetzten Ju 52 kehren 7 nicht zu ihren Stützpunkten in Griechenland zurück. Die Fallschirmjäger erwartet jedoch bereits während des Niederschwebens und der Landung starkes Abwehrfeuer. Manche Kompanien, die zu weit verstreut abgesetzt werden, erleiden hohe Verluste und sind kaum noch angriffsfähig. Es gelingt ihnen daher nicht, die von Neuseeländern verteidigte wichtige Höhe 107 in der Nähe des Flugplatzes Malemes in Besitz zu nehmen. Auch die Landetruppen in den Lastenseglern haben beim Niedergehen in dem felsigen Gelände und durch das überraschend heftige Feuer des Gegners viel höhere Verluste, als man vermuten konnte. Und anstatt ihren Auftrag, die Sicherung des Landungsraumes, durchzuführen, werden sie sofort in die Verteidigung gedrängt.

Auf den griechischen Flugplätzen warten währenddessen die Fallschirmjägerregimenter, um am Nachmittag des 20. Mai, einem Dienstag, als zweite Welle zu springen. Die Transportmaschinen der erste Welle treffen jedoch mit Verspätung wieder auf ihren Absprunghäfen ein. Sie müssen, meist in zeitraubender Kleinarbeit, aus Fässern neu betankt werden.

Bald steht fest, daß die auf 13 Uhr befohlene Startzeit nicht eingehalten werden kann. Ein Umdisponieren geht nicht mehr, da die britischen Agenten sämtliche Fernsprechkabel zwischen den Transportverbänden und dem XI. Fliegerkorps zerschnitten haben. Und so ist es nicht mehr möglich, die vorbereitenden Unterstützungsbombenangriffe auf einen späteren Termin zu verlegen.

Pünktlich um 15.15 Uhr greifen wie geplant die Kampfflugzeuge im Raume Rethymnon und Iraklion nutzlos ihre Ziele an. Denn schon während ihres Einsatzes rollen die ersten Transportmaschinen der zweiten Welle zum Start. Es stellt sich erst jetzt heraus, daß die riesigen Staubwolken, die die Propeller aufwirbeln, einen geschlossenen Start größerer Verbände unmöglich machen und eine Versammlung der Transportgeschwader in der Luft nicht durchführbar ist. So sind die Maschinen gezwungen, mit erheblichen Verspätungen die Absetzplätze einzeln anzufliegen.

Oben: Kreta, 20. Mai 1941: Ein zerschellter deutscher Lastensegler DS 230 mit toten Soldaten der Luftlandetruppen

Rechts: 20. Mai 1941: Deutsche Landung auf Kreta

Unten: Die Suda-Bucht an der Nordseite der Insel Kreta: Brennende britische Frachter nach einem deutschen Luftangriff

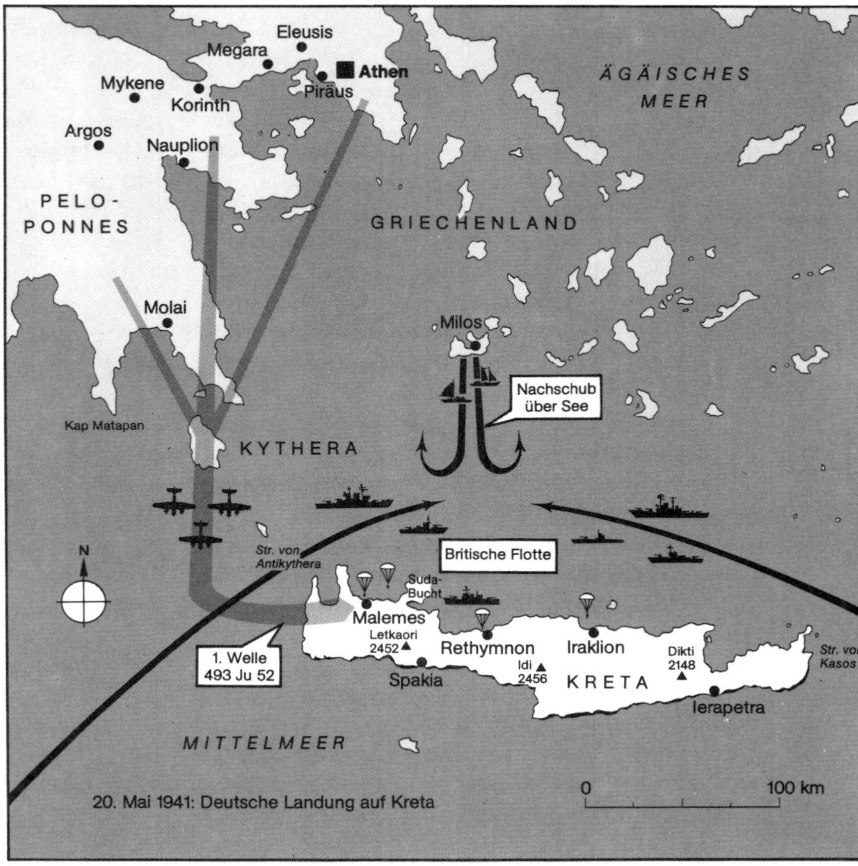

Inzwischen ahnt General Student auf seinem Gefechtsstand des XI. Fliegerkorps in Athen kaum etwas von dem, was auf Kreta wirklich los ist. Eine Funkverbindung von der Gruppe West (Malemes) oder der Gruppe Mitte (Chania und Suda) zum Korps ist noch nicht zustande gekommen: Die einzigen leistungsstarken 80- und 200-Watt-Sender liegen durch den Aufprall eines der Lastensegler zerstört im Tavronitisbett. So weiß man in Athen nicht, daß der Angriff auf den Flugplatz Malemes fehlgeschlagen ist, manche Einheiten dezimiert sind und der Kommandeur der Fliegerdivision 7 (der Fallschirmdivision), Generalleutnant Süßmann, mit seinem Lastensegler über der Insel Ägina abstürzte. Ebenfalls noch nicht bekannt ist, daß General Meindl, Chef der Gruppe West, schwer verwundet wurde und beide Gruppen führerlos unter starkem Feindfeuer liegen.

Auch die Fallschirmjäger der zweiten Welle werden von dem abwehrbereiten Gegner erwartet. Die bei Rethymnon und bei Iraklion falsch abgesetzten einzelnen Kompanien werden von plötzlich auftauchenden Panzern zusammengeschossen, noch bevor sie sich von ihren Fallschirmen lösen können. So scheitert gleichfalls der Angriff auf die Flugplätze Rethymnon und Iraklion. Erst am Abend des 20. Mai 1941 erfährt man in Athen von dem Chaos auf Kreta. In den Nachtstunden zum 21. Mai beschließt General Student, nun alle ihm noch zur Verfügung stehenden Kräfte so schnell wie möglich zur Eroberung des wichtigsten Inselflugplatzes Malemes einzusetzen. Als Nachfolger des verwundeten Generals Meindl springt am 21. Mai Oberst Ramcke bei Malemes ab und übernimmt die Führung der Gruppe West. Er geht mit den Resten des Sturmregiments zum Angriff über. Um 17 Uhr ist der Flugplatz Malemes, auf dem bereits einige Ju 52 eingetroffen sind, in deutscher Hand. Noch am gleichen Tage können die ersten Kompanien des Gebirgsjägerregiments 100 in Malemes landen.

Admiral Cunningham läßt nun mit einem Verband die Westküste Kretas sichern, während leichte Seestreitkräfte (insgesamt 7 Kreuzer und 11 Zerstörer) beiderseits der Insel vorstoßen. Dort liegen sie auf der Lauer, um jeden deutschen Versuch zu verhindern, die auf Kreta dringend erwarteten Gebirgsjäger und schweren Waffen mit Schiffen auf die Insel zu bringen. Um Mitternacht des 22. Mai werden die von Piräus ausgelaufenen Küstenmotorsegler mit einer Gebirgsjägerdivision vor der Küste Kretas von britischen Seestreitkräften gestellt und beinahe völlig aufgerieben. Ein zweiter Konvoi mit rund 4000 Gebirgsjägern an Bord wird ebenfalls angegriffen. Die Bomber des VIII. Fliegerkorps (Gen. d. Fl. Richthofen) kommen ihnen im letzten Augenblick zu Hilfe.

Am Morgen des Donnerstag, 22. Mai 1941, starten um 5.30 Uhr die Ju 87 des Stukageschwaders 2 »Immelmann« (Oberstlt. O. Dinort) zum Angriff auf die Royal Navy. Zu dieser Stunde stehen außer den Schiffen der britischen »Kampfgruppe D« die Kreuzer »Gloucester« und »Fiji« mit den Zerstörern »Greyhound« und »Griffin« 25 Meilen vor der Nordküste Kretas. Schwere Nahtreffer setzen zwei Geschütztürme des Kreuzers »Naiad« außer Gefecht. Der Zerstörer »Juno« sinkt nach einem schweren Bombenvolltreffer innerhalb von zwei Minuten. Kurz nach Mittag wird der zweite Flottenverband gesichtet. Zehn Minuten später wird das Schlachtschiff »Warspite«, das Flaggschiff des Admirals Rawling, schwer getroffen. Gegen 13 Uhr sinkt der Zerstörer »Greyhound« nach zwei Volltreffern. Mehrere Ketten Ju-87-Stukas und Me-109-Jagdbomber stürzen sich auf die einzeln fahrenden Kreuzer. Die »Gloucester« wird sofort getroffen. In schwarze Qualmwolken gehüllt, treibt der Kreuzer langsam im Kreise und sinkt nach einer Explosion im Schiffsinnern gegen 16 Uhr. Diese erste See-Luft-Schlacht der Geschichte wird nach mehrtägiger Dauer eindeutig zugunsten der deutschen Luftwaffe entschieden.

Ohne die Luftherrschaft wären die auf dem Seewege nach Kreta gebrachten Truppen rettungslos verloren gewesen. So aber gelingt es den deutschen Bombern, dem britischen Flottenverband derart beträchtliche Verluste zuzufügen, daß dieser sich aus den Gewässern nördlich von Kreta zurückziehen muß.

12 Hurricanes schickt man zur Verteidigung Iraklions aus Ägypten zu Hilfe. Die Schiffsflak eines britischen Zerstörers schießt versehentlich 2 davon ab und verjagt 3 weitere. 4 der anderen Maschinen machen bei der Landung Bruch oder werden von den Deutschen abgeschossen, bevor sie überhaupt in den Kampf eingreifen können.

Das Schicksal Kretas hat sich erst in dem Augenblick entschieden, als die Deutschen unter Einsatz ihrer letzten Kräfte den heißumkämpften wichtigen Flugplatz Malemes erobern. Bemerkenswert ist, daß das Oberkommando der Wehrmacht am Sonntag, dem 25. Mai 1941, zum erstenmal das Luftlandeunternehmen auf Kreta erwähnt, nachdem der Westteil der Insel mit dem Flugplatz Malemes von Deutschen besetzt ist. Am Abend des 27. Mai 1941 erhält General Freyberg die Order, Kreta zu räumen. Die britische Flotte muß für den Kampf um diese Insel einen hohen Zoll entrichten: 2 Schlachtschiffe, »Barham« und »Warspite«, und der Flugzeugträger »Formidable«, 6 Kreuzer und 7 Zerstörer werden mehr oder weniger schwer beschädigt, 3 weitere Kreuzer und 6 Zerstörer gehen verloren.

Der deutsche Erfolg auf Kreta fordert ebenfalls große Opfer. Ein beträchtlicher Teil der deutschen Fallschirmjäger bleibt vor dem Feind: 6580 Mann, davon rund 4000 Tote und Vermißte. Von den 493 eingesetzten Transportmaschinen Ju 52 werden 271 zerstört oder so schwer beschädigt, daß sie auch auf der Verlustliste stehen. Über den letzten großen Einsatz deutscher Fallschirmjäger im Zweiten Weltkrieg sagt Churchill: »In

Eine Fairey Swordfish landet nach einem Torpedoangriff auf das Schlachtschiff »Bismarck« auf dem Deck des Trägers »Ark Royal«

mancher Hinsicht war die Schlacht um Kreta etwas ganz Neues ... Es war die erste großangelegte Luftlandeaktion der Weltgeschichte. Diese tapferen, großartig trainierten deutschen Fallschirmjäger waren die Blüte der deutschen Jugend ...«

Die mit hohen Verlusten eroberte Insel hat jedoch für die Deutschen keine allzu große Bedeutung: Sie verbessert lediglich die defensive Stellung der Achsenmächte in der Ägäis.

Die Bedeutung des Flugzeugträgers für die Seekriegführung tritt besonders bei der Bekämpfung des deutschen Schlachtschiffes »Bismarck« zutage. Und seine Versenkung am Dienstag, dem 27. Mai 1941, ist auf den Einsatz der mit Bordradar ausgestatteten Flugzeuge zurückzuführen.

Am Sonntag, dem 18. Mai 1941, laufen aus Gdingen das Schlachtschiff »Bismarck« und der schwere Kreuzer »Prinz Eugen« unter Führung des Flottenchefs Admiral Lütjens zu einem Atlantik-Raid aus. Gleich nachdem die britische Admiralität die Nachricht vom Passieren der deutschen Kampfgruppe durch das Kattegatt erhält, unternimmt sie entsprechende Gegenmaßnahmen. Sie setzt den Flugzeugträger »Victorious« mit zwei Schlachtschiffen aus dem Nordwesten und den Flugzeugträger »Ark Royal« mit einem Schlachtkreuzer und einem Kreuzer aus dem Gibraltarraum auf die deutsche Kampfgruppe an.

Am Sonnabend, dem 24. Mai 1941, kommt es zum Gefecht, in dem der Schlachtkreuzer »Hood« vernichtet und das Schlachtschiff »Prince of Wales« nach schweren Treffern zum Abdrehen gezwungen wird. Zwei Tage später, am Montag, dem 26. Mai 1941, wird die »Bismarck« – rund 700 Seemeilen von ihrem Zielhafen Brest entfernt – von dem mit einem ASV-(Air Surface Vessel)Radargerät ausgestatteten Catalina-Flugboot des britischen Küstenkommandos entdeckt. Gleichzeitig wird die Leistungsfähigkeit des inzwischen verbesserten ASV-Funkmeßgerätes erstmalig bewiesen.

Am gleichen Tage greifen die ebenfalls mit ASV-Geräten versehenen Swordfish-Torpedoflugzeuge des Trägers »Ark Royal« das deutsche Schlachtschiff an. Die Ruderanlage der »Bismarck« ist so schwer getroffen, daß sie ihre Manövrierfähigkeit verliert und nun ein leichtes Opfer für 2 britische Schlachtschiffe und mehrere Kreuzer ist. Tags darauf, am 27. Mai 1941, wird die »Bismarck« durch überlegene Kräfte zusammengeschossen und das brennende Schlachtschiff – der Stolz der deutschen Kriegsmarine – von der eigenen Besatzung versenkt.

Im Irak fliegt Oberst Junck mit den letzten von seinem »Sonderverband« verbliebenen drei Heinkel He 111 bis

zum 29. Mai noch insgesamt 6 Bombeneinsätze gegen Habbaniya und 7 Aufklärungsflüge.
Am Freitag, dem 30. Mai 1941, stehen britische Truppen vor den Toren Bagdads. Der Rebellenführer Raschid Ali sowie die Diplomaten Deutschlands und Italiens, auch der Großmufti von Jerusalem, fliehen nach Persien. Am nächsten Tag wird nach Unterzeichnung des Waffenstillstands der probritische Regent des Iraks wiedereingesetzt und eine neue Regierung gebildet. Zur gleichen Stunde beordert Berlin die Rückverlegung der Sondergruppe Junck von Mosul über Aleppo nach Rhodos. Nur eine He 111 kehrt in recht desolatem Zustand zurück. Auch die letzten italienischen Jagdmaschinen des Geschwaders 155 a landen an diesem Sonnabend auf Rhodos.
Nachdem die Rebellion im Irak sich dem Ende nähert, wenden die Engländer ihre Aufmerksamkeit wieder Syrien und dem Libanon zu, die unter Kontrolle der Vichy-Regierung stehen und eine Bedrohung im Rücken der alliierten Streitkräfte in Ägypten und für die wichtigen britischen Erdölnachschubquellen bedeuten.
Noch Tage bevor die Engländer in Syrien einmarschieren, wird dieses Land zum Schauplatz heftiger Kämpfe zwischen britischen und französischen Luftstreitkräften. Bereits am Mittwoch, 28. Mai 1941, erreichen die Franzosen ihren ersten Luftsieg. Lieutenant Vuillemin (GC I/7) schießt mit seiner Morane 406 über Syrien einen Blenheim-Aufklärer ab. Von dem britischen Aufgebot alarmiert, ordnet die Vichy-Regierung die sofortige Verstärkung der Luftstreitkräfte an. Am gleichen Tag landen die modernsten französischen Jäger vom Typ Dewoitine D.520 der Staffel GC III/6 in Rayak (Syrien). Sie sind am 24. Mai in Algerien gestartet und an der Nordküste des Mittelmeeres entlanggeflogen. 2 Maschinen gehen über der Türkei verloren.
Am Morgen des 5. Juni 1941, eines Donnerstags, greifen 3 Blenheim den Flugplatz von Aleppo (Syrien) an, wo man mehrere italienische Jäger vom Typ CR.42 und Transportmaschinen SM.79 am Boden beobachtet hat. Ein Flugzeug und ein Hangar werden zerstört. 3 französische Jäger Morane 406 versuchen vergeblich, den Angriff abzuwehren.
Am Sonntag, dem 8. Juni 1941, bahnen sich australische und indische Truppen, unterstützt durch die 1. Kavalleriedivision und schwache Verbände der Freien Franzosen sowie 60 RAF-Maschinen ihren Weg in Richtung Beirut und Damaskus. Die ersten Operationen britischer Flugzeuge an diesem Tage sind die Angriffe auf den französischen Luftstützpunkt in Rayak. Die Hurricanes sollen die soeben eingetroffenen modernen Martin-167-Bomber der GB I/39 vernichten. Unterdessen bombardieren die Martin 167 der GB I/39 britische Kolonnen, die sich Quneitra nähern. 5 Tomahawks des australischen 3. Geschwaders greifen danach Rayak an und werden prompt von der französischen Bodenabwehr mit den eigenen Maschinen verwechselt, da diese hier zum erstenmal Tomahawks zu Gesicht bekommt.
Dienstag, 10. Juni 1941: Während eines Aufklärungsfluges über Deraa wird Capitaine Jacobi (GC III/6), ein bekannter französischer Pilot, von der britischen Luftabwehr abgeschossen. Am Nachmittag erhalten die Besatzungen der GC I/7 den Befehl, »kleine Einheiten der britischen Flotte« zu vertreiben, die das Küstengebiet dauernd unter Feuer nehmen. Es stellt sich jedoch heraus, daß es sich um das ganze 15. Kreuzergeschwader handelt, und die Aktion wird schnellstens gestoppt.
Beide Seiten bekommen im Verlauf der Kämpfe erhebliche Unterstützung: Die Franzosen erhöhen ihre Jägerkräfte auf 159 Maschinen mit einer Anzahl ihrer besten speziell ausgewählten und erfahrenen Jagdflieger. Gerade die mit den modernen Jägern Dewoitine D.520 ausgestatteten Staffeln fügen den britischen Formationen schwere Verluste zu, da sie auf diesem Kriegsschauplatz kaum gleichwertige Maschinen zur Verfügung haben. Auch die Martin 167 bombardieren unentwegt britische

He-111-Bomber auf einem Feldflugplatz in Erwartung des Einsatzbefehles gegen Ziele in der Sowjetunion

Syrien, Juni 1941: Ein Aufklärer Potez 25 TOE der Vichy-Einheit GAO 595 (Palmyra) überfliegt eine Kamelreiter-patrouille

Truppenansammlungen. Eine der Kolonnen, die aus dem Irak nach Palmyra in Zentralsyrien marschiert, wird sogar durch französische rollende Bombenangriffe für mehrere Tage aufgehalten.

Ebenfalls am 10. Juni 1941 beginnt der Aufmarsch der fliegenden Verbände der Luftwaffe für den Ostfeldzug, auch mit deutschen Kräften aus dem besetzten Westeuropa, Sizilien, Griechenland und Jugoslawien. Lediglich die in Nordafrika eingesetzten Geschwader bleiben zurück. Trotzdem stellt die sowjetische Presse die Auslandsberichte über eine bevorstehende deutsche Inva-

sion als »Phantastereien rußlandfeindlicher Kräfte« hin, und selbst eine Woche vor dem deutschen Angriff, am 13. Juni 1941, dementiert die Agentur TASS noch die Nachricht über deutsche Truppenkonzentrationen an der deutsch-sowjetischen Grenze.
Die Säuberungen im Offizierskorps, die im Sommer 1937 mit der Verhaftung von Tuchatschewski beginnen und erst mit Hitlers Überfall auf die Sowjetunion enden, fordern auch in der obersten Führung der Roten Luftflotte unzählige Opfer, darunter J. I. Alksnis, Oberbefehlshaber der sowjetischen Luftstreitkräfte, sowie seinen Nachfolger General Khripin und General J. A. Smuskewitsch, der während des Spanischen Bürgerkrieges unter dem Pseudonym »Dougles« die Roten Lufttruppen führte und nach seiner Rückkehr, hoch dekoriert, zum neuen Oberbefehlshaber der sowjetischen Luftstreitkräfte ernannt wird. General Muklewitsch, einer der rangältesten Befehlshaber der taktischen Luftflotte, überlebt ebenfalls nicht Stalins Säuberungsaktionen.
Trotz der bisher von den Deutschen erfolgreich geführten Blitzkriege und entgegen der Meinung des sowjetischen Generalstabes entstehen zahlreiche Flugplätze im besetzten Polen, dem Baltikum und Bessarabien, viele von ihnen in gefährlicher Nähe der deutschen Grenze, was wohl Stalins Kriegsdoktrin eines offensiven Vergeltungsschlages entspricht.

Unterdessen setzen die geheimen japanischen Fernaufklärungsstaffeln der 3. Kukutai ihre Einsätze fort. Die nächsten Aufklärungsflüge werden über dem US-Stützpunkt Jolo Island und vom Flugplatz Truk aus über der wichtigen US-Basis Rabaul (Neuguinea) unternommen. »Im Juni wurde unsere Staffel nach Tinian verlegt. Von dort sollten wir äußerst vorsichtig über der Insel Guam aufklären. Am 11., 14. und 19. Juni fotografierten wir jeden Quadratmeter der Insel. Wir flogen dabei immer in einer Höhe von 10 000 Metern, der höchsten, die unsere Maschine erreichen konnte.«
Die Tätigkeit der 3. Kukutai bleibt den Amerikanern jedoch nicht verborgen. Am Montag, dem 16. Juni 1941, legt die US-Regierung scharfen Protest in Tokio ein, in dem es heißt, daß am 11. und 14. Juni offensichtlich ein japanisches zweimotoriges Militärflugzeug in großer Höhe über Guam gekreist sei. Die japanische Regierung leugnet natürlich jegliches Wissen von diesen Vorfällen. Zwischen April und Juni 1941 operieren die Mitsubishi G3M2 von Formosa, Peleliu, Truk und Tinian aus und fotografieren die britischen und US-Stützpunkte auf den Philippinen, Neuengland und Neuguinea.

Die britischen Jäger, die nach der gewonnenen Schlacht um England nur noch recht selten über der Insel zum Einsatz gelangen, führen jetzt Jagd- und Störflüge über Frankreich durch. Wenn einige wenige Maschinen »Freie Jagd« fliegen, nennen die Piloten diese Störflüge »Rhubarb«, sind dagegen mehrere Jagdstaffeln in Bomberbegleitung unterwegs, wird es scherzhaft als »Circus« bezeichnet. Ihr Erfolg ist eher zweifelhaft: Bei den von Anfang Januar bis Mitte Juni 1941 unternommenen 104 »Rhubarbs« und 11 »Circus'« verliert die RAF insgesamt 33 Piloten bei nur 26 abgeschossenen deutschen Flugzeugen.

Am 20. Juni 1941 wird in Moskau unter der Bezeichnung 6. Jagdfliegerkorps der erste sowjetische Verband dieser Art aufgestellt, der die Luftverteidigung der Hauptstadt übernimmt. Außerdem sollen am Sonntag, dem 22. Juni 1941, die zivilen Luftschutzmaßnahmen in Moskau »unter realistischen Bedingungen« ausprobiert werden. Kurz nach Mitternacht, am 22. Juni 1941, bekommen die Militärräte des Baltischen, Leningrader, Westlichen, Kiewer und Odessaer Militärbezirks von Stalin eine vertrauliche Mitteilung, daß »ein faschistischer Überraschungsangriff im Laufe des 22. und 23. Juni möglich sei«. Wörtlich heißt es darin: »Ich befehle ... am 22. 6. 41 vor dem Morgengrauen die gesamten Fliegerkräfte, darunter die Truppenflieger, auf die Feldflugplätze zu dezentralisieren und gründlich zu tarnen.« Dieser Befehl erreicht zwar die Militärbezirke und die Armeestäbe, kann aber nicht mehr allen unterstellten Truppenteilen rechtzeitig übermittelt werden.
Nach sowjetischen Quellen verfügt die Rote Luftflotte am 22. Juni 1941 über mindestens 18 000 Kampfflugzeuge aller Art, etwa die Hälfte ist in den westlichen Militärbezirken stationiert. Nur ein Fünftel davon sind moderne Maschinen, deren Bedienung jedoch von den Flugzeugführern erst erlernt werden muß. Die deutsche Luftwaffe im Osten hat insgesamt 1945 Flugzeuge, davon 1400 einsatzbereit (510 Bomber, 290 Stukas, 440 Jäger, 40 Zerstörer und 120 Fernaufklärer), unterteilt in: Luftflotte 1 (GenOberst Keller) bei Heeresgruppe Nord, Luftflotte 2 (GFM Kesselring) bei Heeresgruppe Mitte und Luftflotte 4 (GenOberst Löhr) bei Heeresgruppe Süd.
Am Sonntag, dem 22. Juni 1941, um 3.15 Uhr beginnt das Unternehmen »Barbarossa«, der Angriff auf die Sowjetunion, von der Ostsee bis zu den Karpaten. Bereits gegen 2.00 Uhr sind die Bomber der Luftflotten 1, 2 und 4 startklar: Die erfahrensten Besatzungen sollen in großer Höhe die sowjetische Grenze überfliegen und noch vor Angriffsbeginn schlagartig die vorgeschobenen Flugplätze der sowjetischen Jagdfliegerkräfte bombardieren.
Dieser altbewährte erste Schlag trifft viele sowjetische Luftstützpunkte völlig überraschend. Ihm folgt unmittelbar die zweite Welle mit dem Hauptangriff von 637 Kampfflugzeugen und 231 Jägern gegen 31 sowjetische

22. Juni 1941: Nach bewährter »Blitzkrieg«-Methode beginnt der Angriff auf die Sowjetunion. Es stellt sich jedoch bald heraus, daß die Kräfte der Luftwaffe unzureichend sind: eine Kette von Zerstörern Me 110

Flugplätze. In den Vormittagsstunden führen etwa 400 Bomber den nächsten massierten Schlag gegen weitere 35 Flugplätze durch. Damit werden 66 Flugbasen getroffen, auf denen rund 70 Prozent aller Fliegerkräfte der Roten Luftflotte liegen.
Wie die sowjetische Geschichtsschreibung bestätigt, sind bis zum Mittag des ersten Tages etwa 1200 sowjetische Flugzeuge zerstört worden, darunter 800 am Boden. Generalleutnant der Fliegerkräfte Kopets verliert 600 seiner Flugzeuge, ohne der deutschen Luftwaffe nennenswerte Verluste zufügen zu können, und begeht am zweiten Kriegstag Selbstmord. Besonders hart betroffen sind die Fliegertruppen im Baltikum (Gen. A. P. Ionow). Sie werden durch den Überfall der Luftwaffe gerade in dem Augenblick überrascht, als zahlreiche Verbände von einer großen Nachtübung zurückkehren.
Die Gesamtstärke der mit Deutschland verbündeten Luftstreitkräfte, die am Unternehmen »Barbarossa« teilnehmen, beträgt etwa 1000 Flugzeuge. Das größte Kontingent stellt Rumänien mit 423 Maschinen, in 3 großen Gruppen zusammengefaßt. Finnland beteiligt sich mit etwa 230 Jagd-, 41 Bomben- und 36 Schlachtflugzeugen (nur zum Teil einsatzbereit), die eng mit der Luftflotte 5 (GenOberst Stumpff) zusammenwirken. Ende Juli trifft am Südabschnitt der Ostfront das Comando Aviazione des Corpo de Spedizione Italiano mit 3 Gruppen ein, gesamt: etwa 100 Flugzeuge. Im Rahmen des ungarischen »Schnellen Korps« werden ein Jagd- und ein Bomberregiment und mehrere Aufklärungsstaffeln der Luftflotte 4 (GenOberst Löhr) unterstellt. Bei der Luftflotte 4 wird auch die »kroatische Luftwaffenlegion« mit einer Jagd- und einer Bombergruppe, etwa 50 bis 60 Flugzeuge, eingesetzt. Ein slowakisches Fliegerregiment nimmt ebenfalls an den Kämpfen an der Ostfront teil.
Die sowjetischen Quellen besagen, daß aus Mangel an Piloten, die entweder auf Urlaub, krank, auf Lehrgängen oder Überführungsflügen waren, »am ersten Kriegstage

Jagdflieger-Unteroffizier I. Chumbarew, der (nach sowjetischen Angaben) an einem Tag zwei deutsche Maschinen, einen Aufklärer FW 189 und einen Bomber Do 215 durch Rammen zum Absturz gebracht hat

fast die Hälfte der Frontmaschinen in den fünf Grenzbezirken nicht starten konnte«. So gewinnt die deutsche Luftwaffe gleich am ersten Tage in allen Kampfabschnitten die Luftüberlegenheit, oft sogar die absolute Luftherrschaft, und dies trägt wesentlich zu den Erfolgen der Bodentruppen bei.

Die Sowjets sind gezwungen, ihre Einsätze auf die Unterstützung des Heeres zu beschränken; das deutsche Aufmarschgebiet wird nur vereinzelt angegriffen. Ein Befehl untersagt sogar zeitweise den sowjetischen Piloten das Überfliegen der eigenen Frontlinie. Trotz ihrer schweren Verluste gehen die sowjetischen Fliegerkräfte zu Gegenangriffen über. Insgesamt – wiederum nach sowjetischen Quellen – führen sie am 22. Juni 6000 Einsätze durch und schießen in Luftkämpfen etwa 200 Flugzeuge ab.

In der ersten Zeit ist die Taktik der Roten Luftflotte recht rückständig: Das rollende »Sperrefliegen« zum Schutz der Bodentruppen, was einen enormen Einsatz an Flugzeugen erfordert, ist die einzige Möglichkeit, mit den veralteten Maschinen ohne ausreichende Funkverbindung die Truppen aus der Luft genügend zu schützen. Bei Erscheinen der deutschen Jäger müssen dann die Schlachtflieger einen »Vollkreis« bilden, um sich gegenseitig Deckung zu geben. Diese Taktik führt jedoch zu hohen Verlusten. Auch die vorgeschriebene Gefechtsordnung der sowjetischen Jagdflieger, in Ketten (Sweno) zu je 3 Maschinen eng nebeneinander zu fliegen, schränkt besonders ihre Manövrierfähigkeit ein und bietet keinen gegenseitigen Schutz. So sind sie für die kampferfahrenen deutschen Jäger eine leichte Beute.

In den ersten Wochen des Krieges perfektionieren die sowjetischen Jäger eine neue Taktik des Luftkampfes, den Rammstoß. Übrigens hat ihn ein russischer Flieger bereits 27 Jahre zuvor als erster in der Geschichte angewandt: Am 26. August 1914 bringt Pjotr N. Nesterow bei einem Luftkampf in der Nähe von Lwow (Galizien) seinen Gegner, Baron v. Rosenthal, durch Rammen zum Absturz, den er jedoch selbst nicht überlebte. Der Baron dagegen kam mit dem Schrecken davon.

Im Juni 1941 führen die Jagdflieger S. J. Sdorowzew, M. P. Schukow und P. T. Charitonow den Luftrammstoß aus. Nachdem es dem Unterleutnant Sdorowzew trotz einer großen Anzahl von Treffern nicht gelungen ist, einen deutschen Bomber He 111 abzuschießen, nähert er sich dem Bomber von hinten und zerhackt mit dem Propeller einen Teil des Höhenruders der gegnerischen Maschine. Erst beim zweiten Versuch stürzt die He 111 ab. Unterleutnant Sdorowzew schafft es noch, mit dem beschädigten Propeller nach 80 Kilometer Flug seinen Stützpunkt zu erreichen.

Bereits nach kurzer Zeit macht sich der Unterschied zu den bisherigen Erfolgen der Blitzkriegstaktik bemerkbar. Jetzt müssen angesichts der riesigen Ausdehnung des östlichen Kriegsschauplatzes auf viel breiterer Front Angriffe geflogen werden als bei früheren Feldzügen, und trotz einiger anfänglich guter Ergebnisse kann diesmal die Luftwaffe nicht in der früheren brillanten Form eingesetzt werden. Die deutsche Führung verfällt wieder in ihr altes Schema: Nach den geglückten ersten »strategischen« Überraschungsangriffen fliegt die Luftwaffe nun zur »taktischen« Unterstützung des Heeres, statt die so leicht und schnell gewonnene Luftüberlegenheit zu echten strategischen Operationen auszunutzen. Und gerade die Bomberverbände, deren Hauptaufgabe die Zerschlagung des sowjetischen Verkehrsnetzes im Hinterland und Angriffe gegen Industriezentren sein soll, müssen zur unmittelbaren Unterstützung des Heeres verwendet werden, das ohne Mitwirkung der Luftwaffe sonst nicht in der Lage ist, den Feind erfolgreich zu bekämpfen. Nun, mit dem Angriff auf die Sowjetunion, hat ein Mehrfrontenkrieg begonnen, dem die deutsche Luftwaffe niemals gewachsen sein kann.

1941
Juli bis Dezember

Dienstag, 1. Juli 1941
Das *Oberkommando der Wehrmacht* gibt bekannt:
Die Luftwaffe versetzte im Laufe des 30. Juni den sowjetrussischen Kampf- und Jagdfliegerformationen erneut vernichtende Schläge. Insgesamt verlor der Feind am 30. Juni 280 Flugzeuge, davon allein in Luftkämpfen 216. Besonders zeichneten sich hierbei die Jagdgeschwader unter Führung des Oberstleutnants Mölders mit 110 Abschüssen und des Majors Trautloff mit 65 Abschüssen aus. Dem Jagdgeschwader Trautloff gelang es bei Dünaburg, von 40 angreifenden Sowjetflugzeugen alle 40 zu vernichten. Ebenso eindrucksvoll bewies das Jagdgeschwader Mölders im Raum ostwärts Minsk und Bobrujsk die Überlegenheit der deutschen Luftwaffe. Hier versuchten zahlreiche feindliche Verbände die deutschen Vormarschbewegungen zu stören. Von etwa 100 angreifenden Jagd- und Kampfflugzeugen vernichtete das Jagdgeschwader Mölders 80 Flugzeuge. Oberstleutnant Mölders errang hierbei seinen 82., Hauptmann Joppien seinen 52. Luftsieg.
Verbände der deutschen Luftwaffe griffen mit durchschlagender Wirkung in den Erdkampf ein. Sie bombardierten die ostwärts Lemberg zum Teil in zwei und drei Kolonnen auf einer Straße nebeneinander zurückweichenden feindlichen Kolonnen, brachten den zwischen Bialystok und Minsk eingeschlossenen Sowjettruppen schwerste Verluste bei und griffen den über Riga zurückgehenden Feind in rollendem Einsatz an. Bei diesen Operationen wurden zahlreiche Panzerwagen und Hunderte von Lastkraftwagen vernichtet, feindliche Batterien zum Schweigen gebracht und Transportzüge zerschlagen.

Aus einem Funk-Einsatzbericht des *PK-Mannes Henri Nannen* von einem Bombenangriff, gesendet am Dienstag, 14. Juli 1941:
Bomben raus! Und schon rauscht Tod und Verderben zur Erde. Gespannt bis zum Zerreißen klebe ich an den Scheiben der Bodenwanne und verfolge den Wurf. Sekunden dauert es. Da, etwa 50 Meter vor der Kreuzung, steht ein Pilz auf aus Rauch und Staub, wieder einer, wieder einer. Quer auf der Kreuzung liegen sie. Und dann muß ich auf einmal laut schreien, denn unten ist eine Detonation erfolgt, und nun steht groß und rotleuchtend ein Brand auf der Straße ... Dann machen wir uns auf den Heimweg, und rechts und links vor und hinter uns sehen wir es aufblitzen. Da sind unsere Kameraden an der Arbeit. Auf allen Straßen ist die Hölle los, und die Kameraden von den anderen Staffeln tun es uns in nichts nach.

Die 100. Spitfire wird geborgen

Der Oberfeldwebel ist Bergungsführer am Kanal. Ein Anruf unterbricht unser Gespräch. »Sieben Spitfire sind abgeschossen. Eine liegt in meinem Bereich. Das ist übrigens meine Hundertste!« Entlang der schmalen, vielgewundenen Küstenstraße geht die Fahrt ... Es ist eine Spitfire neuester Bauart, die vor uns liegt. Kanonen und MGs haben sich in den Acker gebohrt. »Die Biester haben ausgemuckt«, bemerkt der Oberfeldwebel. Dann nimmt er seine eigentliche Arbeit in Angriff. »Zunächst« – so führt er ergänzend aus – »muß ich mich um den Flugzeugführer kümmern. Wenn ihm noch geholfen werden kann, so ist das meine erste Aufgabe, sofern nicht schon herbeigeeilte Soldaten die notwendigen Schritte veranlaßt haben. Ist er tot, darf nur ich als Bergungsführer eines Bereiches zu ihm. Dies ist vor allem wichtig zur Feststellung der Person. Erkennungsmarke und der Ausweis geben Aufschluß. Die Eigentumssachen des Gefallenen werden über das Internationale Rote Kreuz in Genf an die Angehörigen weitergeleitet. Desgleichen wird die Grabmeldung erstattet. So ist man selbst nach vielen Jahren in der Lage, das Grab des Gefallenen aufzufinden.« Der Oberfeldwebel hat seinen »Außendienst« beendet ... Unterdessen bleibt die abgeschossene Maschine nicht sich selbst überlassen. Der mit der technischen Untersuchung betraute Ingenieur widmet sich ihr, stellt die wichtigsten Eigenschaften fest und gibt sie zur Bergung frei. Später wird die Bergungskolonne einrücken, die den Bruch zum Zerlegbetrieb befördert, der seinerseits das noch verwertbare Material seiner weiteren Bestimmung zuführt. Erst unter dem Seziermesser der Luftwaffeningenieure erreicht die Bearbeitung des abgeschossenen Flugzeugs ihr Ende. *Völkischer Beobachter, Juli 1941*

Bomben auf Moskau

Dienstag, 22. Juli 1941, Berlin
Das *DNB* teilt mit:
Die deutsche Luftwaffe hat in der Nacht zum Montag ihren ersten Großangriff auf die sowjetische Hauptstadt gestartet. An zuständiger Stelle wird in Berlin bestätigt, daß der Angriff von zahlreichen Kampfflugzeuggeschwadern mit größter Heftigkeit durchgeführt wurde. Die pausenlosen Bombenangriffe dauerten mehrere Stunden, vermutlich von Sonnenuntergang bis zum Morgengrauen. Der deutsche Luftangriff auf Moskau scheint zu bestätigen, daß inzwischen von der deutschen Luftwaffe in den eroberten russischen Gebieten günstige Startplätze für die Einsätze der deutschen Kampfflugzeuge eingerichtet werden konnten, so daß die Entfernung von nur einigen hundert Kilometern stärkere Luftangriffe gegen die Hauptstadt der Sowjetunion ermöglicht.

22. Juli 1941, Moskau
Das *Sowinformbüro* meldet:
Gestern abend erlebte Moskau den ersten Luftangriff dieses Krieges. Um 22 Uhr ertönten die Sirenen, nachdem Beobachtungsposten mehr als 200 deutsche Bomber im Anflug auf Moskau gemeldet hatten. Nachtjäger und Flakbatterien traten in Aktion, und es gelang ihnen, den größten Teil der Angreifer noch vor Erreichen der Hauptstadt zur Umkehr zu zwingen. Nur vereinzelte deutsch-faschistische Maschinen konnten durchbrechen. Mehrere Bombenabwürfe zerstörten Wohnhäuser oder setzten sie in Brand, militärische Objekte wurden jedoch nicht getroffen. Dabei gab es einige Tote und Verletzte. Nachtjäger und Flak vernichteten 17 deutsche Maschinen. Entwarnung wurde um 3.35 Uhr gegeben.

22. Juli 1941
Das *Oberkommando der Wehrmacht* gibt bekannt:
Die Durchbruchsoperationen der deutschen Wehrmacht und ihrer Verbündeten haben die sowjetrussische Verteidigungsfront in zusammenhanglose Gruppen zerrissen. Trotz zähem örtlichem Widerstand und hartnäckig geführten Gegenangriffen läßt sich eine einheitliche Führung des Feindes nicht mehr erkennen. An der gesamten Ostfront schreiten die auf Zerschlagung und Vernichtung der einzelnen Kräftegruppen der Sowjetwehrmacht hinzielenden Operationen stetig fort. Als Vergeltung für die bolschewistischen Luftangriffe auf die offenen Hauptstädte der Verbündeten, Bukarest und Helsingfors, griff die Luftwaffe in der letzten Nacht erstmals Moskau an. Starke Kampffliegerverbände bombardierten bei guter Erdsicht in rollendem Angriff militärische Anlagen des sowjetrussischen Verkehrs- und Rüstungszentrums. Im Bereich des Kreml und des Moskwabogens riefen Bombenvolltreffer zahlreiche Großfeuer und Flächenbrände hervor. Gebäude hoher Kommandostellen und Verwaltungsbehörden der Sowjets sowie Versorgungsbetriebe der Stadt wurden zerstört oder schwer getroffen.

Mittwoch, 23. Juli 1941, Berlin
Das *DNB* teilt mit:
Aus ersten Meldungen über den Luftangriff auf Moskau geht hervor, daß die deutschen Besatzungen, die in der zweiten Angriffswelle Moskau erreichten, das Flammenmeer in der russischen Hauptstadt schon über 140 Kilometer vor Moskau sehen konnten. Wie einer der Flugzeugführer berichtet, seien die Feuersbrünste so groß und ausgedehnt gewesen wie diejenigen, die er bereits in Manchester oder Sheffield erlebt hätte. Er sprach von einer starken Luftabwehr, man habe inmitten der bereits brennenden Häuser unaufhörliches Mündungsfeuer der Flak beobachten können.

Freitag, 8. August 1941, London
Das *Luftfahrtministerium* gibt bekannt:
Einer der Londoner Sperrballons wird jetzt von weiblichen Mitgliedern der »Auxiliary Air Force« bedient, und es ist geplant, dafür in zunehmendem Maße Frauen einzusetzen.

Sowjetische Bomber über Berlin

Sonnabend, 9. August 1941, Moskau
Das *Hauptquartier der Roten Luftflotte* gibt bekannt:
In der Nacht zum Freitag haben sowjetische Langstrekkenbomber Berlin angegriffen. Während mehrere Staffeln Aufklärungsflüge über Ostdeutschland durchführten, warf eine Staffel über Berlin, zur Vergeltung der Angriffe auf Moskau, Brand- und Sprengbomben ab. Es konnten in mehreren Stadtteilen schwere Schäden beobachtet werden. Alle sowjetischen Bomber sind unversehrt zu ihren Stützpunkten zurückgekehrt.

Sonntag, 10. August 1941, Moskau
Radio Moskau meldet:
Die Rote Luftflotte unternahm am Freitag abend einen

Der leichte Bomber Petljakow Pe-2 wird zuerst als zweimotoriger Jäger, dem deutschen Zerstörer Me 110 sehr ähnlich, konzipiert und als Jagdmaschine eingesetzt

erneuten Angriff auf Berlin, wobei Eisenbahnanlagen und militärische Ziele getroffen wurden. Eine sowjetische Maschine ist bisher nicht zurückgekehrt.

10. August 1941, Berlin
Das *DNB* meldet:
In der Nacht zum 9. August flogen einzelne russische Flugzeuge in deutsches Reichsgebiet ein. Bei dem Versuch, Berlin anzugreifen, wurden sie durch Flakabwehr gezwungen, noch vor Erreichen des Weichbildes der Reichshauptstadt abzudrehen.

10. August 1941
Das *Oberkommando der Wehrmacht* gibt bekannt:
Die Operationen im Osten verlaufen weiterhin planmäßig. Stärkere Kampffliegerverbände bombardierten in der letzten Nacht mit besonderem Erfolg Rüstungsbetriebe, Verkehrsanlagen und Versorgungseinrichtungen in Moskau. In der Stadtmitte und nördlich des Moskwabogens entstanden zahlreiche Großbrände.
Nachdem der Kampf der deutschen Luftwaffe gegen die Sowjetfliegertruppen auch in den letzten Tagen überaus erfolgreich war, hat der Feind an der gesamten Ostfront einschließlich des finnischen Kampfgebietes seit dem 22. Juni über 10 000 Flugzeuge verloren.

10. August 1941, Moskau
Das *Sowinformbüro* teilt mit:
In der vergangenen Nacht versuchten mehrere faschistische Fliegerverbände, Moskau anzugreifen. Nur vereinzelte Flugzeuge drangen bis zum Stadtzentrum vor, die meisten Maschinen wurden durch die Bodenabwehr und Nachtjäger zersprengt. Eine Anzahl Brand- und größere Sprengbomben verursachten in Wohnvierteln mehrere Brände, die jedoch schnell gelöscht werden konnten. Es sind einige Opfer zu beklagen. Nach unvollständigen Meldungen wurden acht faschistische Flugzeuge abgeschossen. Die Rote Luftflotte erlitt keine Verluste.

Montag, 22. September 1941
Das *Oberkommando der Wehrmacht* gibt bekannt:
Die Luftwaffe war am gestrigen Tage bei zahlreichen Angriffen auf sowjetische Schiffe besonders erfolgreich. Sie versenkte im Schwarzen Meer einen Kreuzer, zwei Zerstörer und ein Flakschiff sowie 9 Handelsschiffe mit zusammen etwa 25 000 BRT. Zwei weitere Schiffe und zwei große Handelsschiffe wurden in Brand geworfen. Im Seegebiet westlich Kronstadt erhielten das Schlachtschiff »Oktoberrevolution« und der schwere Kreuzer »Kirow« je zwei, ein weiterer schwerer Kreuzer vier Bombenvolltreffer. Ferner wurden drei Zerstörer, ein Minensuchboot und ein Kanonenboot durch Volltreffer beschädigt.

Mittwoch, 24. September 1941
Das *Oberkommando der Wehrmacht* gibt bekannt:
In der Kronstädter Bucht erzielten Kampf- und Sturzkampfflugzeuge Bombenvolltreffer auf Schlachtschiffen und einem Zerstörer der Sowjets. Im Küstengebiet des Weißen Meeres vernichtete ein Kampffliegerverband ein Großkraftwerk. Nachtangriffe der Luftwaffe richteten sich wirksam gegen militärische Anlagen in Leningrad und Moskau.

Abschuß im Raum Zwo Anton

Nachtjagd über der Heimat

Fern, ganz fern von uns steigen die dünnen, weißen Finger der Flakscheinwerfer empor. Die ersten Blitze detonierender Granaten zucken am Himmel. Jetzt stehen die bunten Perlenschnüre aus den Rohren leichter Geschütze dazwischen ...
»Starten!« Krachend schlagen die Kabinenfenster zu. Mit einem Satz ist der Wart von der Fläche herunter. Schon bebt der Rumpf im jagenden Propellerwind. Die Bremsklötze werden weggerissen. Wir fegen über die

Betonbahn in die grenzenlose Finsternis. Wir tauchen in die dichte Wolkenwand und steigen und steigen ...
Wir haben die befohlene Höhe erreicht. Tief unter uns schimmert die milchiggraue Masse der Wolken, die an vielen Stellen schon vom Mündungsfeuer der Flakkanonen, den Bombenexplosionen, den Scheinwerfern über meiner Heimatstadt und dem Kern glühendroter Brände deutlich gezeichnet ist. Und jetzt, urplötzlich, erreicht auch uns der ferne Ruf! Wir gehen auf Fährte ... Der Mond ist unsere große Lampe.
»King« sitzt vorn am Steuerknüppel. Die Linke am Gashebel, die Rechte am Knopf für Maschinengewehre und Kanonen. Der Kopf schnellt einmal nach rechts, einmal nach links, die Augen durchbohren die Nacht ...
»Da vorn ist er. Seht ihr ihn?« Gas raus. Es ist eine Lockheed-Hudson; sie ist viel langsamer als wir und hat uns nicht erkannt. Die schwarze Tarnfarbe schimmert im Silberlicht des Mondes. Das ist der Angriff: blitzschnell wird der Jäger hochgerissen und feuert nun aus allen Rohren. Das dumpfe Geräusch der Motoren wird vom hellen Tacken der Bordwaffen übertönt. Einen Atemzug lang schauen wir in ein sprühendes, tödliches Feuerwerk. Und werden dann mit unwiderstehlicher Gewalt nach hinten gedrückt. Die Lockheed hat einen verzweifelten Abschwung gemacht: wir stürzen hinterher. Der Tommy muß noch die Gewalt über seine Maschine haben. Er kurbelt geschickt, als wir ihn abermals gepackt haben und wieder unter ihm zum neuen erbarmungslosen Zugriff ansetzen. Grelles Gelb, grelles Rot, dünne Leuchtspurbahnen noch einmal in Augenhöhe, auf den Hängebauch des Britenbombers gerichtet. Er wehrt sich nicht. Ist der Bordschütze schon ausgeschaltet? Und jetzt, jetzt springen auf der linken Fläche kleine Flämmchen auf. »Er brennt, King, er brennt!« Noch immer stürzt er auf die Wolkenfläche zu, die seine Rettung bedeuten könnte, wenn er sie unbeschädigt erreicht. Wir fahren wieder Angriff auf das zähe Wild. Ehe es eintauchen kann in den schützenden Mantel, sitzt eine Garbe auf der rechten Fläche. Als die Maschine torkelnd in den weißen Schleiern versinkt, zuckt es auch dort auf ...
Wie geisterhaft ist in der Nacht die Begegnung mit dem Feind am Himmel! Einem schwarzen Schatten gleich, der seine körperlichen Formen erst im Nachgang enthüllt, taucht mit einem Schlag vor uns das Entenprofil einer Vickers-Wellington auf. »Ich greife an!« sagt King und reißt die Maschine steil empor. Aber – noch ehe das tödliche Feuer die Rohre des Jägers verläßt, um einen Pulsschlag früher, zuckt es über uns aus der Heckkanzel des Britenbombers. So kleine Fünkchen nur, als zünde jemand weit von uns entfernt ein Schwefelholz an. Gleichzeitig sprechen unsere Bordwaffen mit ohrenbetäubendem Krachen: glühender Stahl muß sich jetzt in den Bauch des Gegners bohren, der zum Greifen nah seine Flügel ausbreitet. Vorbei. Und wie einen klagenden Anruf aus unendlicher Ferne höre ich die Worte in meinem Kopfhörer: »Ich bin verwundet! Ich kann nicht mehr! Fertigmachen zum Aussteigen!« Meine Hand ruht sofort am Notgriff. Noch einmal blicke ich fragend den Funker an. Auch der Flugzeugführer wendet den Kopf. Beiden rinnt das Blut über das Gesicht. King muß eine schwere

Oben: Der von A. N. Tupolew konstruierte 4motorige Langstreckenbomber, den V. M. Petljakow für die Serienproduktion vorbereitet hat, bekommt dessen Namen: Pe-8

Unten: Prawda, 13. August 1941: »Sowjetische Bomber über Berlin« und »Deutsche Bomber über Moskau«

Rechte Seite unten: Messerschmitt Bf 110: Obwohl sich diese Maschine weder als Langstreckenjäger noch als Jagdbomber bewährt hat, ist sie im Nachtjagdeinsatz erfolgreich

13 АВГУСТА 1941 г., № 223 (8531) ПРАВДА 3

ЭНЕРГИЧНО ИСПОЛЬЗОВАТЬ МЕСТНЫЕ ПРОДОВОЛЬСТВЕННЫЕ РЕСУРСЫ

Наша страна в результате неустанной заботы партии и правительства о развитии сельского хозяйства и пищевой промышленности располагает достаточно большими продовольственными ресурсами для того, чтобы удовлетворять все нужды фронта и обеспечить снабжение населения. Эти ресурсы можно и надо умножать и расширять, всемерно используя богатые возможности, которые имеются буквально во всех краях, областях и районах нашей страны.

Необходимо всемерно использовать местные ресурсы, расходовать продукты экономно, по-хозяйски.

Следует учесть также, что железнодорожный транспорт занят выполнением важнейших заданий, связанных с обороной страны. Поэтому нужно резко сократить перевозки товаров, изыскивать на месте максимум продуктов.

...

НАЛЕТ СОВЕТСКИХ САМОЛЕТОВ НА РАЙОН БЕРЛИНА

В ночь с 11 на 12 августа имел место новый налет советских самолетов на военные об'екты в районе Берлина.

Сброшены зажигательные и фугасные бомбы большой силы. В Берлине наблюдались пожары и взрывы.

Все наши самолеты вернулись на свои базы. Экипаж самолета, невозвратившегося из предыдущего полета, разыскан и возвратился на свою базу.

Попытка налета немецких самолетов на Москву в ночь с 12 на 13 августа

В ночь с 12 на 13 августа группа немецких самолетов пыталась совершить налет на Москву.

Эффективным огнем зенитных батарей и действиями наших ночных истребителей вражеские самолеты были рассеяны и к Москве не допущены.

НА ОЧЕРЕДНОЙ ПРЕСС-КОНФЕРЕНЦИИ ИНОСТРАННЫХ КОРРЕСПОНДЕНТОВ

На состоявшейся 12-го августа очередной пресс-конференции иностранных корреспондентов заместитель начальника Советского Информбюро тов. Лозовский С. А. остановился на потрясающих фактах ...

Verletzung erhalten haben. Rechts von ihm klafft ein breites Loch im gläsernen Kabinendach. Bleierne Stille. Die Hände liegen auf den Fallschirmgurten. Der Körper ist gespannt. Da fallen die erlösenden Sätze: »Mein rechtes Auge ist hin«, sagt King, »ich kann die Maschine aber noch halten. Ich versuche, euch nach Haus zu bringen.« Der Funker scheint nur einen Streifschuß erwischt zu haben. Jetzt, da die Schicksalsdrohung einstweilen gebannt ist, nehmen wir – wie Musik – das beruhigende, gleichmäßige Dröhnen der Motoren auf.

Was macht die Wellington? Soll dieser Angriff umsonst gewesen sein? Sie ist doch schwer getroffen. Da sehe ich sie nicht weit von uns in Leitwerkrichtung taumeln. »King, sie brennt. Sie stürzt auf der linken Fläche ab. Sie explodiert!« Ich muß dies aus Leibeskräften in das Kehlkopfmikrofon gerufen haben. Noch einmal muß ich es wiederholen, ehe sie es vorn verstehen. Als King antwortet – einsilbig, freudlos über seinen Luftsieg –, spüre ich zum erstenmal, und nun mit beklemmender Deutlichkeit, daß wir den Kampf noch nicht beendet haben. Jetzt gilt es unser Leben. Es liegt in seiner Hand. Wenn die Geschoßsplitter auch die linke Gesichtshälfte getroffen haben, wenn das Blut ins andere Auge rinnt, sind wir verloren.

Im weiten Umkreis des einsamen Flugzeugs, das seinen Ruf »Maschine in Luftnot« schon durchgegeben hat, tobt die Schlacht mit unverminderter Heftigkeit. Tiefe Dunkelheit umfängt uns unter der Wolkendecke: das Mündungsfeuer der Flak zerreißt nur hier und dort die Finsternis. Irgendwo lodert helle Glut. Gewiß werden die Kameraden im Heimathorst unseren Weg mit aller Wunschkraft verfolgen. Und nun erst, da der Platz mit seinen Lichtern vor uns erscheint, überkommt uns die Gewißheit, daß wir das Schicksal meistern werden. King schwebt zur Landung an. Mit Preßluft wird das Fahrwerk ausgefahren. Ein kleiner Sprung auf die Grasnarbe, dann rollt die Maschine auf den Rädern tadellos aus und steht. Später erfahren wir, daß am Boden die letzten Tropfen aus dem zerschossenen Kühlstoffbehälter ausliefen.

Zwei-, dreimal droht King auf dem Wege zum Gefechtsstand zusammenzubrechen. Immer wieder strafft er sich mit letzter Kraft unter unseren hilfreichen Händen. Warmes Licht überströmt uns, als wir die Barackentür öffnen und eintreten. Es ist ganz still im hellen Raum: zwanzig, dreißig Augenpaare ruhen auf dem jungen Flugzeugführer. Hochaufgereckt steht er da, mit wirren blonden Haaren und blutüberströmtem Gesicht, vor seinem Kommandeur: »Melde gehorsamst: Leutnant King vom Feindflug zurück. Ein sicherer Abschuß im Raum Zwo Anton!« *Das Reich, September 1941*

Unter dem Seziermesser deutscher Luftwaffen-Ingenieure

In den mit der Beuteauswertung betrauten Stellen des Generalluftzeugmeisters werden feindliche Beuteflugzeuge, die deutsche Jäger oder Flak zum Absturz oder zur Landung gezwungen haben, auf Dinge untersucht, die die deutsche Luftwaffe für die erfolgreiche Bekämpfung des feindlichen Geräts interessieren. So wird es möglich, den technischen Stand der gegnerischen Flugzeuge samt ihrer Ausrüstung genau zu kontrollieren und zu überwachen. Neu auftretende Panzerschutzplatten werden sofort ausgebaut und Beschußversuchen unterworfen. MG und Bordkanonen der feindlichen Flugzeuge werden mit der dazugehörigen Munition durch Schießversuche auf ihre Durchschlagskraft geprüft, damit nach diesen Ergebnissen unsere eigenen Flugzeuge mit genügend starken Panzerplatten geschützt werden können. Bei den eingebauten beweglichen MG werden die Schwenkbereiche und toten Winkel festgestellt. So

können unseren abschießenden Jägern wichtige Angaben über die günstigsten Angriffspositionen gegeben werden. Einzelne Bauteile werden auf geeigneten Prüf- und Meßständen nach besonderen Richtlinien für den Flugzeugbau geprüft. Materialproben von der Zelle des Flugzeuges und von den Motoren werden ausgeschnitten und Festigkeitsproben unterworfen. In vielen Fällen ist es möglich, durch Notlandung leicht beschädigte Flugzeuge wieder aufzurüsten und einer Flugerprobung zu unterwerfen. Auf diese Weise gewinnt man einen genauen Überblick über Flugeigenschaften, die für den taktischen Einsatz von Wichtigkeit sind: Geschwindigkeit, Flughöhe, Wendigkeit bei Jägern, Reichweite der Bombenflugzeuge bei bestimmten Bombenlasten usw. Alle diese Versuche und Erprobungen geben der deutschen Luftfahrtindustrie wertvolle Hinweise, wie der Vorsprung in der Rüstung zur Luft immer mehr vergrößert werden kann. Besonders aber gewinnt die Luftwaffe auf diese Weise wichtigste Unterlagen über Einsatz- und Angriffsmöglichkeiten sowie über die erfolgreiche Abwehr der feindlichen Flugzeuge.

Der Adler, September 1941

Persönliche und geheime Botschaft von *Premierminister Churchill* an Marschall Stalin:
Ich kann Ihnen über unsere nächsten militärischen Pläne auch nicht mehr sagen, als Sie mir über die Ihrigen mittei-

Die Besatzung eines japanischen Torpedobombers während der letzten Einsatzbesprechung vor dem Start

Prüfstand in einer Versuchsanstalt der deutschen Luftwaffe: Belastungsprobe des Fahrwerks eines abgeschossenen RAF-Jägers

Die erste Pressemeldung der Welt über den Krieg mit Japan

Honolulu Star-Bulletin 1st EXTRA

8 PAGES—HONOLULU, TERRITORY OF HAWAII, U. S. A., SUNDAY, DECEMBER 7, 1941—8 PAGES ★ PRICE FIVE CENTS

WAR!

(Associated Press by Transpacific Telephone)

SAN FRANCISCO, Dec. 7.—President Roosevelt announced this morning that Japanese planes had attacked Manila and Pearl Harbor.

OAHU BOMBED BY JAPANESE PLANES

SIX KNOWN DEAD, 21 INJURED, AT EMERGENCY HOSPITAL

Attack Made On Island's Defense Areas

By UNITED PRESS

WASHINGTON, Dec. 7. —Text of a White House announcement detailing the attack on the Hawaiian islands is:

"The Japanese attacked Pearl Harbor from the air and all naval and military activities on the island of Oahu, principal American base in the Hawaiian islands."

Oahu was attacked at 7:55 this morning by Japanese planes.

The Rising Sun, emblem of Japan, was seen on plane wing tips.

Wave after wave of bombers streamed through the clouded morning sky from the southwest and flung their missiles on a city resting in peaceful Sabbath calm.

According to an unconfirmed report received at the governor's office, the Japanese force that attacked Oahu reached island waters aboard two small airplane carriers.

It was also reported that at the governor's office either an attempt had been made to bomb the USS Lexington, or that it had been bombed.

CITY IN UPROAR

Within 10 minutes the city was in an uproar. As bombs fell in many parts of the city, and in defense areas the defenders of the islands went into quick action.

Army intelligence officers at Ft. Shafter announced officially shortly after 9 a. m. the fact of the bombardment by an enemy but long previous army and navy had taken immediate measures in defense.

"Oahu is under a sporadic air raid," the announcement said.

"Civilians are ordered to stay off the streets until further notice."

CIVILIANS ORDERED OFF STREETS

The army has ordered that all civilians stay off the streets and highways and not use telephones.

Evidence that the Japanese attack has registered some hits was shown by three billowing pillars of smoke in the Pearl Harbor and Hickam field area.

All navy personnel and civilian defense workers, with the exception of women, have been ordered to duty at Pearl Harbor.

The Pearl Harbor highway was immediately a mass of racing cars.

A trickling stream of injured people began pouring into the city emergency hospital a few minutes after the bombardment started.

Thousands of telephone calls almost swamped the Mutual Telephone Co., which put extra operators on duty.

At The Star-Bulletin office the phone calls deluged the single operator and it was impossible for this newspaper, for sometime, to handle the flood of calls. Here also an emergency operator was called.

HOUR OF ATTACK—7:55 A. M.

An official army report from department headquarters, made public shortly before 11, is that the first attack was at 7:55 a. m.

Witnesses said they saw at least 50 airplanes over Pearl Harbor.

The attack centered in the Pearl Harbor, Army authorities said:

"The rising sun was seen on the wing tips of the airplanes."

Although martial law has not been declared officially, the city of Honolulu was operating under M-Day conditions.

It is reliably reported that enemy objectives under attack were Wheeler field Hickam field, Kaneohe bay and naval air station and Pearl Harbor.

Some enemy planes were reported short shot down.

The body of the pilot was seen in a plane burning at Wahiawa.

Oahu appeared to be taking calmly after the first uproar of queries.

ANTIAIRCRAFT GUNS IN ACTION

First indication of the raid came shodtly before 8 this morning when antiaircraft guns around Pearl Habor began sending up a thunderous barrage.

At the same time a vast cloud of black smoke arose from the naval base and also from Hickam field where flames could be seen.

BOMB NEAR GOVERNOR'S MANSION

Shortly before 9:30 a bomb fell near Washington Place, the residence of the governor. Governor Poindexter and Secretary Charles M. Hite were there.

It was reported that the bomb killed an unidentified Chinese man across the street in front of the Schuman Carriage Co. where windows were broken.

C. E. Daniels, a welder, found a fragment of shell or bomb at South and Queen Sts. which he brought into the City Hall. This fragrent weighed about a pound.

At 10:05 a. m. today Governor Poindexter telephoned to The Star-Bulletin announcing he has declared a state of emergency for the entire territory.

He announced that Edouard L. Doty, executive secretary of t he major disaster council, has been appointed director under the M-Day law's provisions.

Governor Poindexter urged all residents of Honolulu to remain off the street, and the people of the territory to remain calm.

Mr. Doty reported that all major disaster council wardens and medical units were on duty within a half hour of the time the alarm was given.

Workers employed at Pearl Harbor were ordered at 10:10 a. m. not to report at Pearl Harbor.

The mayor's major disaster council was to meet at the city hall at about 10:30 this morning

At least two Japanese planes were reported at Hawaiian department headquarters to have been shot down.

One of the planes was shot down at Ft. Kamehameha and the other back of the Wa-

Turn to Page 3, Column 1

Hundreds See City Bombed

Hundreds of Honolulans who hurried to the top of Punchbowl soon after bombs began to fall, saw spread out before them the whole panorama of surprise attack and defense.

Far off over Pearl Harbor the white sky was polka-dotted with anti-aircraft smoke.

Turn to Page 3, Column 1

Names of Dead and Injured

[illegible]

Schools Closed

All schools on Oahu, both public and private, will remain closed until further notice, Edouard L. Doty, territorial director of civilian defense, announced at 11 a. m. today. This does not apply elsewhere in the territory.

Editorial

HAWAII MEETS THE CRISIS

Honolulu and Hawaii will meet the emergency of war today as Honolulu and Hawaii have met emergencies in the past—coolly, calmly and with immediate and complete support of the officials, officers and troops who are in charge.

Governor Poindexter and the army and navy leaders have called upon the public to remain calm; for civilians who have no essential business on the streets to stay off, and for every man and woman to do his duty.

That request, coupled with the measures promptly taken to meet the situation that has suddenly and terribly developed, will be needed.

Hawaii will do its part—as a loyal American territory.

In this crisis, every difference of race, creed and color will be submerged in the one desire and determination to play the part that Americans always play in crisis.

BULLETIN

Additional Star-Bulletin extras today will cover the latest developments in this war move.

len können; aber seien Sie bitte überzeugt, daß wir nicht untätig bleiben werden. Um Japan einzuschüchtern, schicken wir unser neuestes Schlachtschiff, die »Prince of Wales«, die jedes japanische Schiff einholen und vernichten kann, in den Indischen Ozean und stellen dort ein schlagkräftiges Flottengeschwader zusammen. Ich dränge Präsident Roosevelt, seinen Druck auf die Japaner zu verstärken und sie in Schach zu halten, damit der Weg nach Wladiwostok nicht blockiert wird.

Eingegangen am 7. November 1941

Luftangriff auf Hawaii

Sonntag, 7. Dezember 1941, Washington
Das *Weiße Haus* gibt bekannt:
Japanische Flugzeuge haben Pearl Harbor und sämtliche militärischen und Marine-Stützpunkte auf der Insel Oahu (Hawaii-Inseln) angegriffen.

Montag, 8. Dezember 1941, Honolulu
United Press berichtet:
Der japanische Luftangriff begann gestern morgen um 8.10 Uhr. Bombenexplosionen und schweres Flakfeuer alarmierten die Bevölkerung, die zuerst glaubte, es handle sich um Manöver. Obwohl die Polizei sofort die Straßen räumte und die Passanten anwies, die nächsten Häuser aufzusuchen, strömten Tausende von Menschen auf die umliegenden Berge, um den Luftangriff zu beobachten. Die japanischen Bomber flogen ihr Ziel in großer Höhe an und gingen dann im Sturzflug zum Angriff über. Die sie begleitenden Torpedoflugzeuge griffen die im Hafen liegenden Kriegsschiffe an. Dazu berichtet ein Augenzeuge: »Dicker Rauch der Flakgeschosse lag über Pearl Harbor; vom Hickman-Field-Flugplatz stiegen riesige schwarze Staubwolken auf, die nur von brennenden Öltanklagern stammen konnten.« Ein anderer Augenzeuge meldet, daß auch auf Ford Island Brände ausgebrochen seien.

Dienstag, 9. Dezember 1941, Sacramento, USA
United Press meldet:
Von militärischer Seite wird bestätigt, daß in der Nacht zum Dienstag einige japanische Flugzeuge die kalifornische Küste westlich von San José überflogen haben, ohne jedoch Bomben abzuwerfen. Am Dienstag früh erschienen wieder japanische Flugzeuge vor der Küste und lösten erneut Fliegeralarm aus, der eine Stunde dauerte. Es wurden keine Zwischenfälle gemeldet. Nach Ansicht militärischer Kreise läßt das wiederholte Auftauchen japanischer Flugzeuge darauf schließen, daß sich ein feindlicher Flugzeugträger in küstennahen Gewässern befindet.

Mittwoch, 10. Dezember 1941, Tokio
Yomiuri berichtet:
Die Witterungsverhältnisse waren für Luftoperationen an jenem Morgen sehr ungünstig. Dunkle Wolken hingen tief über dem Südchinesischen Meer. Unnötig zu sagen, daß die Sicht sehr schlecht war. Niedrig über den japanischen Transportschiffen fliegend, setzte unsere Maschine ihren Aufklärungsflug fort. Wir flogen an der Ostküste der Anambas-Inseln entlang. Am Horizont wurden schwarze Rauchfahnen gesichtet. Nach genauer Beobachtung erkannten wir, daß es sich um einen feindlichen Flottenverband handelte und daß sich unter den Schiffen die »Prince of Wales« und »Repulse« befanden. Der Funker meldete den Standort der feindlichen Flotte an unseren Bomberstützpunkt. Sofort nach Eingang der Meldung starteten trotz schlechten Wetters Bomber der kaiserlichen Marineluftwaffe in großen Formationen, viele davon mit Torpedos beladen. Bald sichteten unsere Bomber die britische Fernostflotte, die unseren Anflug erkannt haben mußte und mit einer Geschwindigkeit von 30 Knoten im Zickzackkurs hinter dichten Nebelwolken zu entkommen suchte. Die schlechten Sichtverhält-

nisse hinderten uns daran, die feindliche Flotte zu verfolgen; wir waren zum allgemeinen Bedauern gezwungen, zu unseren Stützpunkten zurückzukehren. Am nächsten Morgen wurden die Motoren der Aufklärungsmaschinen und Bomber angelassen und auf hohe Touren eingestellt. Wir alle starteten mit der festen Entschlossenheit, heute die feindliche Flotte zu vernichten. Die Sicht war besser als am Vortage, am Himmel waren kaum Wolken. Nach längerem Flug konnten wir schließlich wenige Meilen von Kuantan entfernt die »Prince of Wales« und die »Repulse« ausmachen. Unsere Bomber stürzten sich durch das Flakfeuer auf die beiden feindlichen Schlachtschiffe, und unsere Torpedos trafen mit weißglühenden Blitzen, denen schwarze Rauchsäulen folgten. Die »Prince of Wales« und »Repulse« trieben steuerlos noch eine Weile dahin und verwandelten sich dabei in Feuersäulen, die langsam untergingen.

Donnerstag, 11. Dezember 1941, Singapur
Die *Agentur Reuter* meldet:
Offiziell wird gemeldet, daß über 2000 Offiziere und Mannschaften der versenkten Schiffe HMS »Prince of Wales« und HMS »Repulse« gerettet worden sind. Die Überlebenden hat man in Singapur an Land gebracht.

11. Dezember 1941, London
Ein Kriegskorrespondent des *Daily Express,* der sich an Bord der »Repulse« befand, berichtet:
Nachdem das Schiff getroffen war und Schlagseite bekam, erfaßte uns nur noch der eine Gedanke, so schnell wie möglich an Deck zu gelangen. In dem Augenblick hatte sich die »Repulse« bereits so zur Seite geneigt, daß uns kaum zwei Meter vom Wasserspiegel trennten. Zusammen mit Hunderten von Offizieren und Mannschaften sprang ich in die lauwarme See und erstickte beinahe in der dicken Ölschicht, die das Wasser bedeckte. Nach kurzer Zeit – sie erschien mir wie Stunden – wurde ich in ein Rettungsboot gezogen.

11. Dezember 1941, Singapur, Rundfunksendung von *Cecil Brown, C.B.S.*
Hier ist ein Augenzeugenbericht, wie die »Prince of Wales« und die »Repulse« ihre Laufbahn im Südchinesischen Meer 50 Meilen vor der malaiischen Küste und 150 Meilen nördlich von Singapur beendeten ... Die beiden Schlachtschiffe wurden durch einen kombinierten Bomben- und Torpedoangriff von außerordentlicher Geschicklichkeit und Kühnheit versenkt. Ich stand ungefähr mittschiffs der »Repulse« auf dem Signaldeck, als sich die ersten neun japanischen Bomber in 3000 Meter Höhe schnurgerade ausgerichtet näherten, deutlich abgehoben gegen den wunderbar klaren sonnigen Himmel. Sie flogen direkt auf uns zu, und unsere Flak bellte wütend und ununterbrochen. Als die Maschinen gerade über uns waren, schlug die erste Bombe ungefähr in Höhe meines Standortes neben der Bordwand ins Wasser, so nah, daß die Fontäne uns bis auf die Haut durchnäßte. Gleichzeitig traf eine zweite Bombe das Katapultdeck und setzte mit ihrer Explosion unsere Flugzeuge außer Gefecht. Um 11.27 Uhr rast das Feuer durch mehrere Abteilungen. Es kann nur mit großer Mühe eingedämmt werden. Die Geschützbedienungen füllen die Munition auf, sie sind im übrigen sehr kaltblütig und machen zwischendurch Scherze. In den Schornstein, nicht weit von uns entfernt, haben Splitter ein paar ansehnliche zackige Löcher gerissen ... Um 11.40 Uhr scheint die »Prince of Wales« getroffen zu sein. Sie vermindert ihre Geschwindigkeit merklich ... Da kommen sie wieder, um uns anzugreifen. Aus dem Bordlautsprecher ertönt: »Sperrfeuer!« Die gesamte Flak feuert, was das Zeug hält. Die Japaner kommen niedrig, eine Welle dicht hinter der anderen wie auf dem Präsentierteller, und sind ein dankbares Ziel für unsere Flak. Mitten im Krachen der schweren und im Hämmern der leichten Geschütze geht das Signal hoch: »Mann über Bord!« Zwei japanische Maschinen rasen heran. Mit dem bloßen Auge sehe ich noch mehr, im ganzen zähle ich neun wie vorhin. Es scheinen Torpedobomber zu sein ... Ihre Kühnheit ist bewundernswert. Sie kommen so nah, daß man die Köpfe der Piloten sehen kann. Um 11.48 Uhr rast eine Maschine auf unsere Steuerbordseite zu. Sie kann gerade noch den Torpedo lösen – einen Augenblick später höre ich einen Freudenschrei unserer Geschützbedienungen: sie ist abgeschossen ... Um 12.15 Uhr scheint die »Wales« endgültig gestoppt zu liegen. Ich war zu beschäftigt, um die Angriffe gegen sie zu verfolgen, aber ihre Lage scheint sehr ernst zu sein. Ihre Geschütze feuern ununterbrochen ... Das Feuer an Bord der »Repulse« ist nicht gelöscht worden ... 12.20 Uhr – Ich sehe zehn Bomber, die Kurs auf uns nehmen. Bis jetzt kann ich noch nicht ausmachen, ob es Bomber oder Torpedoflugzeuge sind ... Eine Maschine umkreist uns immer enger. Jetzt ist sie ungefähr 350 Meter von unserer Backbordseite entfernt und dreht auf uns zu. Ich sehe, wie der Torpedo ins Wasser klatscht. Der Ausguck ruft: »Achtung, Torpedo!« Der Silberfisch läuft genau auf uns zu. Jemand sagt: »Der erwischt uns.« Der Torpedo trifft uns an Backbord, ungefähr 15 Meter von meinem Standort entfernt. Es ist ein Gefühl, als ob das Schiff auf einen Felsen läuft. Ich werde ein paar Schritte über Deck geschleudert, falle jedoch nicht hin und höre auch keine Explosion. Nur ein lautes Knacken. Wir lauschen, es geschieht nichts, nur eine Minute später hören wir das gleiche Knacken, diesmal an Steuerbord. Nach dem ersten Torpedotreffer kam aus dem Bordlautsprecher der ruhige Befehl: »Schwimmwesten aufblasen.« Ich war gerade damit beschäftigt, als der zweite

Die beiden britischen Schlachtschiffe »Prince of Wales« (35 000 t) und »Repulse« (32 000 t) versuchen den japanischen Bombern zu entkommen

Torpedo das Schiff traf. Es legte sich so schnell über, daß ich es aufgeben mußte, meine Schwimmweste weiter aufzublasen. Es galt keine Zeit zu verlieren ... Die meisten Geschütze waren durch die Schlagseite des Schiffes oder durch Beschädigungen außer Gefecht gesetzt. Ich sprang um 12.35 Uhr von Bord der »Repulse«. Vom Wasser aus konnte ich die Ereignisse auf der »Wales« gut verfolgen. Sie feuerte noch eine Weile. Dann schlugen zwei Bomben auf das Deck. Wie beim Angriff auf die »Repulse« flogen die Japaner schnurgerade in einer Reihe in Längsrichtung über das Schiff und warfen Serien von drei Bomben ... Ich schwamm, an ein Möbelstück geklammert, ungefähr eine Meile entfernt und sah, wie die »Wales« sich aufbäumte und versank ...

11. Dezember 1941, Tokio
Die *Marine-Abteilung des Kaiserlichen Hauptquartiers* gibt bekannt:
Die japanische Marine verlor bei ihrem gestrigen Einsatz in den malaiischen Gewässern, bei dem die »Repulse« und die »Prince of Wales« versenkt wurden, lediglich drei Flugzeuge.

Strategie und Taktik

JULI BIS DEZEMBER 1941

Im Nahen Osten geht der Kampf der beiden ehemaligen Verbündeten unvermindert weiter. Die Hauptaufgabe der britischen Streitkräfte in Syrien ist die Unterstützung der Bodentruppen und Angriffe auf die von Beirut aus operierenden französischen Kriegsschiffe. Die britischen Jäger fliegen ihre Einsätze zum Schutz der Marineeinheiten, die vor der Küste Syriens in Reichweite der französischen Bomber liegen. Die Blockade der französischen Seeverbindungen durch die RAF, die in diesen Tagen ein großes Transportschiff voll Munition und Waffen für die Vichy-Truppen kurz vor Beirut versenkt hat, macht den Franzosen ihre aussichtslose Lage deutlich. Trotzdem liefern die Luft- und Bodenstreitkräfte Vichy-Frankreichs dem Angreifer harte Kämpfe, und erst am Donnerstag, dem 3. Juli 1941, kapitulieren sie in Palmyra (Syrien). Am gleichen Tage landen noch die letzten Verstärkungen, 21 Dewoitine-Jäger D.520 der GC II/3 von Tunis über Brindisi und Athen kommend, auf dem deutsch-italienischen Luftstützpunkt Rhodos.
Während des Syrienfeldzuges haben die Franzosen insgesamt 289 Flugzeuge eingesetzt, davon sind 200 Maschinen neuester Bauart. Die RAF hat nur 12 Flugzeuge verloren im Gegensatz zu den Franzosen, die 179 Maschinen einbüßten.

Am 3. Juli 1941 kehrt die japanische geheime Fernaufklärungseinheit, die 3. »Kokutai«, nach Takao zurück, und kurz darauf wird sie aufgelöst. Die Japaner ahnen nicht, daß die Amerikaner ebenfalls tätig sind: Eine Consolidated B-24 Liberator des Army Air Corps fliegt insgeheim ähnliche Einsätze über japanischen Stützpunkten auf den Marshall-Inseln und den Karolinen.

Nachdem beinahe sämtliche deutschen Bomberverbände an der Ostfront in Aktion sind, beschränkt sich im Juli die Tätigkeit der Luftwaffe im Westen fast ausschließlich auf Jägereinsätze gegen Angriffe der RAF. Der Beginn des Rußlandfeldzuges bringt für die Reichsluftverteidigung eine entscheidende Wende in ihrer Entwicklung: Mit der Verlegung mehrerer Einheiten nach dem Osten wird die Stärke der im westlichen Vorfeld operierenden Jagdkräfte auf 2 Jagdgeschwader (JG 2 und JG 26) reduziert. Lediglich die Nachtjagd bleibt unverändert. Die »helle Nachtjagd« trägt in der ersten Hälfte des Jahres 1941 noch immer die Hauptlast der Abwehr britischer Nachtangriffe. Im Juni 1941 wird sie jedoch durch eine andere erfolgversprechende Einsatztaktik abgelöst.

Mit Einführung der Würzburg-Funkmeßgeräte schafft man gleichzeitig ein System sich überlappender Abfangräume für Nachtjäger, auch Himmelbettstellungen genannt. Diese als Kammhuber-Linie bezeichnete Kette von Abfangräumen hat jedoch auch ihre schwachen Punkte: Die Würzburg-Geräte sind noch nicht ausgereift, und ihre Reichweite ist zur Zeit zu kurz. Oft ist es nicht möglich, die Höhe der anfliegenden Bomber schnell genug festzustellen, um den Nachtjägern Gelegenheit zu geben, sie früh genug abzufangen. Den Engländern bleibt nicht verborgen, daß die steigende Verlustquote ihrer Bomber der immer breiteren Verwendung von Radargeräten im deutschen Luftverteidigungssystem zuzuschreiben ist.
Bei der »dunklen« oder »geführten Nachtjagd« werden jetzt die Jäger ohne Scheinwerferunterstützung von den Bodenstellen geleitet, die dank der Funkmeßgeräte sowohl die Flugwege der Bomber als auch die der eigenen Maschinen verfolgen und die Piloten auf die Gegner ansetzen können. Im Vorfeld des Scheinwerferriegels wird nun entlang des westlichen Küstengebietes und um Berlin ein Stellungssystem sich gegenseitig überschneidender »Himmelbett-Kreise« aufgebaut. In jedem Kreis mit etwa 65 Kilometer Durchmesser, der Reichweite des Würzburg-Gerätes entsprechend, befindet sich eine Auswerte- und Führungszentrale. Ein Jägerleitoffizier (JLO) bringt jeweils einen Nachtjäger an den Feind heran. Das Himmelbett-Leitverfahren erweist sich bald als recht erfolgreich, verlangt allerdings vom JLO schnelles Reaktionsvermögen.
Neben diesem Nachtjagdsystem versucht man auch Flak und Jagdflieger in einer kombinierten Nachtjagd zusammenwirken zu lassen. Dies wird im Raum der Großstädte mit starkem Flakschutz wie Berlin, Hamburg, Kiel, Bremen, Köln, Düsseldorf, Frankfurt am Main und München praktiziert. Erkennt der Jägerleitoffizier im Gefechtsstand, daß der Einsatz eines Jägers Erfolg verspricht, dann erbittet er vom Flak-Kommandeur die Einstellung des Feuers in dem betreffenden Abschnitt.
Ende Juli 1941, werden beinahe zu gleicher Zeit zwei bemerkenswerte Flugzeugtypen in Dienst gestellt: die de Havilland »Mosquito«, eine der vielseitigsten Maschinen des Krieges, und das wohl beste herkömmliche deutsche Jagdflugzeug, die Focke Wulf FW 190, der erste moderne deutsche Jäger mit Sternmotor. Die hölzerne unbewaffnete Mosquito braucht durch ihre hervorragenden Rolls-Royce-Motoren keinen Jäger zu fürchten, »sie fliegt ihnen einfach davon«. Die ersten 50 Maschinen werden entweder als Fernfotoaufklärer (Mk. I), als Nachtjäger (Mk. II) oder als Bomber (Mk. IV) eingesetzt.

Inzwischen sind die 18 an der Ostfront vorhandenen deutschen Kampfgeschwader weiter aufgesplittert und die wertvollen Bomber zu einem verlängerten Arm der Artillerie oder Nahkampfflieger geworden. Ihre operative Zusammenfassung scheint nicht mehr durchführbar zu sein.
Ungeachtet der deutschen Luftherrschaft und der schweren Verluste am ersten Kriegstage setzt sich die Rote Luftflotte erbittert zur Wehr. Sie fliegt – nach eigenen Angaben – vom 22. Juni bis zum 10. Juli 1941 insgesamt 47 000 Einsätze und wirft dabei 10 000 Tonnen Bomben ab, vorwiegend zur direkten Unterstützung der Heeresverbände.
In der Nacht zum 22. Juli 1941 starten von den bei Smolensk gelegenen Flugplätzen deutsche Bomber in Richtung Moskau, und der Befehlshaber der Moskauer Luftverteidigung (GenMaj. M. S. Gromadin) lösten den ersten Großalarm für die sowjetische Hauptstadt aus. Den Angriff führen 127 Kampfflugzeuge in mehreren Wellen durch und werfen 104 Tonnen Bomben ab. Die STAWKA, das sowjetische Oberkommando, soll von den deutschen Vorbereitungen für diesen Luftangriff bereits 2 Tage zuvor gewußt haben, was nach Berichten der Besatzungen zur Folge hat, daß das Abwehrfeuer noch stärker war als über London. Dagegen wurden Nachtjäger nur vereinzelt gesichtet. Partei und STAWKA leiten nach diesem Luftangriff die Evakuierung der Familien von Regierungsmitgliedern und höheren Militärs aus Moskau in die Wege. Wie General S. Schtjemienko berichtet, wechselt der Generalstab der Roten Armee jeweils nachts in die Metrostation »Bjelorusskaja« über, um dort in Ruhe weiterarbeiten zu können, da in unmittelbarer Nähe seines Dienstgebäudes des öfteren Bomben niedergehen. Später zieht der Generalstab in die speziell für ihn umgebaute Metrostation »Kirovskaja«.

Rechts: Das Funkmeßgerät FuMG 62 (Radar), Tarnname »Würzburg« (Reichweite 40 km), gekoppelt mit dem Frühwarngerät »Freya«, wird ab Sommer 1941 in den Himmelbett-Stellungen der Kammhuber-Linie zur Nachtjägerführung eingesetzt

Unten: Syrien, 23. Juni 1941: Luftstützpunkt der Vichy-Franzosen in Quosseir während des Angriffs von RAF-Blenheim-Bombern (11. Squ.). Links die Bugnase des modernsten französischen Bombers LeO 451

Am Sonntag, dem 3. August 1941, kann eine von einem CAM-Schiff katapultierte Hurricane den ersten Erfolg verbuchen: Leutnant Robert Everett (804. Squ.) vom Dampfer »Maplin« schießt im Nordatlantik eine Focke Wulf FW 200 C Condor (I/KG 40) ab. Der Pilot entschließt sich, statt bei seinem Mutterschiff zu wassern, für den 500-Kilometer-Flug nach Schottland, und er landet in Loch Earn.

Die Flugzeuge der Roten Marine führen den ersten sowjetischen Bombenangriff auf Berlin durch, als Vergeltung für die Aktionen der Luftwaffe gegen Moskau. Es sind 18 Bomber Typ Il-4 des Torpedo-Minen-Fliegergeschwaders der Baltischen Rotbannerflotte (Oberst Preobraschenski), die am Mittwoch, dem 6. August 1941, um 21 Uhr vom Flugplatz Kagul auf der Insel Saaremaa (Ösel) starten. Nach kurzem Sammeln über dem Meer nehmen die Staffeln Kurs auf Stettin und erreichen in einer Höhe von 6000 Metern die deutsche Küste. »Berlin war hell erleuchtet. Unser Geschwaderkommandeur hatte uns befohlen, den Verband aufzulösen und die Ziele einzeln anzufliegen. Er selbst flog in Richtung Stet-

Links: 10. August 1941: Der völlig veraltete Bomber Tupolew TB-3 mit 2 unter den Tragflächen aufgehängten Polikarpow I-16 (Rata) mit je zwei 250-kg-Bomben. Die TB-3 ist der erste freitragende 4motorige Ganzmetall-Eindecker der Welt, von dem (seit 1931) 818 Stück gebaut wurden

Unten: »Die verbrüderten Völker treffen sich über Berlin« (sowjetisches Propaganda-Plakat)

tiner Bahnhof ... Noch immer wurden unsere Maschinen für eigene gehalten. Erst als die Bomben fielen, erlosch in der ganzen Stadt das Licht, und die deutsche Flak eröffnete das Feuer.« Die sowjetischen Bomber greifen Rüstungsbetriebe im Berliner Norden an, vor allem in Reinickendorf. Gleichzeitig werfen sie Flugblätter über der Reichshauptstadt ab. Um 2.06 Uhr ist wieder Entwarnung.

In den darauffolgenden Wochen fliegen Staffeln der 81. Luftdivision der Fernfliegerkräfte (Oberst N. J. Nowodranow) wiederholt Störangriffe gegen Berlin. Auch eine Gruppe der neuesten viermotorigen Kampfflugzeuge vom Typ Petljakow Pe-8 (TB-7) unter dem Kommando des Polfliegers M. W. Wodopjanow nimmt daran teil. Außer Berlin greifen diese Verbände verschiedene Ziele in Ostpreußen an, darunter Königsberg, Tilsit und Memel.

Am Sonntag, dem 10. August 1941, starten Fliegerkräfte der Schwarzmeerflotte zu einem der wohl ausgefallensten Angriffe des Krieges mit dem Ziel, die strategisch wichtige Eisenbahnbrücke bei Cernavoda in Rumänien zu zerstören, die das Erdölgebiet von Ploesti mit dem Hafen Konstanza verbindet. Um die Treffsicherheit zu erhöhen, werden den beiden veralteten Bombern vom Typ TB-3 je zwei Jagdflugzeuge I-16 Rata unter die Tragflächen gehängt, die wiederum je zwei 250-kg-Bomben mit sich führen. Kurz vor dem Ziel werden die Jäger ausgeklinkt und bombardieren im Sturzflug die Brücke. Nach diesem Einsatz kehren alle Flugzeuge zu ihrem Stützpunkt auf die Halbinsel Krim zurück.

Im Juli und August 1941 setzen die Sowjets, wenn auch in beschränktem Umfang, erstmals ihre Luftlandetruppen (Einheiten der 212. und 104. Luftlandebrigade) ein, die in der Gegend von Kiew in dem deutsch besetzten Gebiet Rollbahnbrücken, Munitions- und Waffenlager sprengen. Ebenfalls werden zur Durchführung von Aufklärungs- und Spionageaufträgen Fallschirmspringer abgesetzt. Ihre Stärke: je nach Auftrag zwischen 3 und 50 Mann. Nach dem Einsatz gehen sie entweder über die Frontlinie zurück oder schließen sich den gerade zu dieser Zeit entstehenden größeren Partisanenverbänden an.

In der Nacht vom 12./13. August 1941 erlebt Berlin den bisher schwersten britischen Luftangriff seit Beginn des Krieges: 82 Tonnen Sprengbomben werden abgeworfen. Am Freitag, dem 15. August 1941, wagt es das Bomberkommando – durch die Verlegung eines Großteils der deutschen Jäger an die Ostfront ermutigt –, 53 Blen-

Rechts: August 1941: Soldaten der sowjetischen 104. Luftlandebrigade vor dem Start mit einer TB-3.

heim-Kampfflugzeuge für einen Tagesangriff gegen ein Kraftwerk bei Köln einzusetzen. Sie werden bis zur holländischen Küste von Begleitjägern eskortiert. Trotz der Ablenkungsmanöver durch andere Bomberverbände und Jäger verliert die RAF bei diesem Tagesangriff 12 Blenheims, über 20 Prozent der beteiligten Maschinen.

Im August 1941 beschließt Großbritannien, die Sowjets mit Jagdflugzeugen zu unterstützen. Es ist das erste und letzte Mal, daß eine RAF-Einheit von sowjetischem Gebiet aus den Luftkrieg gegen Deutschland führt. Das 151. Wing wird in Leconfield aufgestellt, um sowjetische Mannschaften in der Montage, Instandhaltung und Bedienung der Jäger an Ort und Stelle zu schulen. Danach werden die 81. und 134. Squadron mit 39 Hurricanes vom Typ Mark IIB, ihren Piloten und dem Bodenpersonal eingeschifft. Der alte Träger »Argus« nimmt 24 Hurricanes an Bord. Die restlichen 15 Maschinen gehen in Kisten verpackt als Deckladung auf anderen Schiffen mit. Der Konvoi sticht am 21. August 1941 von Island aus in See und trifft am 28. August vor Murmansk ein. Hier starten die 24 Hurricanes von der »Argus« und landen in Vianga, einem Flughafen, etwa 25 Kilometer entfernt, dem Hauptstützpunkt des 151. Wing während seines Aufenthaltes in der Sowjetunion.

Am Montag, dem 25. August 1941, bombardieren überraschend 4 RAF-Geschwader aus Sheiba und 3 aus Habbaniya Flugplätze und wichtige militärische Ziele in Persien.
In diesen Tagen gelingt es einem britischen Piloten, ein deutsches U-Boot zu kapern: Am Mittwoch, dem 27. August 1941, greift im Nordatlantik bei schlechtem Wetter ein Hudson-Bomber des RAF-Küstenkommandos der 296. Squadron (Squ. Ldr. J. H. Thompson) das deutsche U-Boot U 570 (Oblt. z. S. Ramlow) an. Das beschädigte U-Boot treibt manövrierunfähig an der Oberfläche, und der Kommandant muß sich den Flugzeugen ergeben. Nachdem Thompson um Unterstützung per Funk gebeten hat, wird ihm ein Catalina-Flugboot der 209. Squadron gesandt. Auf dem Schauplatz erscheinen auch 2 Zerstörer und mehrere Trawler. Das U-Boot wird am nächsten Tag nach Island abgeschleppt und 3 Wochen später als HMS »Graph« (Lt. Colvin) in den britischen Dienst gestellt.

Unter dem Vorwand, »den Versuch der Achsenmächte, Persien unter Kontrolle zu stellen«, zu vereiteln, marschieren britische und sowjetische Truppen in den Iran ein. Es geht ihnen jedoch dabei um die Sicherung eines Nachschubweges zur Unterstützung der Sowjetunion und um den Schutz der reichen Ölfelder von Amadan. Gleich der erste Angriff auf den Luftstützpunkt Ahwaz vernichtet die kleine persische Luftwaffe mit ihren kaum 50 Maschinen. Danach besetzen britische Luftlandetruppen die Ölfelder von Baluchis. Während die Hurricanes noch über den Raffinerien von Abadan patrouillieren, greifen Wellington-Bomber die persischen Stellungen am Paitah-Paß an. Nach 4 Tagen herrscht Waffenruhe, und der Schah von Persien dankt zugunsten seines 22jährigen Sohnes Reza Pahlewi ab. Nun können bis zum Kriegsende 5 Millionen Tonnen Kriegsmaterial aus den USA und England über Persien die verbündete Sowjetunion erreichen.

Im Spätsommer 1941 kauft Großbritannien in den USA 20 der so hochgepriesenen viermotorigen Bomber Boeing B-17 C (Fliegende Festung). Die RAF macht mit ihr jedoch keine guten Erfahrungen. Am Montag, dem 8. September 1941, führen die B-17 C ihren ersten Kriegseinsatz durch. In etwa 9000 Meter Höhe greifen sie einige Ziele an der norwegischen Küste an. Die Deutschen jedoch – durch Radar gewarnt – schicken ihnen Me-109-Jäger von der 13/JG 77 (Stavanger) entgegen, die 2 Fortress I sofort abschießen und 3 ernsthaft beschädigen; die restlichen Maschinen drehen ab. Nach weiteren Mißerfolgen stellt das Bomberkommando ihnen ein recht schlechtes Zeugnis aus: völlig unsicher, unrentabel und für einen ernsthaften Einsatz ungeeignet. Die später so ruhmreichen B-17 werden nun in den Dienst des britischen Küstenkommandos gestellt und ein Teil sogar in den Mittleren Osten verbannt.

Am Montag, dem 8. September 1941, meldet nach Abschluß der großen Kesselschlachten zwischen Smolensk und Wjasma das Jagdgeschwader 51 (Oberst W. Mölders) seinen 2000. Luftsieg.

Ab Dienstag, dem 9. September 1941, eröffnet die Luftflotte 1 (GenOberst Keller) ihre Offensive auf Leningrad, Oranienbaum und Kronstadt zur vorbereitenden Unterstützung des Angriffs der Bodentruppen auf diese drei Städte.

Am Donnerstag, dem 11. September 1941, starten die in den Raum Murmansk verlegten britischen Piloten mit ihren Hurricanes zu ihrem ersten Einsatz. Da man sich etwa 300 Kilometer jenseits des Polarkreises befindet, dauert der Tag kaum länger als 2 bis 3 Stunden. Während des Patrouillenfluges am 11. September können die Piloten zweier Maschinen nur mit knapper Not ihren Stützpunkt wieder erreichen, da die Motoren durch den schlechten Treibstoff mehrmals aussetzen. Am nächsten Tag schießen 5 Hurricanes 3 Me 109 ab und beschädigen eine Hs 126; sie verlieren dabei eine Hurricane. Der Pilot, der bei diesem Kampf den Tod fand, ist der einzige Verlust der britischen Einheit während ihres Einsatzes in der UdSSR. Ende November kehren die Besatzungen nach England zurück; die Hurricanes übernimmt die Rote Luftflotte.

Am Montag, dem 15. September 1941, erhält auf Veranlassung Hitlers, der die britischen Bombenangriffe »vergelten« will und sich jetzt an das ruhende A-4-Projekt erinnert, das Vorhaben »Peenemünde«, die Entwicklung der Raketenstufe, die später als V 2 in die Geschichte eingeht, die Einstufung »SS« (Sonderstufe), die höchste Dringlichkeitsstufe des Dritten Reiches, und rangiert somit auf der Produktionsliste noch vor den U-Booten und Jagdflugzeugen. A. Speer, Reichsminister für Rüstung:

Oben links: West Rynham (Norfolk), 6. Juni 1941: W. Churchill beobachtet eine B-17 C »Fortress I«. Der US-Bomber ist für die RAF eine Enttäuschung

Oben rechts: 23. September 1941, an der Reede von Kronstadt: Die Volltreffer des Stukas von Oberleutnant Rudel auf dem Schlachtschiff »Marat«

Unten: Sowjetischer Flugplatz Vaenga bei Murmansk: Eine Hurricane II b (151. Wing) am Start

»Unser aufwendigstes Projekt war gleichzeitig unser sinnlosestes.«

Von den vorgeschobenen Absprunghäfen im Raum Minsk führen die deutschen Kampfgruppen der Luftflotte 1 am Dienstag, dem 23. September 1941, gegen die im Hafen und auf der Reede von Kronstadt liegenden schweren Einheiten der sowjetischen Marine Angriffe durch. Um 8.45 Uhr starten die I. und die III. Staffel des Sturzkampfgeschwaders 2 vom Feldflugplatz Tyrkowo. Ihr Ziel: die Schlachtschiffe »Marat« und »Oktjabrskaja Revoljucija«. Die Junkers Ju 87 (T6 +AO) fliegt Oberleutnant H. U. Rudel: »Das Visier hatte die ›Marat‹ schon erfaßt. Wir stürzten auf sie zu, langsam wurde sie riesengroß. Alle ihre Flakgeschütze waren nun auf uns gerichtet ... Nun drücke ich auf den Bombenlösknopf am Knüppel und ziehe mit allen Kräften. Ob es noch zum Abfangen reicht? ... Ich ziehe und ziehe am Knüppel. Ohne Gefühl, nur mit Kraft. Die Beschleunigung ist zu groß, ich sehe nichts, habe einen Schleier, eine kurze Bewußtseinsstörung, die ich sonst nicht kenne ... Ich bin noch nicht ganz klar, da höre ich Scharnowskis Stimme: ›Herr Oberleutnant, das Schiff explodiert!‹ Jetzt schaue ich raus, wir fliegen drei bis vier Meter über dem Wasser, und ich mache eine leichte Kurve. Da liegt die ›Marat‹ unter einer 400 Meter hohen Explosionswolke; anscheinend hat es die Munitionskammer zerrissen ...« Das 23 600 Tonnen große Schlachtschiff mit seinen zwölf 30,5-cm- und sechzehn 12-cm-Geschützen ist bereits schwer angeschlagen, als es nach diesem Volltreffer in zwei Teile zerbricht und sinkt. Dies ist die erste Versenkung eines Schlachtschiffes durch einen Stuka.

Der Luftwaffe bleibt es untersagt, strategische Ziele im sowjetischen Hinterland anzugreifen, und während sie weiterhin Einsätze zur Unterstützung der Bodentruppen fliegt, transportieren die Sowjets ihre Industrieanlagen über noch intakte Eisenbahnlinien bis hinter den Ural, wo die deutschen Bomber sie nicht mehr erreichen können. Die Verlagerung der sowjetischen Flugzeugwerke von September bis Dezember 1941 ist eine der unglaublichsten organisatorischen und rüstungswirtschaftlichen Leistungen im Zweiten Weltkrieg.

Diese einmalige Evakuierungsaktion geht zwar planmäßig, aber nicht ohne beträchtliche Schwierigkeiten vonstatten: Auf den Eisenbahnknotenpunkten kommt es zu unübersehbaren Stauungen, und die Evakuierten sind auf ihrem Wege zum Ural, nach Sibirien oder Kasachstan enormen Strapazen ausgesetzt. An den meisten Orten sind die Lebensbedingungen miserabel; nachts wird beim Schein von Fackeln und Holzfeuern gearbeitet. Die Lampen sind an Bäumen befestigt. Im tiefen sibirischen Winter müssen manche der Arbeiter zu Fuß bis 8 Kilometer zur Arbeit gehen; dann stehen sie für 12 oder noch mehr Stunden am Fließband, und anschließend der tägliche Rückweg. Viele finden bei diesen unmenschlichen Zuständen den Tod.

Am Dienstag, dem 7. Oktober 1941, fällt an der Ostfront zum erstenmal Schnee. Hitler befiehlt der Heeresgruppe Mitte (GFM v. Bock), die Operationen in Richtung Moskau fortzusetzen. Der Beginn der Schlammperiode macht diesen Vorstoß allerdings zunichte.

Mitte Oktober werden verschiedene Regierungsstellen, darunter das für die Luftfahrtindustrie zuständige Volkskommissariat, von Moskau nach Kujbyschew evakuiert. Stalin, der in der Hauptstadt bleibt, läßt fast 40 Prozent aller Fliegerkräfte vor Moskau zusammenziehen: So gelingt es den Sowjets erstmalig, zumindest in einer Hauptstoßrichtung die Luftüberlegenheit längere Zeit zu erringen.

Am Montag, dem 20. Oktober 1941, trifft die japanische Marine Vorkehrungen zur Bereitstellung für einen Überraschungsangriff auf Pearl Harbor, falls die Verhandlungen mit den USA scheitern. Die Trägerstukas und Torpedoflugzeuge, die die US-Flotte ausschalten sollen, führen ihre letzten scharfen Übungen durch. Sie können dabei auf eine lange Tradition zurückblicken: Ein japanischer Flieger versenkte bereits am 26. September 1914 – erstmals in der Geschichte des Luftkrieges – ein Schiff, übrigens einen deutschen Minenleger. Dieser Erfolg gelang dem Piloten eines Farman-Wasserflugzeuges mit einem eigenhändig abgeworfenen Kanonengeschoß in der Kiautschou-Bucht im deutschen Pachtgebiet von Tsingtau in China.

Einen der wirkungsvollsten Schläge gegen das Bomberkommando führen seit Ende 1940 die Fernnachtjäger der I/NJG 2 mit der Nachtjägerversion Dornier Do 17 und Junkers Ju 88. Sie operieren im Dunkeln über den Einsatzhäfen der Bomber in Südostengland und greifen sie an, während die erschöpften Besatzungen der oft mit dem letzten Tropfen Benzin oder durch die Luftabwehr beschädigt zurückkehrenden Maschinen sich mit dem Landemanöver befassen und so eine leichte Beute sind. Im Oktober 1941 können die geplagten Bomberbesatzungen aufatmen: Auf Hitlers Geheiß werden diese erfolgreichen Flüge urplötzlich eingestellt und die Fernnachtjagdgruppe in den Mittelmeerraum verlegt.
Seit der Kapitulation der italienischen Hauptkräfte in Äthiopien im Mai 1941 kämpfen im unwegsamen Hochland noch einige Stützpunkte. Die einst zahlreichen italienischen Luftstreitkräfte sind längst aufgerieben. Nur den Verteidigern von Gondar gelingt es noch, ein paar Jagdmaschinen Fiat CR.42, die im Frühjahr per Luftfracht aus dem Mutterland herangeschafft wurden, zu verstecken und startklar zu halten. Sie führen jetzt wiederholt Störangriffe auf die überraschten britischen Truppen durch, und erst am 24. Oktober 1941 schießt die Bodenabwehr eine dieser Geistermaschinen ab.

In der Nacht zum 29. Oktober 1941 sind 32 deutsche Kampfflugzeuge über Moskau. Während dieses Luftangriffes fällt eine Bombe in den Seitenflügel des Ausweichquartiers des Generalstabes (Kirowstraße). 3 Kraftfahrer werden getötet, 15 Kommandeure, unter ihnen Generaloberst A. M. Wassilewski, Chef der operativen Führung, werden verletzt. Auch die Kantine liegt in Trümmern. Der Generalstab wird 5 Tage lang nur mit belegten Broten verpflegt, »die auf persönliche Anordnung Stalins dreimal täglich in Körben gebracht werden«.

Oben links: Aus dem Depot am Rande eines Stützpunktes der RAF rollen Bomben für den nächsten Einsatz über Deutschland

Unten: Anfang November 1941 erleidet das RAF-Bomberkommando schwere Verluste: Tote Besatzungsmitglieder einer abgeschossenen Wellington

Er selbst hat seinen in der Metrostation »Kirowskaja« eingerichteten Schutzraum nie benutzt.

Zwischen September und November 1941 setzt das Bomberkommando seine Verbände in verstärktem Maße gegen die Reichshauptstadt ein. Die Opfer unter der Bevölkerung und die Schäden in den Wohnvierteln steigen an. Die zunehmende Wirkung der deutschen Luftabwehr und die ungünstigen Wetterbedingungen verursachen jedoch auch ein Anwachsen der Verluste an britischen Bombern, besonders in der Nacht vom 7./8. November 1941, als über Berlin von 169 eingesetzten Maschinen 21 verlorengehen (12,5 Prozent). 5 Tage später läßt Churchill die Angriffe auf so entfernte Ziele wie Berlin bis auf weiteres einstellen.

Am Morgen des 15. November 1941 sind die Stellungen der Heeresgruppe Mitte mit glitzerndem Reif überzogen: Die Schlammperiode ist vorbei, jetzt regiert bei Freund und Feind »General Frost«. Mit dem Angriff des Nordflügels der Heeresgruppe Mitte beginnt die zweite Phase der Schlacht um die sowjetische Hauptstadt. Für die deutsche Luftwaffe an der Ostfront entsteht ein neues schwieriges Problem: Sie ist für einen Winterkrieg nicht vorbereitet, und durch das Fehlen der erforderlichen Ausrüstung büßt sie erheblich an Schlagkraft ein.
Am Montag, dem 17. November 1941, jagt sich der Generalluftzeugmeister, Generaloberst Udet (45), aus Verzweiflung über die Fehlentwicklung der deutschen Luftwaffe eine Kugel in den Kopf. Am Morgen des 22. November 1941 wird die He 111, die den bekannten Oberst W. Mölders (28), jetzt Inspekteur der Jagdflieger, zum Staatsbegräbnis von Udet nach Berlin bringen soll, durch Motorschaden defekt, rast am Rande von Breslau gegen einen Fabrikschornstein und stürzt ab.

Am Dienstag, dem 18. November 1941, beginnt die Operation »Crusader«, die Gegenoffensive der britischen 8. Armee (GenLt. Cunningham) in Nordafrika. Sie rollt aus dem Raum des Wüstenforts Maddalena in Richtung Tobruk, um der belagerten Festung zu Hilfe zu kommen und die Cyrenaika zu besetzen. Die Engländer haben auf dem Kriegsschauplatz insgesamt 1072 einsatzbereite Flugzeuge, General der Panzertruppe Rommel verfügt über 120 deutsche und rund 200 italienische Maschinen und hat durch die Unterlassung der Eroberung von Malta unlösbare Nachschubschwierigkeiten. Gleich am nächsten Tag meldet die RAF die beinahe völlige Luftherrschaft über dem gesamten Kampfgebiet.

Mittwoch, den 26. November 1941. An diesem Tag (japanische Zeit) verläßt der Trägerverband mit der Kampfgruppe für Pearl Harbor die Hitokappu-Bucht auf den Kurilen: 6 Flugzeugträger, eskortiert von 2 Schlachtschiffen, 2 schweren Kreuzern, 1 leichten Kreuzer, 9 großen Zerstörern, 3 U-Booten, dazu 8 Tanker und Versorgungsschiffe. Der Trägerverband (Vizeadm. Ch. Nagumo) stößt bei Sturm und Nebel 11 Tage lang bei völliger Funkstille mit östlichem Kurs vor und wendet sich später nach Südosten, wo er besseres Wetter erreicht.

Als am Freitag, dem 28. November 1941, die letzten italienischen Streitkräfte in Ostafrika unter General Nasi im Raum von Gondar kapitulieren (23 000 Gefangene), besitzen sie kein einsatzfähiges Flugzeug mehr.

In der Nacht vom 30. November zum 1. Dezember 1941 starten 129 RAF-Bomber zu einem Angriff auf Hamburg. 84 Maschinen erreichen das Ziel und werfen 138 Tonnen Bomben auf die Hansestadt ab. 13 Flugzeuge gehen verloren. Und während Deutschlands Rüstungsindustrie Bombenangriffen immer mehr ausgesetzt ist, geht im Osten die im Juli 1941 begonnene Räumung sämtlicher im europäischen Teil der Sowjetunion gelegenen Werke und ihre Verlagerung hinter den Ural zu Ende, eine Meisterleistung, die – ohne die Entwicklung und Umrüstung zu gefährden – in einer erstaunlich kurzen Zeit gelingt. Insgesamt werden bis zum Dezember 1941 1360 große sowjetische Rüstungsbetriebe in 1,5 Millionen Waggonladungen nach Osten transportiert. Generalleutnant der Ingenieurtruppen S. Iljuschin: »In dieser Zeit entstanden in einer Stadt des Wolgagebietes die neuen Hallen des größten Flugzeugwerkes der Sowjetunion ... Noch waren die Hallenwände nicht hochgezogen, noch hatten die Arbeiter kein Dach über dem Kopf, aber sie arbeiteten schon. Sie wichen auch nicht von ihren Arbeitsplätzen, als 40 Grad Kälte hereinbrachen. Am 5. Dezember, 14 Tage nach dem Eintreffen des letzten Transportzuges, verließ die erste Il-2 Sturmowik das Werk, das aus mitgebrachten Fertigteilen montiert worden war.«

Da die katastrophalen Verluste der deutsch-italienischen Nachschub-Geleitzüge für Nordafrika andauern, befiehlt Hitler am Freitag, dem 5. Dezember 1941, die Verlegung der Luftflotte 2 (GFM Kesselring) von der mittleren Ostfront nach Libyen und Sizilien.

Am gleichen Tage geht die Rote Armee vor Moskau zur Gegenoffensive über und gewinnt schnell an Boden. Der harte russische Winter verringert die Einsatzfähigkeit der deutschen Maschinen auf 30 Prozent. Die sowjetischen Truppen werden von ihren neuen Bombern, Schlachtflugzeugen und Jägern unterstützt, die selbst unter extremen Wetterbedingungen leistungsfähig sind. Und als die Luftwaffe an der 3500 Kilometer langen Ostfront durch die großen Ausfälle im Mittelabschnitt nur noch etwa 500 einsatzfähige Maschinen besitzt, erreicht die Rote Luftflotte allein im Raum Moskau eine Stärke von rund 1000 Flugzeugen.

Am Sonntag, dem 7. Dezember 1941, erfolgt der japanische Überraschungsangriff auf Pearl Harbor, den Haupt-

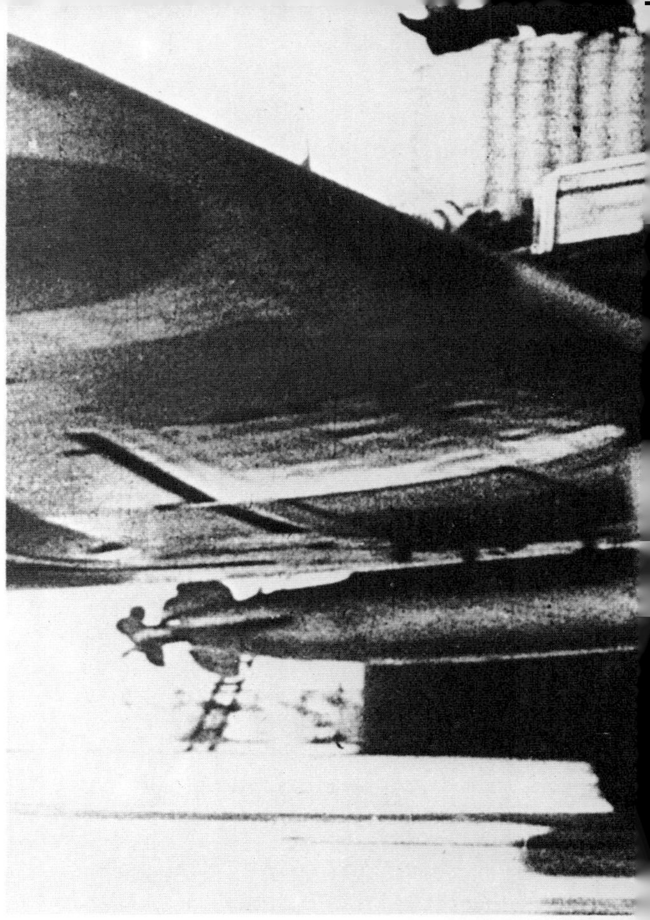

Oben: Ein japanischer Torpedobomber Nakajima B5N1 startet vom Träger »Soryu«

Rechts: Smolensk, November 1941: Mit einem Wärmegerät versucht man die Motoren der Do 17 anzulassen

Rechte Seite unten: Bord an Bord: Die brennenden Schlachtschiffe »West Virginia« und »Tennessee« nach dem Angriff der japanischen Bomber

Unten rechts: Den Engländern abgeschaut: Japanische Spezialtorpedos mit regulierbaren Seitenflossen aus Holz

Unten: 7. Dezember 1941: Der japanische Angriff auf Pearl Harbor

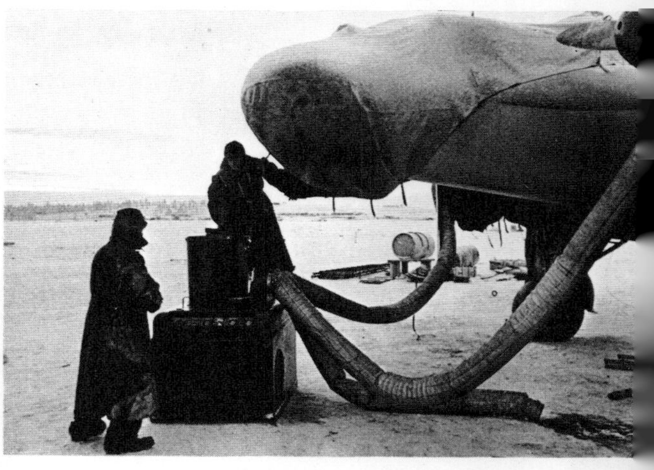

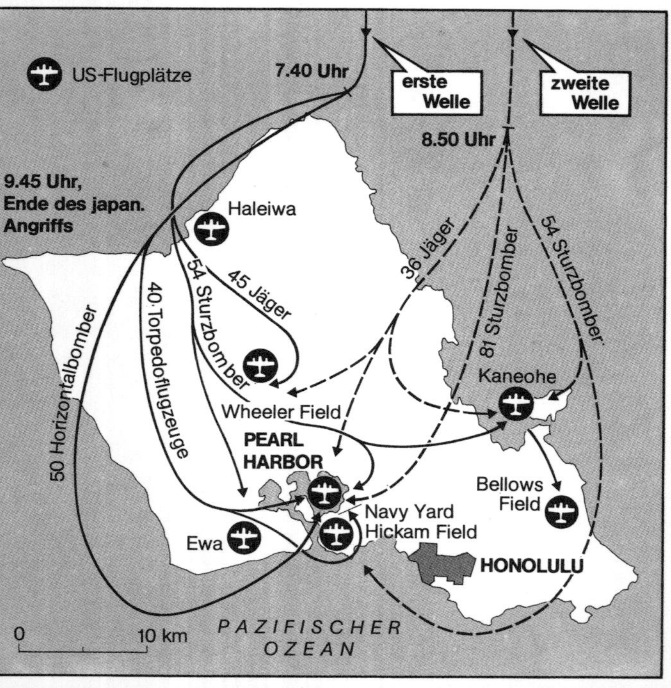

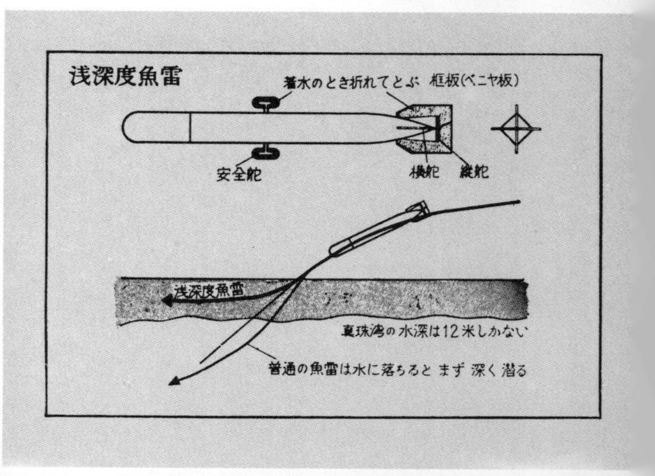

stützpunkt der amerikanischen Pazifikflotte. Der Trägerverband (Vizeadm. Ch. Nagumo) startet nördlich der Insel Oahu um 6 Uhr früh. 51 Sturz-, 50 Horizontal-, 40 Torpedobomber und 43 Jäger bilden die erste Welle, 81 Sturz-, 54 Horizontalbomber und 36 Jäger die zweite. Der Überfall geschieht so schlagartig, daß die Luftabwehr kaum in Erscheinung tritt. Die leichte Flak der Kriegsschiffe ist zwar zum Teil besetzt, doch liegt die Munition in Kammern verschlossen. Durch den Angriff auf die US-Flugplätze auf Hawaii werden nahezu alle Maschinen außer Gefecht gesetzt. Die japanischen Flieger versenken die Schlachtschiffe »Arizona«, »California«, »Nevada«, »Oklahoma«, »West Virginia«, den Minenleger »Oglada« und das Zielschiff »Utah«; z. T. schwer beschädigt werden die Schlachtschiffe »Maryland«, »Pennsylvania«, »Tennessee« (60 Prozent des Gesamtbestandes der US-Navy an Schlachtschiffen versenkt oder beschädigt), die leichten Kreuzer »Helena«, »Honolulu« und »Raleigh«, 3 Zerstörer, 1 Flugzeugmutterschiff und 1 Werkstattschiff. Die Amerikaner haben 2403 Tote und 1178 Verwundete; 188 Flugzeuge werden zerstört. Die Verluste der Japaner: 5 Torpedobomber, 15 Stukas und 9 Jäger mit insgesamt 55 Mann. Die abgeworfene Torpedo- und Bombenlast beträgt 138,5 Tonnen. Das Erfolgsgeheimnis: die den Engländern bei ihrem Angriff auf den Flottenstützpunkt Tarent (11./12. November 1940) abgeguckten Spezialtorpedos

mit regulierbaren Seitenflossen aus Holz, die ihnen einen vorausbestimmten Tiefgang ermöglichen.
Der Zweck dieser Operation, die Seeflanke des japanischen Vormarsches in die südlichen Rohstoffgebiete Asiens zu sichern, ist durch die Ausschaltung der US-Flotte zwar erreicht, da sich jedoch der Angriff auf Schlachtschiffe und Flugplätze beschränkte, bleiben die riesigen Öllager und die leistungsfähigen Werften unversehrt und damit Pearl Harbor als Marinestützpunkt intakt. Außerdem sind nur die veralteten US-Schlachtschiffe getroffen worden. Die wichtigsten Ziele, die 4 Flugzeugträger – gleichfalls nach Pearl Harbor beordert und nur durch einen Sturm aufgehalten –, entgehen so dem Überfall. Sie sind von entscheidender Bedeutung für die weitere amerikanische Kriegführung. Anfangs steht Admiral Yamamoto mit seiner Ansicht ziemlich allein, als er sagt: »Dieser Krieg wird uns in der Zukunft noch viel Ärger machen. Die Tatsache, daß wir bei Pearl Harbor einen kleinen Erfolg hatten, bedeutet nichts.«
Am Mittwoch, dem 10. Dezember 1941, drei Tage danach, trifft die englische Fernostflotte (Force Z) ebenfalls ein vernichtender Schlag: Japanische Flugzeuge torpedieren die Schlachtschiffe »Prince of Wales« und »Repulse«, zwei ihrer mächtigsten Einheiten. Die Versenkung dieser beiden kampfkräftigen Schiffe beweist, daß Operationen von Schlachtschiffen ohne eigenen Jagdschutz nicht mehr durchführbar sind, wenn der Gegner über starke Luftstreitkräfte verfügt.

Am Donnerstag, dem 11. Dezember 1941, wenige Minuten nach der Kriegserklärung Deutschlands an die USA, schießt ein auf Island stationierter amerikanischer Lightning-Jäger über dem Atlantik einen Focke-Wulf-FW-200-C-Condor-Fernaufklärer ab.
In der zweiten Dezemberhälfte fliegen die mit ASV-Radar ausgestatteten Swordfish-Torpedoflugzeuge, die sich am 12. November 1941 von dem sinkenden Träger »Ark Royal« haben retten können, nächtliche Patrouillen gegen deutsche U-Boote, die immer wieder durch die Straße von Gibraltar ins Mittelmeer gelangen. Bei einem dieser Einsätze vernichten sie die U 451 (KptLt. Hoffmann); es ist die erste Versenkung eines U-Bootes durch ein Flugzeug bei Nacht.
Am Sonntag, dem 21. Dezember 1941, beginnen die von der Ostfront nach Sizilien verlegten Verbände der Luftflotte 2 ihre rollenden Luftangriffe auf Malta. Der Hauptstoß richtet sich gegen die Flugplätze der Insel und den Flugbootstützpunkt Kalafrana. Während die britischen Hurricane-Jäger versuchen, die Bomberverbände abzuwehren, fliegen die Blenheims Gegenangriffe auf sizilianische Flugplätze.

In der Zeit vom 22. Juni bis Ende Dezember 1941 verliert die deutsche Luftwaffe an der Ostfront 758 Bomber, 568 Jäger und 767 andere Flugzeuge; außerdem sind 473 Bomber, 413 Jäger sowie 475 sonstige Maschinen beschädigt worden.

Die Japaner wenden jetzt mit Erfolg die Lufttaktik der massierten Operationen von Kampfflugzeugen an und setzen mehrere Trägerverbände auf einem beschränkten, taktischen Kriegsschauplatz ein. So kann die japanische Flotte unter dem Schutz der Trägerflugzeuge frei und ungehindert manövrieren und ihre strategische Initiative weiterhin behaupten. Die japanischen Luftstreitkräfte sind bei Kriegsbeginn stark und schlagkräftig und besonders ihre Torpedobomber ein gefürchteter Gegner. Die Steigfähigkeit der Jäger ist sogar denen der USA überlegen. Der größte Fehler der Japaner: Sie verbrauchen das beste Fliegerpersonal und die besten Maschinen gleich am Anfang des Krieges und beginnen erst viel zu spät mit der Ausbildung neuer Kräfte und der Produktion moderner Flugzeuge.

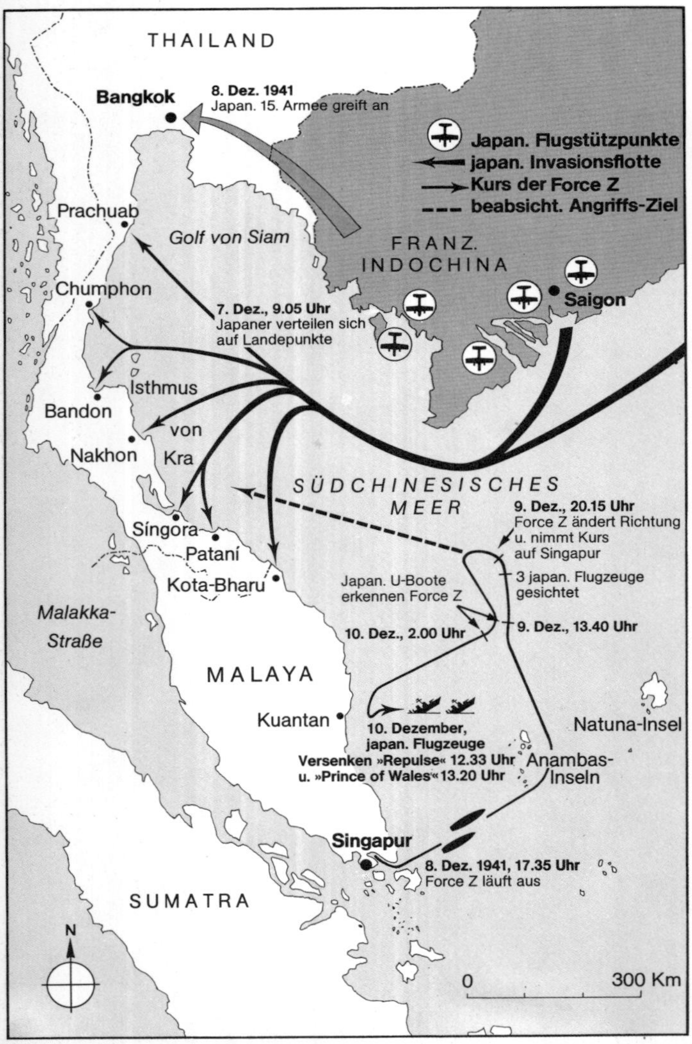

Die Versenkung der »Force Z« (Schlachtschiffe »Repulse« und »Prince of Wales«)

1942

Januar bis Juni

Flug in den Kessel

Auf einem Hügel mitten im Wald steht eine Kirche. Beim Überfliegen sehen wir, daß sie total verfallen ist. Hier liegen deutsche Landser. Freudig winken sie zu uns herauf, und wir danken durch Wackeln. Zwei Minuten vor der errechneten Ankunftszeit wird auf 100 bis 150 Meter hochgezogen, und der Flugplatz liegt vor uns in einer Waldecke. Jetzt heißt es Gas raus, Klappen raus, und wenn die Luft vor uns sauber ist, reingelandet ...
Von Demjansk nehmen wir Verwundete mit. Die meisten haben Erfrierungen. Es ist jetzt Mitte Januar und saumäßig kalt. Die Temperaturen liegen um 40 Grad. Außerdem weht ein Schneesturm aus dem Osten. Die Soldaten am Boden laufen dick vermummt herum, die Verwundeten auf den Schlitten, auf Stroh in Decken, liegen warm eingepackt. Die kleinen struppigen Panjepferde haben Eiszapfen am Maul hängen. Beim Einladen der Verwundeten werden die Motoren abgestellt, aber schon nach fünf Minuten muß alles drin sein. Dann müssen wir die Motoren wieder anwerfen, sie werden sonst so kalt, daß wir sie nicht wieder zum Laufen bringen. Es ist nicht ganz einfach, in dieser kurzen Zeit die Verwundeten einzuladen und zu verstauen. Die Leute sind meistens im Nu stocksteif gefroren in unserer kalten Maschine. Wir haben uns aber jetzt darauf eingerichtet und helfen ihnen, wo wir nur können. Sie liegen auf Stroh und werden mit Wolldecken gut zugedeckt. Während des Fluges bekommen sie aus Thermosflaschen heißen Tee mit Rum oder heiße kräftige Fleischbrühe.

Das Reich, Januar 1942

Nur für den Dienstgebrauch!

Wintererfahrungen im Flugeinsatz

Weder das deutsche Heer noch die Luftwaffe sind für einen regelrechten Winterfeldzug gerüstet, als der Krieg gegen die Sowjetunion beginnt. Tatsächlich betragen in Rußland 1941/42 die Bodentemperaturen wochenlang zwischen –30 und –50 Grad Celsius, die Höhentemperaturen bis zu –70 Grad. Die hauptsächlichen Schwierigkeiten treten eben nicht im Betrieb, sondern beim Inbetriebsetzen der Flugzeuge ein, wenn anormal tiefe Temperaturen herrschen.

Flugzeugzellen und Fahrwerk:

Um so hemmender wirkt sich auf die Einsatzbereitschaft die sehr häufige und starke Schneevereisung an Flächen und Leitwerken aus, die am Boden die abgestellten Flugzeuge befällt und die manuell nicht völlig zu beseitigen ist. Bei kleineren Flugzeugen verwendet man als Vereisungsschutz Abdeckplanen, ein recht unzulängliches Mittel, das selbst brettsteif gefriert und dann kaum zu handhaben ist, zumal bei dem oft heftigen Bodenwind. Hallen und geschlossene Boxen stehen nur in Ausnahmefällen zur Verfügung. Der Versuch, den Eisansatz durch Einschmieren der Flächen mit wasserfreien Fetten zu verhüten, scheitert an der Materialknappheit. So bleibt es schließlich bei den Wärmewagen als brauchbarstem, wenn auch keineswegs voll zufriedenstellendem Mittel zur Beseitigung der Bodenvereisung. Mit Schneekufen werden keine guten Erfahrungen gemacht, sieht man von dem leichten Kurier- und Verbindungsflugzeug Fieseler »Storch« ab, das mit Kufen bei jeder Schneelage und Schneeart einsatzbereit bleibt. Es fehlt bei diesem Typ lediglich eine gut wirkende Kufenbremse zur Erhöhung der Steuerbarkeit am Boden. Bei allen anderen Typen enttäuschen die Versuche mit den im Eilverfahren hergestellten Kufen. Da diese nur an dem ausgefahrenen Fahrgestell montiert werden können, verursachen sie enorme Geschwindigkeitsverluste (25 Prozent und mehr), die man taktisch nicht in Kauf nehmen kann. Im übrigen zeigt es sich, daß Fahrwerke je nach Größe der Räder und nach Konstruktion bei Schneehöhen bis zu 60 cm durchaus brauchbar bleiben.

Der Winter an der Ostfront bedeutet ständigen Kampf von Menschen und Maschinen mit den Unbilden der Natur

Flugmotoren:
Kältestörungen an den Motoren treten hauptsächlich beim Anlassen auf. Der Kaltstart setzt aufmerksamste Wartung und genaueste Beachtung der Bedienungsvorschriften voraus. Er wird dadurch ermöglicht, daß man dem Motor beim Anlassen einen durch Benzin verdünnten Schmierstoff zuführt. Nach etwa 20 Minuten Flugdauer ist der Benzinzusatz des Öls verdampft, und der Motor läuft mit normaler Öltemperatur. Häufiger als an den Motoren selbst treten Störungen an den Anlaßgeräten auf, die auf Erstarren des Öls in den Leitungen der Geräte zurückzuführen sind. Bei ruckartigem Einkuppeln des Anlassers kann sogar die Welle brechen. Vereisungen der Luftschrauben im Fluge sind meist ungefährlich, doch treten in einigen Fällen Beschädigungen der Flugzeuge und Verletzungen der Besatzungen durch abspringende Eisstücke auf. Ob dies durch Beheizung der Schrauben verhütet werden könnte, darüber liegen keine Erfahrungen vor.

Flugzeuginstrumente:
Die Bordinstrumente (Siemens- und Askaniageräte) überraschen durch ihre relativ hohe Kälteunempfindlichkeit.

Nachrichtengeräte:
Die Bordnachrichtengeräte erweisen sich zwar als kältefest, sind dagegen sehr empfindlich gegen Feuchtigkeit.

Betriebsstoffe:
Alle Treibstoffe sind genügend kältebeständig. Als Gefrierschutz für das Kühlwasser bewährt sich das bekannte Glysantin.

Bordwaffen:
Störungen an den Waffen treten ziemlich häufig auf. Die Ursache ist meist die Verwendung nicht genügend kältefesten Öls, hin und wieder bei elektrisch gesteuerten Waffen die Bildung von Kondenswasser an den Leitungen.

Abwurfmunition:
Bei Schneehöhen von 1 m und darüber sinkt schon bei Zünderstellung o. V. (ohne Verzögerung) die Wirkung von Spreng- und Splitterbomben beträchtlich, weil der Schnee die seitliche Ausbreitung der Splitter abdämmt. Sogar die an sich hochempfindlichen Zünder der 2-kg-Splitterbombe (SD 2) versagen bei weichem und tiefem Schnee bis zu 75 Prozent. Umgekehrt setzt der hart gefrorene Boden den Sprengbomben so viel Widerstand entgegen, daß sie sehr oft ohne Detonation zerschellen. Die als Blindgänger in den Schnee gefallenen leichten Splitterbomben haben eine ursprünglich nicht beabsichtigte Nebenwirkung: sie verseuchen das betreffende Gelände gleichsam als Streuminen, da sie später bei leichter Berührung durch Fußgänger, Tiere oder Fahrzeuge detonieren. Nachdem diese Eigenart einmal erkannt ist, erfolgt der Einsatz der SD 2 häufiger zur Verseuchung von Geländeabschnitten, deren Passieren man dem Gegner erschweren will.

Bekleidung und Ausrüstung der Besatzungen:
Die deutsche Schaffellkombination (geteilt oder ungeteilt) ist bei langen Märschen nach Notlandungen hinderlich. Heizanzüge haben sich noch weniger bewährt. Ihre Regulierung erfordert Aufmerksamkeit, zudem sind sie empfindlich und bei Notlandungen gänzlich ungeeignet. Am zweckmäßigsten erscheint ein leichter Kamelhaar- oder Pelzanzug mit imprägniertem Überzug (keine Leder- und keine Nacktpelze). Stiefel, wenn pelzgefüttert, müssen kräftige Sohlen mit Gleitschutz haben und fest am Fuß sitzen. Sehr bewährt hat sich der einfache russische Filzstiefel (Wolinki), während der deutsche Fliegerpelzstiefel für Märsche ungeeignet ist, da er zu lose sitzt.

Es empfiehlt sich, unter der Schutzkleidung leichte Wollkleidung (keine Baumwolle) zu tragen. Wichtig sind gute Handschuhe, Fäustlinge und Ohrenschützer. Bei anstrengenden Märschen kann man die Überkleidung zeitweilig ablegen und als Bündel oder auf flachem Schlitten (Woluschka) hinter sich herziehen.

Bordnotausrüstung:

Von ausschlaggebender Bedeutung für die Rettung von notgelandeten Besatzungen ist im Winter eine zweckmäßige Bordnotausrüstung:

1. Leichtes Gewicht, geringer Raumbedarf;
2. Die Notausrüstung hat den Vorrang vor jeder sonstigen Zuladung; sie muß für jede an Bord befindliche Person vorhanden sein, auch wenn sie nicht zur planmäßigen Besatzung gehört;
3. Gleichmäßige Verteilung auf jeden Mann der Besatzung, damit auch bei etwaiger Trennung nach Fallschirmabsprung jeder über ein Mindestmaß an Hilfsmitteln verfügt. Hierzu gehören:

a) Hochwertige Notverpflegung und leichtes Kochgerät,
b) sanitäres Material und Medikamente,
c) Hartspiritus, Zündhölzer, Talglichter, Taschenlampe,
d) Karte und Kompaß,
e) Signalmittel, Rauchkörper,
f) Messer, Säge, Beil,
g) leichter Schlafsack, zugleich als Rucksack verwendbar,
h) Handwaffen und Sprengkörper;

4. Für gemeinsamen Gebrauch sollen sich in jedem Fall an Bord befinden:

a) ein oder zwei flache Schlitten ohne Kufen (ähnlich einer Metzgermulde),
b) ein oder zwei leichte Zelte,
c) Ski,
d) ein leichtes, tragbares Funkgerät für Sendung und Empfang.

Was darüber hinaus notwendig wird, muß sich jede Besatzung selbst herstellen oder beschaffen, manches kann der normalen Bordausrüstung entnommen werden. Nicht zu vergessen ist das Logbuch. Wichtig ist die Ausbildung im Gebrauch der Notausrüstung in der Praxis. Hierzu gehört ferner:

a) der Bau von Windschirmen,
b) die Anlage von Schneegruben und der Bau von Iglus,
c) das Heizen im Freien mittels gespaltener Bäume,
d) die Anwendung von Frostschutzmitteln und -methoden.

Es sei bemerkt, daß zur selben Zeit, als die deutsche Wehrmacht ungeheure Verluste durch Frostschäden aufweist, die Russen jeden Mann mit Frostschäden wegen Selbstverstümmelung bestrafen, denn der russische Soldat ist so ausgebildet, daß er trotz primitiver Ausrüstung Erfrierungen vermeiden kann.

Flugbetrieb:

Das Gros der durch Kälte verursachten Schwierigkeiten und Störungen konzentriert sich auf die Startvorbereitungen und die Inbetriebnahme der Flugzeuge. Dieser Umstand bewirkt eine unverhältnismäßig lange Dauer der Flugvorbereitungen (bis zu 5 Stunden je Einheit). Dies schließt kurzfristige Einsätze in dringlichen Fällen, die der Unterstützung des Heeres gelten sollen, aus, verhindert die rasche Ausnützung günstiger taktischer und meteorologischer Lagen, macht bei der Kürze der Wintertage Wiederholung der Einsätze unmöglich und erschwert dadurch eine volle Ausnützung der Kampfkraft der Verbände.

Von Generalleutnant H. J. Rieckhoff

Amerikanische Luftbrücke zur UdSSR

10. Februar 1942, Washington
United Press meldet:

Kanada und die USA arbeiten gemeinsam an der Schaffung einer über Alaska und die Arktis führenden Luftbrücke nach Sibirien. An der Flugroute von der amerikanischen Ostküste über Kanada nach Alaska werden zahlreiche Flugplätze angelegt. Um den Flugplatz in der

Anchorage (Alaska): Offiziere der Roten Luftflotte vor der ersten US-Maschine, einer Mitchell B-25, die im Rahmen des Leih- und-Pacht-Vertrages (Lend-Lease-Act) über die Nordroute an die Sowjetunion geliefert wurde

Nähe des Watson Lake bauen zu können, mußte sich Anfang dieses Jahres eine regelrechte Expedition, bestehend aus Traktoren, Raupenschleppern, einem fahrbaren Sägewerk, vielen anderen Maschinen, Fahrzeugen und einem Heer von Arbeitern den Weg durch 500 Kilometer Wildnis bahnen. Der Flug von Alaska zur Sowjetunion wird durch eine Kette bisher geheimgehaltener Stützpunkte in Nordostsibirien ermöglicht, die sich nach Westen bis in das europäische Rußland fortsetzt. Auch Kurzstreckenflugzeuge werden über diese Route bis nach Moskau fliegen können. US-Bomber sollen über diese Alaska–Sibirien-Route bereits nach Rußland geliefert worden sein.

»Weiße Riesenblumen«

Japanischer Fallschirmjägerangriff auf Palembang

Tokio, Ende Februar 1942
Leutnant Kusoki berichtet:
Am Vorabend des Angriffs auf Palembang bauten die Fallschirmsoldaten in ihrem Standquartier aus Fallschirmen einen kleinen Altar auf, opferten davor nach dem Shinto-Ritus ihren Reiswein und beteten darum, daß sich am folgenden Tage die Fallschirme sicher öffnen mögen. Nicht um das Heildurchkommen beteten sie, sondern nur um das richtige Funktionieren ihrer Fallschirme, die sie wie ein rohes Ei behandeln, die sie niemals werfen, auf die sie niemals traten.
Um acht Uhr des folgenden Morgens waren die Vorbereitungen abgeschlossen. Jeder Soldat hatte seine Pistole und sein kurzes Schwert im Gürtel, jeder trug den Stahlhelm und auf dem Rücken ein gelblichgrünes Bündel, das den Fallschirm enthielt. Vor der Brust hing jedem ein Reserveschirm, falls der erste sich nicht öffnen sollte. So traten sie mit ihrem Truppführer an, das Gesicht in Richtung des Kaiserpalastes in Tokio gewandt, machten ihre ehrfurchtsvollen letzten Verbeugungen gegen den Palast und sangen die japanische Nationalhymne. Der Truppführer erteilte Instruktionen, nannte Angriffsziel und Aufgabe und schloß mit den lachend gesprochenen Worten: »Euer Leben steht jetzt allein in meiner Hand, also los, starten wir.« In dem Gefühl, nichts mehr verlieren zu können, und bereit, wenn nötig, das Leben hinzugeben, wurden die zahllosen wartenden Flugzeuge bestiegen.
Auf das Startsignal hin erhoben sich die Maschinen, darunter auch solche, die nur Waffen, Handgranaten und Verpflegung für vier Tage geladen hatten, und flogen südwärts.
Bald tauchte Singapur auf, immer noch in schwarzen Rauch gehüllt, der von den brennenden Öltanks aufstieg. Unter uns zog die See mit kleinen Inseln vorbei, und ehe wir es uns versahen, rief schon der Pilot: »Geradeaus vor uns Sumatra.«
Wir überflogen die Mündung des Moesiflusses und schlugen einen Kreis, weil die Flugzeuge sich hier in zwei Formationen aufteilten: eine sollte den Flugplatz Palembang, die andere die Ölraffinerie angreifen. Über die Wolken hinweg winkten wir einander letzte Grüße zu.
Wir flogen in Richtung Flugplatz und wurden bald erneut von schwarzen Wolken eingehüllt, die uns vor der Sicht von unten völlig schützten, denn wir erhielten zunächst kein Feuer. Plötzlich erblickten wir unter uns den Flugplatz, deutlich erkennbar an der langen Startbahn, die im Sonnenlicht hell heraufleuchtete. Aber noch bevor wir Zeit hatten, uns richtig zu orientieren, sahen wir von unter uns fliegenden Flugzeugen schon den ersten dunklen Fleck sich lösen. Ein zweiter, dritter folgte. Unversehens war der ganze Luftraum unter uns von weißen Riesenblumen angefüllt, die langsam majestätisch der Erde zuglitten. In unaufhörlichem Strom säten die Flugzeuge immer neue Riesenblumen.
Gleichzeitig aber begann vom Boden aus das Abwehrfeuer. Leuchtspuren zogen sich durch das weiße Lilienbeet, manchmal bedenklich nahe an den Männern unter den Fallschirmen vorbei.
Der erste Fallschirm landete, einen Augenblick nachschleifend, dann langsam einbeulend, zusammenfallend. Mehr und mehr landeten. Wir konnten sehen, wie sich einzelne Springer von den Schirmen freimachten, sich um den Truppführer gruppierten, auf die Waffenkisten zurannten, sie aufrissen und das Feuer eröffneten.
Als wir nach wenigen Minuten abbogen, war das Feld wie besät mit weißen Pünktchen. Wir wußten, daß der Angriff im ersten Stadium geglückt war und daß jetzt der Kampf beginnen würde, dessen Ausgang nicht mehr zweifelhaft sein konnte.

Aus dem Tagebuch von Reichsminister Dr. J. Goebbels:
Sonntag, 1. März 1942
Die Engländer führten nachts in der Gegend von Le Havre eine Fallschirmunternehmung durch ... Die englische Fallschirmjägerunternehmung ist militärisch gesehen von gänzlich untergeordneter Bedeutung. Nur der Verlust des »Würzburg-Geräts« kann für uns einige Schwierigkeiten mit sich bringen. Zweifellos hat auch die Abwehr an der französischen Küste nicht geklappt. Anscheinend ist man dort etwas eingeschlafen. Ich vermute, daß der Führer entsprechende Eingriffe vornehmen wird.

Tips für Jagdflieger

Von R. Tilley, Pilot der amerikanischen Freiwilligen der 121. »Eagle«-Squadron der RAF

Achte vor dem Start immer auf den Stand der Sonne. Es könnte ja sein, daß du über dem Meer oder über einer Wüste abgeschossen wirst und daß dein Kompaß dabei zerstört worden ist. Vielleicht findest du mit Hilfe der Sonne die Richtung wieder. Mach keinen Steigflug in Richtung der Sonne. Wenn du wirklich in Richtung Sonne fliegen mußt, dann kreuze mit jeweils 45 Grad auf sie zu. Wenn die Umstände es zulassen, dann steige so hoch wie du nur kannst. Wenn sich ein deutscher Jäger im Schutz der Sonne versteckt hält, wird er sich auf dich stürzen. Du kannst ihn auskurven und dann die Sonne für dich selbst nutzen. Wenn du einen Gegner ausmachst, teile deine Einheit in zwei Gruppen und fliege zwischen Sonne und Gegner. Die beiden Gruppen müssen etwa gleichauf fliegen, aber die obere Gruppe, die für den Gegner direkt in der Sonne fliegt, sollte einen kleinen Vorsprung haben. Ändere ständig die Höhe. Wenn die Gegner dich dann sehen, haben sie Schwierigkeiten, den Angriff so zu führen, daß sie dich beim Kurvenflug vor die Läufe kriegen. Fliege die Kurven stets in Richtung zur Sonne. Wenn du dich einem erfahrenen deutschen Jäger näherst, dann denke daran, daß er selten alle Karten gleichzeitig auf den Tisch legt. Die Deutschen teilen ihre Staffeln meist in Schwärme auf, jeder Schwarm hat die Sonne im Rücken und lauert meist in Flughöhen zwischen 900 und 1500 Meter. Halte die Sonne im Auge, das kann dir unangenehme Überraschungen ersparen. Die Deutschen stellen oft Fallen, indem sie ein einzelnes Flugzeug wie ein hilfloses Huhn herumfliegen lassen. Fall nicht darauf herein! Die halbe Luftwaffe hängt oben in der Sonne, um sich im richtigen Moment auf dich zu stürzen.

Die Jagdflieger aller kämpfenden Nationen haben ein persönliches, ausgeprägtes Verhältnis zu ihrer Maschine, von deren »Launen« schließlich auch ihr Leben abhängt

Bomben auf Paris

Mittwoch, 4. März 1942, Vichy
Die *Agentur Havas* meldet:
Bei der Bombardierung der Umgebung von Paris durch die RAF gab es 600 Tote und 1000 Verletzte. Allein in Boulogne-Billancourt beträgt die Zahl der Toten 400. 150 bis 200 Häuser wurden zerstört. Die staatliche Porzellanmanufaktur von Sèvres und das Rodin-Museum von Meudon sind schwer beschädigt worden. Marschall Pétain hat den Familien der Opfer seine tiefe Anteilnahme ausgesprochen. Bevor noch über Einzelheiten der Hilfsmaßnahmen entschieden wurde, hat Marschall Pétain den Tag der Beisetzung der Opfer zum nationalen Trauertag erklärt.

Der Krieg im Fernen Osten

Donnerstag, 5. März 1942, Melbourne
Das *australische Luftfahrtministerium* meldet:
Der dritte Angriff japanischer Flugzeuge auf Port Darwin nahm gestern morgen bei weitem nicht die Ausmaße an wie die ersten beiden Überfälle in den letzten vierzehn Tagen, als etwa 100 japanische Maschinen die Stadt und den Hafen anflogen. Premierminister Curtin dementierte die Gerüchte, daß ebenso hohe Verluste an Menschenleben eingetreten seien wie bei den ersten Angriffen.

Malta im Bombenhagel

Sonntag, 8. März 1942, La Valetta
Die *Agentur Reuter* berichtet:
Die deutsch-italienischen Luftstreitkräfte setzen die Angriffe gegen Malta ununterbrochen fort. Am Freitag wurden zwei italienische Jagdflugzeuge und ein Bomber abgeschossen; eine weitere Jagdmaschine wurde so schwer beschädigt, daß sie als verloren gelten kann. In der Nacht zum Samstag war die Bevölkerung der maltesischen Hauptstadt elf Stunden in den Luftschutzkellern. Seit dem Beginn des verstärkten Luftkrieges am 21. Dezember 1941 sind auf Malta fast 300 Personen getötet und 4000 Häuser zerstört worden.

Geheimer Bericht des *Sicherheitsdienstes der SS* zur innenpolitischen Lage:
Nr. 270 vom Montag, 23. März 1942 (Auszug)
I. Allgemeines: Nach den vorliegenden Meldungen aus den Westgebieten des Reiches haben die heftigen Luftangriffe der Engländer in letzter Zeit zu einer größeren Beunruhigung der Bevölkerung geführt. Besondere Besorgnis sei vor allem durch das Abwerfen phosphorgefüllter Kanister ausgelöst worden, die starke Brände hervorgerufen hätten und denen gegenüber sich die Bevölkerung ziemlich hilflos fühle.

Sonntag, 29. März 1942
Das *Hauptquartier der RAF* teilt mit:
In der Nacht zum Sonntag griffen schwere britische Bomberstreitkräfte zahlreiche Flugplätze in Frankreich, Belgien und Holland an. Die Hauptaktion richtete sich gegen Lübeck, das von mehreren Wellen schwerster und mittelschwerer Bomber mit einigen Tonnen Sprengstoff belegt wurde. Im Hafengebiet, in der Nähe einer Flugzeugfabrik und inmitten von Schiffsbauanlagen, kam es zu heftigen Explosionen. Aus den Luftaufnahmen ist zu ersehen, daß 40 Brände entstanden sind. 12 britische Maschinen sind nicht zurückgekehrt.

29. März 1942
Das *Oberkommando der Wehrmacht* gibt bekannt:
Britische Bomber griffen in der letzten Nacht einige Orte im norddeutschen Küstengebiet an, vor allem die Stadt Lübeck. Die Zivilbevölkerung hatte einige Verluste. Nachtjäger, Flakartillerie und Marineartillerie schossen 12 der angreifenden Bomber ab.

Donnerstag, 2. April 1942
Das *Oberkommando der Wehrmacht* gibt bekannt:
Rollende Angriffe starker Kampf- und Jagdfliegerverbände richteten sich bei Tag und Nacht gegen militärische Anlagen der Insel Malta. Volltreffer in Flugzeughallen, Unterkünften und zwischen abgestellten Flugzeugen riefen starke Brände und Explosionen hervor. Britische Flakstellungen wurden niedergekämpft. Im Hafen von La Valetta erhielten Unterseeboote und Zerstörer des Feindes Bombenvolltreffer. In Luftkämpfen wurden 3 britische Flugzeuge abgeschossen. Italienische Bomber griffen mit gutem Erfolg die britische Festung Gibraltar an.

Dienstag, 7. April 1942
Das *Oberkommando der Wehrmacht* gibt bekannt:
In Nordafrika lebhafte beiderseitige Aufklärungstätigkeit. Kampf- und Jagdfliegerverbände griffen britische Flugplätze in der Marmarica sowie im ägyptischen Küstengebiet an und zersprengten Kraftfahrzeugansammlungen südostwärts von Mechili. In Luftkämpfen schossen deutsche Jäger 6 britische Flugzeuge ab. Starke Verbände deutscher Kampf-, Sturzkampf- und Jagdflieger setzten die Angriffe gegen militärische Anlagen der Insel Malta bei Tag und Nacht fort. Ein im Dock liegender britischer Zerstörer wurde in Brand geworfen.

Mittwoch, 8. April 1942, La Valetta
Die *Agentur Reuter* berichtet:
Gestern erlebte Malta seinen zweitausendsten Fliegeralarm seit Kriegsbeginn und den bisher stärksten Luftangriff. Die Bodenabwehr legte starkes Sperrfeuer. Die vollständigen Berichte fehlen noch; doch ist bereits bekannt, daß 4 feindliche Flugzeuge abgeschossen und 2 beschädigt wurden. Vermutlich ist noch eine weitere Maschine vernichtet worden. Bereits am Montag haben deutsche Bomber den Hafen und die Flugplätze in zahlreichen Wellen angegriffen, u. a. auch Sturzbomber. In der Nacht zum Mittwoch erfolgte in Malta sechsmal Fliegeralarm. Seit dem 4. Dezember 1941, dem Beginn der pausenlosen Angriffe auf Malta, gab es nur einmal 24 Stunden keinen Fliegeralarm und nur neun angriffslose Nächte.

8. April 1942
Das *Oberkommando der Wehrmacht* gibt bekannt:
Der britische Flottenstützpunkt Alexandria wurde in der Nacht zum 7. April bombardiert, in den Dockanlagen entstanden beträchtliche Schäden. Luftangriffe starker deutscher Kampf-, Sturzkampf- und Jagdfliegerverbände richteten sich gegen die Hafen- und Versorgungsanlagen von La Valetta, das Torpedolager Calafrana und britische Flugplätze der Insel Malta. In Lagerhallen, Werftgebäuden und Werkanlagen wurden Großbrände hervorgerufen. Der im Dock liegende britische Kreuzer erhielt abermals Bombentreffer.

Donnerstag, 9. April 1942
Das *britische Feldhauptquartier in Libyen* teilt mit:
Die RAF setzte am Morgen mit größeren Bomberverbänden, die über starken Jagdschutz verfügten, zum Ge-

Rechts: Die italienischen Bomber Cant Z.1007 bis Alcione (Eisvogel) der 15. Gruppo, 16. Stormo B.T. bei einem Angriff auf Grand Harbour (La Valetta, Malta). Durch ihre strategisch wichtige Lage gehört diese Insel zu den meistbombardierten Objekten

Unten links: La Valetta (Malta), April 1942, nach einem der unzähligen Bombenangriffe der Luftwaffe: Die Rettungsmannschaften versuchen die unter den Häusertrümmern verschütteten Einwohner zu retten

genschlag auf den Flugplatz von Derna an. Bei diesem Angriff wurden auch mehrere amerikanische Kittyhawk-Jagdflugzeuge eingesetzt. Die deutsche Luftwaffe ist überwiegend nachts in Aktion, während die RAF ihre Operationen bei Tag und bei Nacht durchführt.

Montag, 13. April 1942
Das *Oberkommando der Wehrmacht* gibt bekannt:
Die bei Tag und Nacht fortgesetzten Angriffe auf militärische Anlagen und Flugplätze der Insel Malta verursachten erneute Zerstörungen in den Zielen.

Tagesparole des Reichspressechefs,
Freitag, 17. April 1942:
Der Minister erklärt, es sei unzweckmäßig, die Engländer durch hämische oder sarkastische deutsche Bemerkungen über die Unwirksamkeit der englischen Luftangriffe auf das Reichsgebiet zu weiteren Angriffen herauszufordern. Wenn die englische Propaganda jetzt in der ganzen Welt auf die Wirksamkeit der englischen Luftangriffe hinweist, so sollen wir hierzu schweigen.

Bomben auf Tokio

Sonnabend, 18. April 1942, San Francisco
In einer offiziellen Funkmeldung von *Radio Tokio* heißt es: Die japanische Hauptstadt ist heute von feindlichen Flugzeugen bombardiert worden. Die alliierten Flugzeuge hätten Schulen und Spitäler in Tokio und Umgebung bombardiert und dabei erheblichen Schaden verursacht. Militärische Ziele seien nicht getroffen worden.

18. April 1942, Tokio
Das *Hauptquartier für die Luftabwehr Ost-Japans* gibt heute abend bekannt:
Der Anflug feindlicher Maschinen wurde von unserem Flugmeldedienst so frühzeitig erkannt, daß überall rechtzeitig Alarm gegeben werden konnte. Dank dem tatkräftigen Eingreifen unserer Jäger und Flakartillerie ist der angerichtete Schaden gering. Die kaiserliche Familie ist unversehrt. Die amerikanischen Flugzeuge warfen außer einigen Sprengbomben überwiegend etwa 2 Kilogramm schwere Brandbomben ab, die nur unbedeutende Wirkung erzielten. Wir sprechen den Angehörigen der Todesopfer unser Beileid aus. Ergänzend wird mitgeteilt, daß die Stadt Jokkaitschi und ein Dorf in der Präfektur Makajama von den angreifenden Flugzeugen unter MG-Feuer genommen wurden. In beiden Fällen sei keinerlei Schaden entstanden. Die Entwarnung in Tokio erfolgte kurz vor 16 Uhr (Ortszeit). Der mit dem feindlichen Luftangriff verbundene Fliegeralarm hat also insgesamt rund vier Stunden gedauert.

18. April 1942, Tokio
Das *DNB* teilt mit:
Offenbar in der Annahme, daß es sich um einen Probealarm handle, befanden sich in der Mittagszeit Hunderttausende Menschen auf den Straßen, obwohl die Alarmsirenen mindestens eine Stunde vorher ertönt waren. Aber auch als das Flakfeuer einsetzte, blieb die gesamte Bevölkerung durchweg ruhig. Das Gefühl der Sicherheit steigerte sich noch, als japanische Jagdgeschwader am Himmel kreisten. Daß Tokio trotz der verhältnismäßig hohen Zahl abgeschossener Angreifer, deren Nationalität bisher noch unbekannt ist, keine ernste Gefahr drohte, geht daraus hervor, daß der Stadtverkehr uneingeschränkt weiterging.

US-Flugzeugträger vor Japan?

Montag, 20. April 1942, London
Die *Agentur Reuter* meldet:
Nach Funksprüchen mit dem Rufzeichen von Radio Tokio, die wahrscheinlich zur Information des deutschen Achsenpartners bestimmt sind, sollen etwa 100 US-Maschinen vom Typ Na 40 an den Angriffen auf Tokio und andere japanische Städte beteiligt gewesen sein. Unter der Voraussetzung, daß dieser Bericht auf Tatsachen beruht, müssen amerikanische Marineflieger diesen Angriff von Flugzeugträgern aus durchgeführt haben, da die Na-40-Bomber eine Reichweite von höchstens 2700 Kilometern besitzen. Ein Angriff von Flugzeugträgern aus wäre von großer Bedeutung, er würde nämlich beweisen, daß die US-Flotte ihre volle Aktionsfreiheit zurückgewonnen hat, denn es scheint ausgeschlossen, daß die amerikanische Admiralität ihre Flugzeugträger ohne starken Begleitschutz vor der japanischen Küste operieren läßt.

Sonnabend, 25. April 1942
Das *Oberkommando der Wehrmacht* gibt bekannt:
Die Luftangriffe auf militärische Anlagen und Flugplätze der Insel Malta wurden bei Tag und Nacht fortgesetzt. Zahlreiche Bombentreffer schweren Kalibers verursachten heute umfangreiche Zerstörungen.

Tagesparole des Reichspressechefs,
Montag, 27. April 1942:
Eine Anregung, im Hinblick auf die Tatsache, daß die englischen Luftangriffe der letzten Nächte die Wirkungslosigkeit der Abschaltung der deutschen Sender erweise, die deutschen Sender abends wieder voll in den Dienst der Propaganda und Unterhaltung zu stellen, lehnt der Minister mit dem Hinweis darauf ab, daß er später nicht für das Gelingen weiterer englischer Luftangriffe verantwortlich gemacht zu werden wünsche. Es sei anzunehmen, daß im gegebenen Falle die Luftwaffe ihm die Verantwortung zuzuschieben suchen werde.

Die Schlacht im Korallenmeer

Freitag, 8. Mai 1942, Melbourne
Das *Hauptquartier von General MacArthur* gibt bekannt:
Im südwestlichen Pazifik findet z. Zt. eine bedeutende Luft- und Seeschlacht statt. In den Anfangsphasen haben die Alliierten dem Gegner schweren Schaden zugefügt bei nur leichten eigenen Verlusten.

Rechts: Eine Grumman F6H Hellcat startet vom Deck des US-Trägers »Lexington«: Diese trägergestützten Standardjäger schießen allein 4947 der insgesamt 6477 von amerikanischen Trägerpiloten vernichteten japanischen Flugzeuge ab

Rechts: 18. April 1942: Die startbereiten B-25 Mitchell des Lt.Col. »Jimmy« Doolittle auf dem Deck des Trägers »Hornet«. Die B-25, der meistgebaute 2motorige Bomber der USA (über 11 000 Maschinen), ist sehr geschätzt wegen ihrer guten Flugeigenschaften

8. Mai 1942
Das *Hauptquartier von General MacArthur* meldet ergänzend:

Die schwere See- und Luftschlacht im südwestlichen Pazifik dauert immer noch an. Außer den bereits gemeldeten Versenkungen feindlicher Schiffe haben unsere Streitkräfte nun noch einen feindlichen Flugzeugträger zerstört und einen zweiten so schwer beschädigt, daß man mit seinem Verlust rechnen kann.

8. Mai 1942, Tokio
Das *Kaiserliche Hauptquartier* gibt bekannt:
Gestern, am Donnerstag, wurden im Korallenmeer nordöstlich von Australien folgende US-Schiffe versenkt: der Flugzeugträger »Yorktown« (19 900 Tonnen), der Flugzeugträger »Saratoga« (33 000 Tonnen) sowie das Schlachtschiff »California« (32 600 Tonnen), außerdem soll der britische Kreuzer »Canberra« (9850 Tonnen) versenkt oder schwer beschädigt worden sein. Eine amtliche Bestätigung steht noch aus. Die Schlacht mit den amerikanisch-britischen Seestreitkräften dauert noch an.

8. Mai 1942
Das *US-Hauptquartier Südwestpazifik* teilt mit:
Die große See- und Luftschlacht, die gegenwärtig auf der Höhe der Salomon-Inseln ausgetragen wird, spielt sich im Seegebiet etwa 800 Kilometer östlich von Neuguinea und 1600 Kilometer nördlich der australischen Küste ab. Man nennt sie bereits die »Schlacht im Korallenmeer«. Mehrere der als beschädigt gemeldeten Schiffe stehen in Brand. Die Verluste der Alliierten können erst bekanntgegeben werden, wenn sicher ist, daß damit dem Feind keine wertvolle Information zukommt.

Britisches Dementi

8. Mai 1942, London
Die *Admiralität* gibt in einem soeben veröffentlichten Kommuniqué bekannt:
Die Meldung des japanischen Hauptquartiers, die besagt, daß die »Warspite« oder ein anderes britisches Kriegsschiff im Korallenmeer beschädigt worden sei, entspricht keineswegs den Tatsachen.

Sonnabend, 9. Mai 1942, Washington
United Press berichtet:
Mit außerordentlicher Spannung verfolgt die amerikanische Öffentlichkeit den Ausgang der Seeschlacht im Korallenmeer. Sämtliche Rundfunkstationen, Kinos und Theater teilten mit, daß sie die Programme bei Eintreffen weiterer Meldungen über den Kampfverlauf sofort unterbrechen werden ... Den Heeresberichten zufolge scheint die Seeschlacht im Korallenmeer vorläufig beendet zu sein. Die japanische Flotte, die sich in drei Verbände aufgelöst hat, führt gegenwärtig Bewegungen durch, über die noch kein Bericht erstattet werden darf.

9. Mai 1942, Tokio
Das *Kasierliche Hauptquartier* gab heute nachmittag, 3.40 Uhr Ortszeit, folgende weitere Ergebnisse der Seeschlacht bekannt:
Der überwältigende japanische Seesieg im Korallenmeer hat die Alliierten an empfindlicher Stelle getroffen. Die Amerikaner, die das Gros ihrer Schlachtschiffe schon in den ersten Kriegstagen bei Pearl Harbor verloren hatten, könnten sich schwerlich weitere Einbußen unter den noch verbliebenen Großkampfschiffen leisten. Über allem aber stehe der Verlust von zwei wertvollen Flugzeugträgern, der Amerikas Schlagkraft unwiderruflich gelähmt habe.

Sonntag, 10. Mai 1942, Washington
Das *US-Marineministerium* teilte gestern abend mit:
Die letzten japanischen Berichte enthielten Behauptungen über amerikanische Verluste in der Seeschlacht im Korallenmeer. Die eingetroffenen Meldungen bestätigen keinesfalls den Verlust irgendeines US-Schlachtschiffes oder Flugzeugträgers. Die tatsächlich entstandenen Schäden werden bekanntgegeben, wenn die darüber veröffentlichten Berichte dem Feind nicht mehr von Nutzen sein können.

Dienstag, 12. Mai 1942
Das *Oberkommando der Wehrmacht* gibt bekannt:
Auf Malta bombardierten deutsche Kampffliegerkräfte trotz schlechter Wetterlage weiterhin mit guter Wirkung die Flugplatzanlagen der Insel.

Mittwoch, 13. Mai 1942, La Valetta
Die *Agentur Reuter* meldet:
Wie mitgeteilt wird, sind über Malta in der Zeit vom 9. bis 11. Mai innerhalb von 72 Stunden 112 feindliche Flugzeuge abgeschossen oder beschädigt worden.

Omas fliegen die schwersten Bomber der Welt

Mittwoch, 20. Mai 1942, London
Die *Agentur Reuter* meldet:
In den schlimmsten Tagen, die das britische Empire während der Zeit von Dünkirchen durchzustehen hatte, galt es, in England so viele Männer wie nur irgend möglich für den Waffendienst freizustellen und eine neue Armee zu bilden. Es ging besonders darum, der RAF Entlastung zu bringen. So entstand das Corps »Air Transport Auxiliary«. Seitdem fliegen Freiwillige die neuen Flugzeuge von den Fabriken zu den Einheiten und übernehmen die noch viel gefährlichere Aufgabe, beschädigte, aber noch flugtaugliche Maschinen zu den Werften auf dem Luftwege zu überführen. Die Piloten der Bomber- und Jagdstaffeln sollen dadurch die Möglichkeit haben, stets am Feind zu sein. Auf einem der Stützpunkte trafen wir einige Frauen: Die jüngste der Pilotinnen, die einen Riesenbomber fliegt, hat gerade ihren 20. Geburtstag gefeiert, und amüsanterweise ist ihr Navigator, Mrs. Butler, am gleichen Tage mit 44 Jahren Großmutter geworden.

Sonnabend, 30. Mai 1942
Das *Oberkommando der Wehrmacht* gibt bekannt:
Der in den Gewässern des Hohen Nordens von Aufklärern festgestellte feindliche Geleitzug ist seit dem 25. Mai das Ziel vernichtender Schläge von Luftwaffenverbänden des Generalobersten Stumpff, die gemeinsam mit Streitkräften der Kriegsmarine operieren. Schon am Abend dieses Tages versenkte die Luftwaffe, über Hunderte von Kilometern anfliegend, ein Handelsschiff von 8000 BRT und beschädigte 5 weitere Schiffe durch Bombentreffer. Am folgenden Tage gelang es abermals, ein Han-

delsschiff von 8000 BRT zu vernichten und 3 weitere schwerbeladene Frachter in Brand zu werfen. Ein besonders schwerer Schlag wurde am 27. Mai gegen den von eigenen Unterseebooten dauernd verfolgten Geleitzug geführt. Ungeachtet der starken Abwehr feindlicher Sicherungsstreitkräfte versenkten Kampffliegerverbände an diesem Tage 11 Schiffe mit zusammen 72 000 BRT und trafen 2 weitere Schiffe sowie einen Zerstörer vernichtend. Außerdem wurden 16 Schiffe durch Bombenwurf beschädigt. Damit sind aus diesem für die Sowjetunion bestimmten Transport von der Luftwaffe 13 Schiffe mit einer Tonnage von rund 88 000 BRT versenkt worden. Zusammen mit dem heute im Wehrmachtsbericht gemeldeten Erfolg eines Unterseebootes gegen einen Dampfer von 8000 BRT, beträgt der Gesamtverlust des Gegners nunmehr 96 000 BRT. Der Rest des Geleitzuges versucht, in die nördlichsten noch eisfreien Gewässer auszuweichen. Seine Verfolgung wird fortgesetzt.

Tausend-Bomber-Angriff

Sonntag, 31. Mai 1942, London
Das *Luftfahrtministerium* teilt mit:
In der vergangenen Nacht haben mehr als 1000 Bomber der RAF Industrieanlagen im Ruhrgebiet und im Rheinland angegriffen. Das Hauptziel war Köln. Premierminister Churchill hat dem Bomberkommando zu diesem Luftangriff gratuliert. Er erklärte, diese Operation, an der 1000 Flugzeuge teilnahmen, sei nur eine Ankündigung dessen, was Deutschland von jetzt an, Stadt um Stadt, werde über sich ergehen lassen müssen.

31. Mai 1942
Das *Oberkommando der Wehrmacht* gibt bekannt:
Britische Bomber unternahmen in der vergangenen Nacht einen Terrorangriff auf die Innenstadt von Köln, wobei große Schäden durch Spreng- und Brandwirkung, vor allem in Wohnvierteln, an mehreren öffentlichen Gebäuden, unter anderem auch an drei Kirchen und zwei Krankenhäusern, entstanden. Bei diesem ausschließlich gegen die Zivilbevölkerung gerichteten Angriff erlitt die britische Luftwaffe schwerste Verluste. Nachtjäger und Flakartillerie schossen 36 der angreifenden Bomber ab. Im Küstengebiet wurde außerdem ein Bomber von Marineartillerie zum Absturz gebracht.

31. Mai 1942, London
Das *Luftfahrtministerium* teilt mit:
Es liegen noch keine eingehenden Berichte vor, doch nach den Meldungen der Flugzeugbesatzungen war der Angriff auf Köln sehr erfolgreich. In der Morgendämmerung konnte man die Brände und Rauchsäulen sogar von der holländischen Küste aus beobachten, also aus einer Entfernung von etwa 250 Kilometern, und heute, am Sonntag früh, sahen Luftaufklärer noch Rauchsäulen in einer Höhe von 5000 Metern über dem Abwurfgebiet.

Montag, 1. Juni 1942, London
Das *Luftfahrtministerium* meldet:
Der britische Luftangriff auf Köln wird hier als der weitaus größte in der Geschichte des Luftkrieges bezeichnet: Es nahmen etwa doppelt soviel Flugzeuge daran teil wie an dem größten Angriff der deutschen Luftwaffe gegen Großbritannien, und es wurden dabei viermal soviel Tonnen Bomben abgeworfen.

RAF-Bomber Short Stirling vor einem Angriff auf Deutschland: Es ist der erste alliierte 4motorige Bomber, der zum Einsatz kommt, er kann sich jedoch wegen zu geringer Gipfelhöhe (3660 m) nicht als Standardbomber durchsetzen

1. Juni 1942
Das *Hauptquartier der RAF* gibt bekannt:
Welche außerordentlichen Kräfte für den Luftangriff auf Köln eingesetzt wurden, geht aus folgenden Zahlen hervor: Unter den etwa 1250 Flugzeugen waren mehr als 1000 Bomber, daneben zum erstenmal auch Langstrekken-Nachtjäger. Alle sechs Sekunden erschien genau nach dem aufgestellten Plan je ein Bomber über dem Ziel, und jede zweite Sekunde explodierten Bomben mit einem Durchschnittsgewicht von einer Tonne, somit in 90 Angriffsminuten etwa 3000 Tonnen Spreng- und Brandstoffe. Für den Angriff auf Köln starteten von 60 Flughäfen Englands 13 verschiedene Bombertypen, von den alten Hampden-Maschinen bis zu den größten und modernsten Bombern der RAF, die je acht Tonnen Last mit sich führen. Rund 13 000 Mann waren für diese Operation eingesetzt, davon etwa die Hälfte Flugzeugbesatzungen und die andere Hälfte Bodenpersonal.
Der Beschluß, diesen Angriff durchzuführen, wurde vom Kriegskabinett unter dem Vorsitz von Churchill auf Vorschlag des Stabschefs der RAF gefaßt. Obgleich die RAF 44 Maschinen einbüßte, ist die Verlustquote von knapp 4 Prozent der eingesetzten Flugzeuge verhältnismäßig gering.
Vizeluftmarschall Baldwin leitete den Angriff, in seiner Begleitung zwei Kriegskorrespondenten, die wie folgt berichten: »Wir hatten den Eindruck, als werde Köln von einem Erdbeben heimgesucht. Wir konnten deutlich beobachten, daß Gebäudemauern nicht durch Volltreffer, sondern durch den Luftdruck und mehr noch durch die Bodenerschütterung einstürzten. Das Chaos in Köln war unbeschreiblich; die Bodenabwehr verlor allmählich jede Übersicht, aus welchen Richtungen die Angriffe kamen. Die Verluste der RAF entfielen zum guten Teil auf den An- und Abflug. Zahlreiche Scheinwerferbatterien und Flakstellungen wurden im Tiefflug unter MG- und Bordkanonen-Feuer genommen. Von der 55. Minute des Angriffs an hatten wir alle den Eindruck, als flögen wir über einem in Tätigkeit befindlichen Vulkan.«

Bomben auf Köln

Der Mond befand sich an Steuerbord, und voraus war ein rosenfarbenes Glühen am Himmel ... »Wie lange dauert es noch, bis wir da sind, Navigator?« »Ungefähr zehn Minuten«, gab er zurück. »Gut, wir brauchen keine weiteren Angaben mehr. Der rote Schein ist Köln. Die Burschen haben ein nettes Feuer angezündet.« Der Himmel war voll von Flakgeschossen, Leuchtspuren, berstenden Granaten und Scheinwerferstrahlen, daß es aussah wie das Feuerwerk bei einem Jahrmarkt auf dem Lande. Die Deutschen schossen aus allen Rohren. Durch die Bombenzielvorrichtung gesehen, glühte Köln wie eine riesige Zigarettenglut im Dunkeln. Dann war die Maschine direkt über den Bränden, und der Pilot befahl: »Bombenschächte klar.« »Bombenschächte sind klar«, kam die Antwort. Wieder ließ sich der Pilot vernehmen. Er sagte: »Teufel, noch eine Minute warten. Es hat keinen Zweck, das Zeug auf brennende Häuser zu verschwenden. Laßt uns einen schwarzen Fleck aussuchen.« Unter den Flugzeugen loderte Häuserblock neben Häuserblock der Stadt, Rauch trieb an den Tragflächen vorbei, die sich scharf gegen die Flammen abzeichneten. In dem Feuerschein war etwas wie weißglühende Gerippe von stählernen Bauten auszumachen ... Am Westufer des Rheins zeigte sich ein winziger dunkler Fleck. »Das muß die Elektra-Stahldrahtfabrik sein«, sagte der Pilot. »Wollen es probieren.« Es folgte ein sorgenvoller Moment des Anfliegens auf das Ziel. Dann drückte der Bombenschütze auf den Knopf, und die Maschine zog, von der schweren Bombenlast befreit, hoch ... Freudenrufe ertönten durch das Bordtelefon. Die Aufgabe war erledigt ... Von da bis zur Heimatstation herrschte eine Brise. Die Stirling funkte, und die Leitstelle informierte den Piloten, er sei als vierter an der Reihe, und gab ihm die Höhe an, in der er zur Landung kreisen soll ... Der Bus brachte die frohgestimmte Besatzung zu den Befragungsdienststellen, ebenso andere, die gerade von Köln zurück waren. Ein schmächtiger Flugzeugführer mit sonnenverbranntem Gesicht und weißen Augenbrauen sagte lachend: »Schön, das war das einzige Mal, daß ich mich darüber freute, über Köln zu sein – und das ist mein fünfter Flug ... Gott, was für ein nettes Feuerchen.« »Ein verdammt feiner Anblick«, stimmten andere ihm zu ... Die Befragung war zu Ende, die Besatzungen zogen los, um Schinken und Eier zu essen – eine Sonderzulage ...

The Associated Press, Mai 1942

Tagesparole des Reichspressechefs,
1. Juni 1942:
Der Minister sieht im Bombardement von Köln einen Beitrag der Engländer zur russischen Kriegführung. Das Telegramm von Churchill an den kommandierenden General der Luftstreitkräfte über den Einsatz der Bomber beweise, daß die angegebene Zahl von 1250 Maschinen nicht stimmt. Allerdings dürfen wir uns auch keinen Illusionen über die Zahl hingeben und müßten klar und deutlich der Öffentlichkeit sagen, wie hoch die Zahl der angreifenden Flugzeuge gewesen sei.

Die Truppenküche bei der Hilfsaktion für Bombengeschädigte

Bei einem Terrorangriff feindlicher Flieger auch eine niederrheinische Großstadt wurde am Tage nach dem nächtlichen Angriff die Küche eines Infanterieregiments für die Versorgung der Obdachlosen mit Verpflegung auf

»Wir werden ihre Städte ausradieren«, rief Hitler am 4. September 1940 unter dem Jubel der Parteigenossen im Berliner Sportpalast. Die Quittung für diese Herausforderung bekommt das deutsche Volk zu spüren

Grund der besonderen Vereinbarung mit den zuständigen Gemeindebehörden eingesetzt.
Verpflegt wurden an mehreren Tagen eine große Zahl Personen. Die Kessel der Küche fassen 3000 Liter. Es kam nun darauf an, in einer kurzen Zeitspanne in diesen Kesseln dreimal zu kochen und sie dafür augenblicklich freizubekommen. Eintopfgerichte wie Nudeln, Graupen, Reis, Erbsen und Bohnen sind natürlich für eine solche Aktion besonders geeignet.
Am Morgen nach dem verbrecherischen Angriff auf die Stadt setzten die organisatorischen Vorbereitungen für die Hilfsaktion schon sehr frühzeitig ein. Parteidienststellen, Wehrmachtkommandantur, Verwaltung und Truppe konnten sich die Erfahrungen aus einem vorherigen Großangriff zunutze machen. So waren morgens 7 Uhr bereits alle Kessel unter Dampf, die Lebensmittel wurden bei Heeresverpflegungsdienststellen empfangen, sofort zubereitet und die ersten 3000 Liter zum Kochen gebracht. Gegen 8 Uhr erfolgte die Anlieferung des Frischfleisches, das grob durch den Fleischwolf gedreht wurde und sofort in den Kessel kam. Diese Zerkleinerung ist zweckmäßig, da das Fleisch dadurch schneller weich wird und keine zähen Stücke zurückbleiben. Für die folgenden Einsatztage konnte die Verpflegung jeweils am Vortage empfangen werden. Bei Erbsen und Bohnen war das unerläßlich, da diese über Nacht aufweichen mußten, um sie am anderen Morgen in kurzer Zeit weich zu bekommen.
Für den Abtransport des Essens hatte die Wehrmachtkommandantur 15 Feldküchen von verschiedenen Truppenteilen zur Ausgabestelle in die Kaserne beordert. Hier wurden sie, soweit sie nicht als Anhänger für Motorfahrzeuge geeignet waren, auf Wehrmacht- oder Zivilkraftwagen verladen. Um 9.30 Uhr warteten die ersten 3000 Liter Mittagessen auf das Abfüllen. Ein Arbeitskommando stand bereit, um die Suppe sofort in Milchkannen, Essenträgern und Kochtöpfen zu den vor der Truppenküche aufgefahrenen Feldküchen zu tragen, wo auf den LKW zwei Soldaten die Gefäße in Empfang nahmen und sie entleerten. War in der Küche ein Kessel frei, so wurde er sogleich wieder für das zweite Kochen hergerichtet. In kürzester Zeit waren alle Kessel geleert, und wieder standen weitere 3000 Liter unter Dampf.
Gegen 10.30 Uhr fuhren die Feldküchen zu den Obdachlosen-Sammelstellen ab, in denen je nach Größe verschiedene Gruppen von Obdachlosen auf ein warmes Mittagessen warteten. Alle Feldküchen wurden zunächst auf die größeren Sammelstellen verteilt, und so stand um 11 Uhr an verschiedenen Stellen gleichzeitig das Essen zur Ausgabe an die Zivilbevölkerung bereit. Es kam jetzt darauf an, daß die Feldküchen für den nächsten Einsatz schnellstens zur Kaserne zurückkehrten. Dafür mußten die Verpflegungshilfsstellen Kübel, Wannen und sonstige Behälter herbeischaffen, in die das Essen umgefüllt werden konnte.
Den Kräften von NS-Volkswohlfahrt und NS-Frauenschaft blieb zur Ausgabe an die Obdachlosen dann noch genügend Zeit. Nach Eintreffen der ersten Fahrzeuge standen die zunächst angesetzten Kessel schon wieder zum Abfüllen bereit. Es erfolgte sodann die Belieferung der anderen, meist kleineren Ausgabestellen.
In fast regelmäßiger Folge kamen nun die Feldküchen zur Kaserne zurück: sie konnten ohne Verzögerung gefüllt werden. So waren gegen 12 Uhr die zweiten 3000 Liter zu den Sammelstellen unterwegs. Inzwischen hatten dann die großen Verpflegungsstellen das ihnen um 11 Uhr angelieferte Essen ausgeteilt: sie wurden jetzt weiter versorgt. Etwa 13.30 Uhr verließ die letzte Feldküche die Kaserne. Damit waren die vorgesehenen Liter gekocht und ausgegeben. Die Vorbereitungen für den nächsten Tag konnten beginnen.

Berliner Lokal-Anzeiger, 3. 6. 1942

Geheimer Bericht des *Sicherheitsdienstes der SS* zur innenpolitischen Lage:
Nr. 289 vom Donnerstag, 4. Juni 1942 (Auszug)
I. Allgemeines: Die verstärkte Angriffstätigkeit der britischen Luftwaffe auf deutsche Städte, insbesondere der Terrorangriff auf Köln, haben im gesamten deutschen Volk Bestürzung ausgelöst und stehen zahlreichen Meldungen zufolge im Mittelpunkt aller Gespräche und Erörterungen der Volksgenossen ... Nach mehreren Meldungen, insbesondere aus den bereits schon mehrfach von feindlichen Fliegern heimgesuchten Gebieten, ergeht sich ein Teil der Bevölkerung in ernsten Befürchtungen, daß die britische Luftwaffe ihre Terrorangriffe mit gleicher Heftigkeit fortsetzen und nunmehr auch noch andere deutsche Städte angreifen werde, um mangels anderer Möglichkeiten wenigstens auf diese Weise einen Beitrag zur Entlastung der Sowjets zu leisten.

Die Schlacht um die Midway-Inseln

Freitag, 5. Juni 1942, New York
Das Kommuniqué von *Admiral Nimitz* über den japanischen Angriff auf die Midway-Inseln:
Heute früh um 6.35 Uhr wurden die Midway-Inseln von japanischen Flugzeugen, die von einem feindlichen Flugzeugträger aus gestartet sind, angegriffen. Eine große Anzahl feindlicher Maschinen konnte abgeschossen werden.

5. Juni 1942, Washington
Das *US-Marineministerium* gibt bekannt:
Die Lage in Dutch Harbor in der Nordpazifikzone ist jetzt ruhig. Mit dem ersten Luftangriff am Mittwoch wollten die Japaner vor allem die Stärke unserer Verteidigung testen. Sie warfen Spreng- und Brandbomben ab. Aber wie schon früher mitgeteilt, waren unsere Verluste gering und die Sachschäden nicht erheblich. Die wenigen Brände wurden rasch gelöscht. 6 Stunden später sichteten unsere Beobachtungsposten eine zweite Welle japanischer Flugzeuge. Diesmal wurden aber keine Bomben abgeworfen; es schien sich lediglich um einen Aufklärungsflug zu handeln. Noch steht nicht fest, von wo die japanischen Flugzeuge kamen. Man nimmt jedoch an, daß sie von einem Flugzeugträger aus gestartet sind.

Sonnabend, 6. Juni 1942, Honolulu
Das *Hauptquartier von Admiral Nimitz* teilt mit:
Die Japaner haben z. Zt. ihre Luftangriffe auf die Midway-Inseln gestoppt; in der letzten Nacht wurden die Inseln lediglich durch Geschütze feindlicher Unterseeboote beschossen. Der Feind scheint sich zum Rückzug entschlossen zu haben, während wir die Schlacht fortsetzen.

Montag, 8. Juni 1942, Washington
Das *Marineministerium* gibt bekannt:
Admiral Nimitz setzt die Verfolgung der sich unter Volldampf zurückziehenden japanischen Seestreitkräfte fort. Die beschädigten feindlichen Schiffe, die nicht volle Fahrt beibehalten können, sind in künstlichen Nebel gehüllt und von Flakschiffen eskortiert. Weitere Erkundungen ergaben, daß die Japaner bis jetzt folgende Verluste erlitten: 3 Flugzeugträger versenkt; 1 Flugzeugträger Schlagseite nach Torpedovolltreffer in den Bug; 1 Schlachtschiff im Sinken; 2 Schlachtschiffe beschädigt; 2 Kreuzer schwer, 2 Kreuzer leicht beschädigt; 1 Transporter versenkt, 2 beschädigt.

8. Juni 1942, Washington
Das *Marineministerium* teilt mit:
Der Oberkommandierende der US-Navy, Admiral Ring, erklärte, die großangelegten See-Operationen von Hawaii bis zu den Aleuten seien noch immer nicht abgeschlossen. Die Japaner planten offenbar, die Midway-Inseln zu erobern. Der Admiral lehne es jedoch ab mitzuteilen, in welcher Stärke US-Streitkräfte an der Schlacht bei den Midway-Inseln eingesetzt waren. Gleichzeitig äußerte er die Meinung, Japan hätte den Hauptteil seiner Streitkräfte in den Kampf geworfen. Ring betonte weiter, er wolle das Wort »Niederlage« noch nicht gebrauchen, aber immerhin hätten die Japaner sich zurückgezogen. Bedingt durch äußerst schlechtes Wetter, wurde die Fühlung mit dem Feind zeitweise unterbrochen. Auch die Situation bei Dutch Harbor sei infolge der Wetterlage unklar.

Dienstag, 9. Juni 1942, Washington
Der Chef der US-Heeresluftwaffe, General Arnold, meldet: Der Mannschaftsbestand der US-Army Air Forces soll auf eine Million Mann erhöht werden. Über seine kürzliche Reise nach England berichtete er: »Es wird sich bald herausstellen, daß ich nicht nach London geflogen bin, um etwa defensive Maßnahmen zu besprechen. Angriffe, wie sie jetzt auf Köln und Essen erfolgten, sind nur das Vorspiel zu den Luftoperationen, die die amerikanischen und die britischen Luftstreitkräfte zusammen von England aus gegen Deutschland unternehmen werden. Und die Achsenmächte wissen ganz genau, daß die nächsten sechs Monate ihnen den Sieg bringen müssen oder aber ihre endgültige Niederlage bedeuten.«

9. Juni 1942, Washington
Der Vorsitzende der Budgetkommission des Senats, Elmer Thomas, gab bekannt, daß die Flugzeugindustrie der USA fast 5000 Flugzeuge monatlich liefere.

Die Schlacht bei Midway: Ein japanischer Bomber erzielt einen Volltreffer auf dem US-Träger »Yorktown«, der kurz danach von einem japanischen U-Boot versenkt wird. Es ist für die USA der größte Verlust in dieser Seeschlacht

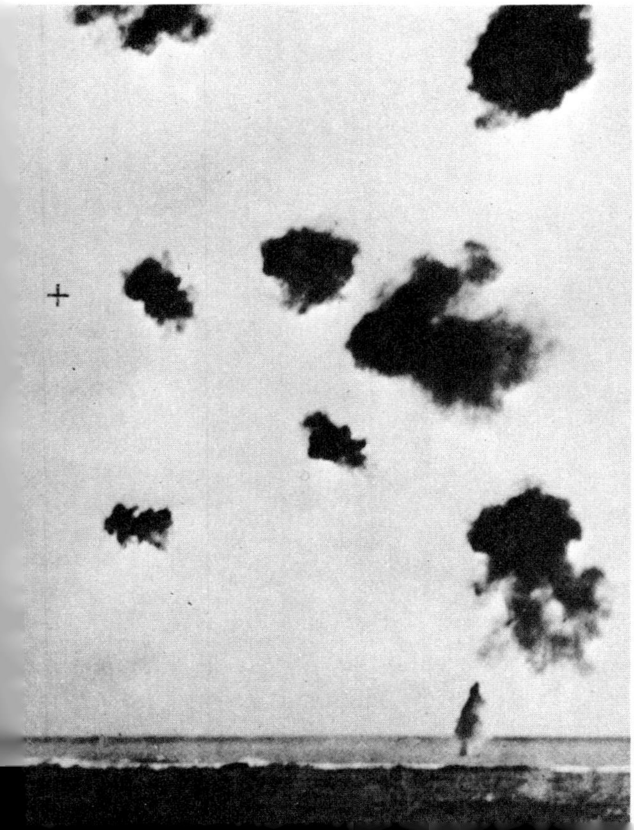

Strategie und Taktik

Januar bis Juni 1942

In der eiskalten, sternklaren Nacht des 4. Januar 1942 lauschen die Soldaten der südlich vor Moskau stehenden deutschen 4. Armee seit Stunden dem Brummen von Flugzeugmotoren. Die Posten, die in beißendem Frost in den tief verschneiten Etappendörfern entlang des Flusses Urga Wache schieben, sehen voller Schrecken die Umrisse Dutzender, langsam zu Boden schwebender Fallschirme. Schüsse knallen. Die Fallschirmspringereinheit des Hauptmanns I. Starschak ist soeben gelandet. Die 416 Mann haben den Auftrag, den in der Nähe der Stadt Juchnow gelegenen Flugplatz Bolschoje Fatjanowo zu besetzen und ihn bis zum Eintreffen der Luftlandetruppen zu sichern. So beginnt eine Reihe ähnlicher Unternehmen, die den linken Flügel der sowjetischen Westfront (ArmeeGen. Schukow) bei ihrer Gegenoffensive unterstützen sollen.

Am Sonntag, dem 11. Januar 1942, starten die Japaner einen Angriff auf Niederländisch-Indien. Der Flottenverband (Konteradm. Hirose) unterstützt die Invasion auf der Ölinsel Tarakan. Bei Menado an der Nordostspitze von Celebes landet der Verband des Vizeadmirals Takahashi, durch Fallschirmtruppen verstärkt. Diese erste Luftlandeoperation im Pazifik wird von 28 mittleren Bombern, Typ Mitsubishi G3M, der 21. Luftflottille durchgeführt, die 334 Fallschirmspringer der Marine absetzen. Ihre Ausbilder können sicher stolz auf sie sein: 100 Kreta-Kämpfer haben nämlich im Herbst 1941 den japanischen Fallschirmjägerverbänden ihre Erfahrungen beigebracht.
Bei ihren Vorstößen von Insel zu Insel haben die Japaner eine ganz bestimmte Taktik entwickelt: Die Landungsplätze liegen fast immer in so günstiger Reichweite, daß sie es den Luftstreitkräften ermöglichen, die gegnerischen Maschinen bereits am Boden zu zerstören. Die Trägerflugzeuge werden dabei nur in besonderen Fällen eingesetzt und sind der eigentlichen Seekriegführung vorbehalten. Die Landungen selbst erfolgen unter dem Feuer der Schiffsgeschütze und unter Mitwirkung von Kampfflugzeugen. Haben die Truppen an Land Fuß gefaßt, werden sofort Flugplätze angelegt und der nächste Sprung vorbereitet.

Auf der »Arcadia«-Konferenz in Washington (20. Dezember 1941 bis 14. Januar 1942) stimmen England und die USA ihre Kriegspläne ab und treffen eine grundlegende strategische Entscheidung: »Germany first« – die Niederwerfung Hitler-Deutschlands soll das oberste Ziel sein. Großbritanniens Aufgabe: die Bombenangriffe auf

Deutschland zu verstärken, um Stalins geforderte »Zweite Front« zu realisieren. Die USA wollen so schnell wie möglich eigene Luftstützpunkte in England errichten und in der zweiten Hälfte des Jahres sich an den Aktionen beteiligen.

Seit Hitler den Oberbefehl über das Heer (19. Dezember 1941) übernommen hat, gerät die deutsche Luftwaffe immer mehr in die Abhängigkeit der Bodentruppen, so daß ihre Kräfte bei den hohen Verlusten durch Überbeanspruchung in der direkten Unterstützung auf dem Kampffeld weiterhin zersplittert werden.

Am Sonntag, dem 18. Januar 1942, schließen die Truppen der sowjetischen 34. Armee (GenLt. Bersarin) und der 11. Armee (GenLt. Morosow) im Raum Demjansk, südöstlich des Ilmensees, einen Teil des II. Armeekorps (Gen. d. Inf. v. Brockdorff-Ahlefeld) und die Masse des X. Armeekorps (Gen. d. Art. Hansen), insgesamt etwa 100 000 Mann, auf einer Fläche wie Groß-Berlin ein. 4 Tage später, am 22. Januar, wird auch die Besatzung der Stadt Cholm eingekreist. Die Versorgung des Kessels von Demjansk und der Truppen in Cholm entwickelt sich nun zur bisher größten Luftbrücke des Krieges: Die Eingeschlossenen erhalten auf diesem Wege ihren gesamten Nachschub, Verpflegung und zahlreiche Verstärkungen. Anfangs werden 100, später bis zu 300 Tonnen Nachschub täglich bis zum 19. Mai 1942 in den Kessel eingeflogen. 350 Transportmaschinen Ju 52 sind mit durchschnittlich 500 Landungen im Einsatz.

Ebenfalls am 18. Januar 1942 beginnt die größte sowjetische Luftlandeoperation des Krieges. Ihre Durchführung überträgt die STAWKA dem IX. Luftlandekorps (Gen. A. Kazakin). 40 Kilometer südlich von Wjasma werden im Raum Schelanje zwei Bataillone der 201. Luftlandebrigade und das 250. Luftlanderegiment mit viermotorigen Petljakow Pe-8 (TB-7) abgesetzt. Das Ziel dieses Unternehmens: wichtige Verbindungen im Rücken der deutschen Front, vor allem die Rollbahn Minsk–Moskau und die Eisenbahnlinie Smolensk–Wjasma, zu unterbrechen. Nach der Landung nehmen die Fallschirmeinheiten mit dem 1. Kavalleriekorps (GenMaj. Below), das die deutschen Linien durchbrochen hat, und mit den Partisanen Verbindung auf. Diese Kampfgruppe wird am 22. Januar durch 2000 Mann der 8. Luftlandebrigade verstärkt. Ihre Angriffe konzentrieren sich zuerst gegen Wjasma, dann werden sie mehrere Wochen lang zum Schrecken der Etappe im Rücken der Heeresgruppe Mitte (GFM v. Kluge). Unerklärlicherweise setzt sie die Sowjetunion, die über hunderttausend gut ausgebildete Fallschirmspringer – die stärksten Verbände der Welt – verfügt, außer bei diesen Operationen und ein paar we-

Oben links: Januar 1942: Die Einheiten des IX. Luftlandekorps (Gen. A. Kazakin) kurz vor dem Start zur größten sowjetischen Operation dieser Art

Unten: Frühjahr 1942, Ostfront: Die rund 100 000 im Raum Demjansk eingeschlossenen Soldaten werden fast 5 Monate lang aus der Luft versorgt. Der Erfolg dieses Unternehmens führt zu tragischen Fehlentscheidungen bei der Luftversorgung des Kessels von Stalingrad

Oben rechts: Die Soldaten des sowjetischen IX. Luftlandekorps werden von einer DC-3 Dakota im Rücken der deutschen Front abgesetzt, manchmal auch aus dicht über dem Boden langsam fliegenden Maschinen in tiefen Schnee abgeworfen

nig bedeutenden Unternehmen im Laufe des Krieges nicht mehr ein.

Am Mittwoch, dem 21. Januar 1942, führt die deutsche Luftwaffe in Nordafrika eine ihrer verwegensten Operationen durch: den Angriff auf das fast 2500 Kilometer südlich liegende Fort Lamy im Innern Französisch-Zentralafrikas. Um 8 Uhr morgens startet mit 5000 Liter Benzin an Bord eine He 111 H, geflogen von Leutnant Franz Bohnsack, in Begleitung des Wüstenforschers Hauptmann Theo Blaich und von Major Roberto Conte Vimercati, dem italienischen Wüstenexperten. Zur Besatzung gehört auch der Kriegsberichterstatter Leutnant Dettmann: »In der Kanzel war es vorn heiß wie in einem Treibhaus. Der Hauptmann und der Major Vimercati verglichen ihre Standortbestimmungen. 12 Uhr: Die östlichen Ausläufer des Tschadsees wurden überflogen.« Um 14.30 Uhr wirft die Heinkel ihre Bomben auf Fort Lamy. Die gesamten Ölvorräte und 400 Tonnen Flugbenzin sowie 10 Maschinen auf der Startbahn werden zerstört.
Leutnant Dettmann: »Wir waren schon 120 Kilometer weit nach Norden geflogen, aber noch immer sahen unser Funker und Bordschütze den Rauchpilz der Explosionen am Himmel hängen ... Der breite Dünengürtel lag jetzt hinter uns. Im Westen bereitete sich der Tag zum Abschied vor. Es war die gefährlichste Stunde für den Wüstenflieger in unbekannten Gebieten. Die Sonne griff in die Berge, Steine und Dünen und wandelte sie mit jeder

Minute.« Auf dem vierstündigen Rückflug merken sie, daß ihnen der Treibstoff ausgeht.
Leutnant Dettmann: »Noch zehn Minuten bis zur Dunkelheit. Mit einem blaßgelb zitternden Licht versank das letzte Drittel der Sonne im westlichen Horizont. Der Hauptmann hat den Befehl zur Landung gegeben. In geringer Höhe schwebten wir über einem Gelände, in dem Felszüge, sanfte Höhungen und glatte Serirflächen wechselten. Das Fahrwerk war nun ausgefahren.« Das Flugzeug kann noch heil in der Wüste landen. Nach 7 Tagen endlich findet Oberst Becker von der Wüsten-Notstaffel mit seiner Ju 52/3m die vermißte Besatzung.

Im Januar 1942 werden von der RAF die nächtlichen Störangriffe in breiter aufgelockerter Formation und zeitlichem Abstand weitergeführt. Dem Abwehrriegel – der Kammhuber-Linie – auszuweichen, ist den britischen Bombern nicht mehr möglich. Ebenfalls scheitert der Versuch, ihn mit Höchstgeschwindigkeit zu unterfliegen.

Die Japaner setzen inzwischen ihren Vormarsch zielstrebig und unermüdlich fort. Dienstag, der 27. Januar 1942, ist der letzte Tag, an dem britische Bomber und Aufklärer über Malaya Einsätze fliegen. Bis zum Sonnenuntergang werden sämtliche Maschinen nach Sumatra verlegt.

Nach ihren Streifzügen im Atlantik sind die deutschen Schlachtschiffe »Scharnhorst«, »Gneisenau« und der schwere Kreuzer »Prinz Eugen« beinahe ein Jahr lang im französischen Hafen Brest blockiert und dadurch bevorzugtes Ziel der RAF-Bomber. Über 300mal werden sie dort angegriffen und auch beschädigt.
Hitler ist davon überzeugt, daß eine alliierte Invasion in Norwegen unmittelbar bevorsteht, deshalb müssen Luftwaffe und Kriegsmarine die dortige Küste gegen eventuelle Angriffe alliierter Streitkräfte schützen. Zu diesem Zweck sollen »Scharnhorst«, »Gneisenau« und »Prinz Eugen« von Brest aus nach Norden verlegt wer-

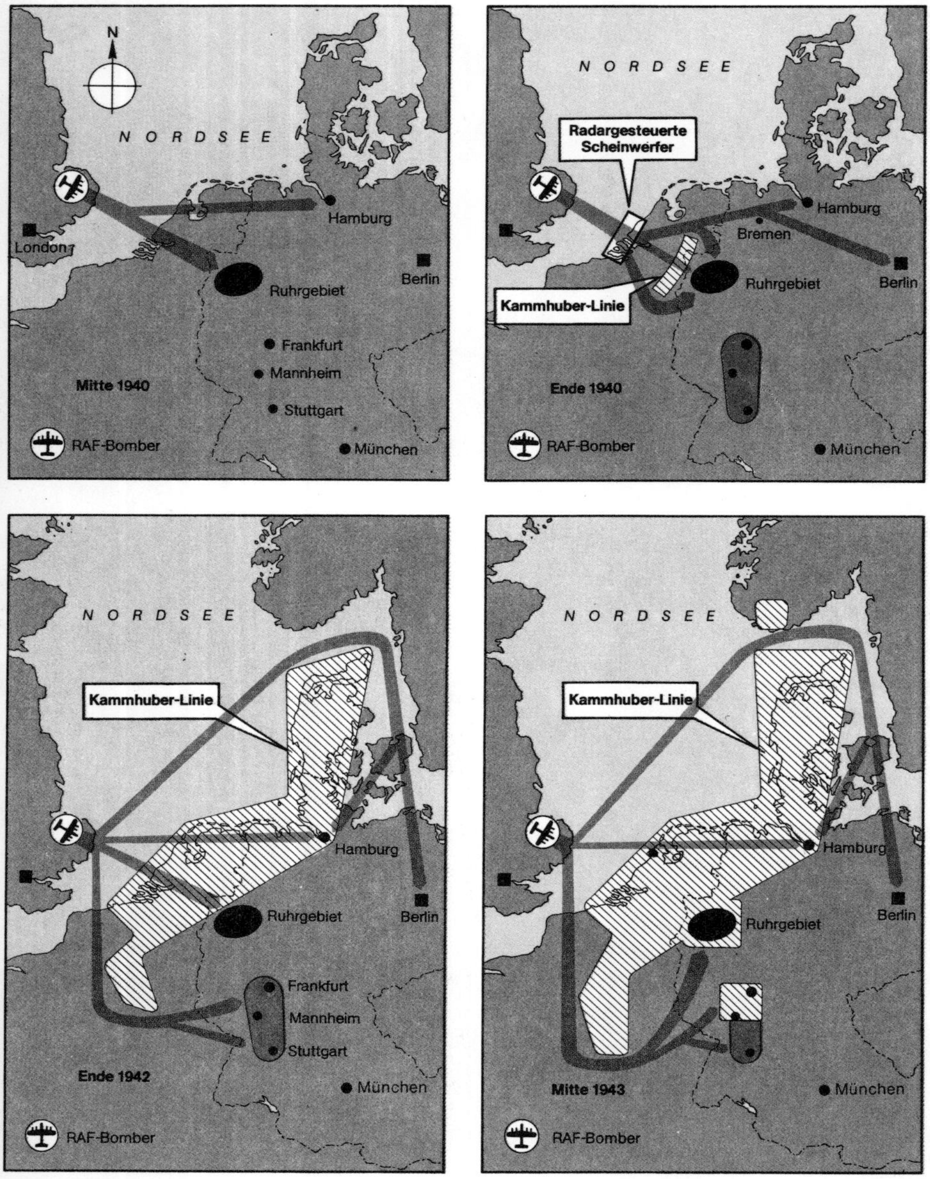

Links: Ausbau der sogenannten »Kammhuber-Linie« bis zu dem Zeitpunkt, als sie durch »Window«-Stanniol-Störstreifen wirkungslos wird (24. Juni 1943)

Rechts: Der kühne Kanal-Durchbruch der Schlachtschiffe »Scharnhorst«, »Gneisenau« und des schweren Kreuzers »Prinz Eugen« wird von der NS-Propaganda als großer Erfolg dargestellt

Unten: Mitte 1942: Schema der Kammhuber-Linie

den. »Wenn sich ihr überraschender Durchbruch durch den Kanal als unmöglich erweisen sollte«, so erklärt Hitler Großadmiral Raeder, »wäre es am zweckmäßigsten, die Schiffe abzuwracken und ihre Geschütze und Besatzungen zur Verstärkung der Abwehr in Norwegen zu verwenden.« Vor die Entscheidung gestellt, die wertvollen Einheiten entweder in Brest der völligen Zerstörung auszusetzen oder das Wagnis einzugehen, sie herauszuholen, beschließt die Führung der Kriegsmarine, einen Durchbruch durch den Kanal zu riskieren.

Unter dem Codenamen »Cerberus« stechen die Schlachtschiffe »Scharnhorst« und »Gneisenau«, der

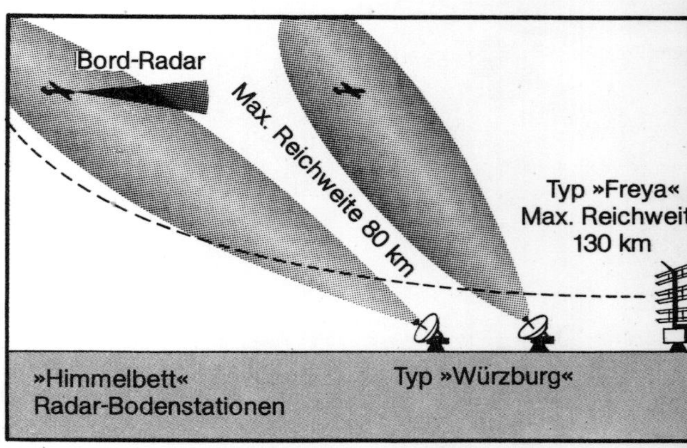

schwere Kreuzer »Prinz Eugen« sowie einige Zerstörer und Schnellboote am Donnerstag, dem 12. Februar 1942, von Brest in See. Es ist mit die kühnste Operation der deutschen Kriegsmarine im Zweiten Weltkrieg. Diesmal ist das Glück auf seiten der Deutschen: Ein französischer Agent, der in Brest den Flottenverband im Auge behalten soll, versagt. Das an der Heulboje des Hafenausganges auf der Lauer liegende britische U-Boot »Sealion« (Lt. Colvin) wird durch eigene Bomber zum Wegtauchen gezwungen. Der vom Küstenkommando zur Überwachung eingesetzte Hudson-Aufklärer muß wegen seines nicht intakten Radargerätes nach England zurückfliegen, ebenso das weiter östlich patrouillierende Flugzeug.

So gelingt es Vizeadmiral O. Ciliax am 11. Februar 1942 um 22.45 Uhr, mit seinen schweren Einheiten ungesehen auszulaufen, gesichert durch 6 Zerstörer und 14 Torpedoboote, 3 S-Boot-Flottillen, 21 Minensucher, 22 Räumboote, 21 U-Jäger und 37 andere Hilfsfahrzeuge, geschützt von 176 Jagdflugzeugen und Zerstörern der Jagdgeschwader 2 und 26, später auch noch vom Jagdgeschwader 1 unter General der Jagdflieger A. Galland. Ständig kreisen wenigstens 16 deutsche Maschinen über den Schlachtschiffen.

Trotz der dichten Kette britischer Küsten-Radarstationen bleibt der Verband im Kanal unbemerkt. Erst am 12. Februar 1942, um 10.35 Uhr, sichtet Sergeant Beaumont, ein Spitfire-Pilot, die deutschen Schiffe, als sie bereits Le Touquet passieren. Fast eine Stunde später zögert der Stab der 11. Gruppe der RAF immer noch, Luftmarschall Leigh-Mallory diese Nachricht zu übermitteln, da der Vizemarschall soeben eine Parade abnimmt. Erst um 13.16 Uhr eröffnen englische Küstenbatterien das Feuer, und Admiral Sir Bertram Ramsey beordert nacheinander Schnellboote, Torpedobomber und Zerstörer, um die deutsche Kampfgruppe zu stoppen, jedoch erfolglos. Die Swordfish-Staffel Nr. 825 (Lt.Cmdr. E. Esmonde) greift die deutschen Schiffe auf der Höhe von Gravelines an; alle 6 Torpedoflugzeuge werden abgeschossen. Der Flottenverband fährt nun mit Volldampf in die Nordsee. Über 240 Maschinen des Bomberkommandos nehmen die Verfolgung auf; nur 40 Maschinen finden bei dem trüben Wetter ihr Ziel

Vor der Scheldemündung erhält die »Scharnhorst« den ersten Minentreffer, und in der darauffolgenden Nacht laufen beide Schlachtschiffe in der Nähe von Terschelling auf magnetische Minen, die die veralteten Hampden-Maschinen von der 49. und 455. Squadron vorher abgeworfen haben: der einzige Erfolg auf der Jagd nach der Geister-Armada, die jedoch ihre deutschen Zielhäfen erreicht. Insgesamt gehen bei der Aktion 42 britische Flugzeuge verloren.

Doch ist dieses erfolgreiche Unternehmen »Cerberus« nicht nur glücklichen Zufällen zu verdanken, sondern, was die Engländer noch nicht wissen, der bis jetzt größten Radar-Störaktion der Geschichte.

Ein Dutzend deutscher Störsender zwischen Cherbourg und Ostende decken um 10.00 Uhr, als der Verband sich gerade zwischen Fécamp und Dieppe befindet, schlagartig die Radarstationen an der britischen Küste ein.

Der empörte britische Premier beruft später eine Sonderkommission ein. Sie soll die Schuldigen für alle Fehler und Irrtümer bestrafen, die den Engländern so viel Aufregung verursachen, ohne daß sie die wahren Hintergründe dieser Schlappe ahnen. Churchill: »Nach dem Kriege haben wir erfahren, daß dieses Versagen einem sorgfältig ausgearbeiteten Plan von General Martini, Chef des Nachrichtenverbindungswesens der deutschen Luftwaffe, zuzuschreiben war ... Unser Personal meldete nichts Alarmierendes, und niemand vermutete etwas Außerordentliches. Aber am 12. Februar erreichte die Störung einen solchen Grad, daß die Radarbeobachtung der Seerouten völlig versagte ...«

Das mit großem NS-Propagandaaufwand gefeierte Ereignis des Kanaldurchbruchs trügt: Der Flottenverband kann zwar einen taktischen Erfolg verbuchen, in Wirklichkeit ist das Unternehmen »Cerberus« ein strategischer Rückzug, mit dem man auf weitere ozeanische Operationen verzichtet. Immerhin hat Vizeadmiral Ciliax mehr Glück gehabt als sein spanischer Kollege, Admiral Herzog von Medina Sidonia, dessen Armada anno 1588 bei einem ähnlichen Versuch zerschlagen wurde. Und der deutsche Flottenverband ist der erste, der nach 354 Jahren einen Kanaldurchbruch gewagt hat.

Eine Reihe bedeutender Geschehnisse im Februar 1942 machen den Monat zum eigentlichen Wendepunkt des Luftkrieges gegen Deutschland. Die erste schicksalsträchtige Entscheidung: Am Sonnabend, dem 14. Februar 1942, erteilen Churchill und das Luftfahrtministerium dem Bomberkommando eine neue Weisung, die ausschlaggebend für den Luftkrieg gegen Deutschland ist, und in der es unter anderem heißt: »Das Hauptziel unserer Operationen soll die Schwächung der Moral der feindlichen Zivilbevölkerung und besonders der Industriearbeiter sein.«

Am gleichen Tage landen unter dem Schutz von Trägerflugzeugen und eines starken Kreuzerverbandes (Vizeadm. Ozawa) die Einheiten der japanischen 38. Division nördlich von Palembang auf Sumatra. Zugleich werden Fallschirmtruppen eingesetzt.

Diese Luftlandeoperation hat in der Geschichte des Luftkrieges keine Parallele: Noch nie sind Flugzeuge unter Mißachtung des Völkerrechts – mit falschen Nationalitätskennzeichen versehen – in solchem Ausmaß eingesetzt worden: Etwa 70 Maschinen amerikanischer Bauart, Lockheed Modell 14 WG-3, die vor dem Kriege in Lizenz von den Werken Tachkawa und Kawasaki unter dem Namen Ro-Shiki für die Armee gebaut wurden, setzen gegen 18 Uhr – jetzt in olivgrüner RAF-Farbe, mit englischem Hoheitszeichen versehen und kaum von britischen Hudson-Bombern zu unterscheiden – rund 700 Fallschirmspringer ab.

Das Ziel der Operation ist die Eroberung der Flugplätze in Palembang und vor allem der beiden großen Raffinerieanlagen in Pladjoe und Soengei, 7 Kilometer östlich der Stadt an der Mündung des Komering, um die englischen und holländischen Räumkommandos daran zu hindern, dieses strategisch äußerst wichtige Industriezentrum vor einem bevorstehenden Rückzug zu zerstören.

Sergeant J. Pitter gehörte damals zu dieser Demolierungseinheit: »Nachdem die japanischen Maschinen verschwanden, die aus großer Höhe den Flugplatz bombardiert hatten, konnten wir an unseren Vorbereitungen zur Sprengung der wichtigsten Anlagen der Shell-Raffinerien in Soengei Gerong weiterarbeiten. Es war etwa 18 Uhr, als eine ganze Menge Flugzeuge sich Palembang von Norden her näherte. Wir haben weiter unseren Dienst getan, da der Beobachtungsposten zwei Formationen englischer Hudson-Bomber meldete, die, wie wir hofften, uns zur Unterstützung vor der japanischen Invasion geschickt wurden. Es waren gut 70 Maschinen, von denen ein Teil in Richtung Stadt flog; die anderen nahmen Kurs auf unsere Raffinerien. Wir standen neben den mächtigen Öltanks und winkten ihnen, die höchstens 200 Meter hoch flogen, noch zu. Plötzlich fielen aus den Hudsons irgendwelche dunklen, länglichen Gegenstände, die sich in Sekundenschnelle aufblähten. Erst jetzt erkannten wir die an verschiedenfarbigen Fallschirmen hängenden Soldaten, die auf die Raffinerien zuschwebten. Nun begann unsere Flak wie wild zu schießen. Es waren Japse, die uns so schändlich hintergangen hatten.«

Wenn auch der Angriff auf den Flugplatz zu einem gewissen Erfolg führt, so hilft den Japanern diese völkerrechtswidrige List nicht viel weiter: Rund 16 falsche RAF-Hudsons, manche noch voller Fallschirmjäger, schießt die rund um die Raffinerien postierte Flak ab. Die in und neben den Anlagen gelandeten Fallschirmspringer werden aufgerieben. Und erst jetzt kommen die Zerstörungseinheiten so richtig zum Einsatz. Als am nächsten Tag japanische Seestreitkräfte Truppen an Land setzen, sind die Raffinerien ein wirrer, kilometerlanger, durch Feuer und Sprengungen demolierter Röhren- und Blechhaufen.

Eine Woche nach diesem Unternehmen setzen die Japaner erneut, auch diesmal mit einem Bluff, ihre Fallschirmtruppen ein: Am Sonnabend, dem 21. Februar 1942, erscheinen über der Stadt Koepang auf der portugiesischen Pazifik-Insel Timor etwa 25 Maschinen vom Typ Douglas DC-3 (japanischer Lizenzbau) mit US-Hoheitszeichen, die etwa 250 Mann aus einer Höhe von nur 100 Metern absetzen. Dies ist der erste Luftlandeeinsatz – wenn auch auf der falschen Seite – des später berühmten Douglas-DC-3-Transportflugzeuges.

Eine weitere Eskalation des Luftkrieges in Europa bringt die Ernennung von Luftmarschall Sir Arthur Harris zum Oberkommandierenden des Bomberkommandos am 22. Februar 1942 mit sich.

Sir Arthur Harris, 1892 in England geboren, geht als junger Mann nach Rhodesien und kämpft 1914 in Deutsch-Ostafrika, ehe er, wieder in England, in das Royal Flying Corps, den Vorläufer der RAF, eintritt. In

den dreißiger Jahren verteidigt Harris das Empire: Er leitet mit seinen Bombern rücksichtslos blutige Polizeiaktionen gegen rebellische Stämme im Irak, in Indien und anderswo. So ist ein erbarmungsloser Bombenkrieg gegen die Zivilbevölkerung Deutschlands, ja ganz Europas, für ihn auch eine Art Strafaktion. Er gilt als der bedenkenloseste und konsequenteste Vertreter der Lehre von Douhet. Da Harris das Bomberkommando gerade zu dem Zeitpunkt übernimmt, als auch die verbesserten Flugzeuge und Navigationshilfen einsatzbereit sind, versucht der Anhänger der Douhet-Theorie zu beweisen, daß strategische Bomber den Krieg gewinnen können. Gleich bei Übernahme seines Postens betont Harris, daß das einzige internationale Verbot, an das er und sein Kommando sich gebunden fühlen, eine Vereinbarung sei, die auf den Deutsch-Französischen Krieg 1870/71 zurückgeht und die den Abwurf von Sprengkörpern aus gasgefüllten Luftschiffen untersagt. Und in der Tat wird dieses Verbot während des ganzen Zweiten Weltkrieges vom Bomberkommando strikt eingehalten.

An diesem Sonntag passiert auch ein anderes für den Luftkrieg über Deutschland folgenschweres Ereignis: Der US-Brigadegeneral Ira C. Eaker meldet die Bildung des ersten US Army Bomber Command in Europa. Der General und sechs seiner Stabsoffiziere sind zwei Tage zuvor auf dem Londoner Flugplatz Hendon eingetroffen.

Oben: Air Chief Marshal Sir Arthur Harris, dem das RAF Bomber Command unterstellt ist

Unten: 14. Februar 1942, Palembang (Sumatra): Aus Transportmaschinen amerikanischer Bauart, die man als RAF-Flugzeuge getarnt hat, sind japanische Fallschirmjäger abgesprungen

Das Hauptquartier wird in einem exklusiven Mädcheninternat in High Wycombe unter dem Codenamen »Pinetree«, sieben Kilometer vom Hauptquartier der RAF, untergebracht. Eaker und sein Stab beginnen sofort mit den Vorbereitungen für den Einsatz der amerikanischen Bomberverbände von der britischen Insel aus.

Das letzte in der Reihe der schwerwiegenden Geschehnisse im Februar 1942 ist die Operation »Biting«, das britische Luftlandeunternehmen gegen eine deutsche Radarstation an der Kanalküste. Die Abschußquoten haben Ende 1941 bedrohlich zugenommen, und das Bomberkommando ist fieberhaft bemüht, die Ursache dieser auffallend hohen Einbußen zu ergründen: ein recht aussichtslos erscheinendes Vorhaben, da die Abschüsse zum größten Teil über feindlichem Gebiet erfolgen. Man ist jedoch in London davon überzeugt, daß die neue Flugortungstechnik der Kammhuber-Linie viel zu den Verlusten beiträgt. Und es wird nichts unterlassen, um hinter das Geheimnis zu kommen, damit man Gegenmaßnahmen treffen kann.

Spezialisten schalten sich in deutsche Radarpeilungen ein, und die zurückkehrenden englischen Besatzungen werden gründlich vernommen. Aufklärer machen Luftaufnahmen von den deutschen Funkmeßstellen, und die französische und belgische Widerstandsbewegung erhalten den Auftrag, möglichst genaue Beschreibungen dieser Anlagen zu liefern. Die Aussagen abgeschossener deut-

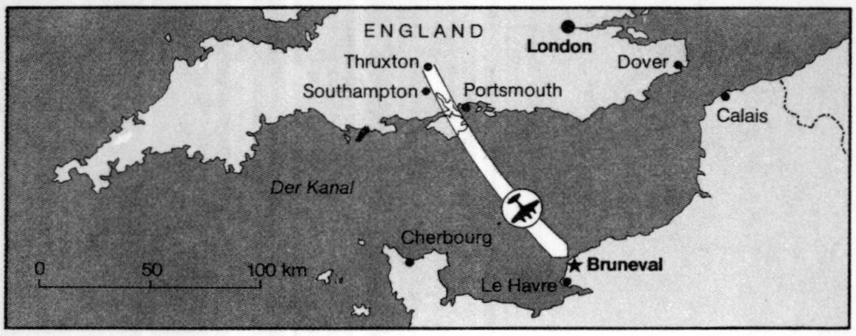

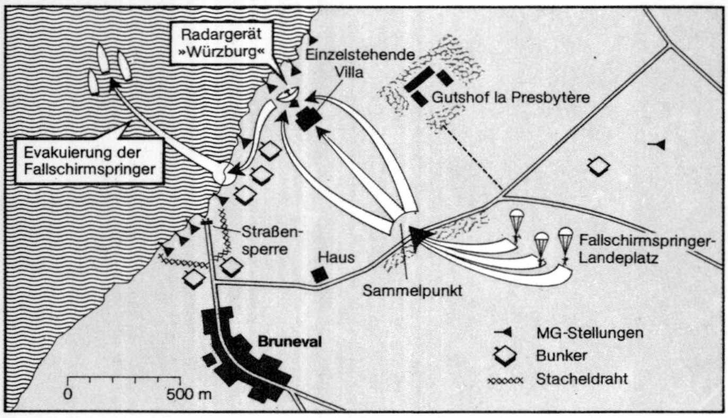

Oben: »Würzburg«-Station in Bruneval: Das von dem Spitfire-Piloten »Tony« Hill gemachte Aufklärungsfoto. »Einer der Klassiker des Luftkrieges«, urteilt Professor Dr. Jones

Oben links: 27./28. Februar 1942, Bruneval: Operation »Biting«

Rechts: Bruneval, in der Nacht zum 28. Februar 1942: Blitzlicht-Aufnahme des »Würzburg«-Gerätes während der Operation »Biting«

scher Flieger bestätigen, daß gerade das neue »Würzburg«-Gerät für die nächtliche Luftverteidigung von großem Wert ist. Professor Dr. V. Jones, Radar-Experte und wissenschaftlicher Berater des Kriegsministeriums, soll das deutsche Radar-Geheimnis so schnell wie möglich lüften. Ende November 1941 wird dann ein aus größerer Höhe aufgenommenes Foto der »Freya«-Funkmeßstation, nahe des an der Felsenküste gelegenen Dorfes Bruneval, 20 Kilometer nordwestlich von Le Havre, untersucht, das gegenüber den bisherigen Bildern einige Besonderheiten aufweist. Professor Jones bittet daher Squadron Leader Tony Hill, einen ihm als besonders mutig bekannten Piloten, der zur Fotoaufklärungseinheit von Sidney Cotton gehörte, aus dem Tiefflug Aufnahmen von der Radarstation zu machen. Die mitgebrachten Luftbilder zeigen ein neues Gerät, das aus der Luft wie eine Heizsonne aussieht. Es scheint das gleiche zu sein, das bei den Vernehmungen der deutschen Piloten genannt wurde.

Bei näherer Betrachtung der Umgebung von Bruneval kommen die Engländer zu dem Schluß, daß es sich nahezu anbietet, einen Handstreich auf die Radar-Stellung mit dem Würzburg-Gerät zu unternehmen. Die französische Résistance liefert sämtliche Angaben über deutsche Sicherheitsmaßnahmen, Lagepläne der Villa, in der die Bedienungsmannschaften der Radar-Station einquartiert sind, und sogar Amateurfilmaufnahmen von der Umgebung. Nun fängt man in London mit den Vorbereitungen an.

Die Durchführung des Unternehmens wird dem 24jährigen Fallschirmjägermajor I. D. Frost übertragen: »Da der Platz von der See her keine Angriffsmöglichkeit bot, sollten wir zusammen mit 7 Radar-Experten hinter der Stellung landen, dann gegen sie vorstoßen, das Radar-Gerät fotografieren und die wichtigsten Teile abmontieren, schließlich zum Strand hinabkämpfen, von wo uns die Navy nach England zurückbringen sollte. Unsere kleine Streitmacht würde aus 119 Männern aller Ränge bestehen. Professor Jones hatte sich bei uns sogar Gefangene bestellt, darunter wenigstens einen Funker.«

Und am Abend des 27. Februar 1942 starten vom Flughafen Thruxton 12 Whitley-Bomber. Jeweils 10 Soldaten hocken, die Fallschirme angeschnallt, in den Flugzeugen und beginnen, sich die Gesichter mit Tarnfett zu schwärzen. Major Frost springt als erster. Kein Schuß fällt; die Engländer umstellen das Radargerät und stürmen die einsame Villa.

Das Ganze läuft wie ein Uhrwerk ab, das Ergebnis minuziöser Übungen an einem naturgetreuen Modell; dazu kommt auch Glück, das Frost und seine Männer begleitet. Die Deutschen versuchen vergeblich, das Würzburg-Gerät in die Luft zu jagen. Sprengstoff und Zünder sind jedoch aus Sicherheitsgründen getrennt gelagert, und es gelingt nicht mehr, sie zusammenzufügen. Die

eigentliche Sicherungskompanie hat gerade eine Nachtübung und muß, bevor sie auf dem Schauplatz erscheinen kann, die Munition auswechseln, da sie größtenteils nur Platzpatronen bei sich hat.
Die Spezialisten haben inzwischen die Würzburg-Anlage fotografiert und bauen das Gerät ab. In der Aufregung zersägen sie verschiedene Teile. Und erst in England stellen sie fest, daß sich das Würzburg-Gerät mit ein paar Handgriffen zerlegen läßt. Nachdem sie sich den Weg zum Strand freigekämpft haben, kommen nach bangen Minuten die Landungsboote. Sie müssen einen toten Fallschirmspringer zurücklassen und 7 andere, die den Strand nicht rechtzeitig erreichen können.
Die wichtigste Beute des Unternehmens: der Dipol sowie die frequenzbestimmenden Teile des »Würzburg« und einige Gefangene, darunter der »bestellte« Funker. Jetzt kann Jones nicht nur feststellen, auf welcher Wellenlänge das Gerät arbeitet, sondern er macht auch eine bedeutende Entdeckung, daß – einmal durch Störungen auf seiner Frequenz außer Aktion gesetzt – das Gerät nicht auf eine andere Frequenz umgeschaltet werden kann. Und eine Störmöglichkeit kennen sowohl Engländer als auch Deutsche. Simple Stanniolstreifen reflektieren elektromagnetische Impulse auf Radarschirme – ihr Störeffekt ist am besten, wenn die Streifen auf die halbe Wellenlänge des Radargerätes geschnitten sind, das sie täuschen sollen. Beide Seiten haben ihre Wirkung fast gleichzeitig erkannt, bei den Engländern heißen diese Stanniolstreifen »Window«, die Deutschen nennen sie Düppel. Aus Furcht, der Gegner könne sie ebenfalls anwenden, halten beide die Erkenntnis lange Zeit streng geheim.
Diese für die weitere Entwicklung des Luftkrieges bedeutende Fallschirmoperation ist zugleich die erste gelungene und auch bestgeführte britische Luftlandeaktion des Krieges. Die weiteren Auswirkungen der Operation »Biting«: Sämtliche Radar-Anlagen im deutschbesetzten Europa werden auffallend stark umzäunt, so daß man sie sofort auf den Luftaufnahmen erkennen kann.
Ironischerweise bekommen nicht deutsche, sondern französische Arbeiter als erste das Bomberkommando unter Sir Arthur Harris zu spüren: In der Nacht vom 3./4. März 1942 werfen 223 britische Flugzeuge (bei Verlust einer Maschine) 462 Tonnen Bomben auf die Renault-Werke in Billancourt bei Paris ab, die zwei Drittel der Fabrikanlagen vernichten und die Produktion dieses wichtigen Rüstungsbetriebes für Monate unterbrechen. Die erste von Harris beorderte größere Operation des Bomberkommandos ist überraschenderweise kein Flächen-, sondern ein ausgesprochener Präzisionsangriff. Immerhin werden dabei nicht nur 40 Prozent der Fabrikanlagen, sondern auch die umliegenden Arbeiterviertel zerstört; 251 Franzosen finden den Tod.

Anfang März 1942, drei Monate nach dem Überfall auf Pearl Harbor, haben die Japaner bereits Malaya und alle benachbarten Inseln im Süden erobert. Sie sind ihren Planzielen um gut 2 Monate voraus, sogar bei viel geringeren Verlusten, als man gedacht hat. Auch die Besetzung von Burma vollzieht sich ohne größere Schwierigkeiten. Im März rücken japanische Truppen von Rangun aus nach Norden vor; ein starker Flottenverband kämpft den Widerstand im Indischen Ozean nieder. Die zahlenmäßig unterlegenen und erschöpften Verteidiger werden aus Burma nach Indien und China zurückgetrieben.

In der Nacht vom 8./9. März 1942, während des Angriffs von 350 Bombern auf Essen, setzt die RAF zum erstenmal eine große Anzahl Radar-Navigationshilfen »Gee« ein; jede vierte Maschine ist mit diesem Gerät ausgestattet. Auch die Taktik der Zielbeleuchtung (Shaker) sowie der Blindabwürfe (Sampson) kommt bei diesem Angriff erstmalig zur Anwendung.
Das neue Gee-System stellt für das Bomberkommando

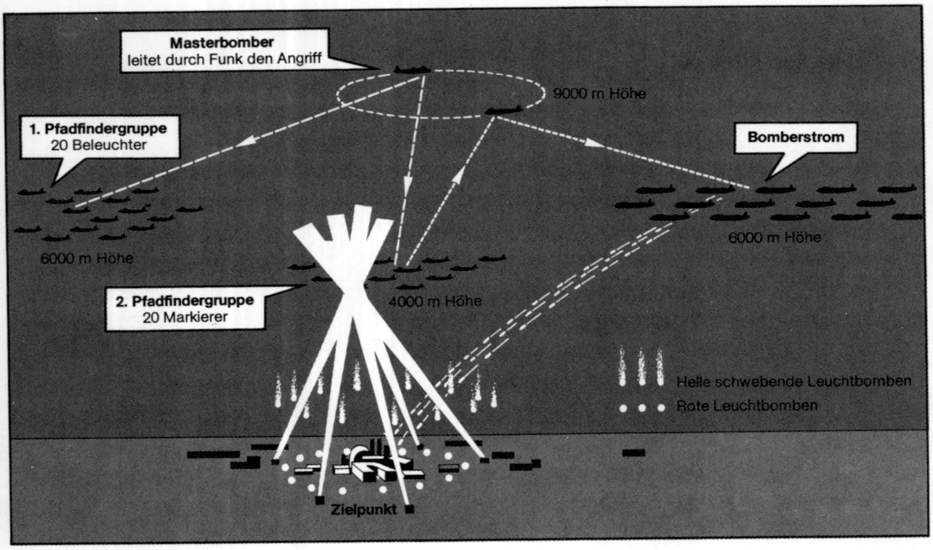

1942: Nachtangriffstaktik der RAF mit »Gee«-Geräten

eine große Hilfe dar und ist recht zuverlässig. Drei etwa 160 Kilometer voneinander entfernte Bodensender in Großbritannien legen ein Gitter von Funkstrahlen mit einer Reichweite bis zu 650 Kilometer über den Kontinent. Empfänger an Bord der Bomber errechnen die Impulsfrequenzen und machen damit Positionsbestimmungen auf 10 Kilometer genau möglich. Das Flugzeug wird nicht gezwungen, für die Feststellung der eigenen Position sich durch Funken zu verraten. Allerdings ist das Gee-System zu diesem Zeitpunkt nur bis an die Ruhr anwendbar und noch störempfindlich. Es bringt die Bomber so dicht ans Ziel heran, daß die Besatzungen es mühelos bei Mondschein ausmachen können.

Ende März 1942 hat der neue Chef des Bomber Command, Air Marshal Harris, die Angriffstaktik gewechselt: Statt wie bisher Einsätze in mehreren Wellen zu fliegen, geht er jetzt zu Flächenbombardements mit starken Verbänden über, wobei eine große Anzahl von Bombern in einem möglichst kurzen Zeitraum über dem Ziel konzentriert werden soll. Die Voraussetzung gleichzeitiger Starts und Landungen von mehreren hundert Maschinen wirft zahlreiche logistische Probleme auf. Für die erste Operation dieser Art, von den Engländern »Area bombing« genannt, ist Lübeck vorgesehen. Die Stadt ist von der Nordsee her leicht zu finden und anzufliegen, und das alte Stadtzentrum mit Dachstühlen in überwiegend leichter Holzbauweise entspricht allen Voraussetzungen. Als Vorbild für die erfolgreiche Anwendung von Spreng- und Brandbomben dient Harris bei seiner Planung der deutsche Großangriff auf Coventry (14./15. November 1940).

In der sternklaren Nacht vom 28./29. März 1942 bombardiert die RAF Lübeck. Bei diesem ersten geschlossenen Angriff werfen 234 Maschinen, Wellingtons, Stirlings und erstmals auch Lancasters, 304 Tonnen Brand- und Sprengbomben ab, darunter auch die bis dahin noch nicht erprobten Flüssigkeitsbrandbomben. Die schöne Altstadt brennt 32 Stunden lang und wird fast restlos zerstört. 12 britische Maschinen gehen verloren. Die wichtigste Erkenntnis aus diesem Angriff: Die Brandbomben verursachen im Vergleich zu den Sprengbomben das Sechsfache an Zerstörungen. Der Angriff auf Lübeck ist die Wende des Luftkrieges zum Luftbrandkrieg.

Die führenden Politiker Großbritanniens halten es für angebracht, daß der durch die britischen Luftoffensiven bezweckte Terror nicht publik wird. Luftfahrtminister Sinclair: »... da die moralische Verurteilung der Offensive die Moral der Bomberbesatzungen schwächen würde.«

Einer der Männer in Großbritannien, der Hunderttausende von der Zivilbevölkerung und die Zerstörung unschätzbarer Kulturstätten in Deutschland auf dem Gewissen hat, heißt Professor Frederick A. Lindemann. Er stammt aus Baden-Baden, wo er 1886 als Sohn des Bauunternehmers Samuel Lindemann geboren wurde. Seine wissenschaftlichen Arbeiten in Berlin bringen ihm 1919 den Lehrstuhl für Physik in Oxford ein. Er lernt 1921 Winston Churchill kennen und wird dessen Intimus. Churchill macht Lindemann zu seinem Sonderberater und später zum Generalzahlmeister mit Kabinettsrang. 1942 erhebt König Georg VI. ihn zum Lord Cherwell. Es gibt kaum einen geheimen Ausschuß oder Beraterstab, in dem nicht Lord Cherwell sitzt und hinter den Kulissen der Politik und Wissenschaft wirkt. Diese graue Eminenz ist wohl der erfolgreichste Hofpolitiker unserer Zeit und hat mehr unmittelbare Machtbefugnisse als irgendein anderer Wissenschaftler im Laufe der Geschichte.

Vorwiegend auf seinen Rat und die völlig absurden Berechnungen hin läßt Churchill den totalen Bombenkrieg gegen deutsche Städte eröffnen, was zu einer gigantischen Fehleinschätzung der RAF führt und die Taten eines Attila in den Schatten stellt. Seine Berechnungen sind von einer Einfachheit, die Air Marshal Harris sofort ins Auge fallen: In einer Notiz, die Lindemann am 30. März 1942 an Churchill richtet, bietet er eine Analyse an, aus der hervorgeht, daß jede Tonne abgeworfener Bomben etwa 100 bis 200 Menschen obdachlos macht. Es sei erwiesen, meint Lord Cherwell, »daß die Zerstörung seines Heimes den Menschen moralisch« tiefer erschüttere »als der Tod von Freunden und Verwandten«. So könne auch der Geist des deutschen Volkes gebrochen werden. In dem Memorandum wird weiter behauptet, bei einer Konzentration aller Kräfte auf Herstellung und Einsatz von Bombenflugzeugen werde es möglich sein, bis Mitte 1943 in den größeren Städten Deutschlands 50 Prozent aller Häuser zu zerstören, dazu die unvermeidlichen Schäden durch Entstehungsbrände »an Fabriken, Verkehrseinrichtungen usw.«, verschärft »durch den Zusammenbruch der öffentlichen Dienste«. Der Bombenabwurf soll sich jedoch im wesentlichen gegen deutsche Arbeiterwohnviertel richten, da »die Häuser der bessergestellten Klassen zu aufgelockert stehen und zwangsläufig einen Mehraufwand an Bomben erfordern«.

Vom 2. bis 8. April 1942 dauern die heftigen Luftangriffe des deutschen II. Fliegerkorps (Gen. d. Fl. Loerzer) und der italienischen Bomber auf Malta an, um die Inselfestung »sturmreif« zu machen. 2 Zerstörer und 4 U-Boote werden im Hafen versenkt, und die restlichen Boote der 10. britischen U-Boot-Flottille müssen Mitte April Malta räumen. Jetzt bessert sich die Lage der Geleitzüge sofort, und je stärker Malta angegriffen wird, desto mehr Nachschub kommt zu Rommel durch. Jedoch der günstige Zeitpunkt unmittelbar im Anschluß an die schwere Luftoffensive, Malta durch eine Luft- und Seelandung zu erobern, wird versäumt. Rommel wiederum, der seine Offensive von der El-Gaza-Front aus bis an den Nil plant, fordert die Unterstützung aller im Mittelmeerraum verfügbaren Luftstreitkräfte. Das Ziel, der Suezkanal, wird nicht erreicht, aber Rommels Entscheidung rettet Malta. Sein Nachschub erleidet wieder steigende Verluste, was unweigerlich mit einer Niederlage enden muß.

Da bei den Bombardements der RAF auf Lübeck und kurz danach auf Rostock unschätzbare Baudenkmäler vernichtet werden, befiehlt Hitler am Dienstag, dem 14. April 1942, Vergeltungsterrorangriffe auf die historischen Städte Englands (Bath, Canterbury, Exeter), die sogenannten »Baedeker-Angriffe«.

Im Frühjahr 1942 beginnt die 44. Lancaster Squadron mit Tagesfernflügen und Präzisionsangriffen auf kriegswichtige Ziele. Am 17. April versuchen 12 Maschinen die MAN-Werke in Augsburg zu bombardieren, die U-Boot-Motoren herstellen. 7 Flugzeuge gehen verloren, das Ziel wird verfehlt.

Lord Cherwell (Frederick A. Lindemann): Durch seinen Rat bestärkt, läßt Churchill den totalen Bombenkrieg gegen deutsche Städte eröffnen

Im April 1942 sind die Japaner noch überall auf dem Vormarsch, und die letzte Inselfestung, Corregidor auf den Philippinen, steht kurz vor dem Fall. Zu dieser Zeit bereitet Lt.Col. J. H. Doolittle (USAAF) einen Bombenangriff auf Tokio vor. Das Unternehmen wird von 16 Kampfflugzeugen B-25 Mitchell durchgeführt, die von dem Flugzeugträger »Hornet«, etwa 650 Meilen von Tokio entfernt, starten und nach der Bombardierung nach China weiterfliegen sollen, denn ihre Reichweite läßt keine Rückkehr zu.

Da sich die Tragflügel der Mitchell-Bomber nicht beiklappen lassen, müssen alle Flugzeuge an Deck des Trägers verstaut werden, wo sie dem schlechten Wetter ausgesetzt sind. Ein japanisches Vorpostenboot sichtet die »Hornet« am Morgen des 18. April 1942. So entschließt sich Doolittle – obwohl die Entfernung bis Tokio noch etwa 1300 Kilometer beträgt –, trotz gefährlichem Stampfen des Trägers schon vorzeitig zu starten.

Dieser Angriff beweist auch großes fliegerisches Können: Noch nie zuvor ist ein Pilot mit einer B-25 von einem Flugzeugträger aus gestartet. Die schwerbeladenen B-25 sind normalerweise nicht in der Lage, auf dem kurzen Deck die nötige Startgeschwindigkeit zu erreichen. Sie haben jedoch Glück, alle Maschinen heben ab, und die »Hornet« läuft mit dem begleitenden Träger »Enterprise« unter Volldampf in Richtung Hawaii. 13 Mitchell werfen ihre Bomben auf Tokio; die 3 anderen greifen Osaka, Nogoja und Kobe an; insgesamt gehen 16 Tonnen Bomben nieder. Da in Japan gerade eine großangelegte Luftschutzübung zu Ende geht, hält man den Doolittle-Verband für Nachzügler der fingierten Angreifer. Dies ermöglicht den Amerikanern, unbehelligt weiterzufliegen. Doch über China treffen sie auf eine Schlechtwetterfront, 80 Besatzungsangehörige müssen ohne Bodensicht mit Fallschirmen abspringen, 5 verunglücken, und 8 fallen den Japanern in die Hände, die sie als Kriegsverbrecher zum Tode verurteilen; 3 werden enthauptet, einer stirbt in einem KG-Lager.
Die 16 Tonnen Brisanzbomben, die auf Tokio und drei andere Städte fielen, sind eher symbolischer Natur, jedoch hat kaum ein Luftangriff mit so minimaler Bombenzahl solch eine enorme Wirkung hinterlassen: Die betroffenen Militärs, von der Unantastbarkeit des japanischen Luftraumes überzeugt, ziehen zur Luftverteidigung des Mutterlandes etliche Jagdkräfte von allen Fronten ab, was die bedrängten US-Truppen mit Erleichterung zur Kenntnis nehmen. In China eröffnet Feldmarschall Hajime Sugiyama mit zwei Armeen eine große Offensive, die nach wochenlangen erbitterten Kämpfen zur Eroberung sämtlicher Flugplätze führt, auf denen amerikanische Bomber hätten landen können. Doch als folgenschwer erweist sich für die Zukunft die Festsetzung des Operationstermins, den Admiral Yamamoto seit Wochen für sein Midway-Unternehmen fordert. Die Eroberung von Midway soll auch verhindern, daß sich Angriffe auf das japanische Mutterland wiederholen. In den USA selbst gibt der Doolittle-Raid den Menschen, die seit Pearl Harbor nur noch von schlechten Nachrichten geplagt werden, Auftrieb und Hoffnung.

Nachdem am Mittwoch, dem 29. April 1942, japanische Streitkräfte Lashio (Burma) besetzen und damit die Burma-Straße endgültig durchschneiden, eröffnen die Alliierten ihre erste große Luftbrücke von Assam nach Kunming (China), um sowohl Tschiang Kai-scheks Truppen als auch die eigenen Stützpunkte zu versorgen. Auf dieser 884 Kilometer langen »Hump-Route« quer über den Himalaja fliegen 3 Jahre lang Tag und Nacht die Douglas DC-3 Dakota Nachschub und Truppen.

Während des Winterkrieges wachsen an der Ostfront die Verluste der Luftwaffe zusehends. Sie büßt seit Beginn des Unternehmens »Barbarossa« bis Mitte Mai 1942 insgesamt fast 3000 Maschinen ein, darunter 1026 Bom-

ber und 762 Jäger; rund 2000 Flugzeuge werden zum Teil schwer beschädigt.
Im Mai 1942 tritt bei der Roten Luftflotte eine bedeutende Veränderung ein. Anstelle von General P. F. Schigarew kommt ein neuer Chef in die Hauptverwaltung der Luftstreitkräfte: der junge, tatkräftige Generaloberst A. A. Nowikow, ein »Schützling« des Marschalls Timoschenko. »Es ist zum größten Teil das Verdienst Nowikows, der zur Zeit des deutschen Angriffs Generalstabschef der Roten Luftwaffe war, wenn diese damals vor der vollständigen Vernichtung bewahrt blieb.« Generaloberst Nowikow setzt sich energisch für die Anwendung einer neuen Strategie und Taktik der Roten Luftflotte ein und sorgt für die reibungslose Zuführung moderner Flugzeugtypen.
In diesem Monat stehen an der sowjetischen Westfront jetzt 3164 Maschinen, davon 2115 neuester Bauart. An den Kämpfen bei Charkow Mitte Mai 1942 beteiligen sich 1500 deutsche Flugzeuge und etwa 3000 sowjetische Maschinen.

Bereits Mitte April 1942 erhalten die Amerikaner die Nachricht von einer unmittelbar bevorstehenden Landeoperation der Japaner. Wochen zuvor ist der neue japanische Marine-Code gebrochen worden. Den aufgefangenen Funksprüchen entnimmt man, daß ein Angriff auf Port Moresby (Neuguinea) geplant ist, und Admiral Nimitz beordert daraufhin alle verfügbaren Kräfte nach Süden: die Task Force 17 (Konteradm. Fletcher) mit den Flugzeugträgern »Yorktown« und »Lexington« aus Pearl Harbor mit 141 Maschinen (42 Jägern und 99 Bombern) sowie zwei Gruppen von Kreuzern als Begleitschutz. Die beiden anderen US-Träger, »Enterprise« und »Hornet«, die noch auf dem Rückweg vom Doolittle-Raid sind, werden ebenfalls in das Korallenmeer geleitet, kommen aber für die Schlacht zu spät.
Am Morgen des 7. Mai 1942 melden japanische Aufklärer irrtümlich, sie hätten einen Flugzeugträger und einen Kreuzer gesichtet, was Vizeadmiral Takagi veranlaßt, einen Großangriff auf die Schiffe zu befehlen. Die beiden Schiffe werden versenkt, doch in Wirklichkeit sind es nur ein Tanker und ein ihn begleitender Zerstörer, so daß sich der Einsatz kaum lohnt.
Am Abend führt Takagi – mit verheerenden Folgen für die Japaner – einen zweiten kleineren Angriff durch: 21 der 27 eingesetzten Flugzeuge gehen verloren. Ebenfalls durch die Nachricht eines Aufklärers irregeführt, der glaubt, japanische Hauptkräfte ausgemacht zu haben, greifen US-Trägerflugzeuge Geleiteinheiten des Invasionsverbandes von Port Moresby an. Dabei bekommt

Oben links: Eine B-25-Maschine startet vom US-Träger »Hornet« in Richtung Tokio: Der mittlere Bomber, eine der besten Maschinen des Krieges, trägt offiziell den Namen Mitchell nach dem berühmten amerikanischen Flieger-As

Rechts: Pazifik, April 1942: Der leichte Sturzbomber Douglas SBD Dauntless ist zu dieser Zeit zwar schon veraltet, leistet aber noch ausgezeichnete Dienste und hat die kleinsten Verlustziffern von allen US-Trägermaschinen

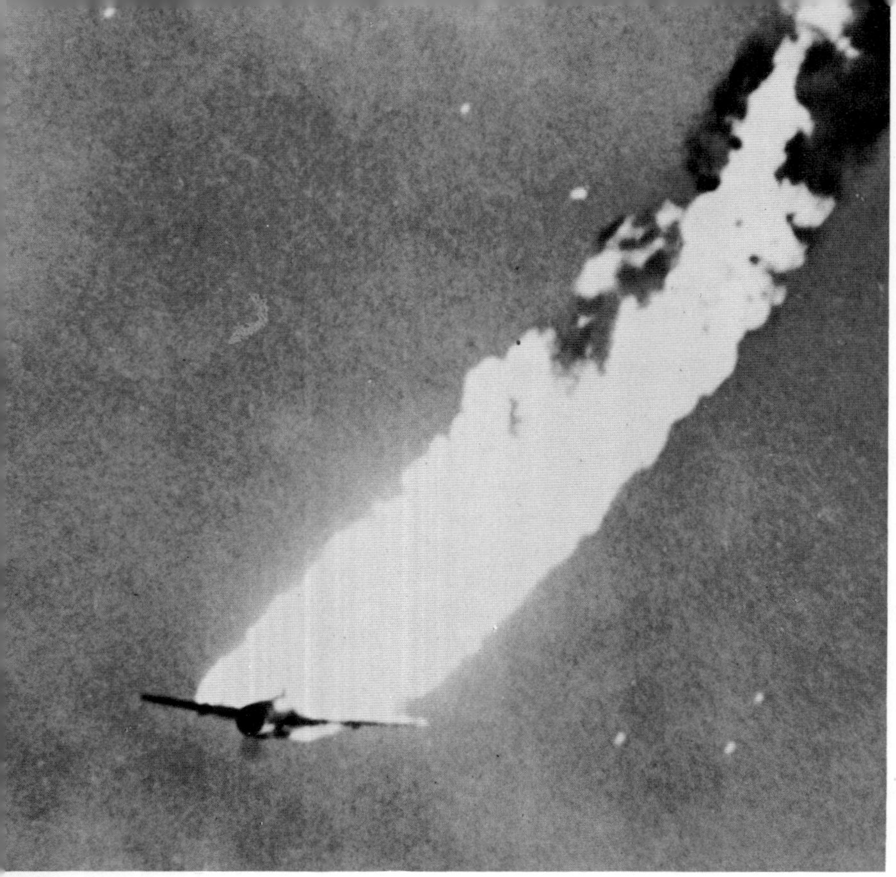

Links: Ein brennender japanischer Torpedobomber Nakajima B5N versucht noch, sich auf einen der US-Träger zu stürzen: Einen Augenblick später, nachdem dieses Foto gemacht wurde, zerreißt ihn eine Explosion

Unten rechts: Alliierter Frachter nach einem deutschen Bombenangriff

der leichte Flugzeugträger »Shoho« einen Volltreffer, sinkt innerhalb von 10 Minuten und ist damit der erste von US-Flugzeugen versenkte japanische Träger. Die Anwesenheit der amerikanischen Schiffe in den australischen Gewässern verleitet den japanischen Admiral, die für Port Moresby bestimmte Invasionsstreitmacht abdrehen zu lassen, um mit ihr erst die Flotte der Alliierten zu vernichten.

Am darauffolgenden Morgen entdecken die Aufklärer beider Seiten die gegnerischen Trägerverbände, deren Einheiten etwa gleich stark sind: die Japaner mit 121 Flugzeugen, 4 schweren Kreuzern und 6 Zerstörern, die Amerikaner mit 122 Trägerflugzeugen, 5 schweren Kreuzern und 7 Zerstörern. Die Japaner haben den Vorteil, größere Gefechtserfahrung und bessere Torpedos zu besitzen, der US-Verband verfügt dagegen über mehr Bomber. Die Japaner können jedoch in einem Dunstgürtel verbleiben, während die Amerikaner bei klarem Himmel kämpfen müssen. Dadurch wird der kleine Träger »Zuikaku« von den US-Maschinen nicht gesichtet. Der Träger »Shokaku« erhält 3 Bombentreffer und muß abdrehen. Die »Lexington« wird nach zwei Torpedo- und mehreren Bombentreffern, die innere Explosionen verursachen, aufgegeben und durch eigene Torpedo-Fangschüsse versenkt. Die kleine und wendigere »Yorktown« entkommt mit nur einem Bombentreffer.

Am Nachmittag des 8. Mai 1942 zieht Admiral Nimitz seinen Trägerverband aus dem Korallenmeer zurück, da die Gefahr für Port Moresby inzwischen gebannt ist. Die Japaner, überzeugt, daß der Träger »Yorktown« versenkt sei, drehen ebenfalls ab. Der große japanische Flugzeugträger »Shokaku« ist schwer beschädigt worden und kann zwei Monate lang nicht mehr eingesetzt werden. Der Träger »Zuikaku« hat so viele Flugzeuge verloren, daß auch er vorübergehend für weitere Kämpfe ausfällt.

Taktisch ist die Schlacht im Korallenmeer ein Sieg der Japaner: Die Verluste der USA sind weitaus höher als die des Gegners. Die Versenkung des großen Flugzeugträgers »Lexington« ist für die US-Navy ein schwerer Schlag. Die Amerikaner können jedoch für sich einen strategischen Sieg verbuchen: Der Plan von Admiral Yamamoto, Port Moresby zu erobern, ist durchkreuzt. Zum erstenmal in diesem Krieg wird ein japanischer Invasionsvorstoß vereitelt. Da dies zwei Tage nach der Kapitulation von Corregidor geschah, hat es einen bedeutenden moralischen Wert.

Die Schlacht im Korallenmeer ist die erste Trägerluftschlacht der Geschichte, in der sich Flotten bekämpfen, die sich niemals gegenseitig zu Gesicht bekommen, und die erste, die ausschließlich die Trägerflugzeuge beider Gegner entscheiden.

Nachdem Hitler 1941 die Sowjetunion angegriffen hat, beginnen die Engländer und später auch die USA, über das Nordmeer Stalin mit Kriegsmaterial zu versorgen

und in die Häfen von Archangelsk und Murmansk zu schaffen. Es erweist sich jedoch zu keinem Zeitpunkt als möglich, alle 10 Tage einen Geleitzug zu schicken, wie Churchill gehofft hat. Die in Norwegen stationierte deutsche Luftwaffe stellt eine enorme Bedrohung dar: Die Arktis-Geleitzüge, die den Nachschub für die Sowjetunion transportieren, sind meistens über zwei Drittel der gesamten Route deutschen Luftangriffen ausgesetzt, besonders wenn im Sommer die Packeisgrenze am weitesten südlich liegt. Der Aktionsradius alliierter Luftdekkung reicht nur bis zur Insel Jan Mayen und läßt eine große Lücke zwischen der Insel bis nördlich von Murmansk ungeschützt. Die britische Marine muß sich jedoch den politischen Rücksichten fügen. So werden die Geleitzüge in der Zeit ihrer höchsten Gefährdung nicht gestoppt, sondern, wie der Fall des Konvois PQ 16 zeigt – mit seinen 35 Handelsschiffen sogar der größte aller bisherigen –, eher mit Hochdruck weitergeführt.
Am Donnerstag, dem 21. Mai 1942, meldet ein deutscher Agent aus Reykjavik auf Island, daß der Konvoi PQ 16 in See sticht. 4 Tage später wird er von der deutschen Luftaufklärung erfaßt.

Am Dienstag, dem 26. Mai 1942, beginnt in Nordafrika das Unternehmen »Theseus«, die Offensive der deutsch-italienischen Panzerarmee (GenOberst Rommel) an der El-Gazala-Front in Richtung Tobruk. Die deutsche Luftflotte 2 (GFM Kesselring) stellt 542 Flugzeuge bereit, die britische Desert Air Force zählt 604 Maschinen.

Am Mittwoch, dem 27. Mai 1942, greifen südöstlich der Bäreninsel bis zum Abend 101 Maschinen Junkers Ju 88 des Kampfgeschwaders 30 (KG 30) und 7 Heinkel He 111 der I/KG 26 den Konvoi PQ 16 an und versenken 7 Frachter mit 36 987 BRT. Mehrere Schiffe werden beschädigt. Nahezu 5 Tage lang haben die Konvoi-Sicherungseinheiten fast ununterbrochene Gefechte mit den deutschen Torpedo- und Sturzkampfbombern zu bestehen, der Geleitzug bleibt jedoch beisammen und läuft am Sonnabend, dem 30. Mai 1942, »geringer an Zahl, zerschlagen und erschöpft, doch immer noch in strikter Ordnung«, in der Kola-Bucht bei Murmansk ein. Am gleichen Tag greifen deutsche Bomber den Konvoi PQ 16 zum letztenmal an, werden jedoch durch das Flakfeuer und sowjetische Jäger abgedrängt. Bei diesen Luftkämpfen fällt der erfolgreichste Flieger der sowjetischen Nordflotte, Oberstleutnant Safanow. Insgesamt sind 32 400 Tonnen Kriegsmaterial, darunter 147 Panzer, 77 Flugzeuge und 770 LKW, mit den Transportern untergegangen.

Einen Höhepunkt in der bisherigen Entwicklung des Luftkrieges gegen Deutschland bildet der erste »1000-Bomber-Angriff« der RAF auf Köln in der Nacht vom 30. auf den 31. Mai 1942. Noch einige Tage zuvor werden Kritiken in der britischen Öffentlichkeit laut, da der Bombenkrieg keine sichtbaren Erfolge zeigt. Nun will Harris die Skeptiker mit einem Großangriff überzeugen. Das Küstenkommando, selbst Fliegerschulen und Werften müssen dafür Maschinen und Besatzungen stellen. Eines der Ziele dieser Operation: Die Taktik der »Area bombing«, das Flächenbombardement, gegen eine große Industriestadt zu erproben.
In der Nacht zum 31. Mai starten von 52 Flugplätzen 1047 Maschinen, von denen 886 Bomber Köln erreichen und 1459 Tonnen Bomben, darunter zwei Drittel Brandbomben, abwerfen. Hoch fliegende Gee-Träger ziehen das Flakfeuer auf sich, tiefer fliegende Flugzeuge bewerfen die Batterien mit Splitterbomben. In einem 90-Minuten-Angriff werden 5000 Brände entfacht, die 3300 Häuser zerstören. Die erstaunlich niedrigen Verluste unter der Bevölkerung sind unter anderem den gut ausgebauten Luftschutzräumen zu verdanken: 474 Tote, 5000 Verletzte und 45 000 Obdachlose. 40 britische Maschinen (4 Prozent) gehen verloren. Der angerichtete Schaden ist viermal größer als bei insgesamt 70 früheren Angriffen mit zusammen 2000 Maschinen. Als besonders wirkungsvoll erweisen sich neuartige Brandkanister. Die letzte Welle, 200 viermotorige Bomber, wirft Sprengbomben ab, um die Flächenbrände zu verbreitern und die Löscharbeiten zu behindern.
Zum erstenmal wird in dieser Nacht die neue Taktik des Bomberstroms angewandt: Die Bomber fliegen alle die gleiche Route, und die Angriffsdauer beträgt zweiein-

halb Stunden: So werfen pro Minute 7 Maschinen ihre Bombenlast ab. Harris kalkuliert dabei, daß ein dichter, in verschiedenen Höhen fliegender Bomberstrom es der Luftabwehr erschwert, den genauen Kurs und besonders die Höhe der einzelnen Flugzeuge festzustellen. Selbst das Flaksperrfeuer verliert an Wirksamkeit. Diese neue Bomberstromtaktik ist bei den Besatzungen nicht besonders geschätzt: Mehrere Bomber kehren mit beschädigten Tragflächen zurück, die durch Massenabwürfe von Brandbomben höher fliegender Formationen verursacht wurden. Auch die Kollisionsgefahr macht den Piloten zu schaffen, obwohl das Risiko eines Zusammenstoßes nur etwa bei 0,5 Prozent liegt, während die Wahrscheinlichkeit, von der Luftabwehr abgeschossen zu werden, bei dem üblichen Verbandsflug 3 oder 4 Prozent beträgt. Die ersten 1000-Bomber-Angriffe mit der Bomberstromtaktik im Mai und Juni 1942 auf Köln, Essen und Bremen sind daher nicht nur Versuche, mit Massenverbänden größere Zerstörungen zu erzielen, sondern sie sollen auch zeigen, daß dadurch geringere Verluste an Flugzeugen erreicht werden.

Der Angriff auf Köln, der bis jetzt die größten Zerstörungen bei minimalen Verlusten der RAF verursacht, beweist, daß das Himmelbett-Verfahren der Kammhuber-Linie der Taktik eines Großangriffs mit eng geschlossenem Bomberstrom nicht mehr gewachsen ist, da nur jeweils ein Jäger von einer Nachtjagdbodenstation geführt werden kann. Eine große Gefahr für das Himmelbett-Verfahren liegt in der Störung seiner Radargeräte, die die Ortung der einfliegenden Bomber und Führung der Jäger eines Tages unmöglich machen wird. Generalleutnant Kammhuber reagiert sofort auf die neue Bomberstromtaktik und läßt seine Linie mit zusätzlichen Stationen verbreitern. Die Scheinwerferriegel werden aufgelöst und die Einheiten der Bodenabwehr zum besseren Schutz einzelner Objekte zugeteilt. Weitere Maßnahmen nach dem 1000-Bomber-Angriff: Industrieverlagerung aus der Reichweite britischer Bomber nach Mittel-, Ost- und Süddeutschland, um das Rüstungspotential zu sichern. Die verstärkte NS-Propaganda soll moralische Auswirkungen dieser Massenangriffe mindern.

Ähnlich dem Angriff auf Pearl Harbor plant der japanische Admiral Yamamoto, die Midway-Inseln im Handstreich zu nehmen und die US-Flotte zu einer entscheidenden Schlacht herauszufordern, um nach weiteren Operationen gegen Hawaii die absolute Seeherrschaft zu erringen.

Midway, eines der kleineren Atolle im Stillen Ozean, das nur einen Durchmesser von etwa 9 Kilometern hat, liegt auf halbem Wege zwischen Hawaii und Japan. Es besteht aus zwei kleinen Inseln, die kaum groß genug sind, um auf ihnen Flugplätze anzulegen. Auf den beiden baumlosen Eilanden befinden sich ein Sender, große Treibstofflager, Munitionsdepots, ein Seefliegerhorst, ein Flughafen und andere wichtige militärische Anlagen. Anfang Juni 1942 ist Midway noch der einzige starke Stützpunkt der Amerikaner im Mittelpazifik westlich von Hawaii. Bereits am 20. Mai 1942 hat Yamamoto per Funk seiner Flotte einen detaillierten Operationsplan durchgegeben. Wegen einer verwaltungstechnischen Panne muß er einen veralteten Code benutzen, den die Amerikaner inzwischen schon geknackt haben. Der Leiter der Funkaufklärung auf Hawaii, Captain J. J. Rochefort, erfährt so von den Absichten des japanischen Flottenchefs. Da in den Funksprüchen das Angriffsziel nur als »Objekt« genannt wird, versucht Rochefort auf einfache aber geniale Art, den Gegner zur Preisgabe seines Geheimnisses zu bewegen. Sämtlichen Stützpunkten im Pazifik wird befohlen, über eventuelle Schwierigkeiten in einem Code zu funken, von dem er weiß, daß er den Japanern bekannt ist. Kurz nachdem Midway den Ausfall der Destillationsanlage meldet, fängt Rochefort die verschlüsselte Nachricht einer japanischen Station ab: Das »Objekt« hat Wassermangel. Damit kennt er das Hauptangriffsziel der Japaner und am folgenden Tag übrigens auch ihr Ablenkungsmanöver gegen Dutch Harbor auf den Aleuten.

Yamamoto ist überzeugt, daß die Amerikaner im Korallenmeer ihre Träger »Yorktown« und »Lexington« verloren haben, und die Träger »Hornet« und »Enterprise« noch im Südpazifik seien. Durch den Verlust der US-Schlachtschiffe in Pearl Harbor erwartet er bei Midway keinen großen Widerstand. Yamamoto vermutet, daß Admiral C. W. Nimitz einen erheblichen Teil seiner Kräfte nach Norden beordert hat, um den Angriff auf die Aleuten abzuwehren, und bevor dieser Verband zurück sein kann, hofft er, Midway erobert zu haben. Yamamoto ahnt nicht, daß sein Widersacher bereits die 3 ihm verbliebenen Flugzeugträger »Yorktown«, »Enterprise« und »Hornet« in Pearl Harbor hat und die Reparatur an der »Yorktown«, die drei Wochen dauern soll, in einer Rekordzeit von drei Tagen geschafft wird.

Nach überstürzten Vorbereitungen laufen unter Yamamotos Führung 6 Flugzeugträger, 7 Schlachtschiffe und 10 schwere Kreuzer mit Begleiteinheiten aus, eine

Links: Der berühmteste und erfolgreichste schwere Nachtbomber der RAF, Avro Lancaster, startet zum »1000-Bomber«-Angriff auf Köln

Rechts: Schlacht bei Midway

Unten: Der Sturzbomber Douglas SBD Dauntless mit einer 250-kg-Bombe kurz vor dem Angriff

Darunter: Deutsche schwere Flak auf Tieflader-Waggons: Dank der Möglichkeit zu schnellem Stellungswechsel sind die Eisenbahn-Flakbatterien besonders beweglich

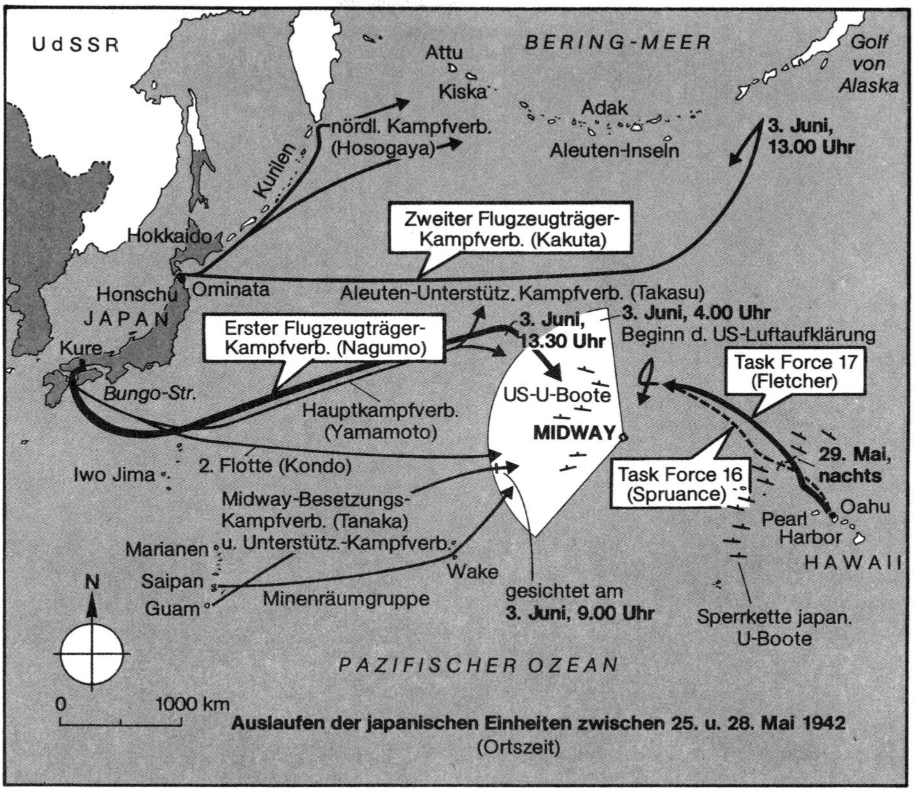

Auslaufen der japanischen Einheiten zwischen 25. u. 28. Mai 1942 (Ortszeit)

Landungsflotte folgt. Ein weiterer Verband übernimmt den Ablenkungsangriff auf die Aleuten. Die Amerikaner, die den japanischen Operationsplan kennen, postieren ihre 3 Träger in einer gewissen Entfernung von Midway und erwarten zusammen mit den auf der Insel stationierten Fliegerkräften die geballte, jedoch verzettelt eingesetzte japanische Flotte. Unterdessen läuft – wie vorgesehen am 3. Juni 1942 – der japanische Ablenkungsangriff (Konteradm. Kakuta) auf die Aleuten, wenn auch wenig erfolgreich. Der Schauplatz zwischen den Aleuten und Midway erstreckt sich über 1800 Seemeilen vom Nord- bis zum Zentralpazifik. Die Japaner werfen in diese Schlacht die bis dahin größte Massierung von Menschen, Schiffen und Flugzeugen.

Am Morgen des 4. Juni 1942 setzt Vizeadmiral Nagumo 108 seiner Trägermaschinen gegen Midway ein, während ein zweiter gleich starker Flugzeugverband bereitsteht, um jedes gesichtete feindliche Kriegsschiff sofort angreifen zu können. Die erste von den Trägern »Akagi«, »Kaga«, »Soryu« und »Hiryu« gestartete Welle richtet auf der Insel nur begrenzte Schäden an, da die Amerikaner – durch Radar gewarnt – ihre auf Midway befindlichen Maschinen rechtzeitig haben starten lassen. Konteradm. Fletcher, der das Kommando über den Angriffsverband führt und seine Träger weit nordöstlich von Midway konzentriert hat, hofft, daß die Flugzeuge vom Luftstützpunkt Midway den feindlichen Flottenverband sichten, bevor die Japaner den Standort seiner Schiffe ausgemacht haben. Und während die 4 Träger des Vizeadmirals Nagumo zu ihrem ersten Schlag gegen Midway

ansetzen, bereiten sich die Maschinen der 3 amerikanischen Flugzeugträger (Konteradm. Fletcher) auf den Angriff gegen die Japaner vor.
Kapitänleutnant Tomonaga, Führer des japanischen Kampfverbandes, meldet nach dem ersten Bombenangriff auf Midway, daß ein zweiter notwendig sei, um die Verteidigungsanlagen der Insel vor einem Landungsversuch auszuschalten. Der Gegenangriff der auf Midway stationierten Flugzeuge auf die Trägergruppe Nagumos verursacht zwar nur leichte Schäden bei den Japanern und einige Verluste unter den US-Maschinen, ist aber möglicherweise der Grund für die verhängnisvolle Entscheidung des japanischen Vizeadmirals: Nagumo entschließt sich nun, die an Deck der Träger in Reserve gehaltenen 93 Flugzeuge, die für den Fall des Erscheinens amerikanischer Seestreitkräfte mit Torpedos ausgerüstet sind, mit Bomben zu versehen, um der Insel den letzten Stoß zu versetzen. Dies bedeutet, daß während der folgenden 60 Minuten, in denen die Umrüstung vorgenommen wird und der Verband (Kptlt. Tomonaga), der Midway bombardiert hat, zum Tanken und Munitionieren landet, die 4 Träger gegen einen unerwarteten Angriff völlig hilflos sind, da sich alle ihre Jäger in der Luft befinden, um die Attacken der US-Maschinen von Midway abzuwehren.
Kurz darauf wird Vizeadmiral Nagumo eine Gruppe amerikanischer Schiffe gemeldet, die in einer Entfernung von etwa 280 Seemeilen gesichtet worden sind. Zuerst glauben die Japaner, es seien nur Kreuzer und Zerstörer. Um 8.20 Uhr kommt ein Funkspruch, daß zu dieser Gruppe auch ein Flugzeugträger gehöre. Dies ist eine unangenehme Nachricht für Nagumo: Die meisten seiner Flugzeuge sind jetzt mit Bomben ausgerüstet und sämtliche Jäger in Aktion. Er muß auch abwarten, bis die letzten Maschinen (Kptlt. Tomonaga) von dem Angriff auf Midway zurückkehren. Inzwischen nähern sich amerikanische Trägerflugzeuge ohne Jagdschutz in 3 Wellen von insgesamt 41 schwerfälligen Torpedobombern und greifen die japanischen Träger an. Ohne einen Treffer zu erzielen, werden 35 US-Maschinen von Jägern oder Flak abgeschossen.
In diesem Augenblick, während die japanischen Jäger noch die Torpedoflugzeuge abwehren, erscheinen die Sturzbomber der US-Träger »Enterprise« und »Yorktown«. Als die ersten wieder von Bomben auf Torpedos zum Schlag gegen Schiffsziele umgerüsteten japanischen Flugzeuge aus den Hallendecks mit den Aufzügen nach oben kommen und die Treibstoffleitungen voll sind – überall lagern Öle und Fette, Torpedos, Bomben oder Bordmunition –, stürzen 37 amerikanische Stukas aus 6000 Meter Höhe herab, gegen die keine Abwehr möglich ist.
Der Träger »Akagi«, das Flaggschiff Nagumos, wird von Bomben getroffen, die eine Kette von Explosionen zwischen den auf Deck stehenden startklaren Flugzeugen auslösen. Das Schiff muß aufgegeben werden. Der Träger »Kaga« sinkt brennend einige Stunden später, und der Träger »Soryu« geht nach 3 Volltreffern innerhalb

Links: Pazifik, 6. Juni 1942: Der japanische Kreuzer »Mikuma« nach einem Angriff von US-Sturzbombern

Rechts: Während des Krieges im Pazifik eine alltägliche Szene: Ein Jagdbomber Grumman F6F-3 Hellcat kann noch im letzten Augenblick das rettende Deck des Trägers erreichen

Unten rechts: 23. Juni 1943, Pembrey (England): Die FW 190A-3 des Oberleutnants Arnim Faber, die den Engländern unbekannte Einzelheiten über die neue deutsche Jagdmaschine verrät

Unten: Taktik der Torpedoangriffe 1940/1942

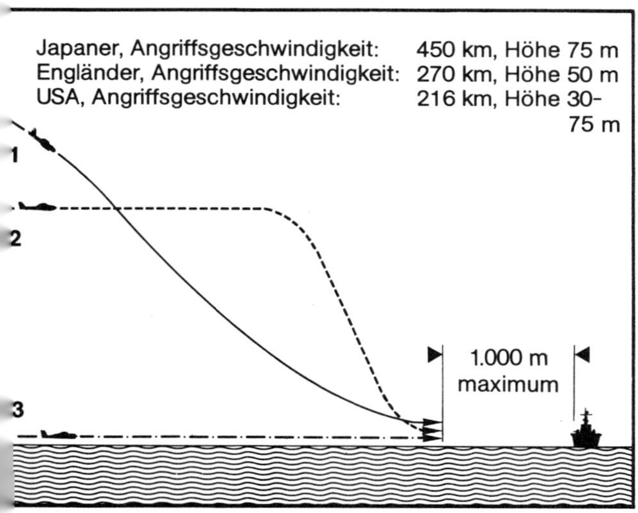

von 20 Minuten unter. Den Flugzeugen des einzigen noch intakten Trägers »Hiryu« gelingt es, die »Yorktown« so schwer zu beschädigen, daß sie ebenfalls aufgegeben werden muß. Nun führen 24 US-Sturzbomber einen Gegenangriff auf die »Hiryu«, die schwer getroffen am frühen Morgen des 2. Juni 1942 sinkt. Der Verlust ihrer 4 Flugzeugträger zwingt die Japaner im Laufe des Tages, die Schlacht abzubrechen. Jene 12 Minuten am Mittag des 4. Juni 1942 haben den Ausgang des Krieges im Pazifik entschieden. Die Besetzung der beiden Aleuten-Inseln Attu und Kiska kann diesen Mißerfolg nicht mehr wettmachen. Die USA verlieren neben dem Träger »Yorktown« nur einen Zerstörer, 307 Mann und 150 Flugzeuge, die Japaner zählen 3500 Tote, davon allein 2155 an Bord der Träger, und etwa 330 Maschinen. Damit geht die Seeherrschaft im Pazifik an die Amerikaner und ermöglicht ihnen zwei Monate später die Offensive im Südwestpazifik (Guadalcanal). Der Fehlschlag bei Midway ist Japans erste große Niederlage seit 1598. Das Ausmaß des Debakels bleibt der japanischen Öffentlichkeit und selbst der Regierung verborgen.

Im Juni 1942 tauchen die ersten amerikanischen Maschinen über Europa auf, allerdings nicht von England, sondern von Ägypten aus: In der Nacht vom 11. bis zum 12. Juni 1942 starten von Fayid am Suezkanal 13 Bomber B 24-Liberator der 9. US-Luftflotte zu einem Angriff auf das Ölzentrum von Ploesti in Rumänien. Da das

Die FW 190 A-3 (Oblt. Faber) wird hier sorgfältig untersucht. Das Ergebnis beeinflußt weitgehend die spätere Entwicklung des britischen Jagdflugzeugbaus. Dies trifft besonders auf die Hawker Tempest II und Hawker F. 2/43 Fury zu

ganze Gebiet unter einer dichten Wolkendecke liegt, können nur wenige Maschinen ihr Ziel ausmachen. Treibstoffmangel hindert die Piloten an der Rückkehr nach Ägypten. In der Ausweichbasis Habbaniya im Irak landen jedoch nur 7 Maschinen. 2 Liberators sind irgendwo in Syrien notgelandet, und die restlichen 6 Bomber fliegen in die Türkei, wo sie interniert werden. So endet der erste Langstreckeneinsatz der Amerikaner über Europa.

Am 18. Juni 1942 errichtet im Bushy Park, in der Nähe des Schlosses Hampton Court, der Kommandeur der 8. Luftflotte, Generalmajor Carl Spaatz, sein Hauptquartier. Die von Spaatz in Carolina (USA) aufgestellten Einheiten der 8. USAAF beginnen mit der Verlegung nach England (Operation »Bolero«), wo die RAF dem US-Vorkommando (Gen. Eaker mit 1800 Mann) 127 Luftstützpunkte zur Verfügung gestellt hat. Das Bodenpersonal sowie das Material kommen mit dem ehemaligen Luxusdampfer »Queen Elizabeth«. Am 23. Juni 1942 starten die ersten viermotorigen US-Bomber von Nordamerika aus nach England auf der Route Labrador–Grönland–Island–Schottland (6000 km). Die Jäger und leichteren Maschinen werden als Schiffsfracht überführt. Die 8. Luftflotte plant Tages-Präzisionsangriffe auf insgesamt 154 Ziele in Deutschland (U-Boot-Werften, Docks, Häfen, Flugzeugwerke, Munitionsfabriken und Verkehrsknotenpunkte). Den Einwänden der RAF, die Verluste bei Tagesangriffen seien zu groß, halten die Amerikaner die von den Briten gemachten Fehler entgegen: zu kleine Verbände in zu großer Höhe.

Beim ersten Eintreffen der neuen deutschen Jäger Focke Wulf 190 im Juli 1941 an der Kanalküste haben sich die englischen Piloten damit getröstet, daß es sich dabei um den amerikanischen Jäger »Curtiss Hawk« handeln müsse, den die Deutschen 1940 in Frankreich mehrfach erbeuteten, bis sie merkten, daß sie in der zum Verwechseln ähnlichen Focke Wulf 190 einen gefürchteten Gegner vor sich haben.

Als bei dem Unternehmen »Cerberus« die FW 190 vom III./JG 26 ein regelrechtes Blutbad unter den britischen Flugzeugen anrichteten, beschloß das britische Kriegsministerium, die selbst den Spitfires gegenüber schnellere und wendigere FW 190 nach England zu holen, um technische Einzelheiten dieser Maschine zu erforschen. Der Chefpilot der britischen Flugzeugwerke Vickers und sein Freund sollen über Frankreich abspringen und mit Hilfe der Résistance dieses so gefährliche Flugzeug von einem deutschen Luftstützpunkt – in der Manier des Handstreichs auf die Radarstation in Bruneval – nach England entführen. Der Termin dieser streng geheimen Operation steht bereits fest: Dienstag, der 23. Juni 1942. Der gefahrvolle Einsatz bleibt ihnen jedoch erspart: Einige Stunden, bevor sie nach Frankreich starten sollen, landet eine FW 190 in England. Oberleutnant Arnim Faber, Adjutant des III./JG 2, hat nach einem Luftduell mit einer Spitfire der polnischen RAF-Staffel den Bristol-Kanal mit dem Ärmel-Kanal verwechselt und fliegt den RAF-Stützpunkt Pembrey an, überzeugt, daß es ein deutscher Fliegerhorst sei.

Der letzte Großeinsatz der RAF in der ersten Jahreshälfte 1942 ist mißglückt: Von 1006 Maschinen der Bomber-, Küsten- und Fliegerschulenkommandos, die am Abend des 25. Juni 1942 zum Angriff auf Bremen starten, finden trotz der Navigationshilfen durch das Gee-Gerät nur 713 Maschinen die Stadt. Das stürmische Wetter und der Gegenwind sollen schuld daran gewesen sein. 1450 Tonnen Bomben werden abgeworfen, die Focke-Wulf-Werke ernsthaft beschädigt; 49 Bomber gehen durch die deutsche Abwehr verloren. Nach diesem Einsatz werden die 1000-Bomber-Operationen vorerst gestoppt.

Am Sonntag, dem 28. Juni 1942, beginnt die deutsche Sommeroffensive an der Ostfront. Den Angriff der Armeegruppe v. Weichs aus dem Raum Kursk gegen die Brjansker Front (GenLt. Golikow) unterstützt das VIII. Fliegerkorps (GenLt. Fiebig). Seine Stukas und Bomber greifen unmittelbar in die Kämpfe ein.

1942
Juli bis Dezember

Donnerstag, 2. Juli 1942, Konstantinopel
Die *Agentur Exchange* meldet:
Die Zensurbehörden gestatten jetzt die Veröffentlichung der Meldung, daß vor etwa 3 Wochen 2 deutsche Fallschirmjäger auf türkischem Boden, hart an der russischen Grenze, landeten. Die beiden Deutschen gehörten einem größeren Verband von Fallschirmjägern an, die hinter den russischen Linien Nachrichten zu sammeln und durch Funk weiterzuleiten hatten. Sie dürften durch den Wind auf türkisches Gebiet getrieben worden sein. Die Fallschirmjäger wurden interniert.

Freitag, 10. Juli 1942
Das *Oberkommando der Wehrmacht* gibt bekannt:
Die Reste des englisch-amerikanischen Großgeleitzuges im Nordmeer wurden gestern nochmals durch Kampfflieger und Unterseeboote erfaßt und angegriffen. Von dem Geleit, das noch aus 3 Dampfern mit 3 Zerstörern und 2 Bewachern bestand, wurden sämtliche 3 Dampfer versenkt, davon 2 durch Unterseeboote. Die Luftangriffe auf Flugstützpunkte der Insel Malta wurden bei Tag und Nacht erfolgreich fortgesetzt. In Luftkämpfen wurden 6 feindliche Jäger ohne eigene Verluste abgeschossen.

Tagesparole des Reichspressechefs,
Dienstag, 28. Juli 1942:
Der Minister führt aus: Es besteht kein deutsches Interesse daran, daß eine zweite Front zustande kommt. Es wäre daher falsch, durch die deutsche Propaganda die Feindseite zur Bildung einer solchen zweiten Front zu provozieren und in diesem Zusammenhang z. B. die Gründe ins Lächerliche zu ziehen, die von der Feindseite gegen die Bildung einer zweiten Front geltend gemacht wurden. Unser Interesse fordert vielmehr, daß wir den Engländern eher behilflich sind, gegenüber Rußland ein Alibi zu haben, wie es die Luftangriffe auf deutsche Städte darstellen. Es wäre daher falsch, in der deutschen Propaganda diese Angriffe zu bagatellisieren.

Geheimer Bericht des *Sicherheitsdienstes der SS*
zur innenpolitischen Lage:
Nr. 304 vom Donnerstag, 30. Juli 1942 (Auszug)
I. Allgemeines: Die Befürchtungen vor einer weiteren Verschärfung der feindlichen Luftangriffstätigkeit beschränken sich im Gegensatz zu den vergangenen Monaten nicht nur auf die städtische, sondern greifen in zunehmendem Maße auch auf die ländliche Bevölkerung über, die neben ihrem Leben vor allem um die mögliche Vernichtung ihres ganzen Hab und Gutes und der kommenden Ernte bangt. Zahlreiche Volksgenossen geben in diesem Zusammenhang erneut ihrer Verwunderung über das Ausbleiben von entsprechenden Vergeltungsangriffen und der Befürchtung Ausdruck, daß die Beherrschung des Luftraumes im Westen nicht mehr in deutscher Hand sei.

Tagesparole des Reichspressechefs,
Sonntag, 2. August 1942:
Der Minister kommt auf die zweite Front zu sprechen und meint, daß der große Flugzeugeinsatz der Engländer zur Bombardierung der deutschen Städte ein Beweis dafür sei, daß eine Landung nicht unternommen werden solle. Die englische Luftwaffe könne sich einen so schweren Aderlaß, wie die Angriffe auf Deutschland ihn darstellten, nicht leisten, wenn sie tatsächlich eine zweite Front errichten sollte.

Tagesparole des Reichspressechefs,
Dienstag, 11. August 1942:
In ausführlicher Weise spricht der Minister nach seiner Rückkehr von seiner Vortragsreise in Westdeutschland

Links: Ein Flakkanonier: Die Flak trägt zusammen mit den Jagdfliegern die Hauptlast der Luftverteidigung vor den immer stärkeren Bombenangriffen

Unten rechts: Gerade im deutsch besetzten Westeuropa versuchen die NS-Behörden mit allen Mitteln, die Bevölkerung von Hilfeleistungen für abgeschossene alliierte Flieger abzuschrecken

über die Lage in den bombardierten Gebieten. Die rheinisch-westfälischen Städte müßten zweifelsohne heute eine schwere Zeit durchmachen, von deren Ausmaß sich die Berliner Dienststellen leider kein richtiges Bild machen könnten. Wir würden außerdem die Frage der Luftangriffe nicht in der richtigen Form behandeln, und er habe festgestellt, daß wir einige erhebliche psychologische Fehler gemacht hätten. Wir könnten recht gut von den Engländern lernen, die während der schweren Angriffe auf London die Haltung der englischen Bevölkerung heroisiert und aus London einen Mythos gemacht hätten. Dieser Mythos hätte sicherlich in London in erheblichem Maße zur Stärkung der Bevölkerung beigetragen und die Stimmung in der Bevölkerung hochgehalten. Der Minister sagt, er sei der Meinung, man müsse einmal in den OKW-Berichten viel eindrucksvoller die Angriffe darstellen und zum anderen der Bevölkerung eine größere Anerkennung zukommen lassen. So schlägt er u. a. vor, man solle den Männern und Frauen, die sich bei den Luftangriffen besonders auszeichneten, Eiserne Kreuze verleihen, unter Umständen auch an ganz besonders verdiente Leute das Ritterkreuz, und in der deutschen Presse heroische Einzelleistungen viel mehr zur Darstellung bringen.

Geheimer Bericht des *Sicherheitsdienstes der SS*
zur innenpolitischen Lage:
Nr. 309 vom Montag, 17. August 1942 (Auszug)
I. Allgemeines: In den luftgefährdeten Städten des Westens, die oft mehrmals in der Nacht Luftalarm haben, wird seitens der Bevölkerung immer wieder der Wunsch nach einer zusätzlichen Lebensmittelzuteilung geäußert. Besonders kinderreiche Mütter klagen darüber, daß sie bei der augenblicklichen Zuteilung außerstande seien, den nach Beendigung des nächtlichen Luftalarms sich stets einstellenden Hunger ihrer Kinder zu stillen.

Geheimer Bericht des *Sicherheitsdienstes der SS*
zur innenpolitischen Lage:
Nr. 314 vom Donnerstag, 3. September 1942 (Auszug)
I. Allgemeines: Die Bevölkerung warte einzelnen Meldungen zufolge geradezu jede Nacht auf einen feindlichen Großangriff. Teilweise hätten Volksgenossen ihr gesamtes Hab und Gut zu ihren Verwandten aufs Land gebracht oder auf verschiedene Wohnungen bei Verwandten und Bekannten verteilt, in der Hoffnung, auf diese Weise wenigstens einen Teil ihres Besitzes vor der Vernichtung retten zu können.

Donnerstag, 10. September 1942
Radio San Francisco meldet:
Wie schon berichtet, hat gestern in den Morgenstunden ein Flugzeug, das vermutlich von einem japanischen U-Boot aus gestartet ist, mehrere Brandbomben über dem US-Staat Oregon abgeworfen. Es entstanden gewisse Schäden in den Wäldern, einige Menschen fanden dabei den Tod.

Tagesparole des Reichspressechefs,
Sonnabend, 12. September 1942:
Der Minister ist der Ansicht, daß es an der Zeit sei, zu dem Luftkrieg in grundsätzlicher Form Stellung zu nehmen. Es gehe nicht an, daß dem deutschen Volke die Diskussion über dieses außerordentlich wichtige Thema

selbst überlassen werde. Millionen von Menschen beschäftigten sich jeden Tag mit der ernster werdenden Luftlage im Westen und fragten sich, wie das ausgehen werde. Wir müßten eine Erklärung herausgeben oder zumindest die Hoffnung erwecken, daß es einmal anders werde. Vielleicht sei es auch angebracht, der Bevölkerung den vollen Ernst der Lage zu sagen und sie darauf aufmerksam zu machen, daß die deutsche Luftwaffe nicht überall gleich stark sein könne. Bisher hätten wir den richtigen Ton zu dem Luftkrieg noch nicht gefunden.

Wachsamkeit bei Notlandung feindlicher Flieger

Besatzungen feindlicher Flugzeuge, die bei Einflügen in das Reichsgebiet durch die deutsche Abwehr zum Absturz gebracht oder zur Notlandung gezwungen werden, versuchen vielfach, sich durch geschicktes Tarnen oder durch Flucht der Kriegsgefangenschaft zu entziehen. Derartige Versuche werden vor allem während der Nacht und beim Absprung der feindlichen Flieger über abgelegenen Gegenden begünstigt, weil Flugzeugnotlandungen und Fallschirmabsprünge dann nicht einwandfrei beobachtet werden können. Die deutsche Zivilbevölkerung wird deshalb zu tatkräftiger Mithilfe und größter Wachsamkeit aufgefordert. Alle – auch die unscheinbarsten – Wahrnehmungen können oft von unschätzbarem Wert für die Landesverteidigung sein.
Jeder, der irgendwelche Beobachtungen über Notlandungen feindlicher Flugzeuge usw. macht, hat im Interesse der Landesverteidigung den nächsterreichbaren Dienststellen der Wehrmacht, Polizei oder Gendarmerie sofort Mitteilung zu machen.

(Amtliche Bekanntmachung, 15. 9. 1942)

Sonntag, 20. September 1942
Das *Oberkommando der Wehrmacht* gibt bekannt:
Wie durch Sondermeldung bekanntgegeben, ist im Nordmeer eine große Geleitzugschlacht gewonnen worden. Nach der völligen Vernichtung eines Großgeleitzuges im Nordmeer in der Zeit vom 2. bis 7. Juli 1942 wurde am 13. September von britischer Seite ein erneuter Versuch unternommen, ein von starken Flotteneinheiten gesichertes Großgeleit durch das Nordmeer in einen sowjetischen Hafen zu führen. Die sehr schlechten Wetterbedingungen und die einen weit nördlichen Kurs erlaubende Eisgrenze begünstigten dieses Vorhaben. Deutsche Kampffliegerverbände und Unterseeboote griffen an und zerschlugen auch diesen aus rund 45 Handelsschiffen bestehenden Geleitzug in tagelangen aufopferungsvollen Kämpfen. Unter schweren Kampfbedingungen, auf weite Entfernungen, bei schlechtem Wetter und starker feindlicher Flak- und Jagdabwehr versenkten unsere Kampfflieger aus dem Geleitzug insgesamt 25 Handelsschiffe mit zusammen 177 000 BRT. 8 weitere Dampfer wurden so schwer beschädigt, daß sie als verloren anzusehen sind. Außerdem vernichtete die Luftwaffe von den Sicherungsfahrzeugen einen Zerstörer sowie 2 Bewacher und warfen einen zweiten Zerstörer in Brand.

Montag, 21. September 1942, London
Die *Admiralität* teilt mit:
Die deutschen Behauptungen über Verluste eines britischen Konvois in der Arktis sind als grobe Übertreibungen zu bezeichnen. Die britische Admiralität ist z. Zt. nicht in der Lage, zu den deutschen Meldungen, die sogar Schiffsnamen anführen, Stellung zu nehmen. Die Behauptungen des Gegners zielen offensichtlich darauf hinaus, durch ein detailliertes Dementi zu erfahren, welche alliierten Schiffe zur Zeit in der Arktis unterwegs sind oder in Murmansk liegen.

Achtung bei feindlichen Bombenangriffen

Eine vielgestellte Frage: Trifft mich die Bombe, die ich pfeifen höre? Von Frontsoldaten stammt die Erfahrung, daß die Kugel, die man pfeifen hört, nicht trifft, weil sie längst vorbeigeflogen ist. Vielfach wird das auch auf die Fliegerbombe übertragen, deren Pfeifen und Heulen man angeblich nicht zu fürchten braucht, weil der Einschlag dann nicht in nächster Nähe erfolgen wird. So richtig die alte Soldatenregel von der Ungefährlichkeit der pfeifenden Kugel ist, so falsch ist die Ansicht, daß dies auch auf die Fliegerbombe unbedingt zutrifft.
Man muß sich vor Augen halten: Das Infanteriegeschoß und auch die Granaten von Geschützen mit gestreckter Flugbahn (z. B. von Pakgeschützen) fliegen mit einer

Bekanntmachung.

Wiederholt habe ich die niederländische Bevölkerung davor gewarnt, in irgendeiner Form die Feinde Deutschlands zu begünstigen. Trotzdem ist wieder ein schwerer Fall von Feindbegünstigung vorgekommen. Am 7.8.41 musste auf niederländischem Gebiet ein britisches Kampfflugzeug notlanden. Der unverletzt gebliebenen Besatzung von 6 Mann wurde bei ihrem Bestreben, zu fliehen, Unterstützung durch Niederländer zuteil durch Hergabe von Geld, Nahrungsmitteln und Zivilkleidung.
Noch am gleichen Tage wurden die Engländer gefangen. Die Begünstiger wurden sofort vor ein deutsches Kriegsgericht gestellt. Dieses verurteilte 5 von ihnen zum Tode und 3 weitere zu langjährigen, teilweise lebenslänglichen Freiheitsstrafen.

Den Haag, den 14.8.41.

Gez.: FR. CHRISTIANSEN
General der Flieger,
Wehrmachtbefehlshaber in den Niederlanden.

Links: Die durch Funkpeilgeräte unterstützten schweren Flakbatterien bilden mit den Scheinwerfern die Abwehrgürtel um strategisch wichtige Ziele

Unten rechts: Westlich von El Alamein, Oktober 1942: die Tank Buster (Panzerknacker) Hurricane II D im Einsatz. Diese mit 2 Vickers-S-Kanonen (40 mm) und 2 MG (7,7 mm) ausgerüsteten Jäger sind lange Zeit eine »Geheimwaffe«. Die »S«-Kanonen zählen zu den Waffen größten Kalibers der RAF-Flugzeuge

Geschwindigkeit, die größer ist als die Schallgeschwindigkeit. Diese Geschosse laufen daher dem Abschußknall davon und schleppen ihren Pfeifton während des Fliegens gewissermaßen hinter sich her, es gibt also keinen Knall und kein Pfeifen, das diese Geschosse vorher ankündigt.

Die Geräusche folgen einander in umgekehrter Reihenfolge wie beim gewöhnlichen und langsam fliegenden Steilfeuer-Artilleriegeschoß: Wird man selbst beschossen, so kommt zunächst der Aufschlag der Granate, darauf folgt das Heulen des Geschosses und zuletzt der Abschußknall. Die Fliegerbombe ist nicht mit einem rasanten Geschoß vergleichbar. Sie fällt zuerst verhältnismäßig sehr langsam. Um 500 Meter Höhe zu durchfallen, braucht sie über 10 Sekunden, und aus 3000 Meter Höhe 25,5 Sekunden, Schallgeschwindigkeit (334 m/Sek.) erreicht die Bombe erst nach einer Fallhöhe von etwa 6000 Meter. Wenn eine bestimmte Fallgeschwindigkeit erreicht ist, fängt die Bombe an zu pfeifen, und zwar sind es die infolge ihrer aerodynamisch nur unvollkommenen Form entstehenden Schneidetöne, die man hört. Solange die Bombe langsamer fällt, als der Schall sich fortpflanzt, läuft der Pfeifton voraus und kann daher am Ziel gehört werden, noch bevor der Bombeneinschlag selbst erfolgt.

Es ist aber völlig falsch, anzunehmen, daß das Pfeifen einer Bombe in Zielnähe ebenso lange zu hören ist, wie die Bombe selbst fällt, denn diese eilt ja gewissermaßen hinter der Schallwelle her, und zwar immer schneller. Hinter der Bombe folgt im Gegensatz zum mit Überschallgeschwindigkeit fliegenden Geschoß kein Schall.

Untersucht man die Verhältnisse der Schallausbreitung an einem Beispiel genauer, etwa für einen Wurf aus 3000 Meter Höhe, so zeigt sich folgendes: In der Annahme, daß die Bombe nach einer Anfangshöhe von 1000 Meter zu pfeifen beginnt, erreichen die ersten von diesem Punkt ausgehenden Schallwellen den Boden am Ende der Fallkurve dann, wenn die Bombe selbst inzwischen bis auf 850 Meter gefallen ist. Von hier aus bis zum Auftreffen braucht die Bombe aber nur noch 4 Sekunden Fallzeit, und nur während dieser 4 Sekunden ist sie im Ziel hörbar. (Weiter entfernt vom Ziel kann das Pfeifen einige Zeit länger zu hören sein.) Wer also da steht, wo die Bombe auftreffen wird, hat – wenn er das Pfeifen vernimmt – einschließlich der Schrecksekunde nur 4 Sekunden Zeit, um sich in Sicherheit zu bringen. Man wird zugeben müssen, daß 4 Sekunden viel zu kurz sind, um zu begreifen, daß höchste Gefahr droht, und dann etwa noch einen Luftschutzraum aufzusuchen. Es ist jedenfalls vollkommen falsch, sich darauf zu verlassen, daß eine Bombe sich durch Pfeifen früh genug ankündigt. Dies gilt auch dann, wenn Bombenwürfe, wie dies bei Tagesangriffen vorkommen kann, aus sehr großer Höhe erfolgen. In solchen Fällen besteht sogar die Möglichkeit, daß man die Bomben vor dem Aufschlagen überhaupt nicht mehr hört, und zwar deswegen, weil eine Bombe ja während des Falles immer schneller wird, schließlich die Schallgeschwindigkeit überschreitet und dann die ersten Schallwellen wieder einzuholen beginnt.

Betrachtet man die Verhältnisse eines Wurfes aus beispielsweise 9000 Meter Höhe, so zeigt sich, daß die Bombe im letzten Drittel ihres Fallweges, wo sie mit Überschallgeschwindigkeit fällt, die Schallwellenfront dicht über dem Boden fast eingeholt hat, so daß ihr Pfeifen, wenn überhaupt, so nur noch einen kurzen Augenblick vor der Detonation hörbar ist. Es ist daher völlig unangebracht, bei Tagesangriffen aus großer Höhe nicht in Deckung zu gehen und auf die Warnung des Pfeifens einer Bombe zu vertrauen ...

Kann man Flugzeuge am Klangbild unterscheiden? Es herrscht vielfach die Überzeugung, daß man einen feindlichen Nachtbomber leicht vom eigenen Nachtjäger am Klangbild unterscheiden könne. Diese Ansicht hat tatsächlich viel Wahres für sich ... Trotzdem darf man nicht glauben, eigene und feindliche Flugzeuge ohne weiteres am Klangbild voneinander unterscheiden zu können.

Der neuzeitliche Flugzeugbau wendet, wenn es sich um bestimmte Flugzeuggattungen handelt, überall ähnliche technische Mittel an. Ein englischer Rolls-Royce-»Merlin«-Motor liefert, weil er mit ähnlicher Drehzahl läuft und eine ähnliche Auspuffanlage besitzt, ein Klangbild, das von dem eines Daimler-Benz-»DB-601«-Motors nicht sehr verschieden ist.
Bedenkt man, daß außerdem die aerodynamische Formgebung zweier neuzeitlicher Flugzeugmuster gleichen Verwendungszweckes kaum voneinander abweicht, so ist leicht einzusehen, daß sich das Gesamtklangbild beider Flugzeugmuster nicht weit voneinander unterscheidet. Man darf sich daher nicht ohne weiteres zumuten, einen eigenen Nachtjäger, der ja auch zweimotorig sein kann, von einem britischen Nachtbomber zu unterscheiden. Nur der Geübte und der über ein gutes Gehör verfügende Flugmeldeposten wird einwandfrei feststellen können, ob es sich nach dem Klang um ein eigenes oder feindliches Flugzeug handelt. Faustregeln wie etwa diese, daß britische Flugzeuge einen helleren Klang besitzen als deutsche, sind nicht ohne weiteres zutreffend.

Der Adler, September 1942

Geheimer Bericht des *Sicherheitsdienstes der SS* zur innenpolitischen Lage:
Nr. 328 vom Donnerstag, 22. Oktober 1942 (Auszug)
I. Allgemeines: Die Rede des Reichsministers Dr. Goebbels in München hat eine starke Beachtung nicht nur in München selbst, sondern auch in allen Teilen des Reiches gefunden ... Besonders in Nord- und Westdeutschland ist man deshalb befriedigt, weil man aus Erzählungen von Bombengeschädigten, die in Süddeutschland waren, weiß, daß sie dort teilweise mit Ausdrücken wie »Bombenheinis«, »Bombenweiber« u. a. tituliert worden seien.

Britische Offensive in Ägypten

Sonnabend, 24. Oktober 1942, Kairo
Das *britische Hauptquartier im Mittleren Osten* gibt bekannt:
Gestern, noch vor Morgengrauen, hat die 8. Armee in Ägypten eine Offensive begonnen, durch die eine Entscheidung in Nordafrika erzwungen werden soll. Die ersten Meldungen von der Front lassen die Wirkung der schweren Angriffe erkennen, die die alliierten Luftstreitkräfte zur Vorbereitung der Offensive in den letzten 10 Tagen und Nächten gegen die feindlichen Flugplätze richteten.

Sonntag, 25. Oktober 1942, Kairo
Das *britische Hauptquartier im Mittleren Osten* gibt bekannt:
Vorgeschobene Truppenteile der 8. Armee haben in den frühen Morgenstunden des gestrigen Tages die feindlichen Hauptstellungen an einigen Punkten durchbrochen. Unsere Bodengewinne wurden trotz der Gegenangriffe

Rechts: Short-Stirling-Bomber: Sie haben sich als unzulänglich erwiesen und werden ab Anfang 1943 nur noch gegen schwach verteidigte Ziele eingesetzt

Links: Nordafrika: Stukas in geschlossener Formation fliegen einen Entlastungsangriff

des Feindes behauptet. Die heftigen Kämpfe dauern an. In den letzten 24 Stunden haben unsere Luftstreitkräfte ihren Einsatz mit höchster Intensität fortgesetzt. Mit größter Wucht führten unsere Jagdbomber ihre Angriffe trotz des schweren Feuers der Bodenabwehr im Tiefflug durch.

25. Oktober 1942, Rom
Das *Comando Supremo* gibt bekannt:
Nach intensiver Artillerievorbereitung ist der Feind mit starken Panzer- und Infanteriekräften im Nord- und Südsektor der Front von El Alamein zum Angriff übergegangen. Der überall zurückgeworfene Feind erlitt schwere Verluste, insbesondere an Panzern, von denen bis jetzt 47 zerstört wurden. Die Kämpfe dauern an. Die britische Luftwaffe griff zur Unterstützung der Bodenoperationen mit starken Formationen an, wurde aber überall von der Luftwaffe der Achse zurückgeschlagen, die 15 feindliche Flugzeuge brennend abschoß.

Sonnabend, 5. Dezember 1942, Rom
Die *Agentur Stefani* teilt mit:
König Viktor Emanuel ist heute früh in Neapel eingetroffen; er besuchte die von dem Luftangriff betroffenen Stadtteile und begab sich anschließend zum Pilgerspital, um sich mit den Opfern zu unterhalten.

Sonntag, 6. Dezember 1942, Kairo
Das *US-Hauptquartier in Kairo* gibt bekannt:
Schwere Bomber vom Typ Liberator C-24 der USAAF führten am Freitag den ersten amerikanischen Luftangriff gegen Italien durch. Bomben trafen italienische Handels- und Kriegsschiffe sowie die Hafen- und Eisenbahnanlagen in Neapel. Über den Zielen sind mit großem Erfolg Bomben aller Kaliber abgeworfen worden. Feindliche Jäger stiegen nicht auf. Sämtliche eingesetzten Maschinen sind zurückgekehrt.

Montag, 7. Dezember 1942, London
Das *Luftfahrtministerium* meldet:
Etwa 100 RAF-Bomber beteiligten sich am Sonntag an einem Luftangriff auf Eindhoven. Für den Schutz waren 400 Jagdflugzeuge eingesetzt, darunter Spitfire-Maschinen neuesten Typs, die außerdem Ablenkungsangriffe über Frankreich und Holland flogen. Norwegische, polnische, amerikanische und kanadische sowie ein indisches Geschwader und Maschinen der Freien Franzosen nahmen an dieser Operation teil. Es handelte sich um die bisher größte Aktion, die von der RAF bei Tage durchgeführt wurde. Das Hauptziel waren die Philips-Werke in Eindhoven, die größten und bedeutendsten Fabrikanlagen dieser Art in Europa.

Donnerstag, 31. Dezember 1942
Das *Oberkommando der Wehrmacht* gibt bekannt:
Ein deutscher Fernkampfverband griff in der vergangenen Nacht überraschend den Hafen Casablanca an der westafrikanischen Küste an. Zahlreiche Spreng- und Brandbomben verursachten große Brände, die beim Abflug in die Wüste noch aus großer Entfernung beobachtet wurden.

Bomben auf Casablanca

Bewaffnete Aufklärung gegen Casablanca des III./KG 40 in der Nacht vom 30./31. Dezember 1942
Wetter am Zielort 6–8/10 bedeckt. Wolkenuntergrenze 1000 m. Feuersicht 50 km, vereinzelte Schauer. Angriff erfolgte für Feind völlig überraschend. Erst bei Abflug 4–5 Scheinwerfer und starkes, schweres und leichtes Flakfeuer hauptsächlich durch Schiffsflak, schlecht liegend. Anscheinend keine einheitliche Feuerleitung. An Bomben wurden abgeworfen: 2 SC 500, 16 SC 250,

19 SBC 50, 4 ABB 500. Einschläge in Lagerhallen und Gleisen des Güterbahnhofs mit nachfolgenden Detonationen und Bränden erkannt. Bei gelungener Überraschung und günstigem Angriffswetter ist mit guter Trefferlage am Ziel zu rechnen. Die starke technische Störanfälligkeit der FW 200 bei langen Anflügen mit hoher Bombenladung beeinträchtigte die Unternehmung.

Kriegstagebuch des Flie.-Fü. Atlantik

Casablanca, 31. Dezember 1942
Von US-General *George S. Patton*:
Zeitig heute früh erlebten wir den ersten Luftangriff. 3 Bomben explodierten um 3.15 Uhr und weckten mich aus einem wunderschönen Schlaf. Ich zog die Vorhänge zu, machte in der Mitte des Zimmers Licht, warf mich in einige Kleider und war in knapp 5 Minuten auf dem Dach. Etwa 800 Meter über uns breitete sich eine Wolkendecke, es regnete und stürmte. Unsere sämtlichen Scheinwerfer waren an der Arbeit und bohrten Löcher in die Wolken. Die leichte Fliegerabwehr begann wild drauflos zuschießen, die Leuchtspurmunition sah aus wie Glühwürmchen. Plötzlich gab es einen riesigen Blitz, aus dem lange polypenartige Flammenarme mit Leuchtkugeln hervorschossen. Dieses Feuerwerk gab 20 Minuten lang, in denen sich nichts ereignete, ein sehr helles Licht. Bei andauerndem Gekrache tauchte bald darauf über dem hinter uns liegenden Haus ein großer viermotoriger feindlicher Bomber auf, der sofort von zwei Suchscheinwerfern erfaßt wurde. Gleichzeitig begannen offenbar sämtliche Fliegerabwehrgeschütze in der Nachbarschaft zu schießen. Das Flugzeug wurde buchstäblich von Leuchtspurgeschossen und vom weißen Licht hochexplosiver Munition eingerahmt; letztere bildete aber rasch kleine schwarze Wölkchen. Obwohl dieser Bomber nicht höher als 700 Meter flog, vielleicht aber auch gerade deshalb, entkam er glücklich ohne Treffer; ich zumindest behaupte das, während andere meinten, er sei getroffen worden. Gegen 4.45 Uhr hörten wir hinter uns einen neuen Bomber, abermals eine viermotorige Angelegenheit. Er flog noch niedriger als der erste und wurde gleichfalls von Leuchtspur und hochexplosiven Geschossen eingerahmt. Ich bin davon überzeugt, daß diese Maschine mindestens zweimal getroffen wurde, ehe sie Richtung Europa entschwand.

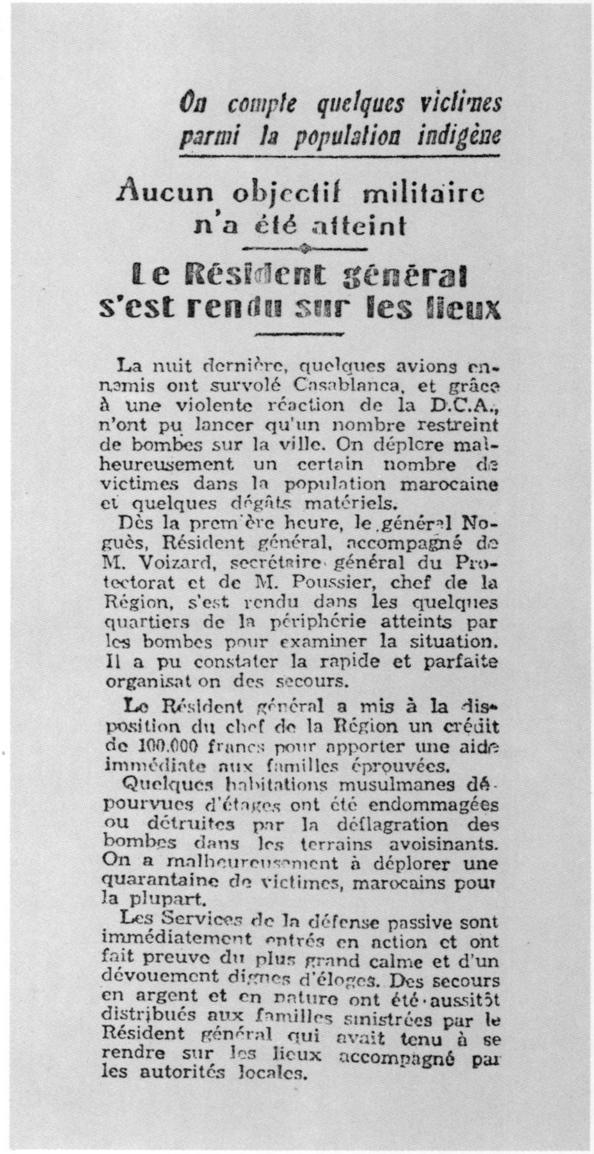

On compte quelques victimes parmi la population indigène

Aucun objectif militaire n'a été atteint

Le Résident général s'est rendu sur les lieux

La nuit dernière, quelques avions ennemis ont survolé Casablanca, et grâce à une violente réaction de la D.C.A., n'ont pu lancer qu'un nombre restreint de bombes sur la ville. On déplore malheureusement un certain nombre de victimes dans la population marocaine et quelques dégâts matériels.

Dès la première heure, le général Noguès, Résident général, accompagné de M. Voizard, secrétaire général du Protectorat et de M. Poussier, chef de la Région, s'est rendu dans les quelques quartiers de la périphérie atteints par les bombes pour examiner la situation. Il a pu constater la rapide et parfaite organisation des secours.

Le Résident général a mis à la disposition du chef de la Région un crédit de 100.000 francs pour apporter une aide immédiate aux familles éprouvées.

Quelques habitations musulmanes dépourvues d'étages ont été endommagées ou détruites par la déflagration des bombes dans les terrains avoisinants. On a malheureusement à déplorer une quarantaine de victimes, marocains pour la plupart.

Les Services de la défense passive sont immédiatement entrés en action et ont fait preuve du plus grand calme et d'un dévouement dignes d'éloges. Des secours en argent et en nature ont été aussitôt distribués aux familles sinistrées par le Résident général qui avait tenu à se rendre sur les lieux accompagné par les autorités locales.

Oben: »Casablanca in der vergangenen Nacht zum erstenmal bombardiert ...«

Links: 6. Dezember 1942, Eindhoven (Holland): Bei dem RAF-Angriff auf die Philips-Werke gehen von 93 eingesetzten Bombern Douglas DB-7 Boston 15 verloren (16 %), weitere 53 Maschinen werden beschädigt

Strategie und Taktik

Juli bis Dezember 1942

Am Mittwoch, dem 1. Juli 1942, trifft der erste schwere Bomber des amerikanischen 8. Fliegerkorps (USAAF), über die Nordatlantikroute kommend, in England ein. Und auf dem Flugplatz Prestwick (Schottland) herrscht großer Jubel, als die »Fliegende Festung« B-17E »Jarring Jenny« zur Landung ansetzt.

An diesem Tag fällt Sewastopol auf der Halbinsel Krim, eine der stärksten Festungen der Welt. Den am 7. Juni 1942 beginnenden Ansturm der 11. deutschen Armee (GenOberst v. Manstein) auf Sewastopol unterstützt das VII. Fliegerkorps (GenOberst v. Richthofen) mit 7 Kampf-, 3 Stuka- und 4 Jagdgruppen. Zur Niederzwingung des mächtigen, von den Sowjets zäh verteidigten Bollwerks sind rollende Angriffe der Luftwaffe von bisher nicht gekanntem Ausmaß erforderlich: In diesen drei Wochen werden 23 751 Einsätze geflogen und 20 529 Tonnen Bomben abgeworfen (dagegen fielen auf England 1941 insgesamt 21 860 Tonnen Bomben.)

Am frühen Nachmittag des 1. Juli 1942 sichtet Unteroffizier E. Reper von der 3./K.Fl.Gr. 906 mit seinem Aufklärungsflugboot BV 138c in der Nähe der Jan-Mayen-Insel den Geleitzug PQ 17. Der am 27. Juni 1942 mit 36 Handelsschiffen in Richtung Archangelsk ausgelaufene größte aller bisherigen Konvois wird rechtzeitig von Agenten aus Reykjavik gemeldet, und Luftwaffe wie auch Marine haben Zeit genug, sich auf dessen Bekämpfung vorzubereiten. Bereits am nächsten Abend versucht die Küstenfliegerstaffel 1./K.Fl.Gr. 406 mit ihren 7 lahmen He-115-Schwimmerflugzeugen einen Torpedoangriff – wenn auch erfolglos – auf den PQ 17. Nun beginnt die größte Geleitzugschlacht des Krieges. Die deutschen Torpedoflugzeuge, Sturzbomber und Unterseeboote greifen tagelang den Konvoi an, der auf halbem Wege zwischen Island und Archangelsk von den schützenden Kreuzern und Zerstörern verlassen wird, nachdem die Admiralität erfährt, daß das Schlachtschiff »Tirpitz« und andere schwere deutsche Einheiten sich auf See befinden. Die Deckungsverbände müssen umkehren, und die Handelsschiffe bekommen den Befehl, sich einzeln zur Sowjetunion durchzuschlagen – mitten durch die von deutschen Flugzeugen, Flotteneinheiten und U-Booten beherrschte Barentssee.

Am Nachmittag des 4. Juli 1942 führen die US-Piloten des 8. Fliegerkorps mit 6 von der RAF zur Verfügung gestellten Douglas A-20 Boston ihren ersten Einsatz über Europa durch. Sie sollen im Tiefflug 4 deutsche Flugplätze in Holland angreifen; jedoch nur 2 Maschinen ge-

Norwegen, Juli 1942: Eine Heinkel He 115 wird startklar gemacht. Die zu dieser Zeit bereits veraltete Maschine stellte vor dem Kriege insgesamt 8 Weltrekorde auf

lingt es, die befohlenen Ziele zu bombardieren. 3 Bostons schießt die Flak ab, und eine Maschine, die ihr Ziel nicht findet, kehrt mit der Bombenlast zurück.
Die in der Barentssee versprengten Frachter des Geleitzuges PQ 17, unter ihnen Amerikaner und Holländer, werden zum Freiwild für deutsche Flugzeuge und U-Boote. Zwischen dem 5. und 10. Juli 1942 versenken 130 Sturzbomber Ju 88, 43 Kampfflugzeuge He 111 und 29 Schwimmerflugzeuge He 115 der Luftflotte 5 (Gen-Oberst Stumpff) 8 Schiffe, die 9 U-Boote der Gruppe »Eisteufel« 9 Schiffe, dazu vernichten die U-Boote mit Fangschüssen 7 weitere durch Luftangriffe beschädigte Frachter. Gesamtverluste des Geleitzuges PQ 17: 24 Schiffe (143 977 BRT). Mit den Frachtern versinken: 3350 LKW und Jeeps, 430 Panzer, 210 Flugzeuge und 99 316 Tonnen Ersatzteile, Verpflegung, Panzerplatten, Munition usw. Die deutsche Luftwaffe verliert 5 Maschinen. Nur 12 von den 36 Einheiten des Konvois PQ 17 erreichen Murmansk. Das britische Kriegskabinett beschließt daraufhin, keinen Geleitzug mehr durch das Nordmeer laufen zu lassen, bis die Tage kürzer werden.

Im Sommer 1942 ist das Bordfunkmeßgerät »Lichtenstein BC« bei den Nachtjägern voll im Einsatz. Das große Antennengebilde am Bug – das Geweih – behindert zwar das Flugzeug in seiner Geschwindigkeit, erleichtert ihm aber (Reichweite des Gerätes bis 3 km) den letzten Anflug an den Gegner nach dem erfolgten Heranführen durch die Himmelbett-Stellungen. Erst durch das Lichtenstein-Gerät ist eine vollkommene Dunkelnachtjagd im Himmelbett-Verfahren möglich, und ein Jägerleitoffizier kann nun mehrere Nachtjäger gleichzeitig an feindliche Bomber heranführen.

Der am Sonnabend, dem 11. Juli 1942, unternommene Tages-Fernraid von 44 Lancasters der 5. Group des RAF-Bomber Command gegen U-Boot-Werften in Danzig und Gotenhafen (Gdingen) ist ein Mißerfolg: Nur jede dritte Maschine findet beim Anflug über die Ostsee ihr Ziel. Die Flak schießt 2 Bomber ab.
Durch die anwachsende Stärke der westalliierten Luftstreitkräfte sind ab Sommer 1942 fast zwei Drittel der deutschen Luftwaffe im Westen gebunden. So werden immer weniger deutsche Elite-Jagdflieger und Maschinen neuesten Typs für die Ostfront abgestellt. Und die meisten Einsätze der Luftwaffe während der Sommeroffensive dienen weiterhin der direkten Unterstützung der Bodentruppen. Auch die Sowjets fliegen keine strategischen Angriffe, und ihre Maschinen – überwiegend die berüchtigten, schwerbewaffneten und gepanzerten Iljuschin Il-2 Sturmowik – sind für die deutsche Infanterie eine Plage.
Es ist für die Ostfront charakteristisch, daß die Einsätze in viel niedrigerer Höhe geflogen werden als in Westeuropa, da die Luftstützpunkte beider Gegner in Frontnähe liegen und die kurzen Anflugstrecken einen mehrmaligen Einsatz am Tage ermöglichen. Die Schlachtflugzeuge Il-2 Sturmowik greifen im allgemeinen in Gruppen von 4 bis 12 Maschinen an. Die Flugzeuge überfliegen die Frontlinie seitlich vom Ziel. Der Anflug erfolgt nun in der Formation »nach rechts verlängerte Treppe«. Dann bilden sie mit einer Linkswendung einen Kreis und greifen das Ziel gewöhnlich in Richtung der eigenen Frontlinie an, was den Vorteil hat, daß sie im Falle einer Beschädigung geradewegs ihre Linien wieder erreichen können. Im Sommer 1942 ändert sich das Kräfteverhältnis an der Ostfront: Der Gesamtzahl der deutschen Flug-

Links: Eine Kette von Schlachtflugzeugen Sturmowik Il-2, den berühmtesten Maschinen der Roten Luftflotte. Hier die erste, einsitzige Version

Oben rechts: Die berüchtigten »Christbäume«, farbige Leuchtzielmarkierungen der RAF-Pfadfindermaschinen, sind die Vorboten der kurz darauf fallenden todbringenden Bomben

Unten rechts: Der Funker eines RAF-Bombers vor der Anlage der Navigationshilfe »Gee«. Über den Empfang sind die Impulsdifferenzen der 3 Sender in England zu erreichen, die eine bis auf 10 km genaue Positionsbestimmung ermöglichen

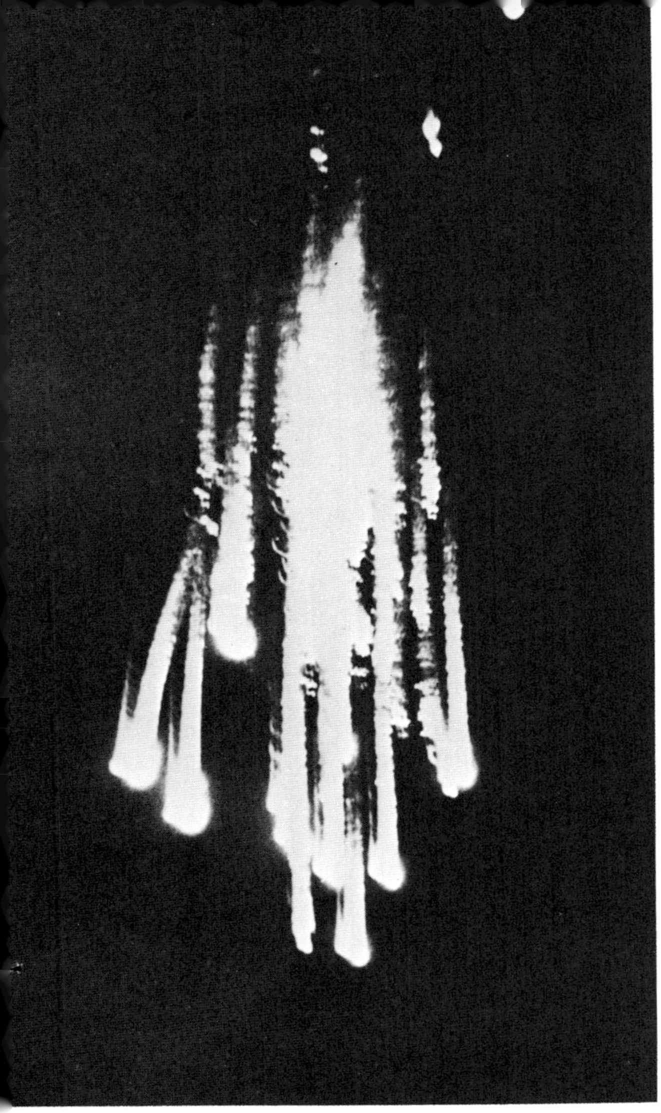

zeuge aller Typen, 2350 bis 2500 Maschinen, steht das Dreifache der Roten Luftflotte gegenüber, bei den Jägern ist das Verhältnis sogar 4 : 1. Zu dieser Zeit ist die deutsche Luftwaffe jedoch technisch und taktisch den Sowjets noch überlegen. Eine uneingeschränkte Luftherrschaft hat die Rote Luftflotte allerdings im Juli im Raum Woronesch am Don erreicht, wo die deutsche Armeegruppe v. Weichs kämpft. Nach der Verstärkung durch Moskauer Verbände können hier die sowjetischen Luftstreitkräfte sogar zu Gegenangriffen übergehen.
Am Sonnabend, dem 1. August 1942, treffen die letzten Maschinen der 8. US-Luftflotte, von Amerika kommend, auf dem schottischen Flugplatz Prestwick ein.

Am Freitag, dem 7. August 1942, landen überraschend 11 000 Soldaten des US-Marine-Korps auf Guadalcanal, der größten der Salomon-Inseln, die im Mai 1942 von den Japanern genommen wurde. Die Japaner unterschätzen die gegnerische Stärke und greifen zunächst nur mit geringen Kräften ein. Und damit beginnt der monatelange Kampf um diese Insel. Das Schicksal Guadalcanals hängt vom Besitz des nahezu fertigen Flugplatzes ab, den die Amerikaner gleich am nächsten Tage erobern und ihn – nach einem bei Midway gefallenen Fliegeroffizier – in »Henderson Field« umbenennen. Der um die Startbahn entstehende Landekopf bleibt jedoch gefährdet, da immer wieder japanische Infanterie aus dem Dschungel hervorbricht. Es steht fest, daß auf Guadalcanal nur den Sieg davontragen kann, wer zuvor die Luftherrschaft erringt, damit er die eigenen auf der Insel kämpfenden Truppen versorgen kann. Am 8. August 1942 greifen 26 japanische Trägerflugzeuge US-Schiffe mit Nachschub für Guadalcanal an. 17 Maschinen werden durch Flak und Jäger abgeschossen. Die Piloten der beiden getroffenen Stukas Typ Aichi D3A »Val« stürzen sich mit ihrer Bombenlast auf den US-Transporter »G. F. Elliott«, der später aufgegeben wird: der erste mit Absicht durchgeführte Selbstmordangriff (Kamikaze) japanischer Flieger.

In der Nacht zum 10. August bombardieren 166 RAF-Bomber Osnabrück. Dabei erleben sie eine unangenehme Überraschung: Sämtliche Gee-Geräte werden auf einen Schlag durch einen massiven Störsendereinsatz außer Funktion gesetzt, ein Beweis, daß der Gegner ihre Navigationshilfen erfolgreich lahmlegen kann. Die Störgeräte, Tarnname »Heinrich«, werden überall im besetzten Europa aufgestellt, einer sogar auf dem Eiffelturm über Paris. Innerhalb der nächsten Wochen sind so viele Störsender in Betrieb, daß »Gee« über ganz Deutschland und Westeuropa unbrauchbar wird. Nun arbeiten die Engländer mit Hochdruck an einem neuen Navigationssystem, genannt »Oboe«.

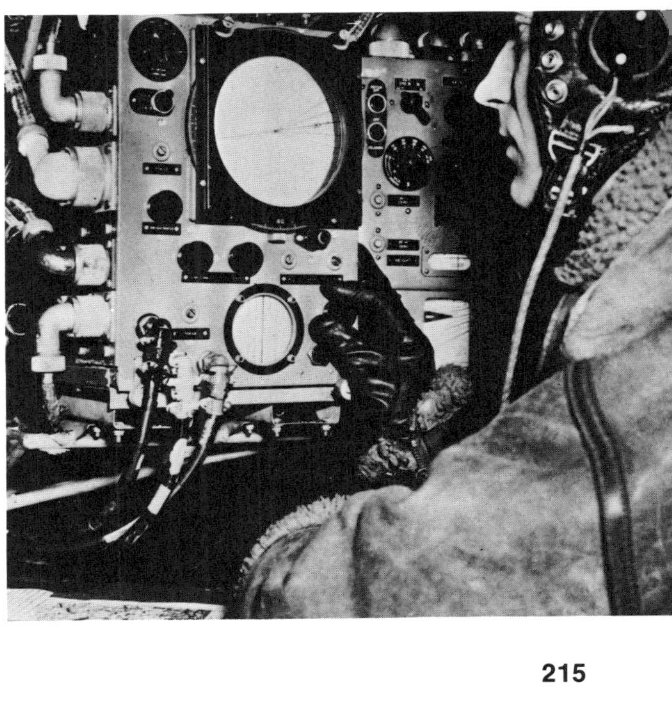

bomben abzusetzen. So brauchen sich die noch unerfahrenen Bomberbesatzungen lediglich nach der Markierung der Pfadfinder zu richten. Im Gegensatz zu früher, wo viele Bomber verlorengingen, weil es oft 2 Stunden dauerte, bis alle Flugzeuge durch die von der Luftabwehr schwer verteidigten Zielgebiete geschleust waren, ist es jetzt möglich, diese Zeit auf weniger als eine Stunde zu beschränken.

Am Montag, dem 17. August 1942, starten um 15.20 Uhr 12 Flying Fortress B-17E der 97. Bombergruppe (8. US-Luftflotte) unter dem Schutz von 4 Spitfire-Staffeln der RAF zu ihrem ersten Einsatz über Europa. In der Maschine des Group Commanders fliegt der Brigade-General I. C. Eaker mit, ein 46jähriger, aus Texas stammender erfahrener Berufsflieger, Befehlshaber des VIII. Bomber Command (offiziell gibt es die Bezeichnung 8. Luftflotte noch nicht). Seine Maschine heißt passenderweise »Yankee Doodle«. Das Ziel ist der für Le Havre wichtige Verschiebebahnhof Sotteville-les-Rouen am linken Ufer der Seine. In 7000 Meter Höhe klinken die »Fliegenden Festungen« ihre 16,5-Tonnen-Bombenlast aus. Alle Maschinen kehren von ihrem Einsatz zurück. Der Hauptzweck dieses ersten Einsatzes ist die Eingewöhnung der Besatzungen. Die Operation bestätigt die Konzeption der amerikanischen Tagesangriffe, die sowohl die Engländer als auch die Deutschen wegen zu hoher Verluste aufgegeben haben.

Am Sonnabend, dem 15. August 1942, verändert ein wichtiges Ereignis den Bombenkrieg: Die Aufstellung der RAF-Pfadfinderverbände, bei denen die deutsche Pfadfindergruppe K.Gr. 100 aus der Zeit der Schlacht um England Pate gestanden hat. Durch ihre Unterstützung sollen die Nachtangriffsmethoden wesentlich verbessert werden. Die Führung übernimmt Air Commodore D. L. T. Bennett. Jetzt rüstet sich das Bomberkommando für seine erste große Offensive gegen deutsche Industriezentren und Rüstungsbetriebe. Die tüchtigsten Piloten, die besten Navigatoren und Bombenschützen fliegen in Pfadfinderflugzeugen voraus, damit diese das Flächenziel schnell finden und durch Abwurf von Leuchtzeichen »abstecken« können. Die Pfadfinder sind in »Finder« und »Beleuchter« aufgeteilt. 15 Kilometer vor dem Ziel beginnt der »Finder« (»Zeremonienmeister«) auf der Einflugschneise der Bomber alle 30 Sekunden eine Leuchtbombe fallen zu lassen. Inzwischen kreisen die »Beleuchter« über dem Zielgebiet und werfen erst Leuchtbomben (»Christbäume«) und dann Brandbomben ab. Die »Finder« fliegen nun quer zur bereits markierten Linie und werfen weitere Leuchtbomben ab. Der Schnittpunkt der beiden erkennbaren Linien ist die Stelle, über der die anfliegenden Bomber ihre Last abwerfen sollen. Eine zweite Pfadfinderstaffel fliegt dem Bomberstrom voraus, um nach Bedarf weitere Leucht-

Links: 17. August 1942, die Amerikaner proben den Luftkrieg über Europa: Vorbereitungen zum Angriff auf den französischen Güterbahnhof bei Rouen

Rechts: Schauplatz Westeuropa

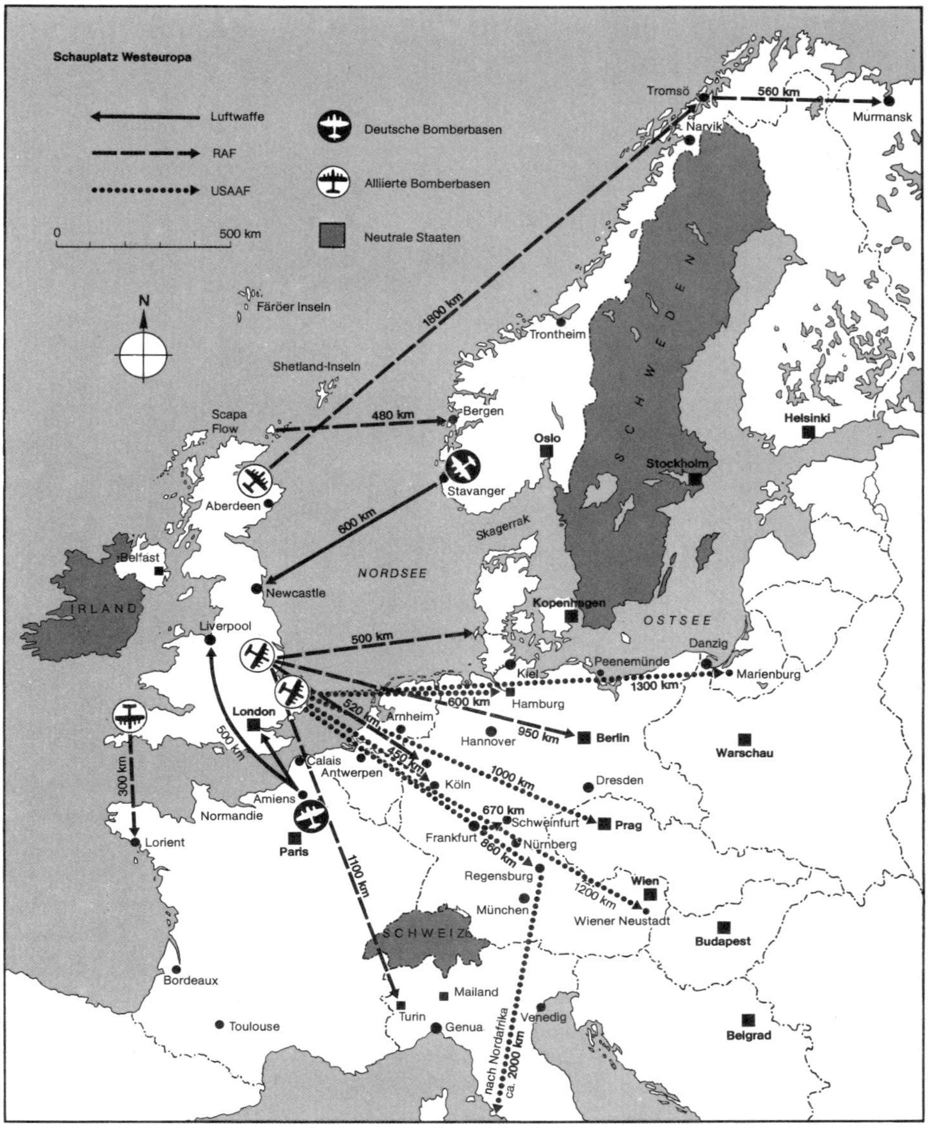

Unten links: Mittagspause bei einer sowjetischen Jagdstaffel: Viele Regimentskommandeure sind bemüht, ihren Piloten bestmögliche Bedingungen zu schaffen

In der Nacht vom 18./19. August 1942, bei dem Angriff gegen die Schiffswerften in Flensburg, erfolgt der erste Versuch der neuen Pfadfindertaktik. Die mit Gee-Navigationsgeräten ausgestatteten Mosquitos sollen das Flächenziel mit Leuchtbomben abstecken. Doch trotz der exakten theoretischen Planung läuft alles schief: Die Gee-Geräte fallen durch Störung bereits mehrere Kilometer vor der Stadt aus, und die Leuchtmarkierungen werden an der falschen Stelle abgeworfen.

Am Mittwoch, dem 19. August, ist Dieppe Schauplatz der größten britischen Operation des Jahres 1942 im Westen Europas: Insgesamt 6100 Mann der 4. und 6. Brigade der 2. Kanadischen Division (GenMaj. Roberts) landen mit Kommandotruppen und Panzern unter starker Luftsicherung beiderseits des französischen Kanalhafens Dieppe. B 17-Bomber und Jäger der 8. USAAF sowie Kampfflugzeuge der RAF fliegen 2462 Einsätze. Bei dieser von den Deutschen blutig zurückgeschlagenen Invasionsprobe büßt die RAF 106 Maschinen und die USAAF 8 Jäger ein. Die Luftwaffe verliert nur 48 Flugzeuge.

Am Donnerstag, dem 20. August 1942, werden 4 Fernfliegerdivisionen von Moskau an die Südfront verlegt. Und am selben Tag nimmt die 287. Jagdfliegerdivision (Oberst S. P. Danilin) den Kampf im Raum Stalingrad auf. Sie ist der erste Verband, der mit dem neuen Lawotschkin-Jäger La-5 ausgestattet wird. Mit der Massierung starker deutscher Fliegerverbände am Südflügel der Front beginnt die Rote Luftflotte ebenfalls, ihre Fliegerkräfte dort zu verstärken. Welche Bedeutung die Sowjets der Front um Stalingrad beimessen, beweist, daß der Oberbefehlshaber der sowjetischen Luftstreitkräfte, Generalleutnant Nowikow, persönlich die Führung aller am Südflügel eingesetzten Fliegerkräfte übernimmt. Ihr Ziel: durch rollende Angriffe auf deutsche Flugplätze die

Links: Das japanische Schwimmerflugzeug Yokosuka E 14Y1. Mit einer Maschine dieses Typs flogen der Pilot N. Fujita und sein Beobachter S. Okuda den ersten und einzigen Bombenangriff auf die USA

Unten rechts: 10. Oktober 1942, Sizilien: Italienische Bomber Savoia-Marchetti SM. 79 Sparviero (Sperber) der 2. Squadra, startbereit zum Angriff auf Malta

Luftwaffe zu zwingen, ihre vorgeschobenen Stützpunkte zu räumen. In jeder sowjetischen Jagddivision entstehen Spezialgruppen mit besonders erfolgreichen Fliegern, die ausschließlich »Freie Jagd« fliegen. Die Taktik der sowjetischen Jäger paßt sich den Deutschen an, und der Flug in der Kette zu je 2 Paaren wird zur befohlenen Einsatzart.

Zum erstenmal seit den Luftkämpfen bei Midway (3. bis 7. Juni 1942) kommt es wieder zu einer Trägerschlacht im Pazifik. Am 24. August 1942, um 16 Uhr, greifen Flugzeuge der »Saratoga« den japanischen Träger »Ryuju« an und erzielen etwa 10 Bomben- und einen Torpedotreffer, die das Schiff schnell zum Sinken bringen. Gleichzeitig hat Admiral Chi Nagumo vom Deck der »Zuikaku« und »Shokaku« aus Sturzbomber mit Jagdschutz starten lassen, die sich aus 5000 Meter Höhe auf den Träger »Enterprise« stürzen, so daß er sich brennend zurückzieht und durch den Träger »Wasp« ersetzt werden muß. Die Japaner brechen die Operation ab, ohne eine Entscheidung zu suchen, und die Amerikaner werten diese Seeschlacht als eigenen Sieg.

Im Sommer 1942 laufen sowohl in England als auch in Deutschland die Versuche mit Stanniolstreifen auf Hochtouren, die sich als bestes Mittel zur Störung der Radargeräte eignen. Die Wissenschaftler beider Länder sind zu dem gleichen Ergebnis gekommen: Erfährt der Gegner von dieser Möglichkeit und setzt die unscheinbaren Streifen ein, so bedeutet es das Ende des eigenen, auf Radarbasis aufgebauten Luftverteidigungssystems. Als General Martini, Kommandeur des Luftnachrichtenwesens, Göring einen Bericht über die Versuche am Düppel vorlegt, befiehlt der erschreckte Reichsmarschall, diesen Bericht sofort zu vernichten. Selbst alle Experimente, die zur Schaffung eines Gegenmittels führen, müssen umgehend eingestellt werden, um zu vermeiden, daß England von dieser Störmöglichkeit erfährt.

Und während auf beiden Seiten des Ärmelkanals die Stanniolstreifen streng bewacht hinter Schloß und Riegel liegen, werfen die Japaner in aller Seelenruhe bei den Bombenangriffen auf Guadalcanal von August 1942 an beinahe Nacht für Nacht ihre »Giman-shi« (täuschendes Papier) ab, um die radargeleitete US-Flak lahmzulegen. Diese Idee, dünne Elektrodrähte zwischen 3 Zentimeter breite und 75 Zentimeter lange Papierstreifen zu kleben, was der halben Wellenlänge der US-Flakgeräte entspricht, stammt von Korvettenkapitän Hajime Sudo, dem Leiter der Funkabwehr der Kaiserlich japanischen Marine. In Bündeln zu je 20 Streifen abgeworfen, tragen sie erheblich zur Verringerung japanischer Verluste bei Nachtangriffen bei.
Interessanterweise verständigen weder Japaner noch Amerikaner ihre Verbündeten von diesem Novum, und es soll noch fast ein Jahr vergehen, bis sich die Engländer entschließen, die »Window«-Stanniolstreifen, das radikale Radar-Störmittel, von der Geheimliste zu streichen und über Deutschland erstmals einzusetzen.

Die zweite Panne passiert dem Pfadfinderverband in der Nacht vom 1./2. September 1942 bei dem Angriff auf Saarbrücken. Sie finden das Ziel nicht und leuchten eine andere Stadt aus. Das Ergebnis: Es fallen 120 Tonnen Bomben, einschließlich einiger 3,6-Tonnen-Luftminen, die man zum erstenmal eingesetzt hat, auf das romantische Saarlouis und zerstören es beinahe völlig. Nach diesen Fehlschlägen entwickelt die RAF eine andere neue Taktik:
Zwei Mosquitos mit Gee-Empfängern fliegen als Einweiser voraus und übermitteln den Pfadfindern über Funk den Standort von Scheinwerfern und Flak sowie Stellen, wo die Markierungsbomben für den nachfolgenden Bomberverband abzuwerfen sind. Sie korrigieren dabei falsche oder ungenaue Markierungen und dirigieren als »Master-Bomber« den Bomberstrom. Die Methode wird erstmals in der Nacht vom 2. zum 3. September 1942 bei einem Angriff auf Frankfurt/Main erprobt. Jedoch bei dem nächsten Nachtangriff der RAF vom 8./9. September auf Frankfurt gehen die Leuchtmarkierungen und Bomben 20 Kilometer von der Main-Metropole entfernt nieder.

Am Dienstag, dem 8. September 1942, entdeckt ein Flugboot BV 138 von der Küstenfliegergruppe 706 in Höhe der Jan-Mayen-Insel den riesigen Geleitzug PQ 18 mit 39 Frachtern und einem Tanker. Den Konvoi schützen 6 Zerstörer, ein Kreuzer und – zum erstenmal auf der Nordmeerroute – der Geleitträger »Avenger« mit 12 alten Hurricanes aus der ersten Vorkriegsproduktion und einigen U-Jagd-Flugzeugen an Bord. Der Befehlshaber der Home Fleet, Admiral Tovey, bemerkt dazu: »... es ist ein Witz, Transportschiffe voller moderner Hurricanes für die Sowjetunion von solchen veralteten Jagdflugzeugen schützen zu lassen.«

Im Morgengrauen des 9. September 1942 liegt vor der Küste des US-Staates Oregon das japanische U-Boot I-25 (2198 Tonnen) unter Fregattenkapitän Meija Tagami, an Bord im Hangar ein Schwimmerflugzeug vom Typ Yokosuka E14Y1. Der Pilot, N. Fujita, einer der jüngsten Marineoffiziere, drückt ein Auge an das Okular des Sehrohrs.

Fujita: »Ich sah zur Küste von Oregon hinüber, wo die Berge noch im Dunst lagen, und konnte das Kap Blanco mit seinem Leuchtturm erkennen. Die stürmische See der letzten 10 Tage hatte sich wieder beruhigt, und der Himmel war wolkenlos. ›Captain‹, sagte ich, ›es sieht gut aus. Ich glaube, wir können heute unsere Aktion durchführen.‹ ›Fein!‹ antwortete Tagami. ›In ein paar Minuten werden Sie Geschichte machen und der erste sein, der jemals die Vereinigten Staaten von Amerika bombardiert hat.‹«

Der Angriff auf die USA entstammt der Idee N. Fujitas. Irgendwann im Sommer 1942 erreicht sein Vorschlag, die USA von einem U-Boot aus mit einem Flugzeug anzugreifen, Admiral Yamamoto, dem ein Bericht des japanischen Exkonsuls in Seattle vorliegt, der als beste und einfachste Methode, Panik beim Feind zu stiften, empfiehlt, die reichen Waldgebiete der amerikanischen Westküste in Brand zu stecken. Und nun kann der junge Seeflieger seine Idee in die Tat umsetzen.

Fujita: »Nachdem ich meine Fliegerkombination angezogen hatte, traf ich die letzten Vorbereitungen. Ich legte ein paar meiner Haarsträhnen, einige Schnipsel von Fingernägeln und mein Testament in eine kleine Holzschachtel. Falls ich von dem Einsatz nicht zurückkehren sollte, würde man diese ›Überreste‹ meiner Frau überbringen. Alles war nun fertig, mein Beobachter Okuda saß in der Maschine, und das Katapult wurde gezündet. Wir flogen über den Leuchtturm von Kap Blanco hinweg die Küste an und drehten dann nach Nordosten zum Zielgebiet. Die Sonne erleuchtete den Osthimmel rotgolden. Nach etwa 70 Kilometern gab ich Okuda den Befehl, die erste Bombe über den riesigen Wäldern abzuwerfen. Wir flogen weitere 15 Kilometer östlich und ließen die zweite Bombe fallen. Als wir Kap Blanco wieder erreicht hatten, drehten wir in südwestlicher Richtung ab. Plötzlich sah ich zwei Frachter. Um unbemerkt zu bleiben, flogen wir dicht über der Wasseroberfläche. Ein paar Minuten später befanden wir uns hinter der Horizontlinie. Erst dann drehten wir ab, um unser U-Boot zu suchen. Bald waren wir wieder an Bord.«

Zwischen dem 13. und 18. September 1942 bekämpfen in der Barentssee deutsche Bomber des KG 30 und Torpedoflugzeuge der K.Fl.Gr. 906 und des KG 26 den Konvoi PQ 18 mit Nachschub für die Sowjetunion: Flugzeuge versenken dabei 10 Schiffe (52 908 BRT), U-Boote 2 Transporter und 1 Tanker (17 742 BRT). Die Deutschen verlieren 20 Maschinen, einige davon durch Jäger des Geleitträgers.

Am Freitag, dem 25. September 1942, nur wenige Au-

الى كل عربي كريم

السلام عليكم ورحمة الله وبركاته وبعد ، فحامل هذا الكتاب ضابط بالجيش البريطانى وهو صديق وفيّ لكافة الشعوب العربية فنرجو أن تعاملوه بالعطف والاكرام .
وأن تحافظوا على حياته من كل طارىء ، ونأمل عند الاضطرار أن تقدموا له ما يحتاج اليه من طعام وشراب .
وأن ترشدوه الى أقرب معسكر بريطانى .
وسنكافئكم مالياً بسخاء على ما تسدونه اليه من خدمات .
والسلام عليكم ورحمة الله وبركاته

القيادة البريطانية العامة فى الشرق

To All Arab Peoples — Greetings and Peace be upon you. The bearer of this letter is an Officer of the British Government and a friend of all Arabs. Treat him well, guard him from harm, give him food and drink, help him to return to the nearest British soldiers and you will be rewarded. Peace and the Mercy of God upon you.

The British High Command in the East.

Useful Words.

English	Arabic	English	Arabic
English.	Ingleezi.		
English Flying Officer.	Za-bit Ingleezi Tye-yar.	Water.	Moya.
Friend.	Sa-hib, Sa-deek.	Food.	A'-kl.

Take me to the English and you will be rewarded.
Hud-nee eind el Ingleez wa ta-hud mu-ka-fa.

2672/PMEB/2.000-2/42.

»An alle Araber ...«! Einen solchen auf Seide gedruckten Aufruf trägt jeder in Nordafrika eingesetzte RAF-Flieger bei sich

genblicke, nachdem in Oslo die Alarmsirenen aufheulen, erschüttern Bombenexplosionen die norwegische Hauptstadt, verursacht durch Mosquitos der 105. Staffel, die ihre ersten berüchtigten Tiefflug-Punktzielangriffe auf deutsche Dienstgebäude durchführen. Fast in Dächerhöhe rasen sie vor den Augen der verdutzten deutschen Bodenabwehr quer über Oslo. Ihr Ziel: das Gestapo-Hauptquartier, dessen Akten und Karteiarchiv Tausende von Namen norwegischer Widerstandskämpfer enthalten. Es wird mit verblüffender Genauigkeit zerstört. Die Maschinen kehren ohne Verluste zu ihrem Stützpunkt Bourn (Cambridge) zurück.

Am 29. September 1942 startet N. Fujita, diesmal in der Nacht, zu einem zweiten Bombenangriff auf die Wälder Oregons an der gleichen Stelle wie das erstemal, 85 Kilometer westlich vom Kap Blanco. Es ist bis heute der letzte Bombenangriff auf die USA. Zu einem dritten Einsatz kommt N. Fujito nicht mehr: die See ist für einen weiteren Start zu rauh.

Den ganzen September 1942 hindurch halten die laufenden Störangriffe von Jägern und Jagdbombern gegen die Küstenschiffahrt und Verkehrsziele in Nordfrankreich, Belgien und Holland die deutsche Luftabwehr in Atem.

Im Herbst 1942 beginnen bei den Nachtangriffen die Verluste der britischen Bomber wieder zu steigen: Am Montag, dem 28. September, erzielt das XII. deutsche Fliegerkorps seinen 1000. Nachtjägerabschuß.

Ab Ende September 1942 setzen die Engländer gegen die deutschen »Freya«-Geräte der Frühwarnkette den seit Sommer 1942 in Serienproduktion hergestellten »Mandrel«-Störsender ein, der ein breites Band von Geräuschen ausstrahlt und die Frequenz von »Freya« (118 bis 128 Megahertz) überdeckt. Die mit »Mandrel« ausgestatteten Defiant-Maschinen der 55. Group fliegen – etwa 80 Kilometer von der Nordseeküste entfernt – 300 Kilometer lange Schleifen und schalten damit das in diesem Küstengebiet liegende deutsche Frühwarnsystem aus. Daneben haben bei jedem Nachtangriff einige Maschinen »Mandrel« an Bord, um das Frühwarnsystem im Landesinneren zu stören.

Die von England aus durchgeführten Einsätze der US-Bomberverbände werden vorerst durch den Auftrag eingeschränkt, sofort aus den Beständen der 8. Luftflotte (8. USAAF) die 12. Luftflotte (12. USAAF) unter General Doolittle, dem Anführer des Tokio-Raid für das Unternehmen »Torch«, die Anfang November 1942 geplante Landung in Nordafrika, aufzustellen. Am 9. Oktober 1942 greifen 108 amerikanische Bomber die Stadt Lille an; 4 Maschinen gehen verloren. Danach ist die Hauptaufgabe der 8. USAAF der Schutz der Nordafrika-Geleitzüge im Rahmen der Operation »Torch« und die Bekämpfung deutscher U-Boot-Stützpunkte entlang der französischen Atlantikküste, während sich der Angriffsschwerpunkt der RAF in den Mittelmeerraum verlagert.

In Deutschland nutzt man die Atempause zur Neuorganisation der Luftverteidigung; die bisher getrennte Tag- und Nachtjagd wird zusammengefaßt und unter dem »Luftwaffenbefehlshaber Mitte« in 5 Jagddivisionen gegliedert. Erstaunlicherweie verfügt die Luftflotte 3 in Frankreich, dem eigentlichen Vorfeld der Reichsverteidigung, über keine Nachtjäger.

Am Sonnabend, dem 10. Oktober 1942, beginnt eine von Feldmarschall Kesselring improvisierte deutsch-italienische Luftoffensive gegen Malta. Bis zum 19. Oktober werden täglich vom Morgen bis zum Sonnenuntergang rund 200 bis 270 Einsätze gegen die Insel geflogen. Nachdem 70 Flugzeuge dabei verlorengehen, wird die Operation eingestellt, was bei dem späteren Rückzug der

Achsenmächte und für ihren Nachschub schwere Folgen hat. Während noch die deutsch-italienischen Angriffe gegen Malta laufen, bereiten die Engländer bei El Alamein eine entscheidende Offensive vor. Die einleitenden Bombenangriffe fangen bereits am 9. Oktober 1942 an und dauern bis einige Stunden vor Beginn der Offensive. In dieser Zeit werden die Flugstützpunkte, Abladeplätze, Transportkolonnen und Depots der Achsentruppen in Nordafrika angegriffen.
In der mondhellen Nacht des 23. Oktober 1942 eröffnen um 21.40 Uhr 1200 Geschütze der 8. britischen Armee (GenLt. Montgomery) die Offensive an der El-Alamein-Front. Die deutsch-italienische Luftwaffe verfügt über 129 Bomber, 65 Stukas, 55 Schlachtflugzeuge und 123 Jäger. Montgomery hat dagegen über 1500 Flugzeuge; davon sind 1200 Maschinen in Ägypten oder Palästina stationiert. Innerhalb von 2½ Stunden werden mehr als 80 Tonnen Bomben über dem Aufmarschraum Rommels abgeworfen und die geplanten deutschen Gegenangriffe vereitelt.
Noch wichtiger für den Ausgang des Kampfes in Nordafrika sind die strategischen Einsätze der alliierten Luftstreitkräfte und britischen U-Boote gegen die Nachschubwege der Achse über das Mittelmeer.
Im September werden 30 Prozent, im Oktober sogar 40 Prozent dieser Transporte durch Luftangriffe versenkt. Von den Treibstoffsendungen gehen sogar zwei Drittel verloren. Außer den taktischen Einsätzen auf dem Schlachtfeld in Nordafrika und den Angriffen gegen die Versorgungsschiffahrt führt die RAF in der zweiten Oktoberhälfte von England aus strategische Angriffe auf Vorratsdepots und Häfen in Italien. Insgesamt werden dafür etwa 700 Bomber eingesetzt. Einer dieser Angriffe findet am 22./23. Oktober 1942 statt. 100 Lancasters des RAF Bomber Command greifen den Hafen und die Stadt Genua an. Am nächsten Tag, Sonnabend, 24. Oktober 1942, starten die Lancasters des Bomber Command zu einem Tagesangriff auf Mailand, dem einzigen einer Serie strategischer Angriffe, der bei Tag durchgeführt wird.

Ringway, Fallschirmspringer-Ausbildungszentrale für SOE-Agenten: Als Übungsflugzeug wird die Whitley verwendet

Bereits im Sommer 1940, nach dem Fall Frankreichs, entsteht in England eine geheime Organisation, die SOE (Special Operations Executive), die die Aufgabe hat, den Widerstand in den besetzten Ländern Europas zu unterstützen und zu koordinieren. Zur Tätigkeit der SOE ge-

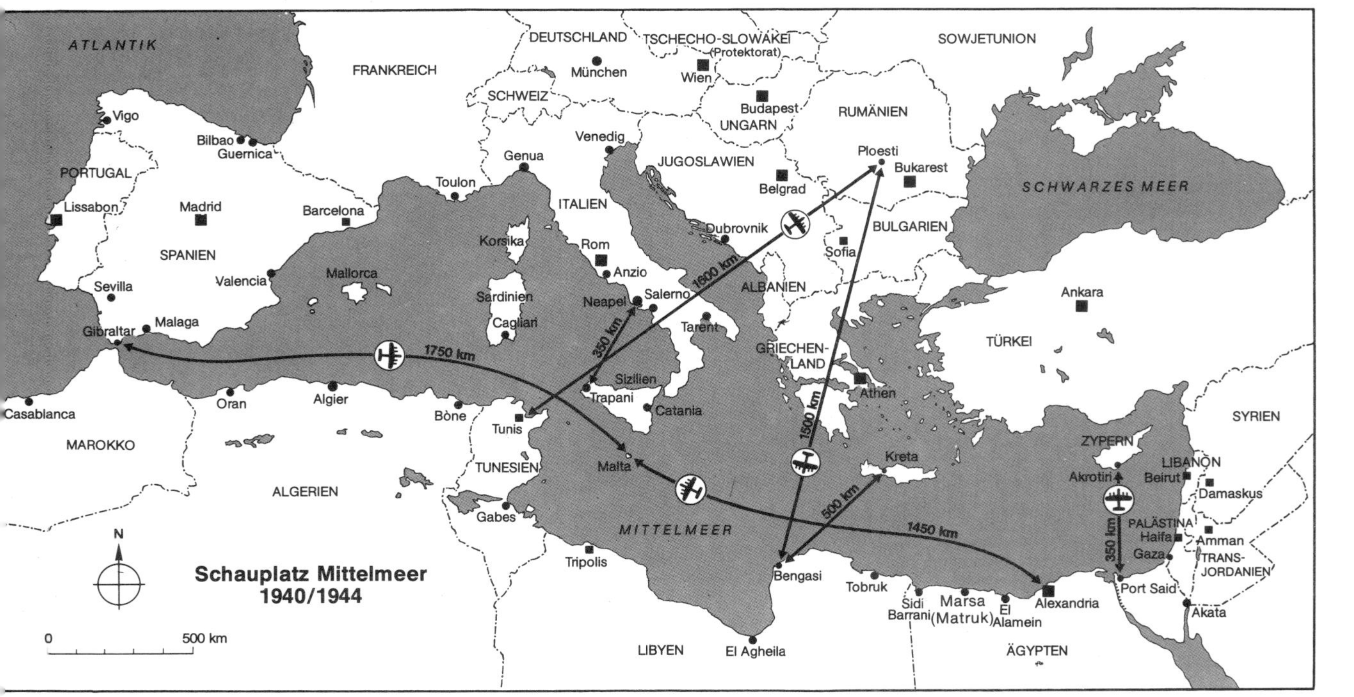

hören Sabotage, das Sammeln von Informationen über deutsche Streitkräfte, Durchführung von Attentaten und Funkkontakte mit London. Die SOE bildet in zahlreichen Trainingslagern – in separate, autonome Ländersektionen eingeteilt – organisierte Agentengruppen aus und schleust sie dann auf dem Luft- oder Seeweg in das deutsch besetzte Europa ein. Die ersten Angehörigen der SOE, die »blind« abgeworfen werden, springen schon im Herbst 1941 über Westpolen ab. Die westliche Grenze Polens entspricht in etwa der Reichweite der ziemlich schwerfälligen Bomber vom Typ Whitley bzw. Wellington. Die speziell dafür errichteten RAF-Sonderstaffeln versorgen bei Nacht die über den ganzen Kontinent verstreuten Widerstandsgruppen mit Waffen, Munition und Sprengmitteln. Ein umfangreicher Apparat, einem riesigen Versandhaus ähnlich, ist damit beschäftigt, den in Containern verpackten Nachschub per Fallschirm pünktlich und zuverlässig – den deutschen Suchkommandos zum Trotz – an den Mann zu bringen. Es bedarf längerer Zeit, bis sich diese komplizierte Prozedur der nächtlichen Lieferung an irgendwelche gottverlassene Abwurfplätze inmitten des Kontinents eingespielt hat und das mit bestimmten Leuchtzeichen wartende »Empfangskomitee« die per Funk bestellten »Waren« in Empfang nehmen kann. Ab Herbst 1942 versehen Nacht für Nacht die schweren Halifax-Bomber der in Tempsford stationierten 138. Squadron mit besonders ausgebildeten Besatzungen ihre Dienste.
Neben diesen Einsätzen steht der SOE eine besondere Einheit (161. Squadron) in Tangenmere, an der Südküste des Kanals, zur Verfügung, die in gewagten Flügen SOE-Agenten sowie wichtige Vertreter der französischen Résistance von Großbritannien aus zum Kontinent bringt oder sie von dort abholt. Für diese »Pick-up«-Aktionen werden Westland Lysander MK 5 verwendet. Die schwarz angestrichenen robusten Maschinen mit ihren rautenförmigen, hoch angesetzten Tragflächen und dem auffallend breiten »Gamaschen«-Fahrgestell sind zusätzlich mit abwerfbarem Langstreckentank sowie einer Einstiegleiter versehen und bestens geeignet, selbst auf Feldern zu landen und zu starten. Die bevorzugten Plätze für »Pick-ups«: die Weideflächen in der Gegend von Châteauroux, an den Ufern der Loire, in der Nähe von Dijon und nördlich von Lyon. Jeder dieser Einsätze ist ein Flug ins Ungewisse, da die Piloten nie sicher sind, wer sie auf den häufig in aller Eile hinter dem Rücken der Gestapo vorbereiteten Landebahnen wirklich erwartet. Die Abflugzeiten werden einen Tag zuvor verschlüsselt als »persönliche Botschaft« im täglichen Programm von BBC übermittelt. Oft müssen die Lysanders den Kanal oder die Nordsee zwei- bis dreimal überqueren, ehe ihnen ihre Mission gelingt: Schlechtes Wetter, mangelnde Bodensicht im Zielgebiet, Angriffe deutscher Nachtjäger oder Flakfeuer zwingen dazu, den Flug abzubrechen. Gegen Ende 1942 wird das sogenannte S-Phone entwickelt, ein Vorläufer des Walkie-Talkie, mit dessen Hilfe Funksprechverbindung zwischen dem anfliegenden Flugzeug und dem auf dem Boden wartenden »Empfangskomitee« aufgenommen werden kann. So manche Lysander kehrt von der Flak beschädigt oder mit Hochspannungsdrähten um die Räder aus dem Einsatz zurück.

Container, Typ »H« (5 verschiedene Varianten), mit denen die SOE den Widerstands-Organisationen im deutsch besetzten Europa Waffen per Fallschirm abwirft

Die blutige Trägerschlacht, am 25. und 26. Oktober 1942, ostwärts der Salomon-Inseln bei Santa Cruz, ist nur eine aus der langen Serie verbissener Kämpfe um Guadalcanal. Diese Schlacht, in der die großen Träger beider Seiten zeitweilig außer Gefecht gesetzt werden, beginnt mit einer voreiligen Siegesmeldung General Hyakutakes, der sich, nachdem seine Truppen am 23. Oktober den Flugplatz Henderson Field angreifen, schon als Eroberer dieses wichtigen Bodenstreifens sieht. Henderson Field, inmitten der dschungelbewachsenen Hügel von Guadalcanal, hat eine große strategische Bedeutung: Von hier aus können die Japaner den Seeweg von Amerika nach Australien kontrollieren. Die japanische kombinierte Flotte (Vizeadm. Nagumo) läuft zum Norden von Guadalcanal, um nach der Eroberung von Henderson Field sofort Trägerflugzeuge landen zu lassen.
Der US-Flottenverband (Adm. Halsey) mit den Kampfgruppen 16 (Träger »Enterprise«) und 17 (Träger »Hornet«) treffen sich am Sonnabend, dem 24. Oktober 1942, und bekommen den Befehl, einen weiten Kreis um die Santa-Cruz-Inseln zu bilden, um japanische Kräfte an der Fahrt nach Guadalcanal zu hindern. Am nächsten Mittag sichtet ein US-Flugboot Catalina 2 japanische

Flugzeugträger, doch die amerikanische Kampfgruppe kann die japanischen Einheiten nicht finden.
Am Montag, dem 26. Oktober 1942, starten »bei ruhiger See, leichtem Südwind und niedrigen Kumuluswolken« beide Flotten ihre Trägermaschinen: Um 6.58 Uhr schicken die japanischen Flugzeugträger (»Shokaku«, »Zuikaku« und »Zuiko«) die ersten Staffeln los. Und der zweite Verband bereitet sich vor. Zwischen 7.30 Uhr und 8.15 Uhr entsenden die »Enterprise« und die »Hornet« einige Sturzbomber zu einer bewaffneten Aufklärung. Um 8.22 Uhr starten die Trägermaschinen der »Shokaku« und der »Zuikaku« ihren zweiten Angriff. Hauptziel der japanischen Attacke ist der US-Träger »Hornet«. 2 Sturzbomber von der »Enterprise« greifen den Träger »Zuiko« an, der sich brennend zurückziehen muß. Der zweite Schlag trifft die »Hornet«: 6 Bombentreffer, 2 Torpedos und 2 abgeschossene japanische Maschinen, die auf den Träger fallen, verwandeln ihn in einen glühenden Schrotthaufen, der bewegungsunfähig liegenbleibt. In der Zwischenzeit wird der japanische Träger »Shokaku« durch US-Sturzbomber ernsthaft beschädigt und muß in Richtung Truk abdrehen. Der nächste japanische Angriff gilt dem amerikanischen Flugzeugträger »Enterprise«: 2 Bomben durchschlagen das Hallendeck, der vordere Aufzug wird völlig zerstört, doch Geschwindigkeit und Manövrierfähigkeit des Schiffes werden nicht beeinträchtigt.
Um 15 Uhr setzt Admiral Nagumo einen gemischten Fliegerverband auf die »Hornet« an, die bis 17 Uhr noch dreimal getroffen wird, aber auch dann nicht sinken will, als ihr die US-Zerstörer 9 Fangtorpedos und 400 Granaten in den Rumpf jagen. Ein erneuter japanischer Angriff auf die US-Einheiten verläuft erfolglos.
In den Abendstunden ziehen die Amerikaner ihre Schiffe zurück, als ein aus Schlachtschiffen und Kreuzern bestehender japanischer Verband sich nähert. Anderthalb Stunden nach Mitternacht schicken zwei japanische Zerstörer das lichterloh brennende Wrack der »Hornet« auf Grund. Damit sind sämtliche Träger der Amerikaner ausgeschaltet und das Schlachtschiff »South Dakota« sowie mehrere andere Schiffe beschädigt. 2 japanische Flugzeugträger sind schwer getroffen worden.
Die Japaner können den taktischen Erfolg ihrer Flotte nicht ausnützen: Henderson Field ist wieder in amerikanischer Hand, die dort zerstörten Flugzeuge durch neue Maschinen ersetzt. Der Kampf um Guadalcanal ist jedoch noch immer nicht entschieden.

Der mit Nachdruck geführte Ausbau des britischen Küstenkommandos ermöglicht es im Herbst 1942 erstmals, eine größere Anzahl Flugzeuge gegen U-Boote einzusetzen. Die Überwachung des Nordatlantiks durch Langstreckenmaschinen, Typ B-24 Liberator, bedeutet eine entscheidende Entwicklung im Kampf gegen die U-Boote. Es entsteht an den Küsten Großbritanniens und Islands ein Netz von Funkpeilstationen, das die Erfolge der Flieger in der U-Boot-Abwehr erhöhen soll.
Ab Spätherbst 1942 bedient sich das Bomberkommando eines ganzen Arsenals mehr oder weniger komplizierter Apparaturen, um den deutschen Nachtjägern ihre Einsätze so schwer wie möglich zu machen. Eines davon ist ein recht einfacher aber wirksamer Rauschstörer, auch »Tinsel« genannt, der den äußerst wichtigen Boden–Bord-Funksprechverkehr zwischen dem Piloten und der Nachtjagdführung lahmlegt: Der britische Bordfunker schaltet sein Sprechfunkgerät auf die Frequenz des deutschen Nachtjägers, und sein dicht an der Triebwerkbucht befestigtes Mikrofon sendet einen höllischen Lärm, der den gesamten Funksprechverkehr der deutschen Nachtjäger überlappt. Dieser Rauschstörer und »Mandrel« machen es oft fast unmöglich, die Nachtjäger zu leiten.
Am Sonnabend, dem 31. Oktober 1942, führt die Luftwaffe einen der Baedeker-Vergeltungsangriffe auf England durch. An diesem Wochenende werfen 68 Jagdbomber FW 190, gesichert durch 62 Jäger, im Tiefflug 17,75 Tonnen Bomben auf das malerische Städtchen Canterbury.

Die Schlacht bei Guadalcanal: Japanischer Jäger, von einem Mitchell-Bomber (11. USAAF) abgeschossen

Der Umschwung an der Ostfront zeichnet sich im Spätherbst 1942 ab, als die Sowjets starke taktische Luftstreitkräfte zur Unterstützung ihrer Truppen aufstellen. Die Kampfflugzeuge der Roten Luftflotte fliegen 93 Prozent ihrer Einsätze in einer Tiefe von 50 Kilometern, die Schlachtflieger 80 Prozent aller Einsätze sogar nur bis zu 10 Kilometer Tiefe. Im Gegensatz zu den deutschen Schlachtfliegern, die aus dem Hochanflug im Sturz- oder Stechflug die »Punktzielbekämpfung« durchführen, greifen die Sowjets in der Regel im Tiefflug an und verlassen sich dabei mehr auf die Streuwirkung ihrer Bordwaffen und Bomben als auf gezieltes Feuer.
Bei Stalingrad, ähnlich wie zuvor bei Moskau und Rostow, treten wieder sowjetische Luftstreitkräfte in konzentrierter Stärke auf. Die deutsche Luftwaffe setzt dagegen, um den Durchbruch zu erzwingen, 1000 Flugzeuge

Links: Pitomnik: Bei Kälte unter 40 Grad werden die beiden Ju 52 der Blindflugschule 2 auf dem Kesselflugplatz von Stalingrad entladen

Unten rechts: Die Luftblockade des Kessels von Stalingrad: Eines der zahlreichen sowjetischen Horchgeräte entlang der deutschen Einflugschneisen

ein, die Hälfte ihrer an der Ostfront vorhandenen Maschinen.

In der Nacht vom 7./8. November 1942, vier Tage nach Rommels Rückzug von El Alamein, beginnt die Operation »Torch«, die alliierte Landung in Marokko und Algerien, unter dem Oberbefehl von General Eisenhower (Hauptquartier in Gibraltar). Fast überall stoßen die Alliierten auf den Widerstand der vichytreuen Franzosen. Mehrere französische Verbände, die bereits in Syrien gegen die Engländer gekämpft haben oder denen der britische Angriff auf die französische Flotte im Jahre 1940 noch zu deutlich in Erinnerung ist, setzen sich zur Wehr.
Am Montag, dem 9. November 1942, entbrennt um 7.51 Uhr in Casablanca die Schlacht mit heftigen Luftkämpfen zwischen französischen Jägern und den Flugzeugen des US-Trägers »Ranger«. Wenig später gleicht das Hafenbecken einem Trümmerfeld. 10 große Transporter, 3 aufgedockte Zerstörer und 3 U-Boote sind gesunken oder gekentert. Am Abend einigt man sich jedoch auf eine Feuereinstellung. Das größte Problem der Alliierten: der gescheiterte Versuch, bei der ersten Landung Tunesien zu besetzen. Am gleichen Tage treffen hier deutsche Truppen ein, die der OB Süd, Feldmarschall Kesselring, nach Tunesien beordert hat, um eine Besetzung durch die Alliierten zu vereiteln und um den Rückzug Rommels zu decken. Als Alarmeinheiten des neuernannten »Fliegerführers Tunesien« (Oberst M. Harlinghausen) mit 284 Soldaten auf dem Flugplatz El Aouina bei Tunis landen, die, unterstützt durch Teile des Fallschirmjäger-Regiments 5 und des 11. Fallschirmpionier-Bataillons, nun vordringen, um eine Verteidigungslinie zu bilden, ziehen sich die etwa 25 000 Mann der französischen Tunesien-Division zurück.
Am Mittwoch, dem 11. November 1942, um 7.00 Uhr morgens, marschiert die 1. Armee (GenOberst Blaskowitz) mit der Armeegruppe Felber (Gen. d. Inf. Felber) über die Demarkationslinie in den bisher unbesetzten Teil Frankreichs (Unternehmen »Anton«).
Unterdessen landen die Engländer in Bougie, 200 Kilometer östlich von Algier, während am nächsten Tag, dem 12. November 1942, Luftlandetruppen Bône besetzen und damit den deutschen Fallschirmjägern zuvorkommen. Die Alliierten stoßen nun auf dem Landwege nach Tunis vor. Zu ihrer Unterstützung werden am 15. November 1942 US-Luftlandetruppen in Youks les Bains und am 16. November 1942 britische Einheiten in Souk el Arba abgesetzt. Das Wettrennen nach Tunesien wird trotzdem von den Achsenmächten gewonnen. Die Deutschen fliegen Verstärkungen heran und ziehen sogar etwa 400 Flugzeuge von der Ostfront ab, um sie nach Tunis zu schicken. Dazu kommt ihnen das Wetter zugute: Starke Regenfälle verwandeln die Flugplätze Nordafrikas in Schlamm und Morast, während den Achsenmächten die festen Rollbahnen auf Sardinien zur Verfügung stehen. So können sie Algier, Oran, Bougie und Bône fast täglich bombardieren.

Am Donnerstag, dem 19. November 1942, beginnt kurz vor Anbruch des Tages eine sowjetische Großoffensive nördlich von Stalingrad aus den Brückenköpfen von Kletskaja und Serafimowitsch am Don. Die Luftsicherung übernehmen die 2. Luftarmee (GenMaj. Smirnow) und die 17. Luftarmee (GenMaj. Krassowski). Am nächsten Morgen greifen die Sowjets auch südlich von Stalingrad an. Die Luftsicherung liegt hier bei der 8. Luftarmee (GenMaj. Chrjukin). Am 20. November 1942 verfügen im Raum Stalingrad die vier am Südflügel der deutsch-sowjetischen Front zusammengezogenen sowjetischen Luftarmeen über 1916 Flugzeuge, darunter 152 Bomber, 561 Schlachtflugzeuge, 803 Jagdflugzeuge und 367 Nachtbomber.

Nachdem die sowjetischen Truppen 20 deutsche und 2 rumänische Divisionen (330 000 Mann) eingekesselt haben, soll die »Festung Stalingrad« für eine unbestimmte Zeit durch Flugzeuge versorgt werden.
Am Mittwoch, dem 25. November 1942, beginnen die ersten Transportverbände die Luftversorgung des Kessels, die dem VIII. Fliegerkorps (GenLt. Fiebig) obliegt. Am selben Tag verzeichnet das Kriegstagebuch der Luftflotte 4: »Russische Jäger beeinträchtigen sehr unsere Luftversorgung. Wir sind gezwungen, Jäger in den Kessel zu legen, die jedoch einen Teil dieser Versorgung wieder für sich benötigen. Angriffe russischer Jäger können wir nicht ganz unterbinden, außerdem kann der Russe unsere frontnahen Flugplätze jederzeit angreifen.«
Fieberhaft bereitet man die beiden großen Flugplätze Tazinskaja und Morosowskaja-West (180 km westlich von Stalingrad) für die Luftversorgung des riesigen Kessels vor. Tazinskaja ist für die Aufnahme von 600 Transportflugzeugen (11 Gruppen mit Ju 52 und Ju 86 ausgerüstet) vorgesehen. Weitere 400 Transportmaschinen werden in Morosowskaja stationiert. Umfangreiche Lager enthalten die gesamten Nachschubgüter an Verpflegung, Munition, Bekleidung und Sanitätsmaterial für die 6. Armee auf Monate hinaus. Mit Spezialverbänden soll von Stalino (1 Gruppe FW 200 und Ju 290), von Nowotscherkask (3 Gruppen He 111) und von Makejewka aus (Lastengleiterstaffeln Go 242 und Me 323 »Gigant«) geflogen werden. Diese kommen jedoch infolge der sich äußerst ungünstig gestaltenden Wetterverhältnisse nur selten zum Einsatz. Von den drei im Kessel Stalingrad vorhandenen Flugplätzen können nur die Startbahnen von Pitomnik und Bassargino verwendet werden. Ob in geschlossener Formation mit Jagdschutz oder im Einzelflug ohne Jagdschutz geflogen wird, richtet sich nach der Wetterlage. Man verspricht den Besatzungen hohe Auszeichnungen für das Gelingen von Landungen im Kessel bei schwierigen Wetterlagen. Als Jagdgeschwader für den Schutz der Transportverbände über dem An- und Abflugraum steht das bereits in den Kämpfen des Sommers stark dezimierte Jagdgeschwader »Udet« zur Verfügung. Zwei Staffeln dieses Geschwaders liegen auf dem Flugplatz Pitomnik und haben die Aufgabe, das Entladen der Transportflugzeuge im Kessel vor sowjetischen Jägern und Bombern zu schützen. Bald stellt sich jedoch heraus, daß dieser Jagdschutz unzureichend ist. Die neuen, in Holzbauweise hergestellten, wendigen sowjetischen La-5-Jagdflugzeuge schießen Hunderte von Transportmaschinen ab, die von allen Fronten, von Fabriken und Fliegerschulen zusammengeholt worden sind. Hinzu kommt, daß die deutschen Jäger durch Nebel, Schneeschauer und zu niedrige Wolkenuntergrenze oftmals nicht aufsteigen können. Die Luftblockade des Kessels von Stalingrad ist die erste Operation dieser Art im Zweiten Weltkrieg. Sie untersteht persönlich dem obersten Chef der Roten Luftflotte, Generalleutnant Nowikow. Von den frontnahen Flugplätzen aus werden die Bomben- und Schlachtflieger der 17. Luftarmee (GenLt. S. A. Krassowski) eingesetzt. 60 bis 80 Kilometer vom inneren Einschließungsring entfernt liegen die Jagdfliegerdivisionen der 16. (GenLt. S. I. Rudenko) und der 8. Luftarmee (GenMaj. Chrjukin) zum Abfangen der deutschen Transportmaschinen an ihren Haupteinflugschneisen. Jede dieser Divisionen ist für einen bestimmten Sektor der Luftblockade verantwortlich. Ein umfangreiches System von Fliegerleitstellen führt die Jagdflugzeuge an den Feind heran. In den Anflugschneisen patrouillieren Tag und Nacht sowjetische Maschinen. 8 bis 10 Kilometer vor dem inneren Einschließungsring sind Flaksperren errichtet worden, die die zur Landung ansetzenden Transportmaschinen unter Beschuß nehmen.

In der Nacht vom 6./7. Dezember 1942 greifen 272 Bomber der RAF Mannheim an. Bei diesem Einsatz beginnt die konzentrierte Störung des deutschen Nachtjägerverteidigungssystems. Neben dem 300 Kilometer langen Mandrel-Schirm, der das Frühwarnsystem der Freya-Geräte stört, wird mit dem Tinsel-Verfahren die Funksprechverbindung der deutschen Nachtjäger ausgeschaltet. Zahlreiche Einsätze werden in solchem Ausmaß behindert, daß die Bomber bereits außer Reichweite der »Würzburg-Riesen« sind, ehe die Jäger sie ausmachen können. Bei diesem Angriff verliert das Bomberkommando nur 9 Flugzeuge (3,3 Prozent).

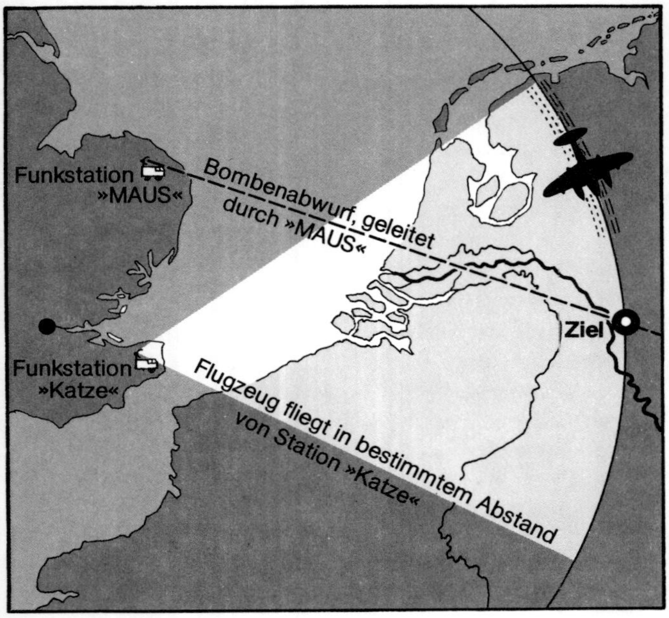

Die massierte sowjetische Luftabwehr hat schon in den ersten Wochen der Kesselversorgung von Stalingrad große Verluste der ohne ausreichenden Jagdschutz fliegenden langsamen Transportverbände verursacht. Immer häufiger kommt es vor, daß von den 40 bis 50 Maschinen umfassenden Verbänden die Hälfte und mehr abgeschossen werden. Von der Kampfgruppe 172 kehren an einem der Tage nur 10 Prozent der Flugzeuge aus Stalingrad zurück.

Die hohe Verlustquote der langsamen und beinahe wehrlosen Ju-52-Transportmaschinen zwingt dazu, ab Dienstag, dem 15. Dezember 1942, die Tageseinsätze geschlossener Verbände bei klarem Himmel ganz einzustellen. Es wird seitdem nur noch bei starker Bewölkung oder nachts geflogen. Man meldet zugleich vermehrte Störangriffe sowjetischer Flugzeuge auf Pitomnik und Bassargino, ebenso wie auf die Abflugbasen, die hohe Verluste an Flugzeugen und Bodenpersonal fordern. Die Verbände werden so dezimiert, daß außer den in Stalino und Makejewka liegenden Spezialgruppen nicht mehr von taktischen Einheiten (Gruppen und Staffeln), sondern nur noch von einsatzbereiten oder fluguntauglichen Maschinen gesprochen wird. Defekte Funkanlagen durch feuchte Witterung, mangelnde Wartungsmöglichkeiten und vor allem Splitterbeschädigungen sind Hauptursachen für die Ausfälle auf den einzelnen Absprunghäfen.

Das Wetter hat sich in der Woche vor Weihnachten so verschlechtert, daß es nur noch ganz wenigen blindflugerfahrenen Piloten gelingt, eine Landung im Kessel durchzuführen. Im Schnitt erreichen von 10 in Tazinskaja oder Morosowskaja gestarteten Maschinen kaum 6 Stalingrad, und meistens treffen davon nur 3 bis 4 wieder auf den Abflugbasen ein.

Am Sonntag, dem 20. Dezember 1942, greifen 6 britische Mosquito-Flugzeuge der 109. Squadron, erstmalig durch das Radar-Fernführungssystem »Oboe« geleitet, das genaue Abwürfe ohne Sicht aus großen Höhen ermöglicht, ein Kraftwerk in Lutterade (Ostholland) an.

»Oboe« (Abkürzung von Observer Bombing Over Enemy) ist ein weiteres Präzisions-Bombenzielsystem, das die leicht zu störende Navigationshilfe »Gee« ablöst. Dieses Radar-Zielfindungssystem dient dazu, ein Flugzeug durch 2 Bodensender (»Katze« und »Maus«) auf dem kürzesten Weg ans Ziel zu leiten. Wenn die Maschine vom Kurs abkommt und sich der »Katze« nähert, so vernimmt der Pilot in seinem Kopfhörer eine Folge von Punktsignalen; kommt er aber der »Maus« zu nahe, so empfängt er Strichsignale. Auf dem richtigen Kurs hört er dagegen einen Dauerton. »Oboe« hat den Vorteil, daß sich die Flugzeuge weit vom Kreisbogen des Leitstrahls entfernen können, wenn sie durch Flak oder feindliche Jagdflugzeuge behindert werden. Nach den Punkt- oder Strichsignalen ist der vorgeschriebene Kurs leicht wiederzufinden. Die Reichweite des Oboe-Gerätes, durch die Krümmung der Erdkugel eingeschränkt, beträgt 450 Kilometer und reicht aus bei Angriffen auf das Ruhrgebiet bis in die Gegend von Dortmund. Die deutschen Störversuche haben zu Anfang keinen Erfolg, da die alliierten Sender mehrere Möglichkeiten haben, dem zuvorzukommen, wie z. B. durch plötzliches Wechseln der Wellenlänge direkt vor dem Angriff. Die beiden ersten Oboe-Sender stehen in Dover und Cromer, sie können sowohl als »Katze« als auch als »Maus« arbeiten, also zugleich zwei Flugzeuge ans Ziel führen. Wenn sich die Maschine dem Angriffsgebiet nähert, übermittelt die »Maus«-Station ein Warnsignal. Im Schnittpunkt der Radarstrahlen von »Katze« und »Maus« löst die Ma-

schine automatisch die Bomben oder Leuchtmarkierungen im Blindwurf aus. Oboe ist im Prinzip eine Weiterentwicklung des deutschen Knickebein-Systems aus der Zeit der Luftschlacht um England.

Am Donnerstag, dem 24. Dezember 1942, treten die Sowjets zur Offensive in Richtung Kotelnikowo an. In den frühen Morgenstunden stehen ihre Panzer vor dem Flugplatz Tazinskaja. Das riesige Nachschublager im Ort brennt. Kaum 20 Meter hoch liegt eine geschlossene Wolkendecke; es herrscht starker Dunst bei leichtem Schneefall. Alle Verbände haben Startverbot, denn es ist befohlen, den Platz erst bei Artilleriebeschuß zu räumen. Im ersten Dämmerschein rollen die sowjetischen Panzer auf den Luftstützpunkt, viele Flugzeuge gehen in Flammen auf. Etwa 120 Maschinen gelingt es, noch im letzten Augenblick zu starten. Es dauert jedoch Tage, ehe der entkommene Rest sich auf dem Flugplatz von Salsk sammelt. Von hier aus sind es bis Stalingrad 320 Kilo-

Oben: De Havilland »Mosquito«: Das vielseitigste und sicherste Kampfflugzeug des Krieges (1 Verlust bei 200 Einsätzen). Fast nur aus Holz gebaut, kann es als Bomber wegen seiner hohen Geschwindigkeit gänzlich auf Abwehrbewaffnung verzichten

Oben links: Einsatztaktik der RAF-Pfadfinder mit »Oboe«

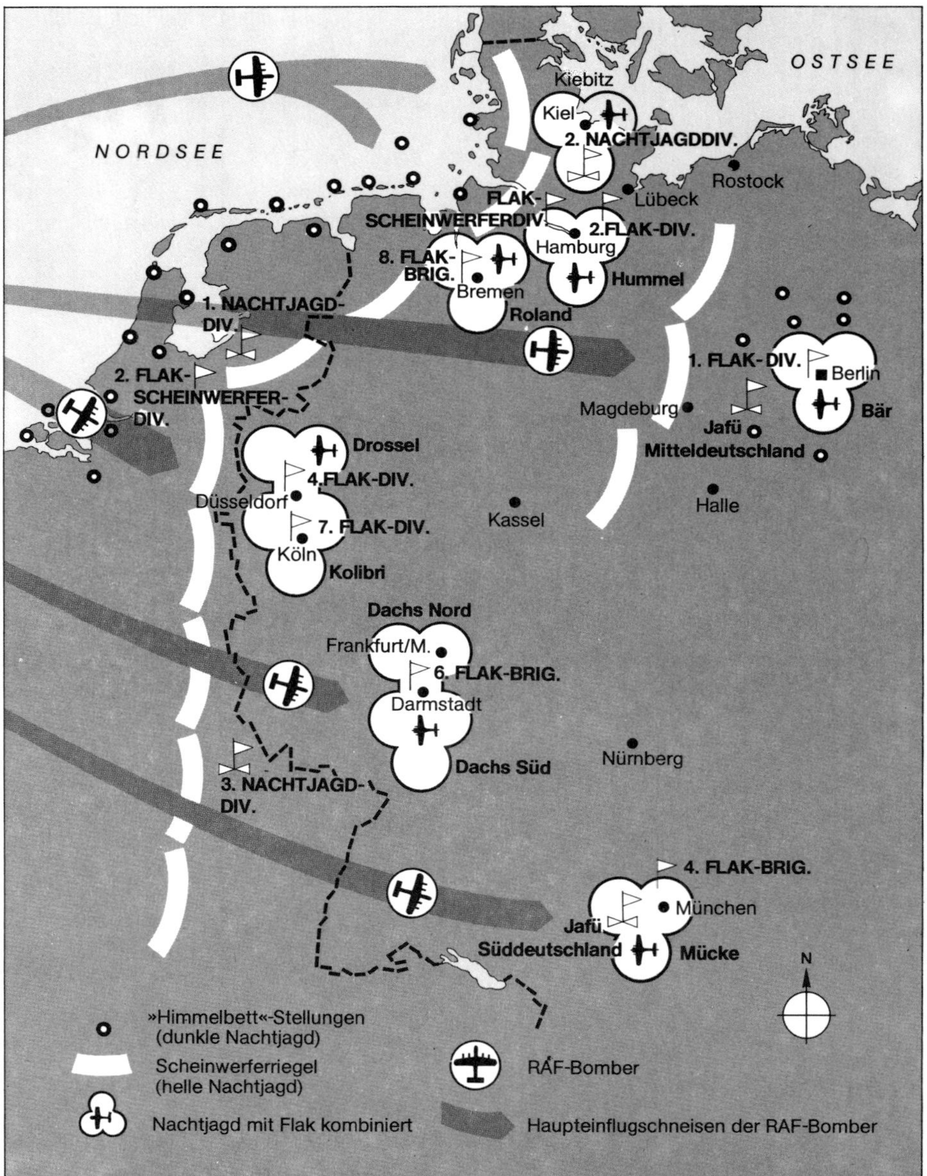

Rechts: Herbst 1942: Organisationsschema der Reichsluftverteidigung gegen Nachtangriffe der RAF

Der Langstreckenbomber Focke-Wulf FW 200 Condor, als Passagiermaschine konstruiert, entspricht zwar nicht im geringsten den Anforderungen des operativen Einsatzes, erreicht jedoch bei der Schlacht im Atlantik überragende Erfolge. Insgesamt sind 263 Maschinen gebaut worden

meter, eine Entfernung, die die Kesselversorgung noch mehr erschwert.

Am Abend des 30. Dezember 1942 starten 11 Flugzeuge FW 200 Condor der 7. und 8. Staffel des III./KG 40 von ihrem Stützpunkt Bordeaux-Merignac und nehmen Kurs nach Süden. Das Ziel: Casablanca.

Über ihren Mann in Washington hat der deutsche Nachrichtendienst von einem Treff zwischen dem amerikanischen und britischen Staatschef mit ihren obersten Militärs in der marokkanischen Hafenstadt erfahren. Nur das genaue Datum kann der Agent nicht nennen. Man vermutet jedoch, daß dieses geheime Treffen zum Jahresende stattfinden wird. Und um die Schlagkraft der deutschen Luftwaffe zu demonstrieren, werden 11 viermotorige Condor nach Casablanca geschickt. 8 Maschinen erreichen die Stadt und werfen 7,95 Tonnen Bomben zum größten Teil auf die Wohnviertel der einheimischen Bevölkerung ab. Auf dem Rückflug machen 3 Condor in Spanien Bruchlandungen, und die FW 200 F8 + JR (W.Nr. 0166) muß wegen Brennstoffmangels in Sevilla niedergehen. Sie wird später der spanischen Fluggesellschaft Iberia überlassen.

Im Jahre 1942 haben die Engländer und Amerikaner 53 755 Tonnen Bomben auf Deutschland und die deutsch besetzten Gebiete abgeworfen; Hitlers Vergeltungsschläge erreichten nur 3260 Tonnen. Deutschlands Führung muß erkennen, daß eine alliierte Luftoffensive in diesem Jahr auch mit größten Anstrengungen nicht erfolgreich hätte bekämpft werden können, da die Luftwaffe an der Ostfront gebunden ist. Die zahlreichen Fehlschläge der RAF und die Begrenzung der Reichweite bei Tagesangriffen durch den Begleitschutz lassen jedoch die bevorstehende Gefahr der strategischen Bomberoffensiven noch nicht voll erkennen.

Harris: »So endet das Jahr 1942 als ein Jahr der Vorbereitungen, das dem Gegner wenig Schaden zufügte, uns aber in der Überzeugung bekräftigte, daß wir ihn mit der Bomberwaffe doch zu Boden schlagen könnten.«

Churchill: »Obwohl wir die Treffgenauigkeit für das nächtliche Flächenbombardement wesentlich verbessert hatten, wurde die deutsche Kriegsproduktion und die moralische Widerstandskraft der Zivilbevölkerung nicht erkennbar geschwächt. Wir hatten die Kraft des deutschen Volkes unterschätzt.«

Die Angriffe tragen bereits einen ausgesprochen strategischen Charakter, obwohl Schwerpunktbildungen auf bestimmte Zielgruppen noch nicht so klar zutage treten. Eine wichtige Tatsache: Von 1942 an liegt die Initiative im Luftkrieg in Westeuropa völlig bei den Alliierten. Durch ihre taktischen Einsätze zur Unterstützung der Erdkämpfe und gegen die Versorgungsschiffahrt der Achsenmächte haben die Alliierten den Ausgang des Krieges auch in Nordafrika und damit im gesamten Mittelmeerraum entscheidend beeinflußt.

Die Bilanz des Luftkrieges gegen Deutschland im Jahre 1942: rund 100 Nachtangriffe der RAF, davon 17 mit jeweils mehr als 500 Tonnen abgeworfener Bomben. Die Verluste der Engländer liegen bei 5,6 Prozent der eingesetzten Maschinen. Auf je 40 Tonnen Bomben haben sie ein Bombenflugzeug verloren. Im Verhältnis zum Aufwand bleibt die Zahl der Toten minimal: Ein Menschenleben kostet 3 Tonnen Bomben, dazu ist aber der Einsatz eines viermotorigen Bombers mit 6 bis 8 Mann Besatzung erforderlich. 100 viermotorige Bomber töten 100 Zivilisten, im Durchschnitt gehen dabei 6 Maschinen und 40 bis 50 Mann der fliegenden Besatzungen verloren. Von den Zivilisten sind 65 Prozent Frauen, Kinder und alte Menschen. Die Wirkung dieser »strategischen« Angriffe ist daher auch entsprechend gering.

1943
Januar bis Juni

Tagesparole des Reichspressechefs,
Freitag, 8. Januar 1943:
Die Diskussion in England über das Ausbleiben der angekündigten Luftangriffe auf die deutschen Städte dürfe nicht zum Anlaß einer schadenfrohen Kritik gemacht werden. Dadurch könnten die Engländer provoziert werden, und wenn sie tatsächlich kämen, werfe das Volk uns vor, wir seien mit unserer Propaganda daran schuld.

Geheimer Bericht des *Sicherheitsdienstes der SS* zur innenpolitischen Lage:
Nr. 349 vom Montag, 11. Januar 1943 (Auszug)
I. Allgemeines: Im Westen des Reiches wirken sich die nunmehr wieder regelmäßig erfolgenden Terrorangriffe der feindlichen Luftstreitkräfte stimmungsbelastend aus. Die Luftangriffe, die besonders in den letzten Tagen auf verschiedene Städte erfolgten, lösten besonders in den davon betroffenen Stadtteilen erhebliche Bedrückung aus. Namentlich sind es die Frauen, bei denen sich wiederholt fast verzweifelte Stimmen über das Ausmaß der Luftangriffe und der dadurch bedingten Zukunftsaussichten bemerkbar machten. Allgemein wird im Westen darüber geklagt, daß der Fliegeralarm zu spät gegeben werde und daß sofort nach dem ersten Sirenensignal der Flakbeschuß einsetze und gleichzeitig die ersten Bomben fielen. Im Ruhrgebiet wird daher vielfach der Wunsch geäußert, daß die Alarmierung frühzeitiger erfolge, selbst auf die Gefahr hin, daß einmal blinder Alarm gegeben werde. Frauen weisen darauf hin, daß sie sonst nicht in der Lage seien, ihre Kinder anzuziehen und die notwendigsten Sachen rechtzeitig in Sicherheit zu bringen ... Die Auswirkungen der Fliegerangriffe zeigten sich auch darin, daß in den frühen Abendstunden die Gaststätten stark geleert sind und ein starker Zustrom zu den Luftschutzbunkern einsetzt. Schon um 18.00 Uhr oder 19.00 Uhr sind die großen Bunker in beträchtlichem Maße von Frauen und Kindern gefüllt, die dort einen etwaigen Fliegeralarm abwarten und erst gegen 21.00 Uhr oder 22.00 Uhr die Luftschutzräume wieder verlassen.

Tagesparole des Reichspressechefs,
Dienstag, 19. Januar 1943:
Der Minister kommt auf die Luftangriffe noch einmal zu sprechen und ordnet an, auf keinen Fall in ein Triumphgeheul über die Abschußziffer auszubrechen, denn man könne nicht voraussehen, wieviel englische Flieger bei dem nächsten Angriff abgeschossen würden. Über die Luftangriffe soll überhaupt nur rein sachlich und nicht propagandistisch berichtet werden. Eine naßforsche und kesse Berichterstattung über die Luftangriffe sei der heutigen Lage nicht angepaßt.

Donnerstag, 28. Januar 1943
Das *Hauptquartier der RAF* gibt bekannt:
Die Dieselmotorenwerke und die Schiffswerften von Kopenhagen wurden am Mittwoch von Mosquito-Bombern der RAF schwer angegriffen. Squadron Leader Edwards, der den Angriff leitete, berichtet: »Es war eines unserer bisher erfolgreichsten Unternehmen seit Kriegsbeginn. Wir erreichten Kopenhagen bei herrlichem Sonnenschein und konnten unsere Zeitzünderbomben im Tiefflug über dem Ziel direkt in die Fabrikhallen abwerfen. Wir flogen erst dann wieder zurück, als die Werke in Flammen standen.« Ein Mosquito-Bomber ging verloren.

Zubereitung der Startverpflegung für deutsche Besatzungen

Vorbemerkung: Die Erhaltung ständiger Einsatzbereitschaft des fliegenden Personals erfordert auch auf dem Gebiete der Verpflegung besondere Maßnahmen. So ist in der Truppenverpflegung an den Einsatztagen (bei

Links: Frühjahr 1943: Reichsmarschall H. Göring mit General der Jagdflieger A. Galland (104 Luftsiege). Zu dieser Zeit müssen die Jagdverbände fast 24 Stunden gefechtsbereit sein, um die USAAF-Tagesangriffe und die RAF-Nachteinsätze abzuwehren

Unten rechts: Bomberbesatzung am Modell einer englischen Stadt: Glühbirnen kennzeichnen die Verteilung der Zielmarkierungs-Leuchtbomben der Pfadfinder. Die Durchführung von Nachtangriffen auf die stark verteidigten britischen Industriezentren verlangt präzises Vorgehen

Verbänden, die in Höhen über 8000 m eingesetzt werden, auch am Tage vorher) die Ausgabe blähender Gerichte, z. B. Hülsenfrüchte, einige Kohlarten oder zu frisches Brot und fettes Fleisch, unbedingt zu vermeiden. Neben der Bordverpflegung – der notwendigen Zusatznahrung für die besonderen Anstrengungen an Bord des Flugzeuges – ist insbesondere die Startverpflegung ein wesentliches Mittel zur Erhöhung der Leistungsfähigkeit des fliegenden Personals. Ihrer Zubereitung muß daher besondere Aufmerksamkeit geschenkt werden.
Für diese »Startverpflegung« stehen folgende Lebensmittel zur Verfügung:

a) ½ l Vollmilch oder 90 g eingedickte Milch
b) 1 Ei oder 15 g Eipulver
c) 25 g Butter
d) 25 g Haferflocken oder Grieß oder Reis
e) 200 g Weißbrot (unter Kürzung der Brotration um 200 g)
f) 1 Packung Rösta zu 65 g
g) bis zu 10 g Zucker im Bedarfsfalle zur Herstellung von süßen Gerichten.

Zur Zubereitung dieser Startverpflegung werden u. a. Gewürze und sonstige Zutaten benötigt. Diese müssen den zuständigen Tagesverpflegungssätzen entnommen werden.
Durch die in dieser Vorschrift enthaltene große Auswahl an Rezepten wird aber die Möglichkeit gegeben, der Startverpflegung in allen Einsatzgebieten die notwendige Abwechslung zukommen zu lassen, wobei man auch die Landeserzeugnisse, insbesondere Obst, mit heranziehen wird. Die Startverpflegung verfehlt ihren Zweck, wenn die Lebensmittel dem fliegenden Personal im rohen Zustand oder immer in der gleichen Weise zubereitet ausgegeben würden. Der Flieger soll die Startverpflegung gern und mit Appetit einnehmen. Das ist aber auf die Dauer nur möglich, wenn die immer gleichen Lebensmittel in der Zubereitung eine ständige Abwechslung erfahren. Auf diese Aufgabe muß der Truppenkoch seine besondere Liebe und Sorgfalt verwenden.
Hier einige Startverpflegungsgerichte, bei denen alle zustehenden Lebensmittel durchweg voll verwendet werden:

a) Würzomelett mit Haferflocken
b) Gebackene Weißbrotschnitten
c) Warme Milch

Zu a) 10 g Haferflocken, 1 Ei, ¼ l Milch, 15 g Butter. 10 g Haferflocken mit der Milch zu einem dicken Brei kochen und mit Salz, Paprika und feingehackten Kräutern würzen. Das Ei mit Salz und feingehackten Kräutern gut verquirlen, mit einem Eßlöffel Milch strecken und in der Pfanne mit Butter ein Omelett backen, in das der Haferflockenbrei eingewickelt wird. Bei Herstellung größerer Portionsmengen einen kleinen Teil der Eiermasse unter den Haferflockenbrei ziehen, wodurch eine Geschmacksverbesserung erzielt wird.
Zu b) 10 g Butter, 200 g Weißbrot. Weißbrotschnitten in Butter backen und damit das Omelett garnieren.
Zu c) dazu restliche Milch (¼ l) warm in Tassen.
Einzelne warme und kalte Startverpflegungsgerichte, die mit anderen beliebig zusammengestellt werden können:

A. Suppen

Geröstete Grießsuppe mit Fleischbrühe: Grieß mit einem Stückchen Butter im Topf goldgelb rösten und unter ständigem Rühren kochende Fleischbrühe darübergießen. Die Suppe mit dem Ei oder einem Teil davon abziehen und mit frischen Kräutern, Salz usw. würzen.

B. Vorgerichte (Brotaufstriche)

Bircher-Müsli: Haferflocken 12 Stunden in Wasser einweichen. Mit Milch, Zucker, Zitronensaft und geriebener Zitronenschale sowie Rosinen (gegebenenfalls aus Studentenfutter der Bordverpflegung) vermischen. Äpfel mit Schale reiben und während des Reibens mehrfach unter den Brei mischen, damit die Äpfel nicht braun werden. Mit geriebenen Mandeln, Nüssen (aus Studentenfutter) überstreuen. Das Gericht unmittelbar vor der Ausgabe zubereiten. Statt Zucker kann auch Kunst- oder Bienenhonig verwendet werden.

C. Hauptgerichte

Reisbratlinge: Steifgekochten Wasserreis mit Tomatenmark, Ei, Paprika und Salz mischen. Bratlinge formen, mit Semmelmehl panieren und in heißer Butter auf beiden Seiten braten.

D. Nachspeisen

Kaiserschmarren: Schaumige Butter mit Eidotter, Zukker, wenig Mehl und Milch verrühren, bis der Teig Blasen wirft. Rosinen und Korinthen (gegebenenfalls aus dem Studentenfutter der Bordverpflegung) und zuletzt Eischnee dazugeben. In der Pfanne Butter erhitzen, die Masse hineingießen und backen. Ist der Teig auf der unteren Seite ausgebacken, mit zwei Gabeln in Stücke zerreißen und unter häufigem Wenden braun backen. Auf einem Teller anrichten und mit Zucker (Vanillezucker) überstreuen. Wenig Mehl und nur die Hälfte Ei und Zukker verwenden.

E. Tunken

Fruchttunke: Marmelade mit Wasser verdünnen, unter ständigem Umrühren aufkochen lassen, mit Zitronensaft abschmecken und mit etwas Puddingpulver binden.

F. Getränke

Ei mit Milch: Frischei mit wenig Zucker und einer Prise Salz verquirlen und mit heißer Milch in Tassen füllen (ohne Milch mit einem Eßlöffel Rotwein oder einem Teelöffel Weinbrand).

Luftwaffen-Dienstvorschrift (L.Dv. 86c), Januar 1943

Sonnabend, 30. Januar 1943
Das *Hauptquartier der RAF* gibt bekannt:
Unsere Mosquito-Bomber griffen heute um 11 Uhr vormittags Berlin an, genau zu der Zeit, als Reichsmarschall Göring im Reichsluftfahrtministerium seine Ansprache an das deutsche Volk richten wollte. Durch unser Unternehmen, an dem nur wenige Maschinen teilnahmen, mußte Göring seine Ansprache um eine Stunde verschieben. Es war das erstemal, daß britische Bomber bei Tag über Berlin waren. Die Piloten erklärten, daß die Wolkendecke eine genaue Beobachtung der getroffenen Ziele unmöglich gemacht habe. Die deutsche Luftabwehr sei kaum in Erscheinung getreten. Man habe in der Umgebung Berlins nur zwölf Flaksalven ausmachen können.

Montag, 1. Februar 1943
Das *Hauptquartier der RAF* gibt bekannt:
Zum Luftangriff auf Hamburg in der Nacht zum Sonntag waren die schwersten britischen Bomberstaffeln eingesetzt. Sie erreichten Hamburg bei außergewöhnlich ungünstigem Wetter, das zu starker Eisbildung auf den Tragflächen führte. Trotz heftiger Wirbelstürme wurde das Hafengebiet auf mehr als fünfzehn Kilometer Länge mit Abertausenden von Brandbomben belegt. Dazu fielen dreißig Minuten lang Sprengbomben, teilweise zwei bis vier Tonnen schwer, auf Ölraffinerien, Schiffswerften, Lagerhäuser, Brennstoffdepots und verschiedene Industrieanlagen. Der in Hamburg entstandene Schaden wird im Luftfahrtministerium als »außerordentlich schwer« bezeichnet. Nur fünf Bomber kehrten nicht zurück, obgleich mehrere hundert Maschinen eingesetzt waren.

Donnerstag, 11. Februar 1943, Berlin
Das *DNB* meldet:
Durch gemeinsame Anordnung des Oberbefehlshabers der Luftwaffe, des Leiters der Parteikanzlei, des Reichsministers des Innern ... und des Reichsjugendführers wurde festgelegt, daß die Schüler der höheren Schulen

als Luftwaffenhelfer in luftbedrohten Gebieten eingesetzt werden sollen, wobei die Luftwaffenhelfer im Heimatort und in dessen unmittelbarer Nähe verbleiben ... Mit dem Kriegseinsatz der deutschen Jugend ist ein weiterer Schritt zur totalen Mobilisierung aller Kräfte des deutschen Volkes getan.

Hinweise für Piloten der Lysander-»Pick-up«-Operationen

Der weitaus größte Teil der Arbeit für die erfolgreiche Durchführung eines »pick-up«-Einsatzes ist vor dem Start zu erledigen. Vertrauen Sie niemals zu sehr auf Ihre Navigationsfähigkeiten bei einem Flug mit der Lysander. Jeder Einsatz soll sorgfältig vorbereitet werden, egal wieviel Erfahrung Sie auch besitzen mögen.

Die Wahl der Flugroute

Nachdem Sie genau wissen, wo sich Ihr Ziel befindet, studieren Sie die Karte 1: 500 000 und suchen einen markanten Geländepunkt in der Nähe der Landestelle aus. Es kann ein Fluß sein, über den Sie das Ziel anfliegen. Überprüfen Sie daraufhin die Spezialkarte für Flakstellungen, wo die Luftabwehr Ihren Anflug stören könnte. Dann arbeiten Sie eine Route aus, bei der Sie nach Markierungspunkten fliegen und die Flakstellungen umgehen. Versuchen Sie ebenso, für jeden Wendepunkt eine gut sichtbare Geländemarkierung zu finden, z. B. eine Küste oder einen großen Fluß. Vergessen Sie nicht, daß das Empfangskomitee bei Ihrem ersten Anflug vielleicht nicht da ist. Es ist wichtig, den Landeplatz sicher zu identifizieren, auch wenn Sie eine auf der Luftaufnahme angegebene Scheune oder ähnliches ausfindig machen müssen. Bei jedem Flug, egal wie die Wettervorhersage auch sein mag, sollten Sie für die Rückkehr auf einen Umweg vorbereitet sein. Es kann passieren, daß Ihnen die Funkanlage ausfällt, und Sie werden sich dumm vorkommen, wenn Sie nicht die geringste Vorstellung haben, wo Sie hin müssen oder wie Sie dorthin kommen. Vergessen Sie nicht, daß Karten manchmal in der Luft verlorengehen. Keine der Karten, die Sie mitführen, sollte unersetzlich sein. In der Regel werden Sie bestimmt eine alte Straßenkarte besitzen, die Sie für den Notfall mitnehmen sollten. Verbringen Sie vor dem Start einige Stunden bequem im Sessel mit dem Lesen Ihrer Karten. Sie haben es viel leichter beim Flug, wenn Sie die Karten vorher gründlich studieren. Machen Sie sich Notizen von den Geländemarken auf Ihrer Route. Versuchen Sie, sich die Umrisse von Waldgebieten einzuprägen sowie ihre Lage auf der Karte. Merken Sie sich Städte, die Sie möglicherweise überfliegen, und die in der Nähe liegenden Geländemarken. Notieren Sie sich den Verlauf von Küsten und Flüssen.

Das Beladen des Flugzeugs

Normalerweise kann man maximal 3 Agenten mitnehmen, doch es sind schon 4 Personen ohne Schwierigkeiten befördert worden. Sie müssen dabei bedenken, daß bei 3 oder 4 Passagieren das Mitnehmen von Fallschirmen nicht möglich ist. Wenn 4 Agenten an Bord sind, sitzt einer auf dem Boden, 2 auf dem hinteren Sitz und einer auf den Rumpfverstrebungen. Dies empfiehlt sich jedoch nicht bei beleibten Personen. Das schwerste Gepäck sollte unter dem hinteren Sitz verstaut werden, nahe dem Schwerpunkt der Maschine. Kleine, wichtige Gepäckstücke, wie Geldsäcke, sollte man griffbereit auf den Rumpfverstrebungen befestigen, damit sie nicht im Flugzeug vergessen werden. Haben Sie kein Vertrauen zum hinteren Rumpfteil, denn es ist schwierig, Gepäck, das in das Heck gerutscht ist, wiederzufinden.

Treibstoff

Je mehr Treibstoff Sie mitnehmen, um so schwerer wird die Maschine bei der Landung und beim Start sein. Es ist jedoch möglich, daß Sie durch Verspätung des Empfangskomitees gezwungen werden, eine Stunde in der Luft zu kreisen oder, wenn Sie sich verirrt haben, Ihre Route wiederzufinden. Möglicherweise brauchen Sie auch für Ihren Rückflug mehr Treibstoff als vorgesehen, um Ihren Landeplatz in England zu erreichen. Sie sollten eine Treibstoffreserve für etwa 2 Flugstunden bei sich haben.

Notausrüstung

Falls Sie eine Bruchlandung machen, ist es besser, wenn Sie in der Maschine ein paar Zivilsachen haben. Sie sollten auch einige Fluchthilfen in einem Standard »escape kit« mitführen, etwas französisches Geld, einen Revolver und eine Thermosflasche mit heißem Kaffee oder Tee. Eine Flasche Brandy oder Whisky ist nützlich. Nehmen Sie alles aus Ihren Taschen, was für die Deutschen von Interesse wäre; vergessen Sie jedoch nicht, Ihr Paßfoto in Zivil mitzunehmen. Es kann später für Ihre falschen Papiere von Nutzen sein. Es ist ratsam, Kleidung ohne Etiketten des Schneiders, der Wäscherei oder auch Initialen zu tragen. In der Kabine der Lysander ist es recht warm, ziehen Sie deshalb lieber Schuhe statt der Fliegerstiefel an. Und falls Sie die Pyrenäen zu Fuß überqueren müssen, so können Sie dies ohne Beschwerden tun.

Vor dem Start

Vergewissern Sie sich, ob der Agent weiß, wieviel Gepäck er mitführen soll und wo man es verstaut. Er muß wissen, wie ein Fallschirm angelegt und bedient wird. Das gleiche gilt für die Bordsprechanlage. Er muß das

Westland Lysander Mk III Special Duties: Eine Sonderausführung, den Erfordernissen der SOE entsprechend, mit abwerfbaren Treibstofftanks und Einstiegleiter für die zu befördernden Agenten. Die erste »Pick-up«-Operation führte bereits in der Nacht zum 4. September 1941 der Squ.Ldr. John Nesbitt-Dufort (138. Squ.) nahe Châteauroux, 250 km südlich von Paris, durch

System der Notwarnlichter kennen und vor allem wissen, wie der Wechsel nach der Landung vor sich geht. Wie bekannt, bleibt der Agent in der Maschine, um seine Sachen hinauszureichen und das Gepäck des zurückkehrenden Agenten entgegenzunehmen, bevor er hinausklettert. Für den seltenen Fall, daß der Agent über Nachtflugerfahrung verfügt, ist es nützlich, ihm eine Karte mit der eingezeichneten Route zu geben. Ein Einsatz scheiterte nämlich, als ein Pilot weit vom Kurs abgekommen war, während der Agent, ein erfahrener französischer Fliegeroffizier, genau wußte, wo sie sich befanden, es dem Piloten aber nicht mitteilen konnte, weil das Bordsprechgerät ausgeschaltet war.

Die Überquerung des Kanals

Einige Piloten empfehlen, den Kanal in niedriger Höhe, möglichst unterhalb des deutschen Radarschirms, zu überfliegen. Ich persönlich bin dagegen, da man sich der Gefahr eines Beschusses durch die Flak der Royal Navy oder durch feindliche Konvois aussetzt. Außerdem erreicht eine schwerbeladene Maschine nicht schnell genug die erforderliche Flughöhe, um mit größtmöglicher Sicherheit die feindliche Küste zu überqueren. Im allgemeinen ist es ungefährlicher, die französische Küste in möglichst großer Höhe, bis zu 2500 Meter, zu überfliegen. So haben Sie einen besseren Überblick von der Lage der Küste und vermeiden es, von der leichten Flak oder von MGs abgeschossen zu werden. Vergessen Sie auch nicht, daß Ihre Lysander unbewaffnet und völlig wehrlos ist, und falls Sie das Pech haben, den Weg eines deutschen Jagdfliegers zu kreuzen, da hilft nur Beten.

Verhalten im Zielgebiet

Wenn Sie sich Ihrem Landeplatz nähern, führen Sie Ihr »cockpit drill« durch. Dazu gehört: Umstellung der Blinklampe auf »Morsen«, Herunterdrücken der Armstützen, Zurückstellen der Mischungskontrolle. Schalten Sie auf keinen Fall Ihre Landescheinwerfer ein. Sie sollen Ihr Ziel durch Anfliegen der etwa 4–6 Kilometer vom Landeplatz entfernt liegenden Geländemarke ausfindig machen. Von dieser Entfernung nämlich können Sie die von dem Empfangskomitee gesteckten Markierungslichter klar erkennen. Wenn Sie die Markierungslichter nicht zur geschätzten Ankunftszeit sehen, kreisen Sie und suchen Sie danach. Ein Einsatz scheiterte, weil der Pilot zweimal schnurgerade über den Landeplatz flog, die Lichtsignale aber nicht sah, da sie genau unter ihm lagen. Wenn Sie die Markierungslichter entdeckt haben, identifizieren Sie das verabredete Zeichen. Sie müssen dabei völlig überzeugt sein, daß es stimmt. Erscheint Ihnen irgend etwas unklar, dürfen Sie unter keinen Umständen landen. Es ist schon vorgekommen, daß die Deutschen versucht haben, Lysanders zur Landung zu veranlassen, und die Piloten kamen nur ungeschoren davon, weil sie sich streng an diese Regel hielten. Bei einem Fall, in dem diese Regel nicht befolgt wurde, kehrte der Pilot mit 30 Einschüssen im Flugzeug und einer Kugel im Hals nach Hause zurück. Er rettete sein Leben nur, weil er weit vom Leuchtpfad entfernt landete und sofort wieder aufstieg.

Landung

Machen Sie einen steilen Anflug, um Bäumen oder anderen Hindernissen aus dem Wege zu gehen. Sie sollten weder vor dem Markierungslicht noch weiter als 25 Meter davon entfernt aufsetzen. Benutzen Sie während der letzten Sekunden der Landung unbedingt die Landescheinwerfer, außer in mondhellen Nächten, doch schalten Sie sie, sobald Sie den Boden berühren, aus. Noch während Sie ausrollen, führen Sie schon Ihr »cockpit drill« für den Start durch, so daß Sie, wenn Sie zum Stehen kommen, sofort startbereit sind. Zu diesem Zeitpunkt haben Sie womöglich ganz schön Hosenflattern, doch vergessen Sie keinesfalls die Post oder die Nachrichten, die man Ihnen vielleicht mitgegeben hat. Achten Sie auf den Wechsel der »Passagiere«, und sobald Sie das »OK« hören, starten Sie.

Der Rückflug

Vergessen Sie nicht, daß die Navigation beim Rückflug genauso wichtig ist wie beim Hinflug, obwohl Sie sich

Die Jagd- und Tiefangriffsflugzeuge Focke-Wulf FW 190 haben sich sowohl im Fronteinsatz als auch bei der Reichsluftverteidigung gut bewährt.

eine kleine Ungenauigkeit erlauben können, wenn Sie außerhalb der Reichweite der Flak die Küste anfliegen. Um Ihrer Passagiere willen sollten Sie auf Ihrem Rückflug nicht abgeschossen werden. Denken Sie schließlich daran, daß »pick-up«-Einsätze völlig normale Formen des Kriegstransportes sind. Spielen Sie keinem vor, daß Sie ein Zirkusakrobat seien, denn diese Vorstellung hat in der Vergangenheit immer wieder dazu geführt, die Zahl dieser Einsätze zu verringern.

W/Cdr. C. Wiston, London 1942

Persönliche und geheime Botschaft von *Premierminister Churchill* an Marschall Stalin:
In der vergangenen Nacht hat die RAF über 700 Tonnen Bomben auf Berlin abgeworfen. Der Luftangriff wird als sehr erfolgreich bezeichnet. Von 302 viermotorigen Bombern haben wir 19 verloren.

Dienstag, 2. März 1943

Streng geheime und persönliche Botschaft von *Premierminister Churchill* an Marschall Stalin:
Da das Wetter über Berlin ungünstig war, haben wir in der vergangenen Nacht über 800 Tonnen mit gutem Ergebnis auf Hamburg abgeworfen. Das ist eine sehr große Menge, besonders wenn sie innerhalb eines so kurzen Zeitraumes abgeworfen wird. *6. März 1943*

Tagesparole des Reichspressechefs,
Freitag, 12. März 1943:
Die englischen Drohungen mit der Intensivierung des Luftkrieges sollen in Deutschland nicht gebracht werden. Die Sprache der deutschen Propaganda gegenüber England darf unter keinen Umständen weinerlich, sondern muß hart und gefaßt wirken.

Tagesparole des Reichspressechefs,
Sonnabend, 13. März 1943:
Zum Luftkrieg bemerkt der Minister, daß die Engländer immer genau wüßten, was zerstört worden sei, während wir über unsere Luftangriffe keine genauen Tatsachenberichte erhielten. Wir seien zu offen und zu ehrlich in unserer Berichterstattung und setzten Nachrichten in die Welt, während wir Propaganda treiben sollten. In diesem Zusammenhang weist der Minister es auch zurück, Angaben über Zerstörungen von Kirchen zu geben, da wir aus den Angaben der Engländer über zerstörte Kirchen jeweils geschlossen haben, welchen Erfolg wir hatten. Nach dem Prozentsatz der getroffenen Kirchen haben wir die Zerstörung an Bahnhöfen und Industriestätten beurteilt. Diese Anhaltspunkte dürften wir den Engländern in Zukunft nicht mehr geben. Dagegen sei selbstverständlich, daß man Berichte über einzelne weltbekannte Kulturdenkmäler, die zerstört worden sind, herausgebe.

Persönliche und geheime Botschaft von *Marschall Stalin* an Premierminister Churchill:
Ihre Botschaften vom 6. und 13. März, die mich über die erfolgreiche Bombardierung von Essen, Stuttgart, München und Nürnberg informieren, haben mich erreicht. Von ganzem Herzen grüße ich die britischen Luftstreitkräfte, die ihre Bombenangriffe auf deutsche Industriezentren weiter verstärken *15. März 1943*

Geheimer Bericht des *Sicherheitsdienstes der SS* zur innenpolitischen Lage:
Nr. 367 vom Montag, 15. März 1943 (Auszug)
I. Allgemeines: Die Erregung über die »anglo-amerika-

nische Luftoffensive« habe nach den Angriffen auf München, Stuttgart und Essen zugenommen. Die Bevölkerung befasse sich sehr lebhaft mit diesen Angriffen und erzähle sich von Tausenden Toten, Zehntausenden Obdachlosen sowie von der Zerstörung größerer Industriekomplexe und wichtigster Rüstungswerke in diesen Städten. Bei der Durchgabe der Wehrmachtsberichte interessiere man sich fast überall in erster Linie dafür, »wo sie letzte Nacht gewesen sind«, und erst dann für die sonstigen Nachrichten. In den luftbedrohten Gebieten frage die Bevölkerung täglich mit Bangen: »Kommen wir heute nacht dran?« Besondere Unruhe stiften die überall verbreiteten Gerüchte von Flugblättern, welche angeblich bei den Angriffen abgeworfen wurden und denen zufolge bis zum Geburtstag des Führers bestimmte Städte – Berlin, München, Nürnberg und mehrere andere werden genannt – »dem Erdboden« oder »Stalingrad« gleichgemacht würden.

Aus dem Tagebuch von Reichsminister Dr. J. Goebbels, Sonnabend, 20. März 1943:
Ich mache dem Führer den Vorschlag, in Zukunft bei unseren Luftangriffen auf England nicht die Slums, sondern die Plutokratenviertel zu bombardieren. Meine Erfahrungen gehen dahin, daß damit der tiefste Eindruck erreicht wird. Der Führer ist auch dieser Meinung. Unsere Repressalien im Luftkrieg werden erst in etwa fünf bis sechs Wochen anlaufen. Aber dann können sie schon einen beachtlichen Umfang annehmen. Die Luftwaffe selbst hat sich nur langsam und widerwillig auf den neuen Kurs der Luftkriegführung eingestellt. Der Führer ist mit der Luftwaffengeneralität weiterhin außerordentlich unzufrieden.

Aus dem Tagebuch von Reichsminister Dr. J. Goebbels, Sonnabend, 10. April 1943:
Bezüglich des Luftkriegs geben die Engländer große Kommuniqués über die von ihnen angerichteten Schäden heraus. Diese Darlegungen stimmen im großen und ganzen. Der englische Spionagedienst im Reich arbeitet erschreckend gut.

Sonnabend, 17. April 1943, London
Das *Luftfahrtministerium* gibt bekannt:
In der Nacht zum Samstag nahmen 600 britische Bomber an der größten Nachtoperation dieses Jahres teil und griffen zwei der wichtigsten deutschen Rüstungszentren an. Eine große Anzahl Bomber vom Typ Lancaster und Halifax drangen bis über die Skoda-Werke in der Tschechoslowakei vor. 37 britische Bomber werden vermißt. Gleichzeitig griff ein anderer britischer Verband von Wellington-, Stirling- und Halifax-Bombern Rüstungsbetriebe in Mannheim–Ludwigshafen an. Von diesem Einsatz kehrten 18 Bomber nicht zurück. Nach den bisher vorliegenden Meldungen waren diese beiden Angriffe sehr konzentriert und erfolgreich.
Ein Bomberpilot, der an dem Einsatz gegen die Skoda-Werke teilnahm, berichtet: »Die 2400 Kilometer lange Flugstrecke über feindlichem Gebiet war um so gefährlicher, als der Himmel nahezu wolkenlos war und das helle Mondlicht den deutschen Nachtjägern beste Angriffsmöglichkeiten bot. Alle Besatzungen wußten sehr wohl, daß manche von ihnen vielleicht ihren letzten Flug angetreten hatten. Der Hinflug verlief zu unserer größten Überraschung ohne Behinderung, nur auf dem Rückflug kam es zu einigen Luftgefechten. Dagegen wurden wir über den Skoda-Werken selbst von zahlreichen Nachtjägern und stärkstem Flakfeuer begrüßt.
Die Skoda-Werke mit einer Ausdehnung von 130 Hektar lagen im hellen Mondlicht deutlich erkennbar vor uns. Trotzdem wurden von den Pfadfindermaschinen Hunderte von Magnesium-Leuchtbomben abgeworfen, die die einzelnen Angriffsziele, die Stahlwerke, die Maschinenhallen, die Hochöfen und Schmieden sowie die

Der schwere britische Nachtbomber Handley Page Halifax (405. Squ.) wird mit 500-kg-Bomben beladen: Neben der Avro Lancaster ist die Halifax der Standardbomber der RAF. Es wurden insgesamt 6176 Maschinen gebaut

Links: Halifax-Bomber vor dem Start: Ihre »Lebensdauer« beträgt bei durchschnittlich 20 Einsätzen etwa 6 Wochen, das gilt auch für die Besatzungen. Die größte Gefahr besteht auf den ersten 5 Flügen, bei denen rund 40 Prozent aller Verluste anfallen

Montagehallen taghell erleuchteten. Inzwischen waren die anderen Geschwader herangekommen, und nun setzte das Zielbombardement ein, das eine verheerende Wirkung hatte. Viele Bomben neueren Typs von 2 und 4 Tonnen mit vervielfachter Sprengwirkung explodierten inmitten der Werke. Bereits nach wenigen Minuten stürzten ganze Reihen von Fabrikgebäuden ein, und 25 Minuten nach Beginn des Angriffs war von den Skoda-Werken nur noch eine riesige brennende Fläche zu erkennen. Ein Sonderverband von Lancaster- und Halifax-Bombern führte schließlich gezielte Angriffe im Tiefflug durch und zerstörte weitere fünf Industrieanlagen, die zunächst unversehrt geblieben waren. Wir alle hatten den Eindruck, unter uns sei die Hölle los.«
Zum Angriff auf Mannheim–Ludwigshafen meldet eine der Bomberbesatzungen: »Unser Verband war zwar wesentlich kleiner als der, der die Skoda-Werke bombardierte, aber er hatte die schwersten Bomber der RAF. Die Operation richtete sich gegen Werke der Maschinen- und Elektroindustrie sowie gegen eine Fabrik, die Dieselmotoren für Unterseeboote herstellt. Es gelang einigen Staffeln, die Flak zu unterfliegen und aus Höhen zwischen 50 bis 150 Metern die mit Zeitzündern versehenen Bomben von 2 und 4 Tonnen direkt in die Fabrikanlagen zu werfen. Boden- und Luftabwehr waren beträchtlich. Wir mußten mitansehen, wie mehrere unserer schweren Bomber direkt über Mannheim–Ludwigshafen in das Häusermeer abstürzten. Im Abflug zählten wir über 30 Großbrände und zahlreiche kleinere.«

Persönliche und geheime Botschaft von *Premierminister Churchill* an Marschall Stalin:
In einem kürzlich an mich gerichteten Telegramm sagten Sie: »Ich begrüße die Bombardierung von Essen, Berlin und anderen deutschen Industriezentren. Jeder Schlag Ihrer Luftstreitkräfte gegen die lebenswichtigen Zentren Deutschlands findet in den Herzen vieler Millionen Menschen überall in unserem Land das lebhafteste Echo.«
Der Oberkommandierende unserer Bombenflieger möchte das sehr gern seinen Staffeln übermitteln, die sich darüber wirklich sehr freuen würden. Werden Sie das gestatten? Es besteht dabei immer die Möglichkeit daß es in die Presse gelangt. Ich persönlich finde, daß das nur eine gute Wirkung haben könnte. Was ist Ihre Meinung? *17. April 1943*

Sonntag, 18. April 1943, Stockholm
Svenska Dagbladet berichtet:
Das Wochenende war gekennzeichnet durch ungewöhnlich starke Angriffe der britisch-amerikanischen Luftwaffe auf das Rheingebiet und durch ebenso ungewöhnlich große Erfolge der deutschen Abwehr. In der Nacht zum Samstag griff die RAF Süd- und Südwestdeutschland, vor allem Mannheim und Ludwigshafen an, wobei sie 55 Flugzeuge, davon überwiegend viermotorige Bomber, verlor. Diese dürfte eine der höchsten, wenn nicht bisher die höchste Abschußziffer für eine einzige Nacht sein.
In Berlin versichert man, die einfliegenden Verbände seien nicht stärker als sonst gewesen. Somit sei der Erfolg ganz der deutschen Abwehr zuzuschreiben, und zwar hauptsächlich dem verstärkten Einsatz von Nachtjägern mit verbesserter technischer Ausrüstung. Zudem war die Sicht für die Verteidigung ausgesprochen günstig, denn es scheint, daß neuerdings das Mondlicht nicht mehr die angreifenden Flugzeuge, sondern den Verteidiger begünstigt, so daß die RAF in letzter Zeit die Angriffe mit Vorliebe auf mondlose aber klare Nächte verlegt.

Die Kämpfe in Tunesien

Montag, 19. April 1943
Das Hauptquartier von *General Montgomery* teilt mit:
Zum erstenmal wird jetzt eine ausführliche Darstellung über die Luftoffensive gegeben, die dem Durchbruch der Mareth-Linie und dem Vorstoß bis Enfidaville vorausging. Ein Stabsoffizier der RAF berichtet: »Die alliierten Luftstreitkräfte hatten dabei drei Aufgaben: Zuerst mußten die Jagdstaffeln über dem Kampfgebiet und dem Niemandsland einen dichten Luftschirm bilden, um unsere Truppenbewegungen vor feindlichen Aufklärern abzuschirmen. Tatsächlich konnten die Kolonnen von

General Freyberg dann in das Gebiet von El Hamma einrücken, ohne daß die Truppen auch nur ein einziges feindliches Flugzeug gesichtet haben.
Die zweite Aufgabe mußte unmittelbar vor dem Angriff der 8. Armee erfüllt werden: Die Staffeln der Hurricane-Panzerknacker-Maschinen mit ihren großkalibrigen Schnellfeuer-Bordkanonen starteten zu einem Angriff auf die deutschen Panzerformationen und deren Versorgungskolonnen. In nur 90 Minuten war das Zerstörungswerk vollbracht. Die Spitfires hatten die Luft vom Feind bereits gesäubert, als die Hurricanes im Sturzflug bis zu zehn Meter über dem Boden niederstießen und ihre Dauerfeuergarben in die deutschen Truppenmassen jagten. In dieser Zeitspanne wurden 30 schwere deutsche Panzer vernichtet, etwa 60 bis 70 mittelschwere Panzerwagen beschädigt und mehrere hundert Fahrzeuge aller Art zerstört.
Unmittelbar nachdem die Hurricanes ihre Arbeit getan hatten, erschienen Boston- und Baltimore-Bomber, um die zersprengten Reste der Kolonnen vollends zu vernichten. Über diese Operationen, die sich unter dem Schutz von Spitfires abwickelten, sagt Montgomery: ›Niemals zuvor wurde eine so hervorragende Zusammenarbeit zwischen verschiedenartigen Luftwaffenverbänden und Bodenstreitkräften erzielt.‹
Die dritte Aufgabe schließlich fiel der Mediterranean Allied Strategic Air Force zu, die direkt General Eisenhower untersteht. Sie operiert über dem Mittelmeer und den Versorgungshäfen in Italien und Sizilien. Langstrekkenbomber und Fern-Begleitjäger starteten von Algerien, Libyen und Malta aus. Diese strategischen Bombergruppen fügten der Achse schwere Materialverluste zu.«

Persönliche und geheime Botschaft von *Marschall Stalin* an Premierminister Churchill:
Ich erhielt Ihre Botschaft, in der Sie meine Zustimmung erbitten, den britischen Bomberstaffeln meine Glückwünsche zur Bombardierung von Essen, Berlin und anderen Industriezentren in Deutschland zu übermitteln. Selbstverständlich habe ich keine Einwände gegen Ihren Vorschlag und überlasse diese Angelegenheit ganz Ihnen. Ich freue mich, daß Sie beabsichtigen, die Bombenangriffe auf deutsche Städte in ständig wachsendem Umfang fortzusetzen. *19. April 1943*

Mittwoch, 21. April 1943, Moskau
Das *Sowinformbüro* teilt mit:
Sowjetische Langstreckenbomber griffen in der Nacht zum Mittwoch wiederum Tilsit an. Es verlautet, daß eine beträchtliche Anzahl der neuen sowjetischen schwereren Bomber an diesem Unternehmen beteiligt war und daß in Tilsit bedeutender Schaden entstand. Die Befragung der Piloten ist noch nicht abgeschlossen.

Donnerstag, 22. April 1943, Washington
Das *Kriegsministerium* meldet:
Die Nachricht von der Hinrichtung der US-Flieger, die letztes Jahr bei dem Angriff vom Flugzeugträger »Hornet« auf Tokio in japanische Hände fielen, rief in der amerikanischen Öffentlichkeit eine Welle der Entrüstung hervor, wie man sie in den Vereinigten Staaten seit Pearl Harbor nicht mehr erlebt hat. In einer offiziellen Erklärung wird das Vorgehen der japanischen Regierung als barbarisch bezeichnet.

Vernichtung eines deutschen Lufttransportes

Freitag, 23. April 1943
Das *Hauptquartier von General Eisenhower* gibt bekannt:
Kittyhawks und Spitfires der Tactical Air Force, die über der Meerenge von Sizilien patrouillierten, entdeckten knapp über dem Meeresspiegel einen deutschen Verband von 20 sechsmotorigen Großraumtransportmaschinen vom Typ Me 323, begleitet von 40 bis 50 Jägern. Die Kittyhawks und Spitfires griffen unverzüglich an, und im Luftkampf, der nur knapp 10 Minuten dauerte, wurden sämtliche Transportmaschinen abgeschossen, und von den Begleitjägern stürzten 8 Me 109 und 2 italienische Flugzeuge ab. Die Großraum-Transporter waren mit Truppen und Treibstoff an Bord auf dem Weg von Sizilien nach Tunesien. Es ist das erstemal, daß die deutsche Luftwaffe auf diesem Kriegsschauplatz die durch ihre Größe leicht verwundbaren Transportriesen eingesetzt hat.

Die Bombennacht

Es war wie nach einer Schlacht. Wir sprachen später noch darüber, wie still wir dort beisammengesessen hatten, während die Signale des Todes hart an unserem Ohr vorüberpfiffen. Es dauerte kaum eine Stunde, aber es erschien wie eine Ewigkeit. Jede Sekunde trug schwer an dem Verderben, das auf die Stadt herniederkam. Indessen lief ein Gespräch mit Berlin, das jemand von uns stenographierte. Die Stimme, die am anderen Ende sprach, war weit und leise, mit der geheimnisvollen Fernschwingung, die der Draht erzeugt. Manchmal zog die Schreiberin die Schultern hoch und sagte, daß sie nichts verstanden hätte, da gerade wieder eine Bombe gefallen sei. Das ganze Diktat war aufgespalten von diesen Bombenintervallen, jedoch sie setzte es tapfer fort und bohrte mit einem Atemzug der Erschöpfung den Schlußpunkt ins Papier.
Unser gelebtes Leben drängte sich in dieser Stunde zu-

sammen wie ein aufgerollter Film, dem man nicht ansieht, wieviel Bilder er enthält. Wir dachten an flüchtiges Schönes, das schmerzhaft zu leuchten begann. Dann rauchten wir eine Zigarette, ohne ihren Geschmack wahrzunehmen. Wir traten von einer Tür in die andere, hoffend, daß der Lärm sich verflüchtigen möge, aber der anhaltende Ton von schweren, stürzenden Gewichten veränderte sich nicht. Als das Licht ausging, schalteten wir die Notbeleuchtung ein, die uns mit unseren großen, weißen Gesichtern weit voneinander entfernte, so daß ich mich nur noch an die Haltung meines Nebenmannes erinnern kann, die Art, wie der Hut ihm in der Stirn saß, aber nicht an den Ausdruck seiner Züge. Wir spürten, daß wir immer mehr auseinanderkamen, auch wenn wir uns ein Wort zusprachen, das betont forsch erscheinen sollte. Auf diese Art wurden wir lebendig. Als plötzlich jemand rief, daß unsere Fenster Feuer spuckten, machten wir einen schnellen Sturz nach vorne, ohne daß uns noch ein Rest der Lähmung angehaftet hätte. Wir hatten plötzlich alle Entfernungen überwunden, die uns das Notlicht angetan hatte, und waren jetzt einer neben dem anderen, einer hinter dem anderen, ihn berührend, zu ihm aufsprechend, etwas Lautes sagend.

Es war Feuer ringsumher. Die Funken tanzten über den Hof. Während die Männer die Schläuche in Bewegung setzten, kehrten wir in unseren Raum zurück, in dem wir etwas verloren zu haben schienen. Heute noch ergeht es mir so, wenn ich diesen Raum betrete, daß ich glaube, es müßte etwas von mir dort liegengeblieben sein. Aber ich finde nichts. Nun, wir waren ja im Dienst, der uns am Abend festgehalten hatte, und so trieb uns die Sorge um unsere Lieben ans Telefon. Wenn das Klingelzeichen ging, so deuteten wir uns aus, müßte unser Haus noch stehen. Alle versuchten es. Einige sahen groß über die Muschel hinweg, aus der ihnen kein Klingelzeichen entgegentönte.

Auf der Straße raste das Feuer. Es sprang den Himmel mit roten Zungen an. Auf den Flügeln eines lärmenden Windes eilten die Flammen straßauf, straßab. Mit einem monotonen, klagenden Geräusch gingen Treppen, Gardinen, Möbel, Stoffe, Papier und Leder in den Hochofen der Glut ein und verwandelten sich in Asche. Glas flog splitternd auf die Straße, und in einem endlosen Zug durchmaßen die Funken den Himmel. Die Betroffenen, die nicht mehr retten konnten, was in einer Stunde dem Verderben anheimgefallen war, liefen suchend unter dem funkensprühenden Bogen der Nacht dahin, sich selbst und das Geschehene kaum begreifend. Indessen kündigten helle Signale das Nahen der Feuerwehr an, eine von der anderen gefolgt. Sie ließen das Wasser in hohem Schwung aus den Schläuchen zischen, während die Balken brachen und die Bäume in der wachsenden Glut sich bogen.

Als ich so dahinlief, ging neben mir ein Soldat mit einem amputierten Arm. Ich fühlte, daß uns beide, die wir uns gar nicht kannten, nichts voneinander trennte. Die Schlacht dieser Nacht hatte auch uns zu Soldaten gemacht.

Am anderen Tage schien die Sonne. Wir kühlten uns die Augen, die von Rauch und Schwefel brannten. Viele Geleise unseres Lebens waren zerschlagen. Was in dieser Nacht geschehen war, würden kommende Geschlechter kaum begreifen. Wir gingen da hindurch, während das Herz wie ein Stein in der Brust lag. Mancher trug ein Gesicht vorüber, auf dem eine Tränenspur sichtbar war. Was sich einstmals dem Auge in ansehnlicher Fassade dargeboten hatte, lag als ein Haufen verrußter Steine am Boden. Feuer züngelte noch in den Mauerhöhlen, das bläulichen Rauch emporschickte. Unsere Kirchen, darunter einige mittelalterliche Baudenkmale, waren mit ihren edel geschwungenen Turmprofilen in die Tiefe gesackt, aufgelöst, verstreut, ein zersprungenes Mosaik der Vergangenheit. Trümmerhügel Geschäftshäuser, Apotheken, Arztheime, Wohnhäuser. Viele gingen und suchten ihre Arbeitsstellen. Sie fanden nur noch rauchende Mauerreste. Was noch stand, war von Kalk und Mörtelstaub berieselt, vom Feuerrauch verdunkelt. In den Räumen war eine trockene, ausgebrannte Luft, ein unvorstellbarer Schmutz, die nassen Spuren der Löschzüge. In dem Tempo, wie sich die Stadt belebte, bliesen wir unsere eigene seelische Asche hinweg. Wir banden uns Schürzen um, nahmen Besen und Scheuertücher, gossen Eimer mit Wasser durch die Büros, nahmen uns des immer wieder aufflackernden Feuers an, reichten uns die gefüllten Gefäße in Ketten zu, trugen die Möbel der vom Feuer Bedrohten in das Erdgeschoß, sprachen, indem wir dieses taten, von dem Ausmaß des Unglücks, das uns betroffen hatte, gaben Einzelheiten unseres nächtlichen

Das auffallendste Konstruktionsmerkmal der Petljakow Pe-8 sind 2 handbetriebene MG-Stände in den inneren Triebwerksgondeln. Es wurde zwar von ihrer Massenproduktion berichtet, doch sind insgesamt nur 79 Maschinen gebaut worden. Eine Zahl, die etwa den Verlusten der Westalliierten an schweren Bombern an manchen Tagen gleichkommt

Unten links: »... was in dieser Nacht geschehen war, würden kommende Geschlechter kaum begreifen ...«

Nachhauseweges preis, das Erlebnis einer Nachbarin, einer Bekannten, die nichts mehr besaß. Im gleichen Atemzuge taten wir aber schon der Hilfe Erwähnung, die in diesem oder jenem Falle möglich wurde. Es war selbstverständlich, daß jeder etwas zu bieten hatte, einer die Mahlzeit, der andere ein Zimmer, der dritte Kleidungsstücke.

Wir sahen mit Erstaunen, daß alles, was gestern noch für uns von Interesse gewesen war (ein neuer Film, ein Hut, den wir uns wünschten), jetzt nicht die Spur von Wichtigkeit mehr besaß. Überhaupt hatten wir in dieser Nacht viel aufgegeben: die Annehmlichkeiten einer fortschrittlichen Großstadt, ihre Kinos, die Oper, das Theater, die Cafés, die schönen Modegeschäfte, aber auch unsere Ansprüche, unser Begehren. Es gab so viele Dinge, die uns plötzlich nichts mehr bedeuteten: eine Reise, ein Streit, ein Plan. Auf manche Restmauern hatten die Geretteten mit großen Kreidebuchstaben geschrieben: Wir leben alle und wohnen W-Straße 28. Alle, die vorübergingen, entboten diesen fremden Geretteten einen stummen, aber inbrünstigen Gruß des Lebens. Die Lebenden rissen den Triumph aus dem Staub. Sie lebten und wollten weiterleben, allen Bomben und den feigen Mördern, die sie warfen, zum Trotz.

Der Arbeitsdienst, die Organisation Todt, die Wehrmacht und die SA griffen mit starken Händen in das zerrissene Netz der Zusammenhänge. Sie fuhren Lastwagen, schaufelten Trümmer fort, sprengten Blindgänger und unrettbar verlorene Häuser, halfen das verschonte Gut bergen, brachten die Obdachlosen unter und teilten Verpflegung aus. Die ausgefallenen Bestandteile der Maschinerie unserer Stadt wurden wieder eingesetzt. Das Wasser lief, die Gaszufuhr wurde wiederhergestellt, die ersten Straßenbahnen nahmen ihren Schienenweg auf. Die Inhaber ausgebrannter Läden zogen mit neuen Waren in unbeschädigte Häuser und teilten die Räumlichkeiten mit den dort ansässigen Geschäftsleuten. Ärzte, die ihre Praxis verloren hatten, leisteten in den Quartieren der Obdachlosen ärztliche Hilfe. Jede Kraft hatte wieder ein Feld der Betätigung.

Die Selbsthilfe wurde in vollem Umfange wirksam. Die Leichtbeschädigten holten sich Pappe und nagelten die Fensterlöcher zu. Gastwirte setzten ihre durch Feuer versehrten Räumlichkeiten notdürftig instand. Die Ladeninhaber verkauften die restlichen Waren, ehe sie sich um ihre beschädigte Wohnung kümmerten. Indessen konnten viele der Obdachlosen die Stadt verlassen, teils privat, teils durch die NS-Volkswohlfahrt-Verschickung. Die Schulen setzten in größter Eile Kinderlandverschikkungs-Züge zusammen, welche die Schüler in abgelegenen Gegenden unterbrachten.

Nach der Hast der Tage konnte man aufatmen und alles überdenken. Es war jetzt kein Zweifel mehr daran: die Feuerprobe war bestanden. Wohin man blickte, sah man in die verbissenen, bis zum Äußersten entschlossenen Gesichter der Menschen, die ihre Habe in Körben und Kisten aus den Kellern holten und in einer fragwürdigen Sicherheit bargen. Es gab schon wieder Blumen an den Ständen zu kaufen, die recht eigenartig im Angesicht der Trümmer blühten: italienische Mimosen und Tulpen mit sanften dunkelroten Kelchen. Die Konfirmationsfeiern waren durch die große Zerstörung an Kirchen stark beeinträchtigt. Die Konfirmanden wurden teilweise in Krankenhäusern eingesegnet.

Es mehrten sich die Anfragen der Verwandten und Bekannten, die in Telegrammen und dringenden Telefongesprächen Auskunft über unser Wohl erheischten. Das Postamt war der Sammelpunkt von Tausenden, die ihre guten und schlechten Nachrichten aussandten. Manche von ihnen hatten verbundene Hände und Köpfe.

Jetzt ergeht es uns manchmal, daß wir ein Buch in die Hand nehmen, in dem von Frühlingsnächten die Rede ist, da die Sterne über stillen Häusern erblühen. Oder ein Bild, das uns im Übermut und in der aufgelösten Freude unserer Jugend zeigt. Wir meinen, das sei schon lange her. Das Wunder der Jahreszeiten, die sich beständig verändern, wird uns noch nicht offenbar. Wir haben jetzt andere Dinge zu bedenken, denn wir schlagen die Schlacht unseres Lebens. Wir besitzen keine anderen Waffen als unsere Herzen, aber die sind blank und scharf. So sucht das Leben, von schmerzhaften Erschütterungen hin und wieder aufgehalten, ein gewohntes, aber noch schmaler gewordenes Geleise. In der Oper wird an Obdachlose Essen verteilt. Omnibusse vieler Städte, verschiedenfarbig, flicken das zerrissene Verkehrsnetz wieder zusammen. Manchmal geschieht es, daß ein Vogel hinter unserem Fenster singt. Die heulende Sirene kann sein kleines Lied im nächsten Augenblick verschlucken. Wir sind jede Nacht bereit, den barbarischen Feind mit der blanken Waffe unseres Herzens abzuwehren.

Das Reich, April 1943

Sowjetische Luftoffensive gegen Deutschland

Sonnabend, 24. April 1943, Moskau
Das *Sowinformbüro* teilt mit:
Die Rote Luftflotte hat in den letzten Monaten Sonderverbände mit schweren Bombern aufgestellt, nachdem in einer Reihe von neuerrichteten Flugzeugwerken im Ural die Massenproduktion von viermotorigen Langstrekkenbombern begonnen hat. Die bisher gegen Königsberg, Danzig und Tilsit geflogenen Einsätze der viermotorigen Maschinen waren lediglich Versuchsaktionen zur Vorbereitung der Offensive unserer Roten Luftflotte gegen Hitler-Deutschland.

24. April 1943, Moskau
Das *Hauptquartier des sowjetischen Oberkommandos (STAWKA)* gibt bekannt:
In der Nacht zum 23. April starteten 200 sowjetische Langstreckenbomber zu einer Operation gegen Insterburg in Ostpreußen. Während des zweistündigen Angriffs wurden mehrere militärische und industrielle Anlagen vernichtet, und in der Stadt entstanden, von heftigen Explosionen begleitet, viele Brände. Bis auf eine Maschine kehrten alle Flugzeuge zu ihren Stützpunkten zurück.

Jagdflugzeuge überfliegen den Atlantik

Freitag, 30. April 1943, Washington
Das *US-Kriegsministerium* meldet:
Seit einiger Zeit überqueren Jagdmaschinen ohne Zwischenlandung den Nordatlantik; damit tritt die Luftkriegführung in eine neue Phase. Durch Anbringung von abwerfbaren Treibstoffbehältern konnte die Reichweite der Lightning-Jäger erheblich vergrößert werden.

Geheimer Bericht des *Sicherheitsdienstes der SS* zur innenpolitischen Lage:
Nr. 381 vom Donnerstag, 6. Mai 1943 (Auszug)
I. Allgemeines: Von Apathie sei nichts zu merken. Nach dem schweren Angriff auf Essen in der Nacht zum 1. 5. sei z. B. beobachtet worden, daß die Volksgenossen am nächsten Morgen in aller Frühe tatkräftig dabei waren, die kleineren Schäden zu beseitigen, und daß am Nachmittag überall in den Kleingärten gearbeitet wurde. Bedenklich sei lediglich die Tatsache, daß sich von Angriff zu Angriff die Fälle von Diebstählen in bombengeschädigten Häusern mehren würden ... Nach Meldungen aus Westdeutschland, aber auch aus anderen Reichsteilen, wird in der Bevölkerung davon gesprochen, daß die feindliche Luftoffensive eine Folge der Verkündigung des totalen Krieges sei ... Dieses Mißverständnis habe zu einer gewissen Animosität der Volksgenossen gegen die Reichshauptstadt geführt, von welcher aus der totale Krieg verkündet worden ist. Diese Einstellung werde durch einen Vers charakterisiert, der im Industriegebiet bereits verbreitet worden sei:

Lieber Tommy, fliege weiter,
wir sind alle Bergarbeiter.
Fliege weiter nach Berlin,
die haben alle »ja« geschrien.

Montag, 17. Mai 1943, London
Das *Luftfahrtministerium* gibt bekannt:
Die Luftoffensive der Alliierten gegen Deutschland hat, wie in englischen Kreisen festgestellt wird, mit Angriffen auf präzis festgelegte Ziele – im Unterschied zu dem sogenannten Flächenbombardement – ein neues Gesicht bekommen. Eine weitere positive Entwicklung in der alliierten Luftkriegstaktik ist nach Meinung englischer Sachverständiger der in letzter Zeit immer häufigere Einsatz schneller Mosquito-Bomber bei nächtlichen Luftoperationen. Man vermutet, daß diese neue Taktik bei der deutschen Abwehr erhebliche Verwirrung stiftet, da sie sich nun gleichzeitig auf die langsameren schweren Bomber und auf die leichteren schnellen Mosquitos einstellen muß. Die Mosquitos sind schnell genug, um sich jeder Verfolgung durch feindliche Jäger entziehen zu können.
Die Luftoffensive der Alliierten wird vorläufig durch günstiges Flugwetter begünstigt; man kann also mit einer Steigerung der Angriffe im Laufe dieses Monats rechnen. Der Sprecher der RAF, Major Stewart, bestätigt, daß allein das britische Bomberkommando imstande wäre, Nacht für Nacht 400 bis 600 schwere Flugzeuge einzusetzen.

Der Angriff auf die Talsperren

Dienstag, 18. Mai 1943
Hauptquartier der RAF. Wing Commander G. P. Gibson von der 617. Squadron berichtet:
»Die Stimmung unserer Besatzungen war vor dem Abflug recht spannungsgeladen, und ich bin froh, heute

König Georg VI. besucht die 617. Squadron nach dem Angriff auf die deutschen Talsperren: W./Cdr. G. P. Gibson schildert den Einsatz am Übungsmodell

sagen zu können, daß die erzielten Ergebnisse unsere Erwartungen weit übertroffen haben. Die von uns abgeworfenen Bomben rissen den Damm der Möhne-Talsperre glatt auseinander.« Einer der Piloten der 617.SQ. erklärt: »Was unser Wing Commander jedoch nicht erwähnte, ist, daß er als erster seine Bombe äußerst genau auf den Damm abwarf und dann mit Todesverachtung an der Talsperre entlangflog, um das Flakfeuer auf seine Maschine zu ziehen, damit wir ungestört das Vernichtungswerk fortsetzen konnten. Gibson blieb so lange im Schußfeld, bis er überzeugt war, daß wir alle unsere Bombenlast abgeworfen hatten. Schon nach dem ersten Volltreffer barst der Damm auseinander, und eine Wassersäule bis zu 300 Meter schoß in die Luft. Der Druck der Wassermassen war unvorstellbar und riß alles mit sich, bis es schließlich nicht mehr möglich war, die in den Fluten liegenden Ortschaften zu erkennen.«

18. Mai 1943, Berlin
Das *DNB* teilt mit:
Die feindliche Auslandspresse ergeht sich in sensationellen Ausführungen über die angebliche Wirkung der englischen Luftangriffe auf zwei deutsche Talsperren. Dazu ist festzustellen: Die an beiden Talsperren angerichteten Schäden haben zwar unter der Zivilbevölkerung empfindliche Verluste hervorgerufen; die wehrwirtschaftlichen Schäden sind indessen verhältnismäßig leichter Natur und zum Teil in kurzer Zeit zu beheben. Denn erstens beträgt der Anteil der durch diese Stauseen gespeisten Elektrizitätswerke nur einen Bruchteil der gesamten deutschen Stromerzeugung, und zweitens dienten diese E-Werke speziell dem Ausgleich des deutschen Spitzenbedarfs.

Aus dem Tagebuch von Reichsminister Dr. J. Goebbels,
18. Mai 1943:
Die vergangene Nacht hat uns im Luftkrieg schweren Schaden zugefügt. Der Angriff der britischen Bomber auf unsere Talsperren war von großem Erfolg begleitet. Der Führer ist über die mangelnde Vorbereitung seitens unserer Luftwaffe außerordentlich ungeduldig und böse.

Mittwoch, 19. Mai 1943
Das *Hauptquartier der RAF* gibt bekannt:
Aufklärungsmaschinen, die gestern mehrfach das Gebiet der Eder- und Möhne-Talsperren überflogen, stellten fest, daß die Schäden weitaus höher sind als zunächst angenommen. Diese Meldungen werden auch durch Luftaufnahmen bestätigt.

Admiral Yamamoto gefallen

Freitag, 21. Mai 1943, Tokio
Das *Kaiserliche Hauptquartier* teilt mit:
Admiral Isoroku Yamamoto, Oberkommandierender der Kombinierten Streitkräfte, fand an Bord eines Flugzeuges im vergangenen Monat während eines Gefechtes mit dem Feind den Tod. Mit Admiral Yamamoto verliert Japan einen seiner größten und fähigsten Flottenchefs. Sein Name ist untrennbar verbunden mit den großen Erfolgen der kaiserlichen Marine in diesem Kriege, mit der Vernichtung der amerikanischen Flotte in Pearl Harbor, der Versenkung der »Prince of Wales« und der »Repulse« und mit den zahlreichen Seeschlachten, die in allen Teilen des Pazifik für Japan erfolgreich ausgefochten wurden. Der Kaiser hat für Admiral Yamamoto ein Staatsbegräbnis angeordnet und ihn postum zum Großadmiral ernannt. Zu seinem Nachfolger wurde Admiral Koga ausersehen.

21. Mai 1943, Washington
United Press meldet:
Radio Tokio gibt bekannt, Admiral Yamamoto sei gefallen, als er an Bord eines Flugzeugträgers Flottenoperationen leitete.

Geheimer Bericht des *Sicherheitsdienstes der SS*
zur innenpolitischen Lage:
Nr. 385 vom Montag, 24. Mai 1943 (Auszug)
I. Allgemeines: Die – in ihrem Ausmaß oft sehr weit übertriebenen – Auswirkungen des Angriffs auf die Möhne- und Eder-Talsperre haben sich im gesamten Reichsgebiet sehr schnell herumgesprochen und teilweise die Bevölkerung in großen Schrecken versetzt, zumal im Wehrmachtsbericht die Verluste an Menschen als hoch bezeichnet wurden ... Viele Volksgenossen suchen nach einer Erklärung, wie ein derartiger Angriff überhaupt möglich sein konnte; sie befürchten, daß die Sicherung der Talsperren durch Flak und Sperrballone nicht ausreichend gewesen sei.

Mittwoch, 26. Mai 1943, London
Das *Luftfahrtministerium* gibt bekannt:
Gestern am frühen Abend versuchte ein Verband deutscher FW-190-Jagdbomber einen Überraschungsangriff auf eine Stadt in Südostengland, der erfolgreich abgewehrt werden konnte. Die deutschen Flugzeuge näherten sich im Tiefflug der Stadt, wurden aber von Jägern eines französischen Geschwaders der RAF abgefangen und mußten ihre Bomben wahllos ins Meer werfen. Es kam zu mehreren Luftkämpfen zwischen Spitfires und Focke-Wulfs; französischen Piloten gelang es, 4 deutsche Flugzeuge zum Absturz zu bringen. Schon am Vormittag hatte ein anderer Verband von Focke-Wulf-Jagdbombern unter Begleitschutz eine Stadt in Südostengland bombardiert. Bei dieser Aktion verlor der Feind ebenfalls 4 Flugzeuge, 3 durch Flak und eines durch einen Typhoon-Jäger.

Angriff auf Wuppertal

Sonntag, 30. Mai 1943
Das *Oberkommando der Wehrmacht* gibt bekannt:
Feindliche Fliegerverbände griffen am gestrigen Tag die bretonische Stadt Rennes sowie einige Stützpunkte an der Atlantikküste an und bombardierten in der vergangenen Nacht mehrere westdeutsche Orte. Es entstanden zum Teil größere Gebäudeschäden. Die Bevölkerung, insbesondere in Wuppertal, hatte Verluste. Nach bisher vorliegenden Meldungen wurden 57 meist viermotorige feindliche Flugzeuge abgeschossen. 4 eigene Jagdflugzeuge gingen verloren.

30. Mai 1943, London
Das *Kriegsministerium* teilt mit:
Die pausenlose Luftoffensive der Alliierten gegen Ziele in Deutschland wurde auch in der Nacht zum Sonntag fortgesetzt, als RAF-Bomber einen schweren Angriff auf Wuppertal im Ruhrgebiet durchführten. Diese Operation wird von zuständigen Stellen als »sehr konzentriert und erfolgreich« bezeichnet. 33 Flugzeuge sind nicht zurückgekehrt. 2 deutsche Nachtjäger wurden abgeschossen. Wuppertal, eine Stadt mit über 400 000 Einwohnern, ist das größte Zentrum der deutschen Textilindustrie. Es befinden sich dort aber auch Färbereien und Maschinenfabriken, darunter ein großes Kugellagerwerk.

Die Toten und Verletzten der Luftangriffe sollen, zumindest auf dem Papier, mit den Soldaten an der Front gleichgestellt werden …

1083. Änderung der Bezeichnung für »getötete« und »verletzte« Zivilpersonen bei Luftangriffen

Da die Opfer von Luftangriffen unter der Zivilbevölkerung ebenso wie die Soldaten an der Front für Deutschlands Größe verwundet werden oder fallen, ist auch für Zivilpersonen die Bezeichnung »verwundet« oder »gefallen« anzuwenden.

O. K. W./AWA/W Allg./Ob. d. L Arb. St. LS, 4. 6. 1943
Az. 41 a Nr. 150/43 (1 I C).

Bekanntgegeben.

Der Ob. d. L., 4. 6. 1943,
Az. 41 a Nr. 150/43 (Arb. Stb. LS I I C).
L. V. Bl. S. 571

30. Mai 1943, Berlin
Das *DNB* schließt eine Zusammenstellung über die von der britisch-amerikanischen Luftwaffe angerichteten Zivilschäden mit der Warnung ab: »Und der Tag wird kommen, an dem sie abermals voller Entsetzen erkennen werden, daß das nationalsozialistische Deutschland durch Terror niemals geschwächt und gebeugt werden könne, sondern jeden Terroristen schließlich mit seinen eigenen Waffen zu Boden strecke. Die deutschen Mühlen scheinen manchmal langsam zu mahlen – aber sie mahlen dafür trefflich fein …«

Donnerstag, 10. Juni 1943
General Eaker, Befehlshaber der US-Luftstreitkräfte auf dem europäischen Kriegsschauplatz, erklärte:
Die US-Luftstreitkräfte in Großbritannien sind seit März dieses Jahres verdoppelt worden, dasselbe geschieht bis zum September noch einmal. Bis Ende dieses Sommers soll die Luftmacht der Alliierten, bestehend aus US-Bombern für Tagesangriffe und britischen Bombern für Nachtangriffe, so weit verstärkt sein, daß das gesteckte Ziel erreicht werden kann. General Eaker wies jedoch darauf hin, der Krieg werde auch dann noch nicht beendet sein, denn mit Fliegerangriffen allein könne man ihn nicht gewinnen.

Sonnabend, 12. Juni 1943
Das *Hauptquartier der 8. US-Luftflotte* gibt bekannt:
Mehr als 200 B-17 Flying Fortress und B-24 Liberator haben am späten Freitag nachmittag die beiden deutschen Häfen Wilhelmshaven und Cuxhaven trotz starker Luftabwehr heftig bombardiert. Die Maschinen, die ohne Jagdschutz operierten, konnten mehrere Volltreffer auf den weitverzweigten U-Boot-Bunkern erzielen. In den Luftgefechten bei Wilhelmshaven ist eine beträchtliche Anzahl deutscher Jäger abgeschossen worden. Eine Überprüfung der Berichte von beteiligten Besatzungen dauert noch an. Die USAAF verlor bei diesem Einsatz von mehr als 200 Maschinen 8 Flugzeuge.

12. Juni 1943, London
Das *Luftfahrtministerium* teilt mit:
Maschinen des Bomber Command überflogen mit Hauptziel Düsseldorf in der vergangenen Nacht in starken Verbänden Westdeutschland. Nach vorläufigen Berichten sind umfangreiche Schäden entstanden. Ein wei-

Oberbefehlshaber der japanischen Vereinigten Flotte, Admiral Isoroku Yamamoto (4. 4. 1884–18. 4. 1943)

terer Verband bombardierte mit guten Ergebnissen die Stadt Münster. Mehrere andere Ziele im Ruhrgebiet und im Rheinland wurden ebenfalls angegriffen. Von diesen Operationen sind 43 Bomber nicht zurückgekehrt. Ein feindliches Flugzeug wurde über Holland von einem unserer Jäger abgeschossen.

Schaffung einer taktischen Luftflotte

Montag, 14. Juni 1943, London
Amtlich wird bekanntgegeben, daß im Zuge der Reorganisation der RAF eine »Tactical Air Force« geschaffen worden ist. Ihre Aufgabe: Eine noch engere Zusammenarbeit mit den Bodentruppen. Diese neue Luftflotte unter dem Befehl von Vizeadmiral J. H. Delbiac, dem ehemaligen RAF-Kommandanten auf Ceylon, besteht aus Geschwadern aller Flugzeugtypen, die sich für eine direkte Unterstützung der Bodenkämpfe eignen. Dazu die »Times«: Keine andere Reform im Bereich der RAF seit Beginn des Krieges hat eine solche Bedeutung gehabt.

Britischer Angriff auf Krefeld

Dienstag, 22. Juni 1943, London
United Press berichtet:
Der Angriff auf Krefeld, eine bedeutende Industriestadt und wichtiger Eisenbahnknotenpunkt für den Verkehr vom Ruhrgebiet nach Westen, wird von offizieller Stelle als »sehr schwer und konzentriert« bezeichnet. Man nimmt an, daß es sich um eine der größten Operationen gegen Deutschland handelte. Dieser Masseneinsatz von schweren viermotorigen Bombern und der Abwurf bisher größter Sprengstoffmengen auf ein einziges Ziel ist wohl nur mit dem Angriff auf Düsseldorf vom 11. Juni 1943 zu vergleichen.

Strategie und Taktik

JANUAR BIS JUNI 1943

Auf dem verschneiten Feldflugplatz Pitomnik in der baumlosen Steppe westlich von Stalingrad türmen sich die Reste verbrannter und zerschellter Maschinen.
Diese Opfer der sowjetischen Luftblockade und auch des launenhaften, unbarmherzigen Wetters bezeugen das große Sterben der besten Transportverbände der deutschen Luftwaffe. Aus der eigentlichen Luftversorgung ist schon längst eine verzweifelte Rettungsaktion geworden, von der jeder Beteiligte genau weiß, daß sie das tragische Schicksal der eingeschlossenen 6. Armee (GenOberst Paulus) nicht mehr abwenden kann.
Um die Jahreswende wird der Einsatz der Transportverbände umgestaltet: Der erfahrene Organisator der Kesselversorgung von Demjansk im Winter 1942, Oberst Morzik, löst Oberst Förster ab. Ein erneutes Durchkämmen des gesamten Bereichs der Luftwaffe bewirkt, daß jetzt Oberst Morzik neben sämtlichen verfügbaren Maschinen und Besatzungen der Deutschen Lufthansa auch Transportflugzeuge der Industrie und selbst Hitlers Führerkurierstaffeln zur Verfügung stehen. Die Flugzeuge kommen teilweise mit zivilen Besatzungen, Flugkapitänen und Einfliegern ohne Winterausrüstung. Darunter befinden sich sogar Versuchsmaschinen der Firma Siemens mit den bis dahin noch streng geheimen ersten vollautomatischen Dreiachs-Kurs-Steuerungen. Im Nu versperren die Maschinen, die mit unzureichenden Mitteln erst für den Wintereinsatz umgerüstet werden müssen, die Landebahnen. Und die Reiseflugzeuge haben weder die notwendigen Funk- und Peilgeräte an Bord noch Winterschutz, Bewaffnung oder Fallschirme. Am 6. Januar 1943 treffen auf den Absprunghäfen auch 6 Ju 52, die Privatmaschinen von Göring, Ribbentrop, Ley und anderen Parteigrößen ein, die diese für die Versorgung von Stalingrad zur Verfügung gestellt haben.
Die Wetterlage in der ersten Januarwoche hat sich wieder so gebessert, daß bei dem wolkenlosen Himmel angesichts der Übermacht sowjetischer Jäger 8 Tage lang überhaupt nicht geflogen werden kann. Auch die Nachtflüge sind voller Gefahren: Der sowjetische Flak- und Scheinwerferring ist noch verstärkt worden und fordert immer neue Opfer. Eine ganze Reihe von Scheinflugplätzen mit Funkfeuern auf ähnlicher Frequenz und gleicher Kennung legt die Rote Luftflotte rund um Stalingrad an. Mehrere Maschinen landen dort, in der Meinung, sie seien im Kessel. Die ununterbrochenen nächtlichen Störangriffe der altertümlichen sowjetischen Doppeldecker U-2 mit Splitterbomben und MG-Feuer auf die im Kessel startenden und landenden deutschen Flug-

zeuge stiften Verwirrung. Diese tückischen kleinen Flugzeuge, von den Soldaten wegen ihres knatternden Motorengeräusches »Nähmaschinen« genannt, fliegen die Scheinwerferstrahlen entlang, die auf die Flugplätze im Kessel gerichtet sind.
Am Sonntag, dem 10. Januar 1943, kündigt ein 55 Minuten langes Trommelfeuer von 7000 Geschützen und Granatwerfern den Beginn der sowjetischen Don-Front-Offensive (GenOberst Rokossowski) zur Zerschlagung des Kessels von Stalingrad an. Es gelingt gerade noch, das gesamte Spezialpersonal der Luftwaffe auszufliegen; kurz danach gehen die beiden Flugplätze Pitomnik und Bassargino verloren. Gleichzeitig haben sowjetische Truppen im Vormarsch auf den Kaukasus den Fluß Manytsch überschritten und stehen vor Salsk. Am 16. Januar muß auch dieser Platz geräumt werden. Die Transportverbände verlegen das Gros nach Swerowo und fliegen von hier weiter nach Stalingrad.

Am 17./18. Januar 1943 greifen 118 deutsche Bomber bei 6 Verlusten London an. Es ist der erste Nachtangriff seit dem 10./11. Mai 1941.
Anfang 1943 tauchen die berüchtigten alliierten Tiefflieger (Tank-Buster) immer öfter über den deutschen Luftstützpunkten in Tunesien auf. Für die Einsätze zur Versorgung der kämpfenden Truppen im Raum Tunis verbleiben in Italien und auf Sizilien etwa 200 Ju 52 und Großraum-Transportmaschinen Me 323 Gigant. Nur am Tage können Flugzeuge in Tunis und Bizerta die Landung wagen, in der Nacht dagegen mit größter Vorsicht, und vereinzelt in Gabes und Sfax. Allein am 18. Januar 1943 zerstören alliierte Jabos bei einem einzigen Angriff auf den Flughafen von Tunis 23 Ju 52 am Boden. Die Deutschen fliegen Verstärkung heran: Sie ziehen sogar an die 400 Flugzeuge von der Ostfront ab und schicken sie nach Tunis, was den sowjetischen Armeen einige Erleichterung verschafft.

Auf der Konferenz von Casablanca (14. bis 25. Januar 1943) werden zwischen den USA und Großbritannien weitere Operationen im Mittelmeerraum vereinbart. Auch die verhängnisvolle Formel der »Bedingungslosen Kapitulation« (Unconditional Surrender) wird bekanntgegeben. Man einigt sich, daß anglo-amerikanische Kampfverbände eine »Combined Bomber Offensive« (CBO) gegen Deutschland fliegen sollen, und legt die Prioritäten fest:
1. U-Boot-Stützpunkte und -Produktionsstätten
2. Flugzeugindustrie
3. Hauptverkehrsknotenpunkte
4. Ölraffinerien und synthetische Treibstoffwerke
5. Kugellagerwerke und die Rüstungsindustrie

Eine Flächenbombardierung nach der bisherigen RAF-Angriffstaktik gegen deutsche Städte sehen die USA nicht vor. Die Amerikaner vertreten die Meinung, nur im Tagesangriff seien Erfolge zu erzielen. US-Bomber sollen bei Tage Industrieanlagen und die RAF nachts Wohnviertel angreifen. Das abschließende Kommuniqué wiederholt die zweifelhaften Douhet-Luftkriegstheorien und rechtfertigt Terrorangriffe als »mutmaßlich entscheidendes Mittel der Kriegführung«. Chef des Bomber Command, Harris: »Casablanca beseitigte die letzten moralischen Hemmungen; wir erhielten für den Bombenkrieg völlig freie Hand.« Die absolute Priorität bei der Bekämpfung der U-Boote ist nicht zufällig: Ein Sieg in der Schlacht im Atlantik ist die Voraussetzung jeder Großoperation gegen die Festung Europa. Churchill: »Bis Ende 1942 versenkten die U-Boote unsere Schiffe schneller, als wir sie zu bauen vermochten ...« Zu der Zeit stehen 235 U-Boote im Einsatz, die größte von den Deutschen erreichte Zahl.

Am Freitag, dem 22. Januar 1943, 8.00 Uhr, treten die Verbände der Don-Front (Gen. Rokossowski) zum letzten Vorstoß gegen die 6. Armee an. Kurz nach Angriffsbeginn erobern die Sowjets den Flugplatz Gumrak; nun ist der am Stadtrand liegende kleine Flugplatz Stalingradski die einzige Verbindung zur Außenwelt. In der Dämmerung des 23. Januar 1943 starten Leutnant Krausse und seine Besatzung mit dem allerletzten Flugzeug von einem schmalen Feldflugplatz am Rande Stalingrads aus dem Kessel. Es ist eine He 111 mit halb weg-

Links: Die berüchtigte U-2, eines der meistproduzierten Flugzeuge der Welt (30 000 Stück), wurde 1927 von N. N. Petljakow konstruiert. Hier als Sanitätsflugzeug (U-2S2)

Oben rechts: US-Langstreckenjäger Rapublic P-47 Thunderbolt: Der meistgebaute US-Jäger (15 660 Stück) ist zugleich der größte und schwerste 1motorige Jagdeinsitzer des Krieges. Die P-47 N wog mit 9460 kg doppelt soviel wie die deutsche Me 110 C-4 (4776 kg)

geschossenem Höhenruder und 9 Verwundeten an Bord. Jetzt werfen die Kampfflugzeuge nur noch Versorgungsbehälter ab.

Am gleichen Tage räumt die deutsch-italienische Panzerarmee Tripolis und zieht sich an die libysch-tunesische Grenze zurück. Zwei Geschwader – eines auf Sizilien, das andere in Neapel – erhalten den Auftrag, diese Verbände zu versorgen. Ihre Landeplätze in Gabes und Sfax, die weder Bodenorganisation noch Einrichtungen für den Nachtflugbetrieb besitzen, stellen an die Transportverbände höchste Anforderungen, und nur die erfahrensten Besatzungen können es wagen, hier zu landen. Die gefährlichen Nachteinsätze werden meistens im Einzelflug durchgeführt. Britische Jäger vom Stützpunkt Malta greifen die Transporter über dem Mittelmeer an. Besonders stark wird von ihnen der Luftraum in der Nähe der Absprungplätze von Trapani und Castel Vetrano heimgesucht.

Am Tage wiederum fliegen bis zu 100 Ju-52-Maschinen und Großraumtransporter des Typs Me 323 in einem Strom von kleineren geschlossenen Gruppen, ca. 20 bis 24 Flugzeuge, geschützt von Me-109-Jägern oder Me-110-Zerstörern.

Im Januar 1943 beginnt die 8. US-Luftflotte in England zum Schutz ihrer Bomberverbände eine starke Jagdwaffe aufzubauen: die ersten P-47 Thunderbold – allerdings nur mit einer Reichweite bis zur holländischen Küste – treffen ein. Am 27. Januar 1943 fliegen US-Bomber zum erstenmal das Reichsgebiet an. Der Tagesangriff der 64 viermotorigen B-17 Flying Fortresses und B-24 Liberators richtet sich gegen die U-Boot- und Hafenanlagen von Wilhelmshaven, die Stadt, die auch das Ziel der ersten englischen Tagesangriffe im Jahr 1939 war. Dieser erste amerikanische Luftangriff auf Deutschland wird ohne Jagdschutz geführt und erleidet ungewöhnlich niedrige Verluste: nur 3 Maschinen werden abgeschossen.

Am Sonnabend, dem 30. Januar 1943, führen 6 Mosquito-Schnellbomber (105. Squadron in Bourn) ihren ersten Einsatz gegen Berlin durch, es ist zugleich der erste Tagesluftangriff, den die Reichshauptstadt erlebt. Unerwartet fallen genau um die Mittagszeit aus 9000 Meter Höhe zwei 2-Tonnen-Luftminen direkt auf das Funkhaus in der Masurenallee. Diese Überraschung ist Reichsmarschall Göring zugedacht, der gerade – zum 10. Jahrestag der Machtergreifung Hitlers – seine berüchtigte Stalingrad-Rede halten will.

Bis Mitte Januar 1943 werden 10 Pfadfinder-Halifax-Bomber der 35. Gruppe und 13 Stirling-Maschinen der 7. Gruppe mit dem H2S-Radargerät ausgerüstet. Ihre Navigatoren können auf den Bildschirmen die Städte als helle Umrisse und die Seen und Flüsse wiederum als dunklere Stellen sehen. Die H2S (Abkürzung des britischen Codenamens Home Sweet Home) gibt die Umrisse der überflogenen Landschaften und Städte auf einem Bildschirm wieder. Zuerst bekommen dieses für die weiteren Bomberoffensiven so wichtige Gerät die Pfadfindermaschinen, und bis Mitte 1944 soll es jeder Bomber an Bord haben. Mit Hilfe dieses Gerätes, das mehr als jedes andere zum Untergang der deutschen Städte beitragen soll, ist es nun den Bomberverbänden möglich, bei Dunkel-

250-kg-Sprengbombe der deutschen Luftwaffe
Länge: 1,64 m
Durchmesser: 46 cm
Sprengstoffanteil: 52,2%

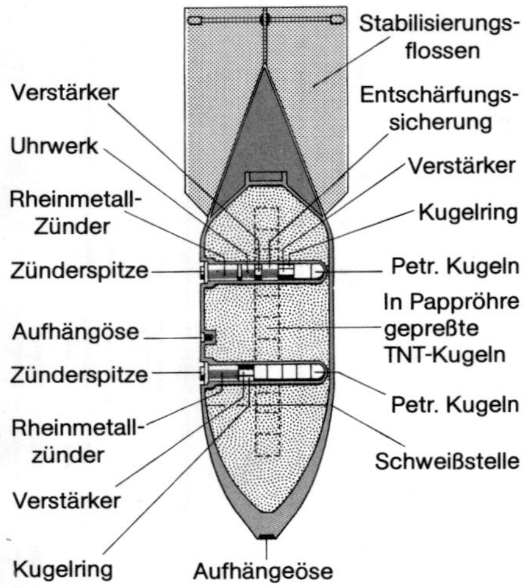

heit und jeder Wetterlage, auch dann, wenn die deutschen Jagdflugzeuge nicht starten können, immer ein ausgezeichnetes Bild des Zielgebietes zu haben. Nach langem Streit, da man bei Abschuß über feindlichem Gebiet Gegenmaßnahmen befürchtet, wird erstmals das H2S in der Nacht vom 30./31. Januar 1943 gegen Hamburg eingesetzt. Die damit ausgestatteten viermotorigen Pfadfindermaschinen markieren die Ziele als Orientierungshilfe für die nachfolgenden 92 Flugzeuge, die 315 Tonnen Bomben auf die Hansestadt – bei nur 5 Verlusten – abwerfen.

Der Beginn des Jahres 1943 bringt für die Rote Luftflotte einschneidende Veränderungen. Nach Beendigung der Reorganisation erhält jede Front eine eigene Luftarmee von 700 bis 800 Flugzeugen, die stark genug ist, um selbständig zu operieren. Im Februar 1943 erringen die Sowjets endgültig die Luftherrschaft, die sie bis Kriegsende behalten. Die deutsche Luftwaffe ist von 1943 an gezwungen, zwei Drittel ihrer Jäger für die Verteidigung des Reichsgebietes gegen die anglo-amerikanischen Bomber einzusetzen; dadurch sinkt die Zahl der deutschen Luftwaffenverbände bis auf 20 Prozent der sowjetischen Luftstreitkräfte.

In der Nacht vom 2./3. Februar 1943 werfen 137 britische Maschinen 460 Tonnen Bomben auf Köln. Während dieses zweiten, durch H2S unterstützten Angriffes gehen nur 5 Flugzeuge verloren. Eines von ihnen, eine Stirling-Pfadfinder der 7. Gruppe, wird von einem deutschen Nachtjäger bei Rotterdam abgeschossen. In den Morgenstunden finden die Bergungsspezialisten beim Durchsuchen der Trümmer im hinteren unteren Rumpfteil ein bis dahin noch nicht gesehenes ominöses Gerät. Der etwa 150 Kilogramm wiegende Apparat wird im Telefunken-Labor in Berlin rekonstruiert. Zu ihrer größten Überraschung stellen die Wissenschaftler fest, daß es sich um eine Radarhilfe für Blindangriffe handelt, die auf der 8,7-cm-Wellenlänge arbeitet, einem Frequenzbereich, der in Deutschland bisher als ungeeignet für solche Zwecke galt. Es ist ein Panorama-Bord-Radargerät H2S, das – unabhängig vom Bodensender oder schlechter Sicht – sowohl die Navigation als auch den gezielten Blindbombenabwurf ermöglicht und für England einen großen Vorsprung auf dem Gebiet der Funkmeßtechnik bedeutet. Die Deutschen bauen dieses Gerät für eigene Zwecke nach und nennen es nach dem Fundort »Rotterdam«.

Am Dienstag, dem 2. Februar 1943, kommt der letzte Funkspruch von der 6. Armee, danach reißt jede Verbindung ab. Die Kapitulation des Nordkessels (Gen-Oberst Strecker) beendet den Kampf um Stalingrad. Am

Unten rechts: Januar 1943, eine He 111 wird mit »Versorgungsbomben« für Stalingrad beladen: Nur ein Drittel der geplanten Nachschubmenge wird unter enormen Verlusten eingeflogen

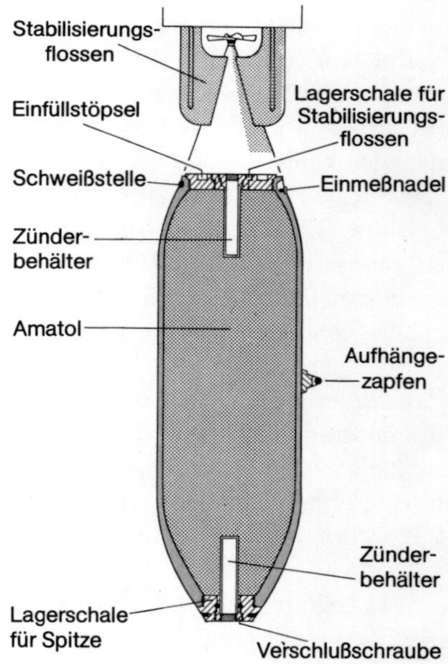

MC 227-kg (500-lb)-Sprengbombe der RAF

Abend fliegen einige He 111 mit Versorgungsbehältern über der Stadt, aber in dem verschneiten, riesigen Ruinenmeer rührt sich nichts mehr. Vom 25. November 1942 bis zum 2. Februar 1943 hat die Luftwaffe in 72 Tagen und Nächten 6600 Tonnen Nachschub in den Kessel von Stalingrad geflogen, ein Tagesdurchschnitt von etwa 100 Tonnen, nur ein Drittel der geplanten Menge. Was gelungen ist, war die Rettung von 34 000 Verwundeten vor sicherem Tod oder Gefangenschaft. Der Preis dafür: Allein im Kampfeinsatz sind 495 Transportflugzeuge – das ist ein überstarkes Fliegerkorps – vernichtet worden. Mindestens genauso viele Transportmaschinen wurden am Boden vernichtet. Vom fliegenden Personal sind rund 1000 Mann gefallen. General W. Pickert: »Die deutsche Luftwaffe hat sich niemals mehr während des restlichen Krieges von den Verlusten erholt, die sie bei der Luftversorgung Stalingrads erlitt.«

227-kg (500-lb)-Sprengbombe der USA
Länge: 1,5 m
Durchmesser: 48,2 cm
Sprengstoffanteil: 51%

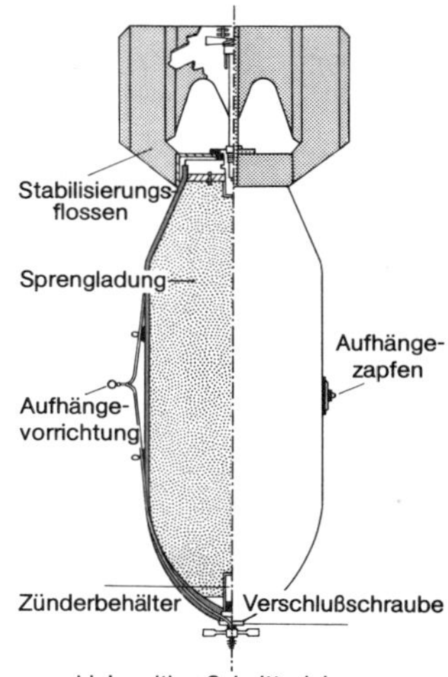

Linksseitige Schnittzeichnung

Im Pazifik erkämpfen sich die Amerikaner langsam die Luftüberlegenheit, die erste Voraussetzung für strategische Operationen gegen Japan, um diesem die in der Anfangszeit des Krieges eroberten Gebiete zu entreißen. Die US-Fliegerkräfte sind nun stark genug, die Kriegs- und Transportschiffe vor den japanischen Bombern zu schützen, und sie greifen bei Landungen in die Erdkämpfe ein. Nach mehreren schweren See- und Luftschlachten räumen die Japaner erst am 8. Februar 1943 die seit dem 7./8. August 1942 hart umkämpfte Insel Guadalcanal. Die Aufgaben der alliierten Luftstreitkräfte im pazifischen Raum sind von größerer Bedeutung als auf dem europäischen Kriegsschauplatz: Die Luftüberlegenheit bestimmt die Einsatzmöglichkeit der Flotte und die Durchführung des Nachschubs über See. Die Tätigkeit der Fliegerkräfte auf dem asiatischen Festland beschränkt sich dagegen auf die Unterstützung der Bodentruppen; dabei spielt der Lufttransport in den unwegsamen Gebieten Burmas oder Chinas eine besondere Rolle.

Noch eine Woche vor der Rede Goebbels' im Berliner Sportpalast, in der er den »totalen Krieg« erklärt, beginnt am Donnerstag, dem 11. Februar 1943, die Einberufung der Jahrgänge 1926–27 aller höheren Schulen zur Dienstleistung als Luftwaffenhelfer (Flak-Helfer). Es werden leichte, mittlere und schwere Heimatflakbat-

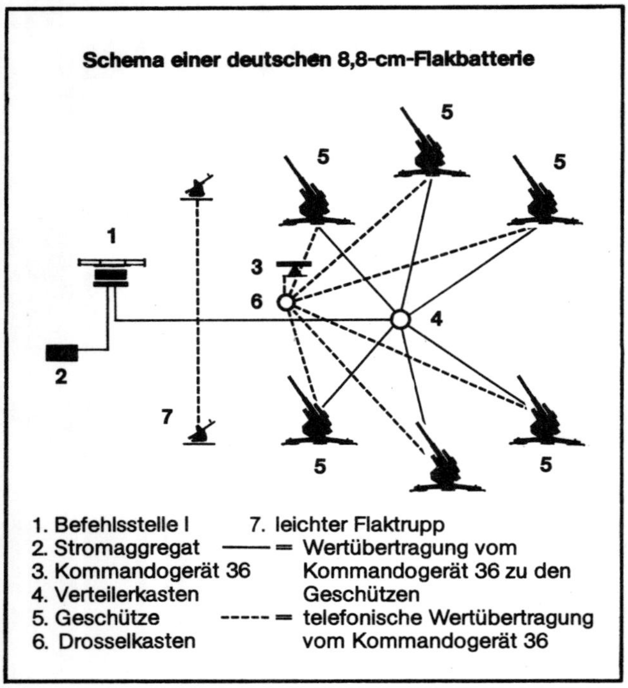

terien aufgestellt, deren Mannschaften (vorwiegend oder ausschließlich 15- bis 16jährige Jungen) zunächst in der Nähe ihrer Heimatorte – der Schulunterricht soll nebenher weitergehen – zum Einsatz kommen. Als kämpfende Soldaten bleiben die Flakhelfer Angehörige der Hitler-Jugend; sie bewähren sich sehr gut, tragen mehr und mehr die Hauptlast des Flak-Einsatzes der Reichsluftverteidigung, oft unter erheblichen Verlusten. Daneben werden »Flakwehrmänner« verpflichtet, ältere Jahrgänge, die tagsüber in den Fabriken arbeiten, nachts in den Flakstellungen Wachdienst tun und während der Angriffe Munition heranschaffen. Zu schweren Arbeiten in den Stellungen spannt man zunehmend auch »Hilfswillige« – meist sowjetische Kriegsgefangene (»Hiwis«) ein, die so das Elend ihrer Gefangenschaft zu mildern suchen.

Bereits seit einem Jahr ist ganz Burma fest in japanischer Hand. Durch die Besetzung Laschios und die Unterbrechung der Burmastraße schneiden die Japaner Tschiang-Kai-schek den von den USA kommenden Nachschub ab. Zum Glück haben sie, da im Mai 1942 die Zeit des Monsuns beginnt, einen großen Teil ihrer Luftstreitkräfte in den Südwestpazifik verlegt. Dies ermöglicht nun den Alliierten, verhältnismäßig ungestört ihre angeschlagenen Fliegerkräfte in diesem Raum wiederaufzubauen. Das Hauptziel der Engländer gilt jedoch einer Reorganisation der indischen Armee, um sie auf Angriffe in Nord- und Zentral-Burma vorzubereiten. Zugleich wird eine neuartige Luft-Boden-Operation am nördlichen Rand des dschungelbedeckten burmesischen Kriegsschauplatzes geplant, die die Moral der Truppen heben soll.

Sein Organisator: Brigadier Orde Wingate, der beste britische Experte für irreguläre Kriegführung, der bereits in den dreißiger Jahren in Palästina aus jüdischen Ansiedlern und englischen Soldaten die Special Night Squads zur Bekämpfung der arabischen Terroristen gründete. 1940 steht Wingate in Äthiopien an der Spitze der Guerilla-»Gideon Force«, die Haile Selassie entscheidend zur Befreiung seines Landes verhilft. Jetzt baut Wingate die »Long Range Penetration Group« auf, eine Kommandoeinheit, der er den Namen Chindit gibt, nach dem burmesischen Fabeltier »halb Löwe, halb Adler«, das die enge Zusammenarbeit der Luftstreitkräfte und Bodentruppen symbolisieren soll. Das Ziel des kombinierten Luft-Boden-Unternehmens »Chindit«: für eine längere Zeit hinter den japanischen Linien operieren, ihre Nachschublinien abschneiden, Aufklärung betreiben und Verwirrung stiften. Wingates Idee einer ausschließlichen Unterstützung und Versorgung aus der Luft für eine derart starke mobile Truppe, die über 3000 Soldaten und mehrere hundert Tragtiere zählt, ist völlig neu in der Kriegsgeschichte.
In der Nacht vom 14./15. Februar 1943 überquert Wingates Streitmacht, offiziell 77. Brigade genannt, der britische, indische und Gurkha-Truppen angehören, den Fluß Chidwin. Die Brigade – in 2 Gruppen aufgeteilt – hat erfahrene RAF-Piloten, die über Funk mit den Transport-Squadrons in Verbindung stehen, die Luftversorgung leiten, Bombenziele melden und Informationen über den Gegner liefern. Was nicht durch Flugzeuge herangeschafft werden kann, müssen 1100 Maultiere und einige Dutzend Elefanten tragen. In den ersten 3 Nächten zwischen dem 15. und 17. Februar 1943 werfen die RAF-Maschinen der 31. und 194. Squadron über

Oben: Februar 1943, in einer Flakbatterie: Die Schüler der Jahrgänge 1926–1927 werden – hier noch in der Uniform der Hitler-Jugend – als Luftwaffenhelfer ausgebildet.

Unten rechts: Februar 1943: General Arnold, Chef der USAAF (links) im Gespräch mit General Chennault, Kommandeur der American Volonter Group in China, unter dem Namen »Fliegende Tiger« bekannt. Ausgerüstet mit Curtiss-Tomahawk-Jägern, bilden sie den Kern der Tschiang-Kai-schek-Luftstreitkräfte

30 Tonnen Versorgung nahe Myene (Burma) ab. Einige Behälter fallen jedoch den Japanern in die Hände, darunter auch die Post für die Soldaten. So wissen die Japaner bereits 3 Tage nach Beginn der Operation, was sich im Hinterland abspielt.
Zu Anfang verlieren die Chindits viel Zeit mit der Suche nach geeigneten Lichtungen für die Versorgungsabwürfe, bis sie feststellen, daß die Abwürfe auch direkt über dem Dschungel erfolgen können.
Der Marsch durch den Urwald erfordert starke nervliche Anspannung und permanente Aufmerksamkeit. Mehr noch als der Kampf gegen japanische Patrouillen setzen den Soldaten der Wassermangel, die Blutegel, Moskitos und Zecken zu. Jeweils eine halbe Stunde vor Morgengrauen und nach der Dämmerung darf Feuer gemacht werden. Das Holz dazu wird in unregelmäßigem Rhythmus geschlagen, so daß der Schall im Dschungel untergeht. Die Chindits machen den Japanern schwer zu schaffen. Sie zerstören 4 Brücken und unterbrechen mehr als 70 Stellen der einzigen Eisenbahnlinie nach Mandalay.

Am Freitag, dem 5. März 1943, um 20.58 Uhr, als ein Pfadfinderverband mit 22 Lancasters und 6 Mosquitos – nach dem Oboe-System geführt – seine Zielmarkierungsbomben über dem Werkgelände von Krupp im Zentrum von Essen abwirft, beginnt eine neue Luftoffensive des RAF-Bomberkommandos gegen die deutsche Schwerindustrie (»Battle of the Ruhr«), die sich über 4 Monate hinzieht. 412 Bomber (140 Lancaster, 89 Halifax, 52 Stirling und 131 Wellington) werden eingesetzt, 369 erreichen das Ziel. Dieser Angriff bedeutet einen weiteren Wendepunkt im Bombenkrieg. Vom Rauch der Hochöfen überlagert und heftig verteidigt, ist das Ruhrgebiet eines der wichtigsten Industriezentren Deutschlands, das die alliierten Bomberbesatzungen »The Flak-Valley« nennen. Für das Bomberkommando war es bis jetzt das am schwierigsten zu treffende Ziel. Nun braucht man keine klare Bodensicht mehr: Die Bombenschützen müssen lediglich den Leuchtzielmarkierungen folgen, um ihre Ladung genau ins Ziel zu werfen. 14 Bomber werden abgeschossen, über 5000 Häuser zerstört oder schwer beschädigt, dazu fast 400 Tote.

Am Sonnabend, dem 20. März 1943, um 22.30 Uhr, eröffnet Montgomery die Offensive gegen die italienische 1. Armee in Tunesien. Die Desert Air Force mit ihren Spitfires, Kitty-Bombern und Hurricane-Schlachtflugzeugen unterstützt die Operationen seiner Truppen durch laufende Einsätze. Dabei stehen 5000 alliierten Maschinen etwa 300 Flugzeuge der Achsenmächte gegenüber.

Im März 1943 tritt die Schlacht im Atlantik in ihre entscheidende Phase und ist durch die Versenkung von

März 1943, Burma: Brigadier O. Wingate (mit Tropenhelm) wartet im Kreise seines Stabes auf die Nachschubabwürfe

43 Schiffen innerhalb von 20 Tagen für die Alliierten der schlimmste Monat des ganzen Krieges überhaupt. In der letzten Märzwoche kehren jedoch die von ihrer Aufgabe zum Schutz der Geleitzüge für die Operation »Torch« (Landung in Nordafrika) freigesetzten Geleitträger in den Nordatlantik zurück und mit ihnen auch die U-Boot-Jagdeinheiten. Endlich können jetzt die einmal georteten U-Boote bis zu ihrer endgültigen Vernichtung verfolgt werden.

Am Sonnabend, dem 27. März 1943, beginnt der Rückmarsch der Chindits. Ein Teil der Tragtiere wird geschlachtet, überflüssige Ausrüstung vergraben. Sie legen Hinterhalte und falsche Fährten an, verminen die Dschungelpfade und lassen einzelne Maultiere frei, um die Japaner zu täuschen. Und die Transportmaschinen werfen den Nachschub auf abgelegenen Stellen ab, damit der Gegner im Glauben gehalten wird, die Operation ginge weiter. Insgesamt werden während des Unternehmens über 300 Tonnen Nachschub abgeworfen. Von 3000 Chindits kommen 2182 zurück. 450 sind im Kampf gefallen, die anderen entweder in Gefangenschaft oder den Strapazen erlegen. Die Operation hat zwar wenig strategischen Effekt, zeigt jedoch, daß es für Truppen bei ausschließlicher Versorgung aus der Luft möglich ist, zu überleben, und daß die britischen und indischen Einheiten im Dschungel operieren können.

Ende März 1943 beendet in England die 8. USAAF die Aufstellung ihrer 3 Begleitjagdgruppen, die in Kürze konsequent eingesetzt werden; denn die Annahme der Amerikaner, die starke Eigenbewaffnung der viermotorigen Bomber erlaube es, bei Tagesangriffen auf Jagdschutz zu verzichten, muß nach bisherigen Erfahrungen rasch revidiert werden.

Am Sonntag, dem 4. April 1943, werden die Renault-Werke in Billancourt bei Paris erneut durch US-Bomber angegriffen. Und am Montag, dem 5. April 1943, bombardieren Einheiten der 8. USAAF Antwerpen. Sie verursachen starke Schäden in den Industriebetrieben, Hafenanlagen und im Stadtzentrum: 2130 Tote, darunter 300 Kinder.

Am gleichen Tage schießen US-Jäger nördlich von Kap Bon über Tunesien 14 Ju 52 ab, weitere 10 werden bei Luftangriffen auf die Stützpunkte in Sizilien zerstört, dazu 65 schwer beschädigt. In der letzten Phase der Kämpfe in Nordafrika werden die Transporter zum Freiwild für alliierte Flieger.

Über die Situation auf den Salomon-Inseln zutiefst beunruhigt, beschließt Admiral Yamamoto, die am Mittwoch, dem 7. April 1943, beginnende japanische Luftoffensive (Operation »I«) in den Salomonen persönlich zu leiten. Nachdem die 4 japanischen Träger etwa 160 Jäger und Sturzbomber zur Verstärkung der 11. Luftflotte nach Rabaul und Buka geschafft haben, greifen die Trägermaschinen am gleichen Tage die US-Schiffe auf der Reede von Tulagi und Lunga (Guadalcanal) an.

Durch die starke Luftüberlegenheit der Alliierten im Mittelmeerraum wird die Versorgung der Deutschen in Tunesien zur See und auf dem Luftweg fast völlig unterbunden. Am Sonnabend, dem 10. April 1943, fallen erneut 5 Ju 52 alliierten Jägern zum Opfer; tags darauf stürzen 18 mit Nachschub vollbeladene Transportmaschinen ins Meer. Selbst bei verstärktem Jagdschutz steigen die Verlustziffern, weil die Alliierten immer mehr Maschinen einsetzen können, darunter den gefürchteten amerikanischen Langstreckenjäger P 38 Lightning. Tags darauf werden weitere 18 Ju-52-Transportmaschinen abgeschossen.

Im April 1943 richten sich die sowjetischen Luftangriffe hauptsächlich gegen die stark belegten deutschen Flugplätze auf der Krim und gegen den Schiffsverkehr über die Straße von Kertsch zum Kuban-Brückenkopf. Der deutsche Versuch, den Kuban-Brückenkopf zu verbreitern, wird durch die rollenden Einsätze der Sowjets verhindert.

Am Dienstag, dem 13. April 1943, um 17.55 Uhr, funkt der Befehlshaber der 8. japanischen Flotte, Vizeadmiral

T. Sameijma, Einzelheiten über einen Inspektionsflug von Admiral Yamamoto. Wegen der Bedeutung dieser Mitteilung wird der Code mit höchster Sicherheitsstufe verwendet. Es heißt, daß Admiral Yamamoto am 18. April um 6.00 Uhr morgens von Rabaul in einem Bomber, mit 6 Jagdflugzeugen als Begleitung, zur Inspektion der japanischen Stützpunkte auf Ballale und Shortland, nahe dem südöstlichen Ausläufer der Insel Bougainville, abfliegen wird. Diese geheime Meldung fangen zugleich mehrere Abhörstellen der US-Marine auf, und bereits 14 Stunden später liegt der Funkspruch im Klartext auf dem Tisch des Gegenspielers von Yamamoto in Pearl Harbor. Der Oberbefehlshaber der US-Pazifikflotte, Admiral Nimitz, erkennt sofort die einmalige Chance, seinen gefährlichsten Widersacher ein für allemal auszuschalten. Yamamotos Reiseziele liegen etwa 650 Kilometer weit vom nächsten US-Flugplatz, dem Henderson Field (Guadalcanal). Das Hauptproblem ist allerdings die Entfernung: Die Jäger müssen, um die Radarstationen auf den japanisch besetzten Inseln zu meiden, die Strecke von 1000 Kilometern im Tiefflug über See zurücklegen, was einen wesentlich höheren Kraftstoffverbrauch bedingt.

Am Donnerstag, dem 15. April 1943, kommt es vor der holländischen Küste über der Scheldemündung in 8500 Meter Höhe zum ersten Luftkampf zwischen 65 amerikanischen Begleitjägern P 47 Thunderbolt – seit einer Woche auf dem europäischen Kriegsschauplatz – und 25 deutschen Focke-Wulf-Jägern FW 190.

Ebenfalls am 15. April benachrichtigt General Ismay, Chef des Stabes, Churchill von deutschen Versuchen mit Fernraketen: »Der Umstand, daß seit Ende 1942 fünf Berichte eingegangen sind, weist darauf hin, daß es sich um eine Tatsache handelt, selbst wenn Einzelheiten ungenau sind.«

In der Nacht vom 16./17. April 1943 greifen 225 RAF-Bomber Mannheim an, zugleich führen 242 Maschinen einen Schlag gegen die Skoda-Werke in Pilsen (Tschechoslowakei). Durch einen Navigationsfehler fällt ein Großteil der 617 Tonnen abgeworfener Bomben auf eine kleine Nachbarstadt südwestlich von Pilsen. Das Bomberkommando verliert bei diesen beiden Einsätzen 53 Maschinen (9 Prozent).
Am Sonnabend, dem 17. April 1943, erfolgt der erste schwere Tagesangriff der 8. US-Luftflotte mit Begleitschutz von P-38-Lightning-Jägern auf die Focke-Wulf-Werke in Bremen. Fast die Hälfte der Produktionsanlagen wird zerstört und der Rest erheblich beschädigt. 30 für den Abtransport bereitstehende FW 190 verbrennen. Die US-Bomber erleiden bei diesem Angriff besonders schwere Verluste (15 Prozent).

Noch am Abend des 17. April 1943 landen auf dem Henderson Field (Guadalcanal) 4 Liberator-Maschinen mit Spezial-Zusatztanks für die Lightning-Jäger. Das Unternehmen »Vengeance«, die Jagd nach Yamamoto, kann beginnen.
Am Sonntag, dem 18. April 1943, um 7.25 Uhr, starten unter Führung von Major J. W. Mitchell 16 Lightning-P-38 der 339. Squadron vom Henderson Field, um den japanischen Admiral kurz vor seiner Landung auf der Insel Ballale bei Bougainville abzufangen. Um 6.00 Uhr fliegt Yamamoto in einem Mitsubishi-G4M-Betty-Bomber – eine zweite Betty-Maschine und 6 Zero-Jäger begleiten ihn – von Rabaul nach Bougainville. Seine gewohnte Pünktlichkeit wird dem Admiral zum Verhängnis: Nach Schätzungen von Major Mitchell muß sich sein Verband mit den japanischen Maschinen um 9.35 Uhr kreuzen. Die Lightnings sind in 4 Schwärme von je 4 Flugzeugen eingeteilt. Bis zum Sichten der Feindmaschinen wird strikte Funkstille eingehalten.
9.30 Uhr. Die Lightnings haben die Südspitze von Bougainville erreicht.

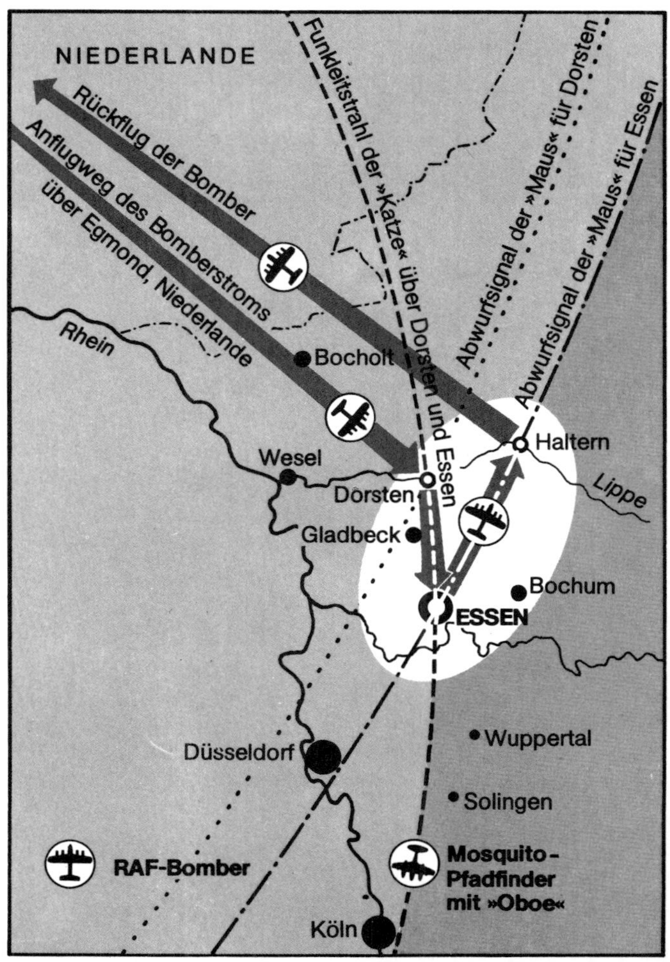

5./6. März 1943: Beginn einer neuen Luftoffensive der RAF gegen das Ruhrgebiet

9.33 Uhr. Sie gehen im Steigflug auf 6000 Meter Höhe. Mit der Pünktlichkeit einer Linienmaschine erscheinen Admiral Yamamoto und sein Gefolge. Als die Betty-Bomber die doppelrumpfigen Lightnings sichten, machen sie einen Fehler: Sie gehen im Sturzflug auf den Dschungel von Bougainville herunter und verlieren dadurch den Vorteil der Flughöhe.
9.34 Uhr. Nach einem etwa 30 Sekunden dauernden Luftgefecht explodiert der Bomber Yamamotos 65 Kilometer nördlich von Ballale inmitten des Dschungels. Captain T. G. Lanphier: »Ich jagte eine lange Feuergarbe seitlich in den Bomber hinein, und zwar ziemlich genau rechtwinklig. Das rechte Triebwerk fing Feuer, und dann auch die rechte Tragfläche. Als ich in Reichweite von Yamamotos Flugzeug und seiner Bordkanone war, brach die Tragfläche des Bombers ab.«
Admiral Isoroku Yamamoto, 59jähriger Oberbefehlshaber der Kaiserlichen Marine und brillanter Stratege des Angriffs auf Pearl Harbor, ist das prominenteste Opfer der Codebrecher des Zweiten Weltkrieges. Gegen 11.00 Uhr landen die Lightnings wieder auf dem Henderson Field. 6 von ihnen sind schwer beschädigt worden, kommen aber zu ihrem Stützpunkt zurück. Die Maschine von Leutnant Hine wird vermißt. Als man am gleichen Abend die Leiche Yamamotos findet, hält er noch sein Samurai-Schwert in der Hand. »Es gab nur einen Yamamoto, und niemand kann ihn ersetzen«, sagt sein Nachfolger, Admiral Koga. »Sein Verlust ist für uns ein entsetzlicher Schlag.« Das japanische Hauptquartier gibt seinen Absturz erst einen Monat später bekannt.
Die Amerikaner melden anschließend – um ihre Unwissenheit zu beteuern –, Admiral Yamamoto sei »auf einem der Flugzeugträger gefallen«.
Das Staatsbegräbnis, das Yamamoto erhält, ist das 12. in der tausendjährigen Geschichte Japans, und er ist außer Admiral Togo, dem Sieger von Tsuschima (1905), der einzige Admiral, dem diese Ehre zuteil wird. Alle an der Operation »Vengeance« beteiligten Piloten werden für den Rest des Krieges nach den USA verlegt und zu strengstem Stillschweigen verpflichtet. Da zum Zeitpunkt des Unternehmens keine Filme für die eingebauten Kameras der Lightnings verfügbar waren, bleibt die Frage bis heute offen: Wer hat Yamamoto wirklich abgeschossen? Drei Piloten streiten sich darum: Barber, Holmes und Lanphier.

Für die im Nordatlantik operierenden U-Boote werden die Angriffe auf die Geleitzüge immer schwieriger und verlustreicher. Ab April 1943 beginnen die Trägerflugzeuge, Langstrecken-Liberators und Flugboote das »schwarze Loch«, den nicht luftgeschützten Raum im Atlantik, zu stopfen. Zugleich begeht Dönitz einen folgenschweren Irrtum: Er befiehlt seinen U-Booten, während der Fahrt durch die Biskaya über Wasser zu bleiben und angreifende Flugzeuge mit ihren Fla-Waffen zu bekämpfen. Diese taktische Fehlentscheidung ermöglicht dem britischen Küstenkommando außergewöhnliche Erfolge im Kampf gegen die U-Boote. Gegen die neuen mit Zentimeterwellen arbeitenden Radargeräte, die verbesserten Wasserbomben und Suchscheinwerfer zur Be-

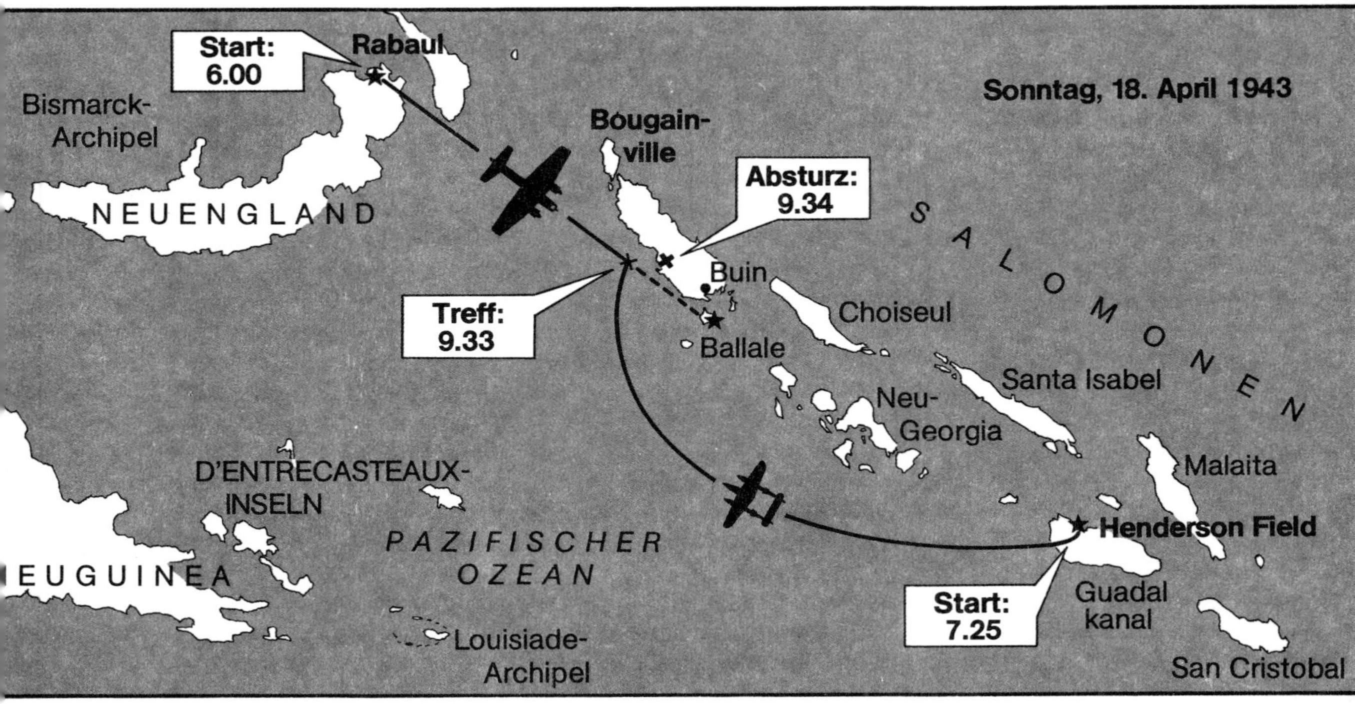

leuchtung der während der Nacht aufgefaßten U-Boote haben diese kaum eine Chance.

Am 18. April 1943 startet von Sizilien nach Tunesien ein Groß-Transportverband mit 65 Maschinen Ju 52, in Begleitung von 16 Me-109-Jägern und 5 Zerstörern Me 110. Die Alliierten holen 24 Transportmaschinen vom Himmel, dazu 9 Me 109 und 1 Me 110. Von dem Verband können noch 35 Ju 52 mit schweren Schäden an der tunesischen Küste notlanden.

Am Montag, dem 19. April 1943, erhalten die Spezialisten der Luftbild-Auswertungseinheit in Medmenham vom Luftfahrtministerium ihre erste Anweisung, die Gefahr der deutschen »Geheimwaffen« mit Hilfe der Luftbildaufklärung zu untersuchen. Ganze 6 Jahre, nachdem die Deutschen in Peenemünde ihre Laboratorien und Prüfstände gebaut haben, nimmt man jetzt dieses Objekt in das Programm der britischen Luftaufklärung auf.
Am Dienstag, dem 20. April 1943, wird Duncan Sandys, der Schwiegersohn Churchills, offiziell beauftragt, die

Oben links: US-Jagdeinsitzer Lockheed P-38 Lightning, von den deutschen Landsern »Gabelschwanz-Teufel« genannt. Eine Lightning ist das erste amerikanische Flugzeug, das eine deutsche Maschine abschoß und war auch das erste US-Flugzeug über Berlin. Die Lightnings zerstörten mehr japanische Maschinen als jeder andere landgestützte US-Jäger. Insgesamt wurden 9923 Stück gebaut.
Oben: Sonntag, 18. April 1943: Unternehmen »Vengeance«, Abschuß der Maschine des Admirals Yamamoto
Rechts: Captain T. G. Lanphier wird von Brigadier General Strother mit dem D.F.C. und der Silver-Star-Medaille ausgezeichnet. Im Hintergrund seine P-38 Lightning

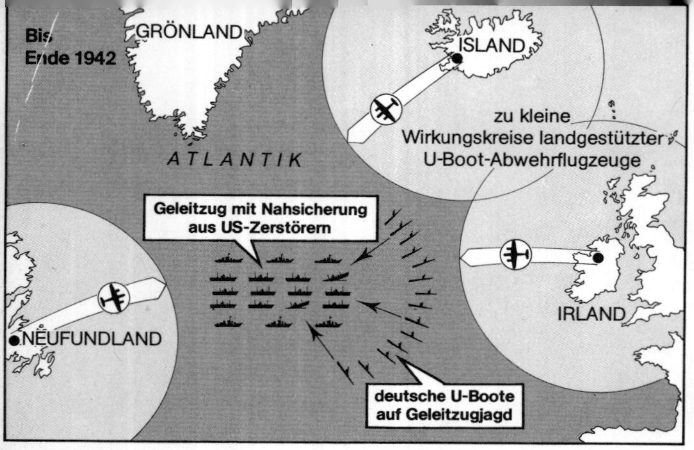

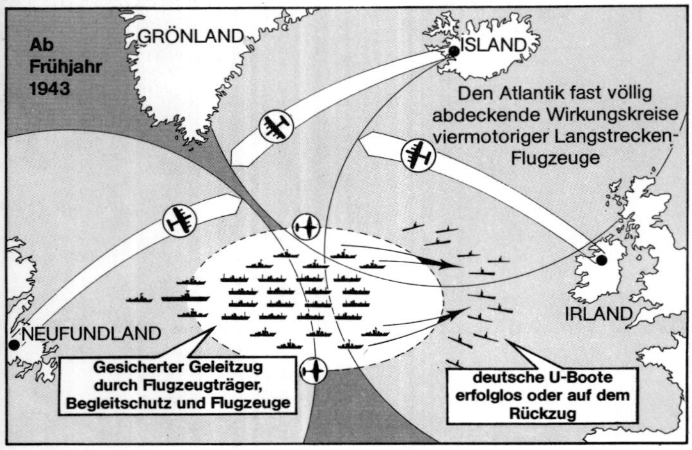

Oben: Das »Schwarze Loch« im Atlantik, die Jagdgründe der deutschen U-Boote, 1942; ab Frühjahr 1943 existiert das »Schwarze Loch« nicht mehr

Beweise für eine deutsche Fernraketenentwicklung zu prüfen.

Am Donnerstag, dem 22. April 1943, vernichten alliierte Jäger nördlich von Tunis 16 mit Treibstoff beladene Ju-52-Transportflugzeuge. Aus dieser Formation werden auch von den letzten in diesem Raum verfügbaren 20 Großtransportern, Typ Me 323 Gigant, 18 abgeschossen. Die Versorgungsaktion der Achsenmächte nach Tunesien ist die verlustreichste nach der von Stalingrad: Insgesamt gehen 400 Maschinen vom Typ Ju 52, Savoia M 82 und Me 323 verloren.
Aber die Ju 52 fliegen trotz allem weiter, solange überhaupt noch die Möglichkeit besteht, in dem immer enger werdenden Brückenkopf zu landen. Noch am Montag, dem 3. Mai 1943, bringen sie 40 Tonnen Munition, 68 Tonnen Sprit und 3,5 Tonnen Gerät, am 4. Mai weitere 30 Tonnen Munition und 70 Tonnen Treibstoff. Es sind vergebliche Opfer. Am Freitag, dem 7. Mai 1943, dringen die Alliierten gleichzeitig in Bizerta und Tunis ein. Hitler erläßt Aufrufe, bis zum Ende weiterzukämpfen, und befiehlt den Truppen, sich auf Kap Bon zu verschanzen. Doch alle seine flammenden Parolen können niemanden mehr dazu bewegen, sich abschlachten zu lassen.

Auf dem Höhepunkt der »Battle of the Ruhr« wird Air Marshal Harris durch die ständig wachsenden Verluste alarmiert: Trotz der Bomberstrom-Taktik, trotz der neuen Navigationsgeräte und mannigfaltigster Störmaßnahmen kehren Nacht für Nacht Dutzende von Bombern nicht zurück. Das Problem, diese Ausfälle zu ersetzen, ist weniger die Beschaffung neuer Maschinen als der Mangel an erfahrenen fliegenden Besatzungen.
Das Erfolgsgeheimnis der deutschen Nachtjäger, mit dem man die RAF-Bomberoffensive zu stoppen hofft, heißt »Lichtenstein BC«. So lautet der Deckname des von Telefunken entwickelten Bordsuch-Radarsystems, das die Nachtjäger in die Schußweite der durch »Freya« und »Würzburg« georteten Bomber führt Als die ersten vier mit dem imposanten Geweih der Radar-Antenne ausgestatteten Maschinen im Februar 1942 auf dem Stützpunkt Leeuwarden (Holland) eintreffen, will sie bis auf eine Besatzung (Hpt. L. Becker) keiner fliegen. Und es dauert Monate, bis die anderen Nachtjäger die Vorzüge zu schätzen wissen.
Wie im Fall »Würzburg«, so scheuen auch jetzt die Engländer keine Mühe, um das Geheimnis des neuen Zielfindersystems aufzuspüren, von dessen Existenz sie erst durch ihren Funkabhördienst erfahren haben, der immer wieder den Tarnruf »Emil-Emil« zwischen den deutschen Nachtjägern und den Bodenleitstellen registriert und dahinter ein unbekanntes Bord-Radargerät wittert. Erst ein halbes Jahr später, am 3. Dezember 1942, kann Dr. Jones, Chef der wissenschaftlichen Abteilung des Geheimdienstes im Luftfahrtministerium, mit Churchills Einverständnis eine Wellington (DV-819) voller Meßgeräte an Bord als Lockvogel bis nach Frankfurt/Main schicken, um wenigstens den Megahertz-Bereich des ominösen Funkmeßgerätes ausfindig zu machen. Die Maschine geht kurz vor der britischen Küste verloren, die Besatzung wird jedoch in letzter Minute gerettet und meldet: »Es sind 490 Megahertz.«

Im Frühjahr 1943 erreicht während der Bomberoffensive gegen das Ruhrgebiet die »Kammhuber-Linie«, deren Nachtjagdräume sich von Dänemark bis zum Bodensee erstrecken, ihre optimale Leistungsfähigkeit. Mit 235 Abschüssen im Juni 1943 erzielt die Nachtjagd ihren bis dahin im Himmelbett-Verfahren größten Erfolg. Das Bomberkommando meldet ein zunehmendes Absinken des Kampfgeistes seiner Besatzungen.
Nun holen die Engländer zu einem neuen Schlag gegen die Reichsluftverteidigung aus: Am Sonnabend, dem 9. Mai 1943, gegen 16.30 Uhr, fängt die Funkstelle des Nachtjagd-Raumstabes 100 in Grove (Dänemark) den

Rechts: 22. April 1943: Messerschmitt Me 323 Gigant, eines der größten Flugzeuge des Krieges. Die schwere Transportmaschine wird einen Augenblick später von dem RAF-Bomber B-26 Marauder des W./Cdr. W. Maydell (14. Squ.) abgeschossen

Unten: Ein deutsches U-Boot kurz vor der Versenkung. Die Maschinen des RAF-Küstenkommandos haben während des Krieges mehr deutsche und italienische U-Boote versenkt als die Royal Navy. Auch mit der Verminung der deutschen Küstengewässer hat das Küstenkommando mehr Erfolg als die britische Marine

Notruf der Ju 88 C-6/R-1 (D5 + EV) vom Nachtjagdgeschwader 3 (NJG 3) ab. Der in Aalborg gestartete Nachtjäger mit dem Flugzeugführer Oberleutnant H. S. (29), dem Funker Oberfeldwebel P. R. (25) und dem Mechaniker Oberfeldwebel E. K. (24) an Bord, der die Sondermission hat, über der Nordsee eine britische Kuriermaschine vom Typ Mosquito auf der Route von England nach Schweden abzufangen, meldet Motorbrand im linken Triebwerk und kurz danach die Notwasserung. Oberstleutnant v. der Pongartz (Raumstab 100, Grove) beordert sofort eine Rettungsmaschine in das Planquadrat 88/41, die drei leere Schlauchboote sichtet und daraufhin ein Seenot-Schnellboot herbeifunkt.
Am gleichen Nachmittag um 18.05 Uhr entdeckt der Pilot der Spitfire BM 515 T, Lieutenant Roscoe von der 165. (Ceylon) Squadron, der sich zusammen mit Sergeant Scaman auf einem Patrouilleflug entlang der nordschottischen Küste zwischen Peterhead und Aberdeen befindet, ein deutsches Flugzeug.

F/Lt. Roscoe: »Die mir von unserer Radarstation gemeldete Maschine war etwa 15 Meilen östlich von Peterhead auf Westkurs. Ich flog ihr mit höchster Geschwindigkeit entgegen, um sie abzufangen, bevor sie die Küste erreichte. Etwa 5 Meilen davor änderte sie ihren Kurs und flog nach Süden. Als ich ihr endlich den Fluchtweg nach Osten abschneiden konnte, befand sich die Maschine bereits 1 Meile landeinwärts. Ich hatte sie inzwischen als Ju 88 identifiziert und bereitete mich gerade für den Angriff vor, als ich plötzlich sah, wie das Fahrwerk ausgefahren und eine Reihe von roten Leuchtkugeln abgeschossen wurde. Da begann sie mit den Tragflächen zu wackeln. Ich kam näher und gab mit der Hand das Zeichen, mir zu folgen. Inzwischen befahl ich Sgt. Scaman, sie auf der anderen Seite in Richtung Dyce zu begleiten.
Über dem Flugplatz schoß die Ju 88 nochmals rote Leuchtsignale ab, machte eine kurze Wende und landete. Ich folgte ihr, bis sie mit ausgeschalteten Motoren dicht am Rande des Flugfeldes stehenblieb, und nahm die drei Deutschen gefangen.«
Während in Grove Oberstleutnant v. der Pongartz dem Stab des NJG 3 den Verlust der Maschine meldet, krabbelt in Dyce, einem kleinen schottischen Nest, etwa 25 Kilometer nordwestlich von Aberdeen, die Besatzung just zur »tea-time« aus ihrer D5 + EV. Die Ju 88 wird sofort in einen Hangar gerollt, und Group Captain J. W. Colquhoun, der Flugplatz-Kommandant, schickt einige verschlüsselte Telegramme mit höchster Dringlichkeitsstufe nach London.
Keiner ahnt in Dyce, daß hier soeben einer der größten Schachzüge des Secret Intelligence Service (SIS) gegen die Luftwaffe beendet wurde: Der Nachtjäger Ju 88 C-6/R-1 mit dem höchst geheimen Lichtenstein-BC-Gerät ist nun in britischen Händen. Sein Pilot, Oberleutnant

H. S., ist ein Agent des SIS, den sein Vater, ein zur Zeit im Untergrund lebender Sozialdemokrat – ehemals persönlicher Referent des Reichskanzlers Stresemann –, angeworben hat.
Am nächsten Tag, dem 10. Mai 1943, trifft in Dyce ein deutschsprechender RAF-Vernehmungsoffizier ein, und Oberleutnant H. S. gibt ihm einen detaillierten Bericht über Organisation, Gliederung und Taktik der deutschen Nachtjagdräume in Dänemark sowie Ratschläge, wie das Bomberkommando seine Maschinen besser vor der Nachtjagd schützen und die Erfassung durch »Freya« und »Würzburg« meiden kann. Auch andere Tips, die nur einem deutschen Nachtjäger bekannt sein können, erfährt Air Marshal Harris jetzt aus erster Hand.
Am Montag, dem 11. Mai 1943, kommt Dr. Jones aus London nach Dyce, um die Ju 88 in Empfang zu nehmen. Dr. Jones, einer der besten britischen Radar-Spezialisten, der bereits im Jahre 1937 als erster das Grundprinzip des Stanniol-Störstreifens erkannte, läßt sich von Oberleutnant H. S. in die Geheimnisse des »Lichtenstein BC« einweihen und veranlaßt eine Serie von Erprobungsflügen.
Der Ju 88 (D5 + EV) werden die Hoheitszeichen überpinselt und, mit der RAF-Kokarde und der Nr. PJ 876 versehen, fliegt sie nun in Begleitung einer Spitfire nach Farnborough in das RAF-Erprobungszentrum. Hier nehmen sich Sq.Ldr. Ch. Hartley und W./Cdr. D. A. Jackson der Maschine an. Um der Wirklichkeit nahezukommen, werden die Versuche nachts mit einem Halifax-Bomber ausgeführt, und das improvisierte Duell wird mit solchem Eifer ausgefochten, daß die Ju 88 beinahe mit der Halifax zusammenstößt. Obwohl kein Manöver der Halifax den deutschen Nachtjäger tatsächlich abschütteln kann, ergeben die Versuchsflüge, daß bei korrekter Anwendung des »Korkenziehers«, eines fortgesetzten vertikalen Kurvenflugs, es dem Verfolger schwerfällt, in die richtige Schußposition zu kommen.
Das verblüffendste Ergebnis der Untersuchungen von Dr. Jones an dem deutschen Bord-Radar: Die für das Würzburg-Gerät gedachten Stanniol-Störstreifen »Window« legen zugleich das »Lichtenstein BC« lahm.

Am Mittwoch, dem 12. Mai 1943, stellen die Reste der Division der Heeresgruppe Afrika (GenOberst v. Arnim) den Kampf ein, und die italienische 1. Armee (GenOberst Messe) kapituliert am darauffolgenden Morgen. Die Kämpfe in Afrika sind zu Ende.
Jetzt beginnen die Alliierten mit den Vorbereitungen für die Invasion von Sizilien. Häfen, Eisenbahnknotenpunkte und vor allem die Flugplätze auf der Insel und in Süditalien sind das Ziel schwerer Bombenangriffe.

In der Nacht vom 13./14. Mai 1943 greift das Bomberkommando wiederum die Skoda-Werke in Pilsen an. Und genau wie einen Monat zuvor verfehlen die RAF-Besatzungen ihr Ziel: 141 Maschinen werfen das Gros ihrer Ladung (527 Tonnen Bomben) einige Kilometer von den Industrieanlagen entfernt ab. 9 Bomber gehen verloren.

Erst nach dem Mißlingen der Einsätze zur Versorgung von Stalingrad und Tunis wird am Sonnabend, dem 15. Mai 1943, das gesamte Transportwesen der Luftwaffe neu organisiert, dabei in Aufbau und Gliederung den anderen Luftwaffenverbänden gleichgestellt und die Dienststelle des Generals der Transportflieger geschaffen. Es werden Geschwader aufgestellt, und alle Flugzeuge, Staffeln, Gruppen und Geschwader erhalten taktische Kennzeichen.

In den Abendstunden des 16. Mai 1943 starten vom Flugplatz Scamton (Yorkshire) 19 Lancaster-Bomber zu dem wohl spektakulärsten Unternehmen der strategischen Luftoffensive: das nächtliche Präzisionsbombardement der Staumauern der Möhne-, Sorpe- und Eder-Talsperren. Diesen Angriff, der Höhepunkt der »Battle of the Ruhr«, soll die neu aufgestellte Spezialeinheit, die 617. Squadron (W./Cdr. G. P. Gibson), durchführen. Den Piloten – keiner ist älter als 23 Jahre – wird vor dem Start gesagt, daß ihr Angriff wesentlich zur Beendigung des Krieges beitragen wird.
Die Möhne- und Sorpe-Talsperren regeln etwa zwei Drittel der Wasserspeicherungskapazität des Ruhrgebietes, die Eder-Talsperre den Wasserstand für Weser und Fulda. Glückt ihre Zerstörung, so fällt monatelang die Industrie-, Verkehrs- und Trinkwasserversorgung großer Teile der Produktionsstätten aus.
Trommelähnliche Riesenbomben (4 Tonnen mit 2,5 Tonnen Sprengstoff), von den umgebauten Lancasters getragen, sollen die Staudämme sprengen. Kurz vor dem Auslösen werden sie mit einem in das Flugzeug montierten Zusatzmotor in Drehung versetzt. In einer Höhe von nur 18 Metern ausgeklinkt, hüpft die Bombe über die Torpedosperrnetze, die den Damm sichern. Nachdem sie gegen die steile Mauer trifft und, sich durch die Zentrifugalkraft daran schmiegend, langsam versinkt, wird in der vorgesehenen Tiefe nun die Explosion mit Hilfe eines hydrostatischen Zünders ausgelöst. Diese Bombe ist eine Schöpfung von Dr. Barnes N. Wallis, dem Konstrukteur des berühmten Bombers Vickers Wellington.
Da die Staudämme in tiefen Einschnitten zwischen den Bergen liegen und mit einer Geschwindigkeit von 370 Kilometer in der Stunde aus einer Höhe von 20 Metern schwer anzugreifen sind, muß man sie zunächst im Sturzflug anfliegen und nach dem Abwurf so schnell wie möglich die Maschine hochziehen, damit man nicht in den Sprengbereich der Bombe gerät.
Wing Commander Gibson: »Zwischen Hamm und Soest

Dyce (Schottland), 11. Mai 1943: Der Bug des schweren Nachtjägers Ju 88 C-6/R-1 (D5+EV) mit der Hirschgeweih-Antenne des Lichtenstein »BC«. Da das Himmelbett-Verfahren von den deutschen Nachtjägern eine lange Flugdauer fordert, müssen immer mehr Mittelstreckenbomber eingesetzt werden, die als einzige ausreichende Treibstoffvorräte mitführen können

drehten wir nach rechts, wo wir die Hügel der Ruhr liegen sahen. Während wir sie passierten, tauchte vor uns der Möhne-See auf und dann der Damm selbst, mächtig und uneinnehmbar. Dennoch war er uns schon so vertraut, als schauten wir auf das Modell hinab ... Die Deutschen eröffneten das Feuer – es war ein schrecklicher Augenblick. Wir waren nur noch wenige hundert Meter vom Damm entfernt; ein besonderer Mechanismus an Bord hatte schon angefangen zu arbeiten, damit die Bombe rollend hinunterfallen würde. Es war etwas Unheimliches an der ganzen Operation. Mein Flugzeug erschien mir winzig klein gegen den großen Damm. Ich spürte den Geruch von verbranntem Pulver und sah die Leuchtspurgeschosse an der Kanzel vorbeisausen; und dann hörte ich den Aufschrei: Bombe abgeworfen!

Während wir noch kreisten, sahen wir eine riesige Wasserfontäne hochschießen. Zuerst glaubten wir, der Damm sei gebrochen. Dann brauste die nächste Maschine über die Bäume heran. Als das Flugzeug nur noch 100 Meter vom Staudamm entfernt war, rief jemand: ›Mein Gott, es ist getroffen worden!‹ Ich sah, wie die Bombe noch abgeworfen wurde. Nahe beim Kraftwerk schmierte die Maschine dann ab. Ich befahl der nächsten Besatzung, anzugreifen ... Wieder fand eine enorme Explosion statt, die die gesamte Oberfläche des Sees erschütterte. Wenn Wallis' Theorie stimmte, hätte jetzt der Damm brechen müssen. Doch er brach erst nach der sechsten Explosion.

Ich flog auf den Damm zu und traute meinen Augen nicht. Er hatte einen großen Riß von etwa 100 Metern, durch den gewaltige Wassermassen strömten. Die Flak schoß nicht mehr. Alles war still, man hörte nur das Dröhnen und Rauschen des Wassers. Wir flogen weiter zur Eder-Talsperre. Die Mauer dort war schwer zu erkennen, da im Tal schon der Nebel aufstieg. Obwohl der Damm nicht verteidigt wurde, gelang es uns erst nach dem Verlust einer Maschine und mit größter Mühe, ihn zum Einsturz zu bringen ...«

Die stürzenden Wassermassen reißen Ortschaften und Einzelhöfe, Brücken und Bahnkörper, ein Barackenlager ukrainischer Arbeiterinnen, Viehherden und Schiffe mit sich fort. Teile von Städten werden überschwemmt; etwa 1200 Menschen ertrinken. Da neben der kaum vorhandenen Luftabwehr kein Warnsystem für den Fall eines Angriffs auf die Dämme existiert, ist das Chaos vollkommen.

Der wichtigste Damm, der Sorpe-Damm, bleibt intakt. Zwei andere, die Staudämme der Ennepe- und Lister-Talsperre, werden überhaupt nicht angegriffen. Obgleich die Dämme der Möhne- und Eder-Talsperre schwer beschädigt worden sind, können sie innerhalb von 2 Monaten repariert werden. Ihre Zerstörung hat der Industrie an der Ruhr kaum geschadet. Von den 19 gestarteten Lancasters kommen 8 nicht zurück; die hohe Verlustquote von 42 Prozent hält die Elite-Staffel lange Zeit von jedem weiteren Einsatz fern.

Die moralische Wirkung in Deutschland ist vielleicht stärker und hält länger an, als man zunächst geglaubt hat, obwohl die Schäden erstaunlich schnell behoben werden. Es bleibt umstritten, ob sich der Einsatz überhaupt gelohnt hat: die 2500 Flugstunden, die Gibson und seine Besatzungen für die Sonderausbildung gebraucht haben, entsprechen dem Aufwand für einen Angriff von 500 Bombern gegen das Ruhrgebiet. Die 617. Staffel, jetzt »Dambusters« genannt, erhält nach diesem Angriff ein Wappen, das als Wahlspruch die Worte der Madame Pompadour führt: »Après moi le déluge« – Nach mir die Sintflut.

Im Mai 1943 nähert sich die Schlacht im Atlantik ihrer Entscheidung. In diesem Monat werden im Nordatlantik 36 U-Boote versenkt, davon 22 durch Flugzeuge. Dage-

gen verlieren die Alliierten in der Zeit vom 17. Mai bis Ende September 1943 in diesem Seeraum kein einziges Schiff. Am Mittwoch, dem 19. Mai 1943, versenkt die Liberator T/120 der 120. RAF-Squadron im Nordatlantik das deutsche U-Boot U 954 (KptLt. O. Loewe), das mit der gesamten Besatzung untergeht, darunter der Wachoffizier Peter Dönitz, Sohn des Oberbefehlshabers der Kriegsmarine. Bereits 5 Tage später, am Montag, dem 24. Mai 1943, notiert Großadmiral Dönitz: »In den letzten Tagen sind Verluste eingetreten, die die augenblickliche Krise des U-Boot-Krieges besonders scharf erkennen lassen und zu einschneidenden Maßnahmen zwingen ...« und läßt die Geleitzugbekämpfung im Nordatlantik stoppen. Bis auf einige Boote, die durch Funkverkehr auch weiterhin stärkere Aufstellungen vortäuschen sollen, befiehlt Dönitz allen Einheiten, den Rückzug anzutreten. Diese entscheidende Wende im U-Boot-Krieg ist zum großen Teil dem Einsatz der alliierten Luftstreitkräfte zuzuschreiben.

In der Nacht vom 23./24. Mai 1943 erfolgt ein starker Luftangriff der RAF auf Dortmund. 724 Maschinen werfen 2042 Tonnen Bomben ab. Die Wohnviertel und Industrieanlagen werden schwer getroffen. Während dieses Angriffs wirft das Bomberkommando seine hunderttausendste Tonne an Bomben ab. Harris funkt an die Besatzung: »1939 hat Göring versichert, daß keine einzige Bombe auf das Ruhrgebiet fallen wird. Gratuliere zu der soeben gelieferten ersten 100 000sten Tonne Bomben als Antwort an den Reichsmarschall.«
In der Nacht vom 29./30. Mai 1943 fliegt das Bomberkommando einen der bedeutendsten Angriffe während der »Battle of the Ruhr«. 644 britische Flugzeuge werfen 1822 Tonnen Bomben auf Wuppertal-Barmen. Die Stadt brennt fast völlig nieder. 2450 Menschen kommen ums Leben, rund 118 000 werden obdachlos. Flak und Nachtjäger schießen zusammen 33 Bomber ab.

In der Nacht zum 1. Juni 1943 greifen 3 Nachtjäger Me 110 über dem Golf von Biskaya eine Douglas Dakota DC-3 an, die reguläre Linienmaschine der BOAC (Reg.-Nr. G-AGBB) auf der Route zwischen Lissabon und London. Nach ein paar MG-Salven stürzt das Passagierflugzeug brennend ins Meer. Besatzung und Fluggäste finden den Tod. Unter den 13 Passagieren war der auch auf der ganzen Welt bekannte britische Schauspieler Leslie Howard.
Die Ursache des Überfalls: Die Deutschen wissen, daß Churchill zur Zeit in Nordafrika weilt, und als einer ihrer Agenten aus Lissabon die absurde Nachricht funkt, er habe auf dem Flughafen einen Mann beobachtet, der die BOAC-Maschine bestiegen habe und den er für den britischen Premierminister hält, beordert man die Jäger in der Hoffnung, den ärgsten Feind loszuwerden.

Anfang Juni 1943 verfügen die sowjetischen Heeresgruppen über 30 Luftkorps mit ca. 10 000 Flugzeugen erster Linie. Die Maschinen und ihre Ausrüstung weisen ein bemerkenswert hohes technisches Niveau auf. Während die deutschen Jagdverbände im Osten überwiegend Messerschmitt Me 109 F fliegen, da die meisten der Focke-Wulf FW 190 zur Reichsverteidigung verlegt wurden, sind die sowjetischen Jagdgeschwader zum größten Teil mit modernen Maschinen vom Typ MiG, Jak oder LaGG ausgestattet. Nur die Reste der einst so schlagkräftigen deutschen Bomberverbände sind noch immer an der Ostfront und führen hier weiterhin rein taktische Aufgaben durch.
Eine der wenigen Ausnahmen ist der operative Einsatz der Bombergeschwader der Luftflotte 4 (GFM v. Richthofen) in der ersten Hälfte des Juni 1943, der sich gegen das Molotow-Kombinat in Gorki, eine der größten sowjetischen Panzerproduktionsstätten diesseits des Ural, richtet. Das 4 Quadratkilometer große Objekt liegt gerade noch an der Grenze der Reichweite der in den Raum Brjansk verlegten Kampfverbände. Und man erhofft sich von dem soeben gelieferten neuen Zielgerät »Lotfe 7 D« präzise Bombenabwürfe. In der Dämmerung des 3. Juni 1943 starten um 20.00 Uhr – reichlich mit schweren Minenbomben (1,7 bis 2,4 Tonnen), Splitter-, Spreng- und Brandbomben beladen – 168 Maschinen, überwiegend He 111 der Kampfgeschwader KG 3, KG 4, KG 27, KG 55 und KG 100. Als Navigationshilfsmittel bedienen sie sich des Moskauer Senders. Von Süden her umfliegen sie in großem Bogen die sowjetische Hauptstadt, um nicht in den Bereich des Flakriegels zu geraten. Aus einer Höhe von 4000–6400 Metern werfen die 149 ans Ziel gelangten Maschinen gegen Mitternacht 224 Tonnen Bomben ab. 5 Flugzeuge werden von der sowjetischen Luftabwehr abgeschossen. In einer schnellen Folge von Angriffen versucht die Luftwaffe noch vor dem Beginn der deutschen Sommeroffensive die Molotow-Werke, in denen angeblich pro Woche 800 Panzer des berühmten Typs T-34 produziert werden, auszuschalten. So werfen 128 Bomber in der nächsten Nacht vom 4./5. Juni 1943

179 Tonnen Bomben auf die Werke. 2 Maschinen kehren nicht zurück. In der darauffolgenden Nacht sind es 242 Tonnen Bomben, die auf die Molotow-Werke niedergehen. Bei einem Einsatz von 154 Bombern geht 1 Flugzeug verloren. Und in der Nacht vom 7./8. Juni 1943 greifen 20 Maschinen die Fabriken an und lassen 39 Tonnen Bomben fallen. Das Ergebnis: Nach Agentenmeldungen sind die Gorki-Molotow-Werke für 6 Wochen lahmgelegt, in Wirklichkeit arbeitet das Kombinat ohne Unterbrechung weiter.
In der Nacht vom 9./10. Juni 1943 greifen 109 Bomber der Luftflotte 4 in einem Ferneinsatz das Kombinat für synthetischen Gummi, Jaroslawl, an und werfen 190 Tonnen Bomben ab.

In der Zeit vom 27. Januar 1943 bis zum 10. Juni 1943 führt die 8. US-Luftflotte eine Reihe schwerer Angriffe gegen deutsche U-Boot-Stützpunkte entlang der Atlantikküste durch: Brest wird 3mal bombardiert, Lorient 4mal, St-Nazaire 5mal und La Pallice 2mal. Zugleich konzentrieren sich die RAF-Bomberverbände bei Nachtangriffen mit 300 bis 500 Maschinen auf die gleichen Ziele. Nur in einem Monat wird Lorient 9mal und St-Nazaire 11mal bombardiert. 63 Prozent aller amerikanischen und 30 Prozent der britischen Angriffe richten sich gegen U-Boot-Stützpunkte, Werften und Zulieferwerke. Man vermutet, daß auch Luftangriffe auf U-Boot-Bunker die Einsätze der Boote behindern und eine Anzahl von ihnen außer Gefecht setzen. Zwischen Januar und Juni 1943 werfen RAF- und US-Bomber 11 000 Tonnen Spreng- und etwa 8000 Tonnen Brandbomben über diesen Zielen ab. Jedoch erweisen sich die mächtigen Stahl- und Betonbauten als stärker: Nicht ein einziges U-Boot wird kampfunfähig gemacht, und das U-Boot-Bauprogramm wird nicht im geringsten verzögert.

Am Donnerstag, dem 10. Juni 1943, beginnt die im Januar 1943 in Casablanca zwischen den Alliierten beschlossene »Combined Bomber Offensive« gegen Deutschland, die Flächenbombardements der RAF bei Nacht und Präzisionsangriffe der US-Verbände am Tage vorsieht. Auf der neuen Prioritätenliste (»The Pointblank Plan«) stehen jetzt Flugzeugwerke und Jägerstützpunkte an der Spitze. Dies entspringt der Erkenntnis, »daß die deutsche Jagdwaffe das Haupthindernis für eine Steigerung der Präzisionsangriffe am Tage war ...« (GenMaj. Ira C. Eaker). Weitere wichtige Objekte der strategischen Bomberoffensive gegen Deutschland: Kugellagerindustrie, synthetische Treibstoff- und Gummierzeugung, U-Boot-Werften, Kraftwagenwerke, Verkehrsnetz und sonstige Rüstungsindustrie.
In der Nacht vom 11./12. Juni 1943 erlebt Düsseldorf den schwersten Angriff des Krieges. Ein Verband von 693 viermotorigen Bombern, von Pfadfindermaschinen geleitet, wirft innerhalb von 45 Minuten 1968 Tonnen Spreng- und Brandbomben ab. Riesige Brände verwandeln die Stadt in ein Flammenmeer. Ein Teil der Häuser wird gerettet. Dies ist einem einfachen Mittel zu verdanken: Die Dachbalken sind mit gelöschtem Kalk feuerfest

Oben links: 17. Mai 1943, Möhne-Talsperre, nach dem Angriff der 617. RAF-Squadron. Erst die fünfte Bombe bringt die Staudamm-Mauer zum Einsturz. Die erhoffte Lähmung der Ruhrindustrie bleibt jedoch aus

Rechts: Abadan (Iran), Juni 1943: Der britische Jäger Supermarine Spitfire wird mit dem Roten Stern bemalt. Es ist eines der 18 000 Flugzeuge, die England und die USA der Sowjetunion im Rahmen des Leih- und Pachtabkommens lieferten. Die Spitfire (40 Versionen) ist das meistgebaute britische Flugzeug im Zweiten Weltkrieg

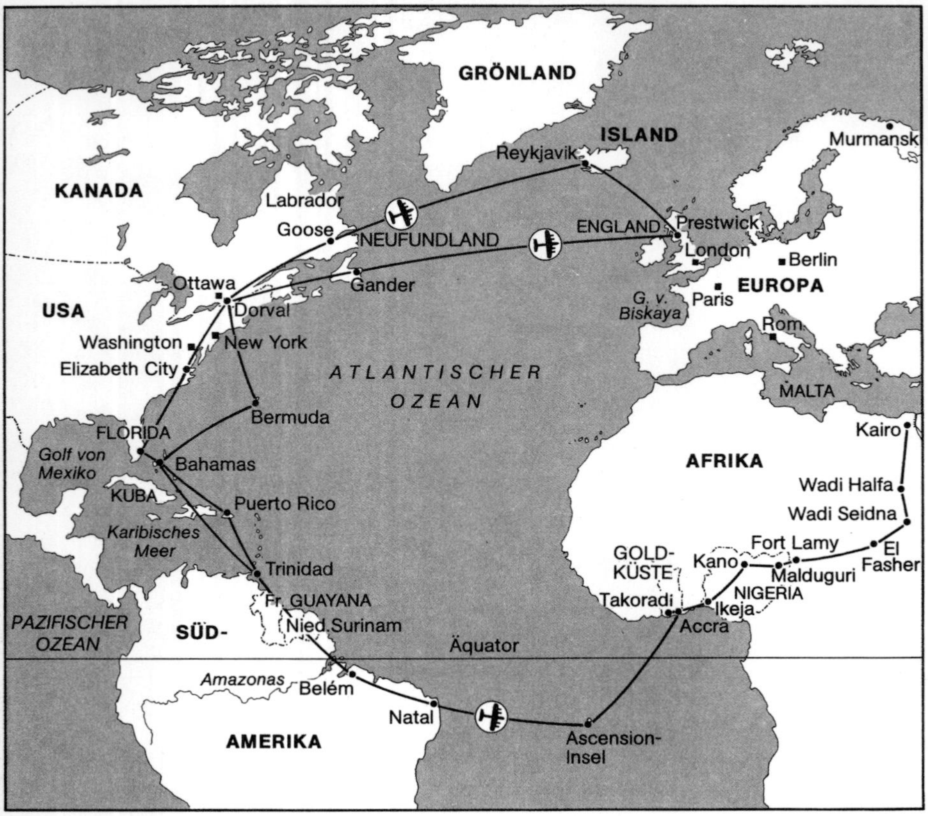

Links: Die Atlantik-Luftbrücke

Rechts: Die Besatzung eines alliierten Höhen-Luftaufklärers, kurz vor dem Ziel: Die Bildkamera, die aus dem Rumpf herausragen würde, ist durch einen Überzug vor der Kälte geschützt

gemacht, und die Wirkung der Brandbomben bleibt in vielen Fällen aus, da die so präparierten Dachstühle kein Feuer fangen. Trotzdem werden in dieser Nacht etwa 120 000 Einwohner obdachlos. Durch Ablenkungsmanöver erscheinen die deutschen Nachtjäger erst, als sich die Bomberverbände schon auf dem Heimflug befinden. Es gelingt ihnen jedoch, 27 Maschinen abzuschießen.

Weitere Auswirkungen der Landung des Oberleutnants H. S. mit dem Nachtjäger Ju 88 in Dyce am 9. Mai 1943: Schon 3 Wochen danach bauen Dr. Jones und sein Team einen Spezialempfänger, Tarnname »Serrate«, der es den RAF-Nachtjägern ermöglicht, die Strahlung des »Lichtenstein BC« aufzuspüren und so die mit diesem Gerät ausgestatteten deutschen Nachtjäger zur fliegenden Zielscheibe zu machen.

Am 14. Juni 1943 erhält die 141. Gruppe (W/Cdr. J. Braham) als erste britische Nachtjagd-Einheit das bereits in Serie gebaute »Serrate«-Gerät. Das Ergebnis läßt nicht lange auf sich warten: Die »Lichtenstein BC« ziehen die »Serrate« sprichwörtlich wie die Motten zum Licht, und die Beaufighter der 141. Gruppe schießen im Monat Juni 1943 insgesamt 23 Nachtjäger ab, davon geht beinahe die Hälfte auf das Konto von W/Cdr. »Bob« Braham und seiner Besatzung.

Im Sommer 1943 starten mit der Regelmäßigkeit eines Güterzugverkehrs von den USA und Kanada aus über die Atlantik-Luftbrücke – mit Etappenstationen in Neufundland, Labrador und Island – Transportmaschinen, Bomber und selbst Kurzstreckenjäger in Richtung Großbritannien.

Mitte Juni 1943 landet in Prestwick (Schottland), der Endstation der Nordatlantik-Route, erstmalig eine Dakota FD 900 des RAF-Transportkommandos mit einem Lastensegler im Schlepp. Das Gespann ist 24 Stunden zuvor in Dorval (Montreal) gestartet. Der Lastensegler vom Typ Waco CG-4A (RAF-Bezeichnung Hadrian), in einer New Yorker Klavierfabrik gebaut, ist voll beladen mit eilig benötigtem Impfstoff sowie mit Funk- und Motorteilen für die Sowjetunion.

Die Piloten (Squ./L. R. G. Seys und Squ./L. F. M. Gobeil) hatten keine leichte Aufgabe: »Wir durften die Augen nicht von der Dakota und dem Schleppseil lassen, was besonders schwierig in den Wolken oder bei Nacht war. Wir mußten die ganze Zeit über in einer ganz bestimmten Position zur Schleppmaschine bleiben, die uns immer wieder aus dem Sichtfeld verschwand. Gott sei Dank hatten wir Funkverbindung zu unserer Dakota. Leider war keine Heizungsanlage im Laster, nachtsüber oder auch bei längerem Flug durch Wolken klapperten uns die Zähne, der Sonnenschein wiederum verwandelte unser Cockpit in ein Treibhaus.«

Auch auf der Südatlantik-Route nach Nordafrika über West Palm Beach (Florida), Trinidad, die Amazonas-Mündung, Natal und die Goldküste herrscht zu dieser Zeit ein lebhafter Verkehr. Die Strecke ist zwar etwas länger als über den Nordatlantik, jedoch vermeidet man – bei Transporten in den Mittelmeerraum – den Flug über die meist stürmische Biskaya.

In der Nacht vom 20./21. Juni 1943 eröffnen die Lancasters der 5. Group des Bomber Command mit einem Fernangriff auf die Zeppelin-Werke, die Produktionsstätte der Würzburg-Radargeräte in Friedrichshafen am Bodensee, eine neue Art von Operation, das sogenannte »Shuttle bombing« (Pendelverkehr). Da es während der kurzen Sommernächte unmöglich ist, noch bei Dunkelheit auf die Stützpunkte in England zurückzukehren, fliegen die Lancasters nach Nordafrika weiter. Hier werden sie überholt, betankt und mit neuen Bomben beladen. Dann starten sie zu ihrem Rückflug nach England und bombardieren unterwegs in der Nacht vom 23./24. Juni den italienischen Flottenstützpunkt La Spezia. Einer der Gründe dieses Pendelverkehrs ist auch die Absicht, die deutsche Luftabwehr zu verwirren. Es hat sich jedoch erwiesen, daß diese Art der Operation auf große Schwierigkeiten bei der Abfertigung der Bomberverbände außerhalb der Heimatbasen stößt; vor allem sind die nordafrikanischen Flugplätze einem solchen Ansturm von Hunderten von schweren Maschinen nicht gewachsen. Was die Engländer jedoch nicht ahnen: Ihr Angriff auf Friedrichshafen ist der erste unbeabsichtigte Schlag gegen das deutsche Geheimwaffenprogramm. Die Zeppelin-Werke, die monatlich 300 A-4-Raketen montieren sollen, sind so schwer getroffen, daß der Plan, dort V-2-Raketen zu fertigen, aufgegeben werden muß.

Am Mittwoch, dem 23. Juni 1943, kurz nach 12.00 Uhr, landet Flight Sergeant E. P. H. Peek mit seiner Mosquito auf dem Stützpunkt Leuchars. Sein Mitbringsel: die ersten ausgezeichnet klaren Luftbilder des gesamten Peenemünder Versuchsgeländes mit dem Startgebiet des Prüfstandes VII. Die Zentrale Auswertungseinheit (»Allied Central Interpretation Unit«, ACIU) befindet sich auf einem Landsitz in Medmenham, etwa 50 Kilometer von London. Rund 4 Millionen Luftaufnahmen treffen hier jeden Monat ein, 250 detaillierte Berichte gehen täglich an die alliierten Stäbe sowie an den Premierminister. Die Bildauswerter sitzen in allen Luftstützpunkten. Sofort nach der Landung der Aufklärer werden die Luftbilder entwickelt, geprüft und ausgewertet. Ungefähr 3000 Männer und Frauen arbeiten im Dienste der ACIU. 26 Abteilungen, jeweils auf ein bestimmtes Gebiet spezialisiert, studieren die Zielfotos mit den Ergebnissen von Bombenangriffen. Nach dem Vergleich sämtlicher im Laufe der letzten 24 Stunden gemachten Luftaufnahmen fertigt man die Berichte über Bewegungen feindlicher Schiffe oder Truppen sowie den letzten Stand von Industrieanlagen. So wird auch in Medmenham die deutsche Geheimwaffen-Versuchsstation Peenemünde entdeckt.

Auf den Fotos stellt man ohne jeden Zweifel Raketen kurz vor dem Abschuß fest. Es ist während der ganzen

Geheimwaffenuntersuchung eines der wichtigsten Ergebnisse der von Sidney Cotton im Spätherbst des Jahres 1939 aufgestellten Bildaufklärungsstaffel. Am gleichen Abend, dem 23. Juni 1943, hat Churchill eine Stabsbesprechung zusammengerufen, in der zum erstenmal der Nutzen von Stanniol-Störstreifen (Window) zur Funkmeßlähmung bei den Einsätzen der Bomberverbände erörtert werden soll.

Die beim 1000-Bomber-Angriff auf Köln ein Jahr zuvor erprobte Bomberstromtaktik hat sich weiterhin bewährt. Und die Zahl der bei Zusammenstößen verlorengegangenen Maschinen ist verhältnismäßig gering. Bei den großen, in schneller Folge wiederholten Nachtangriffen auf das Ruhrgebiet ermöglichen die Zielmarkierungen der Pfadfinderflugzeuge dem nachfolgenden Bomberstrom, seine Last in einer Rekordzeit von 30 bis 40 Minuten abzuwerfen. Ein derart massives Überfliegen der Nachtjagdzone können weder die Nachtjäger noch die Flak ausreichend bekämpfen. Bei der Vielzahl der angreifenden Maschinen versagt das bisher erfolgreiche System der Feuerkonzentration mehrerer Batterien auf ein Ziel. Über dem Zielgebiet selbst droht die größte Gefahr den Bombern jedoch weder von deutschen Jägern noch durch die Flak; am meisten gefürchtet sind herabfallende Bomben der höherfliegenden eigenen Maschinen.

Neben den Massenangriffen bereiten auch die allein fliegenden Maschinen den Deutschen Kopfzerbrechen: Sie stellen bald fest, daß einzelne Mosquitos, die sehr präzis ihr Ziel treffen, nur schwer abzuschießen sind.

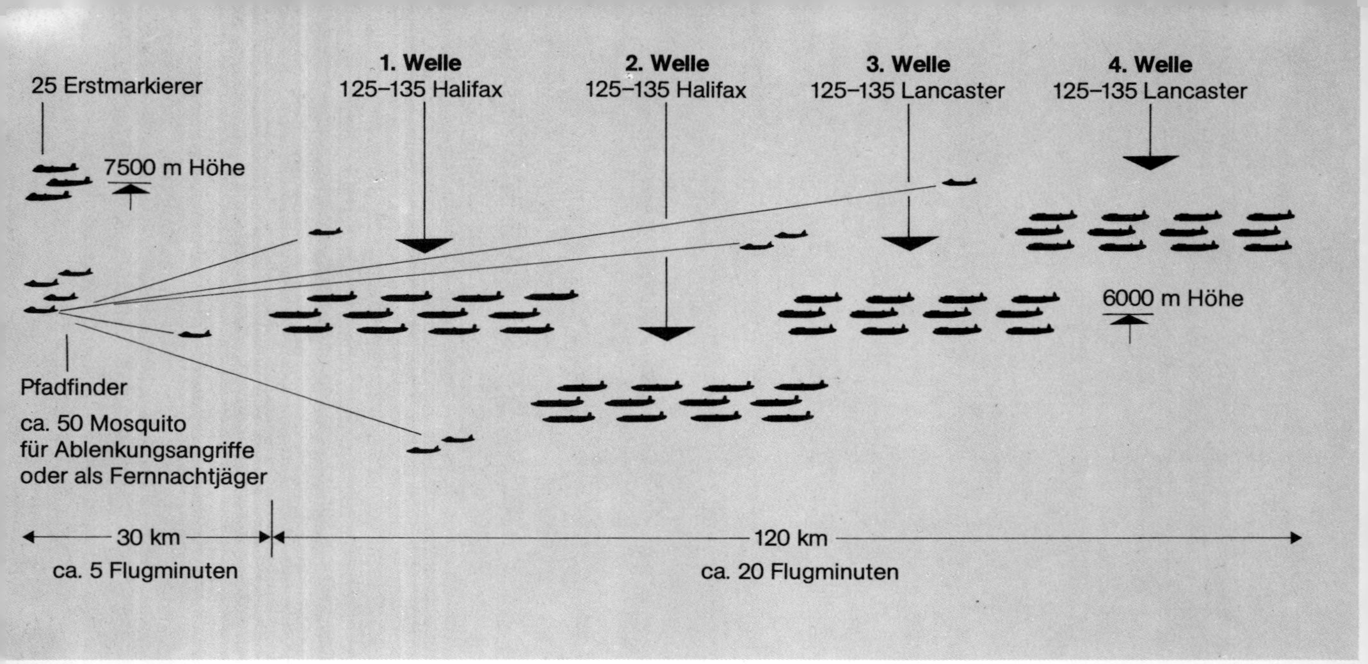

Taktik britischer Bomberverbände bei Nachtangriffen 1943

Deshalb können die Deutschen kein intaktes Leitstrahl-Oboe-Gerät erbeuten und längere Zeit auch keinerlei wirksame Störmethode gegen Oboe entwikkeln. Selbst Göring staunt über die Leistung der britischen Zielsuchgeräte: »Es kann Nebel bei uns sein oder nicht: Der Engländer findet bei uns die kleinste Dreckmühle.« Hitler glaubt wiederum, hinter das Geheimnis der bemerkenswerten Zielgenauigkeit bei Angriffen einzelner Mosquitos auf die Hochöfen des Ruhrgebiets gekommen zu sein: Die RAF-Bomben werden sicher durch Infrarotgeräte ins Ziel gesteuert, und er befiehlt Feldmarschall Milch, diese Möglichkeit zu untersuchen. Die Sachverständigen vermuten jedoch, daß britische Agenten in der Nähe der ausgewählten Ziele Funkbaken aufgestellt haben, die erst zu arbeiten beginnen, wenn sie durch einen Funkstrahl aus dem Flugzeug angeschaltet werden.

Am Montag, dem 28. Juni 1943, kommt Reichsführer SS Himmler zu seinem zweiten Besuch in die Heeresversuchsanstalt Peenemünde. Am nächsten Morgen um 9.15 Uhr, wird das Versuchsmuster der Fernrakete A-4 gestartet. »Wenige Meter vom Boden zeigt das Aggregat schon Drall«, heißt es im Bericht, und die A-4 stürzt auf den Flugplatz Peenmünde-West. Drei dort stehende Maschinen werden zerstört, als 8 Tonnen Treibstoff (flüssiger Sauerstoff mit Alkohol) explodieren und einen Krater von 30 Meter Durchmesser in die Startbahn reißen. Innerhalb von 55 Minuten bringen jedoch die Techniker eine weitere A-4-Rakete in Startstellung. Mit ohrenbetäubendem Dröhnen des Triebwerks steigt die Rakete und verschwindet am Himmel und fliegt 236 Kilometer entlang der Ostsee-Küste. Himmler, sichtlich beeindruckt, berichtet seinem Führer noch am gleichen Abend darüber.

Währenddessen rollt Luftmarschall Harris' »Battle of the Ruhr« weiter. In der Nacht vom 22./23. Juni 1943 bombardieren 499 britische Maschinen Mülheim/Ruhr und Oberhausen. 1643 Tonnen Bomben richten in diesen beiden Städten beträchtlichen Schaden an; 35 Flugzeuge gehen dabei verloren. Und in der darauffolgenden Nacht, 24./25. Juni 1943, greift das Bomberkommando bei 34 Verlusten mit 554 Maschinen Wuppertal-Elberfeld an. 1663 Tonnen Bomben verwüsten die Stadt fast völlig. Von 400 Hektar bebauten Gebietes werden etwa 385 Hektar in Trümmer gelegt. Nach dem Angriff »war die Stadt nur noch eine Erinnerung an etwas, das am Tage zuvor existiert hatte«. Die RAF verliert in dieser Nacht 34 Maschinen.
4 Tage später, in der Nacht vom 28./29. Juni 1943, ist Köln das Ziel eines weiteren Großeinsatzes von 540 britischen Flugzeugen. Mit diesem Angriff, bei dem 1614 Tonnen Bomben auf die Stadt niedergehen, endet nach 4 Monaten die Ruhr-Offensive. Bei 18 506 Einsätzen büßt das Bomberkommando 872 Maschinen ein und 2126 werden beschädigt (4,7 Prozent). Der verursachte Schaden ist gewaltig, die Innenstädte von Bochum, Dortmund, Duisburg, Essen, Köln, Wuppertal sind fast völlig zerstört und ausgebrannt. Die betroffenen Rüstungsbetriebe arbeiten trotzdem weiter. In diesem Monat übersteigt – erstmals seit Anfang des Krieges – die deutsche Produktion von Jagdflugzeugen 1000 Maschinen, ein Bruchteil dessen, was die Gegner Deutschlands in der gleichen Zeit an Jagdmaschinen herstellen.

1943
Juli bis Dezember

Geheimer Bericht des *Sicherheitsdienstes der SS* zur innenpolitischen Lage:
Nr. 410 vom Donnerstag, 1. Juli 1943 (Auszug)
I. Allgemeines: Verbreitung zahlreicher Gerüchte über neue Waffen und Abwehrmittel. Während ein kleinerer Teil der Volksgenossen auf Grund der in den letzten Wochen noch in ihren Auswirkungen verstärkten Terrorangriffe und der bisher nicht erfolgten Vergeltung Zweifel hegt, ob Deutschland überhaupt noch in der Lage sei, die angekündigte Vergeltung tatsächlich durchzuführen, steht jedoch der größere Teil auf dem Standpunkt, daß die angekündigte Vergeltung tatsächlich auch in Kürze, spätestens zu Beginn des Herbstes, durchgeführt werde.

Die Schlacht bei Kursk

Dienstag, 6. Juli 1943, Moskau
Ein Sonderkommuniqué der *STAWKA* berichtet:
Seit dem Morgen des 5. Juli führen die sowjetischen Truppen in den Abschnitten Kursk–Orel und Bjelgorod schwere Abwehrkämpfe gegen starke Infanterie- und Panzerkräfte des Feindes, die, unterstützt von einer großen Zahl Flugzeugen, zum Angriff übergegangen sind.
Die feindlichen Angriffe wurden unter schweren Verlusten für die Angreifer abgewehrt, und lediglich an einzelnen Punkten gelang es kleineren deutsch-faschistischen Formationen, etwas in unsere Stellungen einzudringen. Nach noch unvollständigen Angaben wurden am ersten Kampftag 586 deutsche Panzer und 203 Flugzeuge zerstört. Die Kämpfe dauern an. Der Beginn der deutschen Offensive hat das sowjetische Oberkommando nicht überrascht.

Mittwoch, 7. Juli 1943, Moskau
Das *Sowinformbüro* teilt mit:
Während des ganzen Dienstag stürmten deutsche Faschisten gegen unsere Stellungen an. Trotz des Versuchs, durch starke Panzerverbände unser Verteidigungssystem bei Orel und Bjelgorod einzudrücken, gewannen die Angreifer nur unbedeutend an Boden. In der Nacht zum Dienstag griff auch die strategische Rote Luftflotte mit starken Kräften in die Schlacht ein und bombardierte deutsche Truppen- und Materialkonzentrationen in den Gebieten von Orel und Bjelgorod. Zahlreiche Spreng- und Splitterbomben wurden abgeworfen. 2 Flugzeuge sind nicht zurückgekehrt.

7. Juli 1943
Das *Oberkommando der Wehrmacht* gibt bekannt:
Im Raum von Bjelgorod und südlich Orel scheiterten auch am Dienstag schwere Angriffe, die die Sowjets mit stärksten, seit Wochen bereitgestellten Verbänden führten. Demgegenüber traten unsere Truppen, von der Luftwaffe wirksam unterstützt, selbst zum Angriff an. Es gelang, tief in die feindlichen Stellungen einzubrechen und dem Feind schwerste Verluste zuzufügen. Allein von Truppen des Heeres wurden über 300 feindliche Panzer zum Teil neuester Bauart vernichtet oder bewegungsunfähig geschossen. Auch in der Luft kam es über diesem Kampfraum zu erbitterten Gefechten mit starken sowjetischen Fliegerverbänden.
Am 5. und 6. Juli wurden in Luftkämpfen und durch Flakabwehr bei 41 eigenen Verlusten 637 Sowjetflugzeuge abgeschossen, darunter eine große Zahl von Schlachtflugzeugen. – Starke Kampfverbände der Luftwaffe bombardierten Nachschubverbindungen, Flugplätze und Bahnhofanlagen im rückwärtigen Gebiet des Feindes mit nachhaltiger Wirkung.

Donnerstag, 8. Juli 1943, Moskau
Das *Sowinformbüro* meldet:
Der dritte Tag der deutsch-faschistischen Großoffensive, die durch den Einsatz neuer Reserven immer größeres Ausmaß annimmt, brachte den deutschen Formationen wieder nur geringe Geländegewinne, die in keinem Ver-

10. Juli 1943, ein Feldflugplatz der Roten Luftflotte östlich von Novosil: Bomben werden ausgeladen, im Hintergrund Sturzkampfflugzeuge Petljakow Pe-2. Die Maschinen sind, ähnlich den Mosquitos, in Holzbauweise konstruiert

hältnis zu den schweren Verlusten stehen, mit denen sie erkauft werden mußten.
Während an der Orel-Front keine nennenswerten Veränderungen eingetreten sind, konnten die Deutschen die bei Bjelgorod erzielten Einbrüche etwas erweitern. Gegen Abend standen unsere Truppen wieder fast überall in den alten Frontlinien, und die durch die Panzerdurchbrüche vorübergehend abgeschnittenen Einheiten konnten entsetzt werden.
Die deutschen Panzerverluste allein an diesem Frontabschnitt belaufen sich auf über 220, davon 40 »Tiger«. Während des ganzen Tages fanden über der Front erbitterte Luftkämpfe großer Formationen statt, ohne daß es einem der Gegner gelungen wäre, die Luftherrschaft an sich zu reißen. Die Sturmowiks hatten großen Anteil an der Brechung des faschistischen Panzeransturms, ebenso die neuen Zerstörerflugzeuge, die neuartige panzerbrechende Granaten verfeuern.

8. Juli 1943
Das *Oberkommando der Wehrmacht* gibt bekannt:
Im Raume von Bjelgorod und südlich Orel kam es am Mittwoch zu schweren Panzerschlachten, in deren Verlauf durch Truppen des Heeres, durch Flakartillerie, Kampf- und Nahkampfgeschwader der Luftwaffe mehr als 400 russische Panzer vernichtet wurden. Das feindliche tiefgegliederte Stellungssystem wurde in zähen Wald- und Dorfkämpfen durchbrochen. Kampf- und Nahkampffliegergeschwader der Luftwaffe unterstützten die Angriffsoperationen des Heeres und fügten dem Gegner hohe Verluste an Menschen, schweren Waffen und rollendem Material zu.

Sonnabend, 10. Juli 1943, Moskau
Das *Sowinformbüro* teilt mit:
Die Kämpfe an der gesamten Front, besonders aber in den Brennpunkten bei Orel und Bjelgorod, dauerten den ganzen Freitag an. Die Rote Luftflotte flog bei Tag und Nacht schwere Angriffe auf deutsche Material- und Truppenkonzentrationen an und nahe hinter der Front sowie auf Straßen, Eisenbahnlinien, Flugplätze und Flußübergänge. Dabei kam es zu zahlreichen heftigen Luftgefechten, in denen beide Seiten größere Verluste hatten. Es liegen sichere Informationen dafür vor, daß die Deutschen Fliegerstaffeln aus den übrigen Abschnitten ihrer Ostfront sowie aus Westeuropa herangezogen haben. Starke Flugzeugkonzentrationen wurden auf allen Flugplätzen von Orel bis Bjelgorod festgestellt und von unseren Sturmowiks heftig bombardiert.

Landung auf Sizilien

Sonntag, 11. Juli 1943
Das *Alliierte Hauptquartier* teilt mit:
Die Invasion Siziliens aus der Luft ging der von der See her um mehrere Stunden voraus. Schon am Freitag abend, kurz nach 22.00 Uhr, wurden die ersten Lastensegler über Sizilien ausgeklinkt, und alliierte Truppen setzten um 22.30 Uhr den Fuß auf sizilianischen Boden. Fallschirmtruppen bezogen Stellungen hinter den feindlichen Verteidigungsanlagen.

Rechts: 19. Juli 1943: Eines der Ziele des ersten alliierten Luftangriffes auf Rom ist der Bahnhof Ostiense

Unten: Eine während der Schlacht bei Kursk abgeschossene Iljuschin Il-2m3 Sturmowik in der neuen zweisitzigen Version dieses gefürchteten Schlachtflugzeuges. Das gesamte Rumpfvorderteil besteht aus einer Panzerzelle, der andere Rumpfteil und die Tragflächen sind aus Sperrholz. Das neue Modell mit zwei 37-mm-Kanonen kommt soeben zum Fronteinsatz

Montag, 12. Juli 1943, Rom
Die *Agentur Stefani* berichtet:
Aus militärischen Gründen können vorläufig nur folgende Tatsachen mitgeteilt werden:
1. Alle Fallschirmspringer wurden vernichtet.
2. Alle Versuche der englisch-amerikanischen Truppen, von der Küste aus ins Innere vorzudringen, wurden bisher zum Scheitern gebracht. Die Kämpfe sind außerordentlich heftig, pausenlos und dramatisch, aber die allgemeine Entwicklung der Operationen läßt den Schluß zu, daß die Hoffnungen des Feindes an der harten Wirklichkeit zerschellen werden. Mit größter Kaltblütigkeit und Einsatzbereitschaft erfüllen die italienischen und deutschen Truppen, unterstützt durch die Bevölkerung, planmäßig ihre Aufgabe. Es gibt keine Unsicherheit der Truppen, keine überstürzten Befehle und keine Panik unter den Einwohnern.

Bomben auf Rom

Montag, 19. Juli 1943, Algier
Das *Alliierte Hauptquartier in Nordafrika* gibt bekannt:
Schwere Bomber des Mediterranean Air Command haben heute militärische Ziele in Rom und Umgebung angegriffen. Die Besatzungen hatten Anweisung, Schäden an Kirchen und Kulturdenkmälern möglichst zu vermeiden. Hauptziel des Angriffs war ein Verschiebebahnhof, der eine bedeutende Rolle für die Umgruppierung deutscher Truppen spielt. Vor dem Angriff wurden über der Stadt Flugblätter mit entsprechenden Warnungen abgeworfen.

19. Juli 1943, Rom
Das *Comando Supremo* gibt bekannt:
Beim heutigen massierten Angriff amerikanischer Luftstreitkräfte auf Rom wurde die Kirche San Lorenzo fuori le Mura, eine der sieben Basiliken Roms, vollständig zerstört. In der Basilika ruhten die Gebeine zahlreicher Päpste, darunter die von Pius IX. Ab 11.15 Uhr flogen die feindlichen Flugzeuge in aufeinanderfolgenden Wellen Rom an. Das Arbeiterviertel am Tiber ist der am stärksten betroffene Stadtteil. Zahlreiche Wohnungen wurden hier in Trümmer gelegt, die Zahl der Opfer ist groß. Auch der Friedhof Campo Verano erlitt durch die Bombenabwürfe schwere Schäden.

19. Juli 1943
Das *Alliierte Hauptquartier in Nordafrika* berichtet in einem Sonderkommuniqué:

Ein deutscher Luftkonvoi, bestehend aus 16 Transportflugzeugen vom Typ Junkers Ju 52, den Aufklärer der RAF über dem Tyrrhenischen Meer gesichtet hatten, wurde kurz darauf von Jägern angegriffen. Sämtliche 16 Maschinen mit Truppen und Kriegsmaterial an Bord wurden abgeschossen.

Dienstag, 20. Juli 1943
Das *Alliierte Hauptquartier* gibt bekannt:
Der Kommandeur der US-Luftstreitkräfte in Europa hat General Doolittle seine Glückwünsche zu dem präzisen und erfolgreichen Luftangriff auf Rom übermittelt. Im Hauptquartier wird besonders darauf hingewiesen, daß bei diesem Angriff, an dem sich mehr als 500 schwere Bomber beteiligten, nur 5 Maschinen verlorengingen. Dies sei sowohl auf die Schwäche der feindlichen Flak wie auch auf die Tatsache zurückzuführen, daß nur wenige feindliche Jäger versuchten, die in Wellen anfliegenden US-Bomber abzufangen.

Mutig, ruhig, vorbereitet

Die Selbsthilfe im Bombenkrieg

Der sollte dankbar sein, der sich mit den britischen Luftangriffen auf die Zivilbevölkerung bisher nur in der Phantasie zu beschäftigen brauchte. Er sollte wissen, daß die Wirklichkeit jeden Bericht, jeden Brief und jedes Vorstellungsvermögen übersteigt. Aber jedermann muß sich darüber im klaren sein, daß es schon die nächste Nacht sein kann, die ihn in die vorderste Front des Bombenkrieges rückt. Daraus ergibt sich eine klare Pflicht: vor sich selbst und der Gemeinschaft so vorbereitet zu sein, daß ein brennendes Haus oder ein verschütteter Keller keine neue und überraschende, sondern eine hundertmal durchdachte und längst erwartete Lage schafft.
Die privaten Berichte aus den bombardierten Städten, meist unter dem unmittelbaren Eindruck des Unglücks entstanden, von Selbsttäuschungen ebensowenig frei wie von Übertreibungen oder Ausschmückungen, können zwei sehr unerwünschte Wirkungen haben: den einen lassen sie in Gleichgültigkeit versinken, die die Sache von vornherein verlorengibt und auf irgendeinen Dusel baut, während sie den anderen in eine Bombenpsychose versetzen, die ihn zu närrischem Übereifer treibt und mit planloser Geschäftigkeit erfüllt. Das ist das Gegenteil von dem, was die Lage erfordert. Man muß berücksichtigen, daß im Luftkrieg kein Einzelfall dem anderen gleicht, daß also fremde Erfahrungen nur einen sehr bedingten Wert haben. Immerhin, die Regeln für das luftschutzmäßige Verhalten, die in ihren entscheidenden Punkten feststehen, ergänzen sich mit jedem neuen Angriff: für die Brandbekämpfung zum Beispiel gibt es alte Regeln, aber sie werden sehr verschieden angewendet, ob es sich um Stabbrandbomben oder Phosphorbomben, um Einzel- oder Reihenhäuser, um enge Gassen oder breite Straßen handelt.

Hamburg während eines RAF-Bombenangriffes im Sommer 1943: Eine der letzten Aufnahmen. Bereits einige Tage danach liegt dieser Stadtteil in Schutt und Asche

Vorsorgen
Die Vorsorge beginnt mit möglichst weitgehender Sicherung des Besitzes. Dinge, die jetzt entbehrlich, nach einem Totalschaden aber unentbehrlich sind, sollen in weniger gefährdete Gebiete zur Aufbewahrung geschickt werden. Sie auf die Nachbarschaft zu verteilen, hat bei der immer bestehenden Gefahr von Flächenbränden wenig Sinn.
Man soll nicht die Keller mit Möbeln und anderen Gegenständen überfüllen. Dies wäre eine falsche, unter Umständen sogar sehr gefährliche Vorsorge, zumal bei Häusern mit nur ein oder zwei Geschossen, überhaupt bei leicht gebauten Häusern, die Gefahr besteht, daß eine Phosphorbombe bis in den Keller durchschlagen kann und hier Nahrung finden würde, die dem Zeitungspapier beim Anzünden eines Ofens gleicht.
An Möbeln, Teppichen, überhaupt Hausrat aller Art, soll man Zettel mit der genauen Anschrift des Besitzers anbringen, damit sich diese Gegenstände bei plötzlichen und umfangreichen Räumungen nachher wieder leicht herausfinden lassen.

Der Luftschutzkeller

Frauen und Kinder gehören in den Keller, ein für allemal. Die Einwendungen gegen den Aufenthalt im Luftschutzkeller kennen wir: bei Sprengbomben die Gefahr der Verschüttung, die Gefahr der Erstickung an Kalkstaub, bei hinzukommendem Feuer die Gefahr des Hitzetodes – das kennen wir. Aber diesen Gefahren steht der Schutz gegenüber, den ein ordnungsgemäß eingerichteter Keller bietet. Oder wollte einer behaupten, der Volltreffer, der den Keller verschüttet, ließe ihn ungeschoren, wenn er im zweiten Stock am Fenster stünde?

Jedermann muß die Fluchtwege aus dem Luftschutzraum kennen. Er muß sie so genau kennen, daß er sie auch bei spärlichster, vielleicht sogar bei keiner Beleuchtung und im Zustande höchster Aufregung wiederfindet. Die Fluchtwege müssen trümmersicher angelegt sein und dürfen niemals mit Kisten, Geräten oder auch Luftschutzgepäck verstellt sein.

Die Mauerdurchbrüche, deren Wert sich tausendfach erwiesen hat, müssen abgesperrt werden können. Bleiben sie offen, so wirken sie beim Brande des benachbarten Kellers wie ein Kamin und gefährden so ein unter Umständen noch nicht bedrohtes Haus.

In den Keller gehört, was zum primitiven Weiterleben unerläßlich ist. Es ist mehr, als man im Falle des Alarms jeweils greifen und in den Keller mitnehmen könnte. Ein vollständiger Anzug, ein Kleid, ein Mantel, ein Paar Schuhe, eine genügende Ausstattung für die Kinder, einige Handtücher – das ist in einer Zeit, in der die Dekkung des zivilen Bedarfs kurztreten muß, wichtiger als Tafelsilber, Gemälde, Perserteppiche und hundert Bände Klassiker. Die notwendigen Dinge soll man jeden Abend, nicht erst im Falle des Alarms, in den Keller bringen, soweit die Verhältnisse dies irgend erlauben.

Besonders wichtig in dieser Liste sind Decken. Je mehr Decken, je schwerere Decken im Keller sind, um so besser. Und zu den Decken gehört Wasser, so viel Wasser wie nur irgend möglich. Wassergetränkte Decken sind oft die einzige Rettung, wenn aus einem von Brand umgebenen Luftschutzkeller oder durch Hitzewände auf der Straße das Freie gewonnen werden soll.

Die Gasmaske, die tagsüber an einem trockeneren Ort aufbewahrt werden soll, gehört nachts ebenfalls in den Keller. Nicht, weil wir es mit Gasbomben zu tun hätten, sondern wegen des Brandqualms und des Kalkstaubes, dessen Menge und Dichte man schwerlich überschätzen kann, falls in der Nähe schwere Sprengbomben oder Luftminen explodieren.

Kerzen müssen im Keller sein, dazu Streichhölzer, und zwar an einer Stelle, die auch der aufgeregteste Mensch bei völliger Dunkelheit sofort findet. Nichts ist dem Entstehen einer Panik günstiger als das Fehlen von Licht. Im Luftschutzkeller soll es keine Glasfenster geben. Vielmehr werden die Fensterrahmen mit starkem Holz ausgefüllt. Fenster und Türen müssen solide sein und fest schließen, damit der Druckwelle einer Bombe die gröbste Gewalt genommen wird.

Der über den Erdboden hinausreichende Teil der Kellerwand soll verstärkt sein, am einfachsten und besten durch Anschütten eines Erdwalles von mindestens einem Meter Stärke.

Der Angriff

Das Luftschutzgepäck muß so verstaut und aufgestellt sein, daß es mit einem Griff in den Keller getragen werden kann. Es umfaßt die wirklich notwendigen Sachen, unter ihnen vor allem die Kleinigkeiten, die gern vergessen werden: Zahnbürste, Haarklammern, Rasierapparat, ferner Eßgeschirr und Eßbesteck – neben den gewichtigeren Dingen, die vom Sparbuch bis zu den Lebensmittelmarken reichen.

Trinkwasser und Mundvorräte müssen mit in den Keller genommen werden. Sie können das Leben retten, wenn die Freilegung eines verschütteten Kellers längere Zeit in Anspruch nimmt.

Die Luftschutzkleidung der Frau soll möglichst wenig kunstseidenen und baumwollenen Stoff enthalten, weil diese Stoffarten leicht entzündlich sind und intensiv brennen. Schuhe mit Leder- oder Holzsohlen sind anderweitig besohltem Schuhwerk vorzuziehen. Ferner gehören zur Luftschutzausrüstung möglichst schwere Lederhandschuhe und – Hinweis für Motorradfahrer – Mäntel und Westen aus Leder: Brillen mit seitlichem Schutz, nach Art der Fahrerbrillen, der Schnee- oder

Schweißerbrillen, gehören ebenfalls zur Ausrüstung, da Phosphorspritzer auf die Augen fast immer zur Erblindung führen.
Frauen sollen sich ein Kopftuch umbinden, das gegebenenfalls angefeuchtet werden kann. Phosphorspritzer im Haar sind äußerst gefährlich.
Wichtig ist, die Blase zu entleeren. Der Volksmund kennt längst den Zusammenhang zwischen Angst und Aufregung einerseits und der Überfüllung der Blase andererseits, die bei einer plötzlichen Druckwelle leicht zu Blasenrissen führen kann.
Gehören die Männer in den Luftschutzkeller? Ihre Aufgabe ist nicht, vor allem sich selber zu schützen, sondern Unheil von der Gemeinschaft abzuwenden. Einsicht und Verantwortungsgefühl werden sie daran hindern, als billige Selbstmordkandidaten ihre Neugier zu befriedigen, aber sie dennoch veranlassen, notfalls unter größter persönlicher Gefahr die ihnen anvertrauten Menschen und Güter zu schützen.

Es brennt

Man muß sich merken, was es im Falle eines schweren Angriffs nicht gibt: Feuerwehr, polizeiliche Hilfe und Wasser in den Leitungen. Was es um so mehr geben muß, ist Mut und Fähigkeit zur Selbsthilfe. Es ist ein Glück, wenn diese Selbsthilfe in ihrer organisierten Form, der Selbstschutzgemeinschaft und den Einsatztrupps, eingreifen kann. Bei weniger Glück aber, wenn etwa eine ganze Häuserreihe von Bomben getroffen ist, können sich solche Gemeinschaften nicht mehr zusammenfinden: dann ist jeder auf sich selbst und seinen Nächsten angewiesen.
Es gibt keinen Brand, der von vornherein unlöschbar wäre: es gibt keinen verschütteten Keller, den freizulegen man für hoffnungslos halten darf. Deshalb ist die Bekämpfung des Brandes erste Pflicht, nicht dagegen der Versuch, Möbel und Teppiche vor der für unbezwingbar gehaltenen Gewalt des Feuers zu bergen.
Zur Bekämpfung des Feuers gehört – neben Sand, Wasser und den anderen bekannten Hilfsmitteln – Mut, vor allem Mut. Es kostet gewiß Überwindung, entschlossen auf Brandbomben loszugehen – aber nur das erste Mal: Wer einmal erlebt hat, was Entschlossenheit und schnelles Eingreifen vermögen, weiß, daß für den Mut nicht nur moralische, sondern auch Gründe der Zweckmäßigkeit sprechen. Man soll sich nicht einschüchtern lassen. Brandbomben pflegen auf ihre Weise pomphaft aufzutreten. Die Stabbrandbombe hält es mit Geräusch und weißlichem Feuerwerk, die Phosphorbombe mit Spritzern, mit Qualm und mit überwältigenden Anfangserscheinungen: beide erzeugen den Eindruck eines viel gefährlicheren Brandes, als sie ihn in Wirklichkeit hervorrufen. Wer sich vom ersten Eindruck einschüchtern läßt, hat von vornherein verloren: wenn es überhaupt eine gute Verteidigung gibt, so ist es der sofortige Angriff.
Wer aus Angst nicht zu löschen sucht, sondern Einrichtungsgegenstände nach draußen schleppt oder aus dem Fenster wirft, gefährdet die Nachbarschaft, denn er baut auf diese Weise Feuerbrücken. Nur zu leicht geraten diese Dinge durch Funkenflug oder unentdeckte Phosphorspritzer in Brand und schaffen dem Feuer einen Weg zu benachbarten Häusern. Das Haus des Nachbarn zu erhalten, ist aber wichtiger als die Rettung des eigenen Sofas.
Man soll niemals alle zur Brandstellenbekämpfung einsetzen. Einer muß mindestens dabei sein, der Hilfe herbeirufen oder selber helfen kann, wenn der andere verletzt, ohnmächtig geworden oder auf irgendeine andere Weise bewegungsunfähig geworden ist.
Phosphor darf nie mit der Feuerpatsche bekämpft werden: dies Gerät, so wertvoll es gegen Funkenflug ist, würde beim Zuschlagen und Ausholen den Phosphor nach allen Seiten verspritzen.
Besteht die Gefahr, daß ein brennendes Haus über dem Luftschutzkeller zusammenstürzt, so muß der Schutzraum verlassen werden. Die Ausgänge können verschüt-

Links: Ein überlegt und vorschriftsmäßig eingerichteter Luftschutzkeller kann zwar fast anheimelnd wirken, jedoch bietet er bei dem sich steigernden Ausmaß der Bombenangriffe keine allzu große Sicherheit

Oben rechts: Der Griff in die »Zielkartei« bedeutet für die jeweilige Stadt und ihre Einwohner Tod und Verderben. Nach diesen Unterlagen wird minuziös die gesamte Operation festgelegt

tet werden, und die auf der Kellerdecke lagernde Glutmasse kann die Temperatur im Schutzraum auf tödlich wirkende Hitzegrade ansteigen lassen. Für diesen Fall muß man sich mit wassergetränkten Decken und Mänteln behängen, auch nasse Tücher vor Mund und Nase halten, möglicherweise muß ja ein brennendes Vorderhaus oder ein brennender Straßenzug durchquert werden. Wer für sich selbst nichts mehr zu retten hat, soll anderen helfen, soweit er kann.

Das Wichtigste
Es kann nicht eindringlich genug gesagt werden: Diese Regeln wiederholen wir nicht, weil es üblich ist, bestimmte Richtlinien über das Verhalten der Bevölkerung im Kriege wieder und wieder zu veröffentlichen. Nein, wir wiederholen und unterstreichen sie, weil es um unser und unserer Nächsten Leben geht. Machen wir Schluß mit der Leichtfertigkeit, hören wir auf mit der Selbstbeschwichtigung, daß aus irgendwelchen Gründen gerade unsere Stadt als Angriffsziel nicht in Frage komme, daß häufiger Nebel unsere Stadt der Fliegersicht entzöge, daß unsere Stadt doch nicht mehr im Bereich der feindlichen Bombenflugzeuge läge – die Quittung für solche Torheiten kann unter Umständen in Feuer und Tod bestehen, diese Nacht oder die nächste Nacht.

Das Reich, Juli 1943

Sonntag, 25. Juli 1943, London
Das *Hauptquartier der 8. US-Luftflotte* gibt bekannt:
Gestern führten tagsüber große Verbände schwerer Bomber der 8. USAAF Angriffe gegen Industrieanlagen in Norwegen durch. Fliegende Festungen bombardierten erfolgreich die Aluminiumwerke auf Herüya und die U-Boot-Werften in Trontheim. Die Luftabwehr war relativ schwach. 17 feindliche Jagdflugzeuge konnten abgeschossen werden, eine B-17 Fortress wird vermißt. Es war das erstemal, daß US-Bomber gegen Ziele in Norwegen eingesetzt wurden.

25. Juli 1943, Stockholm
Der *schwedische Armeestab* teilt mit:
Eine viermotorige B-24 Liberator mußte gestern nachmittag in Wärmland (Westschweden), etwa 20 Kilometer von der norwegischen Grenze entfernt, notlanden.

Der große Angriff auf Hamburg

Aus dem Tagebuch von Reichsminister Dr. J. Goebbels,
Montag, 26. Juli 1943:
In der Nacht hat ein außerordentlich schwerer Angriff auf Hamburg stattgefunden. Er ist von den verheerendsten Folgen sowohl für die Zivilbevölkerung als auch für die Hamburger Rüstungsproduktion. Mit diesem Angriff

werden die Illusionen, die sich viele bezüglich des weiteren Fortgangs der Luftoperationen des Feindes gemacht hatten, endgültig zerblasen. Leider haben wir nur außerordentlich wenig Abschüsse zu verzeichnen, im ganzen 12. Das reicht natürlich bei einer Zahl von etwa 500 angreifenden Flugzeugen in keiner Weise aus. Unglücklicherweise hat Generaloberst Weise gerade zwei Tage vorher die schwere Flak von Hamburg weggenommen, um sie nach Italien abzugeben. Das fehlte auch gerade noch.

26. Juli 1943, London
Das *Hauptquartier der RAF* gibt bekannt:
In der vergangenen Nacht hat die RAF größere Angriffe gegen Deutschland durchgeführt. Mosquito-Schnellbomber griffen Köln an, während Hamburg bereits zum drittenmal innerhalb von 48 Stunden bombardiert wurde.

Mittwoch, 28. Juli 1943, London
Die *Agentur Reuter* berichtet:
Die derzeitige Serie von Luftangriffen auf Hamburg wird hier in London als die schwerste bezeichnet, die je eine Stadt erlebt hat. Seit Samstag wird Hamburg Tag und Nacht ununterbrochen angegriffen. In diesen vier Tagen gingen weit über 5000 Tonnen Bomben auf Hamburg nieder. Im Vergleich dazu hat die deutsche Luftwaffe während des Höhepunktes ihrer Angriffe gegen Großbritannien im Jahre 1940 in den Monaten September, Oktober und November gesamt 5800 Tonnen Bomben abgeworfen, also annähernd dieselbe Menge, die in vier Tagen allein auf Hamburg fiel.

Aus dem Tagebuch von Reichsminister Dr. J. Goebbels,
Donnerstag, 29. Juli 1943:
In der Nacht hat der bisher schwerste Luftangriff auf Hamburg stattgefunden. Die Engländer sind mit 800 bis 1000 Bombenflugzeugen über der Stadt erschienen. Unsere Luftverteidigung erzielte nur wenige Abschüsse, so daß man hier von einer nennenswerten Einbuße des An-

greifers nicht sprechen kann. Kaufmann gibt mir einen ersten Bericht über die Wirkungen des britischen Luftangriffs. Er spricht von einer Katastrophe von vorläufig unvorstellbaren Ausmaßen. Wir haben hier die Zerstörung einer Millionenstadt festzustellen, die bisher in der Geschichte wohl kein Beispiel findet. Es tauchen damit Probleme auf, die fast nicht zu bewältigen sind.

Freitag, 30. Juli 1943
Das *Hauptquartier der RAF* gibt bekannt:
Britische Mosquito-Schnellbomber griffen in der Nacht vom Mittwoch auf den Donnerstag wiederholt Ziele in Hamburg an. In der Stadt wüteten immer noch große Brände, die nach dem schweren Angriff in der vorhergehenden Nacht noch nicht gelöscht worden waren. Weder die verstärkte deutsche Bodenabwehr noch zahlreiche Jäger konnten die Durchführung unseres Angriffs stören. Wenigstens 3 feindliche Flugzeuge wurden von unseren Bombern abgeschossen.

Streng geheime und persönliche Botschaft von *Premier Stalin* an den Premierminister Churchill:
Ihre Botschaft, die mich über die erfolgreiche Bombardierung Hamburgs informiert, habe ich erhalten. Ich beglückwünsche die britischen Luftstreitkräfte und begrüße Ihre Absicht, die Bombenangriffe auf Deutschland zu verstärken. *30. Juli 1943*

30. Juli 1943, Berlin
Das *DNB* meldet:
In der vergangenen Nacht warf der Feind erneut eine große Zahl von Spreng- und Brandbomben auf die Stadt Hamburg ab, wodurch weitere schwere Verwüstungen verursacht wurden. Die Verluste der Bevölkerung sind schwer. Nach bisherigen Meldungen schoß die deutsche Luftverteidigung bei diesen Angriffen mindestens 43 feindliche Bomber ab.

30. Juli 1943
Das *Hauptquartier der RAF* teilt ergänzend mit:
In der vergangenen Nacht wurde Hamburg zum siebten Mal innerhalb von sechs Tagen schwer bombardiert. In 120 Stunden sind nunmehr 9000 Tonnen Bomben über Hamburg abgeworfen worden. Es waren nahezu 1000 schwere britische Flugzeuge an dem Großangriff beteiligt, der unter der Führung von Luftmarschall Sir Arthur Harris, dem Chef des Bomberkommandos, stand. Die Maschinen flogen in 5 Wellen an und warfen in knapp einer Stunde über 2000 Tonnen Bomben auf die Stadt und ihre Industrieanlagen. Die deutsche Luftwaffe unternahm alle erdenklichen Anstrengungen, um Hamburg zu schützen, und hatte mehr Nachtjäger, Flak und Scheinwerfer eingesetzt als je zuvor. Über die Wirkung des Angriffs heißt es, daß die Zahl der Brände und Explosionen nicht mehr abzuschätzen ist und man glaubt, Hamburg sei für die Kriegsproduktion nunmehr ausgeschaltet. Flieger berichten, die Stadt mache den Eindruck, als hätte sie ein Erdbeben heimgesucht.

Sonntag, 1. August 1943, Stockholm
Die Presse enthält Augenzeugenberichte, die darin übereinstimmen, daß Hamburg als Stadt zu existieren aufgehört hat. »Dantes Hölle kann sich nicht mit diesem Inferno messen«, erklärte der Kapitän eines im Hamburger Hafen versenkten schwedischen Dampfers.

Bomben auf das rumänische Ölzentrum

Montag, 2. August 1943, Kairo
Das *US-Luftwaffenkommando in Ägypten* gibt bekannt:
Ein Verband von mehr als 175 B-24-Liberator-Bombern führte gestern bei Tage vom Mittleren Osten aus einen schweren Angriff auf die rumänischen Ölfelder bei Ploesti durch. Die Bomber flogen Ploesti in großer Höhe an, stießen dann in Formation bis auf etwa 140 Meter auf das Ziel hinab und ließen ihre gesamte Bombenlast von nahezu 300 Tonnen als »Bombenteppich« innerhalb von einer Minute auf die ausgedehnten Produktionsanlagen fallen. Neben schweren Sprengbomben wurden Zeitzünder- und Brandbomben abgeworfen. Danach gingen die Bomber bis auf 20 Meter Höhe und nahmen die Anlagen unter Bordwaffenbeschuß. Nach den ersten Berichten wurde besonders an den sieben großen Raffinerien schwerer Schaden angerichtet. Die Bomberverbände legten auf ihrem Hin- und Rückflug von den Stützpunkten im Mittleren Osten aus nahezu 4000 Kilometer zurück. Es handelte sich nicht nur um den längsten Flug zu einem Zielgebiet, sondern auch um den ersten Massenangriff schwerer viermotoriger Bomber im Tiefflug seit Beginn des Krieges.
Wie dazu von kompetenter Seite mitgeteilt wird, mußten sich die rund 2000 Mann der Liberator-Besatzungen zuvor einem intensiven, streng geheimen Spezialtraining unterziehen, und die Vorbereitungen zu dem Angriff dauerten mehrere Wochen. Dabei arbeiteten die US-Luftstreitkräfte mit einer Reihe von Ölspezialisten minuziös einen genauen Operationsplan aus. Die Taktik des Tiefangriffs wurde von den Besatzungen der Liberator-Bomber in wochenlangen Angriffen auf italienische Stützpunkte genau geprobt, indem die Flugzeuge mit einer Geschwindigkeit von über 350 km/h dicht über den Baumspitzen ihre Ziele anflogen. Aufgrund der Erfahrungen, die bei diesen Tiefangriffen gesammelt wurden, baute man für den Angriff auf Ploesti in jede Maschine ein Spezialgerät für Bombenabwurf aus niedriger Höhe ein. Ein Modell von Ploesti mit seinen Raffinerien und Bahnlinien war in der Libyschen Wüste in natürlicher

Mädchen von der WAAF, dem weiblichen Hilfskorps der RAF, begrüßen stürmisch die von einem Angriff auf Hamburg zurückkehrende Besatzung eines Lancaster-Bombers

Größe aufgebaut worden, um den Besatzungen der Bomber als Übungsobjekt zu dienen. Tagelang flogen sie über diese Modellstadt in Höhe der Hausdächer und warfen Bombenattrappen ab. Der Luftangriff auf Ploesti erwies sich dennoch als schwierig, weil die Deutschen diese für sie lebenswichtigen Anlagen durch zahlreiche Flakbatterien gesichert hatten. Die derzeitige Ölförderung in Ploesti betrug ungefähr 3,5 Millionen Tonnen jährlich, von denen mindestens zwei Drittel nach Deutschland und Italien geliefert wurden. Ploesti war bereits dreimal angegriffen worden: einmal von einigen Liberators und zweimal von einzeln fliegenden sowjetischen Bombern. Die größten Schäden erlitten die Raffinerien einer amerikanischen Gesellschaft. Nach den letzten Berichten wurden mindestens 51 feindliche Jäger abgeschossen. 20 US-Bomber gingen direkt über Ploesti verloren. Eine Anzahl weiterer Bomber ist noch nicht zurückgekehrt.

Neuer Angriff auf Hamburg

Dienstag, 3. August 1943, London
Das *Kriegsministerium* gibt bekannt:
Bomber der alliierten Luftstreitkräfte griffen in der vergangenen Nacht mit starken Kräften erneut die Stadt Hamburg und weitere Ziele in Nordwestdeutschland an. 30 Bomber sind nicht zurückgekehrt.

Warnung an die Industriestädte

3. August 1943, London:
Radio BBC sendet am Montag abend eine an die Bevölkerung der von den Deutschen besetzten europäischen Industriestädte gerichtete Warnung, in der es heißt, daß künftig kein Industriewerk Europas, das für Deutschland arbeite, außer Reichweite der an Stärke zunehmenden alliierten Luftstreitkräfte liegen werde.

Zum Luftangriff auf Ploesti

3. August 1943, Bukarest
Die *Agentur Rador* meldet:
Am 1. August, zwischen 13 und 16 Uhr, griffen Verbände von insgesamt etwa 125 amerikanischen viermotorigen Bombern unser Erdölgebiet an. Die heftige Abwehr der rumänischen und deutschen Streitkräfte ließ nur einen Teil der Angreifer über das Ziel gelangen. 147 Personen wurden verwundet und 116 getötet. 63 Tote und 60 Verwundete gehörten zu den Insassen des Gefängnisses von Ploesti, auf dessen Dach ein brennender amerikanischer Bomber gestürzt war. Soweit man bisher feststellen konnte, wurden 56 Maschinen abgeschossen und sechs amerikanische Flieger gefangengenommen. Königinmutter Helene besuchte am Morgen des 2. August das Erdölgebiet; unmittelbar nach dem Luftangriff war auch Marschall Antonescu in Begleitung von Regierungsmitgliedern dort eingetroffen.

3. August 1943, Konstantinopel
Associated Press berichtet:
Von 8 Liberator-Maschinen, die am Sonntag nach dem

Angriff auf Ploesti auf türkischem Territorium notlanden mußten, haben 3 durch feindliche Jäger und Flak schwere Beschädigungen erlitten. Nach den Aussagen der Flieger war die Luftabwehr sehr stark. Die Besatzungen werden bis zur endgültigen Entscheidung über ihr Schicksal in Smyrna interniert.

3. August 1943
Das *Oberkommando der Wehrmacht* gibt bekannt:
Bei Angriffen gegen Westdeutschland, die besetzten Westgebiete und die norwegische Küste bombardierten die Briten in der Dienstagnacht erneut das Stadtgebiet von Hamburg und die weitere Umgebung. Wieder entstanden Verluste unter der Bevölkerung und erhebliche Zerstörungen.

Nach dem Angriff auf Ploesti

3. August 1943, Berlin
Das *DNB* teilt mit:
Der am 2. August gemeldete feindliche Luftangriff auf das rumänische Erdölgebiet erweist sich mehr und mehr als ein schwerer Mißerfolg. Die Verluste des Feindes haben sich bisher auf 52 Flugzeuge erhöht. 15 feindliche Bomber sind nach Auslandsmeldungen auf neutralem Gebiet notgelandet. Damit ist nach unseren Feststellungen über die Hälfte des gestarteten Verbandes nicht zurückgekehrt.

Mittwoch, 4. August 1943, Sofia:
Radio Sofia berichtet:
Beim Rückflug von Ploesti mußten 7 schwere US-Bomber, die über rumänischem Gebiet beschädigt wurden, an verschiedenen Stellen in Bulgarien notlanden. Die Besatzungen wurden gefangengenommen.

Vor einer Angriffsserie auf Berlin

4. August 1943, London
Die *Agentur Reuter* meldet:
Nach Ansicht von Sachverständigen stehen nach den Luftangriffen auf Hamburg noch weitere ähnliche Operationen bevor, die sich mit größter Wahrscheinlichkeit gegen Berlin richten werden. Man weist darauf hin, daß bereits auf zahlreichen neuen Flugplätzen, die ausschließlich von schweren viermotorigen Bombern der RAF benutzt werden, umfangreiche Vorbereitungen im Gange sind. Bei voraussichtlichen Angriffen auf Berlin wird es sich in erster Linie um Nachtoperationen der RAF handeln. Der Zeitpunkt wird sich vor allem nach den länger werdenden Nächten richten, was wöchentlich eine halbe Stunde ausmacht. Dies bedeutet für die schweren Bomber, daß sie jede Woche 80 Kilometer tiefer nach Deutschland einfliegen können.
Da Berlin nur 200 Kilometer weiter entfernt ist als Hamburg, wird die RAF in zwei bis drei Wochen in der Lage sein, Berlin genauso zu erreichen. Die Amerikaner dürften in einigen Wochen ebenfalls mit Tagesangriffen auf Berlin beginnen. Dabei ist zu erwähnen, daß die 8. USAAF am Tage bereits die Strecke nach Warnemünde zurückgelegt hat, die der Entfernung nach Berlin entspricht.

Sonntag, 15. August 1943
Das *Hauptquartier von General McArthur* gibt bekannt:
Ein großer Verband von Liberator-Bombern unternahm gestern einen Angriff gegen das von den Japanern besetzte Ölzentrum von Balik Papan auf der Insel Borneo. Der Flug ging über eine Strecke von mehr als 4000 Kilometern. Etwa eine Stunde lang warfen die Flugzeuge ihre Bomben über dem Zielgebiet ab. Trotz reger Bodenabwehr und Einsatz mehrerer Nachtjäger gelang es, die Anlagen der Raffinerien schwer zu beschädigen.

Rechts: Eine der Fliegenden Festungen B-17 über Schweinfurt am 17. August 1943: »Rund 75 Prozent der Kugellagerindustrie vernichtet«, lautet der offizielle Bildtext, in Wirklichkeit waren es jedoch nicht ganz 34 Prozent (ehem. Rüstungsminister A. Speer)

Unten links: Consolidated B-24 Liberators üben in der Nähe von Bengasi an einem naturgetreuen Modell von Ploesti den Tiefflug-Bombenangriff auf Hitlers größte Ölquelle. Die Liberator ist der meistgebaute US-Bomber des Zweiten Weltkrieges

Notlandungen in der Schweiz

Dienstag, 17. August 1943, Bern:
Die *Neue Zürcher Zeitung* berichtet:
Um die Mittagsstunden des heutigen Tages sind zwei amerikanische »Fliegende Festungen« in der Schweiz notgelandet, und zwar die eine um 12.48 Uhr in Dübendorf, die andere um 14 Uhr in Utzensdorf (Bern). Die beiden Besatzungen von je 10 Mann sind anschließend interniert worden.

Mittwoch, 18. August 1943, London
Das *Luftfahrtministerium* teilt mit:
Die alliierten Luftstreitkräfte setzten gestern ihre ausgedehnten Tagesangriffe gegen feindliche Ziele in Frankreich, Holland, Belgien und in Deutschland fort. Ein starker Verband Fliegender Festungen bombardierte Industrieanlagen in Schweinfurt und die Messerschmitt-Werke in Regensburg. Diese Stadt ist auch das Verteilungszentrum für die rumänischen Erdöltransporte. Die Bomber stießen auf starke Flakabwehr und ungefähr 200 deutsche Jagdflugzeuge, von denen sie immer wieder angegriffen wurden. Die Operation spielte sich bei klarer Sicht erfolgreich ab. Von allen diesen Einsätzen kehrten 36 Fliegende Festungen, ein Mosquito-Schnellbomber und 5 Jagdflugzeuge nicht zurück.

18. August 1943, London
Das *Hauptquartier der RAF* gibt bekannt:
In der vergangenen Nacht unternahmen unsere Bomber bei klarem Mondschein einen massiven Angriff auf Peenemünde, etwa 100 Kilometer nordwestlich von Stettin. Es handelt sich hier um die größte und bedeutendste wissenschaftliche Versuchsanstalt Deutschlands. Unsere Flugzeuge stießen auf eine große Zahl feindlicher Nachtjäger, von denen mehrere abgeschossen wurden. Mosquito-Bomber griffen Ziele in Berlin an.

US-Bomber auf dem Rückflug

»Ich lehnte mich an den Sitz des Kopiloten und beobachtete unsere Formation. Es waren jetzt viel weniger Maschinen als beim Start, und die meisten trugen Beschußspuren von deutschen Jägern oder von der Flak. Einige Maschinen hinkten auf drei Motoren. Manche Bomber hatten Tote an Bord und Verwundete, die ihre Schmerzen mit Morphium-Spritzen und Tabletten zu lindern suchten. Alle Besatzungen waren durch den neunstündigen Flug in großer Höhe zermürbt. Wir bemühten uns, die zersprengten Formationen wieder zu schließen.
Das Überfliegen der holländischen Küste war ein psychologischer Wendepunkt, und die Besatzungen, deren Maschinen heil geblieben sind, konnten sich ein wenig entspannen. Einige holten ihre Thermosflaschen mit Kaffee hervor und packten ihre Sandwiches aus oder rauchten die verbotene Zigarette. Nur von den Bordschützen wurde erwartet, daß sie weiterhin wachsam blieben.
Die Navigationshilfsgeräte waren jetzt nicht mehr gestört, und zum erstenmal nach Hunderten von Kilometern konnte man wieder die Position zuverlässig feststellen. Das Identifikationssignal wurde angeschaltet, damit die RAF-Jäger und Radarstationen den herannahenden Verband als eigenen erkennen konnten.
Einige Maschinen hatten durch Schüsse in die Tanks Treibstoff verloren. »Eine B-17 sackt ab«, rief unser Schütze. Wir sahen einen Bomber auf das Meer niedergehen. Wenige Minuten später ging ein zweiter Bomber runter und kurz danach ein dritter. Die restlichen Maschinen unserer erschöpften und zerschlagenen Gruppe flogen weiter, alles Übergewicht über Bord werfend.
Sobald wir die britische Küste überquerten, bot sich uns das übliche Bild: Diejenigen Bomber, die sich kaum noch in der Luft halten konnten, brachen wie auf Kommando aus der Formation und steuerten einer nach dem anderen

»... wir sahen einen Bomber auf das Meer niedergehen. Wenige Minuten später ging ein zweiter Bomber runter und kurz danach ein dritter ...« Eine angeschossene B-17 verliert immer mehr an Höhe

auf den eine Meile landeinwärts liegenden Flugplatz zu. Der Kontrolloffizier im Tower war bestimmt am Rande der Verzweiflung. Er feuerte wie wild Leuchtkugeln in allen möglichen Farben ab. Er hätte sich jedoch dieses Feuerwerk sparen können, da die heimkehrenden Besatzungen nur einen Gedanken hatten, so schnell wie möglich die Erde zu erreichen. Der so gelichtete Verband fliegt weiter zum eigenen Stützpunkt. Unter den Staffeln gab es immer einen Wettstreit, welche Besatzung nach der Rückkehr von einem Angriff zuerst landen würde. Die Gewinner waren gewöhnlich die erfahrenen »alten Füchse«. Einige gerissene Piloten meldeten sich beim Kontrollturm zurück, noch weit von dem Flugplatz entfernt, um auf diese Weise einen besseren Platz in der Warteschlange zu ergattern.
Die Busse warteten schon, um uns in die Unterkünfte zu bringen. Nachdem wir Fallschirme, Fliegerkombinationen und Ausrüstungen abgegeben hatten, schleppten wir uns todmüde zum »Verhör«. Die Begrüßungszigarette in der Hand und heißen Tee mit Rum, so gab jede Besatzung einem Nachrichtenoffizier ihren Einsatzbericht.
Ich schaute auf den verstört wirkenden Piloten neben mir. Es war der sonst stets übermütige C., jetzt fast restlos erledigt. »Jemanden verloren?« fragte ich. – »Ich habe draußen einen toten Funker«, antwortete er, »und sie schossen mir meinen Bombenschützen und meinen Bordmechaniker zusammen. Mein Kopilot machte schlapp, er ist wirklich urlaubsreif.«

Stars and Stripes, August 1943

Tagesangriffe auf Schweinfurt und Regensburg

18. August 1943, London
Zu den gestrigen Tagesangriffen gibt das *Hauptquartier der 8. USAAF* weitere Einzelheiten bekannt:
Über Schweinfurt trafen die B-17 zwar auf starke Jagdabwehr, doch berichten die Besatzungen, daß sie gute Ergebnisse erzielt haben. Die von den ausgedehnten Bränden aufsteigenden Rauchwolken hätten sich weit über 36 Kilometer hingezogen.
Die Fliegenden Festungen mußten einen fast einstündigen harten Luftkampf führen, bevor sie zum Angriff auf Schweinfurt übergehen konnten. Immer wieder tauchten neue deutsche Jäger auf, die aus weiter Umgebung herangezogen wurden, und es kam zu der schwersten Luftschlacht, die US-Bomber bisher zu bestehen hatten. Es muß berücksichtigt werden, daß im Gegensatz zu allen anderen Kriegsindustriezweigen Deutschlands die Kugellagerfabriken nicht dezentralisiert worden sind.
Schweinfurt liefert bei weitem den größten prozentualen Anteil des Bedarfs an Kugellagern für alle möglichen Kriegsausrüstungen, so daß die Zerstörung dieser Werke zu ernsten Produktionsausfällen in der gesamten deutschen Rüstungsindustrie führen muß. Heute vormittag wurde von Aufklärern festgestellt, daß in der Stadt ausgedehnte Brände anhalten.
Die von einem anderen Großverband Fliegender Festungen angegriffenen Messerschmitt-Werke in Regensburg haben, wie heute unsere Aufklärer ermitteln konnten, ebenfalls bedeutenden Schaden erlitten. Ein Teil der B-17 flog nach Nordafrika weiter, während der restliche Verband nach England zurückkehrte. Mit großer Wahrscheinlichkeit kann man heute schon sagen, daß bei künftigen Angriffen auf Süddeutschland die in England gestarteten schweren Bomber statt nach England zurückzukehren nach Nordafrika weiterfliegen werden.

Teile von Feindflugzeugen sofort melden und abliefern

Reichsmarschall Göring erläßt folgenden Aufruf:
Volksgenossen! Die bedeutenden Abwehrerfolge bei den letzten stärkeren Tages- und Nachtluftangriffen des

Feindes brachten jedesmal den Abschuß einer großen Zahl feindlicher Bomber, die weit verstreut im Lande liegen und meist der Bevölkerung zugänglich sind. Wer Flugzeugteile, Apparate usw. findet, hat dies unverzüglich der nächsten Polizei- oder LS-Dienststelle mitzuteilen. Eigenmächtige Vereinbarung oder Einbehaltung der Gegenstände wird strengstens bestraft. Um Unglücksfälle zu vermeiden, sind aufgefundene Brüche überhaupt nicht zu berühren. Sie müssen uneingeschränkt den zuständigen Behörden überlassen bleiben. Die Brüche von abgeschossenen Feindflugzeugen, Reste feindlicher Abwurf-Munition, überhaupt alles nach Luftangriffen aufgefundene feindliche Material sind keine Objekte für Andenkensammler. *Hamburger Anzeiger, 8. 9. 1943*

Deutsche Bomben auf italienische Schiffe

Freitag, 10. September 1943, Berlin
Das *DNB* meldet:
Ein italienisches Schlachtschiff und ein Kreuzer wurden am Donnerstag von deutschen Kampfflugzeugen zwischen Sardinien und Korsika durch Bombenvolltreffer versenkt. Die Einheiten gehörten einem italienischen Kriegsschiffsverband an, der aus La Spezia geflüchtet war und auf Weisung des alliierten Oberkommandos den deutschen Schiffsverkehr zwischen Sardinien und Korsika zu unterbinden versuchte.

Mittwoch, 15. September 1943, Berlin
Das *DNB* meldet:
Der Führer hat dem Hauptsturmführer der Waffen-SS und des SD, Otto Skorzeny, der das Unternehmen zur Befreiung Mussolinis durchgeführt hat, das Ritterkreuz des Eisernen Kreuzes verliehen.

Aus dem Tagebuch von Reichsminister Dr. J. Goebbels, 15. September 1943:
Die sensationelle Betrachtungsweise der Befreiung des Duce hält auch weiter im feindlichen Ausland an. Diese Heldentat macht in der ganzen Welt allertiefsten Eindruck. Es gibt kaum eine militärische Handlung während des ganzen Krieges, die die Gemüter so tief bewegt und die Menschen so warm angesprochen hat. Wir können einen moralischen Sieg erster Klasse feiern.

7. September 1943, Malta: 3 alte Doppeldecker Gloster Gladiator I, die Jäger »Faith«, »Hope« und »Charity«, sollten im Juni 1940 ganz allein 18 Tage lang Malta gegen italienische Bomber verteidigen. Jetzt ehren Garnison und Einwohner das, was von der Maschine »Faith« übriggeblieben ist

Schwere Kämpfe auf Kos

Montag, 4. Oktober 1943, Berlin
Das *DNB* meldet:
Die nordwestlich von Rhodos gelegene und zum Dodekanes gehörende Insel Kos wurde vor einiger Zeit von britischen Truppen besetzt, wobei ihnen Badoglio-Truppen offenbar Vorschub geleistet haben. Die Insel war seither vor allem Stützpunkt für britische Luftstreitkräfte, die von dort aus ihre Angriffsflüge gegen Rhodos durchführten. In den gestrigen Vormittagsstunden wurde durch entschlossenes Zugreifen mehrerer deutscher Landungsgruppen, die sich mit Sturm- und Landungsbooten unbemerkt der Küste hatten nähern können, alle wichtigen militärischen Anlagen der Insel Kos in deutsche Hand gebracht. Der überraschte Gegner leistete nur an einigen Stellen stärkeren Widerstand, wobei er eine größere Zahl von Toten zurücklassen mußte. Über 200 britische Soldaten wurden gefangengenommen. Ein Teil der britischen Truppen floh in das schwer zugängliche Gebirge im Innern der Insel. An Beute wurden unter anderem 4 schwere britische Bombenflugzeuge eingebracht.

Sonntag, 10. Oktober 1943, London
Das *Luftfahrtministerium* gibt bekannt:
Starke Verbände von Flying-Fortress- und Liberator-Bombern drangen im Verlaufe des gestrigen Tages tief in deutsches Gebiet ein. Hauptziel des Angriffs waren: die Arado-Werke in Anklam nordwestlich von Stettin, die Teile der Focke-Wulf-190-Jäger herstellen; die Flugzeugmontagehallen in Marienburg in Ostpreußen, eines der größten Werke dieser Art in Deutschland; die U-Boot-Werften von Danzig; die Docks und Hafenanlagen von Gdingen in Polen. Die US-Bomber flogen ohne Jagdbegleitung und trafen auf starken Widerstand, so daß sich über den Zielgebieten heftige Kämpfe entwik-

kelten. Auch bei An- und Rückflug wurden die Bomber von Verbänden deutscher Jäger angegriffen.

Notlandungen in Schweden

10. Oktober 1943, Stockholm
Svenska Dagbladet berichtet:
5 ausländische Maschinen, 3 US-Fliegende Festungen und 2 deutsche Messerschmitt-Jäger, wurden gestern nachmittag in Südschweden zur Notlandung gezwungen. Die US-Bomber haben sich beim Hinflug, wie der schwedische Generalstab mitteilt, außerhalb der schwedischen Hoheitszone gehalten und sind südlich der Provinz Schonen in östlicher Richtung geflogen. Auf ihrem Rückweg wurden sie von deutschen Jagdflugzeugen angegriffen und bis auf schwedisches Gebiet verfolgt. Sowohl die Fliegenden Festungen als auch ihre Verfolger schienen die Orientierung verloren zu haben. 2 der US-Bomber wurden nach der Landung von ihren Besatzungen in Brand gesteckt, während die dritte unbeschädigt in die Hände des schwedischen Militärs fiel; auch die deutschen Flugzeuge sind unversehrt. Die insgesamt 32 Mann zählenden Besatzungen wurden interniert.

Landung einer Fliegenden Festung bei Basel

Donnerstag, 14. Oktober 1943, Basel:
Die *Neue Zürcher Zeitung* meldet:
Heute etwa um 15.10 Uhr landete zwischen Aesch und Ettingen eine Fliegende Festung. Die Flieger wußten nicht, daß sie sich auf Schweizer Boden befanden, und waren deshalb hocherfreut, als sie es erfuhren. Ihren Berichten kann man entnehmen, daß sie sich nach der Bombardierung einer deutschen Stadt auf dem Rückweg befanden und unterwegs starkem Beschuß von deutscher Flak und Jägern ausgesetzt waren. In der Tat weist der Rumpf ihrer Maschine einen mehr als kopfgroßen Einschlag eines Flakgeschosses auf. Man sieht auch kleinere Einschläge von Granatsplittern und MG-Garben. Die Motoren setzten auf dem Rückflug nach und nach aus, und die Flieger sahen sich zu einer Notlandung gezwungen. Zwei Mann der zehnköpfigen Besatzung sind offenbar noch über deutschem Gebiet mit dem Fallschirm abgesprungen, drei Mann sind durch deutsches Flak- oder MG-Feuer verletzt worden; sie mußten ins Bürgerspital nach Basel gebracht werden. Die fünf an der Landestelle verbliebenen Flieger saßen auf den Tragflächen, labten sich an Biskuits und Schokolade und rauchten dabei vergnügt und zufrieden ihre Pfeife oder Zigarette. Sie wurden im Laufe des Spätnachmittags in ein Internierungslager gebracht.

Freitag, 15. Oktober 1943, Berlin
Das *DNB* meldet:
Die Zahl der abgeschossenen feindlichen Flugzeuge bei den Einflügen in den südwestdeutschen Raum in den Nachmittagsstunden des gestrigen Tages hat sich inzwischen auf 90 erhöht.

Sonnabend, 16. Oktober 1943, London
Zu dem Luftangriff auf Schweinfurt gab der Befehlshaber der 8. US-Luftflotte in England, *General Anderson*, folgende Erklärung ab:
Wir haben mit schweren Verlusten gerechnet, und sie sind wirklich eingetreten. Aber der Schaden, den der Feind erlitten hat, ist viel größer. Sicht und Wetter über dem Zielgebiet waren ausgezeichnet, und die Bombenabwürfe konzentrierten sich auf die neuralgischen Industrieziele. Eine erste Schätzung ergibt, daß mindestens die Hälfte der Kugellagerwerke Schweinfurts zerstört sind. Dieser Angriff wird mit Sicherheit einen Produktionsrückgang an Panzern, Flugzeugen und Geschützen hervorrufen, auch der U-Boot-Bau ist davon betroffen.

Sonnabend, 23. Oktober 1943
Das *Hauptquartier der RAF* gibt bekannt:
Zahlreiche Geschwader der RAF griffen in der vergangenen Nacht die Henschel-Lokomotivwerke (die größten dieser Art in Europa) und die Fieseler-Werke (Hersteller der FW-190-Jäger) in Kassel an, während andere Verbände die Bahnanlagen der Stadt mit Bomben belegten. Die deutsche Luftwaffe unternahm alles, um den Angriff zu verhindern, konnte jedoch die Bombergeschwader nicht von der Stadt fernhalten. Die Sicht über Kassel war völlig klar, und die Bomber konnten ihre Ziele genau erkennen. Einer der Mosquito-Piloten berichtet: »Kassel war eine einzige brennende Fläche, aus der ständig heftige Explosionen ausbrachen. Den Rauch konnte man bis zu 5000 Meter Höhe spüren. Wir flogen zwar die Stadt immer wieder von anderen Seiten an, konnten aber nach dem Angriff keine Möglichkeit finden, durch die dichten Rauchwolken Luftaufnahmen zu machen. Durch den aufkommenden Wind breitete sich das Flammenmeer immer weiter aus. Jetzt dürfte kaum noch ein Unterschied zwischen dem Ausmaß der Zerstörungen von Hamburg und Kassel bestehen.«

Warnung der Alliierten

Donnerstag, 18. November 1943
Das *Hauptquartier der RAF* teilt mit:
Gestern haben wir über den Sender BBC zum erstenmal eine Aufzählung kriegswichtiger Objekte in Frankreich bekanntgegeben, die in nächster Zeit das Ziel konzen-

14. November 1943, bei Aesch (Schweiz): Die B-17 F, Nr. 230 831, wurde vor dem Angriff auf Schweinfurt von Jägern und Flak mehrfach getroffen. Die Besatzung entschied sich zur Notlandung

trierter Bombenangriffe unserer Luftstreitkräfte sein werden. In der Sendung, die mehrfach wiederholt wurde, hieß es, daß gewisse Industriezentren in Frankreich von großer Bedeutung für die deutsche Kriegführung sind, und daß es deshalb im Interesse der Abkürzung des Krieges unerläßlich sei, sie zu zerstören. Um jedoch das Leben französischer Arbeiter zu schonen und ihnen Gelegenheit zu geben, sich rechtzeitig in Sicherheit zu bringen, hat die RAF beschlossen, die ausgewählten Objekte mit Namen zu nennen, und damit das Risiko auf sich genommen, eine verstärkte Verteidigung der genannten Anlagen vorzufinden. Der Sprecher betonte, daß es sich bei dieser Vorankündigung keineswegs um eine »Variante des Nervenkrieges« handle. Die Franzosen würden sehr bald erkennen, daß dies bitterer Ernst sei. Sie sollten daher unverzüglich ihre Arbeitsplätze meiden und sich mit ihren Familien in eine weniger gefährliche Region begeben. Es sei natürlich nicht möglich, den genauen Termin der Angriffe bekanntzugeben.

Groß-Operationen der Royal Air Force

Freitag, 19. November 1943
Das *Hauptquartier der RAF* meldet:
In der vergangenen Nacht schickte das Bomberkommando die größte Zahl der bisher in einer einzigen Nacht eingesetzten schweren Bomber nach Deutschland, wobei zwei Verbände unabhängig voneinander operierten. Ein Angriff richtete sich gegen Ludwigshafen, der andere gegen Berlin, das unter einer dichten Wolkendecke lag, so daß die Schäden nicht genau beobachtet werden konnten. Ein Strom von mehreren hundert viermotorigen Maschinen erreichte die Reichshauptstadt entlang der Havel und trennte sich dann in Gruppen, die Siemensstadt, Neukölln, Mariendorf, Steglitz, Marienfelde und andere Vororte bombardierten. Zehntausende von Brand- sowie 2-Tonnen- und 4-Tonnen-Sprengbomben gingen in knapp 30 Minuten auf Berlin nieder. Der Widerschein riesiger Brände erleuchtete die Wolken und ließ erkennen, daß in den Industrievororten schwere Zerstörungen entstanden sein müssen.

Eine Wende in der Strategie des Luftkrieges

19. November 1943, London
Das *Luftfahrtministerium* gibt bekannt:
Bei den Angriffen gegen Berlin und Ludwigshafen sind mehr als 2500 Tonnen Bomben abgeworfen worden. Die Tatsache, daß zwei wichtige Ziele gleichzeitig angegriffen wurden, deutet auf eine neue Taktik unseres Bomberkommandos hin. Die deutsche Luftwaffe hat in letzter Zeit außerordentlich starke Verbände von Nachtjägern in den Gebieten konzentriert, die als vermutliche Ziele alliierter Operationen angesehen werden. Durch die Luftaufklärung kennt das Bomberkommando den Standort der deutschen Nachtjäger und versucht nun, dort zuzuschlagen, wo kein ausreichender Jagdschutz vorhanden ist. So hat z. B. die RAF ihre Verbände in der letzten Nacht gleichzeitig über den beiden etwa 500 Kilometer voneinander entfernt liegenden Städten eingesetzt, so daß es der deutschen Nachtjägerabwehr nicht möglich war, beide Ziele genügend zu schützen. Diese

neue Taktik erfordert natürlich, daß möglichst große Verbände derartige Operationen durchführen, denn die deutsche Luftwaffe ist trotz allem nicht zu unterschätzen. Sie wäre durchaus in der Lage, Doppelangriffe in beschränktem Umfang abzuwehren.

Schwerer Angriff auf Berlin

Dienstag, 23. November 1943, Berlin
Das *DNB* meldet:
Britische Bomber griffen bei völlig bedecktem Himmel und ohne Erdsicht in den gestrigen Abendstunden Berlin an. Durch diesen schweren Luftangriff entstanden in zahlreichen Stadtteilen, hauptsächlich in den Arbeitervierteln der Reichshauptstadt, schwere Schäden und Verluste. Außerdem liegen Meldungen vor über die Vernichtung unersetzlicher kunsthistorischer Werte und über die Beschädigung von Gebäuden diplomatischer Vertretungen einiger neutraler Staaten. Feuerwehrkommandos und Luftschutzorganisationen, unterstützt durch die Bevölkerung, begannen noch während des Angriffs mit den Lösch- und Aufräumungsarbeiten.

24. November 1943: Berlin, 8 Stunden nach dem dritten RAF-Großangriff: Ein Teil des Stadtzentrums brennt noch. 1 = Kurfürstendamm, 2 = Kaiser-Wilhelm-Gedächtnis-Kirche, am unteren Bildrand = Wilmersdorf

23. November 1943, London
Das *Hauptquartier der RAF* teilt mit:
Berlin wurde in knapp 45 Minuten mit mehr als 2000 Tonnen Spreng- und etwa 150 000 Brandbomben belegt. Die Besatzungen berichten, daß sich große Brände in der Stadt ausbreiteten, deren Feuerschein den Himmel glutrot erleuchtete. Immer wieder kam es zu gewaltigen Explosionen, die nicht allein auf die Sprengwirkung der Bomben zurückzuführen waren.

23. November 1943, Berlin
Das *DNB* meldet:
Auf der heutigen Auslandspressekonferenz nahm der Leiter der Presseabteilung des Auswärtigen Amtes zu dem Luftangriff auf Berlin in der vergangenen Nacht Stellung: Das wichtigste bei diesem Angriff, so betonte er, sei die Reaktion der Berliner Bevölkerung gewesen. Mit Stolz könne er feststellen, daß Berlin seinem Namen als Reichshauptstadt Ehre gemacht habe. In vorbildlicher Weise, oft unter Einsatz des Lebens, hätten die Berliner ihre Stadt verteidigt. Der Sprecher nannte einige Beispiele von Opferbereitschaft der Bevölkerung. Viel Leid habe es in dieser Nacht gegeben. Unzählig aber seien die Beweise der Kameradschaft und des unbedingten Einsatzwillens gewesen. Glaubten die Engländer, mit der Vernichtung von Wohn- und Kulturstätten die Moral der Bevölkerung zu untergraben, so hätten die Ereignisse dieser Nacht die Erkenntnis erhärtet, daß auch der Berliner ungebeugt aus diesen Prüfungen hervorgehe und der Glaube an den Endsieg unerschütterlich sei.

Mittwoch, 24. November 1943, London
Radio BBC berichtet:
Von zuständiger Stelle wird mitgeteilt, daß die Royal Air Force in der Nacht vom Dienstag zum Mittwoch wieder mit starken Kräften Berlin angegriffen habe. Einzelheiten stehen noch aus.

24. November 1943
Das *Hauptquartier der RAF* gibt bekannt:
Der Luftangriff auf Berlin in der Nacht zum Dienstag glich einem der schweren Großangriffe auf Hamburg im Sommer dieses Jahres. Rund 2400 Tonnen Spreng- und Brandbomben wurden auf die Reichshauptstadt abgeworfen. Das stark diesige Wetter erschwerte den Einsatz von Scheinwerferbatterien, so daß die Flak ungezielt schießen mußte. Bei dieser Operation wendete man eine neue Taktik an. Es wurden den Bombern eine große Anzahl »Pfadfinder«-Maschinen beigegeben, deren Aufgabe es war, bestimmte Stadtteile Berlins auszuleuchten, um dann jedem Geschwader durch bunte Leuchtbomben das Ziel zu markieren. Dafür ist auch ein neuer Typ von Leuchtbomben entwickelt worden, die trotz starker Wolkenbildung Berlin genügend aushellten, so daß z. B.

Die Mosquito-Störbomber »Ranger«, schwarzmatt bemalt, mit dem neuesten Radargerät ausgestattet, werden bald zu einer wahren Plage für die Berliner und die Einwohner anderer Großstädte Deutschlands

das ganze Regierungsviertel klar ausgemacht werden konnte. Insgesamt blieben die RAF-Geschwader 35 Minuten über der Reichshauptstadt. Etwa 20 Minuten nach dem ersten Bombenabwurf kam es zu einer gewaltigen Explosion, deren Wirkung bis zu 6500 Meter Höhe deutlich zu spüren war. Hunderte von Besatzungsmigliedern bestätigten am Mittwoch, daß sie bisher bei keinem Einsatz eine so schwere Detonation und Luftdruckwirkung in diesen Höhen wahrgenommen hätten. Nach Meinung von Fachleuten ist entweder ein Munitionsdepot oder ein riesiges Gaswerk in die Luft geflogen. Einer der Piloten berichtet: »Etwa 300 Kilometer vor Berlin setzte der Beschuß deutscher Flak ein, so daß wir insgesamt 600 Kilometer durch ein mehr oder weniger dichtes Sperrfeuer fliegen mußten, was unsere Nerven entsprechend belastete. Die auch von uns beobachtete Explosion war kaum vorstellbar. Plötzlich schoß ein grelles Licht auf, und der Horizont verfärbte sich rotglühend. Die bunten Leuchtbomben der ›Pfadfinder‹ gaben uns über Berlin die denkbar beste Orientierungshilfe. Wir hatten keinerlei Schwierigkeiten, mehr als 50 Zwei-Tonnen-Bomben über dem in Sektoren eingeteilten Stadtzentrum abzuwerfen. Nur eine einzige dieser Bomben schlug außerhalb des mit Leuchtbomben markierten Gebietes ein.«

24. November 1943, London
Das *Luftfahrtministerium* teilt mit:
Mosquito-Aufklärer stellten gestern am späten Abend fest, daß ein riesiges Flammenmeer noch Dutzende von Straßenzügen in den Vororten und im Regierungsviertel von Berlin einhüllt. Wegen der dichten Rauchwolken war es nicht möglich, genauere Beobachtungen vorzunehmen.

24. November 1943, London
Die *Daily Mail* berichtet:
Das Ende Berlins als Reichshauptstadt ist infolge des furchtbaren Bombenregens, der Montag nacht niederging, in den Bereich des Möglichen gerückt. Die RAF hat Mittel und Wege gefunden, um Ziele von der Größe Berlins dem Erdboden gleichzumachen. Der Angriff war bei weitem der schwerste, den diese Stadt je erlebt hatte.

Aus dem Tagebuch von Reichsminister Dr. J. Goebbels,
24. November 1943:
Schon am frühen Morgen beginnt die Arbeit. Schaub gibt mir gleich zu Beginn einen Lagebericht über die Situation in Berlin, der sehr traurig ist. Es ist unerfindlich, wie die Engländer bei einem Luftangriff in der Reichshauptstadt so viel zerstören können. Das Bild, das sich auf dem Wilhelmsplatz bietet, ist geradezu trostlos. Es brennt noch lodernd an allen Ecken und Enden. Das Propagandaministerium ist im großen und ganzen verschont geblieben ... Ich kann zwischendurch eine halbe Stunde schlafen. Dann aber ruft wieder die Arbeit. Es sind wie-

der große englische Verbände in sturem Kurs auf die Reichshauptstadt unterwegs ... Kurz nach dem Alarm beginnt dann auch der Angriff. Er wird diesmal mehr mit Spreng- als mit Brandbomben geführt. Es handelt sich wieder um einen Großangriff erster Klasse ... Dauernd prasseln Minen und Sprengbomben auf das Regierungsviertel hernieder. Eines nach dem anderen der wichtigsten Gebäude fangen an zu brennen. Als ich nach dem Angriff einen Blick über den Wilhelmsplatz werfe, hat sich der grausige Eindruck vom Abend vorher noch verstärkt. Ich gehe hinüber ins Propagandaministerium. Das Amt brennt an zwei Stellen, und zwar an der Seite des Wilhelmsplatzes.

Neuer Angriff auf Berlin

24. November 1943
Das *Hauptquartier der RAF* gibt bekannt:
Berlin war in der letzten Nacht erneut das Ziel eines Großangriffs der RAF. Diesmal konzentrierte er sich in erster Linie auf den westlichen Teil der Reichshauptstadt mit seinen drei großen Bahnanlagen: Westend, Bahnhof Zoo und Bahnhof Charlottenburg. Die Nacht war klar, und nur wenige Wolken erschwerten die Sicht, so daß die deutsche Luftabwehr unter viel günstigeren Bedingungen tätig sein konnte als in der Nacht zuvor. Aus einer Entfernung von 50 Kilometern konnten die Besatzungen die seit Montag nacht noch immer schwelenden Brände erkennen und schließlich über Berlin im Feuerschein die zerstörten Stadtteile und viele Einzelheiten beobachten: der Gesamtkomplex um die Wilhelmstraße, das Viertel rund um das Brandenburger Tor und die Tauentzienstraße, der Potsdamer Platz, die Anhalter Straße und viele andere Straßenzüge sind völlig vernichtet worden. In der Nacht zum Mittwoch hat der westliche Teil von Berlin schwerer gelitten als bei allen bisherigen Angriffen. Am Mittwoch nachmittag meldeten Mosquitos aus dem Luftraum über der Reichshauptstadt, daß weit über 200 Großbrände beobachtet worden sind.

24. November 1943, Berlin
Der Sprecher des *OKW* erklärte heute mittag vor ausländischen Pressevertretern zu dem Angriff auf Berlin: »Diese Terrorangriffe auf deutsche Städte haben ein derartiges Ausmaß angenommen, daß wir bedauern, zum Einsatz der Vergeltungswaffe gezwungen zu werden.« Der Sprecher äußerte sich auf Anfragen der Journalisten jedoch nicht näher über Art und Weise sowie Zeitpunkt der deutschen Vergeltungsmaßnahmen.

Aus dem Tagebuch von Reichsminister Dr. J. Goebbels,
Donnerstag, 25. November 1943:
Man lernt jetzt allmählich wieder, sich an einen primitiven Lebenszuschnitt zu gewöhnen. Morgens in der Göringstraße gibt es keine Heizung, kein Licht, kein Wasser. Man kann sich weder rasieren noch waschen. Mit der brennenden Kerze muß man den Bunker verlassen. Schon in aller Herrgottsfrühe stehe ich auf mit einem Brummschädel wie nie. Man wird ununterbrochen von Kopfschmerzen verfolgt. Aber was heißt das alles; man muß an die Arbeit. Ich fahre gleich ins Büro, um mich dort erst einmal zu waschen und zu rasieren ... Der Kaiserdamm brennt zum großen Teil noch; aber die Feuerwehr hofft, dieser Brände im Laufe der Nacht Herr zu werden. Über die Straßen huschen einzelne Menschengruppen, die einen geradezu gespensterhaften Eindruck machen. Das Herz dreht sich einem im Leibe herum, wenn man durch solche Gebiete fährt. Wie schön war einmal Berlin, und wie elend und heruntergekommen sieht es jetzt aus.

25. November 1943
Das *Hauptquartier der RAF* teilt mit:
Obwohl Berlin bereits schwerer bombardiert wurde als Hamburg, ist der Schaden dort verhältnismäßig geringer, da Berlins bebaute Fläche wesentlich größer ist. Um die Reichshauptstadt in dem Ausmaß wie Hamburg zu zerstören, würden etwa 50 000 bis 60 000 Tonnen Bomben nötig sein.

Aus dem Tagebuch von Reichsminister Dr. J. Goebbels,
Freitag, 26. November 1943:
Das Herz dreht sich einem im Leibe herum, wenn man hier feststellen muß, was den Luftangriffen alles zum Opfer gefallen ist ... Endlich habe ich jetzt den Führer soweit, daß wir wenigstens für Berlin zweierlei Luftalarm geben können, nämlich echten Luftalarm, wenn Bomberverbände im Anflug sind, und Luftwarnung, wenn es sich nur um einzelne Störflugzeuge handelt. Das ist notwendig, da ich nicht jeden Abend wegen zweier Mosquitos eine Viereinhalbmillionenstadt in die größte Unruhe werfen kann. Der Führer hat allerdings seine Erlaubnis zu einer solchen Unterscheidung zweier Luftalarmarten vorläufig nur für Berlin gegeben; aber ich hoffe, daß dies Verfahren dann auch bald auf andere Gaue übertragen werden kann. Auch sollen die Sender in Zukunft nicht mehr beim Einflug von Störflugzeugen abschalten.

Rechts: München, nach einem Angriff des RAF-Bomberkommandos auf die Altstadt: Links das brennende neue Rathaus; im Hintergrund der in Flammen gehüllte Turm des alten Rathauses und die Heiliggeistkirche. Die erstaunlich gute Farbaufnahme stammt von einem Turmbeobachter der Frauenkriche

Erneute Bombardierung Berlins

Sonnabend, 27. November 1943, Berlin
Das *DNB* meldet:
Die Briten unternahmen in den gestrigen Abendstunden wieder einen Terrorangriff auf die Reichshauptstadt. Sie wählten teils aus Wettergründen, teils zur Irreführung der deutschen Luftverteidigung einen Umweg über Südwestdeutschland. Die deutschen Nachtjäger bekämpften den Feind auf der langen Anflugroute und verwickelten ihn, besonders im Raum von Berlin, in schwere Luftkämpfe, wobei sie durch Flak unterstützt wurden. Schon bei Beginn dieses neuen Angriffs auf Berlin konnte nach bisherigen Meldungen der Absturz von 15 Bombern beobachtet werden. Weitere Abschußmeldungen laufen immer noch ein.

Aus dem Tagebuch von Reichsminister Dr. J. Goebbels,
27. November 1943:
Ich mache dann mit Naumann und Schaub eine Fahrt durch die Schadensgebiete. Wir machen auch bei einigen Verpflegungsstellen halt ... Der Jammer, der sich hier den Augen darbietet, ist unbeschreiblich. Das Herz krampft sich einem zusammen bei seinem Anblick. Aber trotzdem müssen wir die Zähne zusammenbeißen. Man hat manchmal den Eindruck, als wäre die moralische Haltung der Berliner Bevölkerung schon fast religiös. Frauen treten an mich heran und machen segnende Zeichen über mich und bitten Gott, daß er mich erhalten möge. Das alles hat etwas sehr Ergreifendes an sich ... Das Essen wird überall als ausgezeichnet gerühmt ... Mit kleinen Zeichen des Entgegenkommens kann man dieses Volk um den Finger wickeln. Ich kann es kaum glauben, daß diese Stadt im November 1918 eine Revolte gemacht hat. Das würde unter meiner Führung niemals passiert sein ... Wieder ist ein Großangriff auf die Reichshauptstadt fällig. Diesmal ist nicht das Zentrum so sehr an der Reihe wie die Vororte Wedding und Reinickendorf, und zwar in Reinickendorf in der Hauptsache die große Rüstungsindustrie ... Wieder zurück zum Bunker am Wilhelmsplatz. Die Lage hat sich insofern bedrohlich entwickelt, als Industriewerk über Industriewerk in Brand geworfen worden sind. Der Himmel über Berlin erhebt sich blutrot in einer schaurigen Schönheit. Ich kann das Bild schon gar nicht mehr sehen.

Das unterirdische Hauptquartier des RAF-Bomberkommandos in High Wycombe, etwa 50 km vor London: Darüber angelegte Golfplätze sorgen für perfekte Tarnung

27. November 1943, London
Radio BBC berichtet:
Bomber der Royal Air Force haben in der vergangenen Nacht erneut Berlin angegriffen.

27. November 1943, London
Lord Sherwood, Unterstaatssekretär im Luftfahrtministerium, erklärte zum Luftkrieg gegen Deutschland:
Berlin hat einst den ausdrücklichen Befehl erteilt, Warschau, Rotterdam und Belgrad dem Erdboden gleichzumachen. In seiner Begeisterung hat es sogar Dokumentarfilme drehen lassen, damit man auch diese Großtaten der deutschen Luftwaffe gebührend bewundern konnte. Dafür wird jetzt die Rechnung ausgeglichen und in gleicher Münze zurückgezahlt.
Die Krokodilstränen in den Augen so vieler Deutscher können keinerlei Mitleid erwecken. Die Schläge, die Deutschland nun zugefügt werden, sind nur die gerechte Strafe für die Verbrechen, die das Dritte Reich an kleinen Nationen, deren unverteidigten Städten und an den Minderheiten in vielen Staaten verübt hat. Es gibt nur ein Versprechen, das wir Deutschland geben können: Unsere Schläge werden an Wucht zunehmen, bis das Kriegspotential des Nazireiches gebrochen ist.

Aus dem Tagebuch von Reichsminister Dr. J. Goebbels,
Montag, 29. November 1943:
Ich fahre nach Reinickendorf und vor allem in den Wedding hinein. Am Gartenplatz nehme ich an einer öffentlichen Speisung teil. Die Arbeiter und Arbeiterinnen empfangen mich hier mit einem Enthusiasmus, der ebenso unglaublich wie unbeschreiblich ist. Das ist einmal der röteste Wedding gewesen, rund um die Ackerstraße. Ich hätte es selbst nie für möglich gehalten, daß sich hier eine solche Wandlung der Auffassung und der seelischen Verfassung hätte durchsetzen können.

Ich muß mit den Leuten essen, werde auf eine Kiste gehoben, um zu ihnen zu sprechen. Ich halte eine sehr heftige und burschikose Rede, die vor allem den Arbeitern in die Herzen hineingeht. Ich werde nur geduzt und mit dem Vornamen angerufen. Die Leute wollen mich über den Platz tragen, was ich nur mit Mühe verhindern kann. Frauen umarmen mich. Ich muß Unterschriften geben. Zigaretten werden verteilt; wir schmauchen gemeinsam einen Glimmstengel. Kurz und gut, es herrscht hier eine gute Laune wie auf einem Rummelplatz.
Die Zerstörungen sind natürlich enorm. Aber soweit sie das Publikum selbst betreffen, nimmt es sie mit gutem Humor auf ... In einer ausgedehnten Aussprache mit Dr. Ley überlege ich, wie wir die Arbeiter, die zum großen Teil noch nicht in die Betriebe zurückgekehrt sind, wieder dahin zurückführen können ... Tabak ist jetzt das bewährteste Genußmittel; für eine Zigarette macht der Berliner einen Kopfstand.

Freitag, 3. Dezember 1943, Berlin
Das *DNB* meldet:
In der vergangenen Nacht griffen starke deutsche Kampffliegerverbände den feindlichen Versorgungsstützpunkt Bari in Apulien an und verursachten durch Bombentreffer im Hafengebiet nachhaltige Zerstörungen. Nach bisher vorliegenden unvollständigen Meldungen wurden 2 Frachter versenkt. 2 andere, mit Treibstoff oder Munition beladene Schiffe explodierten nach Bombentreffern. Zahlreiche weitere Frachter erlitten erhebliche Beschädigungen.

Tausend Bomber über dem Rhein-Main-Gebiet

Dienstag, 21. Dezember 1943, London
Das *Hauptquartier der RAF* teilt mit:
Das Bomberkommando der RAF operierte in der Nacht zum Dienstag mit nahezu 1000 schweren Bombern über Frankfurt am Main, Mannheim, Ludwigshafen und einigen anderen Industriestädten Süddeutschlands. Auf Frankfurt, dem Hauptangriffsziel, gingen in knapp 40 Minuten 2200 Tonnen Spreng- und Brandbomben nieder. Die Geschwader fanden ihre Ziele, die die »Pfadfinder« mit Leuchtbomben abgesteckt hatten. Die Bodenabwehr und mehr als hundert Nachtjäger versuchten, die Bomber von Frankfurt abzudrängen, aber Wolkenbänke boten genügend Schutz, um ihnen auszuweichen. 20 Minuten nach Beginn des Angriffs flog vermutlich das Hauptgaswerk von Frankfurt in die Luft. Die Detonation war deutlich bis zu 6000 Meter Höhe zu spüren. Eine Staffel unterlief den Geschoßhagel der Flak und flog über dem Hauptbahnhof von Frankfurt in 300 Meter Höhe: sie raste die Kaiserstraße entlang, die wenige Minuten später ein einziges Flammenmeer bildete.

20. Dezember 1943, Pas de Calais: Leichte Bomber Douglas DB-7 Boston der 9. USAAF greifen im Bau befindliche Abschußrampen für fliegende Bomben Fi 103 (V 1) an. Von den insgesamt 7385 produzierten Boston-Bombern erhält die Sowjetunion 3000 Stück

Tagesoperationen über Nordfrankreich

21. Dezember 1943, London
Das *Hauptquartier der 8. US-Luftflotte* gibt bekannt:
Am Nachmittag setzten die alliierten Luftstreitkräfte wieder mit insgesamt mehreren hundert Flugzeugen ihre Luftoffensive gegen Nordfrankreich und die Niederlande fort. Eine große Gruppe US-Marauder-Bomber, die von Jägern eskortiert wurde, unternahm einen ihrer erfolgreichsten Angriffe gegen ein nicht näher bezeichnetes militärisches Ziel. Alle Bomber kehrten zu ihren Stützpunkten zurück. Später starteten britische Mitchell- und Boston-Bomber zu weiteren Angriffen nach Nordfrankreich, die ebenfalls ohne eigene Verluste durchgeführt wurden. Eine starke Gruppe von Typhoon- und Hurricane-Schnellbombern griff wichtige militärische Ziele im Pas de Calais an.

Mittwoch, 22. Dezember 1943, London
Das *Luftfahrtministerium* teilt mit:
Mehrere hundert amerikanische und britische mittelschwere Bomber und Jagdflugzeuge überflogen am Dienstag die englische Südostküste und bombardierten in ständigem Wechsel militärische Ziele in Nordfrankreich. Die Hauptangriffe konzentrierten sich wiederum auf das Gebiet des Pas de Calais, das schon am Vortag schweren Bombardements unterzogen worden war. Wie die Piloten berichten, war die deutsche Bodenabwehr im allgemeinen schwach, und es stiegen auch verhältnismäßig wenig deutsche Jagdflugzeuge auf. Bei erfolgreichen Zielangriffen wurde eine sehr große Bombenlast über dem feindlichen Gebiet abgeworfen.

Donnerstag, 23. Dezember 1943, London
Die *Agentur Reuter* berichtet:
Ziemlich unvermittelt ist die englische Öffentlichkeit vor die Schlagworte »Geheimwaffe« und »Raketengeschoß« gestellt worden. Gerüchte über die Existenz solcher geheimen Waffen des Kriegsgegners waren seit langem im Umlauf, und über die deutschen Drohungen mit einer bevorstehenden Vergeltung wurde in jedem einzelnen Fall berichtet.
Die Erörterung dieses Themas in der Presse wurde aber stark abgedrosselt, und zeitweilig machten die Karikaturisten und Humoristen die Gerüchte zum Gegenstand ihres Spottes. Am Mittwoch scheint nun aber zum erstenmal den technischen Sachverständigen in der Presse der Weg zur Veröffentlichung ihrer eigenen Meinung zu dem Thema der Geheimwaffe freigegeben worden zu sein. »Daily Mail«, »News Chronicle«, »Daily Herald« und andere Blätter brachten Artikel unter auffallenden Schlagzeilen, wie »Tagesangriff auf die Raketenküste« oder »Raketengeschütze können das Ziel des großen Tagesangriffs gewesen sein« oder »Die RAF greift die Geheimwaffenküste an«.

23. Dezember 1943, London
BBC meldet:
Die Luftstreitkräfte der Alliierten setzten am Mittwoch ihre Tagesangriffe mit starken Kräften fort. Von der englischen Südostküste wird gemeldet, daß den ganzen Tag über alliierte Jagd- und Bomberstaffeln die Straße von Dover überflogen und wahrscheinlich militärische Anlagen im Pas de Calais angriffen. Man hält es für möglich, daß unter den angegriffenen Zielen sich auch die Montageplätze der deutschen »geheimen Waffe«, der Raketenabschußbasen, befanden, deren Vorhandensein seit einiger Zeit gemeldet wird.

Freitag, 24. Dezember 1943, London
Die *Agentur Reuter* teilt mit:
Die RAF und die US-Luftstreitkräfte setzten gestern verstärkt ihre Tagesangriffe gegen die nordfranzösischen Küstengebiete fort. Es besteht Grund zu der Annahme, daß bei diesen Aktionen wieder die Montageplätze der deutschen Raketenstellungen im Pas de Calais mit Bomben belegt wurden.

Sonnabend, 25. Dezember 1943, Berlin
Das *DNB* meldet:
Wie man erfährt, verwendeten die britischen Flieger bei ihren Angriffen auf Wohnbezirke des Reichsgebietes in den Morgenstunden des 24. Dezember eine große Anzahl von Langzeitzündern. Diese waren so eingestellt, daß sie am Heiligen Abend explodieren sollten. Durch den Einsatz von Feuerwerkern und durch andere Maßnahmen konnte dieser Absicht begegnet werden.

Sonntag, 26. Dezember 1943, London
Das *Hauptquartier der RAF* gibt bekannt:
Die Luftoffensive gegen die mysteriösen Ziele im Gebiet des Pas de Calais erreichte am Freitag ihren Höhepunkt. Das Hauptquartier der 8. USAAF teilte mit, daß mehr als 1300 Flugzeuge der 8. US-Luftflotte »besondere militärische Anlagen« in diesem Teil der Ostküste des Är-

Schwere Avro-Lancaster-Bomber der RAF über dem brennenden Köln: So sehen die Tagjäger der »wilden Sau« von Major Herrmann bei ihren Nachteinsätzen die feindlichen Maschinen

melkanals angriffen. Für diese Operationen wurden mehr schwere Bomber eingesetzt, als je an einem Angriff der US-Luftstreitkräfte in Europa teilgenommen haben. Stundenlang waren am Himmel über der englischen Südostküste riesige Schwärme von US-Bombern und Jägern zu sehen, und das Motorengeräusch übertönte die Explosionen an der feindlichen Kanalküste. Die Besatzungen der Flugzeuge, die zurückkehrten, meldeten, daß über dem Kanal ein regelrechter Pendelverkehr herrschte. Geschwader, die zum Angriff starteten, begegneten heimkehrenden Formationen kurz nach ihrem Start, und auch über dem Wasser sahen sie wieder große Verbände, die ihre Aufgabe bereits erfüllt hatten und sich auf dem Rückflug befanden. Ein Geschwaderführer erklärte: »Wir erzielten gute Resultate. Die meisten Geschwader hatten ganz bestimmte Ziele anzugreifen, und wir sahen zahlreiche Explosionen über ein beträchtliches Gebiet verstreut.«

Strategie und Taktik

JULI BIS DEZEMBER 1943

In den kurzen und mondhellen Sommernächten, die für die deutschen Nachtjäger ideal sind, führt die RAF Großangriffe nur ungern durch.
Bereits vor einigen Monaten hat Major H. Herrmann wegen der zu geringen Anzahl an zweimotorigen Nachtjägern dem General der Flieger Kammhuber empfohlen, auch einmotorige Tagjäger vom Typ Me 109 und FW 190 gegen die britischen Nachtbomber einzusetzen. Sie sollen die RAF-Maschinen, die durch Flächenbrände, Scheinwerfer und durch Leuchtbomben der Pfadfinder zu erkennen sind, über den Zielgebieten bekämpfen. In der Nacht vom 3./4. Juli 1943, als 589 britische Flugzeuge Köln angreifen, erfolgt versuchsweise der erste Einsatz von 5 FW-190- und 7 Me-109-Tagjägern. Trotz der Behinderung durch die Flak können sie über dem von Leuchtbomben illuminierten Köln innerhalb von wenigen Minuten 12 der insgesamt in dieser Nacht abgeschossenen 30 Maschinen herunterholen.
Die Bomber, von den schnellen und wendigen Tagjägern durch ihre Auspuffflammen und auch die sich über den Bränden klar abzeichnenden Silhouetten gut auszumachen, erweisen sich als leichte Beute. Die Taktik von Major Herrmann, die den Namen »wilde Sau« bekommt, ist eine Verbesserung des bisher recht schwerfälligen und komplizierten Heranführens der Nachtjäger an die feindlichen Bomber durch das Himmelbett-Verfahren: Der Verband Herrmanns braucht sich dadurch nicht mehr auf die leicht störbaren Funkmeßgeräte, die den Nachtjägern den Weg weisen, zu verlassen. Air Marshal Harris, der sich seit 14 Monaten erfolglos bemüht, von Churchill die Genehmigung zu bekommen, endlich die »Window«-Stanniol-Störstreifen einzusetzen, ahnt nicht, daß die Reichsverteidigung mit der »wilden Sau« eine neue Taktik entwickelt hat, die – im Gegensatz zum Himmelbett-Verfahren – gegen die Window-Streifen völlig immun ist.

An der Ostfront wird in den ersten Julitagen endlich die Bereitstellung für die deutsche Sommeroffensive, das Unternehmen »Zitadelle«, abgeschlossen. Über die Vorbereitungen ist die STAWKA jedoch durch ihren Geheimdienst bestens informiert und kann rechtzeitig Verteidigungsmaßnahmen treffen. Nichts kommt den Sowjets besser gelegen als eine Offensive im Raum Kursk, wo sie selbst am stärksten sind.
Zur Unterstützung des geplanten Zangenangriffs hat die Luftwaffe Verbände von fast allen Ostfront-Abschnitten und der Reichsverteidigung zusammengezogen und zwei

Schwerpunkte gebildet: Die Luftflotte 4 (GenOberst Deßloch) mit dem I. Fliegerkorps (Gen. d. Fl. Förster), dem IV. Fliegerkorps (Gen. d. Fl. Pflugbeil) und dem VIII. Fliegerkorps (Gen. d. Fl. Seidemann), dazu 2 Gruppen und 3 Staffeln der ungarischen Luftstreitkräfte sowie starke Flakverbände werden die 4. Panzerarmee (GenOberst Hoth) und die Armeeabteilung Kempff entlasten. Die Luftflotte 6 (GenOberst Ritter v. Greim) mit der 1. Fliegerdivision (Gen. d. Fl. Deichmann) und der 12. Flakdivision (Gen. Buffe) steht der 9. Armee (GFM Model) zur Seite. 33 Divisionen, darunter 16 Panzerdivisionen mit 3400 Panzerwagen und 1800 Kampfflugzeugen, sollen das Kriegsglück wenden. Dagegen hat die Wehrmacht für das Unternehmen »Barbarossa« – den Angriff auf die Sowjetunion 1941 – insgesamt 3580 Panzer und 1945 Flugzeuge eingesetzt. Jetzt steht fast die gleiche Zahl an einem einzigen, relativ schmalen, 150 Kilometer langen Frontabschnitt.
Das Oberkommando beabsichtigt, mit der Operation »Zitadelle« die strategische Initiative zurückzugewinnen und die Luftherrschaft zu erringen. Bei Angriffsbeginn soll die Luftwaffe mit ihrer Blitzkriegstaktik die sowjetischen Fliegerkräfte am Boden zerstören, die Luftüberlegenheit erkämpfen und dann die Panzerverbände unterstützen.
Am Sonntag, dem 4. Juli 1943 um 15.00 Uhr, eröffnet die deutsche Artillerie das Feuer auf den Südabschnitt der sowjetischen Verteidigungslinien im Kursker Bogen. Die 4. Panzerarmee (GenOberst Hoth) greift an, um die Höhenzüge vor der Front zu erobern und damit eine bessere Ausgangsposition für die in den Morgenstunden des 5. Juli beginnende Offensive zu sichern. Rund 800 Flugzeuge: Stukas, Bomber, Schlachtflieger und Panzerjägerstaffeln helfen in rollenden Einsätzen der 4. Panzerarmee durch das starke sowjetische Verteidigungsfeld.
Als sich nun die deutschen Kampfgeschwader am 5. Juli um 03.00 Uhr zum Angriff sammeln, meldet die Luftaufklärung den Anflug von 132 sowjetischen Schlacht- und 285 Jagdmaschinen der 17. Luftarmee (Gen. Sudez) auf die Flugplätze des VIII. Fliegerkorps.
Bei der im Morgengrauen beginnenden Luftschlacht mit den Jägern des JG 3 »Udet« verlieren die Sowjets innerhalb kurzer Zeit 120 Maschinen. So wehrt das VIII. Fliegerkorps nicht nur eine feindliche Luftoffensive ab, sondern erkämpft sich im Südabschnitt auch die Luftherrschaft. Im Verlauf des Tages schießen die Deutschen bei 26 eigenen Verlusten 432 russische Flugzeuge ab.
Armeegeneral S. Schtjemienko (Chef der Operativen Abteilung der STAWKA): »Eine Meldung, daß man unsere Jagdflugzeuge mit mangelhaft ausgebildeten Piloten an den Kursker Bogen geschickt hätte, ließ Stalin zu dem Schluß kommen, daß die gesamten Jagdfliegerkräfte nichts taugten. Zum Glück stellte sich heraus, daß es nicht so tragisch war und die Besatzungen verhältnismäßig rasch ausgetauscht werden konnten.« Die Rote Luftflotte nimmt an den Kämpfen mit 3 Luftarmeen und 2 Jagdfliegerdivisionen (annähernd 3200 Maschinen) teil. Es gelingt ihr jedoch nicht, die Heranführung deutscher Reserven zu verhindern, welche dann die drohende Einkreisung der 9. Armee im Raum Orel abwenden. Die Luftwaffe dagegen bekämpft vorstoßende sowjetische Panzerkeile. So vernichten am 8. Juli 1943 die neuen Henschel Hs 129 der IV. (Panzerjäger-)Gruppe des Schlachtgeschwaders 9 (Hpt. B. Meyer) eine sowjetische Panzerbrigade beinahe restlos. Trotzdem ist die Luftwaffe nicht mehr imstande, wie einst entscheidend den Verlauf der Erdkampfhandlungen zu beeinflussen. In diesen vier Tagen, in denen die größte Panzer- und Luftschlacht des Zweiten Weltkrieges stattfindet, brechen die Deutschen an einer Front von mehr als 20 Kilometer Länge im Norden (bei Olchowatka) nur etwa 18 Kilometer tief und an einer etwa 50 Kilometer breiten Front im Süden (bei Prochorowka) ungefähr 50 Kilometer tief ein. Fast 200 Kilometer trennen die beiden Angriffskeile noch, da wird die Offensive abgebrochen.

Am Sonnabend, dem 10. Juli 1943, beginnt die Operation »Husky«: In der Morgendämmerung landen unter dem Oberbefehl von General Eisenhower alliierte Verbände an der Südostküste Siziliens. Die RAF (Air Chief Marshal Tedder) und die US-Luftstreitkräfte (GenLt. Spaatz) setzen 3680 Flugzeuge ein. Einer Luftlande-Operation mit 400 Dakotas C-47-Transportmaschinen und 170 Lastenseglern vom Typ Waco CG-4A geht die Ausschiffung der Landstreitkräfte voraus.
Dieses erste alliierte Luftlandeunternehmen ist beinahe mißlungen. Nur 12 der britischen Lastensegler setzen im Zielgebiet auf, und 97 der zu früh ausgeklinkten britischen und US-Segler stürzen mit ihren Mannschaften ins Meer, dazu werden 24 als vermißt gemeldet. Starkes Flakfeuer löst bei den Fallschirmjägern der Dakota-Transportmaschinen Verwirrung aus, so daß sie vorzeitig

Links: In der Nacht vom 24./25. Juli 1943 über Hamburg: Eine Lancaster über dem brennenden Altona, umringt von Flak-Leuchtspurgeschossen und fallenden »Christbäumen«, den Zielmarkierungsbomben; von der Besatzung einer höher fliegenden Lancaster aufgenommen

Rechts: ... ein Foto aus der gleichen Nacht, in Hamburg-Altona aufgenommen

abspringen und über fast 100 Kilometer verstreut werden. Von den Dakotas werden 6 abgeschossen.
So erreichen nur 73 britische Fallschirmjäger den Ponte Grande, eine wichtige Brücke an der Straße nach Syrakus. Da die Küstendivisionen der Italiener kaum mehr als symbolischen Widerstand leisten, können sie die Sprengladungen beseitigen und trotz Artilleriebeschuß bis zum Nachmittag des 10. Juli 1943 durchhalten.
Die zweite Welle, die in der Nacht vom 13./14. Juli 1943 mit 107 Flugzeugen und 17 Lastenseglern der 1. Fallschirmbrigade eintrifft, gerät mitten in den Kampf zwischen der alliierten Flotte und den angreifenden deutschen Bombern Ju 88. Dabei werden 14 Dakotas mit Fallschirmjägern abgeschossen.

Als die Sowjets am Montag, dem 12. Juli 1943, bei Orel zur Gegenoffensive antreten, besitzen sie bereits die Luftherrschaft. Für diesen Großangriff hat die Rote Luftflotte 60 Prozent aller ihrer Fliegerkräfte im Raum Kursk zusammengezogen.
Am folgenden Tag befiehlt Hitler die Einstellung des Unternehmens »Zitadelle« und verlegt einen Teil der Luftwaffenverbände aus dem Osten nach Italien.
Mit dem Abschluß der Schlacht bei Kursk ist die Offensivkraft der Deutschen an der Ostfront endgültig dahin, und die Initiative liegt nun bis zum Ende des Krieges bei der Roten Armee.

Montag, 19. Juli 1943. Erster alliierter Luftangriff auf Rom. Unter der Zivilbevölkerung zählt man 166 Tote und 1659 Verletzte. 158 Flying Fortress B-17 aus Tunesien und Pantelleria sowie 112 Liberator B-24 aus Bengasi greifen vormittags die Bahnhöfe Lorenzo und Littorio an, dazu den Flugplatz von Littorio. Am Nachmittag wird der Flugstützpunkt Ciampino mit Bomben belegt.

Bereits im Mai 1942 hatte die Londoner Firma Vanesta Ltd. die erste Partie Window-Streifen pünktlich zum ersten »1000-Bomber-Angriff« an das Bomberkommando geliefert. Doch der Einsatz wurde damals auf Anordnung von Sir Sholto Douglas, dem Chef des Jägerkommandos, im letzten Augenblick gestoppt. Er fürchtete für seine Piloten, die Deutschen könnten danach über England ebenfalls Stanniolstreifen abwerfen.
Erst nachdem feststeht, daß »Window« das Himmelbett-Verfahren lahmlegen kann, jedoch die neuen Bord-Radargeräte der britischen Nachtjäger dagegen immun sind, erklärt Churchill am Donnerstag, dem 15. Juli 1943, auf der Stabskonferenz, daß er die Verantwortung für den Beginn des Window-Einsatzes übernehme. Und man beschließt, das Bomberkommando solle die Stanniol-Störstreifen für seine Angriffe ab 23. Juli 1943 anwenden.
In der Nacht vom 24./25. Juli beginnt der erste schwere Schlag der »Combined Bomber Offensive« unter dem Codenamen »Gomorrha«. Nach englischen Meldungen ist das Flugwetter gut und die Sicht klar. Das Ziel: Stadt und Hafen Hamburg.
Als am Sonntag, dem 25. Juli 1943, das Heulen der Sirenen die Hamburger in den ersten Morgenstunden aus dem Schlaf reißt, ahnt niemand etwas von der bevorstehenden Katastrophe. Für diesen ersten Angriff, der sich hauptsächlich gegen die Stadtteile Barmbek, Hoheluft, Eimsbüttel, Altona und den Hafen richtet, sind 791 Bomber (347 Lancaster, 246 Halifax, 125 Stirling und 73 zweimotorige Wellington) gestartet, 741 erreichen das Ziel.

Die Bomberbesatzungen werfen bei ihrem Anflug auf die Stadt pro Minute 2000 lose gebündelte Stanniolstreifen (0,65 kg) ab, die je einen schweren Bomber vorspiegeln sollen. Da jedes Bündel als Stanniolwolke für etwa 15 Minuten auf dem Radarschirm wie das Schattenbild eines Flugzeuges wirkt, täuscht man damit eine Bomberflotte von etwa 11 000 Maschinen vor. Die radargesteuerten Scheinwerfer und Flugabwehrgeschütze werden durch die Stanniolstreifen so gestört, daß ein gezieltes Feuern unmöglich ist, und die ebenfalls lahmgelegten Würzburg-Geräte der Bodenleitstellen sind nicht mehr in der Lage, einen einzigen Nachtjäger richtig an die Bomber heranzuführen. Auch die Bord-Radargeräte (Lichtenstein BC) der Nachtjäger versagen völlig. So gehen nur insgesamt 12 britische Bomber verloren (1,5 Prozent). Als der Angriff, bei dem 2300 Tonnen Bomben fallen, nach 2½ Stunden endet, stehen 87 Kilometer Häuserfronten in Flammen.

Der Führer wird an diesem Morgen mit der Nachricht über den schweren Bombenangriff auf Hamburg geweckt. Während der Mittagsbesprechung erfährt er dazu von dem Einsatz der britischen Stanniol-Störstreifen. Hitlers Reaktion: Noch am gleichen Tag befiehlt er die Serienfertigung der Fernrakete A 4, später als V 2 bekannt. Es sollen monatlich 900 Stück produziert werden. Reichsminister für Rüstung und Kriegsproduktion Speer: »Es dürfte wohl einer meiner schwerwiegenden Fehler in der Leitung der deutschen Rüstung gewesen sein, dieser Entscheidung Hitlers nicht nur zugestimmt, sondern sie befürwortet zu haben, während wir besser unsere Anstrengungen auf die Fertigung einer Boden-Luft-Abwehrrakete konzentriert hätten.«

In den Mittagsstunden des 26. Juli 1943 erscheinen 122 Fliegende Festungen über Hamburg, um die Lösch- und Bergungsarbeiten zu stören. Eine Wolke aus Qualm und Staub lagert über der Stadt und läßt die Sonne nicht durchkommen.

In der Nacht vom 27./28. Juli 1943 werfen erneut 739 britische Flugzeuge 2312 Tonnen Bomben auf die Hansestadt. Dieser zweite RAF-Nachtangriff ist der schwerste: 16 000 Häuser geraten in Brand. Einer der Piloten berichtet nach der Rückkehr: »Die Wolken sahen aus wie ein mit Blut durchtränkter Wattebausch.«

Aus Tausenden von Einzelbränden entstehen in kürzester Zeit riesige Flächenbrände. Die bis 1200 Grad erhitzte Atmosphäre schießt wie in einem Riesenkamin nach oben, die längs des Erdbodens angesaugte und nachstürzende Frischluft erzeugt einen orkanartigen Feuersturm, den ersten in der Geschichte des Zweiten Weltkrieges, dessen Wirkung noch in 6000 Meter Höhe zu spüren ist. Die so entstehende Windstärke übersteigt 120 Kilometer pro Stunde, starke Bäume brechen mit splitternden Stämmen zur Erde, jüngere werden wie Gerten an den Boden gepreßt. Hamburg verliert auf diese Weise von 100 000 Straßenbäumen 70 000.

Der Hamburger Polizeipräsident Kehrl schildert in seinem Geheimbericht: »... Nur die entkamen dem Tode, die rechtzeitig eine Flucht gewagt hatten oder sich so nahe am Rande des Feuermeeres befanden, daß eine Rettungsmöglichkeit überhaupt bestand ... Die Vernichtung im ganzen ist so radikal, daß von vielen Menschen buchstäblich nichts geblieben ist ... Kinder wurden durch die Gewalt des Orkans von der Hand der Eltern gerissen und ins Feuer gewirbelt. Menschen, die sich gerettet glaubten, fielen in der alles vernichtenden Gewalt der Hitze um und starben in Augenblicken. Flüchtende mußten sich ihren Weg über Sterbende und Tote bahnen ... Von den Opfern waren insgesamt 70 Prozent erstickt, zum großen Teil durch die giftigen Kohlenoxydgase. Es waren so viele Menschen an Vergiftung gestorben und ihre Leichen hatten sich derartig strahlend blau, orange und grün gefärbt, daß man zuerst annahm, die RAF hätte bei diesem Angriff zum ersten Male Giftgasbomben eingesetzt ... 15 Prozent waren eines gewaltsameren Todes gestorben. Der Rest war völlig verkohlt und nicht zu identifizieren ...«

In der Nacht vom 29./30. Juli 1943 werfen 726 RAF-Bomber nochmals 2277 Tonnen Bomben über Hamburg ab. Dabei werden 28 Maschinen abgeschossen.

Im August 1943 gewinnt die alliierte zweite Luftfront, die von nordafrikanischen Stützpunkten aus gegen das deutsch besetzte Europa operiert, immer mehr an Bedeutung.

In der Morgendämmerung des Sonntags, 1. August 1943, starten 178 Liberator B-24 der 9. USAAF vom Flugplatz Bengasi. Eine B-24, die Maschinenschaden beim Start hat, rammt einen Betonpfahl. Die anderen formieren sich zum Flug über das Mittelmeer. Ihr Ziel: das rumänische Ölgebiet von Ploesti.

Jeder Liberator-Bomber benötigt für den etwa 3500 Kilometer langen Hin- und Rückflug – bei einer 2-Tonnen-Bombenlast – über 9 Tonnen Treibstoff. Der Verband soll das deutsche Radarsystem unterfliegen und das Ziel in Baumwipfelhöhe angreifen. Dies ermöglicht auch, einzelne Raffinerien mit äußerster Präzision zu treffen.

Ein einmaliger Fall in der Geschichte des Luftkrieges: Eine entschlüsselte gegnerische Funkmeldung bestimmt das Datum des Angriffs. Im Juli 1943 gelingt es den Alliierten, den von der Luftwaffe benutzten Wettercode zu brechen. Da aber der Code routinemäßig jeden Monat geändert wird, ist der 1. August der letzte Termin, die Wetterlage über Ploesti zu erfahren. Was die US-Planer jedoch nicht wissen: Der für die Luftabwehr dieses stra-

Unten links: Stanniol-Störstreifen »Window«, die in Deutschland »Düppel« genannt werden

Rechts: Ploesti, 1. August 1943: Ein schwerer Bomber B-24 Liberator in Schornsteinhöhe über den rumänischen Ölraffinerieanlagen

Unten: Ein Löschzug der Feuerwehr von Ploesti bemüht sich nach dem Angriff, die Brände unter Kontrolle zu bekommen

tegisch wichtigen Objektes verantwortliche Generalleutnant Gerstenberg hat das Ölzentrum zu der am stärksten verteidigten Anlage in ganz Europa gemacht.
Bereits eine Stunde nach dem Start weiß die Luftabwehr um Ploesti, daß ein großer US-Bomberverband über dem Mittelmeer in Richtung Nordosten fliegt: Die Deutschen haben eine Funkdurchsage an die zuständigen alliierten Luftbereiche entschlüsselt, die von dem Weg der Bomberverbände informiert werden, damit sie nicht versehentlich unter Beschuß kommen.
Während des dreistündigen Fluges über dem Mittelmeer stürzen 10 Bomber mit Motorschaden ab, und vor Erreichen der albanischen Küste geschieht ein ernster Zwischenfall: Das Flugzeug mit dem Chefnavigator der Operation trudelt plötzlich, dreht sich auf den Rücken und stürzt ins Meer. Die Maschine mit dem stellvertretenden Navigator an Bord verliert durch die vergebliche Suche nach Überlebenden den Anschluß an den Verband und muß umkehren.
Ein junger, unerfahrener Offizier in der B-24 »Brewery Wagon« übernimmt jetzt die Führung. Über Jugoslawien stoßen die Bomber auf eine dichte Wolkenwand. Die beiden vorderen Gruppen gehen hoch, um die Wolken zu überfliegen; die anderen drei bleiben in Heckensprunghöhe über den Berggipfeln. Die zwei ersten Gruppen geraten in heftigen Rückenwind und vergrößern so den Abstand zu den nachfolgenden. Als die B-24 aus den Bergen auftauchen und sich über dem Donautal befinden, ist der ganze Verband völlig zersplittert.
Um die Navigation zu erleichtern, hat man drei Städte als Kontrollpunkte ausgewählt, die jedoch sehr ähnlich aussehen und deren Identifizierung durch Bodennebel noch erschwert wird. Kurz vor dem Ziel passiert ein tragischer Irrtum: die beiden führenden Gruppen machen eine falsche Wendung, sie fliegen statt nach Ploesti zur 50 Kilometer entfernt liegenden rumänischen Hauptstadt Bukarest und geraten dort direkt in den dichtesten Flakgürtel. So wird der Tiefanflug zu früh entdeckt, und die Luftverteidigung von Ploesti hat genügend Zeit, sich auf den Angriff vorzubereiten.
Als die beiden ersten Gruppen ihren Irrtum bemerken, drehen sie um und nähern sich nun Ploesti aus der falschen Richtung. Ihr neuer Kurs führt sie genau auf die

drei Gruppen zu, die über den Bergen zurückgeblieben sind. Jetzt ist das Chaos über dem Ziel vollkommen. Und dazu erwartet die Bomber konzentriertes Flakfeuer aus allen Richtungen.

Die Maschinen taumeln unter den Einschlägen krepierender Geschosse. Eine B-24 fällt brennend auf eine Flakbatterie. Die B-24 »Hells's Wench« durchschneidet ein Sperrballonkabel, wird von 5 Flakgeschossen getroffen und fängt Feuer. Die Maschine führt aber ihre Gruppe noch zum Ziel. Über den Raffinerien stürzt sie dann ab. Zahlreiche Bomber trudeln in die Straßen der Stadt, einer von ihnen fällt aufs Frauengefängnis von Ploesti und begräbt viele der Insassinnen unter den Trümmern.

Während eine Bombergruppe sich zerstreut, um Ziele zu finden, brausen zwei weitere Gruppen aus der entgegengesetzten Richtung heran. In Sekunden kreuzen sich die drei Verbände über den Dächern von Ploesti; sie versuchen verzweifelt, einander auszuweichen. Und die ganze Zeit hindurch werden sie von deutschen und rumänischen Jägern angegriffen.

Das Seil eines Sperrballons reißt die Tragfläche einer Liberator ab. Eine andere B-24 rammt einen Schornstein, die nächste kann nicht rechtzeitig hochziehen und rast in einen Öltank. »Wir wurden durch den Eingang zur Hölle gezogen«, sagt später einer der Piloten.

Nach 27 Minuten ist der Angriff auf Ploesti vorbei. Nun treten die übriggebliebenen Liberators, einige in Formation, einige allein, den langen Rückflug nach Bengasi an.

Die Hälfte von ihnen ist beschädigt, und die meisten haben Tote oder Verwundete an Bord. Einigen Maschinen gelingt es, von Alliierten besetzte Mittelmeerinseln zu erreichen. »Wir landeten auf Zypern auf einer Chaussee in den Bergen«, berichtet einer der Piloten. »Ich drehte bei, um einen Platz zum Abstellen zu finden, da prallte ein entgegenkommender Lastwagen auf uns.« Eine andere Liberator erreicht mit letzter Kraft einen Flugplatz auf Sizilien und rast am Ende der Rollbahn in 7 amerikanische P-40-Kampfflugzeuge. »Niemand wurde verletzt, aber unsere Besatzung wurde sehr kühl empfangen ...«

Ein paar Liberator-Bomber, denen der Brennstoff ausgeht, müssen notwassern, zwei kollidieren im Luftraum über Bulgarien.

Erst am Spätnachmittag treffen die ersten Maschinen in Bengasi ein. Die meisten der Flieger sind wie betäubt und zu erschöpft, um Bericht zu erstatten. Die letzte hier gelandete B-24 war 16 Stunden in der Luft.

Von den 178 gestarteten Bombern kehren nur 11 nach Bengasi zurück, 54 werden durch Fliegerabwehr über Rumänien, 3 über See abgeschossen, andere stürzen auf dem Hin- und Rückflug ab und 7 landen in der Türkei. 532 Mann des fliegenden Personals gehen verloren. Das Ergebnis: für ein paar Monate um 40 Prozent verminderte Ölproduktion in Ploesti.

Der letzte Angriff der Operation »Gomorrha« findet in der Nacht vom 2./3. August 1943 statt. 425 britische Bomber, von denen 30 verlorengehen, lassen 939 Tonnen Bomben auf Hamburg fallen. Nach britischen Angaben betragen die Verluste während der ganzen Angriffsserie nur 57 alliierte Maschinen.

In diesen 4 Sommernächten haben insgesamt 3095 britische Flugzeuge und 235 US-Maschinen um 9000 Tonnen Bomben über der Hansestadt abgeworfen. Der Feuerschein der Brände ist noch tagelang bis zu 200 Kilometer weit zu sehen.

Die Bitte des Gauleiters von Hamburg um einen Besuch in der zerstörten Stadt lehnt Hitler ab, er weigert sich sogar, eine Abordnung von verdienten Luftschutzhelfern zu empfangen.

Die Operation »Gomorrha« mit ihren gesamt 9 Angriffen zwischen dem 24. Juli und 2. August 1943 kostet die Bevölkerung von Hamburg etwa 55 000 Tote und Vermißte (darunter 63 Wehrmachtsangehörige), das sind 84 Prozent der in Hamburg und 13 Prozent aller in Deutschland während des ganzes Krieges durch Luftangriffe Umgekommenen, dazu 600 000 Obdachlose und 36 000 zerstörte Wohngebäude. Gesamt sind ausgebrannt: 23 Quadratkilometer bebaute Fläche und Straßenzüge von fast 500 Kilometer Länge. Im Hafen sind 180 000 BRT Schiffsraum versenkt worden. Der Schaden in der Hamburger Industrie dagegen ist über Erwarten gering: Bereits nach 5 Monaten hat die Stadt wieder 80 Prozent ihrer früheren Produktion erreicht.

Die vier Nachtangriffe auf Hamburg haben mehr Verwüstungen angerichtet und Opfer gefordert, als England durch die Luftwaffe während des Zweiten Weltkrieges erlitten hat.

Die Schlacht um Hamburg bedeutet für die Alliierten den entscheidenden Einbruch in die Reichsverteidigung und Gewinnung der nahezu völligen Luftüberle-

»Wucht und Folgen übertreffen alle unsere Erwartungen.« (Air Marshal Sir Arthur Harris über die Operation »Gomorrha«)

genheit. Die »Combined Bomber Offensive« mit ihrem Auftakt Hamburg ist der Anfang einer neuen Phase im Luftkrieg gegen Deutschland. Ihre Folgen zeigen der Luftwaffenführung deutlich, daß die jetzt wichtigste Aufgabe die Luftverteidigung der Heimat ist.

Wenn die RAF-Statistiken stimmen, hat der Abwurf von 40 Tonnen Window-Streifen (92 Millionen Streifen Metallfolie, 10 mm breit und 30 mm lang) mindestens 35 Bomber samt Besatzungen vor dem sicheren Abschuß bewahrt.

Für die RAF ist Hamburg zugleich der Modellfall für spätere Vernichtungsangriffe auf andere deutsche Städte. Air Marshal Harris: »Wucht und Folgen übertrafen alle unsere Erwartungen.« Das »blaue Buch«, ein in Leder gebundenes Album mit Luftaufnahmen der Zerstörungen in Hamburg, legt Harris dem König und Premierminister Churchill vor, ein weiteres Exemplar wird an Stalin geschickt.

Drei Tage nach dem letzten Großangriff auf Hamburg gibt Goebbels am Freitag, dem 6. August 1943, unter dem Eindruck der Zerstörungen bekannt, daß die Bevölkerung der Reichshauptstadt bis auf die Berufstätigen in Kürze evakuiert werden soll.

Am Freitag, dem 13. August 1943, starten in Darwin (Australien) 9 Liberator B-24 der 5. USAAF zu einem Angriff auf die Ölraffinerien in Balik Papan (Borneo). Der 17stündige Flug (4000 km) ist der zeitlich längstdauernde Einsatz von alliierten strategischen Bombern im Zweiten Weltkrieg.

Ebenfalls am 13. August 1943 erlebt Österreich den ersten westalliierten Luftangriff des Krieges: 61 schwere Bomber der 9. USAAF greifen von ihren Stützpunkten in Nordafrika aus die Messerschmitt-Flugzeugwerke in Wiener Neustadt an. Die Einwohner zählen 181 Tote und 850 Verletzte.

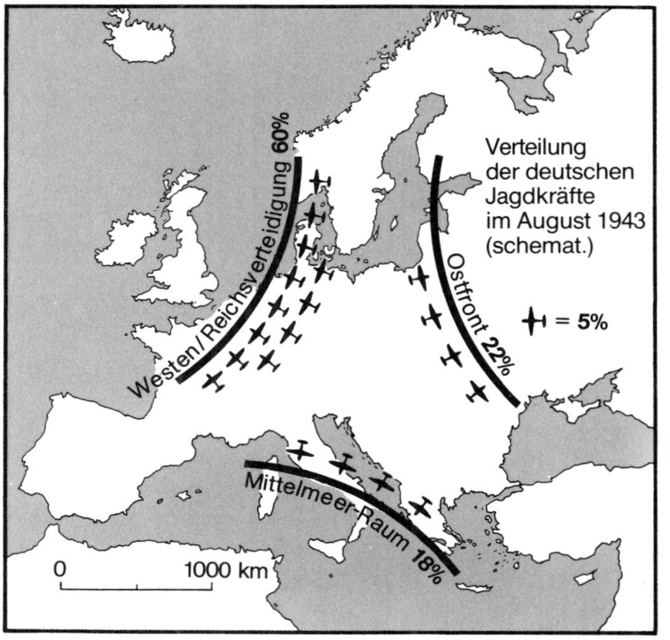

Die Intensivierung der US-Bombenangriffe auch auf Ziele in Mittel- und Süddeutschland veranlaßt die Luftwaffenführung, ihre erfahrensten Piloten von allen Fronten zurückzurufen. Für den Einsatz »wilde Sau« wird eine Division (30. Jagd-Div.) mit 3 Geschwadern bestimmt, deren Besatzungen zunächst die Maschinen der Tagverbände fliegen müssen (»Aufsitzergeschwader«).

Bis Mitte August stehen der Reichsverteidigung über 400 Tagjäger und rund 100 Zerstörer zur Verfügung. Weitere Aufstellungen von Jagdverbänden sind personell nicht möglich, da es vor allem an Verbandsführern fehlt, denn die übereilte Ausbildung von Piloten macht sich bemerkbar (Luftwaffe: 150 Flugstunden, Westalliierte: 450 Flugstunden). Mehr als die Hälfte der deutschen Nachwuchspiloten wird bereits vor dem 10. Feindflug abgeschossen.

Durch den Einsatz von Window-Störstreifen können die Jäger-Leitoffiziere nicht wie bisher einzelne Maschinen an die Bomber heranführen. Die Reaktion der Deutschen: Man hilft sich mit der Taktik der »laufenden Reportage«, einer über das Bordfunkgerät von störungsfreien Beobachtungsposten gemeldeten Lageübersicht über die feindlichen Verbände. Die zweimotorigen Nachtjäger benutzen diese Informationen, um so den Bomberstrom zu finden; dann aber müssen sie an die Ziele mit Hilfe ihrer Bord-Radargeräte oder auf Sicht herankommen. Verliert der Jäger den Anschluß an den Bomberstrom, so schaltet er sich wieder in die »laufende Reportage« ein und versucht sein Glück von neuem. Diese Taktik wird »zahme Sau« genannt.

Die Engländer haben jedoch diese Gefahr schnell erkannt und setzen neben anderen elektronischen Gegen-

maßnahmen nun auch Lancasters (101. Group) mit ABC-Bordzigarren (Airborne Cigar) – ein Spezialsender, der die Frequenzen der »laufenden Reportage« stört – ein. Mit öfterem Wechseln der Frequenzen und stärkeren Sendern versucht die Nachtjagdführung diese Störungen zu neutralisieren.
Der Erfolg der deutschen Nachtjäger hängt in diesen Wochen hauptsächlich von zwei Dingen ab: von dem Zeitpunkt der Freigabe des Starts und der Geschicklichkeit des Offiziers, der die »laufende Reportage« bringt. Das nicht rechtzeitige Erkennen eines britischen Ablenkungsangriffs oder die falsche Wahl des Funkfeuers als Sammelpunkt läßt die Jäger leicht den Bomberstrom verfehlen.

Am Dienstag, dem 17. August 1943, geht das Unternehmen »Lehrgang«, die Räumung Siziliens, zu Ende. Den deutschen Verbänden unter dem einarmigen General H. V. Hube gelingt es noch, das schwere Gerät über die Straße von Messina zu überführen, selbst die Maultiere werden mitgenommen. So entsteht über Nacht im äußersten Süden Italiens eine neue Verteidigungslinie.

Am 17. August 1943, dem Jahrestag ihres ersten Einsatzes über Europa, startet die 8. USAAF den »Jubiläumsangriff« mit den Zielen Schweinfurt und Regensburg. Dieses erste strategische Unternehmen (Operation »Double Strike«) richtet sich vor allem gegen die Kugellagerindustrie in Schweinfurt. Dabei wird ein entscheidender Fehler gemacht: Anstatt sich nur auf dieses Objekt zu konzentrieren, greifen 146 der 376 gestarteten Fliegenden Festungen gleichzeitig ein Montagewerk von Messerschmitt in Regensburg an und zersplittern somit ihre Kräfte.
Die Operation »Double Strike« ist nicht nur der größte US-Bomber-Tagesangriff seit Kriegsbeginn, sondern auch der erste Pendeleinsatz (»Shuttle bombing«) der 8. USAAF. Die Bomber der Regensburg-Formation, ausgerüstet mit »Tokyo-tanks«, den zusätzlichen Treibstoffbehältern, sollen anschließend über Italien nach Bône in Nordafrika weiterfliegen.
Doch ihre Begleitjäger – vom Typ P 47 Thunderbolt – müssen wegen der begrenzten Reichweite bereits vor Aachen umkehren. Und die deutschen Jäger, die nur auf diesen Augenblick gewartet haben, stürzen sich auf die Bomberverbände. Es entbrennt die bis jetzt größte Luftschlacht des Krieges über Westeuropa, die sich von Belgien und Luxemburg bis tief hinein ins Rhein-Main-Gebiet abspielt.
Einen gewissen Schutz bietet den US-Bomberverbänden der neue Formationsflug: Die etwa 18 Maschinen jeder Bombergruppe fliegen in einem dicht gestaffelten Kampfblock (»Combat Box«) und geben sich so gegenseitige Feuerdeckung.
Die deutschen Jäger finden schnell heraus, daß sie, um nicht selbst in das konzentrierte Feuer dreier MG-Stände

Links: 17. August 1943: Fliegende Festungen B-17 bombardieren Schweinfurt. Jedes fünfte Besatzungsmitglied überlebt diesen »Jubiläumsangriff« nicht

Rechts: 17. August 1943: Angriff der 8. USAAF gegen Regensburg und Schweinfurt

Unten: Eine der abgeschossenen B-17: Auf der Tragfläche Oberstleutnant E. Mayer, Kommodore des JG 2 (links)

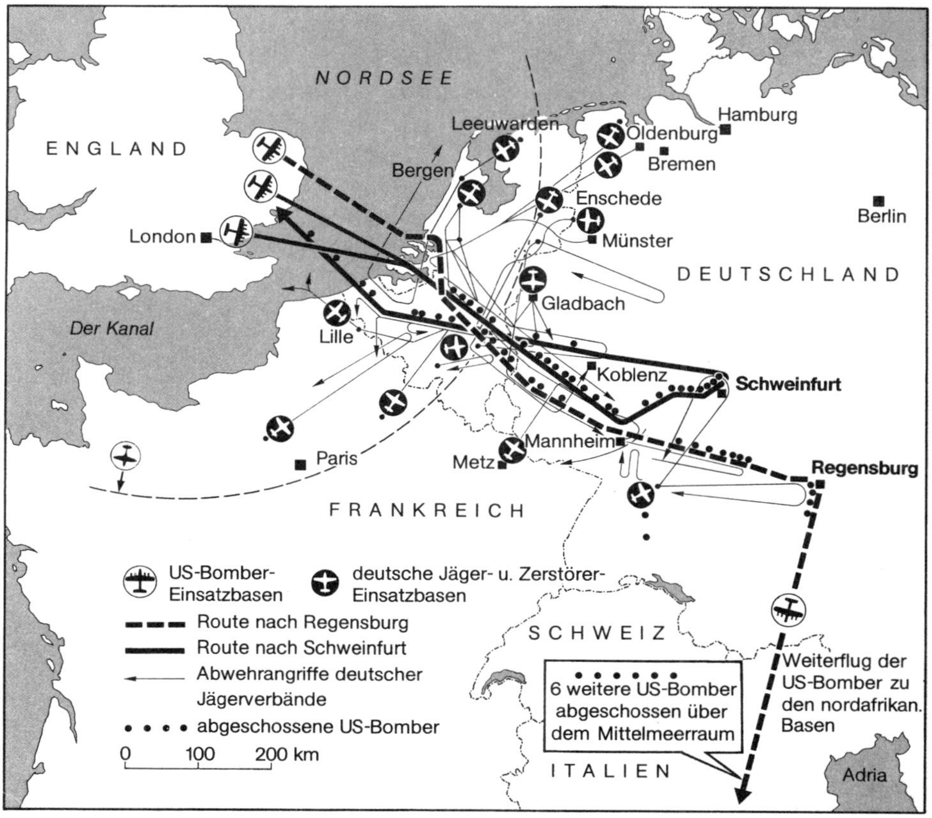

zu geraten, die »Fliegenden Festungen« weder von hinten noch schräg von oben, sondern am leichtesten von vorn angreifen können. So fliegen sie erst abgesetzt auf Parallelkurs mit den Bombern. Sobald sie diese überholt und ungefähr 8000 Meter Vorsprung haben, wenden sie und greifen frontal an. Wenn die Jäger aus ungefähr 600 Meter Abstand das Feuer eröffnen, bleiben ihnen etwa zwei Sekunden Zeit zum Schießen, dann ziehen sie ihre Maschinen hoch, überfliegen die Bomber, machen kehrt und wiederholen dasselbe Spiel.
Erstmalig setzt die Luftwaffe hier ihre Kampfflugzeuge vom Typ Ju 88, Do 217 und He 111 ein, die einzeln oder im Verband US-Bomber mit Luft-Luft-Raketen bekämpfen. Diese Raketen, die so langsam fliegen, daß man sie deutlich beobachten kann, sind für die US-Flieger ein besonders aufreibender Anblick.
Ein US-Pilot: »Der Widerstand feindlicher Jäger war ungemein heftig. Er begann mit dem Überfliegen der belgischen Küste und hielt bis zum Alpenrand an. Die Frontalangriffe erfolgten aus leicht überhöhter oder etwas niedrigerer Position. Einzelangriffe kamen zumeist aus der Sonnenrichtung. Einige Me 109 feuerten großkalibrige Geschosse aus Kanonen, die unter den Tragflächen montiert waren. Mehrere Besatzungen meldeten auch das Abschießen von Raketen. Andere Jäger warfen Bündel von 20 bis 30 schwarzen oder braunen Gegenständen ab, die auf den Bomberverband niedergingen und explodierten.«
Bei dem Unternehmen »Double Strike« werden 59 Fliegende Festungen abgeschossen und 100 schwer beschädigt, 25 deutsche Jäger gehen verloren. Der Jubiläumsangriff wird zur bisher schwersten Niederlage der US-Luftstreitkräfte in Europa: Jedes 5. Besatzungsmitglied findet bei dieser Operation den Tod. Die Verluste der 8. US-Luftflotte sind so schwerwiegend, daß in den darauffolgenden fünf Wochen keine Kampfverbände mehr über dem Reichsgebiet eingesetzt werden und man sich auf weniger wichtige Ziele im besetzten Westeuropa beschränkt, die in Reichweite der Begleitjäger liegen.
Während die angeschlagenen US-Maschinen von ihrem Einsatz über Schweinfurt nach England zurückkehren, bereitet sich das RAF-Bomberkommando zu dem für die

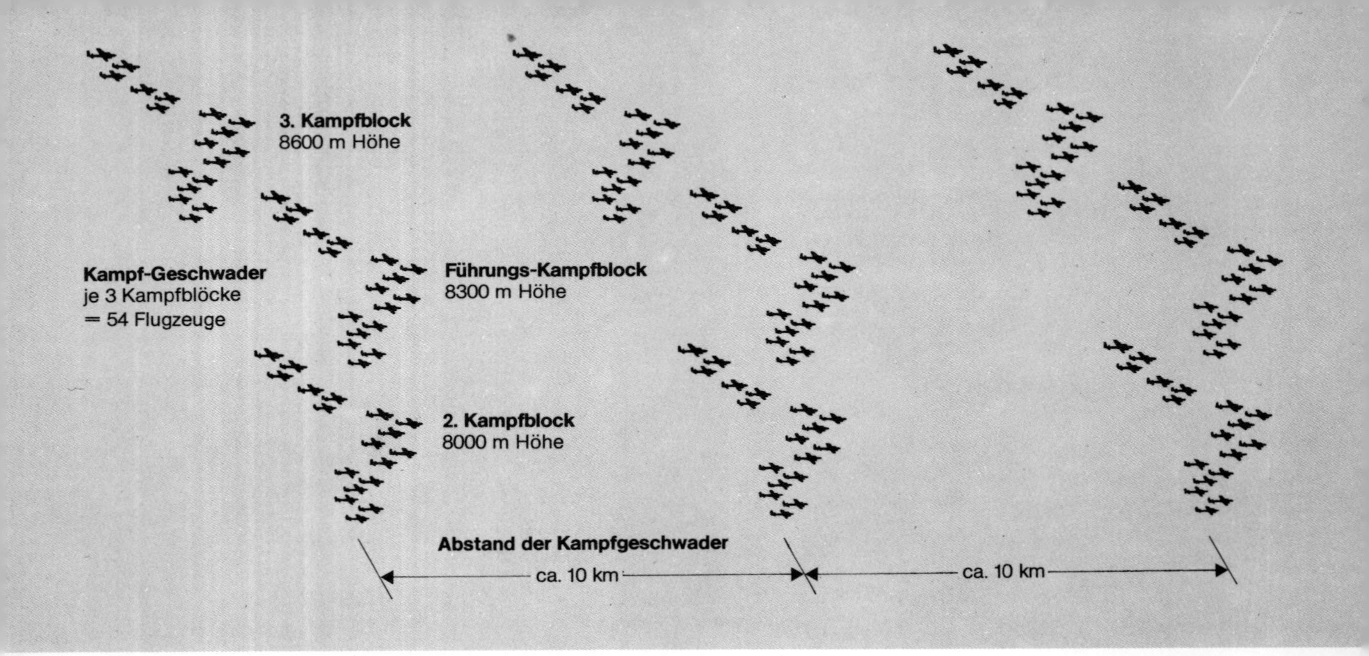

Nacht vom 17./18. August 1943 geplanten neuen Unternehmen, Operation »Hydra«, vor. Es soll nach Meinung von Luftmarschall Harris einer der wichtigsten Luftangriffe des Krieges sein. Das Ziel: die wissenschaftliche Versuchsanstalt für V-Waffen, Peenemünde, auf der Halbinsel Usedom vor der Odermündung.

Peenemünde ist bisher noch nie angegriffen worden. Es liegt – von schwerer Flak, Nachtjägern und Nebelgeräten geschützt – außerhalb der Reichweite der Funkleitstrahlen »Oboe« und der RAF-Nachtjäger. So können die Bomber – ohne Begleitschutz – nur in einer mondhellen Nacht den Auftrag durchführen.

Die Operation »Hydra« ist der erste Präzisions-Nachtangriff der Hauptkräfte des Bomberkommandos mit Zielmarkierungen und genauen Funkanweisungen des über dem Ziel kreisenden »Master«-Bombers (»Zeremonien-Meister«).

Zuerst soll Karlshagen, die Wohnsiedlung der Wissenschaftler und Ingenieure (3000 Mann), und erst dann sollen die beiden großen Fabrikhallen und das Entwicklungszentrum angegriffen werden.

Um 21.30 Uhr startet der Master-Bomber des Group-Captain J. H. Searby, danach 597 schwere Bomber vom Typ Lancaster und Halifax. Ihnen voraus fliegt ein Verband von 20 schnellen Mosquito-Maschinen nach Berlin, und zwar die gleiche Route wie bei den Störangriffen der letzten Tage.

Die Anzahl der in dieser mondhellen Sommernacht über der Nordsee gemeldeten britischen Bomber löst bei den Jägerleitstellen Überraschung aus, und man gewinnt den Eindruck, daß ein schwerer Angriff auf Berlin bevorsteht. Aus dem ganzen Reichsgebiet eilen nun die Jäger in Richtung Hauptstadt. Auch die Wilde-Sau-Tagjägerstaffeln werden zu ihrem ersten Großeinsatz nach Berlin beordert: Alles deutet darauf hin, daß die RAF noch empfindlichere Verluste zu erwarten hat als die 8. USAAF bei ihrem Jubiläumsangriff in den Nachmittagsstunden.

Während die 20 Mosquitos mit unzähligen Leuchtmarkierungen einen bevorstehenden Großangriff auf Berlin vortäuschen und 203 deutsche Jäger vergebens den Himmel über der Reichshauptstadt nach den erwarteten Bomberverbänden absuchen, nehmen sich 597 Lancaster- und Halifax-Bomber – unbehelligt von Jägern – das Raketenversuchsgelände von Peenemünde vor. Sie greifen in drei Wellen an und werfen 1593 Tonnen Spreng- und 281 Tonnen Brandbomben ab.

Als die Jäger erfahren, wo wirklich etwas los ist, kann ein Teil von ihnen gerade noch die letzte Welle der RAF-Bomber auf dem Rückflug abfangen und 40 Maschinen abschießen.

Inzwischen bemüht sich General Kammhuber seit Stunden, von seinem Befehlsstand in Arnheim-Deelen (Holland) aus Kontakt zu den Himmelbett-Stellungen im Reich aufzunehmen. Eine ernsthafte Kabelstörung trennt jedoch seinen Befehlsstand von der Außenwelt. Und die etwa 100 noch über Berlin kreisenden Jäger, die vergeblich auf klare Befehle von Kammhuber warten, entschließen sich – jeder auf eigene Faust – zur Landung auf dem Fliegerhorst Brandenburg-Briest. So rast einer nach dem anderen in die sich am Ende der Rollbahn verkeilenden Maschinen, und 34 Flugzeuge erleiden dadurch Totalschaden. Erst am nächsten Morgen erfährt General Kammhuber, was sich während der Nacht abgespielt hat. Und nach dem Kriege muß er sich von den englischen Vernehmungsoffizieren anhören, daß zwei seiner Männer, die im Befehlsbunker in Arnheim Dienst taten, in Wirklichkeit britische Agenten waren.

Group Captain Searby ist nach seiner Rückkehr der Ansicht, daß »infolge der Intensität der Bombenwürfe

Links und unten: Anordnung der US-Bomberverbände in Kampfblocks (Combat-Box) zur Zeit des Angriffs der 8. USAAF auf Regensburg und Schweinfurt

Rechts: In der Nacht vom 18./19. August 1943: Raketen-Versuchsanstalt Peenemünde nach dem RAF-Angriff

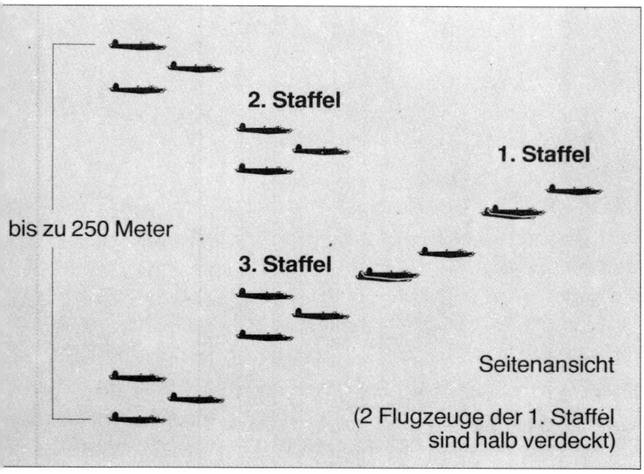

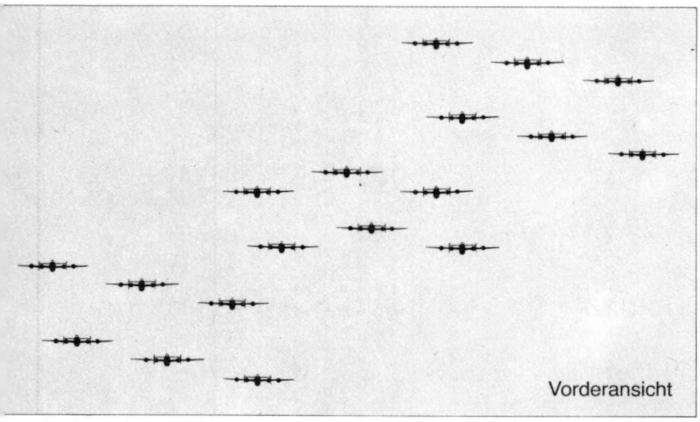

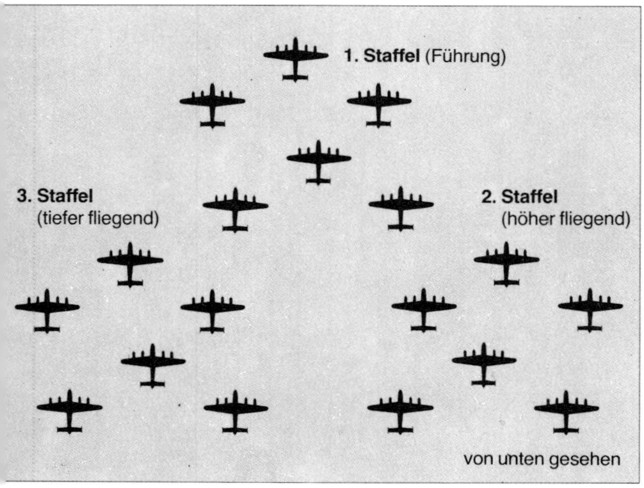

das Ziel allem Anschein nach gut und richtig getroffen« worden sei.

Und als die Luftbilder vorliegen, weist der britische Stabschef am 19. August 1943 ein Angebot der 8. USAAF, einen neuen Großangriff bei Tage auf Peenemünde durchzuführen, als überflüssig zurück.

Die Operation »Hydra« hat 735 Menschenleben gekostet, die Mehrzahl der Getöteten sind russische Kriegsgefangene und polnische Zwangsarbeiter aus dem Lager Trassenheide. Von den deutschen Spezialisten sind 178 Mann umgekommen, darunter auch der Leiter der Raketentriebwerkabteilung, Dr. Walter Thiel.

»Der Sachschaden im Werk ist überraschend gering«, berichtet General Dornberger. Alle wichtigen Pläne und Anlagen, wie der Windkanal, die Prüffelder und das Meßhaus, sind unbeschädigt. Die Erprobungsstelle der Luftwaffe in Peenemünde-West, das Entwicklungszentrum der V 1 und der Strahlflugzeuge, ist überhaupt nicht getroffen worden, und die Arbeit kann ohne Verzögerung weitergehen.

Noch vor Bekanntwerden des verhältnismäßig geringen Schadens nimmt sich unter dem Eindruck des Bombenangriffs auf die Versuchsanstalt der engste Mitarbeiter Görings, seit über vier Jahren Generalstabschef der Luftwaffe, Generaloberst Jeschonnek, in den Morgenstunden des 19. August 1943 das Leben.

Nach diesem Luftangriff auf Peenemünde führen die Deutschen ein großangelegtes Täuschungsmanöver durch: Um den Feind in dem Glauben zu lassen, er habe die Geheimwaffenentwicklung und -produktion mit einem Schlag vernichtet, werden keine Aufräumungsarbeiten vorgenommen, und die britischen Luftaufnahmen zeigen immer wieder, daß die zerstörten Werkhallen nicht mehr aufgebaut worden sind. Selbst die Bezeichnung Heeresversuchsanstalt Peenemünde (HVP) wird in

Heimat-Artillerie-Park (HAP) umbenannt. Diese Maßnahmen sind so überzeugend, daß die Bomber im Laufe der nächsten neun Monate nicht wiederkommen.
Inzwischen wird der Windkanal für Überschallgeschwindigkeiten nach Kochel in Oberbayern evakuiert, und die Abschußversuche sowie die Ausbildung der Einsatztruppen verlegt man nach Blizna in Polen, außerhalb der Reichweite schwerer Bomber. Die Serienproduktion der Fernraketen A-4 (V 2) und des unbemannten Flugkörpers Fieseler Fi 103 (V 1) »Kirschkern« soll im südlichen Harz anlaufen.
In mörderischem Tempo und unter unmenschlichen Bedingungen haben Tausende von KZ-Häftlingen bei Nordhausen am Harz unterirdische Stollen getrieben, in denen Hitlers Geheimwaffen fortan hergestellt werden. Die sogenannten Mittelwerke (Decknamen »Dora«) sind ein kilometerlanges Labyrinth gigantischer Höhlen und Tunnels, deren Bau das Leben Tausender Häftlinge gekostet hat.

Am Donnerstag, dem 19. August 1943, beginnen die alliierten Luftstreitkräfte ihre berüchtigte »Round-the-clock«, die »Rund-um-die-Uhr«-Bomberoffensive, die sie erst vor zwei Wochen über Hamburg praktiziert haben, jetzt gegen Ziele in Italien. Am Tage bombardieren die US-Maschinen Foggia, und in der Nacht vom 19./20. August greifen die RAF-Wellingtons das gleiche Ziel an.

In der Nacht vom 23./24. August 1943 starten, von 17 Mosquito-Pfadfindern begleitet, 727 Viermotorige (335 Lancaster, 251 Halifax und 124 Stirling) zum Angriff auf Berlin. 625 Maschinen erreichen die Reichshauptstadt und werfen 1765 Tonnen Spreng- und Brandbomben ab. Etwa 35 000 Menschen werden obdachlos. 56 Bomber kehren nicht zurück. 33 Maschinen werden von Nachtjägern, davon mindestens 20 über Berlin, abgeschossen; 24 gehen auf das Konto der Flak. Das Bomberkommando erleidet in dieser Nacht seine bisher schwersten Verluste.
Am 24. August 1943 greifen auf dem Rückflug von Nordafrika nach Großbritannien die Verbände der 8. USAAF, die am 17. August Regensburg bombardiert hatten, den Stützpunkt des Kampfgeschwaders 40 (KG 40) in Bordeaux-Mérignac an. Die hoffnungsvollen Pendelangriffe (Shuttle bombing) müssen jedoch aufgegeben werden: Der feine afrikanische Wüstensand erweist sich für die nicht tropentauglichen Motoren der Fliegenden Festungen gefährlicher als deutsche Jäger.

In der letzten Augustwoche 1943 kommt eine der neuen Waffen aus Hitlers Geheimarsenal zum Einsatz: die von Dr. H. Wagner konstruierte, per Funk ferngesteuerte Gleitbombe mit Flüssigkeitsrakete (Walter-Triebwerk) und einem Sprengsatz von 500 Kilogramm »Trialen 106«, unter der Bezeichnung Henschel Hs 293. Das Kampfgeschwader 100 (KG 100) ist der erste mit ferngelenkten Angriffswaffen ausgerüstete Verband des Zweiten Weltkrieges. Die Hs 293, insbesondere für Schiffsziele geeignet, wird nach dem Abwurf von dem Beobachter außerhalb der feindlichen Flak-Reichweite mit dem am Sender befindlichen bleistiftgroßen »Steuerknüppel« an das Ziel geleitet.
So wird am Mittwoch, dem 25. August 1943, um den Druck zu mildern, den das RAF-Küstenkommando und die Royal Navy auf die deutschen U-Boote in ihrem Aufmarschgebiet, dem Golf von Biskaya, ausüben, diese neue Waffe erstmalig eingesetzt. Die mit Gleitbomben Hs 293 ausgerüsteten Maschinen der II. Gruppe (Hpt. Molinus) des KG 100, insgesamt 12 Do 217 – von 7 Kampfflugzeugen Typ Ju 88 C eskortiert –, werden zur Jagd auf die britischen Kriegsschiffe nordwestlich von Spaniens Küste beordert. Der erste Einsatz bringt jedoch keinen Erfolg: Nur 4 Gleitbomben erreichen annähernd ihr Ziel, und die britische Sloop »Landguard« wird durch diese 4 Nahtreffer nur unbedeutend beschädigt.
Der Kapitän eines anderen britischen Schiffes berichtet: »Vor der spanischen Nordwestküste sichteten wir einen Dornier-Bomber, der sich vorsichtig außer Reichweite hielt. Dann war er wie zum Angriff angeflogen, hat aber, immer noch weit entfernt, ein Ding abgeworfen, das wie ein kleines Flugzeug aussah. Statt zu fallen, kam es zu unserem Entsetzen genau auf unser Schiff zugeflogen; jedoch bevor es uns erreichte, drehte es scharf ab und verschwand im Meer.«
Zwei Tage später, am Freitag, dem 27. August 1943, greifen wiederholt 18 Do 217 der II. Gruppe des KG 100 bei Kap Finisterre eine britische U-Boot-Jagdgruppe mit Hs-293-Gleitbomben an. Die Fregatte »Egret« (1200 t) fliegt nach 2 Volltreffern in die Luft, und

Oben: Ferngelenkte Gleitbombe Henschel Hs 293 mit Raketenmotor. Aus Geheimhaltungsgründen muß auf die Einsatzfreigabe über ein halbes Jahr gewartet werden

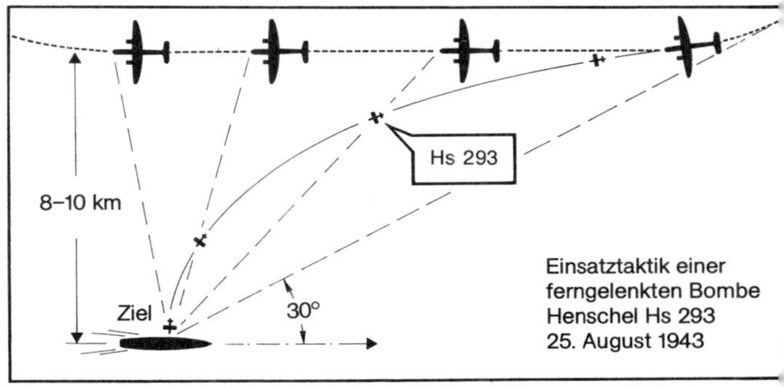

Einsatztaktik einer ferngelenkten Bombe Henschel Hs 293 25. August 1943

der kanadische Zerstörer »Athabaskan« muß schwer beschädigt ins Dock von Devonport geschleppt werden. Bei dieser Gelegenheit stellen Spezialisten Splitter und Teile der Bombe sicher.
Dieser erfolgreiche Angriff hat für die deutschen U-Boote einen überraschenden Nebeneffekt: Die britische Admiralität befiehlt ab sofort allen Einheiten im Golf von Biskaya, sich mindestens 200 Meilen von der französischen Küste zu entfernen, bis man eine Abwehrmöglichkeit gegen die Hs 293 gefunden hat. So können die deutschen U-Boote vorübergehend den Golf von Biskaya passieren, ohne einen Angriff von See her erwarten zu müssen.

In der Nacht vom 31. August/1. September 1943 führt die RAF ihren nächsten Großangriff gegen Berlin durch: 9 Mosquito-Pfadfinder und 622 Bomber (331 Lancaster, 176 Halifax und 106 Stirling) nehmen daran teil: Nur 512 Bomber erreichen das Zielgebiet und werfen 1359 Tonnen Spreng- und Brandbomben ab. Durch falsche Markierungen geht jedoch der größte Teil der Bomben etwa 20 Kilometer vor der Reichshauptstadt nieder. 47 Flugzeuge werden abgeschossen.
Bei diesem Angriff sorgt Major Herrmann dafür, daß seine Wilde-Sau-Staffeln die bestmögliche Sicht haben. Zum erstenmal fliegt eine deutsche Bombereinheit hoch über dem britischen Bomberstrom und wirft Leuchtbomben an Fallschirmen ab; daneben können sich die deutschen Nachtjäger auch die Kursmarkierungen der Mosquito-Pfadfinder zunutze machen.
Major Herrmann schlägt vor, die Verdunkelung aufzuheben, denn je besser die Städte beleuchtet sind, um so leichter können seine Nachtjäger die feindlichen Maschinen ausmachen, da die RAF ihre Nachtangriffe ohnehin nicht auf Sicht, sondern nur mit Hilfe ihrer exakten Radar-Zielgeräte durchführt. Doch Göring lehnt dies kategorisch ab.
Zwar geht unmittelbar nach dem ersten Window-Einsatz die Verlustquote des Bomberkommandos schlagartig auf die Hälfte zurück, doch bereits Ende August 1943 kann die deutsche Nachtjagd 230 Abschüsse innerhalb von 4 Wochen verzeichnen. Das sind nur 5 Maschinen weniger als im Juni 1943, dem Monat mit der bisher höchsten Abschußzahl. Jedoch täuschen diese ersten Erfolge nur über die Krise hinweg, in der sich die Nachtjagd seit dem Einsatz der Window-Streifen befindet.
Die Wilde-Sau-Taktik hat manche Nachteile: Abgesehen von dem erhöhten Risiko, der eigenen Flak zum Opfer zu fallen, ist die relativ kurze Flugzeit der einmotorigen Tagjäger häufig die Ursache von Unfällen, weil viele Jäger aus Treibstoffmangel oft gleichzeitig auf dem nächstliegenden Flugplatz landen müssen. Außerdem verfügen die neuaufgestellten Nachtjagdverbände nicht über eigene Maschinen, und die Piloten müssen als »Aufsitzergruppen« nachts die Flugzeuge der Tagjagdgruppen benutzen. Diese Doppelbeanspruchung der Jagdmaschinen bedeutet natürlich auch deren vermehrten Verschleiß.
Ab September 1943 geht die RAF immer öfter zur Taktik der Scheinangriffe über, um die deutschen Nachtjäger vom Hauptverband abzulenken und ihren konzentrierten Einsatz über dem eigentlichen Angriffsziel zu verhindern.

In den ersten Tagen des September 1943 beginnen die Sowjets mit ihrem größten Lastenseglereinsatz: Zur Unterstützung der geplanten Operation an der Kalinin-Front (Armee-Gen. Jeremenko) wird in zwölf Nächten auf dem Flugplatz Staraja Tropa, nahe Welikije Luki, im Bereich der 3. Stoß-Armee (GenLt. Purkajew) eine massierte Versorgung der Partisanen-Verbände durchgeführt. In einer Waldschneise westlich von Idriza entstehen im Rücken der 16. deutschen Armee (GFM Busch), an der Nahtstelle zwischen der Heeresgruppe Nord (GFM v. Küchler) und der Heeresgruppe Mitte (GFM v. Kluge), improvisierte Landeplätze.
Die insgesamt 35 Lastensegler Typ Antonow A-7 mit je einem Piloten und 7 Mann und Typ Gribowski G-29 mit je einem Piloten und 11 Mann, von den Maschinen Il-4 oder SB geschleppt, schaffen 250 Spezialisten, Funker und Pioniere sowie militärische und politische Ausbilder, dazu 50 Tonnen Nachschub, dorthin.

Lastenseglerpilot A. Piecuch: »Ich startete gleich in der ersten Nacht der Operation mit vier anderen Gespannen. Mein Segler war voll beladen mit Waffen, Munition, Sprengstoff, den allerneuesten Funkgeräten, einer Felddruckerei und sogar Kinoprojektoren. Von 10 Jägern begleitet, überflogen wir völlig unbemerkt die deutschen Linien, und nach etwa einer Stunde sichteten wir Lichtsignale am Rande eines Waldsees, an dessen Ufer sich mitten durch eine gerodete Schonung unsere Landebahn zog. Ich konnte meinen Segler gerade noch vor einer Baumgruppe zum Stehen bringen. Sofort tauchte wie aus dem Boden gestampft eine ganze Schar bärtiger Partisanen auf, die im Nu unsere Ladung in den Wald schleppten.
Ich hatte meine Zigarette kaum zu Ende geraucht, als sie mit ihren Beilen aus meiner nagelneuen A-7 Kleinholz machten. Eine Vorsichtsmaßnahme, damit den deutschen Aufklärern unsere Aktion verborgen blieb und in der nächsten Nacht hier weitere Lastensegler landen konnten. Nach etwa 2 Wochen, als die ganze Operation abgeschlossen war, trafen auf der Waldschneise 2 Dakota-Transporter ein und holten uns Piloten zurück nach Staraja Tropa.«

Im September 1943 vergibt die Luftwaffenführung auf Hitlers Anweisung hin an das Volkswagenwerk in Wolfsburg und an die Fieseler-Werke in Kassel den Auftrag, mit der Massenproduktion der fliegenden Bombe Fi-103 (V 1) zu beginnen. Die ersten der geplanten 50 000 Geschosse sollen bereits drei Monate später, im Dezember 1943, auf London niedergehen.
Daß Hitlers Plan nur auf dem Papier bestehenbleibt, ist nicht zuletzt M. Hollard zuzuschreiben, einem bescheidenen Handelsvertreter aus Paris. Der Mann, der eine der größten waffentechnischen Anstrengungen des Dritten Reiches für ein gutes halbes Jahr stoppt, macht dies seltsamerweise völlig auf eigene Faust: Niemand hat ihn

dazu aufgefordert, allein herumzuspionieren. Er besitzt weder ein Funkgerät noch wird er durch Fallschirmabwürfe mit Hilfsmitteln unterstützt, auch steht ihm kein Kurierdienst zur Verfügung.
Kaltblütig pendelt er zwischen Pas de Calais und Bern, um den britischen Militärattaché in der Schweiz mit allem Wissenswerten über die militärischen Objekte in Nordfrankreich zu versorgen. Monsieur Hollard ist bereits 49mal (!) über die Grenze gegangen, das wertvolle Geheimmaterial stets bei sich, als Ende August 1943 ein ihm bekannter Eisenbahner erzählt, er habe in einem Bistro in Rouen zwei Bauunternehmer von einem ungewöhnlichen Vorhaben der Deutschen sprechen hören, für das man Riesenmengen Beton brauchen wird.
Hollard fährt am nächsten Tag nach Rouen. In würdiges Schwarz gekleidet, mit einem Stapel Bibeln unter dem Arm, sucht er das Arbeitsamt auf und erklärt, er stehe im Dienst einer evangelischen Institution, die Arbeitern geistlichen Beistand leiste, und fragt, ob es im Umkreis von Rouen irgendwelche größeren Baustellen gebe. Man schickt ihn nach dem 30 Kilometer entfernten Auffay, einem kleinen Ort an der Bahnlinie Rouen–Dieppe.
Von dort gelangt er schließlich über eine der Ausfallstraßen an eine Lichtung, auf der mehrere hundert Mann eigenartige Betonarbeiten ausführen. Er schnappt sich eine Schubkarre und mischt sich unbeachtet unter die Arbeiter. Es sind überwiegend Holländer und Polen, einige von ihnen, die Französisch können, erzählen ihm, man baue Garagen. Dies kann natürlich nicht stimmen: Die Bauten sind viel zu klein; und wozu braucht man in einer abgelegenen Gegend so viele Garagen? Ein fast 50 Meter langer Betonstreifen, offenbar das Fundament für eine Art Rampe, erregt besonders die Neugierde Hollards. Mit seinem Kompaß stellt er zu seiner Verblüffung fest, daß der Betonstreifen in Richtung London weist. Er erfährt noch, daß die Deutschen hier Tag und Nacht arbeiten lassen.
Kurz darauf kreuzt Hollard mit einem Sack Kartoffeln die Schweizer Grenze, darin eine Kartenskizze der ominösen Baustelle.

Im September 1943 geht die monatelang anhaltende sommerliche Schönwetterperiode allmählich zu Ende. In der Nacht vom 6./7. September 1943 überfliegen 365 britische Flugzeuge das Reichsgebiet und werfen 1020 Tonnen Bomben auf München. 16 Bomber werden abgeschossen.

Am Mittwoch, dem 8. September 1943, um 18.30 Uhr, gibt General Eisenhower die Kapitulation Italiens bekannt. Unmittelbar darauf läßt die deutsche Führung das Unternehmen »Achse« anlaufen. Die Operation richtet sich gegen alle italienischen Streitkräfte in Italien, Südfrankreich, auf Sardinien und Korsika, wo sich

Unten links: Herbst 1943, Pas de Calais: Bau einer der zahllosen Abschußanlagen für die fliegenden Bomben Fi 103 (V 1)

Rechts: 9. September 1943: Das Ende des modernsten italienischen Schlachtschiffes »Roma«, der erfolgreichste Einsatz der deutschen Luftwaffe gegen ein Schiffsziel

42 Divisionen und 4 selbständige Kampfgruppen, etwa 2000 Flugzeuge (darunter 600 Schulmaschinen) und starke Marineverbände befinden. Zu ihrer Entwaffnung werden 17 deutsche Divisionen, eine Brigade und Teile der Luftflotte 2 herangezogen; 6 von diesen Divisionen und nahezu die gesamten Fliegerkräfte müssen jedoch sofort zur Bekämpfung der alliierten Invasion eingesetzt werden.

Ein Teil der italienischen Besatzungen landet mit rund 300 Maschinen auf alliierten Flugplätzen und kämpft als »Co-Belligerent Italian Forces« gegen die Deutschen, andere entscheiden sich für den Einsatz auf seiten der deutschen Luftwaffe.

Gegen Schiffe ihres Kampfgenossen Italien führt die deutsche Luftwaffe einen der erfolgreichsten Angriffe des Krieges: Als am frühen Nachmittag des 9. September 1943 deutsche Truppen in den Flottenstützpunkt La Spezia eindringen, verläßt soeben Admiral C. Bergamini mit den Schlachtschiffen »Roma«, »Italia«, »Vittorio Veneto« und 3 Kreuzern sowie 8 Zerstörern die Bucht; 3 Kreuzer und 2 Zerstörer aus Genua schließen sich dem Verband an. Er soll angeblich die Invasionsflotte der Alliierten auf ihrem Weg nach Salerno angreifen. In Wirklichkeit ist das Ziel jedoch Malta, um sich den Engländern zu ergeben.

Das Flaggschiff »Roma« (46 215 t) von Admiral Bergamini, das modernste Schlachtschiff und der Stolz der italienischen Marine, steht noch nicht ein Jahr im Dienst.

Die III. Gruppe (Maj. Jope) des Kampfgeschwaders 100 (KG 100), in Istres nahe Marseille stationiert, bekommt den Befehl, den abtrünnigen Freund abzufangen. Kurz nach 14 Uhr starten 12 Kampfflugzeuge Do 217 K-2, jedes mit einer Gleitbombe vom Typ Fritz X (SD 1400 X). Diese neue Geheimwaffe, von Dr. M. Kramer (Ruhrstahl AG) konstruiert, soll jetzt erstmalig eingesetzt werden. Es ist eine normale freifallende Bombe (1400 kg) mit hoher Durchschlagskraft, ohne eigenen Antrieb. Ihre Fallbahn kann jedoch durch ein UKW-Steuergerät korrigiert werden.

Der italienische Flottenverband erreicht Maddalena und läuft durch die Straße von Bonifacio zwischen Korsika und Sardinien, dicht an der Insel Asinara vorbei, als der Ausguck gegen 15.30 Uhr mehrere Flugzeuge meldet.

Major B. Jope: »Niemals werde ich den imposanten Anblick der italienischen Kriegsflotte vergessen, die unter uns auftauchte.« Die Italiener halten die Maschinen für Flugzeuge der Alliierten und glauben, sie seien aus Sizilien zu ihrer Luftsicherung geschickt worden. Erst als sie die fallenden Bomben sehen, erkennen die Italiener ihren Irrtum und machen verzweifelte Ausweichmanöver.

Zwar verfehlen die ersten Bomben ihr Ziel, aber die »Roma« wird von einer FX 1400 getroffen, die das Deck durchschlägt und im Schiffsinneren explodiert. Die Geschwindigkeit des Schlachtschiffes sinkt um 16 Knoten. Fünf Minuten später trifft eine zweite, von der Maschine des Oberleutnants Schmetz abgeworfene FX 1400 das Vorderdeck des Schiffes und verursacht eine Explosion der Munitionskammern, die die »Roma« in zwei Teile auseinanderreißt. Admiral Bergamini und 1254 Mann Besatzung gehen mit dem Schiff unter. Eine andere FX 1400 fegt über das Schwesterschiff »Italia« und schlägt dicht daneben ein. Durch das entstandene Leck strömen ungefähr 800 Tonnen Wasser in den Rumpf des Schiffes, das Malta trotzdem noch mit eigener Kraft erreichen kann.

Doch von diesem einmaligen Erfolg der neuen Waffe hat Hitler nie etwas erfahren; selbst Göring, dem Chef der Luftwaffe, wird vorenthalten, daß die »Roma« durch eine FX 1400 versenkt worden ist. Man meldet ihm lediglich, das Schlachtschiff sei durch Bomben getroffen worden. Initiator dieser unvollständigen Meldung an das

OKW ist der General der Jagdflieger A. Galland, der Hitler nicht einen weiteren Vorwand geben will, die Bomberproduktion noch mehr auf Kosten der Jagdmaschinen auszuweiten.
Am Donnerstag, dem 9. September 1943, landet trotz starken deutschen Widerstandes die 5. US-Armee (GenLt. Clark) mit 4 Divisionen bei Salerno (Operation »Avalanche«). Am gleichen Tag setzt die 8. britische Armee (Gen. Montgomery) in Tarent an Land.
Am Freitag, dem 10. September 1943, besetzen deutsche Truppen (OB Süd, GFM Kesselring) Rom. Die italienischen Streitkräfte werden entwaffnet, gefangengenommen oder entlassen.
In der Nacht vom 10./11. September 1943 greifen 360 britische Flugzeuge Düsseldorf an und werfen 760 Tonnen Bomben ab. 30 Maschinen kehren nicht zurück.
Am Sonnabend, dem 11. September 1943, führen die II. Gruppe (Hpt. Molinus) und die III. Gruppe (Maj. Jope) des Kampfgeschwaders 100 (KG 100) mehrere Angriffe mit Fernlenk- und Gleitbomben auf die Invasionsflotte vor Salerno durch. Sie erzielen einen Nahtreffer auf dem US-Kreuzer »Philadelphia«. Eine FX 1400 schlägt durch den vorderen Geschützturm des leichten US-Kreuzers »Savannah«. Die Explosion reißt ein Loch in das Deck, tötet mehrere Menschen und richtet erheblichen Schaden an.
Am Sonntag, dem 12. September 1943, gelingt der deutschen Luftwaffe (XI. Fliegerkorps) einer der wohl spektakulärsten Handstreiche: das Unternehmen »Eiche«. Punkt 14.00 Uhr landen 9 Lastensegler vom Typ DFS 230 mit der 1. Kompanie des Fallschirmjäger-Lehrbataillons (Oblt. G. Frh. v. Berlepsch) und dem SD-Sonderkommando »Friedenthal« (Sturmbannführer Skorzeny) auf einem Hochplateau am Berghotel Campo Imperatore im Gran-Sasso-Massiv (Abruzzen), um den seit 25. Juli 1943 gefangengehaltenen Mussolini zu befreien. Ein Fieseler Storch, geflogen von Major Gerlach, bringt den Duce und Skorzeny nach einem bravourösen Start nach Rom, von dort fliegt man ihn über Wien ins Führerhauptquartier.
Am Montag, dem 13. September 1943, erscheint wiederholt die III. Gruppe des KG 100 über der Bucht von Salerno. Diesmal wird der britische leichte Kreuzer »Uganda« schwer beschädigt. Nur knapp verfehlen die FX 1400 den US-Kreuzer »Philadelphia« und 2 britische Zerstörer. Das Lazarettschiff »New Foundland« wird trotz sichtbarer Rotkreuz-Markierungen versenkt.

Am Mittwoch, dem 15. September, wird der verdiente Kommandierende General der Nachtjagdverbände, General Kammhuber, wegen Unstimmigkeiten mit der Luftwaffenführung durch Generalleutnant Schmid abgelöst. General Kammhuber wird zum OB der Luftflotte 5 (Norwegen) ernannt.

Am Donnerstag, dem 16. September 1943, kann die III. Gruppe des KG 100 über Salerno einen bedeutenden Erfolg melden: Sie setzt mit 2 FX-1400-Volltreffern das britische Schlachtschiff »Warspite« für beinahe ein Jahr außer Gefecht. Die erste Bombe durchschlägt die Decks der Messe und explodiert im 4. Kesselraum. Eine zweite FX 1400 geht in der Nähe der Längsseite nieder und reißt ein großes Loch in den Schiffsrumpf unter der Wasserlinie. Nur mit großer Mühe gelingt es 2 Schleppern, das Schlachtschiff nach Malta zu schaffen.
Am Sonnabend, dem 18. September 1943, führt das Kampfgeschwader 100 seinen letzten Angriff mit FX 1400 über Salerno durch, der sich erneut gegen den US-Kreuzer »Philadelphia« richtet. Wieder wird die »Philadelphia« nur knapp verfehlt und kommt mit geringen Schäden davon.

In der Nacht vom 22./23. September 1943 bombardieren 658 RAF-Maschinen Hannover. 2357 Tonnen Bomben gehen auf die Stadt nieder. 25 Flugzeuge werden abgeschossen.

Im September 1943 führt die 8. USAAF eine Serie aus dem Rahmen fallender Nachteinsätze durch: Während dieser Operationen werden statt Bomben Flugblätter abgeworfen. Etwa 30 Fortresses der 422. Squadron (305. Bombergruppe) beteiligen sich daran.
Nach dem Beispiel der RAF rüstet jetzt die US-Führung ihre Bomberverbände mit Pfadfinder-Squadrons aus. Das der britischen Navigations- und Bombenwurfhilfe »H2S« nachgebaute »Meddo«-Gerät gehört zu den wichtigsten Bordinstrumenten der US-Pfadfindermaschinen. Die ersten Aktionen finden am Montag, dem 27. September 1943, beim Angriff auf Emden statt. Durch Rauchsignale kennzeichnen die Pfadfinder den Bombenauslösepunkt des von ihnen herangeführten Verbandes.

Am Montag, dem 27. September 1943 dringen die Panzertruppen der 8. britischen Armee (Gen. Montgomery) in Foggia ein; nun stehen den Verbänden der USAAF rund 13 Flugplätze in der Umgebung zur Verfügung. Das ändert mit einem Schlag die strategische Luftlage des Deutschen Reiches: Von diesen Stützpunkten aus liegen die kriegswichtigen Industriezentren Süddeutschlands, Österreichs, Ungarns und Rumäniens in Reichweite der schweren US-Bomber. Auch die Unterstützung der jugoslawischen Partisanen kann verstärkt werden.

In der Nacht vom 27./28. September 1943 ist Hannover erneut das Ziel des Bomberkommandos. 2196 Tonnen Bomben richten schwere Schäden an. Von 599 Flugzeugen gehen 38 verloren.

Rechts: Ferngelenkte Fallbombe Fritz X: Einfach und wirksam. Die ferngesteuerten deutschen Bomben können jedoch durch das Fehlen geeigneter Trägermaschinen nicht in angestrebter Menge eingesetzt werden

Unten: Kompaß im Manschettenknopf: eine der Erfindungen von Major C. C. Hutton. Durch einen kleinen Trick – der Deckel hat Linksgewinde – ist der Kompaß nur schwer zu entdecken

Die RAF schärft ihren Besatzungen immer wieder ein, daß ein Abschuß für sie keineswegs das Ende des Krieges bedeute: Sie müßten alles unternehmen, um nicht in Gefangenschaft zu geraten oder aus dem Kriegsgefangenenlager zu entfliehen. Jeder vom fliegenden Personal bekommt eine elementare Fluchtausbildung, dazu das obligatorische »escape kit« mit Landkarten, einem Kompaß, Lebensmitteln und Geld.
Mehrere Fluchthilfe-Organisationen in Belgien, Holland und Frankreich, deren Entstehung bis 1940 zurückgeht, haben es sich zur Aufgabe gemacht, abgeschossene alliierte Flieger vor dem Zugriff der Deutschen zu retten. Die Fluchtwege sind festgelegte Routen, die von Ostholland über Frankreich und die Pyrenäen bis nach Gibraltar reichen. Andere führen über das deutschbesetzte Europa in die Schweiz. Ebenfalls zu den Aufgaben der SOE (Special Operations Executive) gehört die Unterstützung dieser Fluchthilfe-Organisationen. Sie sorgt für den Funkkontakt mit der Londoner Zentrale, überprüft bei dieser Gelegenheit die Personalien der betreuten Flieger und beschafft falsche Dokumente und Geld. Die deutschen Sicherheitsbehörden und die Abwehr versuchen immer wieder, ihre Agenten in die Fluchthilfe-Organisationen einzuschleusen, was ihnen nicht selten gelingt.

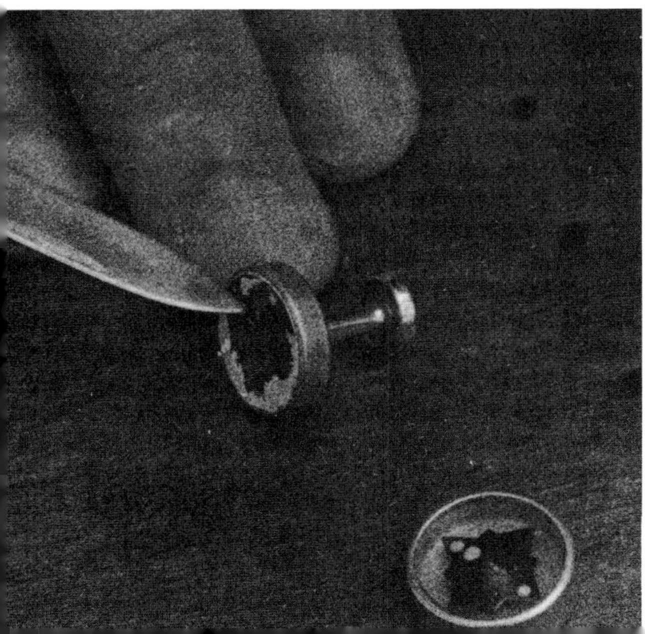

Dem Einfallsreichtum eines Journalisten und Werbefachmannes haben Hunderte von alliierten Fliegern die Freiheit zu verdanken: Major C. C. Hutton hat sich zahllose technische Hilfsmittel ausgedacht, um ihnen die Flucht aus den deutschen Kriegsgefangenenlagern zu erleichtern.
Zu diesen Erfindungen gehören winzige in Knöpfen, Siegelringen, Bleistiften und Tabakspfeifen versteckte Kompasse, auf Seide gedruckte Landkarten mit den Fluchtwegen, die im Jackenfutter oder in den Stiefeln eingenäht sind, in Schnürsenkeln verborgene »Fluchtsägen« aus dünnstem Stahl für Gefängnisgitter, auseinandernehmbare Fliegerstiefel, deren untere Teile (einschließlich Kompaß und einer kleinen Säge) als Wanderschuhe dienen, während man aus dem oberen pelzbesetzten Stück eine Jacke zusammenknöpfen kann, ein Miniatur-Funkgerät von der Größe einer Zigarettenschachtel, ein Uniformrock, der sich mit wenigen Handgriffen in eine Ziviljacke verwandeln läßt, oder ganz normal aussehende Füllfederhalter, die Kompaß, Aspirin, Feuerzeug, eine Europakarte und Mittel zum Färben der Uniform enthalten.
Der pfiffige Major organisiert sogar einen weitverzweigten Wohltätigkeitsverein, der das Los der Kriegsgefangenen lindern soll. in Wirklichkeit eine Tarnung für die Operation »Post-Box«, die es ermöglicht, seine Fluchthilfsmittel mit den Liebesgabenpaketen in die deutschen KG-Lager zu schmuggeln. In Uniformknöpfen, Schuhen oder Schachfiguren, selbst in Spielkarten und Schallplatten verborgen, gelangen Major Huttons »gadgets« in die Hände der gefangenen Flieger.

Am Freitag, dem 1. Oktober 1943, bereits vier Tage nach Eroberung der im Raum Foggia liegenden Flugplätze, starten die US-Bomber der Strategic Air Forces (GenMaj. J. Doolittle) von dort aus zu einem Angriff auf die Messerschmitt-Werke in Wiener Neustadt.

In der Nacht vom 2./3. Oktober 1943 greifen 273 britische Lancaster-Maschinen München an und stellen dabei einen Rekord auf: In der Zeit von 22.30 Uhr bis 22.55 Uhr werfen sie pro Minute fast 4 Tonnen Bomben auf die Stadt.

Die in der ersten Oktoberwoche mit Zusatztanks ausgerüsteten Thunderbolt-P-47-Jäger, die jetzt den Bombern Begleitschutz bis zur Linie Frankfurt/Main–Hannover–Hamburg sichern können, ermöglichen es der 8. US-Luftflotte, nach den Richtlinien der »Pointblank«-Weisung sofort eine Serie von 4 Großeinsätzen gegen Verkehrszentren und die deutsche Flugzeugindustrie durchzuführen. Trotz der vergrößerten Reichweite ihrer Jäger ist die Offensive mit empfindlichen Verlusten verbunden. Am Freitag, dem 8. Oktober 1943, richtet sich der erste dieser Großangriffe gegen die Werke in Bremen-Vegesack: 30 Maschinen werden abgeschossen.

In der Nacht vom 8./9. Oktober 1943 werfen 457 RAF-Maschinen 1667 Tonnen Bomben auf Hannover. 9 Quadratkilometer des Stadtkerns werden eingeäschert und 250 000 Menschen obdachlos. Eine der größten Reifenfabriken Deutschlands, die Continental GmbH, der wichtigste kriegswirtschaftliche Betrieb der Stadt, ist dagegen kaum getroffen worden. Das Bomberkommando verliert 27 Maschinen.

Am Sonnabend, dem 9. Oktober 1943, unternehmen 378 Bomber der 8. USAAF den zweiten der Großangriffe, diesmal gegen Gotenhafen (Gdingen), Danzig sowie auf die Endmontagewerke von Focke Wulf in Anklam und Marienburg. 28 Bomber werden abgeschossen.

Am Sonntag, dem 10. Oktober 1943, starten 236 viermotorige Bomber der 8. USAAF den vorletzten aus der Serie der vier Großangriffe. Das Ziel: die Verkehrsanlagen im Raum Münster. 30 Bomber gehen dabei verloren.

Anfang Oktober 1943 bekommen die ersten Nachtjäger der Luftwaffe das neueste Weitwinkelerfassungs-Bord-Radargerät der Telefunken AG mit dem Decknamen »Lichtenstein SN-2« (FuG 220), kurz SN-2 genannt. Dieses Gerät ist imstande, feindliche Bomber in stockdunkler Nacht bereits auf 6,5 Kilometer Entfernung aufzuspüren und die Jäger an sie heranzuführen. Der größte Vorteil des auf der Frequenz 85 Megahertz arbeitenden SN-2: Es ist immun gegen die Window-Streifen. Sein unwesentlicher Nachteil: eine noch schwerere, geschwindigkeitshemmende »Hirschgeweih-Antenne« als beim alten »Lichtenstein BC«.

Göring hat sich bereits im August 1943 für die höchste Dringlichkeitsstufe bei der Herstellung dieses Zielfindungsgerätes eingesetzt, denn erst diese neuen Radargeräte sind die technische Voraussetzung für konzentrierte Masseneinsätze der Nachtjäger mit der Zahme-Sau-Taktik. Das Himmelbett-Verfahren wird nun aufgegeben, und statt dessen werden die Nachtjäger gruppenweise in den Bomberstrom eingeschleust und aus der Bodenführung entlassen, sobald sie mit ihren Bord-Radargeräten selber ein Ziel erfaßt haben. Diese jetzt an-

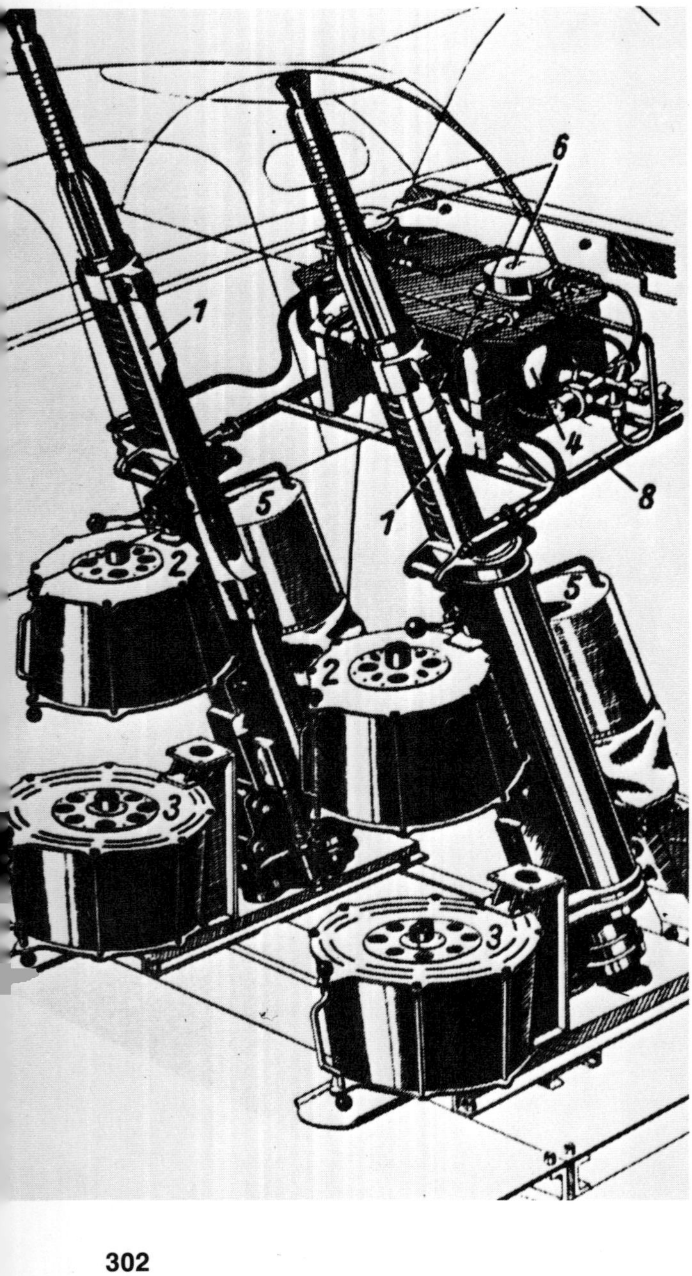

Die »schräge Musik«: Zwei in einem Winkel von etwa 75 Grad am hinteren Kabinenspand der schweren deutschen Nachtjäger angebrachte 20-mm-MG/FF-Kanonen

gewandte Taktik fügt dem Bomberkommando schwere Verluste zu und ermöglicht den Deutschen, endlich von der Objektverteidigung zur Raumverteidigung überzugehen.
Das neue Lichtenstein-SN-2-Radargerät ist auch für die »Serrate«-Radarempfänger der britischen Nachtjäger, die bisher mit ihm die Strahlung der deutschen Bord-Radargeräte zur Zielfindung benutzten, nicht mehr anwendbar. Dagegen besitzen jetzt die deutschen Nachtjäger zusätzlich die nach dem »Serrate«-Prinzip arbeitenden neuen Zielfindungsgeräte »Flensburg« (FuG 227) und »Naxos« (FuG 350), die es ihnen ermöglichen, die Bord-Radargeräte der britischen Maschinen zu orten und ohne Bodenführung die RAF-Bomberverbände anzugreifen.
Die Hoffnung, wenigstens die Nachtbomberoffensiven der RAF zu stoppen, verdanken die deutschen Nachtjäger nicht nur den zuverlässigen Bord-Radargeräten, sondern auch der »schrägen Musik«.
Im Gegensatz zum Weitwinkelerfassungs-Bord-Radargerät SN-2, an dessen Entwicklung ein ganzes Team namhafter Spezialisten gearbeitet hat, ist die »schräge Musik« einem einzigen Mann, dem Waffenoberfeldwebel Paul Mahle, zu verdanken. Der aus Berlin stammende Maschinenschlosser ersinnt die Einrichtung, die den Nachtluftkampf beinahe revolutioniert. So schießt z. B. Leutnant P. Ehardt von der 6. Staffel des NJG 5 bereits bei seinem ersten Einsatz mit der »schrägen Musik« während des Angriffs auf Peenemünde (17./18. August 1943) innerhalb von 29 Minuten 4 Bomber ab. »Bisher hat die II./NJG 5 mit der versuchsweise eingebauten Schrägbewaffnung ohne Verluste und Treffer an eigenen Maschinen 18 Abschüsse erzielt«, notiert in seinem Bericht der Kommandeur Hauptmann M. Meurer am 2. Oktober 1943.
Die schräg nach oben schießenden 2-cm-FF-Zwillingskanonen werden im Winkel von 70–80° am Rumpfrükken hinter dem Kabinenspand von zweimotorigen Nachtjägern angebracht und durch ein Reflexvisier bedient. Die Nachtjäger geraten nicht mehr, wie bei Angriffen mit den starr nach vorn gerichteten Bugwaffen üblich, in das gefürchtete Feuer der Vierlings-MG aus den Heckständen der feindlichen Bomber. Sie können jetzt den Gegner unterfliegen und mit den schräggestellten Waffen von unten schießen. Da die britischen Nachtbomber zur Zeit keine bewegliche Bewaffnung an der Rumpfunterseite haben, nutzen die Nachtjäger den toten Winkel zwischen den MG-Ständen aus.
Nachdem die »schräge Musik« vom Reichsluftfahrtministerium übernommen wird und in die Serienproduktion geht, erhält Oberfeldwebel P. Mahle für seine Idee ein Belobigungsschreiben und 500 Reichsmark.
Die »schräge Musik« ist übrigens eine moderne Version der bereits 1916 von Gerhard Fieseler – damals Front-

Angriff »von unten hinten«: Der Jäger richtet seine Bordkanonen in leichtem Steigflug auf den Bomberrumpf. Heckschütze und Bombenmagazin sind besonders gefährdet.

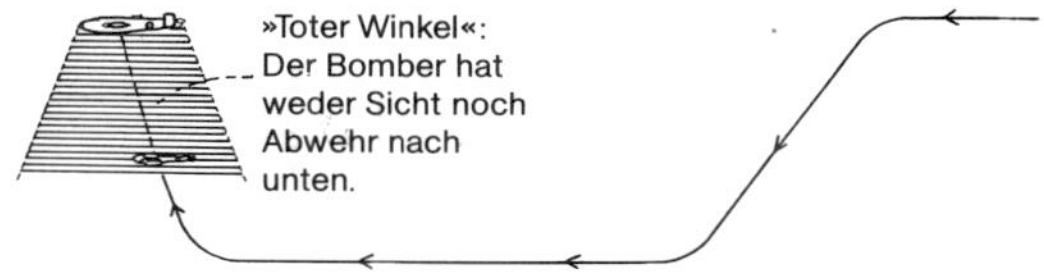

Angriff mit der »schrägen Musik«: Der Jäger feuert aus dem toten Winkel unter dem Bomber schräg nach oben in eine Tragfläche.

flieger auf dem mazedonischen Kriegsschauplatz – angewandten und von seinen Freunden als »Fieselieren« bezeichneten Kampfweise. Diese Taktik ermöglichte es ihm, sich gegen mehrfache Überlegenheit zu behaupten und dabei 21 Luftsiege zu erringen, ohne selbst auch nur einen einzigen MG-Treffer in seine Maschine zu erhalten. Er montierte im Frühjahr 1918 als Führer der in Hudowa an der Balkan-Front liegenden Jagdstaffel 38 ein Lewis-MG mit Trommel aus einer von ihm abgeschossenen Bréguet in die Ausbuchtung der oberen Tragfläche vor dem Führersitz seiner Fokker D VII so ein, daß er damit starr schräg nach oben schießen konnte. Er flog beim Angriff jedesmal unter die feindliche Maschine und verfehlte mit dem schrägen MG selten sein Ziel.
Am Mittwoch, dem 13. Oktober 1943, erklärte die zur Zeit in Brindisi (Süditalien) amtierende Badoglio-Regierung dem Deutschen Reich den Krieg. Die Fliegerkräfte der ehemaligen Regia Aeronautica, die jetzt im Rahmen der »Co-Belligerent Italian Forces« an der Seite der alliierten Luftstreitkräfte kämpfen, werden der »North West African Air Force« unterstellt.
Auch die deutsche Führung läßt die auf ihrer Seite stehenden italienischen Fliegerkräfte an den Kämpfen teilnehmen. Nachdem am 23. Oktober 1943 Mussolini in Salò (Norditalien) eine neue Regierung gebildet hat, entsteht die »Aviazone della Republica Sociale Italiana« mit einer Anzahl von Torpedobomber-, Kampfflugzeug- und Jägergruppen.

Mitte Oktober 1943 wird Monsieur Hollard bei seinem nächsten Treff mit dem britischen Militärattaché in Bern dringend gebeten, weiteren mysteriösen deutschen Vorhaben, ähnlich wie bei Rouen, nachzuspüren. Hollard und seine vier angeworbenen Helfer suchen per Fahrrad ganz Nordfrankreich von Calais bis Cherbourg ab. Insgesamt entdecken sie über 100 Bauten, die alle innerhalb eines 300 Kilometer langen und 50 Kilometer breiten Streifens parallel zur Küste liegen.
Es sind lange, niedrige, schmale Bunker aus Stahlbeton, jeder an einem Ende gebogen. In der Nähe dieser Bunker stehen 3 rechteckige Bauten und eine Plattform von

Eine Formation der neuen B-17 G mit einem »Kinn«-Turm, eskortiert von Begleitjägern, deren weiße Kondensstreifen gut sichtbar sind

etwa 10 Meter Länge und 4 Meter Breite, die wie eine geneigte Rampe aussieht, deren Hauptachse sich auf die britische Hauptstadt richtet.

Kurz nachdem die neue Version der Flying Fortress, die B–17 G, bei der 8. US-Luftflotte eintrifft, wird der letzte der innerhalb von einer Woche durchgeführten Serie von 4 Großangriffen vorbereitet. Die neuen Maschinen haben einen »Kinn«-Turm und 12,7-mm-Zwillings-MG, mit denen die gefürchteten Frontalattacken wirkungsvoller abgewehrt werden sollen.
Am Donnerstag, dem 14. Oktober 1943, zwei Monate nach dem ersten Angriff auf Schweinfurt (17. August 1943), starten wiederum 291 Bomber mit dem Ziel: das Zentrum der Kugellagerindustrie. Als die Thunderbolt-P-47-Begleitjäger abdrehen, kreuzen die ersten deutschen Jagdgeschwader auf. Die Luftwaffe hat den Viermotorigen sämtliche einsatzbereiten Jäger der Reichsverteidigung und mehrere Staffeln der in Frankreich stationierten Luftflotte 3 (GFM Sperrle) entgegengeschickt. Die Kämpfe toben nun unter strahlend blauem Himmel, und die Taktik der deutschen Jäger ist so perfekt eingespielt, daß bei den US-Piloten der Verdacht entsteht, die Operation sei womöglich im voraus verraten worden.
Ungeachtet des neuen »Kinn«-MG-Standes unter dem Bug der Fliegenden Festungen greift Welle um Welle der ein- und zweimotorigen Jäger mit Raketen, 20-mm-Kanonen und sogar mit Bomben an. Noch bevor die Verbände Schweinfurt erreichen, verlieren sie 29 Maschinen. Auf dem Rückweg stürzen sich 160 Jäger gleichzeitig aus allen Himmelsrichtungen auf die gelichteten Formationen. Pausenlose Kämpfe ziehen sich über die ganze Flugroute hin, 32 Viermotorige werden dabei abgeschossen. Selbst über dem Kanal müssen die Bomber noch mehrere Angriffe abwehren. 40 Zerstörer, 35 Nachtjäger und fast 300 Tagjäger sind im Einsatz, insgesamt 35 deutsche Maschinen kehren nicht zurück.
Die 8. US-Luftflotte verliert an diesem »schwarzen Donnerstag« 60 Bomber über Deutschland (20 Prozent; 17 Maschinen stürzen über dem Kanal und über England ab. Nur 93 der schweren Bomber bleiben unbehelligt. Die Serie von 4 Großangriffen kostet die Amerikaner 148 Maschinen mit ca. 1500 Mann fliegendem Personal.
Danach sieht General H. H. Arnold, Chef der US-Luftstreitkräfte ein, daß Tagbomber ohne Jagdschutz nicht in der Lage sind, die Luftherrschaft über Deutschland an sich zu reißen. Er stoppt die Tages-Raids, bis ein neuer Typ von Langstreckenjäger geliefert wird, der die Viermotorigen auch auf große Distanzen schützen kann.
Um der wachsenden Gefahr der deutschen Nachtjäger zu begegnen, haben sich Dr. Jones und sein Team etwas Besonderes einfallen lassen: Mit Unterstützung von Generalleutnant E. B. Addison, Chef der britischen Luftnachrichtentruppen, wird in Kingsdown (Kent) neben einem superstarken Spezialsender, der auf der Wellenlänge der deutschen Jägerleitstellen arbeitet, eine solche Leitstelle nachgebaut. Zugleich werden sämtliche Hinweise, die die Leitoffiziere durch die »laufende Reportage« den Nachtjägern übermitteln, Tag für Tag auf Wachsplatten festgehalten (die Engländer haben derzeitig noch keine Tonbandgeräte) und anschließend sorgfältig studiert. Mit dieser Idee will man versuchen, bei den kommenden bedeutenden Nachtangriffen des Bomberkommandos durch neue Täuschungsmanöver (Operation »Corona«) die deutsche Luftabwehr vom eigentlichen Ziel abzulenken: Die Besatzung der in Dyle gelandeten Ju 88 soll die deutschen Jägerleitoffiziere nachahmen und so die Nachtjäger auf falsche Fährten locken, um es den Bomberverbänden zu ermöglichen, ungestört durch schwere Abwehr ihre Zielangriffe durchzuführen.
Im Oktober 1943 mehren sich die Meldungen über unbemannte Flugzeuge, und einer der Agenten berichtet, daß sie den Decknamen Fi 103 haben.
Am Donnerstag, dem 21. Oktober 1943, trifft bei

Dr. Jones die Nachricht ein, daß die Fieseler-Werke in Kassel »die gleiche Geheimwaffe wie in Peenemünde« produzieren. Sofort nach Eingang dieser Meldung beschließt Harris, Kassel zu bombardieren. Es soll einer der verheerendsten Angriffe des Bomberkommandos in diesem Krieg werden. Als feststeht, daß die Aktion gegen Kassel bereits in der Nacht vom 22./23. Oktober 1943 geplant ist, wird die Täuschungsoperation »Corona« erstmalig eingeleitet.

Während sich 486 schwere Bomber im Anflug auf Kassel befinden, führt eine Gruppe Stirling-Bomber einen Scheinangriff auf Frankfurt/Main durch, und 12 Mosquitos werfen Leuchtzielmarkierungen über Köln ab, um auch dort einen Angriff vorzutäuschen. Gleichzeitig lenken die falschen Jagdleitoffiziere aus Kingstown die deutschen Nachtjagdstaffeln über diese Städte, die als Hauptziele angesehen werden sollen. So können die Pfadfinder des Hauptverbandes unbehelligt durch Nachtjäger die größte Konzentration von Zielmarkierungsbomben, die je im Kriege angewendet wurde, über Kassel setzen. Die Brandbomben werden in solchen Mengen abgeworfen, daß innerhalb von 15 Minuten die ganze Innenstadt in Flammen steht. Erst jetzt tauchen über Kassel die ersten Nachtjäger auf, die viel zu lange im Raum Frankfurt festgehalten worden waren.

Die in einer Viertelstunde auf das Stadtzentrum von Kassel gefallenen 1824 Tonnen Brand- und Sprengbomben entfachen einen Feuersturm wie in Hamburg. 12 000 Einwohner (5 Prozent der Bevölkerung) kommen dabei um. Trotz der Täuschungsoperation »Corona« verliert das Bomberkommando 42 (9 Prozent) seiner Maschinen. Aufklärerfotos zeigen, daß es in Kassel noch 7 Tage nach dem Angriff brennt. »Rund 100 000 Wohnungen und wenigstens 9 wichtige Fabriken liegen in Trümmern. Die Fieseler-Werke sind durch Bombenvolltreffer schwer beschädigt ...« melden die Bildauswerter aus Medmenham.

Die Fieseler-Werke werden zum Teil etwas außerhalb nach Rothwesten verlagert, was die serienmäßige Produktion der fliegenden Bombe Fi 103 um Monate verzögert. Goebbels notiert nach dem Angriff auf Kassel: »Es ist tief beschämend, zu sehen, wie der Feind uns in der Luftkriegsführung an der Nase herumführt. Jeden Monat erfindet er neue Angriffsmethoden, und es dauert Wochen und manchmal Monate, bis wir mit ihnen fertig werden.«

Eine andere Täuschung der »Corona«-Sprecher: die Durchgabe falscher Wetterberichte an die deutschen Nachtjäger, um sie zum sofortigen Landen oder gar zum Aufsuchen entfernterer Flugplätze zu veranlassen. Besonders die Ankündigung von Bodennebel hat selten ihre Wirkung verfehlt.

Die Führung der Verbände über den Sprechverkehr der Jägerleitoffiziere erlaubt immer neue Möglichkeiten der Störung, so auch diese: Der Sender Kingsdown bringt Ausschnitte aus Hitler-Reden und deutsche Marschmusik auf den Frequenzen der deutschen Nachtjägerleitung, so daß sich die Störgeräusche mit den Anweisungen der Leitoffiziere überlappen und sie völlig unverständlich machen.

Am Sonntag, dem 24. Oktober 1943, nimmt der britische Geheimsender (Leitung: Sefton Delmer) – mit 600 Kilowatt der stärkste Europas – unter der Bezeichnung »Soldatensender Calais« neben dem schon bestehenden »Deutschen Kurzwellensender Atlantik« seine Tätigkeit auf. Das regelmäßige Programm für die Luftwaffe aus dem Studio in Milton Bryan bekommt dank der ständigen Mitarbeit der am 9. Mai 1943 in Dyle mit ihrer

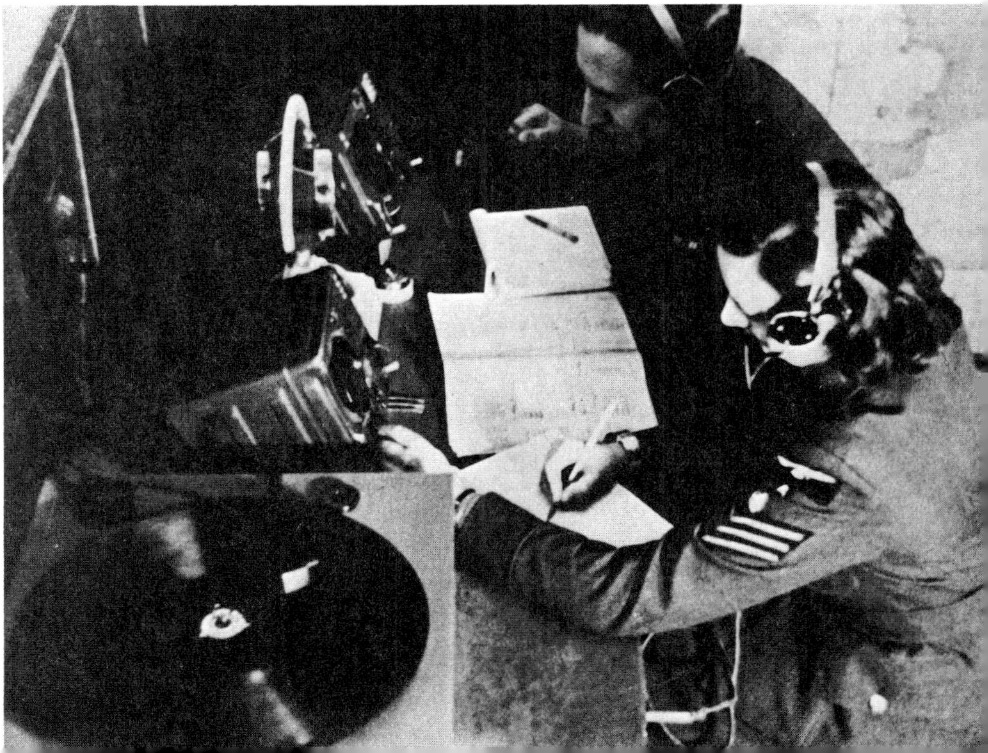

Kingsdown (Kent), das Tonstudio der Operation »Corona«: Der »deutsche Jägerleitoffizier« gibt den deutschen Piloten irreführende Anweisungen, und Schallplatten sorgen für eine realistische Geräuschkulisse, während die Stenotypistinnen der WAAF jeden Wortwechsel notieren

Ju 88 gelandeten Besatzung jedesmal einen pointierten Abschluß: Empört prangern sie die unmöglichen Bedingungen an, unter denen ihre Kameraden gegen einen überwältigenden Feind kämpfen müssen. Der dem Team eigens zugeteilte Wing Commander N. Roffy (Air Intelligence 3) versorgt es mit den allerneuesten technischen Nachrichten aus dem Bereich der deutschen Luftwaffe. Einen nicht unbedeutenden Teil des Programms, der die Moral des Gegners schwächen soll, nehmen die laufenden Nachrichten über die letzten alliierten Bombenangriffe ein. Es werden dabei äußerst präzise nicht nur die Namen der in den betroffenen Städten zerstörten Straßen, sondern auch einzelne Objekte, selbst Hausnummern von Gebäuden, genannt. Dies alles läßt manchen Schwarzhörer der in Deutschland strengstens verbotenen Sendungen glauben, allgegenwärtige britische Agenten melden die Resultate der Angriffe sofort vom Ort des Geschehens nach England.
S. Delmer: »Die Hauptquelle für diese Berichte waren Fotos. Sie stammten von den Mosquitos, die unmittelbar nach jedem Angriff die betroffenen Gebiete überflogen, um den angerichteten Schaden fotografisch festzuhalten ... Meine Freunde bei der Nachrichtenabteilung der RAF schickten mir die Bilder, sobald sie entwickelt und abgezogen waren, unverzüglich durch einen Kradfahrer nach Milton Bryan, und dann machte sich eine Sondersektion darüber her, um sie mit Hilfe von Stereoskopen auszuwerten. Wir hatten uns zu diesem Zweck eine ganze Bibliothek von deutschen Stadtplänen und Baedekern zugelegt.«

Nachdem die Meldung des Militärattachés aus Bern mit dem Ergebnis der Suchaktion von Monsieur Hollard nach den geheimnisvollen Bauten zwischen Calais und Cherbourg in London eintrifft, starten am Donnerstag, dem 28. Oktober 1943, vom Stützpunkt der Bildaufklärereinheit in Benson (Oxfordshire) die Mosquitos der 541. Squadron, um das gesamte Gebiet von Nordwestfrankreich in einem Umkreis bis zu 250 Kilometer von London erneut zu fotografieren. Das schlechte Wetter verzögert jedoch die Ausführung dieses Auftrages. Endlich, am Mittwoch, dem 3. November 1943, hat sich das Wetter gebessert, und die Bildaufklärung der von Monsieur Hollard bezeichneten Stellen wird möglich. Die Fotos erreichen Medmenham am nächsten Tag und zeigen zahlreiche Baustellen mit gleicher Konstruktion, dazu Betonplattformen, deren Mittelachse stets genau auf London gerichtet ist. Alle Baustellen enthalten eine oder mehrere Hallen, die wie auf der Seite liegende Skier geformt sind. Dies erleichtert es, weitere »Ski-Stellungen« aufzufinden. Und man entdeckt auch sogenannte »große Anlagen«: riesige, überwiegend unterirdische Konstruktionen mit Stahlbetonmauern von mindestens 10 Meter Dicke. Eine davon, die in Watten, wird von US-General L. Brereton als »ausgedehnter als jede Betonkonstruktion, die wir in den Vereinigten Staaten besitzen, den Boulder-Damm vielleicht ausgenommen«, beschrieben.

Am Donnerstag, dem 11. November 1943, führen die US-Träger eine Operation gegen Rabaul (Neubritannien). Den Angriff unternehmen Flugzeuge von Deck der drei soeben in Dienst gestellten Träger »Essex«, »Bunker Hill« und »Independence«. Es kreisen zum erstenmal so starke landgestützte Jägerstaffeln über den Schiffsverbänden, daß sämtliche Trägerflugzeuge eingesetzt werden können. Von Rabaul starten 67 japanische Jäger, 27 Stukas und 14 Torpedoflugzeuge, doch werden sie vom amerikanischen Jagdschutz abgefangen und verlieren durch Jäger und Flak 33 Maschinen, ohne selbst Treffer zu erzielen.

Am Sonnabend, dem 13. November 1943, erreicht die deutsche Luftwaffenführung eine Meldung des in Algeciras (Spanien) tätigen Agenten, daß der Geleitzug MKS 30 von Gibraltar mit Kurs nach Liverpool ausläuft und sich am nächsten Tag mit dem Konvoi SL 139 trifft. Der Groß-Geleitzug zählt nun 66 Frachter, geschützt von der 40. Escort Group und 7 anderen Einheiten, darunter der stark bestückte kanadische Flakkreuzer »Prince Robert«.
Unterdessen bereitet Air Marshal Harris eine neue Luftoffensive vor (»Battle of Berlin«), die Deutschland, wie er Churchill schrieb, »will cost the war«. Harris beabsichtigt, Berlin »von einem Ende bis zum anderen in Schutt und Asche zu legen«, und prophezeit, daß sein Bomberkommando Hitler spätestens bis 1. April 1944 zur Kapitulation zwingen werde.
Am Abend des 18. November 1943 beginnt die Schlacht um Berlin: 402 von 444 gestarteten Bombern greifen die Reichshauptstadt an, während 325 Bomber einen schweren Ablenkungsangriff gegen Ludwigshafen führen. Zum erstenmal unternimmt das Bomberkommando in einer Nacht Großangriffe gegen zwei verschiedene Städte. Daneben bombardieren 13 Lancasters Flakstellungen entlang der Nordseeküste und 28 Mosquito-Schnellbomber die im Raum Berlin. Die Bomberverbände werden von zahlreichen Mosquito-Fernnachtjägern beglei-

tet, die in der Mark Brandenburg startende und landende deutsche Nachtjäger bekämpfen.
Die Leuchtmarkierungsbomben der Pfadfinder sind durch die geschlossene Wolkendecke kaum wahrnehmbar, und die Bomberverbände werfen ihre Last fast »blind« ab. Es wird damit klar, daß die Operationen außerhalb der Reichweite von »Oboe« nicht die gleiche Zielgenauigkeit haben können wie bei den Angriffen im Ruhrgebiet.
Etwa 1600 Tonnen Spreng- und Brandbomben gehen in dieser Nacht auf Berlin nieder. Insgesamt verliert die RAF über Berlin und Ludwigshafen 34 Maschinen, davon 9 über der Reichshauptstadt.

Am Sonntag nachmittag, dem 21. November 1943, starten vom Flugplatz Bordeaux-Mérignac 25 schwere Bomber vom Typ He 177 A-5 der II. Gruppe (Maj. Mons) des Kampfgeschwaders 40, jeder mit 2 ferngelenkten Bomben Hs 293 ausgerüstet, gegen den am 13. November 1943 gemeldeten Großkonvoi SL 139/MKS 30, der sich soeben etwa 750 Kilometer nördlich von Kap Finisterre (Spanien) befindet.
Das turbulente Wetter ist nicht gerade ideal für einen Gleitbomben-Einsatz, und der Dunst erschwert noch die Sicht. So können die deutschen Besatzungen das Gros des Konvois nicht entdecken und widmen ihre Aufmerksamkeit den beiden Nachzüglern, dem Frachter »Marsa« (4405 BRT) und der »Delius« (6065 BRT).
Captain T. Buckle (»Marsa«): »Um 15.39 Uhr meldete unser Ausguck einen deutschen Bomber, der auf Parallelkurs in etwa 2000 Meter Höhe flog. Er löste einen Augenblick später eine Gleitbombe aus, die im Fallen etwa nach 200–300 Metern nach rechts bog und auf unser Schiff zusteuerte. Es gelang uns ein scharfes Ausweichmanöver, so daß die Bombe gut 150 Meter von der ›Marsa‹ entfernt ins Meer stürzte und in einer gewaltigen Wasserfontäne explodierte ...«
Auch die zweite Hs 293 verfehlt knapp den Frachter. Um 16.00 Uhr kreuzen weitere 5 He 177 am Himmel. Captain Buckle: »Wir liefen im Kreis und dann im Zickzack, um der Bombe zu entkommen. Unsere Oerlikon-Schnellfeuerkanone schoß wie verrückt, aber alles umsonst. Wir sahen, wie eine der Bomben sich uns schnell näherte; ich spürte einen gewaltigen Ruck. Die Bombe riß die Schiffswand nahe der Wasserlinie auf und explodierte im Maschinenraum.«
Die Besatzung der »Marsa« kann durch eine Eskort-Einheit gerettet werden. Der Transporter »Delius« bekommt auch einen Treffer, es gelingt ihm jedoch, trotz des schweren Schadens, den britischen Hafen zu erreichen. Die beiden Dampfer gehen auf das Konto der Besatzung von Hauptmann Nuss.
Während die Heinkels noch auf der Jagd nach dem Geleitzug sind, erscheint eine Liberator des Küstenkommandos (224. Squ.), die sich gerade auf einer U-Boot-Patrouille befindet. Ihr Pilot (Pil./Off. Wilson) geht sofort zum Angriff auf die mit Hs 293 beladenen deutschen Bomber über. Eine der Heinkels, eine Rauchwolke hinter sich herziehend, verschwindet am Horizont, eine zweite wirft ihre Bomben im Notwurf ab und macht sich im Tiefflug davon.
Ohne den Konvoi SL 139/MKS 30 entdeckt zu haben – trotz des Spezial-Radargerätes »Hohentwiel« (FuG 200), das eigentlich jedes Schiff auf eine Entfernung bis zu 80 Kilometer orten soll – kehren die He 177 zu ihren Stützpunkten zurück. Die Bilanz: 3 Maschinen und 2 Besatzungen vermißt, eine He 177 schwer, die andere leicht beschädigt.

Am Montag, dem 22. November 1943, gegen 20.00 Uhr, stecken 9 Mosquito-Pfadfinder über Berlin ihre Ziele ab. Die Flak versucht vergeblich, die an Fallschirmen herabschwebenden Markierungsbomben abzuschießen. Was jetzt kommt, ist der verheerendste Luftangriff, den die Reichshauptstadt seit Kriegsanfang erlebt hat. 631 britische und kanadische Lancaster- und Stirling-Bomber werfen 2 Stunden lang 1132 Tonnen Sprengbomben und 1334 Tonnen Brandbomben ab. Besonders der Stadtkern und der Bezirk Moabit werden schwer getroffen. Auch die ganzen Straßenzüge rings um den Bahnhof Zoo stehen in Flammen. Das schlechte Wetter ist für die Bomber von Vorteil; mehrere Nachtjagdstaffeln können nicht starten. Trotzdem schießen Flak und Nachtjäger

Rechts: Schwerer Fernbomber Heinkel He 177 Greif, der »Pechvogel« der Luftwaffe, wird das Trägerflugzeug für die ferngesteuerten Gleitbomben: Von insgesamt 1094 gebauten Maschinen stehen bei Kriegsende über 800 unbenutzt und unbeschädigt auf den Flugfeldern

Oben links: Die RAF-Luftaufnahme vom 28. November 1943, auf der Miss Babington-Smith eine Fi 103 (V 1) auf der Rampe entdeckt hat (Pfeil)

26 Maschinen ab. 6 deutsche Nachtjäger gehen verloren. In der Nacht vom 23./24. November 1943 führt das Bomberkommando den dritten Großeinsatz gegen Berlin. 325 Lancasters und Stirlings werfen 1334 Tonnen Bomben ab. Besonders schwer trifft es die Stadtteile Lankwitz und Südende.
Tagsüber, am Mittwoch, dem 24. November 1943, und am Donnerstag, dem 25. November 1943, fliegen die Mosquito-Verbände Störangriffe über Berlin.

In den Tagen vom 22. bis 26. November 1943 werden auf der 1. Kairo-Konferenz zwischen Roosevelt, Churchill und Tschiang Kai-schek die Richtlinien der strategischen Bombenangriffe auf dem pazifischen Kriegsschauplatz gegen die japanischen Nachschublinien in China und gegen das japanische Mutterland festgelegt. Zur Durchführung dieser Aufgabe wird die 20. US-Luftflotte aufgestellt, die der Chef der USAAF, General H. H. Arnold, selbst befehligt.

Am Freitag, dem 26. November 1943, haben insgesamt 1000 Bomber und Jäger der 8. USAAF einen schweren Tagesangriff auf Hafen und Industrieviertel von Bremen unternommen.
Am Abend des 26. November 1943 starten 407 Lancaster-Bomber zum vierten Großeinsatz der »Battle of Berlin«. Zugleich befindet sich ein Halifax-Verband im Anflug auf Stuttgart. Diesmal werden in Berlin die nördlichen Stadtteile, vor allem Spandau, Tegel, Reinickendorf und Siemensstadt, heimgesucht.
Bei diesen beiden Großangriffen gelingt es der RAF, die Reichsverteidigung erfolgreich zu verwirren: Weil die Bomberverbände erst den Raum Frankfurt/Main anfliegen, bleiben die meisten Jäger dort, und als die Nachtjäger dann Berlin erreichen, sind die Bomberverbände bereits auf dem Rückflug. Die anderen Nachtjäger befinden sich wiederum über Stuttgart, da der Angriff dort eine Stunde eher als über Berlin durchgeführt wird. Trotzdem verliert die RAF über Deutschland 28 Maschinen; 2 deutsche Nachtjäger werden abgeschossen.

Auch am 26. November 1943 führen wiederholt 21 He 177 der II. Gruppe (Maj. Mons) des Kampfgeschwaders 40 Operationen mit ferngelenkten Bomben Hs 293 durch. Diesmal ist das Ziel der alliierte Konvoi KMF 26, der soeben das Kap Bougie (Algerien) passiert. Bereits beim Start stürzt ein Bomber mit Motorschaden ab.
Nach langem Flug sichtet der Verband zwar den Konvoi, stößt dann jedoch auf eine starke Luftsicherung: die 153. Squadron der RAF, die 350. Fighter Group der USAAF und die französische GC I/7. Während der Luftkämpfe schießen die alliierten Jäger 6 He 177 ab, darunter die Maschinen von Major Mons und von Hauptmann Nuss.

Bari (Italien), 3. Dezember 1943: Der Hafen nach dem deutschen Bombenangriff. Die wahren Hintergründe der Tragödie sind noch Jahrzehnte nach dem Krieg geheimgehalten worden

Erst auf dem Rückflug schafft es eine der He 177, den britischen Truppentransporter »Rohna« (8602 BRT) mit einem Volltreffer zu versenken. Die schnell eintretende Dunkelheit und der starke Wellengang erschweren die Rettungsaktion: Über 1000 US-Soldaten ertrinken. Durch das schlechte Wetter über dem Luftstützpunkt werden 2 weitere Maschinen der II./KG 40 bei der Landung schwer beschädigt.

Am Sonntag, dem 28. November 1943, fliegt eine Mosquito (Squ.Ldr. J. Merifield) der Bildaufklärer-Einheit nach Berlin, um die Auswirkungen der letzten Nachtangriffe zu fotografieren. Da die Reichshauptstadt wie schon in den vorangegangenen Tagen unter einer dichten Wolkendecke liegt, sucht sie ein Ausweichziel an der Ostseeküste; eines davon ist Zemplin, ein Dorf 12 Kilometer südlich von Peenemünde, in dem gerade das Flakregiment 155 (W) – Tarnbezeichnung für die Flugbombeneinheit (Oberst Wachtel) – Abschußversuche mit Fi 103 (V 1) durchführt.
Am Mittwoch, dem 1. Dezember 1943, lüftet eine junge Bildauswerterin in Medmenham, Constance Babington-Smith, Tochter des Präsidenten der Bank of England und später von Churchill »Miss Peenemünde« genannt, das Geheimnis der bis dahin noch immer unerklärlichen

Bauten in Nordfrankreich. Sie entdeckt auf einem der Bilder, das Squ.Ldr. J. Merifield am 28. November 1943 fotografiert hat, daß diese Einrichtungen in Zemplin mit denen in Nordfrankreich identisch sind.
C. Babington-Smith: »... Auf einer der Rampen, die ich schon von früheren Fotos her kannte, stand nun nach den letzten Fotos, die er gemacht hatte, ein kleines Flugzeug ... Es war ein aufregender Moment: Ich hatte den endgültigen Beweis in der Hand, daß die Stellungen entlang dem Kanal für die fliegende Bombe vorgesehen waren ...« Es ist ein Zufall, daß die Startrampe mit den verschwommenen Umrissen der Fi 103 (V 1) mit Hilfe einer Lupe entdeckt wird, die aus den Leitz-Werken in Wetzlar stammt und die, wie Miss Babington-Smith sagt, »ihr bestes Stück« ist.

In der Nacht vom 2./3. Dezember 1943 führt die RAF ihren fünften Großangriff im Rahmen der »Battle of Berlin« durch: 401 britische Maschinen lassen 1686 Tonnen Brand- und Sprengbomben auf die Reichshauptstadt fallen. 40 Flugzeuge werden abgeschossen.
Die Zerstörung Berlins – und zwar in einem Ausmaß wie in Hamburg – ist der ehrgeizige Plan von Luftmarschall Harris, doch hat er dabei nicht berücksichtigt, daß diese Stadt bis zum Äußersten verteidigt wird und außerhalb der Reichweite von »Oboe« liegt; dazu ist sie großzügig angelegt mit sehr weiter Ausdehnung.
In diesen fünf Großangriffen haben 2212 britische Flugzeuge insgesamt 8656 Tonnen Bomben auf Berlin abgeworfen. Die Zivilbevölkerung zählt dabei über 2700 Tote. Die Zahl der Obdachlosen wird auf eine Viertelmillion geschätzt, fast 70 000 Wohnhäuser liegen in Trümmern. Der RAF gehen 123 Bomber verloren.

Am späten Nachmittag des 2. Dezember 1943 starten 96 Bomber Ju 88 der I. und II. Gruppe des KG 54 sowie die I. und II. Gruppe des KG 76 auf den Flugplätzen Villaorba und Aviano im Raum Mailand zum Angriff auf Bari, eine wichtige Hafenstadt mit 250 000 Einwohnern, an der Adriaküste östlich von Neapel.
Leutnant M. Ziegler: »Am späten Nachmittag flogen wir mit zwei anderen Maschinen als Pfadfinder. Unsere Ju 88 war voll beladen mit Düppel-Störstreifen und Leuchtbomben für die Zielmarkierungen. Es war schon dunkel, als wir die Küste südlich Ravenna kreuzten. Wir sollten von der Adria her unser Ziel anfliegen. In Höhe von Kap Rossa gingen wir auf 7000 Meter und stellten dann zu unserer Überraschung fest, daß der Hafen von Bari wie im tiefsten Frieden hell erleuchtet war. Wir begannen mit dem Abwerfen von Stanniol-Störstreifen, und weil der Hafen in grellem Licht lag, hätten wir uns den Abwurf von Leuchtbomben sparen können.«
Am Abend des 2. Dezember 1943 sind im Hafen von Bari mehr als 30 alliierte Schiffe, deren Ladungen – Kriegsmaterial und Nachschub – gerade gelöscht werden. Um die Arbeiten im Hafen zu beschleunigen, wird unbedachterweise bei Anbruch der Dunkelheit die gesamte Beleuchtung eingeschaltet.
Nachdem Pfadfinder-Maschinen Stanniol-Streifen abgeworfen und so die Radargeräte der Alliierten lahmgelegt haben, erscheinen deutsche Kampfverbände fast unbemerkt über Bari. Erst als um 19.30 Uhr die Bomben im Hafen explodieren, eröffnet die Flak das Feuer.
Kein Scheinwerfer versucht sie abzufangen, kein Sperrballon schützt den zur Zeit wichtigsten Versorgungshafen der Alliierten auf dem europäischen Kontinent, und kein einziger alliierter Jäger erscheint über Bari. So problemlos und ohne Verluste ist noch nie eine Aktion verlaufen. Durch Volltreffer explodieren 2 Munitionsschiffe mit solcher Gewalt, daß die Fensterscheiben in einem Umkreis von 12 Kilometern zerspringen. Eine Ölleitung am Kai wird getroffen, und das ausströmende Öl entzündet sich an dem Benzin des brennenden Tankers und breitet sich zu einem riesigen Flammenteppich aus. Auch die bisher verschonten Schiffe brennen lichterloh.
Dieser nur 20 Minuten dauernde Angriff ist einer der erfolgreichsten des Krieges: Niemals werden, mit Ausnahme von Pearl Harbor, so viele Schiffe auf einen Schlag versenkt: Insgesamt sind 19 Transporter mit 73 343 BRT vernichtet und 7 schwer beschädigt. Die Verluste unter den Wachmannschaften und Seeleuten betragen über 1000 Mann. Es vergehen Wochen, bevor der Hafen seine Arbeit wieder voll aufnehmen kann.
Das ist der offizielle Teil des Desasters, der zweite Teil der Tragödie wird noch jahrzehntelang nach dem

Kriege geheimgehalten: Als der Angriff beginnt, ist der Frachter »SS John Harvey« am Pier, 17 andere Schiffe haben daneben festgemacht oder liegen vor Anker. Seine Ladung besteht neben der hochbrisanten Munition aus etwa 100 Tonnen Gelbkreuz-Gas (schweres Senfgas) in Bomben, jede 45,5 Kilogramm schwer, ein äußerst gefährlicher völkerrechtswidriger Kampfstoff, den die alliierte Führung für »alle Fälle« in ihrem Arsenal auf dem italienischen Kriegsschauplatz haben will.
Gleich zu Beginn des Angriffes bekommt die »SS John Harvey« einen Volltreffer und geht mit der ganzen Besatzung unter. Obwohl die Gasbomben ohne Zünder sind, bersten viele von ihnen; der gefährliche Kampfstoff breitet sich im Hafenbecken aus. Das an der Wasseroberfläche schwimmende Gift – zum Glück treibt wenigstens der größte Teil aufs Meer hinaus – wird zur tödlichen Bedrohung für die Überlebenden des Angriffs. Viele der Seeleute und Soldaten können aus dem verseuchten Wasser an Land gezogen werden. Doch weder die Rettungsmannschaften noch die Geretteten ahnen etwas von dem Senfgas. Den militärischen Dienststellen im Hafen ist zwar bekannt, welche gefährliche Ladung »SS John Harvey« an Bord hat, jedoch denkt in dem herrschenden Chaos keiner daran. Einige der Überlebenden erinnern sich später daran, daß sie einen »Knoblauchgeruch« wahrgenommen haben, doch mißt dem niemand eine Bedeutung bei. Und in den überfüllten Krankenhäusern kümmert sich keiner um die Menschen, die zwar mit Öl verschmiert, aber nicht verletzt sind. Sie werden einfach in ihrer durchnäßten, mit Senfgas getränkten Kleidung in allen möglichen Quartieren untergebracht. Bereits zwei Stunden danach klagen die ersten von ihnen über furchtbare Schmerzen, als hätten sie Sand in den Augen.
Erst etwa 12 Stunden nach dem Angriff entdecken die Hafenbehörden einige Senfgasbomben, und man besinnt sich nun auf die Ladung der »SS John Harvey«.
Die Spitäler werden sofort informiert, daß möglicherweise ein Teil der Geretteten mit Senfgas in Berührung gekommen ist. Bereits 18 Stunden nach dem Angriff wird der erste Todesfall durch Einwirkung des gefährlichen Giftstoffes gemeldet. Insgesamt gibt es 617 Vergiftete, von denen 83 sterben, der letzte erst einen Monat nach dem Unglück.
Wäre den Rettungsmannschaften und Ärzten bei der Behandlung bekannt gewesen, daß Kampfstoffe im Spiel sind, und hätte man sogleich die entsprechenden Maßnahmen getroffen, wäre es nicht zu so vielen Todesfällen gekommen.
Auch der Fall »Bistera« wird streng geheimgehalten: Das Schiff »Bistera«, das beim Angriff unbeschädigt bleibt, fischt 30 Überlebende aus dem Hafenbecken und dampft – den Weisungen der Hafenbehörde entsprechend – nach Tarent. Vier Stunden später auf hoher See wird die gesamte Mannschaft von unerträglichen Augenschmerzen befallen.
Als die »Bistera« 18 Stunden nach dem Angriff Tarent endlich erreicht, gelingt es der fast völlig erblindeten Mannschaft nur mit Mühe, das Schiff festzumachen.
Der Ausfall des Hafens von Bari für den Nachschub, einige Wochen vor der Landung der Alliierten bei Anzio und Nettuno, die ihnen den Weg nach Rom öffnen soll, hat noch ein anderes schwerwiegendes Nachspiel: Er trägt erheblich dazu bei, daß es den Deutschen gelingt, die Alliierten dort länger als bei jedem anderen Feldzug dieses Krieges aufzuhalten.

Am Freitag, dem 3. Dezember 1943, genau 48 Stunden nach Miss Babington-Smiths Entdeckung und der Feststellung, daß die »Ski«-Anlagen die Abschußrampen für die unbemannten Flugkörper Fi 103 (V 1) sind, beschließt das Komitee »Crossbow«, das für die Aktion gegen Hitlers Geheimwaffen zuständige Gremium, Anweisungen für den Angriff auf die »Ski-Stellungen« durch schwere alliierte Bomber zu geben. Da man jetzt aufgrund der Meldungen von Hollard schätzt, daß das deutsche Programm für diese Abschußstellen 100 Stück beträgt, ist es offensichtlich, daß man dafür mehrere Verbände einsetzen muß.
Am Sonntag, dem 5. Dezember 1943, fliegen trotz schlechtem Wetter die 2. Taktische Luftflotte und die 9. US-Luftflotte ihre ersten Angriffe gegen die »Ski-Stellungen«. US-General Bereton: »Es wurden alle Anstrengungen unternommen, sämtliche Informationen im Zusammenhang mit diesen Zielen streng geheimzuhalten, um keine Panik in der Öffentlichkeit hervorzurufen. Auf Befehl des Premierministers selbst durften diese Ziele in der Presse nur als ›militärische Anlagen‹ bezeichnet werden.«

Nach den verlustreichen Tagesoperationen der Heinkel He 177 mit ferngesteuerten Bomben Hs 293 gegen die alliierte Schiffahrt versucht Anfang Dezember 1943 die II. Gruppe des KG 40, durch Nachtangriffe die alliierten Konvois in Atlantik und Mittelmeer zu vernichten.
Bei dieser neuen Angriffstaktik wirft ein Teil der Maschinen Leuchtbomben über dem entdeckten Konvoi ab, während die anderen He 177 ihre Gleitbomben Hs 293 fallen lassen. Doch es stellt sich bald heraus, daß solche Operationen ein hohes Maß an Koordination zwischen den Besatzungen erfordern, was ohne langwierige Übungsflüge nicht möglich ist. Die erfolglosen Nachtangriffe mit Gleitbomben werden daraufhin eingestellt.

Gleich nachdem die ersten US-Langstreckenjäger vom Typ »Mustang« P 51 in England eintreffen, startet die USAAF mit ihnen eine Operation gegen Deutschland: Am Montag, dem 13. Dezember 1943, begleiten 45 Mu-

North American P-51 Mustang: Sie übertrifft alle US-Jäger an Wendigkeit, Reichweite und Geschwindigkeit. Der beste und vielseitigste alliierte Jagdeinsitzer des Krieges mit Abwurftanks, der den Bombern von England bis tief nach Polen hinein Begleitschutz geben kann und so der 8. USAAF die Luftüberlegenheit bei den Tagesangriffen verschafft. Gebaute Stückzahl: 14 819

stangjäger mit abwerfbaren Treibstofftanks, die eine Reichweite bis zu 1400 Kilometer ermöglichen, einen Bomberverband bei dem Angriff auf Kiel. Die Mustangs kreisen über dem Ziel und schirmen die Bomber vor den deutschen Jägern ab. Mit diesem Unternehmen beginnen die Tagesoperationen der USAAF unter dem Begleitschutz von Langstreckenjägern. Sie fliegen den Bomberverbänden voraus, um die deutschen Jagdflugzeuge rechtzeitig abzufangen.

Diese Taktik verwickelt den Gegner in anhaltende Luftkämpfe und verhindert sein Vordringen gegen die Bomberformationen. Der Einsatz von Langstreckenjägern mit ihren Zusatztanks ist ein Beispiel dafür, wie eine einzige technische Errungenschaft im Luftkrieg die Lage grundlegend ändern kann.

Mitte Dezember 1943 gelingt es den Deutschen endlich, die britische Bombenwurfhilfe Oboe wirksam zu stören. Auf Anordnung von Generaloberst Weise wird ein Sender (Tarnname »Karl«) aufgestellt, der die Oboe-Frequenz stören soll.

Am Mittwoch, dem 15. Dezember 1943, fordert das Crossbow-Komitee dringend, daß die schweren Bomber der 8. US-Luftflotte »einen Vernichtungsangriff auf die Abschußstellen« fliegen sollen. Und am Abend des 20. Dezember 1943 beginnen die RAF und die USAAF eine Serie von schweren Luftangriffen auf die zwischen Pas de Calais und der Halbinsel Cherbourg liegenden Abschußrampen der Fi 103 (V 1) und auf Großbunker bei Wizernes, ohne jedoch zu wissen, daß hier eine ganze Reihe Abschußstellen für A-4 (V 2) entstehen.

Bis zum Jahresende 1943 greifen die Alliierten die bereits bekannten 83 »Ski-Stellungen« an und werfen auf sie über 3000 Tonnen Sprengstoff ab. Trotz der schweren Bombardierungen gehen die Montagearbeiten an den Katapulten ununterbrochen weiter. Einige der Stellungen werden von der Flak verteidigt und sind sorgfältig getarnt. Das Flakregiment 155 (W) von Oberst Wachtel verliert keinen einzigen Mann, doch werden 30 französische Arbeiter getötet.

In der Nacht vom 20./21. Dezember 1943 greift die RAF mit 576 Maschinen Frankfurt/Main an. 2070 Tonnen Spreng- und Brandbomben fallen auf die Stadt; 40 Flugzeuge gehen verloren. Dabei schießt allein Hauptmann W. Herget 8 viermotorige Bomber ab.

Der letzte Großangriff des Jahres richtet sich gegen Berlin: In der Nacht vom 29./30. Dezember 1943 erreichen von 712 gestarteten britischen Bombern 656 die deutsche Hauptstadt und werfen 2315 Tonnen Bomben ab. 20 Maschinen werden abgeschossen. Während der »Luftschlacht um Berlin« sind vom 18. November 1943 bis zum 31. Dezember 1943 rund 14 000 Tonnen Bomben gefallen.

Gegen Ende des Jahres 1943 beeinträchtigt die fortschreitende Wetterverschlechterung die Nachtjagdeinsätze. Die Verlustquoten der RAF-Verbände betragen zu dieser Zeit nicht mehr als 2 Prozent, während mehr als 3 Prozent der deutschen Nachtjagdflugzeuge verlorengehen.

22. Dezember 1943, Halbinsel Cherbourg: Die Abschußanlagen der Fi 103 (V 1), sogenannte »Ski-Stellungen«, nach den schweren alliierten Bombenangriffen

Im Jahre 1943 haben RAF und USAAF drei große Luftoffensiven geführt: die Schlacht an der Ruhr, über Hamburg und Berlin. Diese drei Schlachten waren eigentlich ein Wettstreit zwischen den neuen elektronischen Geräten auf britischer Seite und der Fähigkeit der Deutschen, Gegenmittel zu entwickeln, die wiederum die feindlichen Ausrüstungen wertlos machten. Diese drei Luftoperationen konnten trotzdem weder die Waffenproduktion lähmen noch die Arbeiter zum Massenstreik bewegen. Zwar haben sich die Offensiven als ein Fehlschlag erwiesen, jedoch zieht niemand in England die Konsequenz daraus. Im Gegenteil: Der Bombenkrieg wird an Härte und Grausamkeit noch zunehmen.

Reichsminister Speer: »... Tatsächlich hätte man, wie ich frühzeitig erkannte, den Krieg schon im Jahre 1943 weitgehend entscheiden können, wenn man statt ausgedehnten, aber sinnlosen Flächenbombardierungen versucht hätte, Zentren der Rüstungsproduktion auszuschalten ...«

Im Jahre 1943 haben die Westalliierten auf Deutschland und das besetzte Westeuropa 226 500 Tonnen Bomben abgeworfen, die Luftwaffe auf England 2298 Tonnen, davon fast die Hälfte in den letzten drei Monaten des Jahres. Gerade im November und Dezember 1943 führten die Deutschen fast jede Nacht ihre Stör-Blitz-Angriffe mit ein paar Dutzend Kampfflugzeugen oder Jagdbombern – oft im Tiefflug, um die Radarkette zu unterfliegen – über Ost- und Südengland durch.

Während die NS-Propaganda anfangs die alliierten Angriffe als militärisch nutzlos darzustellen versuchte und ihre Wirkung bagatellisierte, wendet man jetzt die Methode des Verschweigens und die Betonung des Terrorcharakters der Angriffe an.

In den besetzten Westgebieten Frankreich, Belgien und den Niederlanden erfolgten 1943 fast durchweg Tagesangriffe. Ihre Hauptziele: Flugplätze, Hafenanlagen, Kraftwerke, Rüstungsfabriken, die für Deutschland arbeiten, Rangierbahnhöfe und die Baustellen der V-1-Abschußanlagen.

Im Spätherbst 1943 erreichte die Krise der Reichsluftverteidigung ihren ersten Höhepunkt. Die enormen personellen Verluste, die durch immer jüngere Piloten mit unzureichender Ausbildung wettgemacht werden müssen, und die gespannte Kriegslage beeinträchtigen die Leistung und die Moral der Jagdflieger.

Die Organisation der deutschen Jagdwaffe erfuhr die letzte wesentliche Umgliederung vor Kriegsende: Der Luftflotte Reich (GenOb. Stumpff) untersteht nun die 1., 2., 3. und 7. Jagddivision (I. Jagdkorps GenLt. Schmid); der Luftflotte 3 (GFM Sperrle) in Frankreich die 4. und 5. Jagddivision (II. Jagdkorps).

Die Führungsorganisation wurde gestrafft: man vereinigte wieder die Tag- und Nachtjagdführung in den Divisionsgefechtsständen und löste die den Divisionen unterstehenden Jägerführungsstäbe auf. Alle Divisionen verfügen am Jahresende 1943 über zusammen 1200 Tag- und Nachtjagdflugzeuge, von denen etwa zwei Drittel als gefechtsbereit gemeldet sind.

Im Jahre 1943 hatte die Nachtjagd durch die Einführung der hellen Objekt-Nachtjagd (»wilde Sau«) und der im großen Raum geführten Nachtjagd (»zahme Sau«) neuen Aufschwung bekommen. Die Flakartillerie wurde trotz aller Schwierigkeiten verdoppelt. Ihre Wirkung war bei der Abwehr von Tageshochangriffen durch die Zusammenfassung der Kräfte und den Einsatz von Großbatterien besser als bei Nacht, wenn die Funkmeßgeräte gestört wurden.

Im Vergleich zur Nachtjagd, die die Krise ab Herbst 1943 noch einmal überwinden konnte, war für die Flakartillerie der Einsatz der Window-Streifen ein Schlag, von dem sie sich bis zum Ende des Krieges nicht mehr ganz erholen kann.

Bis Ende 1943 haben die USA und Großbritannien den taktischen und technischen Vorsprung der japanischen Fliegerkräfte bereits überrundet. Von den kampferfahrenen japanischen Piloten, die vor dem Krieg im Durchschnitt zwischen 300 und 600 Flugstunden absolvierten, sind die meisten gefallen, und die Nachwuchspiloten werden zu kurzfristig ausgebildet.

Die Wende auf dem pazifischen Kriegsschauplatz wird immer klarer, und die US-Streitkräfte sind seit dem Sommer 1943 zu offensiven Handlungen übergegangen.

1944

Januar bis Juni

Neue Angriffe auf Berlin

Montag, 3. Januar 1944, London
Das *Luftfahrtministerium* teilt mit:
Der Luftangriff auf Berlin in der Nacht vom Sonnabend auf Sonntag wurde von starken Verbänden englischer und kanadischer Lancaster-Bomber durchgeführt, die rund 1200 Tonnen Bomben auf die Reichshauptstadt abwarfen. Um einen Angriff bei Mondschein zu vermeiden, hatte man die Operation auf die frühen Morgenstunden verlegt ... Über Berlin selbst waren während des Luftangriffs nur vereinzelte deutsche Nachtjäger, und auch auf dem Hin- und Rückflug wurden die Bomber nur von wenigen feindlichen Maschinen angegriffen, von denen 2 mit Sicherheit abgeschossen wurden. Zum erstenmal wurde bei diesem Einsatz eine deutsche »Luft-Abwehrrakete« beobachtet. Die Rakete erschien nach Berichten der Besatzungen plötzlich als horizontal fliegendes Geschoß und verpuffte dann nach allen Richtungen. Der Verlust von 28 Maschinen bei sämtlichen Nachtoperationen wird vom Ministerium als außerordentlich gering bezeichnet.

12. Januar 1944, Berlin
Das *DNB* meldet:
Eine der größten Luftschlachten dieses Krieges fand gestern über dem Reichsgebiet statt. Vom deutschen Oberkommando wurde durch Sondermeldung in der vergangenen Nacht bekanntgegeben, daß bis zum Einbruch der Dunkelheit hatte festgestellt werden können, daß von der deutschen Jagd- und Flakabwehr nach bisherigen Zählungen, die als nicht endgültig angesehen werden, 123 feindliche Maschinen abgeschossen wurden, eine Zahl, die sich inzwischen auf 136, darunter 124 viermotorige Bomber, erhöht hat. Nach dieser Meldung sollen die Amerikaner bereits beim Anflug größere Verluste als auf dem Rückflug erlitten haben. Die Zahl der deutschen Jagdflugzeuge, die in den Luftkämpfen verlorengegangen sind, hat sich auf 20 erhöht.

Donnerstag, 13. Januar 1944, London
Die *Agentur Reuter* berichtet:
Die Berichte von den US-Luftstützpunkten ergeben jetzt ein genaueres Bild von der großen Luftschlacht am Dienstag über Deutschland.
Die Bomber wurden von Thunderbolt- und Lightning-Langstreckenjägern bis tief in das Reichsgebiet hinein begleitet. Außerdem kamen zum erstenmal die neuen amerikanischen Mustang-Langstreckenjäger zum Einsatz, die mit den Bombern bis unmittelbar zum Zielgebiet flogen und dabei den bisher längstdauernden Begleitschutz durchführten. Schließlich wurden die Bomber auf dem Rückflug von starken britischen und anderen alliierten Jagdverbänden abgeholt, die über den Niederlanden operierten.
Nach den Aussagen aller Besatzungen griffen die deutschen Jäger, wahrscheinlich in der Meinung, einen Angriff auf die Reichshauptstadt abzuwehren, mit einer Heftigkeit an, wie man sie bisher noch nie erlebt hat. Dabei wandte die deutsche Luftwaffe eine neue Taktik und auch neue Waffen an; darauf sind offenbar die verhältnismäßig großen amerikanischen Verluste zurückzuführen.
Der Bombenschütze einer B-17 berichtete: »Bei unserem ersten Anflug auf das Ziel waren wir ganz allein, und weder Flak noch Jäger traten in Aktion. Dann kamen zuerst 18 Messerschmitts; in unserer Nähe änderten sie ihre Formation und flogen von der Seite auf den Bomberverband zu, in schnurgerader Linie ausgerichtet wie bei einem Infanterie-Exerzieren. Dann feuerten sie gleichzeitig eine Breitseite Raketen auf uns ab, die in roten und

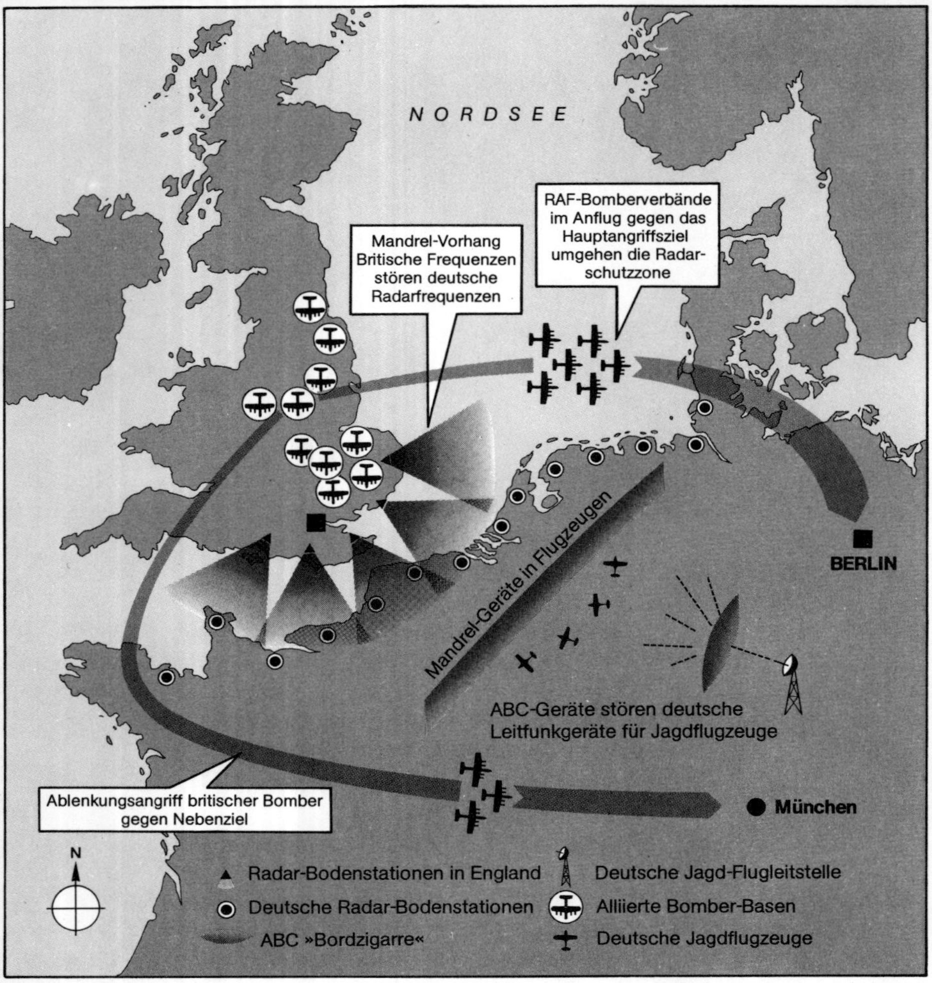

Links: Schematische Darstellung der RAF-Nachtangriffe gegen Berlin 1944/1945

Unten rechts: Februar 1944, Gefechtsstand auf einem US-Bomberstützpunkt: Zu dieser Zeit führen die amerikanischen Bomberverbände immer öfter zusammen mit RAF-Jagdbombern Einsätze über dem deutsch besetzten Westeuropa durch. Offiziere der beiden Luftstreitkräfte beobachten den Verlauf der Operation

gelben Feuerbällen detonierten. Gleichzeitig lösten sie ihre Formation auf und beschossen uns mit 20-mm-Bordkanonen. Es glaubte niemand ernstlich, daß er von diesem Flug zurückkomme.«

Einsatz von US-Langstreckenjägern

Montag, 31. Januar 1944, London
Das *Kriegsministerium* gibt bekannt:
Mit dem gesteigerten Einsatz amerikanischer Fernjäger gegen die deutsche Luftwaffe bei Tagesangriffen der 8. USAAF hat ein neues Kapitel im Luftkrieg begonnen. Die letzten Luftschlachten über Frankfurt und Braunschweig haben bewiesen, daß sich die Bomber nun bei Tagesunternehmen in erster Linie ihrer eigentlichen Aufgabe widmen können, während ihre Verteidigung die eskortierenden Jäger übernehmen. In den bevorstehenden massiveren Tagesoperationen der Amerikaner wird der prozentuale Einsatz an Thunderbolts und Lightnings beträchtlich anwachsen, und die deutschen Jäger werden bei Tagangriffen mehr denn je mit Luftkämpfen zu rechnen haben.

Deutsche Angriffe auf London

31. Januar 1944, Berlin
Das *DNB* meldet:
In den beiden Angriffsnächten, am 21. und 29. Januar, hatten mehr als 600 Flugzeuge die ihnen zugewiesenen Ziele in London mit Bomben aller Kaliber belegt. Das Erscheinen so starker Bomberverbände überraschte die Briten und ihre Luftabwehr vollständig. So sind die geringen deutschen Verluste von nur 25 Maschinen zu erklären, also nicht einmal 4 Prozent der eingesetzten Bomber.
Die tatsächliche Einsatzzahl der deutschen Maschinen dürfte in Wirklichkeit aber noch beträchtlich höher liegen, denn in diesen beiden Nächten wurden, wie aus den Berichten des OKW zu ersehen ist, auch bestimmte einzelne Anlagen in England erfolgreich bekämpft, doch waren nähere Angaben über die Angriffsobjekte nicht zu erhalten. Es liegt nahe, daß sie, ebenso wie der am Dienstag durchgeführte Angriff auf Ipswich, aus besonderen Gründen geflogen wurden. Die Ergebnisse der Großangriffe auf die britische Hauptstadt werden von zuständiger Stelle als befriedigend bezeichnet.

Im Hauptquartier des RAF-Bomberkommandos

31. Januar 1944, London
Die *Agentur Reuter* berichtet:
Zum erstenmal seit Kriegsbeginn wurde einigen Pressevertretern Einblick in den großen »Operationssaal« gestattet, in dem die strategische Planung der Luftoffensive gegen die deutschen Industrieziele durchgeführt wird.
An den Wänden hängen riesige Karten von 50 deutschen Industriestädten, die »zur Zeit oder während der nächsten Wochen« Angriffsziel sein sollen. Es sind Städte, denen nach Ansicht der alliierten Kriegführung im jetzigen Stadium der Luftoffensive erhöhte Bedeutung zukommt. Jede Karte enthält eine Tabelle, in der bereits abgeworfene Bombentonnagen sowie das vermutliche Gesamtgewicht an Spreng- und Brandbomben verzeichnet sind, die noch benötigt werden, um das Ziel endgültig zu zerstören. Für jede Stadt existieren auch Sonderkarten mit genauen Angaben anhand von Luftaufnahmen über die zerstörten Gebiete und den Fortgang der Aufräumungsarbeiten.

»Phantastische Berichte aus Berlin«

Dienstag, 1. Februar 1944, London
Die *Agentur Reuter* teilt mit:
Das Hauptquartier der RAF bezeichnete die am Montag in Berlin ausgegebene Meldung, wonach mehr als 600 deutsche Flugzeuge am 21. und 29. Januar gegen England eingesetzt worden seien, als »phantastischen Bericht und eine der absurdesten Übertreibungen, die jemals von Berlin in die Welt gesetzt wurden«.
Nach zuverlässigen amtlichen Ermittlungen waren am Angriff vom 21. Januar nicht mehr als insgesamt 90 Bomber beteiligt, von denen keineswegs mehr als 30 das Gebiet von London erreicht haben. Ebenso steht fest, daß am 29. Januar sogar noch wenige Maschinen über England operierten. Der Schaden, der durch die beiden Unternehmungen angerichtet wurde, ist militärisch absolut unbedeutend.

Aus dem Erlaß des *Reichsführers-SS und Reichsministers des Innern* – Hauptamt Sicherheitspolizei – vom 4. Februar 1944, Pol.-S IV A 1 – B.Nr. 2118/43:
»Betrifft: Aufgefundene feindliche Flugblätter und Propagandamaterial.
In dem gegenwärtigen Existenzkampf Deutschlands und Europas ist den Feindmächten jedes erdenkliche Mittel recht zur totalen Vernichtung des deutschen Volkes. Flugblätter sollen Front und Heimat bis zur völligen Aufgabe des geistigen Widerstandes zermürben und gefälschte Bezugsberechtigungen (Bezugskarten und Bezugsscheine usw.) ein wirtschaftliches Chaos herbeiführen.
Außer den in diesem Erlaß genannten Dienststellen und den von ihnen beauftragten Dienststellen, Beamten oder Angestellten ist keine Amts- oder Parteistelle, Organisation oder Person berechtigt, feindliche Flugblätter, abgeworfene Bezugsberechtigungen oder feindliche Propagandapackungen zu behalten, zu sammeln (z. B. als Erinnerungsstücke, für Archivzwecke), an sich zu nehmen, anzufordern (von Frontsoldaten, Dienststellen im Operationsgebiet des Heeres usw.), in die Heimat zu schicken oder sonst zu versenden. Der Kreis der mit der Behandlung von Feindflugblättern Beauftragten ist äußerst klein zu halten. Jede Vervielfältigung (Abschriften, Fotokopien) von Feindflugblättern ist untersagt. Das Verbot gilt auch für die Dienststellen und deren Beauftragte, die mit Feindflugblättern zu tun haben. Die unberechtigte Weitergabe der Feindflugblätter, ihres Inhalts sowie ihre eigenmächtige Verwertung sind verboten. Zuwiderhandlungen können wegen Feindbegünstigung strafrechtlich verfolgt werden.
Für die Erfassung der aus Flugzeugen, Ballonen oder sonstigen Verbreitungsvorrichtungen abgeworfenen Flugblätter, Bezugsberechtigungen jeder Art und Form sowie von Propagandapackungen mit Lebens- oder Genußmitteln ist ausschließlich die zuständige Ortspolizeibehörde verantwortlich. Die Bevölkerung ist darüber aufzuklären, daß schon derjenige, der falsche Bezugsberechtigungen findet und aufbewahrt, weitergibt oder entgegennimmt, ohne den Fund abzugeben oder anzuzeigen, als Kriegswirtschaftverbrecher und Volksschädling anzusehen ist. Er hat mit schwersten Zuchthausstra-

fen oder sogar mit Todesstrafe zu rechnen. Um von der Verwertung abzuschrecken, ist allgemein zu erwähnen, daß sich die Fälschungen von den Originalen unterscheiden. Die Fälschungsmerkmale dürfen in keinem Falle veröffentlicht werden.

In einer Flying Fortress B-17

Selbst wenn von den Gefahren, die einem Flieger vom Feind her drohen, abgesehen wird, so bleiben noch genug Schwierigkeiten, die sich allein aus dem Verbandsflug zwischen 7000 und 8000 Meter Höhe ergeben.
Eine Bomberbesatzung wird mit enormer Geschwindigkeit vom Meeresspiegel zur Höhe des Mount Everest und darüber hinaus emporgerissen. Bei einem Langstreckenflug nach Deutschland sind die Männer 8 bis 10 Stunden in der Luft, von denen jede Minute Gefahr und Mühsal bringt. Sie müssen um ihr Leben kämpfen, werden möglicherweise verwundet, ohne daß Hoffnung auf richtige ärztliche Hilfe besteht, und sie müssen eine der kompliziertesten Maschinen, die je erfunden worden ist, zuverlässig bedienen.
Schnelle und genaue Arbeit wird von jedem Mitglied der Besatzung verlangt, vom Bordschützen bis zum Piloten, noch dazu in besonders hinderlicher Bekleidung: Über dem wollenen Unterzeug trägt jeder gegen die grimmige Kälte in 8000 Meter Höhe einen elektrisch beheizten Overall. Dann kommt die Uniform. Darüber wird eine schaffellgefütterte Fliegerkombination gezogen, in der man sich kaum bewegen kann. Aber das ist nicht alles: Anschließend stülpt sich jeder den Brust- und Rückenpanzer über, ein dichtes Kettenhemd, das vom Hals bis zum Becken reicht und gegen Flaksplitter und MG-Geschosse schützen soll.
Nun steigen die Männer in die hohen Schaffellstiefel, legen die grellgelben Schwimmwesten an, schließen die Fallschirmgurte und ziehen zuletzt dicke, elektrisch beheizte Handschuhe über. Auf den Kopf kommen eine warme Mütze und der Stahlhelm.
Zu der Bekleidung gehören noch Geräte: Ohne künstliche Zufuhr von Sauerstoff würde der Flieger in großen Höhen in kurzer Zeit bewußtlos; so wird die Sauerstoffmaske um den Hals gehängt (deren Druck auf das Gesicht später während des Fluges fast zur Verzweiflung treibt), ferner Kopfhörer für das Bordsprechgerät und das dazugehörige Kehlkopfmikrofon – die einen über die Ohren geklemmt, das andere straff um die Kehle.
Der Pilot wird in seinem Sitz festgeschnallt – eine weitere Einschränkung der Bewegungsfreiheit –, und dann muß er 30 Tonnen Stahl und Aluminium, beladen mit Benzin und Sprengstoff, vom Boden wegbringen.
Von dem Augenblick an, in dem auf der Startbahn die Gashebel auf Vollgas vorgeschoben werden, beginnt die Spannung. Die Geschwindigkeit steigt auf 150, 200 Kilometer, bevor der schwere Bomber vom Boden abhebt. Schon das geringste Abweichen von der Startbahn würde die Reifen zum Platzen bringen und das Flugzeug in eine Feuer- und Rauchsäule verwandeln. Die ganze Besatzung hält den Atem an. Aber die Maschine ist nicht abgerutscht, sie fliegt.
Jetzt wird es Zeit, die Sauerstoffmaske anzulegen, so daß der Gummi sich langsam in die Haut einpreßt. Jetzt kommt für den Piloten der Augenblick, sein Funkgerät so weit aufzudrehen, bis die atmosphärischen Störungen und die feindlichen Störsender übertönt werden. Ein ohrenbetäubender Lärm setzt ein, es darf aber kein Wort überhört werden.
Nun wird es Zeit für den Piloten, sein Augenmerk ständig auf die über und neben ihm fliegenden Maschinen zu richten, mit einer Hand die Steuersäule zu halten und mit der anderen vier Gashebel und die Steuerung der vier Verstellpropeller in die richtige Lage zu bringen, mit den Füßen die Seitenruder-Pedale gegen die harte Federung zu drücken – kurzum, genau in der Formation zu bleiben, während die Maschinen 100 Meter pro Sekunde vorwärtsjagen und in der böigen Luft auf und ab stampfen. Die Schützen fangen nun an, in ihren Drehtürmen systematisch den Himmel nach feindlichen Jägern abzusuchen, die sich jeden Augenblick auf den Verband stürzen

Eine Formation B-17 über Deutschland. Die sicherste Position in der Maschine hat der Bombenschütze: Er wird relativ selten von den Geschossen der deutschen Jäger getroffen. Zudem befindet er sich nahe einer Ausstiegsluke, durch die er, laut Dienstvorschrift, im Notfall als erster abspringen soll

können. Der Navigator beginnt schwitzend sein unablässiges Rechnen und Kontrollieren.
Bereits nach 2 oder 3 Stunden spürt der Pilot Schmerzen in Armen, Beinen und im Rücken; auch die übrige Besatzung fühlt sich steif. Das Kehlkopfmikrofon beginnt die kleinsten Rasierwunden in quälender Weise aufzuscheuern; der Rand der Schwimmweste reibt den Nacken wund. Aus den Kopfhörern ertönt, sobald man über 6000 Meter fliegt, ein irritierendes Geräusch wie eine Kreissäge, das einem auf die Nerven geht. Kälte kriecht durch die dicke Bekleidung. Die Sauerstoffmaske preßt sich auf das Gesicht wie eine würgende Hand. Instinktiv möchte man sie lösen und wegreißen; die Vernunft zwingt jedoch, es zu unterlassen.
Spätestens in der fünften Flugstunde muß man jeden Augenblick damit rechnen, daß deutsche Jäger über den Kampfverbänden auftauchen, um sich mit heulenden Motoren auf sie zu stürzen. Aber mit den Bombern fliegen die Thunderbolt- und Mustang-Jäger – für die Bomberbesatzungen sind ihre dunklen, dicken und elegantschlanken Rümpfe schöner als der schönste Mädchenkörper.
Das Zeichen des Angriffs ist der Anruf des oberen MG-Schützen: »Me-109-Jäger fünf Uhr. Hoch. Zehn Stück.« Nach dem ersten leichten Druck auf die Magengegend, den die Meldung auslöst, wartet jeder gespannt, bis das Geknatter des schweren Zwillings-MG des oberen Turmes anzeigt, daß der Kampf begonnen hat. Von nun an geht alles so schnell, daß gar keine Zeit bleibt, sich zu fürchten. Geschosse spritzen durch die Bordwand mit dem Geräusch eines pneumatischen Niethammers.
Der rechte Rumpfschütze wird getroffen. Der Kopilot erhält den Befehl, ihm die Erste Hilfe zu leisten. Bereits in den nächsten Minuten fangen für ihn die Schwierigkeiten an. Am schlimmsten ist die Enge des Raumes: Der Kopilot muß erst den Sicherheitsgürtel lösen, die Stecker für Heizung und Funkgerät herausziehen, den Rüssel des Sauerstoffgerätes abnehmen und schließlich seinen Sitzfallschirm ablegen. Wird die Maschine während der nächsten 10 Minuten getroffen, so ist der Kopilot derjenige, der auf keinen Fall abspringen kann. Er hängt eine tragbare Sauerstoffflasche um, windet sich aus seinem Sitz und zwängt sich nach hinten.
Jede einzelne Falte seiner Fliegerkombination scheint dafür geschaffen zu sein, an allen Griffen, Knöpfen, Hebeln und Kanten hängenzubleiben, von denen es im Innern des Bombers unzählige gibt. Neben dem Unterteil des oberen Kampfstandes kann er sich gerade vorbeidrängen, aber nur wenn der Turm stillsteht; schwenkt ihn der Schütze jedoch herum, so besteht die Gefahr, daß er vom Getriebe erfaßt und verletzt wird. Der schmale Gang neben dem Bombenschacht ist voller kantiger Rippen und Verstärkungen.
Der rechte Rumpfschütze hängt bewußtslos in seinem Kampfstand. Der Wind donnert mit 60 Grad Kälte durch die Einschußöffnung herein. Der Verwundete braucht Desinfektionspulver auf seine Wunde, einen Druckverband, und sein blutendes Bein muß abgebunden werden. Mit den dicken, elektrisch beheizten Handschuhen kann das nicht gemacht werden; der Kopilot legt sie deshalb ab. Wenn er Geschick und Glück hat und den Verband schnell hinbringt, kann er womöglich in 2 bis 3 Minuten seine Handschuhe wieder anziehen. Aber auch dann wird er nicht ohne Andenken davonkommen. Der Luftstrom, der hereinweht, ist sibirisch kalt. Die paar Minuten ohne Handschuhe können leicht ein halbes Jahr Lazarettaufenthalt bedeuten mit der vagen Hoffnung, daß die Finger gerettet werden. Es geht jedoch um das Leben des Kameraden, und da gibt es kein Zaudern.
Das nächste Problem des Kopiloten ist es, sich durch das Rumpfinnere wieder auf seinen Sitz zurückzuarbeiten. Seine Sauerstoffflasche ist fast leer, und er bewegt sich nur noch mühsam vorwärts.
Inzwischen nähern sich die Fliegenden Festungen allmählich dem Ziel. Die deutschen Jäger und die Flak haben hier den Schwerpunkt ihrer Abwehr gebildet. Die Luft ist voller Sprengwolken der Flakgranaten. Alle Ausweichmanöver, die ein Bomber macht, erfordern die ganze Kraft des Piloten. Die Besatzung zählt die quälenden Sekunden. Schließlich kommt das Gefährlichste, der geradlinige Zielanflug, und endlich der erlösende Ruf »Bomben ab«.
Der Verband wendet – heimwärts; und wieder die gleichen Schwierigkeiten wie auf dem Hinweg, bis zu dem gesegneten Augenblick, in dem er über dem Kanal im sicheren Schutz der Jagdstaffeln hinuntergeht.

Stars and Stripes, Februar 1944

Die Sechs-Tonnen-Bombe

Sonntag, 20. Februar 1944, London
Das *Hauptquartier der RAF* gibt bekannt:
Die neuen 6-Tonnen-Bomben sind in monatelanger Arbeit von britischen Wissenschaftlern für Angriffe auf spezielle Ziele entwickelt und zum erstenmal bei dem Angriff auf die Gnome-Rhone-Flugzeugmotorenwerke in Limoges am 18. Februar angewandt worden. Später hat man durch Luftaufnahmen festgestellt, daß der größte Teil dieser Fabriken durch die gewaltige Sprengwirkung zerstört wurde. Alle bisher in England angestellten Versuche mit der Bombe zeigen eine Wirkung, die man noch vor kurzem kaum für möglich gehalten hat.

In der Hölle der Terrornächte

Ich hocke frierend hinter dem Obergefreiten M. auf dem Krad. Vor uns hebt sich aus dem Nachtdunkel groß und mit rötlichem Glühen die Stirn des Horizonts. Die Straße, auf der wir dahinrasen, stößt mitten hinein. Vor knapp drei Stunden fuhren wir los. Wir, das sind nicht allein M. und ich, das ist eine ganze motorisierte Abteilung Luftschutzsoldaten der Luftwaffe: drei Kompanien, Löschzüge, Bergungszüge, Instandsetzungszüge und Sanitätsgruppen.
Wir erreichen die Stadt und durchfahren ihre Peripherie. Straßenschluchten stehen schlafdunkel und stumm um uns. Der Wind, der uns entgegenstreicht, trägt uns den scharfen Geruch von Brand und Rauch zu. Die rötliche Helle vor uns, voll steter Bewegung und Unruhe, wird größer. Es regnet Flugasche: glühende Funken prasseln gegen unsere Gesichter. Wir schlagen die Gummimäntel über die Köpfe und stoßen weiter vor. Vorn an der Spitze der Kolonne klebt jetzt auf einem Krad der Lotse, den uns die örtliche Luftschutzleitung entgegengeschickt hat. Er bringt uns zur Befehlsstelle. Von da, alles in jagender Hast, führen uns Einweisungstrupps zu den Einsatzstellen.
Es ist eine Stunde nach Mitternacht. Und nun hören wir auf, Zeitmaße zu wägen. Die Zeit zerschmilzt in unserm Schweiß. Wir kämpfen uns durch das Gestrüpp zerrissener Straßenbahn- und Starkstromleitungen, über Barrikaden von schwelenden Balken und durch wogende Brandwolken, wir brechen Feuergassen für uns und unsere Fahrzeuge. Um uns stöhnt das Grauen. Die Hölle ist los. Die Luft zittert vor Glut. Es knistert, peitscht, kracht und poltert aus fressendem Brand. Die Hitze packt uns mit einer Gewalt, die uns fast umwirft. Wir kuppeln Schlauchleitungen, legen Brücken darüber: wir turnen über schwankende Leitern und Stege. Unsere gefühllosen Hände zerren, anders geht es nicht schnell genug, an glimmenden Balken; sie sind um Äxte und Hacken und schwere Stahlrohre verkrampft und tragen wippende Bahren; wir ducken uns unter zerbröckelnden Wänden, zwängen uns, jede Sekunde vom Einsturz bedroht, Wege durch Trümmer zu Verschütteten: wir kriechen durch die trüben Gerinnsel, die warm aus Bränden herausfließen: wir stapfen durch voll Wasser stehende Keller! Unsere Gesichter glühen: Lippen und Münder vertrocknen. Wir können nicht mehr rufen, wenn wir uns gegenseitig verständigen wollen. Wir können nur noch heiser krächzen. Unsere Nasen sind ausgelaugt vor Hitze und Gestank, die Lungen verschleimt von Qualm, von Mörtelstaub und Phosphorodem; die Gesichter sind aufgetrieben, die Augen verquollen, Ellbogen, Knie und Hände sind uns blutig verschrammt. Wir sind so entsetzlich ausgebrannt und mattgehetzt. Aber wir bewegen uns weiter ...
Es ist, als stünden wir an einem rasenden Fließband, das unaufhaltsam, teilnahmslos und gleichgültig immer weitergeht und uns Dinge zuträgt, die getan werden müssen; immerzu ohne Pause und in stetem Wechsel: Löschen, Retten, Räumen, Helfen. Und an nichts anderes denken.
So geht die Nacht vorbei. Der Morgen bleibt unter dunklem Rauch. Ein fahler Mittag dämmert herauf. Und niemand kommt und sagt: »Ruht euch aus!« Wir verstehen, daß es nicht sein kann. Noch nicht ... Unsern Truppführer erwischt es zuerst. Als unsere Sanitäter ihn auf der Bahre in den Sanitätswagen schieben, sehe ich noch sein Gesicht. Es ist merkwürdig klein geworden. Der Mund lächelt uns zu. Und wir lächeln zurück. Dabei ist es uns zum Heulen zumute. Er hatte Figur und Schultern wie ein Kohlentrimmer. Und diese Schultern hoben und trugen eben das überschwere Gewicht, das die Lebenswaage für acht Menschen schon tief in Todesschatten geneigt hatte.

Links: Eine 5500-kg-(12 000 lb-)Tallboy-Bombe wird in eine Lancaster B II verladen: Die Tallboys werden ausschließlich von Lancasters, den schnellsten und schwersten Bombern der RAF, befördert

Rechts: Soldaten der Luftwaffe im Feuerwehreinsatz nach einem Brandbombenangriff: »... zu retten ist hier nichts mehr ...«

Wir jagen Wassermassen in ein mächtiges Bürogebäude. Das Feuer tobt bereits seit Stunden. Zu retten ist hier nichts mehr. Aber in der rasenden Glut wurde der Wind zum Orkan. Der trug die Funken weiter und blies Entstehungsbrände in der Nähe hoch. Hunderte Wohnungen waren gefährdet. Es ist fast geschafft, das Feuer schwarz zu machen. Da hören die Motoren plötzlich auf zu singen. Es ist ganz still. Kein Wasser mehr! Und in diese Stille ohne Motorengesumm hören wir es aus dem Keller vor uns klopfen. Ganz leise und ganz fern. Aber deutlich!

Wir halten den Atem an. Wir stehen ohne Bewegung und lauschen angestrengt. Wieder klopft es. Da sind Eingeschlossene. Wir dringen ins Haus ein. Unser Zugführer zuerst. Wir klettern über Schuttmassen. Sie sind heiß, verbrannt, naß und glitschig, und halten uns auf. Der Kellereingang ist verschüttet. Wir räumen, als käme es auf Sekunden an. Widerlicher Dunst sticht schmerzhaft in die Lungen. Unsere Hände sind heiß und wund. Wir wühlen ein Loch, weiten es zu einem Stollen, bauen eilig dürftige Stützen. Und stoßen endlich durch. Im trüben Licht der Taschenlampen sehen wir drüben ein fahles Gesicht. Da zerquetscht ein klobiger Balken die kümmerlichen Stützen. Der Unteroffizier, schon halb im Stollen, preßt seine Schultern gegen den sinkenden Balken, fängt ihn auf, hält ihn. Er trägt nun Zentnerlasten. Jeder andere würde darunter zerbrechen wie eine Streichholzschachtel unter einer wütenden Faust. Er aber trägt sie. Wir stemmen Bretter gegen den Balken. Als der Unteroffizier behutsam nachgibt, geben auch die Stützen nach. Es ist zum Verzweifeln. Oben, über uns, wächst der Brand weiter. Glühende Hitze benimmt uns den Atem, heißer Regen rieselt auf uns herunter. Auch drüben am Ende des Stollens arbeiten sie. »Versuch, ob du durchkommst, Kamerad!« keucht der Unteroffizier. »Ich halt hier schon aus.« Der erste von drüben kommt durchgekrochen. Er hechelt vor Anstrengung und Erregung, zerschürft sich die Haut. Aber er kommt durch. Dann kommt der zweite, dann der dritte. Der vierte wird halb gezogen, halb geschoben. Er ist verwundet. Der fünfte kommt, der sechste kommt. Wir bewegen die Lippen, aber wir schweigen. Tödliche Angst drückt uns die Brust zusammen. Dann der siebente. Ich leuchte in den Gang hinein. Ich sehe das Gesicht des Unteroffiziers. Es ist schmaler und kantiger; die Haut glänzt vor Nässe und Schmutz: auf der Fläche der Stirn wölben sich dick die Adern; die Lippen sind nicht mehr da, nur ein schmaler langer Strich, aus dem leuchtend weiß die Oberzähne blecken. Die Augenlider zittern über geschlossenen Augen.

Wir schleusen den achten und letzten durch.

Dann rutscht unser Unteroffizier still weg. Da poltert der klobige Balken herab, Schutt und Sparren folgen nach und begraben den Kameraden. Er kommt erst zu sich, als wir ihn nach einer halben Stunde ausgegraben haben. »Sind sie alle aus dem Keller?« will er als erstes wissen. Unser Sanka bringt ihn mit anderen Verwundeten zur nächsten Rettungsstelle.

Etwas später, einige Straßenzüge weiter: Wir sehen eine Frau durch die brennende Straße gerannt kommen. Sie schreit und gestikuliert wild mit den Armen. Sie läßt sich von niemandem aufhalten und stürmt in ein brennendes Haus. Wir rufen »Halt!« und »Zurück!«, denn wir haben das Haus schon aufgegeben; es ist längst klar, daß es verloren ist. Jede Sekunde können die Decken herunterstürzen. Ich höre neben mir einen fluchen: »So ein Quatsch!«, dann prescht auch er los, hinter der Frau her in das Haus. Verflucht, ist der auch irrsinnig geworden? Ich

renne, es ist Blödsinn, ich weiß, ich will ja auch nicht, aber ich muß, ich renne dem Hauseingang drüben zu. Da stürzt das Haus. Ich sehe eine Wand zusammensacken. Eine Decke neigt sich; über ihren Rand rutschen brennende Möbel, zersprühen zu einer Kaskade flirrender Funken; dazwischen rutscht, es ist furchtbar, ein Mensch; er rudert verzweifelt mit den Armen, greift haltlos ins Leere, er überschlägt sich, fällt; an ihm vorüber stürzt etwas Großes, Dunkles, aus den wirbelnden Stücken da vorn schrillt es, als sei eine Bombe voll besoffener Töne krepiert. Das war ein Klavier. Und der Mensch?
Hol's der Teufel, da kommt er herausgetaumelt, den Stahlhelm schief ins Gesicht gehauen, die eine Augenbraue geplatzt, die Augen verquollen, das Gesicht mit Dreck und Blut verschmiert, die linke Schulter zerschlagen, der Arm daran breiig zerquetscht.
Es ist Obergefreiter B. Es hat ihn schwer erwischt, er japst und taumelt; er wendet mir sein Gesicht zu, dies blutende, zerschlagene Gesicht, und grinst dabei, weil er lächeln möchte. Ich soll sehen, daß es ihm nichts ausmacht.
Retten, Löschen, Räumen. Alles andere vergessen.
Nichts mißt uns mehr die Zeit, auch nicht das Gefühl. Stunden werden zu Sekunden, und Sekunden scheinen uns manchmal wie qualvolle Ewigkeiten. Sogar der Magen, dieser zuverlässige Zeitmesser des Soldaten, mißt keine Stunden mehr. Wird Essen gebracht, schlingen wir es ungeduldig hinunter. Unsere Körper sind auf geheimnisvolle Art im Ausnahmezustand. Unser Wille auch.
Wenn das nicht wäre, würden wir vor dem Übermaß der Glut, die grauenhaft wachsend durch die Straßen wuchtet, jämmerlich zusammenschrumpfen und zusammenfallen. Wir sind nicht mehr der Gefreite Müller oder Meyer oder Schulze; in den glühenden Öfen der Straßen und Häuser verschmelzen wir zu einem einzigen überstarken Willen der Abwehr. Und nicht nur wir allein, mit uns auch Frauen und Kinder, die neben uns kämpfen wie wahre Soldaten und die der Wille auch dann noch aufrecht hält, wenn sie nach der Ordnung des Menschen längst hätten zusammenklappen müssen. Wir alle spüren uns nicht und nicht die Zeit, die mit den sterbenden Gesichtern der Häuser und Straßen hinabsinkt. Aber was wir alle, auch die Frauen und Kinder neben uns, spüren, sind die mitreißende Kraft der Hingabe und das gläubige Wissen, daß nur der bleibt, der sich ganz hingibt.
Der Abend kommt. Wir sind leergepumpt und ausgedörrt. Wir haben wüste Schädel und weiche Knie. Essenträger bringen uns Verpflegung. Wir schlingen wortkarg und hastig Brot und Wurst in uns hinein und wundern uns, daß es etwas gibt, das nicht abscheulich brandig schmeckt. Einer kommt und berichtet, daß fünf Kameraden gefallen sind. Zwei davon wurden von Langzeitzündern zerrissen; drei bei Rettungsarbeiten verschüttet. Wir hören es schweigend. Über uns geht ein kalter Wind hinweg. Er bringt frische Luft. Jetzt frieren wir. Da wird durchgesagt, daß jeder zwei Stunden ruhen soll. Nicht alle auf einmal, sondern wechselweise. Ich gehöre zu den ersten. M. auch. Ich spreche mit ihm, ob ich schnell nach Hause soll. Die brennende Stadt ist ja meine Heimat. Er spricht erregt dagegen. Ich würde es zu Fuß in zwei Stunden nicht schaffen. Außerdem sei Ruhe befohlen. Und Befehl sei Befehl. Gut, dann will ich wenigstens telefonieren. Wir suchen eine unbeschädigte Telefonzelle. M. geht mit. Er traut mir offenbar nicht. Er sieht, wie mich Angst zerfasert, und fürchtet, ich könnte für zwei Stunden türmen.
Vor der Zelle steht mehr als ein Dutzend Menschen. M. bringt es fertig, daß wir sofort rankommen. Ich wähle meine Nummer. Mein Herz klopft mächtig. Meine Kehle ist eng vor Zärtlichkeit und guten Worten, die ich sagen will. Ich warte auf die Stimme meiner Frau. Aber am andern Ende bleibt es still, es meldet sich niemand.
Wir gehen zu unserer Einsatzstelle zurück, M. und ich. Wir schlucken an Worten, die nicht gesagt werden können. Wir klettern auf einen LKW, legen uns schweigsam hin und schlafen ...

Das Reich, Februar 1944

Dienstag, 22. Februar 1944
Die *Agentur Reuter* meldet:
Wie jetzt bekannt wird, fielen bei dem Angriff der RAF in der Nacht vom Sonntag auf Montag rund 2000 Tonnen Bomben auf Stuttgart. Das bedeutet eine verlorene Maschine auf 200 Tonnen abgeworfener Bomben. Damit wurde ein Rekord erzielt, wie ihn die RAF bisher noch nicht aufgestellt hat.

Mittwoch, 23. Februar 1944, London
Das *Luftfahrtministerium* gibt bekannt:
Gestern griffen US-Bomber erneut mit starken Kräften die Flugzeugindustrie und Flugplätze an, vorwiegend im Reichsgebiet. Dabei operierten die 8. und die 15. US-Luftflotte zum erstenmal gleichzeitig in koordinierter Aktion von England und Italien aus. Große Verbände Fliegender Festungen und Liberators, von Thunderbolt-, Lightning- und Mustang-Jägern begleitet, bombardierten neben weiteren militärischen Zielen die Flugzeugfabriken von Bernburg, Oschersleben und Halberstadt, die bereits am Sonntag angegriffen worden waren, sowie andere Flugzeugwerke. Die deutsche Jagdabwehr war teilweise sehr heftig.

23. Februar 1944, Berlin
Das *DNB* meldet:
Auch in der vergangenen Nacht haben starke Verbände der deutschen Luftwaffe das Stadtgebiet von London bombardiert. Das Unternehmen wird vom OKW als »Großangriff« bezeichnet. Die Geschwader bedienen

Anordnung der Navigations- und Bombenabwurf-Radarhilfsgeräte in einem RAF-Bomber 1944

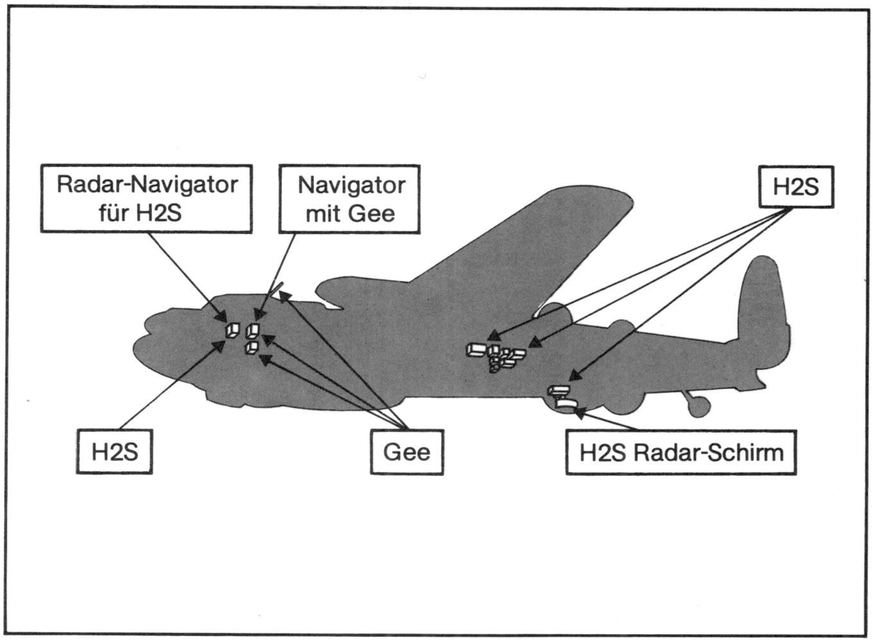

sich einmal der sogenannten »Windrosentaktik«, bei der sie aus allen Richtungen das Zielgebiet anfliegen, und der »Linientaktik«, von den deutschen Fliegern auch »Gänsemarsch« genannt. Auf diese Weise soll die starke englische Luftabwehr des Londoner Gebiets jeweils überrumpelt werden.

Vorsicht, gefälschte Lebensmittelmarken!

Das *Gaupresseamt der NSDAP* gibt bekannt:
Im Verlauf seiner Einflüge hat der Feind im ganzen Gaugebiet wieder gefälschte Lebensmittelmarken abgeworfen. Der Gegner lebt in der Wahnvorstellung, auf diese Weise unsere Versorgung stören zu können. Jeder Volksgenosse aber weiß, daß er derartige gefälschte Lebensmittelmarken unverzüglich bei der nächsten Ortsgruppe oder beim nächsten Polizeirevier abzugeben hat. Jeder Volksgenosse weiß darüber hinaus, daß die mißbräuchliche Benutzung derartiger vom Gegner abgeworfener gefälschter Lebensmittelmarken die allerschwersten Bestrafungen nach sich zieht. Wer derartige Marken behält oder in den Handel bringt, gilt als Volksschädling und wird dementsprechend behandelt.

Hannoversche Zeitung, 23. 2. 1944

Lightnings über Berlin

Sonnabend, 4. März 1944, London
Das *Luftfahrtministerium* teilt mit:
USAAF und RAF unternahmen gestern mit starken Kräften weitere Tagesangriffe gegen Deutschland und die besetzten Westgebiete. Ein großer Verband Fliegender Festungen und Liberators, von Thunderbolt- und Mustang-Jägern eskortiert, bombardierte Ziele in Nordwestdeutschland. Während diese Operation noch lief, stießen US-Lightning-Langstreckenjäger bis nach Berlin vor und griffen militärisch wichtige Ziele an. Die Lightnings trafen auch hier keine deutschen Jagdflugzeuge. Die Reichshauptstadt hat damit zum erstenmal einen Tagesangriff durch amerikanische Maschinen erlebt.

Schwerer US-Tagesangriff auf Berlin

Montag 6. März 1944, London
Das *Hauptquartier der 8. US-Luftflotte* gibt bekannt:
Starke Formationen schwerer US-Bomber, von großen Langstreckenjäger-Verbänden eskortiert, unternahmen heute vormittag einen konzentrierten Angriff gegen Ziele in Berlin.
Es handelt sich dabei um den ersten großangelegten Tagesangriff der US-Luftstreitkräfte auf die Reichshauptstadt. Es konnten Zerstörungen an den vorgesehenen Zielen beobachtet werden, obwohl die Bomben durch eine Wolkenschicht abgeworfen werden mußten.
Auf der ganzen Flugroute stießen unsere Verbände zum Teil auf beträchtlichen Widerstand feindlicher Jäger, aber unsere Begleitmaschinen griffen sie erfolgreich an und schossen bei 11 eigenen Verlusten 83 deutsche Jagdmaschinen ab. Es schien, als hätte die deutsche Luftwaffe zahlreiche Jägerverbände von anderen Kriegsschauplätzen herangeholt. Manche Besatzungen glauben, daß 800 bis 900 deutsche Jäger allein über der Reichshauptstadt eingesetzt wurden, die mit größter Entschlossenheit angriffen.
Über Berlin war das Flakfeuer zuerst sehr heftig, ließ aber dann rasch nach und hörte schließlich ganz auf. Die

Ergebnisberichte der Luftkämpfe sind noch nicht abgeschlossen, doch steht bereits fest, daß etwa 160 bis 170 deutsche Jäger abgeschossen worden sind.
Einer der Piloten berichtet:
»Über dem Kontinent kam es zu Luftkämpfen, die alles bisher Dagewesene in den Schatten stellten. Hunderte von deutschen Jägern versuchten, unseren Bombern den Durchbruch nach Berlin zu verwehren. Wir hatten offensichtlich gegen die Elite der deutschen Jäger zu kämpfen, die mit äußerster Bravour und Zähigkeit vorging. Unser Verband stand volle 5 Stunden lang im Abwehrkampf, aber der Gegner konnte uns nicht von dem Angriff auf die deutsche Hauptstadt abhalten ...
Wir hatten strengen Befehl, Präzisionsabwürfe durchzuführen, und unsere Fotos bestätigen, daß wir diese Aufgabe genau erfüllt haben. Wir können sagen, daß jetzt besonders die Stadtteile schwer gelitten haben, die dem Nachtangriff der RAF entgangen sind. Ein Verband Viermotoriger geriet in einen etwa 3 Kilometer breiten und 300 Meter tiefen Flaksperrgürtel, und wir mußten mit ansehen, wie 5 Fliegende Festungen brennend auf das Häusermeer von Berlin stürzten.«

Landung von US-Bombern in Schweden

6. März 1944, Stockholm
Der *schwedische Armeestab* teilt mit:
Heute mittag überflogen 2 Fliegende Festungen die südschwedische Küste. Sie wurden von schwedischen Jägern und der Bodenabwehr zur Landung gezwungen. In den ersten Nachmittagsstunden erschien ein dritter US-Bomber über schwedischem Gebiet. Er gab Notsignale und ging auf einem Flugplatz in Schonen nieder. Die 3 Bomber sind fast unbeschädigt. Die Besatzungen, insgesamt 30 Mann, wurden interniert.

Rund 3000 Flugzeuge gegen Berlin

Donnerstag, 9. März 1944, London
Die *Agentur Reuter* meldet:
Die US-Luftflotte führte gestern den bisher schwersten Tagesangriff gegen Deutschland durch. Wie von zuständiger Stelle erklärt wird, starteten etwa 3000 Maschinen, darunter mehr als 1000 Langstreckenjäger, zum Angriff auf Berlin. Eines der Hauptangriffsziele waren die Kugellagerwerke in Erkner am Ostrand der Stadt.
Die Fortress- und Liberator-Bomber warfen bei diesem Einsatz über der deutschen Hauptstadt mehr als 10 000 Sprengbomben und 350 000 Brandbomben ab. Allein die über 1000 Begleitjäger von den Typen Mustang, Lightning und Thunderbolt der amerikanischen, britischen und anderen alliierten Luftstreitkräfte schossen 83 deutsche Jäger ab bei nur eigenen Verlusten von 16 Maschinen. 38 der viermotorigen Bomber sind bisher von dieser größten Tagesoperation der US-Luftstreitmacht gegen ein einziges Ziel noch nicht zurückgekehrt. Die US-Bomber und ihre Begleitjäger stießen auf schwere Abwehr sowohl seitens der Flak als auch der Luftwaffe. Es waren alle möglichen Typen eingesetzt, darunter sogar einige Schulflugzeuge. Es entwickelten sich sehr heftige Luftkämpfe, im Gegensatz zu den bisherigen Angriffen aber erst kurz vor Berlin und über Berlin selbst. Über Hannover versuchten deutsche Jäger, die US-Bomber anzugreifen, was den meisten jedoch nicht gelang.
Nachdem ersichtlich war, daß der Angriff Berlin galt, stiegen zahlreiche deutsche Jagdgeschwader auf, die mit größter Entschlossenheit kämpften.
Das Ausmaß dieser Luftoperation bezeugt die Tatsache, daß insgesamt 600 000 Mann auf beiden Seiten an Angriff und Verteidigung teilnahmen. Rund 13 000 Flieger waren über Berlin, etwa 50 000 Mann mußten auf britischen Flugplätzen die Maschinen startklar machen. Von der deutschen Luftwaffe wurden etwa 15 000 Mann eingesetzt, dazu eine halbe Million Frauen und Männer zur Bedienung der Flakbatterien rund um Berlin.

9. März 1944, London
Die *Agentur Reuter* berichtet:
Die Taktik der US-Luftstreitkräfte verdient größte Beachtung, da sie – und zwar unter viel ungünstigeren geographischen Bedingungen – das erreicht, was die Deutschen 1940 in der »Luftschlacht um England« vergeblich angestrebt haben: zunehmend tieferes Eindringen geschlossener großer Bomberverbände in ein stark verteidigtes Gebiet.
Der Erfolg der US-Bomber ist hauptsächlich auf das System der sich gegenseitig ablösenden großen Formationen von Begleitjägern zurückzuführen. Diese Tatsache ist für die weitere Entwicklung des Luftkrieges von ausschlaggebender Bedeutung.

Freitag, 10. März 1944, London
Das *Luftfahrtministerium* gibt bekannt:
Der Verlauf des gestrigen Tagesangriffs gegen Berlin steht im völligen Gegensatz zum Angriff am Mittwoch, denn es stellten sich keine deutschen Jäger zum Kampf, und von den starken Formationen der US-Bomber und den Hunderten von Begleitjägern kehrten nur 7 Bomber und ein Jäger nicht zurück. Deutsche Flugzeuge wurden, soweit bisher festgestellt, nicht abgeschossen.
Die an dem Tagesangriff gegen Berlin beteiligten US-Besatzungen erklärten übereinstimmend, daß das Flakfeuer über der Reichshauptstadt intensiver war als je zuvor. Einer der Flugzeugführer meinte: »Es schwirrten so viele Flakgeschosse in der Luft herum, daß man nur die

Hand hätte ausstrecken müssen, um ein paar von ihnen aufzufangen.«
Direkt über dem Stadtzentrum stießen die Bomber auf ein außerordentlich dichtes Sperrfeuer der Flak und mußten feststellen, daß die Geschütze 4 Raketen auf einmal abfeuern konnten. Eine B-24 Liberator wurde durch ein solches Geschoß getroffen und stürzte über dem Häusermeer ab.

Luftlagemeldungen stündlich über den deutschen Rundfunk

Dienstag, 21. März 1944, Berlin
Das *DNB* meldet:
Der deutsche Rundfunk hat ab heute, 18 Uhr, einen Meldedienst über die Luftlage eingerichtet. Während des Tages und der Nacht werden alle Sender des Reichsprogramms und der Deutschlandsender im Laufe ihrer ganzen Sendezeit zu jeder vollen Stunde eine Meldung über die jeweilige Luftlage geben, bei Änderung erfolgen auch zusätzliche Durchsagen.

Schwere Verluste beim Angriff auf Nürnberg

Freitag, 31. März 1944, London
Die *Agentur Reuter* berichtet:
Wie von zuständiger Stelle mitgeteilt wird, büßte die RAF bei ihrem Angriff auf Nürnberg, den sie in der letzten Nacht unternahm, 96 Bomber ein – die größte Zahl, die seit Beginn des Krieges bei einem Nachtangriff verlorenging.

Sonnabend, 1. April 1944, London
Das *Luftfahrtministerium* teilt mit:
Es bestätigt sich, daß die RAF bei dem Luftangriff in der Nacht zum Freitag die bisher schwerste nächtliche Luftschlacht dieses Krieges zu bestehen hatte. An den Operationen beteiligten sich 900 bis 1000 Halifax- und Lancaster-Bomber, davon der größte Teil zum Angriff gegen Nürnberg.
Mehrere hundert deutsche Nachtjäger – mehr als je zuvor in einer Nacht – griffen die Bomberformationen immer wieder an, die auf ihrem Weg nach Nürnberg rund 900 Kilometer über stark verteidigtes Gebiet fliegen mußten ...
Es konnte festgestellt werden, daß die deutsche Bodenabwehr vielfach neue raketenartige Geschosse verwendete, die wie breite Lichtstreifen in den Himmel stiegen. Insgesamt dauerte die Luftschlacht über dem Reichsgebiet ungefähr drei Stunden.
Über Nürnberg selbst war die Luftabwehr weniger stark, als man nach dem Vorangegangenen erwartet hatte. Die Bomber erreichten die Stadt in dichter Folge kurz nach 1 Uhr nachts. Auf dem Rückflug tobten wieder schwere Luftkämpfe. Die RAF büßte bei dieser Operation 10 Prozent der eingesetzten Maschinen ein, es sind die bisher größten Verluste. Insgesamt werden 94 Bomber, darunter 13 kanadische, und nicht 96, wie ursprünglich bekanntgegeben, vermißt.

Tagesoperationen über Polen und Ostdeutschland

Montag, 10. April 1944, London
Das *Luftfahrtministerium* teilt mit:
Die 8. USAAF führte gestern Angriffe gegen die deutsche Flugzeugindustrie durch, wobei sich die Operationen zum erstenmal bis nach Polen ausdehnten. Starke Verbände Fliegender Festungen und Liberators, begleitet von Thunderbolt-, Lightning- und Mustang-Langstreckenjägern, bombardierten deutsche Flugzeugwerke in Gdingen, Posen und Marienburg (Ostpreußen).

Im unterirdischen Leitstand einer der 5 Jagddivisionen der Reichsverteidigung, »Gefechts-Opernhaus« genannt: Nachrichtenhelferinnen projizieren auf die Lagekarte rote (Feindbomber) und blaue (eigene Jäger) Punkte, deren Positionen sie von den Radarstationen erhalten. Es ist die Luftlage mit etwa 1 Minute Verspätung

Notlandung von US-Bombern in Schweden

10. April 1944, Stockholm
Svenska Dagbladet meldet:
Auf dem Rückflug von Norddeutschland und Polen mußten gestern, am Ostersonntag, 11 Liberators und 7 Flying Fortress in Südschweden notlanden. In mehreren Fällen wurden die Flugzeuge durch das Eingreifen schwedischer Jagdflugzeuge und Flak zur Landung gezwungen, wobei es zu regelrechten Luftkämpfen kam. Mit wenigen Ausnahmen waren die amerikanischen Flugzeuge unbeschädigt; eines von ihnen stürzte ins Meer. Die Besatzungen wurden interniert.

Geheimer Bericht des *Sicherheitsdienstes der SS* zur innenpolitischen Lage
Donnerstag, 20. April 1944 (Auszug)
I. Allgemeines: Entwicklung in der öffentlichen Meinungsbildung.
Die neue Methode der Gegner, aus Tiefangriffen heraus die Eisenbahnzüge und auf dem Felde arbeitende Volksgenossen mit Bordwaffen zu beschießen, beunruhigt immer mehr (z. B. Dessau). Bauern, insbesondere die Frauen, wollten in den luftbedrohten Gebieten nicht mehr gerne zur Feldbestellung hinaus, seit bekannt wurde, daß die feindlichen Flieger ihre Angriffe auch gegen Einzelpersonen richten ... In dem Bestreben, sich »genau zu informieren«, würden auch die Volksgenossen immer zahlreicher, die die einzelnen Flaksender abhören, nachdem es sich herumspreche, was die Deckangaben, z. B. die Buchstaben und Zahlen für bestimmte Quadrate auf der Landkarte, bedeuten.

Luftoffensive gegen das deutsche Verkehrssystem

Sonntag, 23. April 1944, London
Das *Hauptquartier der 8. US-Luftflotte* gibt bekannt:
Flying-Fortress- und Liberator-Bomber haben gestern einen schweren Angriff gegen die Bahnanlagen von Hamm durchgeführt. Die Bomber wurden von sehr starken US-Jägerverbänden begleitet. Außer Hamm hat die 8. USAAF gestern Eisenbahnknotenpunkte, Flugplätze und militärische Anlagen hinter dem verwüsteten »Atlantikwall« bombardiert. Mehr als 250 US-Bomber haben in Begleitung von Jägern einen Angriff auf nicht bekanntgegebene Ziele in Nordfrankreich unternommen. Die Flakabwehr war sehr intensiv, es tauchten jedoch keine feindlichen Jäger auf.
Die Berichte der Besatzungen der letzten 24 Stunden betonen die relative Schwäche der deutschen Verteidigung. München z. B. sei erst gute 20 Minuten nach dem Eintreffen der ersten britischen Bomber von deutschen Jägern erreicht worden, die vermutlich erst von entfernteren Stützpunkten herangeholt werden mußten. Daß die RAF im Laufe der Nacht trotzdem 30 Flugzeuge einbüßte, wird vor allem auf starke Vereisung zurückgeführt.

Der Vorstoß auf Neuguinea

Mittwoch, 26. April 1944, London
United Press meldet:
Die neue Offensive MacArthurs auf Neuguinea wird als eine der wichtigsten Operationen der Amerikaner und Australier gegen die Stellungen der Japaner im Südwestpazifik bezeichnet. Als entscheidend bei diesen Operationen betrachtet man die massive Konzentration von Kriegsschiffen, Flugzeugträgern und der auf der Insel stationierten Flugzeuge, die für die Japaner im Fall des Gegenangriffs ein großes Risiko bedeuten. Diese »Strategie der geballten Faust« liefert, so meint man, die Antwort auf die Frage, warum die japanische Flotte nicht eingreift.
Zur Taktik der Amerikaner und Australier auf Neuguinea schreibt die »Times«: »Die Methode MacArthurs besteht darin, so rasch als möglich Jagdbomberverbände zur Sicherung der Landetruppen einzusetzen.«

Keine Verluste beim Tagesangriff auf Braunschweig

Donnerstag, 27. April 1944, London
Das *Hauptquartier der 8. US-Luftflotte* teilt mit:
Verbände Fliegender Festungen und Liberators haben gestern Industrieziele in Braunschweig angegriffen. Kein einziger Bomber ging verloren, und es stiegen nirgendwo feindliche Jäger auf.
Es hat sich gestern von neuem die Erfahrung bestätigt, daß die deutschen Jäger bei entsprechender Wolkenbildung, die schlechte Kampfverhältnisse schafft, überhaupt nicht starten.
Noch vor einem Jahr galt der Masseneinsatz von Bombern bis ins Innere Deutschlands als nicht durchführbar. Später mußte man daher erst schwere Verluste in Kauf nehmen; diese sanken dann nach und nach durch die Begleitung von Langstreckenjägern.
Daß aber mehr als hundert Bomber ohne einen einzigen Verlust bis fast nach Berlin vordringen können, hielt man bis jetzt für unmöglich. Die Schlußfolgerung: Die Beherrschung des Luftraumes über Westdeutschland ist in greifbare Nähe gerückt und sogar durch das Ausbleiben deutscher Jäger bei ungünstigen Wetterbedingungen bereits erreicht.

Die Chance Vought F4U Corsair auf einem Inselstützpunkt im Zentralpazifik kurz vor dem Start: Dieser von den Japanern gefürchtete Jagdbomber (Pfeifender Tod) kommt erst 1943 zum Einsatz. Insgesamt sind 12 681 Maschinen gebaut worden

Flugblatt-Propaganda

Sonnabend, 20. Mai 1944
Das *Hauptquartier der RAF* gibt bekannt:
Zum erstenmal wurden Informationen freigegeben, die Einblick in die Flugblattpropaganda der Alliierten vermitteln. Danach sind allein von der RAF seit Kriegsbeginn 1,25 Milliarden Flugblätter und Propagandabroschüren über Deutschland und den besetzten Gebieten abgeworfen worden.
In London wird eine ganze Reihe von Zeitungen gedruckt, die dazu bestimmt sind, die besetzten Länder zu informieren. So erhält Belgien wie schon im Ersten Weltkrieg die Zeitschrift »Courrier de L'Air«, die von der RAF pünktlich jeden Mittwoch und Samstag abgeliefert wird. Für Frankreich sind die Zeitungen »Revue de la Presse Libre«, »Revue du Monde Libre« und »Accord« bestimmt, während die Holländer mit dem »De Vliegende Hollander« und dem »De Werwelwind« beliefert werden. Über Dänemark wird die Wochenzeitung »Hvirvelvinden« und die Monatszeitschrift »Vi vil vinde« abgeworfen.
Auch Norwegen, Italien, die Tschechoslowakei, Polen und Luxemburg haben ihre regelmäßig erscheinenden Zeitungen, die ausschließlich von Exiljournalisten redigiert werden. Neuerdings wird auch für Deutschland, wo bisher nur Flugblätter abgeworfen wurden, eine Wochenzeitschrift gedruckt, in der namhafte deutsche Autoren schreiben. In der neuesten Nummer ist von Thomas Mann ein Artikel unter der Überschrift »Die andere Seite« erschienen.

Operationen gegen Java

20. Mai 1944, Melbourne
Das *Alliierte Hauptquartier Südwestpazifik* meldet:
Streitkräfte britischer, amerikanischer, australischer, französischer und holländischer Fliegereinheiten aus dem Südost-, Süd- und Südwestpazifik führten einen konzentrierten Angriff gegen Surabaja durch.
Der japanische Seestützpunkt wurde heute morgen, kurz nach Tagesanbruch, von Bombern angegriffen, die von Flugzeugträgern aus operierten. Volltreffer verursachten an den Anlagen des Kriegshafens, an denen der Handelsmarine, in den Erdölraffinerien und auf den Flugplätzen große Schäden. Der Feind wurde völlig überrascht. 10 Schiffe mit insgesamt 35 000 Tonnen wurden getroffen; eines davon explodierte, und die anderen sind wahrscheinlich gesunken. 2 Schwimmdocks erlitten schwere Schäden.
In Nonokromo sind die Ölraffinerien vollständig zerstört. 19 japanische Maschinen auf den Flugplätzen von Malang-Tanjong und Perak wurden vernichtet, 2 weitere abgeschossen und zahlreiche Flugzeuge beschädigt. 3 unserer Flugzeuge gingen verloren.

Über 4000 Flugzeuge beteiligt

Sonntag, 21. Mai 1944, London
Das *Hauptquartier der 8. US-Luftflotte* gibt bekannt:
Mehr als 4000 Flugzeuge der alliierten Luftstreitkräfte nahmen an den gestrigen Tagesoperationen über Frankreich und den Niederlanden teil. Als Begleitschutz der schweren Bomber wurden allein mehr als 1000 US-Jagdflugzeuge verschiedener Typen eingesetzt.
Auch die RAF und andere alliierte Luftstreitkräfte unterstützten diese Tagesangriffe, die vom frühen Morgen bis zum späten Abend ununterbrochen andauerten und sich vor allem gegen Küstenverteidigungs- und Eisenbahnanlagen, Straßenkreuzungen, Transportkolonnen, Flußkähne und Stützpunkte der deutschen Luftwaffe im Raum des Pas de Calais richteten.
Die Besatzungen melden gute Resultate und auffallend geringe Tätigkeit deutscher Jäger. Auch die Flakabwehr war bedeutend schwächer als sonst. Bei Angriffen auf verschiedene Objekte trat die Flak überhaupt nicht in Aktion.

Neue Taktik bei Luftangriffen auf das deutsche Verkehrssystem

Montag, 22. Mai 1944, London
Das *Luftfahrtministerium* teilt mit:
Die alliierte Luftoffensive gegen Deutschland und die besetzten Westgebiete wurde gestern mit weit über 2500 Flugzeugen fortgesetzt. Dabei gingen die Alliierten zu einer neuen Taktik über, bei der sie fast ausschließlich mit tieffliegenden Jägern und Jagdbombern gegen das deutsche Eisenbahn- und Straßennetz sowie gegen die Binnenschiffahrt vorgingen. Es handelte sich dabei um den größten Einsatz von Jägern, der in diesem Krieg bisher durchgeführt wurde.

Mittwoch, 31. Mai 1944, Stockholm
Svenska Dagbladet berichtet:
Die deutsche Presse spricht von der Absicht der Alliierten, »Tod und Vernichtung überall hinzutragen, wo sich menschliches Leben zeigt«. Das wird als »unverhüllter Mordterror« bezeichnet, »der sich seine Opfer in Stadt und Land unter der Zivilbevölkerung sucht und dem Spaziergänger, dem Reisenden oder dem Bauern auf dem Felde ebenso nachstellt wie dem Kind auf dem Spielplatz«. An diese Feststellung knüpfen die deutschen Blätter die Behauptung, daß ungeachtet der vom Sprecher der Reichsregierung mitgeteilten Warnung »der Feind seine Mordaktionen weiter gesteigert hat«.
Die von der Bevölkerung gezogenen Konsequenzen, »welcher Art sie auch sein mögen, erfahren dadurch von vornherein ihre volle Rechtfertigung«. Der erste ernste Zwischenfall, der nach Lage der Dinge erwartet werden konnte, hat sich unterdessen in Mitteldeutschland ereignet. Wenn auch nähere Angaben von deutscher Seite bisher nicht gemacht worden sind, so verlautet in Berlin doch, daß an einem der beiden Pfingstfeiertage unweit einer mitteldeutschen Ortschaft ein mit dem Fallschirm abgesprungener amerikanischer Pilot von der Bevölkerung erschlagen worden sei, bevor er durch Polizeiorgane in Sicherheit gebracht werden konnte.
Die Erregung der Bevölkerung soll dadurch ausgelöst worden sein, daß amerikanische Flieger vorher Kirchgänger mit Bordwaffen beschossen und getötet hätten.
In einem Dorf der Provinz Brandenburg ist gleichfalls ein abgesprungener amerikanischer Pilot von den Einwohnern erschlagen worden. Der amerikanische Jäger habe aus geringer Höhe zunächst einen auf dem Heimweg befindlichen Bauern und vor dem Dorf eine spielende Kindergruppe mit Bordwaffen beschossen. Als er dann in der Nähe des Dorfes kreiste, sei er überraschend von einem deutschen Jäger heruntergeholt worden.
Die Dorfbewohner haben den Piloten festgenommen, und ein der englischen Sprache Kundiger habe ihn zur Rede gestellt, warum er auf Zivilisten geschossen hätte. Der Flieger soll darauf in herausforderndem Tone geantwortet haben, daß eben Krieg sei. Die empörten Einwohner hätten sich daraufhin auf den Flieger gestürzt und ihn getötet, noch bevor die Polizei erschien.

US-Luftstützpunkte in der Sowjetunion

Sonnabend, 3. Juni 1944, Moskau
Das *Ostkommando der strategischen US-Luftstreitkräfte* gibt bekannt:
Starke Verbände schwerer Bomber, begleitet von Jägern, griffen von unseren sowjetischen Verbündeten ausgewählte Ziele in Rumänien an und flogen dann zu sowjetischen Stützpunkten weiter. Die feindliche Luftabwehr war gering; ein Bomber und ein Jäger gingen verloren. Die Rote Luftflotte unterstützte unsere Operationen durch Angriffe auf einen feindlichen Flugplatz auf der Route der US-Verbände und gab ihnen Jagdschutz.
Der Kommandant des neugeschaffenen US-Fliegerhauptquartiers in Moskau bezeichnete die Landung amerikanischer Bomber in der Sowjetunion als bedeutungsvolle Entwicklung im Luftkrieg gegen Deutschland.

Rechts: »Fliegende Festung«, der bekannteste unter den amerikanischen Bombern: Hier eine B-17 G der 398. Bomb Group der 8. USAAF. Die ab Januar 1944 produzierte B-17 G hat keine Tarnbemalung mehr, dadurch ist sie leichter und schneller

Schwere Angriffe gegen den Atlantikwall

Montag, 5. Juni 1944, London
Das *Hauptquartier der RAF* teilt mit:
Kurz nach der Rückkehr unserer Bombergeschwader, die in der vergangenen Nacht militärische Ziele an der französischen Küste sowie in Köln bombardierten, stiegen am frühen Vormittag etwa 750 viermotorige US-Bomber unter dem Schutz von Jägern zu Angriffen gegen Einrichtungen der deutschen Wehrmacht zwischen Boulogne und Calais auf. Gegen Mittag griffen zweimotorige Marauder-Bomber, begleitet von Mustang-Jägern, ebenfalls militärische Objekte in Nordfrankreich an. Thunderbolt-Jagdbomber brachten in Tiefangriffen die deutschen Flakbatterien zum Schweigen, wobei die Angriffe der Marauders sich gegen die Hauptziele richteten. Mit Raketen ausgestattete Typhoon-Jagdbomber flogen erfolgreiche Einsätze gegen Funkstationen in der Nähe der nordfranzösischen Küste.

Angriff auf das Hauptquartier Titos

5. Juni 1944, Berlin
Das *DNB* meldet:
In Kroatien konnte dieser Tage ein Unternehmen gegen Tito-Banden erfolgreich durchgeführt und beendet werden. Das Gelingen der Aktion bestätigt sich vor allem darin, daß besonders kampfkräftige Banden vernichtet werden konnten, so daß sie nun über keine nennenswerte Schlagkraft mehr verfügen. Auch die Leibwache von Tito ist bei dem deutschen Überraschungsangriff zum größten Teil gefallen.

Die Invasion

Dienstag, 6. Juni 1944, London
Das *Kriegsministerium* teilt mit:
Unter dem Kommando von General Eisenhower haben alliierte Flotteneinheiten, unterstützt von starken Luftstreitkräften, die Landung alliierter Truppen an der Küste von Frankreich begonnen, der schwere Luftangriffe vorausgingen.

6. Juni 1944, Berlin
Das *DNB* meldet:
Die ersten britisch-amerikanischen Gefangenen der in den frühen Morgenstunden des 6. Juni begonnenen Invasion wurden bereits eingebracht. Es sind Angehörige von westlich der Orne abgesprungenen feindlichen Luftlandetruppen, Briten aus dem Raum von Caën und Amerikaner von Cherbourg. Östlich der Orne, zwischen Yvetot und Le Havre, warf der Feind uniformierte Puppen in Menschengröße ab, die Sprengkörper enthielten und bei der Berührung explodierten. Er versuchte auf diese Weise, auch dort Luftlandungen vorzutäuschen.

6. Juni 1944, London
United Press berichtet:
Die Piloten der Jagdbomber, die am späten Morgen das Invasionsgebiet überflogen, melden, daß sie keinen Wi-

Rechts: Am Morgen des 6. Juni 1944: Eine B-26 Marauder der 9. USAAF über dem Omaha-Strand bei Vierville mit unzähligen Landungsbooten des amerikanischen V. Korps (Gen. Gerow)

Unten links: Amiens (Frankreich), 5. Juni 1944: So wie dieser wichtige Eisenbahnknotenpunkt sehen zur Stunde fast alle Verkehrsanlagen zwischen Cherbourg und dem Pas de Calais aus

derstand in der Luft angetroffen hätten; kein einziges deutsches Flugzeug habe sich blicken lassen.

Mittwoch, 7. Juni 1944, London
Das *Luftfahrtministerium* teilt mit:
Trotz der zunehmenden Tätigkeit der deutschen Luftwaffe an der französischen Küste beherrschen die Alliierten weiterhin den Luftraum über dem ganzen Operationsgebiet. Das Kräfteverhältnis zwischen der alliierten und der deutschen Luftwaffe war auch heute ungefähr 200 : 1. Obwohl ungünstiges Wetter die Operationen behinderte, wurden massenweise schwere Bomber zur taktischen Unterstützung der alliierten Bodenstreitkräfte eingesetzt; auch die mittelschweren und leichten Bomber sowie die Jagdbomber hielten durch Angriffe gegen deutsche Truppenkonzentrationen und Verbindungslinien den Druck auf den Gegner aufrecht. Von besonderer Bedeutung ist, daß die deutschen Truppen keine größere Bewegung ausführen können, ohne von den alliierten Fliegern entdeckt und bekämpft zu werden.

Transportable Startbahnen

Mittwoch, 14. Juni 1944
Von einem Feldflugplatz der RAF in Frankreich berichtet die *Agentur Reuter*:
Der überraschend schnelle Einsatz von Jagdbombern in der Normandie ist den transportablen Startbahnen zu verdanken, die im Invasionsraum ausgelegt wurden. Sie bestehen aus geschweißten 22 Meter langen und 2 Meter breiten Stahlnetzplatten, die wie ein Teppich verlegt und mit Klammern verbunden werden. Eine Startbahn ist normal 1000 Meter lang, 50 Meter breit und kann in 15 Stunden fertig sein.

Angriff amerikanischer »Superbomber« auf Tokio?

Freitag, 16. Juni 1944, Washington
Das *US-Kriegsministerium* gibt bekannt:
Die ersten Geschwader der neuen B-29 Superfortress flogen von Stützpunkten in Indien, Burma und China einen massierten Angriff auf ein »wichtiges Ziel in Japan« aus einer Höhe von 10 000 Metern.

Deutsche »Geheimwaffe« gegen England

16. Juni 1944, Berlin
Das *DNB* meldet:
Nach einer Erklärung des stellvertretenden Reichspressechefs Sündermann kam in der vergangenen Nacht eine deutsche Geheimwaffe gegen England zum Einsatz, was den Anfang der Vergeltung bedeute.
Die Engländer und Amerikaner, so erklärte Sündermann den Vertretern der ausländischen Presse, hätten vielleicht nie an eine Vergeltung geglaubt, müßten nun aber lernen, daß Verbrechen an der deutschen Zivilbevölkerung und an unseren Kulturdenkmälern nicht ungestraft bleiben. In der letzten Nacht wurden London und Südostengland mit der neuen Waffe angegriffen. Es handelt sich um eine völlig neue Anti-Invasionswaffe von größter Wirkung und der operativen Bedeutung einer starken Luftflotte.

16. Juni 1944, London
Der *Minister für innere Sicherheit, Herbert Morrison,* teilt dem Unterhaus mit:
Von der deutschen Luftwaffe wurden am Dienstag morgen, in der vergangenen Nacht und heute morgen einige

unbemannte Flugzeuge eingesetzt. Beim ersten Angriff verursachten sie einige Todesopfer, doch war dieser Angriff unbedeutend. Gegenmaßnahmen sind bereits mit allem Nachdruck ergriffen worden.

16. Juni 1944, Dover
Die *Agentur Reuter* berichtet:
Südengland erlebte in der vergangenen Nacht den bisher längsten Fliegeralarm der Geschichte. Die ganze britische Kanalküste schien in Flammen zu stehen, als aus Tausenden von Geschützen aller Kaliber ein Feuervorhang vor die anfliegende deutsche »Geheimwaffe« gelegt wurde. Zahllose Scheinwerfer erleuchteten den Himmel taghell. Die Küstenanwohner sagen einstimmig, daß die Flak in dieser Nacht dem Feind das bisher schwerste und konzentrierteste Feuer seit Kriegsbeginn entgegengebracht habe.

Beobachtungen und technische Einzelheiten der Geheimwaffe

16. Juni 1944, London
Das *Luftfahrtministerium* gibt bekannt:
In London trafen die ersten Augenzeugenberichte über die deutsche »Geheimwaffe« ein. Jemand verglich den Einflug mit einer langen Reihe von Kometen, die unmittelbar nach Erreichen Südenglands auf Dutzende von Zielen niedergingen. Die nachfolgenden Explosionen glichen gigantischen Feuern. Die Augenzeugen betonen, daß es sich entweder um Raketenbomber oder um ferngesteuerte Flugzeuge handeln müsse, die mit hochexplosivem Sprengstoff gefüllt sind und wenige Sekunden, nachdem sie den Boden berührt haben, explodieren.
Die geheimnisvollen Flugkörper hätten eine unerhörte Geschwindigkeit; sie rasen oft in Gruppen von zwei oder drei, einige in etwa 1000 Meter Höhe, andere wiederum knapp über den Häusern. Einer der Augenzeugen meldete, es seien gleichzeitig verschiedene Ortschaften mit MGs beschossen worden.
Jäger der RAF nahmen die Verfolgung der mysteriösen Flugzeuge auf. Im Tiefflug stießen sie durch das Feuer der Bodenabwehr hinunter, um die feindlichen Projektile zur Explosion zu bringen, bevor diese niedergingen. Es scheint, daß viele der »Geheimwaffen« getroffen wurden, denn zahlreiche Meldungen sprechen von gewaltigen Explosionen hoch in der Luft. Eine Analyse der bisherigen Augenzeugenberichte ergibt folgendes Bild: 1. Die »Geschosse« besitzen eine enorme Geschwindigkeit. 2. Hinter den Geschossen entwickelt sich ein funkensprühender Schweif, der offenbar von Auspuffgasen stammt. 3. Alle Geschosse fliegen in einer erstaunlich geraden Linie.

16. Juni 1944, London
Das *Ministerium für die öffentliche Sicherheit* gibt folgende Warnung bekannt:
Wenn die Triebwerke der führerlosen Flugzeuge verstummen und das Leuchten am Ende des Auspuffs erlischt, bedeutet dies, daß sie innerhalb von 5 bis 15 Sekunden explodieren. Bei Herannahen solcher Flugzeuge ist unbedingt ein Schutzraum aufzusuchen, besonders wegen des gefährlichen Luftdrucks, der bei der Explosion entsteht.

Schutz gegen Tiefangriffe

US-Tieflieger kommen unvermutet, selten am Horizont erkennbar. Sie tauchen in Täler, springen über Höhenrücken und Telegrafendrähte, nützen jede Falte des Geländes und über den Städten die Häuserfronten, um den tödlichen Feuergarben der deutschen leichten Flakbatterien zu entgehen. Ganz plötzlich sind sie da, halten im Bruchteil von Sekunden auf sich bewegende Ziele zu

Links: Eine »fliegende Bombe« Fi 103 beim Start: Sie wiegt 1,5 Tonnen (850 kg Sprengstoff und 680 l Treibstoff), erreicht eine Geschwindigkeit von etwa 650 km/h und wird in 280 Arbeitsstunden gebaut. Die Reichweite: Bis 370 km

Oben rechts: Die »fliegende Bombe« Fieseler Fi 103, Tarnname auch FZL 76 (Flugzielgerät) oder Kirschkern, ist zuerst namenlos: In den OKW-Berichten bezeichnet man sie als »Sprengkörper«, und erst am 24. Juni 1944 gibt ihr Dr. Goebbels den Namen V 1 (Vergeltungswaffe 1)

Norddeutsche Ausgabe
169. Ausgabe / 57. Jahrg. / Einzelpreis 20 Pf.

„Freiheit und Brot"

Norddeutsche Ausgabe
Berlin, Sonnabend, 17. Juni 1944

VÖLKISCHER BEOBACHTER

Kampfblatt der nationalsozialistischen Bewegung Großdeutschlands

Mit neuen Sprengkörpern größten Kalibers

Gegen London und Südengland

Erfolgreiche Gegenangriffe in der Normandie – Weitere Bekämpfung feindlicher Ausladungen

Aus dem Führerhauptquartier, 16. Juni.

Das Oberkommando der Wehrmacht gibt bekannt:

Südengland und das Stadtgebiet von London wurden in der vergangenen Nacht und heute vormittag mit neuartigen Sprengkörpern schwersten Kalibers belegt.

Der vergangene Tag stand in der Normandie im Zeichen erfolgreicher Gegenangriffe unserer Truppen.

Panzerverbände trieben östlich der Orne einen Keil in den feindlichen Brückenkopf. Westlich Caumont sowie südöstlich und südwestlich Carentan warfen unsere Divisionen den Feind zurück und festigten ihre Stellungen. Die feindlichen Verluste waren besonders bei den Kämpfen im Raum von Carentan hoch.

Auch im Raum westlich und nördlich Ste. Mère-Eglise hielten heftige Kämpfe an. Der Feind konnte dort nur geringen Geländegewinn erzielen.

Die Bekämpfung der feindlichen Ausladungen vor dem Landekopf wurde auch in der letzten Nacht durch unsere Luftwaffe erfolgreich fortgesetzt. Sie erzielte Bombentreffer in Schiffsansammlungen und Ausladungen.

Die im Kampfraum der Invasionsfront eingesetzten Bataillone der Freiwilligenverbände des Ostens haben sich bei den schweren Kämpfen voll bewährt und tapfer geschlagen.

Vorposten- und Minensuchverbände haben sich bei der Bekämpfung der Invasionsflotte in zahlreichen harten See- und Luftgefechten sowie bei der unter schwierigen Bedingungen durchgeführten Räumung feindlicher Minensperren und der Verminung feindlicher Schiffahrtswege besonders bewährt.

Bei einem Angriff britischer Bomben- und Torpedoflugzeuge auf ein deutsches Geleit vor Borkum wurden zehn feindliche Flugzeuge durch Sicherungsfahrzeuge und Bordflak zum Absturz gebracht. Ein eigenes Fahrzeug ging verloren.

Vor der niederländischen Küste versenkten Vorpostenboote ein großes britisches Schnellboot und beschädigten ein weiteres schwer.

In Mittelitalien setzte der Feind seine Angriffe mit massierten Infanterie- und Panzerkräften vor allem im Raum nördlich und nordöstlich von Orvieto während des ganzen Tages fort. Die Kämpfe dauern in zwei Einbruchsstellen noch an.

Feindliche Flugzeuge griffen am 15. Juni vor der westitalienischen Küste erneut das deutsche Lazarettschiff „Erlangen" an und warfen es in Brand.

An der Ostfront fanden auch gestern keine wesentlichen Kampfhandlungen statt.

Im hohen Norden scheiterten im Kandalakscha-Abschnitt erneut Vorstöße der Sowjets verlustreich für den Feind.

Im Finnischen Meerbusen beschädigten Sicherungsfahrzeuge der Kriegsmarine ein erfolglos angreifendes sowjetisches Schnellboot. Wachfahrzeuge schossen über der Narwabucht neun feindliche Flugzeuge ab.

Vor der Fischerhalbinsel griffen sowjetische Bombenflugzeuge und Schnellboote ein deutsches Geleit erfolglos an. Auch feindliche Küstenbatterien griffen in das Gefecht ein. Ein feindliches Schnellboot wurde dabei schwer beschädigt, zehn feindliche Flugzeuge durch unsere Jäger vernichtet.

Ein schwächerer nordamerikanischer Bomberverband flog gestern in Nordwestdeutschland ein und warf zerstreut Bomben im Raum von Hannover.

Angriffe einzelner britischer Flugzeuge richteten sich in der vergangenen Nacht gegen das rheinisch-westfälische Gebiet.

Deutsche Flugzeuge griffen wiederum Ziele in Südostengland an.

Mit wenigen Worten nur spricht der heutige Bericht des Oberkommandos der Wehrmacht einen Tatbestand an, der das ganze deutsche Volk mit grimmiger Genugtuung erfüllt: Groß-London ist mit schwersten Sprengkörpern aus neuartigen Waffen bombardiert worden. Ein erbarmungsloser Feind hat durch infernalische Terrorangriffe, durch Flächenwurf mit Minen und Phosphorkanistern auf Frauen und Kinder, auf Krankenhäuser und Wohnviertel einen lodernden Haß entzündet.

Er erhält nun die Antwort, die er allein versteht!

Der Stabschef der SA.

Zum 50. Geburtstag Wilhelm Schepmanns

und sind wieder verschwunden. Der Erfolg liegt nur in der Überraschung.

Die Tiefflieger traten bisher in Rotten- und Kettenstärke auf, das heißt, im Angriff mit jeweils höchstens 6 Maschinen. Sie zeigten sich dabei in ein- und zweimotorigen Jagdflugzeugen, die eine Geschwindigkeit von rund 600 Stundenkilometern haben. Da der Konstruktion der modernen Flugzeuge der kriegführenden Mächte die überall gültigen aerodynamischen Bedingungen zugrunde liegen, ist es für den Laien schwer, die feindlichen Jagdflugzeugmuster von den deutschen zu unterscheiden.

Zwei der am meisten für diese Fernjagden eingesetzten Typen ähneln den deutschen Jagdflugzeugen Messerschmitt 109 und Focke-Wulf 190. Die dritte, ebenfalls oft über dem Reichsgebiet erscheinende feindliche Jagdmaschine ist leichter zu erkennen: an den beiden Motoren, die die Fronten zweier Rümpfe und eines doppelten Leitwerks bilden.

Die Bordwaffen aller drei Maschinen sind starr eingebaut und können nur in Flugrichtung schießen. Das Ziel muß daher mit der ganzen Maschine anvisiert werden. Die Feuerkraft der Maschinengewehre und Kanonen ist hoch, kann jedoch nur in wenigen, sekundenlangen Feuerstößen benutzt werden, nicht im Dauerfeuer, da die Waffen sonst zu heiß werden und Hemmungen eintreten. Die aus beiden Flächen – bei dem Doppelrumpftyp vom Bug – ausgelösten Geschoßgarben verlaufen im flachen Winkel. Viele Geschosse verfehlen das anvisierte Ziel und streuen fächerartig den Boden ab. Die Geschosse haben eine Kalibergröße von 1 bis 2 cm. Ihre Durchschlagskraft ist nicht sehr stark. Normale steinerne Hauswände bieten ausreichenden Schutz, und auch sonst gibt es für die Bevölkerung in der Stadt und auf dem Land zahlreiche Möglichkeiten, sich zu schützen.

Wenn der »Tackelmann«, wie die Berliner Kinder die für sie von Geheimnissen umgebene Stimme des Drahtfunks nennen, den Anflug feindlicher Tiefflieger meldet und gleich darauf öffentliche Luftwarnung gegeben wird, sollten sich Frauen, Kinder, Greise und Gebrechliche genauso luftschutzmäßig verhalten wie bei Bombenangriffen. Die Schaffenden in geschlossenen Räumen müssen in diesen Minuten die Dachgeschosse verlassen, Fenster meiden und hinter Hausmauern Schutz suchen. Wer nicht mit Minuten geizen muß, sollte die Straße räumen.

Ist das Hämmern der leichten Abwehrwaffen oder Motorengeräusch wahrzunehmen und man befindet sich noch in Straßenbahnen und auf Fahrzeugen, dann sollen nicht panikartig alle nach einer Richtung laufen, sondern nach mehreren Hauseingängen, wie der Soldat sagt, ausschwärmen. Dort nicht stehenbleiben, entweder in die Keller oder hinter feste Wände laufen, Fenster meiden. Wer auf einem großen freien Platz oder auf einer breiten Straße von einem Tiefangriff überrascht wird, tut gut daran, sich sofort hinzuwerfen.

In Luckenwalde und in anderen Orten wurden Frauen beim Überqueren des Marktplatzes tödlich getroffen. Deshalb sollten Frauen das Einkaufen auf Marktplätzen und das Warten vor Geschäften sofort unterbrechen. Tiefflieger geben auf Menschenansammlungen Streufeuer. Spaziergänger und Ausflügler wurden wiederholt getroffen und getötet.
Deshalb ist ihnen zu empfehlen, solche Wege zu wählen, die im Notfall Deckung bieten können, also z. B. Waldwege. Schatten von Bäumen und Buschwerk, wenn sie den liegenden Körper überdecken, tarnen gegen Fliegersicht. Natürlich sind Grabenwände und Erdhaufen und besonders Abhänge zu bevorzugen, jedoch nur dann, wenn sie sich gegen die Anflugrichtung erheben.
Wassersporttreibende sollten sich an Deckung bietenden Ufern halten und Ansammlungen vermeiden.
Für die Landbevölkerung gelten die gleichen Anregungen. Sie sollte sich vor der Arbeit auf freiem Feld so kleiden, daß sie sich nicht zu stark von ihrer Umgebung abhebt. Ein rotes Kopftuch in einem Kleefeld ist unzweckmäßig.
Die Züge der Reichsbahn fahren weiter. Hielten sie, so würden Stockungen im Verkehrsnetz eintreten, die wir uns nicht leisten können. Wenn unaufschiebbare Geschäfte zur Fahrt zwingen, denke auch unterwegs an Deckungsmöglichkeiten. Erfolgt ein Angriff auf einen fahrenden Zug, dann sollte man versuchen, sich auf den Boden des Wagens zu legen oder nach der Seite des Abteils zu gehen, die nicht angeflogen wird. Hält der Zug im Bahnhof oder auf freier Strecke, dann nach allen Seiten ausschwärmen. Wer sich nicht rechtzeitig vom Zug entfernen kann, sollte sich neben den Bahndamm legen, auch wenn die Kleider schmutzig werden.
Nach dem Verlassen des Zuges unter keinen Umständen, wie es bei den letzten Angriffen auf Personenzüge vorkam, in Gruppen herumstehen und auf den Gegner warten, dann erst laufen und Deckung suchen. Festliegende und gut getarnte Punktziele sind für die in rasender Fahrt herankommenden Tiefflieger reizlos, außerdem sehr schwer zu erkennen, laufende Ziele, auseinanderhastende Menschen dagegen ein beliebtes Ziel.
Auch hier müssen beherzte Männer und Frauen die Unschlüssigen mitreißen und die Leichtsinnigen, die unter Umständen alle gefährden können, wenn es not tut, drastisch zur Vernunft zwingen. Ist der erste Angriff vorüber, dann noch eine Zeit im Liegen verharren. Tiefflieger haben schon im Zeitraum von 30 Sekunden gewendet und erneut angegriffen.
Binnenschiffer sind nicht deckungslos. Im Schiffsinnern unter Eisenplatten oder dicken Bohlen können sie sich gegen das Scheibenschießen aus der Luft schützen.
Fangen wir deshalb an, unsere nächste Umgebung und die Wege, die wir täglich nehmen, mit den Augen des Frontsoldaten zu betrachten. Überall Deckungsmög-

Rechts: 2 Jäger Hawker Typhoon suchen ein neues Angriffsobjekt: Die Typhoons sind mit die besten Tiefangriffsflugzeuge des Krieges. Mit 4 Kanonen (20 mm) und 8 Raketengeschossen ausgerüstet, fliegen sie erfolgreiche Einsätze gegen Panzer und befestigte Stellungen

Unten: 19. Juni 1944: Die größte und verlustreichste Luftschlacht des Zweiten Weltkrieges, »The Great Marianas Turkey Shoot«: Das »Große Truthahnschießen bei den Marianen« kostet die Japaner 480 Maschinen. Hier stürzt ganz in der Nähe eines US-Trägers ein leichter Mitsubishi-Bomber brennend ab

lichkeiten suchen. Sind sie durchdacht, ist der Blick für das Gelände geschult, dann wird auch im Ernstfall richtig gehandelt werden.

Das Reich, Juni 1944

Luftschlacht im Pazifik

Dienstag, 20. Juni 1944, Pearl Harbor
Das *Hauptquartier der US-Luftflotte im Pazifik* gibt bekannt:
In einer großen Luftschlacht vernichteten US-Flugzeuge am Sonntag in der Nähe der Insel Saipan (Marianen) über 300 japanische Maschinen. Die japanische Luftwaffe versuchte einen massierten Bombenangriff gegen die vor Saipan liegende US-Flotte, doch brach ihre Operation unter schweren Verlusten zusammen. Nur ein amerikanisches Schiff wurde leicht beschädigt.
Die japanischen Maschinen starteten vermutlich zum Teil von Flugzeugträgern und zum Teil von den in der Nähe liegenden Inselstützpunkten. Da die US-Luftstreitkräfte zuvor die wichtigsten Flugplätze der Japaner auf Guam und Rota durch schwere Bombenangriffe unbrauchbar gemacht haben, wird angenommen, daß viele der japanischen Maschinen doch mit Flugzeugträgern herangebracht worden sind. Über die Verluste der US-Luftstreitkräfte liegen bis jetzt keine Angaben vor.
Die gelandete Infanterie erstürmte den Flugplatz Aslito auf der Südspitze der Insel, und damit gewannen wir unseren ersten Luftstützpunkt auf den Marianen.

21 amerikanische Flugzeuge in Schweden

20. Juni 1944, Stockholm
Der *schwedische Armeestab* gibt bekannt:
Heute sind 21 amerikanische Maschinen in Südschweden gelandet oder abgestürzt. 16 Bomber vom Typ Liberator gingen in kurzen Abständen auf einem einzigen Flugplatz in der Nähe von Malmö nieder.

Mittwoch, 21. Juni 1944
Das *Hauptquartier von General Eisenhower* teilt mit:
Unsere Truppen haben auf der Halbinsel Cotentin einige Abschußrampen erobert, von denen die Deutschen ihre fliegenden Bomben nach Südengland starten ließen. Die Anlagen werden jetzt von unseren Spezialisten gründlich untersucht.

21. Juni 1944, Stockholm
Der *schwedische Armeestab* gibt bekannt:
Mit den 21 viermotorigen Bombern, die gestern in Südschweden notlanden mußten, sind bis jetzt 137 Flugzeuge der Alliierten in Schweden niedergegangen, davon sind 24 abgestürzt oder abgeschossen worden.

21. Juni 1944, London
Das *Luftfahrtministerium* teilt mit:
Jagdstaffeln der RAF melden weitere Abschüsse fliegender Bomben. Die Abschußrampen in Nordfrankreich wurden seit Dienstag wiederholt erfolgreich angegriffen. Es kann jetzt auch veröffentlicht werden, daß für die Abwehr der deutschen Geheimwaffe in England mehrere Modelle getarnter Abschußrampen gebaut wurden, an denen ausgewählte alliierte Piloten den gezielten Bombenabwurf geübt haben.

22. Juni 1944, London
Das *Hauptquartier der 8. US-Luftflotte* teilt mit:
Ein Verband von über 1000 viermotorigen Bombern der 8. USAAF mit nahezu 1000 Langstreckenjägern unternahm gestern vormittag den bisher schwersten Angriff gegen die Reichshauptstadt und ihre Vororte. Das Flakfeuer über Berlin und den Randgebieten war stark. Einige Bombergruppen wurden von größeren Jägerverbänden angegriffen, und es kam zu Luftkämpfen mit den amerikanischen Begleitjägern, die nach letzten Angaben 21 deutsche Flugzeuge abschossen. Weitere 16 bis 20 Flugzeuge konnten von den amerikanischen Bombern vernichtet werden.

22. Juni 1944, Moskau
United Press berichtet:
Wie das Ostkommando der US-Luftstreitkräfte mitteilt, sind am Mittwoch Bomber und Langstreckenjäger der 8. USAAF, die von England aus gestartet waren, auf US-Stützpunkten in der Sowjetunion gelandet. Es handelt sich um die erste »Pendelbombardierung« Deutschlands auf einem Flug zwischen den Stützpunkten in England und der Sowjetunion.

22. Juni 1944
Das *Oberkommando der Wehrmacht* gibt bekannt:
Ein starker Verband schwerer deutscher Kampfflugzeuge führte in der vergangenen Nacht einen zusammengefaßten Angriff gegen den russischen Flugplatz Poltawa. 30 feindliche Flugzeuge wurden am Boden zerstört. Es entstanden größere Flächenbrände in Flugplatzanlagen und Betriebsstoffhallen.

Weitere US-Bomber in Schweden

22. Juni 1944, Stockholm
Der *schwedische Armeestab* gibt bekannt:
Gestern landeten weitere 13 Fliegende Festungen infolge Benzinmangels oder Beschädigungen in Südschweden. Einer der Bomber wurde von einem deutschen Jäger sogar noch über schwedischem Gebiet verfolgt und zur Notlandung gezwungen. Der deutschen Maschine gelang es, dem Feuer unserer Flak zu entkommen.

Deutsche Angriffe auf England

22. Juni 1944, Berlin
Das *DNB* meldet:
Im *Reich* nimmt Dr. Goebbels Stellung zu der neuen deutschen Waffe: »... Wahrscheinlich werden unsere Gegner diesmal unsere Voraussagen ernster nehmen als bisher, wenn wir erklären, daß die gegenwärtig laufende erste Phase der Vergeltung nur ein Vorspiel der eigentlichen Aktion darstellt. Wir werden mit neuen, noch stärker wirkenden Waffen auftreten, und zwar auch wieder in dem Augenblick, der uns dazu am geeignetsten erscheint ...«

Tagesparole des Reichspressechefs,
Sonnabend, 24. Juni 1944:
Die neue deutsche Waffe hat die Bezeichnung »V 1«. Während das V als Abkürzung für »Vergeltung« anzusehen ist, bedeutet die Ziffer »1«, daß die jetzige Waffe die erste in der Reihe der Vergeltungswaffen ist. In diesem Sinne ist eine kurze, keinesfalls sensationell hervorgehobene Erläuterung der Bezeichnung, sobald sie in einer Meldung erstmals gebraucht wird, durch die Presse notwendig.

US-Luftflotte greift an der Ostfront ein

Mittwoch, 28. Juni 1944
Das *Alliierte Hauptquartier in Italien* gibt bekannt:
Fliegende Festungen der 8. USAAF haben heute von Stützpunkten in der Sowjetunion aus die südpolnische Erdölraffinerie von Drohobycz, rund 70 Kilometer südwestlich von Lemberg, mit Bomben belegt. Dann flogen die B-17 weiter, um in Italien zu landen. Bei dieser Aktion ging keine Maschine verloren.

28. Juni 1944, Moskau
United Press berichtet:
Von sowjetischen Basen aufsteigend, griffen gestern zum erstenmal US-Jägerstaffeln direkt in die Kampfhandlungen an der Ostfront ein. Lightning- und Mustang-Verbände operierten über Lemberg und flogen dann entlang der Eisenbahnlinie in Richtung Krakau. Dabei wurden zwei lange Militärtransportzüge aus den Gleisen geworfen und die Bahnbrücke vor Krakau zerstört. In heftigen Luftkämpfen konnten 38 deutsche Flugzeuge abgeschossen werden. Alle US-Maschinen kehrten zu ihren sowjetischen Stützpunkten zurück. So wird der Luftraum über dem Dreieck Lublin–Krakau–Lemberg nun von den Amerikanern kontrolliert.

Strategie und Taktik

JANUAR BIS JUNI 1944

Die Schlechtwetterfront über Europa in der ersten Januarwoche 1944 gönnt den von Bombenangriffen geplagten Bewohnern der deutschen Städte eine kurze Atempause. Dem NS-Sicherheitsapparat dagegen bringt die Jahreswende einen unerwarteten Arbeitsaufwand am Rande des Luftkrieges: die Fahndungsmaßnahmen nach den in letzter Zeit von der RAF in Massen abgeworfenen nachgemachten Bezugsscheinen.
Besonders die tadellos gefälschten Lebensmittelkarten in verschiedenen Ausfertigungen stiften beträchtliche Verwirrung im Verwaltungs- und Versorgungsapparat, abgesehen von der zusätzlichen Belastung der Polizei. Farbe, Perforierung, Papierqualität und Wasserzeichen, selbst die kleinsten Merkmale sind so täuschend echt, daß sie nur mit Hilfe von Spezialgeräten von den Originalen zu unterscheiden sind, und ein erheblicher Teil der aufgelesenen Lebensmittelkarten wird seinem Zweck entsprechend genutzt.
Diese Aktion ist das Ergebnis der Zusammenarbeit zwischen dem Experten der psychologischen Kampfführung, Selfton Delmer, der Special Operations Executive (SOE) und dem Bomberkommando.
Armin Hull, in England einer der besten Fachleute auf dem Gebiet der deutschen Typographie und der Drucktechnik, leitet die Fälscherwerkstatt der SOE.
S. Delmer: »Wenn Hull von der SOE hörte, daß eine neue Sendung deutscher Lebensmittelkarten an ihn unterwegs sei, benachrichtigte er seine Drucker und Papierhersteller, die sich in seinem Büro versammelten und die Sendung abwarten mußten. Falls sich dann herausstellte, daß die Deutschen das Muster verändert hatten und eine neue Anfertigung von Papier mit geänderten Wasserzeichen benötigt wurde, stellten die Papiermacher bereits die Bogen her, während die Drucker ihre Offsetplatten vorbereiteten.
Die ganze Arbeit ging in einem unglaublichen Tempo vor sich. Hulls Team wurde so perfekt, daß die RAF unsere Fälschungen schon wenige Tage nach Ausgabe der Originale durch die deutschen Ernährungsämter abwerfen konnte.«
Da es trotz drakonischer Strafandrohungen und allen möglichen Vorkehrungen eigentlich kein wirksames Mittel gegen die Fälschungen gibt, nimmt nun Dr. Goebbels die Sache in die Hand: Als er merkt, daß die deutschen Drucker und Papierhersteller auch durch ständiges Abändern der Lebensmittelkarten seine Gegenspieler nicht mattsetzen können, läßt Goebbels zur Unterstützung seiner Propaganda-Kampagne – die RAF-Fälschungen seien »leicht erkennbar« und würden »jeden, der sie benütze, mit Sicherheit in die Todeszelle bringen« – einige plumpe Fälschungen von deutschen Lebensmittelkarten herstellen. Sie werden dann bei Parteiversammlungen vorgelegt als Beweisstücke für die »dummen englischen Machwerke, auf die kein intelligenter Volksgenosse hereinfallen kann«. Gleichzeitig bringt er in den Zeitungen Berichte über die Bestrafung jener »Volksschädlinge«, die man bei dem Versuch ertappt habe, die Karten der RAF mit dem Anschein der Legalität loszuwerden.

Am Neujahrstag 1944 tritt der kurz vor Ende 1943 vorgenommene Wechsel im Führungsstab der 8. US-Luftflotte in Kraft: Generalleutnant Ira C. Eaker, der die 8. USAAF über ein Jahr lang geführt hat, wird nach Italien abkommandiert, um den Oberbefehl der alliierten Mittelmeer-Luftstreitkräfte zu übernehmen. Sein Nachfolger ist Generalleutnant James H. Doolittle, der sich bereits im Pazifik einen Namen gemacht hat.
Am gleichen Tag errichten die Amerikaner in England ein Hauptquartier der United States Strategic Air Forces (USSTAF). Der Kommandierende General wird Generalleutnant Carl Spaatz. Zum Hauptquartier der USSTAF gehören die 8. und die in Italien aufgestellte 15. Luftflotte. Die 9. USAAF in England wiederum, deren Ziele durchweg taktischer Natur sind, untersteht nicht Generalleutnant Spaatz, sondern Generalmajor Lewis H. Brereton, dessen Hauptquartier sich im Sunning Hill Park, Ascot, befindet.

Eine der gefälschten Lebensmittelkarten, wie sie die RAF massenweise über Deutschland abwirft

Zu Beginn des Jahres 1944 stabilisiert sich die Lage bei den deutschen Nachtjagdverbänden. Viel tragen dazu bei die Ausrüstung der Maschinen mit dem gegen »Window« unempfindlichen Bord-Radargerät Lichtenstein SN-2, die perfekte Beherrschung der neuen Nachtjagdtechnik durch die Besatzungen – und die »schräge Musik«. Zur Aufhellung der Nachtjagdräume stehen den Jagddivisionen eigene Beleuchterstaffeln zur Verfügung.
Nachdem das Bomberkommando erkennt, daß die deutsche Luftwaffe bereits Ende 1943 die Auswirkungen von Window überwunden hat, reagiert die RAF prompt: Eine Sondereinheit, die 100. Bomber Support Group (AirCdr. E. B. Addison), wird aufgestellt. Ihre Aufgabe: dem Bomberstrom vorauszufliegen, um den gesamten deutschen Funkverkehr und die Bord-Radargeräte der Nachtjäger zu stören. Damit soll die Tätigkeit der britischen Störsender an der Süd- und Ostküste Englands ergänzt werden.
Interessanterweise wird die in Bylaugh Hall (Norfolk) stationierte Einheit mit amerikanischen Fortress-Bombern ausgestattet. Den schwarzbemalten B-17 F und B-17 G werden Auspufftöpfe angeschweißt, um die verräterischen Auspuffflammen abzuschirmen. Unterhalb ihres Bugkinns hängen »Blasen«, in denen die H2S-Abtaster untergebracht sind, und in die Bombenschächte wird eine Anzahl Störgeräte eingebaut.
Jede dieser Fliegenden Festungen ist mit 8 Mandrel-Störsendern gegen die deutsche Frühwarnung ausgerüstet, und jeder Sender arbeitet auf einer anderen Frequenz; so ist das ganze Spektrum gedeckt, das die deutschen Radargeräte Freya, Mammut, Wassermann und Jagdschloß benutzen. Alle Fliegenden Festungen der 100. Group haben außerdem eine ABC-Einrichtung (»Bordzigarre«) mit 3 Sendern, um die Frequenz der deutschen Jägerführung zu überlagern. Die Maschinen bekommen zusätzlich je 2 hochqualifizierte Besatzungsmitglieder zur Bedienung der Störgeräte.

In den ersten Januartagen setzt das IV. Fliegerkorps (GenLt. Meister) 3 verstärkte Bombergeschwader (KG 3, 4 und 55) mit etwa 400 Maschinen ein und versucht die am Heiligen Abend 1943 begonnene Offensive der 1. Ukrainischen Front (ArmeeGen. Watutin) westlich von Kiew aufzuhalten. Man hofft, durch massierte Luftangriffe gegen Bahnhöfe – die neuralgischen Punkte der sowjetischen Kriegführung – die Schlagkraft der Offensive zu schwächen.
Die erheblich gesteigerte sowjetische Jagdabwehr zwingt die deutschen Bomberverbände, ihre Angriffe auf operative Ziele im rückwärtigen Kampfraum auf die Nächte zu beschränken.
Die Einsätze werden überwiegend im Einzelflug durchgeführt, wobei die Zielräume dieser Störangriffe von Nacht zu Nacht wechseln. Um von der sowjetischen Flak nicht erfaßt zu werden, wird die Front in etwa 3000 Meter Höhe überflogen, und über Feindesland geht man mit gedrosselten Motoren unter ständigen Kursänderungen zum Tiefflug über.
Befinden sich größere Bomberverbände im Anflug, so reagieren die Sowjets geschickt: Sie verschieben das rollende Material schnell auf kleinere Verteilerbahnhöfe und Ausweichstellen. Noch während die Leuchtzielmarkierungen zu Boden schweben, fahren die Züge aus den Bahnhöfen hinaus.
Es zeigt sich dabei, daß die ohne Radargeräte geführten sowjetischen Nachtjäger erhebliche Schwierigkeiten bei der Zielfindung haben; dadurch sind Angriffen ernstlich nur die deutschen Pfadfinder-Maschinen ausgesetzt, während die nachfolgende Bomberformation nahezu unbehelligt bleibt.

Ab Freitag, dem 7. Januar 1944, beginnen die alliierten Luftstreitkräfte erneut, die 96 mit Hilfe von Aufklärungsfotos lokalisierten Abschußrampen für fliegende Bomben in Nordfrankreich anzugreifen. Ein Viertel der Rampen wird zwar beschädigt, jedoch zur gleichen Zeit schafft es die Luftwaffe, mit beinahe 10 000 Arbeitern von den Alliierten unbemerkt 50 vereinfachte vorfabrizierte Katapultstellungen aufzustellen. Von den neuen Rampen aus sollen die Angriffe der fliegenden Bomben stattfinden.
An diesem Tag gelingt es der deutschen Luftabwehr endlich, bei Kleve die erste mit »Oboe« ausgerüstete Mosquito abzuschießen; dabei fällt das britische Zielfindungsgerät unversehrt in deutsche Hände. Innerhalb von 72 Stunden sind die Pläne für ein Netz von etwa 80 Störsendern ausgearbeitet. Das Ergebnis: Bereits eine Woche später sinkt die Genauigkeit der von Oboe geleiteten Bomberaktionen um ein rundes Drittel.
Am Dienstag, dem 11. Januar 1944, führen 663 Viermotorige der 8. USAAF, von mehreren Staffeln Langstreckenjägern P-51 Mustang begleitet, Angriffe gegen die Flugzeugwerke in Halberstadt, Braunschweig, Magdeburg und Oschersleben durch. Das schlechte Wetter behindert die Mustangs bei ihrem Einsatz. Die deutschen Jäger können dadurch – zum Teil mit Wgr-21-Luftkampfraketen – 60 Bomber und 5 Mustangs abschießen. 40 deutsche Jäger gehen bei den Luftkämpfen verloren.
Während die deutsche Luftwaffenführung die Forcierung der Jägerproduktion und Umstellung auf Defensive fordert, verlangt Hitler eine Steigerung in der Herstellung der neuen Bombertypen Ju 188 und He 177 für die geplanten Vergeltungsschläge.

In Nordfrankreich zieht der neuernannte »Angriffsführer England«, Generalmajor Peltz (IX. Fliegerkorps),

3 verstärkte Bombergeschwader mit 524 Flugzeugen zusammen, darunter die Schnellbomber Me 410, und 46 Maschinen der immer noch nicht ausgereiften Heinkel He 177 »Greif«.

Das Unternehmen »Steinbock«, von Hitler persönlich als Vergeltungsaktion befohlen und von Göring befehligt, wird mit einem »großen« Schlag gegen London und Südengland in der Nacht vom 21. zum 22. Januar 1944 eröffnet. Doch von den 270 gestarteten Maschinen, die in 2 Wellen mit britischer Bomberstromtaktik angreifen sollen, finden nur 95 ihr Ziel: Es werden 268 Tonnen Bomben abgeworfen; 16 Flugzeuge gehen verloren. Damit beginnt eine bis zum 29./30. Mai 1944 andauernde Serie von Störangriffen auf London und Südostengland.

Eine der mit schweren He 177 ausgestatteten Einheiten ist die westlich von Osnabrück in Rheine stationierte I. Gruppe des Kampfgeschwaders 100. Manche der Maschinen haben sogar zwei 1800-kg- und zwei 1000-kg-Bomben an Bord. Der Verband sammelt sich gegen Mitternacht über Holland und überquert in einer Höhe von etwa 8500 Metern, durch das Funkfeuer in Noordwijk nahe Den Haag geführt, die Nordsee.

Rund 40 Kilometer vor der englischen Küste werfen die Bordfunker alle zwei Minuten lose Bündel Düppel-Stanniol-Störstreifen ab. Nördlich von Orfordnees erreicht der Verband die britische Insel und steuert Newmarket an, wo östlich der Stadt Pfadfinder Leuchtmarkierungszeichen gesetzt haben. Von diesem Wendepunkt aus fliegt die Formation in geradem Winkel nach Süden in Richtung London.

Die Maschinen sind mit Bord-Radargeräten FuG 217 (Neptun) ausgestattet, ähnlich den RAF-Warngeräten (Monica), die das Näherkommen der englischen Nachtjäger signalisieren. Über der City und den Docks von London gehen die Bomber tiefer und ändern dabei immer wieder ihren Kurs. Inzwischen werfen die Funker – jetzt alle 5 Sekunden – ganze Bündel von Düppel-Streifen ab, um der radargeleiteten britischen Flak und den Scheinwerferbatterien die Erfassung zu erschweren. Nachdem die Bomben gefallen sind, bleiben die Maschinen weiterhin ziemlich tief und überqueren in 600 Meter Höhe den Kanal. Von Boulogne aus über Arnheim steuern sie dann ihren Heimatstützpunkt Rheine an.

In der Nacht vom 20./21. Januar 1944 greifen 697 RAF-Bomber Berlin und Kiel an und werfen dabei 2300 Tonnen Bomben ab. 35 Maschinen kehren nicht zurück. In der darauffolgenden Nacht erlebt Magdeburg seinen ersten schweren Angriff. 585 Maschinen des Bomberkommandos lassen 2025 Tonnen Spreng- und Brandbomben fallen. 55 Flugzeuge werden abgeschossen.

Am Sonnabend, dem 22. Januar 1944, beginnt die Operation »Shingle«, die Landung des VI. Korps der

Januar 1944, Pas de Calais: Eine der modifizierten, vereinfachten Abschußrampen für die »fliegenden Bomben« nach dem Luftangriff. Die Rampen wurden aus vorfabrizierten Segmenten im Schnellverfahren aufgestellt

5. US-Armee (GenLt. M. Clark), mit 9 Transportern, 226 Landungsfahrzeugen, 1 Tanker und 4 Lazarettschiffen im Raum von Anzio und Nettuno südlich von Rom.
Die schweren Bomber He 177 der II. Gruppe des Kampfgeschwaders 40 und die Do 217 des Kampfgeschwaders 100 versuchen mit ihren Gleit- und ferngesteuerten Bomben (FX 1400 und Hs 293), die Landung zu verhindern.
Die US-Zerstörer »Woolsey«, »Frederick C. Davis« und »Herbert C. Jones« bemühen sich mit starken Störsendern (JIG), die Fernsteuerung der Gleitbomben lahmzulegen, und dadurch erreicht nur ein Teil der Bomben sein Ziel. Am nächsten Tag, dem 23. Januar 1944, ist der britische Zerstörer »Jervis« das erste der Schiffe, das vor Anzio von einer ferngelenkten Bombe Hs 293 getroffen wird. Trotz der schweren Beschädigungen kann er Neapel mit eigener Kraft erreichen.

In der Nacht vom 27./28. Januar 1944 fliegen 481 RAF-Bomber Berlin an. Das Wetter ist dermaßen schlecht, daß man in der Reichshauptstadt nicht mit einem Großangriff rechnet und daß sogar einige Lancasters über dem Ziel kollidieren und abstürzen. Insgesamt werden 1761 Tonnen Spreng- und Brandbomben abgeworfen: 33 Bomber gehen verloren.

Am Sonnabend, dem 29. Januar 1944, greift die II. Gruppe des Kampfgeschwaders 100 bei Anzio den zur Luftabwehr nahe der Küste vor Anker liegenden britischen Flak-Kreuzer »Spartan« und den Frachter »Samuel Huntington« (7181 BRT) an. Um 19.05 Uhr trifft eine Hs 293 die »Spartan«, die kurz darauf kentert und sinkt. Fast gleichzeitig setzt eine Hs 293 die »Samuel Huntington« in Brand.
Gegen 3 Uhr morgens fliegt der Frachter in die Luft, als die Flammen die Munitions- und Treibstoffladung erreichen.

Unterdessen führen die Verbände des IX. Fliegerkorps (GenMaj. Peltz) die »Vergeltungsschläge« (Unternehmen »Steinbock«) gegen London und Südengland durch. Tagsüber tauchen im Tiefflug ein paar Jagd- (FW 190) und Schnellbomber vom Typ Me 110, 210 oder 410 über den küstennahen Städten auf. Nachts werfen schwere Bomber vom Typ He 177 und Do 217 – von britischen Nachtjägerstaffeln bedrängt – ihre Ladungen meistens ziellos ab. Dieses Unternehmen hat – vor allem im Vergleich zu den Operationen der Alliierten – die Wirkung von Nadelstichen.
Den letzten Januar-Großeinsatz im Rahmen des Unternehmens »Steinbock« fliegen 60 Bomber des IX. Fliegerkorps in der Nacht vom 29./30. Januar 1944 gegen London und Südengland. 6 Maschinen kommen nicht zurück.

Die NS-Propaganda versteht es meisterhaft, die Stimmung der vom Bombenkrieg am meisten betroffenen Bevölkerung durch nebulose Ankündigung von Vergeltungswaffen sowie durch Übertreibung der Stärke und Wirkung der Luftangriffe (Unternehmen »Steinbock«) auf London und Südengland aufrechtzuerhalten.

Am Dienstag, dem 8. Februar 1944, wird im alliierten Hauptquartier »Supreme Headquarters, Allied Expeditionary Force« (SHAEF) der Plan für die Landung in der Normandie (Operation »Overlord«) endgültig festgelegt. Die wichtigste Operation des »Overlord Outline Plan« ist die Bildung eines Brückenkopfes zwischen den Flüssen Vire und Orne.

In der Nacht vom 11./12. Februar 1944 versuchen 15 schwere sowjetische Bomber das im nordnorwegischen Alta-Fjord liegende Schlachtschiff »Tirpitz« mit 1000-kg-Bomben zu versenken. Nur 4 Flugzeuge finden das Ziel und richten mit einem Nahtreffer geringe Schäden an.

Am Sonnabend, dem 12. Februar 1944, wird General D. D. Eisenhower zum Oberbefehlshaber der alliierten Invasionsstreitkräfte ernannt. Sein Stellvertreter: Air Chief Marshal A. Tedder; Chef des Stabes: General W. Bedell Smith. Die landenden Heeresverbände wird General B. L. Montgomery führen, die Seestreitkräfte Admiral B. Ramsay, die taktischen Luftstreitkräfte Air Marshal T. Leigh-Mallory. General C. A. Spaatz bleibt weiterhin Kommandierender der alliierten strategischen Bomberflotten.
Am Sonntag, dem 13. Februar 1944, greifen die Bomber der 14. USAAF (GenMaj. C. Chennault) einen wichtigen japanischen Luftstützpunkt bei Hongkong an.
An diesem Tag wird in London die Dringlichkeitsstufe der Ziele der »Combined Bomber Offensive« neu festgelegt: Die Flugzeugproduktion und die Kugellagerindustrie werden beide zu den wichtigsten Zielen strategischer Luftangriffe erklärt. Die zweite Dringlichkeitsstufe erhalten die Abschußbasen für Geheimwaffen, und die letzte umfaßt Berlin und andere Industriegebiete.

In der Nacht vom 15./16. Februar 1944 werfen 806 RAF-Bomber innerhalb von 40 Minuten 2643 Tonnen Spreng- und Brandbomben auf die Reichshauptstadt; es ist die bisher größte Abwurfmenge während der ganzen »Schlacht um Berlin«. Am meisten betroffen sind Charlottenburg und Siemensstadt; 43 Bomber gehen bei dieser Aktion verloren.
Als am nächsten Tag in der britischen Presse optimistische Berichte über den Angriff auf Berlin erscheinen, macht Goebbels keinen Versuch, ihnen zu widersprechen. Er will das Bomberkommando in dem Glauben lassen, Berlin sei kein lohnendes Ziel mehr.

Am Mittwoch, dem 16. Feburar 1944, erzielt die Luftwaffe bei Anzio ihren letzten Erfolg mit ferngelenkten Bomben: Die II. Gruppe des Kampfgeschwaders 100 versenkt den US-Frachter »Elihu Hale« (7176 BRT) und das Landungsboot LCT-35, das zur Übernahme von Munition längsseits liegt.

Am Freitag, dem 18. Februar 1944, führen die kanadischen und australischen RAF-Mosquitos einen ihrer berüchtigten Sondereinsätze in Zusammenarbeit mit der SOE (Special Operations Executive) durch: die Befreiung der im Gefängniskomplex von Amiens (Nordfrankreich) zum Tode verurteilten etwa 700 Mitglieder der Résistance.
Die 19 Besatzungen unter Group Captain P. G. Pickard werden für dieses Sonderunternehmen (Codename »Jerycho«) an einem naturgetreuen Modell des Gefängnisses, das dem Zielobjekt aus einer Höhe von 500 Metern und einer Entfernung von 7 Kilometern gleicht, ausgebildet.
Die Schnellbomber Mosquito VI sollen ihre Sprengbomben im Tiefflug direkt in die Mitte des kreuzförmigen Gebäudes plazieren und außerdem einen Teil der Gefängnismauer zum Einsturz bringen. Während das Wachpersonal, durch den Angriff überrascht, Schutz suchen wird, können die von der SOE vorher informierten Gefangenen die Verwirrung ausnutzen und flüchten.
Gegen 11 Uhr greifen die Mosquitos in 3 Wellen den Gebäudekomplex an. In dem Durcheinander stürzen 258 Gefangene ins Freie. Manche von ihnen fallen übrigens später den deutschen Sicherheitsbehörden wieder in die Hände. Über 100 Gefangenen, darunter zahlreichen Kriminellen und 50 Deutschen vom Wachpersonal, bringt dieser Angriff den Tod.
Group Captain Pickard und sein Navigator Leutnant J. A. Broadley werden gleich nach dem Angriff etwa 10 Kilometer von dem Gefängnis entfernt von 2 FW-190-Jägern abgeschossen.

In der Nacht vom 18./19. Februar 1944 führt die deutsche Luftwaffe – laut englischen Angaben – den schwersten Angriff auf London seit Mai 1941 durch: 187 Maschinen des IX. Fliegerkorps (GenMaj. Peltz) greifen die britische Hauptstadt an und werfen dabei erhebliche Mengen Brandbomben ab. 11 deutsche Flugzeuge gehen verloren.

Im Februar 1944 beginnt die planmäßige Koordinierung der Bombenangriffe der 8. USAAF von England und der 15. USAAF von Italien aus. Die erste Serie der großen gemeinsamen Einsätze wird wegen der zu erwartenden günstigen Wetterlage für die dritte Februarwoche geplant. Die 8. US-Luftflotte stellt dafür 3300 Bomber und Begleitjäger, die 15. US-Luftflotte 500 Maschinen zur

18. Februar 1944: Mit Bomben vor dem Erschießungskommando gerettet. Mosquitos greifen das Gefängnis von Amiens an

Verfügung. Das Ziel ist die auf der Prioritätenliste unter Nr. 1 liegende deutsche Flugzeugindustrie.
In der Nacht vom 19./20. Februar 1944 erlebt die RAF trotz aller Täuschungen und Störmaßnahmen eine schwere Niederlage: Von 730 britischen Maschinen, die insgesamt 2290 Tonnen Brand- und Sprengbomben über Leipzig abwerfen, schießen Nachtjäger und Flak 78 Flugzeuge ab. Nur 17 deutsche Jäger gehen verloren.
Am Sonntag, dem 20. Februar 1944, fangen die geplanten schweren Tagesangriffe der US-Bomber an. Ihre Aufgabe: innerhalb von 10 Tagen die deutschen Flugzeugwerke und wichtigsten Zulieferfabriken dem Erdboden gleichzumachen. Die Luftoffensive bekommt den Namen »Big Week« – Große Woche.
An diesem Tag greifen 1000 viermotorige Bomber – auf der ganzen Flugroute von US- und RAF-Fernjägern begleitet – Luftfahrtindustriezentren (Braunschweig, Oscherleben, Tutow, Hamburg und Posen) an.
Das Hauptziel sind die im Raum Leipzig gelegenen Werke, die 32 Prozent der Jäger vom Typ Me 109 und Me 110 herstellen. Die Werke haben den RAF-Angriff der vergangenen Nacht dank des energischen Einsatzes der Luftabwehr recht gut überstanden, doch gegen die gewaltigen Bombenteppiche der Amerikaner ist kein Kraut gewachsen.
Am ersten Tag der Big Week fallen insgesamt 3830 Tonnen Bomben. Nur 7 B-17 und B-24, dazu 13 Begleitjäger

schießt die deutsche Luftabwehr ab. Dieser Einsatz ist die bisher größte strategische Operation der US-Luftflotte.
Die von der RAF übernommene Taktik, mehrere Zielräume mit starken Verbänden anzufliegen, stellt die Reichsverteidigung vor ein unlösbares Problem: Die Einsätze der US-Luftflotten von englischen und italienischen Stützpunkten aus sind so gut aufeinander abgestimmt, daß sich die deutschen Jagdverbände aufsplittern und verzetteln müssen.
Die deutschen Tagjäger sind nicht mehr in der Lage, die anfliegenden US-Verbände wie bisher in breiter Front zu bekämpfen. Sie gehen dazu über, gegen einzelne Viermot-Formationen, die ohne Begleitschutz sind, alle Kräfte zusammenzuziehen, während sie andere Ziele schutzlos den Angriffen preisgeben.

Am 20. Februar 1944 wird der Befehl zur Aufstellung des Kampfgeschwaders 200 (KG 200), der wohl geheimnisvollsten Einheit der deutschen Luftwaffe, gegeben. Es entstehen: die I. Gruppe mit 3 Staffeln sowie die II. Gruppe mit 3 Staffeln und einer 4. Staffel als Ergänzungsstaffel unter Heranziehung des 2. Versuchsverbandes des Oberbefehlshabers der Luftwaffe (Ob. d. L.) und der »Transportkolonne XI OST«. Zum Kommodore des KG 200 wird Oberst Heigl ernannt.
Dieses neue, der Luftflotte Reich unterstellte Geschwader, soll alle möglichen geheimen Sonderaufträge übernehmen, ähnlich der RAF-Special Duty Squadrons No 138 und No 161, die von England aus zur Unterstützung der SOE operieren. Im Mittelmeerraum und auf dem Balkan ist für dieses Aufgabengebiet die 148. RAF-Squadron zuständig und in Südostasien die »C.« Flight der 357. Squadron.
Einzelne Teile des KG 200 sind – in Gliederung und Aufbau ihrer Spezialaufgabe angepaßt – über das ganze deutsch besetzte Europa verteilt. Aus den Staffeln werden sogenannte Kommandos gebildet, die weitgehend selbständig sind und ihre Einsatzaufträge direkt vom Geschwaderstab bekommen. Das KG 200 hat einige solcher Einheiten an der Ost- und Westfront. Ihre Aufgabe: das Absetzen von Agenten und Material im feindlichen Hinterland.
An der Ostfront ist z. B. das KG 200 als fliegender Verband der Luftflotte 6 (GenOberst Ritter v. Greim) unterstellt. Jedoch liegt die Entscheidung über die Durchführbarkeit eines jeden Auftrages ausschließlich beim KG 200.
Zu den weiteren Aufgaben des KG 200 gehören: Erprobung neuer Waffen; Vorbereitung strategischer Bombenangriffe mit »Sonderwaffen« (Mistel); Transport von strategisch wertvollen Gütern mit Langstreckenmaschinen aus der von Japanern besetzten Mandschurei; Bekämpfung wichtiger Ziele mit »Sonderwaffen«.
Das Langstrecken-Transportflugzeug Junkers Ju 290 ist die meistgeflogene Maschine bei Fern-Geheimeinsätzen, die bis in den Orient reichen. Für Spezial-Transporteinsätze werden auch einige US-Beutebomber vom Typ B-24 Liberator und B-17 Flying Fortress (Tarnname Dornier Do 200) verwendet.
Das KG 200 verfügt über den vielfältigsten Flugzeugpark der gesamten Luftwaffe: rund 39 verschiedene Typen vom Fieseler Fi 156 Storch bis zum sechsmotorigen Riesen Ju 390, dazwischen auch Maschinen französischer, italienischer und amerikanischer Provenienz.
Auf dem Fliegerhorst Finow bei Berlin befindet sich die Sonderwerft des KG 200. In Finow werden die deutschen Maschinen für ihre Geheimoperationen sorgfältig ausgerüstet.
Die Kommandos des KG 200 tragen Mädchennamen als Tarnbezeichnung wie »Carmen«, »Clara«, »Olga«, »Toska«. So operiert z. B. das Kommando »Olga« im westlichen Europa einschließlich England, Irland und Island und »Carmen« (Oberitalien) im Mittelmeerraum.

Am Mittwoch, dem 23. Februar 1944, erfolgt der erste US-Träger-Raid der Task Force 58 (Vizeadm. Mitscher) gegen die von den Japanern besetzten Marianen-Inseln: Mehrere Frachter und Tanker, insgesamt 45 000 BRT, werden dabei versenkt und 168 japanische Maschinen abgeschossen.

Die »Double-Blow«-Taktik – das gleiche Ziel kurz hintereinander mehrmals anzugreifen, wie bereits im Juli 1943 (Operation »Gomorrha«) gegen Hamburg praktiziert – wird ab Februar 1944 immer öfter angewendet. USAAF und RAF ergänzen sich darin bei Tag und Nacht. Damit will man vor allem verhindern, daß wertvolle Einrichtungen, die beim ersten Angriff verschont geblieben sind, in der Zwischenzeit geborgen werden. Die deutsche Abwehr wird vorher getäuscht, wobei diese Ablenkungsmanöver oft das Ausmaß schwerer Angriffe annehmen.
Die Kugellagerwerke in Schweinfurt sind das erste Ziel eines »Double-Blow«-Angriffs, wie er bald zur Regel wird. Am Donnerstag, dem 24. Februar 1944, wird die Stadt von 266 Fliegenden Festungen – unter starkem Jagdschutz durch Mustangs und Thunderbolts – angegriffen. Dabei gehen nur 11 Maschinen verloren.
Nicht ganz 12 Stunden später, in der Nacht vom 24./25. Februar 1944, sendet das Bomberkommando 662 Maschinen gegen Schweinfurt. Diese Double-Blow-Aktion ist jedoch ein völliger Fehlschlag: Nur 22 Flugzeuge finden annähernd in den Zielraum, laden ihre Last jedoch gute 10 Kilometer daneben ab. Die anderen 640 Maschinen werfen etwa 2000 Tonnen Bomben auf die weitere Umgebung der Stadt. Die deutsche Luftabwehr schießt 33 Bomber ab.

Februar 1944: Eine Formation B-17 G der 96. Bomb Group (8. USAAF) über Deutschland: Die Fliegenden Festungen B-17 G, die ab Juli 1943 produziert werden und mit dem Kinnturm unter dem Rumpfbug 13 MG als Bewaffnung erhalten, sind die meistgebaute B-17-Version. Die Bomber zeichnen sich durch gute Höhenflugleistungen und geringe Schußempfindlichkeit aus. Insgesamt haben 12 726 B-17 die Werke verlassen

Am Freitag, dem 25. Februar 1944, stellt die USAAF die Offensive der »Big Week« ein. Der plötzliche Wetterumschwung ist schuld daran. Sie hat bei dieser Operation 10 000 Tonnen Bomben auf Ziele abgeworfen, die 90 Prozent der deutschen Luftfahrtindustrie ausmachen. Die 8. und 15. US-Luftflotte verlieren dabei 226 Bomber, 28 Jäger und 2600 Mann fliegendes Personal.

Die »Big Week«-Angriffe führen nur vorübergehend zu Produktionsausfällen in der deutschen Flugzeugindustrie, da man sie nach den Herbstangriffen des Jahres 1943 zum großen Teil verlagert hat: Die Hauptfabrikation erfolgt in bombensicheren Anlagen wie Tunnels und Bergwerken, und die Vorfabrikation in Dörfern und vor allem in der Tschechoslowakei. Nicht kurzfristig verlegbare Einrichtungen werden durch Betonbauten geschützt.

In den ersten Monaten des Jahres 1944 macht sich die steigende Anzahl von US-Langstreckenjägern und eine Erhöhung ihrer Reichweite immer mehr bemerkbar.

Die Zeit des eigentlichen Begleitjägers ist nun vorbei, und die Jagdfliegereinheiten der 8. US-Luftflotte wenden eine neue Taktik an: Die Mustangs, Thunderbolts und Lightnings, die den Bomberverbänden weit voraus und in beträchtlich größerer Höhe fliegen, stürzen sich in dem Augenblick auf die deutschen Jäger, wenn diese sich zu einem Angriff auf die Bomberverbände formieren. Daneben führen sie sehr oft Tiefangriffe gegen deutsche Flugplätze durch.

Gerade jetzt, als die Deutschen bei Nacht gegen die Engländer allmählich die Oberhand zu gewinnen scheinen, verlieren sie bei Tage die Luftherrschaft vollends an die Amerikaner.

Ab März 1944 beginnen die alliierten Luftstreitkräfte neben den Angriffen gegen Flugplätze und Industrieziele im deutschen Reichsgebiet systematisch mit den Vorbereitungen für die Invasion: 79 Eisenbahnzentren in Nordfrankreich und Belgien sowie 14 in Südfrankreich werden rund um die Uhr bombardiert.

Die Störungen im Eisenbahnverkehr machen sich besonders bemerkbar. Nicht nur Truppenverschiebungen und Nachschub, auch die Kohlen- und Eisenerztransporte sind davon stark betroffen.

Die Luftoffensive gegen das Verkehrsnetz zeigt schwerwiegende Nebenerscheinungen: Rund 18 000 Männer der Organisation Todt müssen von den dringenden Arbeiten am Atlantikwall abgezogen werden, um die notwendigsten Reparaturen an den Bahnstrecken durchzuführen.

Schwere Folgen für die spätere Bekämpfung der Invasionstruppen hat auch die Zerstörung von Küstenbefestigungen, Brücken und Anlagen für Geheimwaffen.

Die wirkungsvollen Nachteinsätze auf Eisenbahnzentren in Frankreich im März 1944 widerlegen das Argument von Luftmarschall Harris, das Bomberkommando sei nicht in der Lage, mit der erforderlichen Genauigkeit Ziele zu bombardieren, und deswegen gezwungen, Flächenangriffe gegen deutsche Städte zu führen.

Am Freitag, dem 3. März 1944, muß der geplante Angriff der 8. USAAF auf Berlin wegen des schlechten Wetters ausfallen, jedoch führen die Langstreckenjäger vom Typ P-38 Lightning der 20. Fighter Group (Lt.Col. M. Hubbard) einen Aufklärungseinsatz durch; es sind die ersten amerikanischen Maschinen dieses Krieges über der deutschen Hauptstadt.

Am 3. März 1944 wird auf den Flugplatz Lida (bei Wilna) eine der wohl seltsamsten Einheiten der deutschen Luftwaffe verlegt: die 1. Ostfliegerstaffel.
Diese aus russischen Freiwilligen bestehende und mit sowjetischen Beutemaschinen, den Doppeldeckern U-2 (in der Landsersprache Nähmaschinen genannt), ausgestattete Einheit hat man bereits im Dezember 1943 in Dünaburg aufgestellt. Jetzt fliegen sie unter dem »Fliegerführer 1« ihre Einsätze im Bereich der Luftflotte 6 (GenOberst Ritter v. Greim).
Mit den altertümlichen U-2, deren Beobachter die kleinkalibrigen Bomben mit der Hand abwerfen, überqueren sie jede Nacht, die den Einsatz unter Sichtflugbedingungen gestattet, die sowjetischen Linien, genauso wie ihre Kollegen von der Gegenseite, die schon seit langem mit den gleichen Maschinen zur wahren Nachtplage für die vorderen deutschen Linien geworden sind.

In der Morgendämmerung des 4. März 1944 beginnt die sowjetische Frühjahrsoffensive mit einer Zangenoperation gegen den Nordflügel der Heeresgruppe Süd (GFM v. Manstein): Die 1. Ukrainische Front (Marschall Schukow) tritt zu einem Großangriff an. 24 Stunden später rollen die Panzer der 2. Ukrainischen Front (ArmeeGen. Konjew), um zusammen mit Marschall Schukows Verbänden die noch ostwärts des Dnjestr stehende 1. und 4. Panzerarmee einzukesseln.
Am nächsten Tag, Montag, dem 6. März 1944, geht auch die 3. Ukrainische Front (ArmeeGen. Malinowski) zum Angriff über und schneidet die 6. Armee (GenOberst Hollidt) bei Cherson ab. Die Luftwaffenführung versucht nun im Rahmen ihrer Möglichkeiten, durch eine bessere Koordination mit dem Heer an den Defensivkämpfen entscheidend mitzuwirken.
Es entstehen in diesen Tagen anstelle der Koluftstäbe (Kommandeur der Luftwaffe) die Fliegerverbindungsoffiziere (Flivo). Sie sollen die Zuteilung von Fliegerkräften an das Heer regeln und ihren Einsatz bestimmen. Die Verbindung zwischen den kämpfenden Truppen selbst und den fliegenden Verbänden wird von Fliegerleitoffizieren hergestellt, die sich bei Korps- oder Schwerpunktdivisionen befinden.
Als Ersatz für geeignete Schlachtflugzeuge – wie die sowjetischen Il-2 – hat man, da die Stukas Ju 87 im Frühjahr 1944 wegen hoher Verluste durch ihre geringe Geschwindigkeit nur noch nachts eingesetzt werden können, die Jäger FW 190 zu Schlachtflugzeugen umfunktioniert.
Die Verwendung der FW 190 als Schlachtflugzeug beeinflußt wiederum die deutsche Taktik: Anstelle von unmittelbarer Unterstützung der Bodentruppen auf dem Kampffeld fliegen sie jetzt Tiefangriffe auf Bereitstellungen, Kolonnen und Fahrzeuge bis 50 Kilometer hinter der Frontlinie.

In Burma bereitet Anfang März 1944, fast ein Jahr nach seiner ersten Chindit-Expedition, Orde C. Wingate – jetzt Generalmajor – die zweite Expedition hinter den japanischen Linien vor.
Es soll das größte und längste Luftlandeunternehmen der Alliierten im Zweiten Weltkrieg sein: 20 000 Mann und 5000 Tragtiere nehmen an der 5 Monate dauernden Operation »Thursday« teil. Mehrere tausend Tonnen Ausrüstung werden mit Lastenseglern oder Dakota-Transportern auf der inmitten des Urwalds gelegenen Landebahn abgesetzt, darunter sogar Bulldozer und schwere Straßenbaugeräte.
Wingates Chindit-Truppen – abgesehen von den Teilnehmern der ersten Expedition und den Gurkhas oder Birmani – sind britische Soldaten der regulären Regimenter, die weder eine Sonderausbildung noch Dschungelkriegserfahrung haben. Es sind übrigens Reservisten, oft in vorgerücktem Alter, die erst vor kurzem aus England gekommen sind.
Durch die erste Expedition belehrt, läßt Wingate jetzt im Rücken des Feindes mehrere Stützpunkte, sogenannte Strongholds, einrichten, »am besten auf einem Plateau mit Landebahn für Dakotas, einer davon getrennten Abwurfzone, ein oder zwei Dörfern in der Nachbarschaft mit freundlich gesonnener Bevölkerung sowie an ergiebigen Wasserquellen«.
Einem Fort im Wilden Westen gleich, werden durch

März 1944, Burma: Maultiere mit durchschnittenen Stimmbändern, die an der Operation »Thursday« teilnehmen, werden in Dakota-Transportmaschinen verladen und hinter die japanischen Linien gebracht

starke Minenfelder geschützte Strongholds Ausgangspunkte für weite Operationen der neuaufgestellten 3. Indischen Division (Special Forces) unter Wingate. Ihre Aufgabe: Kleinkrieg gegen die japanischen Nachschublinien. Später sollen sie die Offensive der chinesischen Truppen unter US-General Stilwell in Nordburma unterstützen.

Die Special Forces verfügen sogar über eigene, starke Luftstreitkräfte: das 1. Air Commando, das dem US-Colonel P. G. Cochran (33), einem ideenreichen Jagdflieger, untersteht. Es zählt 11 Squadrons mit Jagd-, Transport- und Sanitätsmaschinen, darunter sogar eine Squadron mit schweren Bombern vom Typ B-24 Liberator.

In der Nacht vom 5./6. März 1944 beginnt nun die Operation »Thursday«: Die erste Welle bilden die 77. Infanteriebrigade (Brig. J. M. Calvert) und die 111. Infanteriebrigade (Brig. W. D. Lentaigne), die auf den 400 Kilometer vom Startplatz Hailakandi entfernt liegenden Strongholds »Broadway«, »Piccadilly« und »Chowringshee« landen sollen. 100 RAF- und USAAF-Dakotas verstärken die Transport-Squadrons des 1. Air Commando (Col. P. G. Cochran).

40 Minuten vor dem Start der Lastensegler bringt ein Aufklärer Luftaufnahmen, auf denen »Piccadilly« völlig mit gefällten Bäumen übersät ist, was eine Landung unmöglich macht. Man befürchtet, daß die Japaner, nachdem gerade vor 2 Wochen ein Foto von »Piccadilly« in »Life« erschienen ist, den Landeplatz blockiert und womöglich in »Broadway« eine Falle angelegt haben. Trotzdem entschließt sich Wingate, die Operation auf »Broadway« umzuleiten. Um 18.08 Uhr fliegen die ersten Dakotas mit je 2 angehängten Waco-CG-4A-Lastenseglern ab.

Die Landung der 77. Brigade (Brig. J. M. Calvert) in »Broadway« geht so schnell vor sich, daß Lastensegler ineinanderrasen. Das Ergebnis: 31 tote und 30 verwundete Chindits.

Es stellt sich übrigens heraus, daß in »Piccadilly« keineswegs die Japaner, sondern burmesische Holzfäller am Werk sind.

In der nächsten Nacht landet die 111. Brigade im Stronghold »Chowringhee«. Bereits in 24 Stunden haben die Pioniere in »Broadway« mit den ebenfalls eingeflogenen Bulldozern Landebahnen für Dakotas planiert. Einige Stunden danach wird durch die neue Startbahn der Abtransport der Verwundeten mit den Sanitätsflugzeugen Vultee L-1 (Vigilant), die dem Fieseler Storch ähneln, möglich.

Nur 35 der insgesamt eingesetzten 61 Waco-Lastensegler erreichen »Broadway«. Und die an zahlreichen Stellen in Nordburma notgelandeten Lastensegler – 2 davon gehen direkt neben den Stäben der 15. und 31. japanischen Division, 3 bei einem Regimentsstab in Pyaungbin nieder – lassen die Japaner annehmen, daß es sich um eine Invasion handelt.

Artillerie, Jeeps und selbst die Packtiere treffen per Luft auf den Strongholds ein. Da die Vierbeiner bei der ersten Expedition durch ihr Geschrei die Japaner alarmiert hatten, werden ihnen jetzt vor der Luftreise die Stimmbänder durchschnitten.

Am Montag, dem 6. März 1944, erlebt die Reichshauptstadt in den Mittagsstunden den ersten amerikanischen Tagesgroßangriff: 730 B-17 und B-24 der 8. USAAF greifen unter dem Jagdschutz von 796 Langstreckenjägern bei strahlendem Sonnenschein Berlin an und werfen 1500 Tonnen Bomben über den südlichen Stadtteilen und auf den Sender Königswusterhausen ab. 68 US-Bomber und 11 Jagdmaschinen werden bei nur 18 eigenen Verlusten von deutschen Jägern abgeschossen. Dieser Angriff ist zugleich der verlustreichste aller Einsätze der 8. USAAF über Berlin.

Bis zum Sonntag, dem 12. März 1944, hat man in 6 Nächten 9052 Mann, 1458 Tiere und 242 Tonnen Material zum Stronghold »Broadway« eingeflogen.

Am gleichen Tag landen auf dem soeben im feindlichen Hinterland fertiggestellten ersten Operationsflugplatz »Broadway« 6 Spitfire-Jäger, die den Stronghold vor japanischen Luftangriffen schützen sollen.

Nachdem die 77. und 111. Brigade an ihren Sammelpunkten vollzählig eingetroffen sind, führen sie ihre erste Aufgabe durch, die Unterbrechung der Bahnlinie nördlich von Indaw.

Jeder Chindit-Kolonne ist ein RAF-Verbindungsoffizier zugeteilt, der Jagdbomber mit Funk an Ziele heranführt, welche die Chindits im Vormarsch behindern.

Und von der Verbissenheit, mit der die Japaner kämpfen, zeugt am besten die Zahl der Gefangenen: Auf allen Kriegsschauplätzen werden 1944 knapp 100 Japaner unverwundet gefangengenommen, in Burma nur 6 Mann.
Die Versorgung der Chindits übernehmen die Dakotas des 1. Air Commandos, und Jäger vom Typ Mustang fliegen den Begleitschutz. Einige von ihnen sind mit einem von Colonel Cochran konstruierten Haken versehen, mit dem sie japanische Telefonleitungen zerreißen.
Die Luftversorgung funktioniert so gut, daß sich die Chindits völlig auf sie verlassen: »Man kann einen ganzen Tag, ohne Verpflegung mitzuschleppen, marschieren, da man weiß, daß abends Punkt 20 Uhr die gewünschten Vorräte an einer bestimmten Stelle abgeworfen werden.«
Manche Versorgungsgüter wie Uniformen, Schuhe, Konserven, Futter für die Packtiere, selbst Akku-Batterien, deren Säure zuvor als Gelee eingedickt wird, werden einfach ohne Fallschirm aus den Dakotas gekippt.
Bei der Operation »Thursday« setzt man auch erstmalig in der Kriegsgeschichte Hubschrauber ein: Sikorsky R-4 B, die ersten in Serie gebauten Hubschrauber der Welt, die eine Reichweite von 130 Kilometern haben und die gleiche Kilometerzahl pro Stunde fliegen können, holen nun von den Strongholds verwundete Chindits ab.
Im zweiten Teil der Operation »Thursday« soll die 14. Brigade (Brig. T. Brodie) zum Stronghold »Aberdeen« eingeflogen werden. Der geeignete Platz für »Aberdeen« ist inzwischen von der 16. Brigade (Brig. B. E. Fergusson) nach einem sechswöchigen 800 Kilometer langen Marsch – ausschließlich aus der Luft versorgt – durch unwegsames Dschungelgebirge erreicht worden.
Die 16. Brigade muß auf ihrem Weg den Fluß Chindwin überqueren; Lastensegler bringen Brückenbaumaterial und Sturmboote. In einigen Stunden sind die 4000 Mann und 600 Tiere übergesetzt. Brückenbaumaterial und Sturmboote werden wieder in die Lastensegler verpackt. Dann reißen tieffliegende Dakotas die Lastensegler in die Luft und bringen sie nach Indien zurück.
Am Mittwoch, dem 22. März 1944, landen die ersten 6 Lastensegler mit schwerem Pioniergerät in »Aberdeen« und beginnen im Eiltempo eine Rollbahn für Flugzeuge zu bauen. Tags darauf treffen hier bereits die ersten Lastensegler mit den Einheiten der 14. Brigade ein.
Am Mittag des 23. März 1944 startet Wingate mit einem Mitchell-Bomber von »Aberdeen« aus zu einem Flug in den von Japanern angegriffenen Stronghold »White City«. Nachdem die Maschine überfällig ist, entdeckt ein Suchtrupp die Trümmer des Mitchell-Bombers in den Bishanpur-Bergen. Die Ursache des Absturzes bleibt ungeklärt. Alle 10 Insassen fanden den Tod. Wingates Leiche kann nur durch seinen unverkennbaren Tropenhelm identifiziert werden.
Der Brigadier W. D. Lentaigne von der 111. Brigade wird Wingates Nachfolger, kann ihn aber nie ganz ersetzen.

Am Freitag, dem 24. März 1944, befiehlt Hitler, 50 alliierte Fliegeroffiziere, die durch einen Tunnel aus dem Kriegsgefangenenlager Stalag Luft III in Sagan, südlich von Berlin, am 22./23. März ausgebrochen und von 76 Entflohenen wieder festgenommen wurden, zu erschießen. Göring protestiert zwar, doch ohne Erfolg. Der Reichsmarschall hatte angeordnet, daß kein westalliierter Flieger unfair behandelt werden dürfe, solange er sich in den Händen der Luftwaffe befinde, was auch Tausende ehemaliger Gefangener bezeugen können.

Am Donnerstag, dem 30. März 1944, starten 795 britische Bomber mit dem Auftrag, Nürnberg zu vernichten. Es wird der verlustreichste RAF-Nachtangriff sein. Von Anfang an läuft alles schief. Die Wetterbedingungen über der Nordsee vereiteln weiträumigere Ablenkungsmanöver. »Es war ein grober taktischer Fehler, unter solchen Wetterbedingungen einen Großangriff zu starten.« Die klare, kalte Mondnacht und die sich gut abzeichnenden Kondensstreifen verraten deutlich den Kurs der Bomber.
Die ständig wechselnden Frühjahrsstürme führen zu schweren Navigationsfehlern, so daß die Bomber bald vom richtigen Kurs abkommen und verstreut werden.
Für die Jagdverbände der »zahmen« und der »wilden Sau« ist das Wetter wiederum fast ideal. Und es entwikkeln sich pausenlos Kämpfe über eine Entfernung von mehr als 450 Kilometern, in die immer mehr Nachtjäger eingreifen, nachdem die Deutschen das vermutliche Ziel erkannt haben.
Die zweimotorigen Nachtjäger sind inzwischen alle mit Lichtenstein SN-2 oder mit Naxos Z ausgerüstet, die die Ausstrahlung der Bord-Radargeräte der Bomber anpeilen können, und zahlreiche Nachtjäger haben auch »schräge Musik« an Bord.
Der Bomberstrom kreuzt den Rhein zwischen Bonn und Bingen, fliegt dann über den Raum Fulda, Hanau in Richtung Nürnberg. Die vorauseilenden Mosquitos versuchen erfolglos, den vorgesehenen Flugweg der Bomber zu verschleiern.
Die schwersten Verluste erleiden auf diesem Anflug die Halifax-Verbände; von 93 eingesetzten Maschinen gehen 30 verloren. Leutnant Smith (467. Squ.): »Ich zählte zwischen Aachen und Nürnberg 40 brennende Flugzeuge, und es ist möglich, daß mindestens 50 Bomber abgeschossen wurden, bevor sie das Ziel überhaupt erreichen konnten.«
Weitere 187 Maschinen kommen nicht zum Bombenabwurf. Die Pfadfinder treffen nämlich mit 47 Minuten Verspätung ein, und die Stadt liegt unter einer Wolkendecke. Währenddessen kreisen Hunderte von Maschinen

zum verabredeten Zeitpunkt des Bombenwurfs über dem Ziel und halten Ausschau nach den Leuchtzeichen der Pfadfinder.
Die deutschen Jäger erreichen in dieser Nacht einen Rekord: Sie schießen 79 Bomber ab. Allein eine einzige Besatzung des I./NJG 6 – Becker–Johanssen – holt 7 Halifax-Bomber herunter.
Die Flak strahlt mit 600 Scheinwerfern, zahllosen Lichtkästen und Leuchtkörpern die Wolkendecke über der Stadt an, sie schießt aus allen Rohren und legt einen Sperrfeuerriegel vor die anfliegenden Verbände.
Die nervös gewordenen RAF-Besatzungen werfen ihre Bomben auf gut Glück ab, und diejenigen Maschinen, die kein H2S-Gerät an Bord haben, bombardieren Schweinfurt, wohin sie starker Wind abgetrieben hat, überzeugt davon, sie seien über Nürnberg.
Von den 795 gestarteten Bombern kehren 95 nicht zurück, weitere 71 Maschinen sind schwer beschädigt, 12 machen Bruchlandung. Auf der Totalverlustliste stehen 108 Bomber.
Eine Untersuchung dieser Operation zeigt, daß die deutschen Flugleitstellen eine neue Defensivtaktik anwenden: Weil sie das Hauptziel der Angriffe nicht mehr im voraus erkennen können, greifen sie nun die Bomberströme auf dem Anflug und nicht mehr über dem Zielgebiet an.
Im Vergleich zu den 2460 Tonnen abgeworfener Bomben ist der verursachte Schaden gering. In Nürnberg wird eine Fabrik teilweise zerstört, drei weitere werden leicht beschädigt. Es war wirklich eine »schwarze« Nacht für das Bomberkommando: Außer den Maschinen verlieren sie viele ihrer wertvollen Besatzungen. 545 Mann sind tot, weitere 159 Flieger – manche schwer verwundet – fallen den Deutschen in die Hände. Es ist die größte Zahl an fliegendem Personal, die auf einmal gefangengenommen wird. Die Luftwaffe büßt in dieser Nacht lediglich 10 Maschinen ein. Auch die Einwohner von Nürnberg kommen glimpflich davon: 60 Zivilisten und 15 ausländische Zwangsarbeiter kommen um.
Nach diesem Unternehmen folgt eine gewisse Einsatzpause. Eine der wichtigsten Änderungen ist die Aufgabe der Taktik des Bomberstroms. Und Nürnberg ist der letzte Angriff, bei dem die Bomber in einem einzigen riesigen Strom fliegen.

Am Sonnabend, dem 1. April 1944, beginnt eine neue Phase des Bombenkrieges: Der Einsatz der RAF-Bomber wird voll mit der Operation »Overlord«, der für Anfang Juni geplanten Landung in Frankreich, koordiniert.
An diesem Tag kommt das Bomberkommando unter den Befehl von S.H.A.E.F. (Supreme Headquarters Allied Expeditionary Forces – Oberstes Hauptquartier der Alliierten Expeditionsstreitkräfte). Und für die nächsten 5 Monate wird Sir Arthur Harris nominell General Dwight D. Eisenhower unterstellt. Während dieser Zeit kann der Air Marshal die Offensive gegen deutsche Städte nur dann weiterführen, wenn seine Bomber nicht für Angriffe im Zusammenhang mit »Overlord« gebraucht werden.
Nun stellt man die Groß-Nachteinsätze der RAF über dem Reichsgebiet – abgesehen von den laufenden Mosquito-Störangriffen – für einige Wochen fast völlig ein. Dagegen steigern sich die USAAF-Tagesangriffe.

Am Sonntag, dem 2. April 1944, landet in Kalkutta (Indien) die erste Boeing B-29 »Superfortress« (58. Wing) des 20. Bomber Command der USAAF. Sie ist beinahe um die ganze Welt geflogen, von den Boeing-Werken in Wichita (Kansas/USA) über England und Nordafrika. Diese 54 Tonnen schwere Maschine, mit 5 elektronisch

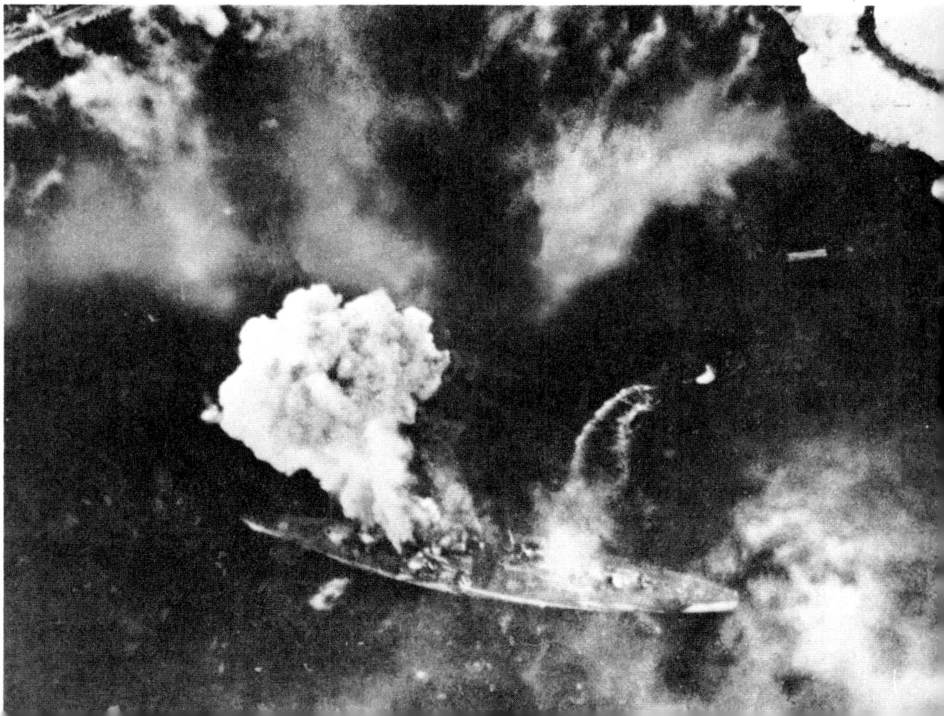

3. April 1944, Alta-Fjord, Schlachtschiff »Tirpitz«: 14 Treffer und 3 Monate nicht mehr einsatzbereit. Das größte deutsche Schlachtschiff nach dem Angriff durch Barracudas, die ersten Eindecker-Torpedobomber der Royal Navy. Insgesamt werden 2582 Stück dieser vielseitigen Maschine gebaut

ferngesteuerten Ständen für schwere Maschinengewehre, kann 5450 Kilogramm Bomben tragen und hat eine Reichweite von 5200 Kilometern. Mit Flugzeugen dieses Typs soll der strategische Luftkrieg gegen Japan eröffnet werden.

Am Montag, dem 3. April 1944, führt ein britischer Flottenverband (Vizeadm. H. R. Moore), zu dem außer den Trägern »Furious« und »Victorious« 3 Kreuzer und 5 Zerstörer gehören, die Operation »Tungsten«, einen Angriff von 42 Barracuda-Bombern auf das in Nordnorwegen (Alta-Fjord) liegende Schlachtschiff »Tirpitz«, durch.
Die erste Welle (Lt. Baker-Faulkner) startet um 4.38 Uhr mit den Barracudas, den neuen, noch geheimgehaltenen Trägermaschinen, die ihre Bomben sowohl aus großer Höhe als auch im Sturzflug werfen können und außerdem für den Abwurf von Torpedos eingerichtet sind. Sie werden von 21 Corsairs, 20 Hellcats und 10 Wildcats eskortiert, die die Decks und die Flakstände der »Tirpitz« unter MG-Beschuß nehmen sollen.
Kein einziger deutscher Jäger zeigt sich am Himmel.
Um 5.25 Uhr – die erste Welle verläßt gerade den Alta-Fjord – startet die zweite Welle (Lt. Rance). Eine der Barracudas bleibt mit einer Motorpanne mitten auf dem Deck des Trägers »Victorious« stehen. Die Maschine wird kurzerhand ins Meer gerollt. Eine zweite Barracuda stürzt gleich nach dem Start ab und geht mitsamt der Besatzung unter.
Das Schlachtschiff bekommt 14 Treffer und ist 3 Monate nicht mehr einsatzbereit. Die Besatzung der »Tirpitz« zählt 122 Tote und 316 zum Teil schwer Verwundete.
Die englischen Verluste betragen außer den beiden Barracudas nur eine Jagdmaschine, die bei der Rückkehr nicht landen kann, deren Pilot sich aber rettet.
Die Operation »Tungsten« veranlaßt Großadmiral Dönitz zu einer folgenschweren Entscheidung: Die »Tirpitz« soll zwar repariert werden, aber an keinem Angriff auf einen Geleitzug mehr teilnehmen, da durch die Übermacht der RAF und der Royal Navy die Gefahr eines endgültigen Verlustes besteht.

Am Dienstag, dem 4. April 1944, wird die 20. US-Luftflotte aufgestellt, deren Aufgabe es ist, von Stützpunkten in Indien und von China aus mit B-29-Superfestungen strategische Bombenangriffe gegen Japan zu fliegen. Der Befehlshaber der 20. USAAF wird General H. H. Arnold, gleichzeitig Chef der gesamten USAAF.

In der Nacht zum 5. April landet im Stronghold »Aberdeen« (Nordburma) die letzte Einheit der 14. Brigade (Brig. T. Brodie): Insgesamt haben die Dakotas in 463 Einflügen 3756 Mann, 609 Tiere und 274 Tonnen Material ins feindliche Hinterland geschafft.

Am Mittwoch, dem 5. April 1944, beginnen die strategischen Alliierten Mittelmeer-Luftstreitkräfte (Italien) ihre Bombenoffensive. 230 Bomber der 15. USAAF greifen das Erdölgebiet von Ploesti sowie die deutschen Nachschublinien in Rumänien an. Andere Verbände bombardieren die Werke für synthetischen Treibstoff und Ölraffinerien bei Wien, Budapest, Blechhamer und Odenthal (Oberschlesien). Gleichzeitig führen P-51-Jagdbomber Mustang der 8. USAAF Tiefangriffe auf Flugplätze im Raum München und Berlin durch.

Am Abend des 8. April 1944 startet vom Flugplatz Grigorjewka bei Odessa eine dunkelgraue viermotorige Ju 290 A-9 des Kampfgeschwaders 200 (KG 200). An dem Flug wäre keine Besonderheit, ginge er nicht nach Mukden (Mandschurei).
Mit 3 Maschinen dieses Typs, die noch wenige Wochen zuvor von Mont de Marsan südlich Bordeaux aus als Fernaufklärungsgruppe 5 (FAG 5) ihre Einsätze weit über den Nordatlantik flogen, holt jetzt die deutsche Rüstungsindustrie kriegswichtige Rohstoffe, unter anderem das für bestimmte Stahllegierungen wichtige Molybdän, in Nonstopflügen aus der Mandschurei ab.
Die Langstrecken-Transportmaschinen Ju 290 A-9, denen man sämtliche Waffen bis auf die Bug- und Heck-MG-Stände abmontiert hat, um Zusatztanks mit mehreren tausend Litern Treibstoff mitführen zu können, haben jetzt eine Reichweite von fast 9000 Kilometern. Sie überqueren in 12 000 Meter Höhe völlig unbemerkt einen Teil der Sowjetunion sowie die Mongolei und landen nach etwa 20 Stunden auf einem Stützpunkt bei Mukden. Die Ju 290 bringen den Japanern auf dem Hinflug etwa 4 Tonnen wertvolle Rüstungsgüter – Zieleinrichtungen und andere optische Geräte – und fliegen bereits am nächsten Tag wieder vollbeladen zurück. Ihr Landeplatz liegt in Mielec, nordöstlich von Krakau. Von hier aus wird die kostbare Ladung auf dem schnellsten Wege weiterbefördert.
Am Montag, dem 10. April 1944, verlegt man wegen der Räumung Odessas auch den Startplatz nach Mielec.

Am Dienstag, dem 11. April 1944, starten 6 RAF-Mosquitos, Schnellbomber der 613. Squadron (Wing Com. R. N. Bateson), zu einem neuen spektakulären Tiefangriff. Diesmal ist es eine Kunstgalerie in Den Haag.
Der Punktzielangriff wird wieder auf Veranlassung der SOE geführt. In dem Gebäude der Kunstgalerie lagert nämlich die Personalkartei der Bevölkerung, und man befürchtet, daß die Gestapo bei einer Aktion gegen den holländischen Untergrund davon Gebrauch machen könnte. Wie bei der Operation »Jerycho« am 18. Februar 1944 gab ein detailliertes Modell des ganzen Stadtviertels den Piloten die nötigen Hinweise für die bis auf die Sekunde genau durchgeführte erfolgreiche Operation.

Am Mittwoch, dem 12. April 1944, landen in Nordburma, auf dem Stronghold »Aberdeen«, die restlichen Einheiten der 3. Westafrikanischen Brigade (Brigadier Gillmore). Damit ist die erste Phase der Operation »Thursday« abgeschlossen.

Am Donnerstag, dem 13. April 1944, greifen beinahe 2000 US-Maschinen Augsburg und andere Ziele in Süddeutschland an. Die 8. USAAF bombardiert dabei wiederum Schweinfurt. Auch diesmal gelingt es ihr nicht, die Kugellagerwerke zu zerstören.
Reichsminister Speer: »Ab Mitte April 1944 hörten die Angriffe auf die Kugellagerindustrie wiederum schlagartig auf. Infolge ihrer Inkonsequenz gaben die Alliierten den Erfolg wieder aus der Hand. Hätten sie die Angriffe vom März und April mit gleicher Energie weitergeführt, wären wir rasch am Ende gewesen.«
Ab Freitag, dem 14. April 1944, unterstellt man General D. D. Eisenhower die alliierten taktischen Luftstreitkräfte.

Am nächsten Tag werden die strategischen Bomberverbände der RAF und USAAF angewiesen, als Vorbereitung der Invasion Transport- und Verkehrsziele in Deutschland zu bombardieren. Daneben kann General Eisenhower über diese Verbände zur direkten Unterstützung der Land- und Seeoperationen nach Bedarf verfügen. Damit können die 8. und 9. US-Luftflotte sowie das RAF-Bomberkommando operativ und auch für die taktische Unterstützung der Bodentruppen bei der geplanten Operation »Overlord« eingesetzt werden.

Am Dienstag, dem 18. April 1944, fliegen über 2000 US-Maschinen und RAF-Jagdbomber Einsätze gegen das Reichsgebiet. Die 4000 Tonnen Bomben, die an diesem Tag fallen, sind seit Kriegsausbruch die bisher größte Abwurfmenge. 40 alliierte Maschinen gehen verloren.

In der Nacht vom 18./19. April 1944 erscheinen 125 Bomber des IX. Fliegerkorps (GenMaj. Peltz) über London. Es soll der letzte große Angriff im Rahmen des Unternehmens »Steinbock« und zugleich der letzte Einsatz des Krieges der deutschen Luftwaffe gegen die britische Hauptstadt in dieser Stärke sein: Es nehmen daran 5 schwere Bomber He 177, 10 neue Schnellbomber Me 410, 60 Maschinen Ju 88, 29 Ju 188 und 13 Do 217 teil. Bis Mitte Mai 1944 greifen die Verbände des

24. April 1944, Flugplatz Genf-Cointrin: Eine nach dem Angriff auf süddeutsche Eisenbahnanlagen mit zerschossenem Motor in der Schweiz notgelandete B-17 G

IX. Fliegerkorps jedoch mit jeweils etwa 100 Bombern noch verschiedene Hafenstädte in Südostengland an.
In der Nacht vom 19./20. April 1944 bombardieren fast 1200 RAF-Maschinen Eisenbahnziele in Nordfrankreich, Belgien und Deutschland. Etwa 4500 Tonnen Bomben werden dabei abgeworfen.

Am Montag, dem 24. April 1944, wird die erste Boeing B-29 Superfortress (58. Wing) der 20. US-Luftflotte von Indien nach Kwangan bei Tschöngtu (China) verlegt. Mehrere Transportverbände sorgen quer über den Himalaja für den Nachschub, vor allem für die enormen Mengen an Treibstoff und Bomben.

Am gleichen Tag fliegt die 8. USAAF einen schweren Luftangriff auf den wichtigen nordfranzösischen Verkehrsknotenpunkt Rouen. Es werden 400 Einwohner getötet und 700 verletzt. Ebenfalls am 24. April führt die 8. USAAF konzentrierte Angriffe gegen Anlagen der Deutschen Reichsbahn durch. Besonders betroffen sind die Bahnhöfe Koblenz und Hamm.
An diesem Montag, dem 24. April 1944, stellen die US-Piloten einen seltsamen Rekord auf: Innerhalb von 115 Minuten gehen in der Schweiz 13 Flying Fortress B-17 G und 1 Liberator B-24 J nieder – die meisten davon auf dem Zürcher Flugplatz Dübendorf. Da kaum eine Woche vergeht, in der nicht US-Bomber in der neutralen Schweiz landen, berufen die schockierten Chefs der USAAF eine Kommission ein, die die Ursache überprüfen soll. »In den meisten Fällen«, so stellt man fest, »ziehen die Besatzungen eine Internierung weiteren Feindeinsätzen vor.«

In der Nacht vom 24./25. April 1944 sind die Bahnhöfe Braunschweig, Düsseldorf und München das Ziel des Bomberkommandos. Für München kommt dieser Angriff völlig überraschend, da die Engländer von Genf bis Liechtenstein die neutrale Schweiz überfliegen und so vom deutschen Luftwarndienst nicht rechtzeitig erfaßt werden können. Natürlich bleibt es – diesmal vor allem in München – nicht bei der Bombardierung der Bahnanlagen; große Teile der Stadt selbst werden vernichtet.
In der Nacht vom 27./28. April 1944 unternimmt die RAF einen Großangriff gegen Friedrichshafen. Die auf dem Flugplatz Hagenau (Elsaß) liegende 3. Staffel des Nachtjagdgeschwaders 6 (NJG 6) soll die einfliegenden Bomberverbände im Raum Nancy abfangen. Um 0.48 Uhr startet der 23jährige Oberleutnant Wilhelm Johnen, ein erfahrener Nachtjäger, mit seiner Me 110 G-4 (C 9 + EN). Die werkneue Maschine der allerletzten Bauart hat außer dem geheimen, streng gehüteten Lichtenstein-SN-2-Radargerät und der »schrägen Musik« zwei weitere Besonderheiten an Bord: Der dritte Mann, der hinter dem Funker, Leutnant Joachim Kamprath (32), vor der »schrägen Musik« hockt, ist ihr 27jähriger Konstrukteur Oberfeldwebel Paul Mahle persönlich, und dem Funker zu Füßen liegt eine Aktentasche, vollgestopft mit höchst geheimen Unterlagen für den gesamten Funkverkehr über Europa, mit Angaben über einzelne Codes und den täglich wechselnden Erkennungszeichen für den kommenden Monat Mai, die er ausgesprochen vorschriftswidrig bei dem unerwarteten Alarmstart mit in die Maschine genommen hat.
Gerade die mit SN-2, dem verbesserten Weitwinkelgerät des Bordradar Lichtenstein, und mit der »schrägen Musik« ausgerüsteten Maschinen tragen viel dazu bei, daß das Bomberkommando zwischen dem 18. November 1943 und 31. März 1944, der Nacht des Angriffs auf Nürnberg, 1047 ihrer Maschinen verloren hat, davon drei Viertel durch Nachtjäger.
Und Prof. Dr. Jones bemüht sich mit seinem Team seit dem Spätsommer 1943, als das durch »Window« nicht störbare Lichtenstein SN-2 in den Einsatz gelangt, hinter dessen Geheimnis zu kommen. In der Tat, um ein wirksames Gegenmittel zu entwickeln, braucht er nur zu erfahren, wieviel Megahertz die Frequenz des neuen Gerätes hat. Jedoch ist bis jetzt keiner der mit SN-2 ausgestatteten Jäger, die den strikten Befehl haben, nur über deutschem Luftraum zu operieren, in die Hände der Alliierten gefallen.
Nachdem Oberleutnant Johnen in wenigen Minuten kurz nacheinander 2 Lancasters heruntergeholt hat, passiert es. Oberfeldwebel P. Mahle: »Wo wir waren, wußten wir eigentlich nicht, da wir uns schon gut anderthalb Stunden in der Luft befanden. Und da wir mit ausgeschalteten Funkgeräten flogen, hatten wir auch keine Ortsangaben. Um unsere Lage noch zu verschlimmern, erfaßte uns plötzlich ein Dutzend Scheinwerfer, die alles ringsum in beißendes Licht tauchten …
Ich gab ein Notsignal, die Reflektoren blendeten ab, von unten stieg eine grüne Leuchtkugel auf, und auf dem Flugplatz gingen die Lichter an, als Einweisung zur Landung. Es mußte also doch die Schweiz sein! Jetzt schoß auch ich »Grün«, was soviel hieß wie ›Wir landen!‹ Sie antworteten ebenfalls mit Grün, und schalteten die Flugplatzbeleuchtung ein und aus: ›Verstanden!‹
Wir dachten natürlich nicht daran zu landen und versuchten, nach Norden zu verschwinden. Blitzartig wurde es wieder taghell, sie hatten sich nicht überlisten lassen. Ich schoß wiederum das rote Notsignal nach unten, aber sie blieben so lange stur, bis wir die beleuchtete Landebahn unmißverständlich mit ausgefahrenem Fahrgestell ansteuerten. Und plötzlich sah ich am Rande des Feldes große Hallen und dazwischen ganze Reihen von Flugzeugen. Ich teilte Johnen dies mit, der darauf zur Landung ansetzte.
In dem Augenblick, als die Räder den Boden berührten, fielen wie unter einem Zauberstab sämtliche Lichter auf

28. April 1944, Zürich-Dübendorf: Der deutsche Nachtjäger Me 110 G-4 C9+EN mit »Hirschgeweih-Antenne« des höchst geheimen Bord-Radargerätes Lichtenstein SN-2 (FuG 202)

dem Flugplatz aus, und um uns herum war es stockdunkel. Johnen schaltete den Bordscheinwerfer ein, und in dessen Licht erkannten wir dichte Reihen von abgestellten Fliegenden Festungen und Liberators. Ein starker Scheinwerfer erfaßte uns plötzlich von vorn und blendete uns unheimlich. Wir rasten direkt an den amerikanischen Bombern vorbei. Johnen bremste mit aller Kraft.
Während wir ausrollten, war Leutnant Kamprath gerade dabei, die vor seinem Sitz angebrachten Geräte mit den Stiefeln zu zertreten, doch dieser verzweifelte Versuch blieb ohne großen Erfolg.
Wir standen, und auf einmal, ich war gerade damit beschäftigt, die ›schräge Musik‹ auseinanderzumontieren, klopfte jemand über meinem Kopf an das Kabinendach. Ich blickte hoch und hörte auf Deutsch: ›Bitte steigen Sie aus, Sie sind in der Schweiz, Sie sind interniert.‹ Es war ein Oberleutnant der Schweizer Fliegertruppe; wir waren in Zürich-Dübendorf ...«
Noch in der Nacht, unmittelbar nach der Landung, gibt die Schweiz routinemäßig die Personalien der notgelandeten Besatzung an den deutschen Militärattaché durch, der wiederum Göring Meldung macht. Der Reichsmarschall benachrichtigt sofort Hitler, der dem Reichsführer SS Heinrich Himmler den Befehl erteilt, die drei Flieger liquidieren zu lassen. Als Göring davon Wind bekommt, daß Himmler ein Mordkommando in die Schweiz entsenden soll, interveniert er persönlich bei Hitler, verlangt ein ordentliches Gerichtsverfahren für die drei und erklärt, »er lasse sich seine Flieger nicht in einem neutralen Land abknallen«.

Bereits am Samstag, dem 29. April 1944, klopften vormittags bei den Familien der Me-110-Besatzung Gestapobeamte an. Nach peinlich genauen Hausdurchsuchungen und Beschlagnahme von allen möglichen Fotos und Korrespondenzen werden die Wohnungen versiegelt, die Angehörigen ins Gefängnis gebracht.
Auch SS-Obersturmbannführer Skorzeny, Spezialist für Kommando-Unternehmen, der sich bei der Befreiung von Mussolini aus dessen Inhaftierung auf dem Gran-Sasso-Massiv im September 1943 einen Namen machte, wird eingeschaltet.
Skorzeny: »Am Vorabend eines Doppelfeiertages saß ich mit alten Freunden am Wannsee, als ich plötzlich ans Telefon gerufen wurde; das Führerhauptquartier meldete sich. Eine tolle Sache war in der letzten Nacht passiert und eben erst bekanntgeworden. Ein Messerschmitt-Nachtjäger, der das neueste Nachtpeilgerät mit sich führte, hatte sich angeblich verflogen und war auf einem Schweizer Flugfeld gelandet ...
Der Auftrag an mich lautete, alles zu tun, um erstens festzustellen, ob es sich tatsächlich um eine Notlandung handelte oder ob die Besatzung desertiert war. Zweitens sollten Vorschläge ausgearbeitet werden, wie das Gerät auf dem raschesten Wege wieder in deutschen Besitz kommen oder aber vernichtet werden konnte. Auch der Reichsführer SS hatte sich eingeschaltet und rief kurz danach an und wollte laufend Berichterstattung über den Fortschritt der Angelegenheit haben ...
Der ganzen Sache wurde vom Führerhauptquartier die größte Bedeutung beigemessen. Am nächsten Tag noch mußten wir mit einer Kuriermaschine nach Berchtesgaden fliegen, um Bericht zu erstatten und die beiden schriftlich fixierten Vorschläge vorzulegen. Schellenberg und ich hatten diese meiner Sekretärin diktiert, die ihre Sonntagsruhe für diesen Zweck opfern mußte.« Die Schweizer kommen zwar aufgrund der mitgeführten Un-

terlagen recht schnell hinter das Geheimnis des Lichtenstein SN-2, geben es aber den Alliierten nicht preis.
In der Nacht vom 28./29. April 1944 erscheinen 101 Maschinen des IX. Fliegerkorps über dem Hafen von Plymouth. Die Do 217 K von der III. Gruppe des KG 100 greifen mit Gleitbomben Fritz X – wenn auch erfolglos – eines der Kriegsschiffe an. Zwei Do 217 K werden dabei von der britischen Flak abgeschossen.

Anfang Mai 1944 eröffnen die allierten taktischen Luftflotten massierte Angriffe auf Eisenbahn- und Straßenbrücken über die Seine südlich Paris und von der Île de France bis zum Pas de Calais. Diese Bombardements deuten genausogut auf eine Isolierung des Pas de Calais wie der Normandie, und nichts verrät das von den Alliierten tatsächlich vorgesehene Landungsgebiet.
In der zweiten Maiwoche 1944 wird eine Luftoffensive eingeleitet, die schließlich das Ausmaß jener »entscheidenden Schwächung der deutschen Kriegswirtschaft« erreicht, die man sich im Januar 1943 in Casablanca als Ziel gesetzt hat.
Am Freitag, dem 12. Mai 1944, beginnt die USAAF mit der planmäßigen Zerstörung der Werke für synthetischen Treibstoff: An diesem Tage werden 60 Prozent der Leuna-Werke in Merseburg, 50 Prozent in Böhlau vernichtet, die Werke in Tröglitz und Brüx (bei Prag) fallen vollständig aus.
Reichsminister A. Speer: »... An diesem Tage wurde der technische Krieg entschieden. Bis dahin war es gelungen, ungefähr so viel an Waffen zu produzieren, wie es trotz erheblicher Verluste dem Bedarf der Wehrmacht entsprach.
Mit dem Angriff von 935 Tagbombern der 8. US-Luftflotte auf mehrere Treibstoffwerke im Zentrum und im Osten Deutschlands begann eine neue Epoche des Luftkrieges; sie bedeutete das Ende der deutschen Rüstung ...«

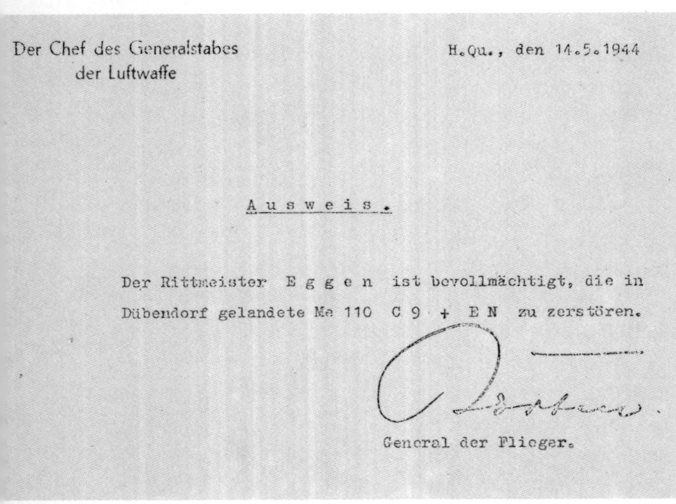
Der Chef des Generalstabes
der Luftwaffe

H.Qu., den 14.5.1944

Ausweis.

Der Rittmeister E g g e n ist bevollmächtigt, die in Dübendorf gelandete Me 110 C 9 + E N zu zerstören.

General der Flieger.

Und während in der Schweiz die Besatzung des notgelandeten Nachtjägers Me 110 ihren unfreiwilligen Urlaub verbringt, laufen hinter den Kulissen der politischen Bühne pausenlose Diskussionen, wie man das lästige Problem unter Wahrung der verzwickten Neutralitätsregeln am schnellsten wieder los wird. Die Zeit drängt, vor allem als der eidgenössische Geheimdienst aus Berlin die alarmierende Nachricht bekommt, daß Hitler entweder einen Bombenangriff oder einen Kommandoeinsatz auf den Flughafen Dübendorf plant, um die Maschine samt ihrer kostbaren Einrichtung zu zerstören, bevor die Alliierten hinter ihr Geheimnis kommen. Jedoch ahnt man weder in Berlin noch anderswo, daß die Schweizer in weiser Voraussicht gleich am nächsten Tag die wichtigsten Teile der Sondereinrichtung behutsam ausmontieren und im streng gehüteten unterirdischen Armeedepot Bouchs aufbewahren, »bis die Situation geklärt ist«.
Am Freitag, dem 12. Mai 1944, findet im Militärdepartment in Bern eine eilig zusammengerufene Konferenz statt: Anwesend sind General Guisan, Oberst Rihner, Kommandant der Flieger- und Fliegerabwehrtruppe, Oberst Masson, Chef des eidgenössischen Nachrichtendienstes, Oberstleutnant Barbey, Major Primault und der aus Berlin angereiste Schweizer Militärattaché Major Peter Burckhardt. Man diskutiert nun die von Rittmeister Eggen, dem Sonderbeauftragten des Reichsmarschalls, übermittelten Vorschläge Hitlers und Görings: Für die Rückführung der Me 110 C9 + EN wären die Deutschen bereit, der Schweiz sofort 6 Flugzeuge Me 109G und 6 weitere desselben Modells nach einer Woche zu liefern. Rittmeister Eggen erwartet innerhalb von zwei Tagen eine Antwort.
Der Ernst der Situation ist für jeden klar, der von der Sache weiß: Greifen deutsche Bomber oder Sonderkommandos den Flugplatz Dübendorf an, so bedeutet dies den offenen Krieg mit Hitler-Deutschland und allen sich daraus ergebenden Konsequenzen.
Noch am Abend des 12. Mai informiert Major Burckhardt den Rittmeister Eggen, daß die Rückgabe der Me 110 C9 + EN ziemlich unwahrscheinlich sei. Nun schlägt Eggen – von Göring weitgehend bevollmächtigt – vor, die Maschine samt der eingebauten Ausrüstung in Dübendorf völlig zu zerstören. Und falls die eidgenössische Regierung diesem Vorschlag zustimmen wird, hält der Reichsmarschall sein Angebot zur sofortigen Lieferung von 12 Me 109G aufrecht. Davon würden 6 Jagdmaschinen noch am Tage der Sprengung der Me 110 und die weiteren 6 Me 109G drei Wochen später in der Schweiz eintreffen.
Am Abend des 17. Mai 1944 finden sich auf dem Flugplatz Dübendorf der Kommandant der Fliegertruppe, Oberst Rihner, und der Chef der kriegstechnischen Abteilung Oberst von Wattenwyl, in Begleitung ihrer Stabsoffiziere ein. Anschließend erscheint auch

Unten links: Eine der wohl verrücktesten Anweisungen des Krieges: General der Flieger G. Korten gestattet einem Rittmeister, in der Schweiz eine der besten Maschinen der Luftwaffe zu zerstören

Rechts: 22. Mai 1944, Hagenau (Elsaß): Oberfeldwebel Paul Mahle (Mitte), noch in Zivilsachen aus Bern, schildert den Staffelkameraden seine Erlebnisse in der Schweiz

Rittmeister Eggen mit dem extra aus Deutschland gekommenen Sprengspezialisten H. Brand. Kurz zuvor hat man aus dem Militärdepot Bouchs das abmontierte Lichtenstein SN-2 abgeholt und wieder in den Nachtjäger eingebaut. In dem schwachen Licht zeichnet sich die Silhouette der in Planen gehüllten Me 110 ab. Nachdem die Maschine aus ihrem Versteck gerollt wird, inspiziert Rittmeister Eggen die Inneneinrichtung. Und der mattglänzende, fast nagelneue Nachtjäger kann seine letzte Reise antreten.

Es dauert eine ganze Weile, bis die von dem Schlepper gezogene Me 110 die entfernteste Ecke des Flugplatzes erreicht. Hier legen unter Anleitung des Sprengmeisters H. Brand die eidgenössischen Pioniere Sprengsätze in und um das Flugzeug. Von weit her schlägt eine Kirchturmuhr gerade zehnmal, als eine gewaltige Explosion mit hundertfachem Echo die Dunkelheit zerreißt. Ein Stapel verbogenes, angesengtes Metall und ein paar Aktennotizen schließen die Me-110-Affäre ab.

Die drei Flieger wissen nichts davon, was sich in Bern und Dübendorf abgespielt hat. Oberfeldwebel Mahle: »Nachdem unser ›Kuraufenthalt‹ endlich zu Ende ging, wurden wir in aller Stille, immer noch in Zivil, zum Bahnhof gebracht, der zu unserer Überraschung voll von jubelnden Deutschen war, die uns mit Blumen und Musik verabschieden wollten; auch der Generalkonsul und der Militärattaché waren da ...

Auf deutscher Seite nahmen uns ein paar Parteibonzen in Empfang, darunter auch der NS-Gauleiter ... Der Zug, der uns nach Berlin bringen sollte, rollte schon, da drängte sich ein Major der Luftwaffe mit zwei Unteroffizieren in unser Abteil: ›Sind Sie die Besatzung Johnen? Machen Sie bitte keine Schwierigkeiten!‹ Sie nahmen neben uns Platz und ließen uns nicht mehr aus den Augen. Erst als man uns in Belitz unweit Berlin bei dem Kommandierenden General der Nachtjäger, Joseph Schmid (›Bepo‹), abgeliefert hatte, erfuhren wir die ganze Wahrheit, was mit unseren Familien geschehen war und was uns noch bevorstand.

Drei volle Tage lang wurden wir von dem eiligst zusammengerufenen Kriegsgericht in die Mangel genommen, und jeder wurde einzeln verhört, bis sich endlich alles aufklärte ...

Am 22. Mai um 18 Uhr 10 landeten wir dann in Hagenau. Das ganze Geschwader wartete an der Landebahn und begrüßte die verlorenen Söhne recht stürmisch, besonders als sie erfuhren, daß wir etliche tausend Schweizer Zigaretten im Gepäck hatten. Unser Abenteuer war zu Ende.«

Am Donnerstag, dem 25. Mai 1944, wird Drvar, ein kleiner Ort in Bosnien, Schauplatz des Unternehmens »Rösselsprung«. Sein Ziel: die Gefangennahme von Marschall Josip Broz-Tito.

Der nichtsahnende Oberbefehlshaber der jugoslawischen Volksbefreiungsarmee, der den Deutschen, seitdem sie den Balkan besetzt haben, viel Kopfzerbrechen bereitet und den man nun samt seinem Stab ausheben will, feiert gerade an diesem Tag seinen 52. Geburtstag. Das sorgfältig geplante Unternehmen wird zum ersten erfolglosen Einsatz deutscher Fallschirmjäger.

Die deutschen Truppen, die in zwei Wellen über Drvar landen sollen, bestehen aus dem 500. SS-Fallschirmjäger-Bataillon, verstärkt durch Teile des 1. Luftlande-Regiments, der kroatischen »Einheit Benesch« (40 Mann) und dem Trupp »Savadil«. Die Operation leitet der Kommandeur des Fallschirmjäger-Bataillons, SS-Hauptsturmführer Rybka.

Um die Aktion möglichst lange geheimzuhalten, werden die Lastensegler (DFS 230) erst am Vorabend in die Nähe der Ausgangsflughäfen verlegt. Die Fallschirm- und Luftlandetruppen rücken dann im Morgengrauen des 25. Mai 1944 auf ihre Flugplätze ein.
Das Unternehmen »Rösselsprung« beginnt kurz nach dem Sonnenaufgang mit rollenden Angriffen von Stukas auf Drvar und Umgebung, die unter anderem die Funkstation des jugoslawischen Obersten Stabes zerstören und die Telefonverbindungen unterbrechen sollen.
Gegen 7 Uhr gehen 314 Fallschirmjäger der ersten Welle und die Lastensegler mit den Luftlandetruppen (340 Mann) im Tal von Drvar nieder. Die überraschten Beobachtungsposten halten die niederschwebenden Lastensegler zuerst für notlandende deutsche Bomber. Die 3 Fallschirmjäger-Kampfgruppen »Rot« (85 Mann), »Grün« (95 Mann) und »Blau« (100 Mann) haben den Befehl, den Ort Drvar zu besetzen und mit den Luftlandetruppen Ausbruchsversuche der jugoslawischen Einheiten zu vereiteln.
Die Kampfgruppe »Panther« (100 Mann) soll die »Zitadelle« mit Tito und dem Obersten Stab ausheben. Keiner weiß jedoch genau, wo sich der Jubilar aufhält, was auch zum Scheitern des Unternehmens beiträgt.
Die Aufgabe der Gruppe »Brecher« (50 Mann) ist die Gefangennahme der US-Militärmission, die Gruppe »Greifer« (40 Mann) soll die britische und die Gruppe »Stürmer« (50 Mann) die sowjetische Militärmission überwältigen. Die Kampfgruppe »Draufgänger« (70 Mann) wird laut Operationsplan das »Westkreuz«, wo sich die Funkstation des Stabes befindet, besetzen und die Gruppe »Beißer« (20 Mann) einen wichtigen Außenposten erobern.
Die zweite Welle der Fallschirmjäger (SS-Hauptsturmführer Obermeier) und die Lastensegler sollen gegen 10 Uhr südlich des Ortes niedergehen.
Zwar liegen zum Zeitpunkt der Landung der ersten Welle keine jugoslawischen Einheiten nahe der Höhle (»Zitadelle«), in der sich Marschall Tito und sein Oberster Stab während des Bombardements aufhalten, jedoch wird die Gruppe »Greifer«, die gegen die »Zitadelle« vorgeht, bei dem Versuch, den Höhleneingang zu besetzen, durch unerwartet harten Widerstand von rund 100 Soldaten der Sicherungseinheit aufgehalten.
Inzwischen erscheinen über Drvar per Funk herbeigerufene alliierte Maschinen, die von italienischen Stützpunkten aus »in einem bisher noch nie gekannten Ausmaß in die Kämpfe eingreifen«.
Der Ort selbst ist nun fast vollständig besetzt, und die deutschen Kampfgruppen gehen jetzt zum konzentrischen Angriff auf die Höhle über, als gegen 8 Uhr morgens eine Eliteeinheit von über 100 jugoslawischen Offiziersanwärtern im Tal erscheint und den deutschen Flankenangriff auf die »Zitadelle« aufhält.
Zu dieser Zeit landet wie vorgesehen die zweite Welle, die jedoch von den inzwischen aus der Umgebung von Drvar alarmierten jugoslawischen Einheiten zurückgedrängt wird.
Währenddessen gelingt es Tito und seinem Stab, zu entkommen. Sie haben im letzten Augenblick am Ende der Höhle eine Stelle entdeckt, wo das Wasser einen Spalt durch die Decke gewaschen hat. Mit Hilfe eines Seiles können sie sich nacheinander mühselig durch die schmale Öffnung zwängen und gelangen so auf das Plateau oberhalb der Höhle, wo sie Aleksandar Rankovič mit einer kleinen Einheit Soldaten beim Abwehrkampf gegen die vorrückenden Deutschen antreffen. Inzwischen beginnt eine soeben eingetroffene Tito-Brigade, die Fallschirmjäger einzukreisen.
Wären die deutschen Fallschirmtruppen auf dem Bergplateau oberhalb der Höhle abgesprungen, hätte Tito kaum die Möglichkeit gehabt, sich zu retten. So müssen sich die Landetruppen lediglich mit einer neuen Uniform des Marschalls, die noch bei dem Schneider in Drvar hängt, und einem Paar Marschstiefel begnügen. Beides stellt man später in Wien als Siegestrophäe öffentlich aus.
SS-Hauptsturmführer Rybka, der Chef des Unternehmens, wird verwundet. Der Fieseler Storch, mit dem man den gefangenen Tito ausfliegen wollte, bringt ihn ins nächste Lazarett.
Ein Teil der Fallschirmjäger (Hauptmann Bentrup) igelt sich auf dem nahegelegenen Friedhof ein und führt die ganze Nacht hindurch schwere Kämpfe gegen die jugoslawischen Einheiten.
Am nächsten Morgen, dem 26. Mai 1944, greifen wiederholt deutsche Flugzeuge an, um die arg bedrängten Landetruppen zu entlasten, und in den Vormittagsstunden retten den Rest der Fallschirmjäger die ersten über die Bergstraßen in Drvar eintreffenden starken deutschen Panzerkräfte. Die deutschen Verluste bei dieser Operation: 1153 Tote, Vermißte und Verwundete.

An diesem Tag erreichen die Einsätze der alliierten Jäger und Jagdbomber einen neuen Höhepunkt: Über 5000 Maschinen stürzen sich auf das gesamte Verkehrsnetz in Nordfrankreich, Belgien und Westdeutschland.
Am Sonntag, dem 28. Mai 1944, greift die 8. USAAF Eisenbahnziele in Deutz (Köln) mit Gleitbomben GB-1 an. Je 2 dieser von den Aeronca-Werken gebauten 1000-kg-Gleitbomben kann eine B-17E unter dem Rumpf tragen. Noch mehrere Kilometer vor dem mit starker Flak verteidigten Objekt klinken die 60 »Fliegenden Festungen« etwa 100 Gleitbomben GB-1 aus. Um nicht in den Bereich des gefährlichen Abwehrfeuers zu kommen, drehen die Maschinen sofort danach ab. Nur wenige Bomben erreichen das Ziel. Dies ist der erste Einsatz von US-Gleitbomben, bei dem zwar keine Maschine verlorengeht, aber auch der Erfolg ausbleibt.

28. Mai 1944, Namur (Belgien): Mittlere Bomber vom Typ B-26 Marauder während des Angriffs auf den bedeutenden Eisenbahnknotenpunkt Namur. Zu dieser Zeit werden die Marauders nicht mehr mit Tarnbemalung versehen, um ihre Geschwindigkeit zu erhöhen

Am Montag, dem 29. Mai 1944, und am darauffolgenden Tag führen 400 Bomber der USAAF schwere Angriffe gegen Werke für synthetischen Treibstoff und Ölraffinerien durch. Die Anlagen in Schwarzheide und Wintershall melden schwere Treffer, und die Werke in Pölitz bei Stettin fallen am 29. Mai 1944 für zwei Monate völlig aus, was die Luftwaffe besonders schwer trifft, da dieses Hydrierwerk das größte Aufkommen an Flugbetriebsstoff hat.

In der Nacht vom 29./30. Mai 1944 starten die Bomber der deutschen Luftwaffe zu ihrem letzten Angriff auf London.
Das Unternehmen »Steinbock«, von den Engländern spöttisch auch »Baby-Blitz« genannt, mit 31 Angriffen, davon 14 gegen die britische Hauptstadt, findet damit sein Ende. Das IX. Fliegerkorps hat bei diesen Einsätzen 329 Maschinen eingebüßt.

Die Jagdbomber der USAAF greifen nun Tag für Tag im Tiefflug die deutschen Verkehrsknotenpunkte im Westen und Südwesten sowie die Flugplätze der Luftwaffe an. Die Transportbewegungen, vor allem die der Eisenbahn, werden empfindlich gestört. Allein in der letzten Maiwoche verliert die Reichsbahn durch Tieffliegerangriffe rund 500 Lokomotiven.
Die Zerstörung des Eisenbahnnetzes in Nordfrankreich ist so weit gediehen, daß der Chef des Transportwesens West, Oberst Hoeffner, Ende Mai 1944 Feldmarschall Rundstedt meldet: »Während der ersten zwei Wochen, die der Invasion folgen, kann mit einem Truppentransport auf dem Bahnwege nicht gerechnet werden.«

Am Dienstag, dem 30. Mai 1944, gibt Martin Bormann, Sekretär des Führers, ein Rundschreiben an alle NS-Reichs-, Gau- und Kreisleiter heraus, in dem er sich für eine Lynchjustiz an abgeschossenen alliierten Fliegern ausspricht.
Es kommt zwar zu einzelnen Gewaltakten, jedoch beklagt sich die SS-Führung, daß »die deutsche Bevölkerung« gegenüber »abgeschossenen Feindfliegern« nicht den »entsprechenden Abstand wahrt« und »falsch verstandenes Mitleid« zeige. Der Reichsführer SS Himmler befiehlt bei solch unvorschriftsmäßigem menschlichem Verhalten die sofortige Einweisung in ein KZ-Lager.

Am Freitag, dem 2. Juni 1944, findet der erste Pendelangriff der US-Luftstreitkräfte (Shuttle bombing) mit der anschließenden Landung in der Sowjetunion (Operation »Frantic Joe«) statt.
General Eaker, Befehlshaber der US-Luftstreitkräfte im Mittelmeerraum, fliegt an der Spitze des Verbandes von 130 Fliegenden Festungen B-17 und 70 Mustangs P 51 (15. USAAF) vom Stützpunkt Foggia (Italien) aus einen Angriff auf Verkehrsziele in Debrecen (Ungarn). Danach landen die Maschinen auf den vorgesehenen Flugplätzen in der Ukraine, die Bomber in Poltawa, die Mustangs in Mirgorod und Pirjatin.

Am Sonntag, dem 4. Juni 1944, besetzen die Alliierten, nachdem Generalfeldmarschall v. Kesselring Rom zur »offenen Stadt« erklärt hat, die Hauptstadt Italiens.

Am Montag, dem 5. Juni 1944, startet die 58. Wing des 20. US-Bomber Command zu ihrer ersten Operation mit Boeing B-29 Superfortresses von einem Luftstützpunkt im Raum Kharagpur, westlich von Kalkutta aus, um Eisenbahnanlagen in Bangkok (Siam) zu bombardieren.

In der Zeit vom 1. bis 5. Juni 1944 lassen die Luftangriffe auf das Reichsgebiet nach; die alliierten Luftstreitkräfte konzentrieren sich nun auf die Vorbereitung zur Invasion.
Am 5. Juni 1944 meldet die in Frankreich stationierte Luftflotte 3 (GFM Sperrle) ihre Kampfstärke: Im Nordraum stehen 40 Aufklärer, etwa 80 Jäger, 38 Jagdbom-

ber und 110 Kampfflugzeuge von Typ Ju 88, in Südfrankreich 12 Aufklärer, 24 Jäger, 40 Torpedo- und Gleitbomber einsatzbereit. Der Mannschaftsbestand der Luftflotte 3 umfaßt immerhin noch die imposante Zahl von etwa 300 000 Mann (!), darunter 50 000 Mann Luftnachrichtenpersonal.

Auf der anderen Kanalseite dagegen warten 2100 viermotorige, 600 zweimotorige und 3500 bis 4000 einmotorige Maschinen auf das Startzeichen. Das Kräfteverhältnis beträgt 20 : 1 ...

In der Nacht vom 5./6. Juni 1944 beginnt, während die alliierte Landungsarmada den Kanal überquert, kurz nach Mitternacht die Bombardierung. Und im Morgengrauen des 6. Juni haben 1136 Maschinen des RAF-Bomberkommandos mit 5853 Tonnen Bomben 10 der wichtigsten Küstenbatterien an der Seinebucht zwischen Cherbourg und Le Havre ausgeschaltet.

Bei Tagesanbruch setzen die Bomber der 8. USAAF die Angriffe fort. 1083 Flugzeuge werfen unmittelbar vor den landenden Truppen in 30 Minuten 1763 Tonnen Bomben auf die Altantikwall-Stellungen. Dann greift die zweite Welle Einzelziele entlang der Küste und Batterien im Landesinnern an. Mit starker Flottenunterstützung werden am ersten Tag der Operation »Overlord« über See 5 Divisionen und aus der Luft 3 Divisionen der 21. Heeresgruppe (General Montgomery) an der Orne-Mündung und Calvados-Küste sowie auf der Halbinsel Cotentin abgesetzt. 3467 schwere, 1645 mittlere, leichte und Torpedo-Bomber, 5409 Jäger, 2316 Transportflugzeuge und Lastensegler nehmen an der Operation teil. Die alliierten Luftstreitkräfte fliegen innerhalb von 24 Stunden 14 674 Einsätze und werfen 10 395 Tonnen Bomben ab. Die RAF verliert dabei 62, die USAAF 71 Maschinen. Die deutsche Luftflotte 3 (GFM Sperrle) führt 260 Einsätze am Tag und 59 bei Nacht durch. Nur wenigen deutschen Flugzeugen gelingt es, bis zu den Invasionsstränden vorzudringen.

Ebenfalls am 6. Juni 1944 unternehmen Verbände der 15. USAAF von sowjetischen Flugplätzen in der Ukraine aus einen Angriff auf den deutschen Fliegerhorst Galatz (Rumänien) und kehren nach einigen Stunden wieder in die Sowjetunion zurück.

In der Nacht vom 6./7. Juni 1944 starten einige schwere Maschinen vom Typ He 177 der II. Gruppe des KG 40 zu Angriffen mit Gleitbomben Hs 293 gegen die alliierte Landungsflotte vor der Normandieküste. Starke alliierte Nachtjagdkräfte behindern jedoch die Bomber bei ihrem Einsatz. Die australische 456. RAF-Squadron schießt dabei 4 He 177 ab.

Bereits am Mittwoch, dem 7. Juni 1944, beginnen die Engländer mit dem Bau von Feldflugplätzen im Landebrückenkopf bei Asnelles, nordöstlich von Bayeux. Es wird dabei ein neuer Typ von Steel Mesh Tracking (SMT), eine Art zusammengerolltes starkes Stahlnetz, verwendet, das wie ein Teppich auf den geebneten Feldern ausgelegt wird.

An diesem Tag greifen die alliierten Tiefflieger ohne Pause Eisenbahnlinien und motorisierte Kolonnen an. Eine der deutschen Panzerdivisionen verliert durch RAF-Jabos in der Nähe von Alençon, nördlich von Le Mans, in kurzer Zeit über 200 Fahrzeuge.

Die Jabos wenden dabei eine besondere Taktik an: Zuerst zerstören sie die Panzerfahrzeuge an der Spitze und am Ende der Kolonne; dann wird systematisch mit Raketen und Kanonen jedes einzelne Fahrzeug und alles, was sich noch bewegt, unter Feuer genommen.

Die westalliierten Fliegerkräfte werden während des ganzen Krieges in der Taktik der Abriegelung des Ge-

6. Juni 1944, Normandie: Die mit Lastenseglern Airspeed Horsa der britischen Luftlandetruppen übersäten Felder der Orne-Mündung. Eine Horsa kann bis zu 30 vollausgerüstete Soldaten aufnehmen. Das Hauptfahrgestell wird nach dem Start abgeworfen, die Landung mit dem Bugrad und einem Gleitrad durchgeführt. Insgesamt gebaut: 3655 Stück

Eine gut getarnte Me 109 G »Gustav« wird startbereit gemacht. Ab Sommer 1942 im Einsatz, ist sie die meistgebaute Version (70 %) dieses Jägertyps

fechtsfeldes und Bekämpfung des rückwärtigen Raumes von keiner anderen Luftstreitmacht übertroffen.
Die Verstärkung der Luftflotte 3 – dem Stichwort »Drohende Gefahr West« entsprechend – erfolgt verspätet erst ab 8. Juni und mündet in ein Chaos, das den völligen Zusammenbruch der Luftwaffe in Westeuropa einleitet.
Die deutschen Verbände in Frankreich werden mit Kräften aus der Reichsverteidigung, von der Ostfront und aus der Reserve mit etwa 600 Jägern aufgefüllt.
Noch bevor die ersten Flugzeuge in Frankreich eintreffen, muß man den Überführungsplan infolge der Zerstörung der Flugplätze ändern, worüber nicht alle Verbandsführer rechtzeitig informiert werden können.
So erleiden schon viele Staffeln empfindliche Verluste durch Bruchlandungen, da sie meistens auf völlig unvorbereiteten Feldflugplätzen niedergehen müssen. Das Bodenpersonal kommt zum Teil mit der Bahn und trifft in den meisten Fällen erst Tage, sogar Wochen später ein.
Daraufhin entschließt sich Feldmarschall Sperrle, seine Verbände im Pas de Calais zu konzentrieren, da dort die Flugplätze noch am wenigsten zerstört sind, was wiederum den Alliierten die Bekämpfung und eine noch wirksamere Abschirmung des Landeraumes erleichtert.
Vom 7./8. Juni 1944 an beginnen die Bomber der II./KG 40 und der II./KG 100 des IX. Fliegerkorps (GenMaj. Peltz) beinahe Nacht für Nacht die Seinebucht zu verminen. Bei diesen Einsätzen werden insgesamt rund 3000 Minen abgeworfen.

Am Sonnabend, dem 10. Juni 1944, bekommt die SOE-Zentrale in London eine Funkmeldung eines ihrer Agenten in Belgien mit der Nachricht, daß ein Eisenbahntransport, dessen 33 Waggons mit je 3 seltsamen, zigarrenförmigen kleinen Flugzeugen mit einem Rohr über dem Rumpf beladen seien, über Gent westwärts fährt. Man ist sich in England sofort darüber im klaren, daß es sich um fliegende Bomben handelt, die zu ihren Startplätzen gebracht werden.

Am Sonntag, dem 11. Juni 1944, kehren die Verbände der 15. USAAF von den sowjetischen Flugplätzen nach Italien zurück. Während des Rückfluges bombardieren sie den Hafen von Konstanza und die Öllager bei Giurgiu (Rumänien).

Bis zum 12. Juni 1944 haben die alliierten Fliegerverbände an der Normandiefront innerhalb von 7 Tagen 49 000 Einsätze durchgeführt – rund zwei Drittel davon zur taktischen Unterstützung der Bodentruppen – und 42 000 Tonnen Bomben abgeworfen, doppelt soviel wie 1941 auf England fielen. Die Verluste betragen 532 Maschinen.
Die völlige Zerstörung der nach Caën gehenden Hauptstrecken verhindert die Heranführung deutscher Verstärkungen.

In den ersten Stunden des 13. Juni 1944 wird das Unternehmen »Rumpelkammer« eröffnet: Das Flakregiment 155 (Oberst Wachtel) schießt die ersten fliegenden Bomben von den neuen Abschußrampen bei Sâleux (Amiens) in Richtung London ab.
Um 4.15 Uhr morgens hört der Posten einer Luftbeob-

achtungsstation in der südenglischen Grafschaft Kent einen »rauschenden Lärm« und sieht ein »winziges Flugzeug« über sich dahinfliegen, aus dessen Auspuffrohr orangefarbene Flammen schlagen.
Sowohl für die Flakkanoniere als auch für die Jäger ist es zu spät, das seltsame Objekt abzufangen. Es fliegt unbeirrt weiter: »knatternd wie ein uralter Ford, der einen Berg hinauffährt«, und schlägt um 4.18 Uhr in dem kleinen Städtchen Swanscombe ein, 32 Kilometer entfernt von seinem Ziel, der Tower-Bridge.
Die zweite Bombe fällt in Cuckfield, die dritte im Londoner Stadtteil Bethnal Green, zerstört eine Eisenbahnbrücke und tötet 6 Menschen. Es sind die einzigen Ausfälle der Nacht. Die vierte schlägt ins Sevenoaks ein, die anderen gehen bereits über dem Kanal verloren.
Ein Aufklärer vom Typ Me 410 der Luftflotte 3, der den Effekt des »Rumpelkammer«-Unternehmens feststellen soll, wird bei Barking von der britischen Flak abgeschossen. So hat Oberst Wachtel nicht die geringste Nachricht über die Auswirkungen der ersten fliegenden Bomben erhalten.
In der Nacht vom 14./15. Juni 1944 wird zum erstenmal eine fliegende Bombe von einem Flugzeug aus abgeschossen: eine RAF-»Mosquito« der 605. (County of Warwick) Squadron, geflogen von Leutnant J. G. Musgrave und Sergeant F. W. Samwell, holt den »Dudelsack«, wie ihn die Engländer nennen, über dem Kanal herunter.

Am Donnerstag, 15. Juni 1944, landet nach vorbereitenden Luftangriffen das amerikanische V. Korps (GenLt. H. M. Smith) auf der Insel Saipan (Marianen). Danach verläßt die japanische Flotte (Vizeadm. Ozawa) ihren Liegeplatz bei Tawi-Tawi und läuft in Richtung Marianen aus, um die Invasion der strategisch wichtigen Insel zu verhindern. Die US-Befehlshaber beschließen, ihre Landungsflotte vor Saipan nicht zu entblößen, und warten ab, bis Admiral Ozawa den Angriff eröffnet.
Der 15. Juni 1944 ist eines der entscheidendsten Daten im alliierten Luftkrieg gegen Japan: In dieser Nacht starten von dem von unzähligen Kulis eingerichteten Luftstützpunkt Tschöngtu (China) 67 Superfortresses B-29 (20. USAAF), jede mit vier 250-kg-Bomben im Rumpf, zu ihrem ersten Angriff gegen das japanische Mutterland. Ihr Ziel: das 2480 Kilometer entfernte japanische »Essen«, die riesigen Stahlwerke von Jawata auf der Insel Kiuschu. 7 Superfestungen gehen dabei verloren; 10 Maschinen müssen wegen Motorschadens die Operation unterbrechen und zurückkehren.

In der Nacht vom 15./16. Juni 1944 beginnt der verstärkte Einsatz der fliegenden Bomben. Bis zum Mittag des 16. Juni werden 244 Schuß auf London abgefeuert; 45 Projektile stürzen kurz nach dem Start ab.
Bereits am frühen Morgen des 16. meldet ein Aufklärer über die Brände im Zielgebiet: Starker Feuerschein, wie man ihn bisher bei Angriffen des IX. Fliegerkorps noch nicht gesehen hat.
Am gleichen Tag beginnen die Engländer mit energischen Abwehrmaßnahmen, dem Plan »Diver«: 192 schwere und 246 leichte Flugabwehrgeschütze werden über den Raum Kent und Sussex (Südostengland) verteilt, dazu 480 Sperrballons. 8 Jäger-Squadrons der RAF sollen die fliegenden Bomben entlang der Kanalküste abfangen.
Am Sonntag, dem 18. Juni 1944, startet die 500. fliegende Bombe. Eine von ihnen stürzt auf die Wellington-Kaserne, wenige hundert Meter vom Buckingham-Palast, und tötet 121 Menschen, darunter 63 Offiziere und Mannschaften. General Eisenhower: »Hätten die Deutschen ihre neue Waffe sechs Monate früher gehabt und eingesetzt, so wäre die Landung wahrscheinlich äußerst schwierig, wenn nicht unmöglich geworden.«

Am Montag, dem 19. Juni 1944, kommt es in der Philippinen-See zwischen der japanischen Flotte (Vizeadm. Ozawa) mit 9 Flugzeugträgern sowie landgestützten Marine-Luftstreitkräften und der US Task Force 58 (Vizeadm. Mitscher) mit 15 Flugzeugträgern zu einer erbitterten See-Luft-Schlacht.
Die Japaner versuchen, die Eroberung der Marianen zu vereiteln, da der Besitz dieser Inseln den USA Flotten- und Luftstützpunkte in nur 2400 Kilometer Entfernung vom japanischen Mutterland verschafft. Von den Marianen aus können die japanischen Industriezentren angegriffen und die Verbindungslinien zu den Philippinen und zum ostasiatischen Festland unterbrochen werden. Auch Tokio liegt von hier in der Reichweite der B-29 Superfortresses.
In den ersten Stunden des 19. Juni 1944 befindet sich die Flotte von Vizeadmiral Ozawa südwestlich Guam. Ein schöner Tag mit strahlend blauem Himmel und unbegrenzter Fernsicht bricht an.
Während die japanischen Aufklärer inzwischen die US Task Force 58 geortet haben, kennen die Amerikaner die Position der japanischen Flotte noch nicht. Ein weiterer Vorteil der Japaner zu dieser Zeit: Ihre leichten, nicht gepanzerten Flugzeuge besitzen eine um 150 Kilometer größere Reichweite als die der Amerikaner. Der US-Verband liegt also in der Reichweite der Flotte von Vizeadmiral Ozawa, die wiederum für US-Trägermaschinen unerreichbar ist.
Um 8.30 Uhr starten die ersten 64 Maschinen von den die Vorhut bildenden japanischen Flugzeugträgern »Chiyoda«, »Shitose« und »Zuiho«. Um 8.56 Uhr steigen vom Hauptverband des Vizeadmirals Ozawa (Träger »Taiho«, »Shokaku« und »Zuikaku«) 28 Maschinen auf.

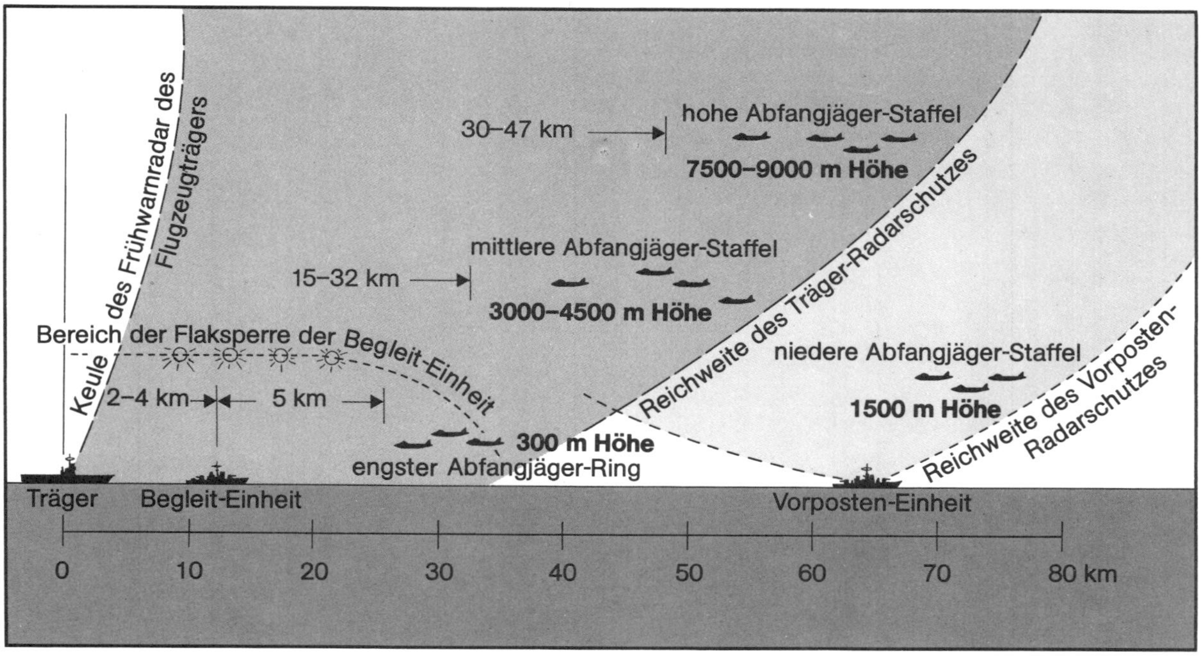

Sommer 1944: Radarschirm und Luftabwehr eines US-Flottenverbandes im Pazifik

Der Pilot eines der Flugzeuge (Bootsmann Komatsu) sieht, als er bereits an Höhe gewinnt, einen Torpedo, der – vom amerikanischen U-Boot »Albacore« abgefeuert – geradewegs auf das Flaggschiff, den Träger »Taiho«, zuläuft. Er stürzt sich mit seiner Maschine auf den Torpedo, um den Träger zu retten.
Der II. japanische Verband (leichte Träger »Hiyo«, »Junyo« und »Ryuho«) beordert um 10.00 Uhr noch weitere 47 Maschinen in die Luft.
Um 11.00 Uhr befiehlt Ozawa dem I. und III. Trägerverband, 114 Flugzeuge zu starten. Jetzt befinden sich 80 Prozent der japanischen Trägermaschinen im Anflug auf die US Task Force 58. So bleiben nur ein Dutzend Jäger zum Schutz des japanischen Flottenverbandes: ein schwerwiegender Irrtum von Vizeadmiral Ozawa, der sich bitter rächen wird.
Nun beginnt ein achtstündiger Ansturm der japanischen Piloten gegen die US-Flugzeugträger. Die meisten der japanischen Maschinen werden jedoch bereits aus einer Entfernung von 155 Seemeilen durch Radar geortet. Als die japanischen Flugzeuge näherkommen, steigen US-Jäger auf, und bald entwickeln sich schwere Luftkämpfe, bei denen die Angreifer gewaltige Verluste erleiden.

Die US-Piloten sind den weniger erfahrenen Japanern eindeutig überlegen, die 218 Maschinen verlieren und nur 29 US-Flugzeuge abschießen.
Von den 375 japanischen Trägermaschinen gelingt es nur etwa 40, sich der US Task Force zu nähern. Und am späten Nachmittag des 19. Juni 1944 sind bereits 402 japanische landgestützte und Trägerflugzeuge in der Entfernung bis zu 60 Meilen vor Erreichen der US-Schiffe abgeschossen worden. Eine einzige japanische Maschine schafft es, das Schlachtschiff »South Dakota« zu treffen. Es finden dabei 27 Seeleute den Tod; die »South Dakota« erleidet nur geringen Schaden. Auch das Schlachtschiff »Indiana« und der schwere Kreuzer »Indianapolis« werden nur leicht beschädigt.
Das Flaggschiff von Vizeadmiral Ozawa, der Träger »Taiho«, durch einen zweiten Torpedo des U-Bootes »Albacore« getroffen, muß 6 Stunden später nach einer gewaltigen Treibstoffexplosion mit zahlreichen Flugzeugen an Bord aufgegeben werden.
Der Träger »Shokaku«, von dem U-Boot »Cavalla« torpediert, hüllt sich in Flammen. Um Mitternacht sinken beide Träger. Ozawa, der noch nicht das Ausmaß der Katastrophe seiner Flugzeuge kennt, will keineswegs aufgeben. Nur um Brennstoff zu ergänzen, läuft seine Flotte während der Nacht auf Nordwestkurs.

Am Dienstag, dem 20. Juni 1944, führen 1500 Bomber mit etwa 1000 Begleitjägern der 8. USAAF schwere Angriffe auf die Werke für synthetischen Treibstoff bei Hamburg, Fallersleben, Ostermoor, Magdeburg, Misburg sowie Pölitz durch und werfen insgesamt 4252 Tonnen

Bomben ab. Die deutsche Luftabwehr holt 50 Bomber und 5 Jäger herunter; 28 deutsche Jäger gehen verloren.
Bis zum Nachmittag landen in Schweden auf einem einzigen Flugplatz in Bulltofta (Malmö) 12 Liberator B-24 H und 4 B-24 J, auf dem Flugplatz Klagstrop eine Maschine vom Typ B-24 J und in Röstanga eine weitere B-24 H. Für diese 18 Bomber und ihre Besatzungen ist der Krieg zu Ende.

Am Dienstag, dem 20. Juni 1944, wird die Flotte von Vizeadmiral Ozawa gegen 15 Uhr durch einen US-Aufklärer wiederentdeckt.
US-Vizeadmiral Mitscher läßt bereits am späten Nachmittag alle Sturzbomber und Torpedoflugzeuge starten, obwohl sie erst bei Dunkelheit zurück sein können, was für die beleuchteten Träger erhöhte U-Boot-Gefahr bedeutet.
Noch während Ozawas Flotte durch die Tanker gerade versorgt wird, nähern sich 216 US-Flugzeuge, die über den japanischen Schiffen nur 35 Jäger antreffen.
Trotz eines heftigen Flaksperrfeuers verlieren die Japaner den Träger »Hiyo« und 2 Tanker. Die Träger »Zuikaku« und »Chiyoda«, das Schlachtschiff »Haruna« und der schwere Kreuzer »Maya« werden beschädigt. 20 US-Maschinen kehren nicht zurück.
Als die noch schwimmenden japanischen Träger schwere Schäden an ihren Flugdecks melden, muß Ozawa in der Nacht zum 21. Juni 1944 auf den Befehl des Chefs der Kaiserlich Japanischen Flotte (Adm. Toyoda) den Rückzug einleiten.
Bis dahin haben die Japaner in dieser Schlacht drei Viertel der eingesetzten Maschinen, insgesamt 480 Flugzeuge, verloren.
Die US-Träger, trotz Beleuchtung der Flugdecks, melden durch Bruchlandungen und Notwassern 72 zerstörte Maschinen. Von 209 Piloten können lediglich 49 nicht gerettet werden.
Das wichtigste Ergebnis der Schlacht in der Philippinen-See, auch »Truthahn-Schießen bei den Marianen« genannt: die fast völlige Vernichtung der japanischen Trägerwaffe. Der Weg zu den Philippinen ist nun frei; die Landungen auf den Marianen-Inseln können ungehindert fortgesetzt werden, und der äußere Verteidigungsgürtel Japans geht verloren.

Am Mittwoch, dem 21. Juni 1944, greifen rund 2500 Bomber und Begleitjäger der 8. USAAF das Regierungsviertel der Reichshauptstadt sowie Flugzeugwerke und Eisenbahnanlagen im Raum Berlin an. Deutsche Jäger und Flak schießen 44 schwere Bomber ab.
Noch während des Angriffs, der nicht ganz 30 Minuten dauert und bei dem 2000 Tonnen Bomben abgeworfen werden, wenden sich 114 Fliegende Festungen und 70 Mustang-Begleitjäger nach Süden und bombardieren die Treibstoffwerke Ruhland in Niederschlesien.

Dann geht der Verband auf Ostkurs. Ein deutscher Fernaufklärer vom Typ He 177 der 2./(F.) 100 verfolgt ihn von Schlesien aus.
Am Abend landen auf den Flugplätzen der Operation »Frantic Joe« 73 Fortress-Bomber in Poltawa und 41 in Mirgorod, die Mustang-Jäger in Pirjatin.
Der energische Kommandierende General des IV. Fliegerkorps, Generalleutnant Meister, organisiert in wenigen Stunden einen improvisierten Blitzeinsatz mit rund 200 Heinkel He-111- und Ju-88-Bombern der Kampfgeschwader 3, 4, 53 und 55. Dieser Einsatz soll einer der letzten deutschen Luftangriffe des Zweiten Weltkrieges sein.
Um 23.35 Uhr wird das US-Luftflottenkommando in Poltawa von den Sowjets verständigt, daß deutsche Flugzeuge die eigenen Frontlinien mit Kurs auf Poltawa überflogen haben.
Um 0.15 Uhr erscheinen 80 deutsche Maschinen über dem Flugplatz Poltawa, die anderen über Pirjatin, und werfen Leuchtbomben ab. Die schweren US-Maschinen stehen fast friedensmäßig entlang den Startbahnen und bieten so ein nicht zu verfehlendes Ziel.
Die sowjetische Flak eröffnet das Feuer, und von einem benachbarten Flugplatz starten 4 der 40 Jak-Nachtjäger.
Fast eine Stunde lang laden die deutschen Flugzeuge ihre Bomben auf die US-Maschinen ab, und von 2.00 Uhr an greifen mehrere Ju 88 im Tiefflug weiter an. Bei diesem zweiten Angriff werden der gesamte Bombenvorrat und die Treibstofflager vernichtet.
Ohne einen eigenen Verlust zerstört der deutsche Verband 47 Fliegende Festungen, 14 Mustang- und einen Jak-9-Jäger.

So gehen von den am 21. Juni 1944 zum Angriff gegen Berlin und für den Pendel-Einsatz gestarteten Verbänden insgesamt 91 Viermotorige und 14 Jäger verloren, die höchste bekannte Verlustquote der USAAF bei einem Unternehmen im Zweiten Weltkrieg.

Diese Zahl ist jedoch unvollständig: Von dem Verband landen in den Mittagsstunden des 21. Juni 1944 in Schweden 7 Fortress- und 7 Liberator-Bomber. Die Operation »Frantic Joe« wird daraufhin bis auf weiteres eingestellt.

Hätten die Besatzungen der Ju 88, die von 2.00 Uhr an fast eine halbe Stunde lang im Tiefflug mit Bordwaffen und SD-2-Splitterbomben den Luftstützpunkt Poltawa angegriffen haben, bei ihrem Rückflug im Morgengrauen des 22. Juni 1944 besser aufgepaßt, so hätten sie gewiß mehr berichten können als nur von den erfolgreichen Zerstörungen der US-Treibstoff- und Bombenlager in Poltawa: Zum 3. Jahrestag des Unternehmens »Barbarossa«, dem Angriff auf die Sowjetunion, hat Stalin 166 seiner besten Divisionen unter stärkster Geheimhaltung in den Wäldern Weißrußlands zusammengezogen.

Während die deutschen Bomberverbände dieses Gebiet nichtsahnend in Richtung Westen überfliegen, warten die sowjetischen Truppen auf das Signal für ihre Sommeroffensive, die die Deutschen völlig überrascht und die selbst das Ausmaß der Katastrophe von Stalingrad noch übertreffen wird. Und als die letzten Ju 88 auf ihrem Stützpunkt gelandet sind, starten die sowjetischen Bomberverbände (Gen. Rudenko), um den Angriff gegen die deutsche Heeresgruppe Mitte (GFM Busch) zu eröffnen.

Die Luftflotte 6 (GenOberst Ritter v. Greim) verfügt am 22. Juni 1944 über 40 Jagdmaschinen, mit denen sie die Luftsicherung gegen etwa 7000 Flugzeuge von 4 sowjetischen Luftarmeen übernehmen soll.

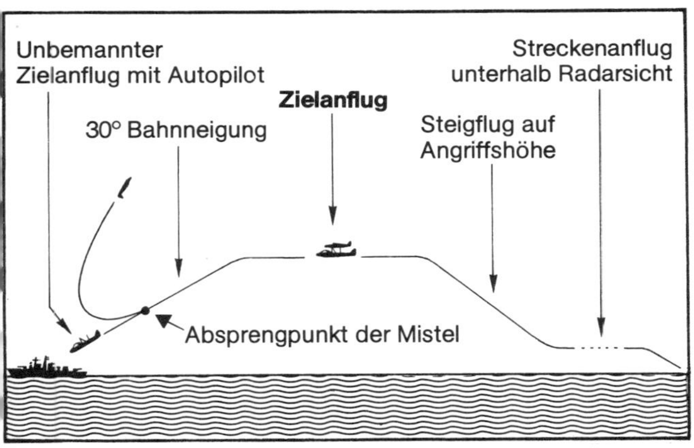

Oben: Japanischer Torpedobomber Nakajima B6N Tenzan (Himmlischer Berg) im Flaksperrfeuer des US-Trägers »Yorktown«. Tenzan ist die meisteingesetzte Kamikaze-Maschine. Einen Augenblick nach dieser Aufnahme wird sie abgeschossen

Mitte: Taktik eines Mistel-Angriffs: Gegen Punktziele, bei denen bemannte Flugzeuge infolge starker Abwehr wenig Aussicht auf Erfolg hätten und wo die Sprengladung gewöhnlicher Bomben nicht ausreichend wäre, setzt man Mistel-Gespanne ein

Rechts: Der Flugplatz von Poltawa in der Nacht vom 21./22. Juni 1944: Dies ist das einzige Foto, das während des Angriffs gemacht wurde. Die Lichtsäulen sind deutsche Zielmarkierungsbomben

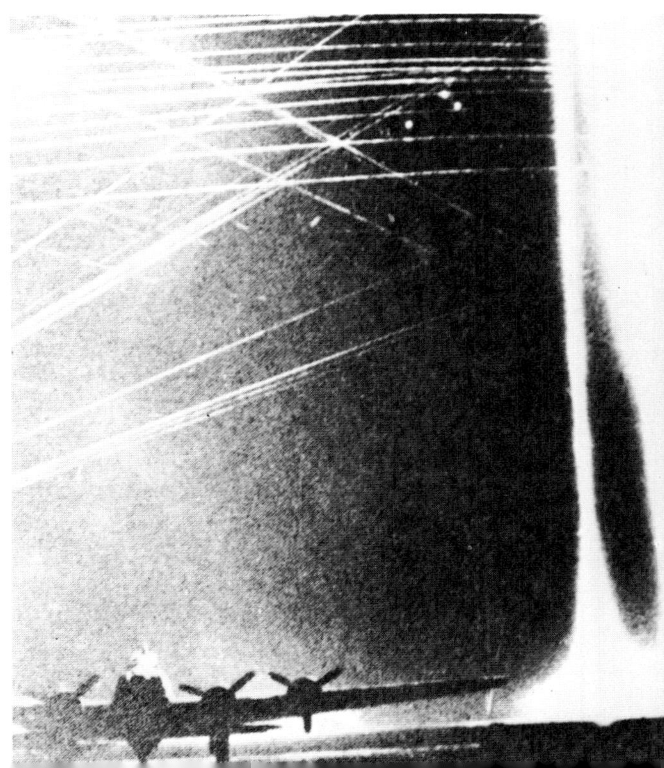

Das Mistel-Gespann Typ S 2: Ein Bomber Ju 88 mit etwa 3,8 Tonnen Sprenghohlladung und einem FW-190-Jäger als Leitflugzeug. Das Mistel-Gespann Typ S 1 ist eine Ju 88 mit einer Me 109. Insgesamt etwa 250 Ju 88 wurden als Mistel umgebaut

Bis zum Freitag, dem 23. Juni 1944, erreichen innerhalb von 10 Tagen 370 fliegende Bomben London. Die Luftverteidigung wird erneut umgestellt: Die Jäger sollen von jetzt an die Geschosse bereits über dem Kanal abfangen. Sämtliche Flak wird an die Südostküste verlegt. Um London entsteht eine dichte Sperrballonkette; zwischen den Flakbatterien an der Kanalküste und den Ballonsperren patrouillieren ebenfalls Jagdmaschinen.

In der Nacht vom 24./25. Juni 1944 wird gegen die Invasionsflotte in der Seine-Bucht eine neue deutsche Waffe eingesetzt: die »Mistel« (offizieller Tarnname »Beethoven«) – eine unbemannte Sonderversion des Bombers Ju 88 – mit einer Sprengstoffladung von 3,5 Tonnen. Es gibt 2 Mistel-Grundtypen, auch Vater-und-Sohn- oder Huckepack-Flugzeuge genannt: die S 1 mit der Me 109 als Leitflugzeug und die S 2 mit der FW 190.
Die Anfang 1944 in Nordhausen und in Peenemünde erprobten Mistel-Gespanne werden im Mai 1944 an die »Einsatz-Staffel« der IV. Gruppe des Kampfschulgeschwaders 101 ausgeliefert, die von Dänemark aus die Royal Navy in ihrem Stützpunkt Scapa Flow angreifen soll. Durch die alliierte Invasion wird die »Einsatz-Staffel« in nächtlichen Eiltransporten nach St. Dizier (Pas de Calais) verlegt. In der Nacht vom 24./25. Juni 1944 starten aus St. Dizier 5 »Mistel« S 1, begleitet von Me-109G-Jägern, zu ihrem ersten Angriff, einem echten Himmelfahrtskommando, da es zur Zeit in ganz Nordfrankreich nur so von Mosquito-Nachtjägern wimmelt. Bereits im Anflug muß bei einem der Gespanne die Ju 88 abgesprengt werden. Die 4 anderen erreichen die Seine-Bucht und greifen im Schein der abgeworfenen Leuchtbomben die vor Anker liegenden Schiffe an, ohne jedoch zu ahnen, daß es sich um ausrangierte Einheiten handelt, die jetzt als Blockschiffe und Wellenbrecher dienen. Da die Bucht vernebelt wird, kann das Ergebnis des Angriffs nicht beobachtet werden. Die 5 Leitmaschinen kehren sicher nach St. Dizier zurück. Und erst am Tage darauf stellt man fest, daß eines der Blockschiffe versenkt worden ist. So endet der erste und letzte »Mistel«-Einsatz in Nordfrankreich.
Trotz der konzentrierten alliierten Luftangriffe auf die Produktionsstätten erreicht die Herstellung in der ersten Jahreshälfte 1944 bisher noch nie erzielte Stückzahlen. Sie beträgt im Durchschnitt 3650 Maschinen pro Monat.
Doch diese erhebliche Kraftanstrengung kann nicht ausgenutzt werden: Durch Mangel an Piloten und Flugbenzin bleiben die meisten Maschinen am Boden.
Im Juni 1944 sinkt die Erzeugung von synthetischem Treibstoff auf 107 000 Tonnen, was etwa einem Drittel der Maiproduktion entspricht. So kann es nur noch eine Frage von Monaten sein, bis die deutsche Kriegsmaschinerie zum Stillstand kommt.
Auf dem Balkan führt die 15. USAAF von Italien aus von März bis Juni 1944 mehrere Großangriffe auf Ölfelder in Rumänien durch. Sogar die Donau wird vermint, um den Transport des rumänischen Öls nach Deutschland zu unterbinden.

Ende Juni 1944 ist die Ostfront in 350 Kilometer Breite aufgerissen. Die sowjetischen Kräfte strömen nach Westen, zwischen ihnen die Reste von 3 deutschen Armeen.
Die Luftflotte 6 muß überstürzt ihre Plätze räumen und stellt die Versorgungsflüge für abgeschnittene Truppenteile ein.

1944
Juli bis Dezember

Dienstag, 4. Juli 1944
Das *Oberkommando der Wehrmacht* gibt bekannt:
Schwere deutsche Kampfflugzeuge griffen in der vergangenen Nacht feindliche Schiffsansammlungen vor der normannischen Küste an. Zwei Landungsspezialschiffe erhielten Volltreffer. Weitere Treffer in Ausladungen wurden beobachtet.
An der mittleren Ostfront hat die Härte der Kämpfe weiter zugenommen. Die Luftwaffe griff mit Schlachtfliegerverbänden wirksam in die Erdkämpfe ein, zersprengte zahlreiche feindliche Kolonnen und vernichtete mehrere Panzer, Geschütze und einige hundert Fahrzeuge. In der Nacht führten Kampfflugzeuge Angriffe gegen mehrere sowjetische Bahnhöfe und zerstörten umfangreiches Nachschubmaterial. Besonders im Bahnhof Borissow entstanden ausgedehnte Brände und starke Explosionen.

Schwere Nachtbomber für taktische Tagesangriffe

Sonnabend, 8. Juli 1944, London
Das *Luftfahrtministerium* teilt mit:
Der bisher wohl größte Lufteinsatz der Alliierten entwickelte sich in den 24 Stunden zwischen Mittwoch und Donnerstag mittag. Tag und Nacht waren starke Verbände über Frankreich im Einsatz. Die Luftherrschaft der Alliierten ist dort jetzt so vollkommen, daß zum erstenmal die schweren Nachtbomber der RAF bei nur relativ schwacher Jägerbegleitung für taktische Tagesangriffe eingesetzt werden konnten. Diese Möglichkeit eröffnet eine neue Phase in der Luftkriegführung, die für die Deutschen eine absolut verheerende Wirkung haben dürfte.

Abschußrampen für die »V 2« in Holland?

Freitag, 28. Juli 1944, London
Das *Kriegsministerium* gibt bekannt:
Nach Berichten der niederländischen Exilregierung in London ist damit zu rechnen, daß die allerneueste deutsche Geheimwaffe, als »V 2« bezeichnet, in einigen Wochen von Holland aus gegen England eingesetzt wird. Es soll sich bei der »V 2« angeblich um eine riesige, 90 Tonnen schwere Rakete, ein sogenanntes Stratosphärengeschoß handeln. Dieselbe Quelle hält es ebenfalls für möglich, daß der Abschuß fliegender Bomben »V 1« von Holland aus vorbereitet wird. Die Mobilisierung aller männlichen Holländer im April und Mai dieses Jahres für Arbeiten an geheimnisvollen Anlagen in der Nähe von Hoek van Holland deutet darauf hin.

Generalfeldmarschall Rommel verunglückt

Generalfeldmarschall Rommel ist am 17. Juli in Frankreich infolge eines Luftangriffs mit dem Kraftwagen verunglückt, wobei er Verletzungen und eine Gehirnerschütterung davontrug. Sein Befinden ist befriedigend. Lebensgefahr besteht nicht.

Völkischer Beobachter, 3. 8. 1944

Landung der Alliierten in Südfrankreich

Dienstag, 15. August 1944
Das *Hauptquartier von General Eisenhower* gibt in einem Sonderkommuniqué bekannt:
Heute sind amerikanische, britische und französische

Streitkräfte mit Unterstützung der alliierten Luftwaffe und durch die amerikanische, britische und französische Flotte an der Südküste Frankreichs gelandet ...

16. August 1944
Das *Oberkommando der Wehrmacht* gibt bekannt:
An der südfranzösischen Küste wurden mehrere feindliche Landungsversuche zwischen Toulon und Cannes abgeschlagen. Es gelang dem Gegner jedoch, an einigen Stellen der Küste Fuß zu fassen. Heftige Kämpfe sind hier im Gange. Die im Rücken unserer Verteidigungszone abgesetzten feindlichen Luftlandetruppen wurden von unseren Reserven angegriffen. In Luftkämpfen, durch Flakartillerie der Luftwaffe und der Kriegsmarine sowie durch Seestreitkräfte verlor der Feind über der west- und südfranzösischen Küste 23 Flugzeuge.

Der Luftkrieg ist entschieden

Von Major S. Wennerström

Drückt die Überschrift eine voreilige Behauptung aus? Kaum, wenigstens wenn man nur das europäische Kriegstheater betrachtet. Denn hier haben sich die alliierten Flugwaffen schließlich eine solche Übermacht erkämpft, daß man mit Recht von einer Luftherrschaft sprechen kann – und von einer Luftherrschaft, die voraussichtlich Bestand haben wird. »Luftherrschaft« ist wohl eher ein Schlagwort, das damals in vieler Munde war, als die deutsche Luftmacht vorherrschte. Der Ausdruck ist aber auch sachlich von Fachleuten der modernen Luftstrategie etwa folgendermaßen definiert worden: »Luftherrschaft besitzt, wer jegliche wesentliche Fliegertätigkeit des Feindes verhindern und gleichzeitig die eigenen Luftstreitkräfte unbehindert einsetzen kann.« Und gerade das dürften die Alliierten jetzt praktisch erreicht haben ...

Stockholms-Tidningen, 21. 8. 1944

Der Sieg ist nah!

In einem halben Jahr spätestens werden wir wissen, was heute noch wenige wissen: daß diese letzte Kriegsphase, die am 16. Juni 1944 ausbrach, ein Geheimnis gehabt hat und daß die drei Monate Juni, Juli und August in Wahrheit ein anderes Gesicht hatten, als wir alle glaubten ... Die Zeit, die wir jetzt, unmittelbar jetzt, durchmachen, ist das Dramatischste, was die moderne Weltgeschichte jemals erleben kann. Spätere Zeiten werden einmal klar und deutlich sehen, daß es auf Millimeter und Sekunden ankam und daß es auszurechnen gewesen sein mußte, warum Deutschland siegte ...
In einem halben Jahr wird es ohnehin jeder wissen. Dann wird es ein Gefühl sein, als wenn nach einer tosenden, lärmerfüllten, dunklen Gewitternacht am nächsten Morgen ein Tag anbricht, ganz still, ganz klar, alles, ganz einfach alles, nichts Furchteinjagendes mehr, nichts Bedrohliches. Die ganze vergangene Nacht ist einem dann fast unverständlich ...
Ich schreibe den Aufsatz an der Front der Normandie und bin selbst Soldat. Mir sind auch die Bombenangriffe auf unsre Städte in Deutschland nicht fremd, ich war mitten in einem Bombenteppich in Berlin. Mir ist auch die Sorge um meine Frau, Krankheit und Not nicht fremd ...
Aber es ist etwas Seltsames geschehen, seit mir diese Gedankengänge klargeworden sind, und seit ich sie auf Schritt und Tritt bestätigt finde, hat der Kampf und haben alle Meldungen aus dem Osten nichts von ihrer Schwere, aber ihren ganzen Schrecken verloren ...
Bis zum Herbst! Damit wissen wir, wofür wir die letzte große Kraftanstrengung machen müssen. Sie geht auch nicht über unsre Kräfte. Wir haben in diesem Kriege noch nie in einer kritischen Lage aufgegeben. Wir werden den letzten Preis, den wir noch zu bezahlen haben, eben bezahlen. Mit allen Mitteln und mit allen Kräften. Der Sieg ist wirklich ganz nahe.

SS-Kriegsberichter Joachim Fernau
Aus: *Das Reich, August 1944*

Freitag, 25. August 1944
Das *Oberkommando der Wehrmacht* gibt bekannt:
In Luftkämpfen und durch Flakartillerie verloren die Sowjets gestern 58 Flugzeuge. Hiervon schoß der mit dem Eichenlaub zum Ritterkreuz des Eisernen Kreuzes ausgezeichnete Oberleutnant Hartmann, Staffelkapitän in einem Jagdgeschwader, allein 11 Flugzeuge ab und errang damit seinen 301. Luftsieg.

Alliiertes Luftlandeunternehmen bei Arnheim

Dienstag, 19. September 1944, London
Das *Kriegsministerium* gibt bekannt:
Luftlandetruppen und Nachschub wurden gestern immer noch in großen Mengen nach Holland eingeflogen; die 1. Luftlande-Armee hat ihre ersten Ziele erreicht und Gefangene gemacht.
Die Panzerspitzen der britischen 2. Armee, die von der belgischen Grenze aus nach Norden rollen, haben mit den Luftlandetruppen Verbindung aufgenommen. Die 2. Armee, die Eindhoven umging, hat in gut 24 Stunden 15 Meilen zurückgelegt.

20. September 1944
Das *Oberkommando der Wehrmacht* gibt bekannt:
In Mittel-Holland wurde der aus der Luft gelandete Feind im Raum Arnheim durch konzentrische Angriffe

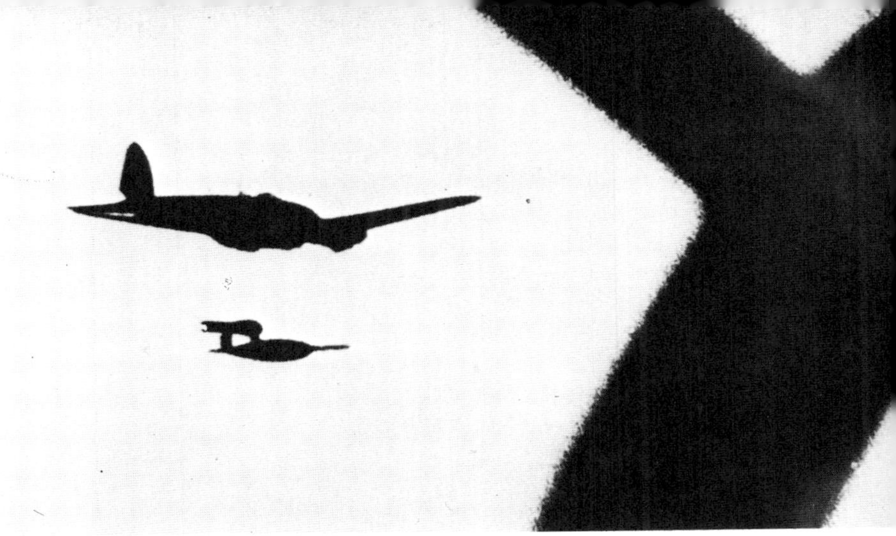

Die Heinkel He 111 H-22 der III. Gruppe des Kampfgeschwaders 3 (in I./KG 53 »Legion Condor« umbenannt) startet eine Fi 103 (V 1). Das Unternehmen »Rumpelkammer« ist eine verlustreiche Operation: Oft explodieren die V 1 schon beim Start von den Trägermaschinen

weiter eingeengt. Gut unterstützt durch eigene Jagdverbände, fügten unsere Truppen dem Gegner schwere Verluste an Menschen und Material zu. Bisher wurden über 1700 Gefangene eingebracht. Aus dem Raum Eindhoven stieß der Feind mit Panzern nach Nordosten vor. Eigene Truppen traten auch hier zum Gegenangriff an.

Mittwoch, 27. September 1944
Das *Oberkommando der Wehrmacht* gibt bekannt:
Im Raum Arnheim wurde am 26. September der letzte Widerstand der eingeschlossenen 1. englischen Luftlandedivision gebrochen. In zehntägigen erbitterten Kämpfen gelang es damit den schnell zusammengerafften Kräften aller Wehrmachtsteile unter Führung des kommandierenden Generals eines SS-Panzerkorps, SS-Obergruppenführer und General der Waffen-SS Bittrich, eine englische Elitedivision trotz zähester Gegenwehr und Verstärkung durch weitere Landungen aus der Luft restlos zu vernichten. Alle Versuche des Feindes, von Süden her die eingeschlossene Division zu entsetzen, scheiterten unter hohen blutigen Verlusten.

Donnerstag, 28. September 1944, London
Das *Kriegsministerium* gibt bekannt:
Die Soldaten der britischen 1. Luftlandedivision wurden in der Nacht vom Montag und in der Nacht vom Dienstag über den Niederrhein zurückgezogen, nachdem sie seit dem 17. September heldenhaften Widerstand geleistet hatten.
Die für dieses Unternehmen eingesetzte Division zählte etwa 6500 Mann (die vielen hundert Lastensegler-Piloten nicht eingerechnet), und von ihnen sind 2000 unverletzt zurückgekehrt. 1200 verwundete Soldaten mußten zurückgelassen werden, aber ein Offizier, der aus der Gefangenschaft geflüchtet war, berichtet, daß die Deutschen sie mit Fairness behandeln.
Der Korridor der 2. Armee in nördlicher Richtung durch Holland wird ständig verbreitert, und an der rechten Flanke kommt man entlang der Maas-Linie gut voran.

Die fliegenden Bomben

Freitag, 29. September 1944, London
Das *Luftfahrtministerium* teilt mit:
In der vergangenen Nacht schossen britische Jäger über der Nordsee 2 deutsche Kampfflugzeuge vom Typ Heinkel 111 ab, die als fliegende Abschußrampen für »V 1« eingesetzt waren. Die beiden Maschinen hatten jedoch, bevor sie ins Meer stürzten, ihre »V 1« bereits abgeschossen.

Mosquitos und Mustangs bei der deutschen Luftwaffe

Mittwoch, 4. Oktober 1944, London
Das *Hauptquartier der 8. US-Luftflotte* gibt bekannt:
Die deutsche Luftwaffe verwendet seit einigen Tagen alliierte Flugzeuge vom Typ Mosquito und Mustang, die mit deutschen Hoheitszeichen versehen sind. So wurde gestern in der Nähe von Aachen eine solche Mosquito abgeschossen. Über Holland kam es dieser Tage zu Luftkämpfen zwischen alliierten und deutschen Mustang-Jägern. Bei diesen Maschinen, die jetzt in deutschem Besitz sind, handelt es sich um Flugzeuge, die in der letzten Zeit hinter den deutschen Linien notlanden mußten.

Sonntag, 15. Oktober 1944, London
Das *Luftfahrtministerium* teilt mit:
Die RAF und die 8. USAAF unternahmen gestern bei klarem Himmel schwere Tagesangriffe gegen Ziele im Reichsgebiet. Da die Verbände zum Teil von französischen Flugplätzen aus starteten, konnten sie große Bombenlasten mitführen. Insgesamt fielen während des Tages 6000 bis 7000 Tonnen Bomben auf Deutschland, die gewaltige Zerstörungen verursachten. Der Hauptangriff richtete sich gegen Duisburg. Mehr als 1000 britische Lancaster- und Halifax-Bomber, von Langstreckenjägern begleitet, warfen in kurzer Zeit mehr als 4500 Ton-

nen Sprengbomben und eine große Anzahl Brandbomben auf diese Stadt, die bei dem Angriff in Flammen aufging. Es war der schwerste Luftangriff, den je eine deutsche Stadt an einem einzigen Tag erlebt hat. Die Hauptverkehrsstraßen in Duisburg sind von Trümmern blokkiert. Zielfotos, die am Nachmittag über der bombardierten Stadt aufgenommen wurden, vermitteln den Eindruck, als sei ein Vulkan ausgebrochen.

Neuer Angriff auf Duisburg

15. Oktober 1944, London
Das *Luftfahrtministerium* gibt ergänzend bekannt:
In der vergangenen Nacht gingen auf Duisburg weitere 5000 Tonnen Bomben nieder; damit wurde der Rekord des vorhergehenden Tages noch übertroffen. Es handelt sich um den schwersten Luftangriff der Geschichte: Binnen 20 Stunden fielen rund 10 000 Tonnen Spreng- und Brandbomben auf eine einzige Stadt.

Montag, 16. Oktober 1944, London
Die *Agentur Reuter* meldet:
Duisburg, das in etwa 18 Stunden mit rund 10 000 Tonnen Bomben belegt wurde, war noch gestern abend ein riesiges Flammenmeer. Unter der angegebenen Menge befanden sich eine halbe Million Brandbomben, also bedeutend mehr, als die deutsche Luftwaffe beim ganzen »Blitz« über London abgeworfen hat.

Die fliegenden Bomben V 1

Mittwoch, 1. November 1944
Das *Hauptquartier der RAF* gibt bekannt:
Gestern haben unsere Mosquitos 2 deutsche He 111 abgeschossen, die mit Einrichtungen für den Abschuß von V-1-Bomben ausgestattet waren. Eine V 1 traf in Südengland ein vollbesetztes Hotel. Es sind viele Opfer zu beklagen.

US-Luftangriff auf Japan

1. November 1944, Tokio
Das *Hauptquartier für die Luftverteidigung in Ost-Japan* gibt bekannt:
Über dem Gebiet zwischen den Städten Tokio und Jokohama erschienen mehrere feindliche Bomber. 2 Flugzeugen gelang es, in einer Höhe von 6000 Meter bis östlich von Tokio vorzustoßen. Sie konnten jedoch von der japanischen Abwehr abgefangen werden, noch bevor eine einzige Bombe fiel. Eine Maschine wurde abgeschossen.

Gestapo-Hauptquartier in Dänemark vernichtet

Donnerstag, 2. November 1944, London
Das *Hauptquartier der RAF* teilt mit:
In einem außerordentlich gewagten Unternehmen zerstörten bei einem Angriff in 25 Meter Höhe 4 Wellen mit je 6 Mosquitos am Dienstag, 31. Oktober, den Hauptsitz der Gestapo in Dänemark, der sich in 2 Gebäuden der Universität von Aarhus befand. Die dänische Untergrundbewegung meldete vor kurzem, die Gestapo in Aarhus habe Tausende von Dokumenten zusammengetragen, um einen entscheidenden Schlag gegen den Widerstand zu führen. Einige hundert Beamte, die in Aarhus eingetroffen seien, sollen nach schnellster Sichtung des Beweismaterials sofort in Aktion treten.
In Verbindung mit dem dänischen Untergrund wurde daraufhin in England ein Modell der Universität Aarhus gebaut, und die Mosquito-Piloten übten einen Präzisionsangriff aus niedrigster Höhe. Das Schwierigste dabei war, daß die Mosquitos in einem Abstand von je 2 Sekunden Zeitzünderbomben über dem Ziel abwerfen mußten, bevor die starke Luftabwehr reagieren konnte. Und die zuletzt angreifende Besatzung wußte, daß die erste abgeworfene Bombe bereits nach einer Minute explodieren würde. Die deutsche Luftabwehr, tatsächlich durch die im Tiefflug herannahenden Mosquitos völlig überrascht, eröffnete das Feuer erst, als bereits die letzte Staffel geworfen hatte. Eine Mosquito streifte dabei das Dach eines der Gebäude und konnte nur mit knapper Not nach England zurückgeflogen werden. Das Hauptquartier der Gestapo wurde völlig zerstört.

Die Geheimwaffe V 2

Donnerstag, 9. November 1944, London
Der militärische Sachberater der *Agentur Reuter* erfährt von zuständiger Stelle:
Von der im deutschen OKW-Bericht erwähnten V 2 ist bisher in England nichts zu spüren. Man sei zwar darauf vorbereitet, daß Deutschland weitere Geheimwaffen besitze, habe aber bisher noch keine Gelegenheit gehabt, sich praktisch mit ihr auseinanderzusetzen. Die britische Presse kommt übereinstimmend zu der Überzeugung, daß die deutschen Behauptungen über V 2 ein Propagandaersatz für die am 22. Jahrestag des Münchner Putsches fällige, aber nicht gehaltene Rede Hitlers sei.

Rechts: 3. Februar 1945, Berlin, nach einem schweren amerikanischen Luftangriff: Ein fast alltägliches Bild in der deutschen Hauptstadt

Ein seltener Anblick: Eine B-17 und eine Superfortress B-29 begegnen sich in der Luft. Erst so kann man einen Eindruck von der Größe dieser schwersten Kampfflugzeuge des Krieges gewinnen

Freitag, 10. November 1944, London
Associated Press berichtet:
Die neuen V-2-Raketen fallen wie abgeschossene Sterne, und obgleich sie mit den fliegenden Bomben als Terrorwaffe nicht zu vergleichen sind, verursachen sie ein ungeheures Getöse, das auf 10 Kilometer zu hören ist. Ein Mann, der sich bei einer solchen Explosion weniger als 50 Meter entfernt befand, sagte: »Ich hörte keinerlei Geräusch vor der Explosion – dann dachte ich, es sei das Ende der Welt.« Viele Leute haben erzählt, sie hätten doppelte Explosionen gehört, eine mit dem Blitz am Himmel und eine zweite beim Einschlagen der Rakete. Während Zensurbestimmungen noch die Veröffentlichung von Berichten über diese »Fliegenden Litfaßsäulen« verhinderten, ergab sich, daß viele nur mit knapper Not davongekommen sind, seit die geheime »Vergeltungswaffe« Nr. 2 vom Stapel gelassen wurde. Häuser, Schulen, Krankenhäuser, Kirchen, Wirtshäuser und andere Gebäude sind unter denen, die bei den Raketenangriffen zerstört oder beschädigt wurden. Augenzeugen, die sie fallen gesehen haben, schätzen ihre Länge zwischen 10 und 16 Meter.

24. November 1944, Tokio
In einem *Kommuniqué des Kaiserlichen Hauptquartiers* heißt es:
Der Angriff gegen Tokio, den etwa 70 Flugzeuge aus sehr großer Höhe durchgeführt haben, dauerte 2 Stunden. Nach bisherigen Meldungen sind 3 feindliche Bomber abgeschossen worden.

Dienstag, 28. November 1944, London
Das *Luftfahrtministerium* teilt mit:
Die USAAF und die RAF setzten am Montag bei günstigem Wetter ihre Tagesangriffe auf Ziele in Deutschland fort. Ungefähr 300 bis 400 deutsche Jagdflugzeuge, darunter mehrere Düsenjäger, stiegen zur Abwehr auf, und es kam zu schweren Luftkämpfen, in denen 98 deutsche Maschinen abgeschossen wurden. Zu dem Luftangriff auf München wird gemeldet, daß 270 Lancasters die Stadt bei klarem Wetter und hellem Mondschein morgens um 5 Uhr anflogen. Der konzentrierte Angriff dauerte etwa 15 Minuten, und es wurden zum erstenmal 6-Tonnen-Bomben auf eine deutsche Stadt abgeworfen. Bisher hat man diese Bomben größten Kalibers nur bei Operationen auf Industrieanlagen oder militärische Objekte eingesetzt. Auch das Schlachtschiff »Tirpitz« wurde am 12. November 1944 mit 6-Tonnen-Bomben versenkt.

Nachtangriff auf Tokio

Donnerstag, 30. November 1944, Washington
Das *US-Kriegsministerium* gibt bekannt:
Unsere »Superfestungen« B-29 führten gestern erneut einen Angriff auf Tokio durch. Es handelt sich um die dritte Operation gegen die japanische Hauptstadt in dieser Woche.

30. November 1944, Tokio
Das *Kaiserliche Hauptquartier* teilt mit:
Kleinere Formationen der auf den Marianen stationierten US-Bomber vom Typ B-29 bombardierten in der gestrigen Nacht die japanische Hauptstadt. Die Flugzeuge warfen in mehreren Wellen aus großer Höhe durch eine dichte Wolkendecke ihre Bomben über Tokio und die Provinz Shizuoka ab. Alle Brände, die in verschiedenen Bezirken der Stadt ausbrachen, konnten in kurzer Zeit gelöscht werden. Kriegswichtige Anlagen wurden nicht getroffen, und die Verluste an Menschenleben waren äußerst gering.

Montag, 18. Dezember 1944
Das *Oberkommando der Wehrmacht* gibt bekannt:
Starke deutsche Kräfte sind am 16. Dezember um 5.30 Uhr in breiter Front aus dem Westwall nach einer kurzen, aber gewaltigen Feuervorbereitung zum Angriff angetreten und haben die vordersten amerikanischen Stellungen zwischen dem Hohen Venn und dem Nordteil Luxemburgs im ersten Ansturm überrannt. Die große Angriffsschlacht nimmt, von starken Jagdfliegerverbänden geschützt, ihren Fortgang. Einzelheiten werden, um dem völlig überraschten Gegner keine Anhaltspunkte zu bieten, erst später bekanntgegeben. Im Kampf mit der

feindlichen Luftwaffe über dem Frontgebiet haben Geschwader unserer Jagdflieger nach bisher vorliegenden Meldungen 48 feindliche Bomber abgeschossen. Flakartillerie der Luftwaffe vernichtete außerdem 21 feindliche Flugzeuge. In der Nacht griffen starke Kampf- und Nachtschlachtverbände die feindlichen Bewegungen und Nachschubzentren mit guter Wirkung an.

V-2-Wirkung in London

Sonntag, 24. Dezember 1944, Stockholm
Svenska Dagbladet meldet:
Wie wir aus Portugal erfahren, berichten Reisende, die in den letzten Tagen aus England in Lissabon eintrafen, aufsehenerregende Einzelheiten über die Wirkung der deutschen Vergeltungswaffen in der Londoner City. Drei Themsebrücken wurden bereits im Londoner Stadtbereich durch V-Waffen zerstört. Die Reisenden, die ihre Freude darüber äußerten, vor den Weihnachtstagen den Schrecken der Beschießung Londons entkommen zu sein, geben übereinstimmend ihren Eindruck dahin wieder, daß die durch V 2 angerichteten Verwüstungen noch erheblich größer seien als die durch V-1-Geschosse verursachten Schäden. Das Parlamentsgebäude ist stark beschädigt worden. In 500 Meter Umkreis um den Leicester-Square steht kein Gebäude mehr. Auch ein anderer größerer Londoner Platz, Piccadilly-Circus, ist verwüstet. Erhebliche Luftdruckschäden sind am Tower entstanden. Die Zahl der V-2-Bomben, die haarscharf im Stadtzentrum Londons explodierten, ist erheblich. Da die Zerstörung von Gebäuden in die Tausende geht, wird die Evakuierung der Bevölkerung nach Nordengland mit großer Eile weiterbetrieben.

Strategie und Taktik

JULI BIS DEZEMBER 1944

Das schöne Sommerwetter in den ersten Julitagen 1944 begünstigt die Tätigkeit der Luftstreitkräfte in West- und Osteuropa. Dieser Umstand mag dazu beitragen, daß es den Sowjets in diesen Wochen gelingt, die deutsche Heeresgruppe Mitte (GFM Busch) zu zerschlagen und mit Blitzkriegsschnelligkeit nach Westen vorzudringen, während in der Normandie die Alliierten noch immer vergeblich versuchen, aus dem Landekopf in die Weite des Raumes durchzubrechen.
»Unsere Geheimwaffe sind die Apfelbaumgärten und die dichten Hecken«, meinen die Offiziere aus dem Stab des deutschen LXXXIV. Armeekorps sarkastisch. Aber in der Tat hat sich auf alliierter Seite kaum jemand Gedanken darüber gemacht, daß die normannischen Hekken nicht einfache Buschreihen sind, sondern hohe und solide Erdwälle, von Bäumen bestanden, oft von Hohlwegen durchzogen, die selbst schweren Panzern Einhalt gebieten und die sich vorzüglich als Schutz gegen Flieger eignen.
Zwar haben alliierte Maschinen in den frühen Morgenstunden des 1. Juli 1944 mit einem Bombenteppich von über 1000 Tonnen eine einzige Straßenkreuzung südöstlich von Caën (Villers Bocage) belegt, jedoch kommen sie dadurch auch nicht schneller vorwärts.
Am Montag, dem 3. Juli 1944, antwortet Generalfeldmarschall v. Rundstedt, OB West, bei einem Telefongespräch mit Generalfeldmarschall Keitel, dem Chef des OKW, auf dessen Frage nach den Folgerungen zur Lage in der Normandie: »Frieden schließen, ihr Narren! Was denn sonst?« Er wird durch Generalfeldmarschall v. Kluge ersetzt.
In diesen Tagen erreichen die Angriffe der RAF-Bomberkommandos auf die Abschußrampen der V 1 und deren Depots ihren Höhepunkt. Dabei werden 5400-kg-Bomben eingesetzt, von Dr. Wallis konstruiert, wie schon die Dambuster-Bomben, die über den Talsperren von Eder und Möhne abgeworfen worden waren.
Die neue hochexplosive Sprengbombe, die im Fall Überschallgeschwindigkeit erreicht, ist etwa 6,5 Meter lang und trägt den Namen »Tallboy« (Großer Bursche).
Am Dienstag, dem 4. Juli 1944, fliegt die berühmte 617. »Dambuster«-Squadron mehrere Angriffe mit Tallboys auf die von der deutschen Flak schwer verteidigten Champignon-Höhlen von St. Leu d'Esserent, etwa 50 Kilometer nordwestlich von Paris, wo jetzt anstelle der Pilzkulturen Hunderte von fliegenden Bomben lagern.

Die Kalksteindecken halten zwar stand, doch, wie Oberst Walter, Chef des Stabes der deutschen LXV. Armee, über diese Angriffe schreibt: »Selbst Menschen mit sehr starken Nerven konnte ein längerer Aufenthalt in solchen Höhlen nicht mehr zugemutet werden.«
Am Donnerstag, dem 6. Juli 1944, erklärt Winston Churchill vor dem Unterhaus, daß nach seinen Informationen bis zu diesem Tage, 6 Uhr früh, 2745 Stück V 1 gegen England abgeschossen worden sind und die Verluste unter der Zivilbevölkerung 2752 Tote betragen, also eine Person pro fliegender Bombe.
Am Freitag, dem 7. Juli 1944, wiederholt die 617. Squadron der RAF ihre Angriffe mit Tallboys gegen die Pilzzucht-Höhlen von St. Leu d'Esserent.

Am gleichen Tag führt die 8. USAAF mit fast 1100 Fliegenden Festungen und Liberators unter dem Jagdschutz von Lightnings mehrere Bombenteppichangriffe auf Ziele im Raum Leipzig durch, bei deren Bekämpfung sich besonders die Sturmgruppe IX./JG 3 bewährt.
Um den US-Tagesangriffen Einhalt zu gebieten, versucht man es mit der neuen »Sturmjagd«-Taktik einer bereits im Herbst 1943 zur Probe aufgestellten Sturmstaffel, die zuerst dem 1. Tagjagdgeschwader (JG 1) untersteht und mit gepanzerten Maschinen vom Typ FW 190 ausgerüstet ist. Die Sturmpiloten sollen auf kürzeste Entfernung an die Viermot.-Verbände heranfliegen und in geschlossener Staffelformation das Feuer eröffnen. Es wird ihnen freigestellt, wenn es sich ergibt, feindliche Maschinen durch Rammen zum Absturz zu bringen und sich selbst mit dem Fallschirm zu retten.
So kommt es am 7. Juli im Raum Magdeburg–Oschersleben–Leipzig zu einer Luftschlacht mit der Sturmgruppe JG 300 (Maj. Dahl), jetzt dem Jagdgeschwader Udet unterstellt, die von ihrem Stützpunkt Ansbach gestartet ist. Die Sturmgruppe IV./JG 3 schießt dabei 30 Liberator-Bomber und 4 Begleitjäger ab, die höchste Zahl, die eine Tagjagdgruppe der Luftwaffe während des ganzen Krieges erreicht hat. Einige schwere Bomber verliert die 8. USAAF auch durch Rammstoß. Insgesamt werden an diesem Tag 58 Bomber und 24 Langstreckenjäger abgeschossen.
Einer der Piloten der Sturmgruppe, Feldwebel Wahlfeldt, berichtet: »... ich drückte auf die Knöpfe, die Kanonen schossen nicht mehr. Treffer in Rumpf und Flächen hatten sie außer Gefecht gesetzt. Ich werde rammen! Ich scherte nach links aus, trat in das rechte Seitenruder und raste auf die Höhen- und Seitenflosse des Amerikaners zu, die wie ein Scheunentor auf mich zukamen.
Mit ungeheurer Wucht bohrte ich zwischen Leitwerk und Heckkanzel hinein, in der ich noch, Bruchteile von Sekunden vorher, das verzerrte Gesicht des Heckschützen sah. Meine Luftschraube schlug den Schwanz in Fetzen. Ein ungeheurer Schlag, dann war ich durch. Die linke Tragfläche war abgerissen. Von der rechten blieb nur noch ein Stumpf. Im Steuerknüppel war kein Druck mehr. Das Kabinendach flog davon. Die Wolkenbänke rotierten wie eine Scheibe unter mir. Die Sinne drohten mich zu verlassen. In diesem Augenblick wurde ich durch die Fliehkraft aus dem Sitz gerissen.
Während ich mich noch wie ein Ball im Blau des Himmels überschlug, kam ich wieder zu mir. Ich zog am Fallschirmring. Über mir hatte sich mit leichtem Rauschen die Seide geöffnet. In diesem Augenblick sah ich auch, wie nicht weit von mir die Boeing schwer ›wie ein Klavier‹ zu Boden rauschte.«

In der Normandie setzten die Alliierten weiterhin – erstmalig in der Geschichte des Luftkrieges – schwere Bomberverbände zur taktischen Unterstützung der Bodentruppen ein. Die Bombenteppiche, die oft auf nur wenige hundert Meter breite Frontabschnitte der vordersten deutschen Linien fallen, dienen zur Vorbereitung von Durchbruchsversuchen alliierter Panzer- und Infanterieverbände. Sie werden zuerst von den Engländern praktiziert, nachdem ihre zahlreichen Angriffe vor Caën im Abwehrfeuer verlustreich zum Stehen kommen.
In den Abendstunden des 7. Juli unternimmt die RAF am nördlichen Stadtrand von Caën zur Unterstützung des 1. britischen Korps einen dieser taktischen Einsätze. Um eine Gefährdung der eigenen Truppen zu vermeiden, wird der Bombenteppich rund 5 bis 6 Kilometer vor die eigene Front gelegt, auf einen rechteckigen Streifen von 4 Kilometer Breite und 1,5 Kilometer Tiefe. Innerhalb von 40 Minuten werfen 450 Lancasters 2363 Tonnen Bomben ab.
Der Nordteil von Caën liegt in Trümmern. Die Deutschen, deren Kräfte hauptsächlich nördlich der Abwurfzone liegen, haben jedoch kaum Verluste. Dagegen kommen 350 Einwohner von Caën um.
Am nächsten Morgen, um 7 Uhr, beginnen etwa 2000 mittlere und schwere Kampfmaschinen der 9. US-Luftflotte ihre Flächenwürfe auf den gleichen Frontabschnitt zu legen. Sie verwenden dabei überwiegend Sprengbomben mit Aufschlagzündern, um tiefe Bombentrichter zu vermeiden, die das Vorrücken der Panzer behindern würden.
Als das deutsche LXXXIV. Armeekorps zum erstenmal den Einsatz von 1500 Bombern auf einen Bataillonsabschnitt meldet, will das beim Oberkommando der 7. Armee niemand glauben. Man hält die Nachricht für eine glatte Übertreibung und ist ungehalten, daß ein so nüchtern urteilender und als zuverlässig bekannter Stab nun zu Zweckmeldungen übergeht.
Die Alliierten haben nun eine Million Soldaten in der Normandie gelandet; aber trotz enormer materieller Überlegenheit und massivster Luftunterstützung ist es

Erste Juliwoche 1944, eine der Vorstädte von Caën (Normandie): Nach einem Angriff schwerer Bomberverbände der RAF zur taktischen Unterstützung der Bodentruppen

ihnen in mehr als 4 Wochen harter Kämpfe nicht gelungen, mehr als 1 Prozent von Frankreich zu erobern.

Da sich in der ersten Hälfte des Juli 1944 die Einsatzzahlen der V-1-Geschosse erhöhen, kommt man am 10. Juli 1944 in England zu der Überzeugung, daß die Flak nicht voll wirksam werden kann, weil sie auf die RAF-Jäger Rücksicht nehmen muß. Daher wird eine endgültige Umgruppierung der Flakbatterien durchgeführt; sämtliche Geschütze werden an die Kanalküste verlegt. Die V 1 ist zwar durch ihre konstante Geschwindigkeit ohne Ausweichmanöver ein ideales Flakziel; trotzdem erweist sich ihre Bekämpfung als recht schwierig, da sie für die leichte Flak zu hoch und für die schwere zu tief fliegt. Am Mittwoch, dem 12. Juli 1944, wird von der RAF die »Gloster Meteor«, erster und einziger Düsenjäger der Alliierten, der im Zweiten Weltkrieg zum Einsatz gelangt, in Dienst gestellt. Die ersten Maschinen erhält die 616. Squadron (South Yorkshire); sie sollen an der Bekämpfung der V 1 teilnehmen.

Donnerstag, der 13. Juli 1944, ist ein besonderes Datum für das RAF-Bomberkommando: Das erste Weitwinkel-Bord-Radargerät Lichtenstein SN-2, das den deutschen Nachtjagdverbänden seit Herbst 1943 die großen Erfolge ermöglicht, ist ihm endlich in die Hände gefallen. Pilot-Offizier (P/O) W. D. Raymond: »Es war kurz nach Sonnenaufgang, gegen 4.30 Uhr; der Nebel lag noch über unserem Stützpunkt Woodbridge (Suffolk), als von der etwa 10 Meilen entfernt liegenden Nordseeküste her Motorengeräusche ein Flugzeug ankündigten. Die Maschine drehte einige Runden über dem Flugplatz, und da ich sie für eine der Mosquitos hielt, die sich bei uns nach der Rückkehr von ihrer Mission über Europa immer wieder verirrten, zog ich meine Leuchtpistole und gab mit grünen Signalkugeln die Landeerlaubnis. Die Maschine setzte – als hätte sie darauf gewartet – sofort auf und rollte durch Nebelschwaden über die Landebahn. Nachdem ich hörte, daß die Motoren ausgeschaltet waren, stieg ich in unseren großen Wagen, mit dem wir die Besatzungen immer abholten, und kutschierte in Richtung Maschine, die sich im Nebel als dunkle Silhouette abzeichnete.
Das erste, was mich stutzig machte, waren drei mir entgegenkommende Besatzungsmitglieder, da die Mosquito ja nur zwei Mann an Bord hat. Ich fuhr näher heran, und nun standen wahrhaftig drei deutsche Flieger vor mir, die nicht weniger überrascht waren. Ich zog meine Pistole, und sie ergaben sich widerstandslos. Sie mußten mir ihre Waffen geben, und ich befahl ihnen, zum Flughafengebäude zu gehen, während ich langsam nebenherrollte.
Die Maschine, die ich im Morgennebel für eine Mosquito gehalten hatte, erwies sich als der gerade vor zwei Monaten eingesetzte neueste Nachtjäger vom Typ Ju 88 G-1, ausgerüstet mit allen möglichen, uns bisher völlig unbekannten Funk- und Bord-Radargeräten. Das Flugzeug mit den Zeichen 4R+UR am Rumpf gehörte zur 7. Staffel des Nachtjagdgeschwaders 2 und hatte Patrouillendienst über der Nordsee. Die junge Besatzung, die recht verdutzte Gesichter machte, hatte, wie sie sagte, erst 100 Flugstunden hinter sich und war nach Kompaß geflogen, irrtümlicherweise jedoch schnurstracks in entgegengesetzter Richtung, und nun der Meinung, daß sie über dem eigenen Flugplatz sei. Die Jungen haben dabei viel Glück gehabt, denn als unser Bodenpersonal eine Benzinprobe zur Untersuchung entnehmen wollte, war kein Treibstoff mehr im Tank.
Ich benachrichtigte sofort meinen Vorgesetzten im nahe gelegenen Ipswich, und ein paar Stunden später landete in Woodbridge eine Maschine mit Wing Commander D. Jackson, Professor Dr. Jones u. a. Spezialisten.«
Bereits am Nachmittag des 13. Juli 1944 wird die Ju 88 nach Farnborough überführt, wo Wing Commander Jackson gleich am nächsten Tag mit der Erprobung der Maschine und ihrer Geräte beginnt. Der britische Secret Intelligence Service (SIS) weiß zwar, daß neben dem ihm noch unbekannten Lichtenstein SN-2 die deutschen Nachtjäger, wie kriegsgefangene Luftwaffenangehörige

aussagen, auch über andere neue Bord-Radargeräte verfügen, doch sind ihm die Einzelheiten unbekannt.
So hat das Bomberkommando keine Ahnung, daß ihr Radargerät »Monica«, dessen Pieptöne die Besatzungen vor sich nähernden deutschen Nachtjägern warnen soll, ganz unbeabsichtigte Nebenwirkungen hat: Dank des Flensburg-Gerätes, das die Ausstrahlungen von »Monica« aufnimmt, leitet das britische Warngerät – kurz nachdem es Anfang 1943 eingeführt wurde – die deutschen Nachtjäger erst recht an die RAF-Bomber heran.
Der andere deutsche Radar-Empfänger »Naxos« wiederum erlaubt es den Nachtjägern, die Impulse der britischen Bombenabwurfhilfe H2S aufzuspüren und die Bomberströme bereits auf eine Entfernung von 150 Kilometer zu orten.
Als Wing Commander Jackson das alles bei seinen Testflügen feststellt und darüber Meldung macht, befiehlt der erschreckte Luftmarschall Harris, sämtliche Monica-Warngeräte sofort aus den Flugzeughecks auszubauen. Es wird der Besatzung sogar vorgeschrieben, ihre Kennungsgeräte (Identification friend-or-foe) nur in wirklichen Notfällen zu verwenden; die H2S-Radargeräte dürfen erst eingeschaltet werden, wenn sich die Bomber bereits in der Reichweite deutscher Boden-Radarstationen befinden.
Am wichtigsten ist jedoch die Entdeckung, daß SN-2, das Weitwinkelgerät, auf der Frequenz von 85 Megahertz arbeitet.
So nimmt die überraschende Landung der Ju 88 G-1 in Woodbridge den deutschen Nachtjagdverbänden die letzte Chance einer erfolgreichen Abwehr britischer Nachtangriffe.

Am Freitag, dem 14. Juli 1944, dem französischen Nationalfeiertag, führt die USAAF ihre größte Aktion zur Unterstützung der Résistance durch: In mehreren Wellen werfen 6 Stunden lang 200 B-17 und B-24 – von 60 Spitfires begleitet – Container mit Waffen und Munition über dem Plateau von Caussee de Loubressac ab. 1500 Widerstandskämpfer unter Colonel Collignon sichern die durch Bettlaken markierte Abwurfzone von etwa 20 Quadratkilometern. Die Bauern der Umgebung schaffen die Versorgungsbehälter in Verstecke. Damit können gut 7000 Mann ausgerüstet werden.

Oben: 13. Juli 1944, Woodbridge (England): Die aus Versehen in Großbritannien gelandete Ju 88 G-1 des Nachtjagdgeschwaders 2 mit der »Hirschgeweih-Antenne« des Bord-Radargerätes Lichtenstein SN-2 (FuG 202)

Oben rechts: Der Tiefflieger, der den Wagen des Feldmarschalls Rommel am 17. Juli 1944 südlich von Le Havre angegriffen hat: Squ./Ldr. J. J. »Chris« Le Roux der 602. Squadron (City of Glasgow) von der Südafrikanischen RAF

Unten rechts: Die Antenne des britischen Störgerätes »Piperack«, das das deutsche Bord-Radargerät Lichtenstein SN-2 lahmlegen soll: Hier im Heck-MG-Stand einer B-17 (214. RAF-Squadron der 100. Group) eingebaut

Am Sonnabend, dem 15. Juli 1944, bombardiert die 15. USAAF von Italien aus die Ölraffinerien von Ploesti. Nach diesem schweren Angriff ist das rumänische Ölzentrum als strategisches Ziel nahezu ausgeschaltet.

Am Montag, dem 17. Juli 1944, setzen die US-Luftstreitkräfte zum erstenmal Napalm-Brandbomben ein. Die geleeartige, brennbare Mischung aus Naphta und Palmöl wird von einigen P-38-Lightning-Jagdbombern in abwerfbaren Treibstofftanks bei den Angriffen auf die

Benzinlager in Coutances, westsüdwestlich von St. Lô (Normandie), verwendet.
An diesem Montag wird Generalfeldmarschall Rommel, Oberbefehlshaber der Heeresgruppe B, während eines Tieffliegerangriffes schwer verwundet. Am frühen Nachmittag hält sich Rommel beim 1. SS-Panzerkorps (SS-Obergruppenf. Dietrich) auf. Um 16 Uhr fährt er zu seinem Hauptquartier nach La Roche Guyon. Noch beim Abschied bittet ihn Dietrich, die Hauptstraße zu meiden und seinen schweren Horch gegen einen Kübelwagen auszutauschen, was Rommel ablehnt.
Von St. Pierre-sur-Dives aus benutzt er die Route Livarot–Vimoutiers. In seinem Wagen begleiten ihn der Adjutant Hauptmann Lang, Major Neuhaus und Feldwebel Holke, der nach Tieffliegern Ausschau hält. Nahe der Ortschaft St. Foy-de-Montgomery meldet Holke zwei Spitfires. Der Fahrer, Oberfeldwebel Daniel, versucht noch eine Pappelgruppe zu erreichen, da eröffnet die Spitfire IX des Squadron Leader J. J. Le Roux von der 602. Squadron (City of Glasgow) – kurz zuvor von dem frisch ausgelegten Feldflugplatz B 11, neben der zerstörten deutschen Küstenbatterie Longues, gestartet – schon das Feuer. Rommel wird von Glassplittern und herumfliegenden Steinen getroffen und ist sofort bewußtlos. Der schwerverwundete Fahrer verliert die Gewalt über den Wagen. Er prallt gegen einen Baum, schießt quer über die Fahrbahn und bleibt schließlich in einem Hochwassergraben stecken.
Rommel wird hinausgeschleudert. Als ein weiterer Tiefflieger auftaucht, ziehen Lang und Holke den Feldmarschall schnell in Deckung. Den immer noch bewußtlosen Rommel schafft man in das Luftwaffenlazarett bei Bernay. Die Ärzte stellen neben zahlreichen Splitterverletzungen einen schweren Schädelbasisbruch und Brüche an Schläfen- und Backenknochen fest. Der OB West, Generalfeldmarschall v. Kluge, übernimmt zusätzlich die Führung der Heeresgruppe B.
Am Dienstag, dem 18. Juli 1944, beginnt die Überquerung der Orne mit einem starken Angriff britischer und amerikanischer Truppen. Der bisher gewaltigste taktische Einsatz alliierter Luftstreitkräfte leitet diese Operation ein: über 2200 Maschinen, darunter 1600 Viermotorige, werfen fast 8000 Tonnen Bomben auf die deutschen Stellungen in der Vorstadt von Caën, Colombelles. Die Bevölkerung zählt dabei fast 2000 Tote und 1300 Verletzte.

Bis zum Mittwoch, dem 19. Juli 1944, stehen in einem 5 Kilometer breiten Streifen zwischen Beachy Head (Sussex) und St. Margaret's Bay, entlang der Kanalküste östlich von Dover, 412 schwere und 1184 leichte Flugzeugabwehrgeschütze, dazu 200 Raketenwerfer, einsatzbereit.
Die Flakgeschosse sind jetzt mit dem neuesten Annäherungszünder MK 45 (»Proximity Fuse«), einem winzigen Radargerät, ausgestattet. Treffen seine Wellen im Umkreis von 30 Metern auf ein Zielobjekt, so explodieren die Projektile automatisch. Die Ergebnisse sind spektakulär: Um eine V 1 herunterzuholen, braucht man jetzt nur noch durchschnittlich 77 Flakgranaten. Die US-Marine hat den Annäherungszünder nach Daten entwickelt, die ihr Professor Jones aufgrund seiner durch alliierte Aufklärungsfotos gewonnenen Erkenntnisse über die V 1 zur Verfügung gestellt hat. Dank dem neuen Zünder steigt der Anteil der durch Flak abgeschossenen V 1 in wenigen Wochen von 43 auf 83 Prozent.

Am Donnerstag, dem 20. Juli 1944, wird bei dem Attentat auf Hitler der Chef des Generalstabes der Luftwaffe, Generaloberst Korten, schwer verwundet; drei Tage später erliegt er seinen Verletzungen.

Am Sonntag, dem 23. Juli 1944, genau 10 Tage nach der überraschenden Landung einer Ju 88 G-1 in Woodbridge, startet das Bomberkommando bei seinen Nachteinsätzen über Europa mit dem Abwurf der modifizierten »Window«, den von Wing Commander Jackson entwickelten »ziehharmonika«-ähnlichen Stanniolstreifen, die nun die von Lichtenstein SN-2 benutzte Frequenz von 85 Megahertz nahezu lahmlegen.
Prof. Dr. Jones arbeitet inzwischen mit seinem Team an einem Störgerät, dem sie den Namen »Piperack« geben. Das mit größtem Nachdruck bald serienmäßig produzierte Gerät soll das Lichtenstein SN-2 vollends unbrauchbar machen.

Am Donnerstag, dem 27. Juli 1944, um 14.30 Uhr, führt aus seinem Luftstützpunkt Manston (Kent) ein RAF-Düsenjäger vom Typ Gloster Meteor der 616. Squadron (South Yorkshire) den ersten Patrouillenflug über dem Kanal gegen die V 1 durch. Er trifft jedoch keine fliegende Bombe an. Kurz danach starten 2 weitere Meteors, und Squadron Leader Watts erspäht eine V 1. Er holt sie in der Nähe von Ashford ein, drückt auf den Knopf, aber seine Kanone hat Ladehemmung, und die V 1 fliegt ihm davon.
Der Zufall will es, daß tags darauf auch die deutsche Luftwaffe ihren Raketenjäger Me 163B erstmals einsetzt. Es sind 7 »Komet«-Jäger, geflogen von Angehörigen der 1. Staffel des Jagdgeschwaders 400 (Hauptm. Olejnik), die sich in Wittmundhafen aus dem Erprobungskommando 16 formiert hat. Das JG 400 hat vor allem die Aufgabe, die lebenswichtigen Hydrierwerke zu schützen.

Am Freitag, dem 28. Juli 1944, sichten die Piloten der 359. Mustang-Jagdgruppe, die einen B-17-Verband der 8. USAAF bei seinem Angriff auf Merseburg begleiten, plötzlich in etwa 3000 Meter über den Bombern zwei Kondensstreifen, die sich mit ungewöhnlicher Schnelligkeit am Himmel fortbewegen. Dazu berichtet Generalmajor W. Kepner, der Kommandeur des Bomberverbandes: »5 Me 163 kreisten in 2 Gruppen über Merseburg. Sie führten kaltblütig mehrere Angriffe gegen unseren Verband.«
Am gleichen Tage wird der Angriff einiger Me 163 über Wesermünde »aus der Sonne« gegen eine Formation B-17 der 3. Luftdivision gemeldet, der mit dem Abschuß einer Fliegenden Festung endet. Die Begleitjäger P-38 Lightning der 479. Jagdgruppe versuchen erfolglos, die Raketenjäger abzufangen.

Am Sonnabend, dem 29. Juli 1944, starten 65 B-29-Superfestungen des 20. Bomber Command von ihrem Stützpunkt Tschöngtu (China) und greifen ohne eigene Verluste die Eisenhütten in Anschan bei Mukden (Mandschurei) an. Es ist der erste erfolgreiche Tageseinsatz des 20. Bomber Command. Dagegen werden von 30 B-29, die vom gleichen Stützpunkt das andere Ziel in Chenghsien bombardieren, eine Superfortress durch japanische Flak und 10 der B-29 von Jägern abgeschossen.

Am Montag, dem 31. Juli 1944, gelingt den Panzerdivisionen der 1. US-Armee bei Avranches der entscheidende Durchbruch. Damit gelangen die Kämpfe im

Oben rechts: Juli 1944, Feldflugplatz des G. R. II./33 in Borgo (Korsika): Commandant Saint-Exupéry in seiner P-38 Lightning kurz vor dem Start

Unten: Der erste Düsenjäger der RAF ist zugleich der einzige der Alliierten, der noch im Krieg zum Einsatz kommt: Die zweistrahlige Gloster Meteor III der 616. Squadron (2. Tactical Air Force)

eigentlichen Invasionsraum zum strategischen Erfolg. Mit Raketengeschossen ausgestattete starke alliierte Jagdbomberverbände unterstützen die vorstoßenden Bodentruppen bei dieser Operation.

In den Morgenstunden des 31. Juli 1944 startet der 44jährige Major der französischen Fliegertruppe, Saint-Exupéry, vom Luftstützpunkt Borgo auf Korsika mit einer unbewaffneten P-38 Lightning zur Bildaufklärung über dem Raum Grenoble-Annecy. Um 14.30 Uhr muß man jedoch die Hoffnung auf seine Rückkehr aufgeben, die Lightning hat nur für 7 Stunden Treibstoff mit. Antoine de Saint-Exupéry bleibt verschollen.
Er war Denker, Poet, Flieger, Wissenschaftler. Seine Untersuchungen über Luftnavigation und Aerodynamik verblüfften die Fachleute durch ihre schöpferische Phantasie. Seine aeronautischen Versuche wurden vom Flugzeugbau übernommen. Sein ungeklärter Tod ist das beinahe mythische Ende eines bereits von Mythen umrankten Lebens.
In Saint-Exupérys Gepäck finden die Kameraden vier Manuskripte, darunter »Der kleine Prinz« mit den Zeichnungen, die Saint-Exupéry dazu gemacht hat. Am Abend vor seinem letzten Flug schrieb er einem Freund: »Wenn ich abgeschossen werde, so verlasse ich die Welt ohne Bedauern. Der Ameisenhaufen der zukünftigen Welt erschreckt mich.«

In diesen Wochen, in denen alles zusammenbricht und selbst Traumwandlern die Illusion eines erfolgreichen Kriegsausganges schwindet, arbeitet die NS-Propaganda unverdrossen und mit Raffinesse. Immer wieder werden Ankündigungen massiver Vergeltung des Bombenterrors und verschwommene Gerüchte über kriegsentscheidende Wunderwaffen in die Welt gesetzt. Der mystisch verbrämte Durchhalte-Artikel des SS-Kriegsberichterstatters Joachim Fernau, der in allen namhaften Zeitungen des Reiches abgedruckt wird, hat besonders folgenschwere Wirkungen in jenen Tagen. Unzählige klammern sich an diese Durchhalte-Parolen in Presse und Rundfunk: Immerhin haben sich aus Hitlers Geheimwaffen-Arsenal diese schließlich als die erfolgreichsten erwiesen; mit ihnen gelingt es nämlich, den Krieg, der schwere Opfer auf beiden Seiten gefordert hat, über Monate zu verlängern und mit ihm die Galgenfrist für die NS-Machthaber.

Am Dienstag, dem 1. August 1944, fünf Wochen nach Beginn der sowjetischen Sommeroffensive, meldet Radio Moskau die Zerschlagung von 28 Divisionen der Heeresgruppe Mitte. Das Ergebnis: 158 480 Gefangene, darunter 22 Generäle. Insgesamt verliert die Heeresgruppe Mitte 350 000 Mann. Es ist nach deutschen Quellen die schwerste Niederlage, die die Wehrmacht jemals erlitten hat.

Am Mittwoch, dem 2. August 1944, gelingt es dem Flakregiment 155 (Oberst Wachtel), von den Abschußrampen im Raum Pas de Calais die bisher größte Anzahl V-1-Geschosse zu starten: Von 38 Katapulten werden 316 fliegende Bomben auf London abgefeuert. Trotz zahlreicher Abfangjäger, die über dem Kanal patrouillieren, trotz starkem Flaksperrfeuer entlang der Küste und mehrerer hundert Sperrballons erreichen an diesem Tage 107 Flugbomben die britische Hauptstadt. Sogar der eigentliche Zielpunkt, die Tower Bridge, wird – um 3.44 Uhr – endlich getroffen und so stark beschädigt, daß sie beinahe eine Woche lang für den Verkehr ausfällt. Doch schlimmer als die Beschädigung des Londoner Wahrzeichens sind die Zerstörungen in den Rüstungswerken: Rund 40 Prozent der 500-kg-Bomben, die man hauptsächlich für Punktzielangriffe einsetzt, werden in den Fabriken von Groß-London hergestellt. Die V 1 richtet in diesen Rüstungsbetrieben so große Schäden an, daß die Produktion ernstlich gefährdet ist und der geplante Angriff auf das deutsche Eisenbahnnetz in Frage gestellt wird.

Am Freitag, dem 4. August 1944, greifen etwa 1200 Bomber der 8. USAAF verschiedene Städte nahe der Nord- und Ostseeküste an, unter anderem Bremen, Harburg, Hamburg, Rostock, Wismar und die Arado-Flugzeugwerke in Anklam. Ein Verband von B-17 bombardiert die Raketenversuchsanstalt Peenemünde.
Am gleichen Tag kann der britische Düsenjäger Gloster Meteor III seinen ersten Luftsieg erringen: Flight Officer P. J. Dean trifft etwa 6 Kilometer südlich von Tonbridge (Kent) auf eine V 1. Da die Kanone der Meteor wiederholt Ladehemmung hat, wirft der ebenso schnell fliegende Jäger die V 1 mit seinen Tragflächen aus der Bahn, so daß sie abstürzt. Einige Minuten später berichtet ein zweiter Meteor-Pilot, Flight Officer J. K. Roger, er habe in der Nähe von Tenterden (Kent) ebenfalls eine V 1 erledigt. Von diesem Freitag an hat die 616. Squadron jeweils 2 Maschinen den ganzen Tag über in der Luft; während 2 Meteors eine halbe Stunde lang patrouil-

lieren, stehen die nächsten beiden zur Ablösung startbereit.

Am Nachmittag des 4. August beginnt das deutsche I. Fallschirmjägerkorps (GenLt. Heidrich) der 14. Armee (GenOberst v. Mackensen) mit der Räumung von Florenz. Alle Arno-Brücken bis auf die Ponte Vecchio werden gesprengt.

In der ersten Augustwoche erreicht die Zahl der für die Reichsverteidigung eingesetzten Flakbatterien ihren absoluten Höhepunkt: 154 schwere, 644 mittlere und leichte Einheiten, 376 Scheinwerfer- und 57 Luftsperrbatterien. Allerdings ist ein großer Teil der Geschütze veraltet, und die Mehrzahl leidet unter der übermäßigen Beanspruchung. Durchschnittlicher Munitionsverbrauch pro Abschuß eines viermotorigen Bombers: 4940 Schuß der leichten und 3343 Schuß der schweren Flak; Kosten hierfür: 267 440 Reichsmark. Die Flakartillerie, deren Bedienungspersonal auf rund eine Million »Mann« – Soldaten, jugendliche Luftwaffenhelfer, Kriegsgefangene, Frauen und Mädchen – angewachsen ist, hat jetzt zum Schutz strategisch wichtiger Objekte Feuererlaubnis für alle Wirkungshöhen.

Kurz nach Mitternacht, am 7. August 1944, führt in der Normandie die 5. Panzerarmee (Gen. d. Pz.Tr. Eberbach) nach einem von Hitler in allen Details ausgearbeiteten Plan einen Gegenangriff durch mit dem Ziel, die bei Avranches durchgebrochene 3. US-Armee (Gen. Patton) abzuschneiden. Die Stadt Mortain, ein von unerfahrenen US-Truppen besetzter Abschnitt, wird bereits nach einigen Stunden von der 2. SS-Panzerdivision erobert und ein 10 Kilometer tiefer Einbruch erzielt. Der deutsche Gegenangriff stößt weiterhin vor, als bei Sonnenaufgang statt der von Hitler versprochenen 300 Jäger die ersten raketenfeuernden britischen Jabos vom Typ Hawker »Typhoon« erscheinen.
Die deutschen Jäger werden gleich nach dem Start in Luftkämpfe verwickelt und zum größten Teil abgeschossen. Bis zum eigentlichen Kampfraum dringt keine einzige Maschine vor. Rund 90 deutsche Panzer und 200 Fahrzeuge werden in wenigen Minuten vernichtet. Zum erstenmal wird der Einsatz eines starken Panzerverbandes einzig und allein durch Raketengeschosse von Jabos zerschlagen. Der OB West, Generalfeldmarschall von Kluge, meldet Hitler kurz danach: »Angesichts der völligen Beherrschung des Luftraumes durch die feindlichen Luftstreitkräfte sehe ich keinen Weg, eine Strategieform zu finden, die, wenn wir uns nicht vom Schlachtfeld zurückziehen, ihre vernichtende Wirkung aufhebt.« Aber selbst ein Rückzug ist unmöglich, wie später klarwerden soll.
Zur gleichen Zeit setzt die RAF bei Falaise zum erstenmal auch bei Nacht viermotorige Bomber für »taktische« Angriffe zur direkten Unterstützung der Bodentruppen ein.

In der Nacht vom 8./9. August 1944 werfen alliierte Maschinen von italienischen Stützpunkten aus erstmalig Waffen und Munition über Warschau ab. Hier ist am 1. August der Aufstand der polnischen »Heimatarmee« (Gen. Graf Bor-Komorowski) ausgebrochen.

Am Freitag, dem 11. August 1944, wird die Rückeroberung von Guam (Marianen) durch US-Streitkräfte beendet. Gemeinsam mit den Australiern ist es den Amerikanern gelungen, die Japaner von den Salomon-Inseln zu vertreiben. In einer 2 Jahre dauernden Kampagne sind die Japaner endgültig aus Neuguinea verdrängt worden. Nun bereiten sich die US-Streitkräfte unter General MacArthur auf die Befreiung der Philippinen vor.

Am Dienstag, dem 15. August 1944, beginnt nach vorausgegangenen starken Bombenangriffen an der französischen Mittelmeerküste zwischen Toulon und Cannes, die Operation »Dragoon«, die Landung der 7. US-Armee (GenLt. Patch) mit dem VI. US-Korps (GenMaj. Truscott) und dem II. französischen Korps (Gen. de Lattre de Tassigny). Rund 14 000 Mann Luftlandetruppen werden von Korsika angeflogen.
Als am Mittwoch, dem 16. August 1944, das XX. US-Korps auf Chartres vorstößt, treffen seine Panzerspitzen auf eine der außergewöhnlichsten Einrichtungen der RAF: ein Sammellager für alliierte Flieger hinter den feindlichen Linien. Als ab März 1944 die alliierten Bombenangriffe das französische Verkehrswesen lahmlegen, wird es für die SOE immer problematischer, abgeschossene Besatzungen oder aus den Gefangenenlagern geflohene alliierte Flieger bis an die spanische Grenze zu schaffen, damit sie von dort aus über Gibraltar oder Lissabon wieder nach England gelangen können.
Die Londoner SOE-Zentrale beordert nun Colonel Boussa, Kommandeur einer belgischen RAF-Squadron, nach Frankreich mit der Aufgabe, zwischen Vendôme und Chartres ein Auffanglager für flüchtige Flieger zu errichten, in dem sie bis zur erfolgten Invasion und Befreiung Zuflucht finden. Mit Hilfe der Résistance aus dem Städtchen Cloyes entsteht in den Wäldern von Frétenal das geplante Pilotenlager.
Es werden Zelte besorgt und aus dem Umkreis von 30 Kilometern Lebensmittel trotz scharfer Rationierung regelmäßig geliefert. Die Wachtposten, die ständig unterwegs sind, warnen rechtzeitig vor unerwünschten Besuchern. Um nicht aus der Luft erspäht zu werden, tarnt man jeden Morgen Zelte und alle übrigen Einrichtungen mit frischen Zweigen. 3 Monate lang, von Mai bis Mitte August 1944, halten sich hier 152 alliierte Flieger direkt im Rücken der Deutschen auf. Sie verbringen ihre Zeit

15. August 1944, zwischen Toulon und Cannes: US-Luftlandetruppen neben ihrem Lastensegler Waco CG-4A. Diese Standard-Lastensegler der USA, die 15 vollbewaffnete Soldaten transportieren können, sind zugleich die meistgebauten des Zweiten Weltkrieges (13 909 Stück)

mit geflüsterten Unterhaltungen oder mit Schachspiel. Eine Gutsbesitzerin hat ihr etwa 10 Kilometer entfernt liegendes Anwesen für die Kranken zur Verfügung gestellt.
Als im Juni 1944 immer mehr Flieger eintreffen, muß sogar ein zweites Lager organisiert werden. Colonel Boussa hat angeordnet, daß niemand auf eigene Faust versuchen darf, die Invasionstruppen zu erreichen. Am Donnerstag, dem 17. August 1944, werden die Piloten in den Schutz von US-Panzerkolonnen genommen.
An diesem Tag erobert die kanadische 1. Armee (GenLt. Crerar) Falaise und kesselt zusammen mit der 1. US-Armee (GenLt. Bradley) die etwa 125 000 Mann starke deutsche 7. Armee (SS-Obergruppenf. Hausser) und Teile der 5. Panzerarmee (Gen. d. Pz.Tr. Eberbach) ein. Jetzt entschließt sich Hitler, Generalfeldmarschall Model anstelle von Kluge den Oberbefehl im Westen zu übertragen.
Tags darauf, am 18. August 1944, bekommt auch die 3. Luftflotte einen neuen Befehlshaber: Generaloberst Deßloch löst Generalfeldmarschall Sperrle ab, da dieser nach Hitlers Meinung die notwendige Einsatzbereitschaft vermissen läßt.

Am Sonntag, dem 20. August 1944, führen 127 viermotorige US-Bomber westlich von Krakau einen Flächenangriff auf die Werke für synthetischen Treibstoff im Gelände des Konzentrationslagers Auschwitz-Birkenau. Ein Teil der Anlagen wird durch den Bombenteppich schwer getroffen und mehrere dort arbeitende KZ-Häftlinge getötet. Hätten die Fliegenden Festungen ihre Last einige Kilometer weiter abgeworfen, so wäre – genau gezielt – die größte »Todesfabrik« des NS-Regimes mit ihren Gaskammern und Krematorien dem Erdboden gleichgemacht und unzähligen Menschen das Leben gerettet worden. Dieser Meinung sind zumindest führende jüdische Kreise in den USA, die sich immer wieder vergeblich an das US War Department mit der Bitte wenden, die mächtige amerikanische Luftstreitmacht gegen diese Ziele einzusetzen, um dem NS-Regime die Vernichtung von Millionen von Juden wenigstens zu erschweren.
Und es bleibt eine der ungelösten Fragen des Luftkrieges, warum die Verantwortlichen in Amerika und England keinen einzigen Angriff auf die ihnen gut bekannten Objekte befohlen haben, etwa auf Verkehrsknotenpunkte, über die monatelang Transporte aus den Gettos im deutschbesetzten Europa zu den Vernichtungslagern in Auschwitz, Treblinka und anderen rollen. Man weiß, mit welchem Aufwand vor der Invasion in der Normandie jede kleinste Eisenbahnstation oder Brücke in Nordfrankreich zerstört wurde; deshalb sind unterlassene Operationen zur Verhinderung der Massenvernichtung des Judenvolkes um so weniger verständlich, als zur gleichen Zeit sich über weiten Teilen Mitteleuropas völlig sinnlose Tieffliegerangriffe alliierter Jäger auf harmlose Zivilisten verstärken; ein Beweis, wie weit das Geschehen des Luftkrieges bereits der obersten militärischen oder gar der politischen Führung entglitten ist.

Am Dienstag, dem 22. August 1944, wird das Einsatzkommando Schenck mit 9 Me-262-Düsenbombern nach Jouvincourt verlegt. Jedoch nur 5 Maschinen erreichen ihren neuen Stützpunkt. Vier der »Turbos« gehen unterwegs zu Bruch, weil es den Piloten an gründlicher Ausbildung mangelt. Bereits im Frühjahr 1944 erhielt die Luftwaffe die ersten Düsenjäger, den Vorserien-Typ Me 262 A-0, für die Einsatzerprobung. Hitlers unsinniger Befehl bestimmt die Maschine jedoch zum Blitzbomber, wofür sie völlig ungeeignet ist, da sie mit der Bombenlast von 1000 kg die gleiche Geschwindigkeit hat wie die alliierten Jäger. Nachdem der Schnellbomber unter dem Namen »Sturmvogel« (Me 262 A-2) in Serienproduktion geht, wird in Lechfeld die Umschulung eines Teils der Piloten des Kampfgeschwaders 51 (»Edelweiß«) auf den Blitzbomber durchgeführt.
Aus Teilen der 3. Staffel des KG 51 bildet man das Sonderkommando E-51, das nach seinem Kommandeur, Major W. Schenck, Einsatzkommando Schenck genannt wird. Mit der Landung der Alliierten in der Normandie

Links: 27. August 1944, Paris: Besonders stark ist durch den deutschen Bombenangriff der westliche Teil der Stadt getroffen worden

Rechts: In Wassenaar, dem Nobelviertel bei Den Haag, befinden sich die mobilen Feuerstellungen, von denen die Fernraketen A-4 (V 2) nach England starten. Im Kreis, die Koekoekslaan, Ecke Schouwweg: Von hier aus erreicht die erste V 2 in 320 Sekunden (5¹/₃ Min.) London

sollte diese Spezialeinheit an der Invasionsfront in die Kämpfe eingreifen.

Am Mittwoch, dem 23. August 1944, geht im nördlichen Stadtteil von London, East-Barnet, eine V 1 nieder, die die bisher größten Opfer fordert: 211 Tote und mehrere hundert Verletzte.

Am Freitag, dem 25. August 1944, rücken von Süden her die französische 2. Panzerdivision (GenMaj. Leclerc) und die 4. US-Infanteriedivision (GenMaj. Barton) in Paris ein. Der deutsche Stadtkommandant, General der Infanterie von Choltitz, kapituliert, um die Stadt vor der Zerstörung zu bewahren. Am nächsten Tag hält General de Gaulle triumphalen Einzug in der französischen Hauptstadt. Während die Bevölkerung die Befreiung feiert, läßt Hitler die nach Reims verlegte 3. Luftflotte (GenOberst Deßloch) mit ihren noch verfügbaren 50 Bombern Paris angreifen. Als um Mitternacht die Sirenen aufheulen, denkt niemand in der hellerleuchteten Seine-Metropole an eine Gefahr. Eine halbe Stunde lang kreisen die deutschen Bomber im Tiefflug und können unbehindert ihre Last abwerfen, da es in der Stadt kein einziges Flugabwehrgeschütz gibt. In kürzester Zeit entstehen zahlreiche Großbrände. Es ist der schwerste Luftangriff des Krieges auf die französische Hauptstadt: 213 Menschen kommen dabei um, 914 werden verwundet. 593 Gebäude sind zerstört oder schwer beschädigt.

Am Sonnabend, dem 26. August 1944, wird in Nordburma mit dem Ausfliegen der letzten Chindits der 14. Brigade (Brigadier T. Brodie) der »Special Forces« die Operation »Thursday«, die im März 1944 unter Generalmajor Wingate begonnen hat, abgeschlossen.
Während dieser 5 Monate andauernden Kämpfe und Märsche bis tief hinter die feindlichen Linien sind die »Special Forces« vom 1. Air Commando (Col. P. G. Cochran) ständig unterstützt worden. Mehr als 3000 Verwundete und Kranke hat man ausgeflogen und rund 2000 Tonnen Nachschub monatlich auf dem Luftwege befördert.
Die Flakbatterie, die im Stronghold »Broadway« mit Lastenseglern gelandet war, schoß in dieser Zeit mehr japanische Flugzeuge ab als im Jahre 1944 alle Flakeinheiten in Indien und Burma zusammen.

Am Sonntag, dem 27. August 1944, startet das RAF-Bomberkommando seinen seit 3 Jahren größten strategischen Tagesangriff auf das Reichsgebiet. Über 200 Lancasters mit Spitfire-Begleitschutz greifen von französischen Stützpunkten aus die Werke für synthetischen Treibstoff in Homberg-Meerbeck an. Kein einziger Bomber geht dabei verloren; der Schaden ist jedoch so groß, daß die Hydrierwerke für zwei Monate ausfallen.

Am Montag, dem 28. August 1944, verzeichnet die Operation »Diwer« – so der Codename für die Abwehrmaßnahmen gegen die V 1 – ihren größten Erfolg: Von den 97 gegen London abgefeuerten fliegenden Bomben schießt die Flak dank ihrer Annäherungszünder 65 Projektile ab, die Jäger 23, und 2 werden durch Sperrballons zerstört. Nur 4 Geschosse erreichen London, die restlichen 3 gehen über unbewohntem Gebiet nieder.
Da es in Nordfrankreich den alliierten Truppen gelingt, eine Abschußrampe nach der anderen zu erobern, sinkt Ende August die Zahl der gestarteten V 1 rapide.

Während in der Nacht vom 29./30. August 1944 die RAF-Mosquitos ihre Störangriffe auf Berlin und Hamburg führen, greift das Bomberkommando Stettin an, wo es 1341 Tonnen Bomben abwirft. Auf Königsberg fallen 492 Tonnen Brandbomben, und die mittelalterliche Innenstadt brennt dabei fast völlig aus.

Der Zusammenbruch der deutschen Front in Frankreich schafft eine vollkommen neue Lage für die Reichsverteidigung: 20 Tagjagdgruppen, 1 Nachtjagdgeschwader und mehrere Flakbatterien befinden sich nun in Holland

und in unmittelbarer Nähe der Reichsgrenze. Eine Distanz für die Flugmeldung ist im Westen allenfalls noch über Holland vorhanden und das Ruhrgebiet den alliierten Luftangriffen nun vollends preisgegeben.
Die neuen Störmaßnahmen der RAF machen die Bord-Radargeräte der deutschen Nachtjäger wirkungslos, und das gleichzeitig verbesserte alliierte Navigationsverfahren ermöglicht den Bombern die Durchführung von Angriffen auch in Schlechtwetterperioden.
Trotzdem erreicht die deutsche Rüstungsproduktion im August 1944 ihren absoluten Höchststand: Aus den Werken rollen zwar mehr und sogar bessere Waffen als je zuvor; die Niederlage können sie nicht abwenden.

Am Nachmittag des 1. September 1944 erreicht England die letzte von französischem Boden gestartete V 1: die 8564. fliegende Bombe, die auf London und Südengland abgeschossen worden ist. Nachdem sich nun die letzte der Abschußrampen in alliierten Händen befindet, setzt die Luftwaffe verstärkt die He 111 als fliegende Startrampe für die V 1 ein. Bald werden über 100 Flugzeuge für diese Einsätze verwendet, darunter mehrere Maschinen vom Typ Heinkel He 111 H-21 mit leistungsstarken Jumo-221-Motoren, eine verbesserte Version dieser im Grunde hoffnungslos veralteten Bomber. Nach kurzer Ausbildung in Peenemünde und Oschatz hat die III. Gruppe des »Blitzgeschwaders« (KG 3) – jetzt in I. Gruppe des Kampfgeschwaders 53 »Legion Condor« umbenannt – von ihren holländischen Stützpunkten in Venlo und Gilze Rijen aus bereits ab Mitte Juli 1944 mit diesen Operationen begonnen. Bis Anfang September sind rund 30 der von He 111 aus gestarteten V 1 auf London, 90 auf Southampton und über 20 auf Gloucester niedergegangen.
Wegen der starken Luftabwehr müssen diese Einsätze meistens bei Nacht und – um die britische Radarkette zu unterfliegen – in geringer Höhe durchgeführt werden. Etwa 60 Kilometer vor der englischen Küste steigen die Maschinen auf 500 Meter, starten die V 1 und kehren dicht über der Wasseroberfläche fliegend zum Festland zurück.
Ende der ersten Septemberwoche 1944 ist nach unzähligen, fast 2 Jahre dauernden Versuchen die Fernrakete A-4 (V 2) mit 1000 kg Sprengstoff endlich einsatzbereit.
In den Morgenstunden des 6. September 1944 hat die Versuchsbatterie 444 (Maj. Weber) südlich von Lüttich Stellung bezogen, um den Abschuß der ersten beiden A-4-Raketen, die Paris zugedacht sind, vorzubereiten.
Um 10.30 Uhr ist die lange und recht komplizierte Startvorbereitung für die erste Rakete (Nr. 18 583) beendet. Die A-4 hebt mit lautem Zischen ab, fällt jedoch nach einigen Metern plötzlich unverständlicherweise auf die Bodenplatte zurück.
Um 11.40 Uhr wird die nächste A-4 (Nr. 18 593) abgefeuert, mit dem gleichen Resultat. Der Fehler liegt im vorzeitigen Abschalten der Brennstoffversorgung. So bleibt es Paris erspart, als erste durch V 2 beschossene Stadt in die Geschichte einzugehen.
Am Donnerstag, dem 7. September 1944, erklärt der von Churchill mit dem Problem der deutschen Geheimwaffen beauftragte D. Sandys vor der Presse auf die Frage, ob man jetzt, nachdem die V-1-Abschußrampen in Nordfrankreich von alliierten Truppen überrollt worden seien, mit Hitlers Vergeltungswaffen weiterhin rechnen müsse, »von wenigen letzten Schüssen vielleicht abgesehen, ist die Schlacht von London vorüber«.
Zur gleichen Stunde klopfen SS-Männer in Wassenaar, dem exklusiven, parkähnlichen Vorort von Den Haag, an die Türen der herrschaftlichen Villen. Die Einwohner der Straßen Koekoekslaan, Lijsterlaan und Konijnenlaan müssen ihre Häuser innerhalb von 2 Stunden räumen, die Türen und Fenster jedoch weit geöffnet lassen. Ein SS-Trupp legt ein Wirrwarr von Kabeln über die Rust, En Vreugdlaan und den Rijksstraatweg, dicht an den Häusern der geräumten Straßen entlang.
Kurz nach Sonnenaufgang am Freitag, dem 8. September 1944, rollt eine lange Fahrzeugkolonne unter starkem SS-Begleitschutz nach Wassenaar: mehrere LKW und Mannschaftstransportwagen, Sattelschlepper mit Tarnplanen bedeckten Meiller-Anhängern – eine sinnreiche Konstruktion, die sogleich Transportwagen und Startbasis für die A-4 ist – sowie Feuerleitpanzer, Meßtrupp und Funkwagen. Es sind die aus Kleve kommenden Batterien 1 und 2 der Artillerieabteilung (mot.) 485 (Oberst Hohmann), der sogenannten »Gruppe Nord«.
Die Soldaten stellen 2 Abschußrampen an die beiden Straßenkreuzungen der Koekoekslaan. Die Fernraketen werden auf den Meiller-Anhängern aufgerichtet, etwa 50 Meter voneinander entfernt, und gegen 18 Uhr sind die Vorbereitungen für den Start abgeschlossen. Der Zielpunkt der beiden A-4 ist die Londoner Feuerwehrstation in der Southwark Bridge Road.
Um 18.38 Uhr startet die erste der über 1000 A-4-Rake-

ten, die auf England fallen sollen, zu ihrem rund 320 Kilometer langen Flug.
5 Minuten später, um 18.43 Uhr, werden die Bewohner der Staveley Road, im Londoner Vorort Chiswick, 10 Kilometer vom Ziel entfernt, von einer Explosion erschreckt, »die wie ein Donnerschlag klang, dem das Geräusch eines schweren Körpers, der unmittelbar durch die Luft rauschte, folgte«. 6 Häuser sind völlig zerstört, eine ganze Reihe Gebäude schwer beschädigt, 3 Menschen getötet und 10 ernsthaft verletzt. 16 Sekunden danach ereignet sich eine ähnliche mysteriöse Explosion im Parndon-Wald bei Epping (Essex), etwa 30 Kilometer von dem vorgesehenen Ziel entfernt. Einige Holzbaracken werden zerstört; weitere Schäden entstehen nicht. Die Bewohner können sich diese Detonation nicht erklären. Man hat weder deutsche Flugzeuge noch V-1-Geschosse gesehen oder gehört. Es gibt keine Presseerklärungen über die Ereignisse in Chiswick und bei Epping. Die Gerüchte über eine Explosion der Gashauptleitung werden nicht dementiert. Nur ein paar Dutzend britische Spezialisten, Politiker und höhere Militärs wissen, daß der schon lang befürchtete deutsche Raketenbeschuß soeben begonnen hat.
Interessanterweise geben weder die englische noch die deutsche Regierung 2 Monate lang eine offizielle Erklärung über die Ursache dieser Explosionen ab, die seit dem 8. September 1944 Südostengland erschüttern.
Zwar haben holländische SOE-Agenten bereits am 7. September 1944 die genaue Lage der Abschußstellen bei Den Haag nach London gemeldet, doch alliierte Bombenangriffe können nicht verhindern, daß die Raketen weiterhin aus dieser Gegend starten. Selbst der Luftaufklärung gelingt es nicht, vermutliche Abschußrampen zu lokalisieren: Dank des Meiller-Wagens können die motorisierten Batterien in dem unübersichtlichen Parkgebiet von Wassenaar ihre fahrbaren Abschußstellen von Abschuß zu Abschuß wechseln.
Die schneller als der Schall fliegende V 2, vor der es kein Entkommen gibt, ist über ihrem Ziel, ehe eine Warnung gegeben werden kann, da sie durch Radar nicht wahrnehmbar ist. An Wirkung und Zerstörungskraft übertrifft sie die V 1 bei weitem. Jedoch wie der Reichsminister für Rüstung, Albert Speer, nach Jahren sagt: »... Es war absurd, den feindlichen Bomberflotten des Jahres 1944, die im Durchschnitt mehrerer Monate mit 4100 viermotorigen Flugzeugen 3000 Tonnen Bomben pro Tag auf Deutschland abwarfen, eine Vergeltung entgegensetzen zu wollen, die täglich 24 Tonnen Sprengstoff nach England befördert hätte: die Bombenlast eines Angriffs von nur 6 Fliegenden Festungen ...«

Am Montag, dem 11. September 1944, fliegt die 8. USAAF die Operation »Frantic VI«, den 6. Pendelbombenangriff auf der Route zwischen Westeuropa und

Oben: Die V 2 wird bis zum Brennschluß von einem elektrischen Leitstrahl gelenkt und der empfindlichste Teil des Steuerungssystems, der sich im Raketenkopf befindet, erst vor dem Aufrichten angebracht

Oben rechts: Die Betankung der V 2: Insgesamt 3965 kg Brennstoff, davon 3/4 Äthylalkohol und 1/4 Wasser, ferner 4900 kg flüssige Luft als Oxydator. Die Brenndauer beträgt etwa 65 Sekunden, die Schubleistung entspricht 650 000 PS, die Geschwindigkeit: 5600 km/h

Rechts: Die V 2 ist 14 m lang, hat einen Durchmesser von 1,65 m; das leere Geschoß wiegt 4000 kg, startbereit 12 900 kg; die Sprengladung nur 975 kg

Unten: 8. September 1944, Staveley Road, Chiswick, London W 4: Hier hat die erste V 2 getroffen. Vorn Mr. W. Harrison, der mit einer Kopfverletzung davonkam, seine Frau wurde getötet

der Sowjetunion. 75 Fliegende Festungen, darunter mehrere von der 452. Bombergruppe, die den deutschen Angriff auf Poltawa in der Nacht vom 21./22. Juni überstanden haben, werden von 64 P-51 Mustangs der 20. Jägergruppe begleitet. Der Verband bombardiert die Wanderer-Werke in Chemnitz. Nur eine B-17 und 2 Mustangs werden durch Flak und Jäger beschädigt, erreichen jedoch das Gebiet der Sowjetunion.

Am gleichen Tage dringt die britische 2. Armee in Holland ein, und um 18.55 Uhr erreichen Einheiten der 1. US-Armee (GenLt. Bradley) nördlich von Trier das Reichsgebiet: Eine Patrouille der 85. US-Aufklärungsabteilung überschreitet ungestört die deutsche Grenze in der Nähe des luxemburgischen Ortes Stolzemburg.
Der Vormarsch der Bodentruppen bleibt nicht ohne Einfluß auf den Luftkrieg: Die mobilen Oboe-Radarstationen, die jetzt ständig den kämpfenden Truppen folgen, erweitern beträchtlich die Reichweite dieser Bombenabwurfhilfe und ermöglichen nun präzise Angriffe auf beinahe jedes Ziel im gesamten Reichsgebiet. Ein anderer Vorteil ist die »Pluto-Pipe-Line«: mehrere Ölleitun-

gen, die in Liverpool beginnen und – über den Grund des Ärmelkanals in den Invasionsraum gelegt – im Zuge des Vormarsches ständig weiter nach Osten verlängert werden. Ihre tägliche Leistung beträgt 4,5 Millionen Liter und bedeutet eine erhebliche Vereinfachung der Treibstoffversorgung der alliierten Luftstreitkräfte.

In den Morgenstunden des 12. September 1944 landen auf mehreren Flugplätzen im Raum von Murmansk 39 britische Lancasters und 2 Liberators (Group Capt. G. T. Tait) mit eigenem Bodenpersonal und Ersatzteilen. Der Verband soll bei günstigem Wetter das im Alta-Fjord liegende Schlachtschiff »Tirpitz« versenken.
Am Mittwoch, dem 13. September 1944, fliegen 73 B-17 und 55 Mustangs der Operation »Frantic VI« aus der Sowjetunion nun nach Italien zurück. Unterwegs greifen sie die Rüstungswerke in Diosgyor (Ungarn) an. Über dem Ziel treffen sie überraschenderweise auf keine gegnerische Luftabwehr.
In der Nacht vom 13./14. September 1944, 6 Wochen nach Ausbruch des Aufstandes, beginnen die Versorgungsflüge der sowjetischen Maschinen zur Unterstützung der Aufständischen in Warschau. Insgesamt werfen die Doppeldecker Po-2 (in der Landsersprache: Nähmaschinen) vom Regiment Krakow (2 PNB) und die 16. Luftarmee (GenOberst Rudenko) etwa 30 Tonnen Lebensmittel sowie 20 Tonnen Waffen und Munition ab. Dank einer besonderen Taktik (im Gleitflug mit ausgeschalteten Motoren) landen bis zu 90 Prozent bei den Aufständischen.
Am Freitag, dem 15. September 1944, starten von dem sowjetischen Flugplatz Jagodnik, etwa 35 Kilometer von Murmansk entfernt, 28 Lancasters (Group Captain G. T. Tait) mit 6-Tonnen-»Tallboy«-Bomben. Sie fliegen zuerst südlich vom Inari-See in 300 Meter Höhe, um nicht entdeckt zu werden. 20 Minuten vor Erreichen des Ziels steigen sie in Angriffsformation auf 3500 Meter. Das Schlachtschiff ist jedoch inzwischen in dichten, künstlichen Nebel gehüllt; so muß der Verband seine Bomben ohne Sicht abwerfen.
Eine der ersten Tallboy-Bomben trifft das Vorschiff an Steuerbord und explodiert in den unteren Schiffsräumen. Alle Abteilungen vor dem Panzerquerschott werden zwar zerstört, doch die »Tirpitz« bleibt manövrierfähig. Zwei Tage danach kehren die Lancasters von Jagodnik wieder nach Schottland zurück.

Am Sonntag, dem 17. September 1944, beginnt bei strahlendem Wetter das bisher größte Luftlandeunternehmen des Krieges, Codename »Market Garden«, mit beinahe 35 000 Mann, fast doppelt soviel Luftlandetruppen wie bei der Invasion in der Normandie: 3 Divisionen und eine Brigade, über 1500 Transportmaschinen und

Arnheim, 17. September 1944: Die Lastensegler Horsa, mit britischen Luftlandetruppen an Bord, gehen unter dem deutschen Abwehrfeuer nieder

Gleitflugzeuge, 1000 Bomber und 1240 Jäger sind daran beteiligt. Ihre Aufgabe: starke Brückenköpfe am Wilhelminakanal, Zuid-Wilems-Waart, Maas, Waal und Rhein zu bilden. Dann sollen die Panzer des XXX. Korps (GenLt. Horrocks) in einer kühnen Operation bei Arnheim den Rhein überschreiten und von Norden her ins Ruhrgebiet vorgehen.
Die Luftlandung kommt für die Deutschen völlig überraschend. Die 101. US-Luftlande-Division (GenMaj. Taylor) geht zwischen Veghel und Zon nieder, die 82. US-Luftlande-Division (GenMaj. Gavin) südlich Nimwegen, die britische 1. Luftlande-Division (GenMaj. Urquhart) nördlich des Rheins, bei Arnheim.
Von den 4603 alliierten Flugzeugen, die an diesem Tage über Südholland eingesetzt sind, werden nur 73 durch Flak abgeschossen. Deutsche Jäger treten nicht in Erscheinung.

Am gleichen Tag unterbricht die »Gruppe Nord«, die bis jetzt von ihren Meiller-Anhängern aus – durch die alten Platanen des Oud-Wassenaarse-Weges geschützt – eine V 2 nach der anderen in Richtung London startete, ihren Einsatz: Die 1. und 2. Batterie der Artillerieabteilung (mot.) 485 (Oberst Hohmann) werden eiligst, um nicht möglicherweise durch alliierte Luftlandetruppen abgeschnitten zu werden, in die Nähe von Haarlem nach Overveen verlegt.
Weil 2 Bataillone der britischen 1. Luftlande-Division, deren Aufgabe es sein soll, den bedeutendsten Brückenkopf auf der rechten Rheinseite zu sichern, am Rande von Arnheim durch heftige Kämpfe mit einer SS-Einheit aufgehalten werden, setzt nur das 2. Bataillon (Lt.Col.

I. D. Frost) seinen Marsch durch die Vororte von Arnheim fort und erreicht um 20.30 Uhr die strategisch wichtige Straßenbrücke. Colonel I. D. Frost, der im Februar 1942 den Handstreich auf die deutsche Radarstation bei Bruneval durchführte, sendet nun, anstatt sofort nach beiden Seiten Brückenköpfe zu bilden, eine Patrouille aus. Nachdem eine einzelne Flak sie am weiteren Vorstoß hindert, besetzt Frost einige Gebäude auf dem rechten Ufer und beschließt, den Morgen abzuwarten.
Am nächsten Tag, dem 18. September, werden die Versuche, über die Brücke zu gelangen, durch harten deutschen Widerstand abgeschlagen. Schlimmer noch, alle Bemühungen, dem Bataillon Frost Entsatz zu bringen, schlagen fehl.
Generalfeldmarschall Model (OB der Heeresgruppe B) und Generaloberst Student (OB der 1. Fallschirm-Armee) leiten energische Abwehrmaßnahmen ein. Das zur Auffrischung bei Zutphen liegende II. SS-Panzerkorps (Obergruppenf. Bittrich) mit der 9. SS-Panzerdivision »Hohenstaufen« (Obersturmbannf. Harzer und der 10. SS-Panzerdivision »Frundsberg« (Brigadef. Harmel) nehmen entscheidend an den Kämpfen teil.

Am Montag, dem 18. September 1944, starten 110 B-17 der 8. US-Luftflotte, eskortiert von 148 Mustangs der 355. Jägergruppe, zur Operation »Frantic VII«. Dieser Flug ist eine delikate politische Mission, der wochenlange harte Verhandlungen zwischen Washington und Moskau vorausgegangen sind: In den Fliegenden Festungen befinden sich statt Bomben Container mit Waffen und Munition für die von deutschen Truppen arg bedrängten Aufständischen in Warschau. Obwohl am anderen Weichselufer die Truppen der 1. Weißrussischen Front des aus Warschau stammenden Armeegenerals Rokossowski liegen, nehmen die Amerikaner gute 10 Stunden Flug auf sich, um die Versorgungsbehälter über der polnischen Hauptstadt abzuwerfen. Der Verband kreuzt Dänemark und die Ostsee, schwenkt bei Kolberg landeinwärts und erreicht gegen 13.40 Uhr trotz starker Flaksperrren und der Verfolgung durch deutsche Jäger das in Brandwolken gehüllte Warschau.
Von den aus 5000 Meter Höhe abgeworfenen 1248 Behältern fallen etwa 10 Prozent (insgesamt 16 Tonnen) auf den noch von den Aufständischen gehaltenen schmalen Streifen der Hauptstadt; die meisten Versorgungsbomben jedoch landen bei den Deutschen. Die Flak schießt eine B-17 ab; mehrere werden schwer beschädigt. Zwei Mustangs gehen durch die deutsche Jagdabwehr verloren.
Am nächsten Tag, dem 19. September 1944, starten die Maschinen von ihren Stützpunkten in der Sowjetunion zum Rückflug nach Italien und bombardieren unterwegs die Lok-Werkstätten in Szolnok (Ungarn). Damit wird die Operation »Frantic Joe« endgültig beendet.

Am Mittwoch, dem 20. September 1944, nehmen die Panzer des XXX. Korps (GenLt. Horrocks) und die Fallschirmjäger der 82. US-Luftlande-Division (GenMaj. Gavin) die unversehrte Rheinbrücke bei Nimwegen in Besitz. Ihr weiteres Vordringen, um der in harten Kämpfen am Rande von Arnheim stehenden britischen 1. Luftlande-Division (GenMaj. Urquhardt) zu Hilfe zu kommen, scheitert am harten deutschen Widerstand.
Erst am Donnerstag, dem 21. September 1944, kann die bis jetzt durch schlechtes Wetter verhinderte polnische 1. Fallschirmjäger-Brigade (GenMaj. Sosabowski) bei Arnheim landen. Unglücklicherweise befindet sich ihr Absprungraum auf der linken Rheinseite. Es gelingt in den darauffolgenden Nächten nur einigen Dutzend Mann, den reißenden Fluß zu überqueren und sich den in Oosterbeek, dem Villenvorort von Arnheim, immer noch verzweifelt Widerstand leistenden Resten der britischen 1. Luftlande-Division (GenMaj. Urquhardt) anzuschließen.

Ab Sonnabend, dem 23. September 1944, werden die Werke für synthetischen Treibstoff und das Verkehrsnetz in Deutschland Vorrangziele der alliierten Bomberverbände und bleiben es bis zum Ende des Krieges. Von diesem Tag an sind alle strategischen Luftangriffe, wenn das Wetter Punktzielangriffe zuläßt, gegen diese Objekte gerichtet.

Am Montag, dem 25. September 1944, befiehlt Generalmajor Urquhardt seiner dezimierten britischen 1. Luftlande-Division den Ausbruch aus Oosterbeek. Während der Nacht entkommen nur 2398 von 10 095 Luftlandesoldaten über den Rhein, dessen Südufer die Spitzen des XXX. Korps (GenLt. Horrocks) soeben erreicht haben.
Die leichtsinnige Unterschätzung des Gegners durch die alliierten Nachrichtendienste, die ungünstige Wetterlage

und vor allem das sofortige Eingreifen des in der Nähe liegenden noch schlagkräftigen II. SS-Panzerkorps (Obergruppenf. Bittrich) bescheren den deutschen Truppen den letzten Sieg des Krieges. Bestehen bleibt nur ein schmaler, 82 Kilometer langer Korridor, den die britische 2. Armee (GenLt. Dempsey) mit ihrem XXX. Korps (GenLt. Horrocks) von der Front aus nach Nimwegen vorgetrieben hat. Damit gelingt es, die übrigen durch die Operation »Market Garden« gewonnenen Stellungen wenigstens defensiv zu halten. Der Ausgang dieser Schlacht hat in Deutschland neue Hoffnungen erweckt. Arnheim wird von den Alliierten erst 7 Monate später, am 14. April 1945, endgültig besetzt.

Bereits in den frühen Morgenstunden des 25. September 1944, als sich die Lage bei Arnheim stabilisiert hat, rollen die 1. und 2. Batterie der Artillerieabteilung (mot.) 485 (Oberst Hohmann) wieder nach Wassenaar. Noch am Nachmittag setzen sie die V-2-Abschüsse verstärkt fort. Das erstaunlich lange Schweigen der NS-Propaganda über die bereits eingesetzte neue Vergeltungswaffe gibt Churchill die Möglichkeit, die Öffentlichkeit in Großbritannien über die blitzartigen »Einschläge« der Fernraketen im unklaren zu lassen. Die britische Regierung befürchtet, daß die Bevölkerung von London und anderen Industriestädten Panik ergreifen könnte, was sich auf die Rüstungsindustrie negativ auswirken würde. Immerhin gelingt es mit dem Nachlassen der V-1-Anflüge seit Anfang September, die überstürzte Evakuierung der Londoner Bevölkerung – bis jetzt fast 1,5 Millionen – zu stoppen.
Da die britische Presse mitspielt und die Tag für Tag eintretenden ominösen Explosionen nach den V-2-Einschlägen mit keinem Wort erklärt, wird die Bevölkerung Englands wochenlang von Freund und Feind zum Narren gehalten.

Bis Ende September 1944 schießen die Heinkel 111 der I. Gruppe des Kampfgeschwaders 53 insgesamt 177 fliegende Bomben, meist in Nachteinsätzen, gegen England ab. Die I. Gruppe startet jetzt von ihren neuen Horsten im Raum Schleswig-Holstein, Oldenburg und Nord-Westfalen. Die Verluste bei Flügen mit der V 1 sind ungewöhnlich hoch; außer den Nachtjägern der RAF tragen auch kurz nach dem Abwurf explodierende Flugbomben dazu bei. So kehren z. B. von zwei nacheinanderfolgenden Einsätzen 12 Maschinen nicht zurück.
Ab September 1944 ändert sich die Lage in dramatischer Weise: Der deutschen Luftwaffe beginnt der Kraftstoff auszugehen. Die Monatsproduktion des synthetischen Benzins sinkt im September auf 7000 Tonnen bei einem Monatsbedarf von 150 000 Tonnen. Der Treibstoffmangel ist so katastrophal, daß bei Fliegeralarm in Obertraubing, dem Werkflugplatz der Messerschmitt AG, die zur Abnahme bereitstehenden Maschinen mit Hilfe von Pferden und Ochsen in Deckung gezogen werden müssen.

Am Montag, dem 2. Oktober 1944, kapitulieren nach 63 Tagen die Aufständischen der polnischen »Heimatarmee« in Warschau (Gen. Graf Bor-Komorowski) vor der deutschen Korpsgruppe (SS-Obergruppenf. von dem Bach-Zelewski).
Bei ihren Versorgungsflügen für die Aufständischen vom italienischen Stützpunkt Bari aus verliert die polnische RAF-Squadron Nr. 138 (Special Duties) 32 Halifax-Bomber mit 234 Besatzungsmitgliedern. Das sind 90 Prozent der Maschinen, die in 23 Nächten nach Warschau geflogen sind. Die beiden südafrikanischen Staffeln büßen 24 von ihren 33 B-24 Liberators ein. Die Verluste sind um so tragischer, da wegen der Entfernung nur eine relativ geringe Anzahl von Abwurfbehältern mitgenommen werden konnte. Lediglich etwa 40 Tonnen Nachschub bekommen die Aufständischen auf diesem Wege.

Am Dienstag, dem 3. Oktober 1944, wird das Erprobungskommando »Lechfeld« unter Major W. Nowotny, einem 23jährigen hervorragenden Jagdflieger, aufgestellt. Es ist dem energischen Eintreten von Generalmajor Galland zu verdanken, daß die Me 262 endlich als Jagdflugzeug zum Einsatz kommt. Das Erprobungskommando besteht aus 2 in Achmer und Hesepe bei Osnabrück stationierten Staffeln mit insgesamt 40 Me 262.
Am Mittwoch, dem 4. Oktober 1944, starten erstmalig 4 Düsenjäger Me 262 »Schwalbe« in Achmer; zwei von ihnen werden noch über dem Flugplatz, die dritte Maschine beim Landeanflug von kanadischen Spitfires der 401. Squadron abgeschossen. Da die Me 262 für Start und Landung ziemlich viel Zeit benötigt und dabei völlig wehrlos ist, wird diese Schwäche von den alliierten Jägern ausgenutzt.
Der hohe Treibstoffverbrauch gestattet in der Regel nur einen einzigen Anflug. Der erfolgreiche Einsatz dieser Maschinen ist nur bei perfekter Heranführung des Verbands an das Ziel und mit erfahrenen Piloten möglich. Dem Erprobungskommando »Lechfeld« gelingt es zwar, innerhalb eines Monats etwa 25 viermotorige Bomber abzuschießen, doch gehen dabei fast 35 »Turbos« verloren.
Nachdem seit Ende September 1944 das RAF-Bomberkommando nicht mehr dem Oberbefehlshaber der alliierten Truppen in Europa (SHAEF) untersteht, steigert Luftmarschall Harris die nächtlichen Großangriffe, wobei immer mehr auch mittelgroße Orte und sogar Kleinstädte in Mitleidenschaft gezogen werden.
Am Sonnabend, dem 7. Oktober 1944, führen RAF und USAAF den bisher schwersten Tagesangriff des Krieges

Der erste einsatzfähige Strahljäger der Welt, die Me 262, unter Zeltplanen in Wäldern gebaut. Als Hitler sie sah, rief er: »Das ist endlich der Blitzbomber!« Er befahl, ihn als solchen einzusetzen. Die Me 262 hätte zwar als Jäger den Krieg nicht entscheidend beeinflussen können, bestimmt aber den Luftkrieg über Deutschland

auf Deutschland durch. Über 3000 alliierte Flugzeuge sind gleichzeitig über dem Reichsgebiet eingesetzt.

Am Donnerstag, dem 12. Oktober 1944, landet die erste B-29 Superfortress (Pilot: BrigGen. H. S. Hansell jun.) auf der Insel Saipan (Marianen). Ähnlich wie das 20. Bomber Command in Indien und China entsteht das 21. Bomber Command auf den Marianen-Inseln. Diese beiden Verbände, deren Aufgabe – als einzige mit B-29 ausgestattet – die strategische Luftkriegführung gegen Japan ist, gehören zur unabhängigen 20. US-Luftflotte. Sie unterstehen nun dem operativen Befehl von Admiral Ch. Nimitz (Chef der US-Pazifikflotte).
Am Sonnabend, dem 14. Oktober 1944, greifen 104 Superfestungen (20. Bomber Command) von ihrem Stützpunkt in Tschöngtu (China) aus japanische Flugplätze der 2. Luftflotte im Raum von Okayama (Formosa) an und werfen 650 Tonnen Bomben ab, um die japanischen Luftstreitkräfte vor der geplanten Landung auf Leyte (Philippinen) auszuschalten.

In der Nacht vom 14./15. Oktober 1944 wendet die RAF bei ihrem Einsatz mit 240 Lancasters und Mosquitos gegen Braunschweig zum erstenmal die Technik des Fächerangriffs an: Um jeden Quadratmeter des Zielgebiets mit Bombenteppichen von gleichmäßiger Dichte zu belegen, fliegen die Maschinen aus mehreren Richtungen fächerförmig an und lösen die Bomben einzeln in verschiedenen Abständen aus.

Am Sonntag, dem 15. Oktober 1944, läuft das Schlachtschiff »Tirpitz«, vom Alta-Fjord kommend, im Tromsö-Sund ein. Am gleichen Tag funkt Egie Lindberg, ein Agent der norwegischen Sektion der SOE, aus Tromsö nach London, daß die »Tirpitz« hier vor Anker geht. Laut Befehl von Großadmiral Dönitz soll das Schiff nun in eine Art schwimmende Festung verwandelt werden. In Tromsö liegt die »Tirpitz« nicht an einem schützenden Berghang wie im Alta-Fjord; die nähere Umgebung hat nur niedrige Hügel. Einige Flakbatterien entlang des Ufers und ein altes norwegisches Küstenwachschiff mit ein paar Fla-Geschützen bilden die Luftabwehr.
Am Mittwoch, dem 18. Oktober 1944, wird die Meldung des norwegischen Agenten bestätigt: Ein Flugzeug des Trägers »Implacable« hat gerade das Schlachtschiff an seinem neuen Liegeplatz, 3 Meilen westlich von Tromsö, ausgemacht. Luftmarschall Harris: »Das erleichtert uns unsere Aufgabe. Tromsö ist 100 Meilen näher als der Alta-Fjord.«

Am Freitag, dem 20. Oktober 1944, beginnt mit der Landung der US-Streitkräfte (Gen. MacArthur) auf Leyte die Rückeroberung der Philippinen. Nur mit großen Anstrengungen können die US-Truppen hier Fuß fassen: Mit Zerstörern und Leichtern bringen die Japaner von den Nachbarinseln aus Verstärkungen heran und versuchen mit allen Kräften, die amerikanische Invasion zu verhindern.
Während dieser Kämpfe beschädigt eine japanische Maschine, deren Pilot sich mit dem Bomber auf das Schiff stürzt, den australischen Kreuzer »Australia« schwer. Bei diesem ersten Kamikaze-Angriff wird die Brücke des Kreuzers getroffen; der Kapitän E. F. Dechaineux und 18 Mann werden getötet, 54 schwer verwundet.
Vom Sonntag, dem 22. Oktober 1944, an führt die japanische Flotte drei Tage lang mit insgesamt 9 Schlachtschiffen, 4 Flugzeugträgern, 13 schweren, 6 leichten Kreuzern und 34 Zerstörern einen Großangriff auf die US-Landungsflotte vor Leyte.
Am Montag, dem 23. Oktober 1944, gründet Admiral Öhnischi, Befehlshaber der japanischen Marineluftwaffe auf den Philippinen, das Kamikaze-(»Göttlicher Wind«)-Todesflieger-Korps. Die ersten Kamikaze-Piloten rekrutieren sich aus Freiwilligen der 201. Fliegergruppe der Marine, die auf Clark Field, etwa 80 Kilometer nördlich von Manila (Philippinen), stationiert ist.

Am Dienstag, dem 24. Oktober 1944, greifen japanische Flugzeuge von Luzon aus den US-Flottenverband Task Group 38.1 (Vizeadm. McCain) an. Die US-Jäger fangen sie ab. Nur eine einzelne Maschine stößt durch und trifft den leichten Träger »Princeton« mit einer 250-kg-Bombe. Sie durchschlägt das Flugdeck und explodiert im Inneren des Schiffes; die betankten Flugzeuge im Hangardeck geraten in Brand. Durch das Feuer explodieren die Torpedos der Flugzeuge, was eine Kette weiterer Explosionen auslöst. Trotz der Löschversuche durch andere Einheiten brennt das Schiff aus und muß aufgegeben werden.
Im weiteren Verlauf der Schlacht um Leyte greifen am 25. Oktober 1944 unter Führung des Leutnants Yuhiho Seki 2 Kamikaze-Staffeln an. Sie beschädigen die Geleitträger »Santee«, »Suwannee« und »Sangamon«, »Kitkun Bay«, »White Plains« und »Kilinin Bay«. Dann stürzt sich Leutnant Seki mit seiner Zero-Maschine auf das Flugdeck des Trägers »Saint Lo«. 7 gewaltige Explosionen zerreißen das Schiff, und die gesamte Besatzung kommt in den Flammen um. Es ist der erste US-Geleitträger, der durch einen Kamikaze-Angriff versenkt wird.
In schweren Gefechten mit der 7. US-Flotte (Vizeadm Kinkaid) und der Task Force 38 (Vizeadm. Mitscher) werden durch Luftangriffe und U-Boote die japanischen Flugzeugträger »Zuikaku«, »Zuiho«, »Chitose« und »Chiyoda« sowie 3 Schlachtschiffe, 6 schwere, 3 leichte Kreuzer und 9 Zerstörer versenkt. Die US-Flotte verliert den Flugzeugträger »Princeton«, 2 Geleitträger, 2 Zerstörer, 1 Geleitzerstörer und 1 U-Boot.
Die größte Seeschlacht der Geschichte ist nun zu Ende. Auf alliierter Seite haben an der Schlacht um Leyte 216 US- und 4 australische Schiffe teilgenommen, auf japanischer Seite 64 Einheiten. Durch die Versenkung von 4 Flugzeugträgern hat die japanische Flotte einen der empfindlichsten Verluste seit Beginn des Krieges erlitten. Nach dem 26. Oktober 1944 treten die japanischen Flottenverbände kaum noch in Erscheinung.
Am Sonnabend, dem 28. Oktober 1944, führen die B-29-Superfortresses des 21. Bomber Command von Saipan (Marianen) aus ihre erste Operation durch: einen Angriff auf japanische U-Boot-Stützpunkte in Truk auf den Karolinen-Inseln.

Am Sonntag, dem 29. Oktober, hat sich das Wetter gebessert. Die 36 Lancasters (Group Capt. G. T. Tait) der Squadron 9 und 617 starten in Lossiemouth (Schottland) in Richtung Tromsö zum wiederholten Angriff auf die »Tirpitz«. Sie überfliegen Norwegen und das neutrale Schweden, um den deutschen Jägern auszuweichen. Durch tiefhängende Wolken können sie keine Treffer erzielen und kehren nach Lossiemouth zurück.
In den beiden letzten Oktobernächten unternimmt das RAF-Bomberkommando zwei neue schwere Angriffe auf Köln; dabei fallen 6320 Tonnen Bomben auf die Domstadt.

Mittwoch, der 1. November 1944, ist für die US-Luftstreitkräfte ein bedeutender Tag: Erstmalig seit dem Doolittle-Raid (18. April 1942) fliegt eine US-Maschine über Tokio, eine F-13, die Fotoaufklärer-Version der B-29 Superfortress (Capt. R. D. Steakly). Sie ist von den Marianen-Inseln gestartet.

Am Mittwoch, dem 8. November 1944, genau 2 Monate nachdem die erste V 2 auf London fiel, erklärt Propagandaminister Goebbels vor der Presse, die Vergeltungsangriffe gegen England mit Fernraketen seien eröffnet worden. 24 Stunden danach, am 9. November, als man der Bevölkerung diese Tatsache nicht mehr länger vorenthalten kann, gibt Churchill der britischen Öffentlichkeit bekannt, daß die Deutschen Raketen auf England abschießen.

Im November 1944 entsteht in Westfrankreich unter dem Kommando des Generals Corniglion-Molinier »Les

Berliner Ausgabe
306. Ausgabe / 57 Jahrg. / Einzelpr. 15 Pf. / Auswärts 20 Pf.

VÖLKISC

Zentralverlag der NSDAP Frz. Eher Nachf. GmbH Zweigniederlassung Berlin SW 68 Zimmerstraße 88 (Ruf: 11 00 22) Drahtanschrift: Eherverlag Berlin Zweigstellen in allen Stadtbezirken von Berlin sowie in Brandenburg (Havel) Adolf-Hitler-Straße 95 (Ruf 2837) Frankfurt (Oder), Richtstraße 63 b (Ruf: 51 29) Potsdam, Charlottenstraße 69 (Ruf 42 93) Zahlungen Postscheckkonto Berlin 4454 Anzeigenschluß 16 Uhr Sonntagsausgabe 13 Uhr am Vortage des Erscheinens Einzelne Nummern können bis auf weiteres nicht nachgeliefert werden

V 2 gegen London

Die erfolgreiche Abwehrschlacht in Kurland
Amerikanischer Großangriff in Lothringen

Aus dem Führerhauptquartier, 8. November.
Das Oberkommando der Wehrmacht gibt bekannt:
Nachdem seit dem 15. Juni der Großraum von London mit nur kurzer Unterbrechung und in wechselnder Stärke unter dem Feuer der V 1 liegt, wird dieser Beschuß seit einigen Wochen durch den Einsatz eines noch weit wirksameren Sprengkörpers, der V 2, verstärkt.

kam es nur zu örtlichen Kämpfen. Die Wucht der bolschewistischen Angriffe gegen unsere Nordfront hat gestern auch im Raume von Autz nachgelassen. Wo der Feind weiter angriff, wurde er zum Teil in Gegenstößen geworfen. Damit ist der von den Sowjets erstrebte Durchbruch in Kurland gescheitert. In zwölftägiger erbitterter Abwehrschlacht haben unsere Divi-

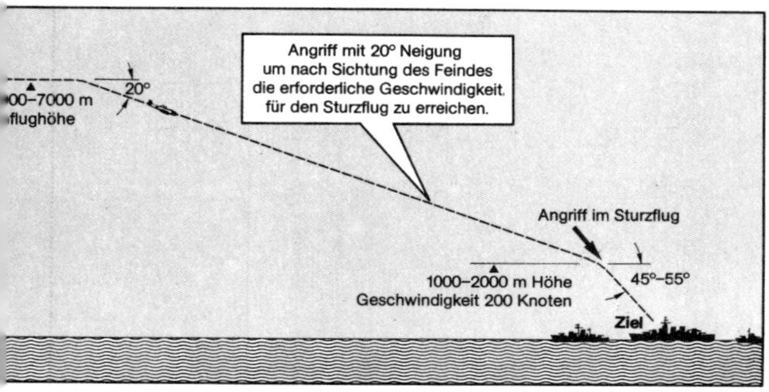

Oben: Der Kamikaze-Angriff aus großer Höhe: Man mußte darauf achten, daß der Sturzwinkel nicht zu steil wurde

Unten: Tiefangriffstaktik der Kamikazes: Diese Methode verlangt von den Piloten besonderes Können

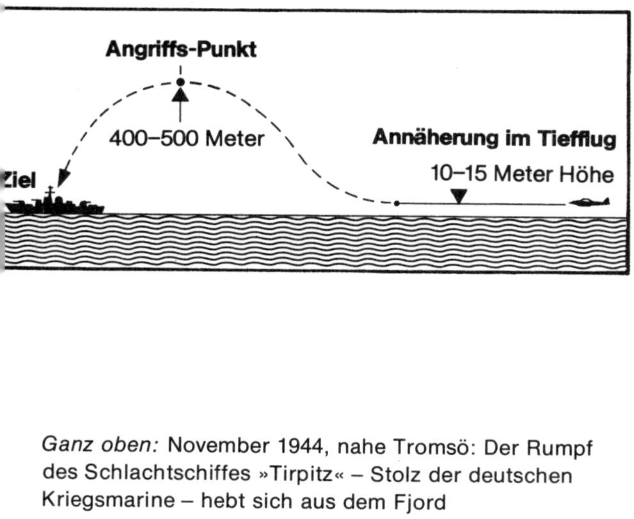

Ganz oben: November 1944, nahe Tromsö: Der Rumpf des Schlachtschiffes »Tirpitz« – Stolz der deutschen Kriegsmarine – hebt sich aus dem Fjord

Oben links: Hachimaki, das Ehrensymbol der Todesflieger, wird einem der Kamikaze-Piloten vor dem Einsatz um die Stirn gebunden

Links: Erst nach zwei Monaten, am 9. November 1944, gibt das Oberkommando der Wehrmacht den Einsatz der Fernraketen V 2 bekannt

Forces Aériennes Françaises de l'Atlantique«. Der der alliierten 1. Taktischen Luftflotte unterstellte Verband hat die Aufgabe, die belagerten deutschen Stützpunkte am Golf von Biskaya, die »Atlantik-Festungen«, aus der Luft zu bekämpfen. Die Eigenart des französischen Verbandes: Er benutzt dazu deutsche Beute-Flugzeuge Ju 88, die nun von der in Cazaux bei Cognac stationierten Groupe de Bombardement Aunis (I/31) geflogen werden.

Am Sonntag, dem 12. November 1944, stehen in Lossiemouth zum Einsatz gegen die in Tromsö liegende »Tirpitz« 18 Lancasters der 617. Squadron sowie 20 der 9. Squadron startbereit. Dazu kommt eine Lancaster des Pilot-Officer Gavin, dessen Besatzung den Angriff filmen und fotografieren soll. Morgens um 2.39 Uhr heulen die Motoren auf; 7 Maschinen der 9. Squadron sind so stark vereist, daß sie nicht vom Boden loskommen.
9.30 Uhr ... die Lancasters (Group Captain Tait) nähern sich in 4500 Meter Höhe dem Ziel.
9.40 Uhr ... die Türme »Anton« und »Bruno« des Schlachtschiffes »Tirpitz« eröffnen das Feuer. Das Zonenschießen der 38-cm-Geschütze soll den Bomberverband zersprengen. Die Lancasters greifen zunächst von der Seite an und fliegen, in der Höhe gestaffelt, in Dreierformation.
9.42 Uhr ... die 6-Tonnen-Tallboy-Bomben gehen in der Nähe des Schiffes nieder, die meisten innerhalb der Sperrnetze. Zwei Bomben treffen die »Tirpitz« an Backbord. Die eine zerstört das Katapult für das Bordflugzeug, durchschlägt das Panzerdeck und explodiert. Die zweite Bombe bohrt sich durch den Turm »Cäsar«; die anderen Tallboys sind Nahtreffer. Das Schlachtschiff beginnt sich auf die Seite zu legen.
9.55 Uhr ... die »Tirpitz« kentert. Der dunkle Schiffsboden hebt sich aus dem Fjord, während die ganze Backbordseite untertaucht. 28 Offiziere und 874 Mann der Besatzung finden den Tod, 880 werden gerettet. Nicht eine einzige Maschine der im nahen Bardufoss stationierten 30 »Eismeerjäger« (Maj. Erler) hat sich gezeigt.

Bis zum Montag, dem 20. November 1944, haben etwa 210 V-2-Raketen England erreicht, davon 96 London getroffen. 456 Menschen sind während dieser Zeit von Raketen getötet worden; das bedeutet, daß die Zahl der Toten je Einschlag doppelt so hoch liegt wie bei der fliegenden Bombe.

Im November 1944, als die ersten B-29-Superfestungen über Tokio erscheinen, starten die Japaner eine Freiballon-Offensive: Am Donnerstag, dem 23. November 1944, entdecken Kinder im US-Staat Montana einen angebrannten und halbzerstörten Ballon. Die aufgefundenen Teilstücke mit japanischen Inschriften werden im Marine-Forschungsinstitut in Washington untersucht, und man stellt fest, daß die Ballonhülle aus mehreren mit Pflanzenleim zusammengeklebten Schichten Japanpapier besteht.
Die Ballons von 10 Meter Durchmesser sollen den Pazifik in 9000 bis 11 000 Meter Höhe überqueren, weil dort Windströmungen von 150 bis 300 km/h in Richtung Nordamerika vorherrschen. Jeder der Ballons trägt etwa 30 Sandbeutel von gut 3 Kilogramm Gewicht, die automatisch abgeworfen werden, sobald der Ballon unter 9000 Meter sinkt. Ein anderer Auslöser öffnet ein Ventil und läßt Gas ausströmen, wenn der Ballon über 11 000 Meter steigt. Die Ballons sind jeweils mit 3 oder 4 Bomben ausgestattet: eine Brandbombe und 15-kg-Splitterbomben. Sie werden nach Abwurf des letzten Ballastbeutels automatisch ausgeklinkt. Nach Schätzungen muß der Ballon zu diesem Zeitpunkt über US-Gebiet fliegen. Eine Spezialvorrichtung zerstört dann den Ballon. Da bei fast jedem zehnten die Selbstzerstörung versagt, werden zahlreiche unbeschädigte Ballons gefunden.
Man stellt zwar fest, daß die Gefährdung durch Splitterbomben minimal ist, dagegen können die Brandbomben während der Sommermonate für die Wälder eine ernste Gefahr bedeuten. Da Rundfunk und Presse in den USA und Kanada sich ausschweigen, können die Japaner nichts über den Erfolg ihrer Ballonoffensive erfahren.

Am 23. November 1944 erklärt D. Sandys der britischen Regierung, daß alle Versuche, die Funkfernsteuerung der V 2 zu stören, mißlungen seien. »Die Abschußstellen sind so beweglich und leicht zu tarnen, daß sie keinerlei greifbare Bomberziele bieten. Das einzige, was man unternehmen kann, ist die Zerstörung der feindlichen Transportwege und des Nachrichtennetzes in den Abschußgebieten ...«

Am Freitag, dem 24. November 1944, führt das 21. Bomber Command von Saipan (Marianen) aus seinen ersten Angriff gegen das japanische Mutterland: Von 111 gestarteten B-29 Superfortresses erreichen 88 Maschinen den Raum Tokio. 17 von ihnen müssen ihre Bombenlast im Notwurf auslösen, noch bevor sie Japan erreichen.
Die in 8000–10 000 Meter Höhe fliegenden Verbände treffen auf starke Winde, die ihre Geschwindigkeit bis zu 680 km/h erhöhen; gleichzeitig aber nehmen ihnen die tieferliegenden Wolkenbänke jede Sicht auf das Zielgebiet und sind schuld daran, daß nur 24 Superfestungen das Hauptziel finden, die Werke Nakajima in Mushashima bei Tokio. Etwa 125 japanische Jäger versuchen, die US-Bomber an ihrer Operation zu hindern. Eine B-29 geht durch Rammstoß verloren.
Am gleichen Tage besetzen japanische Truppen, unter dem Oberbefehl von General Okamura, Nanning, etwa 160 Kilometer nordöstlich der Grenze zu Französisch-Indochina. Mit der Eroberung dieses US-Luftstützpunktes der 14. USAAF, der letzten großen japanischen Offensive (Deckname: »Ichi-Go«), enden die Erfolge der Japaner, die am 17. April 1944 begonnen haben und deren Ziel es war, die US-Luftstützpunkte in Süd-China auszuschalten.

Am Sonnabend, dem 25. November 1944, fällt eine V-2-Rakete in einen stark besuchten Woolworth-Laden in der New Cross Road in der Londoner Vorstadt Deptford und tötet 160 Menschen.
In den frühen Morgenstunden des 27. November 1944, zwischen 4.32 Uhr und 5.50 Uhr, greift das RAF-Bomberkommando München an. Etwa 784 Tonnen Bomben werden abgeworfen. Bei diesem Angriff wird – nach der Vernichtung der »Tirpitz« – die 6-Tonnen-Tallboy-Bombe erstmalig auf eine deutsche Stadt eingesetzt. 273 Gebäude werden total zerstört und 332 schwer beschädigt. Die Zahl der Toten beträgt 180, die der Obdachlosen 20 000.

Während am Montag, dem 27. November 1944, die B-29 des 21. Bomber Command von Saipan (Marianen) aus die Mitsubishi-Werke bei Nagoya angreifen, wird der Stützpunkt Saipan von japanischen Kampfflugzeugen bombardiert. 4 Superfestungen werden zerstört, 13 weitere schwer beschädigt.
In der Nacht vom 29./30. November 1944 fliegen 35 B-29 Superfortresses des 21. Bomber Command von Saipan aus den ersten Nachtangriff des Krieges auf Tokio.

Am Montag, dem 4. Dezember 1944, beginnen alliierte Jagdbomber ihre Stör-Tiefangriffe gegen die gut getarnten Stellungen der Artillerieabteilung (mot.) 485 (Oberst Hohmann) in Wassenaar. Diese Einsätze werden täglich bis zum 15. Dezember 1944 durchgeführt; das Resultat ist jedoch recht dürftig: Nur zwei der Fernraketen können zerstört werden. Die Tätigkeit der Tiefflieger über Wassenaar zwingt jedoch die Artillerieabteilung (mot.) 485, den Start der V 2 hauptsächlich in die Nachtstunden zu verlegen.

Die japanischen mittleren Bomber Mitsubishi G3M sind den ganzen Krieg hindurch im Einsatz. Sie haben auch die beiden britischen Schlachtschiffe »Prince of Wales« und »Repulse« am 10. Dezember 1941 versenkt

Am Mittwoch, dem 6. Dezember 1944, zum Jahrestag von Pearl Harbor, findet die letzte Luftlande-Operation der Japaner statt. Um 18 Uhr springen 409 Fallschirmjäger des »Katori-Shimpei«-Verbandes unter starkem Begleitschutz aus 30 zweimotorigen Topsy-Transportflugzeugen über der Insel Leyte ab, nahe den US-Flugplätzen San Pablo, Buri und Bayue. Drei der Transportmaschinen mit Sabotage-Trupps landen auf offenem Gelände. Das Ziel des Unternehmens: die Vernichtung des Hauptquartiers, der Versorgungslager und der drei Luftstützpunkte der 11. US-Luftlandedivision. Dieser amerikanische Großverband spielt bei den Kämpfen um Leyte eine entscheidende Rolle, und die Japaner unternehmen nun den verzweifelten Versuch, die schlagkräftige Division auszuschalten.
Mit Mundharmonika-Tönen sammeln sich die versprengten Fallschirmjäger, und während des Angriffes ertönt ihr Schlachtruf »Go to Hell, Beast!« Die ganze Nacht hindurch dauern die heftigen Kämpfe zwischen den amerikanischen und den japanischen Fallschirmjägern an. Einige US-Maschinen, die nicht mehr von den Flugplätzen starten können, werden zerstört, ein paar Depots von japanischen Landetrupps erobert und mehrere Jeeps und Lastwagen vernichtet.
Am Morgen des 7. Dezember 1944 greifen aus dem Inneren der Insel Leyte die Einheiten der japanischen 26. Infanteriedivision, die die Amerikaner gleich zu Beginn der Invasion, am 20. Oktober 1944, in die malariaverseuchten Berge zurückgedrängt haben, erfolglos an.
Am Dienstag, dem 12. Dezember 1944, 6 Tage nach der Landung, sind alle japanischen Fallschirmjäger aufgerieben. Von den fanatisch kämpfenden Soldaten des Katori-Verbandes war, wie die Amerikaner zu ihrer Überraschung feststellen, kaum einer richtig ausgebildet und alle nur notdürftig ausgerüstet. Als eiserne Ration trug jeder ein kleines Kästchen aus Bambus mit etwa 750 Gramm weißem Pulver bei sich, das mit Wasser zu einem süßlichen Brei angerührt wurde und pro Mann für eine Woche reichen mußte.

Am Freitag, dem 15. Dezember 1944, startet um 13.45 Uhr vom US-Stützpunkt Twinwood Farms, nahe der englischen Stadt Bedford, eine »Noorduyn C-64«. Der einmotorige Hochdecker, ein leichtes Transportflugzeug mit 2 Mann Besatzung und 8 Passagieren, nimmt Kurs auf Paris. Kurz nachdem die C-64 Newhaven überflogen hat, bricht über dem Ärmelkanal der Funkkontakt mit der Maschine ab. An Bord: Major Glenn Miller, Jazzmusiker und Leader der USAAF Big Band (»Moonlight Serenade«). Der weltbekannte Posaunist wird seitdem vermißt.

Am Sonnabend, dem 16. Dezember 1944, um 5.30 Uhr früh, beginnt die deutsche Ardennen-Offensive bei dichtem Nebel und tiefhängenden Wolken zwischen dem Hohen Venn und dem Nordteil Luxemburgs gegen die 1. US-Armee (Gen. Hodges). Das Unternehmen »Wacht am Rhein« ist der letzte Versuch Hitlers, die Initiative im Westen zurückzugewinnen. Die 21 deutschen Divisionen unter dem OB West, Generalfeldmarschall v. Rundstedt, haben als Ziel die Rückeroberung des wichtigen Nachschubhafens Antwerpen; dabei soll die Front der Engländer und Amerikaner aufgespalten und möglichst viele Kräfte eingekesselt werden.
Die Luftsicherung der Offensive übernimmt das Gros des Luftwaffenkommandos West (GenLt. Schmid) mit 1492 Jägern, 171 Bombern, 91 Schlachtflugzeugen und 40 Aufklärern. Es wird so ziemlich alles, was überhaupt noch an einsatzfähigen Flugzeugen vorhanden ist, herangezogen, sogar die alten Stukas Ju 87.
Zur gleichen Stunde startet das Flakregiment 155 W (Oberst Wachtel) aus den Stellungen in Mittelholland die ersten V-1-Bomben gegen Antwerpen. Die Stadt wird an diesem Tag gleichzeitig das Ziel der V 2. Eine der ersten

Fernraketen schlägt am Abend in der Nähe des Hauptbahnhofs in das vollbesetzte Rex-Kino ein und tötet 271 Menschen. Auch auf Lüttich fallen einzelne V-1- und V-2-Geschosse.
Am Sonntag, dem 17. Dezember 1944, findet im Rahmen der Ardennen-Offensive der letzte Einsatz deutscher Fallschirmjäger statt: Zur Absicherung der rechten Flanke der aus der Eifel vorbrechenden 6. SS-Panzerarmee (Oberstgruppenf. Dietrich) soll eine aus 5 Kompanien bestehende Kampftruppe des Fallschirmjäger-Regiments 6 (Oberstlt. v. d. Heydte) südlich des Hohen Venns landen und die Straße Eupen–Malmedy sperren, um einen möglichen amerikanischen Gegenstoß aus dem Aachener Raum nach Süden zu verhindern. Für dieses erste Nachtunternehmen deutscher Fallschirmtruppen stehen 32 Ju-52-Maschinen der II. Gruppe des Transportgeschwaders 3 (Maj. Baumann) und 35 Ju 52 einer neuaufgestellten Transportgruppe (Maj. Brambach) bereit.
Der Einsatz wird zwar für den Abend des 16. Dezember befohlen, doch kann der Termin nicht eingehalten werden: die LKW-Fahrer, die die Fallschirmjäger zu den Flugplätzen transportieren sollen, können entweder deren Unterkünfte oder den Weg zu den Absprunghäfen in der Nacht nicht finden. Erst kurz vor dem Start aus Paderborn, Lippspringe, Senne I und II erhalten die Gruppen sogenannte Kampfbeobachter, die für das Unternehmen verantwortlich sein sollen. Um ihnen in der Kanzel Platz zu machen, müssen die Bordmechaniker am Boden bleiben. Damit fällt eine wichtige Unterstützung für den Piloten aus.
Am Abend des 17. Dezember, mit 24stündiger Verspätung, starten die Verbände. Jetzt kommt es zu einer neuen Überraschung: die Fallschirmjäger schaffen, um möglichst stark bewaffnet abzuspringen, heimlich »organisierte« Ausrüstungen an Bord, so daß die zugelassene Belastungsgrenze der Ju 52 weit überschritten wird. Als eine Maschine des II/TG 3 unmittelbar nach dem Abheben wegen Überladung abstürzt und die anderen Flugzeuge Schwierigkeiten beim Start haben, merken die verblüfften Piloten, was los ist. Die unvorhergesehene Gewichtsüberschreitung wirkt sich auch entsprechend auf die Geschwindigkeit aus.
Die letzten Kilometer des Fluges über dem Feindgebiet bereiten vollends erhebliche Schwierigkeiten: einerseits muß die Flughöhe so niedrig wie möglich gehalten werden, um sowohl dem Radar wie auch den mittleren und schweren Waffen der Amerikaner zu entgehen, andererseits steigt das Gelände gleich hinter Monschau ziemlich stark an, und am Hang ist mit Fallwinden zu rechnen, so daß beim Absprung die Sicherheitshöhe nicht weniger als 120 Meter betragen darf.
Die befohlene Marschgeschwindigkeit kann nicht von allen Flugzeugen eingehalten werden, so daß einige das Ziel erst dann erreichen, als die vorgesehenen Brandbombenmarkierungen längst erloschen sind. Eine Maschine setzt ihre Fallschirmjäger sogar über Bonn-Hangelar ab, weil der zugeteilte Kampfbeobachter glaubt, daß dies bereits der beleuchtete Absetzplatz ist, und er gibt ohne Wissen des Piloten das Zeichen zum Absprung. Ein anderer Kampfbeobachter wiederum befiehlt den vorzeitigen Absprung, weil er die Gefechte und die Brände, die unter ihm zu sehen sind, für das Ziel hält.
Einige der jungen unerfahrenen Piloten werden durch den Ausfall eines mitten auf der Strecke als Markierungszeichen aufgestellten Scheinwerferpaares verwirrt: Sie halten die Feuersbrünste eines gerade stattfindenden schweren RAF-Bombenangriffes auf Köln für die Markierungen von Bonn-Hangelar und fliegen wider jede Kursberechnung direkt nach Norden. Von dieser Gruppe verfliegen sich 8 Maschinen und kommen im Raum Aachen und Düren in schwerstes Flakfeuer. Nur ein Teil der Fallschirmjäger kann sich durch Absprung aus den brennenden Maschinen retten.
Die nächste Überraschung: entgegen allen Berechnungen beträgt die Windstärke rund 60 km/h, und gleich nach der Landung im Zielgebiet sind über 100 Fallschirmjäger schwer verletzt und müssen den Amerikanern überlassen werden. Statt 870 gestarteten Fallschirmjägern stehen Oberstleutnant v. d. Heydte nun 450 Mann zur Verfügung. Um das Debakel zu vervollständigen, werden auf dem Rückflug 2 weitere Ju-52-Maschinen – bereits über deutschem Gebiet – von alliierten Nachtjägern abgeschossen.
Drei Tage lang hält in hoffnungsloser Lage die dezimierte Einheit die Straße nach Eupen–Malmedy. Als sie keinen Anschluß an die anderen deutschen Truppen findet – die Offensive bleibt stecken – befiehlt v. d. Heydte seinen Soldaten, sich einzeln nach Osten durchzuschlagen. Im Forsthaus Monschau muß sich v. d. Heydte, verletzt und an einer Lungenentzündung erkrankt, in amerikanische Gefangenschaft begeben.

Am gleichen Tag, dem 17. Dezember 1944, etabliert sich auf einem ausgedehnten Wüstenstreifen bei Wendover in Utah, 200 Kilometer westlich von Salt Lake City, die 509. Bombergruppe (Col. P. W. Tibbets) der 20. USAAF. Die 509. Gruppe ist eine völlig unabhängige US-Einheit mit höchster Geheimstufe. Ihre Aufgabe: Probeflüge und Abwurfübungen im Zusammenhang mit der Atombombe. Sie zählt nur einen Kampfverband, die 393. Bomber-Squadron (Maj. Ch. W. Sleeney), und ist mit einer neuen, verbesserten Version der B-29 Superfortress ausgestattet. Dem 29jährigen Col. P. W. Tibbets, der sich als Bomberpilot bei den Einsätzen über Deutschland ausgezeichnet hat, obliegt die flugtechnische Ausbildung der Gruppe.
Die Bombenschützen müssen Abwürfe aus 9000 Meter

17. Dezember 1944: Während der Ardennen-Offensive findet der letzte deutsche Fallschirmjäger-Einsatz statt

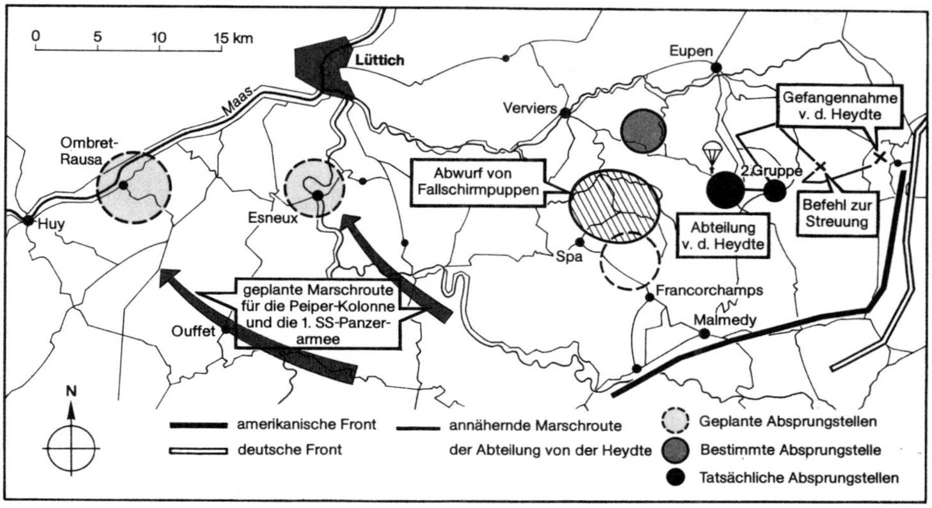

Höhe üben und dabei jedesmal eine einzige 4500-kg-Bombe auf Sicht abwerfen. Die B-29 muß bei der Explosion der Atombombe mindestens 13 Kilometer von ihrem Ziel entfernt sein, damit sie nicht von der gewaltigen Druckwelle erfaßt wird. Dafür bleiben den Piloten nur 43 Sekunden. Und sie üben nun nach dem Abwurf eine scharfe Kehrtwendung von 158 Grad, um dann im Steilflug die Geschwindigkeit zu erhöhen.

Der Bau der Atombombe wird ohne Wissen des US-Kongresses seit dem Jahre 1941 betrieben. Man hat 2 Milliarden Dollar dafür ausgegeben. Im Spätsommer 1942 bekommt das »Manhattan-Projekt«, so der Deckname, Vorrang vor allen anderen kriegswichtigen Unternehmen. Mit seiner Leitung betraut man im September 1942 den Pioniergeneral L. R. Groves. Ohne erprobte Verfahrenstechniken, allein aus Gleichungen, Theorien und wissenschaftlichen Ideen, soll General Groves in Oak Ridge (Tennessee) eine brauchbare Waffe entwickeln lassen. Die Arbeiten nehmen einen enormen Umfang an. Alle 600 000 Personen, die je für das Manhattan-Projekt gearbeitet haben, müssen sich schriftlich zur Geheimhaltung verpflichten.

Bereits nach wenigen Monaten erzielt man einen bedeutsamen Erfolg: Am 2. Dezember 1942 gelingt es dem italienischen Professor Fermi in einem Uranbrenner zum erstenmal, eine kontrollierte Kernreaktion auszulösen. In der Wüste bei Los Alamos (New Mexico) baut man eine Versuchsanlage. Die Leitung übernimmt im März 1943 Dr. J. R. Oppenheimer. Sein Team: die besten Physiker der Welt wie N. Bohr, H. Bethe, O. Frisch und J. Chadwick.

Die schnelle Zerschlagung der Ardennen-Offensive durch die Alliierten ist unter anderem dem »Fido« (»Fog Investigation Dispersal Operation«) zuzuschreiben. Die Anlage – nach einer Idee von Churchill 1942 entwickelt – besteht aus Benzinbrennern, die auf mehreren Flugplätzen in Großbritannien entlang der Hauptrollbahn aufgestellt werden. Sie erwärmen die Luft, damit die Bodennebel sich auflösen und die Maschinen sicherer starten und landen können.

Bei der deutschen Planung der Ardennen-Offensive zählte die zu erwartende Schlechtwetterlage zu einem der wichtigsten Erfolgsfaktoren, denn man ist in Unkenntnis des Fido-Verfahrens überzeugt, daß starker Nebel die Einsätze der alliierten Bomber verhindern wird. Tatsächlich liegt die britische Insel zu Beginn der Offensive in dichtem Nebel, und nur das Fido-Verfahren ermöglicht den Luftstreitkräften das Starten.

Am Sonnabend, dem 23. Dezember 1944, gehen auf Antwerpen 26 V-2-Raketen nieder, eine Rekordzahl, die sich 3 Tage später wiederholen wird.

Bis zum Sonntag, dem 24. Dezember 1944, verliert das Luftwaffenkommando West (GenLt. Schmid) innerhalb von 8 Tagen 1088 Maschinen. An diesem Tag, dem 24. Dezember, fliegen die alliierten Luftstreitkräfte 6000 Einsätze gegen die deutschen Truppen und Nachschubwege in den Ardennen.

Am Heiligen Abend 1944 starten Heinkel He 111 der I. Gruppe des KG 53 einen Angriff mit V-1 gegen Manchester. Eine der fliegenden Bomben stürzt auf die Stadt, 17 andere gehen im Umkreis von 25 Kilometern nieder.

Am 25. Dezember 1944 greifen Verbände der 5. USAAF mit B-25-Mitchells die Stützpunkte der 201. Gruppe der japanischen Marine-Luftstreitkräfte im Clark Field bei Manila (Philippinen) an. Den speziell konstruierten, im Tiefflug abgeworfenen Fallschirm-Splitterbomben fallen 72 Kamikaze-Zero-Jäger des Sonderkorps (Adm. Ohnishi) zum Opfer.

In der darauffolgenden Nacht bombardieren die Japaner den Stützpunkt der 21. USAAF auf den Marianen-Inseln und zerstören dabei 4 B-29-Superfestungen.

Ein schwerer RAF-Bomber startet von einem mit »Fido« ausgestatteten Flugplatz: 15 der größten Luftstützpunkte in Großbritannien haben seit 1942 diese Anlage, die zahlreiche Menschenleben und Maschinen gerettet hat

Am Sonnabend, dem 30. Dezember 1944, berichtet General Groves, der Chef des Manhattan-Projekts, an General G. C. Marshall, Generalstabschef der US-Streitkräfte, die ersten Atombomben würden voraussichtlich am 1. August 1945 fertig sein: »Little Boy« (mit Uran 235) und »Fat Man« (mit Plutonium).

Zu Silvester 1944 führen die RAF-Mosquitos der 627. Squadron wieder einen Präzisionsangriff durch. Diesmal ist das Ziel der 44 Maschinen das Gestapo-Hauptquartier im Zentrum von Oslo. Die Gebäude werden erheblich beschädigt und ein Teil der Akten zerstört.

Im Jahre 1944 fielen auf Deutschland und die deutschbesetzten Gebiete 1 188 580 Tonnen Bomben, davon gingen allein 250 000 Tonnen auf Verkehrsanlagen. Die deutsche Luftwaffe warf im gleichen Zeitraum 9151 Tonnen Bomben auf England, die V-1- und V-2-Geschosse mitgerechnet. Die Schäden, die die beiden »Vergeltungswaffen« in Großbritannien angerichtet haben, übersteigen um das Vierfache die Kosten ihrer Entwicklung, Produktion und ihres Einsatzes.

Nach deutschen Quellen sind bis zum 31. Dezember 1944 insgesamt 1561 Raketen abgeschossen worden, davon 447 auf London und doppelt so viele auf Antwerpen (924 Stück). Außerdem gingen auf England: Norwich (43), Ipswich (1); auf Frankreich: Lille (25), Paris (19), Tourcoing (19), Arras (6), Cambrai (4); auf Belgien: Lüttich (27), Maastricht (19), Tournai (9), Mons (3), Diest (2) und auf Holland: Hasselt (13).

Die von den Flakverbänden der Luftflotte Reich im Jahre 1944 gemeldeten Abschüsse ergeben 2246 bei Tage und 325 bei Nacht vernichtete Flugzeuge. Auf den Jahreseinsatz von 186 000 alliierten Bombern, 95 000 Jabo- und Jagdflugzeugen entspricht dies umgerechnet 0,8 Prozent der nach Deutschland eingeflogenen Maschinen. Bei Nacht liegt die Abschußquote der Flakartillerie nur bei 0,65 Prozent. Die Abschußquote der Tagjäger beträgt in der gleichen Zeit 1,2 Prozent und die der Nachtjäger 2,6 Prozent. Die alliierten Flugzeuge wurden jedoch inzwischen beschußfester, ihre Flughöhe und Geschwindigkeit sind gestiegen, die Funkmeßgeräte der Flak wurden planmäßig gestört, und gegen die Taktik des Bomberstroms fand man kein richtiges Abwehrverfahren. Das Ergebnis: vermehrter Munitionsverbrauch. Erst als Ende 1944 ein Teil der Flak auf Schießen mit Aufschlagzünder umgestellt war, sank die Zahl der für einen Abschuß notwendigen Geschosse erheblich.

Während die Engländer auch weiterhin an der Taktik des ungezielten Flächenbombardements bei Nacht festhielten, zerschlugen die US-Bomber die deutschen Flugzeugwerke, Munitionsfabriken, Verkehrsknotenpunkte, Hydrierwerke und Raffinerien.

Jedoch erreichten die Alliierten mit keiner der beiden Luftangriffstaktiken psychologisch ihr Ziel, die Brechung des Widerstandswillens der Deutschen. Im Gegenteil, die Zerstörung der Städte festigte sogar die Bindung zwischen Bevölkerung und NS-Regime: Goebbels nutzte dies geschickt aus und schürte Haß- und Vergeltungsgefühle, wozu ihm die alliierten Flugblätter beste Schlagworte lieferten.

Churchill und die britische Regierung wußten bereits im Sommer 1944, daß die Städtebombardierung ein Fehler war; der Stabschef der RAF, Sir Ch. Portal, gab Luftmarschall Harris den Befehl, die Angriffe auf deutsche Städte einzustellen. Dafür sollte die RAF mit der völligen Lahmlegung der deutschen Treibstoffindustrie und des Verkehrsnetzes beginnen. »Trotzdem widmete das Bomber Command seine Hauptanstrengung auch in dieser letzten Offensive des Krieges den Städteangriffen«, stellt die offizielle Geschichte der RAF fest. Allein in den letzten 3 Monaten des Jahres 1944 sind mehr Bomben auf Deutschland gefallen als im ganzen Jahr 1943.

Bemerkenswert ist auch der Hinweis auf die Gefahr einer übermäßigen Bombardierung: Im Dezember 1944 wurden 17 113 Tonnen auf den Raum Köln abgeworfen, während nach Berechnungen von RAF-Spezialisten 20 Prozent genügt hätten. Die Flächenangriffe haben sich bis jetzt jedoch kaum auf die Rüstungsindustrie ausgewirkt: das Jahr 1944 brachte einen Ausstoß von 25 285 Jagd-, 5496 Schlacht- und 1041 Düsenflugzeugen, der allerdings mit der sich katastrophal auswirkenden Zerschlagung der Treibstofferzeugung und des Verkehrssystems zusammentraf.

1945
Januar bis August

Aus dem Lagebuch des Oberbefehlshabers der Luftwaffe
Montag, 1. Januar 1945
Westen – Reich: Heute sind 600 Jäger einsatzbereit. OB Luftwaffe meldet aufgrund eines Frontbesuches, daß trotz der hohen Verluste die Stimmung der eigenen Mannschaften ungebrochen ist und daß 50–100 RM für Einsätze geboten werden, um das Personal zur Abtretung des Einsatzes zu bewegen. In der Nacht 57 eigene Flugzeuge gegen Bastogne, 155 gegen den Nachschub, dabei wieder Vernichtung von Lokomotiven. Der Gegner setzte 300 Flugzeuge gegen Oberhausen, 30 gegen Wiesbaden, 70 gegen Berlin ein.

Großangriff gegen alliierte Flugplätze

Dienstag, 2. Januar 1945
Das *Oberkommando der Wehrmacht* gibt bekannt:
Starke Geschwader deutscher Kampf-, Schlacht- und Jagdflieger führten am Neujahrsmorgen einen überraschenden Schlag gegen die feindlichen Flugplätze im belgisch-holländischen Raum. Nach den bisher vorliegenden Meldungen wurden durch diese Großangriffe mindestens 400 feindliche Flugzeuge am Boden zerstört, 100 weitere schwer beschädigt. Darüber hinaus wurden die Flugplätze selbst und ihre Einrichtungen stark getroffen. Bei diesen Angriffen kam es zu heftigen Luftkämpfen, in denen weitere 79 Flugzeuge abgeschossen wurden. Damit verlor der Feind im Westen mindestens 579 Flugzeuge, wahrscheinlich mehr.

In Aussicht gestellt . . .

Für die Geflügelverteilung, die der Münchner Bevölkerung aus Anlaß der Angriffe im Juli 1944 in Aussicht gestellt wurde, kann nunmehr vorbestellt werden.
Münchner Neueste Nachrichten, Januar 1945

Fahr- und Gehbahnen räumen

Man muß leider die Beobachtung machen, daß stellenweise Tage nach dem Angriff noch Glassplitter und Bautrümmer auf den Fahr- und Gehbahnen liegen.
Die Fahr- und Gehbahnen müssen sofort gesäubert werden. Jeder Volksgenosse kann zu einem bescheidenen Teil hierzu beitragen, indem er auf seinem Weg kleinere Gesteinsbrocken, Bretter usw. auf die Seite schiebt.
Völkischer Beobachter, 10. Januar 1945

Die sowjetische Winteroffensive

13. Januar 1945
Das *Oberkommando der Wehrmacht* gibt bekannt:
An der Weichselfront hat die lang erwartete Winteroffensive der Bolschewisten begonnen. Nach außergewöhnlich starker Artillerievorbereitung trat der Feind zunächst an der Westfront des Brückenkopfes von Baranow mit zahlreichen Schützendivisionen und Panzerverbänden an. Erbitterte Kämpfe sind entbrannt. Nebenangriffe südlich der Weichsel und im Nordteil des Baranow-Brückenkopfes wurden zerschlagen.

Die Bombardierung Dresdens

Mittwoch, 14. Februar 1945, London
Die *Agentur Reuter* berichtet:
Aus deutschen Rundfunkmeldungen geht hervor, daß in der letzten Nacht Dresden von alliierten Flugzeugen angegriffen worden ist.

14. Februar 1945, London
Das *Hauptquartier der 8. US-Luftflotte* gibt bekannt:
Ungefähr 1350 schwere US-Bomber, von etwa 900

Langstreckenjägern begleitet, führten heute einen Tagesangriff gegen Deutschland durch. Dresden, in der vergangenen Nacht bereits von RAF-Bombern angegriffen, war das Hauptziel.

Vorstoß gegen Dresden

Donnerstag, 15. Februar 1945, Moskau
Die *STAWKA* gibt bekannt:
Drei Panzerkorps von Marschall Konjew haben von Neufalz im Norden, Sprottau in der Mitte und Goldberg (20 Kilometer südwestlich von Liegnitz) im Süden tiefe Einbrüche in Richtung Dresden erzielt und treiben 10 bis 15 aufgelöste deutsche Divisionen vor sich her. Die Zahl der Gefangenen steigt stündlich, da die deutschen Verbände infolge Erschöpfung den Rückzug nicht mehr durchhalten und andererseits der Mangel an Brennstoff viele Wagenkolonnen lahmlegt. Die Panzerspitzen dürften heute mittag nur noch 80 Kilometer von Dresden entfernt sein.

15. Februar 1945, Stockholm
Svenska Dagbladet berichtet:
Besatzungen, die am Angriff auf Dresden teilnahmen, melden, daß sie sowohl das Feuer der West- als auch das der Ostfront sehen konnten. Es sei das erstemal gewesen, daß während ein und desselben Fluges eine solche Beobachtung gemacht wurde. Beim Flug über das Gebiet von Dresden sahen sie – in einer Entfernung von nur etwa 110 Kilometern – eine endlose Reihe von Feuersäulen und Explosionen an Konjews Front.

Freitag, 16. Februar 1945, London
Das *Hauptquartier der 8. US-Luftflotte* gibt bekannt:
Etwa 200 Fliegende Festungen führten Präzisionsbombenangriffe gegen Einzelobjekte in Dresden durch, die bei den vorhergehenden konzentrierten Luftangriffen der Vernichtung entgangen waren. Dresden wird von den Bomberbesatzungen als »riesiger rauchender Trümmerhaufen« geschildert.

Schwerer Luftangriff auf Tokio

16. Februar 1945, Washington
Das *US-Kriegsministerium* gibt bekannt:
Ein Sonderverband der US-Pazifikflotte bombardiert zur Stunde Tokio. Wie Admiral Nimitz meldet, werden konzentrierte Angriffe auf japanische Flugplätze und andere militärisch wichtige Anlagen in Tokio und Umgebung unternommen.

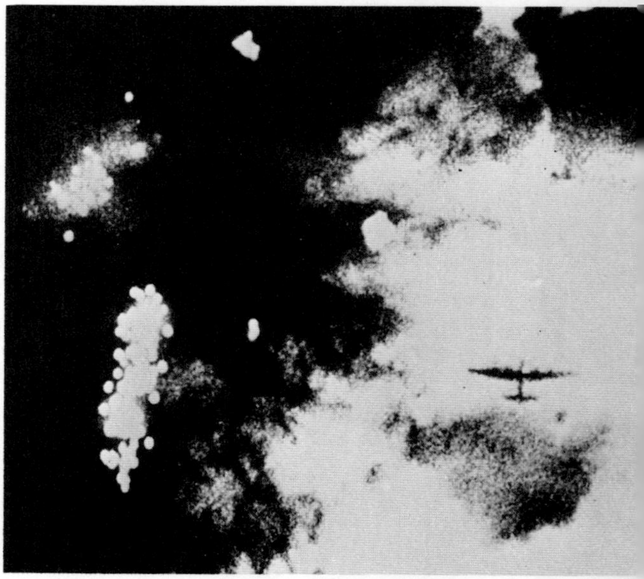

Sonnabend, 17. Februar 1945, Washington
United Press meldet:
Nach Funksprüchen von Admiral Nimitz, die in später Nachtstunde Washington erreichten, setzen 4 Geschwader von Flugzeugträgern aus pausenlos ihre Luftangriffe auf Tokio fort. Viele Stadtbezirke der japanischen Hauptstadt stehen in Flammen. Die Konzentration amerikanischer Kriegsschiffe vor der japanischen Küste wird in New York als die »größte Armada aller Zeiten« bezeichnet. Auch der Angriff gegen Iwo Jima, 1200 Kilometer südlich von Tokio, ist noch nicht beendet. Vor einer Invasion Japans wird, wie man vermutet, eine Landung auf Iwo Jima erfolgen. Der Besitz dieser Insel würde den Amerikanern den Angriff auf Japan erleichtern.

Sonntag, 18. Februar 1945, Tokio
Das *Kaiserliche Hauptquartier* gibt in einem Kommuniqué bekannt:

Links: 1. Januar 1945, Brüssel-Evères, Angriff des deutschen Jagdgeschwaders 27 (Unternehmen »Bodenplatte«): Belgische Feuerwehrmänner löschen eine in Brand geratene US-Maschine

Unten links: Dresden in der Nacht vom 13./14. Februar 1945: Eine Lancaster-Pfadfindermaschine über der Stadt. Die weißen Punkte sind »Christbäume«

Rechts: Superfortresses über Japan: Die B-29 besitzen die stärksten Motoren damaliger Zeit und sind die ersten Serienflugzeuge mit Druckkabine für die Besatzungen. Ganz neu ist das zentrale Feuerleitsystem mit Fernbedienung

Der zweite Tag amerikanischer Großangriffe durch Trägerflugzeuge auf die Umgebung von Tokio ergab einen noch größeren Abwehrerfolg als am ersten Tag. Es wurden 101 feindliche Bomber abgeschossen und weitere 28 beschädigt. Auf japanischer Seite gingen nur 17 Maschinen verloren. Der vom Feind angerichtete Schaden wird als außerordentlich gering bezeichnet.

Deutsche Flugzeuge über England

Sonntag, 4. März 1945, London
Das *Luftfahrtministerium* gibt bekannt:
Zum erstenmal seit Juni 1944 erschienen in der vergangenen Nacht wieder einige deutsche Flugzeuge über Süd- und Nordengland. Nur eine einzige Maschine warf Bomben auf London ab. In Nordengland haben im Tiefflug abgeworfene Sprengbomben kleinen Kalibers einige Häuser beschädigt. Ein anderes deutsches Flugzeug nahm Straßen unter MG-Feuer.
Auch aus einer ostenglischen Stadt wird ein deutscher Tieffliegerangriff gemeldet. Bisher ist der Abschuß von 3 deutschen Maschinen gemeldet worden. Angesichts einer Wiederaufnahme der deutschen Luftangriffe zieht das Innenministerium die Einführung der Teilverdunkelung in Erwägung; zur totalen Verdunkelung der ersten Kriegsjahre wird man jedoch vermutlich nicht zurückkehren.

Die Zerstörung der Brücke bei Remagen

Montag, 19. März 1945, Berlin
Das *DNB* meldet:
Wie jetzt berichtet werden kann, ist die Eisenbahnbrücke ostwärts Remagen durch die Selbstaufopferung eines deutschen Fliegers zerstört worden, der sich mit seiner Maschine und der gesamten Bombenlast auf den Mittelpfeiler der Brücke warf. Durch die Wucht der Detonation ist auch eine der von den Amerikanern errichteten Pontonbrücken schwer in Mitleidenschaft gezogen worden.

Angriff auf das Gestapo-Hauptquartier in Kopenhagen

Mittwoch, 21. März 1945, Stockholm
Svenska Dagbladet berichtet:
6 britische Mosquito-Bomber unternahmen heute nachmittag drei gewagte Angriffe auf das Hauptquartier der Gestapo im Shell-Haus in Kopenhagen. Das Haus erhielt trotz des heftigen Flakfeuers etwa acht Volltreffer und brannte völlig nieder. Im Gegensatz zu der deutschen Darstellung, daß im Zentrum der Stadt gewaltiger Schaden angerichtet worden sei und zahlreiche Dänen getötet oder verwundet seien, meldet der Dänische Pressedienst, der Präzisionsangriff aus 50 Metern Höhe habe lediglich das Shell-Haus getroffen; das Feuer habe nur auf zwei benachbarte Gebäude übergegriffen, die vollständig niederbrannten. Die Zahl der Todesopfer, darunter zahlreiche Gestapobeamte, ist bisher unbekannt, weitere Opfer liegen noch unter den Trümmern. Es soll nur eine geringe Zahl der im Shell-Haus gefangengehaltenen dänischen Geiseln umgekommen sein, da mehrere von ihnen von Widerstandskämpfern gerettet wurden. Unmittelbar nach dem Angriff verließ der deutsche Kreuzer »Nürnberg« den Freihafen von Kopenhagen, da neue Angriffe befürchtet werden.

Ein Feldflugplatz inmitten von Berlin

Freitag, 23. März 1945
Aus einer Weisung der Luftflotte 6
... wird vorgeschlagen, den Kurfürstendamm und die Straßen zwischen Michaelis-Kirche und Wassertorplatz

auf Eignung als Startbahnen für Jagd- bzw. Schlachtflugzeuge zu überprüfen. Die Höhenunterschiede der Fußsteige müssen ausgeglichen werden. Niederlegung der den Flugbetrieb störenden hohen Gebäude.

Über 8000 Flugzeuge

23. März 1945, London
Das *Hauptquartier der 8. US-Luftflotte* gibt bekannt:
Mehr als 1300 Flying-Fortress- und Liberator-Bomber der 8. USAAF, über 1000 schwere Halifax- und Lancaster-Bomber der RAF sowie Tausende von Jägern, zusammen mehr als 8000 Flugzeuge, operierten gestern am Tage über dem Frontgebiet und innerhalb Deutschlands. Einige Staffeln flogen bis zur sowjetisch-deutschen Frontlinie an der Oder, gerade rechtzeitig, um einen Angriff von 5 Focke Wulf 190 auf einen sowjetischen Feldflugplatz abwehren zu helfen. 10 FW 190 wurden vernichtet. Weiter wird der Abschuß von 3 Düsenmaschinen gemeldet.

Tieffliegervernichtungsabzeichen

Der Führer hat die Einführung eines Tieffliegervernichtungsabzeichens für den Abschuß von Flugzeugen durch Handwaffen angeordnet. Einleitend betont die Verordnung, daß der Abschuß feindlicher Tiefflieger mit allen zur Verfügung stehenden Mitteln von besonderer Wichtigkeit ist. Der Chef des OKW wird die Ausführungsbestimmungen erlassen.

Völkischer Beobachter, 24. 3. 1945

Die Alliierten überschreiten den Rhein

Sonntag, 25. März 1945, London
Das *Luftfahrtministerium* gibt bekannt:
In der Nacht vom Freitag zum Sonnabend ist Montgomerys 21. Armeegruppe am Niederrhein zwischen Wesel und Rees zum Großangriff, zur Überquerung des Flusses und damit nach den Worten Montgomerys »zur letzten Runde« angetreten.
Mehr als 1500 Transportflugzeuge und Lastensegler setzten östlich des Rheins und nördlich des Ruhrgebietes außer Truppen, Kriegsmaterial aller Art und Panzern sogar eine ganze Lazarettausrüstung ab. Gleichzeitig griffen über 1000 US-Bomber, von 850 Jägern begleitet, die Bereitstellungsräume der Deutschen und vor allem die Flugplätze an, so daß die deutsche Abwehr bereits am Boden vernichtet wurde, ehe sie die Luftlandeoperationen stören konnte.

25. März 1945
Das *Oberkommando der Wehrmacht* gibt bekannt:
Im Rücken unserer Stellungen am Niederrhein sind am gestrigen Vormittag die Engländer aus der Luft gelandet. Unsere für diesen Fall bereitgehaltenen Verbände schossen aus einer Gruppe von 121 Lastenseglern noch vor der Landung 50 ab und gingen zum Angriff auf die feindlichen Luftlandetruppen über. In den gestrigen Mittagsstunden setzten außerdem die Amerikaner zwischen der unteren Lippe und der unteren Ruhr stärkere Kampfgruppen aus der Luft ab, die gleichfalls von mehreren Seiten angegriffen werden.

Der Einsatz deutscher Todesflieger

11. April 1945
Das *Oberkommando der Wehrmacht* gibt bekannt:
Ergänzend zum Wehrmachtbericht wird gemeldet:
Wie bereits im Wehrmachtbericht vom 8. April gemeldet, zeichneten sich deutsche Jagdverbände bei der Abwehr amerikanischer Terrorangriffe gegen den norddeutschen Raum am 7. April durch hervorragenden Kampfgeist aus. Die Jäger durchbrachen in erbitterten Luftkämpfen die starke feindliche Jagdsperre und stürzten sich ungeachtet des heftigen Abwehrfeuers, das ihnen aus zahlreichen Bordwaffen entgegenschlug, in todesmutiger Selbstaufopferung auf die viermotorigen Kampfflugzeuge. Die amerikanischen Verbände erlitten, in den auch für die deutschen Jäger opferreichen Kämpfen, schwere Verluste. Über 60 viermotorige Bomber wurden allein durch Rammstoß vernichtet. Ein Teil der Jäger konnte sich durch Fallschirmabsprung retten.

Das Ende der Fliegertätigkeit über dem Kontinent

Sonnabend, 5. Mai 1945, London
Exchange berichtet:
Die 2. Taktische Luftflotte der RAF, die bisher die Aktionen der Truppen Feldmarschalls Montgomerys unterstützte, hat ihre Tätigkeit einstweilen eingestellt, um später in Norwegen in Funktion zu treten, wenn es sich herausstellen sollte, daß die Deutschen die Absicht haben, dort auch fernerhin Widerstand zu bieten. Beaufighter- und Mosquito-Flugzeuge des Küstenkommandos der RAF operieren jedoch weiterhin über den Gewässern zwischen dem Kontinent und der norwegischen Küste, wo mehrere auf der Flucht befindliche Schiffe, die durch ziemlich starkes Fliegerabwehrfeuer geschützt waren, angegriffen wurden.

9. Mai 1945, Flugplatz Grove (Dänemark): Der Stützpunkt ist voll belegt mit deutschen Nachtjägern vom Typ Ju 88 und (links) Me 110, die den britischen Truppen unbeschädigt in die Hände gefallen sind

Das Ende des Krieges in Europa

Mittwoch, 9. Mai 1945
Sondermeldung
Das *Oberkommando der Wehrmacht* gibt bekannt:
Am 9. Mai 1945, 0.00 Uhr, sind auf allen Kriegsschauplätzen von allen Wehrmachtteilen und von allen bewaffneten Organisationen oder Einzelpersonen die Feindseligkeiten gegen alle bisherigen Gegner einzustellen ... Vom 9. Mai 1945, 0.00 Uhr, ab ist ferner auf sämtlichen Funklinien aller Wehrmachtteile nur mehr offen zu funken.
Im Auftrag des Großadmirals

gez.: *Jodl, Generaloberst*

9. Mai 1945
Das *Oberkommando der Wehrmacht* gibt bekannt:
Seit Mitternacht schweigen nun an allen Fronten die Waffen. Auf Befehl des Großadmirals hat die Wehrmacht den aussichtslos gewordenen Kampf eingestellt. Damit ist das fast sechsjährige heldenhafte Ringen zu Ende. Es hat uns große Siege, aber auch schwere Niederlagen gebracht. Die deutsche Wehrmacht ist am Ende einer gewaltigen Übermacht ehrenvoll unterlegen.

Göring und Kesselring in Gefangenschaft

9. Mai 1945
Das *Hauptquartier von General Eisenhower* teilt mit:
Die 7. US-Armee meldet die Gefangennahme von Göring und von Kesselring. Einem Bericht zufolge hat Göring erklärt, er sei von Hitler zum Tode verurteilt worden, weil er am 24. April vorgeschlagen habe, an Stelle Hitlers die Führung des Deutschen Reichs zu übernehmen. Göring habe sich recht vertraulich und jovial gezeigt, so, als wäre er »befreit« worden.
Bei seiner Festnahme trug Göring nur 3 Auszeichnungen und eine mit wenig Goldtressen verzierte Uniform. In bester Stimmung erklärte er sich bereit, »alle gewünschten Auskünfte ehrlich und gewissenhaft zu erteilen«, und ohne die ersten Fragen abzuwarten, betonte er, daß er »restlos mit dem Nationalsozialismus gebrochen habe«, und erzählte die Geschichte, wie er auf persönlichen Befehl Hitlers getötet werden sollte. »Meine Verbindungen und Vorsichtsmaßnahmen erwiesen sich jedoch wirksamer als Hitlers Anordnungen«, lachte Göring: »Männer meiner Luftwaffe haben sehr geschickt gearbeitet. Wie Sie sehen, bin ich nicht erschossen worden, sondern man hat es fertiggebracht, mich dem Zugriff der Nazis zu entziehen und mir ein sicheres Versteck zu beschaffen.«
In Kitzbühel, wo man Göring inzwischen Zwangsaufenthalt zugewiesen hatte, zeigte er sich wieder von seiner »besten Seite«. Er legte Wert darauf, seine goldgeschmückte Galauniform mit vielen Ordensreihen anlegen zu dürfen, und ließ sich dann bereitwillig fotografie-

ren. Nach wie vor beteuerte er, daß er bei bester Gesundheit und durchaus bereit sei, »an dem schweren Werk des Wiederaufbaus des zerstörten Europas mitzuwirken«.

Donnerstag, 10. Mai 1945, London
Ein Berichterstatter der *Agentur Reuter* meldet:
Marschall Kesselring gab mir in dem luxuriös ausgestatteten Salonwagen seines Sonderzuges in Saalfelden, 100 Kilometer westlich von Salzburg, die drei Gründe an, die seiner Ansicht nach zur Niederlage Deutschlands geführt haben: erstens die strategischen Luftangriffe gegen das deutsche Hinterland, zweitens die Angriffe der tieffliegenden alliierten Jagdbomber und drittens die Terrorangriffe gegen die deutsche Zivilbevölkerung.

Die Invasionsvorbereitungen gegen Japan

Dienstag, 17. Juli 1945, Guam
Das Hauptquartier von *Admiral Nimitz* teilt mit:
Der weitaus stärkste Flottenverband, den es jemals im Pazifik gab, kreuzt vor Japan. Die Operationen befinden sich im »Vorinvasionsstadium« und dienen in erster Linie der Erringung der völligen Luftherrschaft über dem japanischen Mutterland sowie der Unterbrechung aller kriegswichtigen Verbindungslinien. An diesen Angriffen, die gegenwärtig gegen das Gebiet von Tokio durchgeführt werden, nehmen rund 1500 Trägerflugzeuge teil. Wie bereits gemeldet wurde, stehen zum erstenmal auch britische Flugzeuge und Kriegsschiffe im Einsatz gegen Japan.

Großangriffe auf Honschu

Donnerstag, 2. August 1945, Guam
Das *Hauptquartier der USAAF* gibt bekannt:
820 amerikanische B-29-Superfestungen unternahmen gegen 4 Städte und das Ölzentrum von Kawasaki auf der Insel Honschu den stärksten Luftangriff des Zweiten Weltkrieges. Es wurden dabei 6332 Tonnen Bomben abgeworfen, das bedeutet, es fielen 232 Tonnen mehr als am »D-Tag« (6. 6. 1944) auf die deutschen militärischen Anlagen in der Normandie.

Verbreitung des Appells von Potsdam

Sonntag, 5. August 1945, Guam
Das *Hauptquartier der USAAF* gibt bekannt:
Superfortresses B-29 warfen mehr als 3 Millionen Flugblätter mit den Kapitulationsbedingungen des in Potsdam veröffentlichten Ultimatums über Japan ab. Es wurde zwar nicht bekanntgegeben, über welchen Gebieten diese Abwürfe erfolgten, aber aus ihrer Zahl kann geschlossen werden, daß die Einwohner von mindestens 50 japanischen Städten die Proklamation lesen konnten, die zum Sturz der Kriegstreiber und zur Kapitulation auffordert.

Verwendung von Sprengstoffen mit tausendfacher Wirkung?

Montag, 6. August 1945, Washington
Präsident Truman gibt bekannt:
US-Bomber haben heute über dem japanischen Stützpunkt von Hiroshima eine ganz neue Art von Bomben abgeworfen, sogenannte Atomic Bombs. Wir haben für die Herstellung dieser Bomben 2 Milliarden Dollar ausgegeben, aber damit eines der schwierigsten wissenschaftlichen Vorhaben gelöst. Präsident Truman teilte ferner mit, daß die Deutschen ebenfalls an einem Verfahren gearbeitet hätten, um solche Bomben herzustellen, ihre Versuche seien jedoch gescheitert. Truman stellte fest, die Verwendung der neuen Sprengstoffe stelle die Antwort der Alliierten auf die japanische Zurückweisung des Potsdamer Ultimatums dar.

Dienstag, 7. August 1945, Guam
Das *Hauptquartier der USAAF* gibt bekannt:
Nach Berichten von US-Aufklärern war das ganze Gebiet von Hiroshima viele Stunden nach dem Abwurf der Atombombe in eine dichte, undurchdringliche Rauch- und Staubwolke gehüllt. Auch von Feindesseite fehlt jeder Anhaltspunkt. Radio Tokio hat lediglich gemeldet, daß gestern früh um 8.20 Uhr (japanische Zeit) ein Angriff stattgefunden habe. Hiroshima zählt 300 000 Einwohner und dürfte nach Ansicht von Fachleuten, die über die Sprengwirkung der Atombombe unterrichtet sind, buchstäblich vom Erdboden verschwunden sein. Nach Mitteilung des US-Hauptquartiers konnten in Hiroshima mit einer einzigen Atombombe dieselben Ergebnisse erzielt werden, für die bisher 5 Angriffe von je 1000 Bombern mit Abwurf von 5000 bis 6000 Tonnen Sprengstoff notwendig waren.

Erste japanische Meldung

7. August 1945, Tokio
Das *Kaiserliche Hauptquartier* gibt bekannt:
Der Feind hat bei seinen Luftangriffen auf die Stadt und die Präfektur von Hiroshima gestern offensichtlich eine neue Art von Bomben verwendet. In Hiroshima wurde

nur eine geringe Zahl neuartiger Bomben abgeworfen, die jedoch erheblichen Schaden anrichteten. Die Untersuchungen über ihre Auswirkung sind noch voll im Gange.

Die Piloten berichten

Mittwoch, 8. August 1945, Guam
Der Kommandeur der strategischen US-Luftstreitkräfte im Pazifik, *General Spaatz,* gibt in einer Pressekonferenz bekannt:
Nach ersten Augenzeugenberichten über den Abwurf einer Atombombe auf Hiroshima werden alle Mitteilungen über technische Einzelheiten der Bombardierung abgelehnt. Es wird ausdrücklich darauf hingewiesen, daß auf den Marianen weitere Superfestungen mit Atombomben für Angriffe auf Japan bereitstehen. Die japanische Bevölkerung werde jedoch erst mit Flugblättern vor der drohenden Gefahr der Vernichtung gewarnt. Die Mannschaft der B-29 Superfortress, die eine Atombombe auf Hiroshima abwarf, steht noch unter dem Eindruck des Erlebten. Sie erzählt, wie eine riesige pilzförmige Rauchwolke zwölf Kilometer hoch zum Himmel emporschoß und die ganze Stadt Hiroshima einhüllte. Dazu der Flugzeugführer, Colonel P. W. Tibbets: »Wir flogen bei guter Sicht unser Ziel, die Stadt Hiroshima, an. Um 9.15 Uhr wurde die Bombe ausgelöst. Nur Captain Parsons, der Bombenschütze Major Ferebee und ich wußten, was wir abgeworfen hatten. Den andern Besatzungsmitgliedern war lediglich bekannt, daß wir eine neue Waffe anwenden wollten. Wir wußten, daß wir uns sofort nach dem Abwurf der Luftdruckwirkung entziehen mußten, und machten eine scharfe Wendung. Was wir dann sahen, ist schwer zu beschreiben. Unter uns schoß mit ungeheurer Schnelligkeit eine riesige Rauchwolke empor. Wo noch wenige Minuten vorher deutlich eine Stadt mit Straßen, Häusern, Piers und Parkanlagen vor uns lag, war nichts mehr zu sehen. Alles ging so schnell vor sich, daß wir die einzelnen Phasen der Explosion nicht beobachten konnten. Wir spürten nur die Hitze des Blitzes und die rasch aufeinander folgenden Luftdruckstöße, die uns wie in unmittelbarer Nähe des Flugzeuges krepierende Flakgeschosse vorkamen.«
Captain Parsons: »Der grelle Blitz war das erste Zeichen, daß die Bombe gezündet hatte. Ich sah dann einen Rie-

Das ist von Hiroshima (Insel Hondo), der japanischen Hafenstadt mit 350 000 Einwohnern, Zentrum der Schiffsbau-, Metall- und Maschinenindustrie, übriggeblieben. Man vermutet, daß die Atombombe jeden dritten Einwohner getötet hat

senpilz wirbelnden Staubes, in dem Trümmer bis zu 6 Kilometer hoch emporgeschleudert wurden.« Auf die Frage, warum gerade Hiroshima für den ersten Angriff gewählt wurde, erwiderte der General: »Weil es eine wichtige Industriestadt ist, das ist alles.« – Spaatz wiederholte dann die eingeleitete neue Flugblattkampagne, die die japanische Bevölkerung vor den Angriffen mit der neuen Waffe warnen soll.

Die Wirkung der Atombombe in Hiroshima

8. August 1945
Radio Tokio meldet:
Mit der allmählichen Wiederherstellung der Ordnung nach der verheerenden Zerstörung, die die Stadt Hiroshima durch die Anwendung der feindlichen Bombe neuen Typs am Montag morgen traf, beschäftigt, sind die Behörden noch nicht in der Lage, eine endgültige Übersicht über das Ausmaß der unter der Zivilbevölkerung entstandenen Verluste zu erlangen. Sanitätstrupps, die von den benachbarten Distrikten herangezogen wurden, waren nicht imstande, die Toten von den Verwundeten zu unterscheiden, geschweige denn sie zu identifizieren.
Die Wirkung der Bombe war so fürchterlich, daß praktisch alle Lebewesen, Menschen und Tiere, durch die schreckliche Hitze und den durch die Explosion erzeugten Druck buchstäblich zu Tode versengt wurden. Alle die Toten und Verwundeten waren bis zur Unkenntlichkeit verbrannt. Angesichts der vernichteten Häuser und Bauwerke, darunter auch die medizinischen Einrichtungen für Katastrophenfälle, haben die Behörden alle Hände voll zu tun, um jede unter den Umständen verfügbare Hilfe zu leisten. Die Bombe zerstörte im weiten Umkreis alles. Wer sich im Freien befand, wurde zu Tode verbrannt, während die Leute in den Häusern durch den unbeschreiblichen Druck und die Hitze getötet wurden. Die von den Vereinigten Staaten im Krieg gegen Japan angewandten Methoden haben an entsetzlicher Grausamkeit die von Dschingis Khan übertroffen.

Der Abwurf einer zweiten Atombombe

Donnerstag, 9. August 1945, Guam
Das *Hauptquartier von General Spaatz* teilt mit:
Der Abwurf der zweiten Atombombe erfolgte heute mittag (japanische Zeit) auf Nagasaki. Die Besatzung meldet gute Ergebnisse, doch können Einzelheiten erst bekanntgegeben werden, wenn die Maschine zum Stützpunkt zurückgekehrt ist. Nagasaki hatte in Friedenszeiten 212 000 Einwohner.

Kaiser Hirohito spricht das erstemal zu seinem Volk

Dienstag, 14. August 1945, Tokio
Aus der Rundfunkansprache Kaiser Hirohitos an das japanische Volk: »An Unsere guten und treuen Untertanen! Nach tiefer Überlegung über den allgemeinen Lauf der Welt und über die gegenwärtige Lage Unseres Reiches haben Wir heute beschlossen, die gegenwärtige Lage durch eine außergewöhnliche Maßnahme zu beenden. Wir haben Unsere Regierung angewiesen, den Regierungen der Vereinigten Staaten, Großbritanniens, Chinas und der Sowjetunion mitzuteilen, daß Unser Reich die Bedingungen ihrer gemeinsamen Proklamationen annimmt . . .«

Friede auf Erden . . .

Am 15. August, um ein Uhr früh mitteleuropäischer Sommerzeit, wurde die bedingungslose Kapitulation Japans gleichzeitig in London, Washington, Moskau und Chunking bekanntgegeben . . .

Münchener Zeitung, 15. August 1945
Alliiertes Nachrichtenblatt für die deutsche Zivilbevölkerung

1. Januar 1945, brennende Spitfire auf dem RAF-Stützpunkt der polnischen 131. Wing in St. Denis-Westrem (Belgien) während eines Angriffs deutscher Jäger der II. Gruppe des Jagdgeschwaders 1

Strategie und Taktik

Januar bis September 1945

Während in den Kantinen der alliierten Fliegereinheiten der Anbruch des Neuen Jahres gefeiert wird, herrscht auf den deutschen Luftstützpunkten emsige Tätigkeit. In den Morgenstunden des 1. Januar 1945 beginnt das Unternehmen »Bodenplatte« – so der Tarnname für den letzten Großeinsatz der deutschen Luftwaffe. Ihr Ziel: Angriffe auf 13 englische und vier amerikanische Feldflugplätze in Nordfrankreich, Belgien und Südholland. Die genaue Zahl der an dieser Operation beteiligten Maschinen bleibt unbekannt. Die Quellen schwanken in ihren Angaben zwischen 800 und 1500 gestarteten Flugzeugen, das Lagebuch des OKW spricht von 1035 einsatzbereiten Maschinen. Sämtliche Geschwader (Jagd-, Kampf- und Schlachtflugzeuge) des Luftwaffenkommandos West (GenLt. Schmid) werden durch Pfadfindermaschinen ans Ziel geführt. Für die alliierten Luftstreitkräfte kommt das Unternehmen »Bodenplatte« völlig überraschend; ihrer Feindaufklärung ist die seit dem 20. Dezember 1944 beginnende Verlegung deutscher Geschwader nach dem Westen entgangen.

Die Starts ziehen sich – durch Bodennebel behindert – von 7.25 Uhr bis 9.20 Uhr hin. Um den Gegner und sein Radar zu überlisten, muß der Anflug unter 200 Meter Höhe und bei absolutem Sprechverbot erfolgen. Hitler hat allerstrengste Geheimhaltung befohlen, und so ist es sogar versäumt worden, die 16. Flakdivision (GenMaj. Deutsch), die zum Schutz der V-1- und V-2-Stellungen eingesetzt ist und genau den Luftraum überwacht, den die Geschwader überfliegen sollen, entsprechend zu unterrichten, was tragische Folgen haben wird.

Zu den 10 planmäßig gestarteten Geschwadern gehört auch das JG 1 »Oesau« (Oberst Ihlefeld), dessen Ziel die Flugplätze St. Denis-Westrem und Maldegem in Belgien sind. Gegen 9.30 Uhr erscheinen etwa 40 Maschinen FW 190 dieses Jagdgeschwaders über St. Denis-Westrem, dem Feldflugplatz B-61 der RAF, auf dem die polnische 308. und 317. Squadron des 131. Wing liegen. Das Gros der beiden Squadrons befindet sich zu dieser Zeit noch auf dem Rückflug von einer routinemäßigen Patrouille entlang der Frontlinie, und als die deutschen Jäger gerade dabei sind, die abgestellten Spitfires sowie die anderen englischen und amerikanischen Maschinen in Brand zu schießen, kehren die RAF-Jäger zu ihren Stützpunkten zurück. Es kommt über St. Denis-Westrem zu harten Luftkämpfen, bei dem 6 deutsche und 2 alliierte Jäger abgeschossen werden. Auf dem Flugplatz selbst gehen 18 polnische Spitfires, ein Dutzend britische und amerikanische Maschinen, dazu einige Tankwagen mit Treibstoff in Flammen auf.

Auf dem Flugplatz Brüssel Evere werden 85 Flugzeuge, darunter Fliegende Festungen, Lancaster-Bomber, Spitfire- und Typhoon-Jäger sowie DC-3-Dakotas vernichtet, und in Eindhoven verlieren 11 kanadische RAF-Squadrons sämtliche Typhoon-Maschinen. Insgesamt sind nach deutschen Quellen 439 alliierte Flugzeuge innerhalb kurzer Zeit am Boden zerstört oder abgeschossen worden. Ebenfalls nach deutschen Berichten gehen 93 eigene Maschinen durch feindliche Jäger und Flak verloren. Diese Zahl erhöht sich jedoch auf 277 Flugzeuge: 184 Maschinen fallen dem Feuer der deutschen Flakbatterien zum Opfer, die über die Route der im Tiefflug zurückkehrenden Verbände nicht unterrichtet sind und die Maschinen verständlicherweise als feindliche ansehen. Das Unglück wiegt noch schwerer, da sich unter den unnötigen Opfern 59 außerordentlich erfahrene Verbandsführer befinden.

In den ersten beiden Januartagen greifen 570 schwere Bomber der 8. US-Luftflotte die Rheinbrücken bei Koblenz, Neuwied und Remagen an. So wird die Ardennen-Offensive – auch der Widerstand der Bodentruppen hat sich gefestigt – durch die Gegenangriffe der alliierten Luftstreitkräfte auf die deutschen rückwärtigen Verbindungen gebremst, die sich später gegen den Raum Köln–Koblenz–Trier richten und sich nach Süden bis Koblenz–Kaiserslautern–Saarbrücken und Trier ausdehnen.

Am Dienstag, dem 2. Januar 1945, erscheinen 15 japanische Flugzeuge über Saipan und werfen im Tiefflug mehrere Bomben ab. Dies ist der letzte japanische Luftangriff gegen die Marianen.

Die Erfolge der US-Streitkräfte im Pazifik sind vor allem der innerhalb kurzer Zeit geschaffenen großen Flotte von Flugzeugträgern und Geleitträgern und dem erstaunlich schnellen Ausbau der Marineluftstreitkräfte zu verdanken: Die Zahl von 1700 Flugzeugen am 1. 7. 1940 ist am 1. 1. 1945 auf 86 000 Maschinen angewachsen.

Anfang Januar 1945 ändert die RAF ihre Angriffstaktik gegen Berlin: In der Nacht vom 3./4. Januar 1945 eröffnen Mosquitos eine Serie von Blitz-Störangriffen gegen die Reichshauptstadt, die sich bis in die zweite Hälfte des April hineinzieht. Kleinere Verbände von etwa 35 bis 50 Maschinen werden eingesetzt, meist mit je einer 1800-kg-Bombe »Bloc Buster«. Oft dauern diese Angriffe nicht einmal fünf Minuten, jedoch werden die Berliner beinahe Nacht für Nacht aus dem Schlaf gerissen. Die RAF-Maschinen, Typ Halifax und Lancaster, führen zu dieser Zeit meist Nachtangriffe gegen Eisenbahnknotenpunkte im Rücken der Ardennen-Front und später im gesamten Deutschland durch.

Am Donnerstag, dem 4. Januar 1945, fünf Tage bevor US-Truppen im Golf von Lingayen (Luzon) landen, führen die auf den Philippinen stationierten Kamikaze-Verbände erneut einen Angriff gegen die Invasionsflotte durch. Der Geleitträger »Ommaney Bay« wird versenkt, die Schlachtschiffe »New Mexico«, »California« und zahlreiche weitere Einheiten werden beschädigt.

In der Nacht vom 4./5. Januar 1945 greift das RAF-Bomberkommando das malerische französische Hafenstädtchen Royan an, an dessen Ortsrand Stellungen der deutschen »Atlantikfestung Gironde-Nord« liegen. Den Besatzungen, die dabei ihren ersten Feindflug absolvieren, wird in Unkenntnis der Lage ausdrücklich befohlen, den Stadtkern zu bombardieren, in dem sich überhaupt keine Deutschen befinden. 1651 Tonnen Bomben (etwa 200 Tonnen mehr als beim ersten »1000-Bomber«-Angriff auf Köln am 30./31. Mai 1942) machen aus Royan ein Trümmerfeld.
Der Stab der Luftstreitkräfte im Obersten Alliierten Hauptquartier, der die Operation geplant hat, erhofft sich von dem Großangriff auf Royan das schnelle Zusammenbrechen des deutschen Widerstandes in der Festung. Am 4. Januar geht beim Stab der 6. US-Heeresgruppe (GenLt. Devers) folgendes Telegramm ein: »Vom Stab der Luftstreitkräfte im SHAEF (Oberstes Alliiertes HQ). Unterrichten Sie alle in jenem Abschnitt beteiligten alliierten Einheiten, daß das RAF Bomber Command die Stadt Royan am 5. Januar 1945 mit 200 Maschinen um 4 Uhr und mit 100 Maschinen um 5.30 Uhr angreifen wird.« Für die Dechiffrierung, Registrierung und Weiterleitung an die Nachrichtenzentrale des Hauptquartiers der Forces Françaises de l'Quest (Gen. de Larminat), von wo aus man das Unheil noch hätte abwenden können, braucht man über 4 Stunden. Da der diensthabende US-Sergeant kein Französisch spricht, kann er das Personal der französischen Nachrichtenzentrale nicht von dem Inhalt des Telegramms unterrichten. Erst nach dem Angriff wird es übersetzt.
Die 354 Lancasters der 4. RAF-Bombergruppe fliegen in zwei Wellen und werfen 1637 Tonnen Spreng- und 14 Tonnen Brandbomben auf die Stadt, von der drei Viertel dem Erdboden gleichgemacht werden. Von den noch dort wohnenden 3000 bis 4000 Menschen sind mehr als die Hälfte getötet oder verschüttet. Der Bombenteppich geht über den Wohn- und Geschäftsvierteln nieder, während die starken deutschen Verteidigungsanlagen nur leicht beschädigt werden.
Die Deutschen, denen der Bombenangriff gegolten hat, genehmigen sogar das Eingreifen der französischen Marine-Feuerwehr von La Rochelle; und im Hauptquartier der Forces Françaises de l'Ouest glaubt man zunächst, es habe sich um ein deutsches Bombardement gehandelt.
Bei dem berüchtigten deutschen Luftangriff auf Rotterdam am 14. 5. 1940 sind übrigens 97 Tonnen Bomben niedergegangen.

Oben rechts: Januar 1945, Lingayen-Bucht (Luzon-Insel): Ein Kamikaze-Flieger stürzt sich auf den Geleitträger »Natoma Bay«

Unten: 6. Januar 1945, Royan: 16mal so viele Bomben, wie bei dem deutschen Luftangriff auf Rotterdam fielen (14. Mai 1940), wirft die RAF irrtümlich auf die kleine französische Hafenstadt

Am Sonnabend, dem 6. Januar 1945, erfolgen wiederholt heftige Kamikaze-Angriffe gegen die sich den Philippinen nähernde US-Landungsflotte. 10 Schiffe erleiden ernste Beschädigungen. Die wachsenden Erfolge der Todesflieger zwingen die Amerikaner, die Flugzeugträger, die am nächsten Tag, dem 7. Januar 1945, Formosa angreifen sollen, zurückzuhalten.
Am Dienstag, dem 9. Januar 1945, setzen die Landungsboote der US Task Forces 78 und 79 die Truppen der 6. Armee (GenLt. Krueger) in der Lingayen-Bucht, an der Westküste der Insel Luzon (Philippinen), ab, und zwar an der gleichen Stelle, wo drei Jahre zuvor, am 21. 12. 1941, die Japaner gelandet sind. Bereits während die amerikanische Landungsflotte die Lingayen-Bucht anläuft, starten Kamikaze-Flieger 8 Stunden lang ununterbrochen und tauchen jedesmal überraschend auf: Sie verstehen es, beim Anflug die umliegenden Hügelketten auszunutzen und außerdem die Radargeräte der Flotte mit Stanniolstreifen zu stören. Mehrere Schiffe werden von den Todesfliegern getroffen, der Kreuzer »Australia« z. B. bereits zum fünftenmal. Ihr Kapitän lehnt jedoch das Angebot des Admirals Oldendorf, sich aus dem Kampf zurückzuziehen, ab.
Die Gefährlichkeit der sich selbst opfernden Flieger beweist am besten die Tatsache, daß es den übrigen japanischen Kampfflugzeugen bei etwa 6000 Einsätzen nur gelingt, 1 Schiff zu vernichten, während 722 Kamikaze-Piloten 6 Schiffe versenken. Die Kamikazes haben bei diesen Operationen vom 6. bis 9. Januar – für sie die erfolgreichsten des ganzen Krieges – fast so viele US-Einheiten vernichtet wie die gesamte japanische Flotte.

Am Freitag, dem 12. Januar 1945, beginnt die sowjetische Winteroffensive: Die 1. Ukrainische Front (Marschall Konjew) stößt aus dem Brückenkopf Baranow vor und überrennt die schwache Abwehrfront der 4. deutschen Panzerarmee (Gen. d. Pz. Tr. Graeser). Am Tage darauf, dem 13. Januar 1945, setzt auch die Offensive der 3. Weißrussischen Front (ArmeeGen. Tschernjachowski) von Ostpreußen aus ein. Anschließend, am Sonntag, dem 14. Januar 1945, treten die 1. Weißrussische Front (Marschall Schukow) aus den Weichselbrükkenköpfen von Magnuszew und Pulawy und die 2. Weißrussische Front (Marschall Rokossowski) aus den Narew-Brückenköpfen beiderseits Rozan zur Offensive an. Die drei sowjetischen Fronten (Heeresgruppen) werden durch die starken Luftflotten 1, 2, 4, 6 und 16 mit insgesamt 4800 Flugzeugen unterstützt; ihnen gegenüber stehen nur 300 deutsche Maschinen.

Am 14. Januar 1945, um 4.30 Uhr, explodiert in der Nähe von Horusea (Yorkshire) eine V 1. Es ist die letzte von insgesamt 1200 aus der Luft von den Heinkel He 111 der I. Gruppe des Kampfgeschwaders 53 aus gestarteten fliegenden Bomben. Nur jede zehnte V 1 hat annähernd ihr Ziel erreicht, die anderen fielen der alliierten Luftabwehr zum Opfer oder stürzten durch Fehler in der Steuerung vorzeitig ab.
Von Mitte Januar 1945 an wird eine neue deutsche Geheimwaffe eingesetzt: der »Rheinbote«, eine Pulver-Rakete, von zwei Konstrukteuren der Rheinmetall-Borsig (Dir. Klein und Dr. Vüllers) entwickelt. Bei dieser vierstufigen Boden-Boden-Rakete werden 10 Kilometer nach dem Start die erste und zweite Stufe abgesprengt, die dritte und vierte Stufe bleiben mit der Sprengladung verbunden. Die Rakete ist 11 Meter lang und 1750 Kilogramm schwer; ihre Sprengladung beträgt nur 20 Kilogramm, die größte Reichweite ist 220 Kilometer. Das Geschoß wird von einer Wagenplattform gestartet. Eine in Holland stehende Batterie verschießt etwa 220 Stück gegen Antwerpen.

Am Freitag, dem 19. Januar 1945, unternehmen die von den Marianen-Inseln aus startenden B-29 des 21. Bomber Command den bis jetzt folgenschwersten

Angriff: 62 Superfortresses werfen auf die Kawasaki-Flugzeug- und Motorenfabriken in Kobe bei Tokio 155 Tonnen Bomben. Durch die angerichteten Zerstörungen wird die Produktion der Triebwerke um 8 Prozent und die der Flugzeuge um etwa 15 Prozent reduziert.
Am Sonntag, dem 21. Januar 1945, führen 8 Kamikaze-Flieger (»Niitaka«-Gruppe) der 1. Luftflotte Angriffe auf den US-Flugzeugträger »Ticonderoga« (Task Group 38.3) und beschädigen ihn schwer.
Am Montag, dem 22. Januar 1945, werden die Fabrikanlagen im holländischen Ablasserdam, nahe Dordrecht, in denen Brennstoff (flüssiger Sauerstoff) für die V 2 produziert wird, von 4 Spitfire-Squadrons der 2. Taktischen Luftflotte zerstört. Es können von den britischen Jagdbombern mehrere Zielangriffe auf die von holländischen SOE-Agenten gemeldeten kleinen chemischen Werke durchgeführt werden.
Die in der Nacht vom 22./23. Januar 1945 erfolgten Angriffe des RAF-Bomberkommandos gegen Eisenbahnziele bei Gelsenkirchen, Duisburg und Hannover sowie die Bombardements der 8. US-Luftflotte in den Mittagsstunden des 23. Januar auf die Eisenbahnanlagen in Neuss tragen noch weiter zur Verschlechterung der militärischen Lage Deutschlands bei. Auch das gesamte Straßennetz wird laufend angegriffen: Allein am 22. und 23. Januar 1945, während des Rückzuges der Armeen des Generalfeldmarschalls v. Rundstedt aus den Ardennen, vernichten alliierte Flieger 6000 Fahrzeuge; zu gleicher Zeit hält Treibstoffmangel die Verbände der deutschen Luftwaffe am Boden. So manches Geschwader erhält nur Benzin für einen einzigen Staffeleinsatz pro Tag, und oft fehlt sogar der Treibstoff für die Rückverlegung von Einheiten vor der herannahenden Front.
Im Januar 1945 wird der Einsatz der V 1 aus den Stellungen in der Eifel und in Holland gegen Antwerpen und Lüttich fortgesetzt. Mehr als 100 fliegende Bomben startet das Flakregiment 155 W (Oberst Wachtel) täglich gegen diese beiden Städte.
Den ganzen Monat Januar hindurch liegt Groß-London unter Beschuß der V 2. In diesem letzten Kriegswinter zeigen die Menschen in London und Südostengland eine seltsame Mischung aus freudiger Erregung angesichts des bevorstehenden Sieges und Angst vor der gefürchteten Rakete. Die einzige Gewißheit ist, daß sich niemand gegen sie schützen kann. Dies bedeutet praktisch dauernden Alarmzustand.
Die mobilen Feuerstellungen der Fernraketen liegen nunmehr außer in Wassenaar auch auf dem Rennplatz von Den Haag, in den Wäldern bei Leyden und auf der Insel Walcheren. Zwar werden die Einsätze gegen die gut getarnten Feuerstellungen der Fernraketen nicht mit den üblichen, allenfalls grob gezielten RAF-Flächenangriffen durchgeführt, sondern von Spitfire-Jagdbombern, jedoch fallen auch deren Angriffen anstatt der V-2-

23. Januar 1945: Eine Brücke über die Mosel, die während des Rückzuges deutscher Truppen aus den Ardennen durch einen Volltreffer zerstört wurde

Stellungen die umliegenden Häuser zum Opfer. Der britischen Regierung wird klar, daß die Londoner nicht eher zur Ruhe kommen, bis ihre Landstreitkräfte das Abschußgebiet besetzt haben.

Im Februar 1945 meldet das unter Führung von Oberst Steinhoff stehende Jagdgeschwader 7 (JG 7), das einzige mit Me-262-»Turbinenjägern« ausgerüstete Geschwader der Luftwaffe, seine Einsatzbereitschaft. Den Schutz der startenden und landenden Düsenjäger übernehmen Staffeln des JG 3. Zu einer anderen Gruppe der Me-262-Jäger, dem Jagdverband 44 (JV 44), gehören als Flugzeugführer außer Generalleutnant Galland – dem von Göring abgesetzten General der Jagdflieger – mehrere ebenfalls in Ungnade gefallene Jagdfliegerkommandeure.

Am Sonnabend, dem 3. Februar 1945, erlebt Berlin den bisher schlimmsten Luftangriff des Krieges. Am dichtbewölkten Himmel erscheinen vormittags 937 B-17 und B-24 der 8. US-Luftflotte mit 613 Mustang- und Thunderbolt-Begleitjägern. Sie werfen innerhalb von 53 Minuten 2267 Tonnen Bomben auf die Stadtviertel Tempelhof, Schöneberg, Kreuzberg und die Gegend um den Anhalter Bahnhof. 5 Liberator B-24, 31 Fortresses B-17, 8 Mustangs und 1 Thunderbolt holen die deutschen Jäger und die Flak herunter. Es ist der erste US-Flächen-Terrorangriff auf Wohngebiete in der Art der RAF-Nachteinsätze. 4 Quadratkilometer der Stadt werden zerstört, etwa 23 000 Tote (laut amerikanischen Quellen) liegen unter den Trümmern.
Die beiden US-Luftflotten von England und eine von Italien aus setzen gemeinsam mit der RAF das strategische Bombardement des kleiner werdenden Zielgebietes zwischen den Flüssen Rhein, Oder und Po fort, das allmählich in den taktischen Bereich übergeht.
Anfang Februar 1945 verlegt die deutsche Luftwaffe beinahe sämtliche Flieger- und Flakverbände an die Ost-

deutsche Versorgung der Ostfront von entscheidender Bedeutung sei. Nur die wenigsten der Flieger wissen, daß Dresden eine der schönsten Städte Europas ist.
Die Bomber sind mit allen erdenklichen Hilfsgeräten ausgestattet. Die meisten Besatzungen haben bereits große Erfahrung sowohl in Flächen- als auch in Zielangriffen. Jedes Besatzungsmitglied erhält von ihnen für den Notfall einen großen Union-Jack mit den in Russisch aufgedruckten Worten »Ich bin Engländer«.
In Dresden stehen seit Mitte Januar 1945 dort, wo sich Flakbatterien befanden, nur noch hölzerne Geschützattrappen. Die Kanonen selbst sind jetzt zur Panzerbekämpfung an die näherkommende Ostfront verlegt worden. Bis jetzt hat die prächtige Stadt an der Elbe den Luftkrieg kaum zu spüren bekommen.
Das RAF-Bomberkommando beabsichtigt, genauso wie in Hamburg vorzugehen: Die Sprengbomben sollen zuerst Dächer und Fenster zertrümmern, damit die nachfolgenden Brandbomben eine optimale Wirkung erzielen. Im ganzen Reichsgebiet sind nur 27 Nachtjäger aufgestiegen, um den schrecklichsten aller Luftangriffe auf Deutschland zu bekämpfen. Das einzige deutsche Flugzeug jedoch, das über Dresden erscheint, ist nicht etwa ein Jäger, sondern eine Kuriermaschine des OKH, die aus dem Hauptquartier der Heeresgruppe Mitte in Josefstadt (Böhmen) den Chef des Generalstabes, General v. Xylander, nach Berlin ins Führerhauptquartier bringen soll. Dieses Flugzeug gerät in eine der Angriffswellen und geht über der brennenden Stadt verloren.
Tausende von Sprengbomben, dabei Hunderte mit 1800 und 3500 Kilogramm, und fast 650 000 Brandbomben, insgesamt 2659 Tonnen, fallen in dieser Nacht auf Dresden und rufen einen Feuersturm hervor, ähnlich dem, der Hamburg zwei Jahre zuvor zerstört hat.

front. Diese Umgruppierung soll die Überquerung der Oder durch die sowjetischen Armeen aus der Bewegung heraus verhindern. Es gelingt der deutschen Luftwaffe sogar, an der Oder für einige Tage die Luftüberlegenheit zu erringen. Zu dieser Entwicklung trägt viel dazu bei, daß die Verbände der 6. sowjetischen Luftarmee bis 150 Kilometer hinter der Front liegen und in Frontnähe kaum einen wetterbeständigen Flugplatz haben, während die Luftwaffe von ihren Stützpunkten im Raum Mecklenburg und Sachsen auch bei schlechtem Wetter operieren kann.
In der Nacht vom 13./14. Februar 1945 greifen 773 Lancasters des RAF-Bomberkommandos in 2 Wellen Dresden an.
Vor dem Einsatz wird den Besatzungen erklärt, daß die Ziele ein großes Giftgaswerk, wichtige Munitionsfabriken und das Gestapo-Hauptquartier im Stadtzentrum seien. Auf anderen Luftstützpunkten wiederum stellt man Dresden als wichtigen Bahnknotenpunkt hin, der für die

Dresden nach den schweren alliierten Bombenangriffen: Man wird nie die genaue Zahl der Opfer ermitteln können

Einer der Bombenschützen berichtet: »Ich warf unwillkürlich einen Blick nach unten, als die Bomben fielen, und meinen Augen bot sich das grauenhafte Bild einer Stadt, die von einem Ende zum anderen in Flammen steht. Man konnte, als der Wind die dichten Rauchwolken wegtrieb, das hellerleuchtete Dresden wie auf einem Stadtplan erkennen. Die heraufsteigende Hitze war bis in meine Kanzel zu spüren. Der Himmel hatte sich leuchtend rot gefärbt, und das Licht in der Maschine glich dem eines gespenstisch anmutenden Sonnenuntergangs im Herbst, und ich sah die Brände noch fast 320 Kilometer vom Ziel entfernt.«

Der Angriff ist nicht nur als Zeichen der Solidarität mit den Sowjets gedacht, sondern auch als Demonstration der verheerenden Schlagkraft der westlichen Alliierten. Es ist nicht erwiesen, ob die Bombardierung auf Veranlassung der Sowjets geschah, aber es ist sicher, daß Churchill den Befehl dazu erteilt hat.

Über 20 Quadratkilometer Stadtgebiet werden in dieser einen Nacht in Dresden verwüstet. Zum Vergleich: In London gelang es den Deutschen während des ganzen Krieges noch nicht einmal, 2,4 Quadratkilometer zu zerstören. »Die rein militärischen Schäden sind unbedeutend, es treten lediglich vorübergehend gewisse Erschwerungen des Fernsprechverkehrs und Stockungen im Eisenbahnbetrieb ein.« (Befehlshaber im Wehrkreis IV., Gen. d. Inf. Reinhard) Weniger als ein halbes Prozent beträgt die Verlustquote bei diesem erfolgreichsten Nachtangriff des Bomberkommandos.

Am Mittag des 14. Februar 1945 werfen 311 Fliegende Festungen der 8. US-Luftflotte 771 Tonnen Bomben auf das brennende Dresden. Die begleitenden P-51-Mustangs jagen an diesem Aschermittwoch im Tiefflug die Menschen auf den verstopften Ausfallstraßen und die Flüchtlingstrecks auf den Elbwiesen. Der überbelegte Flugplatz in Dresden-Klotzsche bleibt auch diesmal verschont. Hätten die Alliierten Dresden tatsächlich mit der Absicht angegriffen, dem sowjetischen Verbündeten zu helfen, so wären die militärischen Anlagen das Ziel gewesen. Aber die großen Kasernen sowie die riesigen Materiallager, die sich vom Rande der Neustadt bis nach Klotzsche hinziehen, bleiben fast unversehrt.

Am darauffolgenden Tag, dem 15. Februar 1945, erscheinen 210 B-17 der 8. US-Luftflotte über Dresden und werfen erneut 461 Tonnen Bomben in das Inferno.

Die Zahl der Toten in der von Flüchtlingen aus Schlesien überfüllten Stadt kann man nicht genau feststellen; nach Berechnungen des Statistischen Bundesamtes Wiesbaden sollen es 60 0000 sein; andere Schätzungen sprechen von 245 000 Toten. Der Angriff auf Dresden hat den Vormarsch der sowjetischen Armeen weder beschleunigt noch den Krieg verkürzt. Am Tage der deutschen Kapitulation liegt die zerstörte Stadt noch immer nicht im unmittelbaren Kampfgebiet.

Am 16. und am 17. Februar 1945 sind Flugplätze und Flugzeugwerke im Raum Tokio das Ziel erster Großangriffe durch Trägermaschinen der Task Force 58 (Vizeadm. Mitscher). In den beiden Tagen fliegen sie 2761 Einsätze. Das schlechte Wetter erschwert zwar die Operationen, jedoch werden über 200 japanische Flugzeuge in Luftkämpfen und zum größten Teil am Boden zerstört. Die Verluste – die höchsten seit 1942 – betragen 60 Maschinen, durch die japanische Flak und von Jägern abgeschossen. Der Einsatz der Trägermaschinen der Task Force 58 erfolgt im Rahmen der Vorbereitungen zur Invasion der Insel Iwo Jima.

Am Montag, dem 19. Februar 1945, nach fast ununterbrochenen 3 Tage langen Luftangriffen und dem Beschuß durch die Kriegsschiffe der Task Force 51 (Vizeadm. Turner), landet das V. Amphibische Korps (Gen.-Maj. Schmidt) auf Iwo Jima, das zwischen den Marianen und Tokio auf halbem Wege liegt. Die Kämpfe auf der Insel gehören zu den härtesten des Krieges im Pazifik.

Am Mittwoch, dem 21. Februar 1945, versenken während der Invasions-Operationen auf Iwo Jima japanische Flieger den US-Träger »Bismarck Sea« und beschädigen den US-Träger »Saratoga« schwer.

Am Donnerstag, dem 22. Februar 1945, führen die alliierten Luftstreitkräfte den ganzen Tag über rollende Einsätze (Operation »Clarion«) gegen Verkehrslinien in Deutschland durch, daneben stellt die Operation Clarion nicht zuletzt eine Demonstration der alliierten Stärke dar. In allen deutschen Städten heulen an diesem Tage die Sirenen Fliegeralarm. Etwa 9000 Maschinen, gestartet von den Stützpunkten in England, Belgien, Frankreich, Holland und Italien, bombardieren Bahnknotenpunkte, Brücken und Lok-Depots. Die Operation Clarion wird am darauffolgenden Tag in gleichem Ausmaß wiederholt. Nach Beendigung dieses Unternehmens sind

Oben rechts: 26. Februar 1945: Gegen Mittag greifen 1112 Maschinen der 8. USAAF das Stadtzentrum von Berlin an. Die Rauchschwaden der Markierungsbomben weisen die Ziele an

Rechts: 24. Februar 1945, eine der zahlreichen Tragödien am Rande des Luftkrieges: Ein Jäger vom Typ F4U Corsair rast in die Aufbauten des US-Trägers »Prince William«

90 Prozent der deutschen Transportkapazität und der Verkehrsknotenpunkte innerhalb des Reichsgebietes ausgeschaltet.

Am Sonntag, dem 25. Februar 1945, erlebt Tokio den bisher schwersten Luftangriff: Über 170 Superfortresses des 21. US Bomber Command (Marianen) werfen 1667 Tonnen Brandbomben ab. Rund 28 000 Gebäude werden zerstört, die Bevölkerung erleidet große Verluste. Bis jetzt war den amerikanischen Bombenangriffen auf die japanische Hauptstadt kein Erfolg beschieden: Die Luftabwehr ist sehr schlagkräftig, und die Treffgenauigkeit der Bombenabwürfe aus einer Höhe von 10 000 Metern litt unter den in dieser Höhe herrschenden starken Winden; dazu kam die Vereisung der Instrumente. Als die Verlustquote der gegen die japanischen Hauptinseln eingesetzten Superfestungen 6 Prozent übersteigt, entwickelt der Chef des 21. Bomber Command (Marianen), Generalmajor Curtis E. LeMay, eine neue Taktik: Er setzt die Operationshöhe von 10 000 Meter auf 2500 Meter, läßt die B-29 ausschließlich mit Brandbomben beladen und verlegt die Aktionen, um der vollen Wirkung der japanischen Flak zu entgehen, auf die Nacht. Bei der neuen Einsatzhöhe können die Superfortresses sogar dreimal soviel Bomben tragen wie bisher.
Nach diesem Versuchsangriff auf Tokio am 25. Februar 1945, der sich als Erfolg erwiesen hat, wird die neue Taktik zur Regel. Das Ergebnis: die wahllosesten und gewaltigsten Zerstörungen des Krieges, die selbst die Wirkung der Atombomben in den Schatten stellen.

Der 27. Großangriff bei insgesamt 363 alliierten Luftangriffen gegen Berlin richtet sich am 26. Februar 1945, in der Zeit von 13.19 Uhr bis 14.07 Uhr, hauptsächlich auf die Stadtmitte. Dieser Angriff ist noch schwerer als der vom 3. Februar 1945: 1112 viermotorige Bomber der 8. US-Luftflotte in Begleitung von 700 Jägern

werfen insgesamt 2879 Tonnen Bomben ab. Nur 13 Bomber und 2 Mustang-Jäger werden abgeschossen.

Entlang der Oder, welche die 1. Weißrussische Front (Marschall Schukow) bereits Ende Januar 1945 erreicht hat, bauen die sowjetischen Armeen – 65 Kilometer von Berlin entfernt – eine starke Front auf. Sie haben bei den massiven und schnellen Vorstößen etwa 120 fast unversehrte Eisenbahn- und Straßenbrücken über die Oder eingenommen, nur 12 sind so zerstört, daß sie erst ab März 1945 wieder benutzt werden können. Und am 1. März 1945 erteilt Hitler dem Kommodore des geheimnisumwitterten Kampfgeschwaders 200 (KG 200), Oberstleutnant Baumbach, den Befehl, »alle feindlichen Übergänge über Oder und Neiße zu bekämpfen«. Baumbach, einer der erfolgreichsten Kampfflieger der Luftwaffe, »hat hierzu sämtliche geeigneten Kampfmittel aller Wehrmachtteile, der Rüstung und Wirtschaft zum Einsatz zu bringen und hinsichtlich der Durchführung aufeinander abzustimmen«.

In der Nacht vom 3./4. März 1945 werden im Rahmen des Unternehmens »Gisela« zum erstenmal seit mehreren Monaten deutsche Störangriffe gegen England wiederaufgenommen. Dabei erkämpfen sich deutsche Nachtjäger ihren letzten großen Erfolg: Über 100 Maschinen (NJG 2) folgen einem RAF-Bomberverband, der von seinem Einsatz gegen die Hydrierwerke in Kamen bei Dortmund zurückfliegt, und schießen bei der Landung über den Stützpunkten 19 viermotorige Bomber ab und zerstören am Boden weitere 17 Flugzeuge.

März 1945: Japanischer Ballon, den man bei Vancouver (Kanada) findet. Im Durchschnitt brauchen die Ballons etwa 45 Stunden, um in einer Höhe von 10 000 Metern den Pazifik zu überqueren

Am Montag, dem 5. März 1945, macht Pfarrer Archie Mitchel aus Lake View (Oregon) mit seiner Frau und 5 Kindern der Gemeinde einen Autoausflug in die nahen Mount Gearhart. Während der Pfarrer den Wagen parkt, sucht die Frau mit den Kindern nach einem geeigneten Picknickplatz. In diesem Augenblick geht einer der mit Wasserstoff gefüllten Ballons mit Sprengladung nieder. Die Explosion tötet die Frau und die Kinder. Diese 6 Menschen sind in den USA die einzigen Opfer des Luftkrieges und zugleich die einzigen der japanischen Ballon-Offensive (Leitung: Gen. Kusaba).
Etwa 9000 dieser Ballons wurden seit November 1944 von Japan aus gestartet. Kurz nach dem Vorfall in Lake View stellen die Japaner diese Operationen ein, da sie weder durch die amerikanische Presse noch in Radiosendungen irgendwelche Hinweise finden, ob die Ballons überhaupt den nordamerikanischen Kontinent erreicht haben. Sie ahnen nicht, daß den Massenmedien ein striktes Verbot vorliegt, über die japanischen Ballons zu berichten. Tatsächlich sind es um 2000 Ballons, die bis zur Westküste Nordamerikas gelangen.

Am Dienstag, dem 6. März 1945, greift in Ausführung des Führerbefehls eine He 111 des Gefechtsverbandes Oberst Helbig (KG 200) die Brücken bei Görlitz an der Oder an und erzielt mit der gelenkten Gleitbombe vom Typ Hs 293 einen Treffer.

Am Mittwoch, dem 7. März 1945, gelingt es der amerikanischen 9. Panzerdivision (GenMaj. Leonard) des III. Korps, an ihrem Südflügel über die unzerstörte Ludendorff-Brücke bei Remagen das Ostufer des Rheins zu erreichen und dort einen Brückenkopf zu bilden.

Am Donnerstag, dem 8. März 1945, fliegt die 6. Staffel des KG 200 ihren ersten Mistel-Angriff auf die Oder-Brücken. Gegen 9.00 Uhr starten 4 Mistel-Gespanne mit 2 Junkers Ju 88 und 5 Junkers Ju 188 als Begleitmaschinen vom Flugplatz Burg bei Magdeburg, um wieder die Brücken bei Görlitz anzugreifen. Einer der Mistel-Piloten muß seine Ju 88 wegen einer Störung in der Hydraulikanlage vorzeitig absprengen. Die Piloten fliegen übrigens das erstemal in ihrem Leben eine »scharfe« Mistel; irgendwelche Probestarts waren vor dem Einsatz nicht möglich. Die drei Mistel-Piloten führen jedoch ihren Angriff durch und zerstören (nach deutschen Berichten) mindestens zwei Oder-Übergänge.

In der Nacht vom 9./10. März 1945 führt das 21. US Bomber Command von Saipan, Guam und Tinian (Marianen) aus den schwersten Luftangriff des Zweiten Weltkrieges mit konventionellen Bomben durch: 334 Superfortresses B-29, jede mit 8 Tonnen Napalmbomben beladen, greifen Tokio an. Die eigenen Verluste betragen 14 B-29 durch die Flak.
Einer der US-Piloten berichtet: »Die Wetterlage über dem Ziel war besser als gewöhnlich; Bedeckung 1/10 bis 3/10, anfänglich Horizontalschicht 15 Kilometer. Die ersten Pfadfinder machten die Zielpunkte leicht aus und markierten sie wenige Minuten nach Mitternacht mit rasch aufflackernden Bränden ... Unsere drei Formationen flogen in niedrigen Höhen zwischen 1500 und 2800 Meter an. Als sich die ersten Brände durch den auffrischenden Wind rasend schnell ausdehnten, bildeten die B-29 die befohlene Fächerformation, um neue Brände zu erzeugen, die sich dann zu einem riesigen Flächenbrand vereinigten.«
Luftbilder vom 10. und 11. März zeigen, daß bereits 25 Quadratkilometer durch Brand zerstört sind, davon 18 Prozent der Industrie- und 63 Prozent der Geschäftsviertel sowie das Kernstück des überbevölkerten Wohnbezirks. Aus dem japanischen Polizeibericht geht hervor, daß 267 171 Gebäude dem Erdboden gleichgemacht wurden (ein Viertel aller Gebäude in Tokio) und daß 1 008 000 Personen obdachlos sind. Die amtliche Verlustliste zählt 83 793 Tote und 40 918 Verletzte. Radio Tokio bezeichnet dies als »Menschenschlächterei«.
In der Nacht vom 10./11. März 1945 greifen 285 Superfortresses des 21. US Bomber Command (Marianen) die japanische Stadt Nagoja an. Dieser Flächenangriff mit Napalmbomben hat eine ähnliche Wirkung wie der Angriff auf Tokio in der Nacht zuvor.

Am Sonntag, dem 11. März 1945, führen 1055 Lancasters und Halifax des RAF Bomber Command einen schweren Tagesangriff auf Essen durch; es fallen dabei 4700 Tonnen Bomben, die die Stadt fast völlig zerstören. Dazu das Alliierte Hauptquartier: »Dieser Angriff war ein Teil des Programms, die Eisenbahnverbindungen zu unterbrechen, im Zusammenhang mit der Operation ›Überquerung des Rheins‹.«

Am Montag, dem 12. März 1945, ist Dortmund das Ziel des bis jetzt schwersten aller Angriffe über Europa: 1107 Lancaster- und Halifax-Bomber werfen 4851 Tonnen Bomben auf die ohnehin arg zerstörte Stadt.

Am Dienstag, dem 13. März 1945, versucht die deutsche Luftwaffe mit allen verfügbaren Kräften die Ludendorff-Eisenbahnbrücke in Remagen, die die 9. US-Panzerdivision am 7. März 1945 erobert hat, zu zerstören. Wie das Kriegstagebuch des OKW notiert: »Bei den Amerikanern zieht der Raum von Remagen magnetisch weitere Kräfte an; praktisch steht die ganze amerikanische Armee im Heranführen.«

Die Eroberung dieses unversehrten Rheinüberganges – selbst für die US-Führung völlig überraschend (die von deutschen Pionieren angelegten Sprengladungen versagten) – hat nach Meinung von Strategen den Krieg um mehrere Wochen verkürzt.

An diesem Tage werden 360 deutsche Jagdbomber und Me 262 sowie die ersten Düsenbomber der Welt – Arado 234 von der III. Gruppe des KG 76 – eingesetzt. Mit Todesverachtung versuchen sie im Tiefflug die von starker US-Flak verteidigte Brücke zu vernichten. »Ein Flugzeug ging auf 450 Meter herunter und warf eine 1000-kg-Bombe, die sich auf der Brücke nicht entzündete und von dem Pfeiler ins Wasser sprang.« (Kriegstagebuch des OKW vom 13. 3. 45) Auch Mistel-Flugzeuge werden herangezogen und sogar 11 Fernraketen V 2 gegen die Ludendorff-Brücke abgefeuert: der einzige taktische Einsatz der V 2 während des ganzen Krieges.

Am Mittwoch, dem 14. März 1945, geht ebenfalls als Vorbereitung zur »Überquerung des Rheins« die schwerste Bombe des Krieges nieder: Die 10 Tonnen schwere »Grand Slam« – auch Erdbeben-Bombe genannt – ist eine Konstruktion von Dr. Wallis, dem Erbauer der »Tallboy«-Bomben. Von einer speziell dafür eingerichteten Lancaster I PD 112 der 617. RAF-Squadron (Squ.L. C. C. Calder) wird sie auf den Eisenbahnviadukt bei Bielefeld abgeworfen und schaltet damit diese wichtige Verbindungslinie für den Rest des Krieges aus.

Am Sonntag, dem 18. März 1945, beginnt kurz vor 11 Uhr der schwerste Angriff des Krieges auf Berlin: 916 Liberators und 305 Fliegende Festungen der 8. US-Luftflotte, begleitet von 632 P-51-Mustang-Jägern, werfen über 4000 Tonnen Bomben auf das Zentrum der Reichshauptstadt. Das Regierungsviertel und die Umgebung des Schlesischen Bahnhofs werden am meisten betroffen. Obwohl der Angriff vom 3. Februar 1945 viel mehr Tote kostete, sind diesmal die Zerstörungen erheblich größer. Die Verluste der Amerikaner: 48 Bomber und 5 Begleitjäger. Davon haben 37 Düsenjäger Me 262 des Jagdgeschwaders 7 allein 8 Bomber und die 5 Mustangs abgeschossen.

Zwischen dem 18. und 21. März 1945 führt die US Task Force 58 (Vizeadm. Mitscher) eine Serie Träger-Raids gegen die japanischen Hauptinseln Honschu und Kiuschu durch. Sturzbomber der japanischen Marine-Luftstreitkräfte und Kamikaze-Flieger greifen die amerikanischen Flugzeugträger mehrfach an: Die »Intrepid« wird durch einen neben dem Schiff abstürzenden Todesflieger in Brand gesetzt, der aber gelöscht wird; die »Wasp« gerät in Brand, kann sich jedoch retten; die »Franklin« erleidet den schwersten Schaden (724 Tote sowie 265 Verwundete) und fällt bis Ende des Krieges aus. Japan verliert in den ersten beiden Tagen 161 Maschinen.

10. März 1945, Tokio: Die leichtgebauten Häuser brannten wie Stroh. Nach einem einzigen Luftangriff ist ein Viertel der Stadt zerstört

In der Nacht vom 19./20. März 1945 bombardieren etwa 300 Superfortresses des 21. US Bomber Command (Marianen) die Innenstadt von Nagoja (Japan); Napalmbomben zerstören die restlichen noch stehenden Häuser. Die Großangriffe gegen Tokio, Osaka, Kobe und Nagoja bestätigen den Erfolg der neuen Taktik des Generalmajors LeMay, der drei Jahre später die berühmte »Berliner Luftbrücke« einleiten wird.

Insgesamt fallen auf diese 4 japanischen Städte innerhalb von 3 Wochen 9365 Tonnen Brandbomben, die 82 Quadratkilometer bebaute Fläche zerstören: von 1595 gestarteten Flugzeugen werden 22 abgeschossen; das bedeutet eine Verlustrate von nur 1,4 Prozent. Dennoch stellt Le May die Angriffe seiner Superfortresses ein. Er tut dies keineswegs aus Mitleid zu den verbrannten und erstickten Menschen; ihm ist mittlerweile der ganze Vorrat von fast 10 000 Tonnen Brandbomben ausgegangen.

Am Mittwoch, dem 21. März 1945, nachdem die US-Träger der Task Force 58 (Vizeadm. Mitscher) südlich von Kiuschu gesichtet werden, gibt Admiral Ugaki (5. Luftflotte) den Befehl für den ersten Einsatz der »Ohka«, einer bemannten Bombe mit Raketenantrieb. 18 Mitsubishi-G4M-Bomber mit unter dem Rumpf aufgehängten Ohkas starten vom Luftstützpunkt Kanoja aus. Den 150 Hellcat-Maschinen vom amerikanischen Trägerjagdschutz gelingt es jedoch, den japanischen Verband weit vor dem Ziel abzufangen. Die US-Jäger schießen von den langsamen Mitsubishi G4M, bevor die Ohkas zum Einsatz kommen, alle bis auf eine ab.

Am Sonnabend, dem 24. März 1945, überschreitet die alliierte 21. Armeegruppe (FM Montgomery) den Rhein beiderseits Wesel. Sie soll das Ruhrgebiet im Norden umfassen und mit ihrer Masse zum Unterlauf der Elbe vordringen. Zugleich erfolgt eine großangelegte Luftlandeoperation, das erfolgreichste alliierte Unternehmen dieser Art: Die amerikanische 17. und die britische 6. Luftlandedivision gehen im Raum nördlich der Lippe nieder. 903 US- und 669 RAF-Fallschirmjäger-Transporter sowie 1326 Lastensegler werden von 679 Jägern der 9. USAAF und 213 RAF-Jägern begleitet. Weitere 1252 Jäger der 8. USAAF fliegen zur gleichen Zeit Patrouille über Westdeutschland. 900 Jäger der 2. Taktischen Luftflotte sichern zusätzlich den Absprungraum. Etwa 3000 alliierte mittlere und schwere Bomber von den Stützpunkten aus Großbritannien, Italien und Frankreich befinden sich zu dieser Stunde im Einsatz und demonstrieren ihre Überlegenheit.

Die etwa 14 000 Mann zählenden Luftlandetruppen stoßen auf nur geringen Widerstand: die deutsche Luftwaffe tritt kaum in Aktion. Nur die Flak setzt sich stellenweise noch heftig zur Wehr und schießt (nach OKW-Meldungen) 60 Lastensegler und 38 Flugzeuge ab. Eine weitere Ursache der alliierten Verluste: Viele Fallschirme öffnen sich nicht, und manche Lastensegler fangen bei der Landung Feuer, da sich das Benzin der mitgeführten Jeeps entzündet. Diese Unfälle fordern fast so viele Opfer wie der Kampf mit den deutschen Bodentruppen, deren Kraft Montgomery überschätzte.

Das größte Hindernis auf dem Vormarsch sind für die alliierten Panzerverbände keineswegs die deutschen Soldaten, sondern die Trümmer der zerstörten Städte, die am Vorabend der Operation noch einmal maßlos bombardiert wurden. Sie sperren jetzt die Durchfahrtsstraßen und hemmen den Vormarsch.

Am gleichen Tag führt von Italien aus die 15. US-Luftflotte ihren einzigen Angriff gegen Berlin durch: 150 B-24 Liberators aus Foggia, von P-51-Mustang-Jägern begleitet, werfen rund 450 Tonnen Bomben auf die Reichshauptstadt.

Am Montag, dem 26. März 1945, endet nach äußerst harten Kämpfen der Widerstand der japanischen Trup-

Links: Die »Grand Slam«, eine 10-Tonnen-Bombe, die schwerste des Krieges, auch »Erdbeben-Bombe« genannt, ist 7,75 m lang und erreicht während des Falls Überschallgeschwindigkeit

Rechts: Eine bemannte Flugbombe Yokosuka MXY-7 »Ohka« (Kirschblüte): Dieses Raketenflugzeug steuert, nachdem es von der Trägermaschine in etwa 8000 m Höhe ausgeklinkt wird, das Ziel in einem Sturzflug von 50° an

Unten: 25. März 1945: US-Fallschirmjäger landen am östlichen Rheinufer

pen auf Iwo Jima. Diese Insel haben die Amerikaner besetzt, weil sie den Japanern als Stützpunkt für Abfangjäger gegen die von den Marianen aus startenden Superfortresses des 21. US Bomber Command diente, die von dort aus ihre Angriffe gegen die japanischen Hauptinseln flogen. Iwo Jima wird nun eine Basis für US-Fernbegleitjäger. Die Bedeutung der Insel zeigt am besten die Tatsache, daß bis Kriegsende 2251 Maschinen mit 24 761 Mann Besatzung nach der Rückkehr von ihren Einsätzen über Japan dort notlanden konnten. Ohne diese Möglichkeit wären sicher viele von ihnen verlorengegangen.

Am Morgen des 27. März 1945, um 7.20 Uhr, fällt eine einzelne V 2 auf einen Wohnblock in Stepney (Ost-London) und tötet 130 Menschen. Einige Stunden später schlägt die letzte V 2 in Orpington (Kent) auf die Kynaston Road ein. Insgesamt sind 1115 V-2-Raketen auf England niedergegangen: davon auf London 517, auf

andere Städte 537 und an den Küsten 61. Dabei sind 2724 Menschen umgekommen und 6467 schwer verletzt worden.
Zwei Tage später, am Donnerstag, dem 29. März 1945, schlägt die allerletzte fliegende Bombe in England ein, und zwar in Datchworth nahe Sittingbourne (Kent). Zwischen dem 13. Juni 1944 und dem 29. März 1945 starteten 9200 Flugbomben gegen England von den Abschußrampen in Frankreich, Belgien und Holland aus sowie von den He 111. Über 1000 V-1-Geschosse stürzten gleich nach dem Start ab.
Von diesen direkt auf England gerichteten V 1 sind insgesamt 3957 vernichtet worden, 1847 von Jägern, 1878 durch die Flak und 232 durch die Kabel von Sperrballonen. Sie töteten in England 6139 Personen und verletzten 17 239 schwer. Etwa 12 000 V 1 fielen auf verschiedene Städte in Belgien, davon rund 8000 auf Antwerpen.

Am Sonnabend, dem 31. März 1945, starten um 7.15 Uhr in Burg bei Magdeburg erneut 6 Mistel-Gespanne des KG 200, diesmal zu einem Angriff auf die Oder-Brücken bei Steinau in Schlesien. Über Waldenburg treffen sie mit einem Verband von 24 Jagdmaschinen aus dem nahe gelegenen Schweidnitz zusammen, der sie vor sowjetischen Jägern abschirmen soll. Das Ziel erreichen nur noch 3 Mistel-Gespanne, die anderen müssen schon unterwegs wegen technischer Fehler abgesprengt werden. Die Eisenbahnbrücke wird so schwer beschädigt, daß sie für mehrere Tage ausfällt.

Der 31. März 1945 ist ein Rekordtag für die »Hump«-(Hindernis-)Route quer über den Himalaja. Seitdem US-Colonel W. D. Old mit seiner Transportmaschine am 8. April 1942 die längste reguläre Nachschublinie des Krieges eröffnet hat, sind nun 3 Jahre vergangen. Zwischen Assam (Burma) und Kunming (China) fliegen tagaus, tagein Maschinen vom Typ Curtiss C-46, DC-3 Dakota und B-24 Liberator des US-Lufttransportkommandos, unterstützt von der 14. USAAF, Nachschub für die Streitkräfte von Tschiang Kai-schek und für das

Links: März 1945, Assam, die Einflugschneise der »Hump«-Route, zu Füßen des Himalaja: Eine Transportmaschine vom Typ Curtiss C-46 Commando setzt zur Landung an

Rechts: US-Träger »Hornet« während des Angriffs von Kamikaze-Fliegern (Gemälde von D. Shepler)

20. US Bomber Command. Bis zur Fertigstellung der quer durch die Berge Burmas gehauenen »Ledo-Straße« im Januar 1945 ist die Hump-Route die einzige Verbindung zwischen China und den westlichen Alliierten.
Im März 1945 wird auf der Hump-Route ein Höhepunkt erreicht: 94 300 Tonnen Versorgung werden transportiert, alle 90 Sekunden landet auf den Flugplätzen bei Kunming eine Maschine. Im Vergleich dazu: Die deutschen Flugzeuge schafften in den Kessel von Stalingrad zwischen dem 25. 11. 1942 und dem 2. 2. 1943 insgesamt etwa 6600 Tonnen Nachschub. Über die Hump-Route werden bis Kriegsende rund 615 000 Tonnen Versorgung und 315 000 Mann Verstärkung eingeflogen.
Während die US-Luftstreitkräfte von China und den Marianen aus die Bombardierung Japans fortsetzen, verfolgt die US-Marine die Strategie der »Inselsprünge«. Jede eroberte Insel ermöglicht es dem 21. US Bomber Command auf seinem »Weg« nach Tokio, seine Angriffe häufiger und sicherer zu fliegen. Dabei erliegen die Amerikaner immer mehr der Versuchung, möglichst viele der vorwiegend aus Holz und Papier bestehenden japanischen Städte einzuäschern.
In der letzten Märzwoche führen die Trägerflugzeuge der US Task Force 58 (Vizeadm. Mitscher) und die britische Trägergruppe der Pacific Fleet (Vizeadm. Rawlings) – Task Force 57 (Vizeadm. Vian) genannt – rollende Luftangriffe zur Vorbereitung des nächsten Inselsprungs. Das neue Ziel heißt Okinawa.

Am Sonntag, dem 1. April 1945, landet die amerikanische 10. Armee (GenLt. Buckner) mit dem III. Amphibischen Korps (GenMaj. Geiger) und dem XXIV. Korps (GenMaj. Hodges) auf Okinawa, einer der Riukiu-Inseln. Die 110 Kilometer lange und 8 Kilometer breite Insel Okinawa ist groß genug, um dort mehrere Flugplätze für mittlere Bomber auszubauen. Die Invasionsflotte zählt 318 Kampfeinheiten und 1139 Hilfsschiffe. Fast 600 000 Mann nehmen an dieser Operation, Codename »Iceberg«, teil. Es ist das größte Landeunternehmen des Krieges im Pazifik.
Die eigentliche Landung stößt auf nur geringen Widerstand, da sich die Japaner (32. Armee – GenLt. Ushijima) im südlichen Bergland tief eingegraben und auf lange, zähe Kampfführung vorbereitet haben, denn Okinawa ist das letzte Bollwerk im Verteidigungsgürtel der Japaner. Die Eroberung der Flugplätze von Jontan und Kadena fordert überraschenderweise nicht mehr als 2 Tote. Die Landung unterstützen 17 amerikanische und 4 britische Träger, dazu 18 US-Begleitträger mit insgesamt 1900 Maschinen. Gegen diese Luftarmada ziehen die Japaner mit etwa 6000 Flugzeugen; jedoch fehlt den Piloten zum größten Teil die nötige Ausbildung, und der Wert dieser Luftstreitmacht erscheint äußerst zweifelhaft. Was sie jedoch zu einem gefährlichen Gegner macht, ist der Masseneinsatz von Kamikaze-Fliegern der 1. japanischen Luftflotte.
Die Absicht der Todespiloten: die alliierte Flotte in Wellen von 300 bis 400 Flugzeugen direkt vor der Küste anzufallen und so die Landung abzuschlagen. Daß die Kamikazes von dem 550 Kilometer entfernten Mutterland (Insel Kiuschu) starten, stimuliert noch mehr ihren Vernichtungswillen. Das Ziel der »Kikusui«-Operationen mit insgesamt 1465 Einsätzen ist die Vernichtung größerer Kampfschiffe. Jedoch gelingt es nicht, auch nur einen einzigen Flugzeugträger zu versenken.

Am Donnerstag, dem 5. April 1945, endet der Einsatz von V-2-Fernraketen, der sich seit dem 27. März 1945 ausschließlich gegen Antwerpen, Brüssel und Lüttich gerichtet hat.

Am Freitag, dem 6. April 1945, beginnt vor Okinawa die »Kikusui-1«, der neue Großangriff von 335 Kamikazes

gegen die Landungsflotte. Auch 344 japanische Stukas und Torpedobomber beteiligen sich an dieser Operation. Obwohl viele der Maschinen abgefangen werden, erreichen etwa 200 das Zielgebiet. Die US-Schiffe eröffnen ein so starkes Flakfeuer, daß 38 ihrer eigenen Mannschaften selbst durch fallende Geschoßsplitter getötet werden. Die japanischen Flugzeuge versenken lediglich den Minensucher »Emmons«, ein Landungsschiff sowie die Munitionstransporter »Hobbs Victory« und »Logan Victory« (je 7607 BRT); zwei weitere Opfer sind die Zerstörer »Bush« und »Colhoun«, die sich abseits auf Radarpatrouille befanden. Sie sind die ersten, die die ganze Wut der Kamikaze-Piloten trifft. Von 699 eingesetzten japanischen Flugzeugen kehren nur 3 zurück.
Am gleichen Tag, um 15.00 Uhr, läuft aus dem Hafen Tokujama die japanische Kampfgruppe (Vizeadm. Ito) zu einem Selbstopferungsangriff auf die Landungsflotte aus: Das Geschwader besteht aus dem weltgrößten Super-Schlachtschiff »Yamato« (69 000 t) mit den schwersten Geschützen, die jemals ein Schiff hatte (9 × 45,7 cm), befehligt von Konteradmiral Ariga. Zu der Kampfgruppe gehören auch der leichte Kreuzer »Yahagi« und 8 Zerstörer. Die 2500 Tonnen Öl, die man für die »Yamato« aufgetrieben hat – der letzte in Japan verfügbare Treibstoff –, reicht gerade, um bis Okinawa zu kommen. Das Geschwader soll sich dort auf Strand setzen und bis zur letzten Granate auf die Amerikaner feuern.

Im April wächst die »Luftüberlegenheit« der Alliierten über dem gesamten Reichsgebiet zur »absoluten Luftherrschaft« an, und die deutsche Rüstungsindustrie hört praktisch auf zu existieren. Am Sonnabend, dem 7. April 1945, fliegt die 8. US-Luftflotte mehrere Einsätze. Die Bomber, eskortiert von Langstreckenjägern, greifen Flugplätze und Eisenbahnanlagen an. Das Hauptziel eines Großverbandes von etwa 1300 B-17 und B-24 mit 850 Jägern ist Dessau. Die verblüfften Besatzungen erleben dabei einen Angriff des deutschen Selbstaufopferungsverbandes.
Die einige Wochen zuvor im Raum Magdeburg aufgestellten 4 Gruppen des »Sonderkommandos Elbe« führen ihren ersten und letzten Großeinsatz durch. Der Initiator des Verbandes ist Oberst H. Herrmann, der mit seiner Idee der »wilden Sau« den Engländern bei ihren Nachtangriffen auf deutsche Städte so manche Verluste einbrachte. Jetzt sollen die kaum ausgebildeten jungen Jagdflieger laut Befehl »das Feuer nur aus kürzester Entfernung eröffnen, mindestens einen viermotorigen Bomber abschießen und, wenn erforderlich, ihn durch Rammstoß vernichten«. Dies ist die konsequente Entwicklung des bereits im Juli 1944 praktizierten Rammstoß-Angriffs. Die Selbstaufopferungsverbände liegen auf den Flugplätzen bei Stendal und Gardelegen.
Bis heute ist nicht ganz klar, welchen Verbänden die Piloten zuvor angehörten und wie sie eigentlich zu der Kamikaze-Einheit kamen; man nimmt an, daß es Freiwillige waren. Auf jeden Fall entstammt ein Teil von ihnen den Jagdgeschwadern 300 und 301 »Wilde Sau«. Auch über die Anzahl der am 7. April 1945 gegen die US-Bomber eingesetzten Jäger werden in den verschiedenen Quellen sehr unterschiedliche Angaben gemacht: Manche berichten von 120 Me 109 G und FW 190, andere von 183 Jägern. Die Düsenjäger Me 262 des JG 7 und die I. Gruppe des KG (J) 54 starten ebenfalls, um die Mustangs zu bekämpfen.
Zwischen Uelzen und Celle, in 11 000 Meter Höhe, stürzen sich die deutschen Kamikazes mit solcher Wucht auf die Führungsverbände der US-Bomber, daß die Begleitjäger machtlos sind. Es soll nach deutschen Berichten etwa 50 Jägern und einigen Me 262 gelungen sein, dicht an die Bomberpulks heranzukommen. In der 45 Minuten dauernden Luftschlacht – der letzten größeren dieses Krieges über Europa – werden nach deutschen Quellen 51 US-Maschinen zerstört – bei 131 eigenen Verlusten. Die amerikanischen Berichte dagegen sprechen von nur 8 verlorenen Bombern und dem Abschuß von 100 deutschen Jägern, davon 59 durch Mustangs. Was wirklich stimmt: Von diesem Einsatz, Tarnname Unternehmen »Werwolf«, kehren nur 15 Jäger des »Sonderkommandos Elbe« zurück. 77 Flugzeugführer sind gefallen, die anderen haben sich mit dem Fallschirm retten können.

Am gleichen Tag, dem 7. April 1945, fangen die Trägermaschinen der US Task 58 unter Vizeadmiral Mitscher die japanische Kampfgruppe von Vizeadmiral Ito vor Okinawa ab. 386 Bomber, Torpedoflugzeuge und Jäger greifen in Wellen das Geschwader an. Um 12.41 Uhr wird die »Yamato« zum erstenmal neben dem Haupt-

mast von 2 Bomben getroffen. Vier Minuten später erreicht sie ein Torpedo an der vorderen Backbordseite. Um 14.23 Uhr fliegt das Riesenschiff in die Luft. Von 2767 Mann Besatzung werden 23 Offiziere und 246 Seeleute gerettet. Der leichte Kreuzer »Yahagi« und 4 Zerstörer teilen das Schicksal des Flaggschiffes. Die japanischen Verluste betragen insgesamt 3665 Tote. Die Amerikaner verlieren 12 Besatzungsmitglieder und 10 Flugzeuge. So endet die letzte größere japanische Flottenoperation.
Währenddessen greifen die Superfortresses des 21. Bomber Command (Marianen) die Flugmotorenwerke bei Tokio und Nagoja an. Bei diesem präzisen Bombardement aus großer Höhe (10 000 m) werden die vorgesehenen Ziele stark zerstört. Zum erstenmal starten von der Insel Iwo Jima aus die Begleitjäger P-51 Mustang des 7. US-Jägerkommandos.

In der Nacht vom 7./8. April 1945 werden 2 Bataillone der französischen Fallschirmjäger, bestehend aus regulären Soldaten und aus Mitgliedern der Résistance, von RAF-Stirling-Maschinen (38. Gruppe) über Holland südlich von Groningen abgesetzt. Die Fallschirmjäger sollen den Vormarsch der kanadischen 2. Division unterstützen.

Am Sonntag, dem 8. April 1945, unternimmt das KG 200 seinen längsten Mistel-Einsatz. Das Ziel: die 350 Kilometer östlich liegende, strategisch wichtige Eisenbahnbrücke über die Weichsel in Warschau. Die 5 Mistel-Gespanne mit FW-190-Führungsmaschinen starten in der Morgendämmerung vom Flugplatz Rechlin (Mecklenburg). »Bis Warschau blieben wir von der sowjetischen Luftabwehr unbemerkt. Hinter Kalisch überflogen wir die Warthe, und ich konnte ganz deutlich mein Elternhaus mit dem großen Garten erkennen, wo ich meine Jugend verbracht hatte. Von weit her sahen wir jetzt die Trümmerfelder von Warschau, zum Teil in dichte Wolken gehüllt.« Die entlang dem Weichselufer liegende Flak eröffnet ein so heftiges Feuer, daß die Angreifer es kaum schaffen, das Ziel präzis anzufliegen. Keine der Misteln trifft die Brücke, die 5 FW 190 kommen jedoch heil zurück.

Am Dienstag, dem 10. April 1945, führt die 8. US-Luftflotte, als Antwort auf den Einsatz des »Sonderkommandos Elbe« 3 Tage zuvor, rollende Angriffe gegen sämtliche ihnen bekannte Flugplätze der Me 262 im norddeutschen Raum. Die Fliegerhorste der Düsenjäger in Parchim, Oranienburg, Briest, Rechlin und Burg werden stark beschädigt. Kurz darauf wird die Verlegung der noch intakten Me-262-Verbände nach Süddeutschland und ins Protektorat (Tschechoslowakei) angeordnet.

Am 10. April 1945 startet ein Düsen-Fernaufklärer vom Typ Arado Ar 234 B-1 vom Flugplatz Sola bei Stavanger (Norwegen). Diese Maschine vom Einsatzkommando 1. (F)/5 fliegt zur Fotoaufklärung über Schottland; als sie 2½ Stunden später wieder in Sola landet, ist der letzte Einsatz der deutschen Luftwaffe über England beendet.

An diesem Tag treten die japanischen Streitkräfte in China eine neue Offensive an mit dem Hauptziel, die Flugplätze der 14. USAAF bei Chinkiang, etwa 500 km südwestlich von Hankau (Wuhan), zu erobern. Am 12. April 1945 beginnt die »Kikusui-2«-Operation: 143 Kamikazes mit starkem Jagdschutz und 9 Ohka-Bombern sind an der »Kikusui-2« beteiligt. An diesem Tag gelingt es einer bemannten »Ohka«-Flugbombe erstmalig, ein Schiff zu versenken, den US-Zerstörer »Mannert L. Abele«.
Am Montag, dem 16. April 1945, führen die Mustangs des 7. US-Jägerkommandos von ihrem Stützpunkt auf Iwo Jima aus die erste selbständige Operation durch. Sie greifen mit Bomben und Bordwaffen den Flugplatz Kanoja auf der Insel Kiuschu (Japan) an.

Oben links: April 1945, Okinawa: Eine F4U Corsair der US-Marine greift mit Luft-Boden-Raketen die japanischen Stellungen an

Rechts: 7. April 1945, Iwo Jima: P-51-Mustang-Jäger starten von hier aus zu ihrem ersten Begleitschutzeinsatz für die B-29-Verbände

Ebenfalls am 16. April 1945, bereits um 4.00 Uhr früh, treten die 1. Ukrainische Front (Marschall Konjew) und die 1. Weißrussische Front (Marschall Schukow) aus den Oder-Brückenköpfen und an der Neiße zum Großangriff an. Die ihnen unterstehenden 18 Armeen sollen Berlin einschließen und erobern. 743 Bombenflugzeuge der sowjetischen 18. Luftarmee führen einen massierten Schlag gegen die deutschen Verteidigungslinien an den Seelower Höhen. Die 2. Luftarmee wird mit 668 Bomben- und Schlachtflugzeugen zur gleichen Zeit gegen die Stellungen der deutschen 4. Panzerarmee an der Neiße eingesetzt.
In London erklärt an diesem Tage General C. A. Spaatz, Befehlshaber der Strategischen US-Luftstreitkräfte in Europa, den strategischen Luftkrieg für beendet. Für die Westalliierten bestehen kaum noch militärische Probleme: Das deutsche Verkehrssystem ist zerschlagen, die Eisenbahnen haben ihren Betrieb größtenteils eingestellt, und das Ende des Krieges rückt in greifbare Nähe, keineswegs jedoch das Ende der seit langem sinnlos gewordenen Flächenbombardements auf deutsche Städte; außerdem kreisen alliierte Jabos über allen wichtigen Straßen und beschießen wahllos Fahrzeuge, Menschen, sogar einzelne Radfahrer.

Am Dienstag, dem 17. April 1945, erreichen die Luftkämpfe an der Oderfront ihren Höhepunkt: Nach dem Durchbruch der Sowjets hat die Luftwaffe alle noch vorhandenen Kräfte zusammengezogen, um den Kampf der Bodentruppen zu unterstützen. Am Nordabschnitt der Oderfront hat das Luftwaffenkommando Nordost (Gen. d. Lw. Fiebig) 1433 Maschinen, im Südteil stehen der Luftflotte 6 (GenOberst Ritter v. Greim) 791 Flugzeuge zur Verfügung. Die sowjetischen Luftstreitkräfte, für den Einsatz gegen die deutsche Reichshauptstadt vorgesehen, bestehen aus der 2., 4., 16. und 18. Luftarmee mit 7500 Kampfflugzeugen, dazu ein Sonderluftverband mit 800 Langstreckenbombern zur Unterstützung der 1. Weißrussischen Front.

Am Freitag, dem 20. April 1945, unternehmen 150 B-17 und B-24 der 8. US-Luftflotte ihren letzten strategischen Angriff gegen Berlin: Die Eisenbahnanlagen in den Vororten Marienfelde und Lichtenrade werden stark zerstört. Die Besatzungen berichten von vereinzeltem Flakfeuer. Die P-51-Mustangs schießen dabei ohne eigene Verluste 5 deutsche Jäger ab.
Am Sonnabend, dem 21. April 1945, gegen 2.00 Uhr, fliegen RAF-Mosquitos (109. Squ.) einen Störangriff gegen Berlin. Es ist der letzte Einsatz der Westalliierten über der Reichshauptstadt während des Krieges. Einige Stunden später, gegen 11.30 Uhr, schlagen am Hermannplatz bereits die ersten sowjetischen Granaten ein. Berlin ist Frontstadt geworden. Im Stadtzentrum stürzen unter dem Artilleriefeuer zahlreiche von Bomben beschädigte Häuser ein.
Im Bunker der Reichskanzlei treffen um 14.30 Uhr Hitler, Generalfeldmarschall Keitel und Großadmiral Dönitz zusammen. Dönitz soll nun sein Lager »Koralle« bei Lobetal räumen und sich nach Schleswig-Holstein absetzen. Auch das Stabsquartier der Luftwaffe in Werder bei Potsdam wird aufgelöst, was Hitler mit den Worten »Man müßte die gesamte Luftwaffenführung sofort aufhängen« kommentiert.
Am gleichen Tag startet auf dem Flughafen Tempelhof das letzte Flugzeug mit neun Passagieren an Bord in Richtung Stockholm.
Am Montag, dem 23. April 1945, läuft im Führerbunker der Reichskanzlei ein Telegramm Görings aus Berchtesgaden ein, ob er ab sofort die Gesamtführung des »Reiches« mit allen Vollmachten übernehmen könne. Falls bis 22 Uhr keine Antwort eintreffe, nehme er an, daß Hitler seiner Handlungsfreiheit beraubt sei. Was Göring nicht mitteilt, ist sein Plan, am nächsten Tag, dem 24. April, nach Paris in das Hauptquartier der westalliierten Streitkräfte zu fliegen, um mit General Eisenhower einen Waffenstillstand auszuhandeln. Hitler, der Verrat wittert, enthebt Göring aller seiner Ämter und weist den Sicherheitsdienst an, ihn mit seiner Familie und seinem Stab zu verhaften. »Sollten sich die Alliierten Berchtesgaden nähern, sind alle zu liquidieren.«
Am Dienstag, dem 24. April 1945, trifft mittags in der Reichskanzlei die Nachricht ein, daß der Flugplatz Tempelhof unter Artilleriebeschuß liegt; gegen 17 Uhr erreicht das Feuer auch den Fliegerhorst Gatow.
Am Mittwoch, dem 25. April 1945, fliegen Lancasters des RAF-Bomberkommandos ihre letzte Operation und zugleich ihren letzten Großeinsatz des Zweiten Weltkrieges innerhalb Europas. Das Ziel: Hitlers Domizil, der Berghof in Berchtesgaden. Es ist mit einer der sinnlosesten Angriffe des so gut wie beendeten Krieges und zeigt, daß man bei der RAF den reichlichen Vorrat an Bomben unbedingt loswerden will. Die 318 Lancasters werfen gegen 7.30 Uhr aus 3300 Meter Höhe auf den »Berghof« rund 1181 Tonnen Bomben ab, was vergleichsweise der Sprengstoffmenge fast sämtlicher gegen England abgefeuerten V-2-Raketen entspricht. Die Besatzungen melden starkes Flakfeuer, jedoch gibt es außer einer beschädigten Maschine keine Verluste.
Der Hausherr allerdings, dem dieser Angriff gilt, sitzt bereits seit Wochen in Berlin in seinem bombensicheren Bunker unter der Reichskanzlei. Erst jetzt, genau 10 Tage bevor die Panzerspitzen der 7. US-Armee (Gen. Patch) Berchtesgaden erreichen, will die RAF offensichtlich das nachholen, was sie den ganzen Krieg über versäumt hat: Hitler und seine Umgebung den Luftkrieg spüren zu lassen. Selbst in seinem Hauptquartier »Wolfsschanze« in Ostpreußen, konnte Hitler stets

22. April 1945, Berlin: Sowjetische Schlachtflugzeuge vom Typ IL-2m3 Sturmowik über der Spree

in Ruhe arbeiten; kein westalliiertes oder sowjetisches Flugzeug hat je auch nur einen Angriff dort versucht.
Den zweiten völlig unsinnigen Bombenangriff an diesem Tag, an dem sich die amerikanische 69. Division und die sowjetische 58. Gardeschützen-Division an der Elbe bei Torgau die Hand reichen, fliegt die 8. US-Luftflotte: Die B-17 und B-24 werfen insgesamt 638 Tonnen Bomben, etwa so viel, wie bei dem deutschen Angriff auf Coventry (14./15. 11. 40) niedergingen, auf die Skoda-Werke in Pilsen. Das bedeutendste Industriezentrum der Tschechoslowakei hat mit seiner Waffenproduktion für die sich auflösende deutsche Wehrmacht keine Bedeutung mehr, aber es müßte eine wichtige Rolle beim wirtschaftlichen Aufbau des Landes spielen.
Am 25. April 1945, gegen 13.00 Uhr, treffen sich bei Ketzin, nordwestlich Potsdam, die Spitzen der 4. Gardepanzerarmee (Gen. D. D. Leljuschenko) mit Marschall G. K. Schukows 2. Gardepanzerarmee und dem rechten Flügel seiner 47. Armee. Berlin ist nun von allen Seiten eingeschlossen. Währenddessen greift die sowjetische 16. Luftarmee zweimal die Reichshauptstadt an. 1486 Flugzeuge nehmen daran teil.
Am Abend des 25. April erhält die bekannte deutsche Testpilotin Hanna Reitsch in Kitzbühel (Tirol) eine Nachricht von Generaloberst Ritter v. Greim mit der Bitte, sofort zur Durchführung eines Sonderauftrages nach München zu kommen. Unterwegs erfährt sie, daß v. Greim nach Berlin zu Hitler befohlen worden ist. Nach einem abenteuerlichen Flug erreichen die beiden den Berliner Fliegerhorst Gatow.
Ab Donnerstag, dem 26. April 1945, stellen RAF und USAAF allmählich ihre Flächenangriffe auf deutsche Städte ein: immer öfter kommt es jetzt zu Fehlwürfen über bereits von sowjetischen Streitkräften besetzten Ortschaften.
Am gleichen Tag startet das RAF Bomber Command die Operation »Manna«: Nach einer Absprache zwischen A. Seyß-Inquart, dem deutschen Reichskommissar in den Niederlanden, sowie dem Befehlshaber der »Festung Holland«, Generaloberst Blaskowitz, und dem Alliierten Oberkommando beginnen Abwürfe von Nahrungsmitteln und Kleidung für die holländische Bevölkerung in Rotterdam, in Den Haag und anderen Teilen des noch von deutschen Kräften gehaltenen niederländischen Raumes.

Als Generalleutnant Weidling, der Kampfkommandant von Berlin, Nachschub anfordert, versuchen einige Me-109-Jagdflugzeuge und Transportmaschinen vom Typ Ju 52, über dem Stadtzentrum Versorgungsbehälter abzuwerfen: Nur ein Fünftel davon kann in dem weiten Trümmerfeld geborgen werden. Da es an Munition für die wenigen noch vorhandenen Panzer und die 8,8-cm-Flak fehlt, landen am 26. April 1945, gegen 10.00 Uhr, 2 Ju 52 auf der Ost-West-Achse in der Nähe der Siegessäule. Die Bäume des Tiergartens und die Kandelaber der Berliner Prachtstraße müssen aus dem Weg geräumt werden, um eine genügend breite Landeschneise zu schaffen. Die Maschinen bringen panzerbrechende Munition, die unter dem Streufeuer der sowjetischen Artillerie ausgeladen wird. Aus einem Lazarett holt man Verwundete herbei, die ausgeflogen werden sollen. Nur einer Maschine gelingt der Start, die andere streift, kaum vom Boden abgekommen, mit der linken Tragfläche ein Haus und stürzt ab. Insgesamt erhalten die Verteidiger von Berlin 6 Tonnen Nachschub, darunter 16 Panzerfäuste.
Auf dem Flugplatz Gatow wird der Fieseler Storch, mit dem Hanna Reitsch und Ritter v. Greim in die Reichshauptstadt fliegen sollen, durch eine Granate zerstört.

Erst gegen 18.00 Uhr ist der zweite einzig noch verbliebene »Storch« startklar.
Hanna Reitsch (Intelligence Review of B.A.O.R.): »Da ich keine Fronterfahrung in Feindflügen hatte, wollte v. Greim die Maschine selbst steuern. Hinter seinem Sitz stehend, machte ich, noch bevor wir starteten, den Versuch, ob für mich Gashebel und Steuerknüppel über seine linke Schulter hinweg erreichbar wären, um sie im Notfall bedienen zu können. Die Maschine hob leicht vom Boden ab: Wir hielten uns dicht über den Baumwipfeln, um den feindlichen Jägern zu entgehen, die überall am Himmel auftauchten ... Aber dann brach es hervor, ein höllisches Feuer, das nur uns zu gelten schien. Ich hatte mich nicht getäuscht. Unter uns wimmelte es von russischen Panzern und Soldaten.
Deutlich sah ich die Gesichter der Russen, die mit allem, was sie besaßen, mit ihren Gewehren, Maschinenpistolen und Panzerwaffen auf uns schossen. Rechts, links, über und unter uns saßen kleine, verderbenbringende Explosionswolken, bis es auf einmal furchtbar krachte. Ich sah eine gelblich weiße Flamme neben dem Motor aufleuchten und hörte gleichzeitig v. Greim rufen, daß er getroffen sei. Ein Panzersprenggeschoß hatte seinen rechten Fuß durchschlagen.
In fast mechanischer Reaktion ergriff ich über seine Schulter hinweg Gashebel und Steuerknüppel und versuchte, die Maschine in Abwehrbewegungen zu halten. Der Verwundete hatte inzwischen das Bewußtsein verloren und war in sich zusammengesackt. Immer noch war die Luft erfüllt von unzähligen Detonationen, so mächtig, daß der eigene Motor kaum zu hören war. Einschläge trafen die Maschine. Mit Schrecken sah ich, daß aus beiden Flächentanks Benzin rann. Jede Sekunde mußte die Explosion erfolgen, und ich konnte nicht begreifen, daß es nicht dazu kam. Der »Storch« blieb weiter manövrierfähig, und ich blieb unverletzt. Dabei quälten sich meine Gedanken um den Verwundeten, der ab und zu für kurze Augenblicke aus der Ohnmacht erwachte und dann versuchte, mit ungeheurer Energie das Steuer wieder selbst zu übernehmen. Aber immer wieder entglitt es seiner Hand.
Wir näherten uns jetzt dem Funkturm. Qualm, Rauch, Staub und ein intensiver Geruch von Schwefel wurden noch dichter und beißender, aber das Schießen ließ langsam nach. Offensichtlich flogen wir jetzt über deutschbesetzte Stadtteile. Ich flog den Funkturm an, doch hatte ich von hier aus kaum Sicht. Jetzt kamen mir meine Übungsflüge über Berlin zu Hilfe. Ich brauchte nicht umherzusehen, was in dieser Situation hätte gefährlich werden können; es genügte, daß ich den Kompaßkurs zum Flakbunker wußte. Links davon lag die Ost-West-Achse mit der Siegessäule. Dicht vor dem Brandenburger Tor setzte ich die Maschine auf; im Tank befand sich kaum noch Benzin.

Rechts: Ende April 1945, Holland, Operation »Manna«: Diesmal fallen aus den Bombenschächten statt todbringender Last Kisten mit Konserven

Unten rechts: 5. Mai 1945, Berlin-Tiergarten: Ein zusammengeschossener Fieseler Fi 156 Storch in der Nähe der Ost-West-Achse. Es ist die Maschine, mit der hier am 25. April 1945 Hanna Reitsch und Ritter von Greim gelandet sind

Die Gegend war wie ausgestorben. Ausgerissene Bäume, abgeschlagene Äste und Betonbrocken lagen herum. Das Grauen, das von ihnen ausging, war furchtbar. Hier schien es nichts Lebendes mehr zu geben. Mit großer Mühe half ich dem wieder zum Bewußtsein gekommenen Generaloberst aus der Maschine, die von oben erkannt und beschossen werden konnte. Er setzte sich an den Straßenrand ...«
Nachdem sie endlich die Reichskanzlei erreicht haben, befördert Hitler Ritter v. Greim zum Generalfeldmarschall und ernennt ihn zum neuen OB der Luftwaffe anstelle von Hermann Göring.
In den ersten Morgenstunden des 29. April 1945 erhalten Ritter v. Greim und Hanna Reitsch den Befehl, von Berlin auszufliegen. Ein leichtes Schulflugzeug vom Typ Arado 96, die einzige in der Hauptstadt noch vorhandene flugtaugliche Maschine, steht in einer Garage neben der Ost-West-Achse, die noch in einer Länge von 400 Meter feindfrei ist. Mühsam wird der verwundete Nachfolger Görings unter ständigem sowjetischen Feuer in die Maschine gebracht. Feldwebel B. startet mit den beiden Passagieren und landet gegen 3 Uhr morgens in Mecklenburg auf dem Flugplatz Rechlin.

Am Sonntag, dem 29. April 1945, kapituliert die deutsche Heeresgruppe C (GenOberst v. Vietinghoff) mit dem Armeeoberkommando 10 (Gen. d. Pz. Tr. Herr) und dem AOK 14 (Gen. d. Pz. Tr. Lemelsen) in Italien vor den alliierten Streitkräften (Gen. Alexander).

Am gleichen Tage heiratet Hitler Eva Braun im Bunker der Reichskanzlei und unterzeichnet sein privates und »politisches« Testament, in dem er Göring und Himmler aus der NSDAP ausstößt und Großadmiral Dönitz, der

sich in Plön (Schleswig-Holstein) aufhält, zum Reichspräsidenten ernennt.
In den Morgenstunden des 30. April 1945 starten die 4 restlichen Mistel-Gespanne des Kampfgeschwaders 200 von Peenemünde aus zu einem Angriff auf die Oder-Brücken östlich von Prenzlau bei Tantow. Eine Mistel muß gleich nach dem Abheben wegen technischer Störungen von dem FW-190-Führungsflugzeug abgesprengt werden. Die 3 anderen Mistel-Gespanne greifen gegen 9.00 Uhr erfolglos ihr Ziel an.
An diesem Montag, dem 30. April 1945, um 15.30 Uhr, begeht Hitler Selbstmord.

Am Dienstag, dem 1. Mai 1945, steht Berlin in Flammen. Unter den Linden, um die Wilhelmstraße, im Tiergarten und am Zoo toben schwere Kämpfe. Die Reichskanzlei wird gestürmt.

Zu dieser Stunde spielen sich in Burma, wie die Engländer es nennen, »Narrowest Salient in War« ab. Zwei britische Verbände, das XXXIII. Korps (GenLt. Stopford) und das IV. Korps (GenLt. Messervy), haben sich vorgenommen, Burma schnellstens zu erobern, um so der noch intakten, recht starken japanischen Armee den sicheren Rückzugsweg nach Siam abzuschneiden. Dabei bereiten dem britischen Befehlshaber nicht die fanatisch kämpfenden Söhne Nippons die größte Sorge, sondern die Natur: Die Monsun-Periode steht kurz bevor, die nicht nur die Wege in Moraststreifen, sondern vor allem die Flugplätze in riesige Tümpel verwandelt und so jede operative Initiative erstickt. Bereits am 29. April haben die Vorhuten der indischen 17. Division die Stadt Pegu, etwa 60 Kilometer nördlich von Rangun, erreicht und bedrohen so die südlichste Rückzugsstraße. Die Japaner verteidigen zäh die Brücken über den Fluß Rangun und die Eisenbahnlinie. Am Nachmittag fällt ein sintflutartiger Regen; der Monsun kündigt sich an. Die vorgeschobenen Flugplätze sind unbrauchbar, Fahrzeuge und Panzer an die Straßen gebunden.
Lord Mountbatten, Chef der alliierten Streitkräfte in Südostasien, fest entschlossen, die Hauptstadt noch vor Eintreffen des Monsuns einzunehmen, läßt ein Bataillon Gurkha-Fallschirmjäger nahe der Zufahrtswege nach Rangun abspringen und bereitet die Operation »Dracula« vor: die Landung der zum XV. Korps (GenLt. Christison) gehörenden indischen 26. Division (GenMaj. Chambers) von See her, zu beiden Seiten der Mündung des Rangun-Flusses, etwa 40 Kilometer südlich der Hauptstadt. Der Pilot eines Aufklärers, der die Stadt gerade überflogen hat, meldet, daß er auf dem Dach des Gefängnisses in riesigen weißen Buchstaben JAPS GONE, BRITISH HERE gesehen habe. Am Mittwoch, dem 2. Mai 1945, geht – durch Maschinen der 224. Group der RAF (Air Vice-Marshal The Earl of Bandon) unterstützt – die kampfstarke indische 26. Division bei schwerem Seegang und strömendem Regen an Land. Jedoch will es die Laune des Schicksals, daß weder die Panzer der indischen 17. Division noch die der 26. Rangun einnehmen. Dies schafft ein Mosquito-Pilot, und er wird der einzige Mann sein, der im Krieg eine Hauptstadt eingenommen hat.
Um 12.16 Uhr startet W/Cdr. A. E. Saunders (110. RAF-Squ.) von Joari aus zu einem Aufklärungsflug nach Rangun. Als er auf dem Flugplatz Mingaladon etwa 12 Kilometer nördlich der Stadt einige Gestalten weiße Fahnen schwenken sieht, geht Saunders auf einer Landebahn nieder, bemerkt zu spät, daß sie beschädigt ist, so daß die Maschine zu Bruch geht. Die Männer mit den weißen Fahnen, Soldaten der projapanischen Indischen Nationalarmee, begleiten den Wing Commander, der sich unverzagt auf den Marsch nach Rangun macht.

Es stellt sich heraus, daß die Japaner in der Annahme, der Eintritt des Monsuns würde jegliche Landungsoperation unmöglich machen, bereits am 26. April ihre Garnison aus Rangun zur Verteidigung nach Pegu abgezogen haben. Saunders sucht mehrere hundert alliierte Gefangene auf, die seit mehr als 3 Jahren auf die Befreiung gewartet haben, requiriert einen Sampan, segelt den Fluß hinunter und meldet Generalmajor Chambers, der sich mit seiner indischen 26. Division stromaufwärts Rangun nähert, die erfolgte Einnahme der Hauptstadt von Burma.

Am gleichen Tage, dem 2. Mai 1945, kapitulieren die Verteidiger von Berlin. Die Verluste der sowjetischen Luftstreitkräfte bei der Eroberung der Stadt betragen 527 Flugzeuge.
In der Nacht vom 2./3. Mai 1945 führt die RAF den letzten Angriff auf Deutschland: 125 Mosquitos (608. Squ.) werfen 174 Tonnen Bomben auf den Kieler Hafen. Die Besatzungen treffen keine Luftabwehr mehr an. Alle Maschinen kehren zurück, ein Teil von ihnen auf den Flugplatz Wyton in Huntingdonshire, dem gleichen, von dem fünf Jahre zuvor Blenheim-Bomber zu ihrer ersten Operation über Deutschland (Wilhelmshaven) gestartet sind. Taktische Bombenangriffe finden selbst noch in den letzten Kriegstagen statt, bis es, laut Churchill, »schwierig wurde, vor den Truppen Bomben zu werfen, ohne die Russen zu gefährden«.
Am Freitag, dem 4. Mai 1945, kapitulieren alle deutschen Streitkräfte in Holland (GenOberst Blaskowitz) sowie in Nordwestdeutschland einschließlich der Friesischen Inseln (GFM Busch) und in Dänemark (GenOberst Lindemann). Im Hauptquartier des britischen Feldmarschalls Montgomery in der Lüneburger Heide wird die Kapitulation von Generaladmiral v. Friedeburg unterzeichnet.

Am Sonntag, dem 6. Mai 1945, schickt Göring aus Berchtesgaden, nach dem er sich befreit hat, eine Meldung an Großadmiral Dönitz, in der er erklärt, es sei am besten, wenn er selbst, nicht etwa Generaloberst Jodl, mit Eisenhower verhandle – »von Marschall zu Marschall«. »Ich weiß«, schreibt Göring, »daß die Engländer und Amerikaner nach wie vor lieber mit mir als mit irgendeinem anderen der politischen Führer verhandeln würden.« Dönitz hat diese Botschaft nicht beantwortet.
Am Montag, dem 7. Mai 1945, unterzeichnet Generaloberst Jodl die Gesamtkapitulation der deutschen Wehrmacht im Hauptquartier von General Eisenhower in Reims, die ab 9. Mai 1945, 00.01 Uhr, in Kraft tritt.
Am 7. Mai 1945 fliegt das RAF-Küstenkommando den letzten Angriff auf ein deutsches U-Boot. Ein Catalina-Flugboot der 210. Squadron (Lt. K. Murray) ortet zwischen den Shetland-Inseln und Norwegen ein unter Wasser gestopptes U-Boot und registriert Motoren- und Triebwerkgeräusche, die anzeigen, daß das U-Boot in Schwierigkeiten sein muß. Die Catalina wirft eine Serie von Wasserbomben ab. Es ist U 320 (Oblt. Emmerich); das U-Boot funkt später, daß es schwer beschädigt sei.
Am Mittwoch, dem 9. Mai 1945, geht U 320 vor Bergen (Norwegen) mit der ganzen Besatzung unter.

Am Dienstag, dem 8. Mai 1945, gegen 8.30 Uhr, startet vom Feldflugplatz des Jagdgeschwaders 52 bei Brod (Tschechoslowakei) der Kommandeur der I. Gruppe, Major Erich Hartmann, zu seinem 1405. Feindflug. Hartmann, mit seinen 351 Luftsiegen der erfolgreichste Jagdflieger der Welt, will sehen, »wie weit die Russen noch von hier weg sind«. Er fliegt mit seiner Me 109 G in Richtung Brünn. Über der brennenden Stadt kreisen 8 sowjetische Jäger Jak 11 und führen nichtsahnend Kunstflüge vor. Hartmann greift einen von ihnen, der gerade einen Looping macht, an und schießt ihn ab. Es ist sein 352. Luftsieg und vermutlich der letzte der deutschen Luftwaffe.
Um die Mittagszeit begegnen 2 sowjetische Jagdmaschinen, geflogen von dem Kommandeur der 7. Gardefliegerdivision G. A. Lobow und von Hauptmann Swidirow, zwischen Melnik und Prag einer einzelnen He 111 und schießen sie ab. Damit endet der Einsatz der sowjetischen Jagdflieger im Luftkrieg über Europa.

Am 8. Mai 1945 wird die Operation »Manna« abgeschlossen. Insgesamt haben die Bomber der USAAF und der RAF 6600 Tonnen Lebensmittel und Textilien über Holland abgeworfen.
Am Mittwoch, dem 9. Mai 1945, wiederholen Generalfeldmarschall Keitel, Generaloberst Stumpff und Generaladmiral v. Friedeburg im sowjetischen Hauptquartier in Berlin-Karlshorst die Unterzeichnung der Gesamtkapitulation der deutschen Wehrmacht.

In den Morgenstunden des 9. Mai 1945, bereits nach dem Ende des Krieges in Europa, kommt es zwischen US-Zerstörern vom Typ P-38 L »Lightning« und sowjetischen IL-2m »Sturmowiks« (951. Flieger-Sturmregiment) zum ersten gemeinsamen taktischen Einsatz west- und ostalliierter Schlachtflugzeuge. Das Ziel ist eine Kolonne deutscher Panzerfahrzeuge in der Nähe von St. Pölten in Österreich. Einen Tag zuvor hat der Oberbefehlshaber der deutschen 6. Armee, General Balck, mit dem US-General M. C. Bridge in dessen Hauptquartier in Kirschdorf eine Vereinbarung getroffen, die es der 6. Armee (Heeresgruppe Ostmark) ermöglicht, der sowjetischen Gefangenschaft zu entkommen und sich vor dem Gegner an der Ostfront in westlicher Richtung abzusetzen.

General Balck: »Es rentierte sich nun, daß wir eine schonungslose Sparwirtschaft mit unserem Sprit getrieben hatten. Es wurde festgelegt: Das IV. SS-Panzerkorps geht nach Kärnten zu den Engländern, das III. Panzerkorps über Liezen zu den Amerikanern und die beiden Gebirgsdivisionen quer durch die Berge nach Oberösterreich.« Und als die 3. SS-Panzerdivision (IV. SS-Panzerkorps) sich im Eilmarsch vor den in den Raum Wien vordringenden sowjetischen Verbänden der 3. Ukrainischen Front (Marschall Tolbuchin) in Richtung Kärnten absetzt, versuchen 2 Ketten von IL-2m gemeinsam mit 4 US-Lightnings, deren Piloten nichts von der Abmachung zwischen dem deutschen und dem amerikanischen General wissen, die motorisierten Kolonnen zu stoppen, jedoch ohne Erfolg, wie General Balck berichtet: »Als am 9. Mai abends russische Panzer im Raum Liezen erschienen, befand sich das Gros der 6. Armee bereits in amerikanischer Gefangenschaft. Die anderen hatten sich schon der britischen Armee ergeben.«

An diesem Nachmittag führt die Rote Luftflotte ihren letzten operativen Einsatz des Zweiten Weltkrieges in Europa durch: Eine Maschine Douglas C-47 des 19. Fliegerregiments z. b. V. (Hpt. A. Tajmetow) startet um 14.00 Uhr auf dem Berliner Flugplatz Tempelhof in Richtung Moskau. An Bord: die Original-Kapitulationsurkunden der deutschen Wehrmacht und die in der Schlacht um die Reichshauptstadt eroberten Fahnen deutscher Einheiten.

Die alliierten Bomberoffensiven haben sich im ganzen gesehen als sehr verlustreich erwiesen: Allein die 8. und 9. USAAF hatten fast 45 000 tote Flieger zu beklagen; die Amerikaner verloren insgesamt 79 265 Mann und 18 000 Maschinen. Das RAF Bomber Command büßte 47 293 Besatzungsmitglieder, 1570 Mann Bodenpersonal und 7122 Flugzeuge ein. Die RAF verliert insgesamt: 79 281 Mann und 22 000 Maschinen. Der Aufbau der alliierten Luftstreitkräfte war sehr langwierig: 83 Prozent der Bomben, die über Deutschland abgeworfen wurden, fielen erst in den letzten beiden Kriegsjahren.

Als Vergeltung für die 71 172 Tonnen Bomben, einschließlich der V-Waffen, welche die deutsche Luftwaffe während des Krieges über England abwarf, ließen die Alliierten insgesamt 1 996 036 Tonnen Bomben auf Deutschland und das besetzte Europa fallen. 55,8 Prozent dieser gewaltigen Bombenlast gingen auf Städte und Verkehrsanlagen nieder, 30,5 Prozent auf militärische Ziele wie U-Boot-Stützpunkte, Flugplätze, V-Waffen-Anlagen, 9,3 Prozent auf die chemische Industrie, 1,8 Prozent auf die Flugzeugindustrie und 2,6 Prozent auf andere Industriezweige wie Kugellager-Werke und U-Boot-Werften. Bis 1944 fielen die meisten dieser Bomben bei Flächenbombardements.

Oben links: GenLt. Sir Frank Messervy überreicht W./Cdr. A. E. Saunders ein japanisches Offiziersschwert als Souvenir für seinen Einsatz in Rangun

Rechts: 15. Mai 1945, auf einem Flugplatz bei Celle: Die Operation »Exodus« bringt Hunderttausende von ehemaligen alliierten Kriegsgefangenen wieder in ihre Heimatländer

Im letzten Kriegsjahr haben die Alliierten 477 000 Tonnen Bomben auf Deutschland, die Deutschen dagegen nur 761 Tonnen Bomben (einschließlich V-Waffen) auf England abgeworfen. Noch in den letzten 36 Stunden des Krieges fielen 14 000 Tonnen Bomben auf das Reichsgebiet.
Laut Angaben des Statistischen Bundesamtes (Wiesbaden) sind während des Zweiten Weltkrieges im damaligen deutschen Reichsgebiet 593 000 Menschen ums Leben gekommen. Die Bomben zerstörten rund 3 370 000 Wohnungen; 7,5 Millionen Menschen wurden obdachlos. Die am häufigsten bombardierte Stadt war Berlin. Die strategischen Bombenangriffe der Alliierten zwangen die Deutschen, immer mehr Jagdflugzeuge (78 Prozent) statt Bomber (11 Prozent) zu bauen, mit denen sie England hätten angreifen können.
Die Rote Luftflotte folgte im Luftkrieg ihrer eigenen Theorie: Entsprechend der sowjetischen Taktik, die Operationen der Luftstreitkräfte mit denen der Bodentruppen zu koordinieren, wurden insgesamt 46,5 Prozent aller Einsätze der »Frontflieger« zur Unterstützung des Heeres geführt. Da die Sowjets nicht über nennenswerte starke Bomberverbände verfügten, wurden kaum strategische Bombenangriffe geflogen: Von den 215 000 Einsätzen der »Fernfliegerkräfte« sind nur 7394 über dem deutschen Hinterland durchgeführt worden.
Die deutschen Jäger schossen insgesamt etwa 70 000 Flugzeuge ab, davon 45 000 an der Ostfront. Auf deutscher Seite erreichten 103 Jagdflieger eine Abschußzahl von über 100, 13 von ihnen über 200. Major Barkhorn konnte 301 Luftsiege und Major Hartmann sogar 352 verzeichnen. Die deutschen Jagd- und Zerstörerverbände verloren rund 55 000 Maschinen. Vom 1. September 1939 bis zum 28. Februar 1945, dem letzten Tag, über den verläßliche Zahlen vorliegen, sind 44 065 Piloten bzw. Besatzungsmitglieder gefallen; 28 000 wurden verwundet und 27 610 gefangen oder vermißt. Das ursprüngliche Ziel der alliierten Verfechter der Douhet-Theorie, der Zusammenbruch des Dritten Reiches ohne Offensive zu Lande, konnte nicht erreicht werden. Im Gegenteil, die moralische Wirkung selbst schwerster Luftangriffe auf die Zivilbevölkerung war wesentlich geringer, als man vor dem Kriege allgemein angenommen hat; der Bombenterror trug anstatt zur Schwächung eher zum Anwachsen des Widerstandswillens bei. Andererseits waren die Erfolge aller wichtigen Operationen von der Luftüberlegenheit abhängig, und die Luftstreitkräfte brachten damit die endgültige Entscheidung. Die Niederwerfung des Dritten Reiches gelang den Alliierten erst durch den Einsatz ihrer Luftstreitkräfte in Verbindung mit dem Vormarsch der Bodentruppen.
Noch während die Kapitulationsverhandlungen mit den deutschen Streitkräften liefen, bereitete sich das RAF-Bomberkommando auf eine neue Operation, Codename »Exodus«, vor. Fast sämtliche einsatzfähigen Bomber vom Typ Lancaster und Halifax sowie Transportmaschinen Dakota nehmen daran teil. Ihre Aufgabe: die Rückführung Tausender von befreiten Kriegsgefangenen. In 3 darauffolgenden Wochen schaffen die RAF-Maschinen über 140 000 britische Soldaten nach England zurück.

Das Ende des Luftkrieges über Europa: Wie die Altstadt von Nürnberg, so liegen die meisten deutschen Kulturstätten in Schutt und Asche

Am Montag, dem 14. Mai 1945, greifen über 470 Superfortresses des 21. US Bomber Command von den Marianen aus am hellichten Tage Nagoja mit Brandbomben an. 10 B-29 gehen dabei verloren. Der Angriff wird in der Nacht vom 16./17. Mai von 450 Superfortresses wiederholt. Nur 3 B-29 kehren nicht zurück. Nach diesen schweren Angriffen ist Nagoja fast völlig ausgebrannt.
In der Nacht vom 23./24. Mai 1945 werfen 550 Superfortresses 750 000 Phosphorbrandbomben über Tokio ab. Es ist das bisher stärkste Bombardement auf das japanische Mutterland. Und in der Nacht vom 25./26. Mai 1945 ist Tokio erneut das Ziel von rund 500 US-Bombern. Bis jetzt ist bereits die Hälfte der bebauten Fläche dieser 6-Millionen-Stadt zerstört.
Am Dienstag, dem 29. Mai 1945, geht die Vorausabteilung der 509. Bombergruppe (Col. P. W. Tibbets) auf der Insel Tinian (Marianen) an Land und beginnt mit dem Ausbau eines Stützpunktes für die 339. Squadron (Maj. Ch. W. Sleeney), die von hier aus ihren Einsatz über Japan mit Atombomben starten soll.
Ende Mai 1945 laufen bei der Kaigun Gunreibu, der operativen Abteilung im Hauptquartier der Kaiserlich japanischen Marine, die letzten Vorbereitungen für eine Geheimoperation, die – ähnlich dem Überfall auf Pearl Harbor – die USA erschüttern sollte: ein Bombenangriff auf den Panama-Kanal. Diese Idee wurde bereits nach dem Raid des Colonel Doolittle, dem ersten Angriff auf Tokio (April 1942), geboren. Seitdem läßt den japanischen Strategen ein Gegenschlag auf die USA keine Ruhe mehr. Auf ausdrücklichen Wunsch des damaligen Admirals Yamamoto wurde eine Serie von Riesen-U-Booten (I 400 Klasse, Typ STo) in Auftrag gegeben, die je 3 Spezialflugzeuge aufnehmen können. Diese U-Boote mit 5223 Tonnen Wasserverdrängung und einem Aktionsradius von 37 500 Seemeilen sind doppelt so groß wie die größten der US-Marine und können 4 Monate lang ohne Treibstoffergänzung auf See bleiben. Von der geräumigen, zylinderförmigen »Flugzeughalle« – dicht an der Steuerbordseite des Kommandoturms – erstreckt sich ein Katapult bis zum Bug.
Die speziell für diese Operation konstruierten zweisitzigen Schwimmer-Maschinen »Aichi M6A1 Seiran« sind die ersten »Wegwerf«-Flugzeuge der Welt, jedoch keineswegs etwa eine Variante der Kamikaze-Maschinen. Sie sollen nach dem Angriff – bei rauher See notfalls mit abgesprengten Schwimmern – neben dem U-Boot wassern. Um das Überraschungsmoment noch zu verstärken, ist der Angriff von Westen, von der Karibischen See her, geplant. Die 4 Unterwasser-Flugzeugmutterschiffe sollen ihre 12 Seiran-Maschinen, die übrigens mit deutschen Daimler-Benz-Motoren »DB 601A« (1400 PS) ausgerüstet sind, kurz vor Tagesanbruch starten lassen. Man hat den 25jährigen Piloten Leutnant Atsushi Asamura beauftragt, die für Mitte Juli 1945 vorgesehene Operation zu führen. Nach dem geplanten Angriff mit Bomben und Torpedos auf die Schleusen und andere neuralgische Punkte des Panama-Kanals sollen die Maschinen sofort versenkt und ihre Besatzungen wieder an Bord genommen werden. Danach sollen die Unterwasser-Flugzeugmutterschiffe schnellstens untertauchen.

Rechts: Die japanischen Super-U-Boote I.400, I.401 und die als Unterwasser-Flugzeugmutterschiff umgebaute I.14, vorgesehen für einen Angriff auf den Panamakanal

Links: Mai 1945, Zürich-Dübendorf: Eine ganze Luftarmada von Fliegenden Festungen und Liberator-Bombern, die während des Krieges in der Schweiz notgelandet sind, insgesamt 186 schwere US-Maschinen, die die Schweiz erst nach der Kapitulation Japans freigibt

Bereits fünf Monate zuvor, am 15. Dezember 1944, wurde der Seiran-Verband gegründet und bekam die offizielle Bezeichnung »613. Luftkorps«. Sein Kommandeur: Hauptmann R. Ariizumi, ein Offizier der 1. U-Boot-Flottille, zu der die Unterwasser-Flugzeugmutterschiffe gehören. Die neue Einheit untersteht der 6. Flotte in Kure. Zwei der bekanntesten Mitglieder des neuaufgestellten Seiran-Korps sind die Offiziere N. Fujita und S. Okuda. Beide Flieger waren am 9. September 1942 vom U-Boot I-25 aus zu ihrem ersten und bis jetzt einzigen Luftangriff auf die USA gestartet. Ihre Maschine vom Typ Yokusuka E14Y1 ist auch ein direkter Vorläufer der Seiran.
Ab 2. April 1945 beginnen die minuziös vorbereiteten Übungen der Seiran- und der U-Boot-Besatzungen. Man stellt dabei fest, daß eine Bombenlast von 800 Kilogramm die Höchstmenge darstellt, mit der die Seirans einen Katapultstart wagen können. Damit die mächtigen U-Boote den amerikanischen Luftaufklärern nicht auffallen, hat man die Hangars mit Schornstein-Attrappen getarnt.

Eine RAF-Einheit, deren Arbeit erst nach dem Kriege beginnt, ist die Enemy Aircraft Separation System Unit (EASSU). Von ihrem Hauptstützpunkt Fuhlsbüttel (Hamburg) aus verteilt sie die erbeuteten Flugzeuge der Luftwaffe an die ehemaligen Kriegsgegner Deutschlands. EASSU sorgt für die Flugtauglichkeit und liefert die Maschinen direkt an Frankreich, Holland, Belgien und die ČSR. Die meisten der Flugzeuge erhält die Versuchsanstalt Farnborough in England.
Im Juni 1945 beginnen einige Gruppen des RAF-Bomberkommandos mit wochenlangen Massenabwürfen von Bomben. Das Zielgebiet ist die Cardigan Bay an der walisischen Ostküste, und diese Bucht in der Irischen See ist Schauplatz der ausgedehntesten Bombenabwürfe der Geschichte: Die überschüssigen Bestände der RAF, die im Kriege nicht mehr zum Einsatz gekommen sind und deren Einlagerung man für unzweckmäßig hält, landen – ohne Zünder – auf dem Meeresgrund.

Am Dienstag, dem 5. Juni 1945, werfen 470 Superfortresses des 20. Bomber Command 3000 Tonnen Brandbomben auf Kobe. An diesem Tag geraten Teile der 5. US-Flotte in der Philippinen-See in einen schweren Taifun. Zahlreiche Kriegsschiffe, darunter 4 Schlachtschiffe sowie 4 Flugzeugträger, werden ernsthaft beschädigt. Insgesamt müssen 36 Schiffe in die Reparatur-Docks, 150 Flugzeuge gehen verloren. Es ist nicht das erstemal, daß die amerikanischen Luftstreitkräfte durch Unwetter schwere Schäden erleiden. Bereits ein halbes Jahr zuvor, im Dezember 1944, büßte die 20. USAAF durch einen Hurricane 150 Maschinen ein, außerdem sanken 3 Zerstörer; 4 Geleitträger wurden schwer beschädigt.

Oben: Eines der Schwimmerflugzeuge vom Typ Aichi M6A1 Seiran, die speziell für den Angriff auf den Panamakanal konstruiert wurden

Oben rechts: Der geplante Luftangriff auf den Panamakanal

Rechts: Kamikaze-Piloten warten auf ihren Einsatz: Mitsubishi G4M2 mit einer bemannten Flugbombe Ohka unter dem Rumpf (im Hintergrund)

Am Montag, dem 11. Juni 1945, landet auf der Marianen-Insel Tinian die erste Superfortress der 393. Bomber-Squadron (Maj. Ch. W. Sweeney) der 509. Gemischten Bombergruppe (Col. P. W. Tibbets). Mit der ersten B-29 treffen auch einige Wissenschaftler ein, die den Einsatz der Atombomben vorbereiten sollen.

Mitte Juni 1945 erscheint im Palace-Hotel in Bad Mondorf (Luxemburg), dem amerikanischen Lager für prominente NS-Kriegsgefangene, ein sowjetisches Vernehmungskommando mit fünf Offizieren und einer Frau. Unter den ersten der Vernommenen befindet sich der ehemalige Chef der deutschen Luftwaffe. Am Sonntag, dem 17. Juni 1945, gibt er zu Protokoll: Göring, Hermann Wilhelm, 52 Jahre, Reichsmarschall, Oberbefehlshaber der deutschen Luftwaffe.
Frage: Welche Einstellung hatten Sie zum Angriff Deutschlands auf die Sowjetunion? Antwort: Ich war immer Gegner eines Krieges gegen Rußland.
Frage: Waren Sie selbst an der Ostfront? Antwort: Ich war sehr kurz in Rußland. Ich kenne nur eine russische Stadt – Winniza. Nach Winniza war ich nicht in militäri-

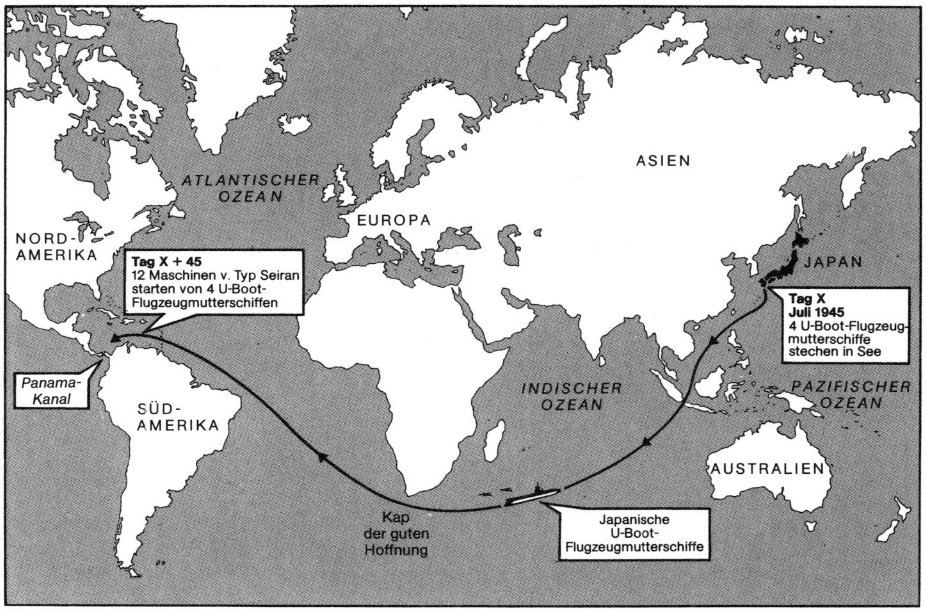

schen Angelegenheiten gefahren, sondern deshalb, weil mich dort das Theater interessierte.

Am Freitag, dem 22. Juni 1945, gibt Admiral Nimitz das Ende des organisierten Widerstandes der Japaner auf Okinawa bekannt. Jedoch in einigen isolierten Widerstandsnestern verteidigen sich japanische Soldaten bis zum Kriegsende. Man muß zugeben, daß sie nicht nur fanatisch, sondern auch mit großem Geschick kämpften. Die Schlacht um Okinawa war die blutigste und kostspieligste Operation im Pazifik. Die größten Verluste erlitten die amerikanische und britische Marine dabei durch Kamikaze-Flieger: Diese versenkten allein 36 Schiffe, jedoch war davon keines größer als ein Zerstörer, und sie beschädigten 368 Schiffe zum Teil schwer, darunter 10 Schlachtschiffe, 13 Flugzeugträger, 5 Kreuzer und 67 Zerstörer. Es fielen dabei 4907 Seeleute und Flieger, 5000 wurden schwer verwundet. In keiner anderen Operation mußte die amerikanische Marine so schwere Verluste hinnehmen wie bei Okinawa, selbst nicht in Pearl Harbor. Die britische Flotteneinheit Task Force 57 (Vizeadm. Rawlings/Vizeadm. Vian), die gerade von Sydney kommend eingetroffen war, nahm an diesen Kämpfen mit den Trägern »Indomitable«, »Victorious«, »Formidable« und »Indifatigable« teil. Diese Flugzeugträger erwiesen sich als besonders wertvoll, da ihre Flugdecks im Gegensatz zu den hölzernen Startflächen der Amerikaner gepanzert waren und so mehr Schutz vor den Kamikazes boten. Japan hat bei den Kämpfen 7830 Flugzeuge, davon 1900 Kamikazes, verloren.
Die Kämpfe um Okinawa tragen erheblich zur Zerschlagung der japanischen Luftstreitkräfte und der noch verbliebenen Flotte bei. Die Eroberung von Okinawa erfüllt jedoch nicht die Erwartungen des 21. US Bomber Command: Der erste Superfortress-Einsatz von Okinawa aus kann erst in der letzten Kriegsnacht stattfinden.

Am Montag, dem 25. Juni 1945, beginnt in Grove (Dänemark) die Operation »Post Mortem«: 6 Wochen nach Kriegsende besetzen deutsche Offiziere und Mannschaften unter Generalmajor Boner, Nachrichtenkommandeur der Luftflotte Reich, die ehemalige Führungszentrale der Jagddivision. Auch britische Funkmeß-Spezialisten sind dabei, unter ihnen Wing Commander D. Jackson, derselbe, der 1943 und 1944 mit den beiden deutschen Nachtjägern Ju 88 Versuchsflüge unternahm. Sie wollen jetzt nach dem Kriege endlich erfahren, wie sich die RAF-Störmaßnahmen auf die deutsche Luftabwehr ausgewirkt haben. Fast das gesamte ehemalige deutsche Luftverteidigungsnetz in Dänemark mit 10 großen Radarstationen wird dafür eingesetzt.
Neun Tage lang erprobt man alle Störungsarten und Funkgegenmaßnahmen, um ihre Wirksamkeit nachzuprüfen. Wie vorher im Ernstfall sind bei dem Manöver RAF-Flugzeuge die Gegner. Englische Fachleute stellen fest, daß die britischen Störungen die Deutschen zu ausgesprochen loser Führung der Nachtjäger gezwungen haben. Waren die Bord-Radargeräte der Nachtjäger ge-

Rechts: Juli 1945, Tokio: Evakuierung der Einwohner nach den schweren amerikanischen Luftangriffen

Unten rechts: August 1945, Tinian (Marianen): Eine Superfortress der 393. Squadron vor dem Start zu einem simulierten Atombombenangriff

stört, so konnten sich die Besatzungen nur noch auf ihr Glück verlassen. Nach dem Abwurf von Window-Streifen können die deutschen Leitoffiziere in der Regel die Stärke eines Bomberverbandes kaum einschätzen. Die wichtigste Erkenntnis: Niemals gelingt es den Leitoffizieren zu ermitteln, wann es sich um einen wirklichen Angriff und wann es sich um einen Scheinangriff handelt. Nachdem die Operation beendet ist, demontieren britische Funkeinheiten die deutschen Radarstationen. Zahlreiche Geräte verschickt man in die USA, nach England und Frankreich.

Am 25. Juni 1945 stoppt das Kaiserlich japanische Hauptquartier die Vorbereitungen der 1. U-Boot-Flottille für den Angriff auf den Panama-Kanal und erteilt einen neuen Befehl: Die 12 Seiran-Maschinen sollen angesichts der amerikanischen Bedrohung des japanischen Mutterlandes bei passender Gelegenheit einen Kamikaze-Einsatz (Operation »Hikari«) gegen US-Flugzeugträger starten. Jedoch kommt durch die Kapitulation auch dieses Unternehmen nicht mehr zur Ausführung. Die Vernichtung der japanischen Städte geht mit unverminderter Heftigkeit weiter. Alle Angriffe werden nach dem gleichen Schema durchgeführt: Jeweils etwa 500 Superfestungen, beladen mit 3000 Tonnen Brandbomben, begleitet von Mustang-Jägern, die, nun da sie in der Luft keinen Gegner mehr antreffen, ihre MG-Waffen bei Tiefangriffen einsetzen. Die amerikanischen Verluste erreichen kaum 2 Prozent der eingesetzten Maschinen.
Am Montag, dem 2. Juli 1945, werfen rund 600 B-29-Superfortesses 4000 Tonnen Brandbomben auf japanische Großstädte. Die Auswirkungen sind unbeschreiblich. Die Moral der Bevölkerung bricht nach den großen Brandbombenangriffen zusammen, besonders als das 21. Bomber Command beginnt, Flugblätter mit Vorankündigungen der nächsten Angriffe abzuwerfen. 8,5 Millionen Menschen fliehen daraufhin aus den Städten; die gesamte Rüstungsproduktion geht schlagartig zurück. Am gleichen Tag gibt der japanische Rundfunk die Evakuierung von 6 Millionen Einwohnern Tokios bekannt. Bis auf 200 000 Menschen sollen alle die Hauptstadt verlassen.

Nach dem Ende des Krieges in Europa entscheidet sich die japanische Regierung, die Sowjets um die Vermittlung für Waffenstillstandsverhandlungen mit den Amerikanern zu bitten, und wendet sich an J. Malik, den sowjetischen Botschafter in Japan. Jedoch die Sowjets antworten nicht, und erst am Donnerstag, dem 12. Juli 1945, wird der japanische Botschafter in Moskau durch einen Funkspruch aus Tokio angewiesen, sich direkt mit der sowjetischen Regierung in Verbindung zu setzen. Die Amerikaner, die den japanischen Code seit langem kennen, erfahren dadurch den Inhalt des Funkspruches.

Am Montag, dem 16. Juli 1945, wird auf dem Testgelände in der Felswüste von Los Alamos bei Alamogordo (New Mexico) die erste Atombombe erfolgreich gezündet. Die gewaltige Explosion ist im gesamten Südwesten der Vereinigten Staaten zu hören. Die Zeitungsleute in der nächstliegenden Stadt Albuquerque erhalten kurz danach von den Militärbehörden eine Erklärung: »Auf einem abgelegenen Teil des Luftwaffenversuchsgeländes von Alamogordo ist heute früh ein Munitionsdepot explodiert. Lichterscheinungen und Druckwellen wurden, wie wir erfahren haben, in einem Umkreis von 360 Kilometern beobachtet.«

Am gleichen Tage werden, um die Bomberoffensive weiter zu verstärken, die 20. USAAF (20. und 21. Bomber Command) mit der aus Europa verlegten 8. USAAF als US Army Strategic Air Forces in the Pacific (USASTAF) unter dem Oberbefehl von General C. A. Spaatz zusammengefaßt. Generalmajor C. E. LeMay übernimmt vorläufig (bis 2. 8. 1945) anstelle von General H. Arnold die 20. USAAF. Die 8. USAAF (GenLt. J. Doolittle), deren 2118 Maschinen aus England im Direktflug über den Atlantik in den Pazifik verlegt worden sind, sollen nun Angriffe gegen Japan führen.

Am Freitag, 20. Juli 1945, fliegen 10 Superfortresses der 393. Squadron (509. Gemischte Gruppe Col. Tibbets) von Tinian (Marianen) aus ihren ersten Einsatz gegen Japan. Alle Maschinen haben eine einzige schwere Bombe an Bord und steuern jeweils verschiedene Ziele an. Die japanische Luftabwehr soll sich an die einzeln fliegenden B-29 gewöhnen, die jeweils aus 9000 Metern Höhe nur eine einzige 5-Tonnen-Bombe abwerfen. Der sogenannte Wohnblockknacker hat eine ähnliche ballistische Fallkurve wie die Atombombe; die Erfahrungen, die die 393. Squadron bei diesen simulierten Atombombenangriffen macht, ermöglichen Colonel Tibbets, die

Frage zu klären, welches Ziel in der Stunde X angegriffen und zerstört werden soll.

Am Sonnabend, dem 21. Juli 1945, bittet der japanische Botschafter in Moskau in aller Form um die sowjetische Vermittlung zur Beendigung des Krieges. Auf der Potsdamer Konferenz, die zu dieser Zeit tagt, unterrichtet Stalin den neuen US-Präsidenten Truman sowie Premier Churchill von dieser Bitte. Da die Japaner sich jedoch nicht bedingungslos ergeben wollen, wird nicht reagiert.

Am Mittwoch, dem 25. Juli 1945, trifft Truman seine bedeutsamste Entscheidung als Präsident der USA: Er unterzeichnet den Befehl, die Atombombe gegen Japan einzusetzen, falls das bevorstehende Potsdamer Ultimatum abgelehnt werde. Dieser Befehl geht von Washington aus sofort per Flugzeug an die 509. Gemischte Gruppe auf Tinian. Am darauffolgenden Tag geben die USA und England die Potsdamer Erklärung – das Ultimatum an Japan – ab.
Am Donnerstag, dem 26. Juli 1945, trifft das Gehäuse der Atombombe an Bord des Kreuzers »Indianapolis« auf der Insel Tinian ein. Ihr Explosivstoff ist Uran 235, das im Gegensatz zu Plutonium noch nicht erprobt worden ist. Ein Teil wird auf der »Indianapolis« verschifft und die notwendige Menge zur Vervollständigung der kritischen Masse mit einer Douglas C 54 Skymaster transportiert. Die Begleitmannschaft hat bei der Zwischenlandung auf Hawaii große Schwierigkeiten mit den Behörden des Luftstützpunktes: Die Vorschriften gestatten es nicht, daß ein so großes Flugzeug mit einer Ladung von nur einem Zentner den Pazifik überquert, man besteht darauf, daß die Maschine voll beladen wird.

Unterdessen versucht der japanische Botschafter in Moskau verzweifelt, den sowjetischen Außenminister Molotow zu bewegen, als Vermittler aufzutreten.

Am Sonnabend, dem 28. Juli 1945, haben die Militärs noch immer die Oberhand in Tokio, und die japanische Regierung verkündet in einer Rundfunkmeldung die Zurückweisung des Potsdamer Ultimatums.

Im Juli 1945 ist die über Japan abgeworfene Bombenmenge (etwa 100 000 Tonnen) dreimal so groß wie die im März 1945. Inzwischen hat man die Küstengewässer stark vermint, um die japanische Schiffahrt zu lähmen. Rund 1,25 Millionen Tonnen Schiffsraum wurden auf diese Weise versenkt, und die Küstenschiffahrt kommt fast völlig zum Erliegen.
Am Donnerstag, dem 2. August 1945, unternehmen 800 B-29 den stärksten Luftangriff des Zweiten Weltkrieges: sie werfen 6000 Tonnen Phosphorbrandbomben auf vier japanische Städte sowie auf das Ölzentrum von Kawasaki ab und treffen weder auf Jagdflugzeuge noch auf starkes Flakfeuer. Ungefähr 80 000 Japaner finden bei diesem Angriff den Tod.
In der 8 Monate dauernden Bomberoffensive sterben insgesamt 260 000 Menschen; 400 Quadratkilometer Stadtgebiet mit zwei Millionen Häusern in 66 Städten werden eingeäschert.
Am Freitag, dem 3. August 1945, bestätigt Admiral Nimitz, daß die B-29 Superfortresses alle bedeutenden Häfen Japans und Koreas vermint und damit die Blockade Japans vollendet haben.
Am Montag, dem 6. August 1945, wirft die Superfestung »Enola Gay« (Col. Tibbets) der 509. Gemischten Gruppe auf Hiroshima die erste Atombombe: 80 Prozent der Stadt werden vernichtet; man zählt 92 167 Tote und 37 425 Verletzte.
Um 2.45 Uhr rollt die schwerbeladene »Enola Gay«, der nach Tibbets Mutter benannte Atombomber, über den Flugplatz von Tinian. Der Start der Maschine ist recht riskant: Die »Enola Gay« hat ein Übergewicht von 7000 Kilogramm: Statt der üblichen 8 Mann Besatzung sind jetzt 12 Männer an Bord, die Tanks enthalten 7000 Liter Benzin, und die Atombombe wiegt gute 5 Tonnen. Die

Rechts: 16. August 1945, ein Stützpunkt japanischer Jagdflieger: Piloten in Erwartung neuer Anweisungen

Unten links: Die Hiroshima-Bombe »Little Boy«: 3,05 m lang, Durchmesser 72 cm, Gewicht fast 4500 kg. Ihre Vernichtungskraft entspricht 20 000 000 kg Sprengstoff.

Darunter: Die Nagasaki-Bombe »Fat Man«: 3,30 m lang, Durchmesser 1,50 m, Gewicht fast 5000 kg. Ihre Vernichtungskraft entspricht der von »Little Boy«

drei B-29, die als Wetterbeobachter schon vorher gestartet sind, haben ihre Ziele lange vor der »Enola Gay« erreicht. Um 7.09 Uhr gibt es in Hiroshima Fliegeralarm, doch achtet man – ein bereits gewohnter Anblick – kaum auf den einzelnen, sehr hoch fliegenden amerikanischen Bomber. Um 7.31 Uhr wird Entwarnung gegeben. Die einzelne B-29 »Straight Flush« war ein Wetterflugzeug. Um 7.25 Uhr gibt die »Straight Flush« ihren Wetterbericht an Colonel Tibbets durch und fügt hinzu: »Raten zu Ziel Eins.« Als Tibbets die Meldung entschlüsselt hat, sagt er zu dem Navigator, van Kirk: »Es wird Hiroshima.«

Am Mittwoch, dem 8. August 1945, erklärt die Sowjetunion Japan den Krieg. Und in der Nacht vom 8./9. August 1945, um 0.10 Uhr (Ortszeit), beginnt die Rote Armee mit 3 Heeresgruppen, der 1. Transbaikalfront (Marschall Malinowski), der 2. Fernostfront (ArmeeGen. Purjakew) und der 6. Garde-Panzerarmee (GenLt. Krawtschenko), aus drei Richtungen eine Offensive gegen die japanische Kwantung-Armee in der Mandschurei.

Die sowjetischen Streitkräfte zählen insgesamt 80 Divisionen, darunter 6 Kavalleriedivisionen, 2 Panzerdivisionen und 4 mechanisierte Panzerkorps. Der 1. Transbaikalfront (Marschall Malinowski) untersteht die 12. Luftarmee, der 1. Fernostfront (Marschall Miereckow) die 9. Luftarmee und der 2. Fernostfront (ArmeeGen. Purjakew) die 10. Luftarmee. Die Volksrepublik Mongolei, deren Truppen im Rahmen der sowjetischen Gruppe von Generaloberst Plijew kämpfen, stellt eine Fliegerdivision zur Verfügung. Die Gruppe von Generaloberst Plijew verfügt außerdem über das 350. Jagdfliegerregiment. Es sind zusammen 3446 Flugzeuge, die an den Operationen gegen die japanische Kwantung-Armee in der Mandschurei teilnehmen. Daneben verfügt die sowjetische Pazifikflotte über 1547 Maschinen.

Am Donnerstag, dem 9. August 1945, wirft die Superfortress (Maj. Sweeney) die zweite Atombombe, diesmal auf Nagasaki. Die Opfer: 40 000 Tote und 60 000 Verwundete.

Damit ist der Vorrat an Atombomben erschöpft, was die japanische Regierung natürlich nicht weiß. Die Aussagen der Besatzungen einer abgeschossenen Superfortress lassen darauf schließen, daß eine dritte Atombombe in den nächsten Tagen auf Tokio abgeworfen werden soll.

Am Mittwoch, dem 15. August 1945, spricht der Tenno das erstemal über den Rundfunk zu seinem Volk. Er erklärt die hoffnungslose Lage und begründet seine Schritte, den Krieg zu beenden. Die Menschen in den Städten sinken vor den Lautsprechern auf die Knie. In Tokio ziehen verwundete Flieger vor den Kaiserpalast und begehen massenweise Harakiri. Die letzten Kamikaze-Flieger stürzen sich ins Meer. Die Piloten des Stützpunktes Atsugi beginnen zu rebellieren: Sie überfliegen den kaiserlichen Palast – eine bis dahin unfaßbare Tat, die in Japan einer Götterschändung gleichkommt – und werfen Flugblätter ab, in denen sie die Verräter verdammen und verkünden, daß der Kampf bis zum Äußersten weitergeführt werde.

Am Donnerstag, dem 16. August 1945, erteilt Kaiser Hirohito allen japanischen Streitkräften den Befehl zur Feuereinstellung. Noch zwei Tage danach, am Sonnabend, dem 18. August 1945, stoßen amerikanische Aufklärer über Tokio auf japanische Jagdabwehr.

Am Montag, dem 20. August 1945, landen sowjetische Fallschirmjäger bei Mukden (Mandschurei), zur gleichen Zeit dringen Verbände der 6. Garde-Panzerarmee (GenLt. Krawtschenko) in die Stadt ein.

Am Mittwoch, dem 22. August 1945, erfolgen sowjetische Luftlandungen in Port Arthur und Dairen, auf der Halbinsel Kwantung sowie auf Sachalin und den Kurilen. Den Transport der Luftlandetruppen übernehmen Li-2, eine Version der Douglas DC-3 Dakota. Die sowjetischen Fallschirmjäger besetzen Flugplätze und entwaff-

nen die Garnisonen. Bis Ende August 1945 sind die Mandschurei und Nordkorea in sowjetischen Händen.

Am Mittwoch, dem 29. August 1945, beginnt die Besetzung Japans mit der Landung der amerikanischen 11. Airborne-Division. Zum erstenmal in der 2500jährigen Geschichte Japans befinden sich fremde Truppen auf seinem Territorium.
Ebenfalls zum erstenmal in der Geschichte kapituliert ein Land, ohne daß sein Territorium auch nur teilweise erobert wurde. Die amerikanische Luftmacht hat damit einen gewaltigen Sieg errungen. Die Bomberoffensive des Generals LeMay im Pazifik, die schließlich Japan in die Knie zwingt, ist jedoch kein unabhängiges Unternehmen: Ihr Erfolg hing von den Operationen der Land- und Seestreitkräfte ab. Japans prekäre militärische Situation ist noch durch seine schwache ökonomische Basis verschärft worden. Die japanische Flugzeugproduktion reichte nicht aus, um mit den USA Schritt zu halten, und war nicht mehr in der Lage, die eigene Handelsflotte zu schützen.
Durch die Unterbrechung der japanischen Seeverbindungen kamen die wichtigsten Zweige der Rüstungsindustrie zum Stillstand, denn die Rohstoffeinfuhr von Öl, Eisenerz und Bauxit wurde damit völlig lahmgelegt.
In Japan kamen durch den Luftkrieg etwa 392 000 Menschen um, dazu gab es 500 000 schwer oder leicht Verletzte. 2,2 Millionen Häuser wurden zerstört und 9,2 Millionen Japaner obdachlos. Die japanischen Luftstreitkräfte verloren insgesamt 60 422 Maschinen.
Zum Abwurf der Atombomben, der nach Meinung zahlreicher Militärs die Kapitulation Japans brachte, äußert sich der amerikanische Admiral Leahy: »Der Einsatz dieser barbarischen Waffe bei Hiroshima und Nagasaki war für unseren Krieg gegen Japan keine konkrete Hilfe. Die Japaner waren bereits durch unsere wirksame Seeblockade und die erfolgreichen Angriffe mit konventionellen Bomben besiegt und zur Kapitulation bereit ... Die Naturwissenschaftler und auch andere wollten diese Waffe erproben wegen der riesigen Summen, die man in dieses Projekt bereits gesteckt hatte, es waren immerhin etwa 2 Milliarden Dollar ...«
Am Sonntag, dem 2. September 1945, einem trüben und regnerischen Tag, wird um 10.30 Uhr (Ortszeit) an Bord des in der Tokio-Bucht liegenden US-Schlachtschiffes »Missouri« die bedingungslose Kapitulation von Außenminister Shigemitsu, dem japanischen Generalstabschef Umezu, General MacArthur und den Vertretern der Alliierten unterzeichnet.
Es war genau vor 6 Jahren und einem Tag, als die deutschen Stukas den Angriff auf Polen eröffneten.

August 1945, nach dem Atombombenangriff auf Nagasaki: Zwei Kinder, die aus dem Inferno gerettet wurden

Organisation und Gliederung der beteiligten Luftstreitkräfte

Australien
Ende 1939
Royal Australian Air Force (RAAF).
12 Gruppen mit 246 Maschinen (darunter 164 erster Linie), 350 Offiziere, 3179 Unteroffiziere und Mannschaften.
Einsatz:
Europa, Naher Osten, Südwestasien, Pazifik.
Erfolgreichster Jagdflieger:
W./Cdr. C. R. Caldwell – 28½ Luftsiege.

Belgien
Ende 1939
Dem Minister für Landesverteidigung untersteht ein Befehlshaber für Luftverteidigung, dem ein Befehlshaber der Fliegertruppe und ein Befehlshaber der Flak-Artillerie untergeordnet sind. Die Fliegertruppe zählt im Frühjahr 1940 3000 Mann und 180 Maschinen erster Linie. Gegliedert: 1 Nahaufklärungsregiment (3 Gruppen), 1 Jagdregiment (3 Gruppen), 1 Fernaufklärer- und Bomberregiment (2 Gruppen). Jede Gruppe hat 2 aktive Staffeln und 1 Reservestaffel.
Einsatz:
Während der deutschen Offensive im Mai 1940, Luftschlacht um England 1940/41, Westafrika, Westfront 1944/45.
Erfolgreichster Jagdflieger:
Maj. Count I. du Monceau de Bergendal – 8 Luftsiege.

Brasilien
Anfang 1940
Luftstreitkräfte der Armee und Marine als unabhängige Waffengattung vereinigt. Insgesamt 2280 Mann und etwa 200 Flugzeuge diverser Typen.
Einsatz:
Schlacht im Atlantik, dabei am 31. Juli 1943 das deutsche U-Boot U-199 (Kptlt. Kraus) versenkt, 1 Jagdgruppe in Italien (ab 14. 10. 1944) im Rahmen der 12. USAAF eingesetzt.

Bulgarien
Ende 1939
im Aufbau, den Oberbefehl hat die Luftfahrtdirektion im Kriegsministerium. 1940 haben die bulgarischen Luftstreitkräfte über 130 Flugzeuge mit 8 Orliak (Gruppen).
Einsatz:
Heimat-Luftverteidigung, Ostfront. Ab September 1944 kämpft 1 Jagdfliegerdivision auf seiten der Sowjetunion. Da sich die bulgarischen Luftstreitkräfte als zu schwach für die Unterstützung der eigenen Bodentruppen erweisen, werden sie durch die sowjetische 189. Schlachtflieger- und die 288. Jagdfliegerdivision verstärkt.
Erfolgreichster Jagdflieger:
Ltn. S. Stoyanov – 14 Luftsiege.

China *(Tschiang Kai-schek).*
1939
in der Umorganisation, Oberbefehl: der Nationale Ausschuß für Luftfahrt. Anfang 1942 stellt Brig. Gen. C. L. Chennault die American Volunteer Group (Flying Tiger) auf, die im März 1943 zur 14. USAAF ausgebaut wird. Im November 1943 entsteht die Chinese-American Composite Wing mit Jagd- und Bombergruppen, die taktisch der USAAF und organisatorisch China unterstehen. Im Rahmen des Leih- und Pachtgesetzes erhalten sie 1378 Flugzeuge.
Einsatz:
Heimat-Luftverteidigung, Burma.
Erfolgreichster Jagdflieger:
Col. Liu Chi-Sun – 11⅓ Luftsiege.

Dänemark
Ende 1939
Die Luftstreitkräfte des Heeres unterstehen dem Kriegsministerium, die Luftstreitkräfte der Marine dem Marineministerium. Die Heeresfliegertruppe ist gegliedert in: Seeländische Fliegerabt. (1 Aufklärungsstaffel, 1 Aufklärungs- und Bomberstaffel, 1 Jagdstaffel) und Jütländische Fliegerabt. (1 Aufklärungsstaffel, 1 Jagdstaffel). Die Marinefliegertruppe ist gegliedert in: 1 Seeaufklärerstaffel, 1 Jagdstaffel, 1 Torpedo- und Bomberstaffel. Insgesamt: etwa 800 Mann und 110 Flugzeuge.
Einsatz:
Nach der deutschen Besetzung von Dänemark dienen einige Flieger in der RAF, einige formieren sich zu einer Jagdstaffel in Schweden.
Erfolgreichster Jagdflieger:
Oberst Kaj Birksted – 8½ Luftsiege.

Deutschland
1939
Die Luftwaffe bildet einen selbständigen Wehrmachtteil. Am 4. 2. 1938 übernimmt Hitler den Oberbefehl über die gesamte Wehrmacht. Die Oberbefehlshaber von Heer, Luftwaffe und

Kriegsmarine sind ihm direkt unterstellt. Die Fliegerverbände sind in Luftflottenkommandos aufgeteilt: Luftflotte 1 Berlin, 2 Braunschweig, 3 München, 4 Wien, dazu das Luftwaffenkommando Königsberg. Die territoriale Gliederung entspricht der Aufteilung des Heeres nach Generalkommandos und zählt 10 Luftgaukommandos.
1941 wird ein zentrales Verteidigungskommando bei dem »Luftwaffenbefehlshaber Mitte« gebildet. Jede Luftflotte verfügt nicht nur über sämtliche Gattungen der Fliegertruppe, sondern besitzt auch Flakartillerie und Nachrichtenverbände. So stellt jede Luftflotte eine »Mini-Luftwaffe« dar. Die Stärke einer Luftflotte: zwischen 200 und 1300 Flugzeugen. 6 Fliegerdivisionen, die den verschiedenen Luftflottenkommandos unterstellt sind (später in Fliegerkorps umbenannt), können auch unabhängig von einer Luftflotte operieren. Ihre Stärke: 200 bis 750 Maschinen. Die größte taktische Einheit ist das Geschwader mit 3 Gruppen (je 27 Flugzeuge) und 9 Reservemaschinen, dazu 1 Gruppenstaffel (9 Flugzeuge + 3 Reserve); insgesamt: 120 Maschinen. 1 Gruppe hat 3 Staffeln (je 9 Flugzeuge + je 3 Reserve); insgesamt: 36 Maschinen. 1 Staffel hat 3 Ketten (je 3 Flugzeuge + 3 Reserve); insgesamt: 12 Maschinen. Stand der Luftwaffe: 1. 9. 1939: 370 000 Mann und 2785 Flugzeuge erster Linie.
Einsatz:
Polen, Norwegen, Westfeldzug, Luftschlacht um England, Balkanfeldzug, Nordafrika, Naher Osten, Mittelmeer, Schlacht im Atlantik, Ostfront, Italien, Reichs-Luftverteidigung.
Meistgebauter Flugzeug-Typ:
Messerschmitt Bf 109 – 35 000 Stück; zugleich meistgebauter Jäger der Geschichte.
Erfolgreichster Jagdflieger:
Maj. E. Hartmann – 352 Luftsiege.
Erfolgreichster Schlachtflieger:
Oberst H. U. Rudel – in 2530 Einsätzen zerstört: 519 Panzer, über 800 Fahrzeuge.

Finnland
Ende 1939
Die Fliegertruppe ist dem Kriegsministerium unterstellt, taktisch ist sie dem Oberbefehl der Armee untergeordnet. Sie verfügt über 3 Fliegerregimenter mit 2 Aufklärungsstaffeln, 2 Jagdstaffeln, 1 See-Jagdstaffel, 4 See-Fliegerstaffeln. Insgesamt: etwa 2500 Mann und 200 Maschinen.
Einsatz:
Winterkrieg 1939/40, ab 22. 6. 1941 bis September 1941 gegen die Sowjetunion, ab Oktober 1944 gegen Deutschland.
Erfolgreichster Jagdflieger:
Oberltn. E. Juutilainen – 94 Luftsiege.

Frankreich
Ende 1939
Die 1936 eingeleitete Umorganisation ist 1939/40 noch nicht abgeschlossen. Die Luftarmee (Armée de l'Air) ist dem Luftfahrtministerium unterstellt. Der Chef des Generalstabes der Luftarmee ist zugleich Generalinspekteur der Fliegerverbände und Luftverteidigung. Die Fliegertruppe des Mutterlandes (Aviation Métropole) ist in 4 Luftkreise gegliedert, die taktisch in je 2 Luftgaue unterteilt sind und jeweils über 2 Fliegerdivisionen oder selbständige Fliegerbrigaden verfügen. Das Marine-Flugwesen (Aéronautique Navale), dem Marine-Ministerium unterstellt, ist in Bord-Flugwesen (Bordflugzeuge der Kriegsschiffe) und Küsten-Flugwesen auf 4 Regionen verteilt. Die den Bodentruppen oder der Marine zugeteilten Aufklärungsgeschwader werden von ihren Kommandeuren bei den Befehlshabern des Heeres und der Marine vertreten. Im März 1940 sind es insgesamt in der Heimat und in Übersee (Aviation Coloniale) 150 000 Mann mit etwa 1200 Jagdmaschinen, 800 Aufklärern und 1300 Bombern (nach frz. Quellen).
Einsatz:
Kampagne 1939/40. Nach dem Waffenstillstandsabkommen bleibt ein Teil der Piloten und Maschinen in Vichy-Frankreich und Nordafrika, der andere Teil setzt sich nach England ab. Die Fliegereinheiten der Freien Franzosen (General de Gaulle) kämpfen in Europa, Nordafrika, im Nahen Osten und in der Sowjetunion (Geschwader Normandie-Njemen). Ab 1943 entsteht mit US- und RAF-Maschinen wieder eine französische taktische Luftstreitmacht, die 1944/45 an den Kämpfen der Westfront teilnimmt.
Erfolgreichster Jagdflieger:
Capt. M. Albert – 23 Luftsiege.

Griechenland
Anfang 1940
Die Heeres- und die Marinefliegertruppe unterstehen dem Luftfahrtministerium. Die Heeresfliegertruppe verfügt über 3 Fliegerregimenter mit je 2 Staffeln, die Marinefliegertruppe hat 2 Staffeln. Insgesamt: 3250 Mann und etwa 126 Maschinen.
Einsatz:
Italienisch-griechischer Kriegsschauplatz, Albanien, deutsche Invasion; nach der Besetzung Griechenlands wird ein Teil des Fliegerpersonals in den Nahen Osten evakuiert, wo im Rahmen der RAF 2 Jagdgruppen und 1 Bombergruppe formiert werden.

Großbritannien
Ende 1939
Royal Air Force (RAF)
als selbständiger Wehrmachtteil dem Air Ministry (Luftfahrtministerium) unterstellt. Chef der RAF ist König Georg VI., sein Beauftragter: Chef des Luftstabes. Die RAF ist gegliedert in: Fliegertruppe in der Heimat (Home Command), Fliegertruppe in Übersee (Overseas Command) und der Flotte unterstellte Marinefliegerverbände (Fleet Air Arm). Zur Fliegertruppe in der Heimat gehören: das Bomber Command (Bomberkommando), das Fighter Command (Jagdfliegerkommando), das Coastal Command (Küstenkommando), das Kommando zur Unterstützung des Heeres (Army Cooperation Command) und das Ausbildungskommando (Flying Training Command). Die größte taktische Einheit ist die Group (Gruppe), die sich aus 9–24 Squadrons (Staffeln) zusammensetzt. 2–3 Squadrons bilden 1 Wing. Eine Squadron zählt 6–18 Flugzeuge. Bei Kriegsausbruch hat Großbritannien in der Heimat und in Übersee 2327 Maschinen, die Reserve nicht gerechnet (nach engl. Angaben).
Einsatz:
Frankreich, Luftschlacht um England, Ost- und Nordafrika, Balkan, Mittelmeer, Naher Osten, Südostasien, Pazifik, Schlacht im Atlantik, Sowjetunion.
Meistgebauter Flugzeug-Typ:
Supermarine Spitfire – 22 884 Stück.
Erfolgreichster Jagdflieger:
Gr./Cpt. J. E. Johnson – 38 Luftsiege.

Indien
1939
Neben dem Overseas Command (Übersee-Kommando der RAF) hat Indien eigene Luftstreitkräfte in Stärke von 1 Squadron mit 230 Mann. Im Jahre 1944 sind es 10 Squadrons (Jagd-, Bomber- und Aufklärungs-Squadrons) mit insgesamt 30 000 Mann.
Einsatz:

Heimat-Luftverteidigung, Burma, Siam, Patrouillendienst und U-Boot-Bekämpfung im Indischen Ozean.

Irak
1940
Die irakischen Luftstreitkräfte – von der RAF ausgebildet – zählen 3 Jagd-Squadrons, 2 Bomber-Squadrons und 1 Aufklärungs-Squadron mit 35 englischen und italienischen Maschinen erster Linie. Ab 2. 5. 1941, mit Beginn der Rebellion der antibritischen Regierung Ghailani, fliegen sie Kampfeinsätze gegen den RAF-Stützpunkt Habbaniya (Fliegerschule 4). Mitte Mai 1941 bekommen die irakischen Luftstreitkräfte Unterstützung durch die deutsche Luftwaffe: das »Sonderkommando Junck« mit 6 Bombern He 111 der 4. Staffel des Kampfgeschwaders General Wever und 3 Zerstörern Me 110 von der 4. Staffel des Zerstörergeschwaders 76. Italien entsendet in den Irak die 155. Squadriglia (Staffel) mit Jagdmaschinen vom Typ CR.42. Bis zum Ende der Rebellion (30. 5. 1941) gehen in Luftkämpfen und am Boden 21 irakische Flugzeuge verloren.
Einsatz:
Bombenangriffe auf britische Stützpunkte und Aufklärungsflüge.

Italien *(Königreich)*
Anfang 1940
Die Luftstreitkräfte sind ein eigener Wehrmachtteil, dem Luftfahrtministerium unterstellt; sie setzen sich aus 2 Luftkorps mit 4 Luftdivisionen und 1 Luftbrigade zusammen. Die Luftstreitkräfte des Heeres bilden 3 Regimenter, daneben 4 selbständige Gruppen mit 24 Staffeln. Die Luftstreitkräfte der Marine zählen 3 Regimenter, 6 selbständige Gruppen und 4 Küstensektionen mit 20 Aufklärungsstaffeln. In Ostafrika befinden sich 32 gemischte Staffeln. Sommer 1940: 101 400 Mann (darunter 6340 Piloten) und 3296 Maschinen, davon 1796 einsatzbereit.
Einsatz:
Frankreich, Mittelmeer, Ost- und Nordafrika, Luftschlacht um England, Balkan, Naher Osten, Ostfront.
Erfolgreichster Jagdflieger:
Magg. A. Visconti – 26 Luftsiege.

Italien *(nach der Kapitulation)*
1943
203 Maschinen landen auf alliierten Stützpunkten und bilden die Co-Belligerent Air Force zum Kampf gegen Deutschland. Ergänzt durch US- und RAF-Flugzeuge, entstehen 1 Bomberregiment, 1 Jagdregiment, 1 Seefliegerregiment und 1 Transportregiment.
In Norditalien formiert sich im Herbst 1943 die faschistische Aviazione della Repubblica Sociale Italiana mit 2 Jagdgruppen, 1 Jagdstaffel und 1 Torpedobombergruppe, die auf seiten der Luftwaffe gegen die Alliierten kämpfen.

Japan
Anfang 1941
Die Luftstreitkräfte sind kein selbständiger Wehrmachtteil, sondern Heer und Marine unterstellt. Die Heeresfliegertruppe unterliegt dem Oberbefehl des Kaisers; sie ist in Luftdivisionen und diese nach Luftgruppen aufgeteilt. Die Luftgruppen gliedern sich in Luftkampfverbände, die wiederum aus mehreren Luftkompanien bestehen. Die Marinefliegertruppe teilt sich in Bordfliegertruppe (9 Flugzeugträger), 1 Luftflotte und 13 Küstenfliegerabteilungen. Anfang Dezember 1941 zählt die Heeresfliegertruppe etwa 1600 Maschinen erster Linie, die der Marine etwa 1700 Flugzeuge erster Linie.
Einsatz:
Südostasien, Indischer Ozean, Pazifik, Heimat-Luftverteidigung.
Meistgebauter Flugzeug-Typ:
Mitsubishi A6M Zero – 10 938 Stück.
Erfolgreichster Jagdflieger:
Unteroff. H. Nishizawa – 103 Luftsiege.

Jugoslawien *(Königreich)*
Anfang 1941
Die Luftstreitkräfte bilden keinen selbständigen Wehrmachtteil. Die Heeresfliegerverbände, dem Kriegsministerium unterstellt, gliedern sich in: 3 Fliegerbrigaden mit 4 Bomberregimentern, 3 Jagdregimenter und 1 Aufklärungsregiment. Die Marinefliegerverbände, der Marineleitung unterstellt, unterteilen sich in 3 Gruppen mit 7 Staffeln. Insgesamt: etwa 10 800 Mann und 930 Flugzeuge, davon 400 erster Linie.
Einsatz:
Deutsch-jugoslawischer Krieg April 1940, rund 25 Maschinen werden nach Ägypten evakuiert, wo sie im Rahmen der RAF weiterkämpfen.

Jugoslawien *(Volksrepublik)*
1942
Am 21. Mai 1942 verfügt die Volksbefreiungsarmee (Marschall Tito) über 2 Flugzeuge. Mitte Juli 1944 erhält Tito von der RAF aus Italien (Balkan Air Force) eine Jagdgruppe und Ende 1944 die zweite. Ab Herbst 1944 unterstützt die Sowjetunion die Volksbefreiungsarmee mit ihrer 236. Fliegerdivision sowie mit 1 Jagdflieger- und 3 Schlachtfliegerregimentern.

Kanada
1939
Royal Canadian Air Force (RCAF).
Die kanadischen Luftstreitkräfte verfügen im September 1939 über 8 Gruppen mit Maschinen erster Linie und 12 Hilfsgruppen. Insgesamt: 5061 Mann und 270 Flugzeuge. Daneben ist Kanada das Ausbildungszentrum für die RAF und die in ihrem Rahmen kämpfenden Exil-Luftstreitkräfte verschiedener Nationen. Bis 1. 4. 1945 wurden hier 131 553 Flieger ausgebildet.
Einsatz:
Europa, Nordafrika, Schlacht im Atlantik.
Erfolgreichster Jagdflieger:
Fl./Lieutn. G. F. Beurling – 31⅓ Luftsiege.

Kroatien
Juli 1941
Die kroatischen Luftstreitkräfte zählen 4 Gruppen unter dem Befehl von Gen. Kren. Davon werden im Herbst 1941 2 Gruppen als Kroatische Legion (deutscher Kommandeur: Maj. Ratmann, kroatischer Kommandeur: Maj. Graovatz) am Mittelabschnitt der Ostfront im Rahmen des deutschen KG 3 (Blitz) eingesetzt, wo sie schwere Verluste erleiden. In Kroatien bekämpfen die Fliegerkräfte Partisanen. Zwei Besatzungen, die am 21. 5. 1942 zu den Truppen Titos fliehen, begründen die Luftstreitkräfte der jugoslawischen Volksbefreiungsarmee.
Einsatz:
Ostfront, Balkan.
Erfolgreichster Jagdflieger:
Ltn. C. Galik – 36 Luftsiege.

Neuseeland
1939
Royal New Zealand Air Force (RNZAF).
Die Luftstreitkräfte verfügen über 3 Squadrons für die Luftverteidigung, 4 weitere Squadrons befinden sich in der Aufstellung. Es sind z. Zt. 43 Maschinen und 1160 Mann.

Einsatz:
Ab 27. 3. 1940 in Großbritannien und Westafrika. Maßgebend beteiligt an der Verteidigung Malayas und bei den Kämpfen im Pazifik.
Erfolgreichster Jagdflieger:
W./Cdr. C. F. Gray – 27 3/5 Luftsiege.

Niederlande
1. Mai 1940
Die Luftstreitkräfte sind ein selbständiger Wehrmachtteil, bestehend aus Heeres- und Marineflugwaffe. Die Marineflugwaffe untersteht dem Admiralsstab, die Heeresflugwaffe dem Luftverteidigungskommando. Im Mutterland befindet sich 1 Luftbrigade mit 3 Fliegerregimentern (24 Staffeln) mit 124 Maschinen erster Linie. Die Marineflugwaffe hat etwa 50 Flugzeuge. In den Kolonien (Niederländisch Indien) befinden sich 24 Staffeln mit 240 Maschinen. Gesamtstärke: 3500 Mann.
Einsatz:
Während der deutschen Offensive im Mai 1940, Luftschlacht um England, Schlacht im Atlantik, Südostasien, Pazifik, Europa.
Erfolgreichster Jagdflieger:
Capt. C. Vlotman – 4 Luftsiege.

Norwegen
April 1940
Die Luftstreitkräfte sind in Heeres- und Marinefliegertruppe gegliedert; beide unterstehen dem Verteidigungsministerium. Die Heeresfliegertruppe verfügt über 47 Maschinen, davon 7 Jäger; die Marinefliegertruppe hat 32 Flugzeuge, dazu insgesamt 300 Mann. Nach der Kapitulation kämpft ein Teil der Flieger in Rahmen der RAF.
Einsatz:
Norwegen April/Mai 1940, Schlacht im Atlantik, Europa, Westfront 1944/45.
Erfolgreichster Jagdflieger:
Capt. S. Heglund – 14 1/2 Luftsiege.

Polen
Frühjahr 1939
Die Luftstreitkräfte sind kein selbständiger Wehrmachtteil, sondern bilden die Heeresfliegerverbände. Ihre Hauptaufgabe: Aufklärung für den Stab des obersten Befehlshabers (Marschall Rydz-Smigly), daneben Aufklärung für die Befehlshaber der taktischen Heeresgruppen (Armeen). Dementsprechend ist auch ihr struktureller Aufbau: 54 % Aufklärer, 36 % Jagdflugzeuge und 10 % Bomber. Die Luftstreitkräfte sind dem Kriegsministerium unterstellt; ein kleiner Seefliegerverband (25 Flugzeuge) untersteht taktisch der Leitung der Kriegsmarine. Die Fliegerverbände sind in 2 Luftgruppen mit je 3 Fliegerregimentern gegliedert. Die Regimenter bestehen aus Staffeln (Eskader) unterschiedlicher Anzahl und Gattung (Aufklärungs-, Jagd- und Bomberstaffeln) nach Art der deutschen Luftflotten. Im Juni 1939 beginnt die Reorganisation: die Fliegerregimenter werden aufgelöst, die Staffeln (insgesamt 37 %) bilden die »Verfügungsluftstreitkräfte des obersten Befehlshabers«. Die übrigen Staffeln werden auf die 7 Armeen und Operationsgruppen verteilt. Aus den Verfügungsluftstreitkräften entstehen: 1 Jagdbrigade (Brygada Poscigowa) mit 5 Staffeln für die Luftverteidigung von Warschau und 1 Bomberbrigade (Brygada Bombowa) mit 9 Staffeln, dazu 1 Aufklärungsstaffel und 4 Verbindungsketten (je 3 Maschinen). Bei Kriegsausbruch zählen die Luftstreitkräfte etwa 14 000 Mann und 463 einsatzbereite Flugzeuge erster Linie. Nach der Niederlage erreichen etwa 7500 Mann über Ungarn und Rumänien Frankreich, wo sie bis zur Kapitulation in der Armée de l'Air kämpfen. Das Gros wird nach England evakuiert und von der neu aufgestellten polnischen RAF-Squadron oder anderen RAF-Einheiten übernommen.
Einsatz:
September-Feldzug 1939, Frankreich-Feldzug, Luftschlacht um England, Europa, Nordafrika, Naher Osten, Schlacht im Atlantik, Westfront 1944/45.
Erfolgreichster Jagdflieger:
W./Cdr. S. F. Skalski – 21 Luftsiege.
Im Juli 1943 entsteht in der Sowjetunion das polnische Jagdregiment »Warszawa« als Kader-Einheit für die späteren Luftstreitkräfte der Volksrepublik Polen.

Rumänien
Anfang 1941
Der Kommandeur der Luftstreitkräfte hat den Oberbefehl über die Heeres- und die Marinefliegertruppe. Die Heeresfliegertruppe setzt sich aus 1 Jagdflottille (3 Jagdregimenter mit je 3 Gruppen), einem Bomberregiment (3 Tagesbombergruppen, 1 Nachtbombergruppe) und 1 gemischten Regiment (4 Aufklärungsgruppen, 2 Jagdgruppen) zusammen. Die Marinefliegertruppe hat 1 Seeflieger-(Mehrzweck-)Flottille mit 1 Aufklärungs-, 5 Bomber- und 2 Jagdstaffeln. Insgesamt etwa 5900 Mann und 600 Maschinen.
Einsatz:
Ostfront, Heimat-Luftverteidigung (Ölgebiet). Ab 23. 8. 1944 kämpfen einige Staffeln an der Seite der sowjetischen Luftstreitkräfte gegen Deutschland.
Erfolgreichster Jagdflieger:
Hptm. Prince C. Cantacuzene – 60 Luftsiege.

Siam *(Thailand)*
1939
Die Luftstreitkräfte sind ein selbständiger Wehrmachtteil mit 5 Fliegenden Gruppen (3 Jagd-, 1 Bomber- und 1 Aufklärungsgruppe). Insgesamt: 195 Maschinen, vorwiegend von den USA geliefert.
Einsatz:
Nach der Besetzung Französisch-Indochinas durch die Japaner (ab Sept. 1940) sporadische Luftangriffe auf Stützpunkte in Laos und Indochina. Nach dem Einmarsch der Japaner in Siam (7. 12. 1941) setzt sich ein Teil der Piloten in die benachbarten britischen Kolonien ab und kämpft später in Verbänden der RAF.

Slowakei
Sommer 1939
Mit Unterstützung der deutschen Luftwaffe entstehen die slowakischen Luftstreitkräfte: 1. Fliegerregiment mit 6 Jagd-, Aufklärungs- und Bomberstaffeln, ausgerüstet mit ehemaligen tschechischen Maschinen. Im September 1939 nimmt 1 Bomberstaffel am Angriff der Luftwaffe auf die polnische Stadt Tarnopol teil. Ab November 1941 wird ein Teil des 1. Fliegerregiments an die Ostfront verlegt, jedoch nach wenigen Wochen wieder zurückgezogen. 1942 und 1943 kämpfen einige Staffeln, jetzt mit deutschen, italienischen und französischen Maschinen, im Kaukasus und auf der Krim; mehrere Besatzungen desertieren zur Roten Armee. Anfang 1944 zählt die slowakische Fliegertruppe etwa 350 Flugzeuge, davon 78 erster Linie, und rund 4000 Mann. Während des Aufstandes in der Slowakei (ab 29. 8. 1944) läuft das Gros der Besatzungen zur Roten Armee über. Auf dem Flugplatz Tri Duby (Slowakei) entsteht eine improvisierte Fliegergruppe, die Angriffe gegen die deutsche Luftwaffe führt und 7 Flugzeuge abschießt. Nach der Zerschlagung des Aufstandes (Oktober 1944) werden die slowakischen Luftstreitkräfte aufgelöst.

Sowjetunion

1940

Die Luftstreitkräfte sind kein selbständiger Wehrmachtteil, sondern der Roten Armee und der Marine unterstellt. Die Fliegerkräfte der Roten Armee befehligt ein Kommandeur der Luftstreitkräfte, der dem Volkskommissar für Landesverteidigung untersteht. Die Fliegerkräfte der Roten Marine sind direkt dem Volkskommissar der Marine untergeordnet. Im Jahre 1940 unterscheidet man bei den Luftstreitkräften der Roten Armee zwischen Fernflieger-, Frontflieger-, Armeeflieger- und Korpsfliegerkräften. Daneben die Fliegerkräfte der Luftverteidigung, von den Befehlshabern der Fliegerkräfte in den Militärbezirken bereitgestellt und in Divisionen unterteilt. Es sind selbständige Bomber- und Jagdfliegerdivisionen sowie gemischte Fliegerdivisionen mit leichten Bomber-, Jagd- und Schlachtfliegerregimentern. Sie setzen sich zusammen aus: 59 % Jagdflugzeuge, 31 % Bomber, 4,5 % Schlachtflugzeuge und 5,5 % Aufklärer. Im Frühjahr 1941 besitzen die Luftstreitkräfte der Sowjetunion etwa 18 000 Flugzeuge und 200 000 Mann, darunter etwa 20 000 Piloten.

Nach Ausbruch des deutsch-sowjetischen Krieges werden die Fliegerkräfte der Roten Armee in Luftarmeen, einen selbständigen Strategischen Fernflugverband und in ein Jagdfliegerkommando der Luftverteidigung aufgeteilt. Die Luftarmeen erhalten 75 % der Fliegerkräfte, gegliedert in Fliegerbrigaden oder Korps, im weiteren Verlauf des Krieges in Fliegerdivisionen. Die Luftarmeen, die sich aus Jagd-, Schlacht- und Bomberverbänden zusammensetzen, unterstehen dem Oberkommando der jeweiligen Heeresarmee und fliegen nur taktische Einsätze zur Unterstützung der Bodentruppen. Das betrifft auch den Strategischen Fernflugverband, eine Art Einsatzreserve der STAWKA (sowjetisches Oberkommando), der an besonderen Brennpunkten (z. B. Kursk 1943) der jeweiligen Heeresarmee zur Verstärkung ihrer Luftarmee zeitweise zugeteilt wird.

Die Grundeinheit ist das Regiment, 1 Jagdfliegerregiment hat 4 Staffeln, 1 Schlachtfliegerregiment 5 Staffeln, 1 Bomberregiment 5 Staffeln. 1 Staffel zählt 12–15 Flugzeuge, die kleinste Einheit ist die Kette (3 Maschinen).

Die Fliegerkräfte der Roten Marine sind der Baltischen, Nordsee-, Schwarzmeer- und der Pazifik-Flotte unterstellt. Ihre Gliederung: gemischte Jagd- und Bomberbrigaden mit je 2–3 Regimentern.

Einsatz:

Polen, Winterkrieg 1939/40 (Finnland), Ost-, Mittel- und Nordeuropa, Balkan, Ferner Osten.

Meistgebauter Flugzeug-Typ:

Iljuschin Il-2 Sturmowik – 36 163 Stück.

Im Rahmen des Leih- und Pachtgesetzes erhält die Sowjetunion zwischen 1941–1945 von den USA und England insgesamt 18 000 Flugzeuge.

Erfolgreichster Jagdflieger:

Oberst I. N. Koshedub – 62 Luftsiege.

Südafrikanische Union

1939

South African Air Force (SAAF).

Die südafrikanischen Luftstreitkräfte zählen bei Kriegsausbruch 104 Flugzeuge und 1560 Mann.

Einsatz:

Ostafrika, Luftschlacht um England, Nordafrika, Schlacht im Atlantik, Balkan, Mittelmeerraum (hier bildet die SAAF im Sept. 1944 sogar 1/3 der gesamten RAF-Kräfte), Europa, Westfront 1944/45.

Erfolgreichster Jagdflieger:

Squ./Ldr. M. T. Pattle – 51 Luftsiege.

Tschechei

März 1939

Beim Einmarsch der deutschen Truppen (15. 3. 1939) verfügen die Luftstreitkräfte über 1514 Flugzeuge, davon 566 erster Linie. Einem Teil der Flieger gelingt es, nach Polen zu entkommen. Kurz vor dem Kriegsausbruch werden 477 tschechische Piloten von Polen aus auf dem Seeweg nach Frankreich evakuiert und kämpfen dort im Rahmen der französischen Armée de l'Air. Nach der Kapitulation Frankreichs erreicht ein Teil von ihnen Großbritannien. Bereits am 12. 7. 1940 wird die tschechische 310. Fighter Squadron der RAF aufgestellt, später entstehen noch 2 tschechische Fighter Squadrons und 1 Bomber Squadron.

Einsatz:

Frankreich, Schlacht um England, Europa, Westfront 1944/45.

Erfolgreichster Jagdflieger:

Ltn. R. Rezny – 32 Luftsiege.

Am 3. 5. 1944 wird in der Sowjetunion die selbständige tschechische 128. Jagdstaffel aufgestellt, die Kader-Einheit der späteren Luftstreitkräfte der Volksrepublik ČSR.

Ungarn

1940

Das Kommando der Fliegerkräfte verfügt über 2 Jagdregimenter, 1 Aufklärungsregiment und 1 Bomberregiment. Insgesamt: 4300 Mann und 326 Maschinen erster Linie.

Einsatz:

Heimat-Luftverteidigung, Jugoslawien, Ostfront.

Erfolgreichster Jagdflieger:

Ltn. D. Szentgyorgyi – 34 Luftsiege.

USA

1939

Die Luftstreitkräfte sind kein selbständiger Wehrmachtteil. Sie sind organisatorisch und taktisch streng nach Heeresfliegerkräften – US Army Air Corps (USAAC) –, dem Kriegsministerium unterstellt, und Seefliegerkräften, dem Marineministerium untergeordnet, geteilt. Die Seefliegerkräfte sind entweder fester Bestandteil der Seestreitkräfte als US Navy Air Corps (USNAC), oder sie gehören zum Marinekorps als US Marine Air Corps (USMAC). Die größte taktische Einheit der USAAC heißt Wing (2–4 Groups), 1 Group hat 2–5 Squadrons. Die Aufklärer- und Bomber-Squadrons zählen je 13 Maschinen, die Squadrons der Jagd- und Schlachtflugzeuge haben je 28 Flugzeuge. Bei den Seefliegerkräften umfaßt eine Squadron je nach Flugzeuggattung 6–18 Maschinen. Die Fliegerverbände des US Coast Guard, ähnlich dem RAF-Küstenkommando, sind organisatorisch dem Finanzministerium unterstellt, für Ausrüstung und Ausbildung ist das US Marine Air Corps zuständig. Mitte 1941 haben die Heeresfliegerkräfte etwa 6700 Maschinen und die Seefliegerkräfte etwa 3000.

Am 20. 6. 1941 werden die Heeresfliegerkräfte (US Army Air Corps) in US Army Air Force (USAAF) umbenannt. Ihr Chef wird Gen. H. H. Arnold. Die USAAF bekommt einen eigenen Generalstab und hat jetzt die Stellung ähnlich einem Wehrmachtteil.

Einsatz:

Pazifik, Südostasien, China, Europa, Nordafrika, Schlacht im Atlantik, Westfront 1944/45.

Meistgebauter Flugzeug-Typ:

Consolidated B-24 Liberator – 18 188 Stück.

Erfolgreichster Jagdflieger:

Maj. R. I. Bong – 40 Luftsiege.

Die bedeutendsten Luftangriffe auf Deutschland 1940–1945

Zeit	Bomber	Ziel	Abwurfmenge
1940			
12. 1.	RAF	Westerland (Sylt)	
12. 5.	RAF	Aachen	
		Dortmund	
		Essen	
		Hamm	
		Hannover	
8. 6.	1 France	Berlin	2 t
18. 6.	RAF	Bremen	
		Hamburg	
26. 8.	29 RAF	Berlin	22 t
8. 10.	42 RAF	Berlin	50 t
16. 11.	127 RAF	Hamburg	
16. 12.	45 RAF	Berlin	
17. 12.	134 RAF	Mannheim	100 t
21. 12.	23 RAF	Berlin	
1941			
11. 2.	189 RAF	Hannover	
2. 3.	108 RAF	Köln	
24. 3.	RAF	Berlin	
9. 4.	RAF	Kiel	
9. 5.	317 RAF	Bremen	
		Hamburg	
11. 5.	110 RAF	Hamburg	
13. 6.	RAF	Bochum	445 t
		Duisburg	
3. 8.	RAF	Hamburg	
		Kiel	
8. 8.	Sowj.	Berlin	
9. 8.	Sowj.	Berlin	
12. 8.	54 RAF	Köln	
13. 8.	RAF	Berlin	82 t
30. 8.	101 RAF	Frankfurt/M.	91 t
13. 9.	111 RAF	Frankfurt/M.	135 t
30. 9.	72 RAF	Hamburg	85 t
21. 10.	92 RAF	Bremen	140 t
24. 10.	64 RAF	Kiel	64 t
1. 11.	76 RAF	Hamburg	93 t
8. 11.	169 RAF	Berlin	
10. 11.	RAF	Hamburg	
1. 12.	84 RAF	Hamburg	138 t
8. 12.	54 RAF	Aachen	54 t
12. 12.	43 RAF	Köln	58 t
28. 12.	132 RAF	Düsseldorf	126 t
29. 12.	60 RAF	Hüls/Krefeld	60 t
1942			
11. 1.	91 RAF	Wilhelmshaven	116 t
16. 1.	52 RAF	Hamburg	72 t
22. 1.	RAF	Bremen	
29. 1.	39 RAF	Münster/Westf.	38 t
12. 2.	38 RAF	Mannheim	67 t
14. 2.	RAF	Köln	
8. 3.	135 RAF	Essen	226 t
9. 3.	120 RAF	Essen	221 t
10. 3.	134 RAF	Essen	225 t
14. 3.	104 RAF	Köln	160 t
26. 3.	192 RAF	Essen	300 t
29. 3.	234 RAF	Lübeck	304 t
6. 4.	212 RAF	Köln	313 t
9. 4.	168 RAF	Hamburg	250 t
11. 4.	185 RAF	Essen	227 t
12. 4.	178 RAF	Essen	269 t
14. 4.	105 RAF	Dortmund	136 t
15. 4.	110 RAF	Dortmund	142 t
18. 4.	113 RAF	Hamburg	173 t
24. 4.	468 RAF	Rostock	442 t
5. 5.	34 RAF	Stuttgart	54 t
7. 5.	54 RAF	Stuttgart	93 t
31. 5.	886 RAF	Köln	1459 t
2. 6.	726 RAF	Duisburg	1235 t
		Essen	
4. 6.	132 RAF	Bremen	246 t
7. 6.	195 RAF	Emden	393 t
9. 6.	120 RAF	Essen	294 t
23. 6.	195 RAF	Emden	392 t
26. 6.	713 RAF	Bremen	1450 t
3. 7.	263 RAF	Bremen	511 t
22. 7.	250 RAF	Duisburg	577 t
26. 7.	252 RAF	Duisburg	547 t
1. 8.	470 RAF	Düsseldorf	907 t
10. 8.	166 RAF	Osnabrück	457 t
12. 8.	102 RAF	Mainz	270 t
13. 8.	110 RAF	Mainz	310 t
28. 8.	222 RAF	Kassel	513 t
29. 8.	38 RAF	Nürnberg	85 t
3. 9.	200 RAF	Karlsruhe	
7. 9.	185 RAF	Duisburg	491 t
11. 9.	360 RAF	Düsseldorf	760 t
20. 9.	RAF	München	
23. 11.	222 RAF	Stuttgart	335 t
7. 12.	272 RAF	Mannheim	425 t
1943			
13. 1.	101 RAF	Essen	326 t
17. 1.	145 RAF	Berlin	367 t
18. 1.	111 RAF	Berlin	356 t
22. 1.	52 RAF	Essen	179 t
27. 1.	64 USAAF	Wilhelmshaven	109 t
31. 1.	92 RAF	Hamburg	315 t
3. 2.	137 RAF	Köln	460 t
4. 2.	126 RAF	Hamburg	344 t
12. 2.	137 RAF	Wilhelmshaven	421 t
15. 2.	207 RAF	Köln	513 t
19. 2.	181 RAF	Wilhelmshaven	596 t
20. 2.	302 RAF	Wilhelmshaven	783 t
26. 2.	278 RAF	Nürnberg	749 t
27. 2.	372 RAF	Köln	1014 t
2. 3.	251 RAF	Berlin	610 t
4. 3.	344 RAF	Hamburg	913 t
5. 3.	369 RAF	Essen	1211 t
9. 3.	292 RAF	Nürnberg	782 t
10. 3.	217 RAF	München	567 t
12. 3.	267 RAF	Stuttgart	802 t
27. 3.	387 RAF	Duisburg	945 t
28. 3.	329 RAF	Berlin	873 t
30. 3.	213 RAF	Berlin	587 t
4. 4.	317 RAF	Essen	983 t
9. 4.	304 RAF	Duisburg	846 t
10. 4.	99 RAF	Duisburg	321 t
15. 4.	365 RAF	Stuttgart	801 t
16. 4.	215 RAF	Dortmund	278 t
17. 4.	225 RAF	Mannheim	
17. 4.	USAAF	Bremen	
21. 4.	304 RAF	Stettin	782 t
27. 4.	499 RAF	Duisburg	1450 t
1. 5.	251 RAF	Essen	840 t
5. 5.	495 RAF	Dortmund	1436 t
13. 5.	517 RAF	Duisburg	1599 t
14. 5.	378 RAF	Bochum	1055 t
14. 5.	108 USAAF	Kiel	250 t
17. 5.	19 RAF	Möhne-Eder-Sorpe-Talsperren	
24. 5.	724 RAF	Dortmund	2042 t
26. 5.	686 RAF	Düsseldorf	1959 t
28. 5.	493 RAF	Essen	1442 t
30. 5.	644 RAF	Wuppertal	1822 t
12. 6.	693 RAF	Düsseldorf	1968 t
15. 6.	165 RAF	Oberhausen	573 t
17. 6.	179 RAF	Köln	656 t
22. 6.	661 RAF	Krefeld	1956 t
23. 6.	499 RAF	Mülheim	1643 t
		Oberhausen	
25. 6.	544 RAF	Elberfeld	1663 t
26. 6.	424 RAF	Gelsenkirchen	1291 t
29. 6.	540 RAF	Köln	1614 t
4. 7.	589 RAF	Köln	1808 t
9. 7.	255 RAF	Köln	1614 t
10. 7.	373 RAF	Gelsenkirchen	1304 t
14. 7.	161 RAF	Duisburg	342 t
22. 7.	250 RAF	Duisburg	577 t
25. 7.	741 RAF	Hamburg	2300 t
26. 7.	122 USAAF	Hamburg	
26. 7.	599 RAF	Essen	1948 t
28. 7.	739 RAF	Hamburg	2312 t
28. 7.	54 USAAF	Hamburg	
30. 7.	726 RAF	Hamburg	2277 t
30. 7.	245 RAF	Saarbrücken	576 t
31. 7.	228 RAF	Remscheid	693 t
1. 8.	470 RAF	Düsseldorf	907 t
3. 8.	425 RAF	Hamburg	939 t
17. 8.	230 USAAF	Schweinfurt	
	146 USAAF	Regensburg	
18. 8.	597 RAF	Peenemünde	1874 t
23. 8.	427 RAF	Leverkusen	1690 t
24. 8.	625 RAF	Berlin	1765 t
28. 8.	621 RAF	Nürnberg	1671 t
31. 8.	616 RAF	Mönchen-Gladbach	2272 t
1. 9.	512 RAF	Berlin	1359 t
4. 9.	295 RAF	Berlin	906 t
6. 9.	546 RAF	Ludwigshafen	
		Mannheim	1463 t

Zeit	Bomber	Ziel	Abwurfmenge
7. 9.	365 RAF	München	1020 t
11. 9.	360 RAF	Düsseldorf	760 t
23. 9.	658 RAF	Hannover	2357 t
28. 9.	599 RAF	Hannover	2196 t
30. 9.	312 RAF	Bochum	1318 t
2. 10.	240 RAF	Hagen	1103 t
2. 10.	273 RAF	München	958 t
4. 10.	501 RAF	Kassel	1544 t
9. 10.	457 RAF	Hannover	1667 t
9. 10.	378 USAAF	Anklam	
		Danzig	
		Marienburg	
10. 10.	236 USAAF	Münster	
14. 10.	291 USAAF	Schweinfurt	
19. 10.	349 RAF	Hannover	1697 t
21. 10.	285 RAF	Leipzig	1085 t
23. 10.	486 RAF	Kassel	1824 t
3. 11.	400 USAAF	Wilhelmshaven	
4. 11.	527 RAF	Düsseldorf	2234 t
18. 11. bis		Berlin	
3. 12.	2166 RAF	(5 Angriffe)	8656 t
4. 12.	527 RAF	Leipzig	1382 t
13. 12.	1462 USAAF	Bremen	
		Hamburg	
		Kiel	
17. 12.	450 RAF	Berlin	1815 t
21. 12.	576 RAF	Frankfurt	2070 t
24. 12.	338 RAF	Berlin	1288 t
30. 12.	656 RAF	Berlin	2315 t

1944

Zeit	Bomber	Ziel	Abwurfmenge
2. 1.	386 RAF	Berlin	1401 t
3. 1.	311 RAF	Berlin	1116 t
6. 1.	348 RAF	Stettin	1118 t
11. 1.	663 USAAF	Halberstadt	
		Braunschweig	
		Magdeburg	
		Oschersleben	
15. 1.	472 RAF	Braunschweig	2005 t
21. 1.	697 RAF	Berlin	2300 t
		Kiel	
22. 1.	585 RAF	Magdeburg	2024 t
28. 1.	481 RAF	Berlin	1761 t
29. 1.	596 RAF	Berlin	1954 t
29. 1.	806 USAAF	Frankfurt	
		Ludwigshafen	
31. 1.	489 RAF	Berlin	1961 t
16. 2.	806 RAF	Berlin	2643 t
20. 2.	730 RAF	Leipzig	2290 t
20. 2.	1000 USAAF	Braunschweig	3830 t
		Leipzig	
		Oschersleben	
		Tutow u. a.	
21. 2.	552 RAF	Stuttgart	1990 t
24. 2.	266 USAAF	Schweinfurt	
25. 2.	662 RAF	Schweinfurt	2000 t
26. 2.	528 RAF	Augsburg	1728 t
2. 3.	503 RAF	Stuttgart	1739 t
6. 3.	730 USAAF	Berlin	1500 t
8. 3.	540 USAAF	Berlin	
9. 3.	330 USAAF	Berlin	
16. 3.	813 RAF	Stuttgart	2609 t
19. 3.	769 RAF	Frankfurt	3068 t
23. 3.	816 RAF	Frankfurt	3116 t
25. 3.	726 RAF	Berlin	2496 t
27. 3.	677 RAF	Essen	2834 t

Zeit	Bomber	Ziel	Abwurfmenge
31. 3.	755 RAF	Nürnberg	2460 t
13. 4.	2000 USAAF	Augsburg	
		Schweinfurt	
		u. a.	
18. 4.	2000 USAAF	Cuxhaven	
		Oranienburg	
		u. a.	4000 t
28. 4.	RAF	Friedrichshafen	
8. 5.	500 USAAF	Berlin	
8. 5.	300 USAAF	Braunschweig	
12. 5.	600 USAAF	Mannheim	
21. 5.	RAF	Duisburg	2000 t
20. 6.	1500 USAAF	Fallersleben	
		Hamburg	
		Magdeburg	
		Ostermoor	4252 t
21. 6.	2500 USAAF	Berlin und	
		Umgebung	2000 t
11. 7.	1150 USAAF	München	2430 t
13. 7.	1260 USAAF	München	2650 t
16. 7.	1078 USAAF	München	2180 t
19. 7.	350 USAAF	München	890 t
25. 7.	614 RAF	Stuttgart	1957 t
26. 7.	600 RAF	Stuttgart	1903 t
29. 7.	612 RAF	Stuttgart	1940 t
13. 8.	RAF	Braunschweig	1275 t
13. 8.	RAF	Rüsselsheim	964 t
26. 8.	RAF	Darmstadt	556 t
27. 8.	611 RAF	Kiel	
		Königsberg	2381 t
30. 8.	363 RAF	Stettin	1341 t
	133	Königsberg	492 t
12. 9.	234 RAF	Darmstadt	869 t
13. 9.	209 RAF	Stuttgart	781 t
13. 9.	RAF	Frankfurt	1556 t
16. 9.	RAF	Kiel	1448 t
22. 9.	USAAF	Kassel	1517 t
25. 9.	USAAF	Frankfurt	988 t
27. 9.	USAAF	Köln	1113 t
3. 10.	USAAF	Nürnberg	1038 t
5. 10.	USAAF	Köln	649 t
6. 10.	USAAF	Berlin	810 t
14. 10.	1063 RAF	Duisburg	4500 t
14. 10.	1000 USAAF	Köln	
15. 10.	1005 RAF	Duisburg	
16. 10.	638 RAF	Wilhelmshaven	2198 t
19. 10.	135 USAAF	Mainz	
		Mannheim	2025 t
20. 10.	583 RAF	Stuttgart	2425 t
22. 10.	955 RAF	Essen	4522 t
24. 10.	RAF	Essen	3719 t
27. 10.	597 RAF	Köln	2699 t
30. 10.	761 RAF	Köln	3937 t
1. 11.	541 RAF	Köln	2383 t
2. 11.	922 RAF	Düsseldorf	4468 t
4. 11.	549 RAF	Bochum	2323 t
9. 11.	277 RAF	Wanne-Eickel	1315 t
12. 11.	228 RAF	Dortmund	1122 t
12. 11.	245 RAF	Hamburg-	
		Harburg	913 t
15. 11.	177 RAF	Dortmund	904 t
16. 11.	1188 RAF	Düren	2703 t
18. 11.	291 RAF	Münster	1694 t
19. 11.	309 RAF	Wanne-Eickel	1519 t
22. 11.	237 RAF	Aschaffenburg	1360 t
26. 11.	RAF	München	784 t
27. 11.	RAF	Freiburg	

Zeit	Bomber	Ziel	Abwurfmenge
29. 11.	RAF	Essen	1147 t
29. 11.	RAF	Dortmund	1618 t
1. 12.	RAF	Duisburg	2270 t
3. 12.	RAF	Hagen	1802 t
4. 12.	RAF	Heilbronn	1241 t
		Karlsruhe	2297 t
6. 12.	RAF	Soest	1857 t
7. 12.	262 RAF	Gießen	1193 t
11. 12.	USAAF	Frankfurt	882 t
12 12.	USAAF	Darmstadt	1188 t
13. 12.	RAF	Essen	2354 t
16. 12.	303 RAF	Ludwigshafen	1547 t
17. 12.	243 RAF	Ulm	1292 t
17. 12.	291 RAF	Duisburg	1767 t
17. 12.	180 RAF	München	903 t
22. 12.	207 RAF	Pölitz	
30. 12.	337 RAF	Scholven-Buer	

1945

Zeit	Bomber	Ziel	Abwurfmenge
2. 1.	RAF	Nürnberg	2067 t
6. 1.	561 RAF	Hannover	2365 t
6. 1.	149 USAAF	Köln-Kalk	1092 t
7. 1.	RAF	Hanau	1653 t
7. 1.	RAF	München	2175 t
17. 1.	291 RAF	Magdeburg	1060 t
17. 1.	USAAF	Paderborn	1031 t
3. 2.	937 USAAF	Berlin	2267 t
3. 2.	400 USAAF	Magdeburg	
5. 2.	238 RAF	Bonn	
5. 2.	589 USAAF	Regensburg	
13. 2.	773 RAF	Dresden	2659 t
14. 2.	311 USAAF	Dresden	771 t
14. 2.	294 USAAF	Chemnitz	718 t
14. 2.	340 USAAF	Magdeburg	811 t
15. 2.	210 USAAF	Dresden	461 t
15. 2.	671 RAF	Chemnitz	
16. 2.	263 USAAF	Regensburg	559 t
20. 2.	439 USAAF	Nürnberg	2000 t
22. 2.	373 RAF	Worms	
22. 2.	349 RAF	Duisburg	
23. 2.	369 RAF	Pforzheim	1551 t
26. 2.	1112 USAAF	Berlin	2879 t
2. 3.	406 USAAF	Dresden	
4. 3.	500 USAAF	Ulm	
10. 3.	153 RAF	Scholven-Buer	755 t
11. 3.	1055 RAF	Essen	4700 t
12. 3.	1107 RAF	Dortmund	4851 t
15. 3.	576 USAAF	Berlin	
16. 3.	RAF	Würzburg	
18. 3.	1221 USAAF	Berlin	4000 t
22. 3.	200 RAF	Hildesheim	
25. 3.	606 RAF	Hannover	
		Münster	
		Osnabrück	
30. 3.	345 USAAF	Bremen	
		Hamburg	
		Wilhelmshaven	2849 t
3. 4.	RAF	Nordhausen	
7. 4.	1300 USAAF	Dessau	
9. 4.	RAF	Kiel	2634 t
10. 4.	RAF	Plauen	1139 t
14. 4.	298 RAF	Kiel	1905 t
14. 4.	364 RAF	Potsdam	1751 t
20. 4.	150 USAAF	Berlin	
25. 4.	415 RAF	Wangerooge	2176 t
25. 4.	318 RAF	Berchtesgaden	1181 t
3. 5.	125 RAF	Kiel	174 t

Quellen:

The Strategic Air Offensive against Germany 1939–1945 H.M.S.O. London 1961

The US-Strategic Bombing Survey, Washington 1946

Dokumente Deutscher Kriegsschäden, Hrsg.: Bundesministerium für Vertriebene, Flüchtlinge und Kriegsgeschädigte, Bonn 1958/62

Verzeichnis wichtiger Orte und Personen

Kursive Ziffern verweisen auf Abbildungen, kursive Wörter auf Gewässer. Ortsnamen siehe auch in der Aufstellung der wichtigsten Luftangriffe auf Deutschland 1940 bis 1945.

LOU II
413410
Sky Bouncer